W0407261

Lexikon der Heilkräuter und Heilpflanzen

Ferdinand Siegmund

Omas Lexikon der Kräuter und Heilpflanzen

Bechtermünz Verlag

Alle Rechte vorbehalten
© by Bechtermünz Verlag im
Weltbild Verlag GmbH, Augsburg 1995
Satzerfassung: MECO Produktion, Dreieich
Belichtung: Litho-Geyer, Offenbach
Gesamtherstellung:
Druckerei Werner Söderström, Porvoo
ISBN: 3 927117 52 8
Printed in Suomi (Finland)

Einleitung

Das Heilmittel umfaßt alle zur Heilung dienenden Kräfte, äußere und innere; Arzneien nennen wir solche Aufnahmestoffe, welche im gewöhnlichen Leben nicht gebräuchlich, hauptsächlich nur zur kunstgemäßen Anwendung in Krankheiten dienen. Erst der glückliche Erfolg macht das Arzneimittel zum Heilmittel.

Zwischen Arznei und pharmazeutischem Mittel gibt es keine strenge Grenze, ebensowenig wie zwischen Gewürz, Arznei und Gift. Es existiert kein Lebensmittel, das nicht in irgend einer Form Arznei werden könnte: Wasser, Brodkrume, Ei, Gallerte sind offiziell; ebenso gibt es kein Lebensmittel, das nicht, im Übermaße genossen oder an unpassendem Orte gereicht, Gift würde (z. B. Mehl und Zucker für an Zuckerkranke, Brot und Kartoffeln für skrophulöse Kinder, Fleischkost für Fiebernde). Umgekehrt werden mit fortschreitender Zivilisation immer mehr Arzneistoffe und Gifte zu diätetischen Mitteln, zu Gewürzen und anderen Sinnesreizen, ja zum Teil zu unentbehrlichen, verdauungsfördernden Speisezutaten oder Gewohnheitsreizen. Kaum eine Klasse der Arzneien (mit Ausnahme etwa der giftigen Metalle) gibt es, welche nicht Gewürze in die Küche liefert, selbst Harze, scharfe Gifte nicht ausgenommen. (Stinkasant, Peruballsam, spanischer Pfeffer, Kirschlorbeer, Safran etc. Jener Tiroler Bauer nahm den Arsenik als Magenmittel, wie es in der Tierarzneikunde seit langem geschieht). Als tägliche Getränke werden starke Narkotika (betäubende Mittel) genossen; z. B. Tee, Hopfen, Alkohol, Kohlensäure; brenzliche Stoffe, nach Reichenbach sehr starke Gifte enthaltend, verzehren wir in Gebratenem, Geräuchertem. Den Tabak, eines der stärksten Gifte, schnupfen und rauchen wir nicht nur, sondern der Seemann kaut ihn, der Portugise würzt seine Melonen damit, der Orientale berauscht sich mit Opium und Hanf.

Die Unterschiede zwischen Gift, Arznei, Gewürz und Nahrungsmittel stellen sich heraus, wie das Volksbewußtsein sie längst schon auffaßt. Alle sind Aufnahmsstoffe. Gift ist lebensfeindlicher Aufnahmsstoff, Nahrungsmittel ist Lebensbedürfnis, Lebensmittel. Arznei und Gewürz sind Lebensbedürfnis in bestimmten individuellen Zuständen; wo sie nicht passen hingegen, sind beide mehr oder weniger lebensfeindlich.

Es entsteht nun die Frage: Gibt es ein Arzneinbedürfnis? ist es etwas Natürliches oder eine Künstelei. eine Erfindung der Ärzte? – Darauf ist zu antworten: Es gibt ein natürliches Arzneibedürfnis, daß von dem eingeborenen Heilsinne und Heiltriebe der Tiere und Menschen ausgeht. Schon die Tiere suchen Salz- und Mineralquellen auf: die Quellen von Vichy werden von dem Hufvieh, besonders Rindern, ebenso häufig aufgesucht, als ehedem die Quellen von Saratoga von den nordamerikanischen Wilden. Leckerhafte oder kranke Tiere lecken Steinsalz und Mauersalz, fressen ätherisch-ölige Pflanzenteile oder bittere, ihrem gesunden Gaumen widerliche Baumrinden u.s.w. – Hunde purgieren sich durch Grasfressen, Vögel schlucken Sand etc. als die Verdauung beförderndes Mittel. Auch gewöhnen sich Pferde sehr bald an Alkohol, Hunde an Kaffee etc. Solche Beispiele können viele gefunden werden. –

Derselbe Trieb nun ist es, der den Naturmenschen auf Arzneikräuter, pikante Gewürze und Rauschmittel geleitet hat; es ist nichts Angelerntes, sondern ganz instinktiv. Und dieser Instink ist nicht nur die Wurzel der Medizin in alten Zeiten gewesen, sondern ist es noch jetzt und begründet die Berechtigung der Arzneimittellehre.

Was die Heilung der Krankheiten anbelangt, so ist zu sagen, daß seit dem Bestehen der Heilkunst kranke Menschen bei den allerverschiedenartigsten Heilmethoden, Scharlatanerien und Hokuspokussen gesund geworden sind, daß bei einer und derselben Krankheit die allerverschiedenartigsten Mittel, aus allen Naturreichen und Weltgegenden stammend, mit dem besten Erfolg angewendet werden, daß die verschiedenen medizinischen Autoritäten ganz dieselbe Krankheit auf ganz verschiedene Weise behandeln, daß ferner Scharlatane mit Geheimmitteln, naturheilkünstelnde Schuster, Schneider und Handschuhmacher mit Kaltwasser, Semmelkur etc. so ziemlich dieselben glücklichen Erfolge erzielen wie die gelehrtesten und geheimsten Sanitäts-, Hof- und Medizinalräte und daß endlich sehr viele Kranke ohne Arznei und Arzt gesund werden.

Bedenkt man, wie früher von den Ärzten z. B. der Typhus und die Lungenentzündung behandelt wurden, und mit welchen einfachen Mitteln man heute diese Krankheiten heilt, so liegt wohl ein Körnchen Wahrheit in der Behauptung daß die Heilung der Krankheiten doch wohl von etwas anderm abhängig sein müsse als von den dagegen angewendeten Arzneien, Kuren, Geheimmitteln etc. Schon Hippokrates erklärte vor mehr als 2000 Jahren: die Natur ist es, welche die Krankheiten heilt. Es würde den Raum dieses Buches weit überschreiten, wenn wir alle Phasen anführen wollten, welche die Heilkunde bis heute durchgemacht hat, um zur Erkenntnis zu gelangen, daß der Arzt die Heilung nicht erzwingen, sondern nur dadurch befördern kann, daß er den lebenden Organismus vor schädlichen Einwirkungen schützt.

Alle bisher erschienenen Kräuterbücher haben ihren Zweck nur einseitig verfolgt, indem in denselben nur die Heilwirkung der einzelnen Pflanzen auf den menschlichen Organismus erörtert ist, die wichtige Rolle aber, welche soviele Kräuter in der Tierarzneikunde spielen, entweder gar nicht hervorgehoben oder gänzlich vernachlässigt wurde. Auch die Anwendung der gesammten medizinischen Pflanzen nach homöopathischem Prinzip sowohl in der Heilkunde des Menschen, als auch in der Veterinärkunde wird man in ähnlichen Werken vergebens suchen.

Im vorliegenden Werk wird der Versuch gemacht, dem Leser nicht nur ein möglichst umfassendes, den vollständigen Heilkräuterschatz enthaltendes Werk zu bieten, sondern auch in möglichst ausführlicher Weise die Wirkungen der Heilmittel in allopathischer und homöopathischer Beziehung und zwar auf den menschlichen und tierischen Organismus in populärer und leicht verständlicher Weise darzulegen.

Man erhält auf diese Weise nicht nur eine kurze Naturgeschichte der medizinischen Pflanzen, sondern auch eine möglichst vollständige Arzneimittellehre, wodurch jedermann in die Lage versetzt ist, sich über die Wirkungen der einzelnen Heilmittel Kenntnis zu verschaffen. Wenn zugleich die Anwendung der Heilmittel nach homöopathischem Prinzip in dieses Werk aufgenommen wurde, so geschah es der Vollständigkeit und Brauchbarkeit wegen, zumal die Homöopathie jetzt nicht nur bei Heilung der Krankheiten des Menschen, sondern auch in der tierärztlichen Praxis Eingang gefunden hat, indem bei letzterer die Verabreichung der Arznei mit geringen Schwierigkeiten verbunden ist.

Was die Anordnung des gesamten Materials betrifft, so ist die praktische Arzneimittellehre ausführlicher behandelt, als dies in ähnlichen Werken der Fall ist. Was nützt das Heilmittel allein, wenn der Laie nicht eine verständliche Anleitung hat, dasselbe apothekermäßig zu bereiten, damit es den beabsichtigten Zweck erfülle!

Betreff der Vollständigkeit dieses Buches, so dürfte wohl kaum eine in- und ausländische Pflanze oder ein aus derselben bereitetes Heilmittel fehlen. Auch wurde gebührendermaßen auf jene Pflanzen Rücksicht genommen, welche zwar nicht mehr als offizinell gelten, aber doch als sogenannte Heilmittel unter dem Volke gebräuchlich sind und heute noch in hohen Ehren stehen. Die Kultur der bekanntesten und am häufigsten angewendeten Medizinalpflanzen ist ebenfalls beschrieben.

Dem heutigen Leser und Benutzer dieses Buches möchten wir empfehlen, die in diesem Buch enthaltenen Angaben und Rezepte nicht ohne vorherige Beratung durch einen Fachmann zu versuchen bzw. anzuwenden.

Allgemeine Arzneimittellehre

I. Die allopathischen Heilmittel

A) Allgemeine Bemerkungen über die in der Menschen-Heilkunde gebräuchlichsten Arzneimittel und die Bereitung derselben.

Begriff des Heilmittels. In der Einleitung wurde bereits bemerkt, daß man zwischen Arzneimittel und Heilmittel unterscheiden müsse. Unter jenem versteht man alles dasjenige, was das kranke Leben in gesundes umzuändern im Stande ist, welches auf eine dreifache Weise geschehen kann, indem entweder die Ursache entfernt wird, welche die Krankheit erzeugt oder unterhält, oder indem die durch die Krankheit selbst gesetzte Veränderung dadurch aufgehoben wird, oder indem der Organismus in seinem Streben nach Ausgleichung des Krankheitsprozesses unterstützt wird. Dementsprechend werden die Heilmittel verschieden benannt: Mittel, welche eine drohende Krankheit entfernt halten, nennt man Vorbauungsmittel. Mittel, welche eine unheilbare Krankheit oder einzelne besonders lästige oder die ganze Krankheit verschlimmernde Symptome mildern, heißen Linderungsmittel; jene, welche eine Krankheit durch unmittelbar Einwirkung auf die Krankheit zugrunde liegende nächste Ursache und durch Hebung derselben heilen, nennt man unmittelbare, auch wohl spezifische Heilmittel. Tragen sie zur Heilung dadurch bei, daß sie das Streben des Organismus nach Ausgleichung begünstigen, nennt man sie mittelbare Heilmittel. Ein Heilmittel kann nur dadurch seiner Bestimmung entsprechen, daß es in ein bestimmtes Verhältnis zu einem bestimmten Krankheitsprozeß tritt. Jedes Heilmittel ist daher nur bedingt ein solches; es gibt daher kein unbedingres, in allen Fällen heilbringendes Heilmittel.

Nimmt man auf die Quelle und auf die Wirkungsweise der Heilmittel im allgemeinen Rücksicht, so lassen sich in folgende Abteilungen bringen:

a) Geistige, psychische Heilmittel, worunter man die verschiedenen Seelentätigkeiten versteht, welche zur Bekämpfung körperlicher und geistiger Krankheiten verwendet werden, sie mögen entweder selbstbewußt von dem Kranken zu diesem Zwecke hervorgerufen oder durch äußere Einwirkungen angeregt werden.

b) Organische Heilmittel, worunter man tätige Organe in Einwirkung auf tätige Organe als Teile der Organisation oder lebendige Organisationen als wirksame Ganze versteht. Der tierische Magnetismus ist hierher zu zählen, andere verstehen unter organischen Heilmitteln jene, welche in Äußerungen der Heilkraft der Natur bestehen.

c) Physische Heilmittel, wohin die kosmischen und tellurischen Einflüsse zu rechnen sind, inwiefern sie zur Heilung von Krankheiten verwendet werden: Licht, Wärme, Elektrizität, Galvanismus, Schall, mineralischer Magnetismus.

d) Diätetische Heilmittel, unter welchen im engeren Sinne des Wortes diejenigen Einwirkungen verstanden werden, welche den Umtausch und Ersatz der tierischen Materie vermitteln: die Nahrungsmittel, inwiefern die methodische Anwendung derselben zur Beseitigung von Krankheiten benützt wird. Im weiteren Sinne des Wortes wird die zweckmäßige Anordnung der gewöhnlichen, das gesunde Leben erhaltenden Einflüsse darunter verstanden, wenn sie dem Heilzwecke entsprechend geregelt werden.

e) Mechanische, auch wohl chirurgische Heilmittel genannt, sind solche, welche durch Veränderung der mechanischen Verhältnisse des Organismus zur Heilung der Krankheiten beitragen, wohin die Instrumente und die Verbände gerechnet werden.

f) Arzneiische, pharmazeutische Heilmittel, Heilmittel im engeren Sinne des Wortes, eigentliche Arzneimittel, wohin man dem gemeinen Sprachgebrauch zufolge alle übrigen, vorzugsweise chemisch wirkenden und ganz besonders zur Heilung von Krankheiten in Anwendung stehenden Heilmittel rechnet. Im allgemeinen stehen sie in einem gewissen Gegensatz zum Organismus, sind ihm mehr fremd und bewirken daher in demselben tiefer eingehende Veränderungen, wodurch sie eben vorzugsweise geeignet werden, Krankheiten zu heilen.

Von der Gabe der Arzneien. Unter Gabe, Dosis einer Arznei versteht man die Menge derselben, welche der Arzt den Kranken in einem bestimmten Zeitraum nehmen läßt. Wie groß die Menge der Arznei sein müsse, lehrt die besondere Heilmittellehre. Im allgemeien kann man sagen, sie muß so groß sein, daß darauf Heilwirkungen eintreten können. Ferner ergibt sich, daß man zumal bei den kräftiger wirkenden Arzneimitteln zwischen kleinen, mittleren und großen Dosen unterscheiden muß, an welche nicht nur dem Grade, sondern auch der Qualität nach nich selten verschiedene physiologisch und therapeutische Wirkungen gebunden sind, zu deren Erzielung behufs der Heilung einer vorliegenden Krankheit daher bald die eine, bald die andere Gabe notwendig sein wird, wobei übrigens sowohl die Individualitätsverhältnisse, als die Art der Erkrankens eine wichtige Rolle spielen.

Die Arzneigabe wird nach dem Gewicht gemessen:

1 Pfund hat 12 Unzen und ist gleichwertig mit 420.011 Gramm,
1 Unze hat 2 Lot " " " 35.001 "
1 Lot hat 4 Drachmen " " 17.500 "

1 Drachme hat 3 Skrupe	"	"	4.375 "
1 Skrupel hat 20 Gran	"	"	1.458 "
1 Gran hat	"	"	0.0729188 Gramm

Auch die flüssigen Arzneien werden durch das Gewicht gemessen; nur bei besonderen Gaben macht man öfters eine Ausnahme, indem man diese nach einigen im gemeinen Leben üblichen Maßen bestimmt. Hierher gehören: 1 Seidel Wasser = 10 Unzen oder 20 Lot W. G.; ein Weinglas = 3 Unzen Wasser; ein größerer Eßlöffel = ½ Unze (von den gewöhnlichen, bei uns gebräuchlichen kann man 3 Löffel auf 1 Unze rechnen); 1 Kaffeelöffel = eine Drachme Wasser; 1 Tropfen = ½ bis 1 Gran. Bei Säuren rechnet man, daß in einer Drachme 50-60 Tropfen; bei Naphten 150-200 Tropfen enthalten sind. Bisweilen bedient man sich auch eines Kaffeelöffels, um die besondere Gabe eines Pulvers zu bestimmen und rechnet man auf ihn eine ½ Drachme. Auf einer Messerspitze rechnet man 10-20 Gran.

Bei der Arzneigabe muß man die Individualität des Kranken: Alter, Geschlecht, Temperament, Körperbeschaffenheit, Gewohnheit, Lebensweise, Idiosynkrasie, andererseits den Grad und die Beschaffenheit der Krankheit, das Organ, auf welches man die Krankheit wirken läßt, die Wirksamkeit derselben und endlich noch einige äußere Verhältnisse, wie: Klima, Jahreszeit, epidemische Konstitution, in Betracht ziehen.

Von der Zeit, wann Arzneien zu reichen sind. Die Zeit, wann Arzneien zu reichen und innerhalb welcher Zwischenräume sie zu wiederholen sind, hängt von mehreren Umständen ab. Der Organismus bietet zu gewissen Jahreszeiten eine größere Empfänglichkeit für gewisse arzneiliche Einflüsse dar; hierzu kommt, daß mehrere der letzteren zu gewissen Zeiten heilkräftiger sind. Man verschiebt daher die Radikalkur mancher Krankheiten auf diese günstige Zeit, wenn es irgend angeht und behilft sich in der Zwischenzeit mit leichteren Mitteln. So verschiebt man bei vielen Leiden der Unterleibsorgane die Hauptkur auf das Frühjahr und den Sommer, wo man eine Mineralwasserkur am zweckmäßigsten vornehmen kann, oder bei Brustleiden auf dieselben Jahreszeiten den Gebrauch der Milch- und Molkekuren in geeigneten Gebirgsgegenden.

Je nachdem die Krankheit zu- oder abnimmt, muß in diesen Stadien der Krankheit bald energisch mit Arzneien eingegriffen, bald mit denselben sparsamer gebahrt werden. Je dringender die Gefahr, je rascher der Verlauf, je schneller daher Hilfe gebracht werden muß, um so rascher müssen sich die einzelnen Gaben folgen. Bei heftigen Blutflüssen, bei rasch verlaufenden Fällen von Cholera muß man die Arzneien alle fünf Minuten, alle Viertelstunden folgen lassen. Je flüchtiger die Wirkung, umso rascher muß die einzelne Gabe wiederholt werden und umgekehrt, je länger ein Arzneikörper im Organismus verweilen muß, ehe er seine Wirkung entfaltet, und je größer und eingreifender die letztere ist, umso länger müssen die Zwischenräume sein, innerhalb welcher die Gaben aufeinander folgen. Selbst die Form einer Arznei ist zu berücksichtigen, indem Arzneien in flüssiger Form rascher vom Organismus aufgenommen werden, als in fester Form.

Von der Form der Arzneien. Die Form, in welcher man Arzneien bringen kann, sind: die luft- und dunstförmige, die tropfbar flüssige, die dickflüssige, die weiche, die festweiche, die festtrockene und pulverförmige.

1. In luftförmiger Form bietet entweder die Natur selbst gewisse, als Arznei verwendbare Gasarten dar oder sie werden künstlich entwickelt, oder es sind

Körper in tropfbarflüssiger oder selbst in fester Form, welche aber entweder bei gewöhnlicher oder bei erhöhter Temperatur sich verflüchtigen und somit der Luft beimengen. Die Anwendung findet statt auf das äußere Hautorgan, die Atmungsorgane, in den Mastdarm, in die Scheide, Gebärmutter, Nasenhöhle, in den äußeren Gehörgang etc. Besonders rasch tritt die Wirkung auf, wenn die Einwirkung auf die Atmungsorgane geschah, weil hier die Aufsaugung ungemein schnell erfolgt, wie man sich bei den Ätherinhalationen überzeugen kann. Man bedient sich hierbei entweder besonderer Apparate oder man läßt die Luft des Zimmers, in welchem der Kranke verweilt, zeitweilig bis auf einen gewissen Grad mit den Exhalationen sich imprägnieren, wie dies z. B. mit dem Terpentin der Fall ist. Mit Recht hat man in der neuesten Zeit von dieser Anwendungsweise Gebrauch gemacht.

2. Als flüssige Arzneien betrachtet man die Auflösung, die Mixtur, die Emulsion, frisch ausgepresster Pflanzensäfte, destillierte Wässer, Aufgüsse und Abkochungen.

Und Auflösung (Solutio) versteht man eine Flüssigkeit, welche den ganzen Arzneikörper in flüssiger Form in sich aufgenommen hat. Als Auflösungsmittel dienen Wasser, Essig, Weingeiste, Wein und andere Flüssigkeiten. Unter Mixtur versteht man ein Gemenge verschiedener Flüssigkeiten oder Lösungen fester Körper, in welchen nicht selten fein zerteilte Substanzen beigemengt anzutreffen sind; insbesondere heißt aber Mixtur eine Flüssigkeit, die zum innerlichen Gebrauch bestimmt ist oder tassenweise genommen wird. Ein Trank ist von einer Mixtur darin verschieden, daß ersterer in reichlicher Menge und in kürzeren Zwischenräumen als letztere genommen wird. Derselbe besteht demnach entweder aus einem einfachen Aufguß oder einem Absud einer vegetabilischen Substanz, in welchem Falle er auch Tisane heißt, oder in einem Gemenge verschiedener Flüssigkeiten, z. B. Wasser mit Sirup, Essig, Sauerhonig etc. oder aus einem Gemenge mehrere der benannten Körper mi mancherlei Zusätzen, um denselben angenehmer zu machen. Ein Tränkchen heißt eine Arznei, die ein geringes Volumen hat, und entweder auf einmal oder in wenigen Gaben binnen kurzer Zeit innerlich genommen wird.

Emulsion oder Pflanzenmilche werden auf zweierlei Weise bereitet, nämlich entweder aus öligen Samen durch das Stoßen mit Wasser, wodurch man eine wahre Emulsion erhält, oder indem man Harze, Gummiharze, natürliche Balsame, oder fette Öle mit Gummischleim oder Eidotter abreibt und nach und nach Wasser zusetzt, auf welche Weise man die falsche Emulsion erhält.

Pflanzensäfte sind diejenigen Flüssigkeiten, die in den lebenden Pflanzen enthalten sind, zu deren Wachstum und Nahrung dienen und durch eine geschickte Behandlng abgeschieden werden. In den Apotheken finden in der Regel nur diejenigen Pflanzensäfte Anwendung, die aus ganzen Pflanzen oder einzelnen Teilen derselben durch Auspressen erhalten werden; außerdem erhält man auch durch Einschneiden und Anbohren in die Rinde Pflanzensaft, auf welche Weise der Birkensaft frührer zur Bereitung eines Sirups verwendet wurde. Gegenwärtig werden Pflanzensäfte gebraucht: a) bloß für sich als Kräutersäfte zu der Frühlingskur; b) um Zuckersäfte und Roobs darzustellen; c) um sie zur Dicke eines Extraktes abzudampfen; d) um in denselben andere Körper aufzulösen, wie z. B. das Eisen in dem Apfelsaft. Die Abscheidung der Pflanzensäfte geschieht gewöhnlich auf folgende Weise: Die frisch gesammelten hinreichen saftigen und gehörig von den fremdartigen Gewächsen und bereits vertrockneten Blättern etc. befreiten Pflanzenteile werden, wenn ihnen erdige Teile oder andere Unreinigkeiten anhängen, schnell mit kaltem Wasser abgespült, dann, wenn alles Wasser abgetröpfelt ist, in einen steinernen Mörser mit einer hölzernen Keule zu einem dünnen Brei zerstoßen, welchen man in einen leinenen Beutel bringt und in einer hölzernen Presse auspreßt. Hierbei ist überhaupt folgendes zu bemerken: Sind die Pflanzenteile zu wenig saftig oder der Saft zu zäh und klebrig, so daß er sich nur schwierig abscheiden läßt, so muß man während des Stoßens eine kleine Quantität reinen Wassers zusetzen und nötigenfalls den Brei einige Stunden an einem kühlen Ort stehen lassen, ehe man ihn auspreßt. Wurzel und Kräuter werden früher zerschnitten, Früchte aber auf einem Reibeisen zerrieben, wodurch das Zerstoßen erleichtert und beschleunigt wird. Kräuter müssen, wenn sie zerstoßen sind, alsobald ausgepreßt werden, besonders wenn sie aromatisch sind; Früchte, z. B. Himbeeren etc. können aber einige Tage stehen bleiben, während eine gelinde Gährung entsteht, wodurch der Schleim abgesondert und dann mehr Stoff erhalten wird. Der Saft mehrerer Früchte, z. B. der Zitronen darf, wenn er ausgepreßt worden, nicht mit den Kernen oder der Schale in Berührung gesetzt werden, weil er sonst einen Geruch oder Geschmack annehmen würden, den er nicht besitzen soll; in gewissen Fällen läßt man absichtlich den Saft über den zerstoßenen Kernen stehen, damit er einen Geruch und Geschmack annehme, z. B. über den Kirschkernen. Man darf die Pflanzenteile erst dann zur Abscheidung der Säfte nehmen, wenn sie ihre gehörige Ausbildung und Reife erlangt haben, weil sie sonst nicht die gehörige Beschaffenheit und ganz andere Bestandteile besaßen. Kräutersäfte, zu Frühjahrs-Kuren dienend, müssen täglisch frisch bereitet werden, weil sie leicht verderben. In neuester Zeit hat man jedoch die Entdeckung gemacht, Pflanzensäfte längere Zeit unverändert aufbewahren zu können, und zwar indem man sie in Flaschen füllt, diese auf Stroß in einem Kesse, worin sich Wasser befindet, stellt und nach Umständen befestigt, dann das Wasser bis zum Sieden erhitzt, einige Zeit aufwallen läßt, die Flaschen nun gut mit genau passenden Stöpseln versieht, überdies mit Blase verbindet und nun an einen kühlen Ort stellt.

Da die ausgepressten Säfte mancherlei Bestandteile enthalten, die insgesamt in der Mischung bleiben oder zum Teil aus derselben abgeschieden werden sollen, so werden dieselben auf mancherlei Art geklärt, und zwar daß man die Kräutersäfte nur eine kurze Zeit stehen läßt, damit die fibrösen Teile sich absetzen, worauf man dieselben durch ein wollendes Tuch seiht. Sollen die harzigen, stärkemehlarigen und die färbenden Substanzen abgeschieden werden, so läßt man die Säfte einige Tage stehen und filtriert sie dann durch Fliespapier. Enthalten die Säfte Eiweißstoff und mit ihm die übrigen trübenden Teile, die ohne Verminderung der arzneilichen Kräfte abgeschieden werden können, so lassen sie sich leicht klären: Man füllt nämlich dieselben in Flaschen, die man, nachdem deren Mündung mit Leder vermacht worden, im heißen Wasser allmählich erwärmt, bis der Saft hinlänglich erhitzt und der Eiweißstoff geronnen ist, worauf man die Gefäße erkalten läßt und den Inhalt alsdann filtriert.

Verschiedene Säfte, z. B. Zitronen-, Himbeersaft etc. müssen, wenn man sie lange aufbewahren will, vollkommen klar, durchsichtig und ohne Bodensatz sein, weil dieser sonst leicht zu einer Gährung Anlaß bietet. Um den erwähnten Zweck zu erreichen, gießt man den klaren Saft in Flaschen, von etwa 2 Pfund Inhalt, die einen langen engen Hals haben, so zwar, daß dieselben nicht ganz voll werden; den übrigen Raum ergänzt man mit reinem, frischem Provenceröl, verbindet die Mündung der Flasche mit Papier und stellt die Gefäße an einen kühlen Ort. Der Zitronensaft läßt sich auch ohne aufgegossenes Öl aufbewahren, wenn man die Flasche ganz anfüllt und sie gut verstopft und umgestürzt aufbewahrt.

Oft werden mehrere frische Pflanzen oder deren Teile zugleich ausgepreßt, was gewöhnlich nach spezieller Anordnung des Arztes erfolgt.

Das destillierte Wasser (Aqua destillata) erhält man, indem man mit flüchtigen Bestandteilen versehene Arzneien in der zehnfachen Menge Wassers der Destillation bei mäßiger Wärme aussetzt, bis der vierte Teil Wassers in die Vorlage übergegangen ist. Dasselbe enthält die flüchtigen Bestandteile des Arzneikörpers.

Aufgüsse (Infusa) sind flüssige Arzneimittel, welche entstehen, wenn man Arzneikörper mit Flüssigkeiten von verschiedener Beschaffenheit übergießt, letztere einige Zeit mit denselben in Berührung läßt und dann wieder abgießt. Die Aufgüsse, zu welchen Wein kommt, heißen Kräuter- oder arzneiliche Weine. Sollen sie aus Wasser und Wein bestehen, so infundiert man die Arzneien zuerst mit Wasser und gießt später den Wein kalt hinzu. Ist Wein allein vorgeschrieben, so muß man diesen kalt aufgießen und nachher digerieren.

Ein Absud (Decoctum) ist ein flüchtiges Arzneimittel, welcher erhalten wird, wenn man verschiedene Arzneikörper mit Wasser längere Zeit einer Temperatur aussetzt, die dem Siedepunkt des Wassers gleichkommt. Die Dauer des Kochens richtet sich nach der Menge des Wassers, nach den Bestandteilen, die man ausziehen will und nach dem Gewebe der Pflanzen-Substanz, da beispielsweise härtere Teile wie Hölzer länger gekocht werden müssen als Rinden und Wurzeln. Die Substanz, welche ausgekocht werden soll, muß gehörig zerkleinert werden und soll das Kochen in Pfannen geschehen, worin das Decoct nicht verunreinigt werden kann. Während des Kochens muß die gehörige Aufmerksamkeit angewendet werden, damit einerseits die Flüssigkeit beständig im Sieden erhalten wird, andererseits aber auch nicht zu rasch koche und überlaufe. Der Abgang von der nötigen Menge Colatur darf nicht durch kaltes Wasser ergänzt werden, sondern man bringt gleichfalls Flüssigkeit und die Pflanzensubstanz in die Pfanne zurück, setzt eine genügende Quantität Wasser hinzu und läßt alles einigemale aufkochen. Das Anlegen der Pflanzenteile an die Wände der Gefäße oberhalb der Flüssigkeit muß sorgfältig vermieden und deshalb öfters mit einer sauberen hölzernen Spatel umgerührt werden. Ist die rückbleibende Substanz zwischen dem Seihtuche mit den Fingern und unter Beihilfe der hölzernen Spatel ausgepreßt worden, so stellt man das Decoct zum Abkühlen hin. Nach dem Erkalten wird dasselbe gewöhnlich vom Bodensatz abgegossen, in einigen Fällen auch filtriert. Sollen Körper von verschiedener Beschaffenheit gekocht werden, so dürfen sie nicht zu gleicher Zeit dieser Operation unterworfen werden, zuerst nimmt man die härtesten Teile, z. B. Hölzer und Rinden, dann die weicheren und schleimigen Stoffe z. B. Eibischwurzel, isländisches Moos, Rhabarber etc. und zuletzt Blumen- und ähnliche zarte Teile, die man nur einigemal aufkocht; eigentlich sollen Blumenteile und solche Körper, die durch die Hitze eine Veränderung ihrer Bestandteile erleiden, z. B. Brechwurzel, Meerzwiebel etc., so auch Süßholz nie gekocht, sondern zuletzt nur infundiert werden. Wird zu Decocten statt Wasser Wein, Bier oder eine andere alkoholische Flüssigkeit oder aromatisch-destilliertes Wasser als Ausziehungsmittel verordnet, so muß das Kochen jederzeit in verschlossenen Gefäßen bei gelinder Hitze geschehen.

Aufguß-Absud (Infuso-Decoctum) ist ein Arzneimittel, das aus einem Aufguß und einem Decoct zusammengesetzt ist; man stellt dieses dar, wenn man einen Arzneikörper zuerst mit Wasser, Wein etc. infundiert, und den Rückstand erst mit einer neuen Quantität Flüssigkeit kocht, dann beide vermengt.

Ein Absud-Aufguß (Decocto-Infusum) ist eine aus einer Abkochung und einem Aufguß zusammengesetzte Arznei, welche erhalten wird, wenn man einen Arzneikörper, welcher flüchtige Stoffe enthält, durch ein Auflösungsmittel, welches eine Abkochung ist, bei einer Temperatur, die unter dem Siedepunkt des Wassers ist, auszieht.

Die Tinkturen (Tincturae) werden in der Regel dadurch bereitet, daß man Alkohol über eine oder mehrere Substanzen unter Beihilfe einer gelinden Wärme stehen läßt, um eine gänzliche oder teilweise Lösung zu bewirken; geschieht dies über eine einzelne Substanz, so nennt man die erhaltene Flüssigkeit eine einfache Tinktur, Tinctura simplex; werden aber mehrere Kdörper mit einem gemeinschaftlichen Lösungsmittel übergossen, so heißt die erhaltene Flüssigkeit zusammengesetzte Tinktur, Tinctura composita. Nach der äußeren Beschaffenheit und nach der Menge der in Alkohol aufgelösten Substanzen hatte man früher Tinktur von Essenz und Elixir unterschieden. Essenz hieß man eine weniger durchsichtige, mehr gesättigte Tinktur; Elixir nannte man eine sehr gesättigte, mehr zusammengesetzte und ganz undurchsichtige Flüssigkeit wie es z. B. die zusammengesetzte Aloetinktur ist.

Hier seien noch in Kürze eine pharmazeutische Operationen erwähnt:

Das Schlämmen wird vorgenommen, um pulverige, im Wasser unauflösliche Körper von gröberen Teilen zu trennen; zu diesem Zwecke wird die in einem Mörser zerkleinerte Substanz in ein Gefäß gebracht, mit einer beträchtlichen Menge Wasser übergossen, alles gut umgerührt und nach einer Weile die noch milchig-trübe Flüssigkeit in ein anderes Gefäß abgegossen; auf den Rückstand gießt man neues Wasser und verfährt auf diese Weise so lange, bis das Zurückbleibende weiter kein so feiner Pulver liefert. Das zusammengegossene trübe Wasser läßt man so lange ungerührt und ruhig stehen, bis das feine Pulver gänzlich zu Boden gesunken ist; ersteres wird abgegossen, letzteres auf ein Filtrum gelegt und getrocknet.

Das Durchsehen hat den Zweck, um Flüssigkeiten von festen Körpern oder umgekehrt zu trennen. Dasselbe geschieht entweder auf das Kolieren oder durch das Filtrieren. Ersteres kann auf verschiedene Weisen vorgenommen werden, nämlich mittels eines Durchschlages, eines Haarsiebes, durch ein Seihtuch, durch den Spitzbeutel, durch gestoßenes Glas oder ganz weißen Quarzsand. Das Filtrieren unterscheidet sich vom Colieren, daß die Substanzen, durch welche durchgeseiht wird, eine dichtere Beschaffenheit haben müssen, wonach die Flüssigkeit ganz klar durchlaufen muß. Man verrichtet dasselbe durch feines Druck- oder Löschpapier, das entweder auf ein leinenes, auf dem Tenakel ausgespanntes Seihtuch gelegt oder welches trichterförmig zusammengelegt und in den Filtrierkorb, in die Öffnung des Filtrierbretchens oder in einen eigenen oder gemeinen Trichter gesteckt wird. Ferner filtriert man durch eine Filzbeutel und durch Kohlenpulver.

Die Mazeration oder der kalte Aufguß wird vorgenommen, wenn nur sehr leicht lösliche Substanzen ausgezogen werden sollen oder wenn das Auflösungsmittel sehr flüchtig ist.

die Digestion (Digestio) unterscheidet sich von dem Aufguß dadurch, das das Auflösungsmittel längere Zeit mit Beihilfe einer gelinden Wärme auf die auszuziehende Substanz wirken muß, um die schweren löslichen Körper aufzunehmen. Meistens werden durch Digestion die Tinkturen, Essenzen und Elixire bereitet. Die Digestion geschieht am zweckmäßigsten in Kolben oder Flaschen. Die Gefäße dürfen höchstens nur ⅔ voll gefüllt werden, damit der Inhalt vollkommen untereinander geschüttelt werden kann. Ist das Ausziehungsmittel Alkohol oder eine andere flüchtige Substanz, sind überhaupt leicht verdampfbare Körper vorhanden, so muß das Gefäß vermacht, jedoch auch für etwa entweichende Gas- oder Dampfarten Sorge getragen werden, weswegen man die Mündung des Gefäßes entweder mit einer naßgemachten Blase, in welche man mit einer Stecknadel eine Öffnung gemacht hat, oder mit einem Papierstöpsel verschließt. Die Digestionswärme muß immer geringer als der Siedepunkt der Flüssigkeit sein. Geschieht die Digestion im Sandbade, so darf der Sand nie höher als der inhalt in dem Gefäßt stehen.

3. Dickflüssig werden die Arzneien, wenn man das Wasser, das sie enthalten, verdunsten läßt, wie dies beim Sirup, Roob und in den meisten Extrakten der Fall ist, oder sie mit einer dickeren Flüssigkeit vermischt, wohin der Schleim, Lecksaft, das Liniment und die Salbe gehören.

Um Honigsäfte (Mellita) darzustellen, wird der gemeine Honig selbst einer Reinigung unterzogen, welches vorschriftsmäßig dergestalt geschieht, daß man 10 Pfund Honig mit 8 Teilen Wasser in einem zinnernen oder steingutenen Gefäß übergießt und so lange kocht, bis kein Schaum, den man mittels eines dazu bestimmten Löffels abnimmt, entsteht, darauf die Flüssigkeit durch einen wollenen Spitzbeutel durchseiht und weiter bius zur Sirupdicke einkocht. Die Darstellung der offizinellen Honigsäfte geschieht, indem man den gereinigten Honig mit einem Aufguß oder Decoct bis zur Sirupdicke eindickt; nur einige arzneiliche Honige, die durch Kochen ihre Wirksamkeit verlieren oder bei denen das Kochen zwecklos wäre, werden durch Zusammenmischen bereitet.

Sauerhonige sind Arzneimittel, welche man aus Essig oder einem Essigaufguß und Honig, und zwar auf gleiche Weise wie die Honigsäfte bereitet, nur daß man die Eindickung in steingutenen Gefäßen vornehmen soll. Den gemeinen Sauerhonig bereitet man, indem 2 Teile Honig und 1 Teil Essig unter Abschäumen bis zur Sirupdicke eingekocht, dann durch ein wollenes Tuch geseht und in wohlvermachten Gefäßen aufbewahrt werden.

Sirupe oder Zuckersäfte unterscheiden sich von den Honigsäften dadurch, daß zu denselben Zucker statt Honig genommen wird. Die Bereitung derselben geschieht auf zweifache Weise; entweder wird ein Aufguß, ein Decoct, oder ein frischer oder gegohrener Pflanzensaft, selbst auch mit der einfachen Lösung eines Stoffes mit der doppelten Quantität zerstückelten Zucker ein einzigesmal aufgekocht und dann durchgeseiht oder wenn die Flüssigkeit keine flüchtigen Bestandteile erhält, auch sonst durch die anhaltende Einwirkung der Wärme keine Veränderung desselben erfolgt, mit einer geringeren Menge Zucker bis zur gehörigen Konsistenz eingekocht. Sonst ist bei deren Darstellung folgendes überhaupt zu bemerken: Es müssen die Aufgüsse und Decocte kunstgemäß bereitet und so wie die Pflanzensäfte und die übrigen Fluida klar sein, daher nach ihrer Beschaffenheit entweder durchgeseiht oder auch filtriert werden. Die Bereitung derselben geschieht in zinnernen oder gut verzinnten Gefäßen, jener aber, zu welchem sauere Flüssigkeiten kommen, vorteilhaft in Steingut- oder Porzellangefäßen. Auf die gehörige Dicke oder Konsistenz muß genau Rücksicht genommen werden; denn ist ein Zuckersaft nich dick genug, so verdirbt er leicht, besonders wenn er schleimig ist und nicht an einem kühlen Ort steht; ist er zu dick, so kristallisiert ein verhältnismäßiger Teil Zucker heraus und die über demselben befindliche Flüssigkeit hat nun gleichfalls nicht die gehörige Konsistenz. Säfte dürfen, mit einigen Ausnahmen, aus schon bekannten Gründen nicht mit Eiweiß geklärt, sondern der sich während des Aufkochens bildende Schaum muß abgenommen und dann noch ganz heiß durch ein wollendes Tuch geseiht werden. Die fertigen Säfte läßt man in einem steingutenen Gefäß erkalten und füllt sie dann erst in die Standgefäße; geschieht dies nicht und verstopft man letztere sogleich, wenn noch warmer Saft eingefüllt worden ist, so schimmelt solcher leicht.

Die Aufbewahrung der Zucker- sowie der Honigsäfte geschieht am besten in mit Korb oder Papier wohlverschlossenen Glasflaschen mit weiter Mündung, in einem kühlen, trockenen Orte, jene, welche des Jahres nur einmal angefertigt werden können, z. B. Veilchen-, Himbeer-, Erdbeersirup, müssen in entsprechender Quantität vorhanden sein, die übrigen Säfte werden in den Apotheken nur auf kurze Zeit angefertigt.

Roob oder Mus, auch Salse genannt, ist ein Pflanzensaft, der mit Zusatz von Zucker oder auch Honig zur Konsistenz eines dicken Extraktes eingedickt wird, wonach sie nur durch besagten Zusatz verschieden sind.

Extrakte sind Arzneimittel, die man durch Eindicken der Pflanzensäfte oder durch Abdampfen der Aufgüsse und Decocte bis zu einer dicken Konsistenz erhält. Man teilt sie ein in kalt bereitete, heiß bereitete, ausgepreßte Extrakte, dann nach dem Ausziehungsmittel in wässerige, ätherische und alkoholisch-wässerige, endlich nach der Konsistenz in flüssige, dicke und feste Extrakte. Bei der Extraktbereitung bleibt die Hauptaufgabe, die Bestandteile der Arzneistoffe in möglichst unverändertem Zustand in denselben zu vereinen.

Das Frucht- oder Obstmark (Pulpa) ist von der Salse darin verschieden, daß zu demselben nicht allein der Saft, sondern auch das Fleisch der Frucht genommen wird, zu welchem Zwecke die von den Kronen befreiten Früchte mit dem drei- bis vierfachen Gewicht Wasser in einem zinnernen oder steingutenen Gefäß unter beständigem Umrühren weich gekocht oder auch nur mit heißem Wasser übergossen und erweicht, dann durch einen Durchschlag oder mittels eines Haarsiebs durchgetrieben, der Rückstand, wenn er noch Mark enthält, mit der Hälfte Wasser nochmals wie vorhin behandelt und nun zwischen dünner Leinwand ausgedrückt und das Durchgegangene mit oder ohne Zusatz von Zucker zu einer dicken Masse in demselben Gefäß bei einer 80 Grad nie übersteigenden Hitze gehörig eingekocht, dann in die Standgefäße von Glas oder Steingut überfüllt wird. Der Fruchtmus ist demnach im Wasser nie ganz löslich.

Unter Schleim (Mucilago) versteht man eine zähe, dickliche Auflösung der Gummis oder eines diesem ähnlichen Stoffes im Wasser; derselbe wird entweder durch unmittelbares Zusammenbringen eines Gummiart mit Wasser oder durch Einwirkung des letzteren auf eine schleimhaltige vegetablische Substanz erhalten

Lecksaft (Linctus) ist ein zum innerlichen Gebrauch bestimmtes Arzneimittel von dicklicher Beschaffenheit und angenehmem Geschmack, das tee- oder kaffeelöffelweise genommen wird. Zu demselben kommen daher vorzüglich Gummischleim, Eigelb, Honig- und Zuckersäfte, Öle, wozu öfters noch Pulver, Extrakte, Gummiharze, Tinkturen und dgl. beigesetzt werden, woraus sich auch die Bereitungsart ergibt.

Werden arzneiliche Substanzen von einem fetten Öl aufgenommen, so nennt man das hieraus hervorgehende Mittel ein Liniment, wenn es bei der äußeren Anwendung noch langsam fließt; Salbe heißt es, wenn es eine beträchtliche Dicke erlangt hat, doch so, daß es sich leicht aufstreichen läßt, ohne zu zerfließen.

4. Weich sind die Arzneien, wenn sie von der Dicke eines Breies sind und nicht mehr fließen, wohin also auch die Salbe und die weichen Extrakte zu rechnen sind. Die Latwerge, Konserve und der Breiumschlag gehören hierher.

Unter Latwerge (Electuarium) versteht man ein Arzneimittel, das aus einem Gemenge von Pulvern, Extrakten, Konserven, Gummiharzen, Harzen, öligen Substanzen, Salzen etc. besteht, das mit Honig- oder Zuckersäften zur Konsistenz eines steifen Honigs angemacht worden ist, so daß es beim Herausnehmen mit einer Spatel von letzterer nicht mehr abläuft.

Unter Konserven oder Kräuterzucker begreift man ein inniges Gemenge von frischen Pflanzenteilen mit Zucker; der Zweck der Konserven ist, die Kräfte der frischen Pflanzenteile, die durch das Trocknen verloren gehen würden, längere Zeit hindurch zu erhalten. Konserven werden dadurch bereitet, daß man die durch sorgfältiges Auslesen und schnelles Waschen gereinigten frischen, gehörig saftigen und weichen Pflanzenteile in einem steineren Mörser mit einer hölzernen Keule zu einem gleichförmigen Brei zerstößt und nach und nach unter fortwährendem Umrühren die vorgeschriebene Quantität gepulverten weißen Zucker zusetzt, dann in steingutenen, gläserenen oder porzellanenen Gefäßen an einem kühlen, trockenen Ort aufbewahrt. Zu bemerken ist: Pflanzenteile, die zu hart und faserig sind, so daß sie sich nicht leicht zerteilen lassen und keinen gleichförmigen Teig geben würden, müssen vor dem Zerstoßen klein zerschnitten, auch zuvor alle ungleichartigen, unwirksamen Teile, als die Kelche von den Blumen, die Stengel von den Kräutern etc. entfernt werden. Die Quantität des Zuckers, die zu einer haltbaren Konserve notwendig ist, richtet sich nach der Beschaffenheit der Pflanzenteile; zu den sehr saftreichen vegetabilischen Substanzen, als: Bachbungen, Löffelkraut, Erdrauch nimmt man 3 Teile Zucker auf einen Teil der Pflanze; sehr trockenen Substanzen muß man während dem Stoßen etwas Wasser zusetzen. Die fertigen Konserven müssen in einigen Tagen wieder umgerührt werden. Getrocknete Pflanzenteile dürfen auf keine Weise, selbst dann nicht zu den Konserven verwendet werden, wenn sie zu diesem Zwecke fein zerstoßen und in verschlossenen Gefäßen aufbewahrt werden.

Breiumschlag (Cataplasma) ist ein aus mehligen, öligen und schleimigen Stoffen zusammengesetzter, für äußerliche Anwendung bestimmter Brei.

5. Die festweichen Arzneibereitungen werden aus dicken Flüssigkeiten und trockenen Körpern gewonnen, wobei die letzteren überwiegen, wie dies bei den Pillen, Pflastern, Teigen, Seifen der Fall ist.

Unter Pillen (Pillulae) versteht man Arzneimittel, welche aus einem Gemenge verschiedener Ingredienzien bestehen und mit Hilfe eines schicklichen Zwischenmittels in einen zähen Teig verwandelt worden sind, woraus man kleine runde Kügelchen formiert hat.

Bissen (Boli) ist ein Arzneimittel, das sich von der Latwerge durch eine steifere Konsistenz und dadurch unterscheidet, daß es in abgeteilte Portionen, nämlich in kleinen Kugeln verabreicht wird. Zu den Bissen kommen wie zu den Latwergen Pulver, Extrakte, Konserven, Roobs, Honig, Zuckersäfte etc., die mit samt zur gehörigen Konsistenz durch inniges Reiben und Vermengen in einem Glas- oder Serpentin-Mörser vereinigt werden, so daß ein dicker Brei entsteht, aus dem man haltbare Kugeln von einer halben bis 2 Drachmen verfertigt.

Pflaster (Emplastra) sind Arzneimittel, die zum äußeren Gebrauch (auf Leinwand, Leder etc. aufgestrichen) bestimmt und von Salben durch eine zähere, festere Konsistenz verschieden sind.

Die Wachssalben (Cerata) werden durch Zusammenschmelzen ganz so wie die Pflaster bereitet und nur, statt in Stangen geformt zu werden, in geölte Papierkapsel ausgegossen und nach dem Erkalten in viereckige Stücke zerschnitten.

6. Bisweilen werden Arzneikörper in festtrockener Form verordnet, wie dies bei den Morsellen, Zeltchen und Schluckkügelchen der Fall ist.

Morsellen (Morsuli) sind zuckerige Arzneimittel, die aromatische und andere Stoffe enthalten. Sie werden bereitet aus aufgelöstem Zucker, den man so lange einkocht, bis sich die Flüssigkeit in Fäden ziehen läßt; dann setzt man ihm die passenden Arzneien zu, schüttet das ganze in eine eigene befeuchtete Form; nach dem Erkalten schneidet man die Masse in länglich viereckige Stücke von etwa 2 Zoll Länge und ½ Zoll Breite bei einer Dicke von 2-3 Linien.

Die Zeltchen (Rotulae) werden auf ähnliche Weise gewonnen nur mit dem Unterschied, daß man die Masse nicht in eine Form ausgießt, sondern tropfenweise auf ein blankes Blech fallen läßt, wodurch man rundliche, oben konvexe, unten ebene Körperchen von etwa 5 Gran Schwere erhält.

Die Kügelchen oder Trochisken (Trochisci) sind von den Zeltchen insofern verschieden, daß die hierzu bestimmten Pulver mit Zucker versetzt, mit Tragantschleim zu einem Teig angemacht und aus diesem Kügelchen formiert werden, denen man gewöhnlich durch einen Stempel einen Stern aufdrückt.

Stäbchen (Bacilli) werden aus verschiedenen Ingredienzen wie die Trochisken bereitet, nur daß man sie nicht in kleinere Stücke zerteilt, sondern in eine stängliche Masse ausgewalzt und dann trocknet.

Die Täfelchen (Tabulae) bestehen aus einem Gemenge verschiedener sehr feiner Pulver, die man mit Zucker und Gummischleim zu einem zähen Teig ausrollt und dann hieraus quadratförmige, etwa ½ Zoll breite Stücke schneidet.

Ölzucker (Eleosacchara) wird entweder bereitet, indem man unmittelbar ein äthersiches Öl mit Zucker oder auch letzteren mit solchen Substanzen zusammenreibt, die einen großen Gehalt von ersterem in sich fassen oder indem man mittels eines Stückes Zucker die an der Oberfläche einiger vegetabilischen Substanzen enthaltene ätherisch-ölige Schicht abreibt.

7. Die Arzneimittel im festen Zustand werden gröblich zerkleinert oder fein pulverisiert angewendet. Nach dem Grade der Feinheit unterscheidet man sehr feines, mittelfeines und grobes Pulver. Pulver zum innerlichen Gebrauch müssen sehr fein sei, daß dieselben zwischen den Zähnen nicht knirschen.

Hieran reihen sich noch folgende Arzneimittel:

Tropfen (Liquor) heißen flüssige Arzneien, die nur in geringen Gaben, nämlich in abgezählten Tropfen zu nehmen verordnet werden.

Der Pinselsaft (Litus oris) ist eine dem Lecksaft ähnliche Mischung, nur mit dem Unterschied, daß derselbe zum äußerlichen Gebrauch bestimmt ist und mittels eines Pinsels oder Federbarts auf den leidenden Teil gestrichen wird.

Mund- und Gurgelwasser (Collutorium, Gargarisma) ist eine zum Ausspülen des Mundes, oder zum Gurgeln bestimmte Flüssigkeit. Sie wird aus Aufgüssen, Decocten, destillierten Wässern, Honig- und Zuckersäften etc. zusammengesetzt, woraus auch ihre Bereitung zu entnehmen ist.

Augenwasser (Collyria) sind bestimmt in oder an das Auge (durch Eintüpfeln oder mittels Kompressen) gebracht zu werden.

Einspritzungen (Injektionen) sind jene Flüssigkeiten, die mittels einer Spritze in verschiedene Höhlungen, so heißen sie Klistiere, Clysma.

Waschwasser oder Waschmittel (Lotio) sind Flüssigkeiten, die zum Waschen der äußeren Teile gehören.

Stuhlzäpfchen (Suppositoria) sind zilindrische oder kegelförmige, weiche Arzneimittel, die bestimmt sind, in die Mündung des Afters gesteckt zu werden, um eine örtlichen Reiz hervorzubringen.

Umschläge sind bestimmt, unmittelbar oder mittelbar auf die Haut gelegt zu werden. Es gibt trockene Umschläge, nasse Umschläge auch Bähungen genannt, wenn die Flüssigkeit zuvor warm gemacht wird, Senfumschläge etc.

Unter Spezies versteht man ein Gemenge gröblich verkleinerter Arzneimittel, die zum Aufgießen, Kochen etc. benützt werden. Die vornehmsten Ingredienzen derselben sind Wurzeln, Hölzer, Rinden, Stengel, Blätter, Blumen, Samen und Früchte. Bei Bereitung des Spezies muß folgendes bemerkt werden: Alles, was von den Ingredienzen zerschnitten werden. Die Samen, welche schon an sich klein sind, müssen dennoch vorher leicht zerquetscht werden, weil sie sonst von dem Auflösungsmittel schwer durchdrungen würden. Aus gleicher Usache muß auch Safran mit einer Schere durchschnitten werden. Spezies, welche zu trockenen Umschlägen, wie z. B. zu Kräuterkissen, Säckchen, Kräuterhauben und zu Räucherungen gehören, müssen von kleiner Beschaffenheit sein. Spezies, die zu Breiumschlägen oder Bähungen verwendet werden, müssen gröblich gepulvert sein. Die vorzüglichsten Spezies sind:

Eibischtee. Zerschnittene Eibischwurzel 1 Pfund, Eibischkraut 1 Pfund, zerschnittene Süßholzwurzel ½ Pfund werden gemengt.

Bittere Spezies. Gemeiner Wermuth-, Kardobenedikten- und Bitterteekraut, von jedem 4 Unzen, Tausendguldenkraut 2 Unzen, Enzian- und Kalmuswurzel, von jeder 1 Unzey werden zerschnitten und gemengt.

Schmerzstillende Spezies zu Bähungen. Mohnköpfe 4 Unzen, Bilsenkraut, Hollunderblüten und gemeine Kamillen, von jedem 1 Unze werden zerkleinert und gemengt.

Wurmwidrige Spezies. Blühendes Wermutkraut 3 Unzen, Wurmfarnkraut samt den Blüten, Wildaurinkraut und gemeine Kamille, von jedem 1 Unze werden gemengt.

Aromatische oder zerteilende Spezies zum Umschlag. Ysop-, Andorn-, Wohlgemut-, Rauten-, Salbei-, Saturei-, Quendelkraut, von jedem gleiche Teile werden zerschnitten und gemengt.

Deutscher oder Kräutertee. a) Ehrenpreis-, Gundelreben-, Huflattich-, Scabiosenkraut, von jedem 3 Unzen, Melissen- und Salbeikraut, von jedem 1½ Unzen. b) Melissenkraut 1 Unze, Fenchelsamen 3 Drachmen, Süßholz 2 Drachmen. Die in neuerer Zeit unter dem Namen St. Germain-Tee bekannt gewordene Spezies bestehen aus: Sennesblätter (welche vorher mit Weingeist ausgezogen wurden) 8 Lot, Hollunderblüte 5 Lot, Anis und Fenchel je 2½ Lot und Weinstein 1½ Lot.

Anitskorbutische Speziesy. Tannensprossen, Schafgarben-, Erderach-, Bitterkleekraut, Wachholerholz, Kalmuswurzel, von jedem gleiche Teile.

Brustspezies, Brustfrüchte. a) Ausgelöste Datteln, Feigen, Brustbeeren, getrocknete Weinbeeren, von jedem gleiche Teile werden zerschnitten und gemengt. b) Kleine Weinbeeren, Johannisbrod, Brustbeeren, Datteln, Feigen, Graupengerste, von jedem 1 Unze, Süßholzwurzel, Frauenhaar je ½ Unze, Ysop 2 Drachmen.

Windtreibende Spezies. Kümmel 3 Unzen, kleine Kamillen 6 Unzen, Pfefferminzkraut, Baldrainwurzel je 2 Unzen werden gemengt.

Umschlagspezies. Darunter werden die aromatischen Spezies begriffen, zu welchen nach ärztlicher Anordnung verschiedene Zusätze, als Salmiak etc. kommen.

Spezies zum Fiebertrank. Graswurzel, Rohrleinkrautwurzel je 2 Pfund, Sauerampfer, Zichorienwurzel je 1 Pfund, Süßholz, Tausendguldenkraut, Kardobenediktenkraut je ½ Pfund, alles gehörig zerschnitten und vermengt.

Spezies zum eröffnenden Decocte. Zichorienwurzel 2 Unzen, Flachsseide, Erdrauch, Hirschzunge, Engelsüß, Süßholz von jedem 1 Unze, die 5 eröffnenden Wurzelspezies (Petersilie- Zeller-, Fenchel-, Spargel- und Mausdornwurzel) je 2 Unzen; Sennesblätter, kleine Weineeren je 6 Unzen, Lerchenschwamm, 1½ Unze, Fenchel- und Anissamen, Kapern- und Tamdariskenrinde je 6 Drachmen, alles genau vermengt.

Erweichende Spezies. Huflattich-, Käsepappel-, Himmelbrandkraut werden gehörig zerkleinert und mit zerstoßenem Leinsamen gemengt. Werden dieselben pulverisiert, so geben sie die erweichenden Spezies zu Bähungen.

Klistierspezies. Eibischblätter 2 Pfund, gemeine Kamillen 1 Pfund Leinsamen ½ Pfund, gehörig zerschnitten und zerstoßen.

Aromatische Spezies zur Bähung. Hopfen 1 Pfund, gemeine Kamillen, Lavendelblumen, Rosmarinkraut, Quendel, und Rainfarnkraut, von jedem 3 Unzen werden zerschnitten und gemengt.

Gurgelspezies zusammenziehende. a) Wegetritt- und Brunellenblätter je 5 Unzen, Salbei 3 Unzen, rote Rosen, Tormentillwurzel je 1 Unze, alles zerschnitten und gemengt. b) Tormentillwurzel 6 Unzen, Salbeikraut, rote Rosen und Fliederblumen je 3 Unzen.

Gurgelspezies erweichende. Käsepapel-, Eibisch-, Wollkraut je ½ Pfund, Fliederblumen 3 Unzen werden zerschnitten.

Brustteespezies. a) Eibischkraut 2 Pfund, Eibischwurzel 1 Pfund, Kreuzwurzel, Süßholz von jedem ½ Pfund, rote Kornblumen, Himmelkbrandblumen je 3 Unzen, alles zerschnitten und vermengt; diese begreift man unter der Bezeichnung: Brustspezies ohne Früchte; zu den Brustspezies mit Früchten kommen noch kleine Graupen, zerschnittene Feigen, Johannisbrod und kleine Weinbeeren, von jedem 2 Unzen hinzu. b) Huflattichblätter 2 Unzen, Eibischwurzel 4 Unzen, Süßholzwurzel 1½ Unzen, flor. Veilchenwurzel ½ Unze, Klatschrosen, Wollkrautblumen, Sternanis je 1 Unze. c) Feigen Johannisbrod, Zibeben, samenlose Datteln, Gerstenmals je 1 Pfund, Eibischwurzeln, Eibischblätter je 2 Pfund.

Blutreinigende Spezies. Wachholderholz, Klettenwurzel je 6 Unzen, Graswurzel, Wachholderbeeren je 3 Unzen, Süßholz 2 Unzen.

Spezies zum gemeinen Tee. a) Sauerampferwurzel 3 Pfund, Scorzonerewurzel 1½ Pfund, rohe Gerste 2 Pfund, Fenchel getrocknete Zitronenschalen je 3 Unzen. b) Graswurzell 3 Unzen, Scorzonerewurzel und Gerste je 2 Unzen, Süßholzwurzel 1 Unze.

Kämpfs Bisceralspezies zum Klistier. Löwenzahnkraut und Wurzel, Baldrianwurzel, Queckenwurzel, weißer Andorn, gemeine Kamillen, von jedem 1 Unze.

Wundspezies. Tausendgulden-, Schafgarben-, Gundelreben-, Bitterkleekraut von jedem gleiche Teile.

Räucherspezies. a) Weihrauch, Benzöe, Bernstein, je ½ Pfund, Lavendelblumen 2 Unzen; b) Benzöe, Weihrauch, Mastix, Bernstein, Cascarille, Lavendelblumen, rote Rosenblätter.

II. Die homöopathischen Arzneimittel

A. Die in der Heilkunde des Menschen gebräuchlichen Arzneien, ihre Bereitung und Anwendung

Grundzüge und Eigentümlichkeiten der Homöopathie. Homöopathie nennt man jene von Dr. Samuel Hahnemann begründete und in's Leben eingeführte Heilmethode, welche in der Wahl der Arzneimittel behufs Heilung von Krankheiten dem Ähnlichkeitsgesetz folgt. Jede Krankheit, welche nicht durch fortwirkende äußere oder im tierischen Körper vorhandene chemisch oder mechanisch wirkende Ursachen unterhalten wird, wird am sichersten und schnellsten durch dasjenige Arzneimittel geheitl, welches mit der Kraft begabt ist, bei seiner Einwirkung auf den gesunden Körper Erscheinungen zu entwickeln, welche mit den Erscheinungen des vorliegenden Krankheitsfalles die höchst mögliche Ähnlichkeit haben.

Die Grundlage der Homöopathie beruht wesentlich auf dem physiologischen Arzneiversuch, d.h. auf der Prüfung der Arzneimittel im gesunden Zustand des Organismus und sie erkennt in dieser den besten Weg zur sicheren Erforschung der spezifischen Wirkungsweise und Heilkräfte der Arzneimittel. Da zwischen dem physiologisch geprüften Arzneimittel und dem zu heilenden besonderen Krankheitsfall eine gewisse Verwandtschaft oder eine besondere Beziehung stattfindet, so darf es nur in verhältnismäßig kleiner Gabe angewendet werden. Die Kleinheit der Gabe ist aber nicht das Wesen der Homöopathie, sondern nur eine untergeordnete, aber notwendige Folgerung des Grundprinzipes dieser neuen Heilmethode; die richtige Wahl des Mittels bleibt immer die Hauptsache. Die Form, in welcher die Arznei verabreicht werden soll, muß eine solche sein, daß die Arznei ihre volle Echtheit, Einfachheit und Stärke behält und daß sie sorgfältig und genaue Teilung derselben in bestimmte, genau abzumessende Gaben ermöglicht wird. Die Wiederholung der Arzneigaben betreffend, so ist die Norm festzuhalten, daß die Gabe des richtig gewählten und passenden Mittels so lange nicht erneuert werde, als man eine vorteilhafte Wirkung von ihr sieht. Ferner ist es folgerecht, nicht eher zur Wahl eines anderen Arzneimittels zu schreiten, als das schon gereichte noch in der Wirkung begriffen ist; ändern sich die Umstände, so wird die Anzeige eine andere. Der abwechselnde Gebrauch zweier Mittel, wie es von manchen Homöopathen beliebt wird, ist nur als Notbehelf zu betrachten und im Prinzip zu tadeln, da es die Erfahrung unrein und unsicher macht.

Die Art der Einverleibung eines Arzneimittels, ob durch Einführung auf die Zunge, den Magen, die Lunge, den Mastdarm (Einatmung, Einspritzung), ist bei der homöopathischen Behandlung gleichgültig; sie richtet sich im allgemeinen nach der Eigentümlichkeit des Krankheitsfalles. Auch die äußere Anwendung der Arznei kann nach homöopathischen Grundsätzen erfolgen, wenn nur das Mittel nach diesem Prinzip gewählt ist. Insbesondere gilt dies von einzelnen Hautausschlägen und Geschwürsformen, vorzüglich aber von örtlichen Leiden, welche ihre Entstehung mechanischer Veranlassung verdanken, wie Quetschungen, Zerrungen etc. Die Homöopathie schließt jedes anderweitige Heilverfahren aus. – Gemeinschafticches Eigentum aller Heilmethoden bleibt das chirurgische Messer und der einfache chirurgische Verband. – Die Anwendung von Wärme und Kälte, einzelner Gebrauchsweisen des kalten Wassers und mechanischer Manipulationen sind, wie bei jeder anderen Heilmethode, nicht allein nützlich, sondern oftmals auch unentbehrlich neben der innerlichen Behandlung. Blutentziehungen verbietet die Homöopathie bei allen Entzündungen als überflüssig und vielfach schädlich.

Bestimmungen der Gabengröße. Die richtige Wahl des Heilmittels vorausgesetzt ist die Anwendung desselben in der passenden Quantität (Gabe, Dosis) zur zweckmäßigen Entfaltung seiner Heilwirkung ebenfalls notwendige Bedingung. Aus den bis jetzt vorliegenden Beobachtungen und Tatsachen lassen sich bezüglich der Gabengröße folgende Erfahrungssätze aufstellen:

1. Die Arznei darf niemals in so großer Gabe angewendet werden, daß sie neben der vorhandenen Krankheit noch die ihr eigentümlichen Wirkungen erzeugt, da in diesem Falle leicht noch andere Systeme und Organe in den Kreis der Erkrankungen hineingezogen werden.

2. Die Grenze, bis zu welcher die Gabe eines nach dem Ähnlichkeitsgesetz gewählten Arzneimittels verkleinert werden kann, um noch heilkräftig zu wirken, ist bislang noch nicht festgestellt.

3. Die niederen Grade der Verkleinerung der Arzneigaben haben eine raschere, aber minder anhaltende Wirkung, als die höheren Grade, welche ihre Wirkung langsamer und allmählicher, aber nachhaltiger und eingreifender entfalten. Es sind somit die niedrigen Verdünnungen passender, wo rasche Hilfe notwendig ist, die höheren dort, wo man Zeit zum Abwarten hat.

4. Je mehr die gewählte Arznei der zu heilenden Krankheit enspricht, um so sicherer wirkt sie auch noch in der kleinsten Gabe.

5. Die Eigentümlichkeit der Arznei erfordert bei der Wahl der Gabe eine besonere Berücksichtigung. Alle im Wasser oder Weingeist unlöslichen anorganischen Substanzen, deren Arzneikraft erst duch den Prozeß der Verreibung entwickelt wird, können unmöglich in großen Gaben eine heilkräftige Wirkung entfalten. Doch ist auch bei löslichen anorganischen und bei vegetabilischen Substanzen Rücksicht auf die Energie und Intensität ihrer Wirkung zu nehmen.

6. Die Eigentümlichkeit des erkrankten Individuums. Hier kommt zunächst der Grad der Empfänglichkeit in Betracht; bei hohem Grade derselben sind kleinere, bei vermindertem aber größere Gaben notwendig. So ist bekanntlich im jungendlichen Alter die Empfänglichkeit für alle Reize von außer her am stärksten, daher je jünger das Individuum, desto kleiner muß die Gabe sein. So zeigen auch die torpide Konstitution und das phlegmatische Temperament weit geringere Empfänglichkeit für homöopathische Arzneien und erfordern daher stärkere Gaben der niederen Verdünnungsstufe und selbst Urtinkturen.

Die Wiederholung einer Arznei ist abhängig von der Einwirkung, welche die Arznei macht, ob sie günstige oder ungünstige Veränderungen hervorbringt und ob die Dauer der Wirkung anhält oder schnell vorübergeht. Hier sind folgende wesentliche Anhaltspunkte gegeben:

1. Was das Mittel betrifft, so kommt zunächst die Wirkungsdauer desselben in Betracht. Flüchtig wirkende Arzneien müssen umso schneller wiederholt

werden, je kleiner die Gaben sind, in welchen sie gereicht werden, wogegen stärkere Gaben nicht so oft zu wiederholen sind.

2. Die Natur der Krankheit betreffend, so verlangen im allgemeinen akute Krankheiten wegen des stürmischen Auftretens ihrer Erscheinung nicht nur stärkere Gaben, sondern eine häufigere Wiederholung desselben. Es wird deshalb dasselbe Mittel, sobald es nur passend gewählt und eine Wirkung sichtbar ist, je nach Umständen alle ½, 1, 2, 3, 4 Stunden wiederholt werden müssen. In chronischen Krankheiten dagegen sind die Gaben der passenden Arznei in längeren Zwischenräumen, 12-48 Stunden oder mehreren Tagen mit Rücksicht auf die Wirkungsdauer der Arznei zu wiederholen.

3. Der Erfolg der Arzneigabe. Wenn Mittel und Gabe richtig gewählt waren, so wird meist Besserung eintreten. Die Fortdauer der Besserung spricht für die Fortdauer der Wirkung. So lange die Besserung nicht vollständig ist, ist die Wiederholung eines und desselben Mittels angezeigt; in akuten Krankheiten mit einem und demselben Mittel so lange fort, als die Krankheit sich mindert oder sich wenigstens nicht steigert und in einem solchen Zustand verharrt, daß eine Abnahme wahrscheinlich ist; in chronischen Krankheiten, so lange die Besserung, wenn auch langsam vorschreitet. Die Wiederholung ist die Regel.

Arzneiform. Die Gestalt, in welcher die Homöopathen die Arzneien verabreichen und anwenden, ist eine dreifache:

1. in fester Form als Streukügelchen oder Streukügelchen mit Milchzucker: als Pulver oder in Form von Zuckerplätzchen mit reinem Zucker;

2. in tropfbar flüssiger mit Alkohol, ferner mit destilliertem Wasser, nötigenfalls auch mit frischem Quell- oder Brunnenwasser;

3. in ätherischer und weingeistiger Form als Riechmittel.

Die feste Form der Arzneien bleibt stehts die sicherste und dauerndste und ist beinahe für alle Fälle anwendbar. Von der tropfbar-flüssigen Form macht man größtenteils bei akuten Krankheiten Gebrauch; man läßt dann nach Aegydis Vorschlag ein bis mehrere mit Arznei befeuchtete Strreukügelchen oder wo es der Arzt für nötig findet, einen bis drei Tropfen der passenden Arznei in ein halbes oder nach Umständen in ein ganzes Quart Wasser fallen und den Kranken zur gehörigen Zeit und in bestimmter Quantität davon nehmen.

Zu der inneren Anwendung kommt noch die äußere. Wird, sagt Hahnemann, der kranke Organismus durch dieselbe angemessene Arznei noch auf anderen empfindlichen Stellen affiziert als an den Nerven, im Mund und im Speisekanal, wird dieselbe in Wasserauflösung zugleich äußerlich eingerieben, an einer Stelle, welche am meisten frei von Krankheitsbeschwerden ist, so wird die heilsame Wirkung um vieles vermehrt. Nie darf aber die Einreibung an Stellen geschehen, welche an äußeren Übeln leiden. Man wechselt an dem Teil ab und reibt mittels der Hand bis zur Trockenheit, was Abends am rätlichsten scheint.

Die Bereitung der homöopathischen Arzneien. Bei Darstellung der zum homöopathischen Gebrauch bestimmten Arzneistoffe ist es die Hauptaufgabe, dieselben in denjenigen Zustand zu versetzen, in welchem sie die ihnen innewohnenden Heilkräfte in möglichst vollständig entwickeltem Grade und zwar ohne Veränderung ihrer Eigentümlichkeit und in der vollkommensten aufnehmbaren Form darbieten.

Diese Form zerfällt in die trockenen und flüssigen Mittel. Alle Arzneikörper, welche zu Folge ihrer Natur nicht geeignet erscheinen, ihre wirksamen Eigenschaften an flüssige Auflösungsmittel abzutreten, verlangen eine solche Bearbeitung auf trockenem Wege, wodurch die möglichst feine Zerteilung ihrer Substanz erlangt und in vollständigste Verähnlichung im tierischen Körper vermittel wird.

a) Die Verreibungen. Arzneien, welche in ihrem rohen Zustand eine sehr unbestimmte Wirkung haben, wie Bärlapp, dann andere Substanzen, die schon in kleiner Gabe ätzend und zerstörend wirken, und andere, die sich weder in Weingeist noch im Wasser, noch im Äther auflösen lassen, werden verrieben. Das Verfahren bei der Verreibung ist folgendes: Ein Teil des Arzneistoffes wird genau abgewogen und mit seinem gleichen Gewicht reinen Milchzuckers in einer hinlänglich geräumigen, unglasierten, porzellanenen Reibschale so lange abgerieben, bis beide sich zu einer gleichförmigen Mischung vereinigt haben. Die Dauer dieser Arbeit wird bedingt durch den verschiedenen Grad von Härte, Zähigkeit und Feuchtigkeit des Arzneistoffes. Doch kann als feste Norm für alle Fälle angesehen werden, daß keine dieser ersten Abreibungen unter einer halben Stunde als beendigt angesehen werde. Dann wird eine zweite Portion Milchzucker, welche das Dreifache der zuerst verwendeten Menge beträgt, hinzugesetzt und durch viertelstündiges anhaltendes Reiben abwechselnd mit dem Abschaben vereinigt. Ist auch dies bewerkstelligt, so wird die letzte Portion Milchzucker, welche das Fünffache der ersten Menge betragen muß, zugesetzt und abermals so lange damit verrieben, bis ein vollkommen gleichmäßiges Pulver, das selbst durch die Lupe keine verschiedenfarbigen Pünktchen erkennen lassen darf, erlangt worden ist. Eine solche vollendete Verreibung wird nun mit 1:10 bezeichnet. Von dieser ersten Verreibung wird nun wieder ein Gewichtsteil mit der neunfachen Menge Milchzucker verrieben, wobei aber gleich das Dreifache vom Milchzucker mit der Arzneipotenz in Arbeit genommen und das ganze binnen ¾ Stunden zu Ende gebracht wird. Auf gleiche Weise wird nun von dieser mit 2 = 1:100 bezeichneten Verreibung eine dritte angefertigt und mit 3 = 1:100 bezeichnet. Vollkommene Trockenheit der Präparate, wie des Zuckers und der Geräte ist erste Erfordernis. Auch ist es nötig, daß besonders härtere und zähere Substanzen, bevor sie mit dem Milchzucker zusammengebracht werden, für sich selbst in möglichst fein zerteilten Zustand versetzt werden.

Auflösung der Verreibung. Zu diesem Zweck wird 1 Teil der dritten Verreibung mit 9 Teilen destillierten Wassers in einem, nur bis zu zwei Dritteln des Raumes anzufüllenden Glase übergossen und durch wiederholtes Schütteln bei gewöhnlicher Temperatur aufgelöst. Diese Auflösung ist mit 4 zu bezeichnen. Es ist jedoch zu bemerken, daß solche sich nur für baldige Verwendung, nicht aber für längeres Aufheben eignet, da sie leicht dem Verderben ausgesetzt ist. Den Übergang zu den rein geistigen Lösungen bildet nun die 5. Potenz, welche durch Vermischung eines Teiles der 4. mit 9 Teilen gewässerten Weingeistes hergestellt wird. Alle weiteren Verdünnungen werden dann in gleichem Verhältnis mit starkem Weingeist fortgesetzt, soweit es für die Praxis erforderlich sein sollte.

Man beginne die Potenzierung nicht eher, als bis man soviele Gläschen (gewöhnlich zu 1-2 Drachmen Inhalt) als man Potenzen herzustellen beabsichtigt, nicht nur mir Korken versehen, welche gleichfalls mit Nmen und Potenzzahl zu bezeichnen sind, sondern auch mit aufgeklebter, deutlicher Signatur und der Nummer der Potenz bezeichnet, der Reihenfolge nach in Ordnung vor sich aufgestellt hat. Diese fülle man hintereinander zuerst mi Hilfe eines

Maßgläschens jedes, und zwar die kleineren mit 90, die größeren mit 180 Tropfen Weingeistes, hierauf tropfe man in das mit der niedrigsten Zahl bezeichnete Glas von der zu potenzierenden Arznei 10, oder beziehentlich 20 Tropfen, verschließe die Mündung desselben mit Kork und bewirke durch kurzes, aber kräftiges Schütteln die Vermischung. Aus diesem ersten Glas werden nun wieder 10 oder 20 Tropfen in das nächstfolgende übergetropft, durch gleiches Schütteln mit dem darin schon befindlichen Weingeist vermischt und so fortgefahren, bis die ganze Reihe auf diese Weise potenziert ist.

Die Auflösung. Unter Auflösung (Solutio) versteht man die innigste Vereinigung eines ungelichartigen spezifisch verschiedenen Körpers mit einer Flüssigkeit, so daß der aufgelöste Körper weder durch ein mechanisches Mittel abgesondert, noch eine Spur von ungleichartigen Stoffen darin entdeckt werden kann. Um ein Arzneimittel in Auflösung zu geben, muß dasselbe vollkommen löslich sein. Zu den Salzen dient reines Wasser, zu den ätherischen Ölen, dem Phosphor, Schwefel der stärkste Weingeist als Lösungsmittel. Nur mit wenigen Ausnahmen kann hierbei das Dezimalverhältnis ausgeführt werden, so daß die erste Lösung $1/10$ des Arzneistoffes enthält und also die vorgeschriebene Bezeichnungsweise beibehalten wird. Diejenigen Salze, welche in diesem Verhältnis nicht löslich sind, werden in dem von $1/20$ (d.h. 5 Teile zu 95 Teilen) gelöst; bei der Auflösung muß folgendes beobachtet werden:

1. Es darf die Lösung immer nur in gewöhnlicher Temperatur (zwischen 12 und 15 Grad R.) geschehen, sowie auch der Aufbewahrungsort dem wenigsten Temperaturwechsel ausgesetzt sein soll.
2. Aus gleichem Grunde und zur Verhütung möglicher Zersetzung sind diese Lösungen vor dem Einfluß des Tageslichtes fortwährend zu verwahren.
3. Nur solange die Flüssigkeit vollkommen klar und durchsichtig erscheint, ist sie unverdorben; sobald sich Trübung, Flocken oder abgelagerte Kristalle zeigen, muß sie verworfen und neu angefertigt werden.
4. Auf eine stets gute Beschaffenheit der Korken ist hierbei vorzüglich Rücksicht zu nehmen.
5. Zur Herstellung der zweiten Potenz bedient man sich, wie bei der fünften Potenz aus Verreibungen, gewässerten Weingeistes; erst von der dritten an kann er unverdünnt angwendet werden.

Bereitung der Tinkturen. Die flüssigen Arzneiformen, welche unter der allgemeinen Benennung Tinkturen verstanden werden, hat Gruner in seiner homöopathischen Pharmakopöe in drei Klassen geteilt, um die öftere Wiederholung bereits angeführter Vorschriften zu vermeiden.

I. Klasse – Regel 1. Die erste Klasse bilden alle Rinden, Wurzeln, Samen, Blätter etc., welche im getrockneten Zustand aufbewahrt und verarbeitet werden. Hier gilt die allgemeine Regel, daß ein Teil, nachdem er zuvor in ein gröbliches Pulver verwandelt wurde, mit zehn Teilen Weingeistes in einem mit nasser Blase zu verwahrenden Gefäß übergossen, 14 Tage hindurch bei täglich zu wiederholendem starken Ausschütteln zur Tinktur ausgezogen werde.

Zur Gewinnung einer kräftigen Tinktur aus Stoffen, die im Weingeist wenig löslich sind, ist ein vorhergehendes, stundenlanges Abreiben, zuerst für sich trocken, hierauf unter Zusatz von soviel Weingeist, als zur Bildung eines dicklichen Breies erforderlich ist, höchst vorteilhaft. Nach Verlauf des angegebenen Zeitraumes wird die Flüssigkeit durch Pressen von dem ausgezogenen Stoffe gesondert und nach 24stündiger Ruhe und Ablagerung durch weißes

Fliespapier geseht und aufbwahrt. Der Weingeist muß in der Regel ein starker (70-80 Prozent haltender) sein.

II. Klasse – Regel 2. Alle diejenigen Pflanzen oder ihre zur Verarbeitung kommenden Teile, welche soviel Saft enthalten, daß sich derselben nach vorgängigem Zerkleinern im Mörser, durch Ausdrücken mittels einer guten kräftigen Presse in hinreichender Menge absondern läßt, bilden die zweite Klasse und werden demgemäß behandelt. Da aber auf diesem rein mechanischen Wege nicht immer alle wirksamen Bestandteile in die Flüssigkeit übergehen, besonders die harzigen und teilweise die flüchtigen von der Pflanzenfaser zurückgehalten werden, so ist es angemessen, diese noch besonders mit Weingeist auszuziehen. Man verwendet hierzu eine dem Gewicht des gewonnenen Pflanzensaftes gleichkommende Menge starken Weingeistes und nicht mehr, läßt das ganze 1-3 Tage stehen, vorausgesetzt, daß der Pflanzensaft nicht in Zersetzung oder Gährung übergeht, und preßt dann den geistigen Auszug wieder ab. Die auf diese Weise erhaltene Tinktur wird nun mit dem zuerst abgepreßten Saft gemischt und nachdem sie sich geklärt hat, ebenfalls filtriert und aufbewahrt. Diese Form von Arzneien bezeichnet man mit dem Namen Essenz.

III. Klasse – Regel 3. Da viele Pflanzen auch im frischen Zustand so wenig Saft enthalten, daß davon selbst nach der ausdauernden Bearbeitung eine hinreichende Menge nicht zu gewinnen ist, so muß man dieselben zerkleinern und in einem passenden, fest zu verschließenden Gefäß mit der doppelten Menge ihres Gewichtes starken Weingeistes übergießen und sie dann weiter behandeln, wie oben bei den Tinkturen (Kl. I.) angegeben wurde.

Einem ganz gleichen Verfahren müssen auch solche Pflanzen unterworfen werden, die dem äußeren Aussehen nach wohl eher der zweiten Klasse beizuordnen sein möchten, deren Saft, wie z. B. bei Symphytum, aber so schleimig ist, daß diese Eigenschaft die gehörige Absonderung durch die Presse verhindert.

Alle Präparate dieser drei Klassen müssen jederzeit vollkommen klar und ohne irgend einem Bodensatz sein; stellt sich später einer ein, so muß derselbe durch nochmalige Filtration abgeschieden werden.

Auswahl der Pflanzenstoffe. Bei Auswahl der zur Bereitung der Tinkturen zu verwendenen Stoffe muß mit großer Sorgfalt vorgegangen werden, damit nichts Unkräftiges, Falsches und Fremdartiges in diese Arzneiformen übergeh, weshalb man immer nur Stoffe von der besten Qualität verwenden soll. Bei Auswahl frischer Pflanzen sind folgende Punkte berücksichtigt:

1. Daß die wildwachsenden Pflanzen arzneikräftiger sind, als die in Gärten;

2. nur gesunde, regelmäßig ausgebildete Exemplare sind zu verwenden, alle krüppeligen verwachsenen, halb verdorrten oder durchs Alter verholzten, angefaulten oder sonst beschädigten sind auszusondern;

3. die Pflanzen müssen reinlich erhalten, d.h. frei von Schlamm, Erde oder anderen äußeren Verunreinigungen sein. Von Staub und Insekten dürfen sie nur durch trockenes Abputzen und Abklopfen gereinigt werden;

4. ist auf die Einsammlungszeit Rücksicht zu nehmen.

Die Einsammlung soll weder bei starkem Morgentau, noch unmittelbar nach heftigen Regengüssen geschehen. Auch ist ihnen ein tagelanger Transport bei großer Hitze ebenfalls nachteilig.

Verdünnung der Tinkturen. Die aus trockenen Vegetabilien mit starkem Weingeist bereiteten Tinkturen sind mit eben solchen nach dem oben festgesetzten Dezimalverhältnis weiter zu verdünnen. Dagegen erfordern die mit verdünntem Weingeist bereiteten Tinkturen sowie die Essenzen in der ersten, bisweilen auch in der zweiten Potenz, einen gewässerten Weingeist, damit jede stets klar und ohne Bodensatz erscheine.

VERDÜNNUNGSMITTEL, ARZNEITRÄGER. Die Arzneiträger für die homöopathischen Arzneien sind der Weingeist, das Wasser und der Milchzucker und muß auf deren möglichste Reinheit die größte Sorgfalt verwendet werden. Zur Bereitung der meisten Tinkturen und zu allen Verdünnungen bedarf es eines Weingeistes, der zwischen 75-80 Prozent von Alkoholmeter anzeigt, er wird mit dem Namen starken Weingeist (Alkohol) bezeichnet.

Aus der Vermischung dieses starken Weingeistes mit gleichen Teilen reinen Wassers wird der gewässerte Weingeist hergestellt, welcher zur Bereitung mehrerer Tinkturen sowie namentlich zur ersten Verdünnung von Essenzen verwendet wird. Nur zur Auflösung der Phosphors, Schwefels und einiger anderer Stoffe ist ein auf 95 Prozent verstärkter Weingeist notwendig.

Nachdem das Wasser in der Natur nicht frei von erdigen Bestandteilen ist, so tut man am besten, destilliertes Wasser zu verwenden. Auch der Milchzucker, wie er in den Fabriken bereitet wird, ist stets mehr oder weniger durch fremdartige Bestandteile verunreinigt und muß sorgfältig gereinigt werden. Dies geschieht durch Auflösung des zuvor gröblich gepulverten Milchzuckers in der doppelten Menge kochend heißen Wassers, durch Filtrieren und Niederschlagen durch Zusatz einer gleichen Menge starken Weingeistes. Der so gereinigt Milchzucker muß gut ausgetrocknet und vor seinem Gebrauch zu Verreibung möglichst fein gepulvert sei.

AUFBEWAHRUNG DER ARZNEIEN. Die homöopathische Hausapotheke soll sich in einem luftdicht zu verschließenden, vor Fäulnis und vor schädlichen Einflüssen geschützten Behältnisse befinden. Am besten eignet sich ein Kasten mit fest schließenden, undurchsichtigen Türen. Dieses Behältnis muß an einem kühlen, verschlossenen Ort, wo keine starken Ausdünstungen, Gerüche, Tabaksqualm etc. hindringen, aufgestellt werden. Einige Stoffe, wie Weingeist, destilliertes Wasser und Milchzucker, ebenso stark riechende Arzneinen müssen in einem abgesonderten Gemach aufbewahrt werden. Die Gläser zu den Arzneien müssen rein und nicht gesprungen und mit noch ungebrauchten, luftdichten, reinen Korken verschlossen werden. Bei scharfen Substanzen wendet man am besten eingeschliffene Glasstöpsel an; flüchtige Stoffe werden mit Blasenüberzug über dem Korken noch besonders versehen. Die einzelnen Gläser, welche zum Verschluß der Verreibung und Verdünnung dienen, werden durch Zwischenwände getrennt und auf dem Stöpsel und durch eine angeklebte Signatur mit dem Namen der Arznei und der Potenzzahl bezeichnet und das ganze behufs leichter Auffindbarkeit alphabetisch geordnet. Von Zeit zu Zeit muß nachgesehen werden, ob nicht ein Gläschen Schaden gelitten hat und ob der Korken noch im guten Stand ist.

DAS DISPENSIEREN. Hierzu gehören zunächst einige Reibschalen, welche innerhalb unglasiert zur Mischung geteilter Pulver dienen, die übrigens stets nach der bekannten Regel zu erfolgen hat, daß eine kleine Menge des Mittels, wenn es eine Verreibung ist, nicht gleich mit dem ganzen Quantum des Milchzuckers, sondern erst mit einem Teil davon verrieben wird. Um Flüssigkeiten mit Milchzucker, Weizen-, Stärkemehl etc. zu mischen, wähle man lieber eine innen glasierte Reibschale, da in dieser die befeuchtete Masse sich weniger anhängt, auch nur ein leichtes Unterreiben erforderlich ist. Außer einigen

Löffeln, seiner Handwage, Spateln und Pulverschäufelchen, alles soweit als möglich von Horn oder Porzellan, ist auch eine gute Tarirwage nötig. Zur Befeuchtung der aus Zucker und Stärkemehl bestehenden Streukügelchen mit Arznei eigenen sich Uhrengläser oder die porzellanenen Farbennäpfchen am besten; in diesen wird die beliebige Anzahl Streukügelchen mit soviel der arzneilichen Flüssigkeit übergossen, daß alle Körner hinlänglich befeuchtet sind, und hernach abgetrocknet in gut zu verschließende Gläser gefüllt. Derart zubereitete Streukügelchen eignen sich gut für Taschenapotheken, doch ist die Tropfenform vorzuziehen.

Art der Verabreichung der Arznei. Das Verabreichen der homöopathischen Arzneimittel geschieht auf sehr einfache Weise. Ein Stückchen einer weißen (ungefärbten) Oblate wird mit der Arznei befeuchtet, auf den Rücken der Zunge gelegt und sofort das Maul so lange zugedrückt, bis die Oblate angeklebt ist und nicht wieder herausgeworfen werden kann. Mit ebenso gutem Erfolg bedient man sich statt der Oblate des Weizenmehls, von welchem man ½-1 Drachme mit der erforderlichen Anzahl Tropfen oder einem oder einigen Granen der verriebenen Arznei in einer Reibschale zusammenreibt und sofort dieses Pulver mittels eines kleinen Hornlöffels trocken auf die Zunge gibt. Reibschale und Löffel müssen nach jedesmaligem Gebrauch gereinigt werden. In schnell verlaufenden Krankheitsformen, wo es auf eine rasche Entfaltung der Arzneiwirkung ankommt, ist es zweckmäßiger, die Arznei mit etwas Wasser gemischt entweder mittels eines Löffels zu applizieren oder noch besser, mittels eines kleinen, langhalsigen Fläschchens bei erhobenem Kopfe zur Seite des Maules einzugießen. In jenen Fällen, wo gegen krampfhafter Verschließung des Maules das Eingeben der Arznei durch das Maul unmöglich ist, kann man dem kranken Tier die mit Wasser verdünnte Arznei in den Mastdarm applizieren. Schweinen und Hunden, welche noch nicht so krank sind, daß sie alle Nahrung verschmähen, bietet man die mit etwas süßer Milch gemischte Arznei zum Selbstgenuß an.

Besteht noch Freßlust, darf dem kranken Tier ½-1 Stunde vor und nach dem Eingeben der Arznei weder Futter noch Getränk gereicht werden. Sollte das Maul durch Futterstoffe, Schleim etc. verunreinigt sein, so muß es zuvor mit Wasser ausgespült und ausgespritzt werden, damit die Arznei umso freier auf die mit der Weiterleitung des Arzneieindruckes eingerichteten Geschmackswärzchen einwirken kann.

Die Gabengröße bezieht sich teils auf den Verdünnungsgrad (Potenz), teils auf die Quantität des Arzneimittels. Ersterer ist bei Aufführung der einzelnen Arzneimittel größtenteils angegeben, und sei bemerkt, daß man jetzt von den niederen Verdünnungsstufen (1-6) der Dezimalskala, ja selbst von den reinen Tinkturen bisweilen Gebrauch macht.

Als einzelne Gaben rechnet Tierarzt Böhm für Pferde 3-4 Tropfen, für Rinder 4-6 Tropfen, für Schafe, Ziegen, Schweine 1-2 Tropfen, für Hunde und Katzen ½-1 Tropfen oder ebensoviel Grane der Verreibungen. Junge Tiere die Hälfte oder nur ein Vierteil.

Die Zeit der Wiederholung hängt, wie bereits bemerkt, von dem Charakter und dem Grad der Krankheit ab. In sehr rasch verlaufenden, Gefahr drohenden Krankheiten, im Milzbrand, der Aufblähung, Kolik, Harnverhaltung etc. wiederholt man ¼-½-1stündlich; in entzündlichen aber, minder schneller verlaufenden Krankheiten, wie Lungenentzündung, Influenza etc. 2-4stündlich; in gastrischen Krankheiten, Verdauungsstörungen, Entzündungen äußerer

Teile etc. täglich 1-2mal; in langwierigen (chronischen) Krankheiten wöchentlich 1-2mal.

Das während der homöopathischen Behandlung eines kranken Tieres zu beobachten diätetische Verhalten wird durch den vorliegenden Krankheitsfall bestimmt.

GEGENMITTEL. Nachdem die Homöopathen ihre Arzneimittel niemals in einer solcher Gabe reichen, daß sie eine zerstörende Wirkung auf den tierischen Organismus hervorbringen können, so kann folgerichtig nur von einem Gegenmittel, niemals aber von einem Gegengift die Rede sein. Die Gegenmittel dienen dazu, entweder die Wirkung der zuerst richtig gewählten aber in zu großer Gabe verabreichten Arznei zu mildern und zu entfernen, oder die einer falsch gewählten aufzuheben oder Arzneivergiftungen und Arznei-Siehtume und Rheumatismen, durch zu große Gaben hervorgerufen, zu beseitigen. Der Gebrauch der Gegenmittel ist also erforderlich: 1. Wenn eine nicht sorgfältig und genau gewählte Arznei zur Heilung einer Krankheit in solchen Gaben angewendet worden ist, daß dadurch die ihr eigentümliche Arzneiwirkung hervorgebracht wurde. In diesem Fall ist ein allen vorhandenen Erscheinungen, sowohl denen der Krankheit, als denen der zu starken Arzneigabe entsprechendes, höchst ähnlich wirkendes Arzneimittel zu wählen, welches dann sowohl die ungünstige Wirkung der früheren Arznei auf die Krankheit, als auch ihre zu starken Nebenwirkung gleichzeitig verbessernd aufheben wird. 2. Zur Milderung und Aufhebung der allzu stürmischen Wirkungen, welche bei Prüfungen der Arzneien am gesunden Tierkörper durch allzu starke und zu oft wiederholte Gaben derselben hervorgerufen wurden, wenn es nicht in der Absicht liegt, wirkliche Vergiftung eintreten zu lassen.

Spezielle Arzneimittellehre

I. Arzneimittel aus dem Pflanzenreich

A

Abcdaria So wird auch die wahre ☞ Fleckblume *(Spilanthes Acmella)* genannt, weil erzählt wird, daß man sich ihrer auf Tornate bei Unbehilflichkeit der Zunge und erschwertem Sprechen der Kinder bediene, weshalb sie auch die Malaien mit dem Namen Dauraurit, d. i. Schülerkraut belegten.

Abbißkraut ☞ Teufelsabbiß

Abelmoschkörner oder Bisamkugeln *(Semina Abelmoschi)* sind dunkelbraun, gestreift, nierenförmig, etwa ½''' im Durchmesser haltend, von starkem moschusartigen Geruch, besitzen flüchtig reizende, krampfstillende Kräfte. Die Eingeborenen Neu-Andalusiens benützen sie zum Teil innerlich mit Öl, zum Teil in Pflasterform gegen Schlangenbiß. Bei uns dienen die Körner als Bestandteil von Pomaden, Salben, Riechkissen, wohlriechenden Perlenschnuren.

Abführende Mittel werden Mittel genannt, die entweder die stockende Stuhlentleerung wieder in Gang bringen oder welche öftere und in ihrer Beschaffenheit veränderte Stühle veranlassen. Eine Verdünnung der Kotmasse wird jedoch auch bei Anwendung von arzneilichen Abführmitteln dadurch bewirkt, daß Substanzen genommen werden, welche die Aufsaugung der im Darm enthaltenen und durch die gewöhnlichen Speisen und Getränke eingeführten Flüssigkeiten verhüten oder welche eine Absonderung von Flüssigkeit aus den in der Darmwand verlaufenden Blutgefäßen veranlassen. Auch äußere, mechanische Hilfsmittel vermögen die Kotentleerung dadurch herbeizuführen, daß sie die Darmbewegungen, die durch von oben nach unten fortschreitende Zusammenziehungen und Ausdehnungen (peristaltische Bewegungen) anregen. Anzeigen für die Anwendung abführender Mittel sind zunächst Kotanhäufungen im Darm, wie sie bei der sogenannten habituellen Leibesverstopfung leicht entstehen und vielfache, den Organismus störende Krankheiten hervorrufen können. Die Gegenwart von Eingeweidewürmern macht die Anwendung der Abführmittel ebenfalls nötig. Ferner sind Abführmittel wichtig bei Entzündungen und Kongestivzuständen vieler wichtiger Organe, bei Blutandrang und Entzündung der Leber, der Lungen, des Herzens, namentlich aber des Hirns und seiner Häute. Endlich kann durch fortgesetzten Gebrauch dieser Mittel die Ernährung im allgemeinen und dadurch auch einzelner Gebilde herabgesetzt und diese zum Schwinden gebracht werden.

Im allgemeinen kann jedoch nicht genug vor Abführmitteln gewarnt werden, indem eine Menge derselben schon in kleinen Gaben außerordentlich reizend teils auf den Darm, teils die übrigen Unterleibsorgane wirken und nachteilige Zustände veranlassen können. Auch bei weniger stark wirkenden Mitteln muß mit Vorsicht vorgegangen werden, da mancherlei dem Laien nicht erkennbare Zustände vorhanden sein können, welche den Gebrauch dieses oder jenes Mittels als untunlich, ja selbst als schädlich erkennen lassen. Deshalb sind die noch hie und da im Gebrauch stehenden alljährlich vorgenommenen allgemeinen Abführungen gänzlich zu verwerfen. Es ist endlich auch zu erwägen, daß selbst die milderen Abführmittel bei zu häufiger oder lange fortgesetzter Anwendung die Darmmuskulatur erschlaffen und dadurch stärkere Neigung zur

Stuhlverhaltung erzeugen oder andererseits eine solche krankhafte Veränderung in der Darmschleimhaut bewirken, daß eine tiefgehende Ernährungsstörung die unausbleibliche Folge ist. Es können aber nicht bloß Arzneimittel zur Beförderung der Stuhlausleerung dienen, sondern es bieten sich noch viele andere Mittel zur Erreichung des gleichen Zweckes an, und diese sind es namentlich, welche in verständiger Auswahl und angemessener Anwendung von jedermann ohne besonderen ärztlichen Rat gebraucht werden können. Vor allem ist es, wenn es sich um Beseitigung der Stuhlträgheit handelt, die körperliche Bewegung (Gehen, gymnastische Übungen, Reiten etc.), die oft schon hinreicht, die stockende Stuhlentleerung in Ordnung zu bringen. Gleiches kann durch Kneten des Unterleibes, durch Waschungen desselben mit kaltem Wasser und besonders durch regelmäßige Gewöhnung, die Sitzungen zu bestimmter Stunde vorzunehmen, wozu sich am besten der Morgen eignet, erreicht werden. Der eine findet schon die gewünschte Erleichterung, wenn er eine Zigarre zum Kaffee raucht, der andere, wenn er eine Buttersemmel zu demselben verzehrt. Hier wirken Pflaumen- und Apfelkompott, da zuckerreiche Mehlspeisen, dort süße und saftreiche Gemüse, wie Möhren, Pastinaken etc. Ein Glas frisches oder auch warmes Wasser, am Morgen getrunken, bildet meist bei noch nicht hartnäckiger Verstopfung ein hinreichendes Lösungsmittel. Haben sich diese im untersten Teil aufgestaut, so wird laues oder das kräftiger wirkende kalte Wasser mittels Klistier angewandt. Weniger bei Erwachsenen als bei Kindern sind die Stuhlzäpfchen mit Vorteil im Gebrauch. Bei ganz kleinen Kindern reicht es oft schon hin, dieselben nicht mit übertriebener Sorgfalt in überflüssige Decken und Betten zu hüllen, um dem Körper nicht durch eine künstlich angeregte Transpiration das Wasser zu entziehen. Dem Gebrauch der Kompotts schließen sich die Traubenkur und die Molkenkur an, bei welcher aber, da sie leicht verstopft, noch eröffnende Mineralwässer angewendet werden müssen. Die leicht von jedem selbst zu bereitenden, in der Regel aber aus Alpengegenden bezogenen Säfte verschiedener Kräuter, unter denen der bekannte Löwenzahn eine Hauptrolle spielt, üben neben ihrer gelind eröffnenden Wirkung vermöge der gleichzeitig in ihnen enthaltenen Bitterstoffe noch einen anregenden Einfluß auf die Magenschleimhaut. Ganz ähnlich unserer Pflaumensorten wirkt das in Apotheken käufliche Tamarindenmus. Zitronen-, Himbeer-, Kirschsaft etc. als Limonade gereicht, bilden ebenfalls gelinde und zugleich kühlende Abführmittel. Hierher sind noch zu zählen der Rohr- und Rübenzucker, der Honig, der gemeine braune Sirup und die Manna, welche in der Kinderstube keine unbedeutende Rolle spielt. Der Lakritzensaft, das Kassiamus, die Feigen, Datteln, das Johannisbrot und die an Zukkerstoff reichen Möhren und Pastinaken teilen alle die gleiche Eigenschaft. Ebenso verleiht der Milchzucker den Molken hauptsächlich ihre eröffnende Wirkung. Ist jedoch bei kleinen Kindern bereits eine abnorm starke Säurebildung im Magen vorhanden, unterlasse man die Anwendung von Abführmitteln aus dieser Gruppe.

Nicht sowohl durch angenehmen Geschmack, als durch kräftigere und sichere Wirkung zeichnet sich eine Menge teils pflanzlicher, teils mineralischer Salze aus, die sich um das altbekannte Glaubersalz scharen und über deren Verwendung ärztliches Gutachten entscheiden muß. Außer diesem sind hier vorzüglich zu nennen: das Bittersalz, das phosphorsaure Natron, das weinsaure Kali, das Seignettesalz, der Cremor Tartari, die zitronensaure Magnesia. Da die Darmschleimhaut durch diese Salze nicht erheblich affiziert wird, so werden sie namentlich dann angewendet, wenn längere Zeit hindurch mild abführend gewirkt werden soll, wie man dies bei dem Gebrauch von salinischen Mineralwässern häufig bezweckt.

Von diesen sich hier anschließenden natürlichen und künstlichen Mineralwässern sind es namentlich die sog. Bitterwässer, welche als Abführmittel angewendet werden, so das Wasser von Karlsbad, Püllna, Saidschitz, Marienbad, Franzensbad, Ofen, Friedrichshall etc. Mehrere dem Pflanzenreich entnommene Öle wirken ebenfalls abführend; so das Rizinusöl, welches, zu halben und ganzen Eßlöffeln genommen, gelind purgiert. Das Mandel-, Oliven-, Mohn- und Leinöl werden seltener innerlich gegeben, desto häufiger aber in Klistieren verwendet. Ein in der Kinderpraxis unentbehrliches, aber häufig mißbrauchtes Arzneimittel ist das Calomel, das nur in kleineren Gaben genommen werden darf.

Diesen milderen Abführmitteln folgen die kräftigeren; ihr Gebrauch (bei stärkeren Gaben) erzeugt in der Regel Kolikschmerzen und ist nicht selten von hartnäckiger Verstopfung gefolgt. Am wenigsten sind diese Nachweise bei der Rhabarber und nächst dieser bei der Senna zu fürchten, weshalb beide auch außerordentlich häufig angewendete Abführmittel sind. Die Rhabarber und ihr vaterländischer Stellvertreter, die Faulbaumrinde, können daher nach Umständen längere Zeit hindurch ohne Nachteil angewendet werden. Aloe und Jalappenwurzel wirken schon stärker und genannte Mittel erfreuen sich eines großen Rufes bei Leber- und Milzanschwellungen, bei hämorrhoidalischen Zuständen, bei Hypochondern und Hysterischen.

Die letzte Gruppe enthält die scharfen, drastischen Abführmittel, die nur mit größter Vorsicht und meist nur vorübergehend gebraucht werden, z. B. wenn es gilt, schnelle Ausleerungen zu bewirken, so bei Schlagflüssen, Hirnentzündung etc. oder wo eine reichliche Wasserausscheidung durch den Darm als letzter Rettungsanker geboten ist (Wasseransammlungen im Herzbeutel, Hirn, Unterhautzellgewebe u.s.w.). Sie dürfen aber nie bei entzündlichen Zuständen des Magens und Darms, der Gebärmutter, bei Schwangerschaft angewendet werden. Zu den drastischen Abführmitteln zählen Jalappenharz, Gummigutta, Coloquinten, Scammonium, schwarze und weiße Nieswurz, Elaterium und Crotenöl. Als zwar viel verbreitete, aber sehr schädliche Abführmittel sind zu nennen und ist dringend vor ihnen zu warnen: die Morison'schen Pillen, die Flußtinktur, mehrere Arten von Kaiserpillen, die Redlinger'schen Pillen, die sogenannten amerikanischen Pillen, die Wundertropfen u.s.w. In Bezug auf ihre besonderen Eigentümlichkeiten, ihre spezielle Anwendungs- und Wirkungsweise sind die betreffenden Artikel nachzuschlagen.

Ableitende Mittel sind jene, durch welche man krankhafte Vorgänge in inneren Organen oder die Produkte derselben von dem ursprünglichen Sitz weg und nach einem weniger gefährlichen Ort zu leiten und dadurch die Krankheit selbst zu beheben oder doch zu schwächen sucht. Diese Mittel sind angezeigt bei allen in Blutüberfüllung und Entzündung bestehenden Krankheiten innerer Organe oder tiefer gelegener Gebilde, voran die der Nervenzentren d.h. des Hirns und Rükkenmarks. Bald bringt man hier die Ableitung möglichst nahe bei der erkrankten Stelle an (lokale Blutentziehungen, Anwendung hautreizender oder selbst Entzündung erregender Mittel), bald an entfernteren Stellen (Ableitung des Blutes nach den Extremitäten, Ableitung auf den Darm). Besonders wichtig ist die Applikation nahe angeregter lokaler Hautentzündungen und lokaler Blutentziehungen bei Entzündung des Brustfells, des Herzbeutels und des Bauchfells; ferner bei Entzündungen großer Gelenke.

Weiter strebt man bei gewissen Krankheiten des Darms, der Nieren, dieselben durch Ableitung auf die Haut zu heilen. Ferner sucht man durch eine Reihe ableitender Krankheiten zu heilen, welche man sich durch Versetzungen (Metastasen) natürlicher oder krankhafter Ausscheidungen entstanden denkt, indem man durch dieselbe jene Ausscheidungen oder doch ähnliche wieder hervorzurufen sucht, so z. B. bei zurückgetretenen Fußschweißen, unterbrochenen Monatsflüssen etc. Endlich bedient man sich der ableitenden Mittel mit größerem oder geringerem Erfolg bei sehr verschiedenen Nervenleiden. Zu den Hausmitteln, welche von den Laien gebraucht werden können, reiht man Senfteige, Kantharidenpräparate, ableitende, reizende Fußbäder und Klistiere, Abführmittel, kalte Einwickelungen und Dampfbäder. Senfteige dürfen bei Personen mit zarter Haut und namentlich bei Kindern nie zu lange liegen bleiben (höchstens 10-12 Minuten), weil sie sonst leicht wirkliche Hautentzündungen veranlassen können. Noch vorsichtiger sei man mit den Blasenpflastern; zu große Blasenpflaster erzeugen mitunter eine oft nicht leicht wieder zu heilende ausgebreitete Hautentzündung. Ferner verursachen Blasenpflaster sowie die übrigen Kantharidenpräparate, da sie zugleich auf die Nieren wirken, nicht selten Harnbeschwerden. Verschiedene Personen sind in verschiedenem Grad dafür empfänglich, Kinder im allgemeinen am stärksten. Darum sind Blasenpflaster bei diesen nie ohne besondere Verordnung des Arztes anzuwenden. Vor dem unmäßigen Gebrauch reizender Klistiere (mit Essig, Salz etc.), die namentlich im kindlichen Alter leicht Mastdarmentzündung und selbst Mastdarmvorfall bewirken können, ist zu warnen. Dampfbäder, mit denen viele sogleich bei der Hand sind, können bei gewissen Lungen-, Herz- und Kopfleiden höchst nachteilige Folgen haben. Ähnliche Nachteile können unter diesen Umständen kalte Einwicklungen des ganzen Körpers herbeiführen. Schließlich sei noch in Erinnerung gebracht, daß bei Anwendung der ableitenden Mittel durch den Laien selbst niemals kostbare Zeit vergeudet werden darf, was gerade bei Eintritt akuter (hitziger) Krankheiten für die erste Bekämpfung des Übels von außerordentlicher Wichtigkeit ist und deren mehr oder minder zweckmäßige Verwendung von dem entschiedensten Einfluß auf den ganzen Krankheitsverlauf werden kann.

Abrahamssamen ☞ **Mönchspfeffer**

Absinth ☞ **Beifuß**

Ackelei *(Aquilegia vulgaris)* (FIG. 1), ein sehr gemeines Gewächs aus der Familie der Hahnenfußgewächse, das als Zierde in Gärten angepflanzt wird. Es ist eine mehrjährige Staude, die im Herbst völlig abstirbt und im Frühjahr wieder aus der Wurzel treibt. Sie wird 2 bis 3 Fuß hoch und hat dünne, gerade Stengel, die sich oben in viele Zweige verteilen, an welchen die sonderbar gestalteten Blumen sitzen. Diese haben

FIG. 1

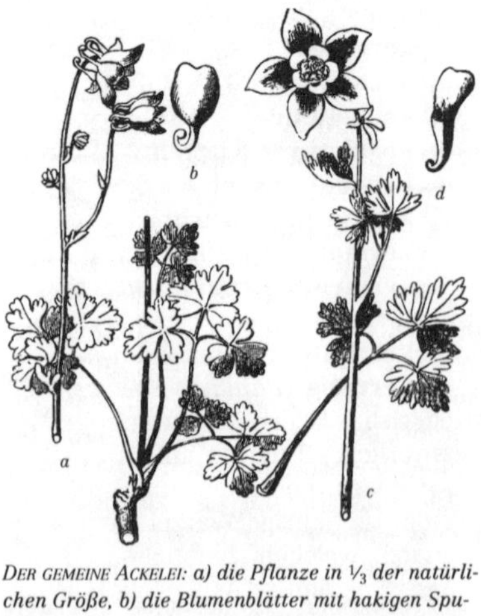

DER GEMEINE ACKELEI: a) die Pflanze in ⅓ der natürlichen Größe, b) die Blumenblätter mit hakigen Spuren.
DER ALPEN-ACKELEI: c) die Pflanze in ⅓ der natürlichen Größe, d) bogige Sporen an den Blumenblättern.

keinen Kelch, ihre Krone besteht aus fünf größeren, gleichförmigen Blättern, zwischen welchen fünf andere röhrenförmige kleinere sitzen, die in einen Sporn enden. Die fünf Fruchtknoten sind mit zehn runzligen Spreublättchen umgeben; um sie her stehen viele Staubgefäße. Die Samenkapseln sind walzenförmig, einschalig und vielsamig. Die Blätter der gemeinen Ackelei sitzen auf langen Stielen und sind gewöhnlich in 3 Hauptzweige abgeteilt, wovon die kleinen Blättchen öfters aneinander hängen. Ihre Farbe ist ein sanftes, ins perlfarbene spielendes Grün. Sie wächst wild in vielen schattigen Waldungen Deutschlands und wuchert sehr stark teils durch den Samen, teils durch Nebenschößlinge aus der Wurzel. Der Alpen-A. *(A. alpina)* (FIG. 1) hat feinere Blätter, deren Blättchen tief dreispaltig sind, und bogige Sporen an den Blumenblättern, dabei eine große himmelblaue Blüte. In den Apotheken braucht man die Wurzel, die Blätter und Blumen nicht mehr, wohl aber noch hie und da die kleinen schwarz glänzenden Samen, die einen ölig-schleimigen Kern haben und gegen Gelbsucht und bei Verstopfungen der Kinder gute Dienste leisten sollen.

Ackergünsel ☞ **Günsel**

Ackerhahnenfuß ☞ **Hahnenfuß**

Ackerhollunder ☞ **Hollunder**

Ackerklette ☞ **Klettenwurzel**

Ackerkohl ☞ **Senf**

Ackerkürbis ☞ **Kürbis**

Ackermann ☞ **Kalmus**

Ackermennigkraut ☞ **Odermenning**

Ackerraute ☞ **Erdrauch**

Ackerretig *(Rapanus sativus)* auch Hederich, Heerk genannt, ein beschwerliches Unkraut auf den meisten Saatfeldern, besonders im Sommergetreide. Die jährige Wurzel treibt einen dünnen, weichen, borstigen, 1–2 Fuß hohen, in einige Äste sich teilenden Stengel. Die nach Beschaffenheit des Bodens bald größeren, bald kleineren, bald rauhen, bald glatten Blätter sind durch mehrere Querschnitte geteilt. Die schwefelgelben Blüten zeigen sich im Mai und den ganzen Sommer hindurch, je nachdem die Bearbeitung des Feldes früh oder spät geschieht. Das Sommergetreide wird, zumal in dürren Jahren, von dem Hederich leicht überwältigt und unterdrückt. Übrigens ist es sowohl für Kühe als Schafe und Ziegen ein nahrhaftes Futter, und die Bienen sammeln viel Honig aus den Blüten. Die Wirkung des Samens ist schwächer als jene des Senfs.

Ackerrostschwanz ☞ **Schachtelhalm**

Ackerveilchen ☞ **Stiefmütterchen**

Ackerwinde *(Convolvulus arvensis)* aus der Familie der Windengewächse, hat einen windenden Stengel, pfeilförmige, an beiden Enden spitzige Blätter und meist einblumige Blütenstiele. Sie ist für die Getreidefelder ein höchst beschwerliches Unkraut, sonst ein sehr leckeres Futter für Schafe, Ziegen und anderes Vieh. In der kriechenden Wurzel, die von Tournefort und Garidel als ausgezeichnetes Heilmittel gegen Wunden empfohlen wird, fand Chevallier grünliches, etwas scharfes Harz neben vielem Wasser, stärkemehlartigem Satzmehl, gummigem Extraktivstoff, Eiweiß, Zucker und kristallisierbarem Kalk. 6 Gran des Harzes verursachten einige ziemlich heftige Leibschmerzen ohne Ausleerungen; 9 Gran hatten eine Leibesöffnung zur Folge. Mit einer Drachme arabischen Gummischleims verrieben, laxierten 10 und 12 Gran ohne Schmerzen.

Ackerwurzel ☞ **Kalmus**

Adams- oder **Paradiesäpfel** sind Früchte einer Abart des Zitronenbaumes, *Citrus decumana L.*, mit saftlosem Fleisch, fast doppelt so groß wie Zitronen, lang, eirund oder birnförmig, oben mit Eindrücken wie von einem Anbiß, daher der Sage nach die von Adam gekostete Frucht. Die sehr dikken, schwammigen, höckerigen Schalenschnitte geben, unreif in Zuckersirup eingekocht, das Zitronat. Bei den

Juden bilden diese Früchte, von ihnen Ethrogim genannt, einen Gegenstand von besonderem Interesse, da sie beim alljährlichen Laubhüttenfest als Kultgegenstand dienen. Die Früchte kommen vorzugsweise aus Zypern und Israel.

Adlerfarn *(Pteris aquilina)* oder Adler- Saumfarn, aus der Familie der Farnkräuter, ist die größte Art Europas, wird 2-5 Fuß hoch, hat dreiteiliges, doppelt gefiedertes Laub und kommt in Waldungen häufig vor. Es wird wie das Farnkraut beim Bandwurm verwendet. Auch in der Tierheilkunde ist es als wurmwidriges Mittel angerühmt worden, doch ist es ohne Vergleich kraftloser als der gemeine Wurmfarn, daher nach Hayne für den tierärztlichen Gebrauch ganz entbehrlich.

Biborg bemerkt, daß Pferde nach dem mehrmaligen Genuß der trockenen Wurzel und des Krautes, welche unter das Stroh gekommen und mit diesem zu Häckerling geschnitten worden, unter Zufällen der brandigen Bräune gestorben sind und daß Kühe heftiges Blutharnen bekamen. Bei deshalb gemachten Versuchen blieben die Pferde, denen man jenen Häckerling mit Wasser angefeuchtet gab, zwar gesund, aber in neuerer Zeit sind wieder Vergiftungszufälle nach dem Genuß dieser Pflanze beobachtet worden.

Adlerholz *(Lignum Agallochi)*, auch Aloe- oder Agallocheholz genannt, wird von den Chinesen als Weihrauch und tonisches Nervenmittel benutzt. Es gibt hiervon zwei Arten, von welchen die schlechtere, indische Sorte das Produkt der Aquilaria Agallocha ist, welche sich in den Wäldern von Silhet und Chittagong in Menge findet und wahrscheinlich bis in das Land der Birmanen reicht; die bessere Art, Kalambak oder Agallochum von Cochinchina, ist ein Erzeugnis des Aloexylon Agallochum. Dioscorides vergleicht das Aloeholz mit dem Holz der Thuja; man bezog dasselbe aus Arabien und Indien und schätzte es wegen seines starken und lieblichen Geruches als Räucherwerk im heutigen Morgenlande als bedeutenden Luxusartikel; arzneilich dient es als zusammenziehendes, bitteres Mittel, zum Kauen bei übelriechendem Atem, als Streupulver über den ganzen Körper, zum Räuchern, die Wurzel bei Magenschwäche und Schmerzen in der Leber und den Eingeweiden überhaupt.

Adonis, Adonisröschen *(Adonis)*, aus der Familie der Hahnenfußgewächse, umfaßt 8 Gattungen. Gemein auf Äckern, unter Saaten ist das Sommer-Adonisröschen *(A. aestivalis)* mit $\frac{1}{2}$-1 Fuß hohen Stengeln, dreifach fiedrigen, kahlen Blättern mit scharflinealen Lappen und mennigroten oder blaßgelben gestielten Blüten, mit kahlem, an die ausgebreiteten Blumenblätter angedrücktem Kelch. Die Herbst-Adonis *(A. autumnalis)* mit blutroter, von dem kahlen Kelch abstehender Blumenkrone und die dunkelrote A. *(A. flammea)* mit behaartem Kelch, die im südlichen Europa ebenfalls unter der Saat wachsen, werden in Gärten als Zierpflanzen unter dem Namen »Blutströpfchen« kultiviert. Die Frühlings-A. *(A. vernalis)* mit schöner gelber Blume kommt im April und Mai zum Vorschein. Die Wurzel stellt oberwärts gleichsam einen Kopf dar und sieht schwarz aus. Sie heißt unechte Nieswurzel, weil sie an einigen Orten statt der wahren Nieswurzel verkauft oder verbraucht wird. Man bemerkt an ihr zwar eine abführende Kraft, steht aber doch der echten Nieswurzel an Güte nach. Die capische A. *(A. capensis)*, am Kap der guten Hoffnung statt der Kanthariden gebräuchlich, zeichnet sich durch so bedeutende blasenziehende Eigenschaften aus, daß Linné's Sohn den Namen in A. vesicatoria umänderte. Auch von der zierlichen A. *(A. gracilis)* benutzt man in Afrika die Blätter als blasenziehendes Mittel. Geringere Kräfte findet man in *A. anomala, A. flammea*, in der Herbst- und

Sommer-Adonis; man hat von diesen Arten den Aufguß der Blumen und Samen bei Kolik und Steinbeschwerden angewendet.

Affenbrotbaum Afrikanischer Baobab *(Adansonia digitata)* (FIG. 2) aus der Familie der Malvengewächse, ist der größte unter allen bekannten Bäumen. Der Stamm erreicht nur eine Höhe von 10-12 Fuß, wird aber so dick, daß der Durchschnitt an 25 Fuß hält. Mit der Krone beträgt die ganze Höhe des Baumes 70 und der Umfang 150 Fuß. Der ungeheure Stamm hat ein weiches Gewebe und wird leicht hohl, wenn die äußere Rinde oder die Wurzeln beschädigt werden. In Afrika leistet er den Menschen durch den Schatten, den er verbreitet, keinen geringen Nutzen. Die Frucht wird von den Bewohnern am Senegal, den Ägyptern und Nubiern bei ansteckenden Fiebern, Ruhren und Blutspeisen benützt (sowohl das die öligen Samen umgebende, viel Gummi, Zucker und Stärkemehl haltende Mark, wie die gepulverte Schale, zuweilen die gerösteten Samen), bisweilen gegen den Husten der Schwindsüchtigen (das Mark der Frucht). Ein Pulver aus den Blättern und der Rinde des Baumes soll den Schweiß befördern, ein Aufguß der Rinde gegen die im September und Oktober herrschenden hitzigen Fieber nützen. Die Schale der Frucht zu Asche gebrannt, die reich an Alkalien ist, gibt mit Palmöl die am Senegal übliche Seife. Woher der Name Affenbrotbaum *(Monkey breed)* stammen mag, ist noch unbekannt; wahrscheinlich wird die Frucht von den Affen genossen.

Affodil *(Asphodelus)* auch Goldwurzel, ist ein aus fünf Gattungen bestehendes Pflanzengeschlecht und wird zu den Liliengewächsen gerechnet. Der gelbe A. *(A. luteus)* treibt einen geraden, blätterreichen Stengel, dessen Blätter gestreift und dreiseitig sind. Die Wurzel besteht aus vielen langen in die Erde gesenkten Knollen von

FIG. 2

DER AFFENBROTBAUM: Blüte, Blatt und Frucht in 1/4 der natürlichen Größe.

gelblicher Farbe. Die Blüte hat eine schöne, goldgelbe Farbe und erscheint im Juni. Der ästige A. *(A. racemosus)*, auch Goldzwiebel, Drecklilie, heilige Zwiebel genannt, hat einen nackten Stengel und schwertförmige, gekielte, glatte Blätter. Seine sternförmige Blume ist weiß. Die stärkemehlhaltige Wurzel dieser in Portugal, Spanien, Italien auf Triften wachsenden Pflanze wurde gegen Krätze empfohlen. Sonst hat man sie wie auch den weißen A. *(A. albus)* als urintreibendes Mittel äußerlich in Umschlägen gebraucht. Was von diesen beiden Arten gilt, haben Haller und andere Ärzte auch auf den gelben A. übertragen. Die Zwiebeln verlieren durch Kochen oder Rösten ihre Schärfe und werden dann eßbar. Doch will Lemonnier auf deren Genuß skorbutartige Folgen beobachtet haben. In Griechenland hat man versucht, Zucker aus der Wurzel der gelben A. zu ziehen. Das Ergebnis soll etwa sechsmal größer als jenes aus der Runkelrübe und die Qualität besser sein. Zum Anbau dieser Pflanze würden sich nach Jäger die südlicheren und wärmeren Gegenden Deutschlands eignen. Sie verlangen guten, jedoch nicht frisch gedüngten Boden und müssen drei Jahre auf einem Platz stehen, wenn die Zwiebeln groß werden sollen. Man erzieht die Pflanzen leicht aus Samen und gibt ihnen einen Abstand von 6-8 Zoll in den Reihen, diesen selbst 1 Fuß Abstand.

Agave *(Agave)* eine Pflanzengattung aus der Familie der Liliaceen. Die bekannteste und wichtigste Art dieser Gattung ist die amerikanische A. *(A. americana)* (Fig. 3) von den Mexikanern Maguey, von unseren Gärtnern gewöhnlich große Aloe, Baumaloe genannt, obwohl die Gattung Aloe sich durch die unter dem Fruchtknoten stehende Blumenhülle wesentlich von Aloe unterscheidet. Sie ist im mittleren Amerika heimisch und kam von Mexiko im Jahre 1561 nach Europa. Wenn die Pflanze in ihrer Heimat ein Alter von 8-10 Jahren erreicht hat, treibt sie aus den Wurzeln einen 20-30 Fuß hohen Stamm, der sich oben in Äste ausbreitet und an den Enden derselben die trichterförmigen, wohlriechenden, grünlich-gelben Blüten trägt. Nach der Blüte stirbt sie ab. Bei uns gehört eine blühende A. noch immer zu den Seltenheiten. In den Ländern, wo sie wächst, gehört sie zu den wichtigsten und nützlichsten Pflanzen. Die aus den Blättern herausgezogenen zähen Fäden dienen statt des Hanfes, und man verfertigt aus denselben Hemden, Strümpfe, Handschuhe, Tücher etc. Am meisten schätzt man jedoch die A. wegen des farblosen, schwach sirupdicken, säuerlich-süßen Saftes, der schon im frischen, besonders aber im alten Zustand (Pulque der Spanier, Octli der Azteken) einen äußerst widerlichen Geruch nach faulen Rüben hat. Er sammelt sich nach Entfernung des Blütenbüschels in der gelassenen Höhlung während 3-5 Monaten reichlich an, geht bald in Gärung über und entwickelt dann eine den Magen reizende, angenehme, erquickende Frische über

Fig. 3

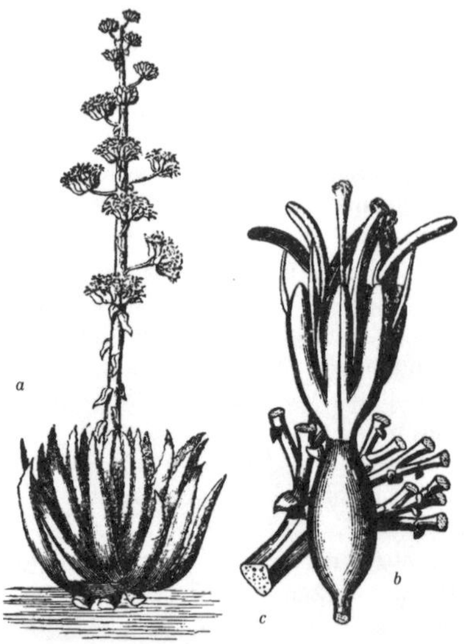

Die amerikanische Agave: a) verkleinerte Darstellung einer blühenden Pflanze, b) Blüte, c) ein Stück der Blütenachse in halber Größe.

den ganzen Körper. Auch der weingelbe, schwach ins Grüne spielende Blumensaft der Agave lurida ähnelt dem vorigen an Beschaffenheit, Geruch und Geschmack.

Agrest So heißt der aus unreifen Weintrauben gepreßte Saft, der hernach durchgeseiht, in Fäßchen gefüllt, wohl verwahrt und verkauft wird. Er wird nicht nur an Speisen, sondern auch in den Apotheken zu Arzneien gebraucht. Man bereitet einen kühlenden und stopfenden Sirup daraus, der in hitzigen Krankheiten treffliche Dienste leistet. Auch der bloße Saft, mit Zucker und Wasser getrunken, ist ein erquickendes und kühlendes Mittel. In Deutschland ist indes der Agrest in den Apotheken nicht mehr gebräuchlich. Die Wachsbleicher bedienen sich desselben zur Reinigung des Wachses. Auch die harten und noch unreifen Weinbeeren, die man mit Essig einmacht und wie die Oliven genießt, werden Agrest genannt.

Agrumen *(Agrumi)* ist die im italienischen Handel gewöhnliche Benennung der Orangenfrüchte. Es werden darunter verstanden die Zitronen, Pomeranzen und die Pampelmuse. ☞ die einzelnen Artikel.

Ahlbeere (*Ribes nigrum*) ☞ schwarze Johannisbeere.

Ahlkirsche ☞ Kirschen

Ahorn *(Acer)*. Diesen gemeinschaftlichen Namen führen 20 Baumgattungen. Bei uns einheimisch sind der Feldahorn oder kleiner Maßholder *(A. campestre)*, ein Strauch oder Baum mit rissiger, an den Ästen meist korkiger Rinde, kleinen in 5 stumpfe Lappen gespaltenen Blättern und Blüten in aufrechten, weichhaarigen Doldentrauben. Der Spitzahorn *(A. platanoides)*, ein 60-80 Fuß hoher Baum mit dichter, rundlicher Krone, weißlich aschgrauer Rinde, 4-8 Zoll langen, am Grunde herzförmigen, fünflappigen, buchtig gezähnten Blättern und gelblich-grünen Blüten in aufrechten, ästigen Doldentrauben. Der Bergahorn, große Maßholder oder falsche Platane *(A. pseudoplatanus)*, ein noch größerer Baum mit ansehnlicher, dicht belaubter Krone, grau-brauner Rinde, handförmig- 5-lappigen, unten weichhaarigen Blättern, gelblich-grünen Blüten in ästigen, hängenden Doldentrauben und kahlen Früchten mit abstehenden Flügeln. Das Holz aller drei Arten ist als Nutz-, Werk- und Brennholz sehr geschätzt, und aus dem Stamm aller erhält man durch Anbohren im Frühjahr einen süßlichen, etwas milchigen Saft, welcher sich gegen Hautausschläge und den Skorbut sehr heilsam erweist. Besonders reich an Zuckerstoff ist der Saft des Zuckerahorns *(A. saccharinum)*. Er enthält 3 Prozent reinen Zucker. Man gewinnt in Kanada jährlich durchschnittlich an 25.000 Zentner Ahornzucker.

Akazie. Akazienbaum, richtiger Robinie *(Robinia)*, ist eine jetzt häufig bei uns vorkommende, aus Nordamerika und Sibirien stammende Baumart aus der Gattung Robinia. Die Akazie *(Robinia pseudoacacia)* ist ein großer Baum mit glatten Zweigen, welche mit starken, paarweise gestellten Dornen bewaffnet sind. Die Blätter sind unpaarig gefiedert, die Blättchen eirund, ganzrandig. Die weißen, wohlriechenden Blüten kommen zu hängenden, reichblütigen Trauben hervor. Die kahlen Hülsen sind plattgedrückt. Bei uns bekommt er erst sehr spät (gewöhnlich Mitte Mai) Blätter. Er blüht Ende Mai, Anfang Juni. Die süßlich-scharfe Rinde verursacht leicht Erbrechen. Von mehreren afrikanischen Arten stammt das bekannte ☞ arabische Gummi und zwar von der drehfrüchtigen A. *(A. tortilis)*, der Seyal-Gummi-A. *(A. Seyal)*, der Ehrenbergs-Gummi-A. *(A. Ehrenbergii)*, der wahren A. oder dem ägyptischen Schotendorn *(A. vera)*, der Acacia Karoo am Vorgebirg der guten Hoffnung, der ägyptischen A. *(A. nilotica)*, der arabischen A. *(A. arabica)* und der gummigebenden A. *(A. gummifera)* (FIG. 4). Der Senegal-Gummi stammt von der Senegal-A. *(A. Senegal)*, von der Adansons-A. *(A. Adansonii)* und der Acacia Verek. Das arabische und Senegal-Gummi schwitzt aus der Rinde des Stammes und der Zweige, verhärtet an der Luft zu festen, trockenen, spröden, unebenen, runzeligen Klümp-

FIG. 4

DIE GUMMIGEBENDE AKAZIE: a) ein Zweig, b) die Hülse.

chen von verschiedener Größe, Farbe und Durchsichtigkeit. Fette Öle, Äther, Weingeist lösen das Gummi nicht auf, letzterer schlägt vielmehr die wässerige Auflösung nieder.

Über den medizinischen Gebrauch des arab. Gummi ☞ Gummi, arabisches.

Alant *(Inula),* krautartige Pflanzengattung aus der natürlichen Familie der Radiaten. Von 52 Arten interessiert uns besonders der echte A. *(I. Helenium)* (Fig. 5), wahrer oder großer A., Galantwurz, Helenakraut, großer Heinrich, Ortwurz, Glockenwurz, mit stengelumfassenden, eirunden, runzlichen, unten filzigen Blättern und eirunden Kelchschuppen, ist eine perenierende, 3-4 Fuß hohe Pflanze, die in England, den Niederlanden und in einigen Gegenden Deutschlands auf niedrigen Wiesen wild wächst. Die Wurzel ist dick, ästig, mit vielen Fasern umgeben, braun oder grau von Farbe und inwendig weiß; der Stengel rauh und mit mehreren Rebenzweigen versehen; die Blätter sind zum Teil eine Hand breit. Die Blumen erscheinen im Juli und August einzeln an den Spitzen der Zweige; sie sind von ansehnlicher Größe, gestrahlt und ohne Geruch. Der Alant gedeiht auf jedem Boden, darf jedoch nicht in fettem Boden stehen. Die starke Pfahlwurzel verlangt tiefen Boden und die große bis 5 Fuß hoch werdende Pflanze 2 Fuß Abstand. Man sät den Samen im Garten auf guten Boden und pflanzt die Sämlinge noch denselben Sommer oder im folgenden Frühjahr. Die Fortpflanzung kann auch durch schwache, mit Augen versehene Wurzeln geschehen. Die Wurzel wird im Frühjahr (März) oder Herbst (September, Oktober) gesammelt, von den Wurzelfasern befreit oder geschält, in fingerlange Stücke zerschnitten und getrocknet. Sie besteht aus einer dünnen gelblichgrauen Rinde und einem harten, schwammigen, weißlichen Holzkörper, enthält kleine, mit glänzender, brauner Harzmasse erfüllte Behälter, zieht leicht Feuchtigkeit an; riecht im frischen Zustand stark kampferartig-gewürzig; getrocknet schwach veilchenartig. Die chemischen Bestandteile sind zuerst eine dem Stärkemehl verwandte Substanz, das Enulin oder Inulin, das man übrigens auch in anderen Vegetabilien, z. B. in den Knollen der Dahlien findet und ein bitterer Extraktivstoff; sodann sind von ihren Bestandteilen noch hervorzuheben ein kampferartiger Stoff, der sogenannte Alantkampfer, ein ätherisches Öl und ein scharfes Weichharz, auch etwas freie Essigsäure.

Fig. 5

Der echte Alant: a) blühender Stengel in $1/4$ natürl. Größe, b) dahinterstehendes Wurzelblatt, c) Blüte am Rande des Blütenkorbes (der Strahl c1 bis c2 zerschnitten), d) Blüte in der Mitte stehend.

Schon die alten Ärzte verordneten diese Pflanze bald in Muttertränken, bald in einfacher wässeriger oder weiniger Abkochung oder mit Honig in Latwergenform als wärmendes, trocknendes, dicke und zähe Feuchtigkeiten aus der Brust oder den Lungen ausführendes, auflösendes, schweiß-, harn- und den Monatsfluß treibendes, auch adstringierendes Arzneimittel, zur Begünstigung der Verdauung und Stärkung bei Magenbeschwerden, zur

Beseitigung von Blähungen oder Verstopfungen in den Eingeweiden, zur Milderung scharfer Säfte bei Kolikschmerzen von Säure, ebenso bei Hypochondrie, zur Förderung des Auswurfs bei Husten und Lungenschwindsucht, auch zur Hemmung von Blutspeien etc.

Gegenwärtig wird die Alantwurzel in allen Krankheiten angewendet, welche eine Erschlaffung, Trägheit und zähe Schleimabsonderung der Atmungs- und Verdauungsorgane aussprechen oder überhaupt in einem solchen Leiden ihre Wurzel haben. So in den auf Schlaffheit und Verschleimung begründeten Krankheiten der Brustorgane, bei katarrhalischen Beschwerden in Katarrhalfiebern, bei chronischen Schleimflüssen des Darmkanals und den dadurch hervorgerufenen Folgeübeln, namentlich Wassersucht, meist jedoch nur als unterstützendes Mittel anderer Arzneien, ebenso bei Gelbsucht, Bleichsucht, Menstruationsstokkungen, Schleimhämorrhoiden, dann gegen Gicht, welche aus einer gestörten oder ungeordneten Tätigkeit in den Organen des Unterleibs hervorgegangen ist, gegen chronische Hautausschläge, namentlich Flechten und gegen Krätze, besonders bei Kindern (Einreibung mit der konzentrierten Abkochung oder Salbe; Abends vor dem Schlafengehen die kranken Stellen einzureiben, daneben morgens und abends einige Tassen des Aufgusses der Wurzel. Jeden folgenden Morgen nach der Einreibung ist die Salbe von der Haut mit Seife und Wasser abzuwaschen.)

Man gibt das Pulver innerlich zu 10-20 Gran einigemal den Tag über; zum Aufguß nimmt man 2-4 Drachmen auf 6 Unzen heißes Wasser, Wein, mittels Digestion, 2stündlich 1-2 Eßlöffel voll; am wirksamsten in der Abkochung: ½-1 Unze mit 9 Unzen Wasser auf 6 Unzen Colatur; 2stündlich 1-2 Eßlöffel; letztere auch als Waschmittel. Zur Salbe nimmt man 6 Unzen mit der doppelten Menge Wasser weich gekocht, durch ein Haarsieb gerieben, mit 4 Unzen Schweinefett oder frischer süßer Butter vereinigt. Von der Tinktur nimmt man 15-20-40 Tropfen zur Gabe einigemale täglich; vom Extrakt 5-15 Grane zur Gabe einigemal den Tag über in Pillen, Bissen, Auflösung, zu Mixturen. Weder der Extrakt noch die Tinktur sind mehr bei uns offizinell. Einen angenehmen Aufguß macht man folgendermaßen: Man nimmt 1 Unze Alantwurzel nebst 3 Drachmen Süßholzwurzel mit 1 Liter kochendem Wasser 3 Stunden ausgezogen. Der Alantwein wird bereitet, indem man 1 Unze Alantwurzel mit ebensoviel Weingeist von 80 p. C. benetzt, nach 24 Stunden mit 32 Unzen Rheinwein 2 Tage digeriert, auspreßt und filtriert. Zur Bereitung der Tinktur nimmt man 2 Unzen der Wurzel auf 1 Pfund Weingeist. Will man eine Konserve machen, werden 2 Unzen der gepulverten Wurzel mit 6 Unzen Rosenwasser 2 Stunden digeriert und mit 16 Unzen Zucker vermischt.

In der Tierheilkunde wird der Alant gebraucht: bei Appetitlosigkeit und Unverdaulichkeit aus Schwäche und Verschleimung der Verdauungseingeweide; bei Katarrhalfieber und Katarrh (Druse der Pferde, Schnupfen der Schafe, Schweine und Hunde), bei katarrhalischer Bräune, hierbei jedoch nur überall dann, wenn das Entzündungsstadium vorüber oder wenn die Entzündung chronisch wird; ebenso nach Lungenentzündungen, wenn bereits zäher Auswurf sich eingefunden hat und bei Kurzatmigkeit aus Erschlaffung und Verschleimung der Atmungsorgane und daher auch bei dem sogenannten schleimigen Dampf der Pferde, bei Wassersuchten und ödematösen Anschwellungen aus Schwäche und schlechter Ernährung, bei Mauke, Wurm und veralteten Hautausschlägen. Gegen die Räude wurde er früher als ein spezifisches Mittel betrachtet. Man gibt ihn Pferden von

15,0-45,0 Gramm, Rindvieh von 30,0-90,0 Grm., Schafen und Schweinen von 4,0-12,0 Grm. und Hunden von 0,5-4,0 Grm. auf einmal und in Zwischenzeiten von 4-5 Stunden. Die Anwendung kann in jeder Form, selbst im Decoct geschehen. Bei manchen Zuständen ist er für sich allein ausreichend; wo man aber seine reizende Wirkung zu mindern, die Absonderungen zu befördern und zugleich dünnflüssiger zu machen wünscht, wie z. B. nach eben beseitigter Entzündung, da setzt man ihm Brechweinstein, Salmiak, Kochsalz, Goldschwefel, Schwefel etc. zu; in den meisten chronischen Fällen, wo die Ernährung sehr leidet, verbindet man ihn mit bitteren Stoffen, mit Schwefel, Spießglanz, Wachholderbeeren, Terpentinöl und anderen Mitteln. Äußerlich wurde der Alant schon seit älterer Zeit gegen die Räude bei allen Tieren benützt, ist jetzt in neuerer Zeit von anderen wirksameren Mitteln verdrängt worden.

Alaunwurzel *(Radix Heucherae americanae)*, auch amerik. Sanikel genannt, stammt von *Heuchera* ☞ *Cortusa americana*. Die Pflanze ist klebrig-flaumhaarig; die Blätter sind grundständig, langgestielt, rundlich, am Grunde herzförmig, kurz 5-7-lappig, kerbartig gezähnt, nebst dem Schafte etwas rauh; der Schaft ist $1\frac{1}{2}$-2' hoch, schlank, eine große reichblütige Rispe, mit wiederholt dreigabeligen (trugdoldigen), waagrecht abstehenden Ästen; der Kelch ist glockig, mit eirund-länglichen, stumpfen Zipfeln; die Blumenblätter sind schmal-lanzettlich, trübrötlich. Von dieser bei uns in botanischen Gärten häufig im freien Land gezogenen Pflanze wird in ihrem Vaterland die Wurzel als ein kräftig adstringierendes Heilmittel angewendet. Indianer benützen sie bei bösartigen Geschwüren und Krebs.

Alkanna die Wurzel der Färberochsenzunge *(Anchusa tinctoria)*, zur Familie der boretschartigen Gewächse gehörend, die in Ungarn, Italien, Griechenland, Kleinasien, auch Spanien und Südfrankreich wächst und von dort in den Handel gelangt. Die spindelförmige, federkiel- bis fingerdicke Wurzel hat einen weißen, holzigen Kern und eine weiche, dunkelviolette Rinde, welche allein der Sitz des Alkannarots ist, das vermöge seiner harzigen Natur nicht in Wasser, dagegen in Alkohol, Äther, Schwefelkohlenstoff, Ölen und Fetten löslich ist. Das im Handel vorkommende Alkannarot wir durch Ausziehen der Rinde mit Petroleumäther und Abdestillieren des Lösungsmittels als eine dunkelrote, spröde Masse gewonnen. Es wird in der Färberei und Zeugdruckerei wegen seiner geringen Haltbarkeit kaum noch verwendet; dagegen dient es zum Färben von Weingeist, Tinkturen, Ölen, Farben, Pomaden, Lackfirnissen, Käse etc. Man bezeichnet sonst diese Wurzel als die unechte A. *(Radix Alcannae supriae)* zum Unterschied von der echten, die von einem ganz anderen Gewächs stammt, nämlich der *Lawsonia inermis*, einem in Nordafrika und im Orient wachsenden schönblühenden Strauch, dessen Wurzel auch zum Rotfärben dient, aber nicht nach Europa kommt. Hauptsächlich sind es aber die gepulverten Blätter, welche im Orient unter dem Namen »Henna« von den Frauen aller Stände gebraucht werden, um Finger- und Zehennägel, sowie die inneren Handflächen orangegelb zu färben. Die Lawsonia wird deshalb auch besonders in Ägypten zur Ausfuhr kultiviert. Die Alkanna ist deswegen von der Pharmazie aufgenommen, weil sie einen unschädlichen, rot färbenden Stoff enthält, der zur Bereitung der bekannten roten Lippensalbe verwendet wird. Diese Lippensalbe wird angefertigt aus 1 Pfund frischer Butter, 2 Unzen kleiner Rosinen, indem dieselben mit Brunnenwasser zu einem weichen Brei verrieben und bei gelindem Feuer bis zur Entfernung der Feuchtigkeit gekocht, dann durch ein Tuch durchgeschlagen werden, worauf man

½U. Alkannawurzel, 4U. weiches Wachs zugibt, bei gelindem Feuer schmilzt, durchseiht und in papierene Kapseln ausschüttet. Beim Wundsein der Lippen im Gebrauch. Man zieht die falsche A. in Samen (der jedoch nur in guten, warmen Lagen reift) oder durch Wurzelstöcke und Zerteilung der Wurzeln. Die A. verlangt guten, nicht mit frischem Mist gedüngten Boden und tiefe Bearbeitung sowie öftere Lockerung.

Alkohol *(Spiritus vini absolutus).* Dieses Wort bezeichnet in der alten Chemie überhaupt etwas ganz reines, hochgeläutertes, und alkoholisiert heißen in der Pharmazie noch jetzt alle Stoffe, welche in ein sehr zartes Pulver verwandelt sind. Gegenwärtig gilt die Benennung Alkohol mit Ausnahme von Schwefelalkohol nur für den reinen Weingeist, der aus der vorsichtigen Destillation des mit Chlorcalcium behandelten alkoholisierten Weingeistes gewonnen wird.

Innerlich macht man bei uns vom Alkohol und von den nur Alkohol enthaltenden Getränken, wie Branntwein, sehr selten in Krankheiten Gebrauch, gewöhnlich nur bei daran Gewöhnten und insofern bedient man sich des Alkohols zur Aufnahme von arzneiischen Substanzen, wie dies bei Tinkturen und Geisten der Fall ist. Sonst dient der Alkohol zur allgemeinen und flüchtigen Belebung jeder bedeutenden Entkräftung, Erschöpfung oder Erschlaffung. So namentlich in Nervenfiebern mit torpider Schwäche und gesunkener Hauttätigkeit, wenn Wein oder andere kräftige Mittel nicht beschafft werden können (kleine Gaben entfuselten Branntweines, Rums, mit Wasser verdünnt, zum Teil in Umschlägen, Waschungen oder als Zusatz zu Bädern), bei allgemeiner Erschöfung, Mattigkeit, bei Ohnmachten nach körperlichen oder geistigen Anstrengungen oder heftigen Gemütsbewegungen (starker Weingeist zu Waschungen der Schläfe und Stirn behuf Kälterzeugung), behufs örtlicher Erregung und Belebung kraftloser oder ermüdeter Glieder, bei Erlahmung der Beine nach Märschen, gegen eintretende Kraftlosigkeit im Handgelenk nach Anstrengungen, nicht minder zur Abhärtung zarter Hautstellen, zur Beförderung der Verdauung fetter, blähender Speisen, bei eingewurzelten, auf großer Darmschwäche beruhenden Durchfällen (Hoppelpoppel, aus zwei Eigelben, Zucker, 1 Tasse heißen Wassers und 1-2 Eßlöffel Kirschgeist, Rum oder Branntwein), bei langwierigen Ruhren, wenn eine reizende Einwirkung zulässig erscheint (besonders in Umschlägen oder Einreibungen auf den Unterleib); im Nachtripper (rectif. Weingeist mit 6-7 Th. Wasser verdünnt zur Einspritzung); gegen Blutungen aus atonischen, torpiden Geweben; bei allgemeiner Augenschwäche (Waschungen der umliegenden Teile mit Rum oder verdünntem Weingeist); bei ödematösen Aufschwellungen, Quetschungen, bei schlaffen, eiternden, fauligen Geschwüren, Durchliegen, brandigen Wunden; zur Aufregung und Schweißhervorrufung der allgemeinen Hautbedeckung und bei Rheumatismen.

Alkornelkengras *(Holosteum umbellatum),* auch Spurre aus der Familie der Alsineen, ist ein kleines, wohlbekanntes Pflänzchen, das allenthalben in ganz Deutschland auf Äckern, besonders am Rande derselben und in Gärten wächst. Der Stengel ist 2-8" hoch, einfach, oben unbeblättert; die Blätter sind elliptisch, kahl, die Blüten ungleich-langstielig, in endständiger, wenigblütiger Dolde. Es ist ein gutes Schaffutter und gehörte früher zu den sogenannten Wundmitteln und wurde den kühlenden und gelind lösenden Mitteln beigezählt.

Alkornokrinde *(Cortex Chabarro ☞ Alcoronoque)* stammt von *Bowdichia virgilioides*, nach andern von *Achornea latifolia*; es sind dies flache, bisweilen etwas zusammengerollte Stükke, 4-8" lang, ½-2" breit, einige Linien dick, meist ohne Oberhaupt, uneben, die eigentliche Rindensubstanz im Bruche fast eben, etwas körnig, faserig, hellrötlich-braun, glanzlos; der Geschmack ist zusammenziehend, bitterlich, der Geruch moosartig, der China nicht unähnlich, mit welcher die Rinde auch in ihrem chemischen Verhalten manches bestätigt. Man gab sie in Substanz als Pulver (zu $\frac{1}{2}$-1 Skrupel, hiervon zweistündlich 2 Eßlöffel) oder in Extrakt (in derselben Gabe) oder in Abkochung ($\frac{1}{2}$-6 Unzen auf 6 Unzen Colatur, hiervon zweistündlich 2 Eßlöffel). Gegenwärtig ist sie ganz außer Gebrauch gekommen; doch hat man neuerlich eine Verbindung des schwefelsauren Chinins mit dem Decoct der Alkornokrinde empfohlen, indem die Bitterkeit des ersteren beträchtlich vermindert und so das Einnehmen erleichtert wird.

Allermannsharnisch *(Allium victoriale)*, auch wegbreitblättriger Lauch, Siegwurz genannt, hat schwache Stengelblätter und kapseltragende Schirme. Der Gestalt nach sind die Blätter elliptisch und sehr breit, die Schirme zugerundet, die Staubgefäße lanzettförmig und länger als die Blumenkronen, welche ein schönes Ansehen haben. Ursprünglich wächst diese Gattung auf den schweizerischen und anderen Alpen wild. Die Wurzel wird besonders bei Unterleibskrämpfen der Schwangeren gelobt.

Allermannsharnisch runder ☞ **Siegwurz**

Aloe Eine den heißen Ländern angehörige Pflanzengattung mit zahlreichen Arten, deren eine, die gemeine, westindische oder Barbados-Aloe *(Aloe vulgaris)*, bei uns als Zimmerpflanze beliebt ist. Die Gattung umfaßt Arten von wenigen Zoll bis 30 Fuß Höhe. Sie gehört im natürlichen System zu den Liliaceen *(Asphodileen)*, bei Linné in die 6. Klasse 1. Ordnung. Die Aloearten sind hauptsächlich in Afrika zu Hause, nächstdem in Ostindien. In Westindien, namentlich auf den Inseln Barbados, Jamaica, Curacao wird die beste afrikanische Art, die echte oder arabische oder sokotrinische A. *(A. socotrina* ☞ *vera)* (FIG. 6) kultiviert. Die Stengel dieser Pflanze sind gabelförmig, die Blätter schwert-lanzenförmig, aufrecht, fast grau-grünlich, am Rande gedrängt, mit kleinen weißen Dornen besetzt; die Blüten zylindrisch, hängend, schön scharlachrot, mit grüngelben Spitzen, in einfacher Traube. Andere Arten, von denen Aloe gewonnen wird, sind die gemeine A. *(A. vulgaris)*, die mützenförmige oder Commelyns-A. *(A. mitraeformis)*, die baumartige A. *(A. arborescens)*, und die ährige A. *(A. spicata)*. Das nutzbare Produkt ist der eingedickte Saft. Man gewinnt denselben aus den an der Wurzel abgeschnittenen Blättern, indem diese aufrecht in Gefäße oder (auf dem Kap) in flache, mit Tierhäuten ausgekleidete Gruben gestellt werden. Oft wird die freiwillige Aussickerung durch Eintauchen der Blätter in heißes Wasser oder durch Druck beschleunigt, in anderen Fällen noch durch Auskochen der ausgeflossenen Blätter vermehrt. Indes liefern letztere Gewinnungsweisen unreine, schlechtere Ware. Der gewonnene Saft wird teils (auf Sokotara) durch Einwirkung der Luft

FIG. 6

DIE SOKOTRINISCHE ALOE. a) Pflanze in $\frac{1}{8}$ nat. Größe, b) eine) Blüte in $\frac{3}{4}$ nat. Größe.

und Sonne eingedickt oder schneller (auf Barbados, Jamaica, in Afrika, mit besonderer Vorsicht zu Bethelsdorp bei Algoa Bay) durch künstliche Wärme in kupfernen Kesseln mit oder ohne Wasser eingekocht. Man unterscheidet nach den Gewinnungsarten und Darstellungsweisen: 1. Die sokotrinische oder glänzende A., auch türkische A. genannt; 2. die Leber-A., auch Bombay- oder ostindische A.; 3. die Barbados- oder Leber-A., ein Produkt der gemeinen A.; 4. die Kap-Aloe, deren beste Sorte die Bethelsdorper A. bildet. Kaum gebräuchlich oder weniger bekannt sind die Roß- oder Pferd-A. und die indische A.

Kleine Gaben von $1/4$-$1/2$-1 Gran vermindern die vorhandene Tätigkeit des Darmkanals, beschränken die Schleimabsonderungen desselben, vermehren die Verrichtungen der Leber, fördern die Verdauung, die Eßlust, treiben Blähungen und begünstigen den Stuhlgang. Gaben von 5-10 Gran bewirken sicher, aber langsam, nach 6-8-12, bisweilen erst nach 24 Stunden unter mäßig starkem Kneipen im Unterleib, zuweilen mit Stuhlzwang verbunden, aber ohne Verdauungsstörung, im Gegenteil unter Anregung der Eßlust eine, bisweilen zwei oder mehrere breiige, gallige, selten wässerige Darmausleerungen von eigentümlichem Geruch. Der Eingriff der Aloe geschieht allezeit unter oder mittels eines starken Blutandranges nach den Organen des Unterleibes und scheint vorzugsweise sich auf den Dickdarm zu erstrecken. Vorhandene Hämorrhoiden werden schmerzhafter, Blutungen derselben vermehrt oder hervorgerufen. Fallopia schon zählte unter 100 Personen, welche Aloe gebrauchten, 90 mit Hämorrhoidalfluß behaftete und Stahl behauptet, daß die Bewohner Niedersachsens wegen des häufigen Mißbrauches des *Elixir proprietatis* sehr an Hämorrhoiden leiden.

Die Aloe muß vorsichtig gebraucht werden bei reizbaren, zu vermehrter Gallenabsonderung geneigten Personen, bei fieberhaften Zuständen, beim Eintritt oder unmittelbarem Aufhören der Monatsreinigung. Übrigens empfiehlt man die Aloe bei erschwerter oder geschwächter Verdauung mit seltenen Stuhlausleerungen unter Atonie der Leber mit unzulänglicher oder fehlerhafter Gallenabsonderung, Reizlosigkeit der Gedärme, starker Schleim- und Säurebildung; bei Säure in den ersten Wegen, bei Blennorrhöen (Schleimflüssen) der Verdauungsorgane, besonders des Mastdarms gibt man kleine, nicht abführende Gaben, mit Rhabarber, während der ganzen Dauer der Krankheit; bei Gelbsucht und anderen Krankheiten der Leber, wenn dieses Organ weder entzündlich ergriffen ist, noch durch Gallensteine gereizt wird, noch in den Gallengängen keine mechanischen Verstopfungen sich vorfinden; bei Melancholie, Hypochondrie, bei chronischer Leberverstopfung und Anhäufung von Kotmassen im Dickdarm, in Folge gehemmter Gallenausscheidung; bei hartnäckiger Kolik mit Verstopfung; bei Hämorrhoiden, um gewohnte aber unterdrückte Blutungen derselben hervorzurufen, auch gegen verhaltene Monatsreinigung mit Leibesverstopfung und gegen Eingeweidewürmer. Bei Spulwürmern leistet Aloe größere Dienste als andere Purgiermittel, weil sie der Verdauung nicht schadet und längere Zeit hindurch fortgebraucht werden kann. Endlich verwendet man die Aloe gegen fressende, jauchende Geschwüre.

Am besten gibt man die Aloe in Pillenform zu 1-2 Gran in Gabe als Abführmittel zu 5-8-10 Gran. Der durch Mazeration eines Teils Aloe in 4 Teilen destillierten Wassers erhaltene trockene Extrakt wirkt weniger reizend und wird in Pulver- und Pillenform gegeben. Die Aloetinktur wird nur äußerlich angewendet. In früheren Zeiten spielte die Aloe eine große Rolle und machte einen wesentlichen Bestandteil vieler zusammengesetzter Tinkturen und Elixiere aus. Die verschiedenen Präparate werden bereitet: Aloetinktur: 2 Unzen zerstoßene Aloe werden mit 1 Pfund höchst rektifiziertem Weingeist in einem verschlossenen Glas unter öfterem Umschütteln 4 Tage mazeriert, dann filtriert. *Elixir proprietatis:* 3 Teile Aloetinktur, 4 T. Myrrhentinktur und 2 T. Safrantinktur. *Exlixir proprietatis Paracelsi:* Aloe, Myrrhe, von jedem 2 Unzen grob gepulvert, 1 Unze Safranpulver mit 2 Pfund rektifiziertem Weingeist und 2 Unzen verdünnter Schwefelsäure 4 Tage mazeriert, dann filtriert. Die zusammengesetzte Aloetinktur, Lebenselixir, auch schwedische Tropfen genannt: Aloe 9 Drachmen, Enzianwurzel, Rhabarber, Zittwerwurzel, Safran, Lärchenschwamm, Theriak, von jedem 1 Drachme werden mit 27½ Unzen Weingeist von 56% mazeriert, dann durchgeseiht und ausgepreßt; der Rückstand mit derselben Menge Weingeist auf gleiche Weise behandelt; beide Tinkturen vermischt und filtriert. Die Lebensessenz von Dr. Kiesow in Augsburg besteht aus 6 Lot Rhabarber, 32 Lot Aloe, 6 Lot Enzian, 6 Lot Safran, 8 Lot Zittwerwurzel, 8 Lot Lärchenschwamm, 8 Lot Myrrhe, 8 Lot Theriak und 860 Lot Franzbranntwein. Aloewein: 1½ Unzen Aloe, 1½ Drachmen Kardamomen, ebensoviel Ingwer und 7 Pinten Wein; man läßt das ganze einige Tage mazeririeren und seiht dann durch. Augustiner Pillen: 3 Unzen gepulverter heller Aloe, 3 Drachmen Rhabarberpulver, 1 Drachme Scammonium, ebensoviel Coloquinthen, Jalapenwurzelpulver und Myrrhe, woraus durch Mischen mit rektifiziertem Weingeist zweigranige Pillen bereitet werden, die man mit Äther besprengt. Stahls Aloepillen: 1 Unze Aloepulver, ½ Unze zusammengesetzter Coloquinthenextrakt und 2 Drachmen Eisenseife mit der nötigen Menge Gummischleim.

In der Tierheilkunde wird die Aloe ebenfalls innerlich in kleinen Gaben als gelind erregendes tonisches, die Absonderungen der Schleimhäute, namentlich im Darmkanal verbesserndes Mittel, in großen Gaben aber als Purgiermittel benützt und zuweilen für beide Zwecke zugleich in geteilter großer Gabe. Zu ersterem Zweck dienst sie gegen Schwäche und Erschlaffung der Verdauungseingeweide, wenn die Reizbarkeit derselben weder zu sehr gesunken noch krankhaft erhöht ist. Unter diesen Umständen ist sie besonders bei Verschleimung, bei zu geringem Appetit, bei schlechter Verdauung, wenn der Kot zu locker, zu weich und mit Schleim umhüllt, abgeht, bei Diarrhöe mit reichlichem Abgang (Unempfindlichkeit) und bei Würmern eine ganz vortreffliche Arznei. Auch wendet man sie bei Stockungen in der Leber, bei chronischer Gelbsucht, bei Leberegeln, bei Dummkoller mit gleichzeitiger Leberaffektion, bei der weißen Ruhr der jungen Tiere und dergleichen Krankheiten mit Nutzen an. Man gibt sie in solchen Fällen für Pferde zu ½-1 Drachme, für Rindvieh zu 1-2 Drachmen, für Schafe und Schweine zu ½-2 Skrupel, für Hunde zu 1-6 Gran, täglich 3-4mal, in Verbindung mit aromatischen oder adstringierenden Mitteln, mit Ofenruß, Stinkasant und dergl.

Als Purgiermittel wird die Aloe am häufigsten angewendet, und zu diesem Zweck für Pferde in den meisten Fällen allen anderen Mitteln vorgezogen, weil bei richtiger Anwendung ihre Wirkung ziemlich sicher und verhältnismäßig mit der wenigsten Gefahr begleitet ist. Bei Wiederkäuern ist allerdings diese Wirkung von der Aloe allein nicht so sicher und daher das Mittel weniger brauchbar. Bei Hunden wirkt Jalape, Gummigutt und Calomel viel sicherer purgierend. Die Anzeigen zur Anwendung der Aloe in purgierender Gabe sind: Verstopfung des Leibes, entstanden aus Erschlaffung und aus Mangel an gehöriger Tätigkeit im Dickdarm, daher auch bei der sogenannten Verstopfungskolik der Pferde, dann bei der chronischen Unverdaulichkeit des Rindviehs (in Verbindung mit Glaubersalz), bei Eingeweidewürmern und Darmsteinen, bei Rheumatismen, bei Augen- und Gehirnentzündungen und Dummkoller, bei ödematösen Anschwellungen im Bauch und an den Schenkeln, bei chronischen Hautausschlägen etc. Außerdem wird die Aloe sehr oft als ein Vorbauungsmittel gegen verschiedene Krankheiten, die aus Vollblütigkeit entstehen können, z. B. bei Pferden, die viel Ruhe und gutes Futter erhalten, die zu Augenentzündungen, Dummkoller etc. eine Anlage haben, – teils auch gegen die zu große Fettigkeit benützt. In letzterer Absicht auch bei dem Trainieren der Rennpferde. Bei Entzündungen und bei heftigen Schmerzen in der Bauchhöhle ist die Aloe nicht angezeigt.

Die Purgiergabe ist für ausgewachsene Pferde auf einmal, und wenn man die Aloe allein gibt, 24-45 Grm.; für Rindvieh 1-2 Unzen (30-60 Gramm), für Schafe ½-1½ Unzen (15-45 Gramm), für Schweine ½ Unze (15 Gramm), für Hunde 1 Skrupel bis 1 Drachme (1,25-4,0). Die Anwendung geschieht bei Pferden und Schweinen am zweckmäßigsten in Pillen. Bei Wiederkäuern ist die flüssige Form passender. Die Aloe wird häufig mit anderen Mitteln verbunden, so mit kohlensaurem Kali, weißer und grüner Seife, Seifenwasser, schwachem Branntwein, Glauber- und Doppelsalz, Calomel, Nieswurz etc. Man nimmt pulverisierte gute Aloe 6-10 Drachmen, geschabte weiße Seife 3 Drachmen bis ½ Unze (grüne Seife scheint die Wirkung der Aloe mehr zu befördern), lauwarmes Wasser soviel als nötig, reibt alles in einem Mörser zu einer gleichförmigen Masse und macht daraus eine Pille, die man einem Pferd auf einmal gibt. Als sehr wirksam hat man folgende Pillen befunden: Man nimmt pulv. Aloe 1 Pfund (500 Gramm), flüssiges kohlensaures Kali d. i. eine konzentrierte Auflösung der gereinigten Pottasche 9 Unzen (270 Gramm). Diese Ingredienzien werden in einem Topf zusammengerührt, dann im sogenannten Wasserbad zu einer gleichförmigen Masse zusammengeschmolzen, worauf man von letzterer 1 Lot schwere Pillen macht. Man gibt davon Pferden und Kühen 2-3, Schweinen 1 Stück und Hunden nach Verhältnis ihrer Größe ¼-½-1 Pille. Will man die Aloe in flüssiger Form anwenden, löst man einfach eine etwa vorhandene Aloepille in warmem Wasser auf oder reibt die bestimmte Gabe der pulverisierten Aloe mit 16-20 Teilen lauwarmen Seifenwassers zusammen. Auch kann man recht zweckmäßig eine Auflösung der Aloe in warmem Wasser (auf 1 Teil 8-10 Teile) machen; nach dem Erkalten der Flüssigkeit von dem harzigen Bodensatz abseihen und erstere für sich allein anwenden. Die Wirkung von einer solchen wässerigen Auflösung ist daher stets milder, aber deshalb nicht schwächer als von der ganzen Aloe. Das wässerige Aloe-Extrakt – bereitet durch Auflösung der pulverisierten Aloe in 4 T. Wasser vermittelst Digerierens, dann Filtrierens und Abdampfens bis zu einem trockenen Extrakt – enthält nur den Extraktivstoff und das Aloin. Es wirkt milder und gleichmäßiger als die Aloe. Manche Tierärzte gebrauchen deshalb diesen Extrakt statt der Aloe in fast allen Fällen und zwar für Pferde als Purganz in der Gabe von 24-28 Gramm, für Kühe zu 30 Gramm, für große Hunde zu 1-2 Gramm. In der Berliner Tierarzneischule wird es in kleineren Gaben (8-12 Gramm) jetzt vorzugsweise gegen sogenannte Verstopfungskolik angewendet.

Bei dem Gebrauch der Aloe als Purgiermittel ist bei allen Tieren, vorzüglich aber bei den Pferden ein passendes diätetisches Verhalten nötig, um die purgierende Wirkung zu erleichtern sowie Kolik, Darmentzündung und andere widrige Zufälle zu verhüten. Man gebe den Tieren nur weiche, milde Nahrung (Pferden etwas Heu und Kleie, aber kein Körnerfutter) und auch nur in geringer Menge, dabei läßt man sie nach ihrem Belieben Kleienwasser saufen. In jedem Falle entzieht man ihnen wenigstens 6-12 Stunden vor dem Eingeben der Purganz das Futter gänzlich; nach dem Eingeben tränkt man sie von Zeit zu Zeit mit überschlagenem Kleienwasser, bedeckt sie mit einer warmen Decke und gibt ihnen bei der nächsten Futterzeit wieder nur wenig Heu und Kleie. 6-8 Stunden nach dem Eingeben kann man bei milder Witterung die Pferde durch eine viertel bis halbe Stunde herumführen oder mäßig reiten lassen; bei kalter, unfreundlicher Witterung behält man sie lieber im Stall. Diese Diät wird fortgesetzt, bis das Purgieren vorüber ist, wo man den Tieren nach und nach wieder ihre gewöhnliche Nahrung gibt.

Äußerlich dient die Aloe bei schlaffen, unreinen, schlecht eiternden, mit lockerer Granulation oder mit Maden versehenen Wunden und Geschwüren, namentlich, wenn Sehnen, Knochen und Knorpel mit ergriffen sind, wie z. B. bei Widerristschäden, bei Nakkenfisteln, bei Knorpelfisteln, bei ausfallender Mauke, bei schlaffen Hufgeschwüren etc. Außerdem dient sie zur Zerteilung der von Schwäche herrührenden Augenentzündungen, welche mit Erschlaffung der Bindehaut, mit übermäßiger Absonderung von Schleim und Tränen verbunden sind; ebenso auch bei Flecken und Verdunkelungen der Hornhaut. Die äußerliche Anwendung geschieht zuweilen in Pulverform, indem man sie entweder für sich allein oder mit Kohle, Arsenik (z. B. in dem österr. Krebsmittel), Kalmus, Eichenrinde und dergleichen Mittel versetzt, in Geschwüre einstreut; dann in Salben, z. B. als Zusatz zur Terpentinsalbe oder als Augensalbe (Honig oder Fett 2 Drachmen, fein pulv. Aloe 8 Gramm), am häufigsten in Auflösung mit Weingeist als Aloetinktur, welche in schlaffe, unreine oder dem Vernarben nahe gekommene Wunden und Geschwüre und ebenso auf Hornhautflecke gestrichen – zuweilen auch zu Salben und aromatischen Augenwässern (1-2 Drachmen zu 3-4 Unzen) gesetzt wird. In Verbindung mit gleichen Teilen Myrrhen-Tinktur, Stinkasant-Tinktur und Terpentinöl bildet die Aloe-Tinktur den sogenannten Wundbalsam.

Schließlich sei bemerkt, daß bei Entzündungen des Magens und Darmkanals die Aloe innerlich nicht angewendet werden darf und auch äußerlich bei noch bestehender Entzündung, bei großer Empfindlichkeit und Trockenheit in Wunden etc. ihre Anwendung schädlich ist.

Homöopathie. C. Hering empfiehlt dieses Mittel gegen Hypochondrien, Hirnkongestionen, Kopfschmerzen, Haarausfall, Triefen der Augen, Hornhautflecken, Ohrleiden, Taubheit, Nasenbluten, Lippenschwären, Zungenschwären, Zahnfleischgeschwüre, Zahnfäule, Mundblutungen, Schwäre und Fäule, Fisteln und böse Schäden, Magenschmerzen, schwere Verdauung mit Ekel, Erbrechen und Hartleibigkeit, Blutbrechen, Milzanschwellung, Darmschwindsucht, Wassersuchten, Koli und Durchfälle, Ruhren, Hämorrhoiden, Schleimstockungen, Spulwürmer, Nierengeschwüre, Geschwüre am After, an den Geschlechtsteilen, Gebärmutterschmerzen, Stokkung des Monatsflusses, Bleichsucht, Unfruchtbarkeit, Asthma, Kröpfe, Lähmungen, Alpdrücken, Fieber, Gelbsucht, faule Wunden, Schäden und Geschwüre etc.

Gabe: 1-2 Tropfen der 1. und 2. Verdünnung 1-2mal täglich wiederholt.

Aloeholz ☞ **Adlerholz** *(Lignum Agallochi)*

Alpen-Ampfer ☞ **Ampfer**

Alpen-Baldrian ☞ **Baldrian**

Alpenglöckchen Unter den ewig frischen und schönen Himmelschlüsselgewächsen gibt es eine reizende, niedliche Gattung *Soldanella L.*, die selbst unter dem Schnee blüht, gewöhnlich aber mit Krokus, Ranunculus und *Anemone* den ersten pflanzlichen Gruß der kaum vom Schnee befreiten Hänge dicht neben den Eismassen den Reisenden entgegenruft. Die gemeinste Art, *Soldanelle alpina,* hat die Stielchen des mehrblütigen Blütenstiels rauh, aber nicht behaart. Sie wirkt gelind purgierend, was wahrscheinlich von dem Gehalt an Cyklamin herrührt. Man verwechsle die kleine Alpenpflanze nicht mit *Convolvulus Soldanelle L.* Cyklamin macht schon in einigen Granen Brechneigung und mehrere Stuhlgänge, scheint jedoch auf die äußere Haut keine Wirkung zu besitzen.

Alpenrose *(Rhododendron).* Alpbalsam, aus der Familie der Heidegewächse, zählt viele Arten, von denen die wichtigsten sind: die rostfarbige A., Almenrausch *(Rh. ferrugineum),* ist ein sehr dauerhafter, 2 bis 2½ Fuß hoher, immergrüner Strauch, welcher auf den höchsten Alpen der Schweiz und Österreichs sowie auf den Pyrenäen, Karpathen und in Sibieren wild wächst. Seine runden, grau-braunen, rissigen Zweige sind von den abgefallenen Blättern etwas knotig; die zerstreuten, bald wechselweisen, bald gegenüber stehenden Blätter gestielt, elliptisch, am Rande umgebogen, gekerbt, lederartig, auf der Oberfläche dunkelgrün glänzend, glatt, mit vertieften Adern versehen, unten ungeadert und mit kleinen braunen Schuppen bedeckt. Im Juni und Juli erscheinen die rötlich-weißen Blumen an den Spitzen der Zweige in einfachen Dolden. Diese Pflanze besitzt nach den Versuchen des Prof. Schoeller in Graz besondere harntreibende Kräfte. Eine Abkochung der Blätter halten die Alpenbewohner der Schweiz für ein sehr zuverlässiges Mittel gegen Steinbeschwerden. Die rauhhaarige A. *(Rh. hirsutum)* ist ein kleiner buschiger Strauch mit elliptischen, feingekerbten, am Rande gewimperten und unterseits rostbraun getüpfelten Blättern. Die prachtvollen, karminroten Blüten stehen in lockeren Doldentrauben. Er wird wie die vorhergehende Art benützt. Die pontische A. *(Rh. ponticum),* ist ein Strauch mit harzig-klebrigen Ästen, lederigen, lanzettigen, bleibenden Blättern; die endständige Doldentraube ist groß, die glockenartige Blumenkrone purpurviolett, oben getüpfelt oder weiß mit scharlachroten Flecken, manchmal auch gefüllt und 15-lappig. Diese Pflanze ist in Armenien, Kleinasien und Südspanien heimisch, wird aber auch bei uns in Gärten kultiviert. Enthält einen narkotischen Balsam und wird gegen Gicht und Rheumatismus gebraucht. Die sibirische A. *(Rh. chrysanthum)* auch sibirische Schneerose, Gichtrose genannt, ist ein kleiner mehrjähriger Strauch oder eine Staude, die auf den höchsten sajanischen Schneegebirgen, am Jenisei, auf den höheren Alpen zwischen Sibirien und Daurien am See Baikal, auf Kamtschatka und der Behringsinsel wild wächst. Die runden zerstreuten Zweige haben eine braune Rinde, ihre Blätter sind länglich-rund, unpunktiert, oben scharf oder rauh, sehr aderig und unten glatt. Die großen gelben Blüten erscheinen in Dolden am Ende der Zweige.

Die Blätter dienen in Abkochung bei hartnäckigen Hautkrankheiten, wie in rheumatischen Schmerzen, wo sie einen eigenen Ausschlag bilden und oft reichlichen, stinkenden Schweiß hervorlocken. In Sibirien ist ein Decoct derselben ein Volksmittel gegen Gicht und Rheumatismus. Die große A. *(Rh. maximum),* ist ein bis 10 Fuß hoher Strauch mit länglichen, spitzen, kahlen, unten verschiedenfarbigen Blättern und blaßpurpurroten oder violetten, seltener weißen Blüten in großen Dolden. Dieser Strauch ist reichlich mit einem adstringierenden Heilmittel, welches zugleich narkotisch wirkt, ausgestattet, und leistet zerquetscht übergeschlagen gegen Gicht und Rheumatismus ausgezeichnete Dienste.

In der Homöopathie wendet man die sibirische Schneerose *(Rh. chrysan-*

thum), in folgenden Krankheiten an und zwar in Mercurial-Rheumatismus, Mercurial-Gicht, akuter und chronischen Rheumatismen, akuten und chronischer Gelenkgicht, Gelenksteifigkeit nach Gichtanfällen, Krankheiten der Schleimhäute, Schwindel, Eingenommenheit und Wüstheit des Kopfes, Ohrenzwang, verschiedenartigen Kopfschmerzen, Milzstechen, übermäßiger Erzeugung und Versetzung zu Blähungen, Neigung zu Durchfall, Harndrängen, Harnbrennen, fließendem und stockendem Schnupfen, chronischer Verstopfung der Nase, katarrhalischen Zuständen der Schleimhaut des Kehlkopfs und der Luftröhre, Brustbeengung, rheumatischen Schmerzen in der Brust und in den weichen Teilen des Brustkorbs, Rücken- und Kreuzschmerzen verschiedener Art, rheumatischen und gichtischen Schmerzen in den oberen und unteren Gliedern nach Beseitigung der Entzündung durch andere Arzneien, Lähmung der oberen und unteren Gliedmaßen.

Gabe: 1-2 Tropfen der reinen Tinktur oder der 1., 2. und 3. Verdünnung, je nach Bedürfnis 1-2mal des Tages wiederholt.

In der Tierarzneikunde fand der Alpbalsam bisher keine Anwendung.

Alpmehl ☞ **Bärlapp**

Alpranken ☞ **Bittersüß**

Alpraute ☞ **Erdrauch**

Alraun *(Mandragora),* Gattung der Familie Nachtschattengewächse. Der Frühlings-A. *(M. vernalis)* hat breite, ovale, stumpfe Blätter und dicke, weiße, oft 3-4 Fuß in die Erde dringende, meist 2- oder 3spaltige Wurzeln. Manche Wurzeln haben äußerlich eine schwarze Farbe. Der Aberglaube bediente sich der Wurzeln dieser Pflanze, an welchen man allerhand Schnitzeleien anbrachte, zu Betrügereien und nannte sie Alräunchen (FIG. 7), Hackemännchen, Heinzelmännchen und Galgenmännlein. Die Alten bedienten sich derselben als Heilmittel in mancherlei Übeln, in der Melancholie, in der

FIG. 7

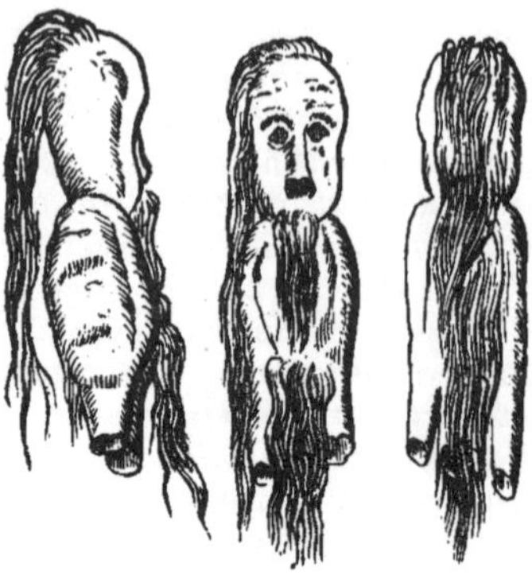

ALRÄUNCHEN

Gicht, in Zuckungen. Sie hat einen bitteren, scharfen, ekelhaften Geschmack, einen stinkenden, den Kopf einnehmenden Geruch und soll an 50 Jahre in der Erde ausdauern. In neuerer Zeit hat man besonders ihre äußere Rinde, als Breiumschlag aufgelegt, bei entzündeten und skrophulösen Geschwülsten sehr zerteilend und entzündungswidrig gefunden. Die Blätter besitzen ähnliche Eigenschaften wie die Wurzel und wurden sonst zu gleichen Zwecken gebraucht. Man kann sie wie die Belladonna ziehen, muß aber die Pflanze im Winter mit Laub bedecken.

Althäa ☞ **Eibisch**

Amberbaum *(Liquidambar),* Gattung der Familie Balysambäume. Der virginische A. *(Liquidambar styraciflua)* ist ein Baum mit 5-7spaltigen Blättern und kündigt sich schon in der Ferne durch Wohlgeruch an. Aus den Stämmen wird mittels Einschnitte das weiche oder flüssige Liquidambar, Liquidambaröl, weißer Perubalsam, Kopalmbalsam *(Oleum Liquidambar)* erhalten. Jene, Liquidambaröl, hat die Konsistenz eines dickes Öles, eine ambragelbe Farbe, einen angenehmen balsamischen Geruch, aromatischen, scharfen, bitteren Geschmack und das spezifische Gewicht des Wassers. Diese, weiches oder weißes Liquidambar, weißer Perubalsam, bildet eine reiche feste, dickem Terpentin gleichende Masse, weiß, fast undurchsichtig, schwächer im Geruch als der flüssige Balsam, süßlich-balsamisch im Geschmack. Man benützt diesen (10-20 Gramm als Gabe in Bissen, Emulsion) bei chronischen Schleimflüssen, die Wirkungsweise ist übrigens von jenem des flüssigen Storax (☞ Storaxbaum) kaum verschieden.

Amberkraut ☞ Katzenkraut

Ambra graue *(Ambra grisea)*. Ein eigentümliches, immer seltener gefundenes und daher teuerer werdendes Naturprodukt, über dessen Ursprung man lange Zeit nur Vermutungen hatte. Die leichte, fettwachsige Masse wird zuweilen in den Meeren der heißen Zone, namentlich den west- und ostindischen, auf dem Wasser schwimmend oder ans Land gespült angetroffen. Die Küsten von Irland, Schottland und der Insel Arron sind ebenfalls Fundorte der Ambra. Sie ist, wie jetzt sicher zu sein scheint, ein Krankheitsprodukt walfischartiger Tiere, wie Darm- und Gallensteine, da sie noch in den Eingeweiden des Pottwals, von dem das Walrat kommt, angetroffen worden ist. Die A. bildet unregelmäßige, leicht zerbrechliche Stücke von grauer oder grau-brauner Farbe, von helleren oder dunkleren Adern und Flecken durchzogen. Sie erweicht schon beim Kneten zwischen den Fingern, schwimmt auf heißem Wasser wie Öl, ist leicht entzündlich und muß, wenn sie echt ist, fast ohne Rückstand verbrennen. Während der Stoff sonst in der Heilkunde als ein nervenstärkendes Mittel sowie gegen Hysterie und Krämpfe gebraucht wurde, findet er jetzt eine medizinische Anwendung kaum mehr, sondern dient lediglich in der Parfümerie und als Räuchermittel. Die meiste Verwendung findet die A. bei den Franzosen und Orientalen, welche letzteren damit ihren Tabakgenuß erhöhen, indem sie kleine Kügelchen davon auf die brennende Pfeife legen. Die A. wird selten allein verbraucht, sondern ihrer alkoholischen Lösung wird nach Bedarf und Mode Rosenöl, Nelken, Zibet, Vanille etc. zugesetzt und kleine Quantitäten solcher Tinkturen dienen zur Parfümierung von Riechwässern, Pomaden etc.

Die Homöopathie wendet A. an gegen Hysterie und Hypochondrie, Ohnmachten, Schlagflüsse, Lähmung der Glieder, große Nervenschwäche, Melancholie, Lähmungen der Geistesorgane, Verstandes- und Gedächtnisschwäche, nervösen Schwindel, besonders bei älteren Personen, nervöse Kopfschmerzen, nervöse Schwerhörigkeit, Blähungsbeschwerden, allzuhäufige nächtliche Pollutionen, trockenen, dem Keuchhusten ähnlichen Krampfhusten, asthmatische Beschwerden, vorzüglich bei skrophulösen Kindern, Herzklopfen, rheumatische und gichtige Beschwerden.

Gabe: ½ -1 Gramm der 1. oder 2. Verreibung, 1-2mal täglich, nach Umständen.

In der Tierheilkunde wurde dieses Heilmittel seines hohen Preises wegen nicht angewendet.

Ammentee ☞ Dill

Ammoniakgummi. Ammoniakharz *(Gummi Ammoniacum)* stammt von der Ammoniakpflanze *(Dorema ammoniacum)* die in der persischen Provinz Iran unweit Jezdekhast auf trockenem steinigem Boden, an sehr heißen, sonnigen Stellen wächst. Die Wurzel ist ausdauernd, die Stengel sind bis 6' hoch, gegliedert, unten mit weichen, klebrig-drüsigen Haaren besetzt, oben nackt, nur an den unteren Gliedern beblättert; die Blätter sind bis 2' lang, gestielt, fast doppelt fiederteilig, die Lappen länglich, stachelspitzig, ganzrandig, bisweilen etwas gelappt, lederartig, die Döldchen kugelförmig, kurz gestielt, mit sitzenden, ganz in Wolle eingesenkten, weißen Blättern, deren Kelchzähne spitzig häutig sind. Die Blumenblätter sind eirund, an der Spitze nach innen gebogen, die Frucht ist elliptisch zusammengedrückt. Der Milchsaft dieser Pflanze schwitzt, vorzugsweise am Ursprung der Doldenstrahlen, freiwillig oder in Folge eines Insektenstiches aus und erhärtet an der Luft zum (persischen) Ammoniakgummi. Dasselbe kommt teils in zusammengeklebten gelben, rötlichen oder weißen undurchsichtigen Körnern (A. in granis ☞ in lacrymis) – teils in braunen, kuchenförmigen Klumpen mit eingemischten weißen Körnern (A. in massis ☞ in placentis) vor, ist bei gewöhnlicher Temperatur hart, brüchig, auf dem muscheligen Bruch fettglänzend. Der Geruch ist eigentümlich, widrig, etwas asantartig; der Geschmack süßlich, dann scharf, widerlich bitter. Gibt mit Wasser eine milchige Flüssigkeit *(lac ammoniacale)*, in Essig, essigsaurer Ammoniakflüssigkeit, Meerzwiebelessig, Wein, Bier, Ätherweingeist und ätherischen Ölen.

Man wendet das Ammoniakgummiharz an bei torpider Atonie (Schlaffheit) in den Organen des Unterleibs; gegen zurückgehaltenen und unterdrückten Menstrualblutfluß und veraltete Hämorrhoidalleiden, bei Milzverhärtung, Leberleiden, Gelbsucht, bei trägem Stuhlgang, bei Hämorrhoidalstockungen, gegen Gicht, bei Hypochondrie und Hysterie, gegen torpide Blennorrhöen in den Schleimhäuten der Lungen, Geschlechts- und Harnorgangen, bei veralteten fieberlosen Lungenkatarrhen, namentlich den aus unterdrückten Hautausschlägen, Gicht und Rheuma hervorgegangenen, im chronischen Schleimästhma, gegen Schleimflüsse der Harnblase, Nieren, Harnröhre, bei schlaffen Geschwülsten, Verhärtungen und Drüsenanschwellungen, Gelenkwassersucht, Balggeschwülsten, Gichtknoten, chronischen Hautausschlägen, Kopfgrind.

Man gibt es zu 5-10-30 Gran als Gabe 2-3mal täglich in Pillen, Bissen, Auflösung (2-3 Drachmen auf 1 Dr. Mimosengummi oder 1 Eigelb), Lecksaft, seltener in Latwergen. Die Mixtur wird bereitet, indem man 5 Drachmen Ammoniakg. allmählich mit 20 Unzen Wasser abreibt. Der Sirup wird bereitet: 2 Unzen Ammoniakg. werden in 10 Unzen weißem Franzwein aufgelöst, mit 16 Unzen weißem Zucker zum Sirup eingedickt. Die Tinktur erhält man, wenn man 2 Unzen Ammoniakg. in 16 Unzen Weingeist auflöst. Zur Bereitung des Pflasters nimmt man gelbes Wachs, burg. Harz, von jedem 6 Unzen, geschmolzen, zur halb erkalteten Mischung 6 Unzen Ammoniakg. nebst 2 Unzen Mutterharz, das zuvor mit 4 Unzen gem. Terpentin bei gelinder Wärme zerlassen worden, und das ganze gemischt.

Anwendung nach dem homöopathischen Prinzip:

Schwarzer Star, Verdauungsschwäche, Kolik mit Durchfall, Harnfluß, Schleimfluß der Bronchialschleimhaut.

Gabe: Täglich $\frac{1}{2}$-1-2 Gramm der 1., 2. oder 3. Verreibung, 1-2mal täglich, nach Umständen. In Krankheiten der Luftwege gibt man kleinere, in denen des Verdauungskanals größere Gaben.

In der Tierheilkunde wird das A., da es weniger kräftig als der Asant ist, jetzt wenig bei ähnlichen Krankheiten, wo der Asant und die Myrrhe nützlich sind, angewendet. Die Gabe und Anwendung ist wie bei dem Asant. Ehemals benützte man es auch äußerlich als erregend-zerteilendes Mittel bei Verhärtungen, Piphacken, Gallen und dergleichen. Defays empfiehlt es als vortreffliches Klebemittel bei Hornspalten, ausgebrochenem Huf, selbst zur Befestigung der Hufeisen etc. eine Zusammenschmelzung von 2 Teilen A. mit 1 Teil Guttapercha. Das Mittel muß in erwärmtem Zustand in die Spalte gebracht und der Fuß so lange hochgehalten werden, bis das Mittel kalt und hart geworden. Kaltes Wasser beschleunigt dies.

Da die Pflanze bei uns aushält, wird sie zu Versuchen empfohlen. Sie liebt steinigen Boden.

Amome ☞ Kardamome

Ampfer *(Rumex)*, Gattung der Knöterichgewächse. Die wichtigsten Arten sind folgende: der Sauerampfer (FIG. 8) gemeiner Ampfer *(R. acetosa)*, wächst auf feuchten Wiesen und in Grasgärten, hat einen aufrechten, 2-3 Fuß hohen Stengel mit pfeilförmigen Blättern und trägt seine Blüten im Mai und Juni in einer langen, etwas ästigen Rispe; die säuerlichen Blätter werden vom Vieh gern gefressen und in unseren Küchen zu Suppen benützt, indem sie einen guten Magen machen und die Eßlust befördern, aber auch als kühlendes und antiskorbutisches Heilmittel angewendet werden. Sie enthalten viel Kleesalz, welches aus denselben wie von den Sauerkleearten gewonnen werden kann. Der schildblättrige Ampfer *(R. scultatus)*, römischer oder französischer Sauerampfer, welcher an steinigen Orten zwischen Felsen und auf Mauern in den Ländern des Mittelmeeres und im mittleren Europa wächst und sich durch lauter gestielte

FIG. 8

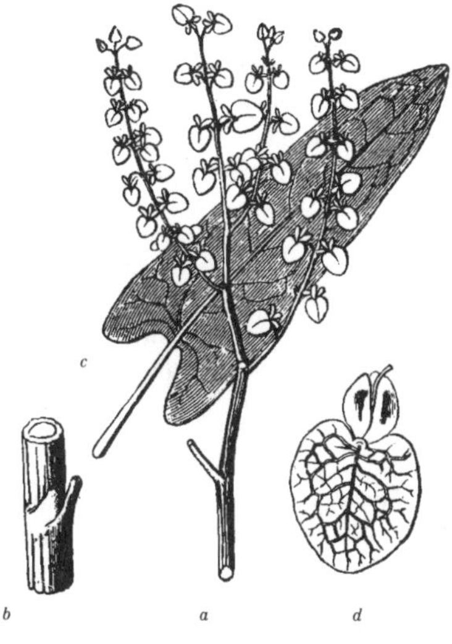

DER GEMEINE SAUERAMPFER: a) ein Stück Blütenstand, b) ein Stück Stengel, an dem man die in der Achsel des Blattstiefs stehende Scheide wahrnimmt, c) ein Blatt in ½ der natürlichen Größe, d) eine Blüte zur Zeit der Fruchtreife, dreimal vergrößert.

Blätter, deren untere breit-eirund-geigenförmig, am Grund herz-spießförmig sind, durch einhäusig-vielehige Blüten und durch die meergrüne Farbe aller krautigen Teile unterscheidet, wird zu gleichen Zwecken wie die vorige, jedoch bei uns seltner kultiviert, obgleich seine Blätter wohlschmeckend sind. Der kleine A. *(R. Acetosella)*, oder kleine Sauerampfer, auf Triften, Brachäckern und unbebauten sandigen Plätzen, ist kleiner als die beiden vorigen, zweihäusig, aus feinem kriechendem Wurzelstock zahlreiche 6-10" hohe, ästige Stengel treibend, besonders ausgezeichnet durch seine schmalen, lanzettlichen oder linealischen Blätter – ist ebenso sauer, kann auch zur Gewinnung des Sauerkleesalzes benützt werden und gilt noch besonders für ein gesundes Schaffutter. Der Gemüse A. *(R. Patientia)*, Gartenampfer, Geduldampfer, englischer Spinat, hat aufrechte, 3-6' hohe, oberwärts ästige, wie die ganze Pflanze; grundständige und untere stengelständige gestielte, eirund-lanzettliche oder längliche, zugespitzte, meist etwas wellige Blätter, von denen die oberen allmählich kürzer gestielt und schmäler, die obersten lanzettlich und lineallanzettlich sind. Man findet diese Pflanze an feuchten Stellen, auf Wiesen und an Bächen, im südlichen Europa und im Orient wild, im mittleren Europa um Gräben und um Dörfer wahrscheinlich verwildert. Blüht im Juli und August. Sie wird wegen des scharfen, angenehmen Krautes – Gemüse, kräftiges antiskorbutisches Mittel – häufig in Gärten gebaut, war früher in den Arzneigärten der Klöster wegen der gelind purgierenden Wurzel sehr allgemein; diese findet bisweilen noch gegenwärtig statt der Rharbarber Anwendung, die Samen als zusammenziehendes Mittel beim weißen Fleck. Auf den Alpen wählt man meist die gelind purgierende, aber leicht Ekel erregende Wurzel des Alpenampfer *(R. alpinus)*, Mönchsrhabarber, an Stelle der Rhabarber. Der stumpfblättrige A. (*R. obtisufolius L., R. acutus. Willd.)*, gemeine Grindwurzel, Mengelwurzel, ist 2-4 Fuß hoch und mehr oder weniger ästig und hat lange, herzförmige, zugespitzte Blätter; die Wurzel ist außen rotbraun, innen gelblich, fast geruchlos, unangenehm bitter-schleimig, zusammenziehend, etwas scharf; färbt beim Kauen den Speichel gelb. Allgemein verordnet man die Wurzel bei Verdauungsschwäche, Unterleibsstockungen (den frisch ausgepreßten Saft zu einigen Unzen täglich mit Fleischbrühe oder anderen Kräutersäften z. B. Löwenzahn, Schöllkraut, das Decoct: 1-2 Unzen auf ½-1 Pfund Colatur mit bitteren Extrakten, Ulmenrinde, Seifenkrautwurzel etc.), daraus entspringender Gelbsucht, Wassersucht, chronischen Hautkrankheiten (Flechten, Krätze – daher Grindwurzel – zugleich äußerlich in Waschungen, auch frisch geschabt mit Milchrahm zur Salbe; beliebt ist Richards Decoct: Grindwurzel 2 Unzen, Alant und Wachholderbeeren, von jedem ½ Unze mit 72 Unzen Wasser auf 40 Unzen Colatur, gegen Ende der Kochung eine handvoll Erdrauch, becherweise getrunken), selbst gegen hartnäckige Leibesverstopfung und als Fiebermittel (gegen dreitägige Fieber mit weißem Wein digeriert, einige Stunden vor dem Anfall, den Schweiß abgewartet).

Vom Waldampfer *(R. nemorosus)* und dessen Abart mit blutroten Blättern *(R. sanguineus)*, sollen die Samen (1 Drachme in Branntwein) Wechselfieber vertreiben. In einzelnen Fällen erregten sie Brechreiz und Kopfschmerz, einmal Erbrechen und Diarrhöe. Der Wasserampfer *(R. aquaticus)*, wilde Rhabarber, mit starker, dickästiger, faseriger Wurzel, außen schwarzbraun, innen safrangelb mit weißem, holzigem Ring, möhrenartig im Geruch, herb zusammenziehend bitterlich im Geschmack, scheint stärker adstringierend als der stumpfblättrige A. Thompson heilte damit den Lippenkrebs und den Fischschuppenaussatz. Bekannt ist die Abkochung als Gurgel- und Mundwasser bei skorbutischen Mundgeschwüren, in Schweden die gepulverte Wurzel als Zahnpulver.

Will man den Gartenampfer anbauen, so pflanzt man ihn in tief bearbeiteten guten Boden, so daß jede Pflanze 1½ bis 2 Fuß Abstand hat, damit man starke Wurzeln erzielt. Diese dürfen nach dem 3. Jahr stechbar sein, könnten aber wie der Rharbarber, durch Alter nur an Güte gewinnen. Die Kultur der übrigen Ampferarten ist bekannt.

In der Tierheilkunde wird die Wurzel des spitzblättrigen Ampfers *(Radix Lapathi acuti von Rumex acutus)* als ein wirksames stärkendes Mittel bei Schwäche und Untätigkeit der Verdauungseingeweide, bei chronischem Katarrh (veralteter Druse) und Husten, bei Diarrhöe und dgl. benutzt. Gegen Flechten, Räude und Wurm ist sie seit alten Zeiten innerlich und äußerlich gebraucht worden. Ihr Nutzen bei Räude, Rotz und Wurm ist nach Hertwig höchst zweifelhaft. Innerlich gibt man die getrocknete Wurzel für Pferde und Rinder zu 30,0-60,0, für Schafe und Schweine zu 12,0-24,0, für Hunde zu 2,0-6,0 Gramm täglich 2-3mal. Von der frischen Wurzel gibt man die 3-4fache Menge auf einmal. Man kann sie in Latwergen, Pillen oder Abkochungen (die frische Wurzel gequetscht) anwenden und mit Wachholderbeeren, mit Kalmus, Schwefel oder mit Spießglanz-Präparaten verbinden. Äußerlich wendet man die Wurzel bei Flechten und Räude sowohl als Waschmittel wie auch in Salben an. Zu den ersteren benützt man Abkochungen, die entweder einfach mit Wasser, Bier, Essig oder Aschenlauge (30,0 Gramm von der Wurzel zu 360,0 Flüssigkeit) bereitet sind oder zu denen man noch andere Mittel hinzusetzt, z. B. nach Kersting's Vorschrift: zerschnittene Grindwurzel, zerschnittenes Schöllkraut und Wurzel, von jedem 4 Hände voll, Alaun 120,0 Gramm, Essig 2½

Liter, kocht alles zusammen durch eine halbe Stunde und seiht die Flüssigkeit durch. Damit werden die räudigen Stellen täglich einmal und durch 5-6 Tage wiederholt gewaschen. Die Salben werden gleichfalls entweder einfach aus der pulverisierten Wurzel mit Schweinefett zu gleichen Teilen oder mehr kompliziert mit Zusatz von Schwefel, von schwarzer oder weißer Nieswurz, von Lorbeeren und dgl. bereitet. Mit den Heilkräften der Wurzel des spitzblättrigen A. kommen die Wurzeln von mehreren anderen Ampferarten größtenteils überein, namentlich vom Wasserampfer, vom stumpfblättrigen A. und vom Gemüseampfer, und dieselben sind daher zu ähnlicher Benützung geeignet.

Amselbeerdorn ☞ **Kreuzdorn, Kreuzbeere**

Anakardiennüsse Elefantenläuse, sind die nuß- oder bohnenartigen Steinfrüchte zweier Bäume aus der Familie der Therebinthaceen, deren einer *Semecarpus orientalis*, ostindischer Tintenbaum, in Ostindien, der andere *Anacardium occidentale*, westinischer Nierenbaum, Kaschu, Acajou, auf den westindischen Inseln und in Südamerika heimisch, neuerdings aber auch in Ostindien angepflanzt worden ist. Die ost- und westindischen Elefantenläuse werden auch durch die Namen Malacca- oder Acajounüsse unterschieden. Die ersteren sind die am häufigsten im Handel vorkommenden. Sie sind glatt, herzförmig oder stumpf dreieckig, dunkelbraun oder schwärzlich und sitzen mit ihrem breiten Ende oft noch an dem harten, mattbraunen, stark runzeligen Fruchtstiel. Die occidentalischen Nüsse unterscheiden sich von ihnen durch eine nierenförmige Gestalt und graue oder grau-bräunliche Farbe. Der eigentliche Fruchtkern (die beiden Samenlappen) ist bei beiden Arten nußartig, ölig, wohlschmeckend und genießbar. Das Eigentümliche liegt in der lederartigen Fruchtschale; sie enthält in Hohlräumen eingeschlossen einen in frischen Früchten fast farblosen, an der Luft bald braun werdenden, auch in den Früchten mehr und mehr bis zu einer dunklen, teerartigen Masse sich entwickelnden Saft, dessen Hauptbestandteil, Cardol genannt, von sehr scharf ätzender, öliger Natur ist. Das Cardol stellt sich in seinen blasenziehenden Kräften dem Kantharidin zur Seite. Ältere Ärzte gebrauchten die westindischen Elefantenläuse gegen Geistes- und Gedächtnisschwäche, bei Haut- und Unterleibskrankheiten und ließen sie außerdem bei skrophulösen Augenentzündungen als Amulett am Körper tragen. Die Schale diente zu blasenziehenden Salben. Während die Blätter des Baumes den Kopf einnehmen, die Wurzel purgierend wirkt, schwitzt der Stamm ein Gummi *(Gummi d'Acajou)* aus. Die ostindischen Elefantenläuse dienen in Indien gegen Syphilis.

Ananas *(Bromelia Ananas L.* neuerlich *Ananassa sativa Lindl).* Diese wegen ihres köstlichen Aromas hochgeschätzte Frucht ist eigentlich eine beerentragende Furchtähre, in welcher die dichtgedrängten Beeren mit der Stengelmasse zusammen zu der scheinbar einzigen goldgelben oder roten, mit einem Blätterschopf gekrönten Frucht verwachsen. Die A. wird in allen heißen Ländern im Freien, in Europa in bedeutender Menge in Treibhäusern gezogen, wo sie allerdings nicht zu der ganzen Fülle des Aromas, wie die wildwachsende gelangt. Die Anwendung der A. ist mannigfach. Man speist sie roh, in ganz dünnen Scheiben geschnitten, meist noch mit etwas Zucker; Wein ist zur Begleitung dringend nötig. Medizinisch ist die A. viel verwendet worden. Der Saft der Blätter mit Zucker soll Ruhr heilen. Die Ostinder glaubten, ein Bad mit dem Pflanzensaft der A. heile Wahnsinnige. Man will Eingeweidewürmer und Blasensteine mit dem Fruchtsaft abgetrieben haben, der auch als Gegengift gegen den frischen Saft der Maniokwurzel gerühmt wird. Sonst wird die A. zur Bereitung des Ananascrémes, des Ananaseises, des Ananasgelées und des Ananaseispunsches verwendet.

Homöopathie. Paßt für nervös-biliöse, trockene Konstitutionen, für das melancholisch-cholerische Temperament, für reizbare Hypochondristen; Warzen; Katarrhalfieber; Seelenstörungen, besonders nach Onanie; Verstandes-, Gedächtnis- und Sinnesschwäche; Blödsinn; geschwätzigen Wahnsinn, durch Kränkung entstanden; Melancholie; Zungenlähmung; Verdauungsschwäche und Blähsucht der Hypochondristen; Leberkrankheiten; Asthma; hysterische Brustkrämpfe, die sich unter heftigem Weinen lösen.

Gabe. 1-2 Tropfen der reinen Tinktur oder der 1., 2. und 3 Verdünnung 1-2mal täglich nach Umständen wiederholt.

Andorn *(Marrubium),* Gattung aus der Familie der Lippenblütler. Der weiße A. *(M. vulgare)*, Gotteshilfe, Helfkraut, weiße Leuchte, Daurant und Lungenkraut, ist eine fußhohe Pflanze, die in Deutschland hinter Zäunen, Hecken, an Wegen, neben alten Gebäuden, auf Schutthaufen u.s.w. wächst. Die Wurzel ist dauernd und treibt im Frühjahr von neuem viele haarige, viereckige Stengel, an welchen die rundlich eiförmigen am Rande stark gezahnten auf der Oberfläche gleichsam verschrumpften und mit weißlicher Wolle überzogenen Blätter einander gegenübersitzen. Aus den Blattwinkeln kommen im August die wirbelförmigen Blüten hervor, deren Kelch 10 borsten- und hakenförmige Zähne hat. Im frischen Zustand hat das Kraut einen starken, eigentümlichen, balsamischen Geruch, welcher durch das Trocknen schwächer und angenehmer wird; der Geschmack ist etwas scharf balsamisch, aromatisch, sehr bitter. Es enthält neben ätherischen-öligen und harzigen Teilen bitteren Extraktivstoff. Schon im Altertum war der A. ein sehr geschätztes Heilmittel, das besonders gegen die Schwindsucht empfohlen wurde. Es zeichnet sich durch eine gelind aufregende, stärkende Wirkung aus, wobei es zugleich schwach auflöst und die Ausscheidungen befördert. Man empfiehlt den Andorn bei Schwindsucht, bei fehlender Menstruation, wenn sie auf Schlaffheit beruht, bei Stockungen in den Unterleibsorganen und daher entspringenden Krankheitsformen, besonders der Gelbsucht. In den letztgenannten Fällen wendet man vorzugsweise den ausgepreßten Saft des frischen Krautes (zu 1-2 Unzen täglich mit Honig oder mit anderen Kräutersäften) an. Einen vorzüglichen Extrakt erhält man, wenn man ihn nicht durch Auskochen, sondern ohne Anwendung von Wärme mit der Real'schen Presse bereitet. Das tockene Kraut wird gewöhnlich zu Aufgüssen benützt ($\frac{1}{2}$-1 Unze auf 6 Unzen Colatur für den Tag, eßlöffelweise genommen oder ein leichterer Aufguß als Tee tassenweise getrunken). Als Volksmittel dient der A. gegen Stickhusten und der teeförmige Aufguß (und eingedickte Saft) zu den sehr schätzbaren Mitteln in der Bleichsucht. Andorn-Sirup bereitet man, indem man 1 Pfund Zucker auf je 2 Seidel eines starken Aufgusses zusetzt.

In der Tierheilkunde wird das Kraut des weißen A. bei gastrischen Krankheiten benützt, bei denen Reizung und verminderte Absonderung der Schleimhäute zugegen ist und wo die reinbitteren Mittel und insbesondere der Enzian nicht gut vertragen werden. Es schließt sich in seinen Wirkungen dem Kardobenediktenkraut an, jedoch sind dieselben äußerst schwach.

Diese Pflanze kann wie Melisse angebaut werden, sie begnügt sich mit dem schlechtesten Boden, wenn er nur trocken ist.

Anemone *(Anemone Hall.)* ist eine Gattung von Hahnenfußgewächsen und bildet den Typus der Gruppe der Anemonen, welche dachziegelartig einander deckende Kelchblätter und in

FIG. 9

DAS BUSCHWINDSÖSCHEN: a) vergrößerte Blüte, b) die Blüte von unten gesehen.

der Nußfrucht aufgehängte Samenknospen besitzen. Alle sind ausdauernde Kräuter. Das blaue Leberblümchen oder dreilappige Leverkraut *(Anemone hepatica ☞ Hepatica nobilis)* hat einen walzlichen, stark befaserten Wurzelstock, aus dem sowohl langgestielte, herzförmige-dreilappige, ganzrandige, oberseits kahle, unten behaarte Blätter, als auch einfache, blattlose, 3-5 Zoll lange Blütenstiele hervorkommen. Die Blüte ist vollkommen und besteht aus einer meist dreiblättrigen grünen, kelchartigen Hülle und 6-12 sternförmig ausgebreiteten, meist himmelblauen, seltener weißen oder rosenroten Blumenblättern, aus zahlreichen Staubgefäßen und mehreren Stempeln, aus welchen längliche, kurzgeschnäbelte Schließfrüchtchen sich entwikkeln. Man findet es an schattigen Orten in Wäldern, unter Gebüsch, wo es sehr gemein ist. Diese Pflanze besitzt fast keine Schärfe, sondern adstringierende Eigenschaften, daher sie sonst gegen Blutspeien und Blutharnen, nicht minder bei chronischem Harnröhrenschleimfluß in Gebrauch gezogen wurde. Das Buschwindröschen *(A. nemorosa)* (FIG. 9), hat einen stielrunden, waagrechten, wachsgelben Wurzelstock, welcher bloß ein einziges, grundständiges, dreischnittiges Blatt und einen aufrechten einfachen Stengel mit einer Blüte am Gipfel und drei gestielten, dem grundständigen Blatt ähnlichen Hüllblättern in der Mitte hervortreibt. Die Blume hat sechs sternförmig ausgebreitete weiße oder etwas rosenrote Blätter, zahlreiche Staubgefäße und mehrere Stempel, die sich zu ungeschwänzten Schließfrüchten ausbilden. Es ist häufig in Gebüschen und Wäldern zu finden. Blüht im April und Mai mit dem sehr ähnlichen durch sattgelbe Blüten leicht kenntlichen hahnenfußartigen Windröschen *(A. ranunculoides)* gewöhnlich gesellschaftlich vorkommend. Das Buschwindröschen, auch kleine Wald-A., Busch-A., Buschveilchen, weißes Waldröschen, Waldhähnchen, Waldhahnenfuß, Aprilhahnenfuß, weiße März-, April- oder Maiblume, weiße Osterblume, Storchblume, Windblume, Lack, Augenwurz-Licht, Hahnefässel genannt, verursacht bei dem innerlichen Gebrauch nebst den Erscheinungen heftiger Entzündung zugleich störende Eingriffe in die Tätigkeit des Gehirns und der Gehirnnerven. Bei Schafen erzeugt dieselbe Blutharnen und Darmentzündungen; beim Hornvieh die Ruhr, daher ältere Schriftsteller sie als Herba sanguinaria *(Blutkraut)* bezeichneten. Man bediente sich des zerstoßenen frischen blühenden Krautes oder des daraus bereiteten Wassers bisher nur äußerlich als hautreizendes Mittel gegen Zahnschmerzen, heftige Rückenschmerzen, Rheumatismus, Gicht, gegen Kopfgrind. Mädchen und Frauen waschen sich bisweilen mit dem destillierten Wasser das Gesicht, um die

FIG. 10

DIE GEMEINE RÜCKENSCHELLE

Wangen zu röten; aber es geschieht leicht, daß sie die Haut damit wegbeizen. Gleichen Gebrauch findet in Italien das aus der Apenninen-A. *(A apennina)* destillierte Wasser. Die nieswurzblättrige A. *(A. helleborifolia)* vertritt bei den Peruanern die Stelle der spanischen Fliegen. Ähnliche Schärfe entwickeln die Kronen-A. *(A. coronaria)* und die Stern-A. *(A. stellata)*, welche bei innerlicher Anwendung zugleich heftig purgierend wirken. Den Aufguß der Pfauen-A. *(A. pavonina)* gab Grateloup gegen Wechselfieber und Verdauungsschwäche, dahingegen zeigen sich die sibirische A. *(A. sibirica)* und die *A. patens* so scharf, daß sie auf der Haut leicht Geschwüre verursachen. Letztere Pflanzen reichen die Bewohner der Ukraine in kleinen Gaben bei Konvulsionen der Kinder. Rücksichtlich der narkotischen Kräfte wird sie von der dreilappigen A. *(a. trilobata)* und der A. triternata, der Wald-A. *(A. silvestris)*, noch mehr von der hahnenfußartigen A. *(A. ranunculoides)*, von der kleinen oder Wiesen-Küchenschelle *(A. pratensis)*, noch mehr aber von der gemeinen Küchenschelle übertroffen. Das frische Kraut der Wiesen-K. auf die Haut gerieben, bewirkt Entzündung mit Blasenbildung. In großen Gaben innerlich genommen, verursacht sie Magen- und Darmentzündung und tödliche Konvulsionen. In mäßiger Gabe schreibt man ihr eine die Tätigkeit der Schleimhäute, der serösen und fibrösen Organe, der äußeren Haut und der Nieren, sowie des gesamten Gefäß- und Nervensystems anregende Wirkung zu. Störck empfahl sie besonders bei Lähmungen der Sehnerven, vorzüglich wenn rheumatische oder gichtische Metastasen zu Grunde lagen, bei veralteten rheumatischen Schmerzen, bei syphilitischen fressenden Geschwüren und bei chronischen Hautausschlägen. Sonst war das Pulver zu 2-5 Gran oder der Aufguß aus 1-2 Drachmen auf 4 Unzen innerlich, und äußerlich aus ½ Unze auf 6 Unzen zu Waschungen bei Geschwüren, Hautausschlägen und überdies der Extrakt zu 1-3 Gran einigemal des Tages in Gebrauch. Gegenwärtig beschränken sich die Ärzte auf die aus dem frischen Kraute 1:2 bereitete Tinktur zu 3-5-10 Tropfen. Dr. Blodig in Graz empfiehlt besonders die aus der Wurzel gewonnene Tinktur bei heftigen rheumatischen Zahnschmerzen und Augenentzündungen. Die gemeine Küchenschelle, Osterblume *(A. Pulsatilla L.* ☞ *Pulsatilla vulgaris Mill.)* (FIG. 10) hat mehrfach fiederschnittige Blätter mit linealen Zipfeln und eine aufrechte Blüte, deren Kelch schön blau-violett ist. Sie wächst in sandigen Gegenden des südlichen und mittleren Europa, auch in England. Sie ist frisch sehr scharf und zieht auf der Haut Blasen. Hat man das Kraut und die Wurzel in Menge vor sich, so entsteht ein stechender Dampf, der die Augen zu Tränen reizt und in Schlund und Nase brennt. Dies kommt von einem flüchtigen Öl, das man durch Destillation der frischen Teile mit Wasser erlangt. Es löst sich nach Erdmann in Äther, ist goldgelb und schwerer als Wasser, von scharfem Geruch, reizt die Augen heftig und zieht auf der Haut

Blasen. Die hierbei hervorgerufene Empfindung ist ganz ähnlich, welche man nach leichter Verbrennung hat, und die Blasen gleichen den Brandblasen; sie heilen nur langsam. Das Öl erstarrt beim Aufbewahren zu einer weißen hornartigen, festen Masse, während der Geruch verschwindet, und zerfällt dabei in den narkotischen Stoff Anemonin und in die medizinisch unwirksame Anemonsäure. Dieselben Stoffe liefert der giftige Hahnenfuß *(Ranunculus sceleratus)*, an welchem die genannten Eigenschaften studiert sind. Man wendet die gemeine Küchenschelle an bei Lähmungen, Keuchhusten, manchen Augenleiden, auch als schweißtreibendes Mittel bei rheumatischen Leiden.

In der Tierheilkunde wird das Kraut der Wiesen-K. oder schwarzen K. *(A. pratensis)* besonders gegen Augenkrankheiten *(schwarzer Star)* und asthenische Entzündungen gebraucht.

Homöopathie. Die Küchenschelle *(A. pulsatilla, Pulsatilla pratensis)* wird für folgende Krankheitszustände ein angemessenes Heilmittel sein: Akute und chronische Rheumatismen, akute und chronische Gicht, niedere Grade der Bleichsucht, Krankheiten der venösen Blutsphähre, der Venen und des venösen Haargefäßsystems, Krankheiten der Schleim- und serösen Häute mit vermehrter Absonderung, Wasseranhäufungen in den Höhlen der Brust und des Unterleibs, unter der Haut, Spitzpocken, Masern, Röteln, alte Geschwüre, Erfrierungen, Schlafsucht, Wechselfieber mit 1, 3, 4tägigem Typus, mi starkem Frost, geringer Hitze und Durstlosigkeit, Gemütsleiden, mit dem Charakter in der geschlechtlichen Sphäre, Schwindel, nervöse, gastrische, katarrhalische und rheumatische Kopfschmerzen, katarrhalische und rheumatische, skrophulöse Entzündung der Augenlieder und des Auges, Verdunklung der Hornhaut, schwarzer und grauer Star, Tagblindheit, Doppeltsehen, Entzündung des äußeren Gehörgangs, Ohrenzwang, Ohrenfluß, katarrhalische und nervöse Taubheit, rheumatische Gesichts- und Zahnschmerzen, Nasenbluten, Unverdaulichkeit, Magen- und Unterleibskrämpfe, Leber- und Milzleiden, Vollblütigkeit, Schleimdurchfälle, Tripper, Hodenentzündung, Wasserbruch, Mangel des Monatsflusses, Menstrualkolik, zögernder oder zu geringer Monatsfluß, Blutfluß mit venösem Charakter, verschiedene Beschwerden während der Schwangerschaft und krankhafte Zustände des Wochenbettes, unterdrückte und mangelnde Milchabsonderung, weißer Fluß, fließender Schnupfen, Kehlkopf- und Bronchialkatarrhe mit und ohne starke Schleimabsonderung, Bluthusten, Keuchhusten, Leiden des rechten Herzens, Hüftschmerz.

Gabe: 1-2 Tropfen der reinen Tinktur oder der 1. 2. 3. 6. 12. Verdünnung täglich 1-2mal oder auch nach Umständen noch öfter wiederholt. In den meisten Fällen erwies sich die 2. Verdünnung als die wirksamste Gabe.

Die Tierärzte wenden diese Pflanzen in folgenden Krankheiten an: 1. Bei Augenleiden: a) bei der katarrhalischen Augenentzündungen, b) bei der rheumatischen Augenentzündung mit starkem Tränenfluß und reichlicher Schleimabsonderung, c) bei Augenentzündung gastrischen Ursprungs, d) bei dem falschen Schwindel, der von den Augen ausgeht. 2. Bei Affektionen der Verdauungsorgane: a) bei Gaumengeschwulst, welche von Verdauungsstörungen begleitet ist, b) bei Indigestion nach Überladung des Magens, aufgetriebenem Hinterleibe, Kollern und Poltern in den Gedärmen, sowie nach dem Übersäugen säugender Tiere, c) bei wässerig-schleimigen, grünlichen und übelriechenden Durchfällen, d) bei der Lecksucht des Rindes. 3. Bei der Druse der Pferde, und zwar bei jener mehr träge verlaufenden Form, wo der Nasenausfluß mehr oder weniger mißfärbig, grünlich etc. und sich schmierig an den Rändern der Nasenflügel anlehnt, auch wohl nur aus einem Nasenloch zum Vorschein kommt; ferner bei ödematösen Aufschwellungen einzelner Körperteile im Gefolge der Druse. 4. Bei Lungenkatarrh mit häufigem, gelblichem und klumpigem Nasenausfluß, sowie bei dem Keuchhusten der Hunde mit Erbrechen von Schleim. 5. Bei einigen krankhaften Zuständen, welche sich während und nach dem Geburtsakt entwickeln, wie bei mangelnden oder schwachen, unregelmäßigen oder ungleichmäßigen Geburtswehen; bei Verzögerung des Abgangs der Nachgeburt; bei Milch- oder Geburtsfieber im ersten Auftreten der Krankheit, bei aufgehobener Freßlust, Durchfall, Empfindlichkeit der Bauchdecke bei der Berührung, Stumpfsinnigkeit; bei dem Weißfluß der Stuten und Kühe; bei dünner, blauer und wässerigen Milch der Kühe. 6. Bei dem Harnsickern oder dem Unvermögen, den Harn zu halten in Folge lähmungsartiger Schwäche des Blasenschließmuskels. 7. Bei Anschwellungen der Hoden und Samenstränge im Gefolge oder als Begleiter der Füllenlähme. 8. Bei übermäßigem Rossen und Nichtempfangen der Stuten. 9. Bei Hohl- und Fistelgeschwüren, insbesondere der Aderfistel und Samenstrangfistel.

Die Anpflanzung der Wiesen-Küchenschelle geschieht durch Stockteilung im Herbst, weil die Pflanzen schon im ersten Frühling nach dem Schmelzen des Schnees Blätter treiben. Man könnte sie auch aus Samen ziehen, den man im Herbst aussät. Die Pflanzen können dicht stehen, ohne Reihen zu bilden. Eine Bearbeitung des Bodens ist nicht nötig. Von Zeit zu Zeit (etwa alle 6-10 Jahre) kann man die Pflanzung erneuern und dabei den Platz wechseln. A. pratensis verträgt und verlangt mehr Feuchtigkeit als A. Pulsatilla. Die Blätter müssen schnell getrocknet und gut aufbewahrt werden. Man benutzt jedoch viel häufiger die frischen als die trockenen Blätter.

Angelika *(Angelica)*, Brustwurzel, Engelwurzel, heilige Geistwurzel. Es gibt zwei Dolden, von denen man diese Wurzel gewinnt. Die Gattung Angelika hat einen ganz undeutlichen Kelchrand über dem Fruchtknoten. Die Frucht ist vom Rücken aus zusammengedrückt, die Seitenflügel derselben sind schmal und klaffend. Die Wald-A. *(A. silvestris)*, hat einen kurzen, geringelten, bräunlich-gelben Wurzelstock, der innerlich weiß und milchend ist. Der hohle Stempel wird bis 6 Fuß hoch. Die dreifach fiederteiligen Blätter haben elliptische, zugespitzte, gesägte Abschnitte. Die oberen Blätter haben aufgeblasene, bauchige Scheiden. Sie wächst an Waldbächen und auf Wiesen, wohl in ganz Europa, besonders in Gebirgsgegenden. Die Wurzel wird in Italien gegen die Krätze gebraucht und sind ihre Eigeschaften, wenn auch etwas schwächer, der echten Angelika gleich, statt welcher sie manchmal verkauft wird. Die Gattung Archangelica Hoffm. hat einen fünfzähnigen Kelchrand über dem Fruchtknoten. Ihre Blumenblätter sind elliptisch, zugespitzt, mit eingekrümmter Spitze. Die Frucht ist vom Rücken aus zusammengedrückt, die Seitenflügel sind mäßig

FIG. 11

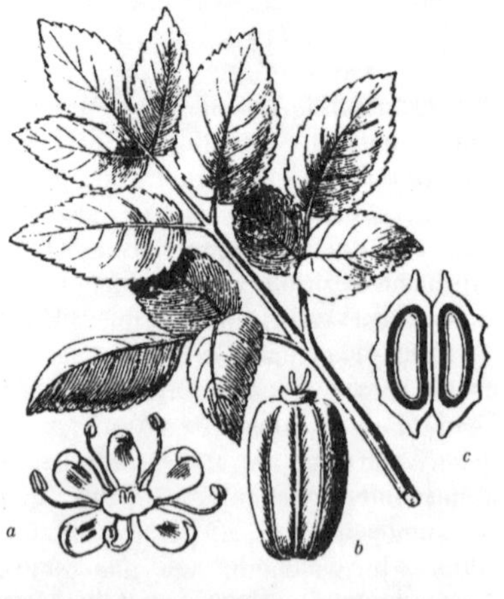

DIE ECHTE ANGELIKA (WURZELBLATT): a) eine Blüte, b) eine Frucht, c) ein Querschnitt derselben, alles dreimal vergrößert.

breit und klaffend. Die echte Angelika *(A. officinalis)*, (FIG. 11) Wasserangelik, Gartenangelik, Engelwurzel, Erzengel-, Heiligegeist-, Luft-, Brust-, Zahn-, Theriakwurzel ist ein stattliches Gewächs, das bis zu Manneshöhe heranwächst. Der Wurzelstock ist geringelt, ästig, mit zahlreichen dicken Fasern, außen hellbraun, innen weiß, gelbliche Milch gebend. Sie wird über Fuß lang. Von der Gebirgspflanze unterscheidet sich die norddeutsche *Angelica littoralis* durch mehr weiße, nicht grünliche Blumen, stärker weichhaarige Dolden. Die Wurzel soll im Frühling des zweiten Jahres gesammelt, nach dem Trocknen in Gläsern, doch nicht in zu großer Menge aufbewahrt werden; sie ist im Geruch durchdringend gewürzig zwischen Fenchel und Alantwurzel, im Geschmack süßlich, scharf, erwärmend, hinterher etwas bitter. Die vorzüglich wirksamen Bestandteile der Angelikawurzel sind eine Art von Gummiharz *(Angelikabalsam)* und ein ätherisches Öl, nebenbei enthält sie einen bitteren Extraktivstoff, Stärkemehl oder Inulin. Die günstige Mischung der Bestandteile, welche die A.-Wurzel bietet, macht diese zu einem der schönsten Medikamente in dem Arzneivorrat, obschon häufig verkannt, weil sie nicht aus fremdem Klima zu uns gelangt. Sie wirkt kräftig und flüchtig erregend, mächtig auf alle Absonderungen, zumal den Schweiß und Urin, zugleich stärkend, an Kalmus und Nelkenwurzel erinnernd; dabei angenehm auf die Nerven, empfindlichen Kranken nicht so zuwider wie Baldrian und kann selbst, wenn nicht immer, so oft die Schlangenwurzel ersetzen. Nichtsdestoweniger weicht sie arzneilich von allen diesen Substanzen, wie vom Berg-Wohlverlei ab, mit welchem sie außerdem verglichen worden ist. Aber sie eignet sich für alle Krankheitszustände, in welchem eine allgemeine Erregung des Nervensystems angezeigt und weder Entzündung noch Gastrizismus vorhanden ist.

Die größte Schätzung und arzneiliche Einführung fand die Pflanze im Mittelalter. Der fromme Glaube wähnte die Wurzel durch einen Engel (»Engelwurz«) vom Himmel auf die Erde gebracht. Man zählt sie zu den Alexipharmaca, benutzte sie jedoch nur mit anderen Drogen vermischt, selbst der Angelikawurzel-Geist und der Engelwurzel-Essig sind Überbleibsel jener Zeit. Lappen wie die Bewohner der Färörinseln und Isländer essen die Stengel, verwenden sie, wie die ganze Pflanze, als Gewürz, die Wurzel gegen Katarrhe, zur Auflösung und Abführung des Schleims. Auf Island gab man die letztere auch dem Vieh gegen Wassersucht, und es herrschten dort ehemals selbst besondere Feste um der Pflanze willen. Norweger bakken die Wurzel in ihr Brot. Deutsche machen sie nicht selten mit Zucker ein.

Man wendet die Angelikawurzel an bei atonischer und torpider Magen- und Darmschwäche, daher rührenden Koliken und Blähungsbeschwerden (zugleich Waschungen mit dem Angelikageist), Verschleimung, gegen das Ende oder zur Nachkur von Ruhren, Durchfällen u.a. damit in Verbindung stehenden Krankheiten, so bei chronischen Hautausschlägen, bei Hysterie und Hypochondrie. Ferner gegen Schleimflüsse der weiblichen Geschlechtsorgane, wie bei unterdrückter Menstruation von allgemeiner Schwäche und unterdrückter Hauttätigkeit, bei Lungenblennorhöen, chronischen Rheumatismen, auch Gicht, in nervösen Zuständen des Typhus, gegen Wechselfieber (mit China), bei kalten Geschwülsten, Verrenkungen, Quetschungen, Kopfverletzungen (Waschungen mit dem einfachen oder zusammengesetzten Engelwurzelgeist). Der zusammengesetzte Engelwurzelgeist wird bereitet aus 1 Pfund Angelikawurzel, 2 Unzen Baldrianwurzel, ebensoviel reifen Wachholderbeeren, welche in 6 Pfund mit 3 Pfund Wasser verdünntem Weingeist durch 24 Stunden mazeriert und bis auf 6 Pfd. destilliert worden sind.

Man gibt selten das Pulver zu 5-20 Gran, häufiger den Aufguß 2-4 Drachmen. Der wässerige, weingeistige Extrakt zu 1 Drachmen des Tages. Zu Kräuterkissen benutzt man die grobgepulverte Wurzel. Der Essig wird zu Waschungen, Umschlägen, zum Räuchern gegen ansteckende Krankheiten angewendet. Von der Tinktur nimmt man 30-60 Tropfen einigemal täglich, vom A.-Geist 20-40 Tropfen mehrmals täglich oder zu Waschungen, aromatischen Bädern.

In der Tierheilkunde wird die Angelikawurzel namentlich bei Nervenfieber, Faulfieber und Typhus, bei dem höheren Grade der Influenza, bei typhösen, besonders ursprünglich katarrhalischen und rheumatischen Brustentzündungen, bei der Staupe der Hunde, wenn sie einen nervösen Charakter annimmt, mit gutem Erfolg angewendet. Die Gabe ist wie bei dem Alant zu wählen. Von der Form und Verbindung mit anderen Mitteln gilt dasselbe wie beim Kalmus und Baldrian. Äußerlich ist die Angelika wie die übrigen aromatischen Mittel zu benutzen, wird aber höchst selten zum äußeren Gebrauch verwendet. Das Kraut besitzt ähnliche, aber schwächere Heilkräfte wie die Wurzel und kann im Notfall wie diese, besonders äußerlich zu Umschlägen etc. gebraucht werden. Die Wald-A. ist in ihrer Wurzel und in ihrem Kraut ebenfalls mit den Eigenschaften der echten Angelikawurzel begabt, aber doch von geringerer Wirksamkeit.

Angusturarinde *(Cortex Angusturae verae)* stammt von *Galipes officinalis,* einem Baum Südamerikas, der sich am unteren Orinoko, auf den Gebirgen bei St. Joaquin de Carony findet. Dieser Baum hat einen 20' hohen, 3-5" im Durchmesser haltenden Stamm, einen belaubten, immer grünen Wipfel, eine gelblich-graue Rinde und ein hartes gelbes Holz. Die Blätter sind wechselnd, auf 20" langen Blattstielen von tabakähnlichem Geruch. Die Rinde wird von den Zweigen geschält und in großen, zu einem Netzwerk verflochtenen Blättern einer Palmenart verpackt, später in Kisten verschickt. Der Geruch ist stark eigentümlich, der Geschmack stark bitter, hintennach etwas scharf brennend, wenig gewürzig. An besonders bemerkenswerten Bestandteilen enthält sie ätherisches Öl, bitteren Extraktivstoff, ein bitteres Hartharz und balsamisches grünlich-gelbes Weichharz. Die Wirkung steht jener der Cascarillrinde sehr nahe, doch ist die Aufregung geringer, auch werden die Ausscheidungen weniger beschränkt und die Verdauungsförderung geht vorzugsweise durch die Bitterkeit der A. vor sich. Bei reizbarem Magen erregt sie bisweilen Magendrücken, Ekel, Erbrechen.

Man wendet sie in der atonischen Verdauungsschwäche und den damit Bezug habenden Krankheiten, bei Skropheln, Rachitis (sog. engl. Krankheit), Skorbut, bei Schleimschwindsucht, inneren Vereiterungen, Geschwüren und Brand, wenn Verdauungsschwäche der China entgegensteht; dann bei Schleimflüssen der Lungen, des Darmkanals, gegen leichte ruhrartige Diarrhöen am Ende einfacher und fauliger Ruhren und in den nach diesen zurückbleibenden hartnäckigen Durchfällen, gegen die erschöpfenden Bauchflüsse der Skrophulose und auszehrenden Krankheiten; ferner gegen Wechselfieber und in den auf dasselbe folgenden und bei einfachen Wassersuchten, bei chronischen Fußgeschwüren, Brand und Knochenfraß.

Man verordnet das Pulver zu 16-20 Gran 2stündlich mit bitteren Extrakten, Zimt, Kardamomen zu Pillen; weniger kräftig, doch zulässiger bei sehr geschwächten Verdauungsorganen erscheinen der Aufguß und die Abkochung: ½ Unze der grob zerkleinerten Rinde auf 6-8 Unzen Colatur (in Verbindung mit Zimtwasser, aromatischer Tinktur, Sirup ect.) 4-6mal täglich 1-2 Eßlöffel.

Diese Rinde darf jedoch nicht mit der unechten Angusturarinde verwechselt werden, welche den heftigsten Pflanzengiften angehört. Man hat diese unechte Rinde anfangs von dem abyssinischen Strauch *Brucea ferruginea* abgeleitet, kennt jedoch gegenwärtig in derselben die Rinde des Brechnußbaumes *(Strychnos nux vomica)*.

Homöopathie. Die echte A. hat sich bewährt in rheumatischen Lähmungsbeschwerden und im Kinnbackenkrampf, mit Zuckungen der Rückenmuskeln. In Knochenfraß *(Caries)*, gegen welche sie von Aegydi empfohlen wurde, hat sie den Erwartungen nicht entsprochen. Bei Irritationen des Rückgrats wie bei Krankheiten der Schleimhäute verdient sie eine besondere Beachtung.

Gabe: 1 Tropfen der reinen Tinktur oder der 1. 2. 3. Verdünnung, 1-2mal täglich wiederholt, nach Umständen.

Anwendung der unechten A.-Rinde nach homöopathischem Prinzip: Die allgemeine Wirkung ist Lähmung des Rückenmarks und der willkürlichen Muskeln. – Tetanische, periodische Krämpfe von Berührung, Geräusch, Schreck und Verschlucken von Flüssigkeit erregt oder verschlimmert, mit ungestörtem Bewußtsein und erhöhter Empfindung; Starrkrampf und Kinnbackenkrampf, Blutschlagfluß, Lähmungen, Gehen auf den inneren Knöcheln.

Gabe: 1 Tropfen der 1. oder 2. Verdünnung, alle 1-2-3 Stunden.

Die Tierärzte geben die echte A. bei fieberlosem Rheumatismus der Pferde und Homöopath Genzke will die Tinktur, welche nach Regel 1 bereitet wird, bei dieser Krankheitsform mit Erfolg angewendet haben.

Animeharz *(Resina Anime)*, Kurbarilharz, Flußrauch. Das freiwillig oder durch Rindeneinschnitte austretende Harz vom Hülsen- oder Heuschreckenbaum *(Hymenaea Curbaril)*, der in Brasilien, Mexiko, auf den Antillen wächst, bedeutend hoch und dick wird und dessen hellbraunes, dichtes im Wasser untersinkendes Holz sich auch sehr gut zu Tischlerarbeiten eignet. Das Harz riecht schwach aromatisch und wird beim Kauen weich. Auf Kohlen geworfen, entwickelt es einen angenehmen Geruch. Von ihm unterscheidet sich das ostindische oder afrikanische A., von unbestimmter Herkunft, welches rötlich-gelbe, aus kleineren Körnern zusammengebackene Massen bildet, leicht zerreiblich und dabei fenchelartig riechend. Die Indianer kauen Anime gegen Kolik und Blähungen, bedienen sich seiner bei Rheumatismen, katkarrhalischen und lähmungsartigen Affektionen. Bei uns findet oder fand das amerikanische Harz Anwendung als Räuchermittel, als Zusatz zu Pflastern und Ceraten, zur Lack- und Siegellackfabrikation. Es gibt aber nur weiche, schwertrocknende Firnisse und wurde vom Copal ganz verdrängt.

Anis *(Anisum vulgare)* Bibernelle, zu den Doldenpflanzen gehörig, hat eine jährige, dünnspindelige Wurzel und einen aufrechten, ästigen, etwas flaumhaarigen Stengel. Die untersten Blätter sind rundlich, gezähnt und gelappt, die mittleren gefiedert, die obersten dreizähnig mit lanzettlichen Blättchen. Die weißen Blüten stehen in lockeren, zusammengesetzten Dolden, welche meist eine einblättrige Hülle und wenigblättrige Hüllchen haben. Man findet diese Pflanze in Ägypten und Griechenland; sie wird aber auch in vielen Gegenden Europas, auch in Deutschland angebaut. Blüht im Sommer. Der eigentümliche aromatische Geruch und der angenehm süß-aromatische Geschmack des Anissamens sind allgemein bekannt. Unter den Bestandteilen desselben ist vor allem hervorzuheben das ätherische Öl, sodann fettes Öl, etwas Harz, Zucker, Gummi, ein dem Ulmin ähnlicher Stoff etc. Der Anissamen wurde schon von den Ärzten des Altertums gegen Gelbsucht, Hysterie, Blähungskoliken, zur Förderung der Geburtswehen etc. gebraucht. Gegenwärtig wird er in gleicher Weise aber seltener als Fenchel bei atonischer Schwäche in den Verdauungsorgangen, Verschleimunen, Säure, Durchfall, Blähungen, Darmgicht, Krampfbeschwerden der Kinder, gegen chronische Katarrhe (zur Förderung des Auswurfs mit Süßholz, Eibisch, Veilchenwurzel, arab. Gummi) Asthma, zur Förderung der Milchabsonderung, zur Verhinderung der Beschwerden anderer Arzneien, so zur Verminderung der Blähungen, Verhütung des Kneipens von Abführmitteln (Senna, Rhabarber, Jalappenharz, mit diesen verbunden) zur Auflösung bitterer Extrakte (Aniswasser); bei chronischen Blei- und Arsenvergiftungen, bei Lähmungen, Geschwülsten (Einreibungen des Anisöls), gegen Läuse (Anissamen, genannt Petersiliensamen, in Pulver oder Salbe, Anisöl 15 Tropfen in 1 Drachme Äther gelöst.) Gepulverter A. ist ein Volksmittel gegen das Schlukken. Gegen Läuse, die sich bei vielen Kranken gern auf dem Kopf einfinden, rät Reil, das Haar abzukürzen, täglich mit einer Bürste zu bürsten und von Zeit zu Zeit einige Tropfen Anisöl in die Bürsten fallen zu lassen. Bei Brustkrampf und Mangel an Auswurf ist der Anistee ein sehr schätzbares Hausmittel, der auch in der Kolik der Kinder vortreffliche Dienste leistet.

Man gibt das Pulver zu 1-2 Skrupel, den Aufguß zu 2-4 Drachmen; das Aniswasser nimmt man zu 2-3 Eßlöffel in Gabe öfters zur Einhüllung anderer Arzneien; das Anisöl zu 2-6 Tropfen auf Zucker, zu Mixturen, zu Einreibungen, Klistieren; den Anisspiritus zu 2 Drachmen.

Aniswasser bereitet man, indem man von 9 Teilen Wasser 6 Teile über 1 T. Samen abdestillieren läßt. Anisgeist wird bereitet mittels Digestion und Destillation mit $6\frac{1}{2}$ T. Weingeist nebst der nötigen Menge Wasser. Zur Anistinktur nimmt man eine Mischung von 1 Quentchen Anisöl und 45 Gran Sternanisöl in 10 Pfund Weingeist von 90%, verdünnt die Lösung mit 3 Pfund Wasser und färbt sie grün. Zur Anisessenz nimmt man 1 Pfund grünen leicht gestoßenen Anis, der nicht zu frisch und zu trocken ist, weicht ihn etwa 4 Tage in 3 Pfund Sprit von 30% ein, gießt ihn ohne auszupressen ab, überschüttet den Satz nochmals mit 4 Pfund schwachem Weingeist, läßt ihn circa 5 Tage digerieren, gießt nach starkem Auspressen ab und filtriert. Anis wird auch häufig zu den sogenannten Aniskuchen verwendet. Fünfzehn Lot Zucker werden mit 4 ganzen Eiern $\frac{3}{4}$ Stunden lang gerührt, 15 Lot Weizenmehl mit einem Eßlöffel gereinigten und gestoßenen Aniskörnern nach und nach darunter gemischt, von dieser Masse walnußgroße Häufchen auf ein mit Wachs bestrichenes Backblech etwas entfernt voneinander gelegt und bei sehr gelinder Wärme in ungefähr $\frac{3}{4}$ Stunden gar gebacken. Sie müssen hellgelbe Farbe haben und noch heiß vom Blech losgeschnitten werden.

In der Tierheilkunde ist der Anis seiner bekannten Wirkung wegen von jeher als sogenanntes Brustmittel geschätzt und vorzüglich im letzten Stadium der in Genesung übergehenden Lungenentzündung oder vielmehr in der Rekonvaleszenz nach derselben – auch selbst im Verlauf wirklich asthenischer Lungenentzündungen und bei allen katarrhalischen Krankheiten mit diesem Charakter häufig angewendet worden. Er ist daher auch ein Bestandteil fast aller sogenannten Drusenpulver und Drusenlatwergen, in welchen er, wie Prof. Hertwig bemerkt, freilich oft mißbraucht wird, wenn die Anwendung zu früh, d. h. noch während der Entzündungsperiode geschieht. Ebenso benutzt man ihn bei Unverdaulichkeit, bei zu vieler Entwicklung von Blähungen, bei Wind-

und Krampfkolik, bei krampfhaften Harnverhaltungen, bei Durchfällen etc. Doch dürfen diese Krankheiten nicht mit einem zu hohen Grade von Schwäche und Reizlosigkeit verbunden sein.

Die Gabe ist für Pferde und Rinder 30,0–90,0, für Schafe und Schweine 7,5-15,0, für Hunde 1,0-4,0 Gramm. Das Mittel ist in Pulverform, in Latwergen, Pillen und im Aufguß anwendbar und wird nach Umständen mit Salmiak, Calomel, Schwefel, Spießglanz, Wacholderbeeren, Terpentin etc. verbunden. Auch setzt man den Anis zuweilen als Nebenmittel zu Arzneien, besonders zu Pulvern, um ihren Gebrauch zu verbessern, weil er den meisten Tieren angenehm ist und von ihnen gern gefressen wird. Dies gilt namentlich von Pferden und Tauben.

Der Anis liebt leichten Boden und wird wie Fenchel kultiviert. Die Reihensaat ist vorzuziehen, gewöhnlich sät man aber breitwürfig und eggt den Samen unter. Meistens müssen die Felder einmal gejätet werden. Weniger bekannt als der Samenbau ist die Benutzung der Spreu und der Stengel zum Ölgewinn. In Thüringen bereiten Erfurt sowie die Dörfer Walschleben, Dachwitz etc. solches Anisöl.

Apfel *(Pyrus L. sect. Malus).* Unter den Pomaceen, einer Abteilung der Rosaceen, ist die Gattung *Pyrus L.* ausgezeichnet durch die knorpelig papierartigen Fächer der Frucht. Meist sind deren fünf, in deren Innenwinkel je zwei Samen ohne Schleimschichtüberzug sich finden. Die bleibenden Kelchzähne krönen verdorrt die Früchte, ohne sich stark zu drehen und ohne großen Nabel. Alle Arten sind Bäume oder Sträucher mit einfachen Blättern und ebensträußigen großen Blüten. Dieselben teilt man in Birnen und Äpfel; letztere haben am Grund verwachsene Griffel und meist gedrückte, kugelige, am Grund nabelartig eingetriebene Früchte. Die Hauptart ist der Apfelbaum *(P. Malus L.)*, ein mittelmäßiger Baum, seltener ein dorniger Strauch. Er hat rundliche, kurzgespitzte, stumpfgesägte, unterseits meist behaarte, kurzgestielte Blätter. Die großen weißen, außen rötlichen Blüten stehen in aufrechten Doldentrauben und kommen mit den Blättern zugleich hervor; sie sind durch ovale Blumenblätter und am Grund verwachsene Griffel ausgezeichnet. Die Frucht ist gewöhnlich rundlich, oben und unten nabelartig vertieft. In Gebirgswäldern wild, sehr häufig in zahlreichen Spielarten gezogen. Durch Diehl und Dochnal sind folgende Einteilungen für P. Malus L. festgestellt worden: A. Bäume. I. Holzäpfel *(Leiomeleae):* die Blätter sind kahl oder behaart. 1. Weinlinge (Oenomela): die Frucht ist süß, sauer, weinsäuerlich, mit würzigem Aroma. 2. Markäpfel (Melapia): die Frucht ist süß oder weinsäuerlich, mit würzigem Aroma. II. Filzäpfel *(Dasymeleae):* die Blätter sind wollig, filzig. a) Rippenäpfel. Das Kernhaus (der Gröps oder Krips) ist weit. Über die Äpfel gehen einige Rippen, wie Mittagslinien über den Globus. 3. Calville (Calvilla). Das aromatische balsamische Fleisch ist weich. Die Frucht ist regelmäßig gerippt, nicht rein gestreift. 4. Gulderling *(Auridura).* Das aromatische gewürzte, nicht balsamische Fleisch ist fest. Die Frucht ist am stärksten um den Kelch gerippt. 5. Schlotterapfel, Cliquette *(Strepita).* Das Fleisch ist ohne Aroma, locker, körnig, meist grob; der Apfel ist unregelmäßig und meist erhaben, gerippt, hoch. 6. Rambour *(Megamila).* Das Fleisch ist grobkörnig, oft sehr angenehm von Geschmack, aber ohne alles Aroma. Die breite, nicht hohe Frucht ist schwärzlich und am Kelch und Bauch breit und unregelmäßig gerippt. b) Rundäpfel *(Sphaeroidea).* Das Kernhaus ist eng. Der Apfel ist rund, meist ohne Rippen. 7. Rosenäpfel *(Passepomme, Milerosa).* Das wohlriechende Fleisch ist aromatisch von Geschmack, weich, locker. Die Frucht ist meist tulpenartig gestreift, mindestens gerötet, hält sich schlecht. 8. Renette (Prasomila). Das schön gewürzte Fleisch ist zuckerig und doch sauer. Die weiße, regelmäßig runde Frucht ist meist rauh punktiert oder berostet und welkt leicht. 9. Streifling *(Vittaria)*. Das Fleisch ist ohne Aroma. Die Frucht ist stets rot gestreift, oft rot bemalt und welkt nicht. 10. Troßapfel *(Fucigena)*. Das Fleisch ist ohne Aroma. Die Frucht ist ungestreift, einfarbig oder verwaschen, nie welkend. B. Sträucher *(Chamaemeleae)*. 11. Johannisäpfel (Passipoma). Die Frucht ist süß und fade. 12. Heckapfel (Aciduma). Die Frucht ist sauer, säuerlich, süß oder weinig.

Wir wollen eine Anzahl der besten Sorten namentlich anführen, welcher die Naumburger Pomologen-Versammlung ganz besonders empfahl. Erste Qualität: 1. Gravensteiner (Pomme d'avent der Franzosen, Würzburger, Gräfensteiner). Eine sehr wohlriechende, meist kugelige und fast gleichgewölbte, zuletzt goldgelbe Calville. 2. Danziger Kantapfel, Calvilla (Calville rouge d'automne, Pomme de framboise, rote Herbstcalville.) 3. Der große rheinische Bohnenapfel. Ein Streifling. 4. Luikenapfel. Ein Streifling. 5. Roter Taubenapfel Pigeon, Pigeon rouge, Jerusalemsapfel. Ein Rosenapfel. 6. Kasseler Renette (doppelt Kasseler Renette.) 7. Renette von Kanada (hat außerdem 50 Namen). 8. Winterparmäne, englische Goldparmäne. Ein Streifling von stumpfspitzer Gestalt. 9 Karmeliter-Renette (Reinette de Carmes). Ein mittelgroßer Apfel, der meist etwas spitz zuläuft, aber auch platt vorkommt. 10. Winterborsdorfer, Rubinapfel, edler Borsdorfer, Pomme de prochain, Reinette batarde. Eine Renette.

In zweiter Linie werden folgende Äpfel gerühmt: 11. Ananasrenette. 12. Goldzeugapfel. 13. Virginischer Sommerapfel. 14. Prinzenapfel. 15. Dottereisenapfel. 16. Champagnerrenette. 17. Englische Spitalrenette. 18. Roter Kurzstiel. 19 Orleansrenette. 20. Herberts Rambour.

Die Anwendung der Äpfel ist von altersher eine sehr vielfache gewesen. Über die medizinischen Kräfte sind die Ansichten verschieden gewesen. Galenus warnte vor ihnen; wahrscheinlich hat er sie nicht gern gegessen. Und doch ist es ganz bestimmt, daß eine tüchtige Apfelkur ein außerordentlich reinigender Prozeß ist, indem durch sie die Absonderung flüssiger, toter Stoffe überraschend befördert wird. Apfeltee ist ein in England beliebtes Getränk, das namentlich Leuten, die an Entzündungen und Fiebern leiden oder doch dazu geneigt sind, sehr gut bekommt. Zu dessen Bereitung werden einige dünne Schnitten Renettenäpfel mit siedendem Wasser übergossen, einige Minuten zugedeckt stehen gelassen; nun rührt man um und gibt soviel Zitronensaft und Zucker hinzu, bis das Getränk den gewünschten Wohlgeschmack hat. Apfeltee ist auch ein englisches Volksmittel gegen Husten und Schnupfen. Gebratene Äpfel sind gegen Verstopfung oder trägen Stuhlgang sehr dienlich. Das bekannte Maschanzker Säftchen ist ein gutes Hausmittel gegen Heiserkeit, Husten und Krampfhusten. Als gutes Schlafmittel pflegt man kurz vor dem Schlafengehen einen saftigen, süß-säuerlichen Apfel zu essen. Bei Verbrennungen wirken faule Äpfel ungefähr so wie das kalte Wasser; auch werden Umschläge von faulen Äpfeln gegen Frostbeulen gebraucht. Bei alten Geschwüren empfehlen viele Ärzte, Apfelsaft auf die Wunde zu bringen. Das Apfelkompott ist als kühlend für die Rekonvaleszenten vielfach empfohlen. Gegen Heiserkeit der Kinder gebe man denselben einige gebratene Äpfel zu essen, in welchen man Zucker hat schmelzen lassen. Der Apfelwein hat durch die Petsch'sche Apfelweinkur eine besondere Bedeutung erlangt. Dr. Raith überzeugte sich von der glänzenden Heilkraft dieser Kurart besonders in Krankheiten des lymphatischen Gefäß- und Drüsen- und Pfortadersystems, in Kachexien, hartnäckigen Hautausschlägen, Nieren- und Harnblasenkrankheiten, Neuralgien. Wer die Apfelweinkur gebrauchen will, muß sich eine echte Sorte mindestens zwei Jahre alten Apfelweins, am sichersten solchen aus der Petsch'schen Anstalt selbt (Berlin, Jerusalemerstraße 45) zu verschaffen suchen. Dieser Wein wird in Flaschen abgezogen und an einem kühlen Ort aufbewahrt. Während der Kur dürfen neben dem Apfelwein keine anderen medikamentösen Mittel angewendet werden.

Wir teilen Petsch's Methode im Auszug mit, zumal derselbe nur mäßige Dosen anwendet, bei deren Gebrauch seine Absicht dahin geht, die Naturheilkraft anzuregen. Petsch gebraucht den Apfelwein sowohl innerlich als äußerlich. Bei innerlichem Gebrauch vermischt er denselben mit roher frischer Milch und Wasser, und stellt dadurch eine Art Apfelweinmolke her, deren Wirksamkeit sich in vielen Fällen bewährt hat. Es ist nicht erforderlich, daß sich das Klare von dem Käsestoff der Milch abscheidet.

Nach Petsch's Verfahren kann der Apfelwein gegen alle Krankheiten ohne Ausnahme Anwendung finden, und reicht nach seinen Angaben bei verdorbenem Magen, Säure und leichtem Unwohlsein im allgemeinen zur Beseitigung des Übels der Genuß von reinem Apfelwein vollkommen hin. – Bei Krämpfen aller Art, als Brust-, Bauch-, Magen-, Starr-, und Weinkrämpfen werden neben der innerlichen Anwendung mehrere Tage nacheinander jeden Abend drei Umschläge von Hafergrütze, die man in heißem Apfelwein aufquellen ließ, auf die Brust oder den Magen, oder auf beide zugleich gelegt; man läßt sie jedesmal bis zu völliger Abkühlung liegen. Bei Veitstanz und Epilepsie nimmt man daneben noch drei Abende hintereinander jedesmal ein Dampfbad von Apfelweinessig. Man setzt sich dabei völlig entkleidet auf einen Rohrstuhl oder Strohsessel und umhängt sich mit einem langen wollenen Mantel, damit die Dämpfe zusammengehalten werden und kräftig auf den Körper einwirken können. Der siedende Essig wird erst, wenn der Patient auf dem Nachtstuhl oder Rohrsessel sitzt, in dem Kessel selbst untergestellt. – Bei Verstopfungen werden Klistiere nach vorstehender Tabelle angewendet; zeigen sich dieselben wirkungslos, so nehme man zur Hälfte Apfelweinessig dazu. Auch der Genuß von Äpfeln, wozu Wasser zu trinken ist, hat sich wirksam erwiesen, namentlich in der Früh und des Abends. – Wird Durchfall durch die Kur selbst herbeigeführt, so darf er nie gestillt werden, denn wenn man dieselbe regelmäßig fortsetzt, so wird er bald von selbst verschwinden und jedenfalls von wohltätigen Folgen sein. Verbinden sich damit krampfähnliche Empfindungen, die von Unreinigkeiten im Magen herrühren, so werden sie in der Regel mit 3 Eßlöffel voll reinem Apfelwein gestillt; dies ist nur dann nicht der Fall, wenn dem Übel Lungen- und Schleimhautaffektionen zu Grunde liegen. – Bei Ruhranfällen erhalten Erwachsene 3, Kinder 1 Eßlöffel voll reinen Apfelweines; sind sie sehr heftig und hartnäckig, so legt man einen Umschlag von sechsfacher Leinwand, die in heißen Apfelwein getaucht wird, bis zur Erhaltung auf den Leib; soll ganz sicher helfen. – Hämorrhoiden werden während der Kur meistens zum Fluß gebracht; sind damit Brustbeschwerden, Atmungsbeengungen etc. verbunden, so legt man vormittags und nachmittags jedesmal 3 Umschläge auf die Brust, wie es oben bei den Krämpfen angegeben ist. Das Jucken und Brennen am After wird behoben, wenn man einen Schwamm öfters in kalten Apfelwein taucht und darauf legt. Um die Anschwellungen zu zerteilen, dienen Bähungen oder Räucherungen von Apfelessig; man setzt eine Weingeistlampe unter eine damit gefüllte Porzellanschale und hängt ein Tuch darüber, damit die Dämpfe nicht entweichen und auf den After wirken müssen. Durch diese Kur wird auch übermäßiger Hämorrhoidalfluß beseitigt. – Bei Hypochondrie wende man neben viel Bewegung und Pflanzenkost alle 3 Tage Dampfbäder an, wie sie oben bei Epilepsie beschrieben sind. – Bei Podagra werden die Beine vormittags und nachmittags tüchtig mit heißem Apfelwein abgerieben, und dabei eine schmale, fleischlose Diät eingehalten. – Bei Gicht und Rheumatismus braucht man zuerst die Apfelweinmolke 14 Tage bis 3 Wochen, dann erst wird das täglich mehrmals vorzunehmende Abreiben der schmerzhaften Glieder mit heißgemachtem Apfelessig damit verbunden. Ist ein Rheumatismus hartnäckig und langwierig, so wende man nach abermals 14 Tagen die Dampfbäder von Apfelweinessig an, wie sie gegen Epilepsie (siehe oben) empfohlen sind. – Heiße Umschläge von halb Apfelwein und halb Apfelweinessig auf das Genick wirken sehr gut bei rheumatisch-nervösen Schmerzen im Hinterkopf; dieselben werden auch bei Steifheit der Glieder mit dem besten Erfolg angewandt. – Gestörte Hautausdünstungen und übermäßige Schweiße werden durch die gewöhnliche innere Kur behoben; sollten sich während derselben kritische Schweiße einstellen, so warte man ihnen ab, denn sie wirken stets sehr wohltätig. – Bei Engbrüstigkeit und allen damit in Verbindung stehenden Leiden leisten Umschläge von heißem Apfelwein, mit dem man sechsfach zusammengeschlagenen Flanell befeuchtet, gute Dienste; wird der Kranke zugleich von festsitzendem zähem Schleim belästigt, so sind damit Umschläge von Hafergrütze, die man in heißem Apfelwein aufquellen ließ, zu verbinden und beide bis zum Erkalten liegenzulassen. – Bei Lungenleiden aller Art tränkt man sechsfach zusammengeschlagene Leinwand mit heißem Apfelwein und benützt sie zu Umschlägen auf die Brust; Hafergrützumschläge können mit dem größten Vorteil damit abwechseln. Die Lunge stößt bei dieser Kur alles Unreine aus. – Bei Leber- und Milzleiden, bei denen die Schmerzen in der Regel periodisch heftiger werden, dienen kalte Überschläge von gleichen Teilen Apfelwein, Milch und Wasser, die man mit sechsfach zusammengelegter Leinwand von Minute zu Minute erneuert. – Halsweh, Halsbräune, Heiserkeit etc. werden durch Überschläge von kaltem Apfelwein, welche man von Minute zu Minute frisch eintaucht, behoben; zuletzt kann man solche von heißem Apfelwein auflegen und bis zum Erkalten liegen lassen. – Entzündungen, innerliche und äußerliche, werden durch den inneren Gebrauch der Apfelmolken behoben. – Gegen Knochenschäden wendet man neben dem Gebrauch der Apfelmolken Umschläge von kaltem Apfelwein an, die man von Minute zu Minute erneuert. Es wurde dadurch selbst schon beginnender Knochenfraß, bei dem die Knochen bedeutend aufgetrieben waren, geheilt. – Bei Gehirnentzündung dienen Überschläge von Apfelweinessig über die Stirn, welche von Minute zu Minute erneuert werden. – Gegen Zahnweh ist der innere Gebrauch der Molke gut; auf Zahngeschwüre macht man Überschläge von Hafergrütze, die man in heißem Apfelwein aufquellen ließ. – Bei Blutandrang gegen den Kopf, Kopfweh, Schwindel, Stockschnupfen unterstützt man die innere Kur durch Einziehen von 6 Tropfen Apfelweinessig in die Nase, 3-4 Tage jeden Vor- und Nachmittag wiederholt. Auch Bähungen von Apfelweinessig gegen das Gesicht und die Nase, wie sie oben bei Hämorrhoiden näher beschrieben sind, leisten gute Dienste. – Durch den inneren Gebrauch des Apfelweines werden Spul- und Bandwürmer, sowie Askariden abgetrieben, namentlich wenn man dabei noch rohe gelbe Rüben (Möhren) genießt. – Bei Nervenschwäche und Abzehrung wird neben dem inneren Gebrauch der Apfelmolke in entsprechender Stärke das täglich zweimal vorzunehmende Räuchern des Wohn- und Schlafzimmers mit Dämpfen von Apfelweinessig empfohlen; nach 14tägiger Kur verbinde man damit alle 3 Tage ein Dampfbad, wie es oben gegen Epilepsie empfohlen ist. – Dasselbe Verfahren wird bei Wechselfieber beobachtet, nur nimmt man daneben noch bei Eintritt des Frostes $1/2$ Weinglas voll reinen Apfelwein und bei Eintritt der Hitze ebensoviel Wasser, das mit Apfelweinessig gesäuert ist. – Dasselbe gilt bei hitzigen Nervenfiebern, nur wird so lange, bis die heftigsten Krisen überstanden sind, statt des Apfelweins auch der Apfelweinessig zu der Molke genommen. – Gegen Gelbsucht hat sich die innere Kur besonders wirksam erwiesen. – Bei Wassersucht werden nach 24stündiger Dauer des inneren Gebrauchs die ergriffenen Teile mittels eines wollenen Lappens und einer warmen Mischung von $3/4$ Apfelwein und $1/4$ Apfelweinessig tüchtig abgerieben; auf die Teile aber, welche den Sitz der Krankheit bilden, legt man Vor- und Nachtmittags, jedesmal 3mal nacheinander, warme Hafergrützumschläge, wie sie oben mehrfach beschrieben sind; auch ist außerdem noch nach den Angaben der Tabelle die Apfelweinsuppe zu geben. – Augenkrankheiten jeder Art, namentlich skrophulöse, die sonst so schwer zu heilen sind, heben sich beim inneren Gebrauch der Apfelmolken ganz. – Bei Hornhautflecken in den Augen wird das Mittel zuerst drei Tage innerlich gebraucht, dann taucht man abends sechsfache Leinwand in heißen Apfelwein und hält sie 3 Monate lang auf den geschlossenen Augendeckel. – Bei Tränenfisteln legt man eine sechsfache Leinwandkompresse, die immer wieder mit kaltem Apfelwein befeuchtet wird, 3 Tage lang auf das Auge, nachher aber wird sie in heißen Apfelwein getaucht und damit feucht erhalten, bis das Übel geheilt ist. – Gehörleiden weichen der inneren Behandlung, und nur bei skrophulösen Kindern läßt man Hafergrütze in heißem Apfelwein aufquellen, und macht damit Überschläge auf die Ohren, damit sie fließen. – Ohrenschmerzen geben sich, wenn man Dämpfe von Apfelweinessig mittels eines Trichters zu dem Ohre leitet. – Menstruationsstörungen (Stockungen sowohl als Blutflüsse) verschwinden bei längerem inneren Gebrauch; man darf sich nicht erschrecken lassen, wenn die Entleerungen anfangs stärker werden, denn es wird dadurch eine Masse unreinen, versessenen Bluts entfernt. Nur beim Erscheinen krampfhafter Schmerzen macht man heiße Apfelweinüberschläge. – Bähungen und Apfelweindämpfe heben verhaltene Menstruation und sind bei allen Gebärmutterleiden von der besten Wirkung. – Beim weißen Fluß erhöht die Kur im Anfang die Stärke und Schärfe des Abgangs; sowie man dies bemerkt, macht man eine klare Molke aus gleichen Teilen Apfelwein, Milch und Wasser, hält diese möglich kalt, befeuchtet Schwämmchen damit und drückt diese in die Scheide; sie werden jede Minute erneuert. Apfenweindampfbähungen sind gleichfalls nützlich. – Bei Anlage zum Schlagfluß genießt der Patient während der drei ersten Tage der Kur vor dem Frühstück, Mittag- und Abendessen jedesmal $1/8$ Quart frisches Wasser mit 1 Löffel von Apfelweinessig. – Gegen Nervenlähmung sind Bähungen von Apfelweinessig, wie sie gegen Epilepsie beschrieben sind, von der besten Wirkung; auch sind Wohn- und Schlafzimmer mit diesen Dämpfen zu füllen. – Gegen Skrophelsucht und alle daraus entspringenden Krankheiten hilft der innere Gebrauch der Apfelweinmolken. Sind damit schon Knochenauftreibungen verbunden, so macht man jeden Tag 3mal Umschläge von kaltem Apfelwein darüber; haben sich aber schon Eiterungen eingestellt, so können dieselben durch Umschläge von warmem Apfelweinessig befördert werden; nicht weniger gut sind die Umschläge von Hafergrütze, die man in heißem Apfelwein aufquellen ließ; dieselben sind auch anzuwenden bei Drüsengeschwüren, Krebsschäden, Abszessen etc. – Flechten und Ausschläge aller Art werden durch den inneren Gebrauch der Apfelweinmolke geheilt, womit zeitweises Abreiben mit Apfelweinmolke zu verbinden ist. Stellt sich dabei ein unangenehmes Beißen und Jucken ein, so betupfe man die schmerzenden Stellen öfters mit kaltem Apfelwein und hüte sich während der ganzen Kur vor allen Erkältungen. – Schwarzer Brand wird durch den inneren Gebrauch bald zum Stillstand und dann zur Heilung gebracht. Werden Umschläge von Hafergrütze, die man in heißem Apfelwein aufquellen ließ, aufgelegt, so gehen die kranken Teile in Verwesung über, und ist dadurch das Abschneiden mit dem Messer entbehrlich. – Bei offenen Wunden, Quetschungen und Beulen macht man neben den innerlichen Gaben jeden Tag 3mal Umschläge von Apfelweinessig, läßt aber jeden Umschlag nur 1 Minute lange liegen; sowie aber die Wunden Entzündung zeigen, macht man Umschläge von Milch, Apfelwein und Wasser, läßt sie aber auch jedesmal nur 1 Minute liegen. – Syphilis und Quecksilbervergiftung wird durch lange fortgesetzten inneren Gebrauch der Apfelweinmolken geheilt; zeigen sich Entzündungen dabei, so wende man täglich 3mal Umschläge von Apfelwein an. Ist das Urinlassen mit großen Schmerzen verbunden, so mache man Einspritzungen von klaren Molken, die aus Apfelwein, Milch und Wasser zu gleichen Teilen bereitet wurden. – Die so schädliche Selbstbefleckung und das männliche Unvermögen werden durch den inneren Gebrauch der Apfelmolken, bei denen man mit den kleinsten Dosen beginnt, sowie durch Bähungen von halb Apfelwein, halb Apfelweinessig, die wie bei den Hämorrhoiden appliziert werden, behoben. – Zur Verschönerung der Haut, wodurch auch die Gesundheit im allgemeinen gestärkt wird, und zur Erhaltung der Haare, ist der innere Gebrauch des Apfelweins und das Waschen mit abgeklärter Apfelweinmolke sehr zu empfehlen. – Auch die Cholera ist durch dieses Mittel heilbar, wenn man sofort bei ihrem Eintritt 1 Weinglas voll reinen Apfelwein trinkt und dies von ½ Stunde zu ½ Stunde mehrmals nacheinander wiederholt. Um den nachher eintretenden Durst zu stillen, vermischt man 1 Teil Apfelwein mit 2 Teilen Milch und 2 Teilen Wasser und gibt dem Kranken nach Belieben davon. Ist die Krankheit schon weiter vorgeschritten und haben sich dabei bereits Erbrechen, Durchfall, Krampf und ähnliche Erscheinungen eingestellt, so gibt man alle 15-20 Minuten 1 Glas Apfelwein und legt Umschläge von Hafergrütze, die man in heißen Apfelwein aufquellen ließ, auf die Magengegend, und reibt zu gleicher Zeit den ganzen Körper mit wollenen Lappen ab, die in heißem Apfelweinessig getaucht wurden. Stellt sich nach zweimaliger Wiederholung des Apfelweingenusses kein Schweiß ein, so läßt man statt des kalten, heißen Apfenwein trinken; dasselbe ist der Fall, wenn sich Krämpfe einstellen. Zur Stillung des Durstes kann man übrigens stets Apfelweinmolke geben. – Die Empfängnis wird durch die fortgesetzte Apfelweinkur sehr befördert, und die Geburt bei Schwangeren wesentlich erleichtert. – Auch Geisteskrankheiten sollen sich schon dadurch behoben haben, namentlich wenn sie aus materiellen Störungen entspringen. – Die vollständige Heilung bei Knochenbrüchen soll beim inneren Gebrauch der Apfelweinmolken wenigstens 14 Tage früher erfolgen als sonst, und durch ihren Gebrauch namentlich auch Entzündungen vorgebeugt werden. Bei heftigen Schmerzen wird bald Linderung eintreten, wenn man äußerlich Umschläge von kaltem Apfelwein macht und diese lange liegen läßt. –

Auch das Aufliegen wird durch solche Umschläge verhütet, ja selbst offene Stellen können bei sorgfältiger Behandlung wieder zugeheilt werden. – Wenn sich bei der Apfelweinkur verschiedene Zufälle einstellen und außergewöhnliche Erscheinungen sich zeigen, wie: Blutungen, starke Schweiße, Ausschläge und andere ähnliche Ausstöße, allgemeine oder örtliche Schmerzen u. dgl. mehr, so soll man deshalb ruhig fortfahren, denn gerade dies bürgt für einen guten Verlauf der Kur. – Die Diät wärend der Apfelweinkur muß sehr streng sein, wie schon oben angedeutet wurde, und man hat während derselben alle geistigen und erhitzenden Getränke, als: Branntwein, Wein, Bier, Punsch, Glühwein, Tee, Kaffee, Schocolade, sowie alle scharfgewürzten, schweren und fetten Speisen wie Gift zu meiden; unter letzterer stehen oben an: Schweine-, Gänse- und Entenfleisch, fettes Backwerk etc. – Wenn der Apfelwein und der daraus bereitete Essig die Wirkung haben soll, welche in vorstehenden Blättern angegeben ist, so ist die erste Bedingung, daß er vollkommen rein, d.h. frei von allen anderen Beimischungen und Bestandteilen sei, und aus guten, vollständig reifen Äpfeln auf möglichst reinliche Art bereitet wurde. Herr Petsch liefert Wein und Essig in der erforderlichen Beschaffenheit, und soll auch Ratschläge zu erteilen bereit sein. Übrigens ist die Apfelweinkur auch anderwärts, namentlich in mehreren Bädern, eingeführt, und soll auch da die günstigsten Resultate geliefert haben.

Apfelsine ☞ **Orange**

Aprikosenbaum *(Armeniaca vulgaris)*, erreicht die Größe eines mäßigen Pflaumenbaumes und hat herzförmige, zugespitzte, doppeltgesägte Blätter. Die weißen Blüten kommen einzeln oder paarweise früher als die Blätter hervor. Die kugeligen, samtartigen Früchte (Marillen) sind meist dunkelgelb, an der Sonnenseite gerötet und haben eine glatte Steinschale und oft einen süßen Samen. Man hat eine ganze Anzahl von Abarten. Betrachten wir zuerst die Sorten mit bitteren Kernen. Die zeitige Aprikose, frühe Muskateller hat eine kleine Frucht von fast kugeliger Gestalt, am Grunde etwas gehöhlt; dieselbe ist braunrot, hat safrangelbes Fleisch und wird wegen ihrer frühen Reife hochgeschätzt. Großfrüchtige Abarten mit geschlossenem Steinkanal zerfallen in solche, bei denen das Fleisch sich leicht vom Stein löst und solche, bei denen es fest haftet.

Letzteres findet statt bei der portugiesischen Aprikose. Sie ist hellgelb und auf der Sonnenseite mit roten und braunen Flecken versehen. Eine andere hierher gehörige Sorte ist die wenig bekannte Montgamet, eine besonders in der Tourraine gepflanzte Abart. Leicht löslich ist das Fruchtfleisch vom Stein bei folgenden Abarten: Die Königsaprikose ist rundlich eiförmig, bräunlich und reich an Weinsaft. Die Lothringer Aprikose ist groß, länglich, flach-rundlich, hellgelb mit braunen Flecken. Man nennt sie bisweilen auch Pfirsichaprikose. Die Sorten mit süßen Kernen sind wenig zahlreich; man bezeichnet sie alle zusammen als Pfirsichaprikosen und schätzt sie außerordentlich.

Unter ihren Nebensorten ist immerhin die geringste die Orangenaprikose, welche gern zum Einmachen benützt wird. Die holländische Aprikose, Breda-, Brüsseler Aprikose, heißt bei manchen auch Ananasaprikose oder Orangenaprikose. Ihr Fleisch ist tief gelb gefärbt, sehr saftig, von hohem Wohlgeschmack. Die algerische Aprikose ist klein, rund, bei sonniger Lage tief orangengelb, am Spalier meist blasser. Die türkische Aprikose ist groß, rundlich, tiefgelb mit orangenroten Flecken. Das Fleisch ist blaßgelb. Die rote Aprikose hat eine mäßige Frucht, die gelbrot mit dunkelroter Backe ist. Im Haushalt wird die Aprikose mehrfach benützt, indem man sie in Zucker einlegt oder aus ihr Aprikosenkompott, Aprikosenmarmelade etc. bereitet.

Arabisches Gummi ☞ **Gummi arabisches**

Arnika Wohlverlei, ist eine Gattung aus der Familie der Korbblütler aus der Abteilung der Corymbiferen. Die Hauptart ist das Bergwohlverlei, echte Wohlverlei, Fallkraut *(Arnica montana L.)* (FIG. 12), von dem wir eine Abbildung in ⅓ natürlicher Größe geben. Dasselbe wird auf den Alpen kaum spannenhoch, in der Ebene und dem Vorgebirge mitunter über 2 Fuß hoch. Die Blätter sind länglich, verkehrteiförmig, spitz rosettig, drei- bis fünfnervig, unversehrt. Der Stengel ist drüsenhaarig, trägt Blattpaare und oben einen oder mehrere Köpfe. Oft ist der obere Teil des Stengels rötlich, sowie der Blütenkorb. Die Strahlblumen sind

FIG. 12

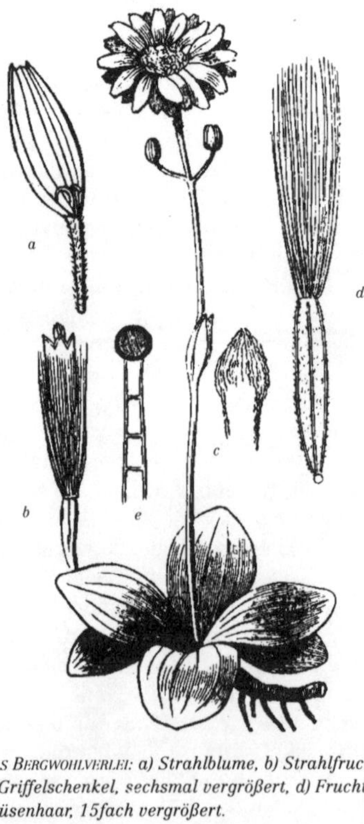

DAS BERGWOHLVERLEI: a) Strahlblume, b) Strahlfrucht, c) Griffelschenkel, sechsmal vergrößert, d) Frucht, e) Drüsenhaar, 15fach vergrößert.

hochgelb. Die Scheidenblüten erscheinen etwas blasser. Dieses Gewächs bewohnt das nördliche und mittlere Europa. Es gedeiht besonders auf Moorboden, so daß es gleichzeitig auf diesen Plätzen im Hochgebirge und in der Heide wächst. Es blüht namentlich um die Johanniszeit. Offizinell sind die Blumen, Blätter und die Wurzel. Letztere ist ein Wurzelstock von schwärzlich-brauner und geringelter Rinde, die in der Regel waagrecht läuft und am Ende etwas aufsteigt. Die Blattschuppen am Gipfel haben braungelbe Haare. Einige daran haftende Würzelchen sind von derselben Farbe. Die Rindenpartie ist dünn und dunkel, der glänzende Holzkreis ist weißlich mit einem Stich ins Gelbe. Das Mark ist schmutzigweiß. In der Rinde findet man Harzgänge. Der Geruch ist würzig, der Geschmack scharf. Man verfälscht die Wurzel mit der der Goldrute, des Habichtskrautes, Baldrian, Rotwurz etc.

Der Gehalt der Blumen des Fallkrautes an einem weichen, scharfen, grüngelben Harz und an einem scharfen Extraktirstoff, sowie der Wurzel an einem bitteren scharfen Harz reihen dieses Mittel ebenso gut an die scharfen Mittel, zunächst an die Senega, als der Gehalt beider an ätherischem Öl ihm eine Stelle zwischen der Schlangenwurzel und den Gewürzen anweist. Nach Jörg wirken die Wohlverleiblumen vorzugsweise auf die Verdauungsorgane und das Gehirn; die erstere Wirkung spricht sich in folgenden Erscheinungen aus: ein Gefühl von Kratzen und Brennen auf der Zunge und im Hals, zuweilen Ekel, Gefühl von Vollheit oder von Druck im Magen, bisweilen ein schmerzhaftes Gefühl von Zusammenschnüren des Magens, Aufstoßens, Auftreibung des Unterleibes, selten Erbrechen, Leibschneiden, vermehrte Stuhlausleerungen und zuweilen Mangel an Appetit. Für die letztere, sowie für die allgemein erregende Wirkung der Arnikablumen: eine größere Frequenz und zuweilen Unregelmäßigkeit der Pulsschläge und der Atemzüge, vermehrte Wärme, vermehrte Absonderung der Haut, der Nieren und der Lungenschleimhaut, schmerzhaftes Gefühl längs dem Rücken oder zwischen den Schultern, drückender Kopfschmerz an verschiedenen Stellen, Schwindel, Eingenommenheit des Kopfes, geistige Verstimmung, unruhiger Schlaf, meistens mit Träumen, nachher zurückbleibende Mattigkeit und Schmerzen des Kopfes. Auf der Haut bewirken die frischen Blüten Jucken, Brennen und geringe Röte. Die Wurzel wirkt in ähnlicher Weise, nur bewirkt sie weniger Kratzen im Halse und wirkt weniger heftig nach Art der scharfen Mittel auf den Darmkanal, sie hält eher den Stuhlgang zurück, als daß sie ihn befördern sollte. Auf Kranke wirkt die Arnika in ähnlicher Weise wie auf Gesunde.

Die Hauptwirkung der Arnika und zwar sowohl ihrer wässerigen Auszüge, als der Substanz selbst und der Tinktur ist eine ganz eigentümliche, denn es gibt kein anderes Mittel, welches gleich ihr geeignet wäre, überall, wo blutige Ergießungen in das Gewebe stattgefunden haben, die Aufsaugung derselben zu beschleunigen. Welcher Art hierbei ihr Einfluß sei, läßt sich nicht angeben; wir schreiben ihr, bemerkt Vetter, allerdings eine besondere reizende Wirkung auf das Nervensystem zu, aber die Zahl solcher Reizmittel ist unendlich, während keines mit ähnlicher Entschiedenheit auf Blutunterlaufungen wirkt.

Man benutzt daher die Arnica überall, wo Blutaustretungen, sei es nun infolge mechanischer Gewalten oder kongestiver Überfüllungen, oder einer bestehenden Blutentmischung vorhanden sind und als solche behoben werden sollen, nachdem die ihnen zu Grunde liegende Ursache entweder bereits vorübergegangen ist oder doch keine Gegenanzeige gegen die reizende und erregende Wirkung dieses Mittels bildet. Sie wirkt vorzüglich bei Hirnerschütterungen, Schlagflüssen nach Beseitigung der Kongestion und bei daher rührenden Lähmungen, wobei aber fleißige Beobachtung ihrer Wirkungen nötig ist, da man leicht durch zu große oder zu häufige Gaben neue Reizung hervorrufen und das geschwächte Organ vollends zu Grunde richten kann.

Dasselbe gilt von allen mit typhösen Fiebern verbundenen Kongestionszuständen, und die Arnika gehört zu den wenigen Mitteln, die überhaupt hier positive Heileinflüsse besitzen. Blutüberfüllungen der Lungen aus Erschütterung und anderen Einwirkungen finden ebenfalls in ihr ein kräftiges Gegenmittel, obwohl der Kampfer ihr in diesen Fällen den Rang streitig macht. In Wassersuchten benutzt man sie zur Förderung der Aufsaugung. Man hat sie auch sonst noch in Ruhren, Blutflüssen, bei Wechselfiebern, Krämpfen und rheumatischen und gichtischen Leiden empfohlen.

Man gibt gewöhnlich den Aufguß der Blumen zu ½-2 Drachmen auf 6 Unzen Kolatur oder der Wurzel in der doppelten Menge. Die österr. Pharmazie schreibt 2 Tinkturen vor, die gewöhnliche aus 1½ Unzen Arnikablüten auf 1 Pfund verdünnten rektifizierten Weingeist und die aus der ganzen blühenden frischen Pflanze und zwar aus 6 Unzen derselben auf 1 Pfund höchst rektifizierten Weingeist durch dreitägige Digestion erhaltene Tinktur. Ebenso verordnet sie zwei Extrakte, sowohl den aus den getrockneten Blüten, als aus der getrockneten Wurzel bereiteten wässerig-weingeistigen Extrakt; man gibt sie in Gaben zu 5-10 Gran. Hie und da ist auch das ätherische Öl der Wurzel zu einigen Tropfen auf Zucker in Gebrauch.

In der Tierheilkunde werden die Arnikablumen mit Nutzen innerlich angewendet: bei Faulfieber und bei Typhus mit Torpor (Unempfindlichkeit), bei Lähmungen, bei Krämpfen, bei dem Dummkoller der Pferde, bei veralteter

Druse mit starkem Schleimfluß, überhaupt bei veraltetem Katarrh, bei Durchfall, bei veraltetem Rheumatismus und besonders, wenn die Tiere infolge desselben einen gespannten Gang behalten. Auch bei akutem Rheumatismus hat Hertwig von der Arnika guten Erfolg gesehen; er ließ jedoch vorher durch Aderlässe die Heftigkeit des Übels mildern und immer ließ er andere schweißtreibende Mittel (Fliederblumen, Brechweinstein, Opium oder Opiumtinktur) damit verbinden. Man hat auch die Arnika bei Lungenentzündungen und bei heftigen Quetschungen und hierbei entstandenen Erschütterungen und Blutaustretungen häufig angwendet, hier aber oft mehr geschadet als genützt, indem die Anwendung auch dann geschah, wenn der oben bezeichnete torpide Charakter schon wieder beseitigt war und daher die fernere Reizung nur nachteilig sein konnte.

Äußerlich werden die Arnikablumen (und die aus ihnen bereitete Tinktur) als zerteilendes Mittel bei Schwächezuständen überhaupt, z. B. bei solchen Entzündungen, bei und nach Quetschungen, Verrenkungen, Verstauchungen, Stockungen, Blutextravasaten, ödematösen Anschwellungen, torpiden Wunden und dergleichen Zufällen sehr häufig benützt. Die Gabe von den Blumen ist für Pferde und Rinder von 30-60 Gramm., für Schafe und Schweine 8-15 Gramm., für Hunde 0,3-1,25 Gramm. - alle 2-3 Stunden, bei gefährlichen Zuständen auch alle Stunden wiederholt, - am wirksamsten in einem Aufguß mit heißem Wasser (1 Pfund zu 30,0 der Blumen), weniger wirksam in Latwergen und in Pillen. Äußerlich werden die Blumen entweder im Aufguß (30 Gramm zu 360,0 kochenden Wassers) oder als Tinktur, zum Waschen und Bähen der kranken Teile, zuweilen aber auch als Breiumschlag angewendet, und zu dem Aufguß zuweilen, je nach den Krankheitszufällen, etwas Essig oder Weingeist, Pottasche oder Salmiak zugesetzt. Die Arnika-Tinktur wird im konzentrierten Zustand selten angewendet, sondern gewöhnlich mit Wasser im verschiedenen Verhältnis verdünnt, je nach der Empfindlichkeit der leidenden Teile, alle 1-2 Stunden einmal appliziert.

Die Arnikawurzel wirkt bei innerlicher Anwendung stärkend und erregend, vorzüglich auf die Verdauungseingeweide, aber viel weniger allgemein erregend als die Blumen. Man benützt sie innerlich namentlich bei Typhus, fauligen und gastrischen Fiebern, bei schlechter Verdauung und bei chronischem Durchfall aus Schwäche der Eingeweide, bei dem feuchten, schleimigen Dampf, bei veralteter Druse und drgl. Äußerlich pflegt man die Wurzel nicht zu benutzen; sie kann aber ähnlich wie die Blume angewendet werden. Gabe und Anwendung der Wurzel ist wie bei den Blumen; doch eignet sich die Wurzel auch recht gut zur Anwendung in Pillen und Latwergen.

Das Arnikakraut wirkt viel schwächer als die Blumen und ist deshalb fast ganz aus dem Gebrauch gekommen. Soll es im Notfall statt der Blumen innerlich angewendet werden, so muß die Gabe wenigstens noch einmal so groß sein, wie von diesen. Die Pflanze soll von den Schafen sehr gern gefressen, vom Rindvieh aber nicht angerührt werden.

Homöopathie. Arnika paßt bei Unempfindlichkeit des Nervensystems, sowohl des animalen als auch, und zwar besonders des vegetativen. Sie eignet sich für diejenigen entzündlichen Zustände, wo die Lebenstätigkeit zu erlöschen beginnt, wo torpides Fieber zugegen ist, oder sich der Charakter der Nervenentzündung angedeutet, alle Folgen von äußerer Gewalt und daher Störungen und Verletzungen des organischen Gewebes durch Quetschung, Erschütterung, Schlag, Stoß, Hieb, Stich, Schuß, Biß, Fall, Zerreißung, Verwundung, unvollkommene

Verrenkung, Verheben etc. entstanden mit Schmerz, Anschwellung, entzündlicher Rötung, Blutunterlaufungen, Lähmungen etc., dann Verwundungen durch stumpfe Werkzeuge, Kugeln, Ausziehen der Zähne oder nach chirurgischen Verrichtungen; ferner paßt sie bei Erschütterungen des Gehirns und Rückenmarkes, Zuckungen der Glieder als Folgen von Erschütterungen, Epilepsie nach mechanischen Verletzungen, Starrkrampf, Vorboten von Schlagfluß, selbst der wirkliche Schlagfluß, Nerven- Schleim- und Faulfieber, Wechselfieber, Kindbettfieber, Milchfieber, Wundfieber, Rheumatismus und Gicht, namentlich Podagra, erfrorenen Gliedern, Folgen von Schreck, Bleivergiftung, Masern, Geschwüren mit fauligem Charakter, Aufliegen, Melancholie nach Kopfverletzung, Schreck etc., Wahnsinn der Wöchnerinnen, verschiedenen Gehirnleiden, besonders einigen der Kinderwelt angehörigen, z. B. Wasserkopf, traumatischen Augenentzündungen, Hornhautnarben, beginnendem grauen Star, besonders nach äußeren Verletzungen, Hornhautnarben bei beginnendem schwarzen Star, besonders nach äußeren Verletzungen des Auges und des Gehirns, Nasenbluten, halbseitiger Backengeschwulst, Zahnschmerzen mit Backengeschwulst, Herzklopfen, Milzstechen, Ruhr, Harnverhaltung, Entzündung der Geschlechtsteile nach schweren Entbindungen, bei Blutflüssen und starkem Monatsflusse, Milchmangel nach Säfteverlust, Wundwerden der Brustwarzen Stillender, Keuchhusten im 3. Stadium, Grippe, Brustfellentzündung, Brustwassersucht, Lungenentzündung infolge von mechanischen Verletzungen, freiwilliges Hinken etc.

Gabe: 1-2 Tropfen der reinen Tinktur oder der 1. oder 2. Verdünnung alle Stunden oder alle 2, 3, 4, 6, 8 Stunden wiederholt nach Umständen. Zum äußeren Gebrauche 1 Drachme der reinen Tinktur mit 1, 3, 4 Unzen destillierten Wassers, oder gleichen Teilen Weingeist und Wasser vermischt. Bei länger fortgesetztem innerlichem Gebrauch ist allmähliches Steigen mit der Gabe und Verstärkung derselben erforderlich, wenn die Wirkung dieselbe Intensität behalten soll.

Auch in der Tierheilkunde findet die Arnika vielseitige Anwendung, namentlich in allen Krankheiten und Zufällen, welche durch äußere mechanische Gewalttätigkeit, als: Fall, Erschütterung, Stoß, Schlag, Stich, Hieb und Quetschungen jeder Art entstanden sind. Schon bei kleineren Verletzungen, bei Schnitt- oder Hiebwunden von geringerem Umfang, bemerkt Böhm, sieht man deutlich, wie das Blutserum sich verdichtet und die Wundränder verkleben, und zwar ohne Eiterbildung. Große Verletzungen, welche in der Regel eine bedeutende Eiterung zur Folge haben, geben die schönste Gelegenheit zu Gegenversuchen. Solange man nämlich Arnika innerlich gibt, solange steht die Eiterung und wird zuletzt fast Null, während die Heilung sehr rasch und schmerzlos vor sich geht: hatte man aber nur 24 Stunden hindurch den innerlichen und äußerlichen Gebrauch der Arnika unterlassen, so haben sich auch schon wieder bedeutende Quantitäten von Eiter in den Wunden gebildet. Daher kann auch bei dem Gebrauch von Arnika bei Verwundungen aller Art die Pyämie (s. g. Eitervergiftung des Blutes) absolut verhindert werden, denn wo es keinen Eiter gibt, da kann es auch keine Pyämie geben. Zudem verhütet die Arnika das Wundfieber und den Wundstarrkrampf und ist eventuell auch in diesen Leiden das wichtigste Heilmittel.

Insbesondere hat sich die Arnika bewährt bei Verletzungen des Kopfes durch Schläge, Niederstürzen oder Hintenüberschlagen der Tiere (mit und ohne Erschütterung des Gehirns und verlängerten Marks), veranlaßt bei traumatischen Augenentzündungen, bei Verstauchungen und Verrenkungen und den dadurch entstandenen Lahmheiten, bei Satteldrücken, Steingallen, Sehnenklapp, Hasenhacke und drgl., ferner bei Verletzungen der Brustorgane, welche bei Pferden durch Zusammenstürzen im raschen Lauf und bei kleineren Tieren durch Überfahren und Mißhandlungen mancherlei Art erzeugt werden, sowie bei Verletzungen der Mutterscheide und der Gebärmutter nach schweren Geburten, rohen Hilfeleistungen, Abziehen der Nachgeburt etc. Aber auch bei veraltetem Rheumatismus, bei lähmungsartigen Erscheinungen der Fohlen, wenn der Zufall eintritt, daß dieselben sich nach rechts um die Mutter herumdrehen.

Aron Aronstab. Bei der Gattung *Arum L.* welkt die gesamte tutenförmige Scheibe, nachdem die Blüte abgeblüht. Sie ist am Grunde zusammengerollt, darüber etwas geschnürt und dann erweitert. In ihr steht oben eingeschlossen und oben hervorragend der Kolben. Zu unterst stehen an ihm zahlreiche Fruchtknoten mit einwarzigem Narbenpolster und mehreren seitenständigen Samenknospen. Die obersten Fruchtknoten gehen oft in Fäden aus. Nach einem kurzen nackten Gürtel kommt nun die Zone der Staubbeutel und etwas getrennt von ihr die stabförmigen Körper, die ziemlich den Eindruck fehlgeschlagener Fruchknoten machen. Über ihnen steht der nackte, oben kolbig geschwollene Gipfel. Der gefleckte A. *(A. maculatum,* Fig. 13) hat einen knolligen Wurzelstock, langgestielte, pfeilförmige Blätter und Blütenschäfte, welche an der Spitze einen von einer blaßgrünen Blütenscheide eingeschlossenen Kolben tragen. Dieser ist oben keulig verdickt und violett oder braun-rot. Er enthält in der Mitte einen Ring von Staubblüten, am Grund aber einen Kranz von Stempelblüten. Durch den größten Teil Europas finden wir diese Pflanze in schattigen Wäldern. Die haselnußgroße, länglich-eirunde, knollige, fleischige, außen gelblich-weiße, innen weiße, mehlige Wurzel entwickelt im frischen Zustand einen durchdringend scharfen, brennenden, kratzenden Geschmack; sie gibt dann außerdem, obwohl der Geruch sehr gering ist, beim Zerstoßen einen die Nase und die Augen heftig angreifenden Dunst von sich. Zwar kann man die Schärfe in den Wurzeln dadurch, daß man diese in Kellern im feuchten Sand aufbewahrt, auch wohl ein Jahr lang mehr oder minder erhalten; indes verliert sie mit dem Alter immer mehr ihren Geschmack und ihre Wirksamkeit. Durch wiederholtes Auswaschen aber, wie durch Dörren oder Auskochen, besonders durch Säuren geht die Schärfe gänzlich verloren. Im frischen Zustand bewirken die Wurzel und Blätter der Pflanze auf der Haut Brennen, Röte nebst Blasenbildung; innerlich erregen sie in mäßig großen Gaben einen brennenden, zusammenziehenden Schmerz

Fig. 13

Der gefleckte Aron: a) die Pflanze in 1/4 natürlicher Größe, b) der von der Scheide befreite Kolben, c) Aron zur Zeit der Fruchtreife, wo man nichts als einen Stiel findet, der oben mit roten Beeren besetzt ist

im Schlund und Magen, selbst Magenkrampf, Entzündung und Blutbrechen. Ältere Ärzte gebrauchen die in gehörig verschlossenen, besonders vor dem Zutritt feuchter Luft geschützten Gefäßen verwahrte Wurzel bei Verschleimungen der Brust wie des Darmkanals, namentlich bei veralteten Katarrhen, im Schleimasthma; bei den infolge der Verschleimung entstehenden Verdauungsstörungen, gegen chronische Rheumatismen, Eingeweidewürmern Rhachitis, hypochondrische Beschwerden, äußerlich zur Reinigung übel aussehender Geschwüre. Sie verordneten dieselbe zu 5-10-15 Gran in Pulverform oder Pillen mit bitteren Arzneien, kohlensaurer Magnesia, Mittelsalzen. Jetzt ist die Aronswurzel ziemlich außer Gebrauch gekommen, doch dient sie noch als Bestandteil des Birkmann'schen Pulvers (zusammengesetzt aus getrockneter Aronswurzel 4 Lot, Kalmuswurzel 2 Lot, Pimpinellwurzel 1 Lot, Krebssteinen 1 Lot, Zimt und kohlensaures Natron je 3 Quentchen). Man gibt dasselbe als Magenmittel zu einer Messerspitze oder einem Teelöffel voll ein paarmal des Tages. Endlich dient die ihres scharfen Prinzips beraubte Aronswurzel auch als Nahrungsmittel. Sie enthält sehr nahrhafte Bestandteile und ist besonders in Zeiten der Teuerung aller Beachtung wert. Man soll sich ihrer schon an verschiedenen Orten zur Brotbereitung bedient haben. Nach Pereira wird aus der Aronswurzel das sogenannte Portland-Sago bereitet. Der italienische A. *(A. italicum)*, besitzt dieselben Eigenschaften; der schildförmige A. *(A. Colocasia)*, ist ein allgemeines Nahrungsmittel in Ägypten, Syrien, Ostindien, auf den Molukken. Aus dieser Abteilung der Gattung Arum sind noch folgende als Nahrungsmittel bekannt: *Arum virginicum* in Nordamerika; *A. mucronatum* in Ostindien, auch kultiviert (die Wurzel und Stengel); *A. macrorrhizon* in Ceylon, auf den Molukken und in Ostindien (die armsdicke und lange Wurzel). Von *A. mucronatum* werden überdies die Blätter im Decoct gegen Koliken und die Wurzel von *A. divaricatum* gegen Diarrhöen in Ostindien gebraucht. Bei dem dreilappigen A. *(A. tribolatum)*, der sich auf den Molukken und Ceylon findet, sind die Wurzel und die ganze Pflanze sehr scharf und ebenso wirksam, wie bei den anderen Arten. Die sehr scharfe Wurzel von dem dreiblättrigen A. *(A. triphyllum)* ist in Nordamerika wie unser Aron offizinell; aus der trockenen macht man eine Art Sago. Die Wurzel des fünfblättrigen A. *(A. pentaphyllum)*, ist in China ebenso wie bei uns der gefleckte A. im Gebrauch. Die Wurzel des Drachen-A. *(A. Dracontium)*, wird in China und Cochinchina bei allen Verschleimungskrankheiten häufig gebraucht. Die Wurzel des Rumphs-A. *(A. Rumphii)*, ist in Ostindien und auf den Molukken bei ähnlichen Krankheiten, wie die anderen Aron-A. heilsam; auch äußerlich bei tiefen Wunden als eine Art Blätter.

Homöopathie. Dr. Trinks schreibt: Die Aronswurzel war ehedem ein hochgeachtetes Mittel und wurde in folgenden Krankheitsformen gerühmt: Lähmungen, Atonie der Schleimhäute und drüsigen Organe, hartnäckige Rheumatismen und Gicht, Wurmkrankheit, Hypochondrie, Bleichsucht, Gelbsucht, Skorbut, brandige, bösartige Geschwüre, Krebsgeschwüre, Nasenpolypen, Wechselfieber, Schwindel, Kopfschmerzen aus Magenschwäche, Ekel vor Speisen, Verschleimung und Schwäche des Magens und Darmkanals, Torpidität der Nerven des Unterleibs, Steinkrankheit, plötzliche Sprachlosigkeit, veraltete Katarrhe, chronische Brustkrankheiten und Verschleimung der Brust, Lungenschwindsucht etc. Wenn Reinsch anhaltende Heiserkeit nach Genuß der Aronswurzel bekam und Burggraf die mit derselben erlangte Heilung einer langdauernden, plötzlich entstandenen Stimmlosigkeit, wenn Haller Blutspucken auf Genuß des weinigen Blätteraufgusses beobachteten, Geoffroy, Zorn, Ettmüller, Willis und andere aber die Aronswurzel als herrliches Scharbockmittel preisen, wenn Mason Good das Hartmann'sche Kosmetikum, aus einem bloßen über Aronswurzel abgezogenen Wasser bestehend, als ein gegen Ekzem in großer Achtung stehendes Mittel bezeichnet, die hautreizende, rotmachende und blasenziehende Kraft der Aronswurzel aber schon seit altersher bekannt ist etc.: so haben wir jetzt hier lauter Beziehungen, welche zu Gunsten der Homöopathie sprechen.

Gabe: 1-2 Tropfen der reinen Tinktur oder der 1. und 2. Verdünnung 1-2mal täglich wiederholt.

Zum Anbau des Arons wählt man feuchtes Land in nördlicher, wenigstens nicht in südlicher Lage, das auf gewöhnliche Weise zubereitet wird. Hierauf sucht man im Spätsommer, wenn die roten Samenbeeren die Pflanze noch erkennen lassen, wilde Pflanzen auf, sucht die größeren Knollen aus, um sogleich Versuche damit anzustellen, und legt die kleineren wie Bohnen in Reihen 5-6 Zoll voneinander, die Reihen 8-10 Zoll entfernt. Das Land dürfte nicht frisch gedüngt sein, könnte jedoch eine Verbesserung durch Kompost- oder Lauberde erhalten. Das Auslegen der Knollen könnte vom September bis November geschehen, worauf man das ganze Land 3 Zoll hoch mit Laub bedeckt.

Arrowroot *(Amylum americanum)*, auch Pfeilwurzelstärkemehl, Arrowrootmehl, westindischer Salep, wird von der rohrartigen Pfeilwurzel *(Maranta arundinacea)*, auf den Antillen und dem benachbarten Festland Amerikas wachsend und den indischen Pfeilwurzel *(Maranta indica)*, gewonnen. Zubereitet bildet A. ein weißes, staubfeines, der Kartoffelstärke ähnliches Mehl, dessen Körper zusammengesetzt, eiförmig und platt sind, so daß der Längendurchmesser sechsmal größer ist als der Durchmesser der Dicke. Es gibt in der Hand zerdrückt, ein Geräusch von sich und behält den Eindruck des Fingers, ist im kalten Wasser und in Alkohol nicht löslich, wohl aber in heißem Wasser. Es ist in seiner Wirkung den Stärkemitteln überhaupt ähnlich. Über die größere oder geringere Verdaulichkeit vor anderen Stärkemehlen ist nichts entschieden. Man wendet es an als mildes Nahrungs- und Stärkungsmittel bei Säuglingen, bei schlechtgenährten, skrophulösen und an Abzehrung leidenden Kindern, bei schwachen, entkräfteten Kranken, in der Wiedergenesung, selbst in Schwindsuchten und Vereiterungen innerer Organe. Ferner gibt man es bei Heiserkeit, Reizhusten, heftigen Katarrhen allein oder mit gleichen Teilen Zucker. Die Abkochung bereitet man: 1½-3 Drachmen werden mit ½ oder 1 Unze kaltem Wasser angerieben, unter beständigem Umrühren mit 9 Unzen kochendem Wasser versetzt und läßt sie kurze Zeit aufwallen, auch mit Zucker, Himbeer-, Zimt- u.a. Sirup; in der häuslichen Bereitung mit Milch, Fleischbrühe, Wein, Zimt eßlöffel- oder tassenweise. Will man Gallerte bereiten, so kocht man dieselbe Quantität mit Wasser, Milch, (Kalb)-Fleischbrühe, Wein ein und versetzt sie mit Zucker, Zimt.

Arrakatscha *(Arracacia)*. Unter die Kartoffelsurrogate, welche ab und zu gepriesen wurden, gehört dieses Gewächs in erster Linie. Es ist eine Dolde und hieß zuerst *Conium Arracacha Hook.* Später erlangte es den Namen Arracacia von Bancroft und wurde von diesem *A. xanthorrhiza*, von Decandolle *A. esculenta* genannt. Die einjährige fleischige Wurzel ist groß, weiß oder gelb und bringt eine Anzahl Nebenknollen von zwei Arten. Die kleineren kommen von dem Oberteil der Wurzel und treiben Schosse, unter denen eine Anzahl Scheiden. Die größeren, in der Zahl von 8-10, die kleineren nicht eingerechnet, dringen tief in die Erde. Die größten sind bis 9 Zoll lang und haben $2\frac{1}{2}$ Zoll im Durchmesser. Sie haben eine glatte Fläche und sind von dünner Haut überzogen; Querfurchen streifen über sie weg, wie bei den Möhren. Man nennt sie Hijos, d. h. Söhne und bringt sie zur Tafel. In ganz Bogota ist dies Gewächs seit Menschengedenken kultiviert, und der Genuß der Hijos wird dem der Kartoffel vorgezogen. Man raspelt die Knollen und benutzt das gewonnene Satzmehl wie Arrowroot als eine sehr leicht verdauliche Speise für Kranke. Man hat die Versuche, sie in Europa zu kultivieren, leider neuerlich nicht mit jener Umsicht angestellt, die ein so wichtiges Gewächs so sehr verdient.

Artischocke *(Cynara Vaill.)*, ist eine Gattung der Korbblütler, welche den Disteln mit federiger Haarkrone nahesteht, sich jedoch durch die fleischigen Schuppen des Blütenkorbs und die zum Teil oben rautigen Borsten des Blütenbodens unterscheidet. Die Früchte sind gerippt und länglich, etwas gedrückt. Die Cardonen-A. *(C. Cardunculus)*, ist ein mehrere Fuß hohes sparriges Distelgewächs mit doppelt fiederteiligen, stachligen Blättern und Schuppen des Korbs mit langen Stachelspitzen. Die Blüten sind schön rosa und himmelblau. Diese zweijährige Art wächst im mittelländischen Gebiet an wüsten Stellen nicht selten. Für verschieden von ihr hielt man bis vor kurzem die echte A. *(C. Scolymus)*, mit ganzen oder einfach fiederteiligen Blättern. Es war das Verdienst des Senators Moris, durch Versuche im botanischen Garten zu Turin nachzuweisen, daß die Artischocke sich durch Kultur aus *C. Cardunculus* züchten läßt, welche dann im fetten Gartenboden ihre Eigenschaft beibehält; er nannte demnach die gebaute Abart *C. Cardunculus var. sativa.*

Die gemeine A., also die Varietät *sativa*, galt im Altertum als Mittel gegen Wassersucht; Stengel und Wurzeln wurden genossen. Gegenwärtig wird sie viel kultiviert und zwar bemüht man sich, sie in immer nördlicheren Breiten zu ziehen. Man gebe den Pflanzen einen fetten, etwas feuchten, aber nicht nassen Boden; doch Tuff ist ihnen zuwider. In toniger Erde mit gutem Dünger, Kies und Schlamm wachsen sie rasch. Da sie aus den Samen selten reifen, so löse man die Nebensprossen der Pflanzen im Monate März, und sie werden oft schon im selben Jahr Köpfe tragen. Die Sommerkultur hat nichts eigenes, dagegen ist das Überwintern schwierig. Einige legen Düngerhaufen auf die Pflanzen, allein dabei faulen die Herzen leicht aus. Andere schneiden die alten Blätter ab, graben die Erde um die Pflanze los und werfen einen Hügel auf. Endlich decken manche die von den alten Blättern ebenfalls befreiten Herzen mit umgekehrten Blumentöpfen oder Kästen zu, und auf diese kommt Laub und Stroh. Im März oder Anfang April befreit man die Pflanzen von der Decke. In Frankreich namentlich werden die unentwickelten Blütenköpfe, verschiedenartig zubereitet, gegessen. Ausgezeichnete Wirkungen schreiben neuere Ärzte wiederum den Artischocken-Stengeln und Blättern zu (sowohl von *C. Cardunculus* als auch *C. Scolymus*). Mäßige Gaben (des grünen, fade-bitteren Saftes, weniger des Extraktes zu 5-10 Gr.) erregen den Appetit, vermehren die Zahl der Stuhlgänge, verringern deren Konsistenz, machen bisweilen den Urin klar, steigern (nicht immer) dessen Menge, bleiben auf die Funktionen der Haut ohne wahrnehmbaren Einfluß, vermindern in den von Rheumatismus ergriffenen Gebilden die reißenden, ziehenden, stechenden Schmerzen, wie die übermäßige Schweißbildung, verschlimmern die Leiden der wandernden Gicht; größere Gaben verursachen Bauchschmerzen, Purgieren. Die Milch der Tiere erhält einen bitteren Geschmack. Man wendet sie erfolgreich an bei Rheumatismen, besonders in fieberlosen, chronischen Fällen und Gelenkrheumatismus, chronischen, rheumatischen Entzündungen.

Asant, wohlriechender ☞ **Benzoe**

Asant, stinkender *(Asa foetida)*, Stinkasant, auch Teufelsdreck genannt (FIG. 14), ist ein bis mannshohes Doldengewächs mit starker, milchender, ausdauernder Wurzel, die mit einem Schopf gekrönt ist. Die langgestielten Wurzelblätter sind fiederteilig, die Abteilungen doppelt oder einfach fieberlappig oder unversehrt. Der Schaft ist mit Scheiden bekleidet und trägt oben eine Anzahl Dolden mit weißgelben Blüten. Die Pflanze heißt ebenso wie der von ihr gewonnene Milchsaft in Persien Hingiseh, in Ostindien Hiing. Woher der Name Asa kommt, ist nicht gut ermittelt. Sie wächst angeblich in China, sicher aber in Persien in zwei Gegenden: einmal in Korasan um Herat und außerdem auf dem Gebirgsjoch, das in der Provinz Laar vom Fluß Cuur bis zur Stadt Kongo sich ausdehnt. Der Reichtum der Pflanze an Milchharz ist durchaus nicht immer gleich; in Herat ist die Pflanze der Ebene, in der Provinz Laar die Bergpflanze die bessere. Das Kraut selbst ist mild und soll von den Hirten als Ziegenfutter hochgeschätzt werden. Aller Milchsaft wird aus der Rindenschicht der verwundeten Wurzel gewonnen; er ist frisch rein weiß, flüssig und etwas fett, sahneartig. Der Luft ausgesetzt wird er braun und zieht sich zusammen. Je furchtbarer der Geruch, um so höher die Güte. Frisch riecht eine Drachme so stark wie hundert getrocknete Pfunde.

FIG. 14

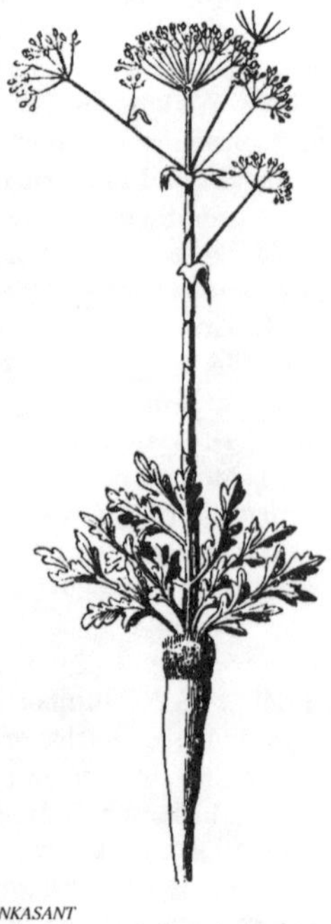

DER STINKASANT

Eine neue Asantpflanze, *Narthex asa foetida Falc.*, fand Falconer 1838 in Tibet, nördlich von Kaschmir. Ihre Fruchtbildung ist der der vorigen so verwandt, daß es dahin gestellt bleiben möge, ob die Aufstellung einer neuen Gattung *Narthex* für dieselbe gerechtfertigt erscheint. Sie ist durch seegrüne Blätter, die blasigen Scheiden der Stengelblätter ausgezeichnet. Die Blüten sind gelb. Am Kaspischen Meer, östlich in der Steppe, fand Bunge auf Sandboden eine bis neun Fuß hohe *Asantpflanze Scorodosma persicum Bunge.* Eine andere fand Dr. Lord in Turkestan, ferner Stocks in Beloochistan, Loftus auf den Bakliyraribergen Persiens. Diese letzteren Pflanzen sind wenig genau bekannt.

Die bessere Sorte ist *Asa foetida in lacrymis s. in granis:* unverbundene, rundliche, abgeflachte oder ovale Tränen oder unregelmäßige, erbsen- bis walnußgroße Stücke, außen gelb oder bräunlich-gelb, innen weiß gefärbt. Häufiger kommt der Klumpenasant, *Asa foetida in massis* vor: unregelmäßig geformte Stücke von verschiedener Größe, rötlich oder braungelb, häufig aus den erwähnten Tränen durch eine rötlich-braune Substanz zusammengeklebt, wodurch mandelartiger Asant *A. f. amygdalea* gebildet wird. Schlechterer Asant, *A. f. petraea,* ist dunkelbraun, fast schwärzlich, feucht, schmierig, mit vielen Unreinheiten gemischt. Zum Gebrauch muß Stinkasant pulverisiert werden.

Der ihr eigentümliche, höchst unangenehme Geruch rührt von einem schwefelhaltigen, ätherischen Öl (bis 4%) her; außerdem enthält die Asa: Harz, in Alkohol löslich und geruchlos (bis 50%), Gummi, Bassorin, Wasser, Salze, Verunreinigungen.

Dieses Mittel wird nach Prof. Schroff in folgenden Krankheiten angewendet u. zw.: in krankhaften Zuständen des Nahrungskanals, welche auf Trägheit, Krampf, Verderbnis der Verdauungssäfte, Entwicklung von Gasen, freier Säure und Würmern beruhen, daher bei Magenkrampf, Kolik, Trommelsucht, Stuhlverstopfung, besonders wenn diese Zufälle an Individuen auftreten, deren Unterleibsnervensystem an zu großer Empfindlichkeit leidet; dann in Krankheiten, welche von träger Bewegung des Blutes und der übrigen Säfte durch die Gefäße und Drüsen herrühren, wie in Anschoppungen und Anschwellungen der Leber, Milz, der Bauchspeicheldrüse, der Gekrös- und lymphatischen Drüsen, Hypochondrie, Melancholie, Gelbsucht, Hämorrhoiden, Skropheln, Wassersucht, chronischen Schleimflüssen, namentlich der Bronchien. Wegen der Beziehung des Asants zum weiblichen Geschlechtssystem gibt man denselben in jenen Leiden, welche ihren Grund in Trägkeit oder Krampf desselben haben, daher bei zu sparsamer oder gänzlich ausbleibender Menstruation, bei krampfhaften Wehen, Gebärmutter- und Blasenkrämpfen überhaupt, sowohl innerlich als äußerlich in Klistierform. In den wechselnden Gestalten der Hysterie und Hypochondrie, die sich als Angst, Schwindel, Kopfschmerz, Asthma etc. ausspricht, im Veitstanz, in der Fallsucht (Epilepsie), im Verlauf fieberhafter Krankheiten, wenn die genannten nervösen Symptome durch Überreiz bedingt sind und den Eintritt der Krisen stören, gewährt der Asant bisweilen Hilfe. Bei Knochenfraß, bei trägen, hartnäckigen, skrophulösen Geschwüren gibt man den Asant innerlich und äußerlich als Tinktur oder Pflaster nicht selten mit Nutzen.

Die Ärzte verordnen den Asant am liebsten in Pillenform wegen des unangenehmen Geruchs und Geschmacks zu 3 10-20 Gran zweimal des Tages; innerlich selten als Emulsion, wohl aber äußerlich als Zusatz zu Klistieren, ½-1 Drachme mit Eidotter abgerieben, in einem Aufguß von Kamillen, Baldrian auf 1 Klistier, dann als Pflaster (gelbes Wachs 2 Drachmen, Bleiweißpflaster 9 Unzen, Asant, Galbanum, von jedem 6 Unzen) nicht mehr offizinell oder als Tinktur (1:5). Die manchen Ärzten und vielen Frauen unentbehrliche Aqua foetida Pragensis (Prager Asant-Wasser) besteht aus 1 Unze Galbanum, 1½ U. Asant, 6 Drachmen Myrrhe, 2U. Pfefferminzblätter, 1 U. Quendel, ebensoviel römische Kamillenblumen, 1 Dr. Bibergeil. Alle diese Dinge werden zerschnitten, zerstoßen, in eine Retorte gebracht und mit 1½ U. rektifiziertem Weingeist übergossen, 24 Stunden stehen gelassen und dann so viel gemeines Wasser zugesetzt, daß das Destillat drei Pfund beträgt. Die Flüssigkeit soll trüb, übelriechend, von darüber schwimmdem ätherischem Öl frei sein. Wird zu 10-30 Tropfen gegeben.

Anwendung nach dem homöopathischen Prinzip: Die Asa wirkt hauptsächlich auf das vegetative Nervensystem und paßt im allgemeinen da, wo sich neben gesteigerter Sensibilität der Charakter vorwaltender Venosität ausspricht. Vorzüglich eignet sich die nervöse und venös-hämorrhoidalische oder die skrophulöse Konstitution und das phlegmatische Temperament für die Anwendung der Asa. Ferner paßt sie bei Beschwerden von nervöser Tugeszenz, Anfüllung des Pfortadersystems und Venenpulsation, Kongestionen nach Leber und Milz und Anhäufung des Blutes in den Gefäßen der Bauchhöhle und mit Verstopfung des Mastdarms, Beschwerden von wesentlicher Beteiligung der Brust und des Unterleibes, Leiden des Nervensystems und des Gemüts, Verminderung der Sinnestätigkeit ohne Abnahme des Bewußtseins und ohne besondere fieberhafte Zustände, Blutungen und Blutwallungen, chronischem Rheumatismus und Gicht, Fettsucht, Anschwellung der Drüsen, Bauchwassersucht und allgemeiner Wassersucht, Skropheln und der sogenannten englischen Krankheit (Rachitis), Anschwellungen, Erweichung, Verbiegung und Fraß (Karies) der Knochen, venerisch-merkuriellen Knochengeschwüren, skrophulöser Augenentzündung, Ohrenfluß und Schwerhörigkeit von Mißbrauch des Merkurs, Zwerchfellentzündung, schwacher Verdauung bei Hypochondristen, chronischen Leberleiden, Verstopfung und Verhärtung des Unterleibes, Kolik, Windkolik, Blasenkrampf, zu früher oder zu schwacher Menstruation mit wehenartigen Schmerzen, asthmatischen Beschwerden, Herzklopfen, namentlich nach anstrengenden Körperbewegungen, bei Magenüberladung, Wurmkrankheit, Blähsucht, Leber- und Milzkrankheiten, bei Hypochondrie und Hysterie; chronischen Herzleiden.

Tierheilkunde. Der Asant wird im allgemeinen angewendet: bei derjenigen Appetitlosigkeit, die ohne erkennbare, materielle Ursachen besteht und daher hauptsächlich eine nervöse Verstimmung zu sein scheint; bei Schwäche und Verschleimung des Darmkanals, bei starker Entwicklung von Säure und Blähungen und bei öfters eintretender Windkolik; bei Eingeweidewürmern insbesondere bei Leberegeln, bei Wurm- und Krampfkolik, krampfhafter Harnverhaltung; bei demjenigen Koppen der Pferde, welches aus Verdauungsstörungen entsteht; bei dem sogenannten Magenkoller; bei Epilepsie; wenn sie aus einem Leiden der Verdauungsorgane entstanden ist; bei Krämpfen, besonders der Hunde, bei chronischer Gelbsucht; bei dem Lungenkrampf; bei dem nervösen Dampf; bei chronischem, krampfhaftem Husten; bei chronischem Rheumatismus und bei veralteter Druse. Außerdem ist er bei den bösartigen Schafpocken und bei anderen bösartigen Geschwüren empfohlen worden. Aber bei den meisten dieser Krankheiten ist der Asant durch das Terpentinöl, das stinkende Tieröl, die bitteren und aromatischen Mittel zu ersetzen. Besonders scheint der Knoblauch in Verbindung mit bitteren und mit aromatischen Stoffen ein sehr passendes Ersatzmittel für ihn zu sein. In akuten Entzündungskrankheiten ist der Asant schädlich, und bei Jagdhunden soll er auch außerdem, besonders wenn sein Gebrauch durch längere Zeit fortgesetzt wird, dadurch nachteilig sein, daß er ihren feinen Geruch zu sehr abstumpft.

Die Gabe ist für Pferde 8,0-15,0, für Rindvieh von 12,0-30, für Schafe und Schweine 2,0-8,0, für Hunde 0,05-0,5 Gramm, täglich 2 bis 4mal und bei heftigen Krämpfen alle Stunden wiederholt. Man wendet den Asant in Pillen, Latwergen und in Flüssigkeiten, aber nicht in Pulverform an. Die flüssige Form verdient bei Krämpfen und überhaupt bei dringenden Fällen den Vorzug. Hierzu läßt man ihn entweder einfach mit lauwarmem Wasser, mit schwachem Branntwein oder mit einem aromatischen Aufguß zusammenreiben oder man benutzt dabei noch schleimige Mittel. Zu 30 Gramm. Asant nimmt man 360-720 Gramm Flüssigkeit und 30 Gramm arabischen Gummi oder 60 Gramm Eibischwurzelpulver oder das Gelbe von 1-2 Eiern. Man versetzt ihn bei nervösen Zufällen mit aromatischen Mitteln, auch mit Kampfer, Terpentinöl, stinkendem Tieröl und Opium, oder bei Fehlern der Verdauungs- und Atmungsorgane mit bitter-aromatischen Mitteln, Spießglanzpräparaten, mit Schwefel u. dgl. Äußerlich wird der Asant sehr wenig gebraucht; dagegen hat er sich, abgerieben mit Wasser, mit aromatischen oder schleimigen Flüssigkeiten und als Klistier angwendet, bei heftiger Wurm- und Krampfkolik und bei Diarrhöe, die mit Schwäche des Darmkanals und mit krankhaften Zufällen verbunden war, in mehreren Fällen sehr wirksam gezeigt. Man nimmt zu einem Klistier für Pferde 8,0, für Schafe 4,0, für Hunde 0,5-2,0 Gramm. Von der Asanttinktur gibt man Pferden und Rindvieh eine Gabe von 30-60 Gramm., Schafen und Schweinen 4-15, Hunden 5-12 Tropfen. Man benutzt sie aber innerlich nur selten, sondern mehr äußerlich, bei kariösen, zu wenig tätigen, unreinen und mit Maden behafteten Geschwüren, bald für sich allein, bald mit Terpentinöl und anderen Mitteln verbunden.

Die homöopathischen Tierärzte wenden den Asant in folgenden Krankheitszuständen der Tiere an: bei dem krampfhaften Zustand des Euters, wo beim Beginn des Melkens das Euter von Milch zu strotzen scheint, aber diese bald nach innen zurücktritt und nur sehr mühsam und in einem dünnen Strahl aus der Zitze gedrückt wird; bei der Klauenseuche, besonders wenn solche vom Euterausschlag begleitet ist; bei bitterer, saurer, zäher Milch, bei Geschwüren und Fisteln, wo Knochenfraß (Karies) mit im Spiele; bei Geschwüren, welche leicht bluten, dünnflüssigen, üblen Eiter absondern und deren Ränder bläulich gefärbt und sehr empfindlich sind, und bei dem sogenannten Sterzwurm des Rindes.

Ascherwurz ☞ Diptam

Aschlauch ☞ Porree

Aspe ☞ Espe

Aster *(Aster)*, Sternblume, ist einer der größten Gattungen des Pflanzenreichs, deren Mehrzahl auf den Prairien Nordamerikas im Verein mit der Goldrute (Solidago) den Herbstflor ausmacht und wunderherrliche Effekte hervorbringt. Sie gehört unter die Korbblütler und ist ausgezeichnet durch sterile oder weibliche Randblüten mit Strahlen, während die regelmäßigen Scheibenblüten zwitterig sind. Man hat eine sehr große Anzahl der Arten dieser Gattungen in Gärten eingeführt. Eine hübsche Art, die im Frühling blüht, kurz, weichhaarig ist und einen blaustrahligen Kopf trägt, ist die Alpen-A. *(A. alpinus)*. Virgil's A. *(A. Amellus)*, Bergaster, trägt auf starrem, oben doldenförmigem Stengel ovale Blätter und blaustrahlige Blüten; diese besang Virgil; sie blüht nach der Grummeternte, wie auch der Dichter hervorhebt und wächst in Mittel- und Südeuropa. Früher war die Wurzel und das Kraut dieser Pflanze gegen Vorfälle, Brüche, Entzündungen der Leistendrüsen und gegen Augenkrankheiten gebräuchlich. Die Wurzel riecht angenehm, aromatisch, schmeckt beißend, etwas gewürzhaft und bitter; die Blätter sind geruchlos und schmecken salzig, bitterlich, etwas herb. Die chinesische A. *(A. chinensis)*, Gartenaster, ist eine bekannte schöne einjährige, in unzähligen Varietäten kultivierte Zierpflanze.

Astmoos *(Hypnum)*, Gattung aus der Familie der Laubmoose. Das dreiseitige A. *(H. triquetrum)*, hat einen 5-6" hohen, steifen, elastischen, fast gefiedert-ästigen Stengel, die Äste fast zurückgebogen, die Blätter schwach gestreift, die oberen runzelig, bleichgrün, tocken, weißlich-gelblich. Der Fruchtstiel ist 1-2" lang, die Kapsel braunrot, der Deckel kurz. Sehr gemein in Wäldern, Hainen und auf Triften. Dieses und mehrere ähnliche Moose wurden sonst als *Muscus vulgaris* gegen Keuchhusten, übermäßigen Monatsfluß etc. benützt.

Attich *(Sambucus Ebulus)*, Zwergholunder, Feld- oder Acker-H., hat einen kriechenden Wurzelstock und treibt jährlich neue krautige Schosse mit großen Blättern; die Blütenschirme tragen rötlich angehauchte Blumen. Diese Art des Holunders kommt ab und zu wild vor und wird oft in Parkanlagen angepflanzt, wo sie sich jedoch wegen ihrer zu starken Ausdehnung mißliebig zu machen pflegt. Offizinell waren die Wurzel und die innere Rinde derselben, die Blätter, Blüten und Beeren; heute sind es nur noch die letzteren. Der eingedickte Saft, das Attichbeermus wird gegen Wassersucht gebraucht. Alle Teile dieser Pflanze riechen sehr stark und unangenehm bitterlich, herb, etwas scharf, die Beeren dabei noch säuerlich-süß. Mit Ausnahme der Beeren, welche gelinde eröffnend wirken, verursachen alle Teile, zu 3-4 Drachmen in Aufguß, wässerige Stuhlgänge, leicht auch Erbrechen. Nach Rob. Christison sollen die Blätter sogar Zeichen von Darmentzündungen, die Blüten narkotische Wirkungen hervorgerufen haben. Rinde, Beeren und Samen treiben überdies den Harn.

In der Tierheilkunde gehört der Attich zu den veralteten Mitteln. Diese Pflanze wird gewöhnlich von allem Vieh verschmäht; absichtlich beigebracht wirkt es auf die Harnwerkzeuge, vor allem aber die aus den reifen Beeren ebenso wie das Wachholdermus bereitete Salse, die auch in allen jenen Fällen, welche den Gebrauch des Wachholders fordern, angewendet werden könnte, jedoch jenem an Wirksamkeit nachstehen muß. Daß der Attich brechenerregend bei dem Rind wirkt, ist insofern falsch, als diese Tiere sich nicht erbrechen können; vielleicht könnte es zur Anfachung des Wiederkäuens etwas leisten. Größeren Tieren gibt man von der Salse 1-4 Lot.

Die Pflanze liebt guten tiefen, etwas feuchten Boden, vermehrt sich leicht durch Stockteilung und verlangt 2 Fuß Abstand. Wenn man bloß Beeren ziehen will, so verursacht eine Attichpflanzung gar keine Arbeit. Sehr häufig wendet man den ausgepreßten Saft der Beeren an, um aus Weißwein Rotwein zu machen oder hellem Rotwein eine schönere Farbe zu geben. Diese Beimischung soll zugleich dem Wein einen angenehmen Geschmack erteilen und ihn scheinbar stärken, d.h. berauschender machen. Nach Dr. Koch wird der berühmte Wein von Kachet ebenfalls mit Attichbeeren zubereitet.

Augentrost *(Euphrasia).* Eine kleine Gattung der Maskenblütler, die weit verbreitet ist. Der gebräuchliche A. *(E. officinalis)* (FIG. 15), hat eine fädig-spindelige Wurzel, einen steif-aufrechten, 3-8" hohen, schlanken, fast stielrunden, einfachen oder meistens pyramidal-ästigen, weichhaarig und häufig purpurbraunen Stengel; die Blätter sind 3-5" lang, 2-4" breit, fast sitzend, breit-eirund, selten eilänglich, an der Basis abgerundet, die oberen keilförmig verschmälert und dadurch rhombisch, fast glänzend, meistens beiderseits 5 oder nur 4 bis 3 lange, zugespitzte Sägezähne tragend; die oberen Blätter sind abwechselnd, doch paarweise genähert und kürzer als die sitzenden Blüten. Offizinell ist die ganze

FIG. 15

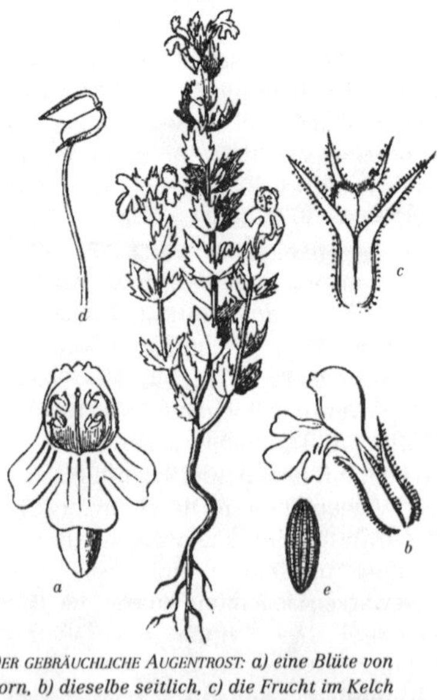

DER GEBRÄUCHLICHE AUGENTROST: a) eine Blüte von vorn, b) dieselbe seitlich, c) die Frucht im Kelch (alle diese Darstellungen dreimal vergrößert), d) ein Staubgefäß, e) ein Same, beide sechsmal vergrößert.

zur Blütezeit gesammelte Pflanze als *Herba Euphrasiae;* sie ist fast geruchlos, schmeckt salzig-bitterlich und gelind zusammenziehend. Viele ältere und neuere Ärzte schreiben ihm ausgezeichnete Wirkungen auf katarrhalisch affizierte Schleimhäute oder auf unterdrückte katarrhalische Beschwerden (Husten, Heiserkeit, Ohrenschmerzen, Kopfweh, Schwindel, spezifische auf katarrhalische Augenentzündungen) zu; sie benutzten namentlich das destillierte Wasser innerlich wie äußerlich und als Zusatz zu anderen Mitteln.

In der Tierheilkunde wird das Kraut des Augentrostes selten mehr angewendet.

Anwendung nach den homöopathischen Prinzip. Man gebraucht Euphrasia bei üblen Folgen von Quetschungen, Schlag, Stoß, Fall, bei Augenblennorrhöen, Katarrh des Auges, Rheumatismus des Auges, Skrophelsucht im Auge, bei Geschwulst und Verklebung der Augenlider, Injektion der Augen, schleimigem mit Blut vermischtem Ausfluß aus den Augen, bei Fließschnupfen am Tage; Stockschnupfen nachts, bei Lichtscheu und Spannungen in den Lidern; reichlichem reizenden Schleim- und fortwährenden Tränenfluß, juckendem Brennen in den Augen, nächtlichem Verkleben der Lider, schwarzen Flecken vor den Augen, bei habitueller Verstopfung, bei Augenentzündungen mit Hornhautflekken, bei sehr heftigen Kopfschmerzen, die Lichtscheu wesentlich verstärkend und sehr starken Tränen, bei Entzündung, Verdunkelung und Flekken der Hornhaut, Tränenfluß; bei Tränen der Augen, mit feinen Stichen in denselben und Augenbutter in den Winkeln, bei erschwerter Sprache wegen lähmiger Steifheit der Zunge und Backen, bei Feigwarzen, feuchtem Husten, als Rükkbleibsel bei Grippe und Wadenkrampf.

Gabe: 1-2 Tropfen der reinen Tinktur oder der 1. Verdünnung, 2-, 3- und mehrmals täglich nach Umständen wiederholt. Daß es sehr zweckmäßig bei Augenleiden, den äußeren Gebrauch mit dem inneren zu verbinden, hat die Erfahrung vielfach bestätigt.

Die homöopathischen Tierärzte wenden dieses Mittel bei der katarrhalischen Entzündung der Augenbindehaut an, insbesondere wenn diese mit Nasenkatarrh und mit sehr vermehrter Schleimabsonderung verbunden ist und selbst da, wo sich Pusteln auf der Hornhaut bilden und wo nach Nachlaß der übrigen Erscheinungen eine Trübung der Hornhaut zurückbleiben sollte. Im letzteren Fall ist jedoch die Tinktur verdünnt (20 Tropfen mit 2 Unzen destilliertem Wasser zusammengeschüttelt) auch örtlich zu gebrauchen. Diese Anwendungsart ist in neuerer Zeit auch von Prof. Pillwax in Wien in seiner Hundspraxis akzeptiert worden.

Augenwurz *(Athamanta).* Gattung aus der Familie der Doldengewächse. Die mazedonische A. *(a. macedonia),* oder mazedonische Petersilie hat einen weichen, samtartig-zottigen Stengel, fast kahle Blätter; die Früchte der dichten Dolden sind fast flaschenförmig, zottig, steifhaarig. Man findet sie auf Bergen in Griechenland und im nördlichen Afrika. Die Früchte, unter dem Namen Steineppigsamen, Steinpeterleinsamen, mazedonischer Petersiliensamen sind gewürzhaft und jetzt kaum mehr in Gebrauch; früher wurden sie häufig, unter anderem auch zur Bereitung des Theriaks angewendet. Die Alpen-A. *(A. cretensis),* kretische Hirschwurz, findet sich auf Alpen und Voralpen im mittleren und südlichen Europa. Die Dolde ist sechs- bis neunstrahlig, die Früchte sind rauhhaarig, die Haare völlig abstehend. Alle Teile, namentlich die Früchte, kretischer Mohrensamen, Mohrenkümmel, Vogelnestsamen, riechen und schmekken angenehm gewürzhaft und dienten sonst als reizendes, magenstärkendes, die Menstruation förderndes Mittel. *A. Matthioli,* die in Südeuropa wächst, kommt in ihren Heilkräften den vorhergehenden gleich.

Aurikel Die Gattung *Primula L.* zeichnet sich unter der Familie der Primulaceen aus durch die präsentiertellerförmige Blumenkrone, den röhrigen, fünfzähnigen Kelch und eine mit fünf Klappen oben aufspringende Kapsel. Es gibt zwei Hauptabteilungen, die der Himmelsschlüssel und die der Aurikel. Erstere haben häutig-krautige Blätter, deren Ränder in der Knospenlage nach außen umgerollt sind. Letztere haben fleischige, lederartige Blätter, die in der Knospenlage nach innen gerollt sind. Die berühmteste Art ist die gemeine Aurikel *(Primula Auricula)*, Bärenöhr, Primel, Gamswurz, Schwindblümel, hat verkehrt-eiförmige, lederige, glatte, nebst den Schäften mehlig bestäubte Blätter und doldige, aufrechte, wohlriechende, bei der wilden Pflanze gelbe Blüten mit flachem Saum. In Krain wächst eine schöne, ganz kahle und glatte, schmalblättrige Art mit lilafarbigen Blumen, *P. carniolica Jacq*. Mit *P. Auricula* scheint sich bei Idria als Bastardbildung die *P. venusta* Host zu erzeugen, welche braunpurpurne Blumen und den Wuchs sowie die Bepuderung der gemeinen A. besitzt. Es ist sehr wahrscheinlich, daß von dieser *P. venusta* ein guter Teil unserer Gartenaurikel abstammt. Die Aurikel ist seit Jahrhunderten ein Volksmittel bei Brustkrankheiten, nach Rohde's Berichten unter den Gebirgsbewohnern der Gegend von Salzburg gegen Schwindsucht, daher ihr Name Schwindblümel. Prof. Kosteletzky bemerkt, daß sie noch jetzt von den Alpenbewohnern gegen Husten und Schwindsucht sowie zur Stärkung des Kopfes und gegen Schwindel angewendet wird.

Aurin, roter ☞ **Tausendguldenkraut**

Auswurf befördernde Mittel *(Expectorantia)*. Gewöhnlich ist ein den Auswurf beförderndes Mittel in jenen Fällen angezeigt, wo es sich darum handelt, zähe, schwerflüssige Schleimmassen und Exsudate in den Luftwegen flüssiger zu machen und dadurch ihr Auswerfen zu erleichtern. Zu diesen Mitteln gehören der Salmiak, der Brechweinstein und der ihm verwandte Goldschwefel und Mineralwässer, in welchen derartigen Salze vertreten sind (salinische und alkalische Mineralquellen) sowie die Molke, zu welcher wegen ihres sehr geringen Gehaltes an auflösenden Salzen noch das eine oder andere derselben hinzugesetzt oder, was das gleiche sagen will, welche mit einem der gedachten Mineralwässer vermischt getrunken werden kann. In gleicher Weise die Ausscheidungen mehrend und auf eingedickte Schleim- und Exsudatmassen lösend wirken die Brechwurzel, die Squilla, die Senega u.s.w. In dieser Hinsicht nahe stehen diesen die wegen ihres Gehaltes an ätherischen Ölen zugleich mehr oder weniger aufregenden Stoffe Myrrhe, Fenchel, Anis, Perubalsam u.s.w.

Mehrere andere Stoffe verflüchtigen sich leicht und können so in Gasform durch Einatmung in direkte Beziehung zu der Schleimhaut der Luftwege gesetzt werden. Man wählt, um den Auswurf zu befördern, natürlich solche, welche einen mehr oder weniger starken Reiz auf die Schleimhaut ausüben und dadurch eine stärkere Absonderung derselben veranlassen. Hierher gehören das Chlor und die Salzsäure, das Brom, Jod, die Essigsäure, ferner die Dämpfe von Salmiak, von Perubalsam, von Teer und Harz (der für Schwindsüchtige empfohlene Aufenthalt in sonnenerwärmten Schwarzholzwäldern). Das Chlor, Jod und Brom wird im großen zu Einatmungen bei Brustleidenden jetzt in vielen salinischen Mineralbädern gebraucht, indem man den Dampf der erhitzten Wässer in besonders dazu eingerichtete Gemächer strömen läßt, in welchen die Kranken einige Zeit verweilen (Kreuznach, Oeynhausen u.s.w.) Hierbei wirkt zugleich der einfache Wasserdampf; ähnlich wirkt auch die salzhaltige, feuchte Seeluft.

Lösend und zugleich energische Ausatmungen erregend wirken die Brechmittel: Brechweinstein (Brechwein), schwefelsaures Kupfer und Zink, die Brechwurzel (Brechwurzelwein). Sie werden daher gegeben, wo es bei drohenden Erstickungsanfällen gilt, schnelle und ergiebige Entleerungen von Bronchialschleim, von wässerigen Ansammlungen in den Lungen (Ödem), von Croupmembranen, von eingedrungenen fremden Körpern etc. hervorzurufen und wo die eigene Kraft des Patienten nicht hinreicht, so starke Exspirationen zu machen. Wäre die Kraft der Kranken bedeutend gesunken, so daß selbst Brechmittel erfolglos blieben, so müssen an- und aufregende Mittel gegeben werden, die man nach Belieben ebenfalls häufig mit schleimlösenden verbindet, also Kampfer, Benzoe, die verschiedenen Präparate von ätherischen Ölen (von Fenchel, Anis u.s.w.), Äther, Alkohol, Ammoniak u.s.w., anishaltigen Salmiakgeist, kohlensaures Ammoniak, flüchtiges Hirschhornsalz, Bernstein-, Salmiaktropfen, Minderers-Geist, Essigäther u.s.w., Wein und andere Spirituosen.

Ähnlich wie Wasserdampf wirken warme Getränke mit oder ohne besondere arzneiliche Stoffe (Brusttee). Auch die oft mit unmäßigen Anpreisungen verkauften Brust-Hustenmittel und eine Menge in den Apotheken vorrätiger Präparate bringen Erleichterung. Hierher gehören: braune und weiße Roglisse, die verschiedenen Brustteearten, die Pote pectorale, der Sirop capillair, die verschiedenen Fruchtsirupe, der Eibisch-, Ipecacuanha-, Senegasirup, der Lakrizensaft und die aus ihm verfertigten Präparate, das französische Hustenpulver, das isländische und Carragheenmoos, der Leinsamentee, die Mandelmilch u.s.w. Endlich schließt sich hieran die Anwendung der pflanzlichen Narkotika (namentlich Opium, Bilsenkraut, Kirschlorbeerwasser u.s.w.), welche zur Milderung des Hustenreizes allein, sehr häufig aber zugleich mit Mitteln verbunden gegeben werden, welche den Auswurf direkt befördern sollen.

In der Tierheilkunde werden ebenfalls den Auswurf befördernde Mittel gebraucht. Die hier zu beseitigenden Hindernisse der Auswerfung können nach Hertwig sein: 1. ein zu hoher Grad von entzündlicher Reizbarkeit; 2. zu große Empfindlichkeit und krampfhafte Zusammenziehung; 3. zu geringe Empfindlichkeit, zu große Schwäche in der Schleimhaut einzelner oder aller Teile der Atmungsorgane; 4; zu dicke Konsistenz und zu große Zähigkeit der Auswurfsmaterie. Diesen Verhältnissen entsprechend wird bei dem ersteren Zustand der Auswurf durch Salze, namentlich durch Salpeter, Weinstein, Calomel, Brechweinstein, Salmiak, durch schleimige Getränke, durch Dünste von lauwarmem Wasser, im hohen Grad des Übels selbst durch einen Aderlaß befördert. Für den zweiten Zustand passen ebenfalls schleimige Getränke und Einatmungen von lauwarmen Dämpfen, äußerlich angewandete Reizmittel, vorzüglich aber narkotische Mittel (Bilsenkraut, Opium) und ebenso die süßen Stoffe (Zucker, Honig, Süßholzwurzel, Mohrrüben). Dem dritten Zustand entsprechen Reizmittel, besonders solche, welche ätherisches Öl, mit Schleim und süßem Stoff verbunden, enthalten (z. B. Fenchel- und Anissamen, Wachholderbeeren u.s.w.), desgleichen die Schleimharze, die Harze, Balsame und der Teer (namentlich in warmen Wasserdämpfen eingeatmet), einige scharfe und narkotische Stoffe (Meerzwiebelwurzel, Fingerhutkraut), der Schwefel, Salmiak, der Spießglanz und seine Präparate, Brechmittel, Dämpfe u.s.w.

Auszehrungskräuter Lieber'scher Tee besteht aus Kraut und Blüten des ockergelben Hohlzahns *(Galeopsis ochroleuca)*. Dieser Tee, der lange Zeit als Geheimmittel um einen hohen Preis verkauft wurde, wird gegen Lungenschwindsucht gebraucht, deren ganz ausgebildete Formen er zwar nicht heilen, wohl aber häufig dem Kranken Erleichterung zu bringen vermag, was insbesondere bei der schleimigen Lungensucht gilt, die durch ihn nicht selten auch vollkommen behoben wurde. ☞ Hohlzahn

Averhoa *(Averhoa)*. Gattung aus der Familie der Sauerkleegewächse. Es sind dies Bäume mit abwechselnden, unpaarig-gefiederten Blättern, vielpaarig, wechselständigen, ganzrandigen Blättchen, traubig-rispigen, achselständigen, aber auch aus dem nackten Stamme und seinen Ästen hervorkommenden Blüten. Die scharfkantige A. *(A. Carambola)*, ist ein Baum von 12-15' Höhe, mit einer braunen, rauhen Rinde und einer zierlichen, ausgebreiteten, runden, dichten Krone. Die Blüten sind klein, purpurrötlich, gleich den Stielchen ganz kahl, die Früchte eiförmig-oval, mit 5 schneidenden Kanten und ebensovielen Furchen, 3-5' lang, kahl, glänzend, gelblich. In Ostindien einheimisch und daselbst überall häufig, jetzt auch in Westindien kultiviert. Die Früchte, welche bei dem wildwachsenden Baume sehr sauer und herbe, bei dem kultivierten süßsauer und weinig schmecken, werden sowohl roh oder verschiedentlich zubereitet genossen, als auch, besonders in Form eines Sirups, bei entzündlichen oder galligen Fiebern und ähnlichen Krankheiten, äußerlich gegen viele Hautausschläge, die Blätter aber zu erweichenden und zerteilenden Breiumschlägen angewendet. Die stumpfkantige A. *(A. Bilimbi)*, ein Bäumchen von 8-10' Höhe mit einem dünnen Stamm und einigen unregelmäßigen Ästen und purpurroten, fast veilchenartig riechenden Blüten, ist in Ostindien heimisch und wird auf den Antillen kultiviert. Die Früchte sind weit saurer als bei der vorigen Art, werden daher nur selten roh, dagegen sehr häufig zubereitet genossen oder als Zutat zu anderen Speisen, in medizinischer Hinsicht übrigens, wie die Blätter, gleich jenen der A. Carambola, außerdem aber auch die sauren Blüten auf ähnliche Weise verwendet.

Avocadobaum *(Persea)*. Diese Gattung gehört unter die schöne Familie der Lorbeergewächse. Der echte A. *(P. gratissima)*, ist ein Baum von der Höhe eines großen Birnbaums mit einer weit ausgebreiteten Krone. Die Rinde ist mit vielen Furchen versehen und weißlichgrau. Die Blätter stehen spiralig und sind gestielt, umgekehrt-eiförmig, mit Spitzchen, unterseits mit feinen Härchen, seegrün. Vor ihnen erscheinen die zahlreichen kurzen, gedrängten Rispen grünlicher Blüten mit zottigen Zipfeln. Die Beere hängt und erreicht oft die Größe des Kopfes eines Neugeborenen. Sie hat die Gestalt einer Birne. Ihre Farbe ist gelb oder braungrün, oft mit Purpur. Zwischen der Haut und dem harten, großen Samen findet sich ein blasses, butterartiges Fleisch mit grünem Geäder. Das Fleisch der Früchte wird in Westindien und Südamerika täglich als Obst gegessen; es schmeckt sehr fett und ist anfänglich für Europäer nicht sehr schmackhaft, bald darauf hält es aber jeder für eine Delikatesse. Es enthält viel süßes Öl, dann ein grünes Öl, Laurin, Schleim, Zucker und etwas Essigsäure. Die Knospen sollen mit Erfolg gegen syphillische Krankheiten gebraucht werden; auch werden sie zur Beförderung der Menstruation verordnet. Der Samen, worin sich anfangs eine weiße, an der Luft schnell rötlich werdende, auf Leinwand fast unvertilgbare Flecken zurücklassende Milch findet, enthält dann bei der Reife ein bitteres Prinzip und dient in Demerary als tonisches Arzneimittel.

Awa-Pfeffer *(Piper methysticum)*, wächst auf den Societäts- Freundschafts- und Sandwich-Inseln. Die Blätter sind herzförmig, zugespitzt, die Ähren sehr kurz gestielt, abstehend. Keine Pflanze wird dort so sorgfältig kultiviert als diese, aus deren zerstoßener oder noch häufiger gekauter Wurzel mit Kokosmilch oder Wasser die Südsee-Insulaner ein scharfes, ekelhaftes, grünliches Getränk bereiten, das aufregend und narkotisch wirkt und mit der Zeit die verderblichen Folgen nach sich zieht. Die Bewohner der Karolinen nennen das Getränk Schiaka und bereiten es aus den frischen Stengeln des Strauches; dasselbe ist weniger scharf als aus der Wurzel. Ein kalter Aufguß des Awa bildet bei den Insulanern zugleich das einzige Mittel gegen Lustseuche. Es entsteht darauf ein 24 Stunden anhaltender Rausch, dem ein dreitägiger Schweiß folgt, mit dessen Abwartung das Übel schwindet. Die Awawurzel wird ihrer schweißtreibenden Kraft wegen häufig nach England gebracht und in Tinktur bei chronischen Rheumatismen benützt.

Azarolbaum ☞ **Weißdorn**

B

Bablahschoten indischer Gallus, sind die unreif gesammelten Hülsenfrüchte der in Ostindien wachsenden *Acacia Bambolah* und vielleicht auch anderer verwandter Gewächse. Sie erscheinen im Handel als 2-3 Zoll lange, meist jedoch zerbrochene platte Schoten mit drei oder vier dunkelbraunen, gelbgeränderten Kernen, zwischen den Kernen stark eingeschnürt und mit einem grauen, feinen, kurzhaarigen Filz. B. werden jetzt besonders in Frankreich verbraucht und dienen in der Baumwoll-, Woll- und Seidenfärberei zur Erzeugung hübscher Nankingfarben, sowie mit Eisenbeizen zu Nuancen von braun bis schwarz.

Baccharis *(Baccharis).* Gattung aus der Familie der Compositen. Die ivablättrige B. *(B. ivaefolia)*, ist ein Strauch von 4-6' Höhe, unten einfach, stielrund, gerillt, fast weichhaarig, nach oben mit ebenso gestalteten, einfachen, geraden, den Haupttrieb überragenden, an den Enden stark klebrigen Ästen; die Blätter sind zahlreich gestielt $1\frac{1}{2}$-$2\frac{1}{2}$" lang, 5-8"' breit, mit ziemlich großen, spitzen Sägezähnen besetzt, klebrig, oben fast kahl, unten sehr kurze Härchen tragend und etwas dreinervig. Findet sich im nördlichen und südlichen Amerika. In Peru wird die Abkochung davon als ein magenstärkendes Mittel von den Eingeborenen gebraucht. *B. arbutifolia Vahl* ist wie mehrere andere Arten sehr aromatisch.

Bachbunge ☞ **Ehrenpreis**

Bachminze ☞ **Minze**

Bacille *(Crithmum),* Gattung der Doldengewächse. Die See-B. *(C. maritimum)*, Meer-Fenchel, die an steinigen, felsigen Stellen des atlantischen, mittelländischen und schwarzen Meeres wächst, hat eine spindelige, lange, gedrehte, ästige Wurzel, aufrechte oder aufsteigende $\frac{1}{2}$-$1\frac{1}{2}$' hohe, ästige, harte, am Grund fast holzige, wie die ganze Pflanze kahle und seegrüne Stengel, doppelt fiederschnittige Blätter, die unteren gestielt, die übrigen auf den kurzen, randhäutigen Scheiben sitzend; ihre Abschnitte sind lineal-lanzettlich, spitz und stachelspitz $\frac{3}{4}$-$1\frac{1}{2}$" lang, 1-2"' breit, fleischig, glänzend; die obersten Blätter nur einfach fiederschnittig; die Dolden halbkugelig, 12-24-strahlig, Hüllblätter und Blättchen 5-8, eilanzettlich, zugespitzt, abstehend, später zurückgeschlagen. Blüten grünlichgelb, ins weißliche, Früchte strohgelb, die Blätter dieser Pflanze schmecken etwas salzig, bitterlich und schwach aromatisch, sind als *Folia Crithmi seu Foeniculi marini vel Herba Sancti Petri* in einigen Ländern offizinell und sollen reizend eröffnend und Harn treibend sein; der Saft der ganzen Pflanze aber gilt für ein kräftiges, wurmwidriges Mittel; in England wird das Kraut auch wie Kapern oder Gurken in Essig eingemacht und als Salat gegessen oder als Würze an andere Speisen getan. Wurzel und Früchte sind angenehm gewürzhaft und waren sonst ebenfalls gebräuchlich.

Bärenfuß *(Arctopus)*, Gattung der Familie Doldengewächse. Der igelstachelige B. *(A. echinatus)* ist gemein am Kap, auf Hügeln und an tonigen, dürren Plätzen. Die Wurzel ist sehr lang und dünn, tief in die Erde dringend, braun; die Stengel verkümmert, die Blätter sehr zahlreich, der Erde angedrückt und sternförmig-ausgebreitet, auf breiten, linealen, flachen Stielen, Blüten rötlich. Eine Abkochung der harzreichen aromatischen Wurzel gilt dort für ein treffliches, Blut reinigendes Arzneimittel und dient auch gegen den Tripper.

Bärenklaue *(Acanthus)*, Gattung aus der Familie der Acantheen. Die echte B. *(A. mollis)*, findet sich auf feuchten, steinigen Stellen unter Gesträuchen im ganzen südlichen Europa. Die Wurzel ist stark, ästig, vielköpfig, Stengel steif aufrecht, 2-3' hoch, ganz einfach, dick, rundlich, etwas kantig, weichhaarig, blattlos oder unter der Ähre einige kleinere Blätter tragend. Die übrigen Blätter sind grundständig und fast rosettig am Boden ausgebreitet, gestielt, 1-1½' lang, 5-8" breit, fast kahl, doch kurz gewimpert, auf jeder Seite in 5-6 breite buchtig gezähnte Lappen mehr oder minder tief gespalten. Die Ähre ist 8-16" lang, 2½" breit, mit ganz stiellosen, genäherten und abwechselnden Blüten. Die ganze Pflanze enthält einen schleimigen, klebrigen Saft, und es waren deshalb in früheren Zeiten die Wurzel und die Blätter als erweichende, einhüllende Mittel bei Durchfällen, Katarrhen, beim Blutspeien, äußerlich bei Verbrennungen u.s.w. gebräuchlich und sind es im südlichen Europa noch heutzutage. Die langblätterige B. *(A. longifolius)*, ist von der vorigen Art nur durch sehr lange, tief fiederteilige Blätter mit entferntstehenden, eilänglichen, fast zugespitzten und eingeschnittenen, gezähnten, ganz unbewehrten Lappen, weißliche, netzaderige äußere und sehr schmale, lineal-pfriemige innere Deckblätter, ungezähnte obere und ausgerandete untere, sowie durch fast zweispaltige innere Kelchzipfel verschieden. Wächst in Dalmatien, Kroatien, auch im Banat und wurde bisher mit der echten B. verwechselt. Auch die stachelige B. *(A. spinosus)*, hat man gleich der ersten Art, aber der dornigen Blätter wegen viel seltener angewendet. Beide waren überdies beliebte Gartenpflanzen bei den Römern und Griechen, von denen auch das Laub der ersten Art am Kapitell der zierlichen korinthischen Säulenordnung nachgeahmt wurde.

Bärenklau, echte *(Heracleum Sphondylium)*, ebenfalls zu den Doldengewächsen gehörig, ist weit verbreitet auf unseren Wiesen. Die Abschnitte der Blätter haben 3-5 ungleich gelöste Lappen. Die Frucht ist kahl. Die Wurzel ist bis fußlang und gelbbraun und zeichnet sich durch aromatischen, süßlichen und zugleich etwas scharfen Geschmack aus. Blüht im Juni, Juli, oft noch einmal im August, September. Wurzel und Blätter waren und sind noch zum Teil offizinell. Erstere besitzt einen scharf aromatischen, zugleich etwas süßlichen Geschmack und wird als ein reizendes, kräftig-eröffnendes Mittel bei Stockungen im Unterleib, Verdauungsbeschwerden, Krankheiten der Schleimhäute, bei mehreren nervösen Leiden, besonders in der Epilepsie empfohlen; das Kraut ist weit schwächer, schmeckt nicht unangenehm und süßlich und diente als ein gelind auflösendes und zerteilendes Mittel; in neueren Zeiten hat man auch die Früchte, welche hier sowie bei allen übrigen Arten einen widrig aromatischen Geruch und Geschmack besitzen, gegen hysterische Krämpfe angewendet. Der rindige Teil des Stengels und der Blattstiele schmeckt beißendscharf, erregt ein Brennen im Mund und rötet, äußerlich aufgelegt, die Haut; der abgeschälte fleischige Teil desselben ist sehr süß und beschlägt sich nach einiger Zeit mit Zuckermehl, was von dem gemeinen Volk in Rußland gesammelt und verwendet wird; auch genießt man denselben im nördlichen Asien als einen Leckerbissen, benützt ihn ferner sowie die jungen Blätter zu der beliebten Kohlsuppe und bereitet durch Gärung ein geistiges Getränk daraus. Alles eben gesagte gilt nicht bloß von der echten B., sondern auch von den übrigen, einander sehr ähnlichen Arten dieser Gattung.

Bärenlauch ☞ **Lauch**

Bärentraube *(Arctostaphylos)*, Gattung der Familie Heidegewächse. Die gebräuchliche B. *(A. uva ursi)*, (FIG. 16) Bärenbeere, Wolfsbeere, Stein-, Mehlbeere, Mehlbeerstaude, Sandbeere, span. Heidelbeerstrauch, ist ein kleiner niederliegender Strauch, der meistens überaus dicht wächst und den Boden völlig deckt mit seinen langen, in der Jugend fein behaarten Zweiglein, woran glänzende, spatelförmige, eigentümlich geaderte Blätter wachsen. Die Blütenstände sind armblütig und ihre Blumen weißlich-rosenrot. Die Steinfrucht ist scharlachrot. Die Pflanze lebt in Heiden, auf Felsen u.s.w. in Europa, Nordasien, Nordamerika. Auf den Alpen lebt sie meist in viel fetterem Boden. Blüht im Mai und Juni, oft noch einmal im Herbst. Offizinell sind die geruchlosen, zusammenziehend-bitterlich schmeckenden Blätter; sie enthalten vorzüglich Tannin, auch Gallussäure, Harz, Extraktinstoff und apfelsaure Salze. Der Gerbstoffgehalt ist so bedeutend, daß man sich der Bärentraubenblätter zum Gerben bedienen kann. Eben deshalb werden sie von Tieren nicht gefressen. Der Bärentraube ist hiernach offenbar unter den adstringierenden Mitteln ihre Stelle anzuweisen, obgleich sie sich von verwandten Arzneistoffen durch eigentümliche Wirkungen auszeichnet. Sie steht nämlich in einer ganz besonderen Beziehung zu den Harnwerkzeugen, eine Beziehung, die ihr indessen doch unter den gerbstoffhaltigen Mitteln nicht ganz ausschließlich zukommt. Sie wurde zu Anfang des 17. Jahrhunderts von den Ärzten Montpelliers in den Arzneimittelschatz eingeführt; in Deutschland kam sie erst in der Mitte des vorigen Jahrhunderts durch Dr. Haën in Aufnahme. Man schrieb ihr früher eine steinauflösende Kraft zu, ist jedoch längst von dieser Annahme zurückgekommen. Nichtsdestoweniger scheint sie bei Behandlung der Steinleiden Beachtung zu verdienen, indem sie bei einem Schwächezustand der Harnwerkzeuge allerdings einen günstigen Einfluß auf dieses Leiden ausüben kann. Sie erweist sich sehr wohltätig bei atonischen Schleimflüssen der Blase und der Geschlechtswerkzeuge, bei Vereiterungen in den Harnwegen, falls dabei kein gereizter, entzündlicher Zustand mehr stattfindet, bei Blutharnen, Harnverhaltung in der Urinblase, Harnzwang. Neumann empfiehlt ihren Gebrauch zur Beschränkung nächtlicher Pollutionen. Einzelne Ärzte haben sie allerdings in den vorerwähnten Fällen unwirksam gefunden, allein es ist dabei nicht zu übersehen, daß statt der Bärentraube

FIG. 16

DER GEBRÄUCHLICHE BÄRENTRAUBE: a) ein Blütenzweig, b) ein Fruchtzweig, c) Blattspitze, d) durchsnittene Frucht, e) Durchsnitt des Samens und Samenmantels.

in den Apotheken häufig die Blätter des Buchsbaums und der Preiselbeeren angetroffen werden. Ferner hat man sich der B. auch in Wassersuchten mit Erfolg zur Beförderung der Harnabsonderung bedient. Endlich ist dieses Mittel noch bei atonischen Schleimflüssen der Atmungsschleimhaut empfohlen und mehrere englische Ärzte wollen selbst in der Lungenschwindsucht sehr gute Erfolge davon gesehen haben.

Man gibt am liebsten die Abkochung und rechnet ½-1 Unze auf den Tag, etwa mit 9 auf 6 Unzen eingekocht. Das Mittel muß immer längere Zeit hindurch fortgesetzt werden.

In der Tierheilkunde werden die Blätter der B. gereicht, wo überhaupt zusammenziehende Mittel angezeigt sind und gegen Wassersuchten.

Homöopathie. Die homöopathischen Ärzte haben nach dem Gebrauch der B. den Abgang eines erbsengroßen Blasensteines nach vorgängigem Abgang blutigen Harns mit heftigen Schmerzen bemerkt.

Bärenwurzel *(Meum).* Gattung der Doldengewächse. Die haarblättrige B. *(M. athamanticum),* Bärendill, Bärenfenchel, Mutterwurz, hat eine schiefe, möhrenartige, manchmal vielköpfige, braune innen weißliche Wurzel, einen ½-1½ Fuß hohen, gerillten, röhrigen Stengel, welcher 1-3 Blütenschäfte und ebensoviel Blätter treibt. Man findet sie auf den Berg- und Voralpenwiesen Europas. Blüht im Juli und August. Die balsamisch riechende, stark gewürzhaft und scharf schmeckende Wurzel wird heutzutage wenig gebraucht. *M. Mutellina* wächst ebenfalls meistens nur auf Alpen-Triften, doch auch auf höheren Gebirgen, z. B. an der Grenze Böhmens, Schlesiens und Mährens.

Auch in der Tierheilkunde wird dieses Mittel selten gebraucht.

Bärenzucker ☞ **Süßholz**

Bärlapp *(Lycopodium).* Gattung der Familie Bärlappgewächse. Der gemeine B. *(Lycopodium clavatum)* (FIG. 17), Johannisgürtel, hat einen runden, kriechenden, 2-4 oder 6' langen, gezweiteiltästigen Stengel, auch kriechende Äste, die fruchtbaren aufgerichtet; die Blätter sind fast gewölbt, mit der Spitze und der haarförmigen Borste eingekrümmt, schwach gezähnelt, nervenlos, gelbgrün; die am Stengel und den Hauptästen fast einseitswendig, an den Ästchen allseitswendig. Die Ähren sind langgestielt, endständig, aufrecht, auch zuweilen zu 3-4ständig, ziegeldachartig. Die Deckblätter sind eirund, mit abstehenden Borsten. Antheren einzeln in den Achseln, blaßgelb, häutig, einen sehr feinen Staub ausstreuend. Gemein in etwas höher gelegenen Wäldern blüht vom Juli bis August. Offizinell ist das feine, blaßgelbe, fettig anzufühlende Pulver der Antheren, unter dem Namen Hexenmehl, Blitzpulver, Moospulver, Streupulver bekannt. Ohne Geruch und Geschmack, mit Wasser nicht mischbar, wurde es früher bei Blasenkrampf und Blasenkatarrh, bei Keuchhusten, bei Krämpfen kleiner Kinder u.s.w. innerlich angewendet. Seitdem man sich jedoch von seiner Wirkungslosigkeit in dieser Beziehung überzeugt hat, wird der Bärlappsamen nur noch äußerlich als Streupulver bei dem Wundsein kleiner Kinder oder zur Verhütung desselben bei Neugeborenen, sowie bei nässenden Hautausschlägen Erwachsener (Salzfluß u.s.w.) gebraucht. Die Apotheker bestreuen Pillen damit, die Theater verwenden ihn zur Darstellung des Blitzes. Die ganze Pflanze ist in Polen gegen den Weichselzopf gebräuchlich. Häufig findet sich als Bärlappsamen der Pollen der Kiefer oder Waldföhre und anderer Arten, sowie auch zuweilen die Pollen vom breitblättrigen und schmalblättrigen Rohrkolben *(Typha latifolia et angustifolia).* Der sprossende B. *(L. annotinum)* wird fast so groß wie die vorige Art, nur sind die Äste länger, die Blätter viel weniger dicht stehend, am Rande feingesägt, einnervig, an der Basis herablaufend, flach, die älteren teils ausgesperrt, teils zurückgeschlagen, trocken fast stechend. Die Ähren sind am Ende der Ästchen sitzend. Findet sich in Bergwäldern; der Pollen wird ebenfalls als Bärlappsamen gesammelt. Der gabelährige B. *(L. Phlegmaria)* wächst in Ostindien auf Bäumen. Die Wurzel riecht stark, nicht unangenehm, schmeckt etwas salzig; sie wird in Ostindien als Erbrechen stillend, dann bei mangelndem Monatsfluß und Lungenkrankheiten, wie auch in der Wassersucht gebraucht. Die ganze Pflanze wird für ein starkes Aphrodisiakum halten. Auf gleiche Art wird auch *L. mirabile* gebraucht. Der Tannen-B. *(L. Selago)* wächst in Bergwäldern. Stengel gerade, steif, 3-10" hoch, mehrfach gabelig verzweigt. Blätter zahlreich, dicht, abstehend-dachziegelartig, die unteren horizontal, übrigens steif, etwas gewölbt, glänzend, ganzrandig, unter der Lupe gekerbt. Antheren einzeln in den Achseln, flach, nierenförmig, waagrecht aufspringend. An den Spitzen der Äste erscheinen rosettige Knospen, die abfallen und zu neuen Pflanzen aufwachsen. Der Tannen-B. war früher als Purgier-, Brech-, Wurm- und als ein die Menstruation förderndes Mittel im Gebrauch. Wirkt in etwas größerer Gabe fast giftartig.

Anwendung nach dem homöopathischen Prinzip. Nach den neueren Erfahrungen eignet es sich vorzugsweise als Heilmittel für Individuen (Frauen) mit sanfter, milder, zur Melancholie hinneigender Gemütsstimmung, für lymphatische Konstitutionen, die zumal häufigen Schleimflüssen aller Arten, Schnupfen, Katarrhen etc. unterworfen sind, dann in Krankheiten mit Verschlimmerung der Beschwerden des Nachmittags und im Zimmer, Besserung und Milderung derselben in freier Luft, bei großer Empfindlichkeit gegen freie und kalte Luft, bei Krankheiten mit Schmerzanfällen, deren Übermaß große Unruhe, Herumgehen und Weinen erzeugt, bei Krankheiten, die auf Stockungen und Überfüllungen im Pfortadersystem beruhen, bei Krankheiten mit Neigung zu Wassersucht und zu Affektionen der Harnwerkzeuge, bei Skrophelkrankheiten, sekundärer Syphilis, Knochenhaut- und Knochenentzündungen mit nächtlichen Schmerzen, selbst von Merkur erzeugt; bei skrophulösem Knochenfraß, Gicht, rheumatischem Fieber, Ziehen und Reißen in den Gliedern, Steifigkeit in den Gliedern und Gelenken mit Taubheit und Gefühllosigkeit, krampfhaften Zuständen, Muskelkrämpfen, Eingeschlafenheit und Gefühllosigkeit der Glieder, Zittern der Glieder, Ohnmachtsanfällen; großer Abmagerung, besonders bei Kindern; Trockenheit der Haut, chronischen Hautausschlägen, Leberflecken, Sommersprossen, Nesselausschlag, nässenden, eiternden Flechten, gegen periodisch wiederkehrende Blutschwäre auf den Hinterbacken, Schulterblättern, Armen etc., Blutschwäre in und um die Achselhöhle, Warzen, Wehadern der Schwangeren, alte bösartige Fußgeschwüre mit harten, glänzenden, aufgeworfenen Rändern, Salzflüsse, Bleichsucht, Tagesschläfrigkeit, unruhigen, durch verworrene Träume gestörten Schlaf, Wechselfieber, Wechselfieber mit Stuhlverhaltung, ein- und dreitägiges Wechselfieber, entkräftende Nachtschweiße, Hypochondrie und Hysterie, Melancholie, Eigensinn, Zerstreutheit, Gedächtnisschwäche, Schwindel, Kongestionen nach Kopf und Brust, Wallungen, Magen- und Unterleibsbeschwerden; nervöse, chronische Kopfschmerzen, Migräne, rheumatische Kopfschmerzen, Grauwerden der Haare, Kahlköpfigkeit, Kleiengrind, gegen stark eiternde, sich mit dicken Borken bedeckende, heftig juckende Kopfausschläge, Entzündung der Augenlider, katarrhalische, rheumatische und skrophulöse Entzündungen der Augen, schwache Augen, Trübung der Kristallinse, Feuerfunken vor den Augen, Ohrenzwang, Ohrenfluß, chronisches Sausen in bei-

FIG. 17

DER GEMEINE BÄRLAPP: a) ein Blatt, b) ein Deckblatt mit Kapsel, viermal vergrößert.

den Ohren, Schwerhörigkeit, Schnupfen aller Art, Gesichtsschmerzen, gegen juckende, eiternde Gesichtsausschläge, unreine Gesichtshaut, Mehlflechten im Gesicht, Ausschlag um den Mund, Bartfinne, Zahnschmerzen, Zahnfleischgeschwulst, Zahnfistel, Bluten des Zahnfleisches, Entzündungen des Mundes und Rachens, chronische Entzündung der Mandeln, syphilitische Flechten im Mund und Rachen, Appetitlosigkeit, gastrische Zustände, Magendrücken, Magenkrampf, chronische Entzündungen der Leber und Milz, Bauchfellentzündung, Unterleibskrämpfe, Blähungsbeschwerden, Blähungskolik, Bauchwassersucht, Stuhlverstopfung, chronische Hartleibigkeit, rote Ruhr, Vorfall des Mastdarms, Krankheiten der Harnwerkzeuge, schwächende, übermäßige Pollutionen, verzögerte, zu geringe und auch langwierig unterdrückte Regel, Wundheit der Brustwarzen oder fressende Schorfe darauf, Lungenentzündung, langwierige Katarrhe, chronischen, trockenen Husten, Lungenschwindsucht, Brustkrampf, asthmatische Beschwerden, Leberflekke auf der Brust, Kreuz- und Rückenschmerzen, schmerzhaften Ausschlag am Hals, rheumatische, reißende Schmerzen in den oberen Gliedmaßen, Klamm der Finger, Gicht an den Händen, rheumatische, reißende, ziehende und juckende Schmerzen in den unteren Gliedmaßen, Klamm der Waden und Zehen, Podagra, Krampfadern, Eiskälte der Füße.

Gabe: 1 Gran der 1., 2., 3. Verreibung des Bärlappsamens oder 1-3 Tropfen der Urtinktur oder der 1.-6. Verdünnung derselben je nach Umständen 1-2mal des Tages und noch öfter wiederholt.

Baldrian *(Valeriana)*. Diese artenreiche Gattung bildet den Typus der Familie *Valerianeae*. Sie hat einen ausdauernden Wurzelstock und meist aufrechten Blütenstiel. Die meist fiederteiligen Blätter stehen gegenüber; die weißen oder rötlichen Blüten in weiten Trugdolden denen unseres Flieders vergleichbar. Der Kelch hat einen eigentümlichen eingerollten Rand, der bei der Fruchtreife sich in viele Federstrahlen öffnet. Die Blume trägt auf kurzem ungespornten Rohre fünf stumpfe Saumlappen und hat drei Staubgefäße. Die Frucht ist einsamig. Der gemeine B. *(V. officinalis)* (FIG. 18), Wiesenbaldrian, Katzenkraut, Wendwurzel, St. Jürgenskraut, Theriakwurzel, hat einen kurzen, abgebissenen Wurzelstock. Der Stengel erreicht sechs Fuß Höhe, ist stark gefurcht und trägt Blätter von so verschiedenem Schnitt, daß man verschiedene Arten danach trennt. Immer sind alle oberen Blätter fiederteilig. Der Blütenstand trägt zahlreiche, weißliche, rosa angeflogene Blüten. Im größten Teil Europas findet sich diese Art bald auf sumpfigen Wiesen, bald in Wäldern u.s.f. Offizinell ist die Wurzel, die von der nicht an waldigen Orten wachsenden, sondern von der schmalblättrigen Bergform gesammelt werden sollte, weil letztere viel kräftiger ist. Der Geschmack ist scharf-bitter, der Geruch eigentümlich, unangenehm aromatisch, tritt vorzugsweise mit dem Trocknen hervor. Wurzeln mit dicken fleischigen Fasern, von schwächerem Geruch und Geschmack werden verworfen. Nach Trommsdorf enthält sie ätherisches Öl, Baldriansäure, Harz, einen eigentümlichen Extraktivstoff, Gummi, Stärke, vegetabilischen Faserstoff.

Man macht vom Baldrian in jenen fieberhaften Krankheiten Gebrauch, in denen die nervösen und krampfartigen Symptome vorwalten, daher beim Typhus, bei nervösen Fiebern überhaupt, bei kleinem, häufigem und schnellen unregelmäßigen Puls, bei trockener, schlaffer, kühler Haut, Unruhe, Schlaflosigkeit, ängstlich wechselnder Gemütsstimmung, flüchtigen Delirien, ferner im schleichenden Nervenfieber, im Wechselfieber, wenn nervöse Symptome vorherrschen, endlich in chronischen Nervenkrankheiten, in welchen krampfhafte Erscheinungen und die Symptome der Überreiztheit vorwalten, daher besonders in den verschiedenen Gestaltungen der Hysterie und Hypochondrie, bei nervösen halbseitigen Kopfschmerzen, beim Krampfasthma, in der Epilepsie, besonders jener, die bei Kindern und etwa vom Wurmreiz bedingt auftritt, im Veitstanz, nervösen Schwindel, nervösen Magenkrampf und Kolik. Viel weniger leistet der Baldrian bei tonischen Krämpfen und bei Lähmungen, wie beim schwarzen Star, obwohl auch in diesen Krankheiten von einigen günstige Erfolge verzeichnet wurden. Als Wurmmittel ist er weniger verläßlich und paßt mehr als Zusatz zu anderen Wurmmitteln.

Man gibt das Pulver in Gaben von 10-20 Gran; am gewöhnlichsten den Aufguß aus 2-4 Drachmen auf 4-6 Unzen Colatur; derselbe wird nicht selten als Klistier verwendet bei Würmern, bei Magen- und Darm-, sowie Blasen- und Gebärmutterkrampf, gewöhnlich in Verbindung mit Asant. Das Wasser zu 1-2 Unzen des Tages, der Extrakt zu ½-1 Dr. des Tages in Auflösung, Pillen (entbehrlich), das Baldrianöl als Zusatz zu Einreibungsmitteln oder mit Zucker als Ölzucker, 3 Tropfen auf 1 Drachme Zucker; die Tinktur zu 20-40 Tropfen. Bei der Bereitung des Baldrian-Wassers *(Aqua Valerianae)*, läßt man wie beim Kamillenwasser von der Verbindung der Wurzel mit 12 Teilen Wasser 4 abdestillieren. Zur Bereitung der Tinktur nimmt man den aus der Wurzel gepreßten Saft und vermischt ihn mit gleich viel Weingeist. In Ermangelung dieses Saftes nimmt man von der getrockneten und grob gepulverten Wurzel, setzt 2 Teile Weingeist zu, läßt es wohlverpfropft 14 Tage stehen, gießt dann ab, filtriert das ganze und gibt auf Zucker oder unter reinem Wasser oder unter Kamillenwasser 5-10 Tropfen auf einmal. Die zusammengesetzte Baldrian-Tinktur besteht aus Baldrian, Schlangenwurzel je 1U., Kampfer 1 Drachme mit 8 Unzen Weingeist 3 Tage mazeriert. Colatur 7 Unzen. Nach der Londoner Pharmakopöe mazeriert man 5 Unzen Baldrian mit 11 Unzen aromatischem Ammoniakgeist.

Eine ganze Anzahl anderer Baldrianwurzeln sind ebenfalls sehr gut zu brauchen. Manche, z. B. der Wiesen- oder Sumpf-B. *(V. dioica)*, sind viel schwächer. Auch von dem vielgerühmten großen B., weißen oder Garten-B. *(V. Phu)*, von stark seegrüner Färbung und ganzrandigen Stengelblättern gilt dasselbe. Ganz besonders aber verdient ein niedliches Alpenpflänzchen genannt zu werden, der keltische B., Speik *(V. celtica)*. Derselbe wird zwei Zoll bis eine Spanne hoch, ist ganz kahl und hat die untersten Blätter ver-

FIG. 18

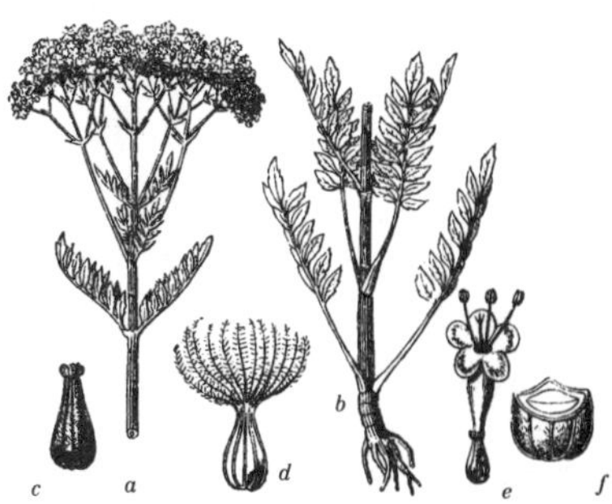

DER GEMEINE BALDRIAN: a) der obere, b) der untereTeil der Pflanze, c) eine halbreife Frucht, d) eine reife Frucht mit aufgerolltem Kelchrand, e) eine Blüte, f) der untere Teil der Frucht mit Durchschnittsfläche.

kehrt eiförmig, die anderen lineal. Die kleinen Blütchen sind weißlich und zweihäusig. Der Wurzelstock riecht überaus stark schon zu Lebzeiten der Pflanze, wo der gemeine B. kaum duftet. Nicht mit Unrecht hat man ihr große Heilkräfte zugeschrieben, und bei allen Alpenbewohnern steht der Speik auch deshalb in dem größten Ansehen; doch traf sie bei den Ärzten das Los mancher anderen Pflanze, in unverdiente Vergessenheit geraten zu sein. In den Heilkräften stimmt sie zwar mit dem gemeinen B. überein, ist aber gewiß noch kräftiger. Der wohlriechende B. *(V. Saliunca)*, wird von den Alpenbewohnern wie der Speik angewendet. Die stark baldrianartig riechende und schmeckende Wurzel des knolligen B. *(V. tuberosa)*, wurde früher wie die anderen Arten dieser Gattung gebraucht und wird im Süden noch immer angewendet.

In der Tierheilkunde ist der innerliche Gebrauch des Baldrians angezeigt: bei allen Krankheitszuständen, die im Nervensystem ihren Sitz haben oder mit nervösen Zufällen begleitet sind und wenn Schwäche mit erhöhter Empfindlichkeit verbunden ist, daher namentlich bei Nervenfieber, bei dem nervösen Faulfieber (Typhus), bei dem fieberhaften und bei dem langsam verlaufenden Milzbrand, bei Epilepsie, Schwindel, Dummkoller, bei Krämpfen, z. B. bei dem Starrkrampf, bei dem Lungenkrampf, bei der Staupe der Hunde in den höheren Graden und wenn sie nervös wird; bei Lähmungen, bei geschwächter Verdauung, Durchfall, Aufblähung, Krampfkolik, krampfhafter Harnverhaltung und gegen Eingeweidewürmer. Doch darf man sich, wenn bei diesen Krankheiten bereits ein hoher Grad von Schwäche eingetreten ist, nicht auf den Baldrian allein verlassen, weil er dann bei seinen milden Wirkungen zu wenig leistet. Man gibt ihn den großen Haustieren von 30,0-90,0, Schafen von 8,0-15,0, Hunden von 1,0-8,0 Gramm auf einmal und in Zwischenzeiten von 2-4 Stunden wiederholt. Das Mittel kann in Latwergen oder Pillen, bei dringenden Zufällen aber am besten im Aufguß angewendet, und mit Kampfer, Hirschhornöl, Hirschhornsalz, mit Pfefferminze, mit Säuren und anderen, dem vorhandenen Zustande entsprechenden Mitteln verbunden werden. Äußerlich kann man den B. als zerteilendes und stärkendes Mittel bei Augenentzündungen, Quetschungen, bei schlaffen, untätigen Geschwüren, im Aufguß zum Waschen und Bähen, wie auch zu krampfstillenden Klistieren etc. benützen. Auch in der Tierheilkunde können nebst der Wurzel des gemeinen Baldrians jene vom großen B. oder Gartenbaldrian gebraucht werden, da sie ganz ähnliche, jedoch schwächere Heilkräfte besitzen wie diese.

Anwendung nach dem homöopathischen Prinzip: Valeriana eignet sich in nachstehenden Krankheitszuständen: bei rheumatischen Gliederschmerzen, zuckendem und ruckendem Ziehen hie und da in den Gliedern wie in den Knochen, übermäßiger Aufregung der Nerven mit Gefühl großer Mattigkeit in den Gliedern, Überempfindlichkeit der Sinne, Schlaflosigkeit, Furchtsamkeit, nervösem Schwindel, nervösen Kopfschmerzen, Blutdrang nach dem Kopfe, Verminderung oder Abänderung der Sehkraft, Kurzsichtigkeit, schwarzer Star, Krämpfen im Unterleib, Hämorrhoiden, Harnverhaltung.

Gabe: 1-2 Tropfen der 1., 2. und 3. Verdünnung, je nach Umständen in größeren oder kürzeren Zwischenräumen wiederholt.

Will man guten Baldrian ziehen, so wähle man hochliegende, steinige oder unfruchtbare Felder in trockener Lage. Wenn der Anbau lohnen soll, so muß die Anlage durch Samen stattfinden, weil das Legen der bei dem Ausgraben als zu schwach befundenen ausschlagfähigen Wurzeln zu viel Zeit wegnimmt. Der Samen wird auf das flache geackerte oder behackte Feld gestreut, ohne ihn unterzueggen und bloß festgewalzt. Da der Samen leicht ausfällt und nicht auf einmal reif wird, so muß man die Stengel abschneiden, wenn sich die ersten reifen Samen zeigen. Beim Trocknen muß man die Katzen von den Wurzeln fernhalten. Die Wurzeln werden gewaschen, rasch im Freien abgetrocknet und im Schatten völlig trocken gemacht. Der Anbau des keltischen B. könnte vielleicht in hohen Gebirgsgegenden, wo Arnika gedeiht, gelingen und würde wie gemeiner B. behandelt.

Ballote *(Ballota)*, Gattung aus der Familie der Lippenblütler. Die gemeine B. *(B. nigra)*, schwarzer Andorn, hat einen fast holzigen, ästigen Wurzelstock, einen aufrechten oder aufsteigenden, ästigen 1-5' hohen, 4seitigen, grünen oder braunroten, weichhaarigen oder dicht mit rückwärts gekehrten Haaren besetzten Stengel, gestielte 1½-2" lange, 1-1½" breite, eiförmige, am Grunde schwach herzförmige Blätter, die oberen daselbst verschmälert, die untersten fast rundlich und stumpf, alle auf beiden Seiten weich- oder fast rauhhaarig. Gemein in Zäunen und Hecken, auf wüsten Plätzen, alten Mauern, Schutthaufen in Europa. Riecht unangenehm, schmeckt bitter etwas herbe und war sonst gegen hypochondrische und hysterische Leiden, auch äußerlich gegen das Podagra gebräuchlich; in Schweden ist sie ein Universalmittel der Landleute bei Krankheiten des Rindviehs. Die brennesselblättrige B. *(B. urticaefolia)* hat die Eigenschaften sowie das Vorkommen mit der vorigen gemein.

Balsamapfel *(Momordica)*, Gattung der Familie Kürbisgewächse. Der gemeine B. *(M. balsamina)* ist ein rankendes, den Gurken und Kürbissen ziemlich ähnliches Gewächs, das auch bei uns in Mistbeeten gezogen wird. Das über die Früchte ausgegossene Olivenöl *(Oleum Momordicae)* stand in früheren Zeiten als ganz besonders wundheilend in sehr großem Ruf; heute ist es nur als sogenanntes Hausmittel (in manchen Ländern noch immer häufig) gegen Verbrennungen und Frostbeulen, wunde Brustwarzen, Hämorrhoidalknoten u.s.w. gebräuchlich. Auch die bitterlichen und etwas scharfen Blätter waren einst als Tee gegen mancherlei Zufälle angewendet worden. Der gurkenartige B. *(M. Charantia)* ist der vorigen Art ähnlich, hat aber alle Teile mehr oder weniger mit Haaren besetzt, daher nicht wie dort hellgrün. Ist ebenfalls in Ostindien einheimisch. Die stark riechenden und bitter schmeckenden Blätter sind im ganzen südlichen Asien gegen Koliken, Wurmbeschwerden, veralteten Husten, zur Beförderung des Monatsflusses etc., äußerlich gegen allerlei Hautausschläge gebräuchlich; eine gleiche Anwendung findet jetzt auch in Westindien, wo man die Pflanze kultiviert, statt. In Ostindien dienen sie ferner den dortigen Europäern anstatt Hopfen zur Bereitung eines Bieres; die Früchte werden dagegen reif und unreif als eine sehr gesunde Speise gegessen. Der stachelfrüchtige B. *(M. muricata)* wird in Ostindien fast auf dieselbe Art wie der gurkenartige B. als Arzneimittel angewendet. Die Frucht des deckelfrüchtigen B. *(M. operculata)* ist äußerst bitter und eines der kräftigsten purgierenden und harntreibenden Mittel. Von *M. purgans*, einer in Brasilien einheimischen Art, braucht man den ekelhaft bitteren und harzig-scharfen Saft derselben bei Wassersuchten, chronischen Augenentzündungen etc.

Balsambaum *(Balsamodendron)*. Diese Gattung der Burseraceen besteht aus kleinen in Arabien einheimischen Bäumen. Der echte Mekkabalsambaum *(B. gileadense)* (FIG. 19) ist ein Bäumchen mit aschgrauen, dornenlosen, sparrigen Ästen. Die Blätter sind gefiedert, an den Blütenzweigen oft nur dreizählig, etwas weichhaarig, verkehrt eiförmig, bisweilen jedoch etwas gespitzt. Die kurzgestielten Blüten stehen einzeln oder in Büscheln. Sie sind klein und weiß. Die braune glatte Steinfrucht ist spitz-eiförmig. Der Baum liefert den Mekkabalsam. Der Myrrhen-B. *(B. Myrrha)* ist ein kleiner Strauch, selten ein Baum, mit blaßgraubraunen Ästen, die an der Spitze oft dornig sind. Die meist eng aneinander stehenden Blätter sind dreizählig, das Endblättchen ist das größte. Die Gestalt der Blätter ist verkehrt-eiförmig, meist mit einigen stumpfen Zähnen. Die Früchte sind zugespitzt, braun, kahl von der Größe einer Erbse. Aus den Rissen der Rinde bricht ein eigentümliches Schleimharz hervor, welches medizinische Anwendung findet (☞ Myrrhe), Balsamodendron Kataf Kunth unterscheidet sich wesentlich von voriger durch dornenlose Zweige, viel größere, fast gleiche Blättchen und an der Spitze eingedrückt-genabelte Früchte. Früher wurde allgemein diese Art für die Mutterpflanze der Myrrhe gehalten.

Balsame Die natürlichen Balsame sind mehr oder weniger dickflüssige Gemenge von Harzen und ätherischen Ölen. In medizinischer Beziehung gehören die Balsame noch zu den exzitierenden Arzneimitteln und reihen sich den ätherisch-öligen Pflanzenstoffen an, wirken zugleich örtlich viel reizender als diese und stehen also zwischen ihnen und den scharfen Stoffen in der Mitte. Sie können bei innerlicher Anwendung Reizung und Entzündung der Verdauungswege (Erbrechen und Durchfälle) erzeugen. Im Mund und Rachen erregen sie ein unangenehm kratzendes und brennendes Gefühl; auf der Haut folgt ihrer Applikation Schmerz, Röte und selbst Entzündung.

In der Heilkunde kommen sie bei übermäßiger Absonderung der Schleimhäute (in den späteren Stadien der Schwindsucht und bei alten Bronchialkatarrhen, namentlich aber bei Schleimflüssen des Harn- und Geschlechtsapparats), bei erschöpfender Eiterbildung, bei Blähungen und Kolik, als Wurmmittel, als harn- und schweißtreibendes Mittel sowie endlich bei einigen Nervenleiden in Anwendung. Äußerlich dienen sie allein oder mit anderen oder ähnlichen Stoffen in Salben und Pflastern u.s.w., um reizend, ableitend, zerteilend, reinigend (bei brandigen Stellen) zu wirken. Innerlich werden sie ihrer reizenden Eigenschaften wegen nie für sich, sondern immer in Pillen, schleimigen und öligen Mixturen oder weingeistigen Lösungen gegeben. Einzelne derselben werden bei Brustaffektionen in Dampfform eingeatmet.

1. Der Perubalsam (peruvianischer Balsam). Früher hielt man *Myroxylon peruiferum L.*, einen südamerikanischen Baum, für die Mutterpflanze des peruvianischen Balsams; Skinner aber stellte fest, daß namentlich *Myrospermum peruiferum DC* (welche Pflanze früher irrtümlich von Ruiz für identisch mit *Myroxylon peruiferum L.* gehalten und auch so genannt worden war) und außerdem noch einige andere Spezies, alle bei der Stadt San-Sonate im mittelamerikanischen Freistaat San Salvador an der sogenannten Balsamküste wachsend, den Balsam lie-

FIG. 19

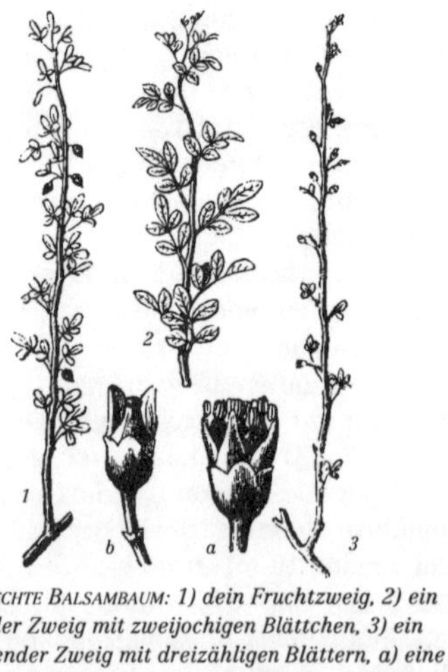

DER ECHTE BALSAMBAUM: 1) dein Fruchtzweig, 2) ein steriler Zweig mit zweijochigen Blättchen, 3) ein blühender Zweig mit dreizähligen Blättern, a) eine männliche Blüte, b) eine weibliche, die vordern Blumenblätter sind entfernt

fern. Im Handel kommen mehrere Sorten vor, deren Verschiedenheit durch die Art ihrer Bereitung veranlaßt ist. Der weiße peruvianische Balsam wird gewonnen, indem man den innersten Teil der Fruchthülle, welcher zwei mit Balsam gefüllte Schläuche führt, nebst den Samen ohne Anwendung von Wärme auspreßt. Er ist blaßgelb, halbflüssig, trübe und körnig und riecht angenehm wie Toncabohnen. Der schwarze P. soll aus dem Stamm verschiedener Myrospermumarten gewonnen werden, indem man die Rinde teilweise ablöst, Tücher dazwischen klemmt und dann durch um den Baum angezündete Feuer den Balsam zum Ausfließen bringt. Die Tücher saugen sich voll und werden nach mehreren Tagen durch Behandlung mit warmem Wasser ihres Inhalts entledigt. Nach weiterer Reinigung kommt er über Peru in den Handel, daher sein Name.

Der peruv. Balsam wurde in früheren Zeiten in Schleimflüssen der Lunge, im Tripper, in Krämpfen, Lähmungen, in der Bleikolik zu 10-20 Tropfen für sich, in Pillen oder in Emulsion gegeben. Gegenwärtig verwendet man ihn nur noch äußerlich zum Verband von trägen und fauligen Geschwüren, bei Frostbeulen, als Zusatz zu Salben und Pflastern, wenn man gleich jene wunderähnlichen Wirkungen nicht mehr von ihm erwartet, wie in früheren Zeiten. Er ist ein Bestandteil des *Balsamum vitae Hoffmanni,* der *Tinctura balsamica.*

In der Tierheilkunde kann der peruv. Balsam bei chronischen Katarrhen der Atmungsorgane, der Harn- und Geschlechtsorgane nützlich sein, wird aber fast gar nicht gebraucht, weil er bei diesen Krankheiten durch andere Mittel gut zu ersetzen und für die großen Tiere zu teuer ist. Gabe für Pferde und Rinder 15-60 Gramm., für Schafe und Schweine 4-15 Gramm., für Hunde 1-8 Gramm. in Emulsion oder in Pillen. Äußerlich hat man ihn als erregendes, umstimmendes Mittel bei schlaffen Wunden und Geschwüren benützt, um die Eiterung und Granulation zu befördern, resp. zu bessern, er wird jedoch hierzu selten und meist nur als Zusatz zu anderen Mitteln angewendet. Seine nützlichste Anwendung findet das Mittel gegen die Räude jeder Art und bei allen Haustieren, weil es die Milben und deren Eier schnell und sicher tötet. Wegen des angenehmen Geruches und da es keine Flecken macht, verdient es besonders bei Stubenhunden den Vorzug vor fast allen anderen Mitteln. Der Balsam wird selten einfach (nur in veralteten, hartnäckigen Fällen), sondern gewöhnlich verdünnt mit 3-6 Teilen Weingeist oder mit ebensoviel eines fetten Öles so eingerieben, daß das Mittel bis in die Milbennester dringt. Nach 8 Tagen kann die Anwendung wiederholt werden.

2. Der Tolubalsam *(Balsamum de Tolu)* stammt von Myrospermum toluiferum, einem in den Gebirgen von Turbaco und Tolu und am Magdalenenstrom wachsenden Baume, aus dessen Stamm er durch Einschnitte gewonnen wird. Der Geschmack ist süßlich-kratzend, der Geruch aromatisch. In seiner Zusammensetzung weicht er von dem Perubalsam ab. Er enthält nach Deville einen flüssigen Kohlenwasserstoff (Tolen), Benzoe- und Zimtsäure, Cinnamein, Harz, Benzoesäure Äthyläther und Benzoen oder Toluöl. Der Tolubalsam findet medizinische Anwendung und steht dem Perubalsam in seiner Wirkung ganz gleich.

In der Tierheilkunde wird dieser Balsam selten angewendet, da er zu kostspielig ist und leicht durch den Terpentin und das Terpentinöl ersetzt werden kann.

3. Der kanadische Balsam *(B. canadense)* sammelt sich unter der Rinde der in Kanada, Virginien und Carolina wachsenden Balsamtanne *(Abies balsamea).* Er ist dünnflüssig (wie dünner Honig), sehr zähe, weiß, nur im Alter gelblich, vollkommen durchsichtig, im

Geruch angenehm aromatisch, dem Mekkabalsam ähnlich. Der Geschmack ist mild, gewürzig, terpentinartig, kaum bitterlich, etwas scharf. Seine medizinische Anwendung ist eine sehr geringe, auch zum tierärztlichen Gebrauch nicht passend.

4. Der Mekkabalsam *(B. de Mecca* oder *de Gilead. Oppobalsamum verum)* stammt von dem in Arabien einheimischen Balsambaum *(Balsamodendron gileadense)*. Man unterscheidet mehrere Arten. Der feinste und teuerste Mekkabalsam, welcher in klaren und farblosen Tropfen aus den Blüten schwitzen soll, wird in kleinen, kegelförmigen, oben abgestutzten bleiernen Flaschen, die durch bleierne, mit Blasen verbundene Stöpsel verschlossen sind, aufbewahrt. Diese feinste Sorte wird fast nur im Orient verbraucht und von den Türken sehr geschätzt. Nach Europa gelangt er meist nur als Geschenk des Sultans an Monarchen. Man braucht ihn zum Räuchern und als Heilmittel. Eine zweite Sorte fließt freiwillig oder nach gemachten Schnittwunden aus den jüngeren Ästen der Bäume. Sie ist dünnflüssig, gelblich, trübe, und riecht ebenfalls sehr angenehm und ganz ähnlich wie die vorige. Endlich gibt es noch eine dritte Sorte, welche man durch Auskochen des Holzes und der Zweige mit Wasser gewinnt. Sie ist etwas strengflüssiger als Copaivbalsam. Man brauchte ihn früher als Arzneimittel, jetzt nur noch zum Räuchern.

5. Der Copaivbalsam *(B. Copaivae)*. Mehrere Arten Copaivbäume, welche in Peru, Brasilien, Mexiko und auf den Antillen heimisch sind, liefern, wenn man nach der Regenzeit Einschnitte oder Bohrlöcher in die Stämme macht, reichliche Quantitäten Copaivbalsam. Man hat je nach dem Ort und der Art der Gewinnung verschiedene Sorten. Im Handel ist die bekannteste und am meisten geschätzte der brasilianische Balsam, der von Para, Maranhon und Rio de Janeiro aus auf den europäischen Markt kommt. Er ist lichtgelb, dicklich, mitunter auch dünnflüssig und völlig klar. Die Zusammensetzung desselben ist von Stoltze, Gibours Gerber etc. erforscht. Man fand darin 30-45 Prozent ätherisches Öl, 54-64 Prozent Harz, zum Teil mit sauren Eigenschaften und 4-8 Prozent Wasser.

In medizinischer Beziehung gehört er zu den örtlich mild wirkenden Balsamen und wird innerlich angewendet bei Schleimflüssen der Harn- und Geschlechtsorgane, häufiger bei männlichen als weiblichen Personen, zuverlässiger bei frischen als veralteten Leiden. Man gibt ihn entweder für sich zu 20-40 Tropfen und läßt einen warmen Tee oder Milch gleichzeitig trinken, oder man gibt ihn in Pillenform und zwar mit Zusatz von Magnesia (1 Teil Magnesia genügt, 16 T. Balsam in Pillenform zu bringen) oder in Verbindung mit Cubebenpulver. Um den üblen Geruch und Geschmack beim Schlingen zu vermeiden, ist die Darreichungsweise in Kapselform bei vielen beliebt, doch wird dadurch das üble Aufstoßen nicht verhindert und wenn mehrere genommen werden, der Magen durch die aufgelöste Gallerte beschwert. Das Öl kann man zu 10-20 Tropfen geben.

Außer diesen natürlichen Balsamen gibt es eine große Menge künstlicher, die meist innerlich oder äußerlich als Arzneimittel angewendet werden. Zu nennen sind der Hoffmann'sche Lebensbalsam, eine Mischung adstringierender Mittel (Myrrhe, Drachenblut, Thymianöl, Weinessig, Alkohol u.s.w.) welcher hie und da zum Auswachsen frischer Wunden wegen seiner zusammenziehenden Wirkung Anwendung findet; der Muskatbalsam, ein salbenartiges Gemisch aus Muskatbutter, Wachs und Olivenöl, zu Einreibungen dienend, und der Schwefelbalsam, eine Auflösung von Schwefel in fettem Öl, den man zum innerlichen Gebrauch in Anisöl, zum äußerlichen in Terpentinöl löst. Der Opodeldoc *(B. Opodeldoc)*, wird bereitet: 1 Unze venetianischer Seife, 2 Unzen gemeiner weißer Seife werden in 1 Pfund Weingeist gelöst, filtriert und 1 Dr. Lavendelöl, ebensoviel Rosmarinöl, ½ Unze Ammoniakflüssigkeit, 2 Dr. in Weingeist gelösten Kampfers zugegeben. Man läßt es einigemal des Tages in gelähmte Glieder und solche Hautstellen einreiben, welche von hartnäckigen rheumatischen und gichtischen, nicht entzündlichen Affektionen ergriffen sind.

Balsamine Unter dieser Bezeichnung faßt man gewöhnlich die echten Balsaminen, Balsamina, und die Springkräuter, Impatiens L., zusammen. Die Gartenbalsamine *(Balsamina hortensis)* (FIG. 20), hat eine faserige Wurzel, einen bis zwei Fuß hohen fleischigen Stengel mit lanzettlichen, sägerandigen Blättern und einzelne oder zu 2-4 trugdoldig vereinte Blüten. In Ostindien, ihrer Heimat, gilt sie als Wunden heilend. In Italien benutzt man sie zu einem Wundbalsam, (daher ihr Name). Bei uns ist das einjährige Gewächs allgemein als Zierpflanze beliebt. Das gemeine Springkraut *(J. noli me tangere)*, kommt in Wäldern an feuchten Stellen hin und wieder vor. Es hat einen saftigen Stengel mit angeschwollenen Gelenken, langgestielte, eiförmige, gekerbt-gezähnte Blätter und hängende gelbe Blüten, mit an der Spitze zurückgebogenem Sporn. Bei der leisesten Berührung springen die Kapsellappen der heranreifenden Frucht ab, daher ihr Name. Wurde früher zur Beförderung der Harnabsonderung, äußerlich aber bei Wunden, Geschwüren und gegen Hämorrhoiden angewendet, von einigen auch unter die Brech- und ausleerenden Mittel gerechnet. Mit den Blättern und Blüten dieser Pflanze kann man Wolle gelb färben; hierzu wird auch in Nordamerika das gelbe und blasse (☞ Springkraut) benützt.

Bambus *(Bambusa)*, ist das höchste aller bekannten Gräser. Die bekannteste Art ist das gemeine B. *(B. arundinacea)*, Bambusrohr, ausgezeichnet durch kahle Stengel mit starkem Glanz, an denen zahlreiche Äste stehen. Die breiten lanzettlichen Blätter sind seegrün, zugespitzt, zweizeilig, am Rande schärflich. Ihre Scheiden sind sehr kurz. Die Rispe trägt steife Zweige. Die Benutzung ist ziemlich umfassend. Die jungen Schosse dieser und vieler anderer Arten werden in Ostindien gern genossen. Die Blätter gelten als blutreinigend, auch sollen sie die Menstruation fördern. In den Knoten der älteren Halme erzeugt sich eine eigentümliche Masse, welche als Tabasheer bekannt, in den Morgenländern noch immer als ein krampfstillendes, adstringierendes, tonisches Heilmittel allgemein im Gebrauch ist, und besonders bei Verschleimungen, Blutspeien, Lungenschwindsucht und Harnzwang gerühmt wird. Dieses Tabasheer oder Tabaxir besteht fast größtenteils aus Kieselerde, mit etwas Kali, Kalk, und vegetabilischer Materie und war früher auch in Europa offizinell. Nicht bloß diese Art von Bambus ist es, in welcher sich das Tabasheer bildet, auch die anderen Arten dieser Gattung enthalten dasselbe Produkt. Aus den jungen Sprossen dieser Pflanze wird eine wohlschmeckende, in Indien sehr geschätzte Speise bereitet.

Banane *(Pisang, Musa)*. Die Bananen sind äußerst stattliche Gewächse der Tropenländer, die sich an dem einfachen, krautigen Stamm und durch den Schmuck ungemein großer ganzer Blätter und schöner Blüten leicht erkennen lassen. Die gemeine B. *(M. pa-*

FIG. 20

BALSAMINE

radisiaca), ist die Hauptart. Sie hat einen 8-15 Fuß hohen krautigen Stamm, der auf dem Gipfel eine mächtige Blumenkrone trägt. Die Blätter sind 6-12 Fuß lang, 1½-2 Fuß breit, länglich, ganzrandig und ungeteilt, nur die älteren meistens seitlich eingerissen. Zwischen ihnen kommt eine überhängende, 3-4 Fuß lange, kolbenartige Ähre hervor, welche 12 Büschel weißlichgelber, von violetten Blütenscheiden umgebener Blüten besitzt. Das Vaterland dieser Banane ist Ostindien. Mit Ausnahme einiger Palmen, bemerkt Kosteletzky, gibt es im ganzen Pflanzenreich nicht leicht ein Gewächs, das eine vielfältigere Nutzung erlaubt, als der Pisang. Erstens sind die Früchte eine sehr allgemeine und in vielen Gegenden die Hauptnahrung; sie werden sowohl halbreif, als auch ganz ausgereift, roh oder gekocht, gebraten, als Brot oder sonst noch verschiedentlich zugerichtet, täglich gegessen; doch werden sie von den Europäern unseren Obstarten weit nachgesetzt. Bei den meisten Varietäten schmecken sie süß, etwas mehlig, feigenartig, bei einigen auch säuerlich oder etwas herb u.s.w. Man bereitet auch aus ihnen durch Gärung eine Art Wein, und die einfache Abkochung derselben ist ein sehr gewöhnlicher Trank. Die Spitze des Blütenkolbens gibt ein gutes Gemüse; die Blätter dienen allgemein als Tischtücher, Servietten, zum Einpakken von Waren etc., und auch aus dem Stamm macht man eine Art Garn. – Als Arzneimittel wendet man nicht minder die Früchte einiger Varietäten, welche etwas zusammenziehend sind, gegen Diarrhöen an, sowie das Dekokt der süßen und milden gegen Brustkrankheiten und andere Entzündungen dient. Die Wurzel wird für heilsam gegen die üblen Folgen des Genusses schädlicher Speisen gehalten; den Saft des Stammes gibt man gegen Nierenentzündung und schmerzhaftes Harnen, auch gegen die Merkurialkrankheit. Alles das eben gesagte gilt auch von beinahe allen übrigen Arten dieser Gattung. Hierher gehört der Bananen-Pisang *(M. sapientum),* der seiner Früchte wegen in beiden Indien kultiviert wird; weniger allgemein kultiviert werden die Affenbanane *(M. Troglodytarum)* auf den Molukken, die M. rosacea und M. maculata auf den Maskarenen, M. superba auf der ostindischen Halbinsel. Die Enzet oder Enseht Abessiniens *(M. Ensete Gmel.)* ist die größte Staude der Erde. Bruce entdeckte sie um 1786. Die Enzetfrüchte sind nicht eßbar; dagegen ist das Innere des unreifen Stengels eßbar und schmeckt gekocht wie frisches, noch nicht durchbackenes Weizenbrot. Man ißt es auch mit Milch und Butter. In unseren Gewächshäusern spielen die Musaarten eine große Rolle. Namentlich beliebt ist die Zwerg-Zucker-Banane *(M. Cavendishii),* deren Früchte bei uns gern gegessen werden, weil sie nach vollkommener Reife den Geschmack der Ananas, Birnen und Melonen in sich vereinen.

Bandgras *(Phalaris arundinacea),* ist ein sehr häufig am Wasser wachsendes Gras mit grün- und weißgestreiften Blättern; in früheren Zeiten fanden sich die Blätter in den Offizinen.

Bandweide ☞ **Weide**

Banksie *(Banksia),* Gattung aus der Familie der Proteaceen. Die Banksien sind strauch- oder baumartig, meistens sehr zierlich, die Äste doldig, die Blätter gesägt oder fiederspaltig-eingeschnitten, die Ähren prachtvoll, kätzchenartig, dick, walzig, meist endständig; am Grunde mit einigen kurzen, schmalen Deckblättchen hüllartig umgeben. Ihr Vaterland ist Neuholland. Von der verwelkenden B. *(B. marescens),* wird in Neuholland die Wurzel auf ähnliche Art wie die Brechwurzel als Heilmittel benutzt. (Die Eingeborenen sammeln aus den Blüten der heideblättrigen B. *(B. ericaefolia),* der kurzdornigen B. *(B. spinulosa),* der ganzblättrigen B. *(B. integrifolia),* der gesägten B. *(B. serrata)*, der ähnlichen B. *(B. aemula)*, und anderer Arten eine beträchtliche Menge des honigartigen Saftes, der zu ihren Lieblingsgenüssen gehört und auch als Heilmittel genommen wird.

Barbatimao-Rinde *(Cortex Barbatimao)*, stammt von der schneckenfrüchtigen Akazie *(a. virginalis)*. Es sind meistes ⅓-1' lange, gerade, breite, ziemlich dicke, rinnenförmige, bisweilen auch etwas gerollte oder ganz flache Stücke mit einer sehr unebenen, schmutzig-rotbraunen, hökkerigen, der Eichenrinde ähnlichen dicken Borke bedeckt, innen rotbraun, stellenweise etwas glänzend, übrigens geruchlos aber stark adstringierend und etwas bitter. Diese Rinde, deren Hauptbestandteil ein eisengrünender Gerbstoff mit einem gelbbraunen Gummi ist, wird gegen chronische Diarrhöen, dann überhaupt gegen Blennorrhöen, besonders aber bei Schleimflüssen der Harn- und Geschlechtsorgane angewendet und soll sich von den übrigen tonisch-adstringierenden Heilmitteln dadurch auszeichnen, daß sie leichter verdaut wird und keine Verstopfung bewirkt.

Barbenkraut *(Barbarea)*, Pflanzengattung aus der Familie der Kreuzblütler. Das gemeine B. *(B. vulgaris)*, Winterkresse, hat eine spindelige, ästige und vielfaserige Wurzel, einen aufrechten 1½-2' hohen Stengel, die Blumenkronenblätter doppelt so lang wie der Kelch, die unteren Blätter leierförmig, mit rundlichen Endlappen und 3-4paarigen Seitenlappen, die oberen Blätter ungeteilt, mit 2 Öhrchen stengelumfassend. Häufig auf feuchten Äckern, an Gräben, Bächen und Flüssen und in Hecken von ganz Europa. Das Kraut riecht und schmeckt etwas kresseartig, doch mehr bitterlich-schleimig, war sonst gleich so vielen anderen verwandten Gewächsen offizinell und wird auch hie und da im jungen Zustand als Salat oder als Gemüse gegessen. Das kleinblütige oder steife B. *(B. stricta* ☞ *parviflora)* findet sich an gleichen Stellen. Auch das frühzeitige B. *(B. praecox)* kommt mit dem gemeinen B. fast ganz überein, nur ist der Geschmack angenehmer, weshalb es auch vorzugsweise in Frankreich und England als Salat gebraucht wird; es ist mehr im westlichen und südlichen Europa heimisch und von beiden vorhergehenden Arten durch die vielpaarig-leierförmigen unteren und durch fiederteilige obere Blätter ausgezeichnet. An allen oben bezeichneten B.-Arten schätzt man die skorbutwidrigen Kräfte; auch wird das Kraut äußerlich bei frischen Wunden benützt; die Samen der Pflanzen wirken eröffnend.

Barkhausie *(Barkhausia)*, aus der Familie der Kompositen; meistens jährige Kräuter mit beblättertem, ästigem Stengel, Blätter gewöhnlich fiederspaltig, Körbchen, einzeln am Ende der Ästchen; Hülle eilänglich, bei der Reife furchig gerippt; Blättchen in zwei Abteilungen, die äußeren viel kleiner, fast dachziegelig, die inneren zahlreich, gleich lang. Im südlichen China.wird die dünne, bittere Wurzel der kriechenden B. *(B. repens)*, als ein auflösendes, fieberwidriges Mittel angewendet. Die stinkende B. *(B. foetida DC., Crepis L.)*, oder der stinkende Pippau, eine auf trockenen Hügeln, an Wegen und auf Schutthaufen häufig vorkommende Art, hat einen äußerst unangenehmen Geruch, der etwas von bitteren Mandeln und Bibergeil an sich hat. Die Pflanze, bemerkt Prof. Kosteletzky, scheint der Untersuchung in Hinsicht ihrer etwaigen Heilkräfte nicht unwürdig zu sein. Die Gattung Crepis ist nur durch den Mangel des langen Schnabels an den Akenen von Barkhausia verschieden. ☞ Pippau

Barlerie *(Barleria)*, Gattung der Familie Acanthineen. Asiatische, wehrlose oder dornige Kräuter oder Sträucher. Blüten achselständig oder ährig. Deckblätter und Deckblättchen oft wimperig oder dornig. Blüten ansehnlich.

Die fußangelförmige B. *(B. Prionitis)* ist ein Strauch von 2-4' Höhe, mit langen, sehr spitzen, steifen, gelblichen Dornen und kurz gestielten oder sitzenden, an beiden Enden stark verschmälerten, spitzen Blättern. Man findet diese Pflanze an nassen Stellen in Ostindien. Blüht fast stets, bei uns im Juli, August. Die bitteren Blätter sind gegen Aphten und gegen Blähungen, in Ceylon gegen Wechselfieber und in ganz Ostindien bei katarrhalischen Affektionen im letzten Stadium gebräuchlich; in Malabar kaut man sie auch auf ähnliche Weise wie die Betelblätter. Wurzel und Blätter der zweidornigen B. *(B. bispinosa)* sind in Ostindien als harntreibende Mittel, letztere auch äußerlich bei Geschwülsten und Abszessen im Gebrauch. Gleiche Heilkräfte hat die buchsbaumblättrige B. *(B. buxifolia)*, die ebenfalls in Ostindien wächst, im ganzen Ansehen der vorigen Art ähnelt und oft mit ihr verwechselt wird, doch sind hier die Blätter mehr elliptisch-oval, die Kelchzipfel kürzer als die Dornen und wenig voneinander verschieden, aber der untere stumpf und ausgerandet.

Barringtonie *(Barringtonia)*, Gattung der Familie Barringtoniaceen. Es sind dies große ostindische Bäume mit gehäuft-gegenständigen oder fast wirteligen Blättern; Rispen straußförmig, am Ende der Triebe deckblättrig. Blüten groß, Kelchzipfel eiförmig, stumpf, konkav. Beere groß. Die ansehnliche B. *(B. speciosa)* wächst am Meeresufer und an den Mündungen der Flüsse auf allen Inseln im indischen und stillen Meere, sowie an der Südküste Chinas. Man bedient sich dort des Fruchtsaftes gegen Hautausschläge und der zu Pulver gebrannten Samen gegen Koliken und Diarrhöen oder in Verbindung mit anderen Mitteln auch gegen andere Krankheiten; noch häufiger werden sie frisch zum Betäuben der Fische gebraucht. Die weinsäuerlich riechenden, bitterlich und etwas scharf schmeckenden Blätter der traubigen B. *(B. racemosa)* werden jung gegessen; ferner gegen Krätze und andere Hautkrankheiten, die Samen aber gegen Koliken, Diarrhöen, Hämorrhoidalschmerzen, Leberkrankheiten, sowie gegen einige Augenleiden angewendet; doch sollen sie brechenerregend sein. Die bittere Wurzel dient gegen Unterleibskrankheiten und Wechselfieber. Die scharfkantige B. *(B. acutangula)* wird ebenso wie die ansehnliche B. gebraucht, doch überdies noch die Rinde gegen Hautkrankheiten benützt. Die bitterlich und etwas herbe schmeckenden Blätter dienen in der Jugend als Salat und sollen sehr zuträglich sein.

Bartflechte *(Usnea)*, Gattung aus der Familie der Schildflechten. Sie hat einen buschigen, in viele fädige Äste geteilten Stamm und runde, schildförmige Sporenschlüsselchen, die sternförmig-gewimpert sind. Die gelb-grünliche faltige B. *(U. plicata)* findet sich an Baumstämmen. Etwas bitter und adstringierend war sie bei Blutflüssen, Blennorrhöen, Magenbeschwerden einst im Gebrauch als Muscus arboreus. Lappländer legen diese Flechte auf wunde Füße. Die gelbgrau-grüne gemeine B. *(U. barbata)* ist häufig auf Eichen und Buchen in dichten Wäldern. Einst gegen Blutflüsse, Diarrhöe, Magenschwäche u.s.w. im Gebrauch, ebenso die bräunlich-grüne, oder schwärzliche, schopfhaarförmige bemähnte B. *(U. jubata)*

Bartgerste ☞ **Gerste**

Bartgras *(Andropogon)*, Gattung der Familie der Gräser. Das Narden-B. *(A. Nardus)* hat eine holzige knotige, 6-8' hohe, rohrartige Wurzel; aus den oberen Blattscheiden entspringen jederzeit 2 ungleiche, sprossende Blütenäste, und der obere Teil des Halmes bildet eine Rispe. Die wohlriechende Wurzel wurde lange Zeit für die indische Narde gehalten, welche jedoch neueren Untersuchungen zufolge von Valeriana Jatamansi herstammt. In ihrem Vaterland wird jedoch die Wurzel dieses Grases als ein magenstärkendes, fieberwidriges Mittel in Anwendung gezogen. Das bengalische B. *(A. Iwarancusa)* hat eine bitter-aromatische Wurzel, die in Ostindien als Heilmittel gebraucht wird. Das wohlriechende B. *(A. Schoenanthus)* überzieht in Südasien oft ganze Strekken. Die ganze Pflanze riecht sehr angenehm aromatisch, schmeckt durchdringend gewürzhaft und ist als Arzneimittel in Ostindien sehr geschätzt, wird daher auch in jenen Gegenden, wo sie nicht vorkommt, emsig kultiviert. Auch den ältesten griechischen Ärzten bekannt, war dieses Gras später in ganz Europa unter dem Namen Kamelheu als stimulierendes, krampfstillendes, die Verdauung förderndes harn- und schweißtreibendes Arzneimittel offizinell. Das ätherische Öl war als Oleum Syro bekannt. In den Gewächshäusern wird eine nahe verwandte Art A. citriodorus kultiviert, die ganz gleiche Eigenschaften besitzt und vielleicht nur eine Varietät davon ist.

Bart-Saturei *(Micromeria Benth)*, Gattung der Lippenblütler. Der Berg-B. *(M. montana)* Winter-Saturei, ist halbstrauchig, 1-2' hoch, schon vom Grunde an in zahlreiche, aufrechte, verlängerte, rundlich 4seitige, durch kurze, rückwärts stehende Börstchen, scharfe Äste und Ästchen geteilt. Die Blätter sind fast sitzend, am Grunde mehr als oben verschmälert, 6-12''' lang, 1-3''' breit, steif, der Rand mit kurzen Stachelchen besetzt. Auf Bergen und Felsen im südlichen Europa. Diese Art hat einen sehr starken, angenehm aromatischen Geschmack; sie besitzt ähnliche Heilkräfte wie der Ysop und wird im südlichen Europa wie letzterer benützt. In der Küche braucht man sie wie den gemeinen Saturei. Der buntfarbige B. *(M. variegata)* wächst in Kroatien, Istrien und Dalmatien und wird dort als ein krampfstillendes Mittel häufig angewendet. Auch der Zwerg-B. *(M. pygmaea)* besitzt ähnliche Eigenschaften. Der rauhhaarige B. *(M. Thymbra)*, der im südlichen Europa, im Orient und in Nord-Afrika zu finden ist, riecht stark thymianartig, schmeckt aromatisch und war früher offizinell; heute wird er noch immer in seinem Vaterland, wie es schon in den ältesten Zeiten der Fall war, benützt. Auch M. Juliana ward und wird noch immer in Südeuropa ihres angenehmen und stark aromatischen Geruches und Geschmackes wegen als Heilmittel, gleich dem Thymian, gebraucht.

Bart-Weizen ☞ **Weizen**

Basilienthym ☞ **Steinpoley**

Basilikum *(Ocimum)*. Eine Gattung der Lippenblütler, welche aus tropischen Kräutern und Halbsträuchern besteht, die einen höchst eigentümlichen Wohlgeruch besitzen. Die gewöhnlichste Art ist das gemeine B. *(O. Basilicum)*, ein weiches krautiges Pflänzchen, mit langgestielten, eiförmigen, wenig zugespitzten Blättern und kleinen Trauben mit weißen Blüten. Im südlichen Asien wildwachsend, überall häufig kultiviert. – Blüht dort fast stets, bei uns vom Juni bis August. Diese, ihres äußerst angenehmen Geruches wegen allgemein bekannte und beliebte Pflanze wird heutzutage bei uns nur selten angewendet; sie wirkt durchdringend, flüchtig- erregend, dem Thymian ähnlich, nützt bei Blähungen, öfter diätetisch als Gewürz; der ausgepreßte Saft bei Ohrenentzündungen (ins Ohr getröpfelt); ein Aufguß der Samen bei Nierenaffektionen, Blennorrhöe, Harnbrennen und zum kühlenden Getränk in Fiebern. Lieblicher und feiner im Geruch ist das kleine B. *(O. minimum)*, verschieden von den übrigen durch den niedrigen Wuchs, durch die zahlreichen aufrechten, kurzhaarigen Äste, durch die kleinen Blätter und durch kleine weiße Blüten; diese Pflanze wird in Brasilien als harn- und schweißtreibend nach Erkältungen gerühmt, ebenso das wohlriechendste B. *(O. gratissimum)* und das heilige B. *(O. sanctum)* im Aufguß bei leichten Katarrhen und Nervenfiebern; auch die Samen werden wie vom gemeinen B.

benützt. Kraut und Samen vom behaarten B. *(O. pilosum)*, wie die vorigen bei katarrhalischen Beschwerden geschätzt, benützen die indischen Frauen zur Erleichterung der Geburt und Besänftigung der Nachwehen; bei Katarrhen der Kinder verordnen Hindu-Ärzte den Saft vom weißen B. *(O. album)*; das grünblütige B. *(O. viridiflorum)* ist im tropischen Afrika als Fiebermittel berühmt; ein Aufguß des krausen B. *(O. crispum)* dient in Japan bei Rheumatismen, das haarige wollige B. *(O. hirsutum)* den Hindu-Ärzten bei Durchfällen der Kinder während des Zahnens. Die Basilikumsalbe *(Ungn. basilicum)* enthält kein Basilikum, sondern besteht aus ½ Pfund gelbem Wachs, ebensoviel Schöpsentalg, Schiffspech, gemeinem und gekochten Terpentin und 1 Pfund Olivenöl. Dieselbe dient zur Unterhaltung eiternder Flächen.

In der Tierheilkunde wird das Basilienkraut durch den Thymian ersetzt und kommt jetzt kaum noch als tierärztliches Mittel in Gebrauch.

Beim Anbau des B. gehe man ganz so vor, wie beim spanischen Pfeffer, suche jedoch womöglich eine Stelle von einer sonnigen Mauer aus und pflanze sie in lockere fette Erde.

Bassie *(Bassie)*, Gattung der Sapotaceen. Die langblättrige B. *(B. longifolia)* ist ein Baum mit einem ziemlich geraden und im Verhältnis zur ganzen Höhe etwas kurzen, doch bedeutend dikken Stamm. Äste zahlreich, Blätter 4-7" lang, 1½" breit, aderig, kahl, oben dunkelgrün, unten blasser; Beere oval wie eine große Pflaume, gelblich. Häufig auf der ostindischen Halbinsel. Vielfach ist die Anwendung, die man in Ostindien von diesem Baum macht. Die Blätter sowohl als die Milch der unreifen Früchte und der jungen Rinde braucht man bei vielen Krankheiten, letztere vorzüglich bei Rheumatismen und chronischen Hautausschlägen; aus den Samen preßt man ein Öl, welches ebenfalls bei Hautkrankheiten, sowie zum Brennen und zur Seife, das Bessere übrigens auch der gemeinen Volksklasse an Speisen dient, insbesondere aber sind die hieraus bereiteten Kuchen eine Hauptnahrung vieler; die abfallenden und an der Sonne getrockneten Blüten geben eine nahrhafte Gallerte. Merkwürdig ist es, daß viele Tiere (Eulen, Eichhörnchen, wilde Hunde u.s.w.) den Blüten sehr nachstellen und daß der Schakal davon fast toll werden soll. Die breitblättrige B. *(B. latifolia)* findet ganz dieselbe Anwendung. Aus den süß-aromatisch riechenden Blüten wird überdies ein sehr stark berauschender Branntwein destilliert. Die buttergebende B. *(B. butyracea)*, Mahva- oder Madhukabaum, ist ein großer Baum Ostindiens. Aus den Samen preßt man ein Öl, welches eine butterartige Konsistenz hat und als Heilmittel (vorzüglich gegen Rheumatismen) sowie nach Art der übrigen fetten Öle gebraucht wird; das Fruchtfleisch schmeckt fade süßlich und wird gegessen.

Bassora-Gummi ☞ **Gummi**

Batate *(Camote, Ipomaea Batatas Lam. Convolvulus Batatas L.)* Unter den Windengewächsen sind die Ipomäa-Arten von den Winden durch die kopfige Narbe ausgezeichnet. Die Batate gehört unter jene Arten, deren Stengel kriecht und unter der Erde fleischige Knollen von walziger Gestalt trägt, die, bis Fuß lang, oft die Schwere eines Pfundes erreichen. Sie haben meist einige Einschnürungen und sind weiß oder gelb. Die zahlreichen Stengel sind bis 10 Fuß lang und treiben an allen Knoten Wurzeln, von denen einige sich knollig verdicken. Die Blätter sind langgestielt und von herz- oder spießförmigem Grunde, rundlich, buchtig, mehrlappig, oft mit weichen Haaren bekleidet. Der Name Camote stammt von dem aztekischen Namen Cacamotic. Jetzt wird sie überall zwischen den Tropen kultiviert. Die Knollen sind gleich den Erdäpfeln eine sehr beliebte, wohlschmeckende und nahrhafte

Speise in den heißeren Ländern, sie werden teils einfach, teils verschiedentlich zubereitet gegessen, teils wird ihr Satzmehl zu Brot verbacken und aus ihnen auch ein geistiges Getränk bereitet. Übrigens haben eine Anzahl anderer Arten der Gattung eben solche Wurzeln und werden ab und zu gebaut. So z. B. *I. edulis* in Japan, *I. tuberosa* in Westindien, *I. platanifolia* in Südamerika, dann *Convolvulus Batatilla* ebenfalls in Südamerika etc.

Bauchblume *(Lisianthus),* Gattung der Gentianaceen. Es sind dies tropische und fast sämtlich amerikanische Kräuter, selten halbstrauchig. Die hohe B. *(L. exaltatus)* hat einen viereckigen, nach oben gabelästigen Stengel und eilängliche, spitze, etwas seegrüne Blätter. Wächst auf feuchten Stellen in Westindien und Südamerika. Wurzel und Blätter sind bitter und in Westindien gleich dem Enzian gebräuchlich. Die ceylonesische B. *(L. zeylanicus)* ist äußerst bitter und dort gegen Magenschwäche, Wechselfieber und ähnliche Krankheiten im Gebrauch. Die weiteste B. *(L. amplissimus)* wächst auf dürren Gebirgen von Minas in Brasilien. Die sehr bittere Wurzel wird gegen Schwäche der Verdauungsorgane, Wechselfieber u.s.w. angewendet. Ganz dasselbe gilt auch von *L. pendulus.* Das Kraut der schildblumenartigen B. *(L. chelonoidea),* die in Surinam und Cayenne wächst, ist sehr bitter und gleich jenem der vorhergehenden Arten gebräuchlich, soll aber in größerer Gabe ein starkes Purgieren hervorbringen und wurde auch im vorigen Jahrhundert in Europa als Herba Lisanthi bekannt.

Bauernkresse ☞ Täschelkraut

Bauerntabak ☞ Tabak

Bauhinie *(Bauhinia),* Gattung der Cäsalpiniaceen. Es sind dies tropische Sträucher und Bäume. Die vorgestreckte B. *(B. porrecta)* ist ein Bäumchen von 15" Höhe mit einer weißlichgrauen Rinde und zahlreichen nach allen Seiten ausgebreiteten Ästen. Die Blätter stehen auf 1" langen Stielen, sind 3" lang, 2" breit, grünlich-gelb, die Blüten groß weiß. Wächst auf Java, Haiti. Man wendet dort eine Abkochung der Wurzel gegen Verdauungsschwäche, gegen Würmer und als ein Auswurf förderndes Mittel an: die Blätter wirken purgierend, die Wurzel der in Ostindien wachsenden zugespitzten B. *(B. acuminata)* braucht man gegen Zahnweh, die Blätter als ein gelindes Abführmittel, die Blätter und Zweige gegen Geschwüre und eine Abkochung der Rinde gegen das lästige Jucken der Haut. Die schwärzlich-rote Wurzel der gescheckten B. *(B. variegata),* die in Ostindien heimisch ist, wird bei Störungen der Verdauung, gegen Blähungen, Würmer, Verschleimung der Lungen etc. gebraucht, die Blüten aber sind ein mildes Purgiermittel. Die Wurzelrinde der filzigen B. *(B. tomentosa)* wird gegen Verschleimungen, Würmer, Leberkrankheiten und Hämorrhoiden, äußerlich gegen Drüsengeschwülste und Geschwüre angewendet. Die Blüten sollen bei Ruhren heilsam sein. Die adstringierende Rinde der am Senegal wachsenden netzaderigen B. *(B. reticulata)* wird daselbst besonders wegen chronischen Ruhren in Gebrauch gezogen. Die Blüten der purpurroten B. *(B. purpurea)* Ostindiens sind purgierend, und die Rinde wird gegen Zahnweh, rheumatische und gichtische Schmerzen, innerlich gegen Verschleimung der Atmungsorgane, dann auch sowie die Blüten und Früchte, bei entzündlichen Geschwülsten angewendet. Von B. esculenta wird die Wurzel an der Südspitze Afrikas gegessen.

Baumkohl ☞ Kohl

Baumöl ☞ Ölbaum

Baumsauger *(Dendrophtoe),* Gattung der Loranthineen. Der zweifärbige B. *(D. bicolor)* wächst in Coromandel auf Bäumen und ist auch in Bengalen sehr gemein. Er hat äußerst zahlreiche aufsteigende Äste mit grauer Rinde. Die Blätter sind fast gegenständig-sitzend, oder sehr kurz gestielt, 3-

6" lang, 2-5" breit, die unteren oval, elliptisch oder lanzettlich, die oberen lineal-lanzettlich, wellig, zurückgebogen, lederig. Steht in Silhet in großem Ansehen und wird gegen syphilitische Krankheiten gebraucht. Der langblätterige B. *(D. longifolia)* wird gegen ödematöse Füße angewendet.

Baumwinde ☞ **Winde**

Baumwolle *(Gossypium).* Eine Gattung der Malvengewächse, charakterisiert durch einen stumpfen, fünfzähnigen Kelch, den drei herzförmige gezähnte Hüllblätter umgeben. Die fünf Blumenblätter hängen am Grunde mit der Säule der zahlreichen Staubfäden zusammen. Der Griffel ragt oben mit 3-5 Schenkeln hervor. Die Kapsel ist 3-5 fächerig und springt mit ebensoviel Klappen auf. Die zahlreichen Samen tragen die Baumwollfäden. Die Arten sind Bäumchen, Sträucher oder Kräuter mit drei- bis fünflappigen ganzrandigen Blättern. Die bekannteste Art ist die krautige Baumwollstaude *(G. herbaceum)*, eine ein- oder zweijährige, 1-3 Fuß hohe Pflanze mit aufrechtem, mehr oder weniger ästigem Stengel. Die Blätter sind fünflappig, die Lappen rundlich mit Spitzchen. Die Blütenstiele stehen achselständig und kommen den Blattstielen an Länge nicht gleich. Die Blume selbst ist der einer Käsepappel vergleichbar, allein kleiner, die Blumenblätter blaßgelb, am Grunde oft rötlich. Die spitzen Kapseln sind von Wärzchen rauh und erreichen ziemlich die Größe einer Roßkastanie. Die Samen sind dicht mit Wolle bedeckt. Im Orient ursprünglich wildwachsend, wird diese Art von Baumwolle mit der ähnlichen baumartigen und gelben B. *(G. arboreum* und *religiosum)*, in den wärmeren Gegenden beider Welten, vorzugsweise im wärmeren Nordamerika im großen gebaut. Die Samen dieser Pflanze sind schleimig-ölig, waren früher auch in Europa offizinell und werden mit Recht in jenen Gegenden, wo man sie frisch haben kann, häufig nach Art der Leinsamen oder zu Emulsionen bei Katarrhen, sowie auch das Öl derselben als Heilmittel und zum Brennen angewendet. Wurzel, Blätter und Blüten sind ebenfalls als schleimige einhüllende Mittel gebräuchlich. Baumwolle gehört nach Carus zu den allgemeinen dekkenden Verbandgeräten, welche bei ihrer Anwendung in geschwächten Gebieten, wo die Wärmetemperatur mehr oder weniger gesunken ist, die Wärmeableitung nach außen durch ihre dichtere Textur möglichst beschränken. Sie bildet daher, zum Überdecken gebraucht, nicht eine einfache mechanische Deckung, sondern ihr Bezug zur tierischen Elektrizität ist es unstreitig, von welchem die vorteilhaftesten Wirkungen ausgehen, die man zum Belegen rheumatisch-gichtischer und anderer kranker Teile mit diesem Stoff wahrnimmt. Gekrempelt, mit Maschinen bearbeitet, gewinnen die Engländer daraus die Charpiewatte und sie bietet so geformt ein passendes Medium zur Einsaugung großer eiternder Flächen dar, nur daß sie vermöge ihrer dichteren Wärmeleitung, bei vorherrschender Sensibilität sich nicht zur unmittelbaren Deckung verwundeter Gebilde eignet. Eine weitere Anwendung findet die B. als Brennzylinder und bei Verbrennungen.

Baumwollkraut ☞ **Ohrblume**

Bdellium ist ein gummiharziger Stoff, welcher in mehr oder weniger dicken, meist rundlichen Stücken vorkommt, die graulich-gelb, grünlich oder rötlich von Farbe, oft halbdurchsichtig sind und am Bruch wachsartig glänzen. Der Geruch ist aromatisch, myrrhenartig, jedoch schwächer, der Geschmack ist bitter, scharf. Das ägyptische B. stammt von der Dum-Palme, das sizilianische B. von Daucus gummifer, das arabische oder indische B. von Amyris Niouttout. Heute wird das Bdellium selten als Arzneimittel, meistens noch zu Räucherpulvern verwendet; in früherer Zeit war es dagegen als ein reizendes, eine vermehrte Schweiß- und Harnabsonderung bewirkendes Mittel häufiger im Gebrauch.

Becherblume *(Poterium)*, Gattung der Rosengewächse. Die gemeine B. *(P. Sanguisorba)*, kleine welsche oder schwarze Bibernell, Nägelkraut, hat eine fast holzige, dicke, schiefe, mehrköpfige, schwärzliche oder rostbraune Wurzel, aufrecht oder aufsteigend, 1-2½' hohe, etwas eckige, nach oben in mehrere nackte Blütenäste geteilte Stengel, gestielte, 2-5" lange Blätter. Häufig an dürren, sonnigen Stellen, auf Hügeln und Bergen im mittleren und südlichen Europa. Das Kraut riecht angenehm, schmeckt gelind zusammenziehend, aromatisch, zugleich etwas scharf und war gegen Blutflüsse, Diarrhöen, Ruhren, Schleimflüsse, Wunden und Geschwüre im Gebrauch, wird auch hie und da als Würze dem Salat sowie den Suppenkräutern beigemengt und empfiehlt sich überdies als Futterkraut auf unfruchtbarem Boden.

Becherhülle *(Cyclostegia)*, Gattung der Lippenblütler, im Habitus den Minzen ähnlich, aber schon durch den eigentümlichen Blütenstand ausgezeichnet. Die Deckblätter sind häutig, aderig, gewimpert, dachziegelig, je 2 und 2 gegenständige zu einer becherartigen Hülle verwachsen. Die zapfenartige B. *(C. strobilifera)* hat einen aufrechten ½-1½' hohen, rundlichen, 4seitigen, kahlen oder an der Basis und in den Blattachseln weichhaarigen Stengel, eiförmige, spitze, dickliche, flaumhaarige Blätter, kleine weißliche oder rötliche Blüten. In Ostindien und auf den Molukken, an nassen Stellen. Die Blätter riechen so, wie die ganze Pflanze, stark aromatisch und werden dort nach Art unserer Minze, Melisse u.s.w. angewendet.

Becherlorbeer *(Cylicodaphne)*, Gattung der Lorbeergewächse. Der zitronenartige B. *(C. citrata)* hat lanzettliche, beiderseits zugespitzte, kahle, unten seegrüne Blätter; die Trugdolden sind 5blütig, mit einer vierblättrigen Hülle. Diese Pflanze, von der bisher keine weitere Beschreibung bekannt ist, wächst baumartig auf höheren Bergen in Java und blüht das ganze Jahr. Die aromatische, zitronen- und kassienartig, auch entfernt nach Nelken riechende und schwach nach Zimt, Nelken und Macis, zugleich etwas bitter schmeckende Rinde wird vorzüglich gegen hysterische Zufälle in Java angewendet.

Beerblume *(Basella)*, Gattung der Gänsefußgewächse. Tropische, meistens kletternd windende, fleischige, kahle Kräuter. Blätter ganzrandig, Blüten in achselständigen Ähren, deckblätterig. Die weiße B. *(B. alba)* hat einen schlanken, ästigen 4-8' hohen, emporsteigenden, am Grunde stielrundlichen, nach oben eckigen Stengel, gestielte, 2½-5" lange, 1½-3" breite, eiförmige oder eiförmig-ovale Blätter und den Holunderbeeren ähnliche Früchte. Ihre Heimat ist Ostindien. Die Blätter gebraucht man dort als gelindes Laxiermittel, besonders bei Schwangeren oder Kindern, äußerlich zur Erweichung und Zeitigung der Abszesse, sowie zur Heilung von Geschwüren; auch dient diese Pflanze als Gemüse wie der Spinat, und wird deshalb häufig kultiviert. Die rote B. *(B. rubra)* wird in Ostindien auf gleiche Weise gebraucht und nicht minder häufig kultiviert; als Gemüse soll diese Art wohlschmeckender als die vorige sein. Gleiche Anwendung findet daselbst auch die herzblätterige B. *(B. cordifolia)*, und die helle B. *(B. lucida)*. Den Wurzeln von den knolligen B. *(B. tuberosa)* schreibt man in Kolumbien eine besondere, fruchtbar machende Eigenschaft zu.

Beerenkresse *(Chymocarpus)*, Gattung der Tropäolineen. Man kennt nur eine Art dieser Gattung, die fünfblätterige B. *(Ch. pentaphyllus)*, mit einem langgestreckten oder an benachbarten Gegenständen emporsteigenden ästigen, dünnen, kahlen Stengel und langgestielten, schildförmig-fünfschnittigen Blättern. Die Beeren sind rundlich, bläulich-schwarz, im Aussehen und im Geschmack den Heidelbeeren ähnlich. Findet sich in Brasilien, Chile und am La Plata. Blüht fast stets und besitzt alle Eigenschaften der Kapuzinerkresse und ist für den südlichen Teil Amerikas umso interessanter, als die Zahl der antiskorbutischen Pflanzen dort ungleich geringer als in Europa ist.

Begonie *(Begonia)*, Schiefblatt, nach vielen Autoren die einzige Gattung der Begoniaceen, während andere nach Dr. Klotzsch diese Familie in ein ganzes Heer von Gattungen trennen. Die Eigentümlichkeit eines schiefen und ungleichen Blattes hat die Arten dieser über die Tropen und in Südafrika verbreiteten Gattung längst zu Kulturpflanzen gemacht. Ihre Kultur ist übrigens leicht; man gebe ihnen Schatten und lockere Lauberde mit Sand. Man zieht sie aus Wurzelschossen oder Samen. Die glänzende B. *(B. nitida)* wächst in Westindien. Sie ist ein Strauch von 2-3' Höhe mit 4-5" langen herzförmigen, hellgrünen Blättern, die am Rande mit unregelmäßigen, rundlichen, kleinen, oft nur undeutlichen Zähnen besetzt sind. Alle Teile schmecken unangenehm säuerlich und werden als ein kühlendes, antibiliöses und antiskorbutisches Heilmittel, sowie auch gegen Verschleimungen gebraucht; äußerlich dienen die Blätter bei Wunden und Geschwüren. Die lappenförmige B. *(B. cucullata)* enthält viel Kleesäure, weshalb auch der ausgepreßte Saft gegen entzündliche und gallige (biliöse) Krankheiten, besonders aber bei Blasenkatarrhen angewendet wird; im jüngeren Zustand genießt man sie als Gemüse. In Brasilien macht man gleiche Anwendung von B. spathulata und B. hirtella. Die malabarische B. *(B. malabarica)*, deren Heimat Ostindien ist, blüht fast stets. Das Kraut wird häufig als Gemüse gegessen, übrigens fast nach Art des Sauerampfers, mit dem es auch im Geschmack viel Ähnlichkeit hat, gebraucht; aus den Blättern bereitet man eine Wunden heilende Salbe. Genau wie die vorige wird die knollige B. *(B. tuberosa)* und die rundblätterige B. *(B. rotundifolia)* gebraucht. Das Kraut der spitzblätterigen B. *(B. acutifolia)* schmeckt weit saurer, als jenes des Sauerampfers und dient zu kühlenden, antibiliösen und antiskorbutischen Aufgüssen und Tränken; die Blätter braucht man zu erweichenden Umschlägen bei Geschwülsten. Die von den Eingebornen zu Ocuila und Acapuacaro in Mexiko vielfach gegen Syphilis benutzte, ekelhaft bittere Wurzel von *B. balmisiana* wirkt in größeren Gaben heftig, in kleineren gelinde abführend, zugleich die Tätigkeit der Haut und Nieren vermehrend, die monatliche Reinigung fördernd. Sie soll sich bei Unterleibsstockungen und den daraus hervorgehenden Krankheitszuständen ersprießlich erweisen.

Behennüsse *(Nuces Behen)* sind die scharf bitteren, emetisch-purgierenden Samen der flügelsamigen Moringa oder des Behennußbaumes *(Moringa pterygosperma)*; sie geben durch Auspressen ein mildes, geruch- und geschmackloses, nicht ranzig werdendes Öl, das unter dem Namen Behenöl bekannt ist, heutzutage meistens nur zur Bereitung wohlriechender Salben und Öle verwendet wird, früher jedoch als Purgiermittel und äußerlich gegen Hautkrankheiten im Gebrauch war.

Behenwurzel, weiße *(R. Behen albi)* stammt von der langwurzeligen Rübendistel *(R. Rhapontici Behen)*, die früher offizinell war; statt ihrer hatte man aber viel häufiger die Wurzel des in ganz Europa gemeinen aufgeblasenen Leimkrautes *(Silene inflata)* in den Apotheken, obgleich sie in den Eigenschaften eben keine Ähnlichkeit mit jener echten besitzt, welche bitter etwas scharf schmeckt und im Orient noch immer als ein giftwidriges, belebendes Mittel, wie auch zur Stärkung des Gedächtnisses gebraucht wird. ☞ Rübendistel

Beifuß *(Artemisia)*. Diese ziemlich

große Gattung (aus mehr als 130 Arten bestehend) zerfällt nach der verschiedenen Beschaffenheit des Blütenkörbchens in 4 Untergattungen mit folgendem Charakter: a) Absinthium: Blüten am Rande weiblich; die übrigen Zwitterblüten; Blütenlager zottig; b) Abrotanum: Blüten am Rande weiblich; die übrigen Zwitterblüten; Blütenlager nackt; d) Oligosporus: Blüten am Rande weiblich; die übrigen Zwitterblüten mit fehlschlagenden Fruchtknoten; Blütenlager nackt. Zur Gattung Absinthium gehört der Wermut-B. oder gemeine Wermut *(Artemisia Absinthium)* (FIG. 21), eine mehrjährige Staude; Blätter, Stengel, Blütenhüllschuppen sind alle von feinen anliegenden Härchen bekleidet, die eine eigentümliche graugrüne Färbung bedingen. Die unteren Blätter sind zwei- bis dreifach fiederspaltig, die Platte von länglichem Umriß, die Zipfel lanzettlich. Die obersten Blätter sind einfach lanzettlich, die Blütenköpfchen kugelförmig, gestielt, überhängend, die Blüte selbst gelb. Der Wermut riecht ausgezeichnet stark, aber nicht eben angenehm, schmeckt ungemein bitter und enthält ein grünliches oder gelbliches ätherisches Öl, ein bitteres Harz, ferner ein sehr bitteres Alkaloid, Eiweiß, Satzmehl und einige Salze. Es werden für die Apotheken die Blätter und Blüten desselben gesammelt und überall als ein sehr vorzügliches Heilmittel bei allgemeiner Schwäche, sowie bei Schwäche des Verdauungs-Apparates, Verschleimung, Säure, bei chronischen Durchfällen, Skorbut, Bleichsucht, Menstruationsunordnungen, Wassersucht, Gelbsucht, Krampfkolik, krampfhaftem Erbrechen (Einreibung des äther. Öles), leichtem Wechselfieber, auch gegen Spulwürmer, obschon weniger sicher als Zittwer- und Rainfarnsamen, deshalb gern in Verbindung mit diesem gebraucht. Ferner bei rheumatischen, rotlaufartigen, ödematösen Entzündungen und Geschwülsten, bei Halsbeschwerden in der Bräune, Scharlachfieber (Gurgelwasser), bei atonischen, laxen Gebilden, Verrenkungen, Quetschungen, Wunden, kaltem Brand (mit Arnika und Salmiak).

Den aus dem frischen Kraut gepreßten Saft läßt man zu 1-2 Unzen des Tages verbrauchen. Das getrocknete Kraut gibt man im Aufguß zu 2-4 Drachmen mit Wasser, Wein oder Bier. Der von der Pharmakopöe aufgenommene Wermut-Extrakt ist ein alkoholisch-wässeriges, das zu 10-20 Gran gereicht wird. Man hat überdies noch ein ätherisches Öl und ein gekochtes Wermutöl, jenes zu Ölzucker, dieses zu Salben und Linimenten verwendbar; beide entbehrlich, daher von der Pharmakopöe nicht aufgenommen. Dagegen dient noch der Wermut zu mehreren Zusammensetzungen, unter denen hier noch hervorzuheben ist: die zusammengesetzte Wermut-Tinktur; sie besteht aus 3 Unzen Wermutkraut, 1 Unze Pomeranzenschalen, ½U. Kalmuswurzel, ebensoviel Enzianwurzel, 2 Dr. Zimtrinde, welche Stoffe mit 3 Pfund verdünntem rektifiziertem Weingeist durch 6 Tage unter öfterem Schütteln digeriert werden, worauf die erkaltete Tinktur ausgepreßt und filtriert wird. Man nimmt sie zu 20-40

FIG. 21

DER GEMEINE WERMUTH: a) eine blühende Rebenachse, b) ein Wurzelblatt, c) ein vergrößertes Blütenköpfchen.

Tropfen einigemal des Tages.

Eine sehr bekannte Verwendung ist die zu Likör, und zwar einerseits zu Wermut, andererseits zu Absinth. Wermut ist das nur aus dieser Pflanze gewonnene Getränk, das man kaum, ohne Wasser hinzuzutun, genießen kann; in Neufchatel bereitet man unter Zutat von Fenchel und Anis das Getränk Absinth, das tropfenweise ins Wasser unmittelbar oder durch Gläser mit durchlöchertem Boden geperlt wird. Extrait d'Absinth bereitet man folgendermaßen: 30 Gran Wermutöl, 20 Gran Orangenschalenöl, 20 Gran Sternanisöl, 15 Gran Anisöl, 15 Gran Fenchelöl, 10 Gran Zitronenöl, 10 Gran Angelikaöl, 10 Gran Majoranöl, 30 Gran Kognacessenz und 7 Pfund Spiritus. Dieser Lösung werden hinzugefügt 2½ Pfund Wasser. Die Wermutessenz bereitet man durch einfache Lösung von 2 Lot Wermutöl in 1 Maß 85%igen Weingeist und Filtrierung des ganzen.

In der Tierheilkunde findet der Wermut vorzüglich bei solchen Krankheiten der Verdauungsorgane seine Anwendung, wo neben der Schwäche noch Reizlosigkeit besteht oder wo Würmer zugegen sind. Ob Wermut gegen letztere als eigentliches Wurmmittel wirkt oder nur durch Besserung des Verdauungsprozesses – ist zweifelhaft. Seiner erregenden Nebenwirkung wegen ist er bei schlaffen, phlegmatischen Tieren und daher besonders auch bei Wiederkäuern den übrigen Mitteln vorzuziehen. Übrigens ist er innerlich bei denselben Krankheiten anzuwenden, wo die bitteren Mittel überhaupt passend sind; aber bei reinen und heftigen Entzündungen ist er zu vermeiden. Die Gabe ist, wie bei den übrigen einfach bitteren Mitteln, für Pferde u.s.w. Die Anwendung kann in Pulvern, in Latwergen, Pillen, Aufgüssen und Abkochungen mit Wasser geschehen. Das Pulver eignet sich nur für Schafe; man mengt es für sie mit Gersten-, Hafer- oder Malzschrot oder mit Kleie, mit Kochsalz, Wachholderbeeren oder anderen aromatischen Mitteln zu einer Lecke zusammen und streut ihnen dieselbe auf das kurze Futter in der Krippe, z. B. nach Waldinger bei der Egelkrankheit: gepulverten Wermut, Kalmuswurzel, von jedem 120 Gramm.; Schrot oder Mehl 720 Gramm. Gut zusammengemengt und für 10 Schafe in einem Tag gegeben. Nehmen die Tiere von dem Mittel zu wenig, so macht man es mit Wasser zur Latwerge und gibt einem Schaf früh und abends den zwanzigsten Teil davon auf einmal ein. Bei der Bleichsucht setzt man dieser Mengung noch Eisenvitriol (8-15 Gramm.) und bei Säureentwicklung in den Eingeweiden noch pulverisierten gebrannten Kalk (30 Gramm.) oder pulverisierte weiß gebrannte Knochen (60-90 Gramm.) zu. Bei dem Rindvieh benutzt man den Wermut, je nachdem man erregende oder tonische Wirkung vorzüglich wünscht, im Aufguß oder in Abkochungen (30 Gramm. zu 360 Gramm. Flüssigkeit) und bei Pferden, Schweinen und Hunden am besten in Pillen und Latwergen, und verbindet ihn nach Bedürfnis mit verschiedenen passenden Mitteln, z. B. mit Steinöl, Terpentinöl, Kampfer, Weingeist, Pfefferminze, Kochsalz u.s.w. – Bleizucker, Sublimat, Eisen und Zinkvitriol schlagen in Dekokten und Aufgüssen vom Wermut einen großen Teil der wirksamen Bestandteile nieder. Äußerlich wird er bei fauligen, schlaffen, unreinen, mit stinkender Jauche versehenen oder mit Maden behafteten Geschwüren und bei brandigen Entzündungen z. B. bei ausfallender Mauke etc. bald als Breiumschlag, bald in flüssiger Form als Waschung und Bähung benützt. Zu einem Breiumschlag nimmt man die zerschnittenen, von den groben Stengeln befreiten Blätter und kocht dieselben gelind mit soviel Wasser, als zur Dicke des Breies nötig ist; zu den Bähungen benützt man einen Aufguß oder eine Abkochung, wie zum inneren Gebrauch. Einen solchen Aufguß oder Abkochung wendet man auch zuweilen als Waschmittel auf die gesunde wie auf die kranke Haut in der Absicht an, um Läuse oder Milben zu töten oder um von den Tieren die Bremsen, Fliegen oder andere Insekten abzuhalten, weil letztere die bitteren Substanzen fliehen oder von ihrem Genuß betäubt werden und sterben. Der Wermut ist auch im frischen Zustand innerlich und äußerlich auf die angegebene Weise in doppelter Gabe zu benützen. Die Präparate (Extrakt, Tinktur etc.) sind ähnlich wirkend, aber zu teuer.

Der baumartige B. *(A. arborescens)*, häufig an den Küsten des mittelländischen Meeres, auf Felsen wie am Strande selbst, besitzt alle Eigenschaften des Wermuts (nur scheint er noch aromatischer zu sein) und wird in seiner Heimat, besonders in Griechenland, gleich jenem gebraucht. Der Alpen-B. *(A. Mutellina)* hat eine holzige braune, vielköpfige Wurzel, mehrere aufsteigende 4-7" hohe, mit seinen angedrückten, weißlichen Haaren bedeckte Blätter und gelbliche Blüten. Findet sich auf den höchsten Alpen des Urgebirges von Salzburg an bis nach Italien. Diese und einige andere auf den Alpen heimische Arten sind sehr kräftige, aromatisch-stärkende, nach Art des Wermuts wirkende, aber weniger widrig-bitter schmeckende Arzneimittel, die bei den Gebirgsbewohnern in großem Ansehen stehen und auch früher unter dem Namen Herba Genippi oder Absinthii alpini in einige Pharmakopöen aufgenommen wurden. Der Gletscher-B. *(A. glacialis)* findet sich seltener als die vorige Art auf den höchsten Alpen in Kärnten, Tirol, der Schweiz und Piemont. Zur Untergattung Abrotanum gehört der ährige B. *(A. spicata)*, er wächst auf den höchsten Alpen Mitteleuropas bis nach Italien und Griechenland. Man wendet diese beiden letzteren Arten ebenso an wie den Alpen-B. Der chinesische B. *(A. chinensis)* mit gelben Blüten dient in China und Japan zur Bereitung der Brennzylinder oder Moxen, außerdem braucht man ihn als ein magenstärkendes, krampfstillendes, den Monatsfluß förderndes Mittel. Der bläuliche B. *(A. coerulescens)* ist schon seit langer Zeit in Istrien ein Volksarzneimittel gegen Wechselfieber und Wurmkrankheiten; heute wird diese Pflanze dort auch von Ärzten mit Erfolg angewendet. Vom geknäuelten B. *(A. glomerata)*, dessen Heimat Palästina ist, stammt eine Sorte des sog. Wurmsamens oder Zwittersamens, und zwar jene Sorte, die man barbarischen Wurmsamen *(Semen Cinnae barbaricum ☞ indicum)* nennt. Dieses Arzneimittel besteht aus den im noch unausgebildeten und geschlossenen Zustand von den Ästen abgestreiften und daher auch mit kürzeren oder längeren Stielen und Bruchstücken von Ästchen untermischten, sowie noch an den Stielchen befestigten, gelblich-grauen Blütenkörbchen der eben beschriebenen Pflanze, welche gerieben einen sehr starken aromatischen Geruch verbreiten und kampferartig scharf und bitter schmecken. Sie enthalten an chemischen Bestandteilen ein scharfes, ätherisches Öl, bitteren Extraktivstoff, eine eigene geruch- und geschmacklose kristallinische Substanz (Santonin), Harz, Gummi, Ulmin und einige Salze. Am gewöhnlichsten werden sie allerdings gegen die im kindlichen Alter so häufigen Wurmbeschwerden von Ärzten und auch als Heilmittel allgemein angewendet; allein sie sind noch außerdem ein sehr kräftiges Mittel in allen jenen Fällen, wo bei vorhandener Schwäche der Verdauungsorgane gleichzeitig nervöse Symptome zu bekämpfen sind. Aus den Blüten des Bahl'schen B. *(A. Vahliana)*, der in Persien heimisch ist, leitet man ebenfalls den Wurmsamen (richtiger Wurmblüten genannt) ab und zwar die zweite Sorte, den levantinischen oder alleppischen Wurm- oder Zittwersamen *(Semen Cinnae seu Contra levanticum)*.

Die Blütenkörbchen riechen gerieben wie die erste Sorte (nur etwas weniger stark) und schmecken ebenso, auch enthalten sie dieselben chemischen Bestandteile, aber weit weniger ätherisches Öl; der letzte Umstand spricht demnach dafür, daß sie den barbarischen Wurmsamen an Wirksamkeit nachstehen; doch werden sie noch immer letzteren im Handel vorgezogen. Der jüdische B. *(A. judaica)* wächst in Ägypten, Arabien und Palästina; bis auf die neueste Zeit hat man allgemein auch diese Pflanze unter jenen genannt, welche den Wurm- oder Zittwersamen liefern sollen; allein daß wenigstens die heute nach Europa kommenden Sorten jenes Arzneikörpers keineswegs von dem jüdischen B. abstammen können, lehrt die einfachste Betrachtung und Vergleichung desselben mit den Blütenkörbchen dieser Pflanze. Vielleicht war dies aber einstens der Fall; wenigstens besitzen sie ebenfalls einen eigentümlichen, starken, aromatischen Geruch, dabei einen bitteren Geschmack und sind so, wie die ganze Pflanze, in Ägypten und Arabien ein sehr berühmtes Heilmittel. Die Blätter und Blüten des Loureiros B. *(A. Loureiri)* riechen sehr stark, schmekken bitter und werden sehr in China als eine magenstärkende Arznei, auch als Wurmmittel gebraucht. Die Blütenkörbchen des tartarischen B. *(A. santonica),* der um Astrachan, in der Tartarei und in Persien wächst, bilden eine dritte, über Rußland zu uns kommende Sorte des Wurmsamens, welcher daher der Namen Semen Santonici, den auch die beiden ersten führen, ausschließlich beigelegt werden sollte. Das ganze Gewächs wird übrigens in den Apotheken von Astrachan als *Absinthium ponticum* aufbewahrt. Der schülfrige B. *(A. palmata),* im südlichen Frankreich und in Spanien heimisch, besitzt den starken Geruch des offizinellen Wurmsamens; der kampferartige B. *(A. camphorata)* wächst auf Felsen, Bergen und sonnigen Hügeln im südlichen Europa. Das ganze Gewächs riecht äußerst durchdringend und balsamisch kampferartig, schmeckt balsamisch-bitterlich und kommt in der Heilkraft mit dem Stabwurz-Beifuß überein, ist aber noch mehr als dieser aromatisch. Der Stabwurz-B. *(A. Abrotanum),* Stabwurz, Eberraute oder Eberreis, mit etwas grünlich-gelben Blüten, findet sich auf sonnigen Hügeln und Bergen im südlichen Europa und im Orient, wird übrigens häufig in Gärten angepflanzt, riecht sehr angenehm und stark aromatisch, zitronenhaltig, schmeckt aromatisch, etwas bitterlich, enthält vorzüglich viel ätherisches Öl, bitteren Extraktivstoff, auch Gerbstoff. Man wendet die Stabwurz in ähnlichen Fällen wie den Wermut, im ganzen aber seltener als diesen an; sie steht ihm auch in der stärkenden Wirkung nach, übertrifft ihn aber in der erregenden. Der Geruch des jährigen B. *(A. annua),* dessen Heimat das südliche Sibirien, China und das nördliche Persien ist, ist weit durchdringender, als bei allen vorhergehenden Arten; er wird in China vorzüglich gegen Zehrfieber, bei Ruhren, auch bei fauligen Geschwüren u.s.w. angewendet. In Sibirien dient er auch mit zum Färben des roten Saffianleders. Der gemeine B. *(A. vulgaris)* (FIG. 22) ist eine ausdauernde Staude. Der Stengel ist ziemlich kahl und trägt oberseits dunkelgrüne, unterseits weißfilzige Blätter. Die unteren sind gestielt und haben eine fieder- oder handteilige Platte in grobgesägten Abteilungen. Oberwärts ist der Stengel rispig und trägt zahlreiche Köpfe. Das Gewächs ist in ganz Europa, in Nordasien und Nordamerika verbreitet an dürren, wüsten Plätzen, auf kiesigem Boden. Es blüht im Spätsommer. Schon vor alten Zeiten war das blühende Kraut als Arzneimittel und fast auf ähnliche Weise wie der Wermut gebräuchlich; gewöhnlich wurde die Abart mit rotem Stengel vorgezogen; der Geruch ist zwar nicht stark, aber beim Reiben zwischen den Fingern ange-

Fig. 22

Der gemeine Beifuß: a) ein Köpfchen, viermal vergrößert, d) dasselbe im Durchschnitt achtmal vergrößert, b) ein weibliches Randblüttchen, c) ein Zwitterblüttchen.

nehm, der Geschmack bitterlich. Auch die Wurzeln dieser Art, doch nur die abgestorbenen, wurden sonst angewendet und vielfältig als ein spezifisches Mittel gegen Epilepsie (wenn ihr keine organischen Fehler zu Grunde lagen) verordnet. Burdach läßt 30-70 Gran des Pulvers in heißem Weißbier ½ Stunde vor dem Anfall oder, wenn dem Kranken die Vorempfindungen fehlen, sogleich nach dem Paroxysmus trinken. Der Kranke trinkt noch etwas gewärmtes, dünnes Bier nach und harrt im Bett des eintretenden Schweißes, nach dessen Beendigung er die Wäsche wechselt und das Bett verläßt. Der Erfolg bestimmt den Fortgebrauch des Mittels; dieses tritt bis zur Vertilgung der letzten Spur des Übels in Anwendung, aber nicht leicht an zwei aufeinander folgenden Tagen, sondern einen Tag um den anderen, täglich einmal in langsam steigender Gabe. Man erzielt entschiedenere Erfolge bei weiblichen als männlichen Kranken; bei frischen als veralteten Übeln. Auch gegen krampfhafte, der Epilepsie sich annähernde Krankheitsformen, besonders im Gefolge von Würmern oder Menstruationsfehlern, gegen nicht entzündliche Koliken, Durchfälle, Ruhren etc. wird dieses Mittel mit Erfolg angewendet.

In der Homöopathie wird die A. vulgaris ebenfalls gegen jene oben genannten Krankheiten mit Nutzen angewendet. Die Gabe ist 1-2 Tropfen der aus den Wurzelfibrillen bereiteten Tinktur oder der 1. oder 2. Verdünnung alle 2, 3, 4, 6 Stunden wiederholt. Die auf Feldgehegen wild wachsende Pflanze ist kräftiger als die im Garten sich vorfindende.

Der indische B. *(A. indica)* ist in Ostindien, China und Japan als ein bitteres, stärkend-balsamisches, magenstärkendes, krampfstillendes, den Monatsfluß förderndes Mittel fast täglich im Gebrauch. Aus dem filzigen Überzug der Blätter werden ebenso wie aus jenen des chinesischen B. Brennzylinder oder Moxen verfertigt. Der römische B. *(A. pontica)*, römischer Wermut, mit oberseits grau-, unterseits weißfilzigen, doppelt fiederspaltigen Blättern und kugeligen, gestielten, überhängenden, in aufrechten, beblätterten, rispigen Trauben stehenden Köpfchen, findet sich auf sonnigen Hügeln und Bergen im mittleren, häufiger im südlichen Europa, auch im Orient. Recht angenehm aromatisch, schmeckt bitter, doch weniger als der Wermut, mit welchem diese Art auch in den Heilkräften übereinstimmt; nur ist sie milder, mehr aromatisch und weniger unangenehm, wird aber heute nur selten gebraucht. Zur Untergattung Seriphida gehört der Walliser-B. *(A. vallesiaca)*, an Wegen, auf dürren Hügeln in der südlichen Schweiz, Piemont, Savoyen, Süd-Frankreich und Spanien heimisch. Dieser sehr aromatische Beifuß gehört ebenfalls unter die Genipp-Kräuter und ist als *Herba Genippi nigri* bekannt. Der Meerstrands-B. *(A maritima)* findet sich am Seestrand von der Ostsee bis zum mittelländischen Meer.

Die ganze Pflanze riecht stark aromatisch, dem Katzenkraut *(Teucrium Marum)* ähnlich und schmeckt bitter; sie kommt in der Anwendung mit dem römischen B. und dem gemeinen Wermut fast ganz überein.

Zur Untergattung Oligosporus gehört der Dragun-B. *(A. Dracunculus)* oder Estragon hat ungeteilte, grüne, kahle, lanzettlich-lineale Blätter, einen $1\frac{1}{2}$-3 Fuß hohen Stengel und weißliche Blüten. Im nördlichen und mittleren Asien heimisch, in ganz Europa häufig kultiviert und hie und da fast verwildert. Das Kraut riecht gerieben sehr angenehm aromatisch, schmeckt anfangs etwas kühlend, aromatisch, dann beißend und erhitzend, süßlich, fast wie Anis und Kerbel. Obwohl es ein kräftig erregendes, die Verdauung förderndes, die Absonderungen betätigendes Mittel ist, wird es doch nur selten, häufiger dagegen als Gewürz in der Küche angewendet. Zur Bereitung des Estragonessigs werden zur Zeit, wo die Blütenknospen erscheinen, die jungen zarten Blätter abgepflückt. Die Blätter werden zerquetscht und mit gutem reinen Essig in einer passenden Glasflasche übergossen. Nachdem nun der Essig einige Tage lang mit den Blättern in Berührung war, koliert man denselben durch Tücher, filtriert ihn und füllt ihn auf Flaschen, welche in gehöriger Weise vollgefüllt werden müssen, wenn sich der Estragonessig halten soll. Er wird in den Senffabriken zur Bereitung einer Senfsorte (à l'estragon) benützt. Der Feld-B. *(A. campestris)* treibt 4-6 Fuß hohe Stengel, die Blätter sind seidenhaarig, grau oder kahl, 2-3fach fiederteilig, die Blüten meist purpurrötlich. Gemein an Wegen, Ackerrändern, auf Hügeln und Mauern in ganz Europa, auch in Nordamerika. Diese Pflanze ist geruch- und geschmacklos und ganz unwirksam.

Der gemeine Wermut wird am besten auf alten Bergwerks- und Steinbruchhalden, an steinigen Hohlwegen und ähnlichen Orten gezogen, wo die Pflanzung zugleich den Boden befestigt. Man schneidet den oberen Teil des blühenden Stengels ganz ab und tut die noch frischen grünen Blätter vom unteren Stengel dazu. Die Anpflanzung geschieht durch Zerteilung der Stöcke oder durch Samenpflanzen, die man in gutem Gartenboden zieht. Man gibt den Pflanzen $1\frac{1}{2}$-2 Fuß Abstand; wo sie üppig wachsen 3 Fuß. Einmal im Boden festgewurzelt, kann der Wermut meist viele Jahre stehen, ohne irgend Arbeit zu verursachen oder erneuert zu werden, und man hat nur die etwa entstehenden Lücken auszubessern. Der Dragun-Beifuß liebt lockeren guten Gartenboden und einen trockenen sonnigen Standort. Die Wurzel ist kriechend, und man pflanzt die Staude auf diese Weise fort, indem man die Wurzeln in Stücke schneidet und in die Erde legt.

Beinwell *(Symphytum),* Gattung der Borragineen. Der gebräuchliche B. (☞ *officinale),* Beinwurz, Schwarzwurz, Wallwurz, hat eine dicke, fleischige, möhrige, ästige, außen schwarze, innen weiße Wurzel; die dunkelgrünen, auf beiden Flächen sehr rauhen Blätter sind eirund, lanzettförmig und laufen den Stengel herab. Die Wurzelblätter übertreffen die an den Stengeln weit an Größe und sind gestielt. Die glokkenförmigen Blumen sind in einigen Gegenden weiß und werden zuletzt gelblich, in anderen, wie bei uns, violett. Das Vieh mag diese Pflanze nicht, doch schmecken die jungen Sprossen im Frühjahr als Kohl zubereitet sehr gut. Von dieser Pflanze waren sonst Wurzel, Blätter und Blüten offizinell, heute ist es nur die Wurzel; sie ist geruchlos, stark schleimig und gelind adstringierend; enthält vorwaltend Schleim und etwas eisengrünenden Gerbstoff; wurde vorzüglich gegen Blutspeien, Durchfälle, Ruhren, auch bei inneren Geschwüren, dann äußerlich als Breiumschlag bei Knochenbrüchen, Gedärmbrüchen u.s.w. empfohlen, wird aber jetzt seltener als es recht ist angewendet. Die Blüten braucht man hie und da als Tee gegen den Katarrh, und die Blätter werden in Island als Gemüse gegessen.

In der Tierheilkunde ist die Anwendung der Schwarzwurz in denselben Krankheiten zu empfehlen, wo die schleimigen Mittel überhaupt gebraucht werden; doch paßt sie nicht bei echten Entzündungen und besonders nicht bei Entzündungskoliken – wenigstens verdienen hierbei die reinen schleimigen Mittel den Vorzug. Dagegen ist sie bei schmerzhaften Entzündungen bei dergl. Blutharnen, besonders in den ersten Stadien und bei heftigem, ruhrartigem Durchfall ein vortreffliches Mittel.

Die Gabe ist für Pferde und Rinder 30,0-60.0, für Schafe, Ziegen und Schweine 15,0-30,0, für Katzen und Hunde 2,0-4,0 Gramm. alle Stunden oder bei weniger dringenden Zufällen alle 2-3 Stunden wiederholt. Man wendet sie in Abkochungen an, aus 1 Teil Schwarzwurz und 10-15 Teilen Wasser, bis zur Hälfte eingekocht bereitet und nach Erfordernis der Umstände noch mit anderen passenden Mitteln, z. B. bei Durchfällen und gleichzeitigen krampfhaften Schmerzen im Darmkanal mit Kamillen, mit Opium u. dergl. vermengt. Schafe sollen das Dekokt gern und freiwillig saufen. Äußerlich wirkt die gepulverte Wurzel bei Blutungen aus kleinen Gefäßen blutstillend, teils indem sie die Bildung einer Kruste fördert, teils indem sie in den Gefäßen und Fasern die Zusammenziehung gelind vermehrt. Das Dekokt wirkt bei Quetschungen zerteilend und schmerzstillend; es mindert die Reizbarkeit, bessert die Eiterung und fördert somit die Heilung. Auch kann man die Schwarzwurz wie die Eibischwurzel als Bindemittel bei der Bereitung der Latwergen und Pillen benutzen.

Homöopathie. Es wird von ihr die Wurzel im Herbst gesammelt und daraus nach Regel 3 die Tinktur bereitet, welche eine braune Farbe und schwach erdartigen Geruch besitzt. Die Tierärzte bedienen sich der mit gewässertem Weingeist oder reinem Wasser verdünnten Tinktur mit gutem Erfolg bei Knochenbrüchen, sowie bei Quetschungen und Verletzungen des Knochens und der Knochenhaut, der Sehnen und Gelenkbänder. Bei Fesselgelenklähme höheren Grades, wo bei der Bewegung ein fortwährendes Überknicken stattfindet, leistet die reine Tinktur als Einreibung ebenfalls gute Dienste.

Beißbeere *(Capsicum L.)*, spanischer Pfeffer, Paprika, Gattung der Nachtschattengewächse. Die bekannteste Art ist die gemeine B. *(C. annuum)*, (FIG. 23), ein jähriges Kraut mit aufrechtem, 1-2 Fuß hohem Stengel und langgestielten, spitz-eiförmigen, kahlen Blättern. Die schmutzig-weißen Blüten kommen einzeln hervor. Sie haben eine radförmige Blumenkrone, 5 Staubgefäße und einen Stengel. Die mehrere Zoll große Beere ist länglich, spitz und im reifen Zustand zinnoberrot. Stammt aus Südamerika, wird aber in Ungarn häufig wegen der brennend-scharfen, hier allgemein statt des Pfeffers verwendeten Beeren gebaut. Blüht vom Juni bis September. Als Arzneimittel gehören die Beeren unter die schärfsten Reizmittel, wirken vorzüglich auf den Magen und Darmkanal und bringen in größerer Gabe alle Symptome scharfer Gifte, doch keine Spur einer Narkose hervor. In Europa ist zwar ihre medizinische Anwendung nie so bedeutend wie in den Tropenländern geworden, doch hat man sie auch hier bei Lähmungen und Atonie, vornehmlich der Zunge, des Schlundes, der Speiseröhre, bei Faulfiebern, bei bösartigen Wechselfiebern, auch bei Lähmungen der Extremitäten etc. mit gutem Erfolg verordnet. Viel bedeutender aber ist die diätetische Anwendung des spanischen Pfeffers als Gewürz an Speisen, welche vorzüglich in Amerika und Ostindien in einem unglaublich hohen Grad stattfindet. Alle folgenden Arten dieser Gattung haben ganz dieselben Eigenschaften (einige darunter sind sogar noch schärfer) und werden demnach auf völlig gleiche Weise benützt, auch alle in den heißen Erdstrichen häufig zu diesem Zweck kultiviert und zwar die kegelartige B. *(C. conoides)*, die pyramidale B. *(C. pyramidale)*, die surinamische B. *(C. conicum)*, die strauchige B. *(C. frutescens)*, die beerenartige B. *(C. baccatum)*, die kirschenartige B. *(C. cerasiforme)*, die lange B. *(C. longum)*, die herzförmige B. *(C. cordiforme)* etc.

Man gibt den spanischen Pfeffer in Substanz zu 1-6 Gran in Pillenform mit arabischem Gummi; den Aufguß aus 1-2 Drachmen auf sechs Unzen Kolatur, meistens nur äußerlich als Gurgelwasser bei Lähmungen des Gaumensegels und Schlundes, bei brandiger Halsentzündung, zur Schärfung von Senfteigen. Die Tinktur, 1:6, innerlich zu 10-20 Tropfen.

In der Tierheilkunde empfiehlt es sich, den spanischen Pfeffer innerlich nicht anzuwenden, obgleich englische Tierärzte zuweilen dieses Mittel bei Lähmung etc. wie den schwarzen Pfeffer benützen. Äußerlich verdient er dagegen ganz wie der letztere und häufiger benützt zu werden als bisher. Auch als Zusatz zu Senfteigen, um die Wirkung derselben zu verstärken, ist es zu empfehlen. Die Tinktur ist zum äußerlichen Gebrauch als ein sehr kräftiges Reizmittel gut geeignet.

Homöopathie. Das Capsicum paßt bei Wechselfieber, Migräne, Bräune, Sodbrennen, Magenkrampf, Kolik, Ruhr, Diarrhöe, Schnupfen, Lungenkatarrh, Lungenentzündung, Engbrüstigkeit.

Gabe: 1-2 Tropfen der 1. oder 2. Verdünnung nach Umständen täglich 1-2mal und öfter wiederholt.

Die Tierärzte wenden es gegen fieberlosen Rheumatismus beider Vorderschenkel eines Pferdes mit Knacken und Knarren in den Gelenken und Besserung bei fortgesetzter Bewegung an.

Fig. 23

Die gemeine Beißbeere: a) Längsdurchschnitt der Frucht, b) Querdurchschnitt derselben in natürlicher Größe.

Gabe: 5 Tropfen der Tinktur täglich einmal; dann gegen schwieriges Harnen der Neugebornen; unter oftmaligem Drängen geht der Harn nur tropfenweise ab.

Diese Pflanze verlangt Wärme, muß im Mistbeet gezogen und dann an einer warmen Stelle des Gartens in Entfernung von 6-8 Zoll gepflanzt werden.

Belahe-Rinde ☞ **Mussände**

Benediktenkraut *(Geum urbanum)*, echte Nelkenwurz, Benediktwurz, Märzwurz, Igelkraut, Garaffel, Karniffelwurz, erreicht eine Höhe von 1-2 Fuß, hat einen ästigen Stengel mit tiefgespaltenen, am Rande gekerbten Blättern und gelbe, gänserichartige Blumen. Wächst in Hecken, Gebüschen, Hainen und Wäldern Europas. Blüht vom Juni bis August. Die bitterlichherbe, im frischen Zustand deutlich, im trockenen nur schwach beim Reiben nelkenartig riechende Wurzel ist als *Radix Caryophyllatae offizinell,* enthält zweierlei Gerbstoffe, Harz, etwas ätherisches Öl, Gummi, sowie mehrere Salze. Sie findet Anwendung in der atonischen Verdauungsschwäche, bei fehlerhaften Erregungszuständen in den Unterleibsorganen, gegen Atrophie, Skropheln, chronischen Rheumatismus, Rhachitis, Gicht, Unordnungen in der Menstruation, Blutflüsse, bei gastrischen Fiebern, gegen leichte Wechselfieber, zur Nachkur der Wechselfieber und in der Rekonvaleszenz nach schweren Krankheiten. Man gibt das Pulver zu ½-1 Drachme 2-4mal täglich. Zum Aufguß oder Abkochung nimmt man eine Unze auf 8 Unzen Colatur eßlöffelweise.

Benzoe *(Resina dulcis ☞ Asa dulcis),* wohlriechender Asant, gehört zu den Balsamen. Sie ist ein fester, harzartiger Körper, der aus dem ☞ Benzoebaum gewonnen wird. Im Handel unterscheidet man zwei Hauptsorten: die Siam-Benzoe und die Sumatra-Benzoe. Die Hauptbestandteile der B. sind ein flüchtiges, wohlriechendes Öl in sehr geringer Menge, Benzoesäure (12-20%) und mehrere verschiedene Harze (70-80%), welche sich besonders durch ihre Löslichkeit in Alkohol oder Äther unterscheiden. Ehedem wurden die Benzoeblumen gegen mangelnden Monatsfluß, ferner gegen Bleichsucht, Hysterie, bei akuten Hautausschlägen, Sommersprossen, Finnen, Hautjucken (Waschwasser aus der mit Wasser getrübten Tinktur oder aus einer Emulsion von B. und bitteren Mandeln mit Borax in Rosenwasser) bei chronischen, gichtischen und rheumatischen Affektionen, bei schlaffen Wunden und Geschwüren, gegen Knochenfraß angewendet; bei Lungenentzündungen alter Leute und drohender Lungenlähmung, bei stockendem Auswurf, beim chronischen Lungenkatarrh, beim sog. schleimigen Asthma haben sie sich, nach Prof. Schroff, sehr hilfreich erwiesen. Man gibt sie zu 3-5-10 Gran in Pulverform, in den letzteren Fällen gern in Verbindung mit Goldschwefel; seltener in Schüttelmixtur oder in Lösung. Gegenwärtig gibt man sie meistens nur äußerlich und zwar ihres Wohlgeruches wegen zu Schönheitswässern, zu Räucherspezies, zu Räucherungen bei rheumatischen, gichtischen Leiden. Die sogenannte Jungfernmilch, welche der Haut einen schönen Teint verleiht und gegen leichte Hautausschläge angewendet wird, bereitet man aus Benzoe mit Wasser. Zur Bereitung der Tinktur nimmt man 3½ Unzen grobgepulverte B., 2½ Unzen präparierten Storax, Tolubalsam 10 Drachmen, Aloe in grobem Pulver 5 Drachmen, reflektierten Weingeist ca. eine Maß. Man mazeriert 7 Tage lang und seiht durch. Die Gabe beträgt 20 Tropfen bis 1 Drachme. Sie wird auch äußerlich angewendet bei Riß- und Schnittwunden. Zum Benzoegeist nimmt man 8 Lot gepulvertes Gummi-Benzoe, übergießt es mit 2 Pfund gutem Weingeist und überläßt es einer 12-24stündigen Digestion. Vom ganzen wird dann 1½ Pfund Flüssigkeit mittels einer Retorte überzogen.

In der Tierheilkunde ist Benzoe des hohen Preises wegen nicht verwendbar.

Homöopathie. Hering meint, daß die Benzoesäure *(Acidum benzoicum)* in der Gicht je länger, desto wichtiger werden werde. Ferner sollen manche Formen der sog. Harnschärfe, wo Säure im Magen, saures Aufstoßen und Erbrechen, Appetitlosigkeit mit Heißhunger wechseln, stets vermehrter Durst, Hautjucken, sehr schmerzhafte Geschwüre etc. in Benzoesäure ihr Heilmittel finden. Dr. Iranes heilte mit diesem Mittel eine Geschwulst mit geschwüriger Oberfläche, innen am linken Kiefergelenk, ausgebreitete Geschwüre an der Zunge, häutige Bräune, Kinderdurchfälle, gereizten Zustand der Blase etc.

Benzoebaum *(Benzoin),* Gattung der Styracineen. Der gebräuchliche B. *(b. officinale ☞ Styrax Benzoin)* ist ein ziemlich hoher Baum, der bei dickem Stamm eine weite Krone trägt; die Äste sind schön braun und tragen längliche, zugespitzte grüne, unterseits weiße Blätter. Die weißen Blätter stehen in Rispen. Das Vaterland des B. sind die Sunda-Inseln; auf Java und Sumatra ist er besonders zu Hause. Nach Einschnitten in den Stamm und in die unteren Äste dieses Baumes fließt ein Balsam heraus, der an der Luft vertrocknet und das unter dem Namen Benzoe, wohlriechender Asant, bekannte Harz darstellt.

Benzoelorbeer *(Calosmon),* Gattung der Lorbeergewächse. Der gemeine B. *(C. Benzoin)* ist ein ästiger Strauch von 8-10' Höhe mit schwarzbraunen, kahlen, glänzenden Zweigen. Die Blätter sind 4-5" lang, 2-3" breit, spitz, jung, am Rande zottlich, flach, unten seegrün mit einigen Härchen an den Adern, die Beeren oval-länglich, klein, rot, dann schwärzlich. Findet sich von Kanada bis Virginien an Flüssen oder auf sumpfigen Stellen und blüht vom März bis Juni. Die Rinde und die Früchte sind als aromatisch, stimulierend und tonisch in Nord-Amerika bekannt. Da alle Teile dieses Strauches gerieben stark nach Benzoe riechen, so leitete man in früheren Zeiten das Benzoeharz davon ab, das aber von einem anderen Baum, nämlich dem ☞ Benzoebaum gewonnen wird. Der lanzettliche B. *(C. aestivale)* wächst an nassen Stellen, an Flußufern von Virginien bis Florida. Man wendet dort die Rinde, sowie die Beeren und das daraus gepresste Öl an. Die Rinde, sowie die nicht gebräuchlichen Blüten schmekken aromatisch; noch stärker, aber unangenehmer die Beeren. Die erbsengroßen Früchte von *Calosmon Neesianum* in Nepal riechen stark nach Cajeputöl.

Berberitze *(Sauerdorn, Berberis),* die Hauptgattung der Familie *Berberidae.* Die bei uns vorkommende gemeine B. *(B. vulgaris)* (FIG. 24) ist ein Strauch, der die Höhe von sechs Fuß erreicht. Die Wurzel ist innerlich gelb. Die braungelben Zweige tragen als primäre Blätter drei spitze Schuppen (vgl. FIG. 24c). In ihren Achseln stehen die kurzen, dichtblätterigen Zweiglein. Die Blätter sind umgekehrt-eiförmig, sägezähnig, kurzgestielt. Die überhängenden Blütentrauben bringen im mittleren Frühling goldgelbe Blüten, deren Frucht in Gestalt länglicher Beeren von roter, selten violetter Farbe im Herbst reifen und am Strauch überwintern. Sie sind in der Regel sehr sauer, doch hat man auch süße Abarten. Der Strauch ist in Europa und Nordasien verbreitet. Aus den Blättern soll man Salat bereiten. In der Heilkunde sind vorzugsweise die sauren Beeren gebräuchlich. Die gelbe Wurzel, besonders der Bast derselben, sowie jener des Stammes und der Äste, den man auch zum Färben braucht, ist sehr bitter, wurde schon in alten Zeiten als ein purgierendes Mittel (vorzüglich aber gegen die Gelbsucht) gerühmt und verdient in der Tat die Aufmerksamkeit der Ärzte, indem die Chemie darin außer Harz, Wachs, Fett, Gummi und Amylum einen sehr bitteren, dem Rhabarbarin verwandten, auch fast ebenso schmeckenden und purgierenden Extraktinstoff (Berberidin) aufgefunden hat. Die sauer und etwas zusammenziehend schmeckenden Blätter hat man gegen Schlaffheit des Zahnfleisches und ähnliche Krankheiten des Mundes empfohlen. Auch die amerikanischen und indischen Arten haben purgierende Eigenschaften. Der scharfe Saft der Berberitze macht sie für die Verwendung zu mancherlei erfrischenden Speisen und Getränken geeignet. Bei Punsch, Limonade, Kaltschale, Eis, kurz bei allem, wo die intensiv rote Farbe kein Hindernis ist, kann ihr Saft den der Zitrone ersetzen, ja für manche Zwecke wird man ihm eben deswegen den Vorzug geben. Die Früchte reifen zwar schon im September und Oktober, doch sammelt man sie für den Haushalt gern erst Anfang November, da sie an Güte gewinnen, wenn sie einige Nachtfröste bekommen haben. Berberitzensaft wird bereitet: Abgebeerte Berberitzen werden in einem irdenen Topf auf's Feuer gesetzt und so lange gerührt, bis sie sehr heiß geworden sind, alsdann preßt man sie aus und stellt den Saft 2-3 Tage in den Keller. Nach Verlauf dieser Zeit kocht man mit $\frac{1}{4}$ Pfund Zucker auf jede Kanne den Saft noch einmal auf, füllt ihn in Flaschen, gießt etwas gutes Salatöl obenauf, verkorkt sie und stellt sie in den Keller. Vor dem Gebrauch nimmt man das Öl, welches nur dienen soll, den Zutritt der Luft zu hindern, mit etwas Baumwolle ab, indem man dieselbe nur leicht die OberFläche berühren und das Öl hineinziehen läßt.

Homöopathie. Die Berberis wird angewendet bei leichten Hautausschlägen, Warzen an den Fingern, Frostballen, gastrischen Fiebern, Hypochondrie, Kopfschmerzen in Folge von Störungen in dem Verdauungsapparat in Verbindung mit rheumatischen und

FIG. 24

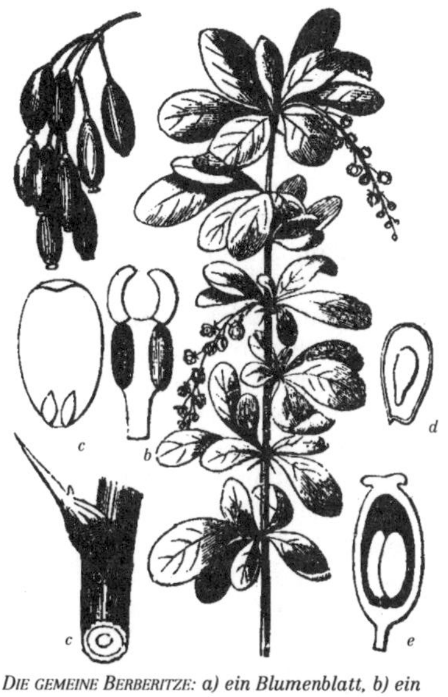

DIE GEMEINE BERBERITZE: a) ein Blumenblatt, b) ein Staubgefäß mit der aufgehobenen Klappe, d) Durchschnitt eines Samens, e) eine offene Frucht.

gichtischen Leiden, Unterleibsbeschwerden, Leberleiden, Gelbsucht, Krankheiten der Nieren und Harnwerkzeuge, Nierenkolik, Hämorrhoidalleiden, schmerzhafter Menstruation, dann bei gichtischen und rheumatischen Affektionen der Extremitäten.

Gabe: 1-2 Tropfen der reinen Tinktur oder der 1., 2., 3. Verdünnung, 1-2mal oder auch noch öfters täglich wiederholt.

Bergamotte *(Citrus Bergamia. Riss.)* ist eine Abart der Zitronen-Agrume; der Blattstiel ist gerandet-geflügelt; die Früchte sind rundlich, niedergedrückt etwas birnförmig, mit einem säuerlichen Saft. Das aus der Fruchtrinde derselben gepreßte Öl heißt Bergamottöl; es ist blaßgelb, rektifiziert farblos, von eigentümlichem, sehr lieblichem Geruch. Dasselbe wird namentlich von Haarkünstlern als Zusatz zu Pomaden verwendet. Der Arzt aber braucht es ab und zu, um Patienten, namentlich verzogenen Kindern verschiedenen Alters den Geschmack von Medikamenten annehmlicher zu machen. Außerdem bezeichnet man mit dem Namen Bergamotte gewisse Birnensorten.

Bergbasilie ☞ Steinpoley

Bergbenediktwurz ☞ Sieversie

Berg-Gamander ☞ Gamander

Berg-Günsel ☞ Günsel

Berg-Holunder ☞ Holunder

Berg-Linde ☞ Linde

Berg-Melisse ☞ Bergminze

Bergminze *(Calamintha)*, Gattung der Lippenblütler. Die gebräuchliche B. *(C. officinalis)*, Berg-Melisse, hat einen 1-1$\frac{1}{2}$ Fuß hohen purpurbraunen Stengel, eirunde und wie der Stengel mit kurzen, grasgrünen Haaren bedeckte Blätter; die purpurrote Blumenkrone hat am Grund der Unterlippe einen weißen, violettgetüpfelten Fleck. Findet sich in Gebirgsgegenden des südlichen Europa. Riecht und schmeckt der Melisse und Krauseminze ähnlich, deren Heilkräfte sie auch besitzt, doch ist ihre Anwendung weniger allgemein, wie jene der ersteren.

Die poleyartige B. *(C. Nepeta)* ist der vorigen ähnlich, aber steifer, dicht und weich behaart, am Grunde gestreckt. Blätter etwas kleiner, ebenso geformt, die blütenständigen kürzer als die Trugdolden. An Mauern und Felsen im westlichen und südlichen Europa. Diese Art riecht viel stärker als die erste und fast wie der gemeine Poley, aber widriger, schmeckt feurig-aromatisch und ist besonders in England und Frankreich gebräuchlich. Die großblumige B. *(C. grandiflora)* findet sich auf Bergen und Voralpen in Tirol, Kärnten, Krain, im südlichen und südöstlichen Europa, sowie im Orient. Riecht weit lieblicher als die anderen Arten dieser Gattung, doch auch dem Poley ähnlich und war ebenfalls früher gleich den Minzen gebräuchlich, wie sie es noch immer im südlichen Europa und bei den Gebirgsbewohnern ist. Sehr aromatisch sind auch die übrigen Arten, welche alle im südlichen Europa vorkommen.

Berg-Nelkenwurz ☞ Sieversie
Berg-Petersilie ☞ Haarstrang
Berg-Poley ☞ Gamander
Berg-Reis ☞ Reis
Berg-Salbei ☞ Salbei
Berg-Ulme ☞ Ulme
Berg-Wohlverley ☞ Arnica

Berle *(Berula)*, Gattung der Doldengewächse. Die schmalblätterige B. *(B. angustifolia)* hat eine faserige Wurzel, einen aufrechten, 1-3' hohen röhrigen, ästigen Stengel, oft 1 Zoll lange, am Grunde schiefe oder fast herzförmige Wurzelblätter, und nur halb so lange Stengelblätter. Die Blüten sind weiß. Wächst in Gräben, Bächen, Teichen und Sümpfen von ganz Europa und Mittel-Asien und blüht vom Juni bis August. Hat alle Eigenschaften mit dem Wassermerk gemein, auch war das Kraut offizinell und wird gleichfalls für narkotisch-scharf gehalten, die Früchte finden sich auch bisweilen anstatt des Wasserfenchels in den Apotheken vor.

Bertramwurz *(Anacyclus Pers.)*, Gattung der Korbblütler. Die echte B. *(A. Pyrethrum DC, Anthemys Pyrethrum)* ist ausdauernd, selten zweijährig; der aufrechte, gestreifte, ästige, 1-3 Fuß hohe Stengel ist unten kahl, oben weichhaarig; von den gestielten, kammteiligen, etwas weichhaarigen Blättern sind die obersten zusammen; sie treibt doldenartige Blütenköpfe und hat längliche weißrandige Hüllblätter, gelbe Scheibenblüten. Kommt an waldigen, steinigen Orten auf Mauern, Schutthaufen und anderen wüsten Plätzen in ganz Europa vor, ist ausdauernd und blüht vom Juni bis Juli. Die blühende Pflanze riecht eigentümlich, stark, aromatisch, kamillenartig, aber widriger, schmeckt ebenso und zugleich bitter. Als Hauptbestandteile enthält sie ein dunkelblaues ätherisches Öl, bitteren Extraktivstoff, Harz, auch Gummi und gehört zu den sehr kräftigen, erregenden, krampfstillenden, zugleich stärkenden Arzneimitteln, die in allen auf Untätigkeit des Darmkanals und auf hohen Graden torpider Schwäche des Nervensystems beruhenden Krankheiten, in torpider Verdauungsschwäche, Auftreibung des Unterleibes, hartnäkkiger Verstopfung, bei brandiger Bräune, gegen Wechselfieber, in chronischen Rheumatismen, bei Lähmungen, besonders aus rheumatischem Ursprung, dann äußerlich zur Zerteilung von Geschwülsten und als schmerzstillende Bähung angewendet wird; doch wird auch dieses Mittel, gleich so manchen anderen, in der neueren Zeit nur selten angewendet, da man jetzt viel zu sehr gewohnt ist, die Heilmittel nach einer oder der anderen hervorstechenden Wirkung zu klassifizieren und aus jeder solchen Klasse nur ein oder zwei Mittel (die angeblich kräftigsten) auszuwählen, um sie, mit fast völliger Hintansetzung der übrigen ähnlichen, aber deshalb nicht gleichen oder etwa nur dem Grade nach, sondern auch qualitativ verschiedenen, täglich am Krankenbette zu brauchen. Die Tinktur wird bereitet: 5 Unzen B. mit 2 Pfund rektif. Weingeist nach 6-8tägiger Digestion auf 20 Unzen Kolatur. Man gibt davon 10-20-40 Tropfen. Innerlich gab man sonst das Pulver zu 10-20 Gran einigemal des Tages oder den Aufguß aus 1-2 Drachmen auf 4 Unzen Kolatur. Die Wurzel wird auch als Kaumittel, besonders bei Lähmungen der Zunge, bei rheumatischem Zahnschmerz gebraucht und bedient man sich dazu der Wurzel in Substanz oder der aus ihr bereiteten Tinktur oder bringt aus dem Pulver der Wurzel bereitete Pillen in hohle Zähne.

In der Tierheilkunde findet die B. nur in solchen Krankheitszuständen ihre Anwendung, bei denen ein hoher Grad von Abgespanntheit (Torpor) und Lähmung, besonders in der Maulhöhle, an der Zunge, am Gaumensegel, Kehl- u. Schlundkopf und in den Verdauungseingeweiden besteht. Namentlich ist sie nützlich bei chronischem Katarrh, bei veralteter Bräune, bei Lähmung der Zunge, bei langwieriger Appetitlosigkeit und Unverdaulichkeit, wenn dieselbe bloß in Schwäche und Reizlosigkeit begründet ist, bei dem sogenannten Magenkoller der Pferde, selbst bei nervösen Fiebern, die mit großer Abstumpfung verbunden sind, und bei chronischen Lähmungen der Gliedmaßen.

Die Gabe ist, für Pferde und Rinder 15,0-30,0, für Schafe und Schweine 2,0-4,0, für Hunde 0,5-2,5. Die Anwendung geschieht in Latwergen, Pillen oder Aufgüssen. Bei Pferden wurde ehemals die Wurzel auch als sogenanntes Kau- oder Speichel erregendes Mittel benutzt, indem man sie entweder in Substanz oder pulverisiert und mit Enzian- oder Meisterwurzel und dgl. gemengt in einen leinenen Beutel getan, auf das Mundstück befestigte und dies den Tieren in's Maul legte. Bei Lähmungen der Zunge hat Prof. Hertwig das Mittel auf diese Weise mit recht gutem Erfolg angewendet. Mit Wasser gelind gekocht, ist die Wurzel zu reizenden Maulwässern und zum Waschen schlaffer Geschwüre zu benutzen. Den Schweinen gibt man die B. am besten nur in Latwergenform.

Der Anbau geschieht auf folgende Weise: Der feine Samen wird wie Kümmel, Koriander und Möhren, jedoch etwas dicker gesät und schwach bedeckt, im Feld nur eingewalzt, im Garten leicht mit dem Rechen bedeckt. In den wärmsten Gegenden Deutschlands und Österreichs kann der Samen im Herbst gesät werden, in den übrigen Gegenden erst im April. Das Land darf nicht frisch gedüngt, der Boden muß locker und gut sein und ist lehmiger Sandboden oder schwarzer Aueboden am besten.

Berufkraut *(Erigeron)*, Gattung der Synanthereen. Das scharfe B. *(E. acris)*, blaue Dürrwurz, hat eine kleine Wurzel, einen aufrechten oder aufsteigenden, 6"-1½' hohen, stielrunden, gerillten, meistens violett-rötlichen, mit kurzen, etwas steifen Haaren besetzten Stengel, rosettigen, lang-spateligen Wurzelblättern und lanzettlichen Stengelblättern. Gemein in Europa an dürren, steinigen Orten, Hügeln und Bergen, doch immer vereinzelt, blüht im Mai, Juni und wieder im August, September. In früheren Zeiten war die ganze Pflanze offizinell; sie riecht gerieben eigentümlich, nicht unangenehm, schmeckt scharf, beißend und wurde gegen Brustkrankheiten, Magensäure, zurückgehaltenen Monatsfluß etc. gebraucht; auch schrieb man ihr magische Kräfte zu. Das pennsylvanische B. *(E. philadelphicus)*, eine zierliche, zarte Pflanze Nordamerikas, wird dort als schweiß- u. harntreibendes, auch wohl als stärkendes Mittel bei Steinbeschwerden, in der Wassersucht, gegen die Gicht etc. angewendet. Das kanadische B. *(E. canadensis)*, ist in Nordamerika ganz wie die vorige Art offizinell und auch gegen Durchfälle und Ruhr im Gebrauch.

Beim Anbau des kanadischen Berufkrauts sät man den feinen Samen breitwürfig und zieht ihn bloß leicht mit dem Rechen unter. Die Ernte tritt im Juli und August ein, wenn die untersten Blumen schon Samen haben. Man läßt die Pflanzen ziemlich dicht stehen.

Besenginster *(Spartianthus),* Gattung der schmetterlingsblütigen Pflanzen. Der binsenartige B. *(Sp. junceus),* ist ein immergrüner Strauch von 4-10' Höhe, aufrecht, kahl, mit sehr zahlreichen, gegen- und wechselständigen, rutenförmigen, stielrunden, grünen Ästen und sehr wenigen lanzettlichen, stumpfen, nach unten stark verschmälerten 6-14" langen, $1\frac{1}{2}$-3"' breiten, sehr kurz gestielten Blättern. Die Blüten sind groß, gelb, wohlriechend, in schlaffen, endständigen Trauben. Wächst an dürren, sonnigen Stellen im mittleren Europa. Alle Teile dieses Strauches schmecken bitterlich und besitzen harntreibende Eigenschaften, dienen aber besonders als Brech- und Purgiermittel; die krautigen Spitzen, sowie die Samen desselben waren offizinelle. Im südlichen Frankreich, Spanien u.s.w. wird er wie Hanf verwendet.

Besenheide *(Calluna),* Gattung der Heidegewächse. Die gemeine B. *(C. vulgaris),* ist ein sehr buschiger, 1-3 Fuß hoher Strauch mit Nebenästchen, welche später vertrocknen und mit dem Blättern abfallen; die endständigen Trauben sind 1-3 Zoll lang und wachsen aus der Spitze oft wieder Äste hervor, welche Blätter tragen. Kommt an dürren Stellen, auf Sandboden, in Nadelwäldern, auf Torfmooren in ganz Europa bis Island vor und bedeckt nicht selten ganze Strecken. In früheren Zeiten rühmte man diese Pflanze vorzüglich gegen den Stein und schrieb derselben eine auflösende und zerreibende Kraft zu; die Abkochung der Blüten gab man gegen Leibschmerzen und den Saft der Blätter gegen Augenschwäche. Heute wird die B. nicht mehr als Heilmittel, wohl aber in einigen Ländern zum Gerben angewendet und man kann damit gelb färben. Die Blüten sind für die Bienenzucht ungemein wichtig.

Besenkraut *(Scoparia),* Gattung der Skrophulariaceen. Tropische, meistens südamerikanische Kräuter oder Sträucher mit kahlen, punktierten, häufig zu 3 stehenden Blättern. Blüten klein, einzeln auf achselständigen Stielen, Kelchzipfel lanzettlich, spitz. Das süße B. *(Sc. dulcis),* hat einen halbstrauchigen, aufrechten, 2-3' hohen, vom Grunde an ästigen, ganz kahlen Stengel, kurz gestielte, 6-12"' lange, 2-4"' breite, gegen die Basis mehr als nach oben verschmälert, stumpfliche oder spitze, an der oberen Hälfte mehr oder weniger gesägte Blätter. Wächst zwischen den Wendekreisen in allen Weltteilen, doch ursprünglich nur in Amerika einheimisch. Blüht fast stets in Westindien, Südamerika und Guyana wird das süßlich schmeckende Kraut als ein verdünnendes, auflösendes Mittel (fast wie Süßholz) bei Brustkrankheiten, auch bei gastrischen Fiebern, gegen Tripper und äußerlich bei Wunden gebraucht.

Betel-Pfeffer ☞ **Pfeffer**

Betonie *(Betonica),* Gattung der Lippenblütler. Die gebräuchliche B. *(B officinalis),* hat einen starken, horizontalen Wurzelstock. Die gestielten Blätter sind länglich-herzförmig, mit gekerbtem Rand. Der vierkantige, wenig blätterige Stengel trägt oben einen walzigen Blütenstand mit kleinen, purpurnen Blumen, deren Rohr gekrümmt ist. Findet sich selten in Süddeutschland und mehr im westlichen und südlichen Europa, in Hainen und Wäldern. In früheren Zeiten hatte man die Wurzel, die Blätter und Blüten in den Apotheken; erstere schmeckt unangenehm, etwas ekelhaft, bewirkt Erbrechen und im frischen Zustand auch Purgieren; das Kraut riecht frisch unangenehm, schmeckt bitterlich herb und wurde für ein nervenstärkendes Mittel gehalten, auch gegen Verschleimungen und gichtische Beschwerden verordnet. Die Heilkräfte der B. wurden im Altertum sehr hochgeschätzt; Musa, der Leibarzt des Kaisers August, schrieb darüber ein großes Buch, wovon noch einige Bruchstücke vorhanden sind; noch jetzt ist ihre Wirksamkeit in Italien sprichwörtlich (ha piu virtú che bettonica). In Deutschland scheint sie kaum mehr angewendet zu werden, wohl aber in Frankreich. Man benutzt daselbst das Pulver des Betonienkrautes zu Niespulver; auch läßt man das Kraut rauchen, um die Speichelabsonderung zu befördern.

Bezoarwurzel ☞ **Dorstenie**

Bibernell *(Pimpinella)*, Gattung der Doldengewächse. Meistens europäische Kräuter. Wurzel spindelig, Blätter fiederschnittig, Dolden vor dem Aufblühen überhängend und wie die Döldchen vielstrahlig, hüllenlos, Stempelpolster kissenförmig, Griffel zurückgeschlagen, nach oben fast kopfig. Die große B. *(P. magna)*, hat eine walzig-möhrenartige Wurzel, einen 1½-3' hohen, aufrechten, kahlen Stengel, die Blätter glänzend, die unteren gestielt, die oberen auf den Scheiden sitzend. Die Dolden 9-15strahlig, die Döldchen mit 10-20, fast durchaus fruchtbaren, weißen oder rosenroten Blüten, die Frucht eiförmig, braun und glatt. Findet sich in ganz Europa und im Orient auf Wiesen, Triften, grasigen Weideplätzen, von der Ebene bis auf die Voralpen. Blüht im Mai, Juni und meistens noch einmal im August. Die Wurzel riecht angenehm gewürzhaft, schmeckt stark aromatisch-scharf, fast brennend, ist ein sehr kräftig reizendes Arzneimittel, war daher auch früher häufiger, als es jetzt der Fall ist, offizinell; heute ist zwar in der Pharmakopöe meistens bloß die folgende Art als die eigentlich offizinelle bezeichnet, aber anstatt derselben wird häufig die Wurzel der großen B. gesammelt. Die gemeine B. *(P. saxifraga)*, Stein-B., schwarze B., Pfefferwurz, Bocks-Petersilie, hat fiederteilige Blätter mit eiförmigen, stumpfgezähnten Blättern, die auch gelappt oder doppelt-fiederteilig vorkommen. Der Stengel ist rundlich, fein gestreift, nach oben ohne Blätter, wenigstens ohne höher entwickelte. Die Griffel sind zur Blütezeit kürzer, als der Fruchtknoten. Die Früchte sind eiförmig. Offizinell ist die im frischen Zustand nicht eben angenehm aromatisch, fast bocksartig riechende, scharf-aromatisch und brennend schmeckende, fast kräftige, doch heutzutage mit Unrecht vernachlässigte Wurzel. Sie ist im trockenen Zustand gelblich-graulich, wie ein kleiner Finger oder nur halb so dick, fein geringelt und enthält vorzüglich ein scharfes Weichharz, ein Hartharz, ein blaßgelbes, ätherisches Öl, fettes Öl, einen doppelten Extraktivstoff u.s.w.

Die flaumige Abart, deren Wurzel zugleich schwärzlich ist, hat man auch als eigene Art aufgestellt und die schwarze B. *(P. nigra)* genannt. Merkwürdig ist es bei dieser, daß sie in manchen Gegenden nach Einschnitten einen blauen Saft von sich gibt, während in anderen sich nie eine Spur von letzterem zeigt. Diese wird gleichfalls für die Apotheken gesammelt und gibt bei der Destillation ein hellblaues, in's Gelbliche spielendes Öl, weshalb auch die Wurzel von Liqueur-Fabrikanten benutzt wird, um einigen ihrer Produkte eine schöne blaue Farbe zu geben. Man wendet die Bibernellwurzel an bei höheren Graden von Schwäche des Darmkanals, sowie gegen die gesunde Tätigkeit in den Schleimhäuten der Luftwege und Harnorgane, bei Verdauungsschwäche mit Blähungen und Verschleimung des Magens und Darmes, bei torpider Bräune, gegen langwierige Lungenschleimflüsse, bei Schleimasthma mit sehr zähem Auswurf; bei katarrhalischem Ergriffensein des Halses, der Mandeln, bei langwierigen rheumatischen Beschwerden, bei katarrhalischen, rheumatischen Zahn- und Ohrenschmerzen, Erschlaffung des Zäpfchens, Lähmungen der Zunge. Ihre Anwendung in der Wassersucht und zur Beförderung der

Menstruation scheint ganz in Vergessenheit geraten zu sein, ebenso ihr Gebrauch als Wundmittel. Innerlich gibt man von der Bibernellenwurzel einigemal täglich 5-15 Gran, am besten in Pillen oder Bissen. Auch Trochisken empfehlen sich, z. B. bei katarrhalischer Bräune; läßt man dieselben allmählich im Munde zergehen und verschluckt sie langsam, so haben sie eine merkliche, örtliche Wirkung auf den Schlund. Sodann wendet man auch den Aufguß an; man rechnet dabei 2-6 Drachmen auf 6 Unzen Kolatur und läßt hiervon alle 2 Stunden einen Eßlöffel voll nehmen. Wird die Bibernellenwurzel gegen Verdauungsleiden angewendet, so ist häufig dem weinigen Aufguß der Vorzug einzuräumen. Am häufigsten kommt die B. innerlich als Tinktur (bereitet aus 5 Unzen der gröblich gepulverten Wurzel und 2 Pfund rektif. Weingeist durch 8tägige Mazeration) in Anwendung; dieses Präparat ist bei uns nicht offizinell; man gibt davon 20-60 Tropfen; bei katarrhalischen Beschwerden bloß auf Zucker geträufelt den man dann im Munde zergehen läßt und langsam verschluckt. Äußerlich wendet man die Bibernellenwurzel in Substanz als Kaumittel an (am beste die frische Wurzel). Endlich benutzt man Aufgüsse oder leichte Abkochungen (2-4 Drachmen auf 6 Unzen Kolatur) als Mund- und Gurgelwasser oder wählt man zu diesem Zweck die Tinktur mit Wasser verdünnt (z. B. Unzen Tinktur mit 1 Unze Rosenhonig und 2 Tassen Wasser):

In der Tierheilkunde ist die Wurzel der gemeinen B. mehr gebräuchlich als die Bertramwurzel, wird aber in denselben Krankheiten und genau auf dieselbe Weise angewendet wie jene; die Wurzel der schwarzen B. besitzt im wesentlichen dieselben Eigenschaften und kann daher wie die erstere Art gebraucht werden.

Bienensaug Taubnessel *(Lamium)*. Unter den einheimischen Lippenblütlern ist diese Gattung eine der am schärfsten markierten. Sie hat ungleich lange Staubgefäße, die mittleren sind kürzer und alle stehen unter dem Helm der Blüte. Dagegen sind die Früchte oben abgestutzt. Eine ziemliche Anzahl Arten wachsen in Europa. Die gemeinste von allen ist die weiße Taubnessel *(L. album)*. Sie hat starke, hohle, viereckige Stengel. Die Blätter sind gestielt, dreieckig, am Grund herzförmig, grob sägezähnig. In den Achseln der oberen stehen vielblütige Wirtel von Blüten, deren Blumen weiß sind und einen schiefen Haarring innen im Rohr haben. Sie wächst an wüsten Stellen, in Hecken, Wäldern und blüht von Ende Frühling bis in den Herbst. Das Kraut und die Blüten waren sonst häufig im Gebrauch, jetzt sind es meistens nur die Blüten, welche honigartig riechen, süßlich-schleimig schmecken und gegen Katarrhe angewendet werden. Das frische Kraut riecht eigentümlich, aber unangenehm, schmeckt bitterlich herb, dann etwas kratzend und wurde besonders gegen den weißen Fleck empfohlen; die jungen Triebe werden in Schweden und Irland als Gemüse gegessen. Landleute gebrauchen den wässerigen Aufguß in der Bräune und gegen Kropf. Die honigreichen Blüten bieten den Bienen eine willkommene Ernte. Die berühmten Milzadella der Italiener stammt von dem gefleckten B. *(L. maculatum)*, einer sehr ähnlichen, aber rotblumigen Art, die im Süden gegen Milzkrankheiten angewendet wird. Der rote B. *(L. purpureum)* (FIG. 25), ist eine jährige, häufig auf bebautem Boden vorkommende Art mit herzförmigen, stumpfen, ungleich kerbig-gezähnten, nach oben zu pyramidalgehäuften Blättern und kleineren purpur- oder auch blaßroten, selten weißen Blumenkronen; kommt gleichfalls in ihren Eigenschaften mit der weißen Taubnessel überein, riecht aber noch stärker und widriger; früher waren auch von ihr Herba et Flores Lamii rubri vel purpurei gebräuchlich.

In der Tierheilkunde ist die weiße Taubnessel ganz außer Gebrauch gekommen.

Homöopathie. Als Heilmittel dürfte sich der weiße B. *(L. album)* wohl für folgende Krankheitszustände eignen und zwar bei schwerem Einschlafen, gegen Unruhe, Schlaflosigkeit, Taubhörigkeit, zu zeitig eintretender Menstruation und weißem Fluß.

Gabe: 2-3 Tropfen der 1. Verdünnung oder der reinen Tinktur 1-2mal täglich wiederholt.

Bilsenkraut *(Hyoscyamus T.)*. Unter die giftreiche Familie der Nachtschattengewächse gehört diese Gattung, ausgezeichnet dadurch, daß ihre vom welkenden fünfzähnigen Kelch umgebene Kapsel oben mit einem Deckel aufspringt. Die meisten Arten sind Kräuter mit klebrigen Haaren. Die Blätter sind bald unversehrt, bald grobgesägt oder Schlafkraut, Zigeunerkraut, Teufelswurz, Prophetenkraut, Tollkraut. Die Wurzel ist ein- bis zweijährig, hellbraun bis gelblich, bei starken Pflanzen möhrenartig, sonst dünn. Der Stengel wird bis gegen 2 Fuß hoch. Die Blätter sind buchtig gezähnt, die untersten gestielt und zeitig abfallend. In den Achseln der oberen stehen die einseitwendig gerichteten Blüten auf kurzen Stielen. Die Blumen sind glockigröhrig mit fünflappigem Saum, gelb oder ockerfarbig, im Schlunde violett, außerdem meist mit violettem Geäder. Es wächst in ganz Europa an wüsten Plätzen, Schutthaufen und an Wegen. Das Kraut und die Samen, schon seit den älteren Zeiten der Medizin als ein sehr kräftiges, narkotisches Heilmittel bekannt, gehören auch noch heute unter die wichtigsten Mittel dieser Klasse. Ersteres muß für den Arzneigebrauch vor der völligen Entwicklung der Blüten gesammelt werden, es riecht sehr stark, unangenehm betäubend und enthält (außer mehreren Salzen, sowie den gewöhnlichen, schleimigen und extraktivstoffigen Bestandteilen) vorzüglich ein eigentümliches narkotisches Alkaloid *(Hyoscyamin)*, eine eigentümliche Säure und ein nach Canthariden riechendes Prinzip, bei den Samen findet sich auch noch viel fettes Öl. Man wendet das Bilsenkraut als ein milderes, schmerz- und krampfstillendes, schlafmachendes Narkotikum in allen jenen Fällen, wo Opium und Belladonna wegen ihrer heftigeren und besonderen Nebenwirkungen und daher bestehenden Gegenanzeigen nicht gereicht werden dürfen, wie etwa im kindlichen Lebensalter, bei Neigung zu Stuhlverstopfung, zu heftigen Kongestionen nach dem Kopfe. Wegen seiner Beziehungen zum herumschweifenden Nerv *(Nervus vagus)* gibt man es vorzugsweise bei Affektionen der Luftwege, daher bei Hustenreiz, Krampfhusten, Keuchhusten, in der Lungenschwindsucht, bei Entzündungen der Bronchien-Schleimhaut, bei schmerzhaften gichtischen und rheumatischen

Fig. 25

Die rote Bienensaug: a) vergrößerte Blüte.

Affektionen der Gelenke sowohl als anderer Organe, bei Magenkrampf, Kolik, bei schmerzhaften Leiden der Harn- und Geschlechtsorgane. Zur Erweiterung der Pupille eignet es sich ebenso wie die Belladonna (Tollkirsche), ja das Hyoscyamin noch weit besser als Atropin. Überdies schreibt man dem B. zerteilende und auflösende Wirkungen zu und gibt ihn daher sowohl innerlich als äußerlich bei schmerzhaften skrophulösen, bei krebsartigen Drüsenleiden und ähnlichen Fällen, wo der gefleckte Schierling angezeigt ist und dann gewöhnlich in Verbindung mit diesem. Sehr selten gibt der Arzt innerlich das Kraut oder die Samen, jenes zu 2-6 Gran in Pulverform oder als Aufguß zu 1 Drachme für den Tag, diese zu 30-60 Gran als Emulsion. Dagegen wendet man häufiger das Kraut äußerlich allein oder mit Schierling, Leinsamen zu Breiumschlägen an bei schmerzhaften Geschwülsten oder krampfhaften Zusammenziehungen der Muskeln, wie der Blase, des Mastdarms oder als Aufguß zu Blähungen, Einspritzungen, Klistieren von 1-2

Fig. 26

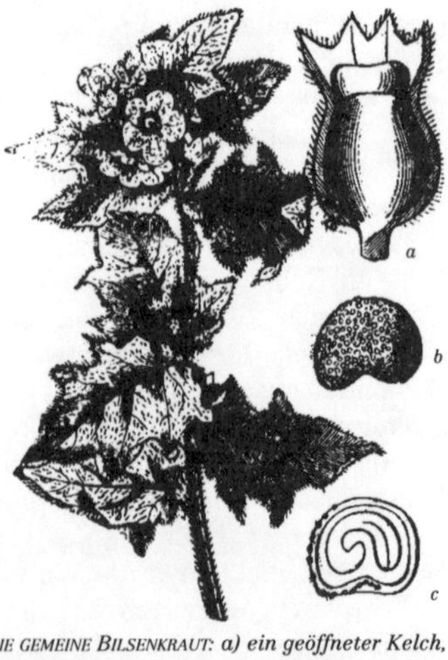

Die gemeine Bilsenkraut: a) ein geöffneter Kelch, in dem man die Kapsel mit dem Büchsendeckel erblickt, in natürlicher Größe, b) ein Samen, sechsmal vergrößert, c) derselbe im Durchschnitt; man sieht den Keimling im Eiweiß eingebettet.

Drachmen auf 6 Unzen Kolatur. Bisher war nach unseren Pharmakopöe das aus dem Saft der frischen Pflanze durch Eindicken erhaltene Extrakt offizinell; die neue Pharm. hat sowohl vom Kraut als vom Samen das alkoholische Extrakt aufgenommen. Man gibt vom wässerigen Extrakt 1-4 Gran, vom alkoholischen Blätterextrakt ½-2 Gran, vom ätherischen oder alkoholischen Samenextrakt ½-1 Gran in Gabe in Pulver, Pillen, Auflösung. Äußerlich zu Augenwässern 20-60 Gran auf 1 Unze Wasser, zu 1 Drachme auf 1 Unze Fett in Salbenform. Zum äußerlichen Gebrauch dienen ferner zwei Öle, von denen das eine durch Pressen der zerstoßenen und mit Wasserdämpfen gesättigten Samen, das andere durch Kochen von 4 T. Olivenöl mit 1 Teil frischer Bilsenkrautblätter erhalten wird. Beide gelten als schmerzstillende Einreibungsmittel. Endlich ist hie und da noch eine durch Mazeration des Krautes mit Weingeist dargestellte Tinktur und ein aus dem Extrakt und Pulver des Bilsenkrautes mit Öl, Wachs und Terpentin bereitetes Pflaster im Gebrauch; beide entbehrlich.

In der Tierheilkunde ist das Bilsenkraut von den Ärzten als innerliches Arzneimittel bisher nur wenig angewendet worden und spezielle Anzeigen sind in den tierärztlichen Lehrbüchern nicht enthalten. Hayne meint, das Bilsenkraut, es mag nun roh (grün), ein oder der andere Teil oder die ganze Pflanze, ein Absud, Extrakt u.s.f. grau- oder lotweise gereicht werden, wird in Koliken, Starrkrämpfen und ähnlichen krampfhaften Leiden kaum etwas vorzügliches leisten. Greve empfahl es gegen das Blutharnen des Rindviehs, im Zustand der wahren Schwäche als das beste und am schnellsten wirkende Mittel; aber bei dem Blutharnen im Entzündungszustand vermehrt es das Übel. Auch benutzt er das Kraut und das Extrakt in kleinen Gaben beim Nerven- und Faulfieber und in der Windkolik. Hertwig hat es bei dem ato-

Bilsenkraut

nischen Blutharnen, bei der Harnruhr mit demselben Charakter, bei sehr schmerzhaften, von Schwäche herrührenden (asthenischen) Entzündungen, besonders bei solchen Lungen- und Brustfellentzündungen, bei dem sogenannten feuchten Dampf, bei schmerzhaftem Husten und bei dem Dummkoller, wenn derselbe mit seinen Kongestionen begleitet war, sehr oft mit dem größten Nutzen angewendet. Äußerlich dient es bei allen schmerzhaften asthenischen Entzündungen, bei dergleichen Verhärtungsgeschwülsten und bei schmerzhaften Wunden, besonders sehniger Gebilde, beim eingetretenen Wundstarrkrampf, bei schmerzhafter Mauke und dergleichen. Die Gabe von dem getrockneten Kraut ist für Pferde und Rinder 15-90 Grm., für Schafe, Ziegen und Schweine 8-30 Grm., für Hunde 60 Centigrm. bis 4 Grm., täglich 2-3mal. Die Anwendung geschieht in Latwergen, Pillen oder im gelinden Dekokt; äußerlich entweder gleichfalls im Dekokt zu Waschungen und Bähungen, oder auch in Form von Breiumschlägen. Man gibt das Mittel für sich allein oder nach Bedürfnis mit anderen versetzt. Als ganz vortrefflich hat Prof. Hertwig bei dem Blutharnen und bei der Harnruhr die Verbindung des Bilsenkrautes mit dem ☞ Bleizucker kennengelernt. Die Wurzel des B. ist von einigen Tierärzten gegen dieselben Krankheiten, gegen welche das Kraut gebräuchlich ist, angewendet worden. Sie soll stärker wirkend sein und wird deshalb nur in der Hälfte der Gabe desselben gegeben. Die Bilsenkrautsamen sollen umstimmend auf den ganzen Ernährungs- und Bildungsprozeß wirken und werden deshalb den Pferden zu 16-24 Grm. täglich 3mal durch 14 Tage fortgesetzt, bei alten Geschwüren, veralteter Druse u.s.w. gereicht. Das B.-Extrakt wird Hunden zu 6-18 Grm. täglich 3-4mal in Pillen, Latwergen und Auflösungen gegeben; äußerlich 6-12 Centigrm. zu 30,0 Flüssigkeit oder 1,0 zu 15 Grm. Fett, Merkurialsalbe u. dgl. Die Tinktur ist bisher um versuchsweise bei dem Dummkoller der Pferde in Gaben von 1-3 Drachmen zu Injektionen (Einspritzungen) benutzt worden. Das Öl ist als ein reizmilderndes Mittel bei schmerzhaftem Husten, bei Kolik und dergl. (für Pferde zu 90-120 Grm., für Hunde zu 8-15 Grm.) und äußerlich bei schmerzhaften Wunden, bei Ohrenzwang der Hunde etc. zu benutzen – aber besser ersetzt man es, wenn man Bilsenkrautextrakt 1 Teil mit 25-30 Teilen Glycerin mengt.

Homöopathie. Hyoscyamus eignet sich nach Dr. Trinks vorzüglich für die nervöse Konstitution, für reizbare, nervöse, hysterische, hypochondrische, leichten Krämpfen aller Art unterworfene Individuen und wird angewendet gegen Schmerzen rheumatischer, nervöser Art, Gicht, Krämpfe von Würmern, Epilepsie, chronische Blutflüsse, Hautröte, Scharlach, verschiedene Hautausschläge, Blutschwäre, chronische Schlaflosigkeit, Wechselfieber, Kindbettfieber, Nervenfieber, Gehirnentzündung, heftige Neuralgien bei Kopfnerven, Zahnschmerzen, Blutbrechen, Bauchfellentzündung, Unterleibsschmerzen, Durchfall der Wöchenerinnen, Blasenkrampf, Mutterblutfluß, trockenen Husten katarrhalischer Natur, Lungenentzündung etc.

Gabe: 1-2 Tropfen der 1., 2. 3. bis 6. Verdünnung einmal des Tages oder öfter noch nach Umständen.

Die homöopathischen Tierärzte verordnen dieses Mittel bei Hundswut, wenn anhaltende Konvulsionen der Glieder, der Lippen und Halsmuskeln dieselbe begleiten, welche in der Regel nach dem Genuß von Getränken stärker hervortreten, dann bei der Hirnentzündung lähmekranker Füllen, wenn die Augen dabei unbeweglich, glänzend oder krampfhaft verschlossen sind, ferner bei Koller, bei Zuckungen und Verdrehungen der Glieder, Verziehung des Kopfes nach links, bei krampfhaftem nächtlichen Husten, der periodisch auftritt, gegen Harnzwang und Harnverhaltung und gegen epileptische Zufälle.

Zur Zeit der beginnenden Blüte, im Juni oder Juli, werden die Blätter und Blütenstände nach Regel 2 zur Bereitung der Tinktur verwendet.

Gabe: 3., 6. Verdünnung.

Andere Arten des B. sind das weiße B. *(H. albus)*, an Wegen und trockenen Stellen im südlichen Europa; kommt mit dem gemeinen B. in den Heilkräften überein. Das goldfarbige B. *(H. aureus)*, eine der schönsten Arten dieser Gattung, in den Ländern am mittelländischen Meer einheimisch, besitzt ähnliche Heilkräfte wie die vorhergehenden. Das schluttenartige B. *(H. physaloides)*, wächst in Nordasien; die Bewohner Sibiriens brauchen das Kraut und die Wurzel als ein Berauschungsmittel anstatt des Opiums, auch als schmerzstillendes, sowie gegen Schlaflosigkeit, die dortigen Ärzte überdies bei typhösen Fiebern, veralteter Syphilis, Knochenschmerzen, gegen verschiedene Brustbeschwerden und bei Diarrhöen; die Wurzel soll auch bei schmerzhaften Hämorrhoiden und gegen Blutharnen heilsam sein.

Will man das schwarze B. anbauen, so sät man den Samen im Frühjahr dünn in Reihen, auf mageren, trockenen Boden in sonniger Lage und bearbeitet den Boden nicht weiter. Das Trocknen der Blätter muß schnell vor sich gehen.

Bingelkraut *(Mercurialis)*, Gattung der Rautengewächse. Das jährige B. *(M. annua)*, Hundskohl, Ruhrkraut, Kuhkraut, Schweißkraut, Speckmelde, ist eine 1½ bis 2 Fuß hohe Pflanze mit eilanzettigen Blättern und grünlichen Blumenähren und ein lästiges Unkraut in Gärten, Weinbergen, auf Äckern und Schutthaufen. Das angenehm riechende, schleimig-fade, etwas salzig-bitterlich und widrig schmeckende Kraut ist erweichend und gelind purgierend; doch heute nur selten im Gebrauch. In neuerer Zeit rühmte Hartmann das Kraut gegen Wassersucht. Das ausdauernde B. *(M. perennis)*, an schattigen Stellen in Bergwäldern durch ganz Europa, riecht ebenfalls widrig, ist aber in seiner Wirkung viel heftiger, wirkt als Brech- und Purgiermittel und zugleich narkotisch. Das wollige B. *(M. tomentosa)*, ist in Süd-Frankreich sowie in Spanien zu Hause und in allen Teilen wollig-filzig, trägt kurz gestielte, längliche, stumpfliche, gegen das obere Ende gesägte Blätter und wurde früher gegen die Wasserscheu gerühmt.

Binse *(Scirpus)*, Gattung der Cypergräser, ist zwittrig und hat Blüten in kopfförmigen Ähren, von welch ersteren jede einzelne aus einem Deckblättchen, sechs borstenförmigen, kleinen Geschlechtshüllbättern, drei Staubgefäßen, einem Fruchtknoten, einem Griffel und drei fadenförmigen Narben besteht. Die Schließfrüchte sind dreiseitig. Die knollige B. *(☞ tuberosus)* mit knolliger Wurzel wächst in China und werden die Knollen dort als Arzneimittel geschätzt und gegessen. Die Sumpf-B. *(☞ lacustris)* ist häufig in Sümpfen und Teichen zu finden. Vor Zeiten war die Wurzel dieser Binse offizinell und wurde gegen Diarrhöen, Blutflüsse u.s.w. gebraucht. Das schwammige Mark des Halmes wird auch hie und da gegen Brandwunden angewendet.

Birke *(Betula)*, Gattung der Kätzchenblütler. Die weiße B. *(B. alba)* ist ein schlanker, 30-80 Fuß hoher Baum mit weißer, glatter, in papierne Blättchen sich ablösender Rinde und mit dünnen, biegsamen, herabhängenden, braunroten Zweigen (Hängebirke). Die gestielten Blätter sind rautenförmig oder dreieckig, langzugespitzt, doppelt gesägt, kahl. Die einhäusigen Blütenkätzchen entfalten sich mit den Blättern zugleich. Die Staubkätzchen sind länger und hängend, meist zu zweien am Gipfel der Triebe, die Stempelkätzchen kürzer, einzeln und seitlich. Bei der Fruchtreife werden die Deckschuppen der letzteren lederartig und fallen mit den geflügelten Früchten zugleich ab. Die Birke bildet häufig ganze Wälder in Europa und im nördlichen Asien, kommt besonders gerne auf Sandboden vor, steigt bis in die Voralpen und geht unter allen Bäumen am weitesten nach Norden. Rinde und Blätter, beide herb und bitter schmekkend, waren früher offizinell, erstere besonders gegen Wechselfieber, letztere als harntreibend, als Wurm- und Gichtmittel und äußerlich gegen Hautausschläge u.s.w. Vielfältig ist noch immer ihre Anwendung in Schweden und Rußland, sowie auch zum Teil in dem übrigen Europa als Volksarzneimittel. Die jungen Knospen geben durch Destillation ein Öl, welches den Copaivabalsam ähnlich sein soll. Im Frühling angebohrt, gibt der Stamm in großer Menge einen säuerlich-süßen Saft, der als Birkensaft bei Krankheiten der Harnorgane, chronischen Hautausschlägen, skorbutischer Dyskrasie, dann bei den sogenannten Frühlingskuren in großen Ansehen stand, heute aber nur selten als Heilmittel gebraucht, dagegen im nördlichen Europa häufig getrunken, ferner zur Bereitung von Bier, Wein (dem Champagner etwas ähnlich) und Essig verwendet wird. Schwedische und finnländische Landsleute pflegen die feine weiße Oberhaut der Rinde bei unterdrückten Fußschweißen unter der bloßen Fußsohle, die innere Fläche der Haut zugekehrt, zu tragen. Den Saft der Rinde empfiehlt Ehinger zum Waschmittel bei Erbgrind und Milchborke. Öfter werden die Birkenblätter bei unterdrückten Fußschweißen (Einstecken der Füße in einen mit frischen Blättern gefüllten Sack) oder Hautkrankheiten benutzt, gern bei Krätze (Abkochung zum Waschwasser), gegen Flechten und Wassersucht (Einhüllung des nackten Leibes in grüne, nicht von Tau und Regen feuchte Birkenblätter; der ausbrechende Schweiß wir später im Bett durch warme Getränke unterhalten), bei Bauchwassersucht nach unterdrückter Menstruation, gegen Gicht und Rheumatismus, bei Lähmungen und Magenschwäche. Die innere saftige Rinde wird von den Bewohnern des Nordpols gegessen und aus der äußeren weißen in Rußland das nach Juchtenleder riechende Birkenöl durch eine trockene Destillation gewonnen. Dieses, schon lange als Volksmittel gegen Tripper und Wechselfieber in Rußland sehr gebräuchlich, wird auch von Ärzten gegen letztere, sowie äußerlich gegen rheumatische Leiden, böse Geschwüre u.s.w. empfohlen. Groß ist auch die anderweitige nicht hierher gehörende Benutzung der Birke in der Ökonomie und Technologie. Die flaumhaarige B. *(B. pubescens)* ist der weißen B. zwar ähnlich, hat aber eirunde, meist nur einfach gesägte Blätter. Wächst auf Torfboden wie die vorige Art. In der Anwendung findet kein Unterschied statt. Dasselbe gilt auch von der etwas selteneren karpathischen B. *(B. carpatica)*; diese findet sich nicht bloß in den Karpathen, sondern im ganzen mittleren Europa bis ins nördliche und unterscheidet sich durch rundlich-rhombische, kurz-spitzige, samt den Blattstielen kahle oben dunkelgrüne, unten viel blässere Blätter. Die zähe B. *(B. lenta)*, in Nordamerika einheimisch, hat dieselben Heilkräfte wie unsere weiße Birke. Die Rinde besitzt einen aromatischen, ziemlich angenehmen Geruch und Geschmack, ebenso die jungen Triebe und die Blätter. Aus dem Saft dieser Art wird auch Zucker gesotten, dieser wird aber nie so rein wie der Ahornzucker. Unter allen Arten hat diese das beste Holz, sie verdiente daher in Europa mehr angebaut zu werden. Mit ihr kommt auch die schwarze B. *(B. nigra)* in Hinsicht auf Anwendung überein; auch aus ihrem Saft wird der Birkenzucker in Nordamerika bereitet, die Rinde besitzt einen eigentümlich scharfen, der Senegawurzel ähnlichen Geschmack. Unter den kleinen, strauchartigen Birken ist die Zwergbirke *(B. nana)*, die auf Alpen und Voralpen an sumpfigen, moorigen Stellen wächst, zu erwähnen. Die Alpenbewohner benetzen den Saft dieser Art gegen Auszehrungen, Gicht und dgl., ebenso gegen Hautausschläge.

In der Tierheilkunde werden die Birkenrinde und die Birkenblätter gegen torpide Wassersuchten, Rheumatismen, Hautkrankheiten und dgl. innerlich am besten in einer Abkochung, äußerlich desgl. oder die frischen Blätter (1. Teil) mit Fett (2. Teile) gut zusammengerieben als Salbe gegen Flechte und Räude angewendet. Der Birkenteer, das Birkenöl oder der sogenannte schwarze Degen ist ein wenig mehr aromatisch, übrigens von gleichen Eigenschaften wie der gemeine Teer und wie dieser zu benutzen. Vorzüge vor dem letzteren hat er nicht, aber das Volk hält ihn für wirksamer.

Birkwurzel *(Ferulago),* Gattung der Doldengewächse. Die rundstengelige B. *(F. Dodonaei)* hat eine schwarzbraune Wurzel, einen aufrechten, 3-6' hohen, nach oben in zahlreiche Blütenäste zerteilten Stengel; Wurzel- und untere Stengelblätter sind groß, auf langen, gegen das Blatt zu 3kantigen Stielen, ihre Abschnitte mit 4-6''' langen, $\frac{1}{4}$-$\frac{1}{2}$''' breiten, oben glänzenden, unten seegrünlichen Lappen, die übrigen Blätter allmählich kleiner, die Blüten dottergelb, die Frucht fast $\frac{3}{4}$'' lang, rostbraun. Wächst auf steinigen Wiesen, Hügeln und an Felsen im südlichen und östlichen Europa. Der Umstand, daß die Früchte dieser Pflanze oft im Galbanharz vorkommen, gab zur Annahme Veranlassung, daß letzteres von dieser Pflanze gewonnen werde, was aber, wie man jetzt weiß, nicht der Fall ist; übrigens wurde in neuerer Zeit die im frischen Zustand milchende, stark riechende Wurzel gegen Wechselfieber empfohlen.

Birne (*Pyrus L. sect. Pyrus)*. Die Hauptart der Birnen ist der gemeine Birnbaum *(P. communis)*. Er hat rundliche, zugespitzte, feingesägte, kahle, langgestielte Blätter. Die weißen Blüten stehen in aufrechten Doldentrauben und kommen mit den Blättern zugleich hervor; sie sind durch rundliche Blumenblätter und fünf freie Griffel ausgezeichnet. Die Frucht ist kreiselförmig, am Grunde verlängert. Der Birnbaum wächst in Gebirgswäldern einzeln, wild, und wird überall in zahllosen Spielarten kultiviert. Er blüht anfangs Mai nach dem Kirschen- und vor dem Apfelbaum. Im wilden Zustand hat der Birnbaum dornige Stämme und kleine säuerliche Früchte (Holzbirnen), welche erst, wenn sie teigig geworden sind, genossen werden können. Die kultivierten Spielarten, deres es bei 1500 gibt, haben dornenlose Stämme mit größeren, wegen des reichlichen Zuckergehaltes süßen wohlschmeckenden Früchten. Die Versammlung deutscher Pomologen in Naumburg hat dem Publikum folgende Birnensorten empfohlen: 1. Weiße Herbstbutterbirne, die Kaiserbirne der Schweizer, die Herbstbergamotte vieler Landleute. 2. Grumkower Winterbirne. Sie ist so schmelzend, daß man sie mit der Zunge zerdrücken kann. 3. Napoleons Butterbirne. Sie zeichnet sich durch eine glatte, grüne Schale aus, selten wird die Grundfarbe gelb. Die überaus saftige Frucht hat eine Beimengung herben Geschmacks. 4. Forellenbirne. Ihr großer Vorzug ist die lange Dauer ihrer Reifzeit. 5. Capiaumont's Herbstbutterbirne. Eine belgische Sorte, die in Deutschland sehr beliebt ist. 6. Coloma's Herbstbutterbirne. Ebenfalls eine belgische Sorte. Der Geschmack ist weinig gezuckert, mit kalmusartigem, flüchtigem Gewürz. 7. Coloma's köstliche Winterbirne. Das Fleisch ist weißgelb, süß, bis zum Februar hält sie sich. 9. Großer französischer Katzenkopf. Sie ist die fruchtbarste und dauerhafteste Kochbirne. 10. Winter-Apothekerbirne. Die Frucht reift spät, ist voller Beulen und Höcker. Ihre Schale färbt sich im Januar gelb. Als Kochbirne ist sie überaus wertvoll.

Die Birnen werden teils als Obst roh, getrocknet oder sonst zubereitet gegessen, teils bereitet man daraus ein Mus, einen Sirup, Wein, Branntwein und einen Essig. Die Früchte der wildwachsenden Art, die Holzbirnen,waren und sind noch jetzt (als Volksmittel) ihrer adstringierenden Eigenschaften wegen gegen Diarrhöen gebräuchlich, werden auch, wenn sie teigig geworden sind, von Ärmeren häufig gegessen, sowie zur Bereitung eines sehr guten Essigs u.s.w. verwendet.

Birnkraut *(Pyrola),* Gattung der Heidegewächse, hat fünfteiligen Kelch, fünfblätterige Blumenkrone, 10 Staubgefäße, welche am Grunde verdickt und dreiseitig sind, die Narbe ist in fünf Knötchen gespalten, die Kapsel fünffächerig und in 5 Risse aufspringend. Das rundblätterige B. *(P. rotundifolia),* rundes oder großes Wintergrün, Steinpflanze, Wandmangold, hat einen langen, dünnen, kriechenden Wurzelstock, einen 1-1½' hohen, aufrechten, 4-9 gehäufte Blätter tragenden Stengel, der ganze übrige Teil schaftartig, bleichgrün, 3-4kantig, die Blätter sind rundlich, eirund oder oval, selten am Grund schwach herzförmig, die Blüten 15-24 an der oberen Hälfte des Schaftes, nickend und eine lange, lockere, allseitswendige Traube bildend. Findet sich in Laub-, selten in Nadelwäldern Europas und des nördlichen Asiens. Früher waren die geruchlosen, bitterlich-adstringierenden Blätter offizinell und als eines der besten Wundmittel innerlich und äußerlich im Gebrauch. Den Indianern in Nordamerika dient das kaum spezifisch verschiedene amerikanische B. *(P. americana)* als Brechmittel. Zwei andere Arten, nämlich das grünblütige B. *(P. chlorantha)* und das mittlere B. *(P. media),* haben dieselben Heilkräfte wie die erste Art und werden ebenso gebraucht. Das kleinere B. *(P. minor),* kleines Wintergrün, kleines Waldmangold, ist dem rundblätterigen B. ähnlich, aber kleiner. Wächst in lichten Wäldern Europas, des nördlichen Asiens und Amerika. Die Blätter waren auf ähnliche Weise wie jene der ersten Art offizinell. Auch das einseitsblütige B. *(P. secunda),* eine in bergigen Laubwäldern sehr häufige Art, war als Wundmittel im Gebrauch. Dagegen wird ein Aufguß des einblumigen B. *(P. uniflora),* in Schweden und Norwegen gegen das Triefen der Augen und gegen leichte Entzündungen derselben, in Nordamerika aber von den Eingebornen als Brechmittel benutzt.

Bisamkörner ☞ **Abelmoschkörner**

Bisamkraut *(Adoxa),* Gattung der Araliaceen. Das gemeine B. *(A. Moschatellina),* ist ein nur 3-4 Zoll hohes, kahles, in Hainen, Wäldern und an Zäunen Europas und Nord-Asiens, doch nur kurze Zeit im Frühling vegetierendes Pflänzchen mit einem kriechenden, weißen, nach vorn durch einige fleischige Schuppen gezähnten Wurzelstock, bleichgrünen, unterseits glänzenden, dreizähnig-fiederschnittigen Blättern, dreiteiligen, stumpf gelappten Abschnitten derselben und 4-6 in einen endständigen, kleinen Knäuel gedrängten grünlichen Blüten. Vor Zeiten war die Wurzel gebräuchlich. Das ganze Pflänzchen, besonders ihre Blüte aber riecht schwach moschusartig und die Beeren besitzen einen den Erdbeeren ähnlichen Geschmack.

Bisamrose ☞ **Rose**

Bitteresche ☞ **Simarube**

Bitterholz *(Xylopia),* Gattung der Anonaceen. Das langblätterige B. *(X. longifolia),* ist ein Baum von 70' Höhe mit hängenden, kahlen runzeligen Ästen; die jüngsten und rötlich-braungelben Seidenhaaren bedeckt; die Blätter sind kurz gestielt, länglich, zugespitzt, an der Basis abgerundet, oben kahl, grün und etwas glänzend, unten seidenhaarig, bräunlich-rot und glänzend. Wächst am Orinoko. Die Indianer bedienen sich der Früchte als einen ausgezeichneten fiebermittels. Die Rinde des strauchigen B. *(X. frutescens),* in Guyana einheimisch, schmeckt stechend aromatisch, die Frucht scharf und riecht terpentinartig, die Samen haben ebenfalls einen stechend aromatischen Geschmack; die Neger in Guyana brauchen sie als Gewürz, aber auch als Heilmittel. Das seidenhaarige B. *(X. sericea)*, wächst in Bergwäldern um Rio de Janeiro. Die scharf aromatischen, fast pfefferartig, doch nicht so stark und angenehm schmeckenden Früchte sind in Brasilien als Gewürz und Heilmittel im Gebrauch. Aus der inneren Rinde verfertigt man sehr brauchbare Taue. Noch angenehmer aromatischer und mehr dem Piment verwandt sind die ebenso gebräuchlichen Früchte des gleichfalls brasilianischen großblütigen B. *(X. grandiflora)*, welche Art sich durch lanzettliche, unterseits filzige Blätter, zweiblütige Blütenstiele und am Grund zweiöhrige Blütenstiele, innere Blumenblätter unterscheidet. Das glatte B. *(X. glabra)*, ein unbehaarter Baum Westindiens mit ovalen, stumpf zugespitzten, 2" langen Blättern, einzelnen oder gepaarten Blüten und glatten Früchten, zeichnet sich durch einen sehr bitteren Geschmack des Holzes aus, weshalb auch diese Art in Jamaika unter dem Namen Bitterholz bekannt ist und für die Heilkunde nicht unwichtig sein dürfte.

Bitterholz, echtes ☞ Simarube

Bitterklee ☞ Zottenblume

Bitterling *(Chlora)*, Gattung der Gentianeen. Aufrechte, jährige, fast durchaus europäische Kräuter. Blätter umfassend oder verwachsen. Blüten einzeln oder in einer wenigblütigen Trugdolde. Kelchzipfel lineal. Blumenkrone gelb, fast präsentiertellerförmig, verwelkend. Der durchwachsene B. *(Ch. perfoliata)* hat eine ästig-faserige Wurzel, einen 9-15" hohen, einfachen, an der Spitze gabeligen stielrunden Stengel und am Grunde rosettige, verkehrteiförmige, stumpfe, gegen die Basis in ein kurzes Stielchen verschmälerte Blätter. Wächst auf feuchten, doch sonnigen Waldtriften, Weideplätzen und an Bachufern im südlicheren und westlichen, selten im mittleren Europa. Das bittere Kraut war früher wie das Tausendguldenkraut, dem es an Wirksamkeit nicht nachsteht, gebräuchlich und ist es mit Recht noch immer in jenen Gegenden, wo diese Pflanze einheimisch ist. Der sitzende B. *(Ch. sessilis)* wächst an den Ufern des Platastromes, ist ebenfalls bitter, doch in Buenos Aires nur als Wundmittel bekannt und durch den niedrigen, nur 2" langen, kurzhaarigen, ziemlich dicht mit großen, eiförmigen, jenem des mittleren Wegerichs etwas ähnlichen, ebenfalls dicklichen und flaumig-rauhen Blättern besetzten Stengel, sowie auch durch fast sitzende, innen gelbe, außen grünliche und weichhaarige Blumen verschieden.

Bitterstrauch *(Picramnia)*, Gattung der Anacardiineen. Blüten zweihäusig. Kelch 3-5teilig. Blumenblätter 3-5. Staubgefäße 3-5. Fruchtknoten mit 2 sitzenden Narben. Steinfrucht mit 2fächeriger, 2samiger Kernschale. Der langtraubige B. *(P. Antidesma)* ist ein Bäumchen mit aufrechtem, schwachem, ziemlich glattem Stamme, Äste etwas geteilt, rutenförmig, abstehend und niedergebogen, fast glatt und grau. Blätter fußlang und länger. Früchte oval, von der Größe der Stachelbeeren scharlachrot, dann schwarz. Auf Bergen in Jamaika und Haiti. Die ganze Pflanze schmeckt sehr bitter und wird von den Negern gegen syphilitische Krankheitsformen, häufig auch im Aufguß gegen Koliken und in mehreren Fällen wie die Quassie angewendet.

Bittersüß *(Solanum dulcamare)* (FIG. 27), Hirschkraut, Kletternachtschatten. Unter den zahlreichen Arten der Nachtschattengewächse ist diese wohl die am weitesten nach Norden wild vorkommende. Sie bildet einen Halbstrauch mit bis fingerdickem, rundlich vierkantigem Stamm, dessen gestielte Blätter eiförmig oder herzeiförmig, spitz, oft spießig geöhrt erscheinen. Die den Blättern fast gegenüberstehenden Trugdolden haben meist violette Achsen. Der fünfzähnige Kelch ist klein. Die sternförmige Blume ist violett und trägt auf grünem Grund zehn weibliche Grübchen. Die spitzeiförmige Beere ist glänzend rot. An feuchten Stellen im Gebüsch, an Felsen, an Flußufern ist das Gewächs sehr gemein. Man riecht es frisch ziemlich leicht, jedoch verliert die trockene Pflanze diese Eigentümlichkeit. Der Geschmack ist bitter und als dann süßlich: dulcamare, in dulci amarum. Sie enthält als Hauptbestandteile ein eigentümliches Alkaloid (Solanin) mit einem bittersüßen Extraktivstoff (Pikroglykion), außerdem noch eine tierisch-vegetabilische Materie, gummösen Extraktivstoff, Kleber, Weichharz, Benzoesäure und einige Salze. Die jüngeren (doch nicht ganz jungen) Stengel und Äste sind unter dem Namen Stipites vel Caules Dulcam arae offizinell. Wegen der die Ausscheidungen der Haut, der Nieren, der Bronchialschleimhaut, der Speicheldrüsen befördernden, die erhöhte Empfindlichkeit vermindernden Eigenschaft gibt man die Bittersüßstengel bei chronischen Hautkrankheiten, besonders skrophulöser Natur, in den Folgeübeln nach der Syphilis oder dem Mißbrauch des Quecksilbers, bei veralteten katarrhalischen Affektionen der Luftwege, beim Lungenemphysem und dadurch bedingten Atmungsbeschwerden, bei den die Lungenschwindsucht begleitenden Katarrhen, bei schmerzhaften rheumatischen und gichtischen Affektionen der Gelenke, bei gesteigerter Erregbarkeit des Rückenmarks und der von ihm ausgehenden Nerven. Aus den Untersuchungen Prof. Schroff's geht hervor, daß die Stengel im ersten Frühjahr und im Spätherbst und im frischen Zustand wirksamer sind als zur Zeit der Blatt- und Fruchtbildung und im getrockneten Zustand. Man gibt sie in Abkochung zu $\frac{1}{2}$-1 Unze auf 6 Unzen Kolatur. Das Extrakt, aus den Stengeln durch Abkochung in dem Verhältnis 1:6 bereitet, zu 1-2 Drachmen des Tags in Auflösung oder Pillenform. Würde zweckmäßiger aus den frischen Stengeln und am besten aus der grünen Rindensubstanz bereitet.

Dänische Tierärzte wollen die Bittersüßstengel gegen den trockenen Dampf der Pferde täglich zu 180-360 Grm. mit Nutzen angewendet haben.

Homöopathie. Die Dulcamara paßt besonders für phlegmatische, torpide, skrophulöse, herabgekommene Konstitutionen und Individuen und zwar bei akutem Katarrh, akutem und chronischem Rheumatismus, leichteren Rheumatismen, großer Schmerzhaftigkeit der Gliedmaßen, wassersüchtigen Zuständen, Knochenerweichung, Nesselausschlag, Blasenausschlag, Milchborke und anderen Gesichtsausschlägen, Flechten, Gesichtswarzen, rheumatischem fieber, bei Kopfschmerzen, besonders von Erkältung, Augenentzündung Neugeborener, Bräune, Cholera, Ruhr, Diarrhöe, Blasenkatarrh, Harnverhaltung, weißem Fluß, Tripper, Keuchhusten, bei veraltetem Luftröhren- und Lungenkatarrh, Brustwassersucht etc.

FIG. 27

BITTERFUß

Gabe: 1-2 Tropfen der reinen Tinktur oder der 1. oder 2. Verdünnung alle 6, 8, 12 Stunden je nach Umständen wiederholt. Die im April oder Oktober gesammelten grünen, mit grauer Oberhaut bekleideten, biegsamen, nicht holzigen Stengel werden nach Regel 3 zur Tinktur bereitet; diese hat eine dunkelbräunlich grüne Farbe und bittersüßen Geschmack.

Die Tierärzte geben Dulcamara bei katarrhalischen Zuständen der Atmungsorgane, vorzüglich, wenn die Tiere der Nässe ausgesetzt waren, bei vielem Nießen, Auspusten, Ausfluß dikken, reichlichen Schleimes aus der Nase u.s.w., insbesondere in der Druse junger Pferde, bei gleichzeitiger schmerzhafter Anschwellung der Lymphdrüsen im Kehlgang, zur Abkürzung der Krankheit und Hintanhaltung übler Folgenzustände, im Schnupfen der Schafe; dann bei Durchfall säugender Tiere, durch Erkältung der Muttertiere entstanden, sowie auch bei Durchfall erwachsener Tiere, welche nach Erkältung durch kalte Regenschauer entstanden sind, endlich gegen einige Hautkrankheiten, als Nesselausschlag, Schuppenflechte, Teigmal oder Milchschorf säugender Tiere, Warzen, Hautwassersucht nach Erkältung.

Bitterwurz ☞ **Enzian**

Blasenschnurtang *(Cystoseira)*, Gattung der Tangalgen. Das Laub trägt perlenschnurförmig verbundene Bläschen und fächerige Fruchtbehälter; Knoten darin durchbohrt, enthalten Kapseln mit gegliederten Fäden untermischt. Der heideartige B. *(C. ericoides)*, ist rispig, wie mit kleinen Dornen dicht besetzt; die Bläschen endständig, an der Spitze mit vielen Stachelchen gekrönt, kugelig-elliptisch, die Früchte entspringen an der aufgeblasenen Basis der Ästchen. Findet sich im adriatischen und mittelländischen Meer. Auch diese und die folgenden 4 Algen sind ein Gemengteil des Wurmmooses der Apotheken. Der sedumartige B. *(C. sedoides)*, ist von der vorigen Spezies noch durch den Habitus verschieden. Der gekrönte B. *(C. granulata)*, findet sich in fast allen europäischen Meeren. Der bärtige B. *(C. barbata)*, ist von allen ähnlichen vorzüglich durch die Fruchtbehälter verschieden, selten mit Bläschen zu finden. Wächst im mittelländischen und atlantischen Meer, wo auch der stabwurzartige B. *(C. abrotarifolia)*, zu finden ist. Der schotenartige B. *(C. siliquosa)*, ist lederig, olivengrün, trocken sehr schmutzig. Häufig in den europäischen Meeren. Jodin wird auch aus dieser Art gewonnen.

Blasenstrauch *(Colutea)*, Gattung der schmetterlingsblütigen Pflanzen. Der gemeine B. *(C. arborescens)*, Linsenbaum, falsche Senne, ist ein Strauch von 6-14 Fuß Höhe, sehr ästig, die Blatt- und Blütenstiel mit angedrückten weichen, weißlichen Haaren bedeckt; Blättchen in 4-5 Paaren, kurz gestielt, oval oder beinahe verkehrteiförmig, ausgerandet, unterseits blässer und angedrückt flaumig. Nebenblätter kurz, aus breiter Basis lanzettlich, weichhaarig. Trauben kürzer als die Blätter, sehr locker. Wächst auf Waldhügeln und in Gebüschen Südeuropas, im mittleren fast verwildert. Die Blätter schmecken unangenehm bitter, bewirken Abführen und können daher (in größerer Gabe) die Sennesblätter zum Teil ersetzen, auch waren sie früher offizinell; die Samen sind brechenerregend. Die Blätter verdanken ihre Kräfte vorzugsweise einem bitteren, harzigen Grundstoff, welcher sich dem Wasser vollkommen mitteilt und enthalten außerdem Tannin, Apfelsäure, gelben und grünen Farbstoff *(Chlorophyll)*, Eiweiß, Gummi, apfelsauren Kalk, Chlorcalcium, Chlornatrium und schwefelsauren Kalk. Indes wurden ihn mehreren Versuchen gegen 3 Unzen erfordert, um 6-8 Stühle hervorzubringen. Man verordnet sie meist im Aufguß (1-3 Unzen nebst 1 Unze frischer geschälter Süßholzwurzel, 2 Handvoll Fenchelsamen mit 20 Unzen Wasser während der Nacht warm digeriert, am anderen Morgen aufgekocht, durchgeseiht, die Hälfte davon Morgens glasweise innerhalb 2-3 Stunden zu trinken). Der orientalische B. *(C. orientalis)*, und C. vesicaria besitzen dieselben Eigenschaften, die Blätter der letzteren werden außerdem bei Augenschmerzen empfohlen.

Blasentang ☞ Tang

Blattblume *(Phyllanthus)*, Gattung der Wolfmilchsgewächse. Die sichelförmige B. *(Ph. falcatus)*, ist ein 5-6' hoher Strauch mit einem geraden, aufrechten, walzlichen, braunrindigen, Stamm und zerstreuten, steifen, aufrechten, kahlen Ästen. Blüten blutrot. Auf den Bahamas-Inseln einheimisch, jetzt auch auf den Antillen und selbst auf den Maskarenen. Die ganze Pflanze gilt dort als ein harntreibendes Mittel. Die wegdornartige B. *(Ph. rhamnoides)*, ist ein kleiner Strauch Ostindiens, dessen Blätter daselbst zu zerteilenden Umschlägen, gegen entzündliche Geschwülste, Karbunkeln etc. gebraucht werden. Die schuppenblätterige B. *(Ph. squammifolius)*, ist ein großer Baum Ostindiens mit einem sehr harten Holz und einer dicken, rissigen braunen Rinde. Blätter, Blüten und Früchte sind erweichend, zerteilend, schmerzstillend und vorzüglich bei Affektionen der Brustorgane, sowie der Nieren und Harnblase gebräuchlich. Die langstielige B. *(Ph. pedunculatus)*, wächst auf sandigen Stellen und an Flußufern in Malabar. Blüht fast stets. Alle Teile dieses Strauches braucht man dort gegen Katarrhe, Husten und andere Brustkrankheiten, die Blätter und die Wurzel auch äußerlich gegen ödematöse Geschwülste und die Wurzel ebenso gegen das Seitenstechen. Die vielblütige B. *(Ph. multiflorus)*, ist häufig in Hecken und Gebüschen, an Flußufern Ostindiens zu finden und wird dort mit Erfolg gegen Blasenkrankheiten angewendet. Der kleinblätterige B. *(Ph. microphyllus)*, ist am Orinoko und in Brasilien einheimisch. Das Dekokt der Blätter und Samen gilt in Brasilien für ein spezifisches Mittel gegen die Harnruhr. Die einfache B. *(Ph. simplex)*, wächst auf bebautem Boden in Ostindien. Die frischen Blätter, Blüten und Früchte, mit Zucker zu einer Latwerge gemacht, dienen gegen Tripper und erstere (zerrieben mit Buttermilch vermischt) auch als Waschwasser gegen Hautkrankheiten bei Kindern. Die weiße B. *(Ph. Niruri)*, ist gemein in ganz Ostindien, in Gärten und auf bebautem Boden. Die bitter und zusammenziehend schmekkende Wurzel soll ein treffliches Mittel gegen die Gelbsucht sein; das bittere Kraut wird sehr häufig als ein harntreibendes Mittel, sowie gegen Krankheiten der Nieren und der Harnblase, ferner gegen Ruhren, Koliken und andere krampfhafte Leiden, auch gegen mangelnden Monatsfluß angewendet. Die harntreibende B. *(Ph. Urinaria)*, wächst an schattigen Stellen in ganz Ostindien. Die ganze Pflanze ist dort als ein kräftiges, harntreibendes Mittel berühmt, wird aber auch gegen manche andere Krankheiten der Harnorgane, sowie gegen Krämpfe der Kinder, Koliken und ihre Wurzel gegen Zahnschmerzen gebraucht.

Blattkohl ☞ Kohl

Blauwurz ☞ Blutholz

Bleichwolle *(Ochroma)*, Gattung der Bombacineen. Kelch fast trichterig, von 3 Hüllblättern umgeben, kaum fünfspaltig, 3 Zipfel rundlich, 2 spitzlich. Blumenblätter 5, größer als der Kelch. Staubgefäße 10, bis zur Spitze verwachsen, Staubbeutel auf und nieder gewunden. Griffel fädig. Narben 5, pfriemig. Kapsel fünffächerig, fünfklappig, vielsamig, innen wollig. Die westindische B. *(O. Lagopus)* ist ein Baum von 20-40' Höhe; der Stamm gerade, fast 1' dick, mit einer blaßgrauen Rinde bedeckt. Äste abstehend, 2-3spaltig, glatt und brüchig. Blätter zerstreut, fast vertikal, 1' und darüber groß, auf doppelt so langen, waagrechten, runden, rotbraunen Stielen, herzförmig, rundlich, 5-7eckig und die unteren

Ecken abgerundet, übrigens fein gezähnelt, oben kahl, unten weichhaarig und auf den Nerven rostbraun. Blüten aufrecht, 3-4" groß, blaß braunrot ins gelbliche, etwas fleischig; Klappen innen mit einer blaß braunrötlichen Wolle bedeckt. Samen zahlreich, länglich. Wächst in Ostindien. Man braucht dort die Wurzel, sowie die Blätter und Blüten in jenen Krankheitsfällen, wo schleimige, erweichende, zerteilende und einhüllende Mittel angezeigt sind und die Rinde überdies auch gegen syphilitische Übel. Das sehr weiche, schwammige Holz ersetzt dort zum Teil den Kopf und die Fruchtwolle wird zu Kissen, Polstern etc., sowie auch zur Hutfabrikation verwendet. Nach Verwundung des Baumes fließt ein gummioser, wasserheller Saft aus.

Bleiwurz *(Plumbago),* Gattung der Familie der Bleiwurzgewächse. Die europäische B. *(P. europaea)* treibt aus einer faserigen Wurzel mehrere ellenhohe Stengel, die gestreift, dunkelrot oder schwärzlich sind und sich oben in mehrere Zweige verteilen. Die stengelumfassenden, lanzettförmigen Blätter sitzen wechselweise; die Blumen sind anfangs purpurfarbenbläulich, werden aber auch nach und nach mehr purpurrot. Findet sich in Südeuropa und bei uns. Früher war das Kraut und noch häufiger die Wurzel offizinell; beide wurden vorzüglich gegen Zahnschmerzen (wie die Bertramwurzel), dann bei Hautkrankheiten (besonders bei Flechten und krätzartigen Ausschlägen) und auch gegen callöse, selbst krebsartige Geschwüre angewendet. Die ganze Pflanze ist geruchlos, schmeckt aber scharf, beißend und speichelerregend (die Wurzel mehr süßlich-scharf), zieht äußerlich auf die Haut gelegt Blasen und bringt Geschwüre hervor; sie enthält vorzüglich einen kristallinischen, flüchtigen, brennendscharfen Stoff (Plumbagin), sowie einen fetten, bleigrauen Färbestoff und gehört offenbar unter die sehr scharfen Mittel. In neuerer Zeit hat man sie auch gegen passive Blutflüsse empfohlen. Die ceylonische B. *(Pl. zeylanica)* in Ostindien und Neuholland einheimisch, blüht das ganze Jahr, besonders aber zur Regenzeit. Die Wurzel ist (vorzüglich im frischen Zustand) äußerst scharf, ätzend und Blasen ziehend, auch die Blätter sind bei der wildwachsenden Pflanze sehr scharf; man wendet beide Teile (die sehr stark auf alle Absonderungen einwirken, auch Erbrechen hervorbringen) innerlich und äußerlich, doch meistens nur bei Bißwunden giftiger Tiere, dann bei Hautausschlägen an. Der kletternde B. *(Pl. scandens),* wächst in Südamerika und Westindien, besitzt dieselben Eigenschaften und wird auf gleiche Weise angewendet.

Blindenbaum *(Excoecaria),* Gattung der Wolfsmilchgewächse. Der Agalloch-B. *(E. Agallocha)* ist ein unansehnlicher Baum mit einem gekrümmten, oft sehr verdrehten oder zur Erde gebeugten, rissigen oder grubigen Stamm, sowie mit ähnlichen, teilweise über der Erde fortlaufenden Wurzel. Die Äste sind grau-braun und warzig, die Blätter ziemlich lang gestielt, eiförmig oder herzeiförmig, 4" lang, 2" breit, stumpflich-gespitzt, entfernt kerbig-gesägt, am Grunde zweidrüsig, dick, kahl und glänzend, im Alter blutrot. Die Nebenblätter sind klein, fünfspitzig, die Blüten mit sehr kleinen, wimperigen, schüppchenartigen Kelchen, die Früchte etwas fleischig, rundlich dreilappig, bräunlich rot. Findet sich in Ostindien und auf den Inseln des indischen Meeres. Der weiße, dickliche, unangenehm und fast ekelhaft riechende Milchsaft ist äußerst scharf und erregt, wenn er unvorsichtigerweise, etwa bei Fällen des Baumes, ins Auge spritzt, eine sehr heftige, oft mit Blindheit endigenden Entzündung; innerlicher genommen schmeckt er ziemlich fade, später mäßig brennend, bewirkt ein starkes Purgieren, meistens auch Erbrechen und wird in dieser Absicht gleich der Rinde auf den Molukken gebraucht. Eben dort findet man an den gleichsam ausgefressenen Stellen der Wurzel und des Stammes im Splint (doch nur bei einigen Bäumen) eine fettige, sehr entzündbare, harte und brüchige, außen pechschwarze, innen rötliche Substanz abgesondert, die im frischen Zustand unangenehm benzoeartig riecht. Solche Holzstücke werden dort auch als eine Sorte des Aloeholzes *(Lignum Aloes seu Agallochi)* verkauft und benutzt, das aus denselben gewonnene harzige Öl aber wird gegen Hautausschläge äußerlich eingerieben. Aus den Ästchen und dünnen Wurzeln macht man Zahnstocher, deren man sich jedoch nur gegen Zahnweh (vorzüglich rheumatischer Natur) bedient, indem sie ihrer Schärfe wegen eine Reizung des Zahnfleisches und stärkere Absonderung im Munde erregen. E. Camettia, ein schöner Baum von mehr als 40' Höhe, wächst ebenfalls in Ostindien, namentlich in Malabar, wo man den Milchsaft desselben gegen Wassersucht und die Blätter zu Bädern gegen Gicht, sowie als Waschung bei alten unreinen Geschwüren anwendet. Der cochinchinesische B. *(E. cochinchinensis)* soll eine zusammenziehende Eigenschaft besitzen.

Block-Zittwer ☞ **Ingwer**

Blühstrauch *(Anthodendron),* Gattung der Heidegewächse. Der pontische B. *(A. ponticum)* ist ein immergrüner Strauch von 3-5' Höhe, beinahe gabelästig; die Äste mit grauer, glatter Rinde,die Blätter kurz gestielt, 2-4" lang, 1-1½" breit, am beiden Enden spitz, etwas steif, fast wollig, hellgrün, oben schärflich, unten glatt, am Rande mit steifen Wimpern besetzt, die Blüten zu 15-20 aus einer endständigen Knospe. Findet sich in den Ländern am schwarzen Meer, bis nach Podolien vordringend, und blüht im Mai, Juni. Dieser stark und balsamisch riechende Strauch birgt ein narkotisch-scharfes Gift und den Genuß seiner Blätter tötet nicht selten die am Kaukasus weidenden Ziegen; aber auch der Honig, den die Bienen aus dem Nektarsaft seiner Blüten bereiten, besitzt die Eigenschaft, Trunkenheit und Raserei hervorzubringen, wie es schon die Krieger Xenophons auf dem bekannten Rückzug an sich erfuhren.

Blumenbinse ☞ **Wasserviole**

Blumenesche *(Ornus),* Gattung der Ölbaumgewächse; 5spaltiger Kelch, 4blätterige Blumenkrone, 2 Staubgefäße; 2fächeriger Fruchtknoten. Die längliche Nußhülle ist Flach zusammengedrückt und einsamig. Die europäische B. oder Manna-Esche *(O. europaea)* wird ein Baum von bis 30 Fuß Höhe. Die Rinde des Stammes ist graubraun, die der Zweige grünlich-grau mit gelb-braunen Stellen. Die Knospenschuppen sind grau bepudert. Die Blätter haben meist drei Joche von Blättchen und ein unpaares, welche viele verschiedene Gestalten zeigen, meist elliptisch oder lanzettlich mit stumpfen Zähnen. Die Blütenrispen sind durch die langen, weißlich-gelben Blumenblätter von linealer Gestalt sehr ausgezeichnet. Sie duften höchst angenehm. Die Nuß ist ähnlich gebaut, aber meist kleiner, spitzflügeliger und tiefer braun wie bei der gemeinen Esche. Im südlichsten Neapel, besonders in der Basilicata, um Otranto, gibt es weite, mit Eschen bewachsene Gebirgslehnen, wo man an den Bäumen planmäßig Einschnitte macht, um die hervorquellenden Mannatropfen zu sammeln und zusammenzukneten. Man unterscheidet 4 Sorten. Die erste und beste, welche jedoch kaum im Handel vorkommt, ist die Tropfen-Manna, Manna in lacrymis; die zweite unter dem Namen Röhren-Manna, Manna canellata, bekannte Sorte entsteht dadurch, daß man im Juli und August Einschnitte am unteren Teil des Baumes und zwar an der östlichen Seite macht, diese täglich um eine fingerbreite nach oben zu erweitern und so bis zu den Ästen hinauf fortsetzt, den ausfließenden, durch die große Sonnenhitze schnell trocknenden Saft aber auf Reisern oder kleinen Strohbündeln auffängt; die Stücke sind hier rinnenförmig und oft mehrere Zoll lang, aber auch tropfenartig, blaß gelblich-weiß, fast trocken, geruchlos und beinahe rein-süß. In den späteren Monaten (September und Oktober), wo der Saft nicht mehr so schnell trocken werden kann und am Stamm herunterläuft, bildet sich die dritte Sorte oder die gemeine Manna Manna vulgaris, sie erscheint in größeren oder kleineren Klumpen, die aus gelblichen, in einer klebrigen, weichen, schmutzig,bräunlichen Masse liegenden Körper bestehen; riecht schwach honigartig und schmeckt eigentümlich süß, zuletzt etwas kratzend. Die auserlesen tropfenartigen Stücke geben die sogenannte Körner-Manna, Manna electa. Die vierte Sorte endlich ist jene, welche im November und Dezember ausfließt und weil sie eine ganz weiche, schmierige, stark verunreinigte Masse darstellt, den Namen fette oder dicke Manna, Manna crassa, führt. Da die Manna teils in Kalabrien, teils in Sizilien gewonnen wird, so unterscheidet man ferner im Handel die kalabresische oder Copacy-Manna und die stets bessere und teuerere sizilianische oder Geracy-Manna; dagegen verstehen die Ärzte unter der Manna calabrina immer die erwähnte dritte Sorte. Die Manna besteht vorzugsweise aus einem süßen kristallisierbaren, aber nicht gärungsfähigen Stoff (dem sogenannten Mannazucker oder Mannit) und aus einem ekelerregenden, unkristallisierbaren Stoff; letzterer ist bei den schlechten Sorten vorherrschend, während die feine Sorte größtenteils aus Mannit besteht.

Die österr. Pharmakopöe hat Manna calabrina electa und Manna calabrina canellata und endlich noch Mannitum (Mannazucker) aufgenommen. Im frischen Zustand wird die Manna in ihrem Vaterland als Nahrungsmittel genossen. Länger aufbewahrt gewinnt sie an abführender Wirkung. Bei uns wird sie auch nur in der letzteren Absicht, als gelindes Abführmittel für Kinder und reizbare Personen verordnet. Bei Säuren der ersten Wege und bei schwacher Verdauung verursacht sie leichte Blähungen, Kolik und Krämpfe. Man gibt sie bei katarrhalischen Affektionen der Schling- und Atmungswerkzeuge, bei rauher Stimme, Husten u.s.w., ferner bei Entzündungen der Leber, der Harnorgane, bei Gallenfiebern; seltener wird sie in Entzündungen des Darmkanals vertragen. Man gibt sie Kindern zu 2-6 Drachmen, Erwachsenen zu 1-3 Unzen in heißem Wasser oder in Aufgüssen und Abkochungen, solange dieselben noch heiß sind, vor dem Durchsehen aufgelöst. Von den obengenannten Zusammensetzungen wird unter Senna die Rede sein. Der Mannazucker ist den Italienern zu Liebe in die Pharmakopöe aufgenommen worden, welche ihn zu 1-2 Unzen als Abführmittel lieben und bald als Versüßungsmittel des Kaffee, bald mit Zitronensaft als abführende Limonade gebrauchen.

In der Tierheilkunde verdient die Manna nach Hertwig keine Anwendung, weil sie nur wenig wirksam, viel zu teuer und durch bessere Mittel zu ersetzen ist. Pferde vertrugen 360 Grm., ohne zu laxieren, bei Schafen bewirkten 60 Grm. in Wasser aufgelöst, gar nichts, 90 oder 120 Grm. aber brachten nach 9 Stunden eine Abführung hervor.

Blumenkohl ☞ **Kohl**

Blumenrohr *(Canna),* Gattung der Scitamineen. Die äußere Blütenhülle ist dreiteilig, die innere fast rachenförmig, mit 2-3 oberen Abteilungen und einer unteren, welche als Lippe bezeichnet wird. Der Staubbeutel ist an der einen Seite des breiten Trägers, der Griffel lanzettlich, die Kapsel dreifächerig. Die kugeligen Samen zeigen Spaltöffnungen. Die kriechenden Wurzelstöcke sind knotig. Die Blätter stehen an den Stempeln zweizeilig. Die

Blüten in rispigen Blütenständen meist paarig. Die gelb oder rot gefärbte innere Blütenhülle ist eine Zierde der Pflanze. Die jungen Schosse sollen von vielen indianischen Stämmen genossen werden. Das indische B. *(C. indica)* hat rote Innenblüte mit drei oberen Abteilungen und eine niedergebogene Lippe. Es wächst in Westindien an nassen Stellen; in Europa findet sie sich, sowie die übrigen Arten, sehr häufig in Gärten. Die Wurzel wird in ihrem Vaterland als ein harntreibendes Arzneimittel, sowie auch gegen mehrere Hautkrankheiten angewendet. Das westindische Elemi ist gewöhnlich in die Blätter dieser Pflanze gewickelt. Das schmalblätterige B. *(C. angustifolia)* hat einen niedrigeren Wuchs und findet sich in Brasilien. Wurzeln sowohl als Blätter gelten dort für schweißtreibend, gelind erregend und werden vorzüglich zu Bädern bei Lähmungen mit rheumatischem Charakter verwendet; auch sind letztere als sehr gute Wundmittel bekannt und sowie erstere gegen Abszesse und Geschwüre häufig im Gebrauch. Von dem orientalischen B. *(C. orientalis)*, in Ostindien einheimisch, soll der Saft der Wurzel gegen die üblen Folgen des Sublimats sowie der Saft der Früchte gegen Ohrenschmerzen heilsam sein. Die Samen der meisten Arten färben schön purpurrot, jedoch nicht dauerhaft; von mehreren Arten wurden sie als ein Kaffeesurrogat vor einigen Jahren empfohlen.

Blumentee ☞ **Tee**

Blutblume *(Haemanthus)*, Gattung der Amaryllideen. Die scharlachrote B. *(H. coccineus)* hat sehr breite, etwas fleischige Blätter, einen ½-1' hohen, rundlichen zusammengedrückten, ganz mit weißen und purpurroten Flecken besetzten, lange vor den Blättern erscheinenden Stengel; die Blüten 15-30 sind kurz und ungleich gestielt, scharlachrot. Diese Pflanze wächst auf sandigen Stellen und Bergen am Kap. Die Zwiebel derselben wird gleich der Meerzwiebel in Europa angewendet, mit welcher sie gleiche Eigenschaften besitzt.

Blutheil *(Androsemum)*, Gattung der Hartheugewächse. Das gebräuchliche B. *(A. officinale)*, Mannsblut, Konradskraut, wächst an Bächen und nassen schattigen Stellen in ganz Südeuropa, sowie in Frankreich und England. Der Stengel ist aufrecht, 2-3' hoch, abstehend-ästig, gleich den Ästen stielrund, aber mit 2 leistenartigen abwechselnd-gegenständigen Linien belegt und dadurch 2schneidig, meistens rötlich, am Grunde holzig. Die Blätter sind sitzend, eiförmig oder eilänglich, 1½-3" lang, stumpf, die obersten auch spitzlich, ganz-randig, kaum merkbar durchscheinend punktiert. Die Früchte enthalten einen roten, harzigen Saft, welcher sich auch, obwohl viel blasser im Stengel, in den Blättern und Blüten vorfindet; beim Zerreiben riecht die ganze Pflanze aromatisch, schmeckt aromatisch-bitterlich, auch etwas herb. Die Blätter und Blüten waren früher offizinell und auf gleiche Weise wie das Johanniskraut gebräuchlich.

Bluthirse ☞ **Fingergras**

Blutholz *(Haematoxylon)*, Gattung der Cäsalpineen. Es gibt in dieser durch das eigentümliche Aufspringen der Hülse sehr ausgezeichneten Gattung nur eine Art. Das westindische B. *(H. campechianum)*, ein Baum von 20-50' Höhe, dessen Stamm meistens krumm und unansehnlich und mit einer runzeligen, schwarzbraunen Rinde bedeckt ist; die Äste sind sehr zahlreich, nach allen Seiten ausgebreitet, gekrümmt, unbewaffnet oder auch häufig unter den Blättern dornig und wie alle Teile kahl; die Blätter sind paarig gefiedert kahl. In der Regel stehen die blattwinkelständigen Trauben einzeln, sind länger als die Blätter und vielblütig, vor dem Aufblühen ist der Kelch purpurrot, dann gelb. Findet sich in Mexiko, vorzüglich an der Campechebay, jetzt auch auf Kuba, Jamaika, Haiti und anderen Inseln Westindiens. Der

Kern des Stammes liefert das bekannte Campecheholz, Blauholz, oder Blutholz, welches gegenwärtig nur in der Färberei angewendet wird. In Amerika braucht man jedoch auch die Rinde und den Bast als ein kräftiges schweißtreibendes Mittel, die Früchte zu reizenden Umschlägen bei rheumatischen Schmerzen und das aus dem Stamme reichlich fließende Gummi nach Art des arabischen Gummi.

Blutkraut *(Sanguinaria),* Gattung der Papaverineen. Das kanadische B. *(S. canadense)* wächst in trockenen Wäldern auf gutem Boden von Kanada bis Florida. Der Stengel ist unterirdisch, wurzelstockartig schief oder waagrecht, knollig-verdickt, fleischig, außen dunkelbraun, innen blutrot, nach unten sind zahlreiche dünne Fasern, an seinem vorderen Ende 1-2 Blätter und einen Schaft treibend. Erstere auf 3-4" langen, etwas zusammengedrückten, rötlichen Stielen, am Grunde von 2 oder mehreren länglichlinealen, häutigen Scheiden umgeben, im Umriß rundlich, an der Basis tief herznierenförmig, übrigens ähnlich einem Feigenblatt, in 7-9 kurze, stumpfe oder stumpf-gezähnte Lappen gespalten, ganz kahl, oberseits blaßgrün bereift, unterseits grünlich-weiß und von zahlreichen rötlich-violetten Adern netzartig durchzogen. Die Wurzel schmeckt bitter und scharf, enthält ein eigentümliches scharfes Alkaloid (Sanguinarin), ist in Nordamerika offizinell und wurde auch bereits in Europa mehrfach empfohlen. In kleineren Gaben wirkt sie reizend, schweißtreibend, den Auswurf befördernd und in mancher Hinsicht dem Fingerhut ähnlich (auch vermindert sie gleich diesem die Häufigkeit der Pulsschläge); in größeren Gaben aber verursacht sie heftiges Erbrechen und purgierend und wirkt narkotisch. Auch die Samen sind narkotisch und sollen sich dem Stechapfel nähern.

Homöopathie. Ihren physiologischen Wirkungen zufolge dürfte sich die Sanguinaria für folgende Krankheitszustände eignen: Akute und chronische Rheumatismen, Gliederschmerzen, Steifigkeit der Glieder und Gelenke, Schwäche der Muskelkraft, Schwäche, Fieber, Schwindel, verschiedenartige Kopfschmerzen, mit Schmerzen in den Ohren, Zähnen, rheumatische Schmerzen in den Gliedern und im Nacken, Frost, Brennen im Magen, Übelkeit, Schwindel verbunden; bei periodischen Schmerzen mit Erbrechen, Migräne, Blutdrang nach Kopf und Gesicht, gastrischen Zuständen, Verdauungsschwäche, akuten und chronischen Leiden des Magens, Kolikschmerzen, Durchfällen, vermehrter Harnabsonderung, Schnupfen, akutem und chronischem Katarrh, Stimmlosigkeit, chronischen Lungenleiden, Keuchhusten, Rücken- und Kreuzschmerzen, rheumatischen Schmerzen in den Gliedmaßen, Schwäche in den Beinen.

Man kann diese Pflanze ganz wie die Küchenschelle ziehen oder man läßt sie im Gebüsch verwildern.

Blutwurz ☞ **Tormentille**

Bocconie *(Bocconia),* Gattung der Papaverineen. Die fiederspaltige B. *(B. frutescens)* ist ein amerikanischer Strauch mit zahlreichen kleinen, grünlichen, vor dem Öffnen verkehrt eiförmigen Blüten und oberseits seegrünen und kahlen, unterseits graulichen und mehr oder weniger samtartig-filzigen Blättern. Findet sich in Ostindien und Mexiko. Das Kraut wird dort fast wie das Schöllkraut in Europa angewendet, besonders gegen Wassersuchten, Stokkungen und Verhärtungen in den Unterleibsorganen, Gelbsucht, Würmer etc., der Saft aber äußerlich gegen alte Geschwüre, kalte Geschwülste, Grind und andere Hautkrankheiten.

Bocksbart *(Tragopon),* Gattung der Korbblütler. Der Wiesen-B. *(Tr. pratensis)* (FIG. 28), hat eine zweijährige, spindelige Wurzel und einen aufrechten Stengel, welcher oben meistens in einige einköpfige Äste geteilt ist. Die

Blätter sind linealisch-ganzrandig, zugespitzt. Die Hüllschuppen der großen Blütenköpfchen sind so lang als die durchgehends zungenförmigen dottergelben Blüten. Die große Federkrone des Früchtchens ist zuletzt sternförmig ausgebreitet. Auf Wiesen, an Rainen nicht selten. Die sonst häufiger angewendete Wurzel wird heute selten mehr gebraucht; sie schmeckt schleimig, etwas bitter und gehört, wie alle Arten dieser Gattung zu den mild eröffnenden und auflösenden Mitteln. Man kann sie, sowie die jungen Stengeltriebe, auch recht gut als Speise brauchen. Bei uns kommt noch der große B. *(Tr. maior)* vor, welcher der vorigen Art ganz ähnlich, nur etwas größer ist, und der wollige oder orientalische B. *(Tr. undulatus* ☞ *orientalis)*. Beide Arten lieben mehr sonnige Anhöhen, besonders kalkigen Boden. Die Wurzel beider sind bitterer als die der ersten Art und hiermit auch kräftiger.

Bocksdorn *(Lycium)*, Gattung der Nachtschattengewächse. Kelch glockig, fünfzähnig, oft seitlich gespalten; Korolle trichterig, Saum fünfspaltig, Staubgefäße unten zottig, Beere zweifächerig; Scheidewand in die Samenträger verdickt. Der afrikanische B. *(L. afrum)* ist ein Bäumchen von 10-12' Höhe, oft nur ein 3-4' hoher, sehr ästiger, unansehnlicher Strauch. Die Äste sind ungleich, weißlich oder grau, kahl, stark, knotig und die zahlreichen, unentwickelten Ästchen dornig. Die Blätter aus den Knoten zu 6-10, büschelig, ½-1" lang, ½-1"' breit, stumpflich, am Grunde stielartig verschmälert, kahl. Blüten einzeln aus der Mitte der Blätterbüschel, auf 6-8"' langen, fädigen Stielen. In Afrika und im Orient, jetzt auch in Spanien und Portugal. Blüht den ganzen Sommer. Aus den Ästen und Blättern wurde in früheren Zeiten ein vielfältig als Heilmittel gebräuchliches Exrakt unter dem Namen *Lycium* bereitet, bei den griechischen Ärzten waren auch die Blätter dieses Strauches gegen das Erysipelas und gegen flechtenartige Ausschläge im Gebrauch. In Spanien werden die Blätter und jungen Triebe als Salat gegessen. Der europäische B. *(L. europaeum)* wächst überall im südlichen Europa in Hecken, auch im nördlichen Afrika, sowie im Orient und wurde in jeder Beziehung wie erstere Art gebraucht. Der chinesische B. *(L. chinense)* ist ein kahler Strauch von 5-6' Höhe. Die Früchte werden von den japanesischen und chinesischen Ärzten, auch die Blätter als Tee bei vielen Krankheiten verordnet. Am nächsten steht dieser der *L. barbarum*, der in Südeuropa, Asien und Afrika einheimisch, bei uns überall häufig zu Gebüschen, Hecken u.s.w. verwendet wird. Von den dornenlosen Arten sei noch des in Kolumbien einheimischen schattengebenden B. *(L. umbrosum)* gedacht, dessen Blätter ebenso von den Ureinwohnern jenes Landes gegen den Rotlauf angewendet werden, wie es mit jenen der voranstehenden Arten einst in Europa der Fall war. Das Holz

FIG. 28

DER WIESEN-BOCKSBART: a) vergrößerte Strahlblüte, b) vergrößerte Scheidenblüte.

von *umbellatum* und *L aggregatum* macht beim Brennen solche Explosionen, daß alle Kochtöpfe umgeworfen und zerschlagen werden.

Bockshornbaum ☞ **Johannisbrotbaum**

Bockshornklee ☞ **Kuhhornklee**

Bocksmelde ☞ **Gänsefuß**

Bocks-Petersilie ☞ **Bibernell**

Boehmerie *(Boehmeria),* Gattung der Nesselgewächse. Sträucher oder Kräuter vom Ansehen der Nesseln, aber stets ohne Brennborsten. Die geschwänzte B. *(B. caudata)* hat einen halbstrauchigen, 6-12' hohen, runden, nach oben rauhhaarigen Stengel und Blätter und auf langen, gestreiften, etwas zusammengedrückten, rauhhaarigen Stielen, handgroß und größer, abstehend. Wächst in Waldgegenden der hohen Gebirge Jamaikas und Südamerikas. In Basilien wird das Decoct bei Hämorrhoidalbeschwerden gebraucht, ebenso werden auch einige andere Arten dieser Gattung in jenen Gegenden Brasiliens angewendet, wo die erwähnte nicht vorkommt. Die cochinchinesische B. *(B. cochinchinensis)* hat einen krautigen Stengel und kleine, dreinervige Blätter. In China und Chochinchina. Wird dort als ein erweichendes, kühlendes, harntreibendes Mittel innerlich und äußerlich angewendet.

Boërhavie *(Boerhavia),* Gattung der Nyktagineen. Blüten trugdoldig, mit einer kleinschuppigen Hülle. Blütenhülle trichterig. Saum faltig, kaum lappig. Staubgefäße 1-4. Die aufrechte B. *(B. erecta)* hat eine dünne, kriechende, weiße Wurzel, einen 2' hohen, nach oben weichhaarigen Stengel mit zahlreichen ausgebreiteten Ästen und zugespitzten, am Grunde stumpfen oder schwach spitzigen, unten weißlichen, harzig-punktierten, am Rande wimperigen Blättern. Findet sich in Südamerika und Westindien. Die Wurzel hat brechenerregende Eigenschaften und wird dort als Brechmittel, das in größeren Gaben zugleich abführend wirkt, gebraucht. Eine Abkochung der gestreckten B. *(B. procumbens),* die in ganz Ostindien gemein und eine wahre Plage der Äcker und Gärten ist, braucht man gegen dort herrschende endemische Fieber; die Rinde der Wurzel wirkt purigierend. Die Wurzel der in Westindien und Südamerika einheimischen weitschweifigen B. *(B. hirsuta)* ist ebenfalls als Brech- und Abführmittel gebräuchlich. In Brasilien wendet man den Saft der Pflanze gegen Gelbsucht und Leberverhärtrung an. Die kletternde B. *(B. scandens)* mit grünen Blüten wird in Westindien und Südamerika teils als Brechmittel, teils gegen Tripper angewendet. Die knollige B. mit violetten Blüten, findet sich in Peru, wo man sich eines Aufgusses dieser Pflanze gegen syphilitische Krankheiten bedient.

Böskraut *(Thapsia),* Gattung der Doldengewächse. Das garganische B. *(Th. garganica)* falscher Turpith, wächst im nördlichen Afrika, in Apulien, in der Champagne und dem südlichen Frankreich auf Bergen. Ihre Wurzel ist ausdauernd; der Stengel wird 2-3 Fuß hoch; die Blätter sind gefiedert, die Blättchen federartig eingeschnitten und die Lappen lanzettförmig. Die Blüte sieht gelb aus. Die Wurzel wurde in früheren Zeiten wegen einiger Ähnlichkeit mit der Turpith-Wurzel sowie ihrer etwas ähnlichen Eigenschaften wegen ebenfalls Turpith genannt; sie wirkt innerlich sehr scharf und wird daher in ihrem Vaterland mehr äußerlich bei Hautkrankheiten und zur Zerteilung von Geschwülsten angewendet. *Th. Sylphium* ist der vorhergehenden Art verwandt; es wächst auf Bergen im nördlichen Afrika, in der Gegend des alten Cyrene und liefert das im Altertum so berühmte und in sehr vielen Krankheiten, ungefähr wie noch heutzutage die Gummiharze gebräuliche Sylphium. Das wollige B. *(Th. villosa)* wächst auf Bergen und Hügeln in Südeuropa sowie in Nord-Afrika und besitzt eine ebenso scharfe, milchende, bittere, ekelhaft schmeckende Wurzel, die früher (besonders in den Apotheken Spaniens) als Turpithwurzel gebräuchlich war, aber auch heute noch von den Mauren gegen Flechten und andere Hautausschläge angewendet wird. Das schmalblätterige B. *(Th. Asclepium)* hat eine möhrenartige Wurzel, die im südlichen Europa und im Orient früher auch als ein Purgiermittel sowie bei Hautausschlägen verordnet wurde, jetzt noch in Spanien als Einreibung gegen Rheumatismus gebraucht wird. Das stinkende B. *(Th. foetida)* ist ein ausdauerndes, in Spanien und dem südlichen Frankreich wild zu findendes Gewächs mit gefiederten Blättern, deren vielfach eingeschnittene Blättchen am Grunde verengt sind. Die Doldenblüten sehen gelb aus. Ihre Wurzel kommt ganz mit jener von *Th. garganica* und *villosa* überein.

Bohne *(Phaseolus),* Gattung der schmetterlingsblütigen Pflanzen. Die gemeine B. *(Ph. vulgaris)* ist eine jährige Pflanze mit aufrechten oder sich windenden Stengeln und dreizähligen, rankenlosen Blättern. Die Blättchen sind eirund, zugespitzt; die Nebenblättchen borstlich, sehr klein. Die weißen, seltener lilafarbigen Blüten kommen in armblütigen Trauben aus den Blattwinkeln hervor. Die längliche Hülse ist mehrsamig und querfächerig; die Samen (Bohnen, Fisolen) sind eiförmig, meist weiß, aber auch gelb, grau, schwarz und gefleckt. Ist in Ostindien einheimisch, doch schon seit alten Zeiten in vielen Ab- und Unterarten überall in Europa und den anderen Weltteilen kultiviert. Die Samen dieser und der folgenden Arten enthalten viel Stärkemehl, dann Gliadin, einen azothaltigen, gummösen Stoff, Schleimzucker, Gallertsäure, Kali- und Kalk-Salze und werden zu erweichenden und zerteilenden Umschlägen, viel häufiger jedoch als eine zwar stark nährende, aber kräftige Verdauungsorgane erfordernde und immer sehr blühende Speise benutzt; viel leichter verdaulich sind die ganzen Früchte im jungen, grünen Zustand. Andere Arten, die vielfach angebaut werden, sind die Zwergbohne *(Ph. nanus)*; Busch- oder Staude-B., Kriech-, Zucker- oder Früh-B., dann die sogenannte türkische oder Feuerbohne *(Ph. multiflorus)*.

Bohnenkraut ☞ **Saturei**

Bohnenstrauch *(Cytisus),* Gattung der Schmetterlingsblütler. Der gemeine B. *(C. Laburnum)*, Bohnen- oder Kleebaum, Goldregen, ist ein Strauch oder ein kleiner Baum mit langgestielten, dreizähligen Blättern und elliptischen Blättchen. Die großen hellgelben Blüten kommen in langen reichblütigen, hängenden Trauben hervor. Die langen Hülsen sind zusammengedrückt und uneben, seidenhaarig und enthalten 4-8 kugelige Samen. Man findet ihn in Bergwäldern des südlichen Europa wild und überall als Zierstrauch angepflanzt. Blätter und Samen waren sonst offizinell; erstere schmecken krautig-salzig, schleimig-bitterlich, dann etwas scharf und wurden für zerteilend und auflösend gehalten; letztere sind ekelhaft bitter, auch scharf und enthalten gleich dem Samen von Ginster, Pfriemenkraut und anderen Gattungen das dem Cathartin nahe verwandte Cystisin, welches erbrechend und abführend wirkt. Der Alpen-B. *(C. alpinus)* und der schmalblätterige B. *(C. angustifolius)* wachsen auf den Voralpen Südeuropas (erstere auch in Schottland) und haben mit dem gemeinen B. dieselben Heilkräfte gemein. Der dornige B. *(C. spinosus)* wächst an sonnigen Stellen, auf Hügeln und Bergen in Südeuropa und im Orient und blüht im April, Mai. Früher waren die Äste, Blätter und Hülsen als adstringierend (zusammenziehend) gegen Blutflüsse, Blennorrhöen im Gebrauch.

Bolax *(Bolax),* Gattung der Doldengewächse. Gillias-b. *(B. Gilliesii)* wächst auf den Anden bei Mendoza in einer Höhe von 6000-12000 Fuß. Stengel zahlreich aus einer tief hinabsteigenden Wurzel, dichte und weite Rasen bildend, kaum 2" lang, ganz beblättert. Blätter trokken und steif, an der Basis breitschneidig, konkav und in der Mitte in einen kurzen dicklichen Stiel verschmälert, nach oben in eine breitliche, dicke Fläche erweitert und dreispaltig; Früchte elliptisch-eiförmig, stumpf, bedeutend aufgeblasen. Auf dieser Pflanze findet sich eine gummiharzige Substanz, die dort gesammelt und als Heilmittel, unter anderem bei Kopfschmerzen angewendet wird. Auch *B. glebaria, B. gummifer* und *complicatus*, im südlichen Chili, Patagonien und an der Magellan-Straße einheimisch, schwitzt ein ähnliches, orangenrotes, dem Opopanax im Geruch nahe kommendes, bitterscharfes Gummiharz aus.

Bonapartea *(Bonapartea)*, Gattung der Bromeliaceen. Die binsenartige B. *(B. iuncea)* hat eine kurze, kreiselförmige Wurzel, einen aufrechten, runden, dicht beblätterten und von der eingerollten, breiten Blätterbasis umhüllten Stengel und dachziegelartige Blüten. Wächst auf den Peruanischen Anden. Der eingedickte Saft dieser Pflanze wird in Peru zur Heilung von Wunden angewendet.

Bonnaya (Bonnaya), Gattung der Braunwurzgewächse. Ostindische Kräuter. Die armförmige B. *(B. brachiata)* hat eine faserige Wurzel, einen ½' hohen, aufrechten, vierseitigen und wie die ganze Pflanze kahlen Stengel, zahlreiche verlängerte Äste, 15''' lange, 6''' breite, am Grunde verschmälerte, am Rande fast knorpelig weiße Blätter. Blüht vom Juni bis September. Wird auf den indischen Inseln ebenso wie die folgende Art, vorzugsweise gegen chronische Hautausschläge und insbesondere bei Kindern gebraucht. Die gezähnte B. *(B. serrata)* unterscheidet sich von der vorigen durch fast stengelumfassende stumpfe Blätter, lanzettliche, beim untersten Blütenpaar gezähnte Deckblätter. Das Kraut der großblumigen B. *(B. grandiflora)* wird auf den Molukken bei flechtenartigen Hautausschlägen, Geschwüren u.s.w. angewendet. Die ganzrandige B. *(B. integrifolia)* wird in Malabar gegen Schleimflüsse, mit Kalmus und Pfeffer auch gegen Epilepsie bei Kindern, dann gegen Augenkrankheiten angewendet.

Borrerie *(Borreria)*, Gattung der Rubiaceen. Die rostfarbene B. *(B. ferruginea)* hat eine fast röhrenkieldicke, rostbraune, innen weiße Wurzel, gerade einfache oder ästige Stengel, oberseits fast kahle, unterseits deutlicher flaumhaarige und schief- 3 bis 4nervige Blätter und sehr zahlreiche Blüten. Gemein an Wegen in Brasilien, in der Provinz Minas und St. Paul. Blüht das ganze Jahr. Die Wurzel wird dort als ein Surrogat der Ipecacuanha gebraucht. Ebenso besitzt die Wurzel der brechenerregenden B. *(B. Poaya)* einen der Ipecacuanha ähnlichen Geschmack und wird gleich dieser angewendet; eine Abkochung der Blätter braucht man dort gegen Koliken und ähnliche innere Schmerzen. Von Perottets B. *(B. Perotteti)*, in Guiana einheimisch, wird das Decoct von den Negern gegen Tripper angewendet. Dasselbe gilt auch von der geflügelten B. *(B. alata)* und von der wirteligen B. *(B. verticiliata)*, deren Wurzel scharf schmeckt und in Jamaika bei Blennorrhöen verschiedener Art angewendet wird.

Borretsch *(Borago)*, eine Gattung der Borragineen. Der gemeine B. *(B. officinalis)* (FIG. 29) ist im Morgenland weit verbreitet, bei uns jetzt allgemein verwildert. Die unteren Blätter der einjährigen Pflanze sind spatenförmig-oval, gestielt, die oberen sitzen mit fast herzförmigem Grunde. Die Wirtel dehnen sich ziemlich aus und tragen die Blüten einseitig. Die Blumenkrone ist prachtvoll azurblau, die Staubfädenhörner sind schwarzblau. Das frische Gewächs riecht wie geschnittene Gurken, hat einen ähnlichen Geschmack mit etwas salpeterartig Kühlendem; es enthält auch ziemlich viel Salpeter. Die Blätter des B. werden in Süddeutschland in Streifchen geschnitten und mit

FIG. 29

DIE GEMEINE BORRETSCH: a) eine Abteilung der Blume mit 2 Staubgefäßen, b) dasselbe ohne Staubgefäße von außen; der Querspalt führt in die Gewölbschuppe, beides in eineinhalb natür. Größe, c) ein Staubgefäß seitlich, d) eine Frucht, beides 2-3 mal vergrößert.

Essig, Salz und Öl zu einem Salat angemengt; feingewiegt werden sie als Würze zu Salat gebracht, dem sie einen gurkenähnlichen Geschmack mitteilen. Blätter und Blumen dienen in Frankreich häufig als ein erweichendes und gelinde schweißtreibendes Mittel *(Tisane)* und halten das Getränk kühl.

Borstenbauch *(Chaetogastra),* Gattung der Melastomaceen. Der grauliche B. *(Ch. canescens)* ist ein Strauch von 3' Höhe, sehr ästig und dicht beblättert; die Äste sind rundlich, mit einer graulichen sich losschälenden Oberhaut; die Blätter eilänglich oder eilanzettlich, kurzgestielt, dicht mit zahlreichen, kurzen Haaren bedeckt, oben grün, unten weißlich, Kelch schön rosenrot. Findet sich auf dem Andes in Popayan, in einer Höhe von 9000'. Man bedient sich dort einer Abkochung dieser Pflanze gegen Harnzwang und andere Harnbeschwerden und schreibt ihr auch eine auflösende Kraft gegen Steinbeschwerden zu.

Borstenbüschel *(Demochaeta),* Gattung der Amarantineen. Das schwarzrote B. *(D. atropurpurea)* hat ausgesperrte verlängerte, undeutlich 4seitige, gerillte, etwas rauhhaarige, rötliche Äste, kurz gestielte, eiförmige oder eilängliche auf beiden Flächen mit zerstreuten, kurzen Haaren besetzt, auf der oberen etwas glänzend, am Rande wimperig. In Ostindien. Blüht zur Regenzeit. In Malabar braucht man die Wurzel gegen Hämorrhoiden und Koliken. Gleiche Kräfte schreibt man auch dem gelblichen B. *(D. flavescens)* zu.

Borstenfennich *(Setaria),* Gattung der Gräser. Der welsche B. *(S. italica),* Kolbenhirse, welscher Hirse, hat einen 3-6' hohen, starken, fast ganz von Blattscheiden eingehüllten Halm, lange, breitlanzettliche Blätter, eine große, aufrechte überhängende, am Grunde oft unterbrochen, aus vielen ästigen Trauben zusammengesetzte Rispe, eine haarige Spindel, ebenso die Blütenstielchen; die Hüllborsten sind 6-8mal länger als die Ährchen und gelb, bei einer Varietät *(Setaria germanica)* auch sehr kurz. Er wird auch bei uns gebaut, jedoch häufiger im südlicheren Europa, da in etwas kühleren Gegenden, wegen ihrer langen Vegetationsperiode, die Reife oft erst in den Herbst fällt. Diese Hirse wird wie die echte Hirse benutzt.

Borsten-Sternhaar *(Heterotrichum),* Gattung der Melastomaceen. Das schmalblätterige B. *(H. angustifolium)* ist ein ästiger 2-4" hoher Strauch. Die Blätter sind kurz gestielt, breit, am Grunde stumpf, fast lederig, oberseits mit zerstreuten, braunroten Borsten besetzt, unterseits weißlich, filzig und braunrot-borstig. Die Beere ist kugelig, schwärzlich-violett. Wächst auf den Antillen. Aus den säuerlich-süßen Beeren macht man dort einen Trank, der in Verbindung mit Zitronensaft bei entzündlichen Krankheiten, galligem Erbrechen und Diarrhöen sowie bei Blutflüssen angewendet wird.

Borstfedergras *(Pennisetum),* Gattung der Gräser. Das kriechende B. *(P. holevides)* hat eine weitherumkriechende Wurzel, die gegliedert und mit starken, tief in die Erde dringenden Fasern versehen ist; der Halm ist 5' hoch, aufrecht; die Blätter sind steif, scharf, die unteren lineal-pfriemlich, die oberen breiter, die wurzelständigen fast so lang als der Halm. Wächst in Ostindien, Cochinchina und auf den Molukken. Die Wurzel wirkt harntreibend, etwas zusammenziehend.

Boswellie *(Boswellia)*, Gattung der Amyrideen. Die gesägte B. *(B. serrata)*, indischer Weihrauchbaum, ist ein ansehnlicher Baum mit sehr vielästiger Krone. Blätter ziemlich dicht am Ende der Ästchen stehend, und 9-10 Paare abwechselnd sitzender, stumpflicher, 1-1½" langer Blättchen auf dem stielrunden, sehr weichhaarigen Blattstiele tragend. Auf Bergen in Ostindien. Dieser Baum schwitzt jenen gummiharzigen Stoff in ziemlich reichlicher Menge aus, der unter dem Namen Weihrauch bekannt ist. Der Weihrauch riecht schwach balsamisch-harzig, viel stärker, wenn man ihn erwärmt oder anzündet, schmeckt bitterlich, scharfaromatisch und besteht aus Harz, Gummi, sowie aus ätherischem Öl. Als Arzneimittel bedient man sich desselben heute nur äußerlich zu Räucherungen, Pflastern etc.; früher wurde er auch bei langwierigen Blennorrhöen innerlich angewendet.

Bouvardie *(Bouvardia)*, Gattung der Krappgewächse. Jacquins B. *(B. Jacquinii)* ist ein kleiner Strauch mit mehreren etwas ästigen, stielrunden, schwach zottigen, 1½" langen Stengeln; die Blätter sind kurz gestielt, zu 3, selten 4-5, spitz, beiderseits und am Rande durch sehr kurze Haare rauh, oder häufig oberseits fast kahl, unten graulich-seegrün, sehr abstehend oder zurückgeschlagen. 1½-2½" lang. Die Nebenblätter sind ebenso behaart, 3spaltig; die Blumenkrone 4" und darüber lang, scharlachrot oder fleischfarbig. Wächst in Mexiko und wird dort als ein gelind adstringierendes, tonisches Mittel bei geeigneten Fällen angewendet; das Pulver der Wurzel vorzüglich bei alten, schlaffen Geschwüren aufgestreut.

Bovist *(Lycoperdon)*, Gattung der Haarflechtpilze mit sitzender Umschlaghülle, deren Haargeflecht immer sehr hart, dicht und mit eingestreuten, gelbgrünen Leimkörpern versehen ist. Der gemeine B. *(L. Bovista)* ist ein beinahe kugelrunder Schwamm, welcher auf trockenen, unfruchtbaren Feldern, Wiesen etc. wächst, einen fast nicht bemerklichen Stiel hat, zuerst weiß, dann dunkelaschgrau ist, gewöhnlich kleiner als eine welsche Nuß bleibt und die Größe eines Hühnereies nie übersteigt. War einst häufig, jetzt selten gegen Blutungen im Gebrauch.

Brandtang *(Sphacellaria)*, Gattung der Tangalgen. Der besenförmige B. ist 3-4" lang, braun-olivengrün; die Äste sind oft so regelmäßig gleichhoch, als wären sie mit der Schere abgestutzt und nach der ganzen Länge mit zweizeiligen, dornförmigen, 1''' langen Ästchen, von denen nur die unteren etwas abstehen, besetzt; die Glieder sind fast ebenso lang als breit. Er ist ein Bestandteil des Wurmmooses.

Brasilienholz, gelbes ☞ **Broussonetie** und **Cäsalpinie**

Brasilienholz, rotes ☞ **Guilandine**

Braunelle ☞ **Prunelle**

Braunkohl ☞ **Kohl**

Braunwurz *(Scrophularia)*, Gattung der Braunwurzgewächse mit 5teiligem Kelch und urnenförmiger Blumenkrone mit schief 5spaltigem Saum. Bei uns sind zwei Arten: die gemeine B. *(Sc. nodosa)*, knotige B., Kontenwurz, ist eine 3-4 Fuß hohe Pflanze mit einem eckigen, vielästigen Stengel, herzförmigen Blättern und dunkelbraunen, etwas grünlichen Blumen. In Hecken, Gebüschen und Wäldern, an feuchten Stellen. Blüht vom Juni bis September. Früher war die Wurzel und das Kraut allgemein, seltener der Same offizinell; die ganze Pflanze riecht zerquetscht widerlich, schmeckt unangenehm bitter und scharf, verliert jedoch größtenteils beide Eigenschaften im trockenen

Zustand, und wurde bei Geschwülsten, Verhärtungen, Auswüchsen, Skropheln, Hautkrankheiten u.s.w. sehr gerühmt, der Samen auch gegen Würmer verordnet. Heute ist der Gebrauch derselben sehr eingeschränkt. Die Wasser-B. *(Sc. aquatica)*, falsche Wasser-Betonie, ist der vorigen Art ähnlich, doch ist die ganze Pflanze viel stärker, die Wurzel nie knotig, der Stengel ganz kahl, innen hohl, die gleichförmiger gesägten hellgrünen Blätter laufen in einen breiten Blattstiel herab, die Rispenäste sind kahl und nur die Blütenstiele etwas drüsenhaarig. Wächst an Gräben, Bächen, Teichen und Sümpfen in ganz Europa. Das Kraut war früher offizinell, besitzt einen ähnlichen Geruch und Geschmack wie jenes der ersten Art und wurde gegen dieselben Krankheiten angewendet. Auch die marylandische B. *(Sc. marylandica)* ist der knotigen Br. sehr ähnlich und auf gleiche Weise in Nordamerika gebräuchlich.

Brayere *(Brayera)*, Gattung der Wiesenknopfgewächse. Man kennt von dieser Gattung nur eine Art und diese sehr unvollständig, nämlich die wurmtreibende Br. *(Br. anthelmintica)*. Es ist ein Baum mit bis jetzt noch unbekannten Blättern und ästigen, weich-behaarten, geschlängelten Blütenstielen. Die Blumenblätter sind lineal, länger als die Staubgefäße. Man findet sie in Abessinien. Die Blüten sollen ein ausgezeichnetes Mittel gegen den Bandwurm sein.

Brechkraut *(Psychotria)*, Gattung der Krappggewächse. Das schmarotzende B. *(P. parasitica)* ist ein rankender Strauch mit fast einfachen, stielrunden, an der Spitze vierseitigen, hängenden, kahlen Ästen. Die Blätter sind gestielt, vollkommen kahl, hellgrün, unten blässer. Die Blüten klein, weiß, der Kelch gefärbt, sehr klein; die Beere kugelig, abgestutzt, scharlachdrot. Findet sich auf alten Baumstämmen in Bergwäldern Westindiens. Die Wurzel wird dort wie die Ipecacuanha gebraucht. Das hollunderartige B. *(P. sambucina)*, in Brasilien einheimisch, soll auch eine Art Ipecacuanha, die der gestreiften sehr ähnlich, geben.

Brechwurz *(Iatropha)*, Gattung der Wolfsmilchgewächse. Die schwarze B. *(I. Curcas)*, Purgiernußbaum, ist ein Strauch von 6-12' Höhe mit einer grauen Rinde und ziemlich vielen, langen, höckerig, narbigen, nur am Ende beblätterten kahlen Ästen. Die Blätter sind 5eckig oder fast 5lappig, ihre unteren Enden abgerundet, die oberen aber spitz, am Rande bisweilen noch mit ein paar groben Zähnen besetzt, am Grunde abgestutzt oder nur schwach herzförmig, übrigens glänzend und kahl. Diese Pflanze ist in Westindien und Südamerika, jetzt auf häufig in Ostindien zu finden. Die süßen, fast mandelartig, hintennach aber etwas brennend-scharf schmekkenden Samen wirken drastisch purgierend und erbrechend (so daß oft ein einziger zehnmaliges Erbrechen und doppelt so viel Stühle verursacht), sind in ihrer Heimat und waren auch in Europa als *Semina Ricini majoris* gleich dem Öl derselben offizinell; die Blätter aber dienen zu zerteilenden und erweichenden Umschlägen. Der milchige, sehr unangenehme und fast betäubend riechende Saft des Strauches ist scharf. Das aus den Kernen gepresste Öl ist in seinen arzneilichen Eigenschaften dem Krotonöl ähnlich und mit Erfolg bei Wassersucht, Kolik, Wurmbeschwerden, Verstopfungen in den Eingeweiden, ferner äußerlich bei Lähmungen, Ohrenschmerzen, Taubheit, sowie bei verschiedenen Hautkrankheiten benutzt worden; es wird aber in Indien größtenteils als Beleuchtungsmittel verwendet. Dahingegen sucht man daselbst chronische Rheumatismen und Lähmungen durch Einreibung mit dem Öl der Samen von der blauen Br. *(I. glauca)* zu heilen.

Homöopathie. Die Brechnuß wird bei chronischem Erbrechen eiweißartiger Massen, Wurmkrankheit, kneipenden und stechenden Schmerzen im Unterleib angewendet.

Gabe: Schulz wandte die 5. Verdünnung zu 1 Tropfen an.

Brechnußbaum ☞ **Krähenaugenbaum**

Brechviole *(Ionidium)*, Gattung der Violaceen. Die echte Br. *(I. Ipecacuanha)* hat eine Wurzel, die senkrecht, 4-6" lang, von der Dicke einer Schreibfeder bis zu der eines kleinen Fingers, etwas geschlängelt, mit zahlreichen, ziemlich dicken Fasern, in der Jugend glatt, später der Länge nach etwas gefurcht und schwach knotig, außen weißlich grau, im Alter blaßbraun, innen weißlich ist. Die Stengel, mehrere aus einer Wurzel, sind aufsteigend oder ausgebreitet, holzig und gleich der ganzen Pflanze mehr oder weniger dicht behaart; die Blätter sind länglich, elliptisch oder eilanzettlich, an beiden Enden spitz, fast kahl oder etwas zottig, die Blumenblätter weiß. Wächst auf sandigem und felsigem Boden Brasiliens. Die bitterlich-scharfe, im frischen Zustand unangenehm riechende Wurzel enthält als Hauptbestandteil Biolin, dann einen azothaltigen Extraktivstoff und Gummi, ist als weiße Brechwurzel oder Ipecacuanha offizinell, wird aber selten in Europa, sehr häufig dagegen in jenen Gegenden Brasiliens, wo die echte Ipecacuanha nicht einheimisch ist, gebraucht und Poaya branca oder Poaya da praya genannt. Die Wurzel anderer Arten, wie der rauhhaarigen B. *(I. Poaya)*, der kurzstengeligen B. *(I. brevicaula)*, der nesselblätterigen B. *(I. urtiaefolium)*, der steifen B. *(I. strictum)*, der kreuzblumenblätterigen B. *(I. polygalaefolium)* werden ebenfalls als Brechmittel benutzt.

Brechwurzel, echte ☞ **Kopfbeere**

Brechwurzel, gestreifte ☞ **Ronabea**

Brechwurzel, schwarze ☞ **Ronabea**

Brechwurzel, weiße ☞ **Richardsonia**

Breiapfel *(Achras)*, Gattung der Sapotaceen. Der gemeine B. *(A. Sapota)*, Sapotillbaum, ist ein Baum von 20-50' Höhe mit brauner Rinde und sehr ausgebreiteter Krone; die Äste sind wenig verzweigt, die Ästchen dick, bloß am Ende beblättert, nach unten zu nackt und narbig; die Blätter gehäuft, gestielt, 3-5" lang, 1½-2" breit, an beiden Enden spitz, dick, kahl und fast glänzend. Die Blüten stehen einzeln in den Blattachseln und bei abgefallenen Blättern auch hie und da auf den nackten Ästen, sind kurz gestielt, weißlich und bleiben lange stehen. Findet sich in ganz Westindien und Südamerika. Alle jüngeren Teile dieses Baumes sind voll eines milchigen und bitteren Saftes; die bittere und stark adstringierende Rinde wird in Amerika als ein Surrogat der China, die sehr bitteren Samen aber gegen Harnzwang, Blasenkatarrh und andere Krankheiten der Harnorgane angewendet. Die Früchte schmecken bei der Reife herb, wenn sie aber teigig geworden sind, erhalten sie einen sehr angenehmen, milchig-quittenartigen Geschmack, einen ähnlichen Geruch und sind ein sehr beliebtes Obst im tropischen Amerika.

Brenndolde *(Cuidium)*, Gattung der Doldengewächse. Die bengalische B. *(Cu. diffusum)* hat eine ästige Wurzel, einen 1-2' hohen flaumigen, 2teiligästigen hin- und hergebogenen Stengel, gestielte, schwach-flaumige Blätter, die untersten doppelt- und dreifach-fiederschnittig und schwach flaumig-kurzhaarige Früchte, mit fast kammförmigen Riefen. Wächst in Bengalen und blüht zur Winterszeit. Die aromatischen Früchte sind dort als Heilmittel, doch nur bei Krankheiten des Rindviehs und anderer Haustiere im Gebrauch.

Brennfrucht *(Cnidoscolus)*, Gattung der Wolfsmilchgewächse. Die fünflappige B. *(Cn. quinquelobus)* ist ein Strauch von 3-5' Höhe mit einer dicken, fleischigen Wurzel und einem 1-2" dicken, markigen Stamm, dessen zahlreiche Äste und noch mehr die

Blattstiele, Blüten und Früchte dicht mit zahlreichen, langen, weißlichen oder bräunlichen Brennborsten bedeckt sind. Blätter auf 6-7" langen Stielen, bis zur Mitte in 5, einige auch nur in 3 eiförmige, zugespitzte, gesägte Lappen, von denen die äußeren kürzer als die mittleren sind, gespalten. Die Blüten sind weiß, in fast trugdoldigen, schlaffen, ästigen Trauben am Ende der Triebe. Wächst in Südamerika und auf den Antillen. Blüht fast stets. Die Zweige dieser Pflanze wirken äußerlich gleich der schärfsten Brennessel. Die Samen und das Öl derselben sind heftig purgierend; noch drastischer ist der milchige Saft des Stengels und der Äste.

Brennkraut *(Acalypha),* Gattung der Wolfsmilchgewächse. Das ostindische B. *(A. indica)* hat eine weißliche Wurzel, einen 1-3' hohen, ästigen mit sehr kurzen Haaren besetzten Stengel, 2-3" lange, 1½-2" breite, kurz zugespitzte Blätter und rundliche grünbraune Früchte. Gemein in Ostindien, wie bei uns das Bingelkraut. Blüht das ganze Jahr hindurch. Die ganze Pflanze dient als ein auflösendes, purgierendes und wurmwidriges Mittel, äußerlich aber gegen viele Hautkrankheiten. Die Blätter des birkenblätterigen B. *(A. betulina)* riechen angenehm und werden in Ostindien gegen Magenschwäche, schlechte Verdauung, sowie auch in der Cholera angewendet. Das Kraut des hainbuchenblätterigen B. *(A. carpinifolia)* riecht unangenehm, schmeckt widrig, salzig-bitterlich und wird zu erweichenden und zerteilenden Breiumschlägen, Waschungen und Klistieren, innerlich gegen Wassersucht, Bleichsucht etc. angewendet. Das dichtblütige B. *(A. densiflora)* ist auf den Molukken einheimisch, wo die Wurzel und Blätter ein sehr geschätztes Mittel gegen Blutspeien, und dienen beide äußerlich gegen Hautausschläge und die Blätter gegen Mundschwämmchen.

Brennessel ☞ **Nessel**

Brennpalme *(Caryota),* Gattung der Palmen. Diese Palme, deren Stamm 40-50' hoch, gerade ist, wächst in Ostindien und auf den Inseln im indischen Meer. Aus dem Stamm derselben wird ein Sago bereitet und der Gipfel als Kohl gegessen, doch sind beide, Sago sowohl als der Kohl nicht sehr vorzüglich. Das Fleisch der Früchte schmeckt brennend, fast ätzend; auch der Stamm erregt im nassen Zustand auf der Haut ein heftiges Brennen. Der abgeschnittene Blütenkolben gibt nicht soviel Saft als andere Palmen und dieser wird auch nicht getrunken, wohl aber wird in Ostindien, besonders in Ceylon ein Zucker daraus gekocht. Den Stamm benutzt man vorzugsweise zum Bau der Häuser, da sein Holz sehr dauerhaft ist.

Bridelie *(Bridelia),* Gattung der Wolfsmilchgewächse. Die dornige B. *(B. spinosa)* ist ein ziemlich hoher und gerader Baum mit einer rauhen Rinde. Die Äste sind zahlreich, ganz ausgebreitet, die größeren mit einigen dicken und steifen Dornen besetzt, die Blätter zweireihig, kurzgestielt, an 5" lang, 2½" breit, spitz, am Grunde verschmälert, in der Jugend unterseits weichhaarig, im Alter ganz kahl, fest, mit zahlreichen parallelen Seitennerven. Häufig in Circars und mehreren Gegenden Bengalens. Blüht zur Regenzeit. Die Rinde ist sehr zusammenziehend; die Blätter werden vom Vieh gern gefressen und sollen die Eingeweidewürmer töten. Die Blätter des kletternden B. *(B. scandens)* sollen gegen das Zahnweh heilsam sein, wenn man den Dampf einer Abkochung davon in den Mund leitet. Die schmutzigrote Wurzelrinde besitzt einen sehr unangenehmen, schwefelartigen, zugleich aber zusammenziehenden Geschmack.

Broccoli ☞ **Kohl**

Brombeere *(Rubus),* Gattung der Rosengewächse. Die gemeine oder Wald-B. *(R. fruticosus)* bringt aus der Wurzel zahlreiche Stengel von verschiedener Richtung. Sie sind fünfzählig und haben verkehrt-eiförmige, spitze, doppelt oder einfach gesägte Ränder. Die begrenzten Rispen tragen zahlreiche weiße Blüten. Der Fruchtkelch ist zurückgeschlagen. Die Früchte sind schwarz oder rot und kommen in ihren medizinischen Eigenschaften mit den Himbeeren überein, wurden daher früher ebenso angewendet, sind aber weit weniger angenehm; im unreifen und getrockneten Zustand braucht man sie gegen Durchfälle. Die gelind adstringierenden Stengeltriebe, Blätter und Blüten der Brombeere dienten zu Gurgelwässern, sowie gegen Diarrhöen und Blutflüsse, der Wurzel aber schrieb man eröffnende und harntreibende Eigenschaften zu. Für den Haushalt werden die Brombeeren gleich den Himbeeren zu Saft und Gelee benutzt und in gleicher Weise zubereitet, stehen diesen aber sowohl an Ansehen wie am Wohlgeschmack nach. Will man Brombeersaft bereiten, preßt man recht reife Beeren aus, filtriert den Saft durch Fließpapier, wägt ihn, kocht das gleiche Gewicht Zucker mit einen Glas Wasser auf das Pfund, bis er Fäden gibt, nimmt ihn vom Feuer und läßt ihn zugedeckt abkühlen. Ehe er vollständig erkaltet ist, rührt man ungefähr den vierten Teil des Saftes dazu und ist er ganz abgekühlt, das übrige. Nun füllt man den Saft in kleine Fläschchen, verkorkt diese, bindet noch Blase über die Stöpsel und stellt die Gläser eine zeitlang in den Ofen, wo der Saft jedoch durchaus nur erwärmt, aber nicht heiß werden darf. In Nordamerika sind Wurzel, Blätter und Blüten des zottigen Brombeerstrauches *(R. villosus)* offizinell. Die Wurzelrinde rühmen amerikanische Ärzte (1 Unze auf 8 Unzen Kolatur, 2stündlich halbtassenweise) bei Diarrhöen und im letzten Zeitraum der Ruhr, bei Zahnkoliken der Kinder, gegen Blasensteine (von Bacton in Zweifel gestellt); unter denselben Umständen die reife, angenehm saure Frucht. Die nordamerikanische wohlriechende B. *(R. odoratus)*, die man bei uns häufig als Zierstrauch kultiviert, trägt in ihrem Vaterland rote Früchte von einem angenehm weinsäuerlich-süßen Geschmack.

Zum Anbau des Brombeerstrauches eignen sich steinige Abhänger, an denen jedoch der Boden nicht schlecht sein darf.

Bromelie *(Bromelia)*, Gattung der Bromeliaceen. Die schöne Br. *(B. Pinguin)*, wächst in Westindien. Die Blätter sind fast wie bei der Ananas, aber größer, sehr steif, 5-6" lang und mit steiferen, schwärzlich-braunen Dornen besetzt, oben grün, unten weißlich bestaubt, der Länge nach gestreift, die in der Mitte des Blätterbüschels stehenden sind schön rot gefärbt und kürzer. Der scharfe Saft der Früchte ist gegen Würmer und zum Reinigen des Mundes gebräuchlich. Von der Karatas-B. *(B. Caratas)* werden in Westindien und Südamerika die vollkommen ausgereiften Früchte gegessen. Ihren Saft gibt man auch dort als Säure unter den Punsch.

Brotfruchtbaum *(Artocarpus)*, Gattung der Artocarpineen. Der eingeschnittene B. *(A. incisa)*, echter B., hat keilig-eiförmige Blätter, welche 40 Fuß hoch, und erlangt einen Durchmesser von 1½ Fuß. Zahlreiche, gebrechliche, abstehende Zweige bilden eine starke Krone. Das ganze Gewächs strotzt von klebrigem Milchsaft. Die Blätter werden bis 3 Fuß lang und 1½ Fuß breit. Die kugelige Sammelfrucht (aus der Vereinigung vieler Sammelfrüchte) erreicht die Größe einer starken Melone. Wächst auf den Inseln der Südsee, wie auf den Molukken, Marianen etc., auch überall in jenen Gegenden, ebenso bereits in anderen Weltteilen zwischen den Wendekreisen in mehreren Abarten. Die Früchte sind für die Bewohner der genannten Gegenden das Hauptnahrungsmittel, von dem sie das ganze Jahr hindurch leben. Die Früchte des ganzblätterigen B. *(A. integrifolia)*, der in Ostindien kultiviert wird, werden auf verschiedene Art gegessen, ebenso die kastanienartigen Nüsse. Die Abkochung der Wurzel dient gegen Diarrhöen, sowie äußerlich gleich den Früchten bei bösartigen Flechten; die Milch der letzteren gegen Tagblindheit und das Holz als Gurgelwasser gegen Erschlafung des Zäpfchens und der Mandeln. Der weichhaarige B. *(A. pubescens)* ist ein Baum von sehr bedeutender Größe, dessen Früchte in Ostindien und Java häufig gegessen werden, im Übermaß jedoch leicht Diarrhöe bewirken; gegen letztere ist aber die Wurzel und Rinde des Baumes sehr heilsam. Die Blätter werden vielfältig gegen Schmerzen und Steifheit der Glieder, gegen Kontusion und Geschwülste verschiedener Art angewendet.

Brotnuß *(Brosimum),* Gattung der Brotfruchtbäume oder Artocarpeen. Die rindige B. *(A. Alicastrum)* ist ein sehr hoher und zierlicher Baum Jamaikas mit schlaffen Ästen und wechselständigen, 3-4" langen, elliptischen, stumpf-zugespitzen, kahlen, glänzenden, unten schön geaderten, etwas steifen Blättern; die Frucht ist kugelig, wie eine kleine Muskatnuß, außen von dem rindigen, narbigen, braunen Blütenkuchen umhüllt. Für die Bewohner Jamaikas ist der Baum in doppelter Hinsicht sehr wichtig; denn erstens wird der Samen häufig roh oder zubereitet gegessen, auch als Brot verwendet, zweitens sind die, einen dicken, klebrigen Milchsaft enthaltenden Blätter und jungen Ästchen für alle grasfressenden Tiere dort eine Hauptnahrung.

Broussonetie *(Broussonetia),* Gattung der Brotfruchtbäume. Man kennt zwei Arten. Die färbende B. *(B. tinctoria)* ist ein Baum von 60 Fuß Höhe, in Westindien und Südamerika einheimisch, mit hellbrauner, etwas gefurchter Rinde am Stamm, die an den Ästen weißlich und voll schwefelgelber Milch ist. Die Blätter sind 4" lang, an der Basis abgerundet, aber auf einer Seite tiefer am Blattstiel herabgehend, auf demselben Baum teils ganz, teils mehr oder weniger lappig, dunkelgrün, scharf, kurz gestielt, die Früchte von der Größe einer Muskatnuß, höckerig, außen und innen grünlich, süß und wohlschmekkend. Das feste, schöne hellgelbe Holz dient zum Färben und ist als Fustikholz, Gelbholz oder Brasilienholz bekannt. Die papiergebende B. *(B. papyrifera),* in Japan und auf den Inseln im indischen Ozean einheimisch, hat eine sehr zähe Rinde, aus der man vielfach Gewebe, vorzüglich aber alles Papier in Japan verfertigt.

Browallie *(Browallia),* Gattung der Nachtschattengewächse. Die niedrige Br. *(Br. demissa)* hat einen aufrechten, 1-4' hohen, ästigen Stengel, gestielte 1½" lange, 8"' breite, ganzrandige, netzaderige Blätter. Wächst in Kolumbien, blüht dort im Januar, bei uns vom Juni bis September. Das Decoct dieser Pflanze wird gegen eine Art von Grind, dort »Tuma« genannt, angewendet.

Brownee *(Brownea),* Gattung der Cäsalpiniaceen. Die scharlachrote B. *(Br. coccinea)* ist ein Baum von 15-20 Fuß Höhe mit aschgrauer Rinde. Die Blättchen sind gegenständig, gestielt, kahl, die Blüten zu 7-10, büschelig beisammen, kurzgestielt, herabhängend, an 3" lang. Findet sich in den Bergwäldern Venezuelas, jetzt auf auf den Antillen. Die Blüten gehören zu den erweichenden, gelind purgierenden Mitteln und werden auf den Antillen besonders bei Wöchnerinnen, sowie auch zu Gurgelwässern gebraucht; seltener wendet man dort ein Decoct der Blätter in gleicher Absicht, wohl aber häufiger gegen Hämorrhoiden innerlich und äußerlich an.

Brucea *(Brucea),* Gattung der Connariineen. Die ruhrwidrige B. *(B. antidysenterica)* ist ein aufrechter, einem kleinen Nußbaum ähnlicher Strauch Abessiniens mit einer rissigen, rehfarbigen, später gelblichen Rinde und elliptisch-länglichen Blättern. Die Rinde und die Blätter sind in Abessinien gegen Fieber, vornehmlich aber gegen die Ruhr im Gebrauch. Die sumatra'sche B. *(B. sumatrana)* wächst in Sumatra, Cochinchina und auf den Molucken. Alle Teile dieses Strauches schmecken sehr bitter, riechen auch, besonders die Blätter, sehr unangenehm und sind ein ausgezeichnetes stärkendes fieber-, wurm- und ruhrwidriges Mittel.

Bruchkraut *(Herniaria)*, Gattung der Nagelkrautgewächse. Der kahle B. *(H. glabra)*, Harnkraut, Tausendkorn, mit 3-8" langen, gelbgrünen Stengeln und ungleich gegenständigen Blättern, die oberen abwechselnd, $1\frac{1}{2}$-3"' lang, fast sitzend, stumpf, am Grunde verschmälert, etwas dicklich, ganz kahl oder kaum merklich gewimpert; die Blüten sehr klein, gelbgrün, in flachen, 7-10blütigen Knäueln. Häufig auf sandigem Boden sowie auf Heiden in ganz Europa und Sibirien. Das geruchlose und nur schwach salzig-herbe Kraut wurde früher als ein auflösendes, harntreibendes Mittel gegen Wassersucht, Augenkrankheiten, auch bei Nieren- und Blasenkrankheiten, vorzüglich aber gegen Brüche häufig gebraucht, ist aber jetzt mit Recht vergessen.

Bruchweide ☞ **Weide**

Brugmansie *(Brugmansia)*, Gattung der Hypocistengewächse. Man kennt nur eine Art, die javanische B. *(Br. Zippelii)*. Bei seinem Erscheinen erscheint diese Schmarotzerpflanze als ein fast kugeliger, erbsen- oder haselnußgroßer, von der später lappig zerreißenden Wurzelrinde bedeckter Auswuchs. Sie gleicht in ihrem Entwicklungsgang ganz einer Rafflesie und hat auch ähnliche Eigenschaften. Sie wächst auf Java, am Berg Salak und wird ihrer zusammenziehenden Eigenschaften wegen dort gegen Blutflüsse etc. angewendet.

Bruguiere *(Bruguiera)*, Gattung der Rhizophoraceen. Die walzliche B. *(Br. cylindrica)* ist ein Baum von 15-25 Fuß mit zahlreichen Luftwurzeln. Die Blätter sind 4-6" lang, $1\frac{1}{2}$-$2\frac{1}{2}$" breit, an beiden Seiten verschmälert und zugespitzt, die Blumenblätter weißlich, zurückgeschlagen. An sumpfigen Stellen und am Gestade des Meeres im tropischen Asien. Die bittere und zusammenziehende Rinde wird gegen Magenschwäche, Blähungen, Leibschmerzen, auch zu einer wundheilenden Salbe und gegen Aphten angewendet. Rheedes B. *(Br. Rhedii)* ist ein Baum vom Ansehen des echten Manglebaumes. Findet sich im tropischen Asien, am Ufer des Meeres, der Flüsse und salzigen Sümpfe. Ist immer blühend. Die Rinde hat gleiche Eigenschaften mit jener der übrigen Arten; auch dient sie ebenfalls zum Gerben und zum Färben.

Brunnenkresse *(Nasturtium)*, Gattung der Kreuzblütler. Die gemeine B. *(Nasturtium officinale R. Br., Sisymbrium officinale L.)* (FIG. 30) ist eine Wasserpflanze mit hohlem, kantigem Stengel, der aus den Achseln der unteren abgefallenen Blätter stark wurzelt. Die gestielten Blätter sind ziemlich dick, die jüngsten haben rundlich-herzförmige Gestalt, die anderen sind drei- bis siebenjochig, unpaarig fiederteilig, die Abteilungen eirundlich oder läng-

FIG. 30

DER GEMEINE BRUNNENKRESSE: a) eine blühende Pflanze, b) ein Blütenstand mit Früchten in 1/3 natürl. Größe, c) ein Samen viermal vergrößert, d) Querdurchschnitt des Keimlings, e) seitliche Ansicht des Keimlings, in gleicher Vergrößerung.

lich, bisweilen mit ausgeschweiftem Rand; am Grunde stehen oft spitze Öhrchen. Die lockerblütigen Trugdolden tragen oft viele Blüten mit weißen Blumenblättern und gelben Staubbeuteln. Die Schoten werden einen halben Zoll lang und stehen auf langen Stielchen. Die Samen sind hellbraun. An Bächen, in Teichen, Wiesengräben und Sümpfen kommt diese Pflanze jetzt wohl auf dem ganzen Erdball vor. Die Brunnenkresse schmeckt bitterlich-scharf, ist unter dem Namen *Herba recens Nasturtii aquatici* in mehreren Ländern offizinell und wird noch häufiger als Salat gegessen (doch bringt man in Böhmen und einigen anderen Gegenden weit öfter die bittere Kresse auf den Markt); in den Heilkräften kommt sie mit dem Löffelkraut überein, ist jedoch minder scharf. Der ausgepreßte Saft (1-2 Eßlöffel 2-3mal täglich allein oder mit anderen Kräutersäften: Bachbunge, Kerbel, Löwenzahn, Erdrauch, Zichorienwurzel, auch mit Selterswasser in Frühlingskuren) wird verordnet bei Skorbut, Wassersucht, Gelbsucht, Anschwellung der Gekrösdrüsen, chronischen Hautausschlägen, Schleimflüssen der Lungen und des Darmkanals.

Brustbeerenbaum ☞ **Judendorn**

Brustwarzendistel *(Mammillaria)*, Gattung der Kaktusgewächse. Die gemeine B. *(M. simplex)* wächst in Westindien und Südamerika auf steilen Felsen. Der Stengel ist 6-9 Zoll hoch und verhältnismäßig dick, grün, fleischigsaftig, ohne aller holzigen Achse, an der Spitze der brustwarzenartigen Höcker mit wollig-filzigen, abfallenden Haaren und mit kurzen, nach allen Seiten abstehenden, feinhaarigen Stacheln besetzt. Die Blüten sind klein, weißlich, die Beeren scharlachrot mit kleinen schwarzen Samen. Die ganze Pflanze wird zerquetscht als ein zerteilender und erweichender Umschlag bei Entzündungen der Haut aufgelegt; die süßlichen Früchte werden gegessen. Eine ähnliche Anwendung macht man auch oft von den anderen Arten dieser Gattung, welche sämtlich eßbare Früchte besitzen.

Brustwurzel ☞ **Engelwurz**

Bruxanellie *(Bruxanellia)*, gehört wahrscheinlich den Rubiaceen an. Die indische B. *(Br. indica)* ist ein Baum von der Größe eines Apfelbaumes mit einer graulichen Rinde. Die Äste sind zahlreich, grün, die Blätter gegenständig, dicklich, kahl, oben dunkelgrün, unten grünlich. Auf Bergen in Malabar. Die braunrote stark riechende Wurzelrinde wird mit Ingwer äußerlich bei gichtischen Schmerzen sehr gerühmt; die ebenfalls stark riechende und herbe Rinde des Stammes sowie der Äste gilt für harntreibend und die nicht minder riechenden Blätter sind äußerlich gegen Karbunkeln im Gebrauch.

Brya *(Brya)*, Gattung der Schmetterlingsblütler. Die ebenholzartige B. *(Br. Ebenus)* ist ein Baum von 30-40 Fuß Höhe (oft auch nur strauchig) mit vielen langen, horizontalen, braunen Wurzeln. Der Stamm ist meistens krumm mit grauer oder brauner, rissig, runzeliger, unbewehrter Rinde, die Äste sind abstehend, schlank, dornig, die Ästchen kurz und sehr steif, ebenfalls dornig, die Blätter zahlreich, kurz gestielt oder fast sitzend, steif, ebenfalls dornig, die Blätter zahlreich, kurz gestielt oder fast sitzend, breit, stumpf, dicklich, kahl und glänzend. Häufig auf den Antillen, in Hecken und an dürren Stellen. Die schleimig-süßen Blüten und Früchte werden als Purgiermittel nach Art der Senna (unter anderem in der erste Periode des Keuchhustens) und die Blätter bei Geschwüren benutzt. Das grünlich braune Holz bildet eine der vielen Sorten des Ebenholzes.

Bubon *(Bubon)*, Gattung der Doldengewächse. Der Galban-B. *(B. Galbanum)*, Galbankraut, wächst auf Hügeln am Kap. Der Stengel ist 3-5' hoch, aufrecht, stielrund, einfach, gerillt, am Grunde holzig, wie die ganze Pflanze kahl und seegrünlich bereift; die Blätter sind auf den kurzen steifen Scheiben fast sitzend, nur die untersten gestielt und dreifach-dreischnittig, die übrigen nur doppelt-dreischnittig. Weder von dieser noch von dem gummigebenden B. *(B. gummifer)* stammt, wie man früher glaubte, das Galban- oder Mutterharz, das bekanntlich von *Galbanum officinale* gewonnen wird. Beide Arten enthalten wohl in ihrem Vaterland einen weißen, stark riechenden, doch von Galban im Geruch und Geschmack sehr verschiedenen Milchsaft, der als Heilmittel nicht gebräuchlich ist.

Buchanani *(Buchanania)*, Gattung der Anacardiineen. Die breitblätterige B. *(B. latifolia)* ist ein hoher Baum mit dickem Stamm und rauher Rinde. Die Äste sind nach allen Seiten ausgebreitet, die Blätter kurz gestielt, lederig, kahl, ziemlich glatt, doch oberseits etwas schärflich, die Blüten sehr zahlreich, grünlich-weißlich, die Steinfrucht kirschengroß, schwarz. Auf Bergen der Küstenländer Ostindiens. Die süßen, ölreichen Samen werden dort allgemein statt der Mandeln gebraucht. Dasselbe gilt auch von den Samen der schmalblätterigen B. *(B. angustifolia)*.

Buccostrauch *(Barosma)*, Gattung der Rautengewächse. Der kerbige B. *(B. crenata)* ist ein Strauch von 2-5 Fuß Höhe, aufrecht, kahl; Äste und Ästchen sind gegenständig, stielrund, rötlich, die Blätter genähert, abstehend, länglich-oval, die Blüten einzeln in den oberen Blattachseln, weiß. Blüht vom Oktober bis November. Alle Teile riechen und schmecken stark und eigentümlich aromatisch; die Blätter werden am Kap häufig gegen Krämpfe, Verkältungen, Rheumatismen, sowie nicht minder gegen Krankheiten der harnabsondernden Organe gebraucht und sind jetzt auch in Europa unter dem Namen Buccoblätter bekannt geworden. Sie enthalten außer ätherischem Öl, Harz, Gummi und vielen Salzen einen eigenen, dem Cathartin verwandt sein sollenden Extraktivstoff. Man gibt es in Pulver zu 1 Drachme bis 1 halb Unze 2-3stündlich oder öfter im Aufguß mit Wasser oder Wein: ½-1 Unze auf 6-7 Unzen Kolatur, stündlich 1 Eßlöffel. Die Abkochung ist weit weniger kräftig. In Tinktur 1 Teil Blätter auf 6 Teile rektifizierten Weingeist: ½-2 Drachmen. Die Blätter der anderen Arten, z. B. des birkenartigen B. *(B. betulina)*, des wohlriechenden B. *(B. odorata)*, des schönen B. *(B. pulchella)* etc. werden ebenso wie die erste Art gebraucht.

Buche *(Fagus)*, Gattung der Becherfrüchtler. Die gemeine B. *(F. sylvatica)*, Rotbuche, ist einer der schönsten Waldbäume Europas, erreicht eine Höhe von 100-120 Fuß bei 4' Dicke, hat eine fast glatte, weißlich-graue Rinde, lange, abstehende Äste, 3-4 Zoll lange, elliptische, wellig geschweifte, wimperige, oben dunkelgrün glänzende Blätter und eirund-dreikantige, braune ölreiche Nüsse (Bucheckern, Bucheln), die eine vortreffliche Mast und Speiseöl liefern. Letzteres hat das Gute, daß es nicht leicht ranzig wird, im Gegenteil, nach einem Jahr noch besser als frisch schmeckt; das Unreine dient zum Brennen und anderen Gewerben. Merkwürdig ist, daß die Fruchtschale sowie die Samenhaut einen giftigen, dem Koniin ähnlichen Stoff besitzt, weshalb auch die nach dem Ölpressen übrig bleibenden Kuchen mehreren Tieren, vorzüglich den Pferden tödlich waren und nur zu Fütterung der Schweine verwendet werden können. Auch die frischen Bucheckern sollen Kopfweh, Schwindel, Berauschung etc. erregen.

Buchsbaum *(Buxus)*, Gattung der Lorbeergewächse. Der gemeine B. *(B. sempervirens)* ist ein dichter Strauch, der in Gärten oft zwergartig gehalten wird. Die eiförmigen, stumpfen Blätter sind steif, glänzend und immergrün. Die einhäusigen, kleinen, gelblichweißen Blüten stehen in den Blattwinkeln in Knäueln beisammen. In Gärten, auf Friedhöfen häufig gepflanzt und verwildert, im Süden von Europa wildwachsend. Die Blätter schmecken sehr unangenehm bitter, sind purgierend und sollen außerdem den Haarwuchs befördern; in Frankreich werden sie häufig statt des Hopfens dem Bier zugesetzt.

In der Tierheilkunde werden auch die Blätter verwendet. Außer der gewöhnlichen Wirkung der bitter-adstringierenden Mittel soll das Decoct, beim Rindvieh in großen Gaben gereicht, abführend wirken und äußerlich angewendet soll es den Haarwuchs fördern. Die Anwendung muß aber täglich und durch vier Wochen geschehen.

Buchweizen *(Fagopyrum),* Gattung der Knöterichgewächse. Der gemeine B. *(F. esculentum),* Heidkorn, Haden, Blende, Grikken, ist eine jährige Pflanze mit fußhohem, aufrechtem, meist blutrotem Stengel, an dessen Gelenken pfeilherzförmige, zugespitzte Blätter mit Blattscheiden sich befinden. Die kleinen, rötlich weißen Blütlein stehen am Gipfel der Äste in Doldentrauben. Die Frucht besteht in kleinen, dreikantigen, schwarzbraunen Nüßchen. Aus Asien stammend, wird das Heidkorn im Großen auf Feldern als Nachsaat häufig gebaut. Es blüht im Juli, August und die honigreichen Blüten werden von Bienen gern besucht. Die Samen geben eine in vielen Ländern sehr beliebte Grütze und ein zu Brei, zu Kuchen etc. verwendbares Mehl; das hieraus gebackene Brot ist zwar schmackhafter als Gerstenbrot, doch sehr schwarz, schwer verdaulich und weniger nahrhaft. Auch in der Heilkunde wird hie und da das Buchenweizenmehl zu erweichenden und zerteilenden Umschlägen gebraucht.

In der Tierheilkunde kann die Buchweizengrütze ganz so wie die Hafergrütze zu erweichenden Breimumschlägen verwendet werden.

Buddleia *(Buddleia),* Gattung der Braunwurzgewächse. Die amerikanische B. ist ein Bäumchen von 8-12' Höhe mit fast schenkeldickem Stämme, häufiger nur strauchig und sehr ästig, an den Gelenken zusammengedrückt. Die Blätter sind 6-10" lang, 3-4" breit, spitz, in einen kurzen, rinnigen, filzigen Blattstiel verschmälert, netzaderig, die älteren oben kahl und doppelt kerbig-gesägt. Findet sich in Westindien und Südamerika. Blüht von Juni bis September. Die Blätter werden zu erweichenden Bädern, Bähungen und ganz so wie die Blätter der Arten von Wollkraut *(Verbascum)* in Europa angewendet. Die Blätter und Blüten der verbundenblätterigen B. *(B. connata)* besitzen ebenfalls erweichende, aber zugleich gelind zusammenziehende Eigenschaften und werden in Brasilien gleich jenen des dort fehlenden Wollkrautes *(Verbascum)* gebraucht. Die Blätter der kugeligen B. *(B. globosa)* werden besonders im gepulverten Zustand zur Heilung von Geschwüren benutzt.

Buene *(Buena),* Gattung der Krappgewächse. Die brasilianische B. *(B. hexandra)* ist ein schöner und hoher Baum; der Stamm ist über 1½' dick, die Rinde dünn, rissig, außen braun, innen blutrot, die Blätter einrund-oval, vorn abgerundet, oben kahl und glänzend, dunkelgrün, unten ockergelb und fast rostbraun-zottig. In Gebirgswäldern Brasiliens, besonders in der Provinz Rio Janeiro und Minas Geraes. Von diesem Baum stammt die China von Rio Janeiro, im Geschmack der echten Chinarinde ähnlich, nur bitterer und harziger.

Büschelkraut *(Desmodium),* Gattung der Schmetterlingsblütler. Das korallenbaumblätterige B. *(C. erythrinaefolium)* wächst in Südamerika, hat eine dicke, ästige, weißliche Wurzel, einen aufrechten, schlanken ästigen Stengel, und große gestielte, oft zu 3-4 am Ende der Triebe vereinigte Blätter. Die Eingeborenen bedienen sich des Aufgusses der Wurzel gegen Ruhren und Blutflüsse mit glücklichem Erfolg. Das gewundene B. *(D. tortuosum)* findet sich auf den Antillen und in Kolumbien. Die Blätter sollen ziemlich stark purgierende Eigenschaften besitzen.

Büschelzopf *(Desmanthus)*, Gattung der Mimosaceen. Der schwimmende B. *(D. natans)* hat einen 20' hohen und noch längeren krautigen hin und hergebogenen Stengel, zweireihig, sehr reizbare Blätter mit einem 4-5' langen, unterseits etwas schwieligen Blattstiel. Findet sich in Südasien. In Ostindien wird diese Pflanze als ein magenstärkendes, harntreibendes Mittel und als ein Mittel gegen die Gicht gebraucht, aber auch äußerlich bei entzündlichen Geschwülsten angewendet; in Cochinchina genießt man die Blätter als Salat.

Büttnerie *(Büttneria)*, Gattung der Büttneriaceen. Die herzförmige B. *(B. cordata)* ist ein Strauch von 6-8' Höhe, gleich den zahlreichen, sehr langen, weitschweifigen Ästen, fünfeckig und mit zerstreuten, zurückgekrümmten, purpurrötlichen Stacheln besetzt. Die Blätter an 3" lang, abstehend, auf oberseits schwach-rinnigen Stielen, die Blüten doldig, weißlich. Wächst in Peru, wo die zerstampften Blätter den Eingeborenen als Heilmittel gegen die Bisse der dort einheimischen großen Spinnen dienen, weshalb auch diese Pflanze von ihnen Spinnenkraut genannt wird.

Bulbine *(Bulbina)*, Gattung der Liliengewächse. Die flachblätterige B. *(B. planifolia)* wächst in Frankkreich, in den Pyrenäen, Portugal, Sardinien, Nordafrika. Die Wurzel ist aus zahlreichen, büscheligen, länglichen, spindeligen, fleischigen Knollen gebildet. Der Schaft ist 6-10" lang, aufrecht, kahl, gedreht, die Äste einzeln oder gepaart, die unteren gabelig, die Blumenblätter elliptisch, stumpf, innen milchweiß, außen violett, purpurrot. Die Bewohner des Departments des Landes brauchen die Wurzel als ein Purgiermittel.

Bumelie *(Bumelia)*, Gattung der Sapotaceen. Die schwarze B. *(B. nigra)* ist ein hoher Baum mit kerzengeradem Stamm, schwärzlicher Rinde und horizontal ausgebreiteten Ästen und Ästchen. Die Blätter sind gegen das Ende der letzteren gehäuft, auf langen, schlanken Stielen hängend, schwarzgrün, ausdauernd, aufeinanderliegend, weißlich. Die Beere ist rundlich, der Same schwarz. In Bergwäldern Jamaikas. Die bittere und adstringierende Rinde wird dort gegen Wechselfieber gerühmt. Die weidenblätterige B. *(B. salicifolia)* ist ein Baum mit glatter, weißer Rinde, an beiden Enden zugespitzen etwas glänzenden, am Rande meistens livid gefärbten Blättern und sehr zahlreichen, kleinen, weißlichen Blüten. Wächst auf dürren, sonnigen Hügeln in Westindien. Die bitter adstringierende Rinde wird gleichfalls gegen Wechselfieber gebraucht. Unter den dornigen Arten dieser Gattung ist die bocksdornartige B. *(B. lycioides)* zu erwähnen; es ist die einzige, welche den Wendekreis des Krebses überschreitet und in Louisiana, sowie in Carolina als ein 8-10' hohes Bäumchen angetroffen wird. Die schwärzlichen, süßlichen, etwas herben Beeren sollen bei Diarrhöen heilsam sein.

Buntblatt *(Graptophyllum)*, Gattung der Acanthineen. Das zierliche B. *(Gr. hortense)* ist ein Strauch von 6' Höhe, bisweilen höher und baumartig; die Äste sind gerade, gestreift, brüchig, kahl, mit ebenso brüchigen, weißlichen Ästchen; die Blätter kurz gestielt, elliptisch-lanzettlich, ganzrandig, spitz, mit einem breiten, buchtigen oder geflaumten, weißen, seltener gelblichen oder rötlichen Fleck, die unteren kleiner, kaum 2" lang, 1" breit, die übrigen 4-5" lang, 2" breit. Wahrscheinlich in China einheimisch, doch im ganzen südlichen Asien allgemein als Zierstrauch gepflanzt. Blüht fast stets. Die schleimigen, etwas unangenehm riechenden Blätter, sowie die ebenfalls schleimige Rinde werden gegen allerlei Geschwülste als ein zerteilendes oder auch zeitigendes Mittel, besonders häufig aber gegen Milchknoten oder beginnende krebsartige Übel der Brüste angewendet.

Bursere *(Bursera)*, Gattung der Amyrideen. Die harzreiche B. *(B. gummifera)* ist ein großer Baum mit einer ansehnlichen Krone, einer glatten, bräunlichen oder rötlichen, in großen, dünnen Lappen sich lösenden Rinde, 1½" langen, glänzend grünen kahlen Blättchen und kleinen weißlichen Blüten. Wächst in Westindien und in Südamerika. Die Rinde ist voll eines balsamischen, dem zyprischen Terpentin ähnlichen, süßlich aromatisch schmeckenden Saftes, welcher dort in manchen Fällen von Ruhr, Nieren- und Lungenleiden, äußerlich aber zu Salben und Pflastern verwendet und im eingetrockneten Zustand unter dem Namen Chibouharz oder Gomartgummi in den Handel, nach Europa aber nur selten gebracht wird. In Westindien werden übrigens die Blätter als ein Wundmittel, die Rinde gegen Schleimflüsse und auch zu wurm-widrigen Aufgüssen, jene der Wurzel fast auf gleiche Weise wie die Simaruba-Rinde, die Knospen ganz so wie der Balsam selbst und das aus den Samen gepreßte, schmutziggelbe, trübe und dicke, balsamisch-riechende Öl gegen Lungenblennorrhöen gebraucht. Auch die *B. acuminata* und *B. leptophloes* in Brasilien geben einen solchen Balsam.

Burzeldorn *(Tribulus)*, Gattung der Zygophyllineen. Der gemeine B. *(T. terrestris)* hat eine lange, weißliche, mehrere nach allen Seiten auf der Erde ausgebreitete Stengel treibende Wurzel. Die Stengel sind ästig, stielrund, gerillt, oft etwas geschlängelt, gleich den Blatt- und Blütenstielen rauhaarig; die Blätter ungleich gegenständig, 5/4-2" lang, die Blüten an 5'" breit, gelb. Gemein an Wegen, auf bebauten und auf unfruchtbaren Plätzen im südlichen Europa, im Orient und nördlichen Afrika. Früher war diese Pflanze als ein tonisch-adstringierendes Heilmittel, besonders bei Augenkrankheiten, Halsbeschwerden, aber auch gegen Diarrhöen, Blutflüsse und Krankheiten der Harnorgane im Gebrauch. Der wollige B. *(T. lanuginosus)* wird in Ostindien als ein harntreibendes Mittel gebraucht.

Butea *(Butea)*, Gattung der Schmetterlingsblütler. Die dichtbelaubte B. *(B. frondosa)* ist ein ostindischer Baum von 18-25' Höhe mit einem meistens gekrümmten, mannsdicken Stamme. Die Rinde ist aschgrau, schwammig, rauh, einen blutroten Saft enthaltend; die Äste sind unregelmäßig, nach allen Seiten ausgebreitet, die Blätter groß. Der schöne rote, adstringierende Saft, welcher teils von selbst, häufiger aber nach Verwundungen der Rinde ausfließt, an der Luft verhärtet und später seine rubinrote Farbe verliert, kommt als eine der Sorten des Kinogummi und zwar unter dem Namen ostindischen oder asiatischen Kino, doch jetzt selten nach Europa.

Butterbaum. Eine von Mungo Park im Innern Afrikas entdeckter und *Shea Micadania* genannter Baum, welcher eine sehr wohlschmeckende, sich lange haltende und für Afrika äußerst wichtige Butter *(Golambutter)* liefert. Wahrscheinlich gehört dieser Baum zur Gattung Bassie.

Butterblümchen ☞ **Hahnenfuß**

Byrsonime *(Byrsonima)*, Gattung der Malphighiaceen. Die wollkrautblätterige B. *(B. verbascifolia)* ist ein niedriger, oft nur 1' hoher Strauch; der Stamm ist verhältnismäßig dick, gedreht, sehr knotig, die Rinde stark runzelig, schwärzlich, filzig, die Blätter gestielt, 6-9" lang, 3-4" breit, am Ende abgerundet mit einer aufgesetzten, kurzen Spitze, oberseits wollig-zottig und grünlich, unterseits dicht filzig und graulich, die Blüten gelb ins rötliche, die Früchte rundlich, größer als Erbsen, zottig, gelblich-grün. In Cayenne; blüht vom März bis August. Das rote, adstringierende Holz des Stammes und der Wurzel ist dort als Heilmittel, doch meistens nur äußerlich im Gebrauch; auch dient es zum Rotfärben. Die Rujahblätterige B. *(B. cotinifolia)* wächst in Mexiko, wo die Rinde als ein vorzügliches adstringierendes Heilmittel angewendet wird. Die lorbeerblätterige B. *(B. laurifolia)* findet sich in Cumana. Diese Art sowie auch *B. rhopalaefolia* und *B. coccolobaefolia* sind dort unter dem Namen *Alcornoque* bekannt und man vermutet deshalb, daß sie schon erwähnte ☞ Alkornokrinde auch von denselben genannt werde.

C

Cacalie *(Cacalia)*, Gattung der Synanthereen. Die oleanderblättrige C. *(C. Kleinia)* ist strauchig, mit lanzettlichen, spitzen, oben seegrün bereiften, unten purpurrötlichen Blättern mit vorstehenden Mittelnerven und weißlich-gelben Blüten. Wächst auf den kanarischen Inseln und in Ostindien, blüht im Oktober, November. Die Blätter riechen gerieben fast wie Schierling; eine Abkochung davon ist in Ostindien bei Rheumatismen und flechtenartigen Hautausschlägen im Gebrauch. Die wolfsmilchwidrige C. *(C. Anteuphorbium)*, der vorigen Art fast ähnlich, nur etwas höher, findet sich in Südafrika und Äthiopien und blüht im Februar, März. Man hielt diese Pflanze ehemals für ein spezifisches Mittel gegen die giftartige Schärfe mehrere Arten der Gattung Wolfsmilchgewächse; sie besitzt jedoch nur einen kühlenden schleimigen und einhüllenden Saft. Von der hängenden C. *(C. pendula)* wird in Arabien der Saft gegen Ohrenschmerzen äußerlich angewendet; eben daselbst dienen die trockenen Stengel von der wohlriechenden C. *(C. odora)* zu Räucherungen, um einen angenehmen Geruch zu verbreiten und bei ansteckenden Krankheiten, z. B. bei Blattern eine Ansteckung zu verhüten. Die knollige C. *(C. bulbosa)* wird in China und Cochinchina als ein erweichendes, kühlendes, auflösendes Mittel innerlich und äußerlich vorzüglich gegen chronische Augenentzündungen, Halsentzündungen etc. angewendet.

Cadaba *(Cadaba)*, Gattung der Kappernstrauchgewächse. Die indische C. *(C. indica)* ist ein sehr ästiger, weitschweifiger Strauch mit stielrunden, kahlen Ästen. Die Blätter sind kurz gestielt, länglich oder breitlanzettlich, die Früchte hängend, sehr lang gestielt, länglich-walzlich, mit einem orangengelben Mark und zahlreichen nierenförmigen Samen. In Ostindien, an dürren, unfruchtbaren Stellen. Blüht fast stets. Die Wurzel und die Blätter sind dort als eröffnende und wurmwidrige Heilmittel bekannt.

Cäsalpinie *(Caesalpinia)*, Gattung der Cäsalpiniaceen. Die molukkische C. *(C. Nuga)* ist ein Strauch mit zahlreichen langen, liegenden und kletternden, unbewehrten Ästen, die Stacheln am Hauptblattstiel sind gepaart, klein, die Blättchen gegen- und wechselständig, hellgrün, an der Basis der zwei endständigen immer ein paar kleinere Stacheln, die Blüten gelb, wohlriechend. Blüht auf den Molukken vom April bis Juni. Die Wurzel wird als ein harntreibendes Heilmittel, sowie bei Nieren- und Blasensteinen angewendet; aus dem Stamme fließt nach Einschnitten in denselben ein Gummi, doch nur in geringer Menge aus. Die schiefblätterige C. *(C. Sappan)*, in Ostindien einheimisch, ist ein Baum von 12-20' Höhe, das innere, mehr oder weniger rote, an der Luft allmählich dunkel und fast schwärzlich werdende Holz des Stammes und der Wurzel ist unter dem Namen Sappanholz, ostindiches Farbholz oder falsches Santelholz bekannt und als Farbmaterial sehr geschätzt; es ist dem Fernambukholze nahe verwandt und wird in Ostindien auch häufig als Arzneimittel gebraucht. Die Bahama'sche-C. *(C. bahamensis)*, ein kleiner Baum oder Strauch auf den Bahama-Inseln, liefert das gelbe Brasilienholz. Die Gerber.-C. *(C. coriaria)* ist ein Strauch von 12-15' Höhe, in Westindien und Südamerika einheimisch; die Früchte, unter dem Namen Libidibibohnen oder Libidibischoten bekannt, sind sehr adstringierend, werden in ihrem Vaterland als Heilmittel, häufiger jedoch zum Gerben verwendet, verdienen jedoch bei dem Überfluß an derlei Substanzen in Europa keine Beachtung. Die schönste C. *(C. pulcheriima)*, Pfauen- oder Paardiesblume, ist ein zierliches Bäumchen von 12-15' Höhe, zur Blütezeit wahrhaft prachtvoll. In ganz Ostindien einheimisch und auch jetzt in Westindien und Südamerika. Blüht vom Mai bis August. Die bitter und unangenehm schmeckenden Blüten sind in Amerika ein sehr gebräuchliches Mittel gegen chronische Lungen-Katarrhe, Schleimschwindsucht, intermittierende Fieber und werden auch ihrer schweißtreibenden Kraft wegen bei Hautausschlägen angewendet, in größerer Dosis sind sie, noch mehr die Blätter und Samen, purgierend, wirken überdies reizend auf den Uterus und können selbst Abortus hervorbringen.

Cajanstrauch *(Cajanus),* Gattung der Schmetterlingsblütler. Der zweifarbige C. *(C. bicolor)* ist ein Strauch von 5-10' Höhe, bisweilen baumartig, mit einem fast schenkeldicken Stamm. Die Äste sind zahlreich, aufsteigend, die jüngeren rundlich-eckig und dicht mit kurzen, weißlichen Haaren besetzt, die Blätter auf 1-2" langen Stielen, die Blättchen lanzettlich, spitz, ganzrandig, 2-3" lang, 6-9"' breit, fast samtartig, oberseits graulich-grün, unterseits weißlich. Stammt aus Ostindien, wird aber jetzt überall zwischen den Wendekreisen kultiviert. Blüht fast stets. In Cochinchina wird die Wurzel gegen Bleichsucht, Bauchflüsse, auch gegen Zahnschmerzen und selbst gegen Bisse giftiger Tiere angewendet. Die Blätter dienen in Ostindien gegen starken Hämorrhoidal-Blutfluß und die Samen geben eine sehr beliebte, dort allgemein genossene Speise. Der gelbe C. *(C. flavus)* wird sehr häufig in Westindien und Südamerika kultiviert, aber auch als Heilmittel verwendet; die gelind adstringierenden, jungen Triebe dienen nämlich bei einigen Augen- und Brustkrankheiten, die Blüten bei Katarrhen, die Blätter gegen Hämorrhoiden, Hautausschlägen, Wunden und Geschwüre, die Samen aber zu erweichenden Breiumschlägen.

Cajeputbaum *(Melaleuca),* Gattung der Myrthengewächse. Der echte C. *(M. Cajaputi)* ist ein mittlerer Baum mit einem schenkel- oder fußdicken, oft krummen Stamm, am unteren Teil schwärzlich und wie verbrannt aussehend, nach oben grau und an den Ästen mit einer weißlichen, gleich jener unserer Birken aus zahlreichen Lamellen bestehenden und ebenso sich abschälenden Rinde bedeckt. Die Äste sind ausgebreitet, gezweiteilt, gekrümmt; die Ästchen rundlich und fast so wie bei der Trauerweide überhängend, die jüngsten mit anliegenden, weichen Haaren besetzt. Die Blätter sind meistens vertikal, kurz gestielt, 3-5" lang, $\frac{1}{2}$-$\frac{3}{4}$" breit, bisweilen schwach sichelförmig, in der Jugend seidenhaarig, später ganz kahl. Die Blüten gegen das Ende der jungen Triebe ährig und durch das Fortwachsen der letzteren später seitlich. Auf den Molukken, sowie auf Celebes und Borneo. Fast immerblühend.

Alle Teile dieses Baumes, vorzüglich aber die Blätter und Früchte riechen und schmecken sehr aromatisch, den Cardamomen ähnlich und werden auf allen Inseln im indischen Meer als Arzneimittel innerlich und äußerlich sowie auch als Rauchwerk verwendet. Auch destilliert man daraus ein Öl, das unter dem Namen Cajeputöl bekannt, im südlichen Asien häufig gebraucht und seit einem Jahrhundert auch nach Europa gebracht wird. Es ist dünnflüssig, blaß-bläulich oder grasgrün, auch weißgelblich, völlig durchsichtig, flüssig, im Geruch stark aromatisch, kampher- und terpentinartig, im Geschmack brennend gewürzig. Das Cajeputöl wird besonders bei dem durch übermäßige Entwicklung von Gasarten erzeugten Magenkrampf und Kolik, bei verschiedenen Krampfformen, wie Veitstanz, Epilepsie, bei Lähmungen einzelner Organe, der Zunge, Harnblase, bei chronischer Gicht und veralteten rheumatischen Affektionen, bei fehlendem Monatsfluß, schwachen Wehen von manchen Ärzten noch gegeben. Einige priesen seine Wirksamkeit bei der asiatischen Cholera; die Mehrzahl der Ärzte erkennt die Nutzlosigkeit desselben namentlich in jener Form, wo der Pulsschlag aufzuhören beginnt, in der sich aber, wie Prof. Schroff meint, seine Anwendung allenfalls rechtfertigen ließe. Gegen Würmer ist es gleichfalls gerühmt worden, nach Küchenmeister leben Fädenwürmer in einer Mischung von Cajaputöl und Eiweiß nicht ganz 6 Stunden. Äußerlich wird es zu Einreibungen bei Lähmungen der Zunge, der Gliedmaßen, bei manchen Nervenleiden, heftigen Zahnschmerzen, bei nervösen Kopfschmerzen angewendet. Man gibt das Cajeputöl 2-8 zu Tropfen auf Zukker oder mit Wein, in Alkohol als Tinktur, in Pillen, bei Zahnschmerzen mit Karies, auf Baumwolle getröpfelt, in den hohlen Zahn gebracht.

Caladium *(Caladium)*, Gattung der Arongewächse. Das Schierlings-C. *(C. Seguinum)* wächst in Westindien an Bächen, Flüssen; der Stengel ist 5-6' hoch, mehr als zolldick, rund, die Blätter an der Spitze genähert, fast 1½' lang, die Blattstiele nach unten rinnig und umfassend, die Blütenstiele kurz, aus den oberen Blattachseln; die Scheide blaßgrün, innen purpurrot, der Kolben fast wie ein doppelter Stößel, gelblich, am obersten Teil mit viereckigen, warzigen Drüsen. Der Saft ist äußerst scharf und ätzend; eine Abkochung der Stengel ist in Westindien als äußerliches Arzneimittel zu Bädern und Bähungen bei der Wassersucht im Gebrauch; noch kräftiger ist die Wurzel als Bähung bei Verstopfungen, sowie als Fußbad bei alter Gicht. Das eßbare C. *(C. esculentum)*, dem schildförmigen Aron ähnlich, findet sich in Westindien, Südamerika, auf den Molukken, und mehreren Ländern; auch häufig und sorgsam kultiviert. Die Wurzeln und zarten Stengel sind eine allgemeine Speise in Tropenländern, als Ersatz der europäischen Gemüsearten. Äußerlich legt man die zerquetschten Blätter mit Salz als zerteilend auf Geschwülste, ebenso auf Bißwunden, von giftigen Tieren beigebracht. Das seerosenblätterige C. *(C. nymphaeaefolium)* ist in Ostindien einheimisch, wo Früchte und Blätter äußerlich als Reizmittel, die Wurzel bei Blennorrhöen gebraucht werden; gekocht dienen die Blätter als Gemüse.

Calanthe *(Calanthe)*, Gattung der Orchideen. Die germerblätterige C. *(C. veratrifolia)* wächst auf den Molukken und blüht im Oktober. Blätter zu 3-4, jedes 1½' lang, ½' breit, mit 5 Nerven wie die Wegerichblätter durchzogen, dünn und kahl. Schaft aus ihrer Mitte, über 2' hoch, stielrund, mit einigen scheidenartigen, kurzen, eilanzettlichen Deckblättchen besetzt. Blüten ziemlich groß, geruchlos. Die ganze Pflanze, besonders aber die Wurzel, schmeckt anfangs fade, dann aber sehr scharf und brennend; man bedient sich ihrer äußerlich bei der Hautwassersucht, dann innerlich bei langwierigen Diarrhöen.

Callitris *(Callitris)*, Gattung der Coniferen. Die vierklappige C. *(C. quadrivalris)* ist ein kleiner Baum, oft fast nur strauchig, wie die Abart der Zypresse mit abstehenden Ästen; die Äste vom Grund an sparrig-abstehend. Die Ästchen sehr zahlreich, brüchig und wie gegliedert; die Blätter am obersten Ende jedes Gliedes zu 4, wirtelig, angewachsen, nur die kleinen Spitzen frei. Auf Hügeln und Bergen im nördlichen Afrika. Blüht im April und Mai. Das unter dem Namen: Wachholderharz,

Sandarakharz bekannte Arzneimittel ist ein Produkt dieses Baumes, welches von selbst aus der Rinde ausschwitzt; doch scheint dasselbe auch von einigen Arten von Juniperus zu stammen. Es bildet meist längliche, fast durchsichtige reine, gelblich-weiße Stücke, ist im Weingeist unvollständig, aber im Terpentin löslich. Heute ist seine Anwendung sehr unbedeutend.

Camellie *(Camellia),* Gattung der Ternströmiaceen. Die stumpfblättrige C. *(C. Sasanqua)* ist ein Baum mittlerer Größe mit ausgebreiteten, grauen Ästen, die jüngeren rötlich-braun und weichhaarig; die Blätter abwechselnd, kurz-gestielt, 1-3" lang, $\frac{1}{2}$-1$\frac{1}{4}$" breit, an beiden Enden verschmälert, stumpf, kerbig-gesägt, vollkommen kahl, oberseits glänzend, die Blüte fast sitzend am Ende der Triebe, selten achselständig, schneeweiß, wohlriechend. In China und Japan einheimisch, aber auch häufig angepflanzt. Blüht vom Februar bis Mai. Die im Schatten getrockneten Blätter riechen angenehm und werden deshalb in China und Japan dem Tee beigemengt, um letzteren wohlriechend zu machen oder auch für sich allein als Tee verwendet. Aus den Samen preßt man ein sehr gutes, dem Olivenöl gleichendes und in China häufig in der Haushaltung sowie in der Heilkunde gebräuchliches Öl. *C. Kissi* ist in Nepal einheimisch und der vorhergehenden Art ähnlich. Die Blätter besitzen einen starken, aber vorübergehenden Geruch nach chinesischem Tee, auch im Aufguß einen ähnlichen, aber schwächeren Geschmack und würden daher, auf ähnliche Weise behandelt, ein sehr gutes Surrogat desselben geben. Noch wichtiger ist aber das aus den Samen gepreßte und dort vielfältig als Heilmittel gebräuchliche Öl. In China wird auch das Öl der *C. oleifera* in der Haushaltung vielfach gebraucht. Die gemeine oder japanische C. *(C. japonica)* hat kahle Äste, eiförmig-elliptische, gesägte Blätter und meist einzelne achselständige, sitzende Blüten, dabei einen kahlen Fruchtknoten. Sie bildet gewöhnlich einen Strauch, der durch sein schönes immergrünes Laub wie durch seine großen Blüten von roter und weißer Farbe sich auszeichnet. In Japan einheimisch, aber daselbst, sowie in China, auch als Zierstrauch schon seit undenklichen Zeiten und jetzt fast noch häufiger in Europa mit zahllosen Spielarten kultiviert. Blüht vom Dezember bis Mai. Aus den Samen gewinnt man in Japan ein für die Haushaltung sowie für die Heilkunde brauchbares Öl.

Canarienbaum *(Canarium),* Gattung der Amyrideen. Der gemeine C. *(C. commune)* ist ein hoher Baum mit weißlicher Rinde und einer ansehnlichen, dichten, fast so wie bei der Eiche gestalteten Krone. Stamm am unteren Teil mit oft sehr bedeutenden flügelartigen Auswüchsen besetzt. Ästchen zahlreich, gekrümmt, knotig. Blättchen kurz gestielt, 6-10" lang, 3-5" breit, ganzrandig, kahl, fast lederig, dunkelgrün. Blüten kurz gestielt, weißlich, wohlriechend. Nuß hart, mit einem eilänglichen, undeutlich dreiseitigen, spitzen, rötlichen Samen. Auf den Molukken einheimisch, in den übrigen Ländern des tropischen Asiens kultiviert. Die süßen und sehr ölreichen Samen werden häufig sowohl roh, als auch zubereitet gegessen und vertreten zum Teil die Mandeln, schmecken noch etwas süßer als diese, bewirken aber leichter Purgieren; auch wird mit Sagomehl ein sehr wohlschmeckendes Brot daraus bereitet und das Öl ebensowohl an Speisen, als auch in der Heilkunde verwendet. Im Alter gibt der Stamm ein zähes, weißes, später gelblich werdendes, sehr stark, doch nicht angenehm riechendes Harz, das jedoch nur zu Fackeln verwendet wird. Bei dem bengalischen C. *(C. bengalense),* welche Art in Silhet vorkommt, schwitzt ein klares, bernsteinfarbiges, bald hart und brüchig werdendes Harz in reichlicher Menge aus der Rinde, das dem Copal sehr nahe kommt und auch als solcher nach Kalkutta gebracht wird.

Canavalie *(Canavalia),* Gattung der Schmetterlingsblütler. Die stumpfblätterige C. *(C. obtusifolia)* wächst in Ostindien und blüht zur Regenzeit. Der Stengel hat zahlreiche, dünne, lange, eckige, die höchsten Bäume erkletternde Äste und ist am Grunde dick, schwammig, holzig. Die Blättchen sind rundlich-oval oder verkehrt eirund, mit einer ganz kurzen, stumpfen Spitze, 2-3" lang, ziemlich fest und kahl. Man braucht die Blätter zur Zerteilung von Drüsengeschwülsten, geröstet und mit Senf gemengt äußerlich gegen Leibschmerzen, sowie auch zu Räucherungen bei Gichtleiden; übrigens soll diese Art viel Cathartin enthalten und der Genuß ihrer sehr bitteren Samen gefährliche Folgen nach sich ziehen. Von der schwertförmigen C. *(C. entiformis)*, in Westindien einheimisch, werden in Malabar die Blätter innerlich gegen mehrere Kachexien, noch häufiger die Früchte äußerlich und besonders gegen gichtische Zustände gebraucht, im jungen Zustand auch gegessen. C. virosa, in Ostindien zu finden, soll giftige Eigenschaften besitzen.

Canellbaum *(Canella),* Gattung der Canellaceen. Der weiße C. *(C. alba),* weißer Zimtbaum, ist ein Baum von 10-50' Höhe, die Äste sind aufrechtabstehend und gleich dem ganz geraden Stamm mit einer weißlich-grauen Rinde bedeckt; die Blätter zerstreut, kurz gestielt, 2 ½-4" lang, 10-18"' breit, vorn stumpf oder abgerundet, gegen die Basis stark verschmälert, am Rande etwas zurückgebogen, lederig, fein durchscheinend punktiert, oberseits dunkelgrün und glänzend, unten seegrün. Wächst in Westindien. Die Rinde der Äste dieses Baumes ist unter dem Namen weißer Zimt, weiße Canellrinde oder falsche Winterrinde offizinell, wird aber häufig mit der echten Winterrinde (☞ Gewürzrindenbaum) verwechselt. Bei uns wird der weiße Zimt nur selten angewendet.

Canseria *(Canseria),* Gattung der Thymeläaceen. Die vieljährige C. ist ein Strauch Ostindiens von 10-12' Höhe, mit zweireihigen, kurz-gestielten, zugespitzten, beiderseits kahlen Blättern, die Ähren samtartig, mit 12-15 kleinen, grünlich-weißen Blüten und ebenso vielen kleinen, eirunden Deckblättern. Die Früchte sind rundlich-oval, erbsengroß, grün-braun. Blüht zur Regenzeit. Den bitteren und brennenden Stoff der Pflanze wendet man dort gegen eiternde Hautausschläge, sowie gegen Gliederschmerzen an.

Canthium *(Canthium),* Gattung der Krappgewächse. Das kurzblumige C. *(C. parviflorum)* ist ein Strauch oder Bäumchen, auch bisweilen an 20' hoch wachsend. Äste sehr zahlreich, nach allen Seiten stehend, grau und wie der Stamm, mit 1-1½" langen, dicken, zugespitzten Dornen besetzt. Blätter eiförmig oder eilänglich, 2-3" lang, 12-15"' breit, sehr kurz gestielt, zugespitzt, kahl und glatt, dunkelgrün, unten blaß, dünn, die unteren auch oft dreiständig, die obersten kleiner. Blüten wohlriechend, grünlich weiß. Beeren 6"' lang, oval-rundlich, etwas zusammengedrückt, oben etwas genabelt, bläulich purpurrot, Fleisch saftig, wohlschmeckend. Häufig in Coromandel und Malabar. Blüht dort zweimal des Jahres, bei uns im Mai bis Juli. Die jüngeren Triebe und die Rinde werden bei langdauernder Ruhr, ebenso die Blätter und die Wurzel angewendet; letztere soll auch gegen Würmer nützlich sein. Wunden, von den Dornen verursacht, hält man dort, wohl ohne Grund, für gefährlich und will sie sogar nicht selten tödlich gefunden haben. Die Früchte werden gegessen. Rheede's C. *(C. Rhedeii)* ist ein Strauch von 6-7' Höhe mit dunkelgrünen Blättern und kugeligen, grünen Beeren. Wächst in Malabar und ist immerblühend. Die bitterlichen Blätter gibt man gegen Mundschwämmchen; die rötliche, wohlriechende bittere Wurzel bei Unterleibsstockungen, Leberkrankheiten.

Cantua *(Cantua),* Gattung der Polemoniineen. Kelch röhrig, 3-5spaltig, Blumenkrone röhrig, etwas trichterig, Saum 5teilig, Staubgefäße herausragend, Samen geflügelt. Die ligusterblätterige C. *(C. ligustrifolia)* ist ein Strauch von 6' Höhe, unangenehm riechend; die Äste sind aufrecht, die Blätter gehäuft, fast sitzend, unterseits glänzend. Die Blüten alle gegen Mittag gerichtet. Wächst an schattigen Stellen in Chili und blüht vom Juni bis August. Ein Aufguß oder eine Abkochung davon wird als ein reizminderndes antiphlogistisches Mittel bei Zahnfiebern und Ruhren angewendet. Übrigens färbt diese Pflanze, deren Blätter bitter und säuerlich schmecken, auch gelb. Noch bitterer und ebenfalls gelb färbend ist die buchsbaumblätterige C. *(C. buxifolia).*

Carapa *(Carapa),* Gattung der Meliaceen. Die guiana'sche C. *(C. guianensis)* ist einer der größten Bäume Guianas. Der Stamm ist 60-80' hoch und 3-4' dick, die Blätter an 3' lang, ganz kahl; Blüten klein, weißlich. In Wäldern Guianas und Brasiliens. Blüht im Oktober, November. Die rotbraune bittere Rinde dieses Baumes ist in Guiana als ein Magenmittel und gegen Spulwürmer im Gebrauch; sie soll den chemischen Untersuchungen zufolge eine so auffallende Ähnlichkeit mit der Chinarinde besitzen, daß man wohl nicht ohne Grund an eine Verwechslung mit letzterer glauben muß. Noch häufiger braucht man das scharfe und bittere fette Öl der Samen (Carapaöl) innerlich gegen Würmer, äußerlich aber zu Einreibungen, um sich dadurch gegen die Stiche verschiedener Insekten zu schützen, ferner bei Wunden und Geschwüren der Haustiere, sowie auch in technischer Hinsicht, und die Abkochung der Blätter äußerlich gegen Hautausschläge. Die guinea'sche C. *(C. guineesnis)* ist ein ähnlicher und ebenso großer Baum mit sehr langen, zurückgeschlagen-hängenden Ästen, 6-12paarigen, 2-3½' langen Blättern, weißlich-rosenroten Blüten und schwarz-roten Samen. Wie in den Chinarinden, so machen sich auch in der Rinde dieses Baumes ausgezeichnet fieberwidrige Kräfte durch Chinasäure und Chinchonin bemerkbar. Dieselbe soll selbst Wechselfieber geheilt haben, wo man China vergebens gebraucht hatte.

Cardamomen sind indische Gewürzkörner von verschiedenen, der Familie der Scitamineen (Gewürzlilien) angehörigen Pflanzen, derselben, von welchen auch Ingwer und Curcima herstammen. Es sind ausdauernde Kräuter vom Habitus der bekannten indischen Blumenrohrs mit knolligem Wurzelstock. Man kennt verschiedene Sorten von Cardamomen. Die runden stammen von der Cardamome oder Cardamom-Amome *(Amomum Carda-*

FIG. 31

DIE CARDAMOME: a) unterer Teil einer Pflanze in 1/4 natürl. Größe, b) ein Stück des Blattstammes mit Blatt in demselben Verhältniß, c) eine Frucht in natürl. Größe.

momum) (FIG. 31), die auf Sumatra, Java und den Molukken wächst. Sie hat oben ganz fein bewimperte Blätter, in die Erde halbversenkte Blütenstiele, 8-12" lange, 3 Finger breite, in eine lange, feine Spitze auslaufende, etwas wellige, am Grunde ganz kurz gestielte Blätter; die Blüte ist gelb und purpurn. Der bis 4 Fuß hohe Stengel hält 2 Jahre. Die Früchte sind rundlich, gewölbt, etwas dreieckig, hellbräunlich; ihr ursprünglicher Samtüberzug ist bei uns immer abgerieben. Die Samen sind graubraun. Außer den runden C. kommen auch noch mehrere andere Früchte und Samen als Cardamomen vor und zwar: a) die kleinen oder malabarischen Cardamomen. Die Früchte sind klein, dreiseitig, 4-6"' lang, stumpf und mit einem kleinen Nabel versehen, stark der Länge nach gestreift, kahl, braungelblich oder mehr weißlich. Samen eckig, sehr uneben und gefurcht runzelig, rötlich oder gelblich-braun, riechen sehr angenehm gewürzhaft, kampherartig und schmecken sehr stark und feurig-aromatisch. Diese Sorte wird am meisten geschätzt und stammt von der ☞ Cardamom-Elettarie; b) die langen oder ceylanischen C. sind 1-1½" lang, 3-5"' breit, dick, ebenfalls dreiseitig, stark gerippt, blaß-bräunlich oder gelblich-grau. Samen oval, stumpf, eckig, ebenfalls stark runzelig, unter allen Sorten am meisten gelb und ebenso stark und angenehm gewürzhaft als die runden Cardamomen. Sie sollen von der mittleren ☞ Elettarie abstammen, wahrscheinlich kommen sie von einer anderen Pflanze, vielleicht von der gewürzhaften Amome *(A. aromaticum)* in Ostindien; c) die mittleren C. sind ungefähr 8-12"' lang, 4-6"' breit, stumpf-dreikantig, mit Resten eines häutigen Randes an den Kanten, übrigens gerippt, lederig, bräunlich. Samen rundlich, weniger eckig und runzelig, graubraun, stark gewürzhaft, doch weniger angenehm. Die Sorte kommt mit ziemlicher Gewißheit von der mittleren Elettarie; d) die großen C. sind 1½-2" lang, kolbenförmig, kaum merklich dreikantig, stark gerippt, schmutzig-graubraun. Samen abgerundet, größer als bei den anderen Sorten, rötlich- oder grau-braun, weniger aromatisch, mehr scharf schmeckend. Sie werden von der schmalblätterigen Amome *(C. angustifolium)* abgeleitet. Die Cardamomen enthalten als Hauptbestandteil ein eigentümliches ätherisches Öl und zwar in ziemlich bedeutender Menge; sie gehören daher zu den stark reizenden, erhitzenden, magenstärkenden, schweißtreibenden Arzneimitteln und auch, besonders in ihrem Vaterland, zu den beliebten Gewürzen an Speisen.

Cardobenedictenkraut *(Cnicus)*, Benedictdistel, echte Heildistel. Diese Gattung der Synanthereen hat eine dachziegelige Hülle, unfruchtbare Blüten, eine dreispaltige Blumenkrone, zwitterige Scheibenblüten, stielrunde, gestreifte Schließfrüchte und seitlichen Keimfleck. Das echte C. *(C. benedictus)* (FIG. 32), hat eine ästige, weiße Wurzel; die Äste sind faserig, der Stengel

FIG. 32

DIE CARDOBENEDICTENKRAUT: a) ein Blütenkopf in natürlicher Größe, b) eine Frucht dreimal vergrößert.

1-2' hoch, aufrecht, später aufsteigend, eckig, rötlich, röhrig, schon vom Grunde an in mehrere abstehende Äste geteilt, die wie der Stengel weiß-wollig und flockig, dabei auch klebrig sind. Die Blätter sind 4-8" lang, 1-2" breit, länglich, die Köpfe sind mit dreieckigen, gespitzten Schuppen umgeben, die obersten Schuppen tragen doppelt kammteilige Spitzen. Die Blüten sind gelb, die zwitterlichen zahlreich, am Rande einige wenige männliche mit kleiner Blume. Die Frucht ist vielfach gefurcht und trägt unten den Nabel seitlich. Diese Pflanze wächst im Orient, vielleicht nur verwildert im südlichen Europa. Gebräuchlich ist das ganze, kurz vor der Blüte zu sammelnde Kraut, weniger oder fast gar nicht mehr die Früchte. Die Pflanze hat nur im frischen Zustand einen eigentümlichen, nicht angenehmen Geruch; trokken ist sie geruchlos, aber sehr bitter, enthält viel bitteren Extraktivstoff, Gummi, Chlorophyll, überdies auch viel schwefel- und salzsaures Kali, sowie schwefelsauren Kalk und ist ein kräftiges, auflösend-stärkendes Heilmittel, das bei vielen, in einer Trägheit oder Verstimmung des ganzen Verdauungsprozesses beruhenden oder damit verbundenen Leiden, sowie auch gegen Wechselfieber, dann bei manchen Brustkrankheiten vortreffliche Dienste leistet; eine gesättigte Abkochung derselben erregt auch leicht Erbrechen. Die Früchte, unter dem Namen Stechkörner bekannt, enthalten unter der äußeren, bitteren Hülle einen weißen, süßen Samenkern; man gab sie sonst als ein schweißtreibendes Mittel beim Ausbruch der Blattern und Masern. Aufguß und wässeriges Extrakt werden in ähnlicher Weise angewendet, wie beim Fiebertee.

In der Tierheilkunde benutzt man das Cardobenedictenkraut mit gutem Erfolg bei solchen gastrischen Krankheiten, bei denen Reizung und verminderte Absonderung der Schleimhäute zugegen ist und wo die rein bitteren Mittel und besonders der Enzian nicht gut vertragen werden. Doch wird es im ganzen wenig angewendet.

Homöopathie. Die Literatur der Homöopathie weist bis jetzt noch nicht nach, inwieweit sich der Carduus benedictus am Krankenbette bewährt habe. Rückert macht aufmerksam, daß diese Pflanze in dem Ruf eines magenstärkenden und brustlösenden Mittels stehe und daß sie zu diesem Zweck auch auf homöopathischem Weg benutzt werden könne. Ebenso nennt er die Wirkungen dieser Pflanze auf die Augen, die Gliedmaßen und auf das Hautorgan einer näheren Beachtung wert.

Gabe: 1-2 Tropfen der Urtinktur oder der ersten Verdünnung, alle 2, 3 Stunden wiederholt.

Carisse *(Carissa)*, Gattung der Apocynieen. Die ovale C. *(C. Carandas)*, Carandasbaum, ist ein baumartiger, kahler Strauch von 12-18' Höhe; die Äste und Ästchen sind zahlreich, gabelig, ausgesperrt, steif, die Dornen an jeder Gabelspalte, sowie am Ursprung der Blätter, fast waagrecht, teils zweispaltig, teils einfach und gepaart, pfriemförmig, steif und stechend, die Blätter beinahe sitzend, 16-20''' lang, 8-10''' breit, stumpf oder häufig auch abgestutzt, mit einem Stachelspitzchen, ziemlich dicht. Blütenstiele einzeln oder gepaart, jeder mit 3 milchweißen, jasminartigen Blüten. Beere oval, kleinen Pflaumen ähnlich, glänzend schwarz. Gemein in Büschen und Hecken Ostindiens. Blüht vom Februar bis April. Die Beeren werden kurz vor der Reife gesammelt und auf verschiedene Art eingemacht, aber auch im reifen Zustand genießt man sie allgemein. Die bitterholzige C. *(C. Xylopieron)* ist ein kleiner Baum mit kaum 6" dickem Stamm, dünner Rinde und saftigen Beeren. Auf der Insel Bourbon. Das gelbe, sehr bittere Holz ist dort gegen Verdauungsschwäche sowie gegen Wechselfieber im Gebrauch. *C. madasgariensis* scheint dieselben Eigenschaften zu besitzen.

Carraghenmoos. Die Gattung Sphaerococcus gehört der *Algengruppe Floridae* an. Die Lagermasse ist knorpelig, im Durchschnitt flach oder stielrund, innen markig, außen mit kleinzelliger Rindenschicht. Die Kapseln sind kugelrund mit geballten Keimkörnern. Der Muscus Carragheen, das irländische Perlmoos *(Carraghenmoos)* heißt Sphaerococcus crispus. Es ist gabelästig, flach mit vielerlei Gestalten. Die Endlappen sind meist geschlitzt oder kraus. Gewöhnlich ist es im Leben schön rosa, tot dagegen gelblich, durchscheinend hornig. Es wird bis 12 Zoll lang, die gewöhnliche Breite beträgt 2-3 Linien, doch kommt es selbst zollbreit vor. Die ganze Masse ist knorpelig im trockenen Zustand, riecht schwach nach Jod und schmeckt schleimig. Die Bestandteile sind Schleim, Jod- und Bromsalze. Dieser Tang ist in der ganzen Nordsee gemein, findet sich auch im atlantischen Ozean. Man wäscht diese Pflanze in süßem Wasser und dürrt sie an der Sonne. Das Carraghenmoos wirkt vermöge seines Gehalts an Pflanzengallerte als reizmilderndes, einhüllendes, aber nur sehr wenig nährendes Mittel und wird daher bei Hustenreiz und Durchfällen angewendet. Als Stärkungsmittel, als welches dasselbe mitunter gerühmt wird, ist es nur von sehr untergeordneter Bedeutung. Man reicht es als Abkochung in Wasser oder Milch als dünnen Schleim, kann auch Fleischbrühe, Kakao etc. zusetzen. Vor dem Abkochen weicht man dasselbe mehrere Stunden lang im Wasser ein und wäscht es ordentlich aus, um den widrigen Salzgeschmack vom Seewasser zu entfernen. Will man das Moos als Gallerte gebrauchen, so werden 1-2 Lot desselben mit einem Pfund Wasser auf die Hälfte eingekocht; in der Kälte gerinnt der Absud sodann zu einer Gallerte. Soll diese Gallerte als magenstärkendes Mittel, oder bei Durchfällen dienen, so setzt man beim Kochen Pomeranzenschalen, Schokolade etc. zu; soll sie bei Hustenreiz angewendet werden, so macht ein Zusatz von Fruchtsirup oder Zukker ihre Anwendung angenehmer und wirksamer.

Caryocar *(Caryocar),* Gattung der Rhizobolineen. Der kahle C. *(C. glabrum)* ist ein hoher Baum mit einem oft 4' dicken Stamme und einer weit ausgebreiteten Krone. Die Blättchen sind auf dem 5-6" langen, gemeinschaftlichen Blattstiel ganz rund-gestielt, eiförmig, lang zugespitzt, ziemlich fest, rötlich, gegen den Rand viel blässer. Die Frucht ist eigroß, braun, rauh, chagriniert; bei der Reife löst sich die Rinde ab, worauf ein süßes, butterweiches, grünliches Mark zum Vorschein kommt. In Wäldern Guianas einheimisch und dort auch kultiviert. Die sehr wohlschmeckenden Samen werden häufig genossen; auch preßt man ein gutes, dem Mandelöl gleiches Öl aus denselben. Der nußtragende C. *(C. nuciferum)*, ebenfalls ein sehr hoher, in Guiana einheimischer Baum, trägt kugelige Früchte von der Größe eines Menschenkopfes mit 4 eiförmig 3 eckigen Samen. Der mandeltragende C. *(C. amygdaliferum)* ist ein riesiger, 180-240' hoher Baum, der in den Wäldern um Santa Fe de Bagota zu finden ist und vom Oktober bis Januar blüht. Die wohlschmeckenden Samen werden teils gegessen, teils zur Gewinnung eines trefflichen Öls und überhaupt gleich den Mandeln verwendet. Der butterartige C. *(C. butyrosum)* findet sich in den Wäldern von Guiana und Brasiliens. In der Anwendung der wohlschmeckenden Samen kommt diese Art mit der vorhergehenden überein; außerdem benutzt man aber auch noch das butterartige, gelbliche Fruchtmark als Zutat an Speisen anstatt der Butter.

Cascarill-Rinde ☞ **Kroton**

Casearie *(Casearia),* Gattung der Samydaceen. Die eiförmige C. *(C. ovata)* ist ein Baum mittlerer Größe mit einem aufrechten, oft 6' im Umfang betragenden Stamm und zahlreichen ausgebreiteten Ästen; die Blätter sind zweireihig, kurz gestielt, eiförmig oder eilänglich, zugespitzt, 4-5" lang, 2-2½" breit, dicklich, oben kahl, dunkelgrün und glänzend, unten blasser und weichhaarig. Die Blüten einzeln oder zu 2-5 an der Spitze eines kurzen Blütenstiels gehäuft, klein, blaßgrün, die Samen braunrötlich in einem grünlichen Mark. Wächst in Ostindien und blüht im März, April. Alle Teile dieses Baumes sind bitter; die Blätter braucht man zu Bädern gegen Gichtschmerzen, das Fruchtmark aber als ein kräftig schweißtreibendes und zugleich auf den Darmkanal eröffnend einwirkendes Mittel bei mehreren bösartigen Krankheiten. Die eßbare C. *(C. esculenta)* ist bloß strauchig. Die rötliche, bittere Wurzel wird in Circars vom Volk als ein Purgiermittel angewendet, die Blätter aber dienen als Speise. Aus dem scharlachroten Fruchtmark läßt sich ein brauchbarer Farbstoff ausziehen.

Cassavestrauch ☞ **Maniok**

Cassie *(Cassia)*, Gattung der Cäsalpiniaceen. Die röhrenfrüchtige C. *(C. fistula, Carthocarpus fistula P.)*, Röhren-C., ist ein Baum von bis 40 Fuß Höhe, den man mit dem Nußbaum verglichen hat; er hat eine glatte, grüne Rinde. Die Blätter sind bis 1½ Fuß lang, die Blättchen gestielt, eiförmig, die spitzen Nebenblätter fallen zeitig ab. Die achselständigen Trauben hängen über. Sie sind bis zwei Fuß lang und tragen große, goldgelbe Blüten von hohem Wohlgeruch. Die walzigen Früchte sind hängend und erreichen eine Länge von 2 Fuß; sie sind schwärzlich und haben zwei breite Banderhabenheiten der Länge nach. Äußerlich erscheinen sie geringelt, innerlich haben sie zahlreiche feste Scheidewände und diese Fächer sind mit einem braunen schmierigen Fruchtbrei ausgefüttert, in welchem der flach gedrückte glänzend ockergelbe Same liegt. Ostindien ist die ursprüngliche Heimat des in Ägypten und im tropischen Amerika viel angepflanzten Baumes. Die Früchte waren unter dem Namen Röhren-Cassie, Fructus Cassie fistulae, offizinell und die aus Ostindien kommenden (sogenannten levantinischen) werden den alexandrinischen und westindischen vorgezogen; doch wird heute das aus Zucker, Schleim, Gallerte, Kleber und etwas Extraktivstoff bestehende, gelind purgierende Mark derselben viel seltener als früher angewendt. In Ostindien werden die grünen Hülsen in Zucker eingemacht und gleich den Blüten als ein leichtes Abführmittel, in gleicher Absicht auch ein Decoct der Samen, das Mehl der letzteren aber zu erweichenden Umschlägen gebraucht; die sehr adstringierende Rinde dient zum Gerben. Die weichhaarige C. *(C. brasiliana)* ist ein großer und schöner Baum in Westindien und Südamerika, dessen Früchte auch bisweilen unter dem Namen Röhren-Cassie im Handel vorkommen, aber für den Arzneigebrauch ganz zu verwerfen sind; in Amerika braucht man jedoch das Mark ebenso, wie jenes der echten Röhren-C. (es soll aber weniger sicher wirken) und die Blätter gegen Wunden und Geschwüre. Die geisrautenblätterige C. *(C. Sophora)*, in Ostindien und Ägypten einheimisch, riecht gerieben unangenehm; Blätter und Wurzel derselben dienen gegen Flechten; erstere auch gegen Leberkrankheiten, Gelbsucht ect. Die geflügelte C. *(C. alata)*, in Westindien und Südamerika, blüht im Frühjahr. Die Blätter und Blüten sind daselbst ein sehr berühmtes Mittel zur Heilung von Flechten und ähnlichen Hautausschlägen. Rumph's C. *(C. Rumphii)* gehört dem tropischen Asien an. Die frischen Blätter braucht man dort allgemein zur Heilung von Flechten, auch bei Bißwunden giftiger Tiere, sowie gegen syphilitische Ausschläge und in Java ganz nach Art der Sennesblätter. Die in Ober-Ägypten und Nubien einheimische lanzettblätterige C. *(C. lanceolata)* liefert ebenso wie die folgenden Arten bei uns offizinellen Sennesblätter und Sennesbälge. Die spitzblätterige C. *(C. acutifolia)* ist der vorhergehenden sehr ähnlich und von Ober-Ägypten bis an den Senegal und von Arabien bis nach Ostindien verbreitet. Die verkehrteiförmige C. *(C. obovata)* findet sich in Ägypten und Arabien; ebendaselbst auch die *C. obtusata*, die früher auch in Italien zum Arzneigebrauch kultiviert wurde. Die Blättchen und Früchte dieser 4 Arten sind, wie oben bemerkt, offizinell. Sie besitzen einen eigentümlichen, doch nur schwachen, süßlichen Geruch, einen widerlich bitteren und schleimigen Geschmack, bestehen vorzüglich aus Cathartin, mit einem gelben Farbtoff, einem fetten, einem flüchtigen Öl, aus Gummi, Kalk- und Kali-Salzen, gehören daher zu den kräftig wirkenden Purgiermitteln. Über ihre medizinische Anwendung s. den Artikel: Sennesblätter. Die viereckigfrüchtige C. *(C. Tora)* findet sich im ganzen südlichen Asien. Blüht fast stets. Die ganze Pflanze riecht stark und unangenehm, schmeckt schleimig und dient als eröffendes, gelind abführendes Mittel. Die schwefelgelbe C. *(C. sulfurea)*, in Ostindien einheimisch, blüht einen großen Teil des Jahres hindurch und wird deshalb auch kultiviert. Man wendet dort alle Teile dieses Baumes (mit Ausnahme der Wurzel) gegen Schleimflüsse, die Wurzel gegen die Gicht, ebenso auch die Blätter, die Rinde aber gegen die Harnruhr an. Die Wurzel der zweiblütigen C. *(C. biflora)* gilt auf den Bahamas-Inseln für antisyphilitisch. Der geöhrte C. *(C. auriculata)* wächst häufig auf der ostindischen Halbinsel und ist immerblühend. Die Rinde ist sehr adstringierend, dient als Arzneimittel und noch allgemeiner zum Gerben und Färben des Leders; die Blätter wirken purgierend. Die westindische C. *(C. orientalis)*, im tropischen Amerika, aber auch in Ostindien einheimisch, riecht und schmeckt sehr widrig; ihre Wurzel braucht man in Brasilien gegen Stockungen im Unterleib, beginnende Wassersucht und als ein giftwidriges Mittel; die Blätter aber in Westindien als ein purgierendes Mittel, dann als ein Arzneimittel gegen Flechten und Hysterie, sowie zu erweichenden und zerteilenden Umschlägen; auch schreibt man ihnen, sowie den Samen steinauflösende Kräfte zu, braucht letztere in Brasilien gegen Hautausschläge und bisweilen geröstet als Kaffee. Von der marylandischen C. *(C. marylandica)* sind die Blätter nach der nordamerikanischen Pharmakopöe dort offizinell, müssen jedoch in größerer Gabe verordnet werden; ebenso werden in Westindien und Virginien die Blätter der hartriegelähnlichen C. *(C. ligustrina)* wie die Sennesblätter angewendet. Die ausgerandete C. *(C. emarginata)* wächst in Jamaika und auf Haiti, wo die Blätter ebenfalls wie Sennesblätter gebraucht werden. Dasselbe findet in Brasilien bei C. cathartica statt. Die ägyptische C. *(C. Absus)*, Cichmpflanze, wächst in Ostindien und Mittel-Afrika. Die Samen sind in Ägypten unter dem Namen Chichm bekannt und werden dort, sowie auch von den Negern am Senegal und in der Türkei als ein spezifisches Mittel gegen die sogenannte ägyptische Augenentzündung in Anwendung gezogen. Die niedrige C. *(C. Chamaecrista)* findet sich auf den Antillen, aber auch in den südlichen Staaten Nordamerikas und ist ein Surrogat der Sennesblätter.

Cassyta *(Cassyta)*, Gattung der Lorbeergewächse. Die ostindische C. *(C. filiformis)* bedeckt mit ihren fadenförmigen, grünen, saftigen, ästigen, ganz verflochtenen Stengeln oft ganze Sträucher und Bäume, so daß man letztere kaum sehen kann. Die Blüten sind weiß, die Früchte weißlich, grün, kugelig, erbsengroß, wie genabelt. Die Nuß ist rund und schwarz. Wächst in Hainen und Wäldern des südlichen Asiens. Die ganze Pflanze ist sehr schleimig und wird bei Augenkrankheiten, ferner ein Aufguß derselben mit Milch (die davon dicklich wird) bei Fiebern zur Dämpfung der Hitze angewendet.

Casuarine *(Casuarina),* Gattung der Gagelgewächse. Die stachelspitzige C. *(C. muricata)* ist ein sehr hoher, schlanker Baum mit ausgebreiteter, ästiger Krone, einer dünnen, aschgrauen, runzeligen und schwärzlichen Rinde. Hauptäste sind nur wenige, aber in sehr viele andere zerteilt, an deren oberem Teil ungemein zahlreiche, dicht beisammen stehende, 1-1½' lange, sehr feine, fädige, seegrüne Ästchen roßschweifartig herabhängen; jedes besteht aus 40-50 dünn walzigen, unten verschmälerten, nach oben zur Aufnahme des nächstfolgenden in die kleine becherförmige Scheide erweiterten Gelenkstücken. In Ostindien und auf den Molukken, am sandigen Meeresufer. Man bedient sich dort der Rinde äußerlich gegen einige Nervenübel, Lähmungen, Zittern der Glieder etc., der Abkochung der Ästchen innerlich gegen Leibweh und Koliken. Das äußerst harte Holz ist sehr brauchbar.

Catalpabaum *(Catalpa),* Gattung der Bignoniaceen. Der fliederblätterige C. *(C. syringaefolia)* ist ein schöner Baum von 30-50 Fuß Höhe; der Stamm gerade, 2-3' dick, mit grauer, brauner Rinde; die Äste gegenständig, fast ausgesperrt und stark verzweigt; die Blätter ½ bis über 1' lang, 4-10' breit, auf fast ½' langen Stielen, lang zugespitzt, am Grunde etwas herzförmig, oben kahl, unten flaumhaarig. In den südlicheren Staaten Nordamerikas und in Japan einheimisch, auch daselbst so, wie im mittleren und vorzüglich im südlicheren Europa häufig zur Zierde angepflanzt. Blüht vom Juni bis August Die Wurzel soll sehr giftig sein; eine Abkochung der Früchte wird in Japan gegen krampfhaftes Asthma verordnet und auch in Europa hat man sie bereits in vielen Fällen mit sehr günstigem Erfolg angewendet. Den Saft der Wurzel hat Professor Fischer in Prag dreimal täglich zu 4-8 Tropfen, mit 12 Tropfen destilliertem Wasser verdünnt, gegen hartnäckige skrophulöse Augenentzündung mit pannusartiger Verdunkelung der Hornhaut nebst Augenliderkrampf mit ausgezeichnetem Nutzen in das Auge getröpfelt. Der langfrüchtige C. *(C. longissima)* ist ein zierlicher Baum Wenstindiens, dessen Rinde, Blätter und Blüten daselbst bei Schwäche der Verdauungsorgane, gegen Wechselfieber etc. gebräuchlich sind.

Catappenbaum *(Terminalis),* Gattung der Combretineen. Der schmalblätterige C. *(T. angustifolia),* falscher Benzoebaum, ist ein Baum von 40-80' Höhe, mit etwas hin- und hergebogenen, knotigen Ästen; die Ästchen sind schlank, häufig mehrere aus einem Punkt entspringend, die jungen Triebe weichhaarig. Die Blätter sind 4-8" lang, schmal-lanzettlich, an beiden Enden spitz, gelblich grün, unterseits und am Rande mit weichen Haaren besetzt. Findet sich in Ostindien und blüht vom Mai bis Juli. Das Harz, welches dieser Baum von sich gibt, hat Ähnlichkeit mit der Benzoe (weshalb auch letztere früher davon abgeleitet wurde) und kann auf ähniche Art gebraucht werden. Der wahre C. *(T. Catappa)* ist ein sehr großer und schöner Baum, der in Ostindien einheimisch ist und dort überall so, wie jetzt auch in Westindien kultiviert wird. Blüht fast stets. Die sehr wohlschmekkenden, den besten Haselnüssen oder selbst den Mandeln gleichkommenden Samen werden dort allgemein gegessen und in medizinischer sowohl als in ökonomischer Beziehung benutzt. Die Rinde braucht man als adstringierendes Heilmittel sowie zum Schwarzfärben, die Blätter aber bei gastrischen und biliösen Zuständen, äußerlich gegen Hautkrankheiten und zu erweichenden Umschlägen. Der großflügelige C. *(T. macroptera)* findet sich häufig an sandigen Stellen in Senegambien. Durch Insektenstiche entwickeln sich häufig an Stelle der Früchte kugelige oder eiförmige, taubeneigroße, bisweilen zugespitzte, schwärzlich-braune, innen gelblich-zellige und mit einem dickflüssigen, saueren Saft erfüllte Auswüchse, die als ein sehr adstringierendes Heilmittel gebraucht werden. Die Wurzel ist purgierend. Der breitblätterige C. *(T. latifolia)* wächst in Westindien und Südamerika. Die Rinde und die Samen werden auf ganz gleiche Art wie jene des wahren C. angewendet.

Catechu. Das Catechu oder die Terra japonica wird teils von der Betelpalme *(Areca Catechu)*, teils von verschiedenartigen Akazienarten, besonders von Acacia Catechu gewonnen. Es kommt unter verschiedenen Formen in den Handel. Das Bombay-C. ist undurchsichtig von ebenem und schwach fettig glänzendem Bruch. Es bildet unregelmäßige Stücke von dunkelbrauner Farbe; häufig ist es mit Pflanzenteilen und Sand vermischt. Eine reinere Sorte *(Catechu verum)* ist mehr braunrot und auf dem Bruch muschelig. Man gewinnt es, indem man die Früchte der Arecapalme mit Wasser auskocht. Die ersten Abkochungen liefern eine bessere Sorte *(Cassu)*, die folgenden stehen an Wert nach (Coury). Das bengalische C. wird aus den Zweigen und unreifen Hülsen der obengenannten Akazie bereitet. Eine dritte Sorte ist das Gambir-C., welches nach den Berichten der Reisenden aus der Nauplia Gambir ausgezogen wird. Endlich kennt man im Handel noch das sogenannte ägyptische C., das ebenfalls von den Akazienarten abstammen soll. Der wirksame Bestandteil dieser Substanz ist eine Art Gerbsäure, die Catechu-Gerbsäure; außerdem findet sich darin Catechusäure, eine humusartige Materie und erdige Bestandteile, wie Kalk, Ton und Sand. Man bedient sich des Catechu als eines stark zusammenziehenden Arzneimittels, da er sehr viel Tannin enthält, bei mehreren Krankheiten mit vorwaltender Schwäche und Schlaffheit, besonders bei passiven Blutflüssen, Blennorhöen, gegen Diarrhöen und Ruhren, dann äußerlich beim skorbutischen Zustand des Zahnfleisches. Innerlich gibt man 5-20 Gran einigemal des Tages, in Pulver, Pillen, Mixtur. Äußerlich wendet man gleichfalls das Pulver, die wässerige Auflösung und besonders die offizinelle Tinktur (1:4) an. Zum Gurgelwasser nimmt man ½-1 Unze der Tinktur auf 6 Unzen Wasser.

In der Tierheilkunde wird das Catechu nur selten gebraucht, weil es fast immer mit fremdartigen Stoffen verfälscht ist. Benutzen kann man es innerlich und äußerlich überall, wo rein adstringierende Mittel passend sind; besonders aber hat man es gegen Durchfall und Ruhr, gegen Harnruhr und Blutharnen bei allen Haustieren mit sehr gutem Erfolg angewendet. Die Gabe ist für Pferde und Rinder 8,0-15,0, für Schafe und Schweine 2,0-4,0, für Hunde 0,6-1,0 Gramm täglich 3-4mal. Das Mittel läßt sich gleichmäßig gut in Latwergen, in Pillen und in flüssiger Form anwenden. Man gibt es selten allein, sondern in Verbindung mit bitteren und aromatischen Arzneien, bei hartnäckigen Diarrhöen auch mit Opium, Bilsenkraut, gebrannter Magnesia u.a. Alkalien versetzt. Englische Tierärzte empfehlen in solchen Fällen, wo mit dem Durchfall zugleich ein gereizter Zustand des Darmkanals und übermäßige Säurebildung in demselben besteht, eine Verbindung aus Catechu (für Rinder etwa 8,0-12,0 g), Opium (2,0-4,0 g) und gebrannten Kalk (30,0 g, besser Magnesia oder Kreide) – täglich 2-3mal wiederholt zu geben.

Catesbye *(Catesbaea)*, Gattung der Krappgewächse. Die langblumige C. *(C. spinosa)* ist ein Strauch von 12-14' Höhe mit einem 4" dicken Stamm; die Blätter sind denen des Buchsbaumes etwas ähnlich gegenständig, an den älteren Ästen, durch das Entfalten der achselständigen Knospen, büschelig; die Beere von der Größe eines Hühnereies, gelb, fleischig, innen hohl. Auf den Bahamainseln. Die Rinde ist ein tonisches, Fieber vertreibendes Arzneimittel und war früher auch in Europa als Cortex Chinae spinosae in Gebrauch. Doch scheint es, daß die eigentliche Rinde dieses Namens mehr von Catesbea Vavassorii abzuleiten ist.

Cavanillesie *(Cavanillesia),* Gattung der Bombacineen. Die platanenblätterige C. *(C. patanifolia)* ist ein sehr ansehnlicher Baum Kolumbiens, dessen Stamm bis zu einer Höhe von 60' eine Dicke von 2-3' behält und erst dort sich verästelt. Die Rinde ist dick, graulich, ziemlich glatt; die Äste sind ausgebreitet, eine rundliche, lockere Krone bildend, die Blätter 6-15" groß, auf 4-7" langen, am Grunde schwach angeschwollenen Stielen, bis zur Mitte in 5-7 eiförmige, kurz zugespitzte, ganzrandige Lappen gespalten, dünnhäutig, oben und unten mit Sternhaaren besetzt, die Blüten 1½" groß und vor den Blättern erscheinend, der Samen länglich ellipoidisch, sehr klebrig. Blüht im März, April. Die süßen, öligen Samen werden gegessen und das milde Öl derselben an Speisen, sowie auch als Heilmittel benutzt.

Cayenne-Pfeffer ☞ **Beißbeere**

Cedrate ☞ **Zitrone**

Cedrele *(Cedrela),* Gattung der Cedrelaceen. Die fieberwidrige C. *(C. Toona)* ist ein sehr ansehnlicher Baum mit einer grauen, glatten Rinde und einer schönen schattigen Krone. Die Blätter sind hängend, 1-1½' lang, die Blättchen gegenständig oder fast gegenständig, kurz gestielt, schief-lanzettlich, 2-6" lang; die Blüten in einer großen, nach allen Seiten ausgebreiteten, pyramidalen Rispe, zu gleicher Zeit mit den Blättern erscheinend, klein, weiß, honigartig riechend. Auf Bergen im nördlichen Teil Ostindiens. Blüht im Februar. Die kräftig adstringierende (nicht bittere) Rinde, ist besonders in Verbindung mit dem bitteren Samen der Guilandina Bonducella ein häufig gebräuchliches Ersatzmittel der Chinarinde. *C. febrifuga* ist der eben beschriebenen Art sehr ähnlich. Die Rinde wird gleich den Blättern sehr häufig in allen Fällen wie die Chinarinde gebraucht. Die wohlriechende C. *(C. odorata)* ist ein großer, schöner Baum Westindiens, dessen Laub jedoch während der heißen Jahreszeit einen sehr unangenehmen Geruch verbreitet. Die frische Rinde riecht und schmeckt gleich den Blättern höchst widrig.

Ceibabaum *(Bombax),* Gattung der Bombacineen. Der malabarische C. *(B. malabaricum)* ist ein Baum von 50-100' Höhe mit einem bis 20' im Umfang messenden und von einer tief rissigen, grauen Rinde bedeckten Stamm. Die Äste sind zahlreich, fast waagrecht und beinahe wirtelig gehäuft; die Blätter zerstreut, auf 6-8" langen unbewehrten Stielen; die Blüten zahlreich. Findet sich in Ostindien und blüht zu Ende des Winters. Die graue, innen rötliche Rinde dient äußerlich gegen Entzündungen, sowie gegen Hautausschläge, die Wurzelrinde als ein Brechmittel, die Blätter gegen Diarrhöen und Ruhren; der in reichlicher Menge am Grunde der Blüten vorkommende Nektarsaft aber gilt für ein gelind purgierendes und schweißtreibendes Heilmittel.

Celaster *(Celastrus),* Gattung der Celastrineen. Der kletternde C. *(C. scandens),* Baummörder, ist ein 6-15 Fuß hoher Strauch mit zahlreichen langen dünnen Ästen, die an Bäumen emporklettern und sie so fest umwinden, daß sie dieselben zu ersticken vermögen. Wächst in Noramerika. Die Rinde ist brechenerregend. Die eßbare C. *(C. edulis)* wächst in Arabien und findet sich in Jemen in denselben Gärten, wie der Kaffeebaum, kultiviert. Die grünen Blätter werden von den Arabern begierig gegessen und die Kräfte derselben sehr gerühmt; ja man glaubt dort sogar, daß die Pest jene Gegenden meide, wo dieser Baum gepflanzt wird. Der senegal'sche C. *(C. senegalensis),* ein Strauch von 6-8 Fuß Höhe, findet sich häufig auf sandigem Boden am Senegal und blüht im März, April. Die Wurzelrinde schmeckt schwach bitter-adstringierend, ist etwas purgierend und wird dort bei chronisch gewordenen Ruhren angewendet. Der großfrüchtige C. *(C. macrocarpa)* ist in Peru einheimisch, wo man aus den Samen ein brauchbares Öl gewinnt. Die Blätter schmecken sauer.

Celosie *(Celosia),* Gattung der Amarantineen. Die silberweiße C. *(C. argentea)* hat Stengel 1-2' hoch, fast einfach oder mit zahlreichen, aufrecht abstehenden, etwas pyramidalen Ästen; die Blätter sind kurzgestielt, 2-3½" lang, 3-5"' breit, zugespitzt. Wächst in Ostindien bis nach China und Japan. Blüht fast stets. Man wendet die Blätter als ein zerteilendes Mittel bei Entzündungen, Geschwülsten, Geschwüren, auch bei Hautausschlägen, die Samen aber gegen Augenkrankheiten an.

Centifolie ☞ **Rose**

Chaba-Pfeffer ☞ **Pfeffer**

Champignon *(Agaricus campestris),* Feldblätterpilz, hat einen fleischigen, weißen, gelblichen, rötlich oder bräunlichen Hut, erstfleischfarbene, dann braune Blätter und einen dichten, oft knolligen Strunk mit weißem Ring. Auf Wiesen, Äckern und in Gärten in mehreren Abarten. Ist sehr beliebt.

Chaulmoogre *(Chaulmoogrea),* gehört wahrscheinlich zur Gattung der Flacourtiaceen. Die wohlriechende Ch. ist ein großer Baum mit einer ziemlich glatten, aschgrauen Rinde; die jungen Äste sind mehr oder weniger herabgebogen, die Blätter zweireihig-abwechselnd, kurzgestielt, hängend, lanzettlich, zugespitzt, ganzrandig, kahl, 6-10" lang, 1½-2½" breit, die Beere einer großen Orange ähnlich, mit einer dicken, rauhen, aschgrauen, innen braunen Rinde. Die Samen sind im Mark versenkt, wie große Haselnüsse, fast eiförmig, braun. Wächst in Silhet und blüht im April, Mai. Die Samen sind dort gegen Hautkrankheiten äußerlich als Salbe im Gebrauch.

Cheiamellabaum ☞ **Cicca**

Chilmorie *(Chilmoria),* wahrscheinlich ebenfalls zu den Flacourtiacceen gehörig. Die fünfmännige Ch. *(Ch. pentandra)* ist ein hoher Baum mit einer dichten und weiten Krone, schwärzlich-grünen Rinde, weichhaarigen, graulich-braunen Ästchen, 5-9" langen, 2-3½" breiten, eiförmigen oder elliptisch-länglichen, dunkelgrünen Blättern und kleinen, zarten Blüten. Wächst auf der indischen Halbinsel und ist immerblühend. Das aus den Samen gepreßte Öl wird gegen Gliederschmerzen, sowie auch gegen Hautkrankheiten, besonders gegen die Krätze, außerdem aber häufig zum Brennen verwendet. *Ch. dodecandra* wächst ebenfalls in Ostindien und wird in Bengalen auf gleiche Weise benutzt.

Chinabaum *(Cinchona),* Gattung der Rubiaceen. Sie hat Zwitterblüten mit gleichen Kelchzähnen. Die Blumenlappen liegen in der Knospenlage klappig. Die Kapsel springt scheidewandspaltig auf, vom Grund nach der Spitze sind die Staubgefäße eingeschlossen. Es sind immergrüne Bäume oder Sträucher mit oft vierkantigen Ästen. Der Bitterstoff beschränkt sich nicht auf den Bast und die Borke, sondern findet sich auch in den Blättern und den überaus wohlriechenden Blüten. Der Tee von Chinablüten schmeckt sehr angenehm, da das warme Wasser den Bitterstoff nicht mit aufnimmt. Die edelste Rinde ist die Calysaia von dem lanzettblätterigen Chinabaum *(C. lancifolia ☞ C. Calysaya).* Dieser ist ein hoher Baum mit lanzettlichen stumpfen Blättern, die selten beiderseits gespitzt sind. Unterseits sind sie fein behaart, in den Aderachseln grubig. Es wächst in Bolivia in den Provinzen Enquisivi, Junges, Larecaja, Coupolicon und in Ecabaya in Peru. Man erkennt den Baum an den eigentümlichen Strichelchen der Rinde, an der Blütenfarbe und an der eigentümlichen Blattbewegung bei Sturm. Seine Rinde ist die berühmte Königschina, Calysaia, China regia. Eine andere berühmte Art ist

Condamine's Ch. *(C. Condaminea)*. Er hat lanzettliche bis rundliche Blätter, welche meist gespitzt sind. Dieselben sind völlig kahl, etwas glänzend, unterseits in den Achseln der Adern grubig. Wächst in den Provinz Lexa und soll die Mutterpflanze der China fusca oder Cortex peruvianus sein. Zahlreiche andere Arten liefern noch viele Sorten, über die man vielfach unklar ist.

Alle echten Chinarinden enthalten Chinin oder Cinchonin, doch ist dieser Gehalt in verschiedenen Sorten und bei derselben Sorte in verschiedenen alten und an verschiedenen Standpunkten gewachsenen Rinden sehr verschieden. Die chemische Untersuchung ergibt in allen echten Chinarinden außer den gewöhnlichen Bestandteilen: Farbstoff, fettes und ätherisches Öl, Gummi, Stärke und Holzfaser, eine Reihe eigentümlicher Soffe *(Chinaalkaloide);* die organischen Basen Chinin und Cinchonin, die in kleinen, farblosen Prismen kristallisierende Chinasäure, welche teils an Alkaloide, teils an Kalk gebunden vorkommt, Chinagerbsäure, der Gallusgerbsäure ähnlich, und Chinarot. In einzelnen Chinasorten hat man noch die Alkaloide Chinidin, Cinchonidin und Aricin oder Cinchoratin aufgefunden; in der China nova die Chinorasäure. Die bei weitem größte Menge der in Europa importierten Chinarinden wird in den Chininfabriken auf Chinin, Cinchonin u.s.w. verarbeitet. Außerdem gibt man die Rinde in Pulverform, im Aufguß, in der Abkochung. Als Pulver selten, weil sie in dieser Form schwer verdaut wird; für die gewöhnlichen Fälle 10 Gran in Gabe, bei Wechselfieber aber zu 30-60 Gran einigemal täglich. Von Präparaten hat man das durch Auskochung und Eindicken bereite wässerige Extrakt, ein wenig wirksames, mit kaltem Wasser bereitetes Extraktum Chinae frigide paratum und das sehr wirksame weingeistige Extrakt; ferner die einfache und zusammengesetzte geistige Chinatinktur und als beliebtes Volksmittel den magenstärkenden Chinawein. Bei der Darstellung des letzteren, welcher durch mehrtägige Digestion von Wein mit grobgestoßener Chinarinde erhalten wird, ist sowohl Rotwein als sauerer weißer Wein zu vermeiden. Seit Entdeckung der Chinaalkaloide sind jedoch die Extrakte entbehrlich. Am wichtigsten für die medizinische Praxis ist das neutrale schwefelsaure Chinin. Dasselbe kristallisiert aus wässeriger Lösung in langen, weißen, seidenglänzenden Nadeln, welche 14 Atome Kristallwasser enthalten, einen Teil dieses Wassers aber schon durch Verwittern in gewöhnlicher Temperatur verlieren und den Rest bei 120 Grad vollständig einbüßen. Das Salz erfordert zur Lösung 740 Teile kalten Wassers; bei seiner Anwendung in Mixturen setzt man daher gern einige Tropfen Schwefelsäure zu, um das viel leichter lösliche saure Salz zu erzeugen. Das Chinin ist nach der Formel $C_{40}H_{24}N_2O_4$ zusammengesetzt, bildet ein lockeres, weißes, kristallinisches, geruchloses und sehr bitteres Pulver, löst sich in 400 Teilen kaltem, 250 Teilen kochendem Wasser, in 60 Teilen Äther und schon in 2 Teilen kochendem Alkohol, außerdem in Ätzkali und Ätzammoniak, in Chloroform, ätherischen und fetten Ölen. Das salzsaure Chinin erhält man durch Wechselzersetzung des schwefelsauren Salzes mit Chlorbarium unter Abscheidung von unlöslichem, schwefelsaurem Baryt in weißen, seidenglänzenden Nadeln.

Die Entdeckung des Chinins war für Fälle, wo China in großen Dosen gegeben werden muß (Wechselfieber), von außerordentlicher Wichtigkeit. So sicher und im höchsten Grade schätzenswert die Wirkungen der China in einzelnen Fällen sind, so vollkommen dunkel ist uns bis jetzt noch die Wirkungsweise, namentlich gilt dies für die Hauptfälle der Anwendung des Chinins, seinem Gebrauch beim Wechselfieber sowie allen intermittierenden (d. i. aussetzenden und mit freien Zwischenpausen verlaufenden) Fiebern und Neuralgien (Nervenschmerzen). Hierher gehören die einfachen Wechselfieber unserer Gegenden, das Malariasiechtum sumpfiger Länderstrecken, die sogenannten perniciösen (höchst bösartigen) Wechselfieber der Tropen, welche oft schnell zum Tode führen; ferner die intermittierenden und periodischen Nervenleiden (sobald sie nicht auf entzündlichen Vorgängen beruhen), als deren Repräsentanten wir hier nur das bekannte Gesichtsreißen nennen; nervöses Herzklopfen; periodische Anfälle von Atemnot (Asthma); die späteren Stadien des Keuchhustens, mehrere Krampfformen u.s.w. Ferner ist das Chinin bei Gelenkrheumatismus, bei Rheumatismus der Kopfhaut (welcher sich mitunter als höchst quälender Kopfschmerz zeigt) und nebst der Chinarinde als Stärkungsmittel, als Mittel zur Hebung und Belebung der Ernährung nach schweren Krankheiten mit bedeutendem Säfteverlust, wie nach Typhus, Cholera, Lungenschwindsucht, Ruhr, nach großen Blutverlusten, bei Blutarmut überhaupt, bei Bleichsucht, Skorbut u.s.w. oft von bedeutendem Nutzen. Bei intermittierenden Fiebern und Neuralgien gibt man in der Regel dem Chinin oder einem anderen der obengenannten Alkaloide den Vorzug, während man da, wo es sich um Stärkung des Körpers handelt, oft die Chinarinde in Substanz oder in Aufguß mit größerem Nutzen verwendet.

In der Tierheilkunde kann die China innerlich und äußerlich als ein sehr kräftiges stärkendes Mittel angewendet werden, ist aber im allgemeinen für Tiere zu teuer und deshalb nur auf einzelne Fälle beschränkt, in denen die Tierbesitzer keine Kosten scheuen, besonders bei kleinen Tieren, Hunden und dgl. Bei Schwäche und Erschlaffung der Verdauungseingeweide, bei Blähsucht, atonischer Diarrhöe, bei Blutmangel, Wässerigkeit des Blutes, Wassersucht, allgemeiner Muskelschwäche etc., wenn diese Zustände nicht allein in Schlaffheit, sondern zugleich in Nervenschwäche begründet sind, verdient die China vor den übrigen zusammenziehenden Mitteln den Vorzug; bei bloßer Erschlaffung, besonders in äußerlichen Gebilden und überhaupt zum äußerlichen Gebrauch sind ihr aber diese Mittel vorzuziehen, weil dieselben hier genügend wirken und bedeutend wohlfeiler sind. Sehr nützlich ist die China bei Faulfieber, Typhus, Anthrax, Aas-Pocken und dgl.; und als spezifisch wirksam gelten die China und ihre Alkaloide, das Chininum und Cinchoninum und die Salze derselben bei solchen Krankheiten, welche einen regelmäßig intermittierenden Typus haben, hauptsächlich bei dem Wechselfieber. In neuerer Zeit ist die China auch als Gegengift gegen die gefährlichen Zufälle von zu großen Gaben des Brechweinsteines empfohlen worden; man gibt die Abkochung (30g Rinde zu 350g Wasser auf 250 g Kolatur eingekocht) in der Menge, daß auf 2 Gran (0,12g) des verschluckten Brechweinsteins eine Drachme der Rinde (4,0g) verbraucht wird. Das schwefelsaure Chinin wird nur zuweilen innerlich angewendet, – für Pferde und Rinder 4,0-10,0, für Schafe, Ziegen und Schweine 1,0-2,0, für Hunde und Katzen 0,03-1,0g. Das China-Extrakt *(Extractum Chinae fuscae)* wird zuweilen bei kleinen Tieren statt der Rinde gebraucht, in Gaben von 0,06-1,0g täglich 3-4mal in ähnlichen Verbindungen wie die China in Pillen, Latwergen und in aromatischen Flüssigkeiten.

Anwendung nach dem homöopathischen Prinzip. Die China paßt zunächst für Schwächezustände in Folge bedeutender Kräfte- und Säfteverluste, besonders nach übermäßigen oft wiederholten Aderlässen und Blutungen, nach erschöpfenden Brech- und Abführmitteln, im Milchfluß nach lange anhaltendem Stillen, nach heftigen Schweißen, starken Speichelflüssen, großen Eiterungen, bei Durchfällen, nach langen Nachtwachen, schweren Krankheiten, anhaltenden Geistesanstrengungen und Mangel an Schlaf; dann bei Stockungen in den Organen des Unterleibes, der Leber und Milz, bei Neuralgien, rheumatischen Affektionen, Hämorrhoidalbeschwerden, Bleichsucht, wassersüchtigen Zuständen, Merkuralgicht, Skorbut, trockenem und feuchtem Brand, Fieber, Typhus, in den verschiedenen Formen des Wechselfiebers, rheumatischen Kopfschmerzen, nervösen Zahnschmerzen, gastrischen Zuständen, galligen und anderen Durchfällen, Blutflüssen aus der Gebärmutter, Wochenbettflüssen, weißem Fluß, Bluthusten, Asthma, Brustfellentzündungen, Lungenentzündungen, Lungeneiterungen, Lungenschwindsucht, akuten Rheumatismen, akuter Gelenkgicht. Gabe: 1, 2 auch mehrere Tropfen der reinen Tinktur oder der 1. 2. Verdünnung, je nach Umständen täglich 1-2mal und noch öfters wiederholt.

Das schwefelsaure Chinin *(Chininum sulphuricum)*, das blausaure Ch. *(Ch. hydrocyanicum)* und das salzsaure Ch. *(Ch. muriaticum)* wird angewendet bei allgemeiner Abgeschlagenheit, schnellem Sinken der Kräfte, Gliederzittern, wassersüchtigem Anschwellen der Gliedmaßen, Schlaflosigkeit, Schwindel, Magenkrampf, heftigem Erbrechen, Fieber, Kindbettfieber, Typhus, Schlagfluß, Halsweh, Bräune, Magenschmerz, Lendenweh, Lähmung der oberen Extremitäten, Harnverhaltung oder unwillkürlichem Abgang des Harns, Abzehrung und Lähmung der unteren Extremitäten, Rückenmarksschwindsucht. Gabe: 1-2 Gran des reinen schwef. Chinins oder der 1. 2. Verdünnung, mehrmals nach Umständen täglich wiederholt.

Das schwefelsaure Cinchonin *(Cinchoninum sulphuricum)* wirkt dem Chinin ähnlich, nur weniger intensiv. Charakteristische Symptome für die Anwendung des Cinchonins und zwar solche, welche es vor dem Chinin voraus zu haben scheint, sind: Affektionen des Hinterhauptes, Drücken in den Augen, große Hitze im Innern des Mundes und Halses, harter Stuhl mit Zwang, Abgang großer, harter, knolliger und blutiger Fäces mit schneidendem Schmerz beim Durchgang durch den After, Harndrang. Ferner paßt es bei Mattigkeit, Zittern der Glieder, Schläfrigkeit, Abmagerung, Frost, Hitze, Schweiß, Durst, Appetitlosigkeit, Aufstoßen, Sodbrennen, Übelkeit, Erbrechen, Magendrücken, Leibschneiden, Blähungskolik, Durchfall, zur Förderung des Monatsflusses, bei Wechselfieber, Stuhlverstopfung, akuter Gelbsucht etc. Gabe: $\frac{1}{8}$, $\frac{1}{4}$-$\frac{1}{2}$-Gran des reinen schwefelsauren Cinchonins oder der ersten Verreibung, 1, 2 oder auch mehreremal täglich nach Umständen wiederholt.

Die homöopathischen Tierärzte wenden die Königschina oder Chinarinde an in allen Krankheitszuständen, in denen die Energie der Lebenskraft in Folge starker Säfteverluste, durch Aderlässe, Blutungen, starke Eiterungen gesunken ist. Selbst dort, wo die Krankheitserscheinungen auf ein anderes Mittel hinweisen, ist die China oft von Nutzen, dann bei ödematösen (wassersüchtigen) Anschwellungen in dem unteren Teil der Brust und des Bauches, sowie an den Extremitäten in Folge schwächender Krankheiten, wie Influenze, Druse etc., endlich bei chronischem Darmkatarrh junger Tiere mit Abgang unverdauter Futterstoffe, insbesondere, wenn derselbe von großer Mattigkeit und Abspannung begleitet ist. Mönch will durch China (anfangs täglich 2 Gaben, später alle 2-3 Tage eine) den sogenannten Pfeiferdampf bei einem zehnjährigen Wallach geheilt haben. Früher gereichte Mittel blieben ganz wirkungslos.

Gabe: 1. 3. Verdünnung, auch die Tinktur, welche mit schwachem Weingeist nach Regel 1 bereitet wird.

Chinawurzel ☞ **Smilax**

Chloranthus *(Chloranthus),* Gattung der Chloranthineen. Der gebräuchliche Ch. *(Ch. officinalis)* hat eine Wurzel mit langen, dünnen, braunen Fasern, einen 3-4' hohen Stengel, 4-6" lange, 2-3" breite, oben gesättigt grüne, unten blässere Blätter und eine ovale Frucht. In den Bergwäldern Javas und blüht fast das ganze Jahr. Die Wurzel riecht durchdringend kampherartig, schmeckt aromatisch-bitterlich und läßt sich im trockenen Zustand kaum von der virginischen Schlangenwurzel unterscheiden; sie ist wie diese eines der kräftigsten Reizmittel, welches auch in Java sehr geschätzt und häufig bei nervösen Krankheiten, dann bei typhösen und bösartigen intermittierenden Fiebern gebraucht wird. Der kurzjährige Ch. *(Ch. brachystachis)* wächst ebenfalls in Java und hat genau dieselben Heilkräfte wie die vorige Art.

Christophskraut *(Actaea),* Gattung der Ranunkelgewächse. Das gemeine Ch. *(A. spicata)*, Christophswurz, Wolfswurz, Schwarzwurz, ist eine 1-2 Fuß hohe, scharfe Pflanze mit großen, glänzenden, geteilten Blättern und weißlichen Blumen,die auf einem eigenen Stiel an der Seite des Stengels im Mai erscheinen und eine Ähre bilden. Aus demselben entwickeln sich schwärzliche, ovale, trockene Beeren, welche eine gute schwarze Tinte geben, wenn man sie mit Alaun kocht. Die geruchlose, aber bitter und scharf schmeckende, Erbrechen und Purgieren bewirkende Wurzel war früher innerlich gegen Kröpfe, Asthma etc., äußerlich gegen Hautkrankheiten gebräuchlich; heute wird sie noch hier und da von Tierärzten angewendet. Findet sich aber auch häufig anstatt der schwarzen Nieswurz in den Apotheken, von der sie außer ihrer ganz schwarzen Farbe und den längeren, ästigen Fasern auch dadurch verschieden ist, daß der gelblich-braune Aufguß von salzsaurem Eisenoxyd dunkelgrün gefärbt, von Bleizucker gelb getrübt, von Sublimat nicht verändert wird und daß das salpetersaure Silber darin einen grauen Niederschlag bewirkt. Das rote Ch. *(A. rubra)* findet sich im nördlichen Asien und Amerika, hat rote Beeren, sonst aber alle Eigenschaften mit der vorigen Art gemein.

Christuspalme. Die Christuspalme *(Ricinus communis)* oder der gemeine Wunderbaum (Fig. 33), aus der Gattung der Wolfsmilchgewächse, ist im südlichsten Europa, an den Küsten des Mittelmeeres, in Afrika, im wärmeren Asien, zumal in Ostindien, in Westindien und auf dem festen Land des wärmeren Amerika einheimisch. Nach Verschiedenheit des Klimas und des Bodens erlangt diese Pflanze eine verschiedene Höhe und dauert eine längere und kürzere Zeit. In Ostindien und Afrika wächst der Wunderbaum schnell zu einem ansehnlichen Baume auf, dauert mehrere Jahre und sein Stamm wird unten holzig. Im südlichen Europa und auch in unseren Gärten erlangt er zwar das Ansehen eines Bäumchens und wird 4-5 Fuß hoch, allein sein

Fig. 33

Der Christuspalme oder der gemeine Wunderbaum

Stamm bleibt immer krautartig und dauert höchstens 2 Jahre. Die Wurzel ist faserig; der Stamm oder Stengel, der sich oben in Äste teilt, rundlich, hohl, grün und mit einem Wachsstaub angelaufen. Die wechselweisen, langgestielten Blätter sind schildförmig, fast handförmig und ihre Lappen sägeartig eingeschnitten. In Ostindien haben die Blätter 1½-3 Fuß im Durchmesser, bei uns sind sie nicht halb so groß. Die Blüten haben kein schönes Ansehen, nur an den weiblichen sind die Griffel schön rot. Die blaßgrüne Frucht hat ungefähr die Größe einer Haselnuß, ist mit saftigen, weichen Stacheln besetzt und führt in jedem ihrer drei Fächer einen länglichen Samen von der Größe einer Zuckerbohne. Die Samen dieser, sowie aller übrigen Arten sind als Purgierkörner *(Semen Ricini)* offizinell; vornehmlich aber benutzt man das fette Öl derselben (Oleum Ricini s. Palmae Christi), welches sie außer Gummi und Eiweiß in reichem Maße enthalten. Das Rizinusöl ist dickflüssig, blaßgelb, schwach ekelhaft riechend, mild-süßlich, nachher etwas scharf im Geschmack. Es wirkt sicherer und in kleineren Mengen als andere Öle abführend; die Gabe eines Eßlöffels verursacht binnen 2 oder 3 Stunden gelinde und reichliche Leibesöffnung, nur selten wird eine 2. oder 3. Gabe erforderlich. Diese Ausleerungen erfolgen schon beim 2. und 3. Stuhlgang. Anhaltender Gebrauch des Rizinusöles stört jedoch leicht die Verdauung. Man wendet das Rizinusöl an gegen Verstopfung nach drastischen Purganzen, bei Geschwüren des Darmkanals, Hämorrhoidalschmerzen, in Ruhren und ruhrähnlichen Zuständen, in der Bleikoli, bei eingeklemmten oder auch nur schmerzhaften Brüchen, Bauchfellentzündung, Entzündungen der Kindbetterinnen und Nierenentzündungen. Gegen Bandwürmer hat es sich nicht bewährt. Am besten wird das Öl allein genommen und zwar von Erwachsenen zu 1 Eßlöffel alle 4 Stunden, bis Wirkung erfolgt, von Kindern zu 1 Teelöffel. Wird es unvermischt nicht vertragen, so setzt man es einem aromatischen Tee oder einer Tasse Gerstenschleim oder Fleischbrühe zu.

In der Tierheilkunde wird das Rizinusöl ebenfalls angewendet. Es wirkt auf die Schleimhaut des Verdauungskanals spezifisch reizend und hierdurch gelinde purgierend, bei Hunden auch oft Erbrechen erregend. Die Wirkung ist jedoch bei den großen Tieren unsicher und tritt nur nach großen Gaben ein, weshalb es des hohen Preises wegen nur bei Schweinen und Hunden gebraucht wird. Angezeigt ist es bei Verstopfung des Leibes und Kolikschmerzen und wo feste, trockene Kotballen, Darmsteine, Würmer ausgeleert werden sollen, wie namentlich bei Verstopfung des Lösers der Wiederkäuer, bei Entzündungen des Bauchfells, der Gebärmutter, der Nieren und Harnblase, bei eingeklemmten Brüchen, nach Bruchoperationen und bei anderen Bruchwunden. Moiroud und Chambert haben das Öl auch bei dem sogenannten Magenkoller der Pferde mit Nutzen angewendet. Die Gabe ist für Pferde und Rinder von 250-1000 g; einem Füllen mit hartnäckiger Verstopfung gab Schaak nur 64 g mit gutem Erfolg; für Schafe und Ziegen 64-150 g und für Hunde 30-60 g. Man gibt das Öl für sich allein oder auch in einem schleimigen Decoct oder kleinen Tieren, in einer Emulsion aus arabischem Gummi (4g) und Wasser (60g) zu 30g des Öls, in 24 Stunden einmal, höchstens zweimal. Die Rizinussamen, große Purgierkörner, gehören zu den scharfen Purgiermitteln.

Der Anbau des Wunderbaumes ist in Deutschland sehr zu empfehlen, da alles darauf ankomt, frischen Samen zu haben, was bei den aus den südlicheren Ländern bezogenen nicht immer der Fall ist. Er kann jedoch nur in den wärmsten Gegenden stattfinden, denn in Norddeutschland und den rauheren Gegenden Süddeutschlands bringt der

Rizinus selten reifen Samen. Bei dem Anbau verfährt man wie mit Mais, mit dem er auch das Bedürfnis eines sehr nahrhaften, lockeren Bodens gemein hat. Die Pflanzen brauchen 3 Fuß Abstand. Man kann an Ort und Stelle säen oder im Mai pflanzen. Der Rizinus erfriert leicht, verhält sich also wie Gurken, Bohnen und Tabak.

Cichorie *(Cichorium).* Diese Gattung gehört unter die Compositenabteilung Cichoriaceen. Die gemeine C. *(C. Intybus)* (FIG. 34) hat eine möhrenartige lange Wurzel, welche über Fuß lang wird und oft vielköpfig erscheint. Sie hat feine Längsrunzeln; auf dem Querschnitt zeigt sie einen gelben großen Holzkörper und eine schwammige gestreifte Rinde, welche bitter und schleimig schmeckt. Der Stengel wird bis 5 Fuß hoch, er ist eckig und oft etwas schärflich, vielfach verzweigt; die Wurzelblätter sind schrotsägezähnig, die oberen lanzettlich. Die Köpfchen tragen himmelblaue, selten weiße Blüten. Die Früchte sind verkehrt-eiförmig, kantig, grau, eigentümlich querrunzelig. Die Pflanze wächst in ganz Europa

FIG. 34

DIE GEMEINE CICHORIE: a) die Pflanze, b) ihre Wurzel in 1/4 natürl. Größe, c) eine Blüte, d) eine Frucht nebst Griffel, beides wenig über natürliche Größe, e) eine Frucht, zweimal vergrößert.

wild, obschon man in manchen Gebieten erst neuerlich ihre Ausbreitung beoachtet hat, so in einem Teil Schlesiens. In Nordamerika hat sie sich auch ausgedehnt, wo sie sicher eingeschleppt ist. Man kultiviert sie neuerlich viel, wodurch sie weniger bitter, aber schleimiger wird. Die Wurzel wird gedörrt, getrocknet und geröstet als ein Kaffeesurrogat verwendet, welches leider von vielen Leuten dem echten Kaffee beigemengt wird. Man hat manche Notizen darüber, daß Cichoriengenuß der Sehkraft schadet. Nach Dr. Strumpf wirkt die Cichorienwurzel (in starken Aufgüssen, Abkochungen) erregend (niemals erhitzend) auf die drüsigen Organe des Unterleibes, zumeist auf die Leber, erhöht im getrockneten und gebrannten Zustand die venöse Tätigkeit, verursacht nach starkem Gebrauch Kongestionen, Hämorrhoidal- und Mutterblutflüsse, nicht selten Geschmacksschwäche, selbst Blindheit. Man gebraucht sie weniger in Deutschland als in Frankreich bei atonischer Verdauungsschwäche und deren Folgen, besonders Skropheln, Bleichsucht, Hypochondrie, Hysterie, überhaupt bei Unterleibsbeschwerden, häufig bei Leberleiden. In Rußland gehört sie zu den vielen gegen Wasserscheu empfohlenen Mitteln. Man gibt die Abkochung der Wurzel zu ½-1 Unze. Das aus den Blättern und der Wurzel bereitete wässerige Extrakt von dicker Konsistenz zu 1 Drachme des Tages.

In der Tierheilkunde wird die Cichorienwurzel, die in ihren Wirkungen dem Cardobendictenkraut ähnelt, fast gar nicht mehr angewendet.

Cistrose *(Cistus),* Gattung der Cistineen. Die kretische C. *(C. cretius)* (FIG. 35) ist ein Strauch, der die Höhe von fünf Fuß erreicht und ziemlich kleberig ist. die gespreizten Äste sind kahl und braun, in der Jugend aber deckt sie ein Überzug von kurzen Sternhaaren. Die gestielten Blätter haben eine ovale Platte mit ziemlich stumpfer Spitze.

FIG. 35

DIE KRETISCHE CISTROSE: a) ein Zweig in 1/3 natürl. Größe, b) eine Frucht, die sich geöffnet, c) eine unreife Frucht im Längsschnitt, beides wenig über natürliche Größe.

Dieselben sind dicht mit grauem Sternfilz überzogen und wellig. Die Blume ist schön rosa. Dieser orientalische Strauch, der besonders auf Kreta gedeiht, findet sich noch in Italien und Dalmatien. Er liefert das wohlriechende Ladanumharz, das die Zweige auf ihrer ganzen Fläche ausschwitzen. Auch die cyprische C. *(C. cyprius)* soll ein gutes Ladanum liefern. Da das Ladanum in seinen Heilkräften den übrigen Harzen gleicht und überdies sehr häufig verfälscht oder als bloßes Kunstprodukt der Händler mit einem geringen Anteil des echten Harzes vorkommt, so ist es fast nur noch zu Räucherungen im Gebrauch. In Ägypten trägt man es bei sich zum Schutz gegen die Pest.

Cleome *(Cleome),* Gattung der Capparideen. Die siebenblätterige Cl. *(Cl. heptaphylla)* hat einen aufrechten, 3-5' hohen ästigen, gleich den Blattstielen klebrig-rauhhaarigen Stengel, gestielte Blätter und weiße Blüten. Auf bebautem Boden sowie auf Schutthaufen in Westindien und Südamerika. Auf den Antillen braucht man das Kraut als ein balsamisches, zerteilendes, wundheilendes Mittel, innerlich aber gegen schwache Verdauung, Blähungen u.s.w. Die riesige C. *(Cl. gigantea)* riecht sehr widrig, schmeckt brennend scharf und wird in Westindien und Südamerika nach Art des Senfs äußerlich verwendet. Die polygamische Ch. *(Cl. polygama)* wird in Westindien ebenfalls wie die siebenblätterige C. benutzt.

Clidemie *(Clidemia),* Gattung der Melastomaceen. Die steifhaarige Cl. *(Cl. hirta)* ist ein Strauch von 6', ästig, mit aufrechten, dichtsteifhaarigen Ästen, eilänglichen, rauhhaarigen Blättern und ziemlich großen Blüten. Auf Jamaika. Blüht im Frühling und Herbst. Die säuerlich-süßen Früchte dieser Art und mehrere andere werden gegessen, aber auch als ein kühlendes, antibiliöses Arzneimittel angewendet.

Clitorie *(Clitoria),* Gattung der Schmetterlingsblütler. Die gewöhnliche Cl. *(C. Ternatea)* hat eine kurze, dünne, weiße Wurzel, einen Stengel mit vielen langen und dünnen Ästen an kleineren Bäumen und anderen Gegenständen emporsteigend; die Blätter sind gestielt, schwach flaumhaarig, die Blumenkrone 2" groß, schön blau, in der Mittel gelblich-weiß oder ganz weiß. Gemein im ganzen südlichen Asien, teils wildwachsend, teils häufig zur Zierde angepflanzt. Blüht fast stets. Die Wurzel wild als ein purgierendes, aber auch Ekel und Erbrechen erregendes Mittel (unter anderem gegen die häutige Bräune) angewendet, der Saft der Blätter und die Samen sind ebenfalls brechenerregend; äußerlich braucht man das Kraut gegen Gicht, Hautkrankheiten, Geschwüre etc. Plumiers C. *(Cl. Plumieri)* wächst auf Haiti, Kuba und in Mexiko. Die Wurzel enthält ein flüchtiges Öl, gelbes Harz und gummösen Extraktivstoff; sie dient als ein tonisch-reizendes, den Monatfluß beförderndes, vorzüglich auf die Gebärmutter einwirkendes Heilmittel. Die Blätter sind gelind abführend, der Saft der ganzen Pflanze brechenerregend. Die virginische Cl. *(Cl. virginiana)* findet sich in Virginien, Carolina, Florida, aber auch in Westindien und wird hier gegen Krankheiten der Gebärmutter, Bleichsucht, im Aufguß der Blüten gegen krampf- und lähmungsartige Leiden, ein aus den Blättern bereiteter Breiumschlag aber besonders bei skrophulösen Geschwülsten gebraucht.

Clusie *(Clusia),* Gattung der Garciniaceen. Die rosenrote Cl. *(Cl. rosea)* ist ein Baum von 20-30', mit feinen Wurzeln fest um Felsen oder um andere Bäume geschlungen, die Blätter sind 4-6" lang, 2½-3½" breit, die Blüten außen weiß und rosenrot überlaufen. Findet sich in Westindien und Südamerika. Dieser Baum enthält in allen Teilen einen klebrigen, balsamischen, sehr zähen und bitteren Saft, der beim Ausfließen grünlich ist, an der Luft schwärzlich wird und ebenso wie das von selbst aus der Rinde ausschwitzende, weißliche oder gelbe Gummiharz, von den Negern auf den Antillen, nach Art des Gummigutts oder Scammoniums, außerdem aber in technischer Hinsicht wie Teer und Pech verwendet wird. Die blaßgelbe Cl. *(Cl. flava)* findet sich in Westindien. Der balsamische Saft dieses Baumes ist in Jamaika unter dem Namen Schweinsgummi *(Hoggummi)* bekannt, weil die wilden Schweine, wenn sie verwundet sind, sich instinktmäßig an dem Stamme solange reiben sollen, bis derselbe aus der Rinde fließt. In Jamaika wird er häufig als ein Wundmittel, ferner zur Heilung des Hüftwehs und einiger anderer Krankheiten gebraucht. Auch die übrigen Arten geben einen balsamischharzigen Saft von sich.

Cluytie *(Cluytia),* Gattung der Wolfsmilchgewächse. Die Hügel-Cl. *(Cl. collina)* ist ein kleiner Baum mit zweireihigen, 1-2" langen, kahlen, glänzenden Blättern, die kleineren rundlich oval, die größeren verkehrt-eiförmig, die Blüten grünlich. In Circars. Die Rinde und die Fruchthülle sollen äußers giftig sein.

Codihostrauch *(Codiacum),* Gattung der Wolfsmilchgewächse. Der gescheckte C. *(C. chrysosticton)* ist ein Strauch von 4-8 Fuß Höhe, im Alter baumartig, mi einer gelblich-bräunlichen und aschgrauen Rinde. Die Äste sind fast aufrecht, knotig und wie alle anderen Teile ganz die Blätter 5-7" lang, 1-1½" breit, auf 1" langen Stielen, lanzettlich oder lineal, spitzlich oder ganz stumpf, hellgrün, aber dicht mit goldgelben, seltener weißen oder roten Flecken zierlich bemalt, die Früchte rundlich, dreieckig, keulenförmig, findet sich in Hinter-Indien und auf den Molukken. Wurzel und Rinde sind etwas scharf und dienen gegen Störungen der Verdauung, Koliken, auch zur Beförderung des Schweißes und äußerlich in gleicher Absicht zu Bädern. Die Blätter sind kühlend und werden auch im jungen Zustand als Gemüse genossen.

Coldenie *(Coldenia),* Gattung der Boragineen. Die gestreckte C. *(C. procumbens)* hat einen ½-1 Fuß langen, zottig-haarigen, ästigen Stengel, ½-1" lange, sehr kurz gestielte, kerbig-gesägte, unterseits zottige Blätter. Findet sich in Ostindien und blüht fast stets. Die Früchte werden in Verbindung mit Bockshornklee *(Trigonella Foenum graecum)* zur Erweichung und Zeitigung von Abzessen u.s.w. angewendet.

Coleus *(Coleus),* Gattung der Lippenblütler. Die bärtige C. *(C. barbatus)* ist ein Halbstrauch von 2-3', aufrecht, ästig; die Äste sind rundlich, fast filzigsteifhaarig; die Blätter 1½" lang, breiteirund, gekerbt-gezähnt, die Trauben 6-9" lang, aufrecht. Findet sich in Ägypten und Arabien. Ist sehr aromatisch und wird in Ägypten gegen Husten, Kurzatmigkeit, zur Beförderung der Menstruation, auch als harntreibendes Mittel angewendet. Der amboinische C. *(C. amboinicus),* auf den Molucken und in Cochinchina, besitzt einen starken aromatischen etwas zitronenartigen Geruch und einen erhitzenden Geschmack; man braucht diese Art bei veraltetetem Husten, asthmatischen Beschwerden, auch gegen Wechselfieber, sowie bei der Epilepsie und bei Krämpfen. Der helmkrautartige C. *(C. scutellarioides)* findet sich auf den ostindischen Inseln und in Australien. Die Wurzel dieser zitronenartigen und etwas der Muscateller-Salbei ähnlich riechenden Pflanze wird gegen Diarrhöen und Koliken, die Blätter aber gleich ähnlichen aromatischen Mitteln gebraucht.

Colletia *(Colletia)*, Gattung der Rhamnieen. Die dornige C. *(C. spinosa)* ist ein kahler Strauch mit zahlreichen, gegenständigen Ästen und gleich diesen mit sehr vielen, ebenfalls gegenständigen, starken Dornen (fehlschlagenden Ästchen) besetzt. Die Blätter sind ½" lang, halb so breit, an beiden Enden fast abgerundet, kurz gestielt, vollkommen ganzrandig. In Brasilien, Peru und Chili. Die Abkochung des Holzes gilt in Peru als ein Purgiermittel. C. Trebus wird in Chili zur Heilung der Wunden und insbesondere ein Aufguß der Rinde bei inneren Abzessen angewendet.

Collinsonie *(Collinsonia)*, Gattung der Lippenblütler. Die kanandische C. *(C. canadensis)* hat einen aufrechten, 3-4' hohen, wenig ästigen, oft rötlichen Stengel, gestielte, breiteirunde, am Grunde etwas herzförmige oder eiförmig-elliptische Blätter; die Blumenkrone ist schmutzig gelb, innen rötlich geadert und gestreift. Wächst in Nordamerika und blüht vom August bis Oktober. Schon seit langer Zeit ist das stark und etwas unangenehm, in größerer Menge (besonders zur Blütezeit) fast betäubend riechende Kraut als ein balsamisches, stärkendes, schweißtreibendes, giftwidriges Heilmittel in Nord-Amerika bekannt; vor mehreren Jahren wurde auch die bittere, adstringierende Wurzel, die außer Extraktivstoff und Gerbstoff noch Gallussäure und ätherisches Öl enthält, in Anwendung gezogen und besonders gegen den Blasenkatarrh gerühmt.

Columbawurzel ☞ **Kokkel**

Columellie *(Columellia)*, Gattung der Columelliaceen. Die verkehrteiförmige C. *(C. obovata)* ist ein Strauch von 8' mit zahlreichen, runden, armförmigen Ästen, sehr gehäuft sitzenden seegrünen Blättern. Auf dürren Hügeln in Peru, wo diese bittere Pflanze von den Indianern gegen Wechselfieber und Magenschwäche gebraucht wird. Ein gleiches gilt von C. oblonga.

Commeline *(Commelina)*, Gattung der Commellinaceen. Rumphs C. *(C. Rumphii)* hat eine faserige Wurzel; der Stengel ist weit auf der Erde herumliegend, an den Knoten wurzelnd; die Blätter sind fingerlang, fein gestreift und für das Gefühl etwas runzlig. Wächst auf den Molukken. Ist kühlend, schleimig, gelind abführend; auch wird sie dort für ein Mittel gehalten, um die Menstruation zu befördern, ja sogar Abortus hervorzubringen. Zubereitet ist sie ein sehr gewöhnliches, wohlschmeckendes Gemüse. Die eßbare C. *(C. polygama)*, in Ostindien, Cochinchina, Japan einheimisch, ist ein kühlendes, gelind eröffnendes Arzneimittel in beiden letzteren Ländern; auch wird daraus eine sehr gesunde Speise bereitet, sowie aus den Blumenblättern in Japan das Ultramarin.

Commie *(Commia)*, Gattung der Wolfsmilchgewächse. Die cochinchinesische C. *(C. cochinchinensis)* ist ein Baum mittlerer Größe mit ausgebreiteten Ästen und lanzettlichen, ganzrandigen Blättern. Findet sich in Cochinchina. Das ausfließende harzige Gummi dieses Baumes besitzt purgierende und brechenerregende Eigenschaften und wird bei Stockungen im Unterleib sowie gegen hartnäckige Wassersuchten mit gutem Erfolg benutzt.

Conohorie *(Conohoria)*, Gattung der Violaceen. Die fieberwidrige C. *(C. Cuspa)* ist ein sehr hoher Baum mit zahlreichen, gabelig-geteilten, weit ausgesperrten, runden grauen Ästen und Ästchen, zerstreuten unten blassen und schön netzaderigen Blättern.

Wächst in Kolumbien. Die Rinde und die Blätter sind sehr bitter und herbe und erstere steht dort als Fiebermittel in großem Ansehen.

Cookie *(Cookia)*, Gattung der Orangengewächse. Die punktierte C. *(C. punctata)*, Wampibaum, ist ein ansehnlicher Baum mit einem stark rissig gefurchten Stamm und zahlreichen, etwas aufgerichteten Ästen. Die Rinde derselben ist glatt, aschgrau, die Blätter sind ziemlich groß, auf den Blattstielen behaart und scharf; die Frucht in der Größe und im Ansehen einer größeren Stachelbeere ähnlich, punktiert. Wächst in Ostindien und China und blüht im Beginn der heißen Jahreszeit. Die Früchte sind mit einem grünen balsamichen Saft erfüllt; sie werden in China häufig zu Markte gebracht und gegessen, aber auch gleich den übrigen aromatischen Teilen dieses Baumes in der Medizin angewendet.

Copaivabaum *(Copaifera)*, Gattung der Cäsalpiniaceen. Jaquin's C. *(C. Jaquinii)* ist ein hoher Baum mit einer ansehnlichen Krone. Die Ästchen sind grünlich-aschgrau, kahl, mit kleinen, warzenartigen Höckern, die Blätter zunehmend gefiedert auf einem 3-5" langen Blattstiel, schwach lederig, kahl, oben glänzend, unten blässer. In Westindien und im nördlichen Kolumbien. Durch Einschnitte in den Stamm erhält man den offizinellen Copaivbalsam, über dessen medizinische Anwendung bereits S. 136 gesprochen wurde; doch ist es diese Art nicht allein, von welcher er gesammelt wird, auch Beyrichs C. *(C. Beyrichii)*, Martius C. *(C. Martii)*, der zweipaarige C. *(C. bijuga)*, der vielpaarige C. *(C. multijuga)*, der glänzende C. *(C. nitida)* und andere Arten liefern diesen Balsam.

Homöopathie. Copaiva paßt bei Schleimhautleiden, gastrischen Beschwerden, bei Blutflüssen, Nesselsucht, syphilitischen Hautausschlägen, langwieriger Entzündung der Harnblase, Blasenkatarrh, Blutharnen, bei gelben, eiterigen Tripperausflüssen.

Gabe: 1-2 Tropfen des reinen Balsams je nach Umständen mehrmals des Tages.

Copal. Die Gattungen Hymnaea. Vanopa und Trachylobium aus der den Schmetterlingsblütlern nahestehende Familie der Casalpiniaceen enthalten eine große Zahl baumförmiger, innerhalb der Wendekreise einheimischer Arten. Aus ihnen fließt ein Balsam, welcher an der Luft zu einem harten, klingenden, farblosen bis bräunlichgelben, mehr oder weniger durchsichtigen glasglänzenden, geruch- und geschmacklosen Harze erhärtet, das als Copal in den Handel kommt. Man unterscheidet 4 Sorten, nämlich den ostindischen, westindischen, afrikanischen und brasilianischen Copal. Er dient zu Räucherpulver, vor allem aber zur Bereitung von Lackfirnissen.

Korallenbaum *(Erythrina)*, Gattung der Schmetterlingsblütler. Der indische C. *(E. indica)* ist ein großer Baum mit einem kurzen, aber dicken Stamm, grauer Rinde, langgestielten Blättern und prächtigen roten oder scharlachroten, in Trauben stehenden Blumen. Häufig in Ostindien bis nach China und auf allen indischen Inseln. Blüht mit Beginn der heißen Jahreszeit. Die Rinde gilt für ein fieber- und fäulniswidriges Mittel, auch wendet man sie gegen Ruhr und gleich den Blättern gegen Leibschmerzen, letztere überdies samt den Blüten zur Beförderung des Monatsflusses, aber auch allein als Salbe gegen syphilitische Knochenschmerzen, Bubonen, Geschwüre, sowie gegen Hautkrankheiten an. Der echte C. *(E. Corallodendron)* ist ein mittlerer Baum, im Ansehen dem vorigen fast ganz gleich und ebenso stachelig. Findet sich auf den Antillen. Rinde und Blätter werden dort als gelind abführend und schweißtreibendes Mittel, dann zur Beförderung des Auswurfs, gegen Engbrüstigkeit, gerühmt; auch die Blüten wendet man bei Brustkrankheiten, die Blätter überdies bei gastrischen Leiden, gegen Würmer und Hautausschläge an. Der braune C. *(C. fusca)* wächst in Cochinchina, auf den Molukken und den Sunda-Inseln, wo die Rinde und Blätter zur Heilung von Wunden und Geschwüren, die Wurzel gegen rheumatische Lähmngen und das Holz gegen Nieren- und Blasenkrankheiten in Gebrauch gezogen wird, die jungen Blätter und die Blüten aber als Gemüse dienen.

Cordie *(Cordia)*, Gattung der Cordiaceen. Die schwarze C. *(C. Myxa)*, der schwarze Brustbeerbaum (FIG. 36) ist ein Baum von 20-30 Fuß Höhe, dessen Äste aschgrau und mit Höckern versehen sind. Die spiralig stehenden Blätter sind rundlich, ganzrandig oder wenig gezähnt, mit langen Stielen. Das Holz ist weiß und sehr fest. Die Blumen stehen in endständigen Wickelrispen. Die Frucht ist eine längliche, fleischige, schwarze Steinbeere, mit einer Nuß, deren Fächer meist bis auf eins fehlschlagen. Die Beeren sind erst grün, dann gelb, später rot, zuletzt schwarz. Der Baum hat in der Jugend und im Alter ganz verschiedenes Laub. Der Baum wächst in Ostindien, Arabien und Ägypten. Die schleimig-süßen Früchte sind unter dem Namen schwarze Brustbeeren bekannt und gegen Husten, Halsbeschwerden und andere entzündliche Krankheiten gebräuchlich; da sie jedoch keine Vorzüge vor den Feigen und roten Brustbeeren oder Jujuben besitzen und selten frisch zu haben sind, so werden sie heute in Europa wenig oder gar nicht, in ihrem Vaterland aber teils als Obst, teils als Heilmittel gebraucht. In Ostindien wendet man auch die Wurzel zur Beförderung der Stuhlentleerung und die Blätter gegen Unterleibsstockungen, sowie äußerlich gegen Augenflecken an. Die breitblätterige C. *(C. latifolia)* wächst in Ostindien. Das süßlich-schleimige, von der Nuß leicht trennbare Fruchtfleisch (welches bei der vorigen Art der Nuß fest anhängt) wird in Ostindien ganz so wie bei dieser verwendet. Die Sebesten-C. *(C. Sebestena)*, schwarzer Brustbeerbaum, hat ebenfalls süße und schleimige Früchte. Wächst in Westindien. Die rundblätterige C. *(C. rotundifolia)* ist in Peru einheimisch. Die Blätter werden dort gegen Gelbsucht, auch bei Augenkrankheiten gebraucht. Die Blätter der guiana'schen C. *(C. guianensis)* werden in Guiana gegen Geschwülste und Anschwellungen, Gliederschmerzen u.s.w., besonders aber zu Bähungen und Bädern gebraucht. Das Fruchtfleisch der chinesischen C. *(C. chinensis)* wird von chinesischen Ärzten häufig bei Krankheiten der Nieren und Harnwege angewendet.

FIG. 36

DIE SCHWARZE CORDIE: a) ein Zweig, b) eine Blüte, fünfmal vergrößert, c) eine Frucht in 1/2 natürl. Größe, d) dieselbe im Durchschnitt, e) ein aufgeschnittener Steinkern, dessen Samen man sieht.

Correa *(Correa)*, Gattung der Diosmaceen. Die weiße C. *(C. alba)* ist ein Strauch von 4-8', vielästig und alle Teile derselben, selbst die äußere Fläche der Blumenblätter dicht mit kleinen, sternhaarigen Schüppchen bedeckt. Die Äste sind gegenständig und die jüngsten rostbraun-filzig. Die Blätter sind kurz gestielt, 6-15''' lang, 4-5''' breit, oval, sehr stumpf oder abgerundet, gegen die Basis etwas verschmälert, ganzrandig, oberseits graulich-grün, unterseits weißlich. Die Blüten einzeln oder zu 2-3 gehäuft, kurzgestielt. Wächst in Neuholland und blüht vom April bis Juli. In Neusüdwales benutzt man die Blätter häufig als ein Surrogat des grünen Tees.

Cortuse *(Cortusa),* Gattung der Primulaceen. Matthiolis C. *(C. Matthioli)* hat einen kurzen Wurzelstock mit vielen langen und dünnen Fasern. Blätter auf sehr langen, rauhhaarogen Stielen, rundlich-herzförmig, 2-3" lang und innen etwas breiter, in 9-11 kurze, eingeschnitten-gesägte Lappen gespalten, oberseits kahl oder nur mit zerstreuten Härchen besetzt, unterseits, vornehmlich an den Nerven rauhhaarig. Schaft fast so hoch wie die Blätter, rauhhaarig, die Blumenkrone 4''' lang, purpurrot, selten weiß, die Röhre innen gelb. Wächst bei uns auf den Alpen in Tirol, Steiermark, Ungarn und Ober-Italien. Man schreibt dieser Pflanze besondere Heilkräfte bei Gliederschwäche, Krankheiten der Gelenke, sowie gegen Nieren- und Blasensteine zu.

Costwurz *(Costus),* Gattung der Scitamineen. Die schöne C. *(C. speciosus)* hat einen waagrechten, auch über die Erde sich erhebenden, aus vielen dikken Knoten bestehenden Wurzelstock, innen weiß, nach abwärts starke und lange Fasern abschickend. Die Stengel sind ganz von den Scheiden der Blätter bekleidet, oft nach abgefallenen Blättern nackt und dann glänzend, 4-6' hoch; die Blätter sitzend, 1' lang, 4" breit, oberseits grün und kahl, unterseits blaß und sehr weich anzufühlen. Die Blüten sind sehr groß, wohlriechend. Findet sich in Ostindien und blüht vom Juli bis August. Schon den alten Ärzten waren unter dem Namen Costus drei verschiedene Wurzeln bekannt, nämlich ein arabischer, ein syrischer und ein indischer Costus. Von allen diesen ist es kaum zu entscheiden, welchen Gewächsen sie angehörten, indem diese Substanzen von den Alten nur sehr ungenau bezeichnet wurden. Heute kommt, obwohl äußerst selten, ein Costus unter dem Namen arabische Costwurz vor, welche man teils von der eben beschriebenen Pflanze, teils von der folgenden, wiewohl von beiden nur mit sehr geringer Wahrscheinlichkeit ableitet. Als Arzneimittel scheint die Costwurz zwar die Heilkräfte der verwandten Gewächse zu teilen, aber vielmehr tonisch als flüchtig-reizend zu sein. Die kahle C. *(C. arabicus)* wächst in Ostindien. Im südlichen Asien sind die Wurzeln beider Arten als Heilmittel gebräuchlich. Die ährige C. *(C. spicatus)* findet sich in Westindien und Südamerika und blüht vom September bis Oktober. Die Wurzel sowie das Kraut wendet man in Guiana als Heilmittel gegen Schleimflüsse an.

Couroupita *(Couroupita),* Gattung der Lecythideen. Die guianasche C. *(C. guianensis),* Kanonenkugelbaum, ist ein Baum von 50-60' Höhe mit einem 2' im Durchmesser betragenden Stamm. Die Rinde ist dick, rissig, die Blätter zahlreich am Ende der Ästchen, 8-12" lang, 3-4" breit, breitlich-lanzettlich, undeutlich gezähnelt, kahl mit 1" langen, flaumhaarigen Stielen. Die Trauben sind 1-3' lang, an den vorjährigen Trieben, sowie an verschiedenen Stellen des Stammes mit 50-100 hochroten, den Pfingstrosen an Größe gleichkommenden, sehr wohlriechenden Blüten, die sich zu 2-3 am Morgen öffnen und Abends abfallen. In Guiana einheimisch, jetzt auch auf den Antillen. Blüht das ganze Jahr. Das Fruchtmarik enthält Zucker, Gummi, Apfel-, Zitronen- und Weinsäure, schmeckt angenehm weinartig, wird zur Bereitung eines sehr erfrischenden Getränkes und in allen jenen Krankheitsfällen angewendet, wo man kühlender, säuerlicher Mittel bedarf; eine Abkochung desselben braucht man auch zu Klistieren und hartnäckigen Diarrhöen und chronischen Entzündungen des Darmkanals.

Coutarea *(Coutarea)*, Gattung der Rubiaceen. Die ansehnliche C. *(C. speciosa)* ist ein Baum von 15-25 Fuß Höhe, nach seiner ganzen Länge mit gegenständigen Ästen und Ästchen besetzt. Die Blätter sind 3-5" lang, 2" breit, die obersten viel kleiner. Wächst in Guiana, wie an der ganzen nördlichen Küste Südamerikas, auch zum Teil auf den Coraiben. Die Rinde wird als ein fieberwidriges Mittel hoch geachtet; sie bewirkt Erbrechen und gelindes Abführen, weshalb sie auch bei Verdauungsbeschwerden gebräuchlich ist.

Coutoubee *(Coutoubea)*, Gattung der Gentianaceen. Die ährige C. *(C. spicata)* hat einen 2-3' hohen, aufrechten kahlen Stengel, entfernt sitzende, beinahe halbumfassende, bisweilen auch dreiständige, 2-4" lange Blätter. Wächst an Bachufern in Guiana, Cayenne, auch in Bahia und blüht beinahe stets. Das sehr bittere Kraut dient gegen Schwäche der Verdauung, Unterleibsstockungen, mangelnde Menstruation, sowie gegen Würmer. Dasselbe gilt von der ästigen C. *(C. racemosa)*.

Crateva *(Crateva)*, Gattung der Capparideen. Die spitzblätterige Cr. *(Cr. Tapia)* ist ein hoher Baum mit einem geraden, dicken, 30-40' hohen Stamm und einer ausgebreiteten, dichten Krone; die Äste sind rund, mit einer grauen Rinde, die Blätter gestielt, ganz kahl, die Beere orangegroß, mit einer braunen, härtlichen Rinde und einem etwas mehligen Mark. Findet sich in Westindien und Südamerika und blüht vom Mai bis Juni. Die süßlich, etwas weinig schmeckenden Früchte werden ungeachtet ihres lauchartigen Geruches häufig gegessen. Die Rinde ist bitter und zusammenziehend; sie wird gegen Wechselfieber, Schwäche und Erschlaffung des Darmkanals und ähnliche Krankheiten gebraucht. Von der westindischen Cr. *(Cr. gynandra)* werden die Rinde des Baumes und seine Früchte auf gleiche Weise gebraucht, die Blätter aber bei Entzündungen und Geschwülsten angewendet. Die saftigen, weinartig riechenden und schmeckenden Früchte der malabarischen Cr. *(Cr. Nurvala)* werden gegessen, aber auch gleich den wohlriechenden und etwas säuerlichen Blättern als eine harntreibende Arznei verwendet; die Rinde und die Samen dienen zur Erweichung und Zeitigung von Abzessen.

Cubeben ☞ **Cubeben-Pfeffer**

Cubeben-Pfeffer ☞ **Pfeffer**

Cupanie *(Cupania)*, Gattung der Sapindineen. Die filzige C. *(C. tomentosa)* ist ein Baum mittlerer Größe mit einer ziemlich glatten, grauen Rinde; die Äste sind stielrund, samt den Ästchen steif, dick, rostbraun-weichhaarig oder fast filzig; die Blätter 1' lang, paarig oder unpaarig gefiedert. Westindien. Die Blätter und Früchte sind zusammenziehend und werden bei Blennorrhöen, besonders aber gegen den Blasenkatarrh gerühmt; die Rinde dient zum Gerben.

Cuphea *(Cuphea)*, Gattung der Lythrineen. Die kleinblätterige C. *(C. mycrophylla)* ist ein Strauch mit zahlreichen, zerstreuten, stielrunden, rostbraunen Ästen, sehr kurz gestielten, dicklichen, steifen Blättern. Auf den peruanischen Anden in einer Höhe von 8000'. Blüht im August. Die ganze Pflanze wird dort gegen Syphilis, aber auch gegen mehrere andere Krankheiten angewendet. In ersterer Beziehung braucht man in Südamerika auch C. antisyphilitica. Als adstringierendes Wundmittel soll in Mexiko C. Apanxalos, von der man kaum mehr als den Namen kennt, im Gebrauch sein.

Cupie *(Cupia)*, Gattung der Krappgewächse. Die viersamige C. *(C. corymbosa)* ist ein Strauch von 5-8' Höhe mit graulichen, stielrunden, kahlen Stengeln und Ästen, kurz-gestielten, 5-7" langen, 2-2 $1/2$" breiten, stumpfen, lederigen, kahlen, am Rande umgebogenen Blättern. Die Beeren sind erbsengroß, schwärzlich glänzend. Häufig in Ostindien. Blüht im Winter und Sommer. Die Blätter sind etwas zusammenziehend und bitter, riechen dabei aber angenehm und werden, wie die süßlichen Früchte, gegen Hautausschläge äußerlich gebraucht; die Beeren auch gegessen.

Curcume *(Curcuma),* Gattung der Ingwergewächse. Die Zittwer-C. *(C. Zedoaria)* hat handförmige Wurzelknollen, welche innerlich gelb sind und scharf aromatisch schmecken. Der Blütenstengel ist unten mit Scheiden bekleidet und erreicht eine Höhe von drei Fuß. Die Ähre nimmt davon etwa den dritten Teil ein; ihre oberen Deckschuppen sind hochrot gefärbt. Die Laubblätter stehen in besonderen Büscheln. Diese Art gibt die Zittwerwurzel *(Radix Zedoariae).* Man kennt zwei Arten, nämlich die runde und die lange Zittwerwurzel, die sich voneinander nur durch die Gestalt der Wurzelstökke, welche bei ersterer rundlich, bei letzterer verschiedentlich geschnitten, halbiert-eiförmig, dreieckig oder auch scheidenförmig sind, unterscheiden. Man brauchte sie früher wie den Ingwer, während die heutige Welt sich um so lieber mit dem billigen Kalmus begnügt, als die Zittwerwurzel oft durch längeres Liegen ihr Aroma verliert. Von der gefleckten C. *(C. Zerumbet),* in Ostindie, Java einheimisch, stammt die häufigere lange Zittwerwurzel ab, von welcher bereits oben gesprochen wurde. Die blaß-blaue C. *(C. caesia)* findet sich in Ostindien, wo die wenig aromatische Wurzel bei Schmerzen und Geschwülsten der Gelenke gebraucht wird. Ebenso wird die weißwurzelige C. *(C. leucorrhiza)* in Ostindien gebraucht. Aus den fleischigen Knollen der schmalblätterigen C. *(C. angustifolia)* und der vorigen Art wird in Ostindien ein feines Stärkemehl, Tikor oder Tikhur, auch Koor genannt, bereitet, welches in jeder Hinsicht mit dem Arrow-Root übereinstimmt. Bei der langen C. *(C. longa),* Gilbwurz, gelber Ingwer, steht der Blütenstand mitten von Laubblättern umgeben. Der Wurzelstock hat viele lange Gliederknollen, aber wenige Wurzelfäden und Knollenenden. Die Blattstiele sind sehr lang, die Blätter ganz grün. Die Hauptrhizome dieser Art kommen als runde, die Nebenäste als lange Curcumawurzel in den Handel. Ihr Geruch ist ingwerartig, der Geschmack bitter gewürzhaft, etwas scharf, aber nicht angenehm. Bei uns verwendet man sie nur als Farbmaterial.

Cycas *(Cycas),* Gattung der Cycadeen. Die ostindische C. *(C. circinalis)* ist ein schlanker Baum, $1 1/2$ Schuh dick und 30-40' hoch, außen mit deutlich hervorragenden Ringen und Schuppen. Die Blätter sind vor der Entwicklung zu 30-35 in einer großen, zapfenartigen Knospe eingehüllt, später 8-10' lang. Wächst in Ostindien, wo man aus dem Mark des Stammes Sago bereitet, der jedoch von geringer Qualität sein soll; die jungen Triebe werden wie die Früchte gegessen, auch als Arzneimittel bei asthmatischen Beschwerden, Koliken, äußerich bei Geschwüren angewendet, das am Stamme ausschwitzende Gummi aber wird bei Schlangenbissen gerühmt. Die japanische C. *(C. revoluta)* wird in Japan allgemein zur Sago- und Brotbereitung benutzt.

Czackia *(Czackia),* Gattung der Liliengewächse. Die lilienartige Cz. *(Cz. Liliastrum)* hat eine Wurzel mit mehreren weißen, schlanken, fast spindelförmigen, fleischigen Knollen. Der Schaft ist 1-$1 1/2$' hoch, rund, aufrecht; die Blätter fast ebenso, lang, 1-2 Linien breit, lineal-lanzettlich, gekielt, die Blütentraube schlaff, mit 4-6 schneeweißen, wohlriechenden $1 1/2$" langen Blüten. Auf waldigen Bergen und Alpenwiesen Südeuropas. Die Wurzelknollen waren früher gebräuchlich, doch weniger häufig, da die Pflanze ungleich seltener ist.

D

Dahlie ☞ **Georgine**

Dais *(Dais)*, Gattung der Thymelaeaceen. Die ostindische D. *(D. octandra)* ist ein Strauch von 3-4 Fuß Höhe; die Blätter sind gegenständig, kurz gestielt, 4 bis 5 Zoll lang, 1½ Zoll breit, an beiden Enden spitz, kahl und glatt. In Ostindien. Die Früchte sind auf Java ein oft angewendetes Abführmittel.

Dalbergie *(Dalbergia)*, Gattung der Schmetterlingsblütler. Die kletternde D. *(D. scandens)* ist ein ansehnlicher Strauch, an Bäumen emporsteigend und mit seinen langen, schlanken, hängenden Ästen die benachbarten miteinander verbindend. Die Rinde ist schwärzlich und rot gefleckt. Die Blätter sind ½' lang, den Eschenblättern ähnlich; die Blättchen gegenständig, 2-4" lang, ¾-1" breit, fest, oben dunkelgrün, glänzend, unten blässer, die Blüten weiß und rosenrot. Häufig in Ostindien, besonders an Flußufern. Blüht zur Regenzeit. Die etwas scharf schmeckenden Blätter dienen zu Breiumschlägen, die Samen als Purgiermittel, die Rinde aber wie Hanf zu Strikken und Seilen.

Damasonie *(Damasonium)*, Gattung der Froschbißgewächse. Die indische D. *(C. indicum)* hat eine knollige, rundliche, vielfaserige Wurzel, wurzelständige, langgestielte, breite, herzförmige, vorne spitze Blätter, weiße Blumenblätter und längliche, spitze Beeren. Wächst in stehenden Wässern Ostindiens und Ägyptens. Aus dieser Pflanze wird in Ostindien eine kühle Salbe für Augenkrankheiten bereitet; auch genießt man sie als Gemüse und ebenso deren Wurzelknollen.

Dammarfichte *(Agathis)*, Gattung der Coniferen. Die molukkische D. *(A. loranthifolia, Dammara orientalis)* ist einer der größten Bäume in seinem Vaterland. Stamm sehr hoch und bis 9' dick, am untersten Teil mit kopfgroßen Knoten trägt nur an seiner Spitze abstehende Äste. Rinde glatt, braunrot ins grauliche. Blätter an den jungen Ästen abwechselnd, an den älteren gegenständig, schief sich kreuzend, sehr kurz gestielt, fast rinnig, schörflich, kahl, seegrün, die älteren unterseits konkav. Auf hohen Gebirgen der molukkischen Inseln. Aus dem Baum fließt sehr viel durchsichtiges weiches Harz, das als Dammarharz allgemein bekannt ist. Es riecht, solange es weich ist, stark, trocken aber nicht mehr; auf glühenden Kohlen verbreitet es einen Geruch nach Fichtenharz und Mastix. Bei uns dient es zur Bereitung von Lacken, welche sehr schön glänzen, aber nie fest werden.

Danais *(Danais)*, Gattung der Krappgewächse. Die duftende D. *(D. fragrans)* wächst auf den Mascarenen und auf Madagaskar. Die Wurzel dieser Pflanze treibt Ausläufer, die Stengel, sehr hoch an Bäumen emporkletternd, stielrund, die jüngeren zottig, schwärzlich-grün; die Blätter 1½-2" lang, 9 Linien breit, zugespitzt, ganz kahl auf 3-4 Linien langen Stielen. Die Blüten sind ganz klein, rot, tazettenartig riechend; unter jeder Blüte ein pfriemiges Deckblatt. Eine Abkochung der Wurzel wird dort gegen Flechten angewendet. Dasselbe gilt auch von der rundblätterigen D. *(C. rotundifolia)*.

Dattelpalme *(Phoenix)*, Gattung der Palmen. Die gemeine D. *(Ph. dactylifera)* (Fig. 37) ist ein stattlicher Baum, dessen stamm bis 9 Fuß im Umfang erlangt und bisweilen eine Höhe von 70 Fuß erreicht, während freilich sehr viele niedrig bleiben und durch krumme Stämme an ihrer Schönheit leiden. Der Gipfel trägt eine dichte Krone von klafterlangen gefiederten Blättern. Zwischen den Blättern kommen große Blütenkolben, anfänglich von einer bauchigen, lederartigen, braunen Blütenscheide eingeschlossen, hervor. Die Staub- und Stempelblüten sind auf verschiedenen Stämmen verteilt (zweihäusig). Erstere sind klein, gelblich-weiß und bis zu 12.000 in einem Kolben vorhanden; letztere sind minder zahlreich und entwickeln sich zu länglichen fleischigen, einsamigen Beeren (Datteln) von blaßgelber oder hochroter Farbe, deren gegen 200 in einem Kolben stehen. Die Dattelpalme findet sich am kaspischen Meer, im nordwestlichen Ostindien, in Persien, Arabien, Kleinasien und ganz Nordafrika bis auf die Kanaren hinüber, wohl ursprünglich wild, obschon man sie an manchem Platz jetzt nur im Kulturzustand beobachtet. Die Fortpflanzung geschieht fast nur durch Wurzelschosse. Die süßen, wohlschmeckenden Früchte, unter dem Namen Datteln bekannt, sind ein zuckerhaltiges, einhüllendes, reizminderndes Mittel, besonders bei entzündlichen Brustkrankheiten. Sehr wichtig aber ist die Dattelpalme den früher genannten Erdteilen und mit Recht muß man dieselbe unter die wichtigsten und nützlichsten Bäume zählen. In Ägypten, Arabien, Persien sind die Datteln eine Hauptnahrung und in den Wüsten, wo kein anderes

Fig. 37

Die gemeine Dattelpalme

Gewächs als nur diese Palme noch fortkommt, sind es ihre Früchte, denen Unzählige die Rettung des schon beinahe dem furchtbarsten Tode verfallenen Lebens verdanken. Sie wird daher auch häufig und sorgfältig kultiviert und macht in jenen Ländern den Reichtum der Einwohner aus. Außerdem, daß die Datteln für Millionen eine unersetzbare Speise sind, wird auch aus ihnen ein vortrefflicher Sirup, sowie durch Gährung ein weiniges Getränk oder auch ein Essig bereitet. Auch gibt die Dattelpalme einen sogenannten Palmenwein. Das weiche Mark am Gipfel des Baumes, sowie die Knospe als Palmkohl, dann die unentwickelten Blütenkolben sind eine leckere Speise der Perser und Araber etc. Als Arzneimittel wendet man auch dort die Datteln im reifen Zustand, aber auch unreif, wo sie adstringierend sind, gegen Diarrhöen, Ruhren, starke Menstruation und gegen andere Blutflüsse an. Ebenso braucht man auch die Blütenscheide ihrer zusammenziehenden Eigenschaften wegen, sowie den Blütenstaub.

Dattelpflaume *(Diospyros),* Gattung der Diospirineen. Die gemeine D. *(D. Lotus)* bildet einen stattlichen Baum oder Strauch mit braunem Stamm. Das Holz ist graugrün. Die Blätter sind spitz-eilanzettlich, unterseits heller, kahl oder fein behaart. Die Blume ist grünlich. Die Beere ist bläulich schwarz und erreicht so ziemlich die Größe einer kleinen Kirsche. Man speist sie roh oder bereitet eine Art Wein aus ihr. Die gemeine Dattelpflaume wächst in Nordafrika, dem Orient und dem südlichsten Europa, wo sie jedoch eingeführt und verwildert sein dürfte. Die virginische D. *(D. virginiana)* oder Persimonpflaume ist ein sehr stattlicher Baum, der eine Höhe von 60 Fuß erreicht. Die Blätter sind stumpfer. Das Holz ist weißlich. Die Blume ist gelbgrün. Man braucht die Rinde in Nordamerika viel gegen Diarrhöe und Wechselfieber; sie ist sehr bitter. Die herben Früchte läßt man gefrieren, alsdann geben sie einen ganz trefflichen Branntwein oder werden in Kuchen verbacken. Der Baum findet sich in ganz Nordamerika. Die Ebenholz-D. *(D. Ebenum)*, echtes Ebenholz, ist ein Baum von 30-40 Fuß Höhe, oft noch höher, mit schwarzer, an den jungen Ästen grauer oder weißlicher Rinde. In Ostindien, besonders in Ceylon, auch in Madagaskar einheimisch, auf den Mascarenen kultiviert. Das eigentliche Holz dieser und der folgenden Arten gehört unter die schwersten, ist von Farbe schwarz und kommt unter dem Namen Ebenholz in den Handel. Allein man belegt auch im allgemeinen alle schweren Hölzer, welche mehr oder weniger schwärzliche, oft auch braune oder andere Farben haben und von sehr verschiedenen Bäumen stammen, mit diesem Namen. Die schwarzholzige D. *(D. Melanoxylon)* wächst in bergigen Wäldern der ostinidischen Halbinsel. Unter allen in Ostindien vorkommenden Sorten des echten Ebenholzes wird jene, welche von diesem Baum abstammt, am meisten geschätzt; die stark zusammenziehende Rinde dient gegen Ruhren und die Früchte werden gegessen, sind aber nicht besonders schmackhaft. Die D. *(D. glutinosa)* wächst im Norden Ostindiens. Die Beeren werden gegessen, sind aber nicht wohlschmeckend, sondern enthalten einen adstringierenden, klebrigen Schleim, dessen man sich zur Heilung von Wunden bedient. Die malabarische D. *(D. malabarica)* hat viel Ähnlichkeit mit der vorigen Art. In Malabar braucht man die jungen Blätter und Früchte gegen Mundschwämmchen, sowie bei Augenentzündungen, die Rinde gegen Fieberhitze und Leibschmerzen und das aus den Samen gepreßte Öl als ein eröffnendes, linderndes Heilmittel; nur mittelhoch und die Äste sind weich behaart. Die Blätter sind ebenfalls weichhaarig. Die safrangelben, süßen Früchte sollen (in größerer Menge genossen) leicht Diarrhöe und Ruhr erregen, werden allgemein in Mehl oder Zucker eingemacht gegessen und selbst nach anderen Ländern versendet.

Davallie *(Davallia)*, Gattung der Polypodiaceen. Die stachelige D. *(D. aculeata)* wächst in Westindien. Der Wurzelstock ist fädig, kriechend, der Strunk schwärzlich, nahe der Wurzel rostbraun-kurzhaarig, etwas eckig, rinnig, steif, mit zurückgekrümmten Stacheln; das Laub ist sehr ästig, herabgebogen, kletternd, die Äste ausgesperrt, abstehend, 2-3' lang, sehr stachelig; die Fiedern wechselnd, auf fein stacheliger Spindel, die Blättchen kahl, abgestutzt, blaßgrün, die untersten fast handförmig-lappig. Etwas adstringierend; bei Brustkrankheiten, Schlaffheit der Drüsen, mehreren Hautkrankheiten dort im Gebrauch.

Davilla *(Davilla)*, Gattung der Dilleniaceen. Die runzelige D. *(D. rugosa)* ist ein Strauch, ästig, mit einer grauen, runzeligen Rinde, die jüngeren Äste rauhhaarig; die Blätter sind 2-3 Zoll lang, 12-15 Linien breit, an dem kurzen Blattstiel herablaufend, lederig, oben kahl, die Frucht fast kugelig, häutig. Gemein in den Urwäldern Brasiliens. Schmeckt herbe und wird zu Bähungen und Dunstbädern ganz so wie Tetracera volubilis gebraucht. Die ebenfalls D. elliptica ist in Brasilien als Wundmittel bekannt.

Deeringie *(Deeringia)*, Gattung der Amarantineen. Die celosienartige D. *(D. celosioides)* hat eine dicke, knotige Wurzel, einen 10-18 Fuß hohen Stengel mit langen, auf benachbarte Bäume oder Sträucher sich stützenden Ästen, 4-5 Zoll langen Blättern und blaßgrünen Blüten. Findet sich auf den Molukken und in Australien und blüht zur Regenzeit. Die Wurzel braucht man als ein starkes Reizmittel für die Schleimhaut der Nase und die etwas bitter und scharf schmeckenden Blätter zur Beförderung des Blattern-Ausbruches oder auch äußerlich bei entzündlichen Geschwülsten sowie bei Geschwüren.

Degenkraut *(Xyris),* Gattung der Xyrideen. Das amerikanische D. *(X. americana)* hat eine büschelige, fein faserige Wurzel, zahlreiche, grasartige, etwas steife, kahle Blätter; der Schaft ist doppelt größer als die Blätter, 6-15 Zoll hoch, am unteren Teil rund, die Blütenköpfchen stumpf, etwas größer als eine Erbse, die Blüten blau. Süd-Amerika. In Guiana benutzt man den Saft der Pflanze gegen chronische Hautausschläge. Vom indischen D. *(X. indica),* welches höher als die vorige Art ist, dienen Wurzel und Blätter in Ostindien ebenfalls zur Heilung chronischer Hautausschläge. Ebenso braucht man *X. vaginata* in Brasilien.

Dentelle *(Dentella),* Gattung der Krappgewächse. Die kriechende D. *(D. repeus)* ist ganz gestreckt, sehr ästig. Die Äste sind oft wechselständig, an allen Knoten wurzelnd und Rosen von mehr als 1' im Durchmesser bildend, bei lebhafter Vegetation fast kahl, die Spitzen jedoch, sowie alle jungen Äste, immer mit weißen, dicklichen, abstehenden Haaren besetzt, die besonders an den Knoten, Nebenblättern, am Rande und an der Unterfläche der Blätter erscheinen. Letztere sind ½ Zoll lang, elliptisch, lanzettlich oder fast spatelig, spitz oder stumpf, am Grunde wie in einen Blattstiel verschmälert; die Blumenkrone zart, weiß. An schattigen oder nassen Stellen in Ostindien und auf allen indischen Inseln, sowie auch in Australien. Blüht fast stets. Der Saft der ganzen Pflanze wird gegen bösartige Flechten, auch gegen andere Geschwüre benutzt.

Dianelle *(Dianella),* Gattung der Smilaxgewächse. Die wohlriechende D. *(D. odorata)* hat einen schief kriechenden, fast holzigen, einfachen, runzeligen schwärzlichen Wurzelstock, mehrere unten beblätterte, 2-3' hohe, oben fast nackte Stengel, 1-1½' lange, Blätter, die Rispenäste schlaff, an der Spitze etwas überhängend, blaue Blüten, innen weißlich, die Beere länglich-rund, blau ins rötliche, glänzend. Wächst in Ostindien, wo sie häufig kultiviert wird. Die Wurzel wird in Cochinchina und China als Decoct gegen Harnzwang, Schleimflüsse und weißen Fluß verordnet; frisch besitzt sie keinen besonderen Geruch und schmeckt schwach bitter, trocken aber erhält sie einen süßlichen Geschmack wie Zuckerrohr und verbreitet, auf glühende Kohlen gestreut, einen angenehmen Geruch, weshalb sie auch in Südasien allgemein zu Räucherpulver gemengt wird.

Dickblatt *(Crassula),* Gattung der Crassulaceen. Das vierseitige D. *(Cr. tetragona)* ist ein kahler Strauch von 2-3' mit aufrechten, wechselständigen Ästen und durch die in vier sehr regelmäßigen, abstehenden Reihen stehenden, am Grunde verbundenen, zollangen, beinahe federkieldicken, spitzen Blätter ausgezeichnet. Die Blüten sind klein, weiß mit purpurrötlichen Antheren. Wächst am Kap und blüht im Dezember. Eine Abkochung dieser Pflanze in Milch wird dort gegen den Durchfall angewendet.

Dickkörbchen *(Crassocephalum),* Gattung der Synanthereen. Der gänsedistelblättrige D. *(Cr. sonchifolium)* hat eine faserige weiße Wurzel, einen dünnen etwas ästigen Stengel, an 3 Zoll lang, vorn 1½ Zoll gegen die Basis zu kaum ½ Zoll breite, mit 2-4 kleinen, spitzlichen Lappen, unter dem großen eirund-dreieckigen Endlappen, fein gezähnte Blätter, die Körbchen auf langen und sehr dünnen Stielen und blutrote Blüten. Im ganzen südlichen Asien. Blüht dort fast stets. In Ostindien wird das Kraut gegen Fieber, asthmatische Beschwerden und Unterleibskrankheiten, der Saft der Blätter gegen Augenentzündungen, die Blätter bei Kontusionen, Geschwülsten etc. angewendet; auch in China ist diese Pflanze als Heilmittel sehr geschätzt; ebenso ißt man die zarten Blätter als Gemüse. Alles dies gilt von der pfeilblätterigen D. *(C. sagittatum).*

Diclyptere *(Diclypetra),* Gattung der Acanthineen. Rheede's D. *(D. Rheedii)* ist ein ästiger Strauch von 2-6 Fuß Höhe; die Stengel und oberen Äste sind eckig und grau, die jüngeren sechsseitig und grün, die Blätter kurzgestielt, $3\frac{1}{2}$-6 Zoll lang, 10-18 Linien breit, fein gekerbt, oben dunkelgrün, unten blässer, die Blumenkrone 1 Zoll lang, ganz weiß. Wächst in Malabar, an sandigen Stellen. Die Blätter sind daselbst gegen Husten, Blutspeien, Auszehrung und sammt der Wurzel gegen Asthma, äußerlich aber gegen Gichtleiden gebräuchlich. Von D. multiflora werden die Blätter in Quito als Gemüse gegessen und die Wurzel zum Reinigen der Zähne gebraucht.

Diervilla *(Diervilla)*, Gattung der Geißblattgewächse. Die kanadische D. *(D. canadensis)* ist ein 2-4 Fuß hoher Strauch, mit zahlreichen braunen Ästen, von denen die jüngsten vollkommen vierseitig und schwärzlichpurpurrot sind; die Blätter sind kurzgestielt, am Grunde ganzrandig und an der oft vorgezogenen Spitze ganzrandig, übrigens dicht mit feineren oder gröberen, aber ungleichen und stumpfen Sägezähnen besetzt, die Blüten schmutziggelb. Wächst auf den Bergen von Kanada bis Karolina. Die Äste waren früher auch als ein harntreibendes, blutreinigendes Arzneimittel bekannt geworden und sind in Nordamerika fortwährend, besonders bei Tripper und Syphilis gebräuchlich.

Dilivarie *(Dilivaria)*, Gattung der Acanthineen. Die deckblattlose D. *(D. ebracteata)* ist ein Strauch von 3-4 Fuß Höhe, unbewehrt, ästig, aufrecht, am Grunde oft gestützt, mit weißlicher, etwas klebriger Rinde. Die Blätter sind kurzgestielt, 6-9 Zoll lang, $1\frac{1}{2}$-2 Zoll breit, etwas wellig, dicklich, ganz kahl und glänzend, an jedem Rand 5-6 dornige Zähne tragend. In Vorder- und Hinter-Indien, sowie auf den Inseln im indischen Ozean, an nassen, aufgeschwemmten Stellen. Blüht das ganze Jahr. Die Wurzel wird als ein erhitzendes, schweiß- und harntreibendes Heilmittel, vornehmlich gegen schleimiges Asthma, Koliken und Erkältungskrankheiten, auch gegen vergiftete Wunden, ödematöse Geschwülste etc. angewandt. Die sternanisblätterige D. *(D. ilicifolia)* wächst auch in ganz Ostindien und wird in Malabar gegen Bißwunden von giftigen Schlagen gebraucht.

Dill *(Anethum)*, Gattung der Doldengewächse. Der gemeine D. *(A. graveolens)*, Garten-Dille, hat eine einjährige, dünnspindelige Wurzel und aufrechte, 2-3 Fuß hohe, stielrunde, kahle, bläulich-grüne Stengel. Die Blätter sind dreifach gefiedert, vielteilig mit fadendünnen Zipfeln. Die sattgelben Blüten stehen in großen, zusammengesetzten Dolden, welche weder Hülle noch Hüllchen haben. Die Doppelfrüchtchen sind eiförmig. Man findet diese Pflanze unter Saaten im südlichen Europa, im Orient und in Ägypten; in vielen Gegenden fast verwildert. Blüht im Juni und Juli. Die Früchte riechen und schmecken eigentümlich aromatisch und kommen in den Heilkräften mit dem Fenchel und Kümmel überein; auch das Kraut und die Blüten dieser Pflanze besitzen denselben aromatischen Geruch und Geschmack und dienen jetzt nur als Gewürz in der Küche. Die Verwendung der ausgewachsenen Pflanze beim Einlegen von Gurken u. dgl. ist bekannt. Eine Dillsauce, welche zu manchen Fischen gegeben wird, bereitet man folgendermaßen: Man stoße einen Teil frischen Dill und ebensoviel Petersilie recht fein, schwitzt etwas Mehl in frischer Butter, rührt sie mit Sahne zu einer seimigen Sauce an und fügt die Kräuter, Salz und Pfeffer dazu. Der Dillsamen wird (innerlich im Aufguß mit heißer Milch als Ammentee oder mit Wasser als Tee 1 Drachme auf 1 Pfund Kolatur tassenweise, das Öl zu 2-4 Tropfen 4-6mal täglich auf Zucker oder als Ölzucker oder zugl. Einreibung desselben) gegen fehlerhafte Verdauung wie zur Mehrung der Milchabsonderung, bei Blähungen und einigen Krampfbeschwerden, bei Hysterie, Kolik, Schluchzen, oder um Erbrechen zu stillen, Durchfall zu hemmen, Würmer zu beseitigen, endlich bei katarrhalischen Beschwerden der Lungen gebraucht.

In der Tierheilkunde wird der Dillsame bei Blähungen und Krampfkolik verwendet. Er verdient nach Prof. Hertwig als wohlfeiles und auf dem Lande leicht zu habendes Arzneimittel von den Tierärzten mehr benutzt zu werden als bisher.

Anbau und Ernte ganz wie beim ☞ Fenchel.

Dillenie *(Dillenia)*, Gattung der Dilleniaceen. Die prachtvolle D. *(D. speciosa)* ist ein Baum von 40-50 Fuß Höhe, zur Blütezeit einen wahrhaft prachtvollen Anblick gewährend. Die Rinde ist dick, grau; die Äste sind zahlreich, teils ausgesperrt, teils aufsteigend, runzelig, aschgrau. Die Blätter gegen das Ende der Ästchen genähert, jenen des Kastanienbaumes ähnlich, 7-10 Zoll lang, an 4" breit, auf 1 Zoll langen, rinnigen, die Ästchen halb umfassenden Stielen, stumpf oder kurzzugespitzt, am Rande zierlich gesägt, die Blüten 6-9" im Durchmesser, lilienartig riechend. Auf der indischen Halbinsel, in Ceylon und Java. Blüht während der heißen Jahreszeit. Die nach Art der Weinäpfel riechenden, aber sehr sauren Früchte werden nur selten roh gegessen, wohl aber häufig gleich den sie umhüllenden, weinig sauer und schleimig schmeckenden Blumenblättern zu Speisen verwendet; aus ihrem Saft bereitet man einen Sirup gegen Fieberhitze, Husten, Halsweh und Mundschwämmchen. Die außen schwarzrote, innen purpurrote, geruchlose, aber scharf schmeckende Wurzelrinde braucht man äußerlich gegen gichtische Schmerzen, sowie auch bei ödematösen Geschwülsten und die sauer schmeckenden jungen Blätter zum Reinigen der Kopfhaare. Die gesägte D. *(D. serrata)* wächst auf den Inseln des indischen Meeres. Die Früchte, welche im ganz reifen Zustand fast wie Pomeranzen schmecken, werden auch wie diese, die adstringierende Rinde aber gegen Mundschwämmchen gebraucht.

Diptam *(Dictamnus)*, Gattung der Rautengewächse. Der weiße D. *(D. albus)* (FIG. 37), die Eschwurz, Spechtwurz, hat einen starken Wurzelstock, der tiefgrundig ist. Der Stengel wird bis zwei Fuß hoch und trägt einzelne Ecken. Die Blätter sind lederartig, fiederteilig, mit gegenüberstehenden ovalen, sägezähnigen Abteilungen. Die Traube trägt bis zu 20 große Blüten mit braunem Kelch und rosafarbenen, dunkelgeaderten Blumenblättern. Die Frucht ist steif behaart. Das Gewächs findet sich auf Felsen und dürren Abhängen in Mittel- und Südeuropa und wird auch jetzt noch an vielen Orten von Wurzelgräbern vernichtet. Die weiße, im frischen Zustand stark und nicht unangenehm, etwas harzig riechende, sehr bitter schmeckende Wurzel oder vielmehr nur die Rinde derselben ist ein kräftiges tonisches Reizmittel, aber jetzt nur wenig im Gebrauch.

In der Tierheilkunde wird der weiße Diptam jetzt nur selten gebraucht.

FIG. 38

DER WEIßE DIPTAM: a) der obere Teil des Stengels mit Blütenstand, b) die Wurzel, c) das junge Distill, d) die Frucht.

Homöopathie. Der weiße Diptam wurde von Hahnemann gegen weißen Fluß empfohlen. Über Gabe finden wir in den betreffenden Handbüchern keine Bemerkung.

Man sammelt die Wurzel im Frühjahr und würde wohl tun, von stärkeren frisch die Rinde vom inneren Kern abzustreifen, weil nur diese gebraucht wird. Die Pflanze läßt sich durch Teilung nicht gut vermehren, weshalb man sie aus Samen erzieht. Dieser besteht aus großen glänzenden Kernen, die ein ganzes Jahr in der Erde liegen können, ehe sie keimen. Man gibt den Pflanzen 1½ Fuß Abstand. Sie gedeihen auch in schattigen Lagen.

Diptam, kretischer ☞ **Majoran**

Dischidie *(Dischidia)*, Gattung der Asclepiadineen. Die grundblätterige D. *(D. nummularia)* ist viel kleiner als die parasitischen Arten der Gattung Hoye, häufig die Stämme und Äste der Bäume ganz überziehend; ihre Stengel sind brüchig, dünn und wie die ganze Pflanze weiß bestäubt; die Blätter gestielt, 5-6 Zoll lang, 3-4½ Linien breit; die Blüten zu 2-4 beisammen, oft auch einzeln, sehr klein, weiß. Wächst am Meeresufer in Java, Amboina und im tropischen Teil Neuhollands. Ist immerblühend. Die ganze Pflanze ist voll einer dicken, sehr schmeckenden Milch und wird als ein kühlendes Mittel bei Schleimflüssen, äußerlich aber bei Verwundungen mit den Stacheln giftiger Fische gebraucht.

Dodonäa *(Dodonaea)*, Gattung der Sapindineen. Die klebrige D. *(D. viscosa)* ist ein Strauch von 6-10 Fuß Höhe oder ein kleiner ästiger Baum mit einem schenkeldicken Stamm. Die Rinde ist braun, etwas runzelig, die Äste sind aufrecht, schlank, stielrund, rötlich, klebrig, kahl, die Blätter bald verkehrt-eilänglich, bald lanzettlich-spatelig, spitz, bisweilen zugespitzt, an den Rändern etwas umgebogen, kahl. An sandigen Stellen und in der Nähe des Meeres in Westindien und in Süd-Amerika, sowie in Guinea. Blüht vom Mai bis Oktober. Die beim Reiben angenehm riechenden Blätter dienen zu Bädern gegen Rheumatismus, ferner ihrer erweichenden Eigenschaft wegen zu Bähungen, gegen Halsentzündungen, Hämorrhoiden, Verbrennungen ect. D. Thunbergia wächst häufig am Kap, wo sie unter dem Namen der Sand-Olive bekannt ist und als ein gelindes Purgiermittel, das zugleich fieberwidrig sein soll, gebraucht wird. Die zweihäusige D. *(D. dioica)* wächst in Ostindien auf den ostindischen Inseln. Das Holz wird auf den Molukken gegen die Windkolik angewendet.

Doppelblatt *(Zygophyllum)*, Gattung der Zygophyllineen. Das gemeine D. *(Z. Fabago)*, Bohnenkapper, findet sich im Orient und Nordafrika. Die tief in die Erde dringende Wurzel ist ästig, fleischig, der Stengel aufrecht, stielrund, knotig, kahl, die Ästchen halb stielrund, die Blättchen 10-20 Linien lang, 6-8 Linien breit, stumpf seegrün, die Nebenblätter sehr klein eilänglich, blüht im Juni bis August. Die ganze Pflanze riecht gerieben unangenehm, schmeckt bitter, zugleich etwas scharf und gilt im Orient für ein wurmwidriges und antisyphilitisches Mittel. Die Blütenknospen können wie Kapern benutzt werden. Die meisten der übrigen Arten scheinen gleiche Eigenschaften zu besitzen.

Doppelhaufen *(Diplazium)*, Gattung der Polypodiaceen. Der malabarische D. *(D. malabaricum)* ist 3-4 Fuß hoch; die Blättchen sind am Grund beiderseits kurzgeöhrt. Ist in Ostindien einheimisch und wird daselbst bei intermittierenden Fiebern, Brustbeschwerden und als eröffnendes Arzneimittel in Gebrauch gezogen. Der eßbare D. *(D. esculentum)* dient dort als Speise.

Doppelhülse *(Diphaca)*, Gattung der Schmetterlingsblütler. Die cochinchinesische D. *(D. cochinchinensis)* ist ein mittlerer Baum mit einem schenkeldicken Stamm und einer sehr wenig ausgebreiteten, unregelmäßigen Krone; die Rinde ist braun, saftig, die Äste und Ästchen sind kurz, die Blätter unpaarig gefiedert, die Blüten zu 15-17, wechselständig, kurz gestielt, elliptisch, spitz, die Blumenkrone weiß. Wird in China, Cochinchina und auf den Molukken kultiviert. Der Saft oder eine Abkochung der Blätter dient gegen Hautausschläge und die Rinde gegen jene Art von Lähmung, die in Ostindien, wie überhaupt im ganzen tropischen Asien so häufig nach Erkältungen eintritt.

Doppelnuß *(Aleurites),* Gattung der Wolfsmilchgewächse. Die dreilappige D. *(A. triloba),* Kerzennußbaum, ist ein großer Baum mit einer glatten, dunkel olivenfarbigen Rinde; die Äste sind zahlreich, teils herabgebogen, teils ganz abstehend oder aufsteigend, die Blätter an den Enden der Ästchen genähert, auf runden, 6-8" langen, an der Spitze 2 halbkugeligen Drüsen tragenden Stielen, sie selbst 4-8 Zoll lang, 3-6 Zoll breit, zugespitzt, am Rande häufig in 2, selten in 4 kurze, spitzige Läppchen gespalten oder nur eckig, die Blüten zahlreich, klein, weiß, die Frucht rundlich, schwärzlich olivengrün, runzelig. Auf den Sundainseln, Molukken bis zu den Gesellschaftsinseln; im übrigen Indien kultiviert. Die Samen schmecken fast wie frische Wallnüsse und werden häufig gegessen, doch sollen sie in größeren Mengen genossen berauschend wirken, geröstet aber ohne allen Nachteil sein. Das ausgepreßte Öl derselben dient sowohl an Speisen als auch zum äußerlichen Gebrauch (bei den Tahiten namentlich gegen Rheumatismen) und das schlechtere, wie auch die ganzen oder zerstampften Nüsse selbst zum Brennen. Aus dem Baum fließt übrigens ein geruch- und geschmackloses Gummi, das von den Einwohnern gekaut wird. Die lackgebende D. *(D. laccifera)* hat Früchte wie kleine Pfefferkörner, rundlich, runzelig und gleichsam punktiert. In Ceylon und auf den Molukken. Man braucht sie auf den Molukken gegen die Ruhr und Mundschwämmchen, Die Rinde aber gegen Weißen Fluß und Tripper, sowie als Mundwasser gegen geschwollene Mandeln oder Geschwüre im Hals. In Ceylon schwitzt noch aus den Zweigen dieses Baumes eine Art Gummilack von besonderer Güte und da dieses bei dem molukkischen nicht der Fall ist, so dürfte wohl nur der erstere Baum als die echte Doppelnuß angesehen werden.

Dornhülle *(Kentrophyllum),* Gattung der Syanthereen. Die wollige D. *(K. lanatum)* hat einen aufrechten, starren, 1-2 Fuß hohen, rundlichen, gerillten, flammig-wolligen Stengel, längliche, grob-netzaderige, fleckig-wollige Blätter und gelbe Blüten. An dürren Plätzen, Wegen und in Weingärten des südlicheren Europa. Blüht vom Juni bis August. Das Kraut ist bitter, ähnelt in seinen Eigenschaften ganz der Cardobenedicte und wird in Südeuropa wie letztere gebraucht.

Dorstenie *(Dorstenia),* Gattung der Brotfruchtbäume. Die giftwidrige D. *(D. Contrayerva)* hat eine länglich-spindelige, fingerdicke, gelbbräunliche, vielfaserige Wurzel; Stengel anfangs undeutlich, nach und nach bis zu einer Länge von 1-2 Zoll hervorwachsend, braun und durch das Abfallen der Blattstiele schuppig gezähnt, Blätter 3-6 Zoll lang, in den Blattstiel etwas herablaufend, schwärzlich-grün, beiderseits scharf, die Blütenstiele rund, kürzer als die Blätter, schwach behaart, Blütenkuchen blaßgrün, groß, unregelmäßig viereckig, am Rande buchtig-gezähnt und eckig, etwas eingerollt, Früchtchen ganz klein, dreieckig, warzig, weißlich. Offizinell ist von dieser und von den folgenden Arten die Wurzel als Giftwurzel oder Bezoarwurzel, Radix Contrayervae. Frisch schmeckt sie brennend scharf, trocken aber aromatisch, etwas scharf und bitter, riecht stark, aber nicht unangenehm und ist ein sehr kräftiges, stimulierendes, auf alle Absonderungsorgane besonders auf die Hautausdünstung erregend einwirkendes, in früheren Zeiten nicht mit Unrecht hochgeachtetes Mittel, das wohl nur heute bei uns wenig gebräuchlich ist, weil es durch längeres Aufbewahren viel von seiner Wirksamkeit verliert. In Amerika ist dieser Wurzel überall in großem Ansehen und hat ihren spanischen Namen Contrayerva (Gegengift) von einer der Hauptanwendungen derselben, nämlich gegen die Folgen des Bisses giftiger Schlangen, erhalten. Andere Arten sind Drake's D. *(D. Drakena)*, die trompetenförmige D. *(D. tubicina)*, die brasilianische D. *(D. brasiliensis)*, die heilbringende D. *(D. opifera)*, die strahlige D. *(D. radiata)* und die chinesische D. *(D. chinensis)*.

Dosten *(Origanum)*, Gattung der Lippenblütler. Der gemeine D. *(O. vulgare)*, Wohlgemut, wilder Majoran, hat eine fast waagrechte, kriechende Wurzel, einen 1-2 Fuß hohen, steifen, rundlichen, vierseitigen, nach oben ästigen, häufig bräunlich-purpurroten Stengel, 1½ Zoll lange, 8-12 Linien breite, stumpfe oder etwas spitzliche, ganzrandig oder undeutlich gezähnte Blätter, eine rosenrote oder fleischfarbige, seltener weiße Blumenkrone. Auf sonnigen Hügeln und Bergen, in Hainen und Gebüschen von Europa, Mittel-Asien und Nord-Amerika. Zum offizinellen Gebrauch wird das Kraut gesammelt und aufbewahrt; es riecht stark und angenehm, schmeckt aromatisch-bitterlich, enthält vorzüglich ein blaßgelbes, ätherisches Öl, sowie eisengrünenden Gerbstoff und ist ein sehr wirksames aromatisches Heilmittel; auch hat man es als ein Surrogat des chinesischen Tees empfohlen. Der griechische D. *(O. heracleoticum)* ähnelt der vorigen Art. In Dalmatien und im ganzen südöstlichen Europa. Der Geruch und Geschmack dieser Art ist weit stärker als bei voriger Art; sie war schon in den ältesten Zeiten und ist heute in ihrem Vaterland ein häufig angewendetes Arzneimittel. In England und in den Rheingegenden kultiviert man sie gleich dem Majoran als Küchengewürz in Gärten. Der kretische D. *(O. creticum)* hat einen 1-1½' hohen rundlichen, bräunlich-roten, mit etwas weißen Haaren bekleideten Stengel, eirunde oder ovale, 4-6 Linien lange, 2-3 Linien breite, beiderseits blaßgraulich-grüne, mehr oder weniger rauhhaarige Blätter und eine weiße, drüsige Blumenkrone. Im südlichsten Europa, vorzüglich auf Candia. Blüht im Juni und Juli. Alle Teile, besonders aber die Blütenähren riechen und schmecken sehr stark aromatisch, etwas dem Majoran ähnlich, werden aber seltener als die folgenden Arten unter gleichem Namen in den Apotheken angetroffen. Das rotbraune, ätherische Öl derselben ist unter dem Namen spanisches Hopfenöl bekannt. Das langährige D. *(O. macrostachyum)* ist dem kretischen Dosten ähnlich, 1-2 Fuß hoch. Stengel und Äste sind mit ganz kurzen, krausen Haaren besetzt, die Blätter 9-12" lang, oben grün, unten blaugrün, an den Nerven und am Rande gewimpert. Die Blumenkrone ist weiß, kaum über die Deckblätter vorragend. Auf Hügeln in Portugal. Findet sich jetzt weit häufiger als vorige Art unter dem Namen Summitates Origani cretici in den Apotheken vor.

In der Tierheilkunde kann das gemeine Dostenkraut ganz wie das Salbeikraut, Kamillen, Rosmarinenkraut etc. benutzt werden. Dasselbe gilt auch von dem candischen Dosten.

Der gemeine Dosten, welcher an steinigen Orten wächst, kann unter ähnlichen Verhältnissen auf trockenen Plätzen gebaut werden. Anzucht durch Samen in Reihen. Der smyrnische Dosten.

Dotterblume *(Caltha)*, Gattung der Hahnenfußgewächse. Die gemeine D. *(C. palustris)*, Kuhblume, Wiesenblume, Moosblume, Bachblume, Sumpf-Schmirgel, große Schmalzblume, hat eine faserigbüschelige Wurzel und einen liegenden oder aufsteigenden kahlen und fettigen Stengel. Die herzförmig-rundlichen Blätter sind kleingekerbt, die unteren gestielt, die oberen sitzend. Die Blüten sind sehr groß, dotter- und pomeranzengelb und haben nur 5 Blumenblätter ohne Kelch, aber zahlreiche Staubgefäße und mehrere Stempel, aus denen sich mehrsamige Kapseln entwickeln. Gemein auf feuchten Wiesen, an Gräben, Sümpfen und Teichen in ganz Europa, im westlichen Asien und nördlichen Amerika. Blüht im April und Mai. Von dieser scharfen Pflanze waren früher die Blätter und Blüten offizinell und nicht selten werden die Blütenknospen, in Essig eingelegt, als Kapern verkauft. Die lappige D. *(C. Bishma)* hat eine knollige Wurzel, einen 2 Fuß hohen, nach oben in mehrere verlängerte Blütenäste geteilten, gleich der ganzen Pflanze kahlen Stengel, langgestielte, in fünf etwas keilförmige Lappen geteilte Wurzelblätter, die obersten Blätter fast sitzend. Die Blüten sind klein, grünlich, außen schwärzlich. Auf Gebirgen im nördlichen Indien. Die Wurzel ist ein kräftiges fiebervertreibendes Mittel.

Drachenbaum *(Dracaena),* Gattung der Smilaxgewächse. Der gemeine D. *(D. Draco)* (FIG. 38) treibt einen Stamm, der bis zum 25. Jahre einfach bleibt, obwohl er bis dahin oft schon eine Höhe von 50-60 Fuß erreicht. Hierauf treibt er zum erstenmale aus der Spitze eine Blütenrispe, was nun in der Folge jährlich stattfindet, wobei er aber nach 3-4maligem Blühen sich gablig in zwei Äste spaltet, die auch blühen und sich nach 3-4 Jahren wieder ebenso spalten, so daß der Baum im höheren Alter wegen der vielfachen gabligen Verästelungen und den immer nur an der Spitze mit stachelspitzigen aloeähnlichen Blättern belaubten Ästen ein ganz eigentümliches von den jüngeren Stämmen verschiedenes Ansehen gewinnt. Die Blüten sind über zweimal so groß wie des Spargels und weißgrün, die Abteilungen stumpf, zungig. Die Frucht ist eine gelbgrüne Beere. In Ostindien und auf den kanarischen Inseln. Blüht vom Juli bis August. Dieses Gewächs erreicht unter allen bisher bekannten Gewächsen das höchste Alter. Aus dem Stamm schwitzt ein roter Saft hervor, und wird auch durch gemachte Einschnitte hervorgelockt, welches verhärtet eine Sorte des sogenannten Drachenblutes *(Sanguis Draconis)* darstellt. In früheren Zeiten wurde diese Sorte häufiger gesammelt; heute kommt es größtenteils von einigen Arten der Gattung Calamus aus Ostindien und es wird daher von jenem Körper das Nähere bei dieser Gattung gesagt werden. Auch unter den Leguminosen geben mehrere, besonders aus der Gattung Pterocarpus ein ähnliches Produkt. Der zurückgeschlagene D. *(D. reflexa)* wächst auf Madagaskar, den Mascarenen und auf Helena. Die jungen Blüten sollen ein sehr wirksames Mittel zur Beförderung der Menstruation sein. Der Grenz-D. *(D. terminalis)* findet sich in Ostindien, China und auf den Molucken; wird häufig angepflanzt, um dort die Grenze

FIG. 39

DER GEMEINE DRACHENBAUM: a) ein junger blühender Baum, b) ein Stück Blütenstand, c) eine Beere.

der Besitzungen anzudeuten, daher rührt auch der Name. Die Wurzel ist auf Java und den Molukken als ein kräftiges Heilmittel bei Diarrhöen und Ruhren bekannt; auf Otaheiti soll sie auch als Speise dienen und süßlich-schleimig schmecken.

Drachenkopf *(Dracocephalum)*, Gattung der Lippenblütler. Der türkische D. *(D. Moldavica)* hat einen aufrechten, 1½-3 Fuß hohen, ästigen vierseitigen Stengel, mit kaum sichtbaren, rückwärtsstehenden, angedrückten Härchen besetzt und dadurch oben fast pulverig. Die Blätter sind gestielt, 1-2 Zoll lang, ½-¾ Zoll breit, kahl, unterseits punktiert, ungleich und tief gesägt, die Blumenkrone lakmusblau oder weiß, fast 1 Zoll lang. Im südöstlichen Europa und in Mittel-Asien häufig kultiviert. Blüht im Juli, August. Die Blätter riechen frisch sehr stark und der Melisse ähnlich, aber nicht so angenehm, enthalten jedoch mehr als diese ätherisches, nach Zitronen riechendes Öl; im trockenen Zustand ist der Geruch viel schwächer.

Man sät den Samen des moldauischen Drachenkopfs im April breitwürfig oder in Reihen und schneidet das ganze Kraut vor der Blüte ab.

Drachenkraut *(Dracontium)*, Gattung der Aroideen. Das vielblätterige D. *(D. polyphyllum)* hat eine knollige Wurzel, 2-3 Fuß hohe Blätter auf gefleckten Stielen; die Lappen sind lanzettlich, herablaufend, die Blüten lange vor den Blättern erscheinend, sehr übelriechend. Findet sich in Südamerika und Japan. Die scharfe Wurzel, als ein sehr heftiges Mittel zur Beförderung des Monatsflusses in Japan bekannt, ist auch bei asthmatischen und Hämorrhoidalbeschwerden gebräuchlich. Auf den Gesellschaftsinseln kultiviert und ißt man dieselbe.

Drachen-Rotang ☞ **Rotang**

Drehähre *(Spiranthes)*, Gattung der Orchideen. Die gemeine Dr. *(Sp. autumnalis)* hat zwei oder mehrere, länglich-walzliche, verhältnismäßig große Wurzelknollen; die Blätter zu 3-5, im Herbst zur Seite des Stengels aus dem jungen Knollen hervorkommend, worauf an derselben Stelle ein Jahr später der neue blühende Stengel hervortreibt; sie sind eilänglich, konkav, zugespitzt, am Grunde in einen Blattstiel verschmälert, 1 Zoll lang, hellgrün, etwas fleischig, kahl, glatt und nervig, der Stengel 4-10 Zoll hoch, eckig, mit 3-4, röhrig lanzettlichen, lang und fein zugespitzten Scheiden besetzt, nach oben flaumhaarig. Die Ähre lineal, 2-3 Zoll lang, mit kleinen weißen, schwach aber angenehm hyazinthenartig riechenden Blüten. Auf Grasplätzen, Hügeln, Bergwiesen in Europa. Die Knollen waren einst als ein Aphrodisiacum offizinell. Die harntreibende Dr. *(Sp. diuretica)* wächst auf Bergen und trockenen Stellen in Chili. Die Eingeborenen bedienen sich des wässerigen Aufgusses der ganzen Pflanze bei Harnverhaltungen, auch soll sie bei Blähungen wirksam sein.

Drehmoos *(Funaria)*, Gattung der Laubmoose. Das gemeine D. *(F. hygrometrica)* wächst auf schattigen, feuchten Stellen auf der Erde, an Mauern. Stengel 3-4 Linien über der Erde, lang, meist gedrängt. Blätter dicht stehend, ausgehöhlt, gelblich-grün, glänzend. Fruchtstiele unten rötlich, oben gelblich, anfangs gerade, dann herabgebogen, 1-3 Zoll lang, sehr hygrometrisch. War einst als Herba Adianti aurei offizinell; gelind schweiß- und harntreibend, Auswurf fördernd.

Dreiblatt *(Trillus)*, Gattung der Smilaceen. Das überhängende D. *(T. cernuum)* ist die größte Art dieser Gattung – Wurzelstock dick abgebissen; Stengel 1½-2 Fuß hoch, stielrund, kahl, unten purpurrötlich; Blätter 4-6 Zoll lang, 3-4 Zoll breit, abgebrochen-scharf-zugespitzt, hellgrün, kahl; Beere groß, schwarz-purpurrot. Findet sich in Nordamerika von Kanada bis Pensylvanien. Die Pflanze ist dort als giftig bekannt; die Wurzeln erregen ein heftiges Erbrechen. Ein gleiches gilt, wie es scheint, im geringeren Grade von den übrigen Arten.

Dreiblume *(Trianthema)*, Gattung der Portulacaceen. Die portulakblätterige D. *(T. monogyna)* hat einen Stengel vom Grunde an ästig, ½-1 Fuß lang, kahl oder einseitig-flaumig; die Äste zahlreich, ausgebreitet, die Blätter 6-16 Linien lang, 4-14 Linien breit, verkehrt-eirund-oval, kahl, oben grün, unten weißlich. Westindien, Südamerika und Mexiko. Blüht fast stets. Schmeckt ungemein bitter und wird vorzüglich gegen Schwäche und Reizlosigkeit der Schleimhaut, sowohl in den Verdauungs- als in den Atmungsorganen mit vielem Erfolg angewendet.

Dreibüscheiblume *(Tidesmis)*, Gattung der Wolfsmilchgewächse. Die steifhaarige D. *(T. hispida)* ist ein kleiner, kaum 1 Fuß hoher Strauch, mit einer einfachen sehr langen, senkrechten, aber etwas gedrehten Wurzel. Der Stengel ist einfach, gerade aufrecht. Die Blätter sind zerstreut, spitzlich, die Frucht rundlich, steifhaarig, mit drei etwas eckigen, an der äußeren Fläche gewölbten Samen. Unter Gebüschen im südlichen China. Das Decoct der Wurzel ist dort als ein tonisches Heilmittel im Gebrauch.

Dreikrone *(Tristemma)*, Gattung der Melastomaceen. Die kurzhaarige D. *(T. virusanum)* hat einen aufrechten, ästigen, 2-3 Fuß hohen, am Grunde holzigen, sowie die Äste vierkantigen und kurzhaarig-scharfen Stengel, gegenständige, gestielte, 2½-3 Zoll lange, ¾-2 Zoll breite, fast ganzrandige, oben dunkelbraune, unten rostbraune Blätter; die Beere ist eiförmig, etwas eckig, vom Kelch umgeben. Auf der Insel Mauritius. Die wohlschmeckenden und eßbaren Beeren sollen gegen syphilitische Krankheiten heilsam sein.

Dreistein *(Triosteum)*, Gattung der Geißblattgewächse. Der breitblätterige D. *(T. perfoliatum)* hat eine dicke Wurzel mit zahlreichen gedrehten, dicken, hart fleischigen Fasern, mehrere gerillte, fast holzige, bisweilen wie die Blätter ganz purpurrote Stengel, 3½-5 Zoll lange, 12-18 Linien in der Mitte breite, gegen die Basis etwas verengte und breit mit den gegenständigen verwachsene Blätter. Die Blüten in wenig- oder vielblütigen Wirteln, die Beere purpurscharlachrot. In Berggegenden Noramerikas, vorzüglich in Virginia und Karolina. Blüht im Juni. Die Wurzel ist bitter und ein mildes Catharticum, in größerer Dosis ist sie brechenerregend wie die Ipecacuanha und Fieber vertreibend. Sie ist in allen Apotheken Nordamerikas vorhanden. Der schmalblätterige D. *(T. angustifolium)* hat das Vaterland, die Blütezeit, Dauer und Eigenschaften mit der vorigen Art gemein.

Dreizack *(Triglochin)*, Gattung der Alismaceen. Der Meerstrands-Dr. *(T. maritimum)* hat eine kurze, faserige Wurzel mit dünnen, kriechenden Ausläufern, einen runden, kahlen Schaft, halbstielrunde, dickliche und saftige Blätter. Da wo ein Blatt aus dem anderen hervorsprießt, befindt sich ein dreispaltiges, spitziges Häutchen, welches Veranlassung zu dem Namen Dreizack gegeben hat. Die Ähren sind anfangs kurz und gedrängt, später lang und schlaff, gelblich grün. Findet sich auf salzigem Boden in Binnenländern und häufig am Seestrand. Die Asche davon benutzt man wie jene von anderen salzhaltigen Gewächsen zur Bereitung der Soda. Der Sumpf-D. *(T. palustre)* findet sich sehr gemein auf feuchten, sumpfigen Wiesen, ist kleiner und in allen Teilen dünner als die vorige Art. Die Früchte sind lineal, eckig, am Grunde verschmälert, an den Schaft angedrückt und bestehen nur aus 3 Kapseln. Schmeckt auch salzig und kann ebenso verwendet werden.

Drüsenblume *(Adenanthera)*, Gattung der Mimosengewächse. Die kahle Dr. *(A. Pavonina)* ist ein ansehnlicher Baum mit einer schönen, dichtbelaubten Krone; die Rinde ist braun, rissig, an den Ästen glatt und wie alle Teile ganz kahl. Die Blätter sind 1-3' lang, mit 3-6 Paar entfernten, $\frac{1}{3}$-1' langen Fiedern; die Blüten klein, gelblich, wohlriechend, der Samen rund, glänzend, fast scharlachrot. In ganz Ostindien. Blüht im September. Die Blätter dieses 200 Jahre dauernden, seines harten, im Innern rötlich-braunen Holzes wegen sehr geschätzten Baumes braucht man im Decoct gegen chronische Rheumatismen; die schönen Samen schmecken wie die Wolfsbohnen und werden von Ärmeren gegessen.

Drüsengriffel *(Adenostyles),* Gattung der Synanthereen. Der grünblätterige D. *(A. viridis)* hat einen waagrechten, meistens abgebissenen Wurzelstock, mit zahlreichen, langen und dicken Fasern, einen aufrechten 1-3' hohen, sehr einfachen, stielrund-eckigen, purpurrötlich und schwach flokkig-wolligen Stengel, wenige lang gestielte, 3-6 Zoll lange, 5-8 Zoll breite, undeutlich ausgeschweifte oder schwach-buchtige Blätter, die unterseits nur in der Jugend flockig-flaumhaarig, später kahl sind. Im mittleren Europa auf Voralpen und Alpen der Kalkgebirge, an Quellen und Bergströmen. Blüht vom Juni bis August. Die Blätter sind geruchlos, schleimig, auch schwach bitterlich und bei den Gebirgsbewohnern wie jene des Huflattichs vorzüglich gegen chronischen Husten gebräuchlich.

Drüsenklee *(Psoralea),* Gattung der Schmetterlingsblütler. Der harzige D. *(Ps. bituminosa),* stinkender Klee, Harzklee, hat einen aufrechten, 2-5' hohen, ästigen und wie die ganze Pflanze weichhaarigen Stengel, zahlreiche, langgestielte Blätter und eine violette Blumenkrone. Findet sich an dürren, sonnigen Stellen im südlichen Europa. Blüht vom Mai bis Oktober. Alle Teile riechen, besonders gerieben, sehr stark und unangenehm, fast wie Erdharz. Die Blätter wurden gegen Blähungen, hysterische Beschwerden, Wechselfieber, Epilepsie, zur Beförderung der Menstruation und gegen Bisse giftiger Schlangen empfohlen; in Neapel braucht man sie auch gegen Zahnschmerzen. Der chili'sche D. *(Ps. glandulosa)* ist ein Strauch von 4-6' Höhe mit zahlreichen, hellbraunen Ästen, alle Teile desselben mit kleinen Drüsen besetzt. Blüht in Chili vom Mai bis September. Die ganze Pflanze riecht gerieben stark, nicht angenehm, etwas der Raute ähnlich; ihre Wurzel dient in Chili als Brechmittel, die Blätter gelten für magenstärkend, wurmwidrig und wundheilend; äußerlich braucht man sie zu Breiumschlägen und den Aufguß ihrer Asche zum Purgieren. Der haselblätterige D. *(Ps. corylifolia)* wächst in Arabien und Ostindien, schmeckt aromatisch-harzig, zugleich bitterlich und wird als ein magenstärkendes Mittel, auch bei Stockungen im Unterleib und gegen veraltete Hautkrankheiten angewendet. Die dicke Wurzel des fünfblätterigen D. *(Ps. pentaphylla)* soll in Mexiko wie die Bezoarwurzel *(Radix Contrayervae)* gebraucht werden.

Drüsenkrone *(Adenostemma),* Gattung der Synanthereen. Die zweiblumige D. *(A. biflorum)* hat eine faserige Wurzel, einen 2' hohen Stengel, die Äste an den Knoten etwas aufgetrieben, grün oder purpurrötlich, die Blätter 3-5 Zoll lang, $1\frac{1}{2}$-2 Zoll breit, zugespitzt, kurzhaarig, gesättigt grün, die Blüten gelb. In Ostindien. Blüht dort fast stets. Die Wurzel sowie die Blätter und Blüten riechen ziemlich stark aromatisch und schmecken ebenso; man wendet sie in Ostindien innerlich gegen Koliken an. Die klebrige D. *(D. viscosum)* wächst in Ostindien, auf Ceylon und den Inseln des stillen Meeres, an feuchten, schattigen Stellen. Blüht das ganze Jahr. Man braucht die ganze Pflanze bei Koliken und den Saft als ein Niesemittel.

Drüsenstrauch *(Adenoropium),* Gattung der Wolfsmilchgewächse. Der elliptisch-blätterige D. *(A. ellipticum)* hat einen holzigen, etwas ästigen, höckerigen, außen bräunlichen, innen braunen Wurzelstock, einen halbstrauchigen, grünen, an den Enden rötlichen, aufsteigenden, kahlen Stengel. Die Blätter sind 5-8" lang, 2½-4 Zoll breit, elliptisch, seltener länglich, kahl, am Rande dicht mit rötlichen Drüsen besetzt, übrigens gelblich-grün, die Blumenblätter doppelt größer, länglich, vorn abgerundet, am Grunde schmäler, weißlich-gelb, die Früchte rundlich oval, abgestutzt, stumpf-sechskantig, kahl, rostbraun. In Brasilien an bebauten Stellen, sowie am Rande von Gebüschen. Blüht vom August bis November. Die Wurzel führt den Namen Raix de Tihu und ist ein sehr geschätztes Arzneimittel bei Tertianfiebern, Wassersuchten, gegen Syphilis und Bisse giftiger Schlangen, dann ein Brech- und Purgiermittel. Der baumwollblätterige D. *(A. gossypifolium)* findet sich an dürren, sonnigen Stellen in Westindien und Südamerika. Blüht vom Mai bis August. Die Abkochung der purgierenden Blätter ist dort ein sehr gewöhnliches Mittel gegen krampfhafte Kolik und in jenen Krankheitsfällen, wo man mehrere Darmentleerungen bewirken will; das Öl der Samen dient gleichfalls als Purgiermittel. Der seegrüne D. *(A. glaucum)* ist von Arabien bis nach Ostindien verbreitet. In Arabien braucht man die Blätter als ein erweichendes, zeitigendes und schmerzstillendes Mittel bei Abzessen und Furunkeln, in Ostindien das Öl der Samen seiner etwas scharfen und reizenden Eigenschaft wegen bei chronischen Rheumatismen und Lähmungen. Der vielspaltige D. *(A. multifidum)* ist in Südamerika einheimisch und blüht fast stets. Die Samen kommen mit jenen der ersten Art vollkommen überein und waren auch früher in Europa unter dem Namen Purgiernüsse *(Nuces purgantes seu Been magnum)* bekannt. Das Öl derselben führt in Amerika den Namen Pinhoenöl und ist ebenfalls purgierend; auch die Blätter (zu 10-12 in Fleischbrühe gekocht) sind in Amerika ein sehr gewöhnliches, sicher und nicht heftig wirkendes Purgiermittel.

Drymarie *(Drymaria)*, Gattung der Illecebrineen. Die herzförmige D. *(D. cordata)* wächst auf den Antillen und in Südamerika, wo sie fast stets blüht. Der Stengel ist vom Grunde an in zahlreiche, fast ausgesperrt-weitschweifige Äste geteilt; die Blätter sind 3-6 Linien lang, nur wenig schmäler, plötzlich in eine feine Spitze endigend, die Blumenblätter sehr klein, weiß. Man wendet die ganze Pflanze teils frisch, teils erhitzt als einen zerteilenden Umschlag bei harten oder entzündlichen Geschwülsten an.

Duchekie *(Duchekia)*, Gattung der Smilaceen. Die rauhhaarige D. *(D. hirsuta)* hat einen einfachen Stengel, zahlreiche aufrechte, ½-1' lange, 2-3" breite, erweitert-lanzettliche, zugespitzte, stark linierte Blätter; anfangs auf beiden Seiten haarig, später oberseits kahl, unterseits mit einzelnen Haaren besetzt, an der Mittelrippe aber und am Rande rotbraun-rauhhaarig. Am Grunde der Blätter sitzen große, dachziegelartige, gestreifte, spitze, am Grunde und Rande sehr rauhhaarige Schuppen; die Beere etwas glänzend, dünnhäutig. In Bergwäldern der Westküste Afrikas, in Sierra Leone. Die Blätter wendet man daselbst gegen Koliken an.

Dünnähre *(Leptostachya)*, Gattung der Acanthineen. Die brustheilende D. *(L. pectoralis)* hat einen 2-3' langen, aufsteigenden, nach oben gabelspaltigen, rundlichen Stengel, einfache Äste, kurzgestielte, 2 Zoll lange lanzettliche Blätter und eine purpurrote Blumenkrone. Auf den Antillen, an feuchten, schattigen Stellen. Blüht im Frühjahr. Die Pflanze riecht fast wie frisches Heu, doch angenehm aromatich und schmeckt etwas der Senegawurzel ähnlich; auf den Antillen wird daraus ein lindernder und den Auswurf befördernder Sirup bereitet; auch legt man die zerstoßenen Blätter auf Wunden und Geschwüre. Die kriechende D. *(L. reptans)* wächst ebenfalls an nassen, felsigen Stellen der Antillen. Blüht im Frühjahr. In Jamaika braucht man sie gegen das Blutspeien, auch bei Diarrhöen.

Dürrwurz *(Conyza),* Gattung der Synanthereen. Die gemeine D. *(C. squarrosa),* großes Mücken- oder Flöhkraut, gelbe Minze, hat einen dicken, fast holzigen, ästigen Wurzelstock, 2-3 Fuß hohe, stielrunde, rauhhaarig-zottige oder nur weichhaarige, oft rötliche Stengel, elliptisch-lanzettliche, gezähnte, weichhaarige Blätter, von denen die unteren in den Blattstiel verschmälert sind und blaß- und etwas schmutziggelbe Blüten. Auf sonnigen Hügeln und Bergen, sowie in trockenen Wäldern von ganz Europa. Ehedem waren die Blätter offizinell; sie riechen eigentümlich, doch nicht eben angenehm aromatisch, schmecken bitter aroamtisch, etwas herb und wurden bei Magenschwäche, Blähungen, ferner als ein harn- und schweißtreibendes Arzneimittel, namentlich auch gegen Krätze angewendet. Der Rauch davon soll mehrere Arten von Ungeziefer vertreiben. Die levantinische D. *(C. Dioscoridis)* findet sich in Ägypten und im Orient bis China. Blüht vom Juni bis September. Die aromatischen Blätter werden in China als ein stärkendes, belebendes Mittel verordnet. Die flaumhaarige D. *(C. pubigera),* in Ostindien einheimisch, wird in mehreren Ländern des südlichen Asiens als Arzneimittel sehr geachtet und fast sowie bei uns der Wohlverley *(Arnica montana),* aber auch als ein Arzneimittel und bei Hautausschlägen angewendet. Die schneeweiße D. *(C. candida)* ist eine zierliche Art, die in Südeuropa, vorzüglich aber auf Candien wächst und im Juni und Juli blüht. Auf der genannten Insel wird sie von den Bergbewohnern gegen Unterleibskrankheiten, auch gegen Gelbsucht, dann gegen Harnzwang und bei Kindern gegen Würmer häufig gebraucht. Die seidenhaarige D. *(C. sericea)* ist ein ästiger Strauch mit ganz weißen Ästen, Blättern und Blütenstielen und gelben Blüten. Auf den kanarischen Inseln. Die Rinde und das Holz schmecken scharf und stechend; man wendet sie dort gegen Zahnschmerzen an. Die weidenblätterige D. *(C. salicifolia)* hat der Korbweide *(Salix viminalis)* ähnliche Blätter, welche auf den Mascarenen als ausgezeichnete Wundmittel berühmt sind; ebenso wendet man daselbst auch die Blätter der fast baumartigen lorbeerblätterigen D. *(C. laurifolia)* an.

Dumpalme *(Hyphaene),* Gattung der Palmen. Die ägyptische D. *(H. crinita)* hat einen an 30 Fuß hohen und 3 Fuß dicken Stamm mit parallelen, narbigen Ringen, anfangs einfach, später an der Spitze in zwei und nach und nach auch in mehrere Äste gabelig geteilt. Die Blätter sind 6" lang, zu 25-30 an der Spitze der Äste beisammen, handförmig, ausgebreitet, mit der Länge nach gefalteten spitzen Lappen. Die Kolben, mehrere an einem Stamm, sind hängend, stark rispig verästelt, mit einer der Länge nach sich öffnenden Blütenscheide. Die Früchte sind oval, von der Größe kleiner Birnen, mit süßem, aromatischem, wohlschmeckendem Fleisch. Ist in Ober-Ägypten einheimisch. Die honigartig schmeckende Frucht wird teils als Nahrungsmittel, teils als Medikament nach Art der Datteln gebraucht und deshalb auch häufig nach Kairo zu Markte gebracht. Auch der Kern wird gegessen, häufiger jedoch als Heilmittel benutzt. Von dieser Palme, welche die Araber Dum nennen, leitet man auch eine Sorte des ☞ Bdellium her.

Duvana *(Duvana),* Gattung der Anacardineen. Die herabhängende D. *(Duvana dependens),* ist ein Bäumchen von 8-18' Höhe, bisweilen strauchig, mit brauner Rinde; die Blätter sind kurzgestielt, etwas lederig, 1½-2 Zoll lang, 4-5 Linien breit, glänzend und wie alle Teile kahl; die Trauben sind zahlreich, mit haarförmigen Blütenkelchen, die Blumenkrone blaßgelb. Findet sich in den Wäldern Chilis und blüht im Juni und Juli. Die Samen werden im Aufguß als ein magenstärkendes, harntreibendes, antihysterisches Mittel und zur Bereitung eines angenehmen, aber starken Getränkes, Chicha genannt, verwendet. Die Abkochung der Rinde gibt eine balsamische Wundessenz, welche gegen Gichtschmerzen heilsam ist, auch das ausschwitzende Holz gilt für spezifisch bei rheumatisch-gichtischen Schmerzen.

E

Ebenholz ☞ **Dattelpflaume**

Eberesche *(Sorbus)*, Gattung der Rosenblütler. Die filzige E. *(S. Aria)*, Mehlbirne, Mehlbeere, Arolsbeere, ist ein Baum von 20-40' Höhe, oft auch nur strauchartig; die Äste sind gerade, bräunlich-aschgrau, die jüngsten weißfilzig; die Blätter kurzgestielt, 2½-3½" lang, 1½-2½" breit, bald eiförmig, bald oval und an beiden Enden abgerundet, bald fast elliptisch, meistens aber verkehrt eiförmig-oval, unterseits dicht und schnee- oder graulich-weißfilzig, oberseits im Alter grün, kahl und fast glänzend, in der Jugend dünnfilzig; die Früchte eirundlich, rot. In Bergwäldern Europas. Blüht im Mai. Die Früchte waren sonst gegen Brustkrankheiten, auch gegen Diarrhöen und Ruhr im Gebrauch. Vor der Reife sind sie herbe, werden aber später (doch erst nachdem sie Fröste erlitten haben) eßbar und ziemlich schmackhaft. Die spitzlappige E. *(S. torminalis)*, Elsebeere, Adlersbeere, Atlasbeere, Darmbeere, Elzebirn, Elritzen, ist ein Baum von 40-50' Höhe, mit einer ansehnlichen Krone, oft aber ein bloßer Strauch in Hainen und Bergwäldern des mittleren und südlichen Europa. Die auch bei der völligen Reife sehr herben und harten Früchte werden durch Fröste und Abliegen gleich den Mispeln teigig, angenehm säuerlich und wohlschmeckend; früher waren sie offizinell und werden noch jetzt im getrockneten Zustand als ein Hausmittel gegen Diarrhöen gebraucht. Die gemeine E. *(S. Aucuparia)*, Vogelbeerbaum, wilder oder Vogel-Speierling, Abschbaum, Güreschbaum, Maalbaum, Drosselbeere, ist ein hochstämmiger Baum mit gefiederten Blättern und filzigen Knospen. Die kleinen weißen Blüten kommen in reichblütigen Doldentrauben hervor. Die Früchte sind scharlachrot, erbsengroß. In Wäldern durch ganz Europa, sowie auch im Orient; häufig an Landstraßen gepflanzt und im Herbst eine wahre Zierde derselben. Die herb-sauren, unangenehm schmeckenden und eine sehr reine Apfelsäure enthaltenden Früchte waren und sind noch jetzt hier und da als ein harntreibendes, auch leicht Ekel und Erbrechen erregendes Mittel gebräuchlich; im getrockneten Zustand hat man sie gegen Diarrhöen, sowie bei Krankheiten der Harnorgane gerühmt; übrigens kann man aus den Vogelbeeren einen guten Essig bereiten; in Schlesien und wohl auch an anderen Orten bereitet man einen Branntwein aus den Beeren, der zwar bei Nebeltagen im Gebirge recht gut tut, bei dessen erstmaligem Genuß dem Novizen aber geradezu alle Sinne vergehen. Die kernige Bezeichnung der biederen Gebirgsbewohner »Ebschbeer-Rachenputzer« läßt in der Tat außerordentliches erwarten. Ziegen, Rehe und Hirsche stellen den Beeren nach. Drosseln, Amseln, Eichelhäher, Raben, Seidenschwänze speisen sie, während die Gimpel bloß die Kerne hervorklauben. Im Norden werden die Beeren, wenn sie einige Fröste erlitten haben, selbst von Menschen gegessen und getrocknet auch zu Brot verbacken. Die zahme E. *(S. domestica)*, Speierling, Sperberbaum, Spierapfel, Spierbirne, Adelesche, ist der vorigen Art ungemein ähnlich, aber auch ohne Früchte durch die kahlen, klebrigen Knospen leicht zu erkennen. Im südlichen Europa einheimisch und dort häufig; hier und da auch in Mittel-Europa mit mehreren Spielarten kultiviert. Die Früchte werden gleich den Mispeln erst eßbar, wenn sie durch längeres Liegen teigig werden, sind dann wohlschmeckend und werden in jeder Hinsicht wie Birnen und Äpfel verwendet.

Die Ebereschenbeeren *(Baccae Sorbi Aucupariae)*, sollen nach Dr. Schneider ein sicheres Mittel bei der Lungenseuche des Rindviehs sein, wenn man einen starken Absud von ihnen recht reichlich anwendet.

Eberwurz *(Carlina),* Gattung der Korbblütler. Die stengellose E. *(C. acaulis)* (FIG. 40), hat eine sehr starke, rübenartige, unten verzweigte Wurzel. Meist fehlt der Stengel fast ganz, doch findet sich hier und da eine Abart mit bis fußhohem Stengel. Die Blätter sind länglich und fiederlappig, die Lappen dreispaltig und stachelig. Die äußeren Hüllschuppen sind nach dem Typus der Blätter gebaut, nur viel schmäler und mehr zusammengezogen, auch

FIG. 40

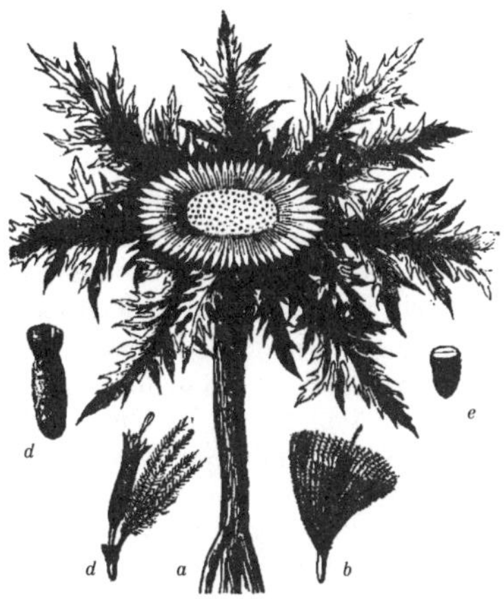

DIE STENGELLOSE EBERWURZ: a) die Pflanze in 1/4 natürlicher Größe, b) eine Blüte in natürlicher Größe, c) dieselbe kaum vergrößert, die Federkrone abgeschnitten bis auf einen Strahl, an dem man die Verwachsung der Strahlenäßte sieht, d) eine Frucht ohne Federkrone, zweimal vergrößert, e) dieselbe im Querdurchschnitt.

bräunlich gefärbt. Die inneren, strahlenden Hüllblätter sind weißlich-ockergelb. Der Blütenkopf ist groß und bei einem schön geöffneten Kopf kann man den Durchmesser immerhin auf vier Zoll angeben. Die Pflanze findet sich im mittleren und südlichen Europa, insbesondere auf Kalkboden und geht in die Vorgebirge. Sie gehört zu den eigentümlichen Zierden der Vorgebirgsflora, da die großstrahligen Köpfe, wie hingeworfen im spärlichen Grase dürrer Raine oder Lehnen, sich seltsam ausnehmen. Die Wurzel, früher in vielen Krankheiten angewendet, ist jetzt ganz außer Gebrauch gekommen. Die krebsdistelblätterige E. *(C. acanthifolia),* mit schwefelgelben Blüten, wächst auf Alpen und hohen Gebirgen in Krain, Istrien, Piemont, in den Apenninen und Pyrenäen. Die Wurzel dieser Art wird wie jene der stengellosen Eberwurz als ein kräftiges auf den Unterleib reizend einwirkendes, in etwas größerer Gabe Erbrechen und Purgieren erregendes, harntreibendes, wurmwidriges, die Menstruation beförderndes und bei vielen nervösen Krankheiten heilsames Mittel allgemein angewendet. Die gemeine E. *(C. vulgaris),* Saudistel, ist gemein auf wüsten Triften, an Wegen, in Nadelwäldern. Einst war auch ihre Wurzel sowie das Kraut offizinell, aber nur selten bei ähnlichen Fällen wie die echte Eberwurz gebraucht. Allen drei genannten Arten schrieb man auch vielfältige, magische Wirkungen zu. Die gummitragende E. *(C. gummifera),* mit violetten Blüten, findet sich in Südeuropa, Nordafrika und im Orient, an wüsten, unfruchtbaren Plätzen. Blüht vom Juni bis August. Aus dem Wurzelhals, sowie aus der Hülle des Blütenkörbchens schwitzt ein gummiartiger Stoff aus, der auf Candia und einigen griechischen Inseln wie Mastix verbraucht wird; im Gebiet der Berber dient er nur zur Bereitung einer Art Vogelleim; dort sind auch die Wurzel und das fleischige Blütenlager als gute Speisen beliebt.

In der Tierheilkunde kann die stengellose Eberwurzel ganz wie der Kalmus und die Angelika bei asthenischen Krankheitszuständen angewendet werden und wurde dieselbe ehemals sehr häufig als nervenstärkendes, magenstärkendes, schweiß- und urintreibendes und den Auswurf beförderndes Mittel benutzt und selbst zu abergläubischen, sogenannten sympathetischen Kuren gebraucht; jetzt ist sie, mit Unrecht, fast ganz in Vergessenheit gekommen.

H. Jäger empfiehlt weniger den wirklichen Anbau als die Verbreitung der auf trockenen Kalkbergen wachsenden Pflanze, da sie an Stellen wächst, wo kaum etwas anderes fortkommt. Man vermehrt sie durch die bei dem Ausgraben stärkerer Wurzeln abgerissenen kleinen Pflanzen. Verständige Kräutersammler sollten bei dem Ausgraben dieser und ähnlich zu vermehrenden Pflanzen stets die nicht brauchbaren Pflanzen und Teile sofort in das gemachte Loch wieder pflanzen und so ihren Verdienst auch für die Zukunft sichern.

Efeu *(Hedera),* Gattung der Araliaceen. Der gemeine E. *(H. Helix)* ist ein kriechender oder vermittels zahlreicher Luftwurzeln kletternder (nicht schmarotzender) immergrüner Strauch, dessen Stamm im höheren Alter zuweilen baumartig wird. Die gestielten, glänzenden, lederartigen Blätter sind verschiedengestaltig, die unteren drei- oder fünflappig, am Grunde schwach herzförmig, die obersten bisweilen rautenförmig oder lanzettlich. Die grünlich-gelben Blüten kommen in kleinen einfachen Dolden hervor. Die Blüten sind vollkommen und haben 5 Blumenblätter, ebensoviel Staubgefäße und einen unterständigen Stempel. Die Frucht ist eine kugelige schwarze Beere. In Wäldern an Bäumen oder Felsen kletternd fast allenthalben. Er blüht aber bei uns im Freien höchst selten, nämlich nur dann, wenn er schon sehr alt ist und baumförmig wird, wobei er oft große Stecken an Felsen und Mauern überkleidet. In früheren Zeiten waren die Blätter und Früchte, sowie das Holz und das im südlichen Europa aus dem Stamme teils von selbst, teils nach Einschnitten hervorquellende Harz offizinell; heute werden jedoch nur die Blätter bei schlaffen Geschwüren und zum Verbinden der Fontanellen gebraucht. Das Harz dient bei Blennorhöen, sowie zur Beförderung der Menstruation, die Früchte waren als ein Brech- und Abführmittel, dann als schweißtreibendes Medikament im Gebrauch.

Ehrenpreis *(Veronica),* Gattung der Braunwurzgewächse. Der dreiblätterige E. *(V. triphyllos),* Händelkraut, ist ein sehr häufiges Unkraut, vom Ende des Winters bis in den Frühling blühend, einjährig, Stengel meist rot, behaart; Blätter fingerteilig, die untersten eiförmig-ganz, die obersten lanzettlich. Trauben schlaff, Blütenstiele länger als der Kelch, aufsteigend. War sonst gegen Gelbsucht gebräuchlich. Der echte E. *(V. officinalis),* Grundheil, gebräuchlicher E., hat einen kriechenden, wurzelnden, behaarten Stengel, kurzgestielte, verkehrt-eiförmige elliptische oder längliche, gesägte Blätter, achselständige, vielblütige Trauben und eine aschgrau-bläuliche Blume mit tiefen Streifen. In Heiden und Wäldern sehr verbreitet. Blüht fast vom Frühlingsende an bis in den Herbst. Offizinell war das bitterlich und gelind zusammenziehend schmeckende, frisch schwach aromatisch riechende, trokken geruchlose Kraut; man betrachte es als ausgezeichnetes Wundmittel bei äußerichen Verletzungen, bei katarrhalischen Beschwerden, feuchtem Asthma, Blutspeien und Lungengeschwüren, bei Krankheiten der Harnwege, Blutharnen und Harngries, auch in chronischen Hautkrankheiten und pries dasselbe auch vielfältig als Tee zum täglichen Gebrauch an (daher auch der Name europäischer Tee); heute steht es noch immer beim Volk in großem

Ansehen, wird aber von Ärzten viel seltener angewendet. Der Gamander-E. *(V. Chamaedrys)*, wilder Gamander, hat zweiseitig behaarte Stengel und fast sitzende, eiförmige eingeschnitten-gesägte Blätter. Diese hübsche Pflanze mit den prächtig lasurblauen, tiefgestreiften, weiß eingefaßten Blumenzipfeln ist eine unserer bekanntesten Frühlingsblumen. War ebenfalls früher offizinell. Der breitblätterige E. *(V. latifolia)*, hat einen Wurzelstock mit vielen aufsteigenden Stengeln, eiförmig oder längliche, eingeschnitten-gesägte Blätter und achselständige Trauben mit höchst brillanten, lasurblauen Blumen. Auf sonnigen Hügeln, Bergen und an Waldrändern im mittleren Europa. Blüht vom Mai bis Juli. Auch von dieser Art war früher das Kraut offizinell. Der Quell-E. *(V. Beccabunga)*, Bachbungen, Wasser-Gauchheil, hat einen rundlichen Stengel, gestielte, halbfleischige, elliptische oder längliche, stumpfe kerbig-gesägte Blätter, himmelblaue Blumen. An nassen Stellen, Quellen, Bächen, Teichen in ganz Europa und im nördlichen Asien, Afrika und Amerika. Blüht vom Juni bis August. Das geruchlose, im jungen Zustand auch fast geschmacklose, später bitterlich, schwach salzig und etwas scharf schmeckende Kraut wird frisch gegen Stockungen im Unterleib und mehrere davon abhängige Krankheiten, gegen Skorbut und andere Kachexien, heute aber seltener als sonst angewendet; die jungen Triebe verspeist man auch als Salat. Der Wasser-E. *(V. Anagallis)*, kleine Bachbungen, Wasser-Gauchheil, ist der vorigen Art sehr nahe verwandt, allein der Stengel aufrecht, die Blätter sitzend, eilanzettlich-spitz-gesägt. Häufig in Gräben an Quellen, Bächen, Flüssen und Teichen in ganz Europa, im nördlichen Asien, Afrika und Amerika. Blüht vom Juni bis September. Besitzt ähnliche Eigenschaften wie der Quell-E. Der ährige E. *(V. spicata)*, hat einen kurzen, mehrstengeligen Wurzelstock, rundliche Stengel, gestielte, eilanzettliche, kerbzähnige, stumpfspitzige Blätter und Endtrauben, mit schönen blauen Blumen. Auf Kalkhügeln im mittleren und südlichen Gebiet. Blüht im Juni-August. Hat ähnliche Heilkräfte wie *V. officinalis*.

In der Tierheilkunde wird der Ehrenpreis äußerst selten angewendet.

Ehretie *(Ehretia)*, Gattung der Boragineen. Die buchsblätterige C. *(E. buxifolia)* ist ein mittlerer Strauch mit runden, kahlen, an der Spitze weichhaarigen Ästen. Blätter an den jungen Zweigen wechselständig, an den älteren büschelig,sitzend, 8-14 Linien lang, 4-5''' breit, ungleich, verkehrt-eiförmig, keilförmig, an der Spitze eingedrückt oder stumpf-dreizähnig, oberseits glänzend, schwielig punktiert und feinhaarig, unterseits blässer und glatt; die Steinfrucht ist 4-6fächerig, kugelig, oft erbsengroß, rot. Wächst in Ostindien und blüht zur Regenzeit. Die Wurzel wird daselbst gegen Kachexien und eingewurzelte syphilitische Krankheiten angewendet.

Eibenbaum *(Taxus)*, Gattung der Eibengewächse. Der gemeine E. *(T. baccata)*, Eibe, Taxus, ist ein Baum von 20-30 Fuß Höhe, mit rotbrauner Rinde und fast kugeliger Krone. Die Blätter stehen zweizeilig und sind eben dunkler als unten, wie bei der Tanne; sie sind jedoch spitzig. Die Blüten sind zweihäusig, die Staubblüten stehen in kleinen Kätzchen, die Fruchtblätter einzeln. Die Früchte sind kugelige, hochrote Beeren. In Bergwäldern des mittleren und südlichen Europa und in Sibirien. Die giftigen Eigenschaften, welche die meisten Ärzte von Dioscorides an bis auf die neueste Zeit allen Teilen des Eibenbaumes zuschreiben, sind weit weniger bedeutend, als man vorgab. Das süßliche, nicht unangenehm schmeckende Fleisch der Frucht wird häufig von Kindern ohne Schaden gegessen; der eigentliche Samen aber ist bitter und mit Grund verdächtig. Einst war ein Sirup dieser Früchte als ein beruhigendes Mittel bei Brustbeschwerden, sowie das Holz gegen Wasserscheu im Gebrauch. Jetzt werden neuerdings die grünen Zweige und zwar fast gegen dieselben Krankheiten wie der Sevenbaum *(Juniperus Sabina)* empfohlen.

In der Tierheilkunde wird vom Taxus kein Gebrauch gemacht, da die Blätter (Nadeln) und Zweige scharf narkotisch wirken und für allen Haustiere ein heftiges Gift sind.

Homoöpathie. Der *Taxus baccata* dürfte sich für folgende Krankheitszustände zum Heilmittel eignen, und zwar bei Rheumatismen, Gicht, Skrophulose, Blütenausschlägen, Petechien, Wechselfieber, verschiedenartigen Kopfschmerzen Speichelfluß, Leber- und Milzkrankheiten, Gelbsucht, chronischen Unterleibsleiden, Hartleibigkeit, Stuhlverstopfung mit Unterleibsbeschwerden, Ruhr, chronischen Durchfällen, Hämorrhoidalbeschwerden, Nieren- und Blasensteinbeschwerden, Blasenkatarrh, Harnzwang, Tripper, katarrhalischen Zuständen, Rücken- und Kreuzschmerzen, Hüftweh, Lähmung der Glieder, Starrheit der Glieder und Unbeweglichkeit. Über die Dosis finden wir in den Handbüchern keine Andeutung.

Eibisch *(Althaea)*, Gattung der Malvengewächse. Der gebräuchliche E. *(A. officinalis)* (FIG. 41) hat eine spindelförmige Wurzel, die mehrere bis einen Fuß lange, dicke Äste trägt; dieselbe ist weiß und weich. Die ganze Pflanze ist an dem bis mannshohen Stengel und den gestielten delta- oder rautenförmigen, undeutlich gelappten und gekerbten Blättern mit einem dichten Samtüberzug besetzt. Die Blume ist weißlichrosa, die Frucht mit Samtfilz überzogen, der wie an den übrigen Teilen der Pflanze, meist aus mikroskopischen Sternhaaren besteht. An Bächen, Flüssen, Sümpfen, auf nassen (vorzüglich salzigen) Wiesen und am Meeresstrand im mittleren und südlichen Europa. Blüht vom Juni bis September. Alle Teile dieser, schon in den älteren Zeiten der Medizin wohlbekannten Pflanze sind sehr reich an Schleim und letztere gehört daher unter die vorzüglichsten, erweichenden reizmindernden Heilmittel; insbesondere wird die Wurzel heute fast am häufigsten unter allen Heilmitteln des Gewächsreiches angewendet. Sie enthält vorzüglich Schleim, Zucker, etwas Kleber und Satzmehl, dann ein fettes, grünliches, im Weingeist lösliches Öl, einige Salze und das sogenannte Althäin, welches jedoch von dem Asparagin nicht verschieden zu sein scheint. Diejenige Form, in welcher man die Eibischwurzel am häufigsten anwendet, ist die Abkochung, welche die wirksamsten Bestandteile derselben am vollständigsten aufnimmt; indessen darf die Abkochung nicht lange fortgesetzt werden, sonst wird durch eine partielle Veränderung dese Schleimes das Decoct widrig und kratzend. Gewöhnlich gibt man die Abkochung als Tee tassenweise zu trinken; in diesem Fall nimmt man etwa 2-3 Drachmen auf 2 Pfund Wasser, läßt höchstens auf $1\frac{1}{2}$ Pfund Kolatur einkochen und versüßt das Decoct mit Zucker oder Honig. Auf diese Weise wird die Eibischwurzel bei

FIG. 41

DER GEBRÄUCHLICHE EIBISCH: a) eine Zweigspitze in 3/8 natürlicher Größe, c) Frucht von vorn, Kelch ausgebreitet, in natürlicher Größe, b) dieselbe von hintern, damit man den Außenkelch sehe.

Katarrhen, bei entzündlichen Brustleiden tagtäglich verordnet; auch ist ein solches Decoct bei manchen Diarrhöen nützlich, namentlich bei solchen, die von Säure in den ersten Wegen, von übermäßiger Gallenabsonderung herrühren, bei Ruhren, bei Erregungszuständen der Harnwege etc. Weit seltener als das Decoct wendet man den Aufguß an und noch seltener das Pulver. Die österr. Pharmakopöe läßt aus dem Pulver die Eibischtafeln bereiten, die als Brustmittel dienen. Den Eibischsirup bereitet man aus einer Abkochung oder einem Aufguß oder einem Mazerat der Wurzel, die mit Zukker versetzt werden; man benutzt diesen Sirup teils für sich (teelöffelweise bei Katarrhen ect. besonders für Kinder), teils als Zusatz zu anderen Mixturen. Ein sehr verbreitetes Präparat ist auch die *Pasta Althaeae* (weißer Lederzucker, weiße Reglise), die aus einem Decoct, Aufguß oder Mazerat der Eibischwurzel mit arabischem Gummi, geschlagenem Eiweiß und *Aqua Naphae* bereitet wird. Die Eibischwurzel bildet auch einen Bestandteil verschiedener, zum innerlichen Gebrauch bestimmter Spezies (Brusttees). Äußerlich wird die Abkochung zu Mund- und Gurgelwässern, zu Klistieren, zu Augenwaschungen und Bähungen, ebenso auch zu anderen Umschlägen und Waschungen (z. B. bei chronischen Hautkrankheiten, wo es sich um eine Milderung von Entzündungszuständen der Haut handelt) angewendet. Das Eibischkraut kommt im wesentlichen mit der Wurzel überein, gibt aber weniger Schleim als diese, weshalb man für Decocte auf die gleiche Menge Wasser eine größere Menge desselben nimmt als von der Wurzel. Die Fälle, in denen man es anwendet, sind die nämlichen, doch wendet man das Kraut vorzüglich äußerlich an.

In der Tierheilkunde werden die Eibischwurzel und das Eibischkraut in Abkochungen zu Eingüssen, Einspritzungen, Klistieren und Bähungen überall dort angewendet, wo die schleimigen Mittel im allgemeinen angezeigt sind. Man bereitet diese Abkochung, indem man 1/2-1 Lot der Wurzeln mit einem Seidel Wasser durch eine Viertelstunde kocht. Das Pulver der Eibischwurzeln wird auch als Bindemittel zur Bereitung von Pillen und Latwergen verwendet.

Die hanfartige E. *(A. cannabina)* hat eine Wurzel wie bei der vorhergehenden Art, aufrechte, stielrunde Stengel, gestielte, graugrüne, unterseits etwas filzige Blätter. Häufig im südlicheren Europa an Gräben, in Hecken und in Gebüschen. Blüht vom Juni bis September. Die Wurzel kommt mit jener der ersten Art überein. Der Rosen-E. *(A. rosea)*, Stockrose, Eibischrose, hat einen kürzer behaarten Stengel; die Blätter sind fünf- bis siebeneckig. Im Orient einheimisch, doch überall in Europa häufig, besonders mit gefüllten Blumen zur Zierde kultiviert. Blüht vom Juli bis September. Die sehr schleimigen Blüten waren als Flores Malvae offizinell, besonders aber sammelt man die schwarzroten oder sehr dunkel-violettroten. Althaea pallida wird mannshoch, hat rauhere Haarkleidung, undeutlich gelappte Blätter und rosafarbige, schöne große Blumen. Sie wächst in Ungarn und der Türkei, und ihre Blüten werden wie jene der vorhergehenden Art angewendet. Die Goldmalve *(A. ficifolia)*, in Sibirien einheimisch, hat siebenlappige, handförmige Blätter und gelbe oft gefüllte Blumen. Blüht vom Juli bis September.

Der Eibisch verlangt guten humusreichen Boden, am besten lehmigen Sandboden und eine etwas feuchte Lage. Man erzieht die Pflanzen aus Samen, seltener durch Stockteilung, und pflanzt sie 2-2$\frac{1}{2}$ Fuß voneinander in tief gelockerten Boden. Nach 2-3 Jahren ist die Wurzel brauchbar und wird spät im Herbst ausgegraben und frisch geschält, wohl auch zum Trocknen in Scheiben geschnitten. Der Anbau dieser Pflanze zehrt das Land sehr aus, und man muß die Plätze wechseln. Doch zieht sie, wie die Kleearten, die Nahrung mehr aus der Tiefe.

Eiche *(Quercus)*, Gattung der Becherfrüchte. Die gemeine E. *(Q. robur)*, Stein- oder Wintereiche, wird über 120 Fuß hoch und 6 Fuß stark. Ihre länglichen, langgestielten Blätter sind jung flaumhaarig; die Eicheln sind elliptisch-länglich, sitzend, die Becher halbkugelig, warzig-schuppig. Diese Art ändert in der Form und Größe der Blätter sehr ab. Bildet große Wälder, besonders zwischen dem 45. u. 60. Breitengrad in Europa. Blüht im April, Mai. Als Arzneimittel werden die Rinde, sowie die Früchte, nur noch selten die Blätter und gar nicht mehr die Fruchtbecher angewendet. Die Rinde muß von jungen Stämmen oder von den jüngeren Ästen älterer Bäume im Frühjahr gesammelt werden, ist braun-rot, geruchlos (im frischen Zustand riecht sie eigentümlich lohartig), sehr herb und zusammenziehend, bitter, enthält vorzüglich viel Gerbstoff mit Gallussäure, dann bitteren Extraktivstoff, ein eigentümliches rotes Harz (Eichenrot), ein Weichharz und etwas Wachs. Sie ist ein treffliches, tonisch-adstringierendes Mittel, und bietet sie auch für die China keineswegs beim innerlichen Gebrauch Erfolg, so gewährt sie ihn doch vollkommen als äußerliches Heilmittel. Die Eichen enthalten unter der gelb-braunen Rinde einen bitteren, etwas adstringierenden Kern und sind als Eichelkaffee ein vorzügliches, nährendes und stärkendes Mittel bei der Abzehrung der Kinder; doch dürfen diese Eicheln nicht, wie es häufig geschieht, unausgereift gesammelt werden; zur Zeit der Hungersnot hat man sie auch mit zum Brot verwendet, wie es in Norwegen fortwährend geschieht und auch bei den alten Deutschen geschah. Die ebenfalls adstringierenden Blätter wendet man vorzüglich gegen Blutflüsse und Blennorrhöen innerlich und äußerlich an. Einige Insekten aus der Gattung Cynips bewirken hier und bei vielen anderen Arten durch Stiche in verschiedene Teile der Eichen Auswüchse mannigfacher Art, welche von dieser unter dem Namen gemeine Galläpfel und Knoppern bekannt, in der Färberei benutzt werden. Die stielfrüchtige E. *(Q. pedunculata)*, Sommer-Eiche, Früh-Eiche, ist einer der stattlichsten Bäume unserer Gegenden. Sie erreicht eine Höhe von 70-80 Fuß und eine Dicke von 6-8 Fuß und ein mehrhundertjähriges Alter. Der Stamm hat eine tief rissige dunkle Rinde und trägt eine mächtige Krone mit sparrigen, hin- und hergebogenen dicken Zweigen. Die kurzgestielten Blätter sind buchtig gelappt und beiderseits kahl. Die Blüten entfalten sich mit den Blättern zugleich; die Staubblüten in länglichen, gelbgrünen Kätzchen, die Stempelblüten hingegen nur zu 3-4 auf einem zollangen, später sehr verlängerten Stile, der dann die Früchte trägt (daher Stieleiche genannt). Die Früchte (die sogenannten Eicheln) sind eiförmig-längliche Nüsse, die unten von einer holzigen Becherhülle umgeben sind. Findet sich in vielen Gegenden Europas noch weit häufiger als die vorige Art, in ganzen großen Wäldern und blüht etwas früher. Die Anwendung ist in medizinischer Hinsicht ganz gleich; ihre Früchte werden sogar vorgezogen. Die flaumhaarige E. *(Q. pubescens)*, französische E., unterscheidet sich von den vorhergehenden durch geringere Größe, in der Jugend ganz weißlich-zottige, oder auch im Alter unterseits, sowie die jungen Triebe, dicht flaumhaarig bleibende Blätter. Im mittleren und südlichen Europa, seltener als beide vorige. Blüht im Mai. Die Rinde wird ebenso gebraucht, die Früchte sind noch besser. Die weiße E. *(Q. alba)* ist unter den vielen in Nordamerika heimischen Eichen unserer Stieleiche am ähnlichsten, wird 70-80' hoch und hat eine weiße Rinde. Dieser Baum vertritt in Nordamerika ganz die Stelle unserer Eiche. Die rote E. *(Q. ru-*

bra) ist ein 80 Fuß hoher Baum mit glatter, grauer Rinde. Die Blätter sind länglich, kahl, buchtig-fiederlappig mit spitzen, gezähnelten, stachelborstigen Zipfeln. Der Baum ist durch ganz Nordamerika gemein und wird dort so gebraucht wie unsere Eichen. Die österreichische oder Burgunder-E. *(Q. Cerris)*, auch Zerreiche genannt, hat fast lederartige Blätter, die oben dunkelgrün, glänzend, unten blässer und deren Lappen gezähnt sind. Der Fruchtbecher ist stachelig und die Frucht reift erst im zweiten Jahr. Sie wächst in Südeuropa, besonders in Spanien, Italien, dem österreichischen Küstenland. Die Galläpfel, die sich auf dieser Eiche bilden, sind die sogenannten französischen Galläpfel, die schlechter als die türkischen sind und sich durch den Mangel an Höckern, größere Rundheit und eine rötlichere Farbe unterscheiden. Eine der Stieleiche sehr ähnliche Art ist die Stein- oder Wintereiche *(Q. sessiliflora)*, welche jedoch lang gestielte, in der Jugend flaumige Blätter und sitzende Stempelblüten und Früchte hat. Die Speise-E. *(Q. esculus)* ist ein kleiner Baum mit kurz gestielten, fast fiederspaltigen, unten flaumhaarig-weißlichen Blättern, deren Lappen entfernt stehen, fast stachelspitzig, nach hinten etwas eckig und verschmälert sind. Sie wächst im südlichen Europa, auch im Orient, wird schon von Dioscorides erwähnt und ihrer den anderen Eichen ähnlichen Heilkräfte gedacht; die Früchte wurden und werden noch jetzt häufig gegessen, schmecken aber auch geröstet wie Kastanien. Die österreichische E. *(Q. austriaca)* ist der Zerreiche in Betreff der Frucht ganz ähnlich und wird auch ein hoher, schlanker Baum. Häufig in Ungarn und dem südlichen Europa. Die medizinische Anwendung ist wie bei der gemeinen Eiche. Die Ziegenbart-E. *(Q. Aegilops)*, Knopper-Eiche, wird so groß und stark wie die Steineiche, hat aber eine dickere und noch rauhere Rinde. Im südlichen Europa, besonders in Griechenland und auf den Inseln, sowie in der Levante. Dieser Baum liefert eine sehr gute Sorte. Die Galläpfel-E. *(Q. infectoria)*, Färbereiche, ist ein strauchartiger Baum mit nur 6 Fuß hohem, krummen Stamm. An den Ästchen dieser Eiche bilden sich die besten Galläpfel, sie führen den Namen türkische Galläpfel und wurden als stark zusammenziehendes Mittel oft verordnet; heute geschieht es selten oder gar nicht (höchstens bei Vergiftungen mit Brechweinstein u.s.w.), auch äußerlich werden sie nicht eben häufig angewendet; wohl aber sind sie ein unentbehrliches Reagenz auf Eisen und tierische Gallerte sowie als Färbematerial hoch geschätzt. Daß sie zur Bereitung von Tinte verwendet werden, ist bekannt. Die Kermes-E. *(Q. coccifera)* wächst meist nur zu einem ästigen, buschartigen Strauch heran und wird nur selten baumartig. An sonnigen, dürren Stellen im südlichen Europa und Orient. Auf dieser Eiche kommt die Kermesschildlaus vor, deren erbsengroß werdende, rote Weibchen unter dem Namen Kermeskörper offizinell waren, jetzt aber nur noch als rotes Färbematerial benutzt werden. Die Kork-E. *(Q. Suber)*, Pantoffelholzbaum, ist ein Baum mittlerer Größe, sehr ästig. Findet sich in Südeuropa und Nordafrika. Das äußere, schwammige, leichte, elastische Zellgewebe der Rinde wird von den Bäumen alle 6-8 Jahre abgeschält, dann gepreßt und als Kork in den Handel gebracht.

Das Tannin oder Galläpfelgerbsäure wird aus den Galläpfeln als ein gelbweißes, schwammig-lockeres Pulver dargestellt, wird besonders bei Diarrhöen, wenn sie sehr hartnäckig und durch Darmkatarrh, Darmtuberkulose bedingt sind, bei Ruhren in den späteren Stadien, bei Schleimflüssen und Blutflüssen, besonders aus der Gebärmutter, aus den Lungen, bei Zuckerruhr angewendet; äußerlich gibt man es bei chronischen Augenentzündungen, Blennorrhöen der Augen, Hornhautgeschwüren, ferner bei Blennorrhöen der Schleimhaut des Geschlechtsapparates, bei Blutungen aus denselben, bei alten Geschwüren, skorbutischem Zahnfleisch. Man gibt sie innerlich zu ½, 4-10 Gran in Pulver, Pillen, Auflösung. Größere Gaben sind gewagt. Äußerlich in Salbenform oder in Auflösung als Waschung, Einspritzung, Mundwasser. Von der Gallussäure hat man neuester Zeit gleichfalls und zwar in denselben Krankheiten Gebrauch gemacht, in welchen die Gerbsäure benutzt wird, steht derselben jedoch nach. Sie wird zu 1-3 Gran gereicht. Die Galläpfel gibt man am besten im Aufguß oder Decoct von ½-1 Unze auf 12 Unzen Kolatur zum äußerlichen Gebrauch. Die Eichenrinde wird äußerlich angewendet in jenen Fällen, wo es gilt, geschwächte, durch vorausgegangene Ausdehnung, Verrenkung, Brüche, Vorfälle, erschlaffte Teile zu stärken, die Neigung zur Zersetzung der organischen Substanz zu beschränken, in unreinen, eine stinkende Jauche absondernden, brandigen Geschwüren eine bessere Granulation zu erzielen; ferner zur Stillung passiver Blutflüsse zur Beschränkung und Heilung eingewurzelter Schleimflüsse, gegen Wunden, Nachtripper, bei ödematösen Anschwellungen etc. Innerlich die Abkochung aus ½-1 Unze auf 6 Unzen Kolatur. Äußerlich das Pulver häufig zur Heilung von Brüchen, besonders Nabelbrüchen bei Kindern, indem man ein kleines Kissen mit dem Pulver füllt, in roten Wein eintaucht, auf die Haut unmittelbar legt und darüber eine pelotenartige, mittels Heftpflaster befestigte Vorrichtung anbringt. Am häufigsten die Abkochung zu Einspritzungen, Umschlägen, Bädern, Waschungen aus 2-6 Unzen auf 1-3 Pfund Kolatur. Zu demselben Zweck kann man sich der Gerberlohe bedienen. Die Eicheln werden nur im gerösteten Zustand angewendet. Man läßt den aus ihnen durch leichtes Aufkochen von ½-1 Unze bereiteten und mit Milch und Zucker versetzten Eichelkaffee statt des gewöhnlichen Frühstücks skrophulöse, an Abzehrung leidendr, und rhachitische Kinder, besonders wenn sie an Neigung zu Durchfällen leiden, mit Nutzen trinken. Seltener bringt man dieses Getränk bei Erwachsenen an, denen es, wenn sie an Bleichsucht, Menstruationsfehlern, an chronischen Durchfällen etc. leiden und aufregende Getränke nicht vertragen, mit Nutzen als Surrogat dieser Getränke empfohlen werden kann.

In der Tierheilkunde finden die Präparate der Eiche vielfache Anwendung. So wird die Eichenrinde in jenen Fällen verordnet, wo zusammenziehende Mittel am Platz sind; doch wird sie bei schwacher Verdauung schwer vertragen, weshalb die Weinrinde, die Kastanienrinde etc. zum innerlichen Gebrauch sehr oft den Vorzug verdienen. Die Gabe, in der sie gereicht wird, ist für Pferde und Rinder 15-45, für Schafe, Ziegen und Schweine 4-12, für Hunde und Katzen 0,6-4 g. Man gibt sie innerlich am besten in Decoct und fast immer in Verbindung mit bitteren oder aromatischen Mitteln, bei Durchfall auch mit Schleim oder auch mit Opium, bei Faul- und Nervenfiebern mit Mineralsäuren, mit Terpentinöl, Kampfer etc.

Bojanus empfiehlt bei langsam verlaufendem Milzbrand: Eichenrinde 120, Kalmuswurzel 60, Kampfer 15 g mit Mehl und Wasser zur Latwerge gemacht, täglich auf 4 Gaben verteilt, bei einem Rinde zu verbrauchen. Äußerlich wendet man sie bald allein bei Gelenk-, und Sehnenscheidenwunden, bei zu starken Ausdehnungen, bald wieder mit anderen entsprechenden Mitteln an, z. B. bei zu reichlich eiternden Wunden und Geschwüren bloß mit Kohlenpulver oder bei stark jauchenden, schlaffen oder selbst brandigen Geschwüren mit pulverisierter Holzkohle mit Kampfer und Myrrhe (z. B. den ersten beiden á 30g, von den letzteren Mitteln á 4 g) zusammen zu einem gleichmäßigen Pulver gemengt und nach Verhältnis der Menge der sich bildenden Jauche eine entsprechende Quantität täglich 2-3mal in das Geschwür gestreut, nachdem dasselbe vorher gereinigt ist. Wo man noch mehr zusammenziehen und austrocknen will, setzt man dem Eichenrindenpulver auch Eisen-, Zink- oder Kupfervitriol oder Alaun in verschiedener Menge hinzu. Die zum äußerlichen Gebrauch bestimmten Abkochungen werden gleichfalls nach Bedürfnis der Zufälle entweder rein oder mit aromatischen, spirituosen etc. Mitteln versetzt, angewendet. Zu ihrer Bereitung kann man stets und namentlich, wenn sie zu Fußbädern verwendet werden sollen, sehr zweckmäßig die grobgepulverte frische Gerberlohe benutzen, da dieselbe bei gleichen Eigenschaften viel wohlfeiler ist. Die Eichenblätter können ebenso wie die Eichenrinde angewendet werden, doch muß dies in stärkeren Gaben geschehen. Die türkischen Galläpfel werden innerlich nicht gut vertragen und daher in der Tierheilkunde wenig benutzt. Das Tannin wendet man bei Ruhr, Diarrhöe, Harnruhr, Blutharnen, Vergiftungen mit Brechweinstein, mit Strychnin, Opium und Belladonna, – äußerlich gegen Blutungen, Gelenk- und Sehnenwunden, Speichelfisteln, üppige Granulation, asthenische Augenentzündungen mit großer Auflokkerung der Bindehaut, Vorfall des Mastdarms, weiche Gallen, brandige und typhöse Geschwüre etc. an. Man gibt Pferden und Rindern 2,0-4,0, Schafen, Ziegen und Schweinen 0,6-2,0, Hunden und Katzen 0,12-0,3 im bloßen Wasser oder in bitteren oder aromatischen Flüssigkeiten oder Weingeist angewendet. Die Eicheln wirken gelind zusammenziehend und nährend und sind in letzterer Beziehung für Schweine ein sehr kräftiges Nahrungsmittel; zugleich dienen sie als diätetisches Heilmittel bei verschiedenen chronischen Krankheiten der Schafe und Schweine, bei schlechter Verdauung, Durchfall, bei Eingeweidewürmern, Wassersucht und Fäule, bei der Borstenfäule der Schweine, bei chronischen Hautausschlägen. Man benutzt sie für Schweine unzerstoßen, für Schafe und für die übrigen Tiere aber grob pulverisiert und zwar entweder ohne weitere Vorbereitung oder über Feuer geröstet. Man reicht sie gewöhnlich ohne genaue Bestimmung der Menge zu 1-2 Hände voll auf ein Futter, in Verbindung mit Mehl, Kleie, Schrot etc. etwas angefeuchtet oder im Getränk. Zweckmäßig ist der Zusatz von etwas Kochsalz. Bei Durchfall und Ruhr der Schweine bereitet man aus einem Aufguß von Kamillenblumen und mit Mehl einen dünnen Brei, zu dem man noch 2-3 Löffel geröstetes Eichenmehl tut und ihn dann den Tieren vorsetzt. Von den übrigen Tieren werden die Eicheln nicht so gut vertragen.

Eidechsenschwanz *(Saururus)*, Gattung der Saururineen. Der überhängende E. *(S. cernuus)* hat einen 1-2' hohen, fast einfachen, dünnen Stengel, 3-5" lange, 2-3" breite, am Grunde tief herzförmige, vorn zugespitzte, etwas fleischige, oben grüne, unten seegrüne Blätter und zahlreiche, kurzgestielte Blüten. An nassen, schattigen Stellen in Virginien. Wurzel und Blätter riechen und schmecken aromatisch und etwas scharf; sie sind als erweichende, zerteilende, zeitigende, schmerztstillende Mittel in Nordamerika bekannt.

Einbeere *(Paris)*. Diese Pflanze gehört unter die beerentragenden Liliengewächse. Die gemeine E. *(P. quadriflora)* (FIG. 42), Sternkraut, Schweinsauge, Wolfsbeere, hat einen langgegliederten, dünnen, ab und zu knotigen Wurzelstock; der Stengel trägt einen Wirtel elliptischer, unten keilförmiger, oben gespitzter, netzaderiger Blätter. Völlig endständig auf dem Blütenstiel und in der Regel 1½-2 Zoll über dem Blattwirtel steht die Blüte, welche bleichgrün gefärbt ist und nur durch

FIG. 42

DER GEMEINE EINBEERE: a) eine Pflanze, b) eine solche mit fünf Blättern, in halber Größe, c) ein fast dreimal vergrößertes Staubgefäß, d) die Beere, e) dieselbe durchschnitten, in natürlicher Größe.

den blauschwarzen Fruchtknoten und die gelben Staubbeutel ausgezeichnet ist. Ab und zu findet man einzelne Exemplare, deren Blattkreise drei-, vier- oder fünfzählig sind. Die Beere reift langsam und erlangt bisweilen die Größe einer mäßigen Kirsche. Das Fruchtfleisch ist bläulich-purpurn, die Farbe der Beere selbst bläulichschwarz. Die Einbeere wächst in schattigen Wäldern fast ganz Europas. Sie blüht Mitte bis Ende des Frühlings und reift ihre Frucht im Sommer. Der Genuß der Beere dürfte selten vorkommen; man beobachtete nach demselben Magenschmerz und Erbrechen. Frisch riecht das Kraut betäubend. Die Blätter gab man als ein kräftiges Abführmittel, die Wurzel gegen Krämpfe, Keuchhusten, Kolik als Brechmittel. Den Saft der Blätter brauchte man äußerlich bei Augenentzündungen. In Sachsen wurde aus Einbeeren und Seidelbast ein Mittel gegen die Wasserscheue bereitet. Heute wird höchstens noch die Wurzel und zwar viel seltener, als sie es verdient, angewendet.

In der Tierheilkunde wird die Einbeere zu den wenig gebräuchlichen narkotischen Mitteln gezählt. Kraut und Beeren sollen scharf narkotisch wirken und den Hühnern giftig sein; Hunde zeigten von 15 Beeren gar keine Wirkung, von 20 Stück aber Anstrengung zum Erbrechen.

Einstrahl *(Glossocardia)*, Gattung der Synanthereen. Der fenchelartige E. *(G. linerarifolia)*, mit gestrecktem, ½-1' langem, etwas ästigem Stengel, gestielte, vielspaltige Blätter, lineale Lappen, kurzgestielte 5-6blütige Körbchen. Die einzelne Strahlblüte ist gesondert, mit einem lanzettlichen, kahlen, glänzenden Spreublättchen. Wächst in Ostindien und blüht fast stets. Riecht und schmeckt fenchelartig und deshalb von den Eingeborenen als ein aromatisches Mittel bei mehreren Krankheiten gebraucht, aber auch als gewürzhafte Speise gegessen.

Eisenhut *(Aconitum)*, Gattung der Hahnenfußgewächse. Der feinblätterige E. *(A. Anthora)*, Giftheil, ist eine spanne-, bis fußhohe Pflanze mit feingeteilten Blättern und weißgelben Kelchen. Die Blumenkappen sind geneigt, ihr Sporn ist an der Spitze nach innen gebrochen. Diese schöne Pflanze wächst in Frankreich, der Schweiz, Oberitalien, Ungarn, Siebenbürgen und Rußland. Die etwas angenehm riechende, bitter-scharf, später widerlichsüßlich schmeckende Wurzel war sonst offizinell; besonders hielt man sie für ein Gegengift bei Vergiftungen mit *Ranunculus Thora* oder mit den übrigen Arten des Eisenhuts, doch wurde sie auch gegen bösartige Wechselfieber, Würmer etc. angewendet. Der echte E. *(A. Napellus)* (FIG. 43) oder blaue Sturmhut ist meist blaublütig, seltener kommen weiße und hellblaue Kelche vor. Die Blätter sind fingerteilig und mehrfach gezähnt. Die Blumenkappen sind hängend und haben einen krummen Sporn. Die Samen tragen faltige Leisten. Die jungen Früchte sind ges-

FIG. 43

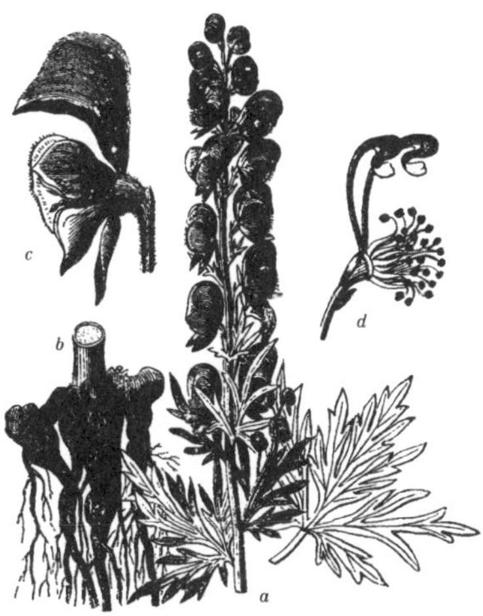

DER ECHTE EISENHUT: a) ein Blütenstand in 1/2 natürlicher Größe, b) ein Wurzelblatt, c) ein Wurzelstock, d) eine Blüte ohne Kelch, e) eine Frucht, beide in natürlicher Größe.

preizt. Sehr ähnlich ist Störck's E. *(A. Stoerckianum)*, blauer E. oder Sturmhut, Wolfswurzel, doch stehen bei diesem die Blumenkappen schief und die Früchte sind zusammengeneigt. *A. paniculatum Lam.* hat übergeneigte Blumenkappen mit krummem Sporn und die rückenständigen Leisten der Samen sind stark wollig-häutig. Die bunte E. *(A. variegatum, Camarum Jacq.)* trägt die Blumenkappen aufrecht und mit hakigem Sporn. Der Wolfs-E. *(A. Lycoctonum, A.Vulparia, Reichb.)*, gelber E., gelber Sturmhut, Wolfsgift, hat handlappige Blätter und einen meist stark verzweigten Blütenstand. Die Blätter sind ockergelb. Der Sporn der aufrechten Blumenkappe ist schneckenhausartig eingerollt. In einer ganzen Anzahl von Formen findet sich diese Art in vielen Teilen des gemäßigten und wärmeren Europa und in Asien. Die Blütezeit fällt in den hohen Sommer. Kalkboden sagt ihr besonders zu und sie gedeiht am besten im Schatten der Vorhölzer. Der Wurzelstock riecht widrig und scharf. Auch die Blätter sind scharf. Mit der Wurzel tötet man Wölfe, Hunde, Katzen, auch bedient man sich derselben zum Vertreiben des Ungeziefers bei den Haustieren oder zum Vertilgen der Mäuse. In Sibirien braucht man Säftchen aus dieser Pflanze gegen Epilepsie, Wassersucht und noch andere nicht gern genannte Leiden. Der überhängende E. *(A. cernuum)* wächst auf den Alpen in Salzburg, Steiermark, Kärnten, Krain, Tirol, in der Schweiz und in Oberitalien. Der pyramidale E. *(A. pyramidale)*, mit dunkel-violetten, flaumhaarigen Blüten, findet sich auf Gebirgswäldern und auf Voralpen. Andere Arten sind: Der Neuberger E. *(A. Neubergense)* auf niedrigeren und höheren Gebirgen Deutschlands, Kölles E. *(A. Koelleanum)*, auf Alpen in Salzburg, Tirol, Kärnten, Steiermark und Siebenbürgen, der klaffende E. *(A. hians)* häufig auf den Sudeten, der Nepalsche E. *(A. ferox)*, auf dem Himalaya etc. Auch Nordamerika beherbergt viele Arten des Eisenhuts. Von allen blaublühenden Arten werden die Blätter für die Apotheken gesammelt. Im frischen Zustand zerrieben riechen sie unangenehm, schmecken zuerst bitterlich, später aber anhaltend brennend, enthalten als Hauptbestandteil ein eigentümliches Alkaloid *(Aconitin)*, gehören zu den narkotisch-scharfen Heilmitteln, wirken außer der Reizung des Darmkanals vorzüglich erregend auf die Tätigkeit der äußeren Haut, der Nieren, ferner auf die fibrösen Membranen sowie auf das gesamte lymphatische System. Prof. Schroff findet die Anwendung des Sturmhuts angezeigt, wo es gilt, die erhöhte Empfindlichkeit in den periperischen Nerven abzustumpfen, daher besonders bei Neuralgien, ebenso bei heftigem Zahnweh, bei Gelenkschmerzen gichtischer und rheumatischer Natur, bei Massenzunahme *(Hypertrophie)* des Herzens, Aneurysme der Aorta. Die ausgezeichnete harntreibende Wirkung des Sturmhuts ist bekannt. Seine eigentliche Stelle dürfte es aber in jenen Fällen von

Ausschwitzungen *(Extravasaten)* finden, denen organische Fehler des Herzens oder entzündliche Reizung der serösen Häute bei aufgeregter Gefäßtätigkeit zu Grunde liegen. Weniger zu rechtfertigen sind die Anempfehlungen des Sturmhuts gegen Skrophulose, Lungenschwindsucht, Syphilis, Krebs, gegen akute und chronische Hautkrankheiten, gegen Lähmungen, Epilepsie, gegen Wechsel- und Kindbettfieber, gegen Ruhr etc. Selten gibt man innerlich das Pulver des Krautes zu 1-5 Gran, eher noch wendet man das Kraut zu Umschlägen als schmerzstillendes Mittel bei schmerzhaften Geschwülsten und Geschwüren an. Wenn man die volle Wirkung des Eisenhuts haben will, stehen die Extrakte obenan. Am kräftigsten wirkt das alkoholische Extrakt der Wurzel, innerlich zu $\frac{1}{6}$ Gran, 2-4mal des Tages genommen in allmählich steigender Gabe bis zu $\frac{1}{2}$ Gran in Pulver, Pillen oder Auflösung; äußerlich zu Einreibungen bei heftigen Nervenschmerzen rheumatischer oder gichtischer Natur, allein oder in Verbindung mit Fetten in Salben- und Pflasterform. Schwächer ist das aus dem ausgepreßten Saft bereitete alkoholische Extrakt des Krautes, am schwächsten aber und am unzuverlässigsten das aus dem ausgepreßten Saft bereitete wässerige Extrakt. Ersteres reicht man zu 1-4 Gran. Am kräftigsten ist unter den Tinkturen die aus der frischen Wurzel bereitete, schwächer die aus dem frischen Kraut, am schwächsten die aus dem Samen gewonnene. Jene zu 1-5, diese zu 10-20 Tropfen innerlich, häufiger zu Einreibungen äußerlich verwendbar. Die österr. Parmakopoe hat gar keine Tinktur aufgenommen.

In der Tierheilkunde wird der Eisenhut ebenfalls zu den narkotischen Mitteln gerechnet. Für Hunde, Füchse, Wölfe, Katzen etc. ist er eines der heftigsten Gifte. Nach allen Beobachtungen mindert das Mittel die Energie des Herzens. Allopathisch wird es wenig benutzt. Prof. Hertwig hat es mit sehr gutem Erfolg gegen akuten und chronischen Rheumatismus, gegen rheumatische Entzündungen der Augen, des Herzens und der Gelenke innerlich, bei rheumatischen Augenentzündungen auch äußerlich benutzt. Die Gabe der Wurzel für Pferde und Rinder ist 4-8 Gran, für Hunde 12-18 Zentigr. Äußerlich vertreibt eine Abkochung die Läuse. In neuester Zeit wird jedoch wieder vom Aconit Gebrauch gemacht. So wird in Frankreich die Aconit-Tinktur in der Gabe zu 20 Tropfen gegen Entzündungen innerer Organe angewendet. Hering rühmt die Wirksamkeit dieses Mittels gegen gesteigerte Tätigkeit des Gefäßsystems (Fieber, Entzündungen) bei schwächlichen, sehr reizbaren Individuen, es ersetze häufig den Aderlaß bei sehr jungen Tieren. Prof. Pillwax gab sie zur Mäßigung des Blutandranges zum Gehirn während des Zahnens und bei sich heranbildender Lungenentzündung in der Staupe der Hunde. Purker gebraucht die Aconit-Tinktur in der Krampfkolik der Pferde und Bersich in der Buglähme (beide in der Dosis von 10 Tropfen).

Anwendung nach dem homöopathischen Prinzip. Aconitum Napellus paßt bei aktiven Blutkongestionen nach verschiedenen Teilen, namentlich nach Gehirn, Augen, Gesicht, Herz und Lungen, – bei Blutungen aus verschiedenen Organen, akuten Entzündungen innerer und äußerer Organe, bei Anfällen heftiger Schmerzen überhaupt, Beschwerden von Erkältung, Frieselausschlägen, Röteln, Masern, Scharlach, Blattern, Nesselausschlägen, Milchschorf, im ersten Zeitraum des Gehirntyphus, bei Cholera, akutem Rheumatismus, akuter Gicht, Neuralgien, bei Konvulsionen der Kinder, Migräne, bei katarrhalischen, rheumatischen, skrophulösen, syphilitischen Augenentzündungen, bei Ohrenentzündungen, Nasenbluten, Zahnschmerzen, bei leichter Entzündung der Mandeln, des weichen Gaumens und des Schlundkopfes nach Erkältungen im Herbst und Frühjahr, bei schwerem Zahnen der Kinder, Blutbrechen, Magenkrampf, Leberentzündung, Bauchfellentzündung, Gedärmeentzündung, bei eingeklemmten Brüchen, bei Nierenentzündung, Blasenentzündung, schmerzhaften Hämorrhoidalknoten, Gebärmutterentzündung, Blutflüssen, Menstruationsstörungen, Schnupfen, Grippe, in der ersten Periode der häutigen Bräune, Keuchhusten, Brustfellentzündung, Lungenentzündung, bei Entzündungen des Herzens, bei organischen Krankheiten des linken Herzens und der großen Gefäße.

Gabe: In fieberhaft-entzündlichen Krankheiten Erwachsener 1 bis 2 Tropfen der 2. Verdünnung, in denen der Kinder ebensoviel der 3. Verdünnung, in Zwischenräumen von ½, 1, 2, 3, 4, Stunden wiederholt. Zur Blütezeit, Juni, Juli, wird die ganze Pflanze mit Ausnahme der Wurzel frisch nach Regel 2 zur Essenz bereitet.

Die homöopathischen Tierärzte geben dieses Mittel bei aktiven Kongestionen blutreicher Organe, insbesondere des Gehirns, der Lungen, des Herzens etc. und gegen die dadurch bedingten Zufälle (Schwindel, Blutungen, Herzklopfen); bei akuten Krankheitsprozessen, die von dem sogenannten Entzündungsfieber begleitet sind, wie z. B. bei einigen sehr akut verlaufenden Anthraxformen; bei Gehirn-, Lungen-, Brustfell-, Darm-, Nierenentzündung, Entzündung der Augen, der im Hufe eingeschlossenen Weichteile etc. gegen Rheumatismen, welche in Folge von Verkühlung entstanden sind; bei Koliken, Hitzbeulen, Masern, Scharlach.

Gabe: 1.-3. Verdünnung.

Der starke Verbrauch des Eisenhuts hat schon längst zum Anbau dieser Pflanze behufs medizinischer Verwendung geführt und sicher liefern die in nicht zu nahrhaftem Boden an schattigen Stellen gezogenen Pflanzen ein ebenso brauchbares Kraut wie die wildwachsenden. Die Pflanzen vermehren sich leicht durch Teilung, bleiben aber im ersten Jahr der Pflanzung schwach. Man sammelt die Blätter des Eisenhuts zu Anfang der Blütezeit und trocknet sie schnell. Es wird, meint H. Jäger, gut sein, hin und wieder die Beete ungestört zu lassen, damit durch das alljährliche Abschneiden die Pflanzen nicht schwach, weniger ergiebig und wohl auch weniger heilsam werden. Wechselt man so mit dem Schneiden der Beete ab, so kann man große Pflanzungen davon in Parkanlagen machen und zugleich eine Gartenzierde haben. Diese Pflanzen verlangen einen Abstand von mindestens 2 Fuß und, einmal gepflanzt, nur Lockerung des Bodens im Frühjahr. Nach Jäger wäre A. ferox *(virosum)* vom Himalaya in Betracht zu ziehen, die gewiß auch bei uns die Kultur im Freien vertragen würde.

Eisenkraut *(Verbena),* Gattung der Lippenblütler. Das gemeine E. *(V. officinalis),* Eisenhart, hat einen steil absteigenden, hin und her gebogenen Wurzelstock. Der Stengel wird bis 2 Fuß hoch und verzweigt sich nach oben. Er ist vierkantig, mit kurzen, anliegenden Haaren. Die Blätter sind schärflich. Die untersten sind stielig verschmälert, länglich, stumpf gesägt. Die oberen sind viel tiefer eingeschnitten. Die obersten dagegen sind in der Regel unversehrt-randig. Die kleinen Blumen sind weiß mit violetten Enden, der Zipfel aber auch mit rötlichen Färbungen. Man findet dieses Gewächs an Mauern, auf Schutthaufen und an Wegen überall im Sommer und Herbst. Das geruchlose, bitterlich und etwas zusammenziehend schmeckende Kraut wurde einst beinahe als ein Universalmittel in der Medizin gerühmt und stand auch seiner angeblichen magischen Kräfte wegen im großen Ansehen, wird aber mit Recht heute kaum mehr angewendet. Das nesselblätterige E. *(V. urticaefolia),* findet sich an dürren Stellen in Nordamerika. In Maryland ist das Kraut wie jenes der vorigen Art gebräuchlich; häufiger wird in mehreren Staaten die bittere und zusammenziehende Wurzel angewendet und soll unter anderem gegen jenen Ausschlag, welchen der Gift-Sumach erregt, sehr wirksam sein. *V. crinoides* ist eine zierliche, in Peru und Chile einheimische Art, mit kaum 1' langen, aufsteigenden, ästigen, rauhhaarigen Stengeln, fiederspaltig-zerschnittenen, wimperig-haarigen Blättern und einzelnen, kurzen Ähren mit lanzettlich-pfriemigen Deckblättern und schönen, fleischroten Blumenkronen. Wird in Chile zur Beförderung der Menstruation und des Kindbettflusses gebraucht.

Elemibaum ☞ Jcica

Elephantenfuß *(Elephantopus),* Gattung der Synanthereen. Der scharfe E. *(E. scaber)*, hat handgroße, rosettenartig auf der Erde liegende, das Bild eines Elefantenfußes gebende Blätter. Die Wurzel sowohl als die Blätter sind bitter und werden bei Unterleibskrankheiten, Stockungen im Pfortadersystem, Anschoppungen der Leber und Milz, die Blätter auch bei Brustkrankheiten und äußerlich als ein gutes Wundmittel angewendet. Der karolinasche E. *(E. carolinianus)* ist durch Umförmlichkeit des holzartigen Stengels ausgezeichnet. Die Blätter werden auf den Antillen fast wie das Cardobenediktenkraut in Europa angewendet; die bittere, etwas reizend-scharfe Wurzel gibt man in Brasilien gegen Wechselfieber.

Elettarie *(Elettaria),* Gattung der Scitamineen. Die Cardamom-E. *(E. Cardamomum)* hat einen starken, waagrechten Wurzelstock mir ringförmigen Einschnitten und langen, dabei starken Fasern, aufrechte, 6-9 Fuß lange, von den schwammartigen Scheiden der Blätter gebildete Stengel, 1-2' lange, auf ihren weichhaarigen Scheiden fast sitzende Blätter. In Ostindien, auf den Bergen von Malabar. Blüht auch zur Regenzeit. Die Früchte sind als kleine Cardamomen bekannt und unter allen übrigen Sorten am geschätztesten. Die mittlere E. *(E. Cardamomum medium)*, in Ostindien heimisch, liefert die jetzt mittleren Cardamomen.

Endivie ☞ Cichorie

Endivientang *(Haliseris),* Gattung der Tangalgen. Der tüpfelartige E. *(H. polypodioides)*, ist häutig, olivengrün, die Wurzel wergartig, das Laub spannenlang, 1 Zoll breit mit einer hier und da sprossenden Rippe; fruchttragend und oft am Rand geschlitzt; Kapseln braun in den Häufchen und überdies zerstreute Wärzchen aus zusammenhängenden Fäden bestehend. Findet sich im Atlantik und Mittelmeer und wird zur Jodinbereitung verwendet.

Engelwurz, ☞ Angelika.

Enzian *(Gentiana),* Gattung der Gentianaceen. Die Mehrzahl der Arten sind Bergpflanzen mit ausdauerndem Wurzelstock und brennenden Blumenfarben. Alle besitzen einen höchst eigentümlichen Bitterstoff, alle sind kahl und haben kreuzweis gegenüberstehende Blätter. Die bekannteste Art ist der edle oder gelbe E. *(G. lutea)*. Er hat einen sehr langen Wurzelstock mit vorspringenden Kanten und vielen Querrunzeln von hellbrauner, innen gelber Farbe. Die sehr starknervigen Blätter sind oval und erinnern von fern an die des großen Wegebreit. Sie sind aber, wie auch der Stengel, sehr stark bläulichweiß bereift. Der Stengel wird bis 3 Fuß hoch. Die sternradförmige Blume ist goldgelb mit roten Fleckchen oder bloß goldgelb. Man findet diese schöne Pflanze sehr sparsam in Mitteldeutschland, in den Vogesen, im Schwarzwald, im Juragebirge, den Alpen und Apenninnen. Sie wächst gern auf fetten, kurzgrasigen Weiden, wo sie oft in Massen auftritt, einzeln findet man sie im Gestrüpp, an Alpenbächen. Man gräbt die Wurzelstöcke im Spätherbst aus und dörrt sie an Schnuren gehängt. Sie werden zwar mit denen der weißen Nießwurz verwechselt, vielleicht selbst verfälscht, allein die oben angeführten Merkmale, der bittere Geschmack und die merkwürdige Leichtigkeit lassen doch die echte Ware augenblicklich unterscheiden. Die frischen Wurzelstöcke riechen sehr unangenehm lauchartig. Harz, ätherisches und fettes Öl, Gummi, Zucker und vor allem der charakteristische Bitterstoff, das Gentianin, sind die Hauptbestandteile. Enthusiastische Alpensänger haben die Pflanze verherrlicht in ihren Gesängen, während der praktische und nüchterne Alpenbewohner sie sorglich ausgräbt, um den Enzig *(Enzian)* oder die Gentiane daraus zu bereiten, einen stark nach Knoblauch und Rauch schmeckenden Branntwein, der in jenen oft so feuchten und kalten Regionen sehr wohl tut und auch regelmäßig kredenzt wird, um den Touristen die traurigen Folgen ummäßigen Genusses fetter Alpensahne zu ersparen. Es gibt noch mehrere schöne Enziane, wie den purpurroten E. *(G. purpurea)* der Schweiz, Savoyens, der Dauphiné und Norwegens, den punktierten E. *(G. punctata)* der Alpen und der Karpaten und des mährisch-schlesischen Gesenkes, den ungarischen oder roten E. *(G. pannonica)* Österreichs und Bayerns und des Böhmerwaldes, den Kreuz-E. *(G. cruciata)* der lichten Bergwälder Mitteleuropas, den schwalbenwurzartigen E. *(G. Asclepiades)* der Pyrenäen und Sudeten, den seifenkrautblätterigen E. *(G. Saponaria)* Nordamerikas und viele andere Arten. Sie alle haben gleiche Wirkung, werden ebenso gesammelt. Unter ihnen gibt es manche schöne Bastarde. Leider nehmen diese herrlichen Gewächse ab. Die Heumacher (Racher) auf den Gebirgen reißen sie aus. Jeder trägt davon eine Dosis nach Hause. Und der Durst der Alpenbewohner nach dem Labsal wird von Jahr zu Jahr in dem Maße stärker, als die Pflanze seltener wird.

In der medizinischen Beziehung befördert der Enzian in kleiner und mäßiger Gabe die Verdauung und nimmt auf die Darmausscheidungen keinen Einfluß. In großen Gaben oder zu langen fortgesetzt bewirkt er Erbrechen und stört die Verdauung; bei manchen bringt er Kopfschmerzen, Röte des Gesichtes, überhaupt Kongestionen hervor. Man gibt ihn in der atonischen Verdauungsschwäche mit übermäßiger Erzeugung von Säure und Schleim, gegen Wechselfieber und dessen Folgen, gegen Wurmkrankheit, gegen Bleichsucht, Gicht und Hypochondrie, wenn diesen Leiden schwache Verdauung und träge Assimilation zu Grunde liegt oder mit ihnen verbunden ist. Die älteren Ärzte wandten den Enzian auch bisweilen äußerlich an bei unreinen bösartigen Geschwüren. Man gibt das Pulver selten wegen seiner schwereren Verdaulichkeit zu 5-20 Gran; häufiger den wässerigen Aufguß aus 1 Dr. auf 6 Unzen. Zweckmäßig kann man sich auch des Weines statt des Wassers zum Aufguß bedienen. Das Decoct ist zwar hier und da üblich, aber nicht zu empfehlen. Am zweckmäßigsten ist das wässerige Exktrakt zu 1 Skrupel bis 1 Drachme des Tages in einem aromatischen Wasser aufgelöst oder in Pillenform. Die sonst offizinelle Tinktur hat die neue Pharmakopöe nicht aufgenommen, da die ungleich häufiger im Gebrauch stehende *Tinctura amara, stomachica* und die *Tinctura Chinae composita* ohnedies Enzian enthalten. Jene wird bereitet aus 1 Unze Fieberkleeblätter, ebenso viel Tausendguldenkraut, Enzianwurzel und Pomeranzenschalen, aus ½ Unze gereinigtem, kohlensaurem Natrum, 4½ Pfund geistigem Zimtwasser durch dreitägige Digestion. Die Tinktur betrage 4 Pfund. Diese, auch wohl *Elixirium roborans Whytii* genannt, wird bereitet aus 3 Unzen gepulverter brauner Chinarinde, 1 Unze Enzianwurzel, ebensoviel Pomeranzenschalen, 1½ Pfund Weingeist und ½ Pfund Zimtwasser durch 6tägige Digestion. Die Kolatur betrage 20 Unzen. Von beiden Tinkturen gibt man 20-30 Tropfen einigemal des Tages. Der Kreuz-E. *(G. cruciata)*, sonst bei intermittierenden Fiebern und Eingeweidewürmern, auch gegen die Pest wie gegen den Biß giftiger Tiere oder wütender Hunde häufig in Gebrauch gezogen, hat neuerdings durch den ungarischen Schullehrer Lalic einen Ruf gegen Wasserscheu bei Menschen und Tieren erhalten, indessen bei wiederholten Versuchen den Erwartungen nicht entsprochen. Vielleicht ist die von Dr. Asmus in Schlawe enthüllte Zusammensetzung des Thömerschen Geheimmittels zweckmäßiger; dasselbe enthält neben 2 Unzen roter Enzianwurzel ebensoviel präparierte Krebssteine, 1 Unze roten Bolus und ½ Unze Myrrhengummi.

In der Tierheilkunde kann die Enzianwurzel namentlich bei Überfütterungskolik, besonders wenn dieselbe oft wiederkehrt und weniger in wirklichem Überfüttern als vielmehr in allmählicher Ansammlung der Futtermassen in den Gedärmen begründet ist; ebenso in den späteren Stadien der Gelbsucht und Fäule der Schafe und des Rindviehs, bei Unverdaulichkeit, wenn der Kot groß geballt, in großen Klumpen und mit Schleim überzogen abgeht, bei Schleimfieber, bei Würmern etc. gebraucht werden; bei entzündlich gastrischen Zuständen haben zuweilen der Bitterklee und die übrigen schwächeren Mittel den Vorzug vor dem Enzian. Man gibt Pferden und Rindern gegen 15-30, Schafen, Ziegen und Schweinen 4-12 g, Hunden und Katzen 0,6-4,0 g. Die Anwendung geschieht teils in Pulverform, besonders bei Pferden und Schafen (in den sog. Freßpulvern und Lecken), teils in Pillen und Latwergen, teils im Aufguß oder im Decoct; letzteres besonders beim Rindvieh. Im Pulver ist zwar die Wurzel sehr wirksam, die Tiere verderben sich aber dadurch mehrenteils sehr bald den Geschmack und dadurch auch den noch vorhandenen Appetit. Man verbindet die Enzianwurzel nach Erfordernis auch mit abführenden Salzen. Äußerlich benutzt man das Enzianwurzelpulver zuweilen zum Einstreuen in üppig granulierende, schlaffe, stark jauchende Wunden und Geschwüre, besonders wenn dieselben zugleich durch Insektenmaden verunreinigt sind. Man versetzt es hierzu auch mit Kohlenpulver und Eichenrindenpulver zu gleichen Teilen, oder auch mit der Hälfte Zinkvitriol oder Alaun oder mit dem achten Teil Kampfer oder rotem Präzipitat etc. Ebenso kann man bei Wunden und Geschwüren von jener Beschaffenheit auch ein Enziandecoct (1 Teil Wurzel zu 8-10 Teilen Wasser) benutzen.

Die Anpflanzung des roten E. *(G. lutea)* geschieht durch Samen. Man bereitet im Halbschatten ein Beetchen von Heide- oder sonstiger Lauberde, drückt die Erde fest, sät den Samen darauf, drückt ihn fest und bedeckt ihn leicht oder gar nicht. Darauf wird das Beet mit Moos belegt und häufig gegossen. Nach einigen Wochen, wenn die Pflänzchen erscheinen, entfernt man das Moos nach und nach, legt aber etwas Reisig als Schatten auf die Saat. Die Pflänzchen werden noch klein auf ein anderes Beet mit lockerer Erde 2-3 Zoll voneinander verpflanzt und bleiben hier bis zum 1-½ Fuß weit in gewöhnlichen Garten- oder Feldboden an trockene Stellen gepflanzt, der aber rigolt und wie zu Meerrettich zubereitet sein muß, weil die Wurzeln 3 Fuß tief eindringen und nur in gelockertem Boden vollständig ausgegraben werden können. Aus diesem Grund ist auch der Anbau des E. auf steinigem Boden ganz unzweckmäßig. Er wächst zwar fast in jeder Bodenart, scheint jedoch in Kalkboden vorzugsweise zu wuchern. Der Anbau des purpurroten E. ist nicht zu empfehlen; ebenso verspricht der Anbau des stengellosen E. nicht viel Gewinn.

Eppich ☞ **Sellerie**

Erbse *(Pisum)*, Gattung der Schmetterlingsblütler. Es scheint drei Hauptarten der Erbse zu geben. Die Felderbse *(P. arvense)* hat gedrückte, marmorierte Samen und violette und purpurne Blumen. Diese Art gedeiht häufig auf unseren Feldern als Unkraut, spielt aber auch oft im »Gemenge« des Landwirs, einer Mengung verschiedener Futterkräuter, eine Rolle. *P. elatius M. B.* hat runde, marmorierte Samen und ebenfalls rötliche Blumen. Diese Art wächst am Kaukasus und ab und zu im mittelländischen Gebiet, z. B. in Istrien, auf Korsika, Sardinien. *P. sativum* ist unsere gemeine Erbse. Sie hat einfärbige, bräunlich gelbe Samen und weiße, selten hellrosige Blumen. Die Heimat dürfte der Orient sein. Die zahlreichen Abarten teilt man zunächst in Zucker- und Pahlerbsen. Die Zuckererbsen *(P. saccharatum)* haben eine sehr weiche zarte Hülse, so daß man Hülse und Kern gleichzeitig genießt. Die Pahlerbsen nennt man auch Kneifelerbsen, Läufererbsen. Von ihnen speist man die Hülsen gar nicht oder doch nur ganz jung, weil das Fleisch derselben hart, bald fade schmeckend ist, auch bei den meisten Sorten die Trennung der pergamentigen Innenpartie bald sehr erschwert ist. Die Verwendung der Erbsen im Haushalt ist bekannt. Die Chinesen pflegen aus Erbsenstoff einen wirklichen Käse *(Tofu)* zu bereiten. Die eiweiß- und fettreiche Erbswurst hat sich im letzten deutsch-französischen Krieg als ein bei großer Muskelarbeit vorzügliches Nahrungsmittel bewährt.

Erbsenstrauch *(Caragana)*, Gattung der Schmetterlingsblütler. Der blaßgelbe E. *(C. flavescens)* ist ein kleiner Strauch von 1' Höhe. Die Blätter sind aufrecht, blaßgrün, die Blütenstiele aufrecht, die Blüten weiß. Im nördlichen China. Die dicke, einfache, holzige, blaßgelbe und bittere Wurzel gilt daselbst für ein sogenanntes treibendes und fieberwidriges Mittel. Der baumartige E. *(C. arborescens)* ist ein sibirischer, doch sehr häufig in Europa angepflanzter, ansehnlicher Strauch mit gelben Blüten. Man benutzt ihn wie die weiße Akazie; auch besitzt die Wurzel ebenso einen angenehmen Geruch und Geschmack, beinahe wie gutes Malz. Bei dem Zwerg-E. *(C. pygmaea)* schmeckt die Wurzel gleichfalls süß, dem Süßholz ähnlich.

Erdapfel ☞ **Nachtschatten**

Erbeerbaum *(Arbutus)*, Gattung der Heidegewächse. Der gemeine E. *(A. Unedo)* hat einen aufrechten, 4-5 Fuß hohen, sehr ästigen Stamm mit brauner, rissiger Rinde; die Blätter sind 2-3" lang, 10-15"' breit, stumpf oder spitz, länglich-lanzettlich, oben glänzend, dunkelgrün, unten blässer; die Rispen vielblütig, die Blumenkrone 5"' lang, eikegelförmig, weißlich und an der Spitze grünlich oder schwach rötlich, wohlriechend, innen behaart; die Frucht von der Größe einer Garten-Erdbeere, scharlachrot, erst beinahe nach einem Jahr reifend. An steinigen, trockenen Stellen im südlichen Europa, aber auch in Irland. Die fade-süßen, vor der völligen Reife sehr zusammenziehenden Beeren dieses Strauches werden (meistens nur von Dürftigen) gegessen; doch sollen sie nicht ganz frei von narkotischen Eigenschaften sein; in Korsika bereitet man auch einen Wein und in Italien einen vortrefflichen Alkohol daraus. Rinde und Blätter sind adstringierend und gegen Diarrhöen im Gebrauch; früher wurde auch das aus den Blüten destillierte Wasser als ein schweißtreibendes Mittel angewendet. Gegessen werden auch die Früchte von dem orientalischen E. *(A. Andiachne)* und von dem ganzblätterigen E. *(A. integrifolia)* in Griechenland und im Orient, wie jene von dem spitzigen E. *(A. mucronata)* als die letzte Gabe, welche die Natur an der Magelanstraße bietet.

Erdbeere *(Fragaria)*, Gattung der Rosengewächse. Von den Arten, welche sämtlich Ausläufer haben, sind folgende: Die gemeine E. *(F. vesca)* hat Blütenstiele mit angelegten Haaren, einen bei der Fruchtreife gespreizten oder abstehenden Kelch und eine Scheinbeere, welche bis zum tiefen Grund mit Nüßchen besetzt ist. Die eiförmigen Blättchen sind auf der Unterseite weißlich und am Rande gesägt; die seitlichen sind sitzend, das mittlere ist bisweilen gestielt. Die seltsamste Abart ist die einblätterige E. *(F. monophylla)*, bei der nur das Endblättchen entwickelt ist. Eine sehr verbreitete Abart ist die immerblühende E. *(F. semperflorens)*, sie ist kleiner und hat einen spitz kegelförmigen Fruchtboden, blüht den ganzen Sommer und Herbst hindurch. Die Kronen-E. *(F. vesca botryformis)* ist eine Sprößlinge treibende Monstrosität. Eine zweite Art ist die Knack-E. *(F. collina)*, auch sie hat anliegende Haare am Blütenstiel; allein der Kelch liegt der Erdbeerenscheinfrucht, welche nicht abfällig ist, an, und die Nüßchen derselben gehen nicht bis zum Grund. Die Scheinfrucht ist hart, schmeckt aber sehr gut. Eine dritte Art ist die große Walderdbeere, rauhe E. *(E. magna, s. elatior)*, bei der die Nüßchen ebenfalls nicht bis zum Grunde der Scheinfrucht gehen; sie wächst in Wäldern Europas und Nordasiens. Berühmt ist ferner die Ananas-E. *(F. grandiflora)*, sie hat wenige Nüßchen auf der unregelmäßigen, sehr großen, oft fast gelappten Scheinfrucht, welche meist breiter als hoch, deren Gestalt aber meist ziemlich wässerig ist. Außerdem hat sie das Ansehen der Walderbeere. Die Chile- oder Riesenerdbeere *(F. chilensis)* ist durch Fehlschlagen der Geschlechter immer zweihäusig; sie ist durch stark seegrüne, dickliche Blätter, deren seitliche Blättchen schief sind, eigene grobe, oft stumpfliche Kerbzähne, große Blüten und sehr starke seidige Behaarung ausgezeichnet. Die Scheinfrüchte ähneln denen der vorigen, doch sind sie etwas mehlig. Die virginische E. *(F. virginiana)* ist ebenfalls oft durch das Fehlschlagen zweihäusig. Die Scheinfrucht hängt über und ist tiefgrubig bei spitz-eiförmiger Gestalt. Sie schmeckt etwas wässerig und ist in Nordamerika stark verbreitet. Die Wurzelstöcke und das Laub der Erdbeerpflanzen galten vormals als zusammenziehendes Mittel bei Ruhr, Blutflüssen etc. Aus den jungen Erdbeerblättern bereitet man Tee. Die Früchte hat man als ein erfrischendes Nahrungsmittel stets hochgehalten. Vormals glaubte man bei Steinleiden, Gicht, Schwindsucht von ihnen großen Vorteil zu ziehen, und der Botaniker Linné brauchte in seinen späteren Jahren pünktlich seine Erdbeerenkur.

Erdbeerspinat *(Blitum)*, Gattung der Gänsefußgewächse. Die Arten sehen dem Spinat ähnlich und haben spießförmige Blätter. Der Schminkerdbeerspinat *(B. capitatum)* ist ein einjähriges Gewächs mit dreieckig-spießförmigen Blättern, welche nur wenige Zähne haben. Der gemeine E. *(B. virgatum)* ist ebenfalls einjährig. Die Blätter sind tief buchtig gezähnt. Beide Arten hat man sehr oft in Gärten gezogen. Ab und zu findet man sie auf Schutt. Den ganzen Herbst bis zum Frost prangen die Pflanzen mit prächtigen, glänzenden roten Erdbeeren, die zu sehen sehr angenehm, zu kosten umso unangenehmer ist, da sie sehr fade schmecken.

Erdbirne ☞ **Sonnenblume**

Erdeichel *(Arachis)*, Gattung der Schmetterlingsblütler. Die unterirdische E. *(A. hypogaea)*, Erdpistazie, Mandubibohne, hat eine faserige Wurzel mit kleinen, erbsenartigen Knöllchen. Der Stengel ist vielfach verzweigt und hat bis 5 Fuß lange Zweige mit weichen Haaren. Die Blätter sind zweijochig, die Blättchen oval, bald an der Spitze gerundet, bald ausgerandet, oben dunkel, unten hell, fein behaart. Im tropischen Amerika einheimisch und jetzt überall in den heißeren Erdstrichen, zum Teil selbst im südlichen Europa kultiviert. Blüht dort fast stets, bei uns vom Juni bis August. Die Samen schmecken süß, doch nebenbei auch etwas bohnenartig und enthalten viel Öl; man genießt sie in den Tropenländern häufig teils roh, teils zubereitet und macht eine Schokolade aus ihnen; das Öl derselben braucht man in der Haushaltung und als Heilmittel ganz so wie das Oliven- oder Mandelöl. Man hat dieses Öl auch zur Seifenbereitung angewendet und gefunden, daß das schöne Öl mit dem Olivenöl konkurrieren kann.

Erdkraut *(Geophyla)*, Gattung der Krappgewächse. Das nierenförmige E. *(G. reniformis)* ist eine zarte, 3" hohe, einfache, vierblätterige Pflanze mit kriechenden Ausläufern, die in Entfernungen von 2-3" neue Pflanzen hervorbringen. Die Blätter sind 9-12 Linien lang, ebenso breit oder breiter als lang, stumpflich oder spitzlich, denen des März- oder Sumpfveilchens ähnlich, die untersten lang gestielt, bei den übrigen sind die Blattstiele immer wenigstens so lang als die Blätter; die Blüten klein, weiß, die Beeren rot. An schattigen, feuchten Stellen in Westindien und Südamerika. Diese Pflanze gehört zu den brechenerregenden Heilmitteln. Das verschiedenblätterige E. *(G. diversifolia)* ist der vorigen ähnlich und wird in Malabar mit Molken gekocht gegen Diarrhöen, in Öl gekocht bei Augenkrankheiten gebraucht.

FIG. 44

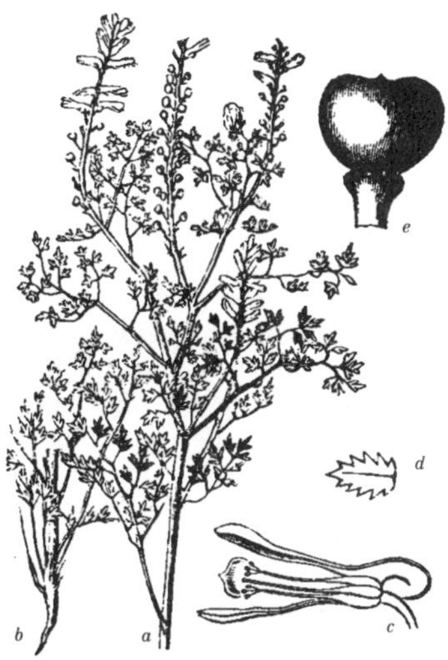

DER GEMEINE ERDRAUCH: a) ein Stengel in 1/2 natürlicher Größe, b) der untere Teil desselben, c) eine geöffnete Blüte, zweimal vergrößert, d) ein Kelchblatt in derselben Vergrößerung, e) eine Kuß viermal vergrößert.

Erdrauch *(Fumaria)*, Gattung der Fumariaceen. Der gemeine E. *(F. officinalis)* (FIG. 44) hat eine dünne, braune Wurzel und einen oft weit über Fuß hohen Stengel mit scharfen Kanten. Die Blätter sind dreifach fiederteilig mit länglichen Lappen, die am Grunde keilig sind. Die Blütenstände stehen endständig und achselständig. Die Kelchblätter sind breiter als ihre Stielchen und dreimal kürzer als die Blume, die Nüßchen aber sind quer und oben wenig ausgerandet. Gemein auf bebautem Boden in fast allen Weltteilen. Im frischen Zustand hat der E. einen widerlichen, einigermaßen narkotischen Geruch, der beim Trocknen sich verliert; der Geschmack ist salzig bitter, etwas scharf. Er gehört zu auflösend tonischen Mitteln und reiht sich zunächst an den Löwenzahn an. In mäßigen Gaben befördert er die Verdauung; stärkere Gaben verursachen Kolikschmerzen, Durchfall und bewirken eine Vermehrung des Harns. Man wendet ihn an zur Unterstützung des Vegetationsprozesses und Beförderung der Ab- und Aussonderungen bei chronischen und atonischen Leiden der Unterleibsorgane, bei Verstopfungen, auch in Folge vernachlässigter Wechselfieber und gegen diese selbst in Folge der Verstopfung, bei Stockungen im Pfortadersystem, demgemäß bei Gelbsucht, Hypochondrie, Hysterie, Hämorrhoiden, mangelndem Monatfluß, gegen Hautachexien (Flechtenkrätze), chronische Leiden der Schleimhäute, Blennorhöen, chronischen Lungenkatarrh, Schwindsucht. Man gibt den frisch ausgepreßten Saft zu 1-4 Unzen täglich allein oder mit anderen Kräutersäften und Molken. Selten gibt man das Decoct oder den Aufguß des trockenen Krautes, ½ Unze bis 6 Drachmen auf 6 Unzen Kolatur, innerhalb 24 Stunden zu verbrauchen. Das gebräuchlichste Präparat ist der wässerige Auszug *(Extr. Fumariae)*, der meist auf die Weise bereitet wird, daß das getrocknete Kraut mit siedendem Wasser aufgegossen, längere oder kürzere Zeit mazeriert und die Kolatur abgedampft. Man nimmt 1 Quentchen des Tages und zwar in Pillen oder in Mixturen.

Der Same wird im Frühjahr dünn breitwürfig gesät und liefert bis zum Juli taugliche Pflanzen.

Erdscheibe *(Cyclamen)*, Gattung der Primelgewächse. Die gemeine E. *(C. europaeum)*, Erdbrot, Schweinebrot, hat einen dicken, meistens stark niedergedrückten, selten fast rundlichen, innen weißen, außen braunen Wurzelstock, langgestielte, rundliche, aderige, oben glänzend grüne mit leichter Zeichnung, unten schmutzige, purpurrote, gewöhnlich gegen den Rand weißgefleckte Blätter. Die Blumen sind schön rötlich oder weiß und rot, die Läpplein der Blumenmündung nach oben hinaufgestülpt, sie stehen auf langen Stielen und kommen aus der Wurzel. Die Frucht ist eine beerenartige Kapsel. An trockenen, schattigen Stellen und in Bergwäldern des mittleren und südlichen Europas (geht nicht über den 50. Grad nördl. Breite). Blüht im August, September. Die Wurzel schmeckt im frischen Zustand zuerst schleimig, dann bitterlich und beißendscharf, bringt Erbrechen, heftiges Purgieren, auch Abortus und überhaupt alle Erscheinungen der scharfen Gifte hervor, verliert jedoch ihre Schärfe zum Teil durchs Trocknen. Sie war früher bei großer Trägheit des Darmkanals, Stockungen im Unterleib, gegen mangelnden Monatsfluß, noch häufiger äußerlich zur Zerteilung von Drüsenanschwellungen, krebsartigen Geschwülsten, auch gegen den Kropf gebräuchlich und eine daraus bereitete Salbe ist es noch jetzt im südlichen Europa. Da ihre Schärfe flüchtiger Natur ist und sich durchs Rösten ganz verliert, so wird sie in einigen Gegenden auch gegessen und soll dann angenehm kastanienartig schmecken. Die übrigen Arten besitzen ganz dieselben Eigenschaften.

Homöopathie. *Cyclamen europaeum* paßt bei akuten und chronischen Hautausschlägen, gichtischen stechend-bohrenden Zahnschmerzen, häufigem Niesen mit einem starken Schleimfluß. Nach Dr. Eidken in Wien wurde es angewendet: beipsuationsstörungen, spärlichem oder unregelmäßigem Monatsfluß, Bleichsucht und fast durchgängig mit Erfolg. Einige Fälle von Schwindel und Kopfschmerz, als Überrest vorausgegangener Erkrankungen, und ein Fall von Schielen bei einem 2½jährigen Knaben fanden ebenfalls ihre Heilung durch die Erdscheibe.

Gabe: 1-2 Tropfen der 1., 2. Verdünnung je nach Umständen in längeren oder kürzeren Zeiträumen wiederholt. (Des flüchtigen, scharfen Stoffes wegen, den die Wurzel enthält, ist es nötig, nur frische, nicht getrocknete Knollen zu bereiten und etwas mehr Weingeist zuzugießen, um der leicht erfolgenden Zersetzung und der Ablagerung einer weißen Masse vorzubeugen.)

Diese Pflanze kommt bei uns unbedeckt im Freien fort, doch ist es gut, die Erde im Winter mit Laub zu bedecken. Junge Pflanzen zieht man aus Samen, den man sogleich nach der Reise in lockerer Erde, am besten in Töpfe oder Samennäpfe sät. Im Anfang bedürfen die jungen Pflanzen Lauberde, später mit Lehm und Steinen vermischt. Der Boden muß trocken und daher, wenn er feucht ist, mit einer Steinunterlage zum Abzug der Feuchtigkeit versehen sein. Der Anbau zu medizinischen Zwecken wird von H. Jäger nicht als einträglich empfohlen, indem der Gebrauch frischer Knollen selten vorkommt.

Erle *(Alnus)*, Gattung der Birkengewächse. Die gemeine E. *(A. glutinosa)*, Eller, Schwarz-E., Kleb-E., ist 30-60 Fuß hoch, mit schmutzig-rötlichen, getüpfelten, jungen Ästchen; fast runden, ungleich gesägten, kahlen, in der Jugend sehr klebrigen Blättern. Gedeiht in der gemäßigten Zone an feuchten Stellen in Sümpfen, an den Ufern der Gewässer und blüht vom Februar bis März. Die bittere und adstringierende Erlenrinde war früher, sowie auch die Blätter offizinell; letztere sind auch noch jetzt bei Geschwüren, Geschwülsten, zur Vertreibung der Milch bei nicht stillenden Wöchnerinnen, gegen Hüftweh und Lähmungen, sowie zur Herstellung unterdrückter Hautausdünstung etc., wie die Birkenblätter häufig gebräuchliche Volksmittel. Viel bedeutender aber ist die Anwendung der Rinde ihres großen Gehaltes an Tannin wegen, sowie auch der Blätter und Zapfen zum Gerben, Braun- und Schwarzfärben und des Holzes vorzugsweise für Wasserbauten. Die graue E. *(A. incana)* oder die sogenannte Weiß-E. findet sich vom Norden bis zum Süden Europas ebenso, wenngleich in manchen Ländern etwas seltener vor. Die Rinde und die Zapfen werden ebenso wie jene der vorigen Art verwendet.

Erve *(Ervum)*, Gattung der Schmetterlingsblütler. Die knotenfrüchtige E. *(E. Ervilia)* hat einen fußhohen, meist kahlen Stengel, paarig-gefiederte, stachelspitzige Blätter, 1-3blütige, blattwinkelständige Blütenstiele und eine weißliche und fleischrote Blume. Der Genuß der dreieckigen Samen soll schädlich sein, doch wurde er früher äußerlich gegen Hautflecken, Ausschläge, böse Geschwüre, Drüsen-Verhärtungen, innerlich gegen Harnbeschwerden, Anschoppungen, Verschleimung der Lungen gerühmt.

Esche *(Fraxinus)*, Gattung der Ölbaumgewächse. Die gemeine E. *(Fr. excelsior)*, auch Asche, Aesche, Wundholzbaum, Langespe genannt, ist ein ansehnlicher Baum mit graubrauner, glatter, erst im Alter rissiger Rinde, mit dicken Zweigen und großen, schwarzen Knospen. Die gegenständigen Blätter sind unpaarig (9-15zählig) gefiedert, die länglich-lanzettlichen Blättchen ungleich gesägt. Die unscheinbaren (kelch- und kronenlosen) Blüten kommen in kleinen, gedrungenen Rispen aus den Seitenknospen der jüngeren Zweige hervor. Die Blüten sind teils vollkommen, teils unvollkommen. Die 1-1½ Zoll lange Frucht ist einsamig. In Wäldern der Ebene und auf Bergen im mittleren und südlichen Europa sowie im nördlicheren Asien; wird auch häufig angepflanzt, wodurch mehrere Spielarten entstanden, deren richtigste die sogenannte Hänge-E. *(Fr. pendula)* mit nach Art der Trauerweide herabhängenden Ästen; dann die krause E. *(Fr. atrovirens)* mit schwarzgrünen, verkrüppelten, faltig-gekrausten Blättern und die am fremdartigsten aussehende, nur ungeteilte, eiförmige Blätter tragende *Fr. simplicifolia* sind. Blüht im April und Anfang Mai. Von diesem Baum hatte man sonst Rinde, Blätter und Früchte in den Apotheken; erstere ist geruchlos, schmeckt bitter schleimig oder zusammenziehend und wurde als ein Surrogat der China vorzüglich gegen Wechselfieber oder auch als ein stärkendes Mittel gegen Würmer und bei beginnender Wassersucht, auf ähnliche Weise und gegen Nierenkrankheiten auch der Samen gebraucht; viel seltener wendete man dagegen (meistens nur als Wundmittel) die Blätter an. Letztere dienen übrigens als Viehfutter, die Rinde zum Gerben und Scharz- oder Blaufärben; das Holz aber ist vorzüglich für Wagner, Tischler, Drechsler etc. sehr brauchbar und gibt auch viel Pottasche.

Escallonie *(Escallonia)*, Gattung der Escalloniaceen. Die harzige E. *(E. resinosa)* ist ein Bäumchen von 15-18' Höhe, mit einer grauen Rinde, dicht stehenden, stumpfen, kurz-stachelspitzigen, unterseits seegrünen Blättern und weißen Blumenblättern. Blüht in Peru von Januar-März. Die harzreichen, wohlriechenden, jungen Äste werden dort als ein tonisches Heilmittel angewendet. Die rote E. *(E. rubra)* wächst in Felsenspalten in Chile und wird dort auf gleiche Art als Heilmittel benutzt.

Esenbeckie *(Esenbeckia),* Gattung der Diosmaceen. Die fieberwidrige E. *(E. febrifuga)* ist ein Baum von 30-40' Höhe, mit einer länglichen, vielteiligen Krone. Die Rinde ist glatt, gelblichgrau, an den jungen, eckigen Ästen rötlich und etwas flaumhaarig; die Blätter sind gegenständig, auf 1½-2" langen, oben rinnigen, flaumhaarigen Stielen; die Blättchen 2-4½" lang, ½-2" breit, stumpf zugespitzt, ganzrandig, oberseits dunkelgrün, unterseits blässer, durchscheinend punktiert. In Bergwäldern des östlichen Brasiliens blüht im Februar, März. Die Rinde dieses Baumes, welcher in Brasilien den Namen *Laranjero de Mato vel Tres folhas vermellas* führt, steht der Angusturarinde am nächsten, ist sehr bitter und eines der ausgezeichnetsten, sehr häufig gebräuchlichen Arzneimittel jener Gegenden, dessen Wirksamkeit von einem eigenen, höchst bitteren Alkaloid *(Esenbeckin)* bedingt ist. Sie wird jetzt auch nach Europa gebraucht, kam aber auch schon früher als brasilianische China im Handel vor, und da man dieselbe von den Ästen sowohl als auch von dem Stamm sammelt, so trifft man bald dünnere, bald dickere Stücke davon an. Die Zwerg-E. *(E. pumilis),* eine andere brasilianische Art, soll dieselben Heilkräfte besitzen.

Esparsette *(Onobrychis),* Gattung der Schmetterlingsblütler. Die gemeine E. *(O. sativa)* ist ein perennierendes Gewächs mit dicker, holziger, oft mehrköpfiger Wurzel. Die rundlichen Stengel sind gestreift, oft rötlich angeflogen und mehrfach verzweigt. Die Blätter sind unpaarig gefiedert. Die Blättchen sind lineal-lanzettlich, zugespitzt, unterseits mit seidigem Überzug. Die Nebenblätter sind dreieckig zugespitzt. Vormals war diese Pflanze offizinell und gegen Harnverhaltungen im Gebrauch; auch gehören die jungen Blätter unter die Unzahl der empfohlenen Tee-Surrogate. Berühmt und beliebt ist sie als Futterpflanze. Man mäht sie dreimal im Jahr, und oft ist sie selbst im Winter grün. Die Blumen sind honigreich. Alles Mastvieh, Pferde, Esel auch Gänse nehmen das Heu sehr gern

Espe ☞ **Pappel**

Eugenie *(Eugenia),* Gattung der Myrtineen. Micheliss E. *(E. Michelii)* ist ein zierlicher Baum mit einem 15' oder darüber hohen Stamm und einer sehr ästigen, rundlichen Krone. Die Blätter sind kurz gestielt, eiförmig oder eilanzettlich, spitz und mit der Spitze meistens nach einer Seite gekrümmt, an der Basis abgerundet, in der Jugend purpurbraun; die Blüten weiß; die Beere einsamig, kugelig, kirschengroß, außen und innen rot. In Brasilien einheimisch und dort so wie auf den Antillen kultiviert. Blüht vom Januar bis März. Die lieblich riechenden und wohlschmeckenden Früchte werden nicht nur häufig gegessen, sondern auch als ein kühlendes, erfrischendes Heilmittel angewendet; auch bereitet man daraus ein weinartiges Getränk, einen Sirup, Essig, u.s.w. Die schmalblätterige E. *(E. angustifolia)* wächst auf Haiti. Die Wurzel und die Samen sind sehr scharf-aromatisch und werden gegen Zahnweh und Zungenlähmung gekaut, innerlich aber bei stark gesunkener Lebenskraft, sowie bei soporösen und lethargischen Zuständen angewendet; ein aus den Blättern und den übrigen Teilen bereiteter Breiumschlag dient zur Verminderung schmerzhafter Nachwehen. Die rundlichblätterige E. *(E. Cheken),* in Chile einheimisch, ist dort ein Hauptmittel bei entzündlichen und vielen anderen Krankheiten der Augen; vorzüglich wendet man den Saft der Äste und Ästchen mit Wasser vermengt an. Die Rinde dient gegen Diarrhöen und zu Bädern gegen rheumatische und andere Schmerzen. Die wohlriechende E. *(E. fragrans)* ist ein Baum von 40' Höhe, der auf den Bergen in Jamaika wächst. Die brüchigen Blätter enthalten einen balsamischen, wohlriechenden Saft und werden äußerlich bein Kontusionen, Wunden und Geschwüren, innerlich aber bei Magenbeschwerden, Schwäche des Darmkanals, gegen Diarrhöen benutzt; auch die Blüten sind äußerst wohlriechend. Die doldentraubige E. *(E. corymbosa)* ist ein schlanker Baum Ostindiens von 30' Höhe mit grauer Rinde. In Malabar braucht man die Wurzel gegen mancherlei Krankheiten der Augen und Augenlider; die Blätter sind geruchlos und schmecken herbsäuerlich.

Euphorbienharz ☞ **Wolfsmilch**

Exostemme *(Exostemma),* Gattung der Rubiaceen. Die caraibische E. *(E. carabaeum)* ist ein Baum von 20-50', kahl; die Äste schlaff, stielrund, aschgrau, die jüngeren fast zusammengedrückt, kaffeebraun, ins rötliche, mit warzigen, aschgrauen Punkten; die Blätter dicht stehend, $1\frac{1}{2}$-2 Zoll lang, 9-12''' breit, kahl, auf 2-3''' langen Stielen; die Blüten zahlreich, wohlriechend, weißlich-fleischfarbig. In ganz Westindien, besonders auf den Karibien. Blüht vom Juni bis September. Die Rinde dieser Art sowie der 4 folgenden Arten ist auf den Antillen gleich den Chinarinden offizinell; in Europa waren früher auch mehrere bekannt geworden, wurden jedoch immer nur selten angewendet, da sie den echten Chinarinden doch nachstehen; nur die fiebervertreibende Kraft scheinen sie im gleichen Grad zu besitzen, bewirken aber leicht Erbrechen oder auch Purgieren. Die Rinde der eben beschriebenen Pflanze führt den Namen *Cortex Chinae caribaeus.* Die schmalbätterige E. *(E. angustifolium),* an felsigen Ufern der Flüsse von St. Domingo einheimisch, liefert die neue China, surinamische Fieberrinde, mit welcher Naninga zu beendam und beenhorst zu Zuidbrok Wechselfieber fast ebenso sicher heilten wie mit Chinin. Die kurzfrüchtige E. *(E. brachycarpum)* ist ein Baum von 20' Höhe, der in den Bergwäldern Jamaikas wächst und eine Rinde gibt, die in kleinen Gaben Wechselfieber heilt, in größeren aber Erbrechen verursacht. Die reichblütige E. *(E. floribundum)* ist ein schöner Baum von 30-40' Höhe, auf waldigen Bergen in Westindien. Unter allen der Gattung Exostemma angehörigen Rinden ist jene des eben erwähnten Baumes noch am bekanntesten in Europa. Obgleich nie offizinell, erhielt sie doch verschiedene Namen, nämlich: St. Lucienrinde, Bergchina oder China von Martinique. Der ekelhaft bittere Geschmack dieser Rinde ist von einem pseudokristallinischen, im Wasser fast unauflöslichen Stoff, dem Montain, abhängig. Zwei Gaben von 1 Gran desselben den Tag über gereicht, heilten Wechselfieber innerhalb 3 Tagen, während von dem Extrakt der Rinde 3 Gran gebraucht wurden. Größere Gaben erregen Erbrechen. Die peruanische E. *(E. peruvianum)* ist ein Bäumchen von 10-12', das auf den kolumbischen Anden in einer Höhe von 6000' wächst Auch ihre Rinde wird bisweilen zu demselben Zweck wie jene der anderen Arten gesammelt. Die feinspitzige E. *(E. cuspidum)* wächst in den Urwäldern Süd-Brasiliens. Die Rinde wird dort gesammelt und ist als Quina do Mato bekannt und gebräuchlich. Die südliche E. *(E. australi)* wächst ebenfalls in den Urwäldern des südlichen Brasiliens bis nach São Paulo. Die Rinde wird dort ebenfalls als Quina do Mato gesammelt.

F

Fabiane *(Fabiana),* Gattung der Nachtschattengewächse. Die ziegeldachartige F. *(F. imbricata)* ist ein Strauch vom Ansehen einer Tamariske, 15-18' hoch, mit zahlreichen, zerstreuten, rundlichen Ästen; die Ästchen sind kurz, sehr gehäuft und wie die Blätter dachziegelig. Letztere sind klein, schuppenartig, sitzend, eiförmig, konkav, ganzrandig, kahl, die Blüten lilafarbig. Wächst auf Feldern und an sandigen Ufern in Chile. Blüht im Dezember-Januar. Diese bittere und harzig riechende Pflanze ist in Chile als ein vorzügliches Mittel gegen eine gewisse Krankheit der Schafe und Ziegen (dort »Pizguin« genannt) berühmt.

Fachkolben *(Symplocarpus),* Gattung der Aroideen. Der stinkende F. *(S. foetida)* ist stengellos; die Wurzel bildet einen Wirtel langer, weiß und braun ringförmig gescheckter Fasern; die Blätter sind groß, herzeirund, stark rippig, konkav, seegrün, am Grund mit spatelig-zungenförmigen Scheidchen; die Blütenscheide, vor den Blättern sich entwickelnd, ist eirund, am Grunde ohrförmig, verschmälert, oben schief zugespitzt, schwarz-purpurrot, blaßgelb und grün gefleckt, schnell verwelkend. Der Kolben ist fast kugelig, halb so groß als die Scheide. Nordamerika. Blüht von April bis Mai. Die Wurzel, sehr scharf und widerlich, ist dort als *Radix Dracontii* offizinell; im krampfhaften Asthma und chronischen Husten ausgezeichnet wirksam.

Fackeldistel ☞ **Kaktus**

Fadengras *(Manisuris),* Gattung der Gräser. Das gekörnte F. *(M. granularis)* wächst zwischen den Wendekreisen der alten und neuen Welt. Die Halme sind 2-3' hoch, markig, ästig, fast halbstielrund, an der Seite der Äste abgeplattet und kahl, an der entgegegesetzten konvex und haarig. Die Blätter sind schmal zugespitzt, die Scheiden etwas aufgeblasen, viel kürzer als die Gliederstücke des Halmes; die Haare entspringen von kallösen Höckerchen. Die Ähren aus fast allen Blattscheiden hervorkommend, stehen meist zu 3-5 beisammen, sind dünn, wie gekörnt; die Früchte kugelig. Die Wurzel wird in Ostindien bei Anschoppungen der Unterleibsorgane, besonders bei Auftreibungen der Milz oder Leber gebraucht. Das ostindische F. *(M. Myurus)* ist der vorigen Art ähnlich und wird in Ostinden auf gleiche Weise gebraucht.

Fadentang *(Scytosiphon),* Gattung der Tangalgen. Der gemeine F. *(S. filum)* ist schlüpfrig, zäh, elastisch, trocken fast hornartig; bräunlich-olivengrün; 2-10 Schuh lang, von der Dicke einer Entenfeder. Sehr häufig in den meisten Meeren. Aus der Asche wird Kelp und Jodin bereitet.

Fächerfruchttang *(Sargassum),* Gattung der Tangalgen. Der gemeine F. *(S. vulgare)* findet sich in den meisten südlicheren Meeren und variiert stark. Er ist olivengrün, trocken schwarz. Die Blätter sind bräunlich, Stengel lang, Äste fast zweireihig, dünn, lederig-knorpelig; Blätter wechselnd, schmalspitz, etwas durchsichtig, häutig-knorpelig, fein durchbohrt, mehr oder weniger tief gesägt; Blasen achselständig. Früchte kurz, dichttraubig, fast ästig, oft gabelspaltig. Soll von Portugiesen und Engländern gegen Harnbeschwerden, Gries und Stein gebraucht werden. Gibt auch Jodin. Der beerentragende F. *(S. bacciferum)* hat ästigere Stengel und viel schmälere Blätter als bei der vorigen Art. Weder Wurzel noch Früchte dieser Pflanze sind bis jetzt bekannt geworden. Da man sie bisher immer nur freischwimmend im Ozean und große, dicht verwachsene Inseln bildend antraf, so scheint sie der obere, durch die Wellen losgerissene Teil einer am Grunde des Meeres wachsende Art (wahrscheinlich bloß von *Sargassum vulgare*) zu sein. Soll im Wasser geweicht und gekocht mit gutem Erfolg bei Harnbeschwerden angewendet werden. Die Amerikaner brauchen sie wie die vorige gegen den Kropf.

Fächerpalme *(Borassus),* Gattung der Palmen. Die gemeine F. *(B. flabelliformis)* ist in Südasien einheimisch und wird dort, sowie jetzt auch in anderen Weltteilen kultiviert. Der Stamm ist so hoch als bei der Kokospalme, aber dicker, an der Basis an 2' im Durchmesser, oben nur 1' dick; oft ist er in der Mitte dicker als oben und unten, oft auch gerade umgekehrt an der Basis und an der Spitze aufgetrieben.

Die Blätterkrone ist ziemlich reich, nach allen Seiten stehend; die Blätter an 4' lang, mit 70-80 rund herum im Kreise sich ausbreitenden, spitzen, steifen Lappen, die von verschiedener Länge und Breite, doch alle dergestalt gebogen sind, daß die ganze Blattfläche eine Art Kappe oder einen Schöpfeimer vorstellt. Die Blattstiele sind ebenfalls 4 Fuß lang und sehr dick, unterseits rund, oberseits glatt und rinnig ausgehöhlt, an den Rändern mit steifen, krummen Dornen besetzt. Die Früchte stehen in Büscheln beisammen, sind fast rundlich oder eirundlich, von der Größe eines Kinderkopfes, braungelb, später braunschwarz; ihre Kerne sind von der Gestalt und Größe der Enteneier, mit den Fasern des Fruchtfleisches stark verwachsen. Blüht und trägt vom 20. Jahre an und erreicht ein Alter von 200 Jahren. Diese Palme ist eine der nutzbarsten, denn aus den noch unvollständig entwickelten weibliche Blütenkolben wird ein sehr angenehmer Palmwein gewonnen, der teils als Getränk, teils als Arzneimittel dient, teils und vorzüglich sehr häufig wird dieser Saft abgedampft und daraus eine Art braunen Zuckers gemacht, welcher jenen, aus dem Saft der Zuckerpalme bereiteten, an Güte noch übertrifft. Dieser Zucker wird dort gewöhnlich als Zusatz zu Medikamenten und an Speisen verwendet, aber auch häufig für sich gegessen. Der Saft der männlichen Blütenkolben wird selten als Wein oder Zucker angewendet, wohl aber als Heilmittel bei Brust- und anderen Auszehrungskrankheiten, auch beim Blutspeien und bei der Ruhr getrunken. Selten wird aus dem Mark des Stammes eine Sago bereitet, da man den Baum seines Nutzens wegen schont und zwar umsomehr, als auch die Früchte im unreifen und reifen Zustand, der Saft der Fruchthülle sowohl als auch die Kerne selbst verschiedentlich zubereitet als Speise dienen; ferner auch die jungen Keime der Samen ein delikates Gemüse geben.

Faltenmorchel *(Helvella),* Gattung der Morchelpilze. Die gemeine F. *(H. esculenta)*, Stumpfmorchel, Stockmorchel, zu mehreren beisammen im Frühling in Wäldern, an moosigen Orten, besonders an den Rändern sandiger Wegen gefunden, wird 1-3 Zoll hoch, mit weißlichem, weichem, leicht zerbrechendem Fuß, 1-3 Zoll breitem, braunem, runzlichem, unförmlich aufgeblasenem Hut, ist eßbar, doch sind alte, wurmstichige, schlechtgetrocknete Morcheln schädlich.

Faltenpilz *(Cantharellus),* Gattung der Hutpilze. Der gemeine F. *(C. cibarius),* Eierschwamm, Pfifferling, ist dottergelb, der Strunk zentral, innen dicht, am Grunde dünner; der Hut ist flach und eingedrückt, am Rande verbogen, kahl; die Falten schmal, dick, ästig, weitläufig. Findet sich meist gesellschaftlich; von sehr verschiedener Größe, riecht frisch angenehm, schmeckt etwas stechend pfefferartig. Gemein in Wäldern; wird häufig gegessen.

Fasel *(Dolichos),* Gattung der Schmetterlingsblütler. Die knollige F. *(D. tuberosus)*, Bataten-Bohne, hat eine knollenartige Wurzel, von der Größe eines Kindskopfes, mit einigen dicken, ebenfalls knollentragenden Fasern, außen braun, innen weiß. Stengel selten einzeln, hoch emportsteigend, oft fast so dick wie ein kleiner Finger, viereckig, ästig und gleich der ganzen Pflanze mehr oder weniger behaart. Blüten lilafärbig, ziemlich groß; Samen nierenförmig, zusammengedrückt, schwarz. Auf den Antillen. Blüht vom Mai bis August. Man genießt daselbst die stärkemehlreiche, rübenartigschmeckende Wurzel, sowie die Samen und wendet beide zu erweichenden, zerteilenden Umschlägen, eine Abkochung derselben auch gegen chronischen Husten und zu Klistieren an. Die sichelfrüchtige F. *(D. falcatus)* mit purpurblauen Blüten. Findet sich in Hekken und Gebüschen Ostindiens und blüht zur Regenzeit. Die Wurzel dient als ein Purgiermittel für Kinder. Die schmalfrüchtige F. *(D. Catjang)* ist in Ostindien einheimisch und dort sowie im südlichen Asien häufig (auch schon seit längerer Zeit in Südeuropa) im Großen angebaut. Blüht vom Juni bis August. Die Samen sind gleich den Mangobohnen ein Hauptnahrungsmittel in Indien und übertreffen auch in der leichteren Verdaulichkeit und im Wohlgeschmack die gewöhnlichen Bohnen, mit denen sie übrigens die medizinische Anwendung gemein haben. Auf gleiche Art werden noch viele andere Arten benutzt.

Faulbaum ☞**Wegdorn**

Federharzbaum *(Siphonia),* Gattung der Wolfsmilchgewächse. Der echte F. *(S. elastica),* Kautschukbaum, ist ein Baum von 50-60' mit einem 2½ im Durchmesser dicken, graurindigen Stamm. Die Äste sind lang und weit ausgebreitet, auch gleich den übrigen Teilen vollkommen kahl; die Blätter sind an den Enden der Ästchen spiralig, mit langen, rinnigen, an der Basis aufgetriebenen Stielen, die Blättchen selbst keilförmig, verkehrt-eiförmig, oben abgerundet, lederartig, ganzrandig, unbehaart, oberseits dunkelgrün, unterseits grauweiß und nervig. Die schlanken Blütenstände tragen kleine gelblichgrüne Blütenhüllen. Die unregelmäßig kugeligen Früchte sind braun und etwa so groß wie ein Taubenei. Wächst in Guiana und Brasilien. Der sehr scharfe Milchsaft, welchen alle Teile dieses Baumes nach Verletzungen von sich geben, liefert im trockenen Zustand den größten Teil des bekannten und zu vielen chirrurgischen Instrumenten ganz vorzüglich brauchbaren Kautschuks oder Ferderharzes *(Resina elastica, Gummi elasticum, Gummi Cautchouc).* Doch werden auch von Urticaceen, zahlreiche Ficusarten, *Castilleja elastica* (in Mexiko) und *Cecropia peltata* (im nördlichen Südamerika), von *Apocyneen Hancornia speciosa* (im mittleren Brasilien) benutzt. In Ostindien dient vorzugsweise *Ficus elastica*, auf Borneo und Sumatra die *Apocynee Ureola elastica*, auf Madagaskar *Dahea gummifera* aus derselben Familie zur Kautschukgewinnung.

Federkopf *(Lagoecia),* Gattung der Doldenpflanzen. Der kümmelartige F. *(L. cuminoides)* hat eine dünne, jährige Wurzel. Stengel ½-1' hoch, aufrecht, stielrund, feingerillt, kahl, nach oben etwas ästig. Blätter im Umriß lineal, kahl, mit 6-10paar sitzenden, eirunden, eingeschnitten-gezähnten, kleinen Abschnitten. Dolden klein, vor dem Aufblühen überhängend, später beinahe kugelig, von einer ansehnlichen, 8-10jährigen Hülle umgeben. Auf Äckern und in Weinbergen Griechenlands, ferner im ganzen Orient. Blüht im Juni, Juli. Die scharf aromatisch und stärker als der Kümmel schmeckenden Früchte dieser Pflanze kommen in ihren Heilmitteln ganz mit jenem überein.

Fegatelle *(Fegatella),* Gattung der Marchantiaceen. Der gebräuchliche F. *(F. officinalis)* oder das Leberkraut, bildet große, flache, schön grüne, dem Boden dicht anliegende Rasen, mit weißlichen, hervorstechenden, reihenweisen Punkten, unterseits mit fizigen Wurzelfäden; die Enden des Laubes sind zweilappig. Eine Fortsetzung des Stengels ist der ½-2" lange, weißliche Stiel, der den gelblich-grünen, später braunen Fruchtbehälter emporhebt. An feuchten, schattigen Orten, in Gebirgsgegenden häufig. Blüht im August, riecht eigentümlich angenehm, schmeckt etwas scharf; wurde sonst als auflösend, zerteilend, vorzüglich bei Leberkrankheiten gebraucht.

Feigenbaum *(Ficus),* Gattung der Urtocarpeen. Der gemeine B. *(F. carica)* ist ein Baum von sehr verschiedener Größe, im wilden Zustand nur klein, unansehnlich, wie gedreht, mit grauen, langen, ausgebreiteten Ästen, aus der stark, aber nur oberflächlich verzweigten Wurzel häufig neue Schossen treibend; durch Kultur wird er dagegen, besonders im Orient, ein Baum von 25-30', mit vielästiger, immer aber schlaffer, ausgebreiteter Krone; alle Teile desselben weiß-milchend. Die Blätter stehen auf den jüngsten meist behaarten Zweigen, sind gestielt und in der Regel bei herzförmigem Grund fünf- bis dreilappig mit stumpfen Lappen. Freilich sind sie auf manchen Bäumen ausnehmend vielgestaltig, so daß zahlreiche Formen, selbst ungeteilte vorkommen. Bei der kultivierten Pflanze finden sich nur weibliche Blüten. Nach der Blüte schwillt der Blütenkuchen immer mehr an, färbt sich bläulich, violett, rötlich, gelblich, weißlich oder blaßgrün, wird saftig und der scharfe bittere Milchaft desselben süß und wohlschmeckend. Wächst an Mauern, Felsen, sonnigen Plätzen in Südeuropa und Nordafrika, ist im ganzen Orient einheimisch und daselbst seit Jahrtausenden, wie heute in allen Weltteilen kultiviert, verträgt aber das Klima von Mitteleuropa nur bei zweckmäßiger Bedeckung im Winter. Besonders häufig und in mehreren hundert Varietäten wird der Feigenbaum in allen Ländern am mittelländischen Meer gepflanzt. Der wilde setzt dreimal, der kultivierte zweimal des Jahres seine Blütenkuchen oder sogenannten Früchte (Feigen), eine nach der anderen an und hat demnach fast das ganze Jahr hindurch Blüten oder Früchte. Schon seit den ältesten Zeiten sind die Feigen als erweichende, einhüllende, mild nährende Heilmittel bekannt. Man gibt sie besonders Kindern bei Entzündungen der Atmungsorgane und Kinderärzte wissen mit diesem und ähnlichen Mitteln das Vertrauen ihrer kleinen Patienten zu steigern. Äußerlich legt man sie ab und zu auf entzündete Stellen. Die alten griechischen Ärzte brauchten auch die einen ätzend scharfen Milchsaft enthaltenden Blätter des Feigenbaumes als Umschlag bei Entzündungen und Geschwülsten, Skorpionsstichen oder bei Wunden vom Biß wütender Hunde, dann bei Hautausschlägen, zur Vertreibung der Warzen u.s.w. sowie die unreifen Früchte äußerlich bei Krankheiten der Gebärmutter. Man hat im Handel besonders die kleine Frucht von Marseille, die lange große von Genua, die runde große von Smyrna. Der verschiedenblätterige F. *(F. heterophylla)* blüht und grünt wie die folgenden Arten das ganze Jahr in den Wäldern Ostindiens. Den geschmacklosen Milchsaft der Wurzel gebraucht man dort gegen Unterleibsschmerzen, die Blätter gegen Ruhr, die Rinde der Wurzel gegen Brustkrankheiten. Der Maulbeer-F. *(F. Sycomorus)*, Sykomore, ist ein großer Baum mit 40-50 Fuß hohem Stamm und großer, weiter, schlaffer Krone. Findet sich in Ägypten und im Orient und erreicht ein Alter von vielen hundert Jahren. Die Feigen von diesem Baum sind süß, etwas aromatisch und sehr wohlschmeckend. In Särgen aus dem fast unverweslichen Holz dieser Art finden sich die ägyptischen Mumien vor. Der steifhaarige F. *(F. hispida)* ist ein großer Baum mit dickem Stamm und zahlreichen wie gegliederten Ästen. In Wäldern Ostindiens und Javas. Man bedient sich auf Malabar der Früchte gegen Mundschwämmchen sowie einer Abkochung derselben als kräftig auflösend gegen Leberverstopfungen, auch der Rinde und Früchte zu Bädern bei Hautkrankheiten. Der amboinische F. *(F. amboinensis)* findet sich auf den Molukken, in schattigen Wäldern und Gebirgstälern. Den Milchsaft des Stammes gibt man dort Kindern, bei denen der Ausbruch der amboinischen Blattern bevorsteht, um diesen angeblich zu erleichtern, die etwas adstringierende Rinde gegen Fieber und Ruhr, sowie die Wurzel bei den üblen Folgen des Genußes giftiger Fische. Die Früchte werden roh und zubereitet vom Volk häufig gegessen, sind jedoch eine schlechte Nahrung. Der seerosenblätterige F. *(F. nymphaeaefolia)* findet sich in Westindien und Südamerika. Der Milchsaft dieses Baumes wird dort gemeinschaftlich mit jenem von *Ficus populnea, Cecropis pel-*

tata ect. zur Bereitung des Federharzes verwendet. Der indische F. *(F. indica)* ist ein schlanker Baum mit dichter, weiter Krone. Die Wurzel ist über und unten der Erde weit verbreitet. Wächst in Ostindien. Der Saft der Luftwurzeln wird dort als blutreinigend, auflösend, schmerzstillend, vorzüglich aber bei Leberkrankheiten verordnet. Die Pappelfeige *(F. religiosa)*, indischer Götzenbaum, hat Blätter wie die Schwarzpappel, aber mit lang ausgezogener Spitze. Ihr Laub bietet einen schönen Anblick beim Wind, wo jede Bewegung es zierlich kräuselt. Man zieht den berühmten Baum um die Pagoden Ostindiens. Das Decoct der Wurzelrinde dient daselbst bei galligen Fiebern und als blutreinigendes Mittel; die Rinde des Stammes als tonisch bei Zuckerruhr und äußerlich bei Geschwüren. Auf Timor soll sie mit Erfolg bei syphilitischen Krankheiten gebraucht werden. Numphs F. *(F. Rumphii)* findet sich auf allen südasiatischen Inseln, wo Rinde und Blätter bei Brustkrankheiten und Katarrhen als auswurfbefördernd gelten; Rinde und Früchte auch äußerlich bei Hautausschlägen als reizmindernd. Die Früchte dienen als Speise. Der aderige F. *(F. venosa)* mit dreinervigen, stark aderigen Blättern findet sich in den Bergwäldern Ostindiens. Das Decoct der Wurzel gilt als blutreinigend, auflösend, anticholerisch, ebenso der Milchsaft derselben und die Rinde der Äste; letztere wird auch äußerlich bei Geschwüren u.s.w. gebraucht; die Feigen sind adstringierend. Der zottige F. *(F. Gonia)* ist ein Baum von Ansehen des indischen F. und dauert mehrere Jahrhunderte. Die Rinde wendet man in Ostindien gegen Aphten und schlaffes Zahnfleisch, sowie innerlich als harntreibend bei Nieren- und Blasenkrankheiten an, die Wurzel und Rinde dagegen zu Bädern gegen Gicht und Aussatz. Der zitronenblätterige F. *(F. citrifolia)* ist in Westindien und Mexiko. Die Wurzel dient in Mexiko in der Abkochung als kühlend, lindernd, bei Fiebern, Brustkrankheiten, in größerer Gabe auch, um Erbrechen und Durchfall zu erregen, die Milch gegen Geschwüre. Der bengalische F. *(F. bengalensis)* wächst in Südasien. Die Blätter wendet man als auflösend gegen Wassersucht in Cochinchina, die Rinde als tonisch gegen Harnruhr in Ostindien an. Der Benjanen-F. *(F. Benjamina)* ist im ganzen südlichen Asien zu finden. Die Anwendung ist ganz so wie beim aderigen F. Die Rinde und Blätter des traubigen F. (F. racemosa) sind adstringierend und werden in Ostindien gegen Blutharnen und starken Monatsfluß angewendet. Der Fledermaus-F. *(F. Tsjela)* ist in den Bergwäldern Ostindiens einheimisch. Die Wurzelrinde milchig und von Geschmack etwas salzig, dient in Verbindung mit dem langen Pfeffer gegen veralteten Husten und andere Brustkrankheiten, sowie ihr Milchsaft und jener der Früchte gegen Augenkrankheiten; die Früchte sind eine besondere Lieblingsspeise für mehrere Arten von Fledermäusen, die daher in großen Scharen den Baum bewohnen. Der ätzende F. *(F. septica)* ist ein strauchartiger Baum, auf den Molukken und den anderen Inseln im indischen Archipel einheimisch. Der Milchsaft ist hier gelblich, dick, bitterlich und scharf, wird zur Erzeugung künstlicher Geschwüre an den Füßen der Wassersüchtigen, dann auch bei bösartigen Hautausschlägen, die milden Mitteln nicht weichen wollen, sowie beim Aussatz gebraucht, die jungen Blattknospen aber bei Verdunkelung der Augen; die nicht ganz reifen Feigen werden auch bisweilen, um Erbrechen und Purgieren zu erregen, genossen. Der wellenblätterige F. *(F. undulata)* wächst in Ostindien, wo die etwas adstringierende Rinde gegen Aphten, der Milchsaft aller Teile bei Wunden, Geschwüren, die Wurzel zu Bädern gegen den Aussatz gebraucht wird. Der scharfe Milchsaft des raspelblätterigen F. *(F. Radula)*, der in den Wäldern am Orinoco und Rio negro zu finden ist, dient den Ureinwohnern jener Länder als ein Wurmmittel. Der Polier-F. *(F. Ampelas)*, in Hainen und Wäldern in Ostindien und auf den ostindischen Inseln einheimisch, ist ein Baum von 30', dessen geschmack- und geruchlose, wenig oder gar nicht milchende Wurzel mit Essig als ein kühlendes, anticholerisches Heilmittel eingenommen wird; auch ebenfalls die geruch- und geschmacklosen Früchte sollen sehr kühlend sein. Die rauhen Blätter dieser und mehrerer anderer Arten werden zum Polieren und Scheuern hölzerner, hörnerner und aller Arten metallener Gefäße allgemein daselbst gebraucht. Der hohe F. *(F. excelsior)* ist einer der größten Bäume Indiens, dessen Stamm einen Umfang von 50' erreichen kann; vom Stamm gehen sowie von den Ästen zahlreiche Luftwurzeln zur Erde hinab. Das Decoct der Wurzel, welche einen weißen, dicklichen, an der Luft rot werdenden Milchsaft enthält, soll ein sehr gutes, kräftig auflösendes Mittel bei Leberanschoppungen und Verhärtungen sein, auch braucht man sie gegen Aphten, sowie den Saft der Blätter bei hitzigen Fiebern und die Früchte gegen Diarrhöen.

Zum Schluß dieser Gattung muß noch eines Produktes gedacht werden, das von mehreren der oben bezeichneten Arten und namentlich von *F. indica, F. religiosa, F. bengalis* und *F. Tsjela* etc. gewonnen wird und unter dem Namen Gummilack bekannt ist. Auf den eben genannten Feigenbäumen lebt nämlich die Lackschildlaus *(Coccus Lacca)* und zwar in so großer Menge, daß die Ästchen oft ganz rot bestäubt sind. Der ausfließende Milchsaft überzieht diese Tierchen, verhärtet dann an der Luft und kommt so als Gummilack in den Handel. Man kennt 4 Sorten davon: a) Stocklack *(Lacca in baculis)*; b) Körnerlack *(Lacca in granis)*; c) Klumpenlack *(Lacca in massis)* und d) Schellack oder Tafellack *(Lacca in tabulis)*. Die erste Sorte ist als ein gelind adstringierendes Mittel, doch meistens nur äußerlich bei Krankheiten des Zahnfleisches und des Mundes als Tinktur gebräuchlich; den Färbestoff der anderen Sorten wendet man teils als ein Surrogat der Cochenille, teils (und vorzüglich die letzte Sorte) zur Bereitung des Lack-Firnisses, besonders aber das Siegellacks, dann zum Kitten an.

Feigendistel *(Opuntia)*, Gattung der Kaktusgewächse. Die gemeine F. *(O. vulgaris)*, indische Feige, hat einen kriechenden, bis 8 Fuß langen, stark verästelten, gegliederten Stamm, eirunde, dicke, fleischige, kurze und büschelige, stachelige Glieder, blaßgelbe Blüten und rote, stachelige Beeren. In Westindien und im südlichen Teil der Vereinigten Staaten einheimisch, jetzt im südlichen Europa vollkommen verwildert. Blüht vom Juni bis August. Die Früchte werden häufig gegessen, schmecken aber (wenigstens in Europa) nur fade süß und haben übrigens gleich den anderen rotsaftigen Früchten in dieser Familie das eigene, daß sie den Harn blutrot färben. Die blattförmigen Stengelglieder sind eine der besten, erweichenden und zeitigenden Heilmittel und werden daher häufig äußerlich angewendet. In dieser Hinsicht kommen aber auch alle übrigen Arten dieser Gattung miteinander überein und haben zum Teil weit wohlschmeckendere Früchte, die oft als eine kühle, reizmindernde Arznei bei Fiebern u.a. Krankheiten gebraucht werden. Die bekanntesten unter den nächstverwandten sind: Die cochenilletragende F. *(O. coccinellifera)* oder Nopalpflanze, die in Südeuropa und Nordafrika in eigenen Plantagen wegen der darauf lebenden Scharlach-Schildlaus *(Coccus cacti)* gepflanzt wird; die indische F. *(O. indica)* ist in Westindien und in Nordamerika einheimisch und im südlichen Europa an Gartenzäumen häufig gepflanzt. Die netzförmige F. *(O. reticulata)* findet sich in Westindien, wo die Wurzelrinde den Negern als ein Purgiermittel und äußerlich gegen

Rheumatismus und Zahnschmerzen, der milchige Saft der Äste aber ebenfalls äußerlich gegen Würmer und Harnzwang dient.

Die Pflanze liebt sandigen Lehm und Steinunterlage, kann im Winter wochenlang trocken stehen und braucht jahrelang nicht umgepflanzt zu werden. Bei dem Gebrauch auf Wunden entfernt man erst sorgfältig die Stacheln.

Feigwarzenkraut *(Ficaria)*, Gattung der Hahnenfußgewächse. Das gemeine F. *(F. ranunculoides)*, Scharbockkraut, kleines Schöllkraut, hat eine Wurzel, die aus mehreren sehr ungleich großen, walzlichen oder meistens etwas keulenförmigen, glatten, fleischigen, außen bräunlich-grauen, innen weißen Knollen und dazwischen stehenden ziemlich langen Fasern besteht. Stengel einzeln oder mehrere aus einer Wurzel, nach allen Seiten ausgebreitet, gestreckt, mit den Enden aufwärts gebogen, ¼-1' lang, stumpfeckig, einfach oder ästig, gleich den übrigen Teilen vollkommen kahl, an den unteren Knoten mit gepaarten oder einzelnen weißlichen, kleinen, fast keuligen Knöllchen besetzt. Blätter stark glänzend-hellgrün, in der Mitte oft schwärzlich gefleckt, unterseits blasser, ¾-2" lang und fast ebenso breit, die untersten herzförmig, vorn abgerundet oder stumpf, am Rande eckig geschweift oder stumpf-gekerbt, die oberen kürzer gestielt, mehr eckig und spitz, bisweilen auch 3-5lappig, die obersten häufig gegenständig. Häufig auf Wiesen, in Obstgärten, an schattigen, feuchten Stellen, in Hainen und Wäldern von ganz Europa. Die Wurzel und das Kraut, *Radix et Herba Chelidonii minoris*, waren sonst als schleimauflösend bei mehreren Brustkrankheiten, ferner gegen Hämorrhoiden, selbst gegen Skorbut im Gebrauch. Erstere schmeckt etwas scharf, doch nur vor der Blüte, später wird sie mild und schleimig-mehlig; die Blätter haben einen wässerig-krautigen, etwas herbesalzigen, kaum scharfen Geschmack, werden bisweilen statt des Löffelkrautes eingesammelt, hier und da auch als Zugemüse oder Salat gegessen und kommen im Frühling häufig unter die Suppenkräuter.

Von einem förmlichen Anbau dieser Pflanze kann wohl keine Rede sein; wer aber ein Wäldchen oder auch nur Gartengebüsch hat, kann sie dort verwildern lassen. Wenn man nur 10 Knöllchen pflanzte, so würde man doch in einigen Jahren schon das ganze Gebüsch voll haben.

Fenchel *(Foeniculum)*, Gattung der Doldenpflanzen. Der gebräuchliche F. *(F. officinale)* hat einen aufrechten, ästigen, weiß gestreiften Stengel; die Blätter sind mehrfach gefiedert, mit schmal linienförmigen, bläulich-grünen Läppchen, die Blüten gelb in endständigen Dolden, die Samen gelblichgrau mit braunen Striemen. Wächst an bebauten und unbebauten, sonnigen Stellen im südlichen Europa; in Gärten kultiviert. Alle Teile des Fenchels riechen sehr angenehm aromatisch, schmecken ebenso aromatisch, zugleich aber süßlich; feine Wurzel, sowie die Früchte sind noch jetzt, wie es schon in den ältesten Zeiten der Fall war, offizinell und als aromatisch reizende Heilmittel bei Schwäche des Magens, bei Säureerzeugung der ersten Wege, bei zurückgehaltenen Winden, im Magenkrampf, in der Krampfkolik und Darmgicht, in den späteren Folgen der Metallvergiftung, bei Brustkrankheiten mit vermehrter Schleimabsonderung und zur Beförderung der Milchabsonderung im Gebrauch. Rosenstein empfiehlt zu diesem Behufe eine Abkochung in Milch und ein Pulver, bestehend aus: Fenchel, Pomeranzenschalengelb je 1 Drachme, kohlensaure Magnesia 1 Unze, Zucker 2 Drachmen. Vom Fenchel sind noch das Fenchelwasser, das Fenchelöl, der Fenchelölzucker und der Fenchelsirup offizinell. Bei *F. pipertum* sind die Früchte viel schärfer aromatisch, fast beißend (in

Sizilien unter dem Namen »Esels-Fenchel«, Finnocchio d'Asino) bekannt. Der indische F. *(F. Panmorium)* mit einer fast möhrenartigen Wurzel wird in Ostindien, vorzüglich in Bengalen kultiviert. Die Früchte kommen im Geruch und Geschmack ganz mit dem Fenchel überein und werden auch als solche angewendet.

In der Tierheilkunde wird der Fenchel in ähnlichen Fällen angewendet wie der Anis, dem er in seinen Bestandteilen und Wirkungen ähnlich ist. Er verdient aber, da er viel wohlfeiler ist als der Anis, den Vorzug vor diesem. Das Fenchelkraut und die Fenchelwurzel sind jetzt außer Gebrauch.

Der gemeine Fenchel liebt guten Boden, jedoch in zweiter Tracht (nicht frisch gedüngt). Man sät zeitlich im Frühjahr in Reihen oder dünn breitwürfig, ungefähr 10 Pfund pro Morgen Preuß. Nach dem Auflockern der Saat gejätet, bei der Reihenkultur behackt. Gedeiht auch in steinigem besonders kalkhaltigem Boden. Man kann den Fenchel sehr gut pflanzen und gibt dann jeder Pflanze 1 Fuß Abstand. Dies geschieht entweder im Juni, wo noch eine Ernte gewonnen wird oder im August auf gedüngtes Korn oder nach Frühkartoffeln. Die Hauptsamenernte tritt im zweiten und dritten Jahr ein, dann stirbt die Pflanze meist ab. In kalten Gegenden erfriert sie jeden Winter. Auf gleiche Weise wird der süße oder Florentiner Fenchel gebaut und gezogen, ebenso der Anisfenchel.

Ferkelkraut *(Hypochaeris),* Gattung der Synanthereen. Das gefleckte F. *(H. maculata)* ist eine Staude. Die Wurzel ist möhrenartig, aber nicht dicht, oben oft mehrköpfig. Die Blätter bilden flach anliegende Rosetten. Sie sind länglich und buchtig gezähnt, behaart und mit Flecken versehen, die sich am besten mit jener schillernden, rötlich-schwarzen Farbe vergleichen lassen, die die menschliche Oberhaut nach starker Behandlung mit Höllenstein annimmt. Der Stengel ist einfach oder verzweigt, mit wenig kleinen Blättern und großen, goldgelben Köpfen. Die Pflanze wächst fast in ganz Europa, besonders auf Bergtriften. Meist findet sie sich einzeln. Das Kraut und die Blüten wurden und werden ab und zu gegen Pfortaderstörungen und Brustleiden gebraucht. Das ästige F. *(H. radicata)* wächst auf kurzgrasigen Plätzen und Wiesen, an Feldwegen und Gräben. Blätter und Blüten waren einst offizinell. Beide sind geruchlos, der bittere Milchsaft aber riecht opiumartig, sie wurden bei Unterleibsstockungen wie auch bei Brustkrankheiten angewendet.

Ferolie *(Ferolia).* Man weiß bis jetzt nicht, wohin man diese Gattung einreihen soll. Die schönholzige F. *(F. guianensis)* ist ein Baum von 40-50' mit einem fast 3' dicken Stamm, zahlreichen, nach allen Seiten ausgebreiteten Ästen, und schlanken, wechselständigen Ästchen. Die Blätter sind abwechselnd, sehr kurz gestielt, elliptisch, ganzrandig, kahl, oben grün, unten weißlich. Wächst in Guiana. Die glatte, aschgraue Rinde gibt nach Einschnitten einen milchigen Saft von sich, und der innere Teil derselben wird zu schweißtreibenden Tees und zu Bädern verwendet. Das harte, dichte Holz ist ein wichtiger Handelsartikel Guianas und dort unter dem Namen Atlasholz bekannt.

Feronie *(Feronia),* Gattung der Aurantiineen. Die eßbare F. *(F. elephantum),* Elephanetenapfel, ist ein großer Baum mit einer rissigen, braunen Rinde. Ästchen und Blätter ganz kahl, Blüten klein, weiß, Früchte apfelgroß, grünlich und weiß punktiert. Wächst in Ostindien. Die aromatisch riechenden Beeren enthalten ein süßes, wohlschmeckendes Fleisch und werden auf der indischen Halbinsel allgemein gegessen. Die jungen Blätter riechen gerieben anisartig und sind als ein reizend tonisches, die Verdauung beförderndes Arzneimittel im Gebrauch. Nach Einschnitten gibt der Baum einen gummösen Saft, welcher verhärtet und dann wie arabisches Gummi verwendet wird.

Ferrarie *(Ferraria),* Gattung der Irideen. Die purgierende F. *(F. purgans)* hat eine knollige, nach oben kegelige, schuppige Wurzel, stielrunde Blätter, die etwas größer sind als der fast nackte Stengel; Blüten zu 2-3. Findet sich in Brasilien. Die schleimige, etwas scharfe Wurzel purgiert gelinde. Die Wurzel der abführenden F. (*F. cathartica*) besitzt dieselben Eigenschaften.

Fetthenne *(Sedum),* Gattung der Crassulaceen oder dickblätterigen Pflanzen. Die gemeine F. *(S. Telephium)* (FIG. 45), große Fetthenne, Schmeerwurzel, Bohnenblatt, Donnerbart, hat knollige Wurzeln. Der Stengel ist aufrecht und 1-2 Fuß hoch. Die länglich-eiförmigen Blätter haben stumpfe Zähne mit zwischenstehenden Buchten. Der Blütenstand ist gewölbt, traubig-wickelig, die Blumenblätter weißlich, gelblich, rötlich. Die Art ist ungemein vielgestaltig. Häufig an Felsen, Mauern und in Bergwäldern durch ganz Europa. Blüht vom Juni bis August. Vor Zeiten hatte man die Wurzel und das Kraut in den Apotheken, und brauchte sie als kühlend, schmerzstillend, reinigend und wundheilend, wie es noch jetzt von den Landleuten geschieht. In Gebirgen spielt die Pflanze keine geringe Rolle beim Aberglauben. Alle Familienglieder stecken Pflanzen oder bloße Stengel, die sie aus- oder abgerissen, in die Spalten der Pfosten. Nicht nur schließt man aus der Dauer der erbleichenden Sprossen auf die Lebensdauer der einzelnen Besitzer, sondern man vermag insbesondere aus den verschiedenen Drehungen, die die gequälten Pflanzen dem Licht zu beschreiben, Rückschlüsse auf die zukünftigen ehelichen Erlebnisse der unverheirateten oder neuvermählten Leute zu ziehen. Die scharfe F. *(S. acre),* Mauer- oder Steinpfeffer, Katzenträublein, ist ein kleines mehrjähriges Pflänzchen mit dünner Wurzel und mehreren kriechenden, dichtbeblätterten Stämmchen und 3-4 Zoll hohen aufstrebenden blühenden Stengeln. Die fleischigen Blätter sind eiförmig, walzlich, stumpf und kahl, wie die ganze Pflanze. Die Blüten sind gelb. Häufig an trockenen, sonnigen Stellen, Ackerrainen und auf Mauern in Europa. Das geruchlose, aber schleimig-scharf und pfefferartig schmeckende, äußerlich die Haut rötende, innerlich Erbrechen und Abführen bewirkende Kraut war früher offizinell und wurde gegen Wechselfieber, Wassersucht, Skorbut, äußerlich gegen callöse und torpide Geschwüre angewendet; heute ist es nur noch als Volksmittel gebräuchlich, wurde aber neuerlich gegen Epilepsie empfohlen. Die weiße F. *(S. album),* weiße Steinwurz, Tripmadam, Traubenweizen, hat weiße oder blaß rosenrote Blumenblätter. Früher war das Kraut als kühlend, antiskorbutisch im Gebrauch; auch heute ist es noch ein Hausmittel bei fauligen krebsartigen Geschwüren.

FIG. 45

DER GEMEINE FETTHENNE: a) ein blühender Stengel, b) der untere Teil desselben, beides in 1/2 natürlicher Größe, c) eine zweimal vergrößerte Blüte, d) eine durchschnittene Balgfrucht, zweimal vergrößert, e) ein Samen, f) derselbe aufgeschnitten, damit man den Keimling sieht, beides sechsmal vergrößert.

In der Tierheilkunde wird die weiße F. zu den veralteten Mitteln gezählt.

Fettkraut *(Pinguicula)*, Gattung der Lentibularien. Das gemeine F. *(P. vulgaris)*, Schmeerkraut, hat eine Rosette, kurz dreieckige Blätter, welche mit hellen, kleinen Drüsenhaaren bekleidet sind. Die Blütenstiele finden sich an der Pflanze bis zu vier, und zwar sind sie drüsig. Die Blume ist etwas länger als breit. Die Pflanze findet sich auf torfigen, schwammigen Wiesen, häufig mit der Moosbeere und zwischen Torfmoos. Die allerliebsten violetten Blumen haben einen Stich ins Amethystfarbige. Die Verbreitung geht durch den größeren Teil Europas, in südlichen Breiten wächst die Pflanze mehr im Gebirge. Ein so auffälliges Gewächs konnten sich die alten Ärzte nicht entgehen lassen, und so wurden die Blätter offizinell als Abführmittel und gegen Schwindsucht. Äußerlich wendet man sie gegen Wunden und Ungeziefer an. Den Schafen soll das Gewächs sehr schädlich sein. In Schweden und Norwegen gießt man über die Blätter die frisch gemolkene Milch und behauptet, sie auf diese Art zu verdicken. *P. langifolia De C.* und *P. leptoceras Reichb.* werden von den Bergbewohnern Piemonts, Savoyens und Ober-Italiens ebenfalls gegen Wunden angewendet.

Feuerschwamm ☞ Löcherpilz

Feuillea *(Feuillea)*, Gattung der Cucurbitaceen. Die herzförmige F. *(F. cordifolia)* klettert hoch an Bäumen empor und hält sich mit ihren zahlreichen, einfachen Wickelranken fest; die Blätter sind groß und breiter als lang, dick, etwas fleischig, gegen die Basis abgerundet und herzförmig ausgeschnitten, grün, auf beiden Flächen glatt und kahl; die Kürbisfrucht ist groß, oval, kugelig, die Samen rundlich. Findet sich in Westindien. Die Samen sind ölreich, sehr bitter; auf ihren Genuß folgt schnelles Erbrechen und Purgieren, weshalb sie auch ein wichtiges Gegengift bei Vergiftungen mit mehreren Gewächsen sind; in geringer Gabe angewendet, sind sie ein eröffnendes, die Tätigkeit des Darmkanals anregendes Mittel. Die dreilappige F. *(F. trilobata)* wächst in Südamerika, besonders Brasilien. Die Samen, gleich jenen der vorigen Art unter dem Namen Rhandirobe bekannt, sind gleichfalls ölig und sehr bitter. Das etwas talgartige Öl derselben wird in Brasilien äußerlich gegen rheumatische und gichtische Schmerzen gebraucht, auch wird es gleich jenem von der herzförmigen F. zum Brennen verwendet.

Fichte *(Pinus)*, Gattung der Koniferen. Die gemeine F. *(P. Abies, P. Picea du Roi, P. excelsa, Abies excelsa)*, Rottanne, Pechtanne, Schwarztanne, Harztanne, Weißfichte, Rotfichte, Gränenfichte, Daxen, Feiche, ist ein stattlicher Baum, welcher häufig die Höhe von 100 Fuß erlangt und dabei bis drei Fuß im Durchmesser führt. Die Rinde ist graulich-rotbraun, zerrissen; die Äste abstehend oder horizontal, mit aufsteigenden Spitzen, bei alten Bäumen oft schief herabhängend; die Blätter lineal, 9''' lang, stark zugespitzt, oberseits fein rinnig, unterseits mit einem Kiel, dunkelgrün. Die Blüten kommen getrennt in Kätzchen, und zwar die bräunlichen Staubblüten hier und da an den Seiten der Äste, die grünlich-purpurroten Fruchtblüten hingegen auf dem Gipfel der Ästchen hervor; die zähen Schuppen der letzteren werden später holzig und bilden einen 6-8 Zoll langen, walzigen Zapfen. Die Fichte bildet in Gebirgsgegenden von Europa und dem nördlichen Asien große Wälder. Besonders wird die Fichte zu Bau- und Nutzholz in Anwendung gebracht. Eine starke Nutzung ist die des Harzes, dessen reinste, weißliche oder blaßgelbe Stücke als gemeiner Weihrauch im Handel vorkommen. Die jungen Sprossen werden ab und zu anstatt jener der Kiefer bei Dyskrasien u.s.w. in Abkochung angewendet. Nicht immer ist ihr Gebrauch ungefährlich. Auch Branntwein bereitet man aus ihnen. Die Borke benutzt man zum Gerben. Aus jungen Zapfen wird ein Öl gewonnen, das man mit Mastix als Firnis verwendet. Noch jünger macht man sie in Zucker ein, in welcher Bereitung sie als antiskorbutisch gelten. Die Nadeln braucht man mit Stroh gemengt zu Streu. Bezüglich der verschiedenen Abarten und Produkte verweisen wir auf den Artikel Kiefer.

Fieberklee ☞ **Zottenblume**

Fingergras *(Digitaria)*, Gattung der Gräser. Das gemeine F. *(D sanguinalis)*, Bluthirse, Himmelstau, wächst auf sandigen Äckern, in Weinbergen, Gemüsegärten; in Böhmen auch an mehreren Orten angebaut. Der Halm 1-2', an den unteren Knoten wurzelnd, ist aufwärts gebogen; die Blätter lineal lanzettlich, zugespitzt; die unteren Blätter mit dichthaariger Scheide und haariger Platte, die oberen mit haariger Scheide und schärflicher Platte, am Rande schärflich; die Haare stehen auf kleinen, scharfen Knötchen; die Spelzen sind länglich. Blüht vom Juli bis August. Die enthülsten Früchte, als Himmelstau, Mannagrütze bekannt, geben gesunde, nahrhafte Speisen. In medizinischer Hinsicht sind sie wie der Reis anwendbar.

Fingerhut *(Digitalis)*, Gattung der Braunwurzgewächse. Der rote oder gemeine F. *(D. purpurea)* (FIG. 46) ist eine zweijährige Pflanze mit höchst eigentümlichen Blättern von fast spatelförmiger Gestalt, einer Kerbrandung und runzeliger Fläche bei feiner Behaarung. Der Stengel erreicht eine Höhe von etwa 2 Fuß und ist dünn und kurz behaart, beblättert, nach oben traubig, mit vielen Blüten, die zur Periode der Entwicklung einseitwendig stehen. Die Blume erreicht eine Länge von 2 Zoll; sie ist glockig-röhrig, meist purpurfarbig, innen mit einigen weißen Haaren auf der unteren Fläche, zwischen denen schwarze Flecke mit weißen Rändern. Dieses Gewächs erscheint auf Waldböden, zwischen Gebüsch, sowohl auf Urgebirge wie auf Kalk in vielen Gegenden Europas und bisweilen da in ungeheuren Mengen, wo man lange keine Ahnung von seiner Existenz hatte. Diese Art steht auch als Gartengewächs in großem Ansehen. Der wollkrautblätterige F. *(D. Thapsi)* ist der vorhergehenden Art sehr ähnlich, aber ästig, etwas niedriger und schlanker, weit mehr grau und weich, trägt kleinere rosenrote Blumenkronen. Auf Bergen in Savoyen, Oberitalien, Spanien und Portugal. In jenen Ländern, wo diese Art einheimisch ist, wird sie ganz wie der rote Fingerhut gebraucht. Der ockergelbe F. *(D. ochroleuca)* hat eine schmutzig schwefel- oder ockergelbe Blumenkrone. Wächst auf waldigen Bergen und Felsen im mittleren Europa. Diese Art verdient auf gleiche Weise wie der rote Fingerhut und vorzüglich in jenen Ländern in Anwendung gezogen zu werden, wo letzterer nicht einheimisch ist, da Versuche gelehrt haben, daß die Blätter weit wirksamer als jene des in Gärten kultivierten Fingerhuts sind. Der geglättete F. *(D. laevigata)*, an Felsen und steinigen Plätzen in Kroatien und Dalmatien einheimisch, hat eine

FIG. 46

DER GEMEINE oder ROTE FINGERHUT

Blumenkrone 1" lang, bräunlich-gelb und rötlich-braun geadert. Nach Breras Erfahrungen soll diese Art den roten F. an Wirksamkeit noch übertreffen. Der rostfarbige F. *(D. ferruginea)* wächst im südlichen Europa auf Hügeln und Bergen. Die Wirkungsweise dieser Art ist weit heftiger, vorzüglich scheint sie viel schärfer als der rote F. zu sein.

Den meisten Ruf hat sich der rote Fingerhut in Herzkrankheiten erworben und hier wieder bei der Vergrößerung (Hypertrophie) des linken Herzens vor allem, es mag diese primär oder in Folge von Fehlern des Klappenapparates entstanden sein. Unter seinem Einfluß werden die Herzkontraktionen (Herzschläge) langsamer und in vielen Fällen zugleich energischer (der Puls wird langsamer und kräftiger). Bei zu lange fortgesetztem Gebrauch jedoch können die Kontraktionen des Herzens in dem Grade an Frequenz und Ergiebigkeit abnehmen, daß wirkliche Gefahr für den Patienten daraus entsteht. Daher darf dieses Mittel bei blutarmen und schwächlichen Personen nur mit Vorsicht angewendet werden. Die Wirkungen desselben treten übrigens nur langsam, meist erst nach 24 und mehr Stunden ein. Weniger sicher und kräftig ist der Einfluß der Digitalis auf die Harnsekretion. Es kann dieselbe im allgemeinen bei allen den Krankheiten angewendet werden, welche mit einer großen Aufregung des Gefäßsystems und heftigem Fieber verbunden sind, also namentlich bei Herzkrankheiten; bei Lungenentzündungen u.s.w.; bei Blutflüssen der verschiedensten Art; bei einigen Formen von Asthma; in verschiedenen Stadien der Lungentuberkulose; bei Geistesstörungen, sobald heftige Kopfkongestionen und Aufregung der Herztätigkeit vorhanden sind; unter den gleichen Umständen bei anderen Nerven- und Hirnleiden; endlich als harntreibendes Mittel bei Wassersuchten, welche in Herzkrankheiten ihren Grund haben. In Pulverform gibt man von ihr ¼-1, höchstens 2 Gran, 2-3mal des Tages. Treten üble Zufälle ein, muß mit dem Mittel einige Zeit ausgesetzt werden. Der Aufguß von 6-20 Gran genügt. Die Fingerhutkrauttinktur dient äußerlich zu Einreibungen; die innerliche Anwendung findet Prof. Schroff überflüssig. Hier und da ist ein Fingerhutessig, gewöhnlich 1:8 gebräuchlich, der als zweckmäßiges Einreibungsmittel bei zurückgetretenem Scharlach und entstandener Brightscher Krankheit gute Dienste leistet. Das Digitalin ist entbehrlich. Bemerkt sei schließlich, daß der Fingerhut nur auf Verordnung des Arztes in Gebrauch gezogen werden darf.

In der Tierheilkunde verwendet man das Fingerhutkraut nur innerlich wegen seiner Eigenschaft, die Zahl der Pulsschläge zu vermindern; bei heftigen Entzündungen, besonders der serösen Häute, der Lunge und des Herzens, wenn durch vorausgegangene Blutentleerungen und die Verabreichung von Salzen die größte Stärke derselben gemildert ist; bei den nicht selten vorkommenden chronischen Herzkrankheiten der Hunde; ferner wegen seiner Eigenschaft, den Harn zu befördern; bei serösen Ergüssen in das Unterhautbindegewebe und in die serösen Säcke; es muß aber hier jedenfalls mit anderen sogenannten harntreibenden Mitteln verbunden werden. Gegen die serösen Ergüsse in die Seitenkammern des Gehirns, bei Dummkoller leistet es nur wenig Ersprießliches. Bei der Anwendung dieses Mittels muß stets vorsichtig vorgegangen werden; man gibt nur kleinere Gaben, bei Pferden und Rindern 10 Gran bis ½ Quentchen, bei Schafen, Schweinen und Hunden 2-10 Gran, in längeren Zwischenräumen und setzt, wenn man es einige Tage hindurch gegeben hat, stets durch einen Tag aus; dies wird um so notwendiger, wenn gefahrdrohende Erscheinungen eintreten sollten. Man gibt das Fingerhutkraut in einem heiß bereiteten Aufguß oder in Pillen oder in Latwergenform in passenden Verbindungen, namentlich mit Salpeter, Glaubersalz, Doppelsalz, Weinstein, Calomel, Brechweinstein, Salmiak, selbst mit Aloë. Um für große Tiere die nötige Masse, besonders bei der Anwendung der Digitalis in Pillen und Latwergen zu erhalten, und um ihre nachteilige örtliche Einwirkung auf die Verdauungseingeweide zu verhüten, ist in den meisten Fällen der Zusatz von schleimigen Mittteln, von Süßholzwurzel oder auch von Enzianwurzel am zweckmäßigsten. Die Fingerhutkrauttinktur ist außer Gebrauch. Das Fingerhut-Extrakt wird mit Vorteil statt der Blätter für den innerlichen Gebrauch verwendet. Die Gabe ist 8-10 Gran für Pferde, mehrmals des Tages wiederholt.

Homöopathie. Der Fingerhut scheint nach Hahnemann den Blutlauf zu mindern, sowie das System der einsaugenden Gefäße zu erregen und am dienlichsten zu sein, wo beide zu träge sind. Man gibt ihn bei gichtischen Beschwerden, Gelbsucht, Blausucht, Brust- und Bauchwassersucht, gastrischem Fieber, Typhus, Wahnsinn, Melancholie, Gedächtnisschwäche, Drüsengeschwülsten, akutem Wasserkopf, katarrhalischen, skrophulösen und gichtischen Augenentzündungen, chronischen Leberkrankheiten, Brustfellentzündungen, Blutspucken, Engbrüstigkeit, Herzklopfen, chronischen und organischen Krankheiten des (vorzüglich linken) Herzens und der großen Gefäße, Klappenfehlern, schmerzhafter Fußgeschwulst.

Gabe: 1-2 Tropfen (nach Lobethal in der Brustwassersucht 5-10 Tropfen) der reinen Tinktur (aus den beim Beginn der Blüte, im Juni bis Juli, bei trockenen Tagen gesammelten Blättern wird nach Reg. 2 die Tinktur bereitet, welche eine dunkelgrüne Farbe und einen widrigen, schwach narkotischen Geruch besitzt), oder der 1., 2. Verdünnung, je nach Umständen alle 4, 6, 8, 12 Stunden wiederholt. Nach Hahnemann hat man nur hat 3, 2, Tage eine Gabe nötig.

Die homöopathischen Tierärzte reichen die Digitalis bei dem Herzklopfen der Pferde, wenn es nicht in einem organischen Fehler des Herzens besteht, bei beschleunigtem, schwachem und unregelmäßigem und aussetzendem Pulse, sehr beschleunigtem und kurzem Atem, Schwanken im Gang und beginnender Lungenschwindsucht; bei nervösem Dampfe (Asthma) der Pferde; bei subakuter Gehirnentzündung der Pferde und im Beginn des Kollers, besonders wenn derselbe den sogenannten erethischen Charakter hat.

Gabe: 3., 6. Verdünnung.

Die Blätter des roten Fingerhuts müssen mit größter Sorgfalt gesammelt werden, da darauf die größte Wirkung ankommen soll. Die Blätter sollen nur dann gesammelt werden, wenn der Blütenstengel schon halb ausgewachsen ist. Der Stiel und die starke Mittelrippe sollen vor dem Trocknen entfernt werden, so daß nur das weiche Blatt bleibt. Man sät den feinen Samen im Mai in gutes Gartenland, bedeckt ihn sehr schwach und setzt die Pflanzen in Fuß entfernten Reihen 6-8 Zoll voneinander. H. Jäger pflanzt den Fingerhut reihenweise zwischen andere höhere Pflanzen, welche gegen Ende Sommers entfernt werden, und benutzt so nicht allein das Land doppelt, sondern bekommt so auch durch die Beschattung viel üppigere Pflanzen. Der Boden darf nicht zu nahrhaft und nie in frischer Düngung sein, muß aber viel Pflanzenhumus enthalten. Das Trocknen geschieht auf Hürden in der Sonne möglichst schnell. Die trockene Ware muß in gut verschlossenen Gefäßen aufbewahrt werden, am besten zerkleinert in Gläsern an einem dunklen Ort.

Fingerkammgras *(Dactyloctenium)*, Gattung der Gräser. Das ägyptische F. *(D. aegyptiacum)*, hat einen glatten, geknieten Halm, an den unteren Knoten wurzelnd, der übrige Teil aufsteigend, die Ähren 4-5 horizontalstehend, die Spindel stachelspitzig vorgezogen. Findet sich in Südeuropa, Afrika und blüht vom Juli bis August. Die Samen werden in Ägypten häufig gegen Nieren- und Blasensteine, sowie die Wurzeln bei Fiebern mit Ausschlag, dann gegen stockenden Monatsfluß, die ganze Pflanze nicht selten gegen Wunden und Geschwüre angewendet.

Fingerkraut *(Potentilla),* Gattung der Erdbeergewächse. Das Gänse-F. *(P. anserina),* Gänserich, Gänsekraut, Silberkraut, hat einen kriechenden Stengel, unterbrochen gefiederte, seidenhaarige Blätter und gelbe Blüten. Gemein auf Triften, feuchten Plätzen, an Bach- und Flußufern, sowie um Dörfer in ganz Europa, Nordasien und Nordamerika. Blüht vom Mai bis Juli und wieder im Herbst. Die Wurzel und das Kraut waren sonst offizinell, sind geruchlos, etwas zusammenziehend und wurden gegen Wechselfieber, Durchfälle, Ruhr, Blutflüsse u.s.w. gebraucht; erstere wird auch in Irland und Schottland aus Not gegessen. Das kriechende F. *(P. reptans),* Fünffingerkraut, mit goldgelben Blüten, wächst an Wegen, Ackerrainen, Gräben und auf Triften in Europa und Asien. Blüht vom Juni bis September. Die Wurzel und das Kraut waren sonst auf gleiche Weise wie jene der ersten Art im Gebrauch.

Fischfänger *(Piscidia),* Gattung der Schmetterlingsblütler. Der korallenbaumartige F. *(P. Erythrima)* ist ein Baum von 20-25 Fuß Höhe mit einer hellen glatten Rinde und sehr unregelmäßigen, abstehenden Ästen, die Blätter sind 2-3paarig gefiedert, etwas lederig, in der Jugend weichhaarig. An dürren Stellen und auf Bergen der Antillen, besonders in Jamaika. Blüht im März, April. Die aus der Rinde bereitete Tinktur ist als ein stark harntreibendes Mittel gebräuchlich; dieser Rinde (vorzüglich aber jener der Wurzel) bedient man sich auch dort sehr häufig zum Fangen der Fische, da sie auf letztere stark betäubend wirkt.

Fischleimstrauch *(Penaea),* Gattung der Penäaceen. Der gemeine F. *(P. Sarcocolla)* ist 1-2 Fuß hoch, aufrecht, steif; die Äste sind wechselständig, die oberen fast gabelspaltig, die Blätter zahlreich, dicht die Äste bedeckend, 4-5''' lang, fast 3''' breit, nach unten verschmälert, stumpflich oder spitz, die Blüten gelb, von fast purpurroten, großen Deckblättern am Grunde umgeben. Findet sich in Äthiopien und Südafrika. Diese und einige andere Arten geben einen klebrigen Saft von sich, welcher verhärtet, das einst offizinelle Fischleimgummi sein soll. Die alten arabischen Ärzte rühmten es als ein Purgiermittel. Heute wird es in Europa kaum mehr angewendet.

Flachs ☞ **Lein**

Flachsbaum *(Antidesma),* Gattung der Antidesmaceen. Der giftwidrige F. *(A. alexiterium)* ist ein mittlerer immergrüner Baum Ostindiens mit kurzgestielten, lederigen, oben dunkelgrünen Blättern, ganz kleinen Blüten und eilänglichen Früchten. Die Abkochung der Blätter wird als Heilmittel bei dem Biß einer in Ostindien bekannten giftigen Schlange benutzt; die Früchte braucht man wie bei uns die Berberitzen. Aus dem Bast werden, wie aus Flachs und Hanf, verschiedene Gewebe verfertigt. Der ceylonische F. ist ein Baum mit aschgrauer Rinde, zahlreichen Ästen, sehr glänzenden, dunkelgrünen und äußerst zierlich netzförmig geaderten Blättern. Früchte wie bei der vorigen Art. Ist auf Ceylon als ein spezifisches Mittel gegen den Biß der Brillenschlange bekannt.

Flachsseide *(Cuscuta),* Gattung der Immergrüngewächse. Die gemeine F. *(C. europaea),* Nesselseide, Vogelseide, Teufelszwirn, hat einen fadenförmigen, ästigen, blattlosen, an andere Pflanzen durch Saugwarzen sich anklammernden Stengel und eine röhrig-glockige, rötliche oder weiße Blume. Sie wächst in Hecken und auf angebautem Feld und greift Hopfen, Hanf und andere krautartige Pflanzen an. War einst offizinell, riecht unbedeutend, schmeckt etwas scharf und wurde vorzüglich gegen Milz- und Leberkrankheiten, Melancholie u.s.w. gerühmt. Die echte F. *(C. Epilinum)*, Leinseide, Teufelszwirn, Filzkraut, welche eigentlich die Flachsfelder verwüstet, wurde früher teils mit der vorhergehenden, teils mit der folgenden Art verwechselt. Stengel feiner als bei der vorigen, ganz einfach, grünlich-gelb, hier und da rötlich; Blüten an der Basis etwas zusammengewachsen, Kelch weißlich. Wurde sonst auf gleiche Weise wie die europäische F. angewendet. Die Quendel-F. *(C. Epithymum)*, Thymseide, findet sich auf den Quendel-Arten, auch auf Heidekraut, besitzt dieselben auflösenden, gelind purgierenden Eigenschaften wie die vorhergehenden. Die amerikanische F. *(C. americana)* steigt hoch an Sträuchern und Bäumchen empor und hat kleine, gelblich-weiße Blüten. Häufig in Westindien, auch in Nordamerika. Wird im nördlichen Amerika als ein bitterlich-eröffnendes Arzneimittel bei Unterleibsstockungen, Magenbeschwerden, Wechselfiebern, in Westindien zugleich auch als harntreibend geschätzt. Die doldige F. *(C. umbellata)*, in Südamerika einheimisch, wird bei leichten, entzündlichen Zufällen, Halsweh, Heiserkeit, das Pulver auch bei Wunden angewendet. Ein Gleiches gilt auch von der sehr ähnlichen ästigen F. *(C. racemosa)* in Brasilien.

Flacourtie *(Flacourtia)*, Gattung der Flacourtiaceen. Die zugespitzte F. *(F. cataphracta)* ist ein Baum Ostindiens von ziemlicher Größe mit einem kurzen, durch zahllose starke, ästige Dornen stark bewehrten Stamm. Die Rinde ist braun, die Blätter kurzgestielt, kahl, auf beiden Flächen glänzend grün, die Beeren pflaumengroß, purpurrötlich. Die wohlriechenden Blätter und bitterlichen, rhabarberartig schmeckenden Sprossen werden gegen Verdauungsschwäche, Diarrhöen u.s.w. angewendet, die wohlschmeckenden Früchte aber gegessen. Die Zaun-F. *(F. sepiaria)*, ist ein Strauch von 4-5 Fuß Höhe, mit grünlichen, stark riechenden Blüten. Häufig in Hecken und auf unfruchtbarem Boden in Ostindien. Blüht fast stets. Die geruchlosen, aber unangenehm schmeckenden Blätter dienen gegen Schlangenbisse, die Rinde braucht man äußerlich gegen die Gicht und die Früchte als Obst.

Flaschenbaum *(Anona)*, Gattung der Anonaceen. Der weichstachelige F. *(A. muricata)* ist ein Baum von mittlerer Größe; bisweilen auch nur strauchartig bleibend; die Rinde graubraun, die Blätter kurzgestielt, fast lederig, oben dunkel-, unten blaßgrün, nicht punktiert; die Blüten groß, gelblich-weiß. Die Frucht ist bisweilen 10-12" lang und 2-3 Pfund schwer, herzförmiglänglich, etwas einwärts gekrümmt oder mehr rundlich, mit einer grünlichen oder gelben, netzartigen, kurze, eiförmige, zurückgekrümmte, weiche Stacheln tragenden Rinde. In Amerika einheimisch und jetzt überall zwischen den Wendekreisen kultiviert. Das weiße saftige, lieblich riechende und süßsäuerlich schmeckende Fleisch der Früchte ist ein sehr beliebtes Obst in den Tropenländern; doch soll es den Europäern anfangs nicht eben munden; auch dient es als ein kühlendes Mittel bei manchen fieberhaften Krankheiten und zur Bereitung eines weinartigen Getränkes. Alle übrigen Teile dieses Baumes riechen stark und unangenehm; man wendet die Rinde als ein reizend-adstringierendes Mittel, jene der Wurzel gegen die schädlichen Folgen des Genusses giftiger Fische, die Blätter gegen Würmer und äußerlich zur Zeitigung von Abzessen, die Knospen und Blüten gegen Katarrhe, die unreifen Früchte, sowie die sehr Tannin enthaltenden Samen zu adstringierenden Tisanen gegen Atonie des Darmkanals und erstere auch gegen Skorbut und Mundfäule der Kinder an. Der schuppige F. *(A. squammosa)*, Zukkerapfel, Honig- oder Zimtapfel, hat

Früchte von der Größe der Pomeranzen, eirundlich oder stumpf-kegelförmig, am Grunde genabelt; ihre Rinde gleichsam aus zahlreichen, dachziegelartigen, großen, doch ungleichen, stumpfen, höckerigen Schuppen gebildet, grün, aber bläulich oder grau bereift. Stammt aus Amerika, findet sich jedoch in den Tropenländern aller Weltteile sehr häufig angepflanzt. Blüht zur heißen Jahreszeit. Die Früchte riechen und schmecken weit vorzüglicher als jene der ersten Art. Der netzförmige F. *(A. reticulata),* Rahmapfel, ähnelt im Aussehen dem schuppigen F., hat aber minder schmackhafte Früchte, die in den Tropenländern im halbreifen Zustand getrocknet ein sehr geschätztes Heilmittel gegen Diarrhöen und Ruhr sind.

Flaschenkürbis *(Lagenaria),* Gattung der Kürbisgewächse. Der gemeine F. *(L. vulgaris),* Herkuleskeule, Calebasse, hat einen langen, kletternden, gefurchten und wie die ganze Pflanze weichhaarigen, schwach klebrigen und moschusartig riechenden Stengel. Die Blätter sind langgestielt, groß, herzförmig-rundlich oder am Grunde fast nierenförmig, ganz weich und graulich, die Ranken 3-5spaltig; die Früchte höchst verschieden geformt und von verschiedener Größe, 1-6' lang, gewöhnlich aber flaschenförmig oder mehr oder weniger eine lange Keule bildend, bei der Reife schmutzig-gelb und dann die Rinde ganz trocken und hart, das Fleisch wässerig, gelblich oder weiß. Die Samen sind länglich vierseitig, nach vorn breiter und ausgerandet, zusammengedrückt, gelblich oder grau-braun. Ursprünglich in Ostindien einheimisch, jetzt fast überall zwischen den Wendekreisen vorkommend, dort ebenfalls häufig, sowie auch in Europa kultiviert. Blüht zur Regenzeit, bei uns vom Juni bis September. Die Samen enthalten Schleim und ein fettes Öl, weshalb sie zu reizmindernden, einhüllenden Emulsionen, besonders bei Krankheiten der Harnorgane verordnet werden. In Ostindien braucht man auch eine Abkochung der Blätter gegen Gelbsucht, sowie den Saft der ganzen Pflanze gegen Kurzatmigkeit; das Fruchtfleisch ist kühlend und eßbar (doch nur bei einigen Varietäten, bei anderen ist es sehr bitter und dann purgierend), es wird in Westindien auch bei Augenentzündungen gebraucht; übrigens dienen die Früchte zu Flaschen und anderen Gefäßen.

Fleckblume *(Spilanthus),* Gattung der Synanthereen. Die wahre F. *(Sp. Acmella),* hat einen 2-3 Fuß hohen, aufrechten oder aufsteigenden Stengel, gegenständige, gestielte, ziemlich kahle, meist ganzrandige oder auch gesägte Blätter, lange Blütenstiele und gelbe Blüten. Häufig auf Schutthaufen und an Wegen in Ostindien und auf den Inseln im indischen Ozean. Blüht das ganze Jahr. Die ganze Pflanze ist fast geruchlos, schmeckt anfangs bitterlich-balsamisch, dann sehr scharf und stechend; früher war sie offizinell und als ein antiskorbutisches, schweiß- und urintreibendes Mittel gebräuchlich; besonders aber rühmte man sie bei Nierensteinen. Da das Kauen derselben viel Speichelzufluß im Mund erregt, so gibt man sie den Kindern in Ostindien zum Kauen, in der Meinung, ihre Zungen für das Aussprechen schwerer Laute geschmeidig zu machen. Die kressenartige F. *(Sp. oleraceus)* findet sich in Ostindien auf den Mascarenen und in Südamerika. Blüht das ganze Jahr. Der Geschmack ist bei dieser Art auch sehr scharf, beißend, brennend, dann eigentümlich kühlend und speichelerregend, der Geruch etwas widrig. Sie ist ebenfalls antiskorbutisch und wurde auch gegen Augenkrankheiten, dann ein aus ihr bereitetes Elixier besonders gegen Zahnschmerzen gebraucht. In ihrer Heimat wird sie nach Art der Kresse als Salat genossen und heißt deshalb auch »Kresse von Para«. Auch die meisten anderen Arten dieser Gattung haben denselben scharfen, stechenden, speichelerregenden Geschmack. Nach Erfahrungen in den botanischen Gärten läßt sich die wahre sowie die kressenartige Fleckblume an warmen Plätzen auch in Deutschland ziehen, und jedenfalls ist der Anbau eines Versuches wert. Man wird wohl tun, die Kultur ganz wie diejenige der als Zierde gebräuchlichen Sommergewächse zu betreiben, den Samen im April in Mistbeete oder Töpfe zu säen und Mitte Mai in's Freie an einen warmen Platz in guten Boden zu pflanzen.

Fleischblume *(Sarcochilos),* Gattung der Orchideen. Die abgebissene F. *(S. praemorsum)* hat lange, fleischige Wurzelfasern, einen kurzen, dicken Stengel, sehr genäherte, zweireihige, fast dachziegelartige, dicke und fast lederige Blätter. Die Traube einzeln, am oberen Teil seitlich hervorkommend, kurz, die Blüten klein, gelb, mit roten, in der Quere laufenden Strahlen, sehr wohlriechend. Findet sich in Ostindien und blüht im Oktober. Die Wurzel wird dort bei mehreren Fiebern und fieberhaften Hautausschlägen als ein schweißtreibendes Mittel gegeben; der Saft der Blätter soll purgieren.

Fleischkrone *(Sarcostemma),* Gattung der Asclepiadineen. Die windende F. *(S. viminale)* findet sich in Gebüschen und Hainen Ostindiens. Stengel mehrere aus einer Wurzel, 4-12' lang, stielrund und fast vom Grund bis zur Spitze von der Dicke einer Schreibfeder, um benachbarte Gegenstände gewunden und seine gegenständigen, fleischigen Äste auch oft untereinander ganz verwickelt, grünlich, kahl und glatt. Blüten klein, weiß, wohlriechend. Die in diesem Strauch ungemein reichlich vorhandene Milch ist ganz mild, schmeckt angenehm säuerlich und die jungen Triebe sind deshalb ein sehr gutes, den Durst löschendes Mittel. Die seegrüne F. *(S. glaucum)* findet sich in Kolumbien am Ufer des karaibischen Meeres. Die Wurzel ist vorzüglich in Caraccas unter dem Namen Ipecacuanha bekannt und gleich dieser gebräuchlich.

Flieder *(Syringa),* Gattung der Oleaceen. Der gemeine F. *(S. vulgaris)* (FIG. 70), blauer oder spanischer Holler, Holunder wird im natürlichen Zustand ein etwa 10-12 Fuß hoher Strauch. Die Blätter sind herz-eiförmig, spitz, kahl. Die großen Blütenstände tragen blauviolett oder lilafarbige Blumen. Diese Pflanze wurde durch Busbecq, einen Abgesandten Kaiser Ferdinands I. an den Schah von Persien, nach Wien gebracht und ist jetzt allgemein in Anlagen und Gärten verbreitet. Blüht im Mai. Schon früher waren die Früchte als ein bitter adstringierendes Heilmittel offizinell und in neuerer Zeit ist das rein bittere Extrakt der unreifen Kapseln in Frankreich gegen Wechselfieber empfohlen worden. Durch Destillation des Holzes erhält man ein butterarti-

FIG. 47

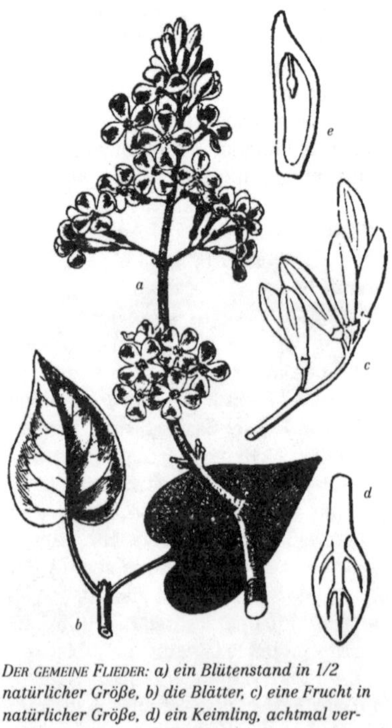

DER GEMEINE FLIEDER: a) ein Blütenstand in 1/2 natürlicher Größe, b) die Blätter, c) eine Frucht in natürlicher Größe, d) ein Keimling, achtmal vergrößert, e) der Durchschnitt eines Samens, dreimal vergrößert..

ges, dem Rosen- und Sandelholz im Geruch sehr nahe kommendes Öl, und die jungen Triebe enthalten einen im Geruch und Geschmack der Aloë etwas ähnlichen Bitterstoff. Eine sehr ähnliche Art ist *S. Josikaea* mit unterseits weißlichen, behaarten Blättern. Man entdeckte sie neuerlich in Siebenbürgen und hält sie jetzt sehr viel in Gärten. Der chinesische F. *(S. chinensis)* hat eilängliche Blätter und große Blumen. Der persische F. *(S. persica)* hat lanzettliche Blätter und kleine Blumen. Alle diese Arten fordern einen recht fetten, dicken Boden und pflanzen sich leicht durch Ableger fort.

Fliegenschwamm. Die Pilzgattung *Agaricus L.*, Blätterpilz, Hutpilz, gehört unter die größten des ganzen Pflanzenreiches. Der gemeine F. *(A. muscarius L.)* oder Fliegenpilz (FIG. 48) trägt an der unteren Seite des scharlach- oder mennigroten, mit weißen Warzen bedeckten Hutes zahlreiche weiße Blättchen. Der unten knollig verdickte Strunk trägt oben einen weißen vergänglichen Ring; das Innere ist rein weiß. Der junge Pilz ist (wie andere Arten) anfangs in eine eiförmige weiße Hülle eingeschlossen, die später zerreißt und deren Reste als Ring um den Strunk und als Warzen auf dem Hut erscheinen. Sehr gemein in Wäldern, besonders in Nadelwäldern Europas und Nordasiens. Seinen Namen hat er davon, daß man zerschnittene Stücke in Milch oder Wasser einweicht und damit die Fliegen tötet. Er riecht widrig, schmeckt brennend scharf und ist ein heftiges Gift. Dieser schon früher von Ärzten gegen allerlei Nervenzufälle, Drüsengeschwülsten, bösartige Geschwüre u.s.w. angewendete Pilz ist neuerlich wieder besonders bei Schwindsuchten und Abzehrungen empfohlen worden, man braucht den untersten Teil des Strunkes in Pulverform oder als Tinktur. Die Kamtschadalen bereiten aus ihm ein stark berauschendes Getränk.

FIG. 48

DER FLIEGENSCHWAMM oder FLIEGENPILZ

Homöopathie. *Agaricus muscarius* paßt bei Krämpfen, Konvulsionen, Epilepsie, Veitstanz, Erfrierungen, populösen Hautausschlägen, Nasenbluten bei alten Leuten, Zahnschmerzen, beginnender zentraler Erweichung des Rükkenmarks und dadurch bedingter Lähmung, Hüftweh.

Gabe: 1-2 Tropfen der 2. oder 3. Verdünnung nach Umständen 1-2mal des Tages wiederholt.

Flockenblume *(Centaurea)*, Gattung der Synanthereen. Die gemeine F. *(C. Jacea)* ist eine vielgestaltige Pflanze, 1-3' hoch, bisweilen kaum 3" groß, etwas aufrecht, meistens aufsteigend oder auch fast liegend und nur die Enden aufgerichtet, selten gerade aufrecht, bald schon über der Basis, bald erst oben ästig; die Äste sind abstehend und lang, oder kurz und fast gebüschelt, eckig gefurcht, scharf, übrigens wie die Pflanze mehr oder minder flockig-flaumhaarig; die Blätter sind verschieden groß, die untersten länglich oder oval-länglich, lang gestielt, die übrigen länglich, oder lineal-lanzettlich, bisweilen lineal, meistens ganzrandig, bisweilen gezähnelt oder einige auch buchtig, fiederspaltig, selten alle fiederspaltig. Die Blüten sind purpurrötlich oder pfirsichblütrot, selten weiß. Gemein an Wegen, auf Wiesen, Hügeln und Bergen in Europa und Mittel-Asien. Blüht vom Juni bis September. Früher war die bittere etwas adstringierende Wurzel und das Kraut offizinell und wurde vorzüglich zu Gurgelwässern gebraucht. Das Kraut ist wie bei fast allen Arten sehr bitter und läßt sich da, wo man bitterer extraktivstoffiger Mittel bedarf, recht gut anwenden. Die schwarze F. *(C. nigra)* ist im Ansehen der vorigen Art ähnlich. Auf Waldwiesen in Gebirgsgegenden, nicht gemein. Blüht im Juni, August. In Piemont und Savoyen wird das Decoct dieser Pflanze gegen Flechten und andere Hautausschläge mit vielem Erfolg gebraucht; es soll auch harntreibend sein. Die blaue F. *(C. Cyanus)*, Kornblume, hat einen aufrechten, ästigen, rundlich fünfeckigen, fast wolligen Stengel, lineale, sitzende, unterseits fast wollige Blätter und herrlich blaue, bisweilen auch weiße oder rote Blüten. Gemein auf Äckern unter dem Getreide, jetzt in allen Weltteilen, wo Korn, Weizen, Gerste u.s.w. gebaut wird. Blüht vom Juli bis August. Die großen, geruch- und fast geschmacklosen Randblumen sind als Flores Cyani offizinell, doch bedient man sich ihrer jetzt bloß als eines verschönernden Zusatzes zu Räucherpulvern und Morsellen. Die Scabiosen-F. *(C. Scabiosa)* mit purpurroter, seltener weißer Blüte. Findet sich an trockenen Plätzen, an Wegen und auf Hügeln in Europa. Blüht vom Juni bis September. Die Wurzel soll wie das Kraut der Acker-Scabiose gegen Hautausschläge, besonders gegen Flechten sehr wirksam sein. Die Sommer- F. *(C. solstitialis)*, mit zitronengelben Blüten, ist in Mittel-Europa seltener, dagegen im Süden ganz gemein. Die bitter-gelben Blüten werden in Savoyen gegen Wechselfieber angewendet.

Flockenstreuling *(Lycoperdon)*, Gattung der Haarflechtpilze. Der gemeine F. *(L. Bovista)* Bovist, ist kugelig-niedergedrückt oder verkehrt-kegelig. Die Größe ist verschieden von $1\frac{1}{2}$-4" Dicke, aber auch bis zur Größe eines Menschenkopfes und 18 Pfund Schwere anwachsend. Jung ganz fleischig und weiß, gelblich, graulich oder schwach rötlich, später innen gelblicholivengrün, pulverig mit verhältnismäßig wenigem, flockigem Haarnetz. Die Hülle, oben gleichsam in Felderchen abgeteilt, zerreißt endlich, der dunkelbraune Staub wird ausgestreut und nur der lederige Strunk mit einem Teil der Hülle bleibt übrig. Wächst an trockenen Stellen, Grasplätzen, Triften, im Anfang des Herbstes, und war früher gegen Blutungen im Gebrauch.

Flöhkraut *(Pulicaria)*, Gattung der Kompositen. Das gemeine F. *(P. vulgaris)* hat einen niederen, abstehendästigen, zottigen Stengel, sitzende, länglich-lanzettige, wellige Blätter. Gemein an überschwemmten Plätzen, auf nassen Triften, in Gräben Europas und Mittelasiens. Blüht vom Juli bis Oktober. Diese ganz unansehnliche Pflanze riecht stark, aber unangenehm und erregt leicht Niesen. Ihr Geruch soll jene Insekten vertreiben, von denen sie den Namen führt. Das wellenblätterige F. *(P. undulata)* findet sich auf wüsten Plätzen in Ägypten und blüht vom Juli bis Oktober. Diese Art ist stark aromatisch, wird deshalb auch dort sowie in Arabien kultiviert und als Arzneimittel angewendet. Das wohlriechende F. *(P. odorata)* findet sich auf Bergen in Südeuropa, die Wurzel riecht sehr angenehm aromatisch, schmeckt ebenso und zugleich bitterlich, etwas scharf; man wendet sie in Südfrankreich und Italien auf ähnliche Weise wie die Alantwurzel an. Das ruhrwidrige F. *(P. dysenterica)*, Ruhr-Alant, mit gelben Blüten, wächst an feuchten, sumpfigen Stellen, an Gräben und Ufern in Europa und Mittelasien. Blüht vom Juli bis September. Die ganze Pflanze riecht etwas seifenartig, schmeckt (vorzüglich die Wurzel) etwas scharf, auch gewürzhaft und war einst gegen Ruhren und

Blutflüsse gebräuchlich.

Flügelfruchtbaum *(Pterocarpus)*, Gattung der Schmetterlingsblütler. Der rotsaftige F. *(Pt. Draco)* ist ein Baum von 30-40', mit goldbrauner Rinde und weit ausgebreiteten jungen Ästen. Die Blätter sind 6-8" lang, zunehmend gefiedert. Wächst in Westindien und blüht im März, April. Rinde, Holz und Blätter sind sehr adstringierend; durch Einschnitte in die Rinde entlockt man derselben einen hell blutroten Saft, welcher, der Sonne ausgesetzt, bald verhärtet, zu Stangen geformt und als amerikanisches Drachenblut (heute aber nur selten) nach Europa gebracht wird. Denselben Stoff erhält man wahrscheinlich auch von dem in Guiana einheimischen korbartigen F. *(Pt. suberosus)*. Auf Bergen in Circars wächst der ausgerandete F. *(Pt. Marsupium)*, dessen Rinde ebenfalls einen roten Saft gibt, der an der Luft zu einer dunkelroten, gummig-harzigen Masse verhärtet, welche nicht eine Art Drachenblut ist, sondern sich fast ganz wie das Kinogummi verhält und ebenso gebraucht werden kann. Auch die Rinde des indischen F. *(Pt. indicus)*, gibt kein Drachenblut, sondern wie bei der vorhergehenden nach Einschnitten einen hellroten Saft, der wie die Rinde selbst als Heilmittel bei Diarrhöen, Blennorrhöen, Mundschwämmchen etc. angewendet wird; die Blätter braucht man gegen Flechten und Geschwüre, das wohlriechende, mehr oder weniger dunkelrote Holz aber ganz wie das rote Sandelholz, von dem es sich kaum durch etwas unterscheidet. Der dunkelrote F. *(Pt. santalinus)* findet sich auf Bergen der indischen Halbinsel sowie in Ceylon und liefert das rote Sandelholz, welches bei uns zu Zahnpulvern, Räucherungen, zum Färben etc., in seiner Heimat dagegen viel häufiger als Arzneimittel gebraucht wird.

Flügelkern *(Pterospermum)*, Gattung der Dombryaceen. Heynes F. *(Pt. Heyneanum)* ist ein Baum von mittlerer Größe mit zahlreichen, nach allen Richtungen ausgebreiteten Ästen, kurzgestielten, am Grunde schwach herzförmigen und beinahe schildförmigen, bisweilen etwas gelappten Blättern; der Samen zu 8 in jedem Fach, schiefeiförmig, zusammengedrückt, das obere Ende in einen braunen Flügel verlängert. Wächst in ganz Ostindien und blüht im Beginn der heißen Jahreszeit. Die schleimigen Blüten dieser in Ostindien unter dem Namen Muhukunde bekannten Art werden gegen Schleimflüsse und das Pulver der Blätter, wie Tabak geschnupft, gegen nervöses Kopfweh gerühmt. Der ährenblätterige F. *(Pt. acerifolium)*, ist in Ostindien einheimisch und dort kultiviert. Die Blüten sind sehr schleimig und gleich jenen der ersten Art, aber auch wie die Malvenblüten gebräuchlich.

Flügelnetzbaum *(Hymenodictyon)*, Gattung der Krappgewächse. Der hohe F. *(H. excelsum)* ist ein Baum von ausgezeichneter Höhe; die Äste sind abstehend, die Rinde ist außen dick, korkig, rissig, in der Mitte mehlig, braun, die innerste weiß; die Blätter ½-1' lang, die Blüten zahlreich, wohlriechend; findet sich auf den Gebirgen von Circars und blüht zur Regenzeit. Die innere Rinde ist in Ostindien als Chinarinde gebräuchlich.

Flüggea *(Flüggea)*, Gattung der Wolfsmilchgewächse. Die weißbeerige F. *(F. Leucopyrus)*,ist ein großer ästiger, aufrechter Strauch Ostindiens mit zahlreichen grauen und kahlen Ästen und kurzgestielten, rundlich-verkehrt-eiförmigen Blättern. Blüht vorzüglich während der Regenzeit. Die Wurzel dient als ein zusammenziehendes Mittel; die Früchte sind etwas bitter.

Föhre ☞ **Kiefer**

Fourkroya *(Fourcroya)*, Gattung der Bromeliaceen. Die kubanische F. *(F. cubensis)* hat dicke, 3-4 Fuß lange, zugespitzte, aufrechte, blaßgrüne Blätter, einen 15' hohen, sehr zierlich-rispigen Schaft, sehr zahlreiche, hängende, wohlriechende, außen schmutzig-weißliche, innen schmutzig-grüne Blätter.

Wie bei *Agave vivipara*, und einigen anderen finden sich auch hier in den Achseln der Deckblätter knollige Knospenhaufen, welche an der Pflanze selbst zu neuen Pflänzchen sich entwickeln. In Kuba sehr häufig, auch in Brasilien. Dient ebenfalls zur Bereitung eines Getränkes, fast wie *Agave americana* oder *mexicana*.

Franciscea *(Franciscea)*, Gattung der Nachtschattengewächse. Die einblütige F. *(F. uniflora)* ist ein Strauch von 6 Fuß, vom Grunde an ästig, aufsteigend, stielrund, nackt und biegsam; die Äste verlängert, an der Spitze beblättert, die Blätter sehr kurz gestielt, ganzrandig, oben gelblich-, unten graulich-grün; die Blüten veilchenartig riechend. Findet sich an schattigen Stellen in Brasilien und blüht im September, Oktober. Die ganze Pflanze hat einen unangenehm bitterlichen und scharfen Geschmack, insbesondere ist dies bei der Wurzel der Fall; sie ist auch schon seit Jahrhunderten in Brasilien als ein kräftiges Heilmittel gegen Bisse giftiger Schlangen berühmt, bewirkt in größerer Gabe heftiges Abführen, Erbrechen und starke Schweiße und wird noch heute sehr häufig, vorzüglich gegen veraltete Syphilis, Knochenschmerzen, Hautausschläge, Geschwüre, auch gegen die Mercurial-Krankheit innerlich und äußerlich gebraucht.

Frankoa *(Francoa)*, Gattung der Galacineen. Die gänsedistelblätterige F. *(F. sonchifolia)* hat einen 1½-3' hohen, stielrunden, saftigen, nach oben flaumigen Stengel, abwechselnde, ¾-1' lange, am Grunde schmale, den Stengel halb umfassende und etwas herablaufende, nach vorn 3-4" breite, in 5-7 stumpfe Lappen geteilte, wellige, am Rande gezähnelte, auf beiden Seiten weichhaarige Blätter und rote Blüten. Wächst in Chile und blüht im Juli, August. Man braucht dort den Saft der Pflanze als ein kühlendes, reizminderndes, schmerzstillendes Mittel, vorzüglich aber gegen Hämorrhoiden, zu welchem Zweck man auch das zerquetschte Kraut äußerlich auflegt; mit der Wurzel färbt man schwarz.

Frasere *(Frasera)*, Gattung der Gentianaceen. Walters F. *(F. Walteri)* hat eine knollenartige verdickte, gelbe Wurzel, einen aufrechten, 3-6' hohen, dikken, saftigen, ästigen Stengel, gegenständige und wirtelige, länglich-ovale, kahle Blätter und eine grünlich-gelbe Blumenkrone. An sumpfigen Stellen in Virginien und Carolina. Blüht im Juli, August. Die sehr bittere Wurzel ist in den Vereinigten Staaten von Nordamerika offizinell und wird in ähnlichen Fällen wie bei uns die Kolumbawurzel verordnet; im frischen Zustand soll sie leicht Erbrechen und Purgieren erregen.

Frauenhaar ☞ **Krullfarn**

Frauenschuh *(Cypripedium)*, Gattung der Orchideen. Der gemeine F. *(C. Calceolus)* hat einen horizontalen, knotigen, nach unten viele fleischige, gelbliche Fasern abschickenden Wurzelstock; Stengel 1-1½, hoch, stielrund, flaumhaarig; Blätter hellgrün, gewöhnlich vier an der Zahl, genähert oder entfernt, 3-5" lang, 1½-2" und darüber breit, an beiden Enden verschmälert, von 9 stärkeren und vielen feinen parallel laufenden, durch Queradern netzartig verbundenen Nerven durchzogen, spitzlich, am Rande etwas wellig, die oberen schmäler und spitzer. Ganz oben am Stengel steht ein den Blättern ganz ähnliches, aber kleineres dreinerviges Deckblatt, aus dessen Achsel die kurz gestielte, sehr große, nickende Blüte hervorgeht; zuweilen ist unterhalb noch eine zweite Blüte vorhanden. Die Lippe ist hellgelb, mit reihenweise stehenden, purpurroten Punkten, innen mit haarigen Linien und Flecken versehen, verkehrt-eiförmig, wie in einen kurzen Nagel verschmälert, an der Basis offen, vorn sackförmig, aufgeblasen und somit wohl den plumpen Holzschuhen der Landleute, keineswegs aber einem niedlichen Damenschuh ähnlich.

Wächst in Gebirgswäldern von Europa und blüht vom Mai bis Juni. Offizinell ist zwar von diesem Gewächs nichts, wohl aber sind es einige sehr ähnliche, aber ausländische Arten, welche Linné für bloße Abarten der eben beschriebenen hielt, weshalb eine vorausgeschickte Beschreibung der einheimischen Art aber auch schon aus dem Grunde nötig schien, weil sich wohl dieselben Eigenschaften auch bei ihr finden dürften. Der flaumhaarige F. *(C. pubescens)* ist in Nordamerika einheimisch, wo die Wurzel als ein krampfstillendes Arzneimittel gebraucht wird und das amerikanische Surrogat unserer Baldrianwurzel bildet. Die Wurzeln des schneeweißen F. *(C. candidum)*, des ansehnlichen F. *(C. spectabilis)* und des niedrigen F. *(C. humilis)* wird in Nordamerika wie jene des flaumhaarigen F. angewendet. Der betropfte F. *(C. guttatum)* ist niedriger als der gemeine F. Das Kraut desselben wird von den Einwohnern Sibiriens im Decocte gegen Epilepsie angewendet.

Froschbiß *(Hydrocharis)*, Gattung der Hydrocharideen. Der gemeine F. *(H. morsus ranae)* ist ein Wassergewächs mit langgestielten, kreisförmigen Blattplatten und mit Blüten, deren innere Hülle weiß. Sie ist häufig in Tümpeln, Seen u.s.w. und blüht im Sommer. Die Pflanze, die wir den Besitzern von Aquarien empfehlen möchten, war früher als Heilmittel, jedoch selten gebräuchlich. Man hielt es damals für eine Art von Seerosen und schrieb ihm ähnliche Eigenschaften zu, also kühlende, gelind-zusammenziehende, etwas schleimige.

Froschlöffel *(Alisma)*, Gattung der Alismaceen. Der gemeine F. *(A. Plantago)*, Wasserwegerich, hat eine dicke, fleischige Wurzel, langgestielte, hellgrüne Blätter, einen dreiseitigen, aufrechten, ungefähr 1 Fuß hohen Schaft, eine pyramidenförmige Rispe und langgestielte Blüten. In Gräben, Sümpfen, Teichen, an Bach- und Flußufern gemein. Blüht vom Juni bis August. Vor Zeiten war sowohl Wurzel als Kraut offizinell. Scharf, blasenziehend, bei Skorbut, Hautwassersucht, auch bei Hämorrhoiden und als Mittel zur Beförderung des Monatsflusses empfohlen. In neuerer Zeit erhielt die Wurzel als spezifisches Mittel gegen den Biß toller Hunde eine leider sehr bald verschwundene Berühmtheit. Durch das Trocknen verliert sich die Schärfe dieser Pflanze, und in diesem Zustand wird die Wurzel von den Kalmuken gegessen.

Fuchsie *(Fuchsia)*, Gattung der Oenothereen. Die Arten gehören dem heißen Amerika und Neuseeland an. Eine Anzahl Arten sind ungeheuer verbreitet. Sie sind Modeblumen. Sie wachsen aus Stecklingen oder Samen, meist auf erstere Art. Die Überwinterung ist sehr leicht. Man tut gut, sie im Frühjahr ins freie Land in eine recht gute nährende Erde zu pflanzen. Viele verlieren die Blätter im Winter. *F. coccinea* aus Chile ist eine besonders bekannte Art. Sie ist es, der wir so oft begegnen, mit dem schönen, scharlachroten Kelch und den blau-violetten Blumenblättern. Noch verbreiteter ist *F. fulgens* aus Mexiko mit ganz roter Blüte. *F. arborescens* hat große Blätter und eine sehr starke Rispe mittlerer roter Blüten, die von fern mit denen eines Chinarindenbaumes verglichen werden können. Man hat auch zahlreiche Bastarde. So z. B. die berühmte *F. galanthiflora*, ausgezeichnet durch weiße Blumenblätter. In Chile braucht man einen Aufguß der Äste und Blätter der großkronigen F. *(F. macrostemma)* als kühlendes Mittel bei entzündlichen Fiebern. Mit dem Holz färbt man schwarz. *F. excorticata* beherbergt zahllose Vögel, die die süßen wohlschmeckenden Beeren ebensogern verzehren wie die Neuseeländer. Auf den Antillen macht man die Früchte der traubigen F. *(F. racemosa)* ein und benutzt Aufgüsse über Holz und Blätter als ein auflösendes Mittel bei Krankheiten des Unterleibes oder des lymphatischen Systems, gegen

Wechselfieber, Blennorrhöen etc.

Fuchsschwanz *(Alopecurus),* Gattung der Gräser. Der gemeine F. *(A. pratensis)* hat einen rasigen Wurzelstock mit kurzen, schiefen Partien. Der Stengel wird bis zwei Fuß hoch und trägt einen schwärzlichen angehauchten Blütenstand. Die Deckspelzen sind unterhalb der Mitte miteinander verwachsen. Diese Art ist auf unseren Wiesen häufig, gilt als ein sehr gutes Futtergras und wird auch als solches vielfach kultiviert, besonders in England.

Fühlkraut *(Biophytum),* Gattung der Sauerkleegewächse. Das ostindische F. *(B. sensitivum)* hat eine faserige Wurzel, einen aufrechten, 2-8" hohen, kielrunden, ganz einfachen, kahlen Stengel; die Blätter zu 9-30 an der Spitze des Stengels doldig gehäuft und ausgebreitet, 2½-4" lang, zunehmend gefiedert, die Blüten zu 9-12, klein, gelb. Findet sich in Ostindien und ist immer blühend. Die ganze, etwas bitterlich schmeckende Pflanze wird dort gegen Brustkrankheiten, Koliken und Schleimflüsse, äußerlich bei entzündlichen Geschwülsten oder Wunden, ihre Wurzel aber gegen den Stein angewendet; noch gilt die letztere für ein fast unfehlbares Heilmittel bei Skorpionstichen.

Funkie *(Funkia),* Gattung der Liliengewächse. Die weiße F. *(F. subcordata)* hat wurzelständige, ziemlich lang gestielte, 4-7" breite und 6-9" lange, etwas wellige, hellgrüne Blätter. Stengel 1½' lang, meist nur ein Blatt tragend, rund steif, aufrecht, die Blüten schneeweiß, sehr wohlriechend, fast 4' lang. Wächst in China und Japan und findet sich sehr häufig bei uns als Zierpflanze in Gärten. Blüht vom Juni bis Juli. Die Blüten braucht man in Japan als Arzneimittel.

Fußangel *(Pedalium),* Gattung der Pedaliineen. Die ostindische F. *(P. Murex)* hat eine faserige Wurzel, 1-1½' hohen, aufrechten, einfachen Stengel, eirund-ovale, stumpfe und fast abgebissene, buchtig gezähnte, 2-2½" lange, 1¼-2" breite, dickliche Blätter; die Blüten einzeln in allen oberen Blattachseln, kurz gestielt; die Steinfrucht überhängend, korkig, grünlich-gelb, die Nuß von holzigen Fasern netzartig umgeben. Ist in Ostindien und Ceylon einheimisch, blüht dort fast stets, bei uns im Juli, September. Riecht stark, doch unangenehm, moschusartig und macht das Wasser, in welches man die Pflanze legte, dickschleimig und wie Eiweiß klebrig, weshalb auch der Saft der Pflanze oder eine Abkochung derselben bei entzündlichen Fiebern, Brustkrankheiten, Harnzwang, Steinbeschwerden und gegen Tripper, auf gleiche Weise auch der schleimig-ölige Samen angewendet wird. Die Singalesen bedienen sich der Früchte anstatt der Fußangeln.

Fußblatt *(Podophyllum),* Gattung der Berberideen. Das gemeine F. *(P. peltatum),* Entenfuß, hat eine Wurzel 3-6' lang, kriechend, fingerdick und weit ausgebreitet, durch zahlreiche, ziemlich dicke Knoten, aus denen viele lange Fasern entspringen, unterbrochen, außen rötlich- oder dunkelbraun, innen gelblich weiß. Stengel aufrecht, 5-10' lang, ganz einfach, stielrund, gerillt, kahl, an der Spitze zwei langgestielte Blätter und dazwischen eine einzelne überhängende Blüte tragend. Die Blätter sind rundlich, 4-8" groß, doch etwas breiter als lang, schildförmig genervt, in fünf bis acht ungleiche keilförmige, am Ende meistens zweispaltige, zugleich aber unregelmäßig und oft grob gezähnte Lappen geteilt, übrigens bleichgrün, glatt, oberseits kahl, unterseits blässer und daselbst sowie am Rande schwach flaumig. Blüte weiß, wohlriechend; Beere von der Größe einer gewöhnlichen Pflaume, gelblich, von der Narbe gekrönt. Findet sich in schattigen Wäldern von Neu-England bis Carolina und blüht im Mai, Juni. Die unangenehm bitter und etwas scharf schmeckende Wurzel wird als ein sehr sicher wirkendes

Purgiermittel gerühmt und in Amerika häufig gleich der Jalapa gebraucht; auch soll sie ein ähnliches Harz wie diese enthalten und in größerer Gabe zugleich brechenerregend sein. Das Kraut besitzt narkotische Eigenschaften, die säuerlichen Beeren aber sind eßbar.

G

Gabelhülle *(Furcaria),* Gattung der Malvengewächse. Die stachelige G. *(F. surattensis)* hat einen aufrechten, 2-6' hohen, einfachen oder ästigen Stengel, lang gestielte, 2-3" große, mit zerstreuten, etwas steifen und kurzen Haaren bedeckte Blätter und gelbe, am Grund purpurrote Blüten. Findet sich in ganz Ostindien und ist immer blühend. Die schleimig und angenehm säuerlich schmeckenden Blätter werden teils als Gemüse, teils ihrer erweichenden und kühlenden Eigenschaft wegen in entsprechenden Krankheiten gebraucht.

Gänseblümchen ☞ **Maasliebe**

Gänsefuß *(Chenopodium),* Gattung der Chenopodiineen. Der stinkende G. *(Ch. olidum)* Bocksmelde, ist ein kleines, niedergestrecktes einjähriges Kraut, ausgezeichnet durch rautig-eiförmige, ganz unversehrte, gestielte Blätter und kurze gedrungene Blütenknäuel ohne Blätter. Die Samen sind sehr fein punktiert. Wächst an bebauten Stellen sowie auf Schutt- und Düngerhaufen in ganz Europa und blüht vom Juli bis September. Riecht sehr widrig, fast wie faule Heringe, schmeckt salzig und ekelhaft, verliert jedoch durchs Trocknen beide Eigenschaften; sie war gegen Hysterie und andere Krämpfe im Gebrauch und wurde neuerdings wieder dagegen, aber auch als ein kräftiges Mittel gegen den Stillstand der Menstruation empfohlen. Der weiße G. *(Ch. album),* weiße Melde, ist ein einjähriges Gewächs mit rundlichem, oft sparrig verzweigtem Stengel. Die gestielten Blätter sind rautig-eiförmig, ausgefressen gezähnt, andere ganz, die Knäuel sind fast blattlos. Die Samen glatt und glänzend. Gemein auf bebauten Plätzen, Äckern, Gärten, Schutthaufen etc. in ganz Europa, Nordasien, Nordafrika und Nordamerika. Blüht vom Juni bis September. Besitzt dieselben kühlenden, erweichenden, den Stuhlgang gelind befördernden Eigenschaften, wie sie den Melden und dem Spinat zukommen; die Samen sollen eine gute Grütze geben. Der Quinoa-G. *(Ch. Quinoa),* ist ein sehr berühmtes Gewächs. Er erreicht die Höhe eines Mannes und ist stark verzweigt, oft braunrot angeflogen. Die gestielten Blätter haben oft große Platten von elliptischer Gestalt. Dabei sind sie buchtig gezähnt. Die Samen sind klein und schwärzlich oder weißlich, mehlig und ölig, aber auch bitter. Die Heimat soll Chile sein. Jetzt ist sie dort, in Peru, Neugranada, selbst in Mexiko Kulturpflanze. Man zerquetscht die Samen und kocht Suppe oder Brei oder man röstet das Mehl und macht Schokolade oder man richtet die *Chicha de quinoa* zu. Das bittere Prinzip sucht man durch Waschungen mit kaltem Wasser zu entfernen. Die Blätter essen arme Leute wie Spinat. Der traubige G. *(Ch. Botryos),* ist ein niedriges, selten fußhohes, weichbehaartes, einjähriges Gewächs, mit länglichen, buchtig-fiederspaltigen bis lanzettlichen Blättern, kurzen Blütenknäueln, kleinen schwarzen, glänzenden Samen und einem stark aromatischen Geruch. Das Kraut war früher offizinell und ein sehr kräftiges, flüchtig reizendes, krampfstillendes, doch heutzutage nur noch in einigen Ländern gebräuchliches Heilmittel; die Samen sollen wurmwidrig sein.

Gagel *(Myrica),* Gattung der Myricaceen. Der gemeine G. *(M. Gale),* Brabanter Myrte, ist in den Mooren Nord- und Westeuropas außerordentlich verbreitet, findet sich auch in Nordamerika. Die braunen Zweige tragen keillängliche, stumpfe, ganzrandige oder gesägte Blätter eigentümlich gelbgrüner Farbe, oft nur gegen die Spitze mit einzelnen Zähnchen. Die Unterseite ist oft flaumig behaart. Auch harzige Punkte sieht man. Die männlichen Kätzchen sind walzig, kastanienbraun und welken bald. Die weiblichen sind gelbgrün, harzig punktiert. Ästchen, Blätter, Blüten und Früchte riechen gewürzhaft und angenehm, aber so stark, daß sie leicht den Kopf betäuben und schmecken gewürzhaft-bitterlich, zusammenziehend. Die Blätter waren im nördlichen Europa gegen Hautausschläge, besonders gegen Krätze, sowie auch gegen die Räude gebräuchlich. Der Geruch der Pflanze, die von keinem Haustier gefressen wird, vertreibt auch viele Arten von Insekten. Sehr feine Felle werden mit der Rinde gegerbt. Der wachstragende G. *(M. cerifera)*, Wachsbaum, erreicht die Höhe von 8 Fuß und hat eine graubraune Rinde. Die Zweige sind nach oben zottig. Die Blätter sind keillänglich-lanzettlich, spitz, unversehrt oder etwas gesägt, unterseits mit Schuppenschildchen. Die Kätzchen länger als bei vorigen. Die Früchte so groß wie Erbsen und auf der Fläche voller Erhabenheiten, schwärzlich, mit grauer, rissiger Wachsmasse überzogen. Die Heimat ist in den Sümpfen der Vereinigten Staaten und besonders in den südlicheren, z. B. in Alabama. Man sammelt die Früchte und kocht sie. Die schmutziggrüne Wachsmasse schwimmt obenauf und wird abgeschöpft. Die daraus bereiteten Lichter brennen sehr gut. Außerdem wird das Wachs zur Bereitung vieler Salben und Pflaster benutzt. Auch gewisse tropische Arten, wie z. B. *M. quercifolia*, geben Wachs von den Früchten, das von den Hottentotten wie Käse gegessen wird. Der streifenfarnblätterige G. *(M. asplenifolia)*, findet sich an schattigen Orten in Nordamerika und blüht vom März bis Mai. Die Pflanze enthält Benzoesäure, Tannin und eine harzige Substanz als vorwaltende Bestandteile, ist adstringierend tonisch und wird als leichtes Decoct von nordamerikanischen Ärzten gegen Diarrhöen, Cholera der Kinder u.s.w. häufig verordnet; die adstringierende Wurzel dient auch als blutstillendes Mittel.

Galgant. Unter die Ingwergewächse gehört auch die Gattung *Alpinia*. Der gemeine G. *(A. Galanga)* hat daumendicke Stengel, welche die Höhe von 8 Fuß erreichen. Die Blätter werden 2 Fuß lang und haben einen weißen Rand und ein wimperiges Blatthäutchen. Die Frucht ist wie bei der ganzen Gattung beerenartig und erreicht die Größe einer Kirsche. Die Körner sind so groß wie Pfefferkörner. Offizinell ist die Wurzel, die andre von *Kaempferia Galanga* ableiten. Man gebraucht ihn in Krankheiten der Unterleibsorgane, welche durch Reizlosigkeit und Untätigkeit bedingt sind, bei veralteten Wechselfiebern, bei Blennorrhöen des Nahrungskanals und daher entstandenen Verdauungsbeschwerden, Blähungen, Erbrechen, Schwindel; ferner bei Unordnung und Verhaltung der Menstruation, wenn Mangel an gehöriger Tätigkeit des Gefäßsystems die Ursache davon ist. Äußerlich bei Lähmung der Zunge wie der Ingwer, mit dem er dieselbe Anwendung teilt. Von den anderen Alpinien-Arten nennen wir die nickende A. *(A. nutans)*, auf den Inseln im indischen Archipel, deren Wurzel sich oft unter dem offizinellen Galgant gemengt vorfindet, die aber viel weniger aromatisch ist; dann die traubige A. *(A. racemosa)*, in Westindien, deren Wurzel, Blüten und Früchte stark aromatisch riechen, scharf und bitter schmecken und demgemäß daselbst angewendet werden; äußerlich soll die Wurzel bei bösartigen Geschwüren sowie beim Krebs ein ganz vorzügliches Heilmittel und auch bei hoffnungslosen

Fällen noch hilfreich sein; endlich die glänzende A. *(A. Allughas)* Ostindiens, deren Wurzel innerlich gegen Gliederschmerzen, Gicht, Sand und Stein sowie zur Beförderung der Menstruation und des Kindbettflusses gegeben wird.

Galipea ☞ Angosturarinde

Gallekraut *(Picria),* Gattung der Gesneraceen. Das heilkräftige G. *(P. fel terrae)* findet sich in den Gärten der Chinesen und Cochinchinesen kultiviert. Stengel krautig, aufrecht, $1\frac{1}{2}$' hoch, vierseitig, ästig. Blätter eiförmig, gesägt, scharf und kahl. Blüten gestielt, achsel- und gipfelständig, gehäuft. Die ungemein bitteren Blätter werden dort sehr häufig als ein eröffnendes, stärkendes, schweiß- und harntreibendes Mittel bei beginnender Wassersucht, Wechselfieber, Koliken und anderen Leibschmerzen, auch bei unterdrückter Menstruation gebraucht.

Gamander *(Teucrium),* Gattung der Lippenblütler. Der lauchduftende G. *(T. Scordium),* Lachenknoblauch, wächst in Sümpfen und an feuchten Orten, ist eine ausdauernde Pflanze, die nicht in Deutschland allein, sondern auch in dem übrigen Europa angetroffen wird. Der Stengel breitet sich weit aus, die Blätter sind länglich, sägeartig gezähnt und stiellos. Die Blumen sitzen zu zwei auf eigenen Stielen in den Winkeln der Blätter. Sie kommen im Juli und August zum Vorschein und sind rötlich weiß. Offizinell sind die Blätter und blühenden Spitzen dieser im frischen Zustand knoblauchartig riechenden und sehr bitter schmeckenden Pflanze. Sonst wurde der Lachenknoblauch in bösartigen Fiebern, im Asthma, Wassersucht, Hautausschlägen, unreinen Geschwüren, Brand gegeben, weil man ihm fäulniswidrige, die Verdauung, Aufsaugung und Absonderung befördernde Eigenschaften zuschrieb. Gegenwärtig macht er noch einen Bestandteil der aromatischen Spezies aus. Der gemeine G. *(T. Chamaedrys)* hat einen niedrig liegenden, ziemlich haarigen Stengel, keilförmig eirunde, gekerbte und gestielte Blätter und zu drei beisammensitzende, matt purpurrote Blumen, welche sich vom Juni bis August zeigen. Wächst auf sonnigen Anhöhen und Bergen, sowie auf anderen dürren, steinigen Plätzen, vorzüglich auf Kalkboden. Diese gewürzhaft bittere Pflanze enthält nur wenig ätherisches Öl, aber bitteren Extraktivstoff, sowie eisengrünenden Gerbstoff, besitzt daher mehr stärkende als erregende Eigenschaften und wurde besonders gegen Gicht, Wechselfieber, Verschleimung der Lungen etc. empfohlen. Der Trauben-G. *(T. Botrys)* wächst auf trockenen, dürren, steinigen Plätzen, besonders auf Kalkboden im mittleren und südlichen Europa. Früher war diese ziemlich stark balsamisch riechende und schmeckende Pflanze offizinell und wurde als ein reizend stärkendes, fiebervertreibendes Mittel verordnet. Der Katzen-G. *(T. Marum),* Katzenkraut, Amberkraut, hat eirunde, spitzige, glattrandige, gestielte und unten filzige Blätter; die Blumentrauben einseitig. Findet sich auf unfruchtbaren, sonnigen Plätzen und auf Felsen in den Ländern am mittelländischen Meer. Blüht im Juli, August. Mit Recht wurde das Katzenkraut (deshalb so genannt, weil die Katzen demselben sehr nachstellten) als eines der stärksten Reizmittel unter den Gewächsen dieser Familie gerühmt, ist aber jetzt wenig gebräuchlich. Der gelbe G. *(T. flavum),* an steinigen Stellen und auf Felsen im südlichen Europa, riecht stark und angenehm, schmeckt balsamisch-bitter, wird auch in einigen Ländern wie der gemeine G. angewendet und letzterem sogar vorgezogen. Der kanadische G. *(T. canadense),* in Nordamerika einheimisch, riecht stark knoblauchartig und wird in ganz Kanada wie der Lachenknoblauch in Europa angewendet. Der Berg-G. *(T. montanum),* auf trockenen, sonnigen, kalkigen Hügeln und Bergen, im mittleren und südlichen Europa, riecht aromatisch, schmeckt bitter und wurde früher arzneilich benutzt. Der Poley-G. *(T. Polium)*, Berg-Poley, mit weißer Blumenkrone, findet sich an sonnigen Plätzen, Hügeln und Bergen in den Ländern am mittelländischen Meere. Riecht stark und angenehm aromatisch, schmeckt bitterlich aromatisch und ist in jenen Ländern offizinell, wo diese Pflanze wächst.

Gambirstrauch *(Uncaria)*, Gattung der Krappgewächse. Der echte G. *(U. Gambir)* hat zahlreiche, gedrängte, abstehende Äste, eine rissige, braune Rinde, kurzgestielte, 4" lange, 2" breite, bald mehr eiförmige und zugespitzte, bald mehr eilanzettliche, sehr abstehende oder zurückgebogene, dunkelgrüne, glänzende Blätter. Findet sich auf den Inseln des indischen Ozeans und an der östlichen Küste Hinter-Indiens. Aus dem ausgepreßten wie auch ausgekochten Saft der Blätter und Zweige dieses Strauches wird durch ein Abdampfen bis zur Trockene ein stark adstringierendes Extrakt gewonnen, welches dort den Namen Gatta Gambir oder Gatta Gambeer, auch wohl Cutta Cambor führt, uns Europäern aber als eine Sorte des schon S. 215 erwähnten Catechu bekannt ist. das übrigens auch von anderen Pflanzen gewonnen wird. Siehe den Artikel: Catechu.

Ganiterbaum *(Elaecarpus)*, Gattung der Eläocarpineen. Der malabarische G. *(E. Perim-Kara)* ist ein sehr großer Baum mit einem dicken Stamm, grauer, innen purpurrötlicher Rinde, braungrünen Ästen, sehr kurzgestielten, 3-4" langen, 2-2½" breiten, scharf gesägten, kahlen, glänzenden und dunkelgrünen Blättern. Die Früchte sind einer großen Olive ähnlich, bläulich-purpurrot. Findet sich in Malabar, wo die angenehm säuerlich-süß schmeckenden Früchte teils roh gegessen, teils in Zucker sowie auch in Salz oder Essig eingelegt und dann besonders für ein magenstärkendes, die Verdauung beförderndes Mittel gehalten werden. Auch mehrere ostindische Arten besitzen eßbare Früchte; sehr häufig und allgemein benutzt man in Ostindien die ungemein harten Kerne zu Hals- und Armbändern.

Garcinie *(Garcinia)*, Gattung der Guttigewächse. Die wohlschmeckende G. *(G. Mangostana)*, Mangostane, ist ein ansehnlicher Baum mit einem bis 20' hohen, geraden Stamm und zahlreichen, abstehenden Ästen, die eine sehr schöne, regelmäßige und parabolische Krone bilden. Die Rinde ist dunkelbraun, rissig, die Blätter sind länglich-elliptisch oder breitlanzettlich, zugespitzt, oft stumpflich. Dieser Baum findet sich auf den Inseln im indischen Archipel und auf Malakka. Blüht fast stets. Die Früchte, welche fast wie Erdbeeren, Himbeeren, Weintrauben und Orangen schmecken und riechen, nehmen unter den vielen trefflichen Obstarten Ostindiens unstreitig den ersten Rang ein, sind zugleich, was man nur von sehr wenigen derselben ohne Einschränkung sagen kann, überaus gesund, werden daher allgemein fast wie die Orangen genossen, aber auch bei galligen und fauligen Fiebern als Heilmittel gebraucht. Ihre äußere Rinde ist bitterlich, sehr zusammenziehend und ebenso wie die Rinde des Stammes selbst oder der Blätter gegen Ruhren oder als Gurgelwasser bei Mund- und Halsgeschwüren gebräuchlich, dient aber auch zum Schwarzfärben. Die gelbsaftige G. *(G. Cambogia)* ist ein ansehnlicher Baum mit einem oft kaum von 2 Menschen zu umfassenden Stamm. Findet sich in Malabar. Von diesem Baum wurde früher, und zwar mit Unrecht, fast allgemein das Gummigutt abgeleitet, das jedoch von der ceylanischen G. *(G. zeylanica)* oder dem ceylanischen Gummiguttbaum stammt. Das Gummigutt besitzt keinen Geruch, aber einen scharfen, etwas kratzenden, zuletzt süßlichen und austrocknenden Geschmack, besteht größtenteils aus einem gelben Harz und etwas Gummi, gehört unter die scharfen, drastischen Purgiermittel, wird nur bei sehr großer Atonie des Darmkanals und am häufigsten gegen den Bandwurm, in Ostindien auch äußerlich bei torpiden Geschwüren angewendet. Andere Arten, wie z. B. die genabelte G. *(G. Kydia)*, die birnförmige G. *(G. cochinchinensis)*, die Maler-G. *(G., pictoria)* liefern ebenfalls ein Gummigutt.

In der Tierheilkunde kann das Gummigutt als Purgiermittel und zum Teil als harntreibendes Mittel dienen. Man hat es besonders gegen Eingeweidewürmer und gegen wassersüchtige Zustände, daher auch gegen die Fäule und Egelkrankheit der Schafe empfohlen. Hertwig hat es bei Pferden gegen Dummkoller, bei Hunden gegen Bandwurm, auch bei Leibesverstopfung, übermäßiger Fettbildung, Flechten etc. mit Erfolg gegeben. Bei gastrischen Krankheiten verdient aber die Aloe den Vorzug; entzündliche Reizung des Verdauungskanals verbietet den Gebrauch dieses Mittels gänzlich. Zum Zweck des Purgierens könnte man Pferden und Rindern 1-2 Lot, Schweinen ½-1 Quentchen, Schafen und Hunden 10-20 Gran in Wasser gelöst verabreichen.

Gardenie *(Gardenia)*, Gattung der Krappgewächse. Die jasminartige G. *(G. florida)* ist ein Strauch oder Bäumchen von 4-6', mit zahlreichen, kahlen Ästen; die Blätter sind gegenständig oder bisweilen zu 3, fast sitzend, 3-4" lang, 1½-2" breit, glänzend-grün, dicklich, ganz kahl. Die Blüten aus den obersten Blattachseln einzeln und gegenständig, weiß, später gelblich, stark riechend, 2" im Durchmesser. Die Beeren sind orangegelb, von der Größe eines Taubeneies Ursprünglich in China einheimisch, jetzt im ganzen südlichen Asien ungemein häufig wegen des angenehmen Geruchs der schönen oft gefüllten Blüten kultiviert und deshalb auch in den europäischen Gewächshäusern sehr gewöhnlich. Blüht fast das ganze Jahr (bei uns vom Juli bis Oktober). In China werden die Beeren als kühlend, erweichend, bei Fiebern, Schwindsuchten, Harnbeschwerden, gegen Augenentzündungen und Hautausschläge benutzt. Die großblumige G. *(G. grandiflora)*, an Flüssen in Cochinchina, wird ebenso wie die vorige Art angewendet. Die harzige G. *(G. gummifera)*, findet sich in Coromandel und Ceylon. Aus den Blättern wie aus der Rinde schwitzt ein Harz, das dem Elemiharz sehr ähnlich sein soll. Die glockige G. *(G. campanulata)* wächst in den Wäldern von Bengalen. Die Früchte sind bei den Eingeborenen als ein kathartisches und wurmwidriges Mittel gebräuchlich.

Gautiere *(Gautiera)*, Gattung der Heidegewächse. Die gestreckte G. *(G. procumbens)* ist ein kleiner, immergrüner, niedriger Strauch mit fast kriechendem Stengel und aufgerichteten, kurzen, flaumigen Ästen. Blätter am Ende der Triebe kurz gestielt, 1-20"' lang, 8-12"' breit, stumpf, mit einem stark hervorstehenden, dicken Stachelspitzchen, am Rande nervig gesäumt und mit kleinen Sägezähnen besetzt, ganz kahl. An dürren, sandigen Hügeln und an Wegen von Kanada bis Carolina und blüht vom Juni bis September. Die Blätter sind in Nordamerika offizinell und werden häufig als ein bitterliches, reizendes, zugleich schwach narkotisches Heilmittel verordnet, aber auch als ein sehr beliebter Tee getrunken. Die fleischige Hülle der Kapsel ist eßbar und wohlschmeckend; noch beliebter ist aber jene von der eßbaren G. (*G. Shallon)*.

Gauchheil *(Anagallis)*, Gattung der Primelgewächse. Der Acker-G. *(A. arvensis)*, rote Miere, gemein auf Äkkern und in Weinbergen, hat einen niederliegenden Stengel, der vom Grunde an in lange, ausgebreitete, schlaffe, gleich dem Stengel vierkantige Äste geteilt ist und ganz stiellose eiförmige Blätter und mennigrote, zuweilen weiße Blüten auf fädigen Stielen in allen Blattachseln trägt. Gemein auf Äckern, in Weinbergen und Gärten durch ganz Europa, Mittelasien und Nordamerika.

Blüht vom Mai bis September. Früher war die ganze schleimig-fade, später bitterlich-scharf schmeckende Pflanze offizinell und wurde häufig gegen Stockungen im Unterleib, Leberverhärtungen, Wassersucht, schleimige Schwindsucht, dann bei vielen nervösen Krankheiten, sogar gegen Wahnsinn und Epilepsie etc., endlich gegen den Biß giftiger Schlangen und wütender Hunde in Anwendung gezogen. Heutzutage ist ihr Gebrauch sehr eingeschränkt, doch ist sie keineswegs, wie manchmal behauptet worden, wirkungslos, da sie in größeren Gaben Hunde, ja selbst Pferde zu töten vermag. Seinen alten Ruf gegen Wasserscheu, sowohl zur Verhütung, wie zur Heilung der Krankheit hat das Mittel bis auf unsere Zeit erhalten. Gauchheil bildet ferner einen Bestandteil des Schmiedekampfschen Mittels gegen Wasserscheu. Der wechselblätterige G. *(A. alternifolia)* hat fast sitzende, aufrechte, einseitswendige, schmal lanzettliche oder verkehrt-eiförmig-lanzettliche, auch verkehrt-eiförmige, am Grunde verschmälerte, stumpfe, seegrünliche Blätter. Findet sich in Chile, wo die Abkochung gegen Schleimfüsse getrunken wird. Ebendaselbst wächst auch die myrthenblätterige G. *(A. myrtifolia)*, die als Decoct von Wöchnerinnen zur Beförderung der Nachgeburt gebraucht wird; weit wichtiger ist aber die Anwendung gegen einige Augenkrankheiten, namentlich gegen Hornhautflecken.

Geisblatt ☞ **Lonicere**

Geisfuß *(Aegopodium)*, Gattung der Doldengewächse. Der gemeine G. *(A. Podagraria)*, Giersch, hat eine starke, kriechende Wurzel, Stengel 1½-3' hoch, aufrecht, furchig-gerillt, röhrig, etwas ästig, die obersten Äste oft gegenständig, oder zu drei. Wurzel- und untere Stengelblätter gestielt, doppelt-dreischnittig; die oberen Blätter sitzend, die obersten bloß dreischnittig oder dreiteilig; die Blüten weiß, die Frucht eilänglich, 1½''' lang, dunkelbraun. Gemein in ganz Europa bis nach Sibirien, an schattigen Stellen, Zäunen, in Obstgärten u.s.w. Blüht vom Juni bis August. Das schwach aromatische Kraut wurde sonst für ein wundheilendes und antipodagrisches Mittel gehalten, die jungen Triebe sind eßbar.

Geisraute *(Galega)*, Gattung der Schmetterlingsblütler. Die gemeine G. *(G. officinalis)*, Ziegen- oder Pockenraute, Geisklee, Fleckenkraut, hat eine mehrköpfige Wurzel mit zahlreichen, büschelförmigen Fasern. Stengel aufrecht, ästig; Blätter 6-8paarig; Blättchen kurzgestielt ¾-2¼" lang, 2½-8''' breit, an den grunständigen Blättern verkehrt-eiförmig, an den folgenden eiförmig oder eilanzettlich, an den oberen lanzettlich, übrigens spitzig, stumpflich oder selbst etwas ausgerandet, doch immer fein stachelspitzig, oben gesättigt grün, unten blässer. An Gräben, Zäunen, auf feuchten Wiesen und in Gebüschen des mittleren und südlichen Europas, auch im Orient und in Nordafrika. Blüht vom Juni bis August.

Gelbharzbaum *(Xanthorhoea)*, Gattung der Smilaxgewächse. Der große G. *(X. arborea)* hat einen hohen, baumartigen Stamm; lange, schlanke, hängende, in der Mitte dreikantige Blätter; eine lange Ähre, kahle Deckblättchen und Blüten. Ist in Neuholland einheimisch. Aus dem Stamm schwitzt ein gelbes Harz aus, das unter dem Namen gelbes Harz von Neuholland, Botanybaigummi bekannt ist. Seine medizinischen Kräfte sind noch sehr wenig erforscht; in Neuholland und Ostindien wird es von englischen Ärzten in der sogenannten Speiseruhr, und gleich einigen anderen Harzen bei Brustkrankheiten verordnet. Der niedrige G. *(X. Hastile)*, ebenfalls in Neuholland, gibt verhältnismäßig noch mehr Harz als die vorige Art.

Gelbholz *(Xanthoxylum)*, Gattung der Xanthoxylineen. Das dreiblätterige G. *(X. ternatum)* ist ein Strauch von 6-8', mit einer grauen Rinde, stielrundlichen Ästen und eckigen Ästchen. Blätter abwechselnd, gestielt, wie die ganze Pflanze kahl; Blättchen kurzgestielt, steif, oben glänzend und dunkelgrün, unterseits blässer und schwarz punktiert. Findet sich in Westindien. Die aromatisch-scharfe Wurzel ist kräftig, speichelziehend und wird daher gegen das Zahnweh gebraucht. Die Früchte schmecken etwas pfefferartig. Das mastixblätterige G. *(X. Pterota)* ist ein Strauch von 8-20' und wächst auf den Antillen. Die aromatisch-scharf und bitter schmeckenden Blätter sind magenstärkend, Blähungen treibend, dienen auch als Umschlag und das grüne, ätherische Öl derselben zu Einreibungen und Salben. Die Rinde braucht man zu schweißtreibenden Tisanen, aber auch zum Gelbfärben. Das pfefferartige G. *(X. piperitum)* findet sich in Japan und blüht im August, September. Alle Teile dieses Strauches, vorzüglich aber die Rinde, die Blätter und die Früchte haben einen aromatisch-scharfen, pfefferartigen, aber auch der Bertramswurzel ähnlichen Geschmack; man benutzt sie in Japan allgemein, besonders aber die Früchte als Gewürz und die Blätter als ein die Haut reizendes Mittel. Das geflügelte G. *(X. alatum)* findet sich auf Gebirgen im nördlichen Bengalen, Rohlkrund, Oude und Nepal. Rinde, Blätter und Früchte riechen und schmecken sehr eigentümlich aromatisch, doch werden nur die letzteren in jenen Gegenden als ein reizendes Heilmittel angewendet. Das senegalesische *(G. (X. senegalense)* blüht im März, April. Die Neger brauchen die zusammenziehende Rinde gepulvert und mit Wasser verrührt äußerlich gegen rheumatische Schmerzen. Von dem ausgerandeten G. *(X. emarginatum)* in Jamaika dienen Äste und Blätter zu reizenden Bädern oder Bähungen. Das eschenartige G. *(X. fraxineum)* findet sich in Nordamerika von Kanada bis Virginien. Die scharfe, etwas aromatische Rinde ist in Nordamerika offizinell und als ein kräftiges, schweiß- und harntreibendes Mittel gebräuchlich, auch auch gegen lähmung, sowie gegen Zahnschmerzen berühmt. Das caraibische G. *(X. Clava Herculis)* ist in Westindien einheimisch. Die innen gelbe, scharf und herb aromatisch schmeckende Rinde der Wurzel, des Stammes und der Äste braucht man gegen Wechselfieber, Schleimflüsse, syphilitische Übel, sowie gegen Zahnschmerzen, die ebenfalls aromatisch-adstringierenden Blätter aber zur Heilung von Wunden und Geschwüren. Das aromatische G. *(X. aromaticum)* auf den Bahamas-Inseln kommt in seinen Eigenschaften sowie in der medizinischen Anwendung ganz mit der vorhergehenden Art überein. Die Wurzel des glänzenden G. *(X. nitidum)* schmeckt etwas aromatisch-scharf und wird in China als ein erhitzendes, schweißtreibendes, die Menstruation beförderndes Mittel sowie gegen Wechselfieber häufig angewendet. Die Blätter dienen als Gewürz. Die zitronenartig riechenden, stechend-aromatisch schmeckenden Früchte und Samen des Budrunga-G. *(X. Budrunga)* werden in Silhet als Arzneimittel gebraucht. Ebenso dienen alle Teile des sichelblätterigen G. *(X. Rhetsa)* in Malabar und Coromandel als reizendstärkende Heilmittel und als Gewürz.

Gelbraute *(Aplophyllum)*, Gattung der Rubiaceen. Die höckerige G. *(A. tuberculatum)* ist in Arabien, Ägypten und Nubien einheimisch. Stengel gleich vom Grund an in zahlreiche, weitschweifige, steife, ½-1' lange und wieder verzweigte Äste geteilt, stielrund und wie die ganze Pflanze mit zerstreuten, kurzen, abstehenden Haaren besetzt. Blätter klein, am unteren Teil verkehrt-eiförmig, nach oben zu mehr spatelig und noch höher hinauf lineal-länglich, am Rand umgebogen, oberseits punktiert und haarig, unterseits wie die Ästchen, Blütenstiele und Früchte mit höckerartigen Drüsen bedeckt. Blüten klein gelb. Blüht vom Mai bis August. Riecht fast wie die gemeine

Raute und wird besonders von den Beduinen sehr geschätzt; der Saft derselben, mit Wasser als Waschmittel angewendet, soll den Haarwuchs sehr befördern.

Gelbwurz *(Xanthorrhiza),* Gattung der Hahnenfußgewächse. Die sellerieblätterige G. *(X. apiifolia)* hat eine längliche, fingerdicke, gelbe Wurzel, halbstrauchige, aufrechte, 2-3' hohe, mit einigen eckigen, gräulich-braunen Ästen, gestielte, fiederschnittige, kahle Blätter. Wächst an schattigen Flußufern in Virginien, Carolina und Georgien, aber auch häufig am Ohio. Die Wurzel ist in Nordamerika offizinell und als ein tonisch-bitteres Heilmittel häufig gebräuchlich.

Gemswurz *(Doronicum),* Gattung der Kompositen. Die gemeine G. *(D. Pardalianches)* hat zahlreiche unterirdische Wurzelranken, einen bis 4 Fuß hohen Stengel; eirunde, gezähnelte, behaarte Blätter; (die wurzelständigen langgestielt, die mittleren Stengelblätter auf einem geflügelten Blattstiel; die oberen Stengelblätter umfassend;) die Blüten zitronengelb. Auf Gebirgs- und Alpenwiesen im mittleren Europa bis nach Ober-Italien. Blüht vom Mai bis August. Die süßlich-aromatisch schmekkende Wurzel war offizinell und wird heute nur selten angewendet; früher hielt man sie für ein kräftiges, giftwidriges Mittel, schrieb ihr andererseits auch selbst wieder höchst giftige Eigenschaften zu und nannte sie eben deshalb *Pardalianches* oder Leopardenwürger; sie besitzt jedoch nur ähnliche Heilkräfte wie die Arnika, aber in schwächerem Grade.

Gendarusse *(Gendarusse)* Gattung der Acanthineen. Die langblätterige G. *(G. vulgaris)* ist ein Strauch von 4-7' mit grauer, kahler Rinde; die Äste sind zahlreich, rutenförmig, die Blätter kurzgestielt, 3-8" lang, $\frac{1}{2}$-1" breit, an beiden Enden verschmälert, stumpflich-zugespitzt, den Weidenblättern ähnlich, oben dunkelgrün und glänzend, unten blässer und an den Hauptnerven purpurrot; die Blumenkrone mennig-purpurrot oder weißlich. Ist im östlichen Teil des indischen Archipels einheimisch, doch in ganz Indien in Hecken und Gebüschen verwildert. Blüht fast stets. Alle Teile dieses Strauches besitzen einen unangenehmen Geruch und Geschmack; die Abkochung der Blätter oder ihr Saft wirkt brecherregend und ist vorzüglich gegen das schleimige Asthma, noch häufiger bei chronischen, rheumatischen und gichtischen Leiden gebräuchlich; die Wurzel wendet man auch gegen chronische Diarrhöen und Verdauungsschwäche, die Blätter gegen Augenflecken und zu Bädern gegen die Gicht an. Die Blätter der tranquebarischen G. *(G. tranquebariensis)* sind als kühlend und eröffnend, vorzüglich bei Kinderpocken im Gebrauch. Die seidenhaarige G. *(G. sericea)* wächst auf den Anden am Quito und wird daselbst gegen Brustfellentzündung angewendet.

Genipe *(Genipa),* Gattung der Krappgewächse. Die amerikanische G. *(G. americana)* ist ein ziemlich großer Baum mit geradem, dickem Stamme und aschgrauer, runzeliger Rinde, wirteligen Ästchen, fast sitzenden, gegen das Ende gehäuften, fast 1' langen, 3" breiten Blättern und stark und angenehm nelkenartig riechenden, weißen, dann gelblichen Blüten. Die Beeren sind weiß-grünlich, außen weichhaarig, pomeranzengroß; die Rinde ist fleischig, das Mark säuerlich mit schwarzviolettem Saft. Wächst in Westindien und Südamerika und blüht vom April bis Juli. Die wohlschmeckenden Früchte sind erfrischend und werden auch gegen gallige Diarrhöen, sowie überhaupt als kühlende Mittel angewendet; auch macht man einen Wein aus ihnen; unreif dienen sie als Umschlag bei Geschwüren. Mit dem Saft der Fruchtrinde im unreifen Zustand färben sich die Indianer das Gesicht schwarz, wenn sie zum Kampf ziehen, und diese Färbung schwindet erst nach 9 Tagen.

Geoffroye *(Geoffroya),* Gattung der Cäsalpiniaceen. Die wurmtreibende G. *(G. vermifuga)* ist ein mittlerer Baum; die Äste sind mit einer schwammigen Rinde bedeckt, die Blätter unpaarig gefiedert und der gemeinschaftliche Blattstiel gefurcht; die Blüten wohlriechend, purpurrot und etwas violett; der Samen gelblich-weiß. Diese Pflanze ist in Brasilien einheimisch, wo die Samen als ein ausgezeichnetes Wurmmittel bekannt sind. Unter dem Namen Angelin kommen sie auch nach Europa.

Georgine. Die Gattung *Dahliaa Cuv. (Georgina W.)* gehört unter die Korbblütler. Diese Pflanze, früher nach dem schwedischen Botaniker Dahl, später nach dem Petersburger Akademiker Georgi benannt, ist eine der veränderlichsten, durch Größe, Schönheit im Bau und Farbenpracht der Blumen ausgezeichnetsten und deshalb beliebtesten Herbstpflanzen unserer Gärten; seit 1790 aus Mexiko eingeführt. Die gemeine G. *(D. coccinea)*, welche auch *Georgina variabilis, D. pinnata* genannt ist, hat Wurzeln, die länglich-spindelförmige Knollen tragen. Der Stengel erreicht Mannshöhe und ist stielrund, meist kahl. Die Blätter sind herablaufend und fiederteilig mit zugespitzt-eiförmigen, sägerandigen Abschnitten, oberseits sind sie stark glänzend. Die oberen Blätter sind nur dreiteilig, die obersten ganz. Die Blüten bilden zusammen eine große kokardenartige Masse von vielen Farben und sehr oft einen ganz eigentümlichen Samthauch. Die Pflanze hat zerrieben einen höchst eigentümlichen Geruch, welcher dem des Speichels der Laufkäfer nicht unähnlich ist. Die Knollen der wild wachsenden Pflanze riechen eigentümlich, schmecken bitterlich-scharf und sind in Mexiko bei den Eingeborenen gegen Kolikschmerzen, Blähungen, Magenbeschwerden und als harn- und schweißtreibende Arznei gebräuchlich; durch Kultur wurden sie viel milder und können wie die Erdbirnen (*Helianthus tuberosus)* gegessen werden.

Gerberstrauch *(Coriaria),* Gattung der Ranunkelgewächse. Der myrtenblätterige G. *(C. myrtifolia)* ist ein 3-6 Fuß hoher, kahler Strauch, mit weit ausgebreiteten Ästen (die jüngeren vierkantig), sehr kurzgestielten, eiovalen, zugespitzten Blättern; lockeren 9-12blütigen Trauben; gegenständigen Blättern. In Hekken und Gebüschen Südeuropas und Nordafrikas. Blüht vom Mai bis August. Seit mehr als einem Jahrhundert kennt man bereits die giftige Eigenschaft der Blätter und Früchte dieses Strauches, deren Genuß bei Menschen und Tieren Schwindel, Sinnlosigkeit, Konvulsionen und oft selbst den Tod bewirkt; in neueren Zeiten hat man außerdem im südlichen Frankreich Verfälschungen der Sennesblätter durch seine scharf narkotischen Blätter mit teils lebensgefährlichen, teils tödlichem Erfolg zu beobachten Gelegenheit gehabt. Die baumartige *C. ruscifolia* dient in Chile zum Schwarzfärben und von *C. sarmentosa* werden in Neuseeland die Früchte gegessen.

Germer *(Veratrum),* Gattung der Zeitlosengewächse. Der weiße G. *(V. album),* weiße Nießwurz, hat einen einfachen kurzen Wurzelstock; Stengel $1\frac{1}{2}$-4' hoch, einfach, aufrecht, kahl, fast ganz von den knapp anliegenden Blattscheiden bedeckt; Blätter elliptisch oder elliptisch-lanzettlich, längsgefaltet, unterseits flaumig, schief in die Scheide verlaufend; Blüten gelblichweiß, in eine Endrispe bildende Trauben, mit flaumigen Spindeln, zusammengestellt; Blütenstielchen viel kürzer als die Blüte. Offizinell ist der Wurzelstock unter dem Namen: weiße Nieswurzel, *Radix Hellebori albi;* er ist geruchlos, von brennend-scharfem Geschmack, dicht, fast holzig, ziemlich schwer, $1\frac{1}{2}$-2" lang, beinahe zolldick, sehr runzlig, außen schwarz, innen weiß und gehört unter die scharfen, ätzenden Gifte, und wirkt wie Veratrin. Sie wurde in den ältesten Zeiten als

Brech- und Abführmittel, gegen Epilepsie, Wechselfieber, Lähmungen etc. angewendet. Äußerlich hat man es als Niesmittel (Schneeberger Schnupftabak) und in Form der Abkochung gegen chronische Hautausschläge (Krätze), sowie zur Vertilgung von Ungeziefer empfohlen. Ein Arzneistoff, der alle Aufmerksamkeit verdient, ist das bereits oben erwähnte Veratrin, welches vorsichtig äußerlich in Salbenform angewendet, sich bei Versuchen mehrerer bewährter Beobachter sehr hilfreich bewies gegen Nervenleiden und Lähmungen, besonders rheumatischer Natur. Noch hat man es bei Gicht, Rheumatismus, bei Herzkrankheiten, bei Wassersuchten und bei mancherlei Geschwüren empfohlen. Innerlich wird es, und zwar das reine *Veratrinum* zu $\frac{1}{20}$-$\frac{1}{10}$-$\frac{1}{6}$ Gran, am besten in Alkohol gelöst, einigemal des Tages gegeben. Viel häufiger gibt man es äußerlich entweder gleichfalls in Alkohol gelöst, 20 Gran in 1 Unze oder in Salbenform, 2-4 Gran auf 1 Drachme Fett oder Öl.

Der nahverwandte Lobels-G. *(V. lobelianum)*, welcher ein gleiches Vaterland hat, unterscheidet sich durch quer- (nicht schief-) abgeschnittene Blattscheiden und hellgrüne, mehr glockig-zusammenschließende Perigonzipfel. Wächst ebenfalls auf Gebirgen und Alpen, und zwar diese Art auch in den Sudeten. Der Wurzelstock wird wie von der vorigen Art angewendet. Der grüne G. *(V. viride)* mit fast glockig-abstehenden, grünlichen Blumenblättern, wächst in Nordamerika. Der Wurzelstock dieser Art ist die *Radix Hellebori albi* der dortigen Apotheken. Der schwarze G. *(V. nigrum)* mit schwarz-purpurfarbenen Blüten, wächst in Bergwäldern und auf mehr trockenen Gebirgswiesen des südlicheren Deutschlands, Frankreichs, in Ungarn und im südlicheren Sibirien, doch überall seltener als die vorigen Arten. Die Wurzel besitzt fast ganz gleiche Eigenschaften, nur ist sie in der Wirkung etwas schwächer und findet sich bisweilen unter der weißen Nieswurzel. Der Sabadill-G. *(V. Sabadilla)*, mexikanischer G., Läusekraut, in Brasilien, Mexiko und Westindien – mit fast blattlosem Stengel, meist grundständigen, länglich-elliptischen, längsfaltigen Blättern, einseitswendigen Trauben und schwärzlich-purpurroten nickenden Blüten – liefert die ebenfalls scharfgiftigen, unter dem Namen Sabadill- oder Läusesamen in der Medizin gebräuchlichen Früchte, die aber auch noch von einigen anderen Arten dieser oder verwandter Gattungenen gesammelt werden sollen. Sie sind geruchlos, schmekken sehr scharf und unangenehm bitter, drastisch, wurmwidrig, ätzend. Der innerliche Gebrauch erfordert große Vorsicht, da schon die äußere Anwendung zur Vertilgung des Ungeziefers oft sehr gefährliche Zufälle erregt. Die Ursache jener giftartigen Wirkung der Sabadillsamen ist ein eigentümliches sehr scharfes Pflanzen-Alkaloid, das sich in ihnen, sowie in allen Wurzeln der ganzen Gattung und wohl auch in den Früchten der einheimischen Arten, wenn auch in geringerer Menge, vorfindet und den Namen Veratrin oder Sabadillin erhalten hat. Das Veratrin hat sich am meisten bei Neuralgien (Nervenschmerzen) bewährt und zwar vorzugsweise äußerlich angewendet bei Gesichtsschmerz, Lendenweh, Rückenschmerzen etc., entweder in Weingeist gelöst oder in Salbenform eingerieben auf der entsprechenden Hautstelle oder endermatisch angewendet. Bei Krämpfen, wie bei Keuchhusten, bei Hypochondrie und Hysterie dürfte es entbehrlich, bei Lähmungen in Folge vorangegangenen Schlaganfalls geradzu schädlich sein, wenn es innerlich genommen wird. Über die Gabe wurde bereits oben das Nötige bemerkt.

In der Tierheilkunde wird die weiße Nieswurzel innerlich angewendet als Brechmittel in der Staupe der Hunde, bei schlechter Verdauung, zur Entfernung giftiger oder schädlicher Substanzen aus dem Magen, bei chronischen Magen- und Darmkatarrhen, bei der Bräune und dem Anthrax der Schweine, wogegen sie sowohl als Vorbauungs- wie als Heilmittel gerühmt wird. Man verabreicht zu diesem Zwecke Hunden ½-2 Gran, Schweinen 5-20 Gran entweder in Pulver, besonders mit Zucker verrieben, oder mit Milch oder Buttermilch zusammengerührt, welch letztere Form sich zur Vorbauungskur gegen die Anthraxbräune der Schweine besonders eignet. Als Reizmittel auf die Magen- und Darmschleimhaut wird sie insbesondere bei chronischer Verdauungsschwäche des Pferdes und Rindviehs, bei chronischen Rheumatismen und Wasserergießungen empfohlen. Man gibt Pferden und Rindern zu diesem Zweck 1 Quentchen bis 1 Lot der gepulverten Wurzel entweder mit Wasser oder aromatischen Aufgüssen gemengt. Auch als ableitendes Mittel wird die weiße Nieswurzel gleich der schwarzen gebraucht. Man nimmt hierzu 10-20 Gran und legt sie wie die schwarze Nieswurzel in das Unterhautbindegewebe der Vorderbrust oder des Triebes ein. Vorheriges Einweichen der Wurzel in Essig verstärkt die Wirkung. Bei dieser Anwendungsweise muß man jedoch vorsichtig sein, da sich häufig Nervenzufälle einstellen, bei deren Eintritt es notwendig wird, die Wurzel schnell zu entfernen. Auch will man nicht selten Verwerfen nach ihrem Gebrauch beobachtet haben. Im allgemeinen tritt die Wirkung dieses Mittels viel heftiger auf als bei der Verabreichung trockener Nahrungsmittel. Auch gegen chronische Hautkrankheiten kann dieser Stoff in derselben Gabe und Form wie die schwarze Nieswurzel verwendet werden. Die schwarze Nieswurzel wendet man innerlich an bei Pferden und Rindern in der Gabe von ½-1 Quentchen, bei Schafen in der Gabe von 20-30 Gran, bei hartnäckigen Verstopfungen, bei Ödemen und Wassersuchten, bei Dummkoller. Hunden gibt man 1-10 Gran, Schweinen 20-30 Gran, bei andauernden Verstopfungen, Darmwürmern und bei der Bräune. Hierbei ist jedoch zu beobachten, daß jede Spur einer Reizung oder Entzündung der Magen- und Darmschleimhaut fehlen muß. In einer ungefähr um das vierfache kleineren Gabe wird sie allen diesen Haustieren bei Trägheit der Verdauung und um die Absonderungen und die Aufsaugung zu befördern, verabreicht. Man gibt dieses Mittel entweder in Pulver- oder Latwergenform oder mit heißem Wasser übergossen oder insbesondere für Hunde und Schweine mit Milch oder Kleientrank zusammengerührt. Auch mit anderen purgierenden Mitteln oder mit bitteren aromatischen Mitteln wird dasselbe, je nach dem Zweck, den man beabsichtigt, verbunden. Äußerlich verwendet man die Wurzel als ableitendes Mittel und nimmt hierzu einige Wurzelfasern (dem Gewicht nach ungefähr ein Quentchen), welche man, nachdem sie vorher durch etwa eine Viertelstunde in kaltem Wasser eingeweicht waren, durch eine kleine Hautwunde in das Unterhautbindegewebe einschiebt oder auf ein schmales Band aufnäht und nach Art eines Haarseiles einzieht (Gill-, Christ- oder Nießwurzelstecken). Eine Abkochung dieser Wurzel (2 Lot auf 1½ Seide Wasser) wird zum Töten der Läuse und als Heilmittel gegen Räude empfohlen; zu letzterem Zweck kann auch das Pulver der Wurzel, mit Fett oder Seife verrieben, benutzt werden.

Anwendung nach dem homöopathischen Prinzip. In der Homöopathie spielt *Veratrum album* eine große Rolle. Die aus dem trockenen Wurzelstock nach Regel I. bereitete Tinktur hat eine gelbbraune Farbe und eignet sich bei folgenden Krankheiten, und zwar: bei Gliederschmerzen, Lähmung der oberen und unteren Glieder, Zittern der Glieder, Neuralgien, Epilepsie, allgemeiner Abmagerung, Mattigkeit, großer und langwieriger Schwäche und lähmungsartiger Kraftlosigkeit und Sinken der Kräfte, Neigung zu Ohnmachten, Nesselausschlag, Krätze, trockenen Flechten, Wechselfieber, Hypochondrie, Melancholie, Mutlosigkeit, Überempfindlichkeit, Wahnsinn, Narrheit, Blutdrang nach dem Kopfe, Entzündung und Lähmung der Augenlider, Migräne, Klingen, Brausen und Sausen in den Ohren, Kupferausschlag im Gesicht, Lähmung der Schlingwerkzeuge, klopfendem Zahnschmerz, Speichelfluß, Stammeln, Aufstoßen, Schluchzen, Magenkrampf, Cholera, Auftreibung des Bauches, Leistenbruch, Durchfall, Hämorrhoiden, Kehlkrampf, Keuchhusten, Asthma, Herzkrankheiten, Kreuz-, Lenden- und Rückenschmerzen, schmerzhaftem Schmerz in den Unterschenkeln.

Gabe: 1-2 Tropfen der 2., 3., 6., 12. Verdünnung, je nach Umständen in längeren oder kürzeren Zwischenräumen wiederholt.

Das Veratrin wurde bisher bald innerlich, bald endermatisch angewendet: bei skrophulösen Geschwülsten, Rheumatismus, Gicht, syphilitischen Knochenschmerzen, Wassersucht, Brustwassersucht, Bauchwassersucht, nervösen Schmerzen aller Art, krampfhaften Krankheiten, Lähmungen, Migräne, Augenschmerzen, Lichtscheu, Hypochondrie und Hysterie rein nervöser Art, Gesichtsschmerz, Magenkrampf, bei unterdrückten Hämorrhoiden, schmerzhafter und träger Menstruation, Zuckerruhr, krampfhaften Harnbeschwerden, Kropf, krampfhaftem Husten, Keuchhusten, Brustbräune, lähmungartiger Schwäche der Extremitäten, Hüftweh.

Die homöopathischen Tierärzte wenden das Veratrum album an bei Dummkoller und rasendem Koller der Pferde, bei der Rinderpest, Ruhrseuche des Rindes, chronischen Durchfällen der verschiedenen Tiergattungen, namentlich dem weißen Durchlauf der Kälber, bei anhaltendem Erbrechen der Hunde und Schweine, bei der Cholera des Geflügels, bei chronischen rheumatischen Lähmungen.

Gerste *(Hordeum)*, Gattung der Gräser. Die gemeine G. *(H. vulgare)* hat einen 2-3 Fuß hohen Halm, grasgrüne, beiderseits scharfe Blätter und eine ziemlich lange Ähre, in welcher die einblütigen Ährchen in vier senkrechten Reihen (Zeilen) angeordnet sind. Die unteren Spelzen der Blüten sind mit einer sehr langen und rauhen Granne versehen. Die Früchte sind beschalt, länglich, beiderseits spitz, von gelber Farbe. Diese Art wird als Sommerfrucht allgemein, selbst im hohen Norden noch gebaut. Die Früchte dieser und der folgenden Arten sind als rohe Gerste und von der Schale befreit als Perlengerste, Graupen bekannt. Man benutzt in Krankheiten meistens die Abkochung, indem man entweder die ganzen Gerstenkörner so lange kochen läßt, bis die äußere Schale platzt oder indem man die enthülsten Körner (Graupen) dazu verwendet. Man gibt den Gerstenschleim als einhüllendes, schleimiges Mittel allein oder mit Fleischbrühe bei starkem Hustenreiz, Heiserkeit, Durchfall, Ruhr, katarrhalischen Entzündungen u.s.w. Äußerlich gibt man bisweilen den Gerstenschleim zu Klistieren, oder man bereitet aus der gekochten Graupe erweichende Breiumschläge. Auch als Malz ist die Gerste ein wichtiges Arzneimittel; es verdankt seine Wirksamkeit vorzüglich dem Gehalt an Zucker. Man gibt die Malzabkochung (aus 1-2 Unzen auf 1 Pfund) bei Reizungszuständen und Blennorrhöen der Harn- und Atmungsorgane, bei Vereiterungen derselben, in der Abzehrung, Skrophelsucht und insbesondere meistens in Verbindung mit Zitronensaft in Skorbut. In letzterer Krankheit macht man auch von der Bierhefe Gebrauch. Äußerlich zu Bädern, 3-5 Pfund Malz auf ein Bad, bei großer allgemeiner Schwäche, bei Hautkrankheiten, bei Lähmungen, Abzehrung, Skrophulose der Kinder. Die sechszeilige G. *(H. hexastichon)* ist der gemeinen Gerste sehr ähnlich, in allen Teilen stärker; die Ähre kürzer, mehr aufrecht, die Blütchen dichter gedrängt, die Spelzen mehr eirund, die Grannen kürzer. Wird seltener und als Sommerfrucht gebaut. Die zweizeilige G. *(H. distichum)* hat eine zusammengedrückte Ähre, deren Ährchen alle anliegend sind. Die mittleren Ährchen sind zwittrig und haben vorragende, der Spindel parallele Grannen, die seitlichen stehen auf Stielchen und haben gestutzte Spelzen. Man zieht diese Art neuerlich sehr allgemein, indem sie mit Weizen oder Korn gemengt, ein gutes Brot gibt; auch Brauer, Essigfabrikanten und Branntweinbrenner schätzen sie hoch. Die Reisgerste *(H. Zeocrithon)*, Emmergerste, hat einen niederen, straffen Wuchs und dabei die längeren Grannen weit abstehend gespreizt, so daß man sie auch Pfauengerste, Fächergerste nennt. Man zieht sie in Spanien als Pferdefutter. Die Mäusegerste *(H. murinum)* ist ein einjähriges rasiges Unkraut, das sich bei uns weit verbreitet zeigt.

In der Tierheilkunde wird die Gerste gern zu Dampf- oder Dunstbädern bei katarrhalischen Krankheiten (Druse, Strengel, Bräune und Lungenkatarrh) in der Periode der entzündlichen Reizung benutzt. Man kocht sie für diesen Zweck mit Wasser, bis die Körner aufplatzen, läßt die Flüssigkeit etwas abkühlen und dann ihren mäßig warmen Dunst einatmen, indem man gleichzeitig den Kopf und Hals der Tiere von oben mit einer Decke bedeckt. Gerstenmehl besitzt die Eigenschaften der Gerste und ist wie das Weizenmehl zu benutzen. Gerstenmalz gibt man als Nahrungsmittel schwachen Pferden und Rindern zu 1 Pfund, täglich 3-4mal. Bei Durchfällen, die nicht mit verstärkter Reizbarkeit verbunden sind, mindert es die Entleerung; auch bei Fäule und bei den Lungenwürmern der Schafe, wenn das Übel noch nicht zu weit gediehen ist, ganz vorzüglich wirksam. Für fünzig Schafe läßt man $\frac{1}{4}$ Scheffel braungeröstetes Malz in 60 Quart Wasser bis zum Weichwerden kochen, setzt dann 2 Pfund Wachholderbeerenpulver und 2 Lot Eisenvitriol hinzu und gibt das ganze nach dem Erkalten zum Getränk. Auch Bier kann entkräfteten Tieren, z.B. zur Zeit der Geburt, wenn die Wehen zu schwach sind, und in ähnlichen Fällen gegeben werden. Man kocht es mit Brot und setzt nach Bedürfnis aromatische Mittel, Branntwein oder Wein hinzu.

Gewürzbaum *(Aromadendron)*, Gattung der Magnoliaceen. Der zierliche G. *(A. elegans)* ist ein Baum von 80-120' mit einem geraden, sehr dicken, glatten Stamm und einer dichten, sehr verästelten Krone. Die Ästchen sind braun, kahl, die Blätter genähert, fast zweizeilig, kurzgestielt, länglich oder länglich-lanzettlich, 4-8" lang, $1\frac{1}{2}$-2" breit, lederig, ziemlich steif, kahl und etwas glänzend. Wächst auf Java und blüht fast stets. Die Rinde ist bitter, zugleich sehr angenehm gewürzhaft und kommt in ihrer Heilkraft der Cascarille am nächsten. Die aromatischen, aber kaum bitteren Blätter sind im Aufguß gegen hysterische und andere Krämpfe, gegen Windkolik u.s.w. im Gebrauch.

Gewürzbeere *(Monodora)*, Gattung der Anonaceen. Die muskatnußartige G. *(M. myristica)* ist ein mittelgroßer Baum mit kahlen Ästchen, kurzgestielten, länglichen, handgroßen, ledernen, kahlen Blättern; fingerlangen Blütenstielen, großen gelben rotgetüpfelten Blumen und kugeliger Beere. In Jamaika, doch nur angepflanzt und wahrscheinlich aus Afrika eingeführt. Ist dort unter dem Namen Muskatnuß von Jamaika oder amerikanische Muskatnuß bekannt und wird der gewürzhaften Früchte und Samen wegen daselbst sehr sorgfältig kultiviert.

Gewürznelkenbaum *(Caryophyllus)*, Gattung der Myrtineen. Der echte G. *(C. aromaticus)* ist ein Baum von 20-30 Fuß Höhe; jedoch erreicht der Stamm selbst nur eine äußerst geringe Höhe von wenigen Fußen, während die ganze übrige Masse eine kegel- oder pyramidenförmige Krone mit zahlreichen rutenförmigen Ästen von blaßgrauer Rinde ist. Die Blätter stehen gegenüber und meist paarig übers Kreuz, sie sind etwas lederartig und glänzend, stehenbleibend, fein punktiert, etwa 4 Zoll lang, eilanzettlich, spitz und am Grunde keilig in den Blattstiel übergehend. Die kurzen Blütenstände sind dreigabelig und nach den Regeln der Trugdolde gebaut. Die Blütenstiele sind stielrundlich und gliederig, die vier Blumenblätter gelblichrot. Fast jeder Teil der Pflanze ist mit zahlreichen Ölpünktchen bedeckt, welche ihr den aromatischen Geruch geben. Auf den Molukken einheimisch und daselbst so wie jetzt auf den Mascarenen, in Westindien, in Cayenne und in Brasilien sorgfältig angepflanzt. Die äußerst angenehm riechenden und feurig-aromatisch schmeckenden Blüten werden vor der Enfaltung gesammelt, meistens einige Tage dem Rauch ausgesetzt, wodurch sie die eigentümliche, dunkelbraune Farbe erhalten, hierauf an der Sonne völlig getrocknet und unter dem Namen Gewürznelken oder Nelken in den Handel gebracht. Sie werden nach ihrer Heimat bezeichnet. Die von Amboina gelten als die besten. Das Nelkenöl ist der wesentliche Bestandteil, übrigens enthalten sie Harz, Gummi, Gerbsäure. In Ostindien pflegt man aus den Nelken und ihren Abfällen das Nelkenöl zu destillieren, und die dazu benutzten Nelken kommen als feuchte Nelken an. Der Gebrauch ist wesentlich in der Küche, wenig als aufregendes Arzneimittel. Nach Prof. Schroff kann man die Gewürznelken bei hohen Graden torpider Verdauungsschwäche, bei großer Untätigkeit des Nerven- und Gefäßsystems, bei Lähmungen als Pulver zu 5-10 Gran, als weinigen Aufguß zu 1 Drachme gebrauchen; das ätherische Öl zu 1-3 Tropfen auf Zucker oder bei manchen Arten von Zahnschmerzen auf Baumwolle getröpfelt in den hohlen Zahn gebracht.

In der Tierheilkunde finden die Gewürznelken des hohen Preises wegen nur selten Anwendung.

Ghorkabaum *(Xanthochymus)*, Gattung der Gorciniaceen. Der süße G. *(X. dulcis)* ist ein schöner Baum mit einer glatten, dunkel-oliven-grünen Rinde und ausgebreiteten Ästen; die Blätter sind 6" lang, 2-3" breit, auf kurzen Stielen, fest, kahl und glatt; die Blüten in kleinen Büscheln aus den Achseln der schon abgefallenen Blätter, grünlich-weiß; die Beere apfelgroß, rundlich-oval, hellgelb, 1-5samig. Wächst auf den Molukken. Die Früchte haben einen angenehmen süßen Geschmack.

Gichtschwamm *(Phallus)*, Gattung der Haarflechtpilze. Der gemeine G. *(Ph. impudicus)* ist weiß und sieht jung wie ein Ei aus; nach Zerreißung der Hülle entwickelt sich der fingerlange und daumdicke, hohle Strunk sehr rasch und verbreitet hierauf einen äußerst unangenehmen Geruch; die Oberfläche des runzligen, mit vielen eingedrückten Punkten versehenen, rundlichen Hutes wird zu einem wässerigen Schleim, der auf die Erde herabträufelt, worauf der Hut bald ganz weiß dasteht. In Wäldern, Gärten nicht selten. Besondere Kräfte wurden ihm von den Alten gegen Gicht zugeschrieben; bringt auch, bei Tieren angewendet, leicht Abortus hervor.

Gilgen *(Pancratium)*, Gattung der Amaryllideen. Der Seestrands-G. *(P. maritimum)* hat eine fast kugelige, braune, 2-3" im Durchmesser haltende Zwiebel, 6-8 aufrecht abstehende, fast zweizeilige, flache, etwas fleischige Blätter; die Blüten auf kurzen, dicken Stielchen mit dazwischen stehenden kurzen, häutigen, spitzen Deckblättchen; ihr Geruch ähnelt dem der weißen Lilien. Diese Pflanze wächst im Sande des Ufers am mittelländischen Meere. Die schleimig, bitter und ekelhaft schmeckende Zwiebel wurde früher auf ähnliche Art wie die Meerzwiebel, besonders aber als ein Erbrechen machendes Arzneimittel gebraucht. Die Zwiebel des ceylanischen G. *(P. zeylanicum)*, schmeckt ebenfalls ekelhaft scharf und bitter und hat dieselben Heilkräfte wie die vorige Art; auch die Blätter werden zu einer kühlenden Salbe angewendet.

Gilibertia *(Gilibertia)*, Gattung der Araliaceen. Die malabrische G. *(G. Nalugo)* ist ein Strauch von 12' mit knotigen, nach oben hin eckigen Ästen; Blätter auf kurzen, dicklichen, mit scharfen Punkten besetzten, oberseits gekielten Stielen mit 5, selten 3 oder 7 dunkelgrünen, etwas glänzenden, unterseits helleren Abschnitten, von denen der endständige am größten und vorn etwas rundlicher ist Die Blütenstiele sind scharf punktiert, die Blüten grünlich-weiß. Wächst in Malabar und blüht jährlich zweimal zur Regen- und zur Sommerszeit. Die Wurzel wird dort gegen Magenbeschwerden Koliken u.s.w., die Blätter zur Beförderung der Verdauung und äußerlich gegen Gichtschmerzen, im harten Zustand auch als Speise, eine Abkochung des Holzes aber als durststillend bei Kranken gebraucht.

Gillenie *(Gillenia)*, Gattung der Spierstaudengewächse. Die dreiblätterige G. *(G. trifoliata)* hat eine ästige, sehr faserige Wurzel; Stengel aufrecht, 1-2' hoch, etwas eckig, kahl und rot, nach oben in viele aufrecht-abstehende Äste geteilt. Blätter sehr kurzgestielt, oben dunkelgrün, kahl und glänzend. In schattigen, feuchten Wäldern von Kanada bis Florida. Die Wurzel ähnelt der Ipecacuanha und ist in Nordamerika als ein Brech- und Abführmittel offizinell.

Ginster *(Genista)*, Gattung der Schmetterlingsblütler. Der gemeine G. *(G. tinctoria)*, Färbeginster, Färbe- oder Gilbkraut, ist ein Strauch oder Halbstrauch, der etwa drei Fuß hoch wird; seine Zweige sind zahlreich, gedrängt, aufrecht, kahl, und an ihnen stehen lanzettliche Blätter von glänzend grüner Farbe, die am Rande oder auf der ganzen Fläche weiche Haare tragen. Die Nebenblätter sind pfriemenförmig und äußerst klein. Die langen Trauben haben hochgelbe Blumen. Die Heimat ist Europa und Nordasien, wo dieser kleine Strauch auf dürren, grasigen Gängen, in Wäldern, an Rainen und an anderen trockenen Stellen sich findet. Das Kraut, also die jungen Schosse, schmeckt bitterlich und wirkt diuretisch und purgierend. Man brauchte das Kraut und den Samen gegen Plethora, Unterleibsstockungen. Auch gegen Hundswut wurde diese Pflanze von Rußland aus angepriesen. Dr. Marochetti wurde in der Ukraine zu fünfzehn von einem tollen Hund gebissenen Leuten geholt. Man bat ihn jedoch gleichzeitig um die Erlaubnis, einen Bauer die Kur übernehmen zu lassen. Dieser gab starke Abkochungen dieses Mittels, und kleine Knötchen, die sich, wie er voraussagte, unter der Zunge bildeten, mußten geätzt werden. Sämtliche so behandelte Kranke genasen. Nichtsdestoweniger hat man neuerlich nichts mehr von jener Anwendung gehört. Endlich ist die Anwendung in der Färberei, um gelb und grün zu färben, bekannt. Der einsamige G. *(G. monosperma)* wächst im südlichsten Europa und nördlichen Afrika. Die sehr bittere Wurzel wird von den Arabern gegen Hypochondrie und das Kraut selbst, im Wasser mazeriert, gegen Wunden angewendet. Der geflügelte G. *(G. Sagittalis)*, ein Halbstrauch von $\frac{1}{2}$-1' Höhe, mehr oder weniger behaart, wächst auf Hügeln, trockenen Bergwiesen und in Nadelwäldern im westlicheren Teil des mittleren und im ganzen südlichen Europa. Die krautigen Äste waren sonst in ähnlichen Fällen wie der Färbeginster und sind noch jetzt in Spanien offizinell. Der Skorpionen-G. *(G. Scorpius)* ist ein sehr ästiger, buschartiger Strauch, der an dürren Stellen im südlichen Frankreich, in Spanien, im nördlichen Afrika und im Orient zu finden ist. In Spanien werden die Blüten dieses Strauches mit Zucker eingemacht für ein stärkendes Mittel gehalten.

Glanzgras *(Phalaris),* Gattung der Gräser. Das gemeine G. *(Ph. canariensis),* Kanariengras, hat einen Halm 2-3' hoch, aufrecht, meist einfach, schärflich; die Blätter sind ziemlich groß, ungeteilt; die Scheinähre an der Basis oft mit einem Deckblatt; die Ästchen kurz, scharf; die Ährchen stark, zusammengedrückt, beinahe doppelt länger als das Blütchen, fast abgestutzt und nur die Mitte kurz zugespitzt, glatt, gelblichweiß, beiderseits grün gestreift; die Frucht ist eirund, gelblich weiß. Die Heimat dieser Pflanze ist Südeuropa. Die Frucht, als Kanariensamen vor Zeiten in den Offizien aufbewahrt, wurde als auflösendes Mittel, besonders bei Blasenkrankheiten und Steinbeschwerden angewendet und ist jetzt mit Recht außer Gebrauch gekommen.

Glaskraut *(Parietaria),* Gattung der Nesselgewächse. Das aufrechte G. *(P. erecta),* Wandkraut, Mauerkraut, Peterskraut, findet sich an Wegen, Schutthaufen, alten Mauern im mittleren und südlichen Europa. Stengel 1-2' hoch, meist mehrere aus einer Wurzel, aufrecht oder am Grunde etwas aufsteigend, brüchig, ganz einfach oder mit einigen kurzen Ästen aus den unteren Blattachseln, rund, gestreift, oben flaumhaarig. Blätter auf $\frac{1}{2}$-1" langen, kurzhaarigen Stielen, 3-4" lang, 1-1$\frac{1}{2}$" breit, am Grunde keilförmig, verschmälert, vorn in eine lange, stumpfliche Spitze auslaufend, etwas ausgeschweift, dreifach benervt, durchsichtig-punktiert. Blüten grünlich-weißlich, sitzend. Das Kraut war sonst offizinell; es ist geruchlos, schleimig-salzig, etwas zusammenziehend, wurde als ein schleimiges, kühlendes, auflösendes, harntreibendes Mittel, sowie äußerlich bei Wunden und Geschwüren verwendet und soll sehr viel salpetersaures Kali, auch viel Schwefel enthalten. Das ausgebreitete G. *(P. diffusa)* ist in allen Teilen kleiner als die vorige Art, der sie übrigens sehr ähnelt und mit der sie auch gleiche Trivialnamen führt. Wächst an Mauern, mehr im westlichen Teil Mitteleuropas sowie im ganzen Süden. War unter gleichem Namen wie die vorige Art offizinell.

Glasschmalz *(Salicornia),* Gattung der Gänsefußgewächse. Das krautige G. *(S. herbacea),* Meersalzkraut, Seekrappe, ist ganz kahl; Stengel aufrecht oder aufsteigend, 1$\frac{1}{2}$-1' hoch, mit zahlreichen gegenständigen, abstehenden oder aufgerichteten Ästen; Gliederstücke nach oben erweitert, randhäutig, Ähren endständig und seitlich gegenüberstehend, kurz, ebenfalls gegliedert, mit zu drei an jeder Seite des Gelenkes triangelförmig gestellten und mit jenen des folgenden Gliedes sich kreuzenden Blüten, deren zwei Staubgefäße nur selten gleichzeitig entwickelt sind. Findet sich am Meeresufer, an Salzseen und auf salzigem Boden in Europa, Asien und Amerika. Blüht vom Juli bis Oktober. Das Kraut wurde sonst in Deutschland, wie es noch jetzt in England und dem nördlichen Europa der Fall ist, als Salat gegessen, aber auch sonst als antiskorbutisches Mittel (wozu es doch seines großen Salzgehaltes wegen kaum passend war), viel zweckmäßiger gegen einige Krankheiten der Harnorgane u.s.w. angewendet. Aus der Asche desselben gewinnt man Soda oder das Natron.

Gleditschie *(Gleditschia),* eine Gattung der Leguminosen aus der Abteilung der Cassiaceen, sogenannt zur Erinnerung an Professor Gleditsch. Die dreidornige G. *(G. triacanthos)* ist einer der größten Waldbäume Nordamerikas, der die Höhe von 60 Fuß erreicht und eine große prächtige Krone besitzt. Das süße Mark, welches in den über 4 Fuß langen, 2 Zoll breiten Hülsen die Bohnen umgibt, wird gegen Husten gebraucht und auch Met aus ihm bereitet. Der Stamm liefert ein dauerhaftes Nutzholz. In unseren Parkanlagen spielt er eine große Rolle und mit Recht, da er sehr gut ausdauert und eine seltene Zierde bildet.

Gleichenie *(Gleichenia),* Gattung der Spaltfarn. Die gabelästige G. *(G. Hermanni)* ist aufrecht, 4-5' hoch, mehrfach gabelständig, in der Gabelspalte eine längliche, zottige, braune Knospe; Äste flach, fast rinnig. Laub kahl, unten seegrün. Findet sich in Ostindien, Japan, Australien und auf den Molukken. Der Wurzelstock ist sehr mehlreich, schwach bitter, etwas aromatisch; er wird in Persien, Japan, Australien gegessen und ist auch in Japan bei Durchfällen, sowie die Asche dieser Pflanze gegen Mundschwämmchen im Gebrauch.

Gleiße *(Aethusa),* Gattung der Doldengewächse. Die Garten-G. *(A. cynapium),* kleiner oder Garten-Schierling, Hunds- oder Katzenpetersilie (FIG. 49) ist eine jährige Pflanze, die man in Kohlgärten, auch wohl unter der Petersilie häufig antrifft. Ihre weiße Wurzel ist der Petersilienwurzel ähnlich, nur ist sie kürzer und zeigt, wenn man sie reibt, einen knoblauchartigen Geruch. Die Blätter sind dunkelgrün, glänzend, doppelt und dreifach gefiedert,

FIG. 49

DIE GARTEN-GLEIßE oder HUNDSPETERSILIE: a) ein Zweig, ein Blatt, eine Wurzel in 1/3 natürlicher Größe, b) eine Blüte dreimal vergrößert, c) eine junge Frucht, dieselbe Vergrößerung, d) eine Frucht, deren hälften sich vom Träger ablösen, viermal vergrößert, e) eine Fruchthälfte im Durchschnitt, viermal vergrößert.

mit eirunden, fiederspaltigen Blättchen. Die Blüte ist weiß. Diese geruchlose Pflanze ist ein narkotisch-scharfes Gift, aber schwächer als der eigentliche oder gefleckte Schierling *(Conium maculatum)* oder gar als der Wasserschierling *(Cicuta virosa).* Mit ersterem wird die Gleiße bisweilen in den Apotheken, noch häufiger im jungen Zustand, wo sie der Petersilie ungemein ähnlich sieht, mit derselben verwechselt.

Gliederalge *(Ceramium),* Gattung der Hautalgen. Die durchsichtige G. *(C. diaphanum)* ist zart, 1-6" lang, sehr verästelt, die Spitzen eingekrümmt; Glieder von sehr verschiedener Länge, glasartig-durchsichtig, mit purpurroten Gelenken und daher zierlich gescheckt. Häufig in fast allen Meeren. Findet sich wie auch die zwei folgenden unter dem offizinellen Wurmmoos. Die wimperige G. *(C. ciliatum)* ist der vorigen ähnlich, an Größe sehr veränderlich, häutig-knorpelig, schmutzig-purpurrot, gescheckt. Findet sich im atlantischen und im Mittelmeer; ebenso die gitterartige G. *(C. cancellatum).* Aus *C. Loureiri Ag.* bereitet man in Cochinchina und Japan eine Gallerte, die mit Zukker versetzt als erfrischend und nährend überall verkauft wird.

Gliederkraut *(Sideritis),* Gattung der Lippenblütler. Das rauhhaarige G. *(S. hirsuta),* Berufkraut, hat niederliegende Äste, längliche, gezähnte Blätter und eine blaßgelbe Blume. Wächst auf sonnigen Hügeln im südlichen Europa und blüht im Juli, August. Diese Pflanze, welche besonders zur Blütezeit einen balsamischen, nicht unangenehmen Geruch und einen bitterlichen Geschmack besitzt, ist die echte *Herba Sideritidis* der Ärzte, anstatt welcher aber in den Apotheken des mittleren und nördlichen Europas allgemein der gerade Ziest *(Stachys recta)* sich vorfindet.

Glockenblume *(Campanula),* Gattung der Campanulaceen. Die pfirsichblätterige G. *(C. persicifolia)* hat einen fleischigen, etwas kriechenden Wurzelstock, Stengel aufrecht, 1½-3' hoch, schwach-kantig, schlank, einfach, wenig beblättert, nebst den Blättern kahl oder seltener kurzhaarig; die Blätter härtlich, glänzend, entfernt-feingesägt, die grundständigen länglich-verkehrteirund, stumpf, in den Blattstiel herablaufend, die Stengelblätter entfernt, lineal-lanzettlich, spitz, sitzend; die Blüten zu 2-6, am Ende des Stengels traubig gestellt, überhängend; die Blume weitglockig, 1" im Durchmesser, hellviolettblau, seltener weiß, glänzend. Auf waldigen Stellen, besonders der Gebirge, an Gebirgsabhängen und Waldrändern, unter Gesträuch, im mittleren und südlichen Europa, im Orient und im mittleren Asien. Blüht vom Mai bis Juli. Diese schöne Pflanze wird oft in Gärten kultiviert, wo sie gewöhnlich mit mehrfachen und gefüllten Blumen vorkommt. Die jungen grundständigen Blätter der wildwachsenden Pflanzen werden an manchen Orten als Salat und Gemüse benutzt. Die Rapunzel-G. *(C. Rapunculus)*, kleine oder Acker-Rapunzel, Rapunzelrübe, Fürwitzlein, in Wäldern, auf trockenen Wiesen und unbebauten Hügeln, hauptsächlich im westlichen und südlichen Europa, ändert ebenso mit kahlen und kurzhaarigen Stengeln und Blättern ab. Von ihr werden die süßlichen, milchenden Wurzeln und die Wurzelblätter der erstjährigen Pflanze noch häufiger als Salat und Gemüse genossen und waren ehemals auch in medizinischem Gebrauch. Die nahe verwandte abstehende G. *(C. patula)* oder schwedische Rapunzel, auf Wiesen und an Waldrändern, ebensoweit verbreitet, aber auf manchen Zwischenstrecken fehlend, hat größere, weitere Blumen und wird übrigens wie die vorhergehende benutzt. Die pyramidenförmige G. *(C. pyramidalis)* hat hellblaue, ins Lila spielende Blumen und blüht im Juli und August. Die großblumige G. *(C. Medium)* mit 1½" langen, ellipsoidisch-glockigen, violettblauen, seltener blaßbläulichen oder weißen Blumen. Auf Gebirgen im südlichen Europa. Die Blätter der geknäuelten G. *(C. glomerata)* oder des kleinen Halskrautes, waren einst, doch nur selten und zwar vorzüglich gegen Halsentzündungen gebräuchlich; in Rußland wird dagegen die ganze blühende Pflanze sehr häufig als ein Volksarzneimittel gegen die Wasserscheu angewendet. Die fleischige, stark milchende Wurzel der seegrünen G. *(C. glauca)* ist in Japan sehr geschätzt, wird für ein Kräfte verleihendes Mittel gehalten und in denselben Krankheiten wie die dort sehr berühmte Ninsiwurzel angewendet, auch deshalb häufig kultiviert.

Gmeline *(Gmelina)*, Gattung der Verbenaceen. Die baumartige G. *(G. arborea)* ist ein schlanker Baum, mit mehr in die Höhe als in die Breite sich ausdehnenden grauen Ästen. Blätter eiförmig, am Grunde mehr oder weniger herzförmig, 6-10" lang, 4-7" breit, auf 3-4" langen Stielen, stumpflich zugespitzt. Rispen endständig und aus den obersten Blattachseln, traubig, schwach, aber nicht unangenehm riechend; die Blumenkrone fast zwei lang, bräunlich-gelb, außen weichhaarig. Die Frucht haselnußgroß, oval, doch unregelmäßig und höckerig, blaßgelb. Findet sich in Ostindien und blüht zweimal. Eine Abkochung der Wurzel dient in Malabar gegen akute Gicht und gegen Blähungen, die Rinde derselben gegen Wechselfieber und wie die Blätter auch gegen Koliken. Die dreizähnige G. *(G. asiatica)* ist ebenfalls in Ostindien einheimisch; die Wurzel gilt für ein schleimiges, blutreinigendes Arzneimittel. Ein Gleiches gilt von der kleinblätterigen G. *(G. parvifolia)*. Die zottige G. *(G. villosa)* ist ebenfalls eine ostindische Pflanze, die bitterliche, schwach adstringierende, übrigens auch angenehm aromatische Wurzel ist in Ostindien ein berühmtes Arzneimittel und macht dort einen nicht unwichtigen Handelsartikel aus, besonders wird sie als ein Gegenmittel bei Vergiftungen, dann bei Schlangenbissen, bösartigen Fiebern, Diarrhöen, Ruhren, Hautkrankheiten etc. für heilsam gehalten.

Gnadenkraut *(Gratiola),* Gattung der Maskenblütler. Das gemeine G. *(G. officinalis),* echtes Gnadenkraut, Purgierkraut, wilder Aurin, hat einen langhin kriechenden, vielverzweigten und beschuppten Wurzelstock, mit zahlreichen, aufwärts steigenden, rasig gedrängten, meist nur spannenhohen Zweigen, welche schwach vierkantig sind und übers Kreuz paarig gegenüberstehend die sitzenden, länglichspitzen, schwach-sägerandigen Blätter tragen. In den Achseln der meisten stehen Blütenstiele, die mit zwei Vorblättern gestützt die einzelnen Blüten tragen. Das Rohr der Blume ist äußerlich gelb und fein schwärzlich gestrichelt, oft auch etwas bräunlich; der Saum ist weiß. Die Frucht trägt zwei sehr reichsamige Samenträger und springt zweiklappig auf. Man findet das Gewächs durch fast ganz Europa auf sumpfigen Wiesen, in Gräben, im Kies der Flußufer und die Blütezeit dauert vom hohen Sommer bis in den späten Herbst. Die Wurzel und das Kraut (letzteres vor der völligen Entwicklung der Blüten gesammelt) sind offizinell; sie besitzen keinen Geruch, schmecken jedoch äußerst bitter und gehören zu den scharfen, giftartigen Mitteln, erregen ein heftiges Purgieren, Erbrechen und sind wegen ihrer reizenden Einwirkung auf den gesamten Verdauungsapparat ein vorzügliches, wiewohl heutzutage vernachlässigtes Mittel. Man rühmte Gottesgnadenkraut in kleiner Gabe als ein kräftiges Reizmittel für die Unterleibsorgane, daher in jenen Krankheiten derselben, die man in einer Untätigkeit dieser Organe ansah, wie in Geisteskrankheiten, namentlich Melancholie, in Wassersuchten, langwierigen Wechselfiebern, bei Lähmungen, gegen chronische Hautausschläge, veraltete skrophulöse und syphilitische Geschwüre, gegen Würmer. Äußerlich benutzt man das Kraut gegen unreine, schlaffe Geschwüre und chronische Hautausschläge. Man gibt das Pulver zu 2-4 Gran in kleiner, zu 20-40 Gran in voller Gabe; der Aufguß aus 2-3 Drachmen zu 6 Unzen Kolatur. Sonst war das wässerige Extrakt zu 5-10 Gran in Pillen oder Auflösung im Gebrauch. Das carolinasche G. (G. carolinensis) in Florida und Carolina einheimisch, ist daselbst als Purgiermittel bekannt. Das virginische G. *(G. virginica)* besitzt dieselben Heilkräfte. Das peruanische G. *(G. peruviana)* wächst in Peru und Chile, und trinken in Chile die Eingeborenen einen Aufguß dieser bitteren und purgierenden Pflanze bei Wurmbeschwerden.

In der Tierheilkunde dient das Gnadenkraut in kleinen Gaben als ein schleimauflösendes, urin- und wurmtreibendes Mittel, in großen Gaben aber als Purgier- und Brechmittel, gegen schlechte Verdauung, Verschleimung, Würmer, Gelbsucht, Wassersucht und gegen die Bräune der Schweine empfohlen. Es wird jedoch selten angewendet, obgleich es als inländisches und kräftiges Mittel häufig versucht zu werden verdiente. Man kann das trockene Kraut und die Wurzel für Pferde und Rindvieh zu 8-15 g; für Schafe und Schweine zu 1,25 bis 2,5, für Hunde zu 0,3 bis 0,6 g, täglich zweimal, – als Purgier- oder Brechmittel, aber in der 4-6fachen Menge geben. Vom frischen Kraut kann die Gabe um die Hälfte stärker sein. Die Anwendung (namentlich großer Gaben) geschieht am besten im Decoct, und Schweinen gibt man das Pulver in Buttermilch oder in saure Milch gerührt. In unreinen torpiden Geschwüren erregt das Mittel stärkere Tätigkeit und kann daher in dieselben als Pulver eingestreut oder als Decoct zum Waschen benutzt werden. Das Extrakt ist (mit Unrecht) nicht gebräuchlich.

Homöopathie. Die Gratiola paßt vorzüglich für Hypochondristen, dann bei

Jodvergiftungen, Flechtenausschlägen, Magenkrampf, Kreuzschmerzen, ziehenden Schmerzen im Rücken, Kurzatmigkeit, Auftreibung des Unterleibs, Hartleibigkeit, chronischen Magenleiden, Verstopfung, bei chronischen Unterleibsleiden, schmerzhaften Hämorrhoidalknoten.

Gaben: 1 Tropfen der 2., 3., 4. Verdünnung, 1-2mal täglich oder alle zwei Tage.

Das Gnadenkraut vermehrt sich leicht aus Samen, den man sogleich an Ort und Stelle in eng beisammenstehende Reihen säen kann. Die Pflanze liebt feuchten Boden.

Gnidie *(Gnidia),* Gattung der Thymeläaceen. Die fichtenblätterige G. *(G. pinifolia)* hat einen Stamm 3-4' hoch, mit langen, dünnen, kahlen, graulichen, unterhalb nackten und narbigen, nach oben zu beblätterten Ästen; die Blätter sind genähert, etwas abstehend, 6-7''' lang, spitz, kurz gestielt, unterseits gekielt; die Blüten weiß ins Silbergraue, von zahlreichen, gedrängten, etwas breiteren Blättern fast hüllartig umgeben. Am Kap. Die Blätter dienen daselbst als Purgiermittel. Die einfache G. *(G. simplex)* findet sich ebenfalls am Kap. In der medizinischen Anwendung kommt diese Art mit der vorhergehenden ganz überein.

Götterbaum *(Ailanthus),* Gattung der Zanthoxyleen. Der gemeine G. *(A. glandulosa)* ist sehr schnellwüchsig und wenn man ihm die Seitenzweige zeitig verschneidet, gibt er einen vortrefflichen Baum en parasol. Die Blätter sind ziemlich groß und vom großen Publikum denen der Esche und der Walnuß verglichen. Die Blüten stehen büschelig beieinander; die Farbe derselben ist hellgelb. Die Flügelfrüchte sind länglich, an der Spitze meist gedreht. Der Götterbaum wächst in den nördlichen Provinzen Chinas und ganz besonders um Peking; er heißt Tschnutschun. Gegenwärtig findet man ihn in Italien allgemein als Promenadenbaum.

Götterduft *(Diosma),* Gattung der Diosmaceen. Der rauhhaarige G. *(D. hirsuta)* ist ein Strauch von 2-6', aufrecht, ästig, graulich behaart; Äste dünn; Blätter sehr kurzgestielt, 5-10''' lang, ½''' breit, schwach gekrümmt; Blüten einzeln oder zu drei auf kurzen, rauhhaarigen Stielen, und mehrere derselben zu einer Doldentraube vereinigt; Blumenblätter oval, weiß. Wächst am Kap und blüht vom Februar bis Mai. Der ganze Strauch riecht sehr stark und angenehm aromatisch, steht bei den Hottentotten als Heilmittel in großem Ansehen und wird bei vielen Krankheiten angewendet; auch die Kolonisten am Kap bedienen sich der Blätter (vorzüglich gegen Harnverhaltungen und Krämpfe) sowie des ätherischen Öles derselben.

Golddistel *(Myscolus),* Gattung der Synanthereen. Die kleinköpfige G. *(M. microcephalus)* hat eine fleischige Wurzel, einen 3-4' hohen ästigen Stengel, ausgebreitete zottige Äste, lanzettlich-verlängerte, buchtig-gezähnte Blätter; Körbchen meistens mehrere gegen das Ende der Äste gehäuft, selten einzeln, außen von drei steifen, lanzettlichen, rinnigen, sehr spitzen, ungleich dornig-gezähnten Blättern umhüllt. Die eigentliche Hülle oval, etwas länglich; Blüten gelb. Auf dürren Plätzen der Länder am mittelländischen Meer. Blüht vom Juli bis September. Die Wurzel dieser Pflanze wird in Spanien als Decoct gegen chronische Hautausschläge gebraucht. Die zarten Triebe werden in Griechenland und Spanien wie Spargel gegessen, auch die junge Wurzel ist eßbar.

Goldkörbchen *(Chryseis),* Gattung der Synanthereen. Das große G. *(Ch. Centaurium)* hat eine dicke und lange, ästige, rötliche Wurzel; Stengel 3-5' hoch, aufrecht, eckig, ästig, kahl; Blätter groß, lederig, kahl; Körbchen groß, einzeln an der Spitze des Stengels und der Äste, zusammen eine Doldentraube bildend. Blüten purpurrot. Auf der Alpe des südlicheren Europas. Früher brauchte man die Wurzel zur Stärkung des Magens.

Goldrute *(Solidago)*, Gattung der Compositen. Die gemeine G. *(S. Virgaurea)*, St. Petersstab, golden Wundkraut, hat einen bloß einige Zoll oder auch bis 3 Fuß hohen, aufrechten Stengel, eirunde, degenspitzige Blätter, aufrechte, gelbe Blütenköpfe und einen aus Blütentrauben bestehenden Blumenstrauß. In trockenen Hainen und Wäldern, auf Hügeln und Bergen in ganz Europa, sowie im nördlichen Asien und Amerika. Blüht vom Juli bis September. Früher war dieses Gewächs offizinell und vorzüglich als ein harntreibendes steinauflösendes Heilmittel, nicht minder auch bei Diarrhöen, Hämorrhagien, dann insbesondere gegen Wunden, innerlich und äußerlich im Gebrauch. Die Pflanze schmeckt etwas zusammenziehend, bitterlich, die frische Wurzel dagegen scharf und speichelerregend. In neuerer Zeit wurde sie abermals als ein brauchbares harntreibendes Mittel gerühmt. Die wohlriechende G. *(S. odora)* findet sich in den südlicheren Staaten Nordamerikas und blüht vom August bis Oktober. Die aromatischen Blätter sind nach der nordamerikanischen Pharmakopöe offizinell; man braucht sie vorzüglich zu einem schweißtreibenden Tee und einer stimulierenden Tinktur. Auch die Wurzel ist aromatisch und riecht fast wie die Nelkenwurz *(Geum urbanum)*. Die immergrünende G. *(S. sempervirens)* ist in Nordamerika einheimisch. Blüht erst im Oktober und November, weshalb die Blüten bei uns meistens vor ihrer Entwicklung vom Frost getötet werden. Man hält diese Art in ihrer Heimat für ein ausgezeichnetes wundheilendes Mittel, doch ist sie nur beim Volk gebräuchlich.

Gouanie *(Gouania)*, Gattung der Rhamnieen. Die westindische G. *(G. domingensis)* ist ein kletternder Strauch Westindiens, dessen ausgepreßter Saft auf den Antillen als ein angenehmes, magenstärkendes Mittel dient; übrigens werden dort Zahnstocher aus dem Holz dieses Strauches verfertigt, die wegen ihrer bitteren, antiseptischen Eigenschaft beliebt sind.

Goupie *(Goupia)*, Gattung der Rhamnieen. Die filzige G. *(G. tomentosa)* ist ein Baum von 20-25' mit ½" dickem Stamm und runzeliger, schwärzlicher, aber weiß gefleckter Rinde. Die Blätter sind kurzgestielt, ungleichseitig, fest, auf beiden Flächen mit kurzen Haaren bedeckt; die Blüten gelb, die Beeren schwarz. Findet sich in den Wäldern Guianas. Rinde und Blätter sind sehr bitter; der Saft der letzteren dient gegen Augenentzündungen.

Granatbaum (Punica), Gattung der Granatineen. Der echte G. *(P. Granatum)* wird ein Baum von bis 20 Fuß Höhe. Sein Stamm ist aufrecht und sehr ästig, mit grauroter Rinde versehen. Die vierseitigen Äste sind am Ende stechend und haben gegenständige, kurzgestielte, länglich-lanzettliche, stumpflich gespitzte Blätter ohne Punkte, wodurch sie auch von den Myrthengewächsen sich entfernen. Die Blüten sind kurzgestielt und haben große tiefrote Kelche mit 5-8 freien, fleischigen, spitzen Zähnen. Stammt aus dem nördlichen Afrika, ist aber jetzt im ganzen südlichen Europa, sowie im Orient bis nach Ostindien einheimisch geworden und wird auch daselbst in mehreren Abarten häufig (bei uns nur in Gewächshäusern) kultiviert. Blüht vom Juli bis September. Die Wurzelrinde ist schon seit den ältesten Zeiten als wurmtötendes Mittel im Gebrauch; namentlich hat sie sich auch in der neuesten Zeit als das sicherste Mittel bewährt, den Bandwurm aus dem Körper zu schaffen. Nach Küchenmeister gehen die Bandwürmer im scheintoten Zustand ab und sterben in einer Abkochung der Granatwurzelrinde bei weitem später, erst in 3-3½ Stunden, als in einer Abkochung von Kusso, in welcher sie schon nach ½ Stunde enden. Man gibt die Granatwurzelrinde am besten in Abkochung von 2 Unzen auf 8-12 Unzen Kolatur. Zweckmäßig ist es, die im getrockneten Zustand sehr harte Rinde früher durch mehrere Stunden in Wasser einzuweichen und darauf sie in demselben kochen zu lassen. Die frische Rinde gilt für wirksamer. Man läßt den Bandwurmkranken den Abend vorher fasten und 1-2 Unzen Rizinusöl nehmen. Den anderen Morgen nimmt der Kranke nüchtern in drei Portionen in Zwischenräumen von 2 Stunden die Abkochung. Das teuere Bandwurmmittel des Dr. Bloch in Wien besteht nach Hager aus 8 Lot grobgestoßener Granatwurzelrinde, die man mit 48 Lot Wasser ½ Stunde lang kocht; dann fügt man 3 Lot Ammoniak-Likör hinzu, kocht wieder ½ Stunde lang, gibt abermals 1½ Lot Kussoblüten hinzu, läßt einmal aufwallen und setzt nach dem Erkalten endlich noch 15 Gran Zitronensäure und 2 Lot Alkohol hinzu, seiht durch, preßt aus und stellt es zum Absetzen hin.

Homöopathie. Auch die Homöopathen bedienen sich dieses Mittels zum Abtreiben des Bandwurms; andere Beobachtungen sind nicht veröffentlicht worden.

Gabe: Über die Gabengröße muß die Erfahrung erst noch entscheiden. Daß man zur Abtreibung des Bandwurms sich in der Regel starker Gaben bedienen müsse, steht nicht zu bezweifeln. Es ist hierbei noch nicht entschieden, ob die Tinktur oder die Abkochung den Vorzug verdiene. Die Tinktur wird folgendermaßen bereitet: Die von den anhaftenden Holzteilen sorgfältig getrennte und im Glasmörser zu feinem Pulver zerriebene Granatwurzelrinde wird mit 2 Teilen Weingeist (40 0) im wohlverschlossenen Gefäße täglich zweimal stark umgeschüttelt, an einem kühlen, trockenen Ort acht Tage digeriert, das Klare von dem Satz abgegossen und zum Gebrauch aufbewahrt. Das Decoct wird in allen Fällen der Tinktur den Rang streitig machen, wo kleinere Quantitäten der letzteren dem Zwecke nicht entsprochen haben und es bedenklich erscheint, die Gabe zu verstärken. Man bereitet das Decoct, indem man 2 Unzen mit 2 Pfund Wasser zwölf Stunden lang kalt mazeriert, dann unter Aufwallen zwei Stunden lang kochen läßt und das Decoct durchseiht.

Grangea *(Grangea)*, Gattung der Compositen. Die indische G. *(G. maderaspatana)* hat eine weißliche faserige Wurzel, einen gestreckten, der Erde angedrückten Stengel, aufsteigende und wie der Stengel stielrunde, flaumhaarige Äste, 1½-2" lange, 1" breite, fiederspaltige oder nur buchtig-gezähnte, stumpfe Blätter. Wächst in Ostindien und blüht dort das ganze Jahr. Diese aromatische, scharf schmeckende Pflanze wird in Ostindien als ein auflösendes, krampfstillendes magenstärkendes Mittel in vielen nervösen und Unterleibsübeln, dann gegen mangelnden Monatfluß, Wassersucht und äußerlich bei phagedänischen Geschwüren in Anwendung gezogen.

Grasnelke *(Armeria)*, Gattung der Bleiwurzgewächse. Die gemeine G. *(A. vulgaris)*, Sandnelke, Seenelke, Meergras, hat eine braune, mehrköpfige Wurzel, wurzelständige, gleich breit verlängerte, kurzgewimperte Blätter, einen fußhohen, kahlen Schaft und rosenrot-, zuweilen weißblütige, gestielte Blütenköpfe. Wächst auf trockenen, sonnigen Stellen, Triften und an Wegen in ganz Europa. Blüht vom Juni bis September. Die gelind adstringierenden Blätter waren vor Zeiten, doch nie allgemein bei Diarrhöen, starker Menstruation, als Gurgelwasser bei Anschwellungen der Schleimhaut des Schlundes u.s.w. gebräuchlich.

Grewie *(Grewia)*, Gattung der Tiliaceen. Die östliche G. *(Gr. orientalis)* ist ein Strauch von 6' mit einem fast armdicken braunrindigen Stamm und ebenso gefärbten Ästen; die Blätter sind 2½-5" lang, 1¼-2" breit auf 3''' langen Stielen, dunkelgrün und glänzend. Findet sich in Ostindien und blüht zur Regenzeit. Die rötliche, mit einer schwärzlichen Rinde versehene Wurzel schmeckt bitter-aromatisch und etwas scharf, auch die Blätter besitzen einen ähnlichen Geschmack, beide sowie auch die kugeligen Früchte sind in Malabar als kräftige Heilmittel gegen die Gicht bekannt.

Grubenflechte *(Sticta),* Gattung der Schildflechten. Die Lungen-G. *(St. pulmonacea),* Lungenflechte, ist knorpelig-lederig, ½-1' lang, auf den netzartigen Hervorragungen mit dichtstehenden, kleinen, weißen Knospenhäufchen; die hintere Fläche blasig-netzaderig, Blasen kahl. Hervorragungen filzig. Findet sich an Baumstämmen in Bergwäldern, ist bitter, etwas zusammenziehend und schwach salzig schmeckend, auch noch immer hie und da bei Lungenkrankheiten gebräuchlich.

Grübling *(Omphalea),* Gattung der Wolfsmilchgewächse. Der dreimännige G. *(O. triandra)* ist ein Baum von 20-40'; der Stamm gerade, 4-5' im Umfang, dick, glatt; die Äste sind waagerecht-abstehend oder herabgebogen, graulich, die Blätter gestielt, überhängend, elliptisch-länglich, ¾-1½' lang, stumpf, gegen die Basis verschmälert und an derselben oder vielmehr an ihrem Stiel 2 flache, rundliche, in der Mitte durchbohrte Drüsen tragend, oben dunkelgrün, unten blässer und netzaderig; die Blüten grünlich, die Früchte nußgroß, rundlich-dreiknotig, der Samen länglich, schwarz, sehr hart mit einem weißlichen Kern. Findet sich in Westindien und am Magdalenafluß. Die ölreichen, süßen, haselnußartig schmeckenden Samen genießt man dort häufig als Obst, doch werden sie bald ranzig; das Öl derselben braucht man bei katarrhalischen Leiden und anderen Brustkrankheiten oder auch bei Entzündungen der Gedärme, der Nieren etc., überhaupt gleich dem Mandelöl. Die Blätter sind etwas adstringierend, auch harntreibend, und der ziemlich helle, an der Luft schnell schwarz werdende Milchsaft dient zum Zeichnen der Wäsche. Die Samen des zweimännigen G. *(O. diandra),* in Westindien und Guiana einheimisch, welche wie frische Mandeln schmecken, werden ebenfalls häufig gegessen, doch muß man früher den Keim entfernen, indem sie sonst Purgieren erregen. Die Blätter dienen gegen Wunden und alte Geschwüre. In den übrigen Eigenschaften und deren Benutzung kommt diese Art mit der vorhergehenden überein.

Grünblume *(Chloraea),* Gattung der Orchideen. Die lilienblätterige G. *(Ch. disoides)* mit Blättern, der weißen Lilie ähnlich, wächst an feuchten Stellen in Chili und blüht im Februar. Der Saft der Pflanze wird dort den Eingeborenen den Wöchnerinnen als ein milchvermehrendes Mittel gereicht.

Guajavenbaum *(Psidium),* Gattung der Myrtengewächse. Der birnförmige G. *(Ps. pyriferum)* ist baumartig, bis 25' hoch; mit wenigen langen, in der Jugend vierkantigen Ästen, elliptischen, fingerslangen, kurzgestielten Blättern; kurzgestielten, blattwinkelständigen, 4-5 blätterigen weißen Blüten; an Größe und Gestalt einer mittelgroßen Birne gleichenden, gelblichen Beeren. In Westindien und auf dem benachbarten Kontinent Südamerikas einheimisch; jetzt überall zwischen den Wendekreisen häufig angepflanzt. Blüht vom Juni bis August. Die Früchte schmecken sehr angenehm, fast erdbeer- oder himbeerartig (riechen aber nicht eben angenehm) und werden teils roh, teils mannigfaltig zubereitet gegessen, sollen jedoch im überreifen Zustand leicht Diarrhöen erregen; vor der völligen Reife sind sie herb-adstringierend und werden so, wie unsere Quitten, gegen Diarrhöen und Dysenterien gebraucht. Die Wurzel und die Rinde braucht man auf ähnliche Weise, sowie überhaupt zur Stärkung des Magens und Darmkanals, ferner gegen Wassersucht, ebenso auch die aromatisch-adstringierenden Blätter, doch noch häufiger äußerlich zu Bädern, gegen Hautkrankheiten, Geschwüre, die jungen Knospen aber als Gurgelwasser. In gleicher Weise sind noch einige andere Arten dieser Gattung gebräuchlich und im Ansehen ihrer Verbreitung ebenfalls dem birnförmigen G. ähnlich.

Guaree *(Guarea)*, Gattung der Meliaceen. Die großblätterige G. *(G. trichilioides)* ist ein Baum von 25', mit einem geraden Stamm und einer großen, dichten Krone; die Blätter sind groß, glänzend-grün; der gemeinschaftliche Blattstiel 1-1½' lang, 6-14 kurzgestielte, gegenständige, längliche, stumpfliche, ganzrandige, 6-9' lange, unterseits von 10-15 parallelen Seitennerven durchgezogene Blättchen tragend; die Blüten sind klein, grünlichweiß. Ist in Guinea und auf den Karaiben einheimisch und blüht im Dezember, Januar. Alle Teile, besonders die Rinde, besitzen einen moschusartigen Geruch und letztere, deren Geschmack unangenehm, scharf und bitter ist, wird ihrer starken brechenerrregenden und purgierenden Eigenschaft wegen bei mehreren hartnäckigen, chronischen Krankheiten in Anwendung gezogen. Auch die Rinde, das Holz und die Blüten von Swartz's G. *(G. Swartzii)*, Moschusbaum, riechen sehr stark und auffallend nach Moschus und erste wird in Westindien häufig als ein Brechmittel gebraucht.

Guatterie *(Guatteria)*, Gattung der Ranunkelgewächse. Die kletternde G. *(G. Korinti)* ist ein Strauch von 6-12', die Blätter sind zerstreut, kurzgestielt, 3-4 Zoll lang, 15-18 Linien breit, eiförmig oder elliptisch-länglich, oben dunkelgrün, unten blässer; die Blüten grünlich. Wächst in Ostindien, besonders auf Malabar und wird dort die Rinde gegen Wechselfieber, Magenbeschwerden, Verschleimungen und Diarrhöen in Anwendung gezogen. Die schwärzliche Wurzelrinde der immergrünen G. *(G. sempervirens)*, in Malabar einheimisch, ist sehr aromatisch; die scharf-aromatischen Blätter braucht man gegen Wechselfieber, sowie zu Bädern gegen gichtische Schmerzen.

Guazume *(Guazuma)*, Gattung der Büttneriaceen. Die ulmenblätterige G. *(G. ulmifolia)* ist ein Baum von 30-40' Höhe mit einem mannsdicken Stamm; die Rinde ist dunkelbraun, die Blätter an 4" lang, 2" breit, von den filzigen, kurzen, am Ende verdickten Stielen, herabhängend, herz-eiförmig oder herzförmig-länglich, stumpf und ungleich-gesägt, obengrün und glänzend, unten in der Jugend weichhaarig, später kahl und blaß. Die Frucht ist rundlich-oval, undeutlich dreieckig, 1½" lang, dicht mit Höckern besetzt, Samen ei-nierenförmig. Findet sich in Westindien und Südamerika. Die Früchte sind schleimig-adstringierend und in der Abkochung innerlich und äußerlich gegen flechtenartige und syphilitische Hautausschläge gebräuchlich; auf ähnliche Weise wird auch die Rinde benutzt, und unter anderem gegen den Aussatz häufig angewendet.

Günsel *(Ajuga)*, Gattung der Lippenblütler. Der Acker-G. *(A. Chamaepitys)*, Feldzypresse, Schlagkraut, Erdweihrauch, hat eine fast fädige, wenig faserige Wurzel; Stengel 2-8" hoch, am Grunde ästig; Blätter 1-1½" lang, sitzend, aber nach unten verschmälert, bis zur Mitte in fast gleiche, lineale, stumpfe ½-1 Linie breit, abstehende Lappen gespalten, die untersten Blätter aber ganz und spatelig-lineal, alle behaart. Die Blüten fast sitzend, viel kürzer als die Blätter. Wächst auf sandigen, tonigen oder kalkigen Stellen, Äckern, in Weinbergen von Mittel- und Südeuropa, sowie im Orient, nördlichen Afrika und Amerika. Blüht vom Juni bis August. Riecht gerieben angenehm, fast harzig-rosmarinartig, schmeckt bitter-gewürzhaft, war früher offizinell, ist aber heute mit Unrecht wenig gebräuchlich; früher wurde diese Pflanze sehr häufig als eines der vorzüglichsten, eröffnenden, reizenden, stärkenden, schweiß- und harntreibenden Mittel, bei vielen Krankheiten des Unterleibes, vorzüglich aber gegen (chronische) rheumatische und gichtische Beschwerden mit dem besten Erfolg angewendet. Der Bisam-G. *(A. moschata)* riecht noch stärker als die vorige Art und fast moschusartig, besitzt dieselben Heilkräfte und führt in der französischen Pharmakopöe den Namen Herba Ivae moschatae. Der gemeine G. *(A. montana)*, kleiner G., blauer Kuckuck, wächst auf sonnigen Hügeln und Bergen, an Waldrändern u.s.w. im mittleren und südlichen Europa. Auf höheren Gebirgen wird die Pflanze kleiner und hat mehr gleich große, dichter stehende Blätter *(A. alpina)*; auf humusreichem Boden, sowie an schattigen Stellen wird sie viel höher und oft ästig, während die Blüten kleiner bleiben (A. foliosa). Das Kraut wurde bei Blennorrhöen aller Art, bei der Ruhr, auch gegen Blutspeien, sowie in der Lungenschwindsucht verordnet, ist aber jetzt fast außer Gebrauch. Der kriechende G. *(A. reptans)*, golden G., ist gemein in ganz Europa auf feuchten Wiesen und in Wäldern. Blüht im Mai, Juni, oft noch einmal im Herbst. War früher offizinell.

Gürteltang *(Zonaria)*, Gattung der Tangalgen. Der pfauenartige G. *(Z. Pavonia)* hat eine Wurzel, die aus verworrenen, ästigen, gegliederten Ästen besteht; das Laub ist buschförmig, 2" hoch, olivengrün, oft weiß bestaubt, durch die schwarzen Gürtel gescheckt. Gemein in den südlicheren Meeren, findet sich unter den vielen Algen, die das Wurmmoos bilden.

Guettarda *(Guettarda)*, Gattung der Krappgewächse. Die ansehnliche G. *(G. speciosa)* ist ein schlanker Baum mit schwarzroter Rinde am Stamm und an den Ästen und sehr großen, auf 1-2" langen, zottigen und zusammengedrückten Stielen, 8-14" lang, 5-9" breit, an der Spitze abgerundet, mit einem weißen Spitzchen, oben dunkelgrün, glänzend, unten blässer und in der Jugend zottig-grau. Die Steinfrucht kugelig, grün, mit dünnem Fleisch und holziger Nuß. Auf den indischen Inseln und auf dem Kontinent Süd-Asiens. Blüht fast stets. Eine Abkochung der Blätter wird zur Beförderung der Geburt getrunken; das Pulver der Rinde streut man auf Wunden und Geschwüre, um das wuchernde Fleisch zu zerstören. Die silberfarbige G. *(G. argentea)* wächst in Guinea. Die Rinde ist als ein tonisches Mittel gebräuchlich.

Guevine *(Guevina)*, Gattung der Proteaceen. Die chilenische G. *(G. Avellana)* ist ein Baum von 20-30', 4-5" dick; die Äste sind stielrund, zerstreut, die Blätter wechselständig, mit 4-5 Paaren von Abschnitten; diese gegenständig, eirund, am Grund fast herzförmig und etwas ungleich; spitz, doppelt gesägt, kurz gestielt, kahl, glänzend; die Blüten sehr klein, weiß, außen fast filzig. In Wäldern und am Fuß der Berge in Chile. Blüht im Februar und März. Die Rinde der Frucht ist adstringierend und wird wie Granatapfelrinde angewendet. Die Samen schmecken süß, haselnußartig, werden sorgfältig gesammelt und häufig gegessen.

Guilandine *(Guilandina)*, Gattung der Cäsalpiniaceen. Die Bonduc-G. *(G. Bonduc)* ist ein großer Strauch mit zahlreichen, langen, auf der Erde ausgebreiteten, stellenweise aufgerichteten oder auf benachbarte Sträucher sich stützenden Ästen; die Rinde ist grünlich, die Blätter groß, aus 4-8 Fiedern bestehend; die Blättchen in 6-7 Paaren, abwechselnd oder fast gegenständig, 3-4" lang, halb so breit, ganzrandig, hellgrün. Im östlichen Teil des tropischen Asiens und in Amerika. Blüht im Juni, Juli. Die Wurzel dient gegen Diarrhöen und Dysenterien, die bitter und unangenehm schmeckenden Blätter braucht man gegen Verdauungsbeschwerden, Milz- und Leberverhärtungen, Wassersucht, Würmer, auch bei verhaltener Menstruation und bei Wechselfiebern. Die brasilianische

G. *(G. echinata)* ist ein starker, hoher Baum Brasiliens. Das innere rote Holz des Stammes ist unter dem Namen rotes Brasilienholz oder Fernambukholz bekannt und ein wichtiger Handelsartikel. Die doppelfrüchtige G. (G. gemina) wächst in Cochinchina und besitzt dieselben Heilkräfte wie die Bonduc-G.

Gummi. Gummi nannte man früher eine große Menge sehr verschiedenartiger Substanzen, welche nur das miteinander gemein haben, daß sie aus lebenden Pflanzen entweder freiwillig oder nach gemachten Einschnitten erhärten und dann eine feste, elastische oder spröde, nicht klebrige, aber durch Wärme meistens erweichbare Masse bilden. Demnach rechnete man verschiedene Harze, eingetrocknete Milchsäfte, z. B. den Kautschuk u. dgl., ebenso zur Klasse der Gummis wie eine andere Gruppe von Substanzen, welche, wie das arabische Gummi, mit jenen höchstens die Art ihrer Gewinnung gemein haben. Nachdem man durch chemische Untersuchungen die große Verschiedenartigkeit aller jener Stoffe erkannt hatte, beschränkte man den Namen nur auf die zuletzt genannte Substanz und die mit ihr gleichartig zusammengesetzten und auch in physikalischer Beziehung ähnlichen Ausscheidungen gewisser Pflanzen. Das arabische Gummi stammt nicht aus Arabien, sondern aus Afrika, wo die dornigen Akazien oder Mimosen wachsen, welche den Stoff ausschwitzen. Die vielen Sortenbenennungen des Gummi überhaupt sind teils von ihren Erzeugungsländern, teils von den Handelsplätzen entnommen, über welche sie nach Europa gelangen. Die beste Ware kommt von den Steppenländern der oberen Nilgegend, Kordofan, Senaar etc. Die Verwendung des Gummi ist bedeutend und ungemein vielseitig. In der Medizin wird es als ein angenehmes, einhüllendes, erweichendes Mittel, selten allein, meistens in Verbindung mit anderen Substanzen oder als Beigabe für andere Arzneikörper angewendet; so besonders bei Entzündungen und Reizungszuständen aller schleimhäutigen Organe, bei Vergiftungen, bei Hautabschürfungen und wunden Stellen etc. Man gibt selten das Pulver allein, zu 10-20 Gran einigemal des Tages, am ehesten bei Vergiftungen, dann aber größere Gaben mit Wasser abgerührt. Häufiger gibt man es mit anderen Pulvern als *Pulvis gummosus*, welches aus 1 Unze Stärkemehl, ebensoviel Süßholzwurzelpulver, 2 Unzen pulverisiertem arabischen Gummi und ebensoviel weißem Zucker besteht. Mit der doppelten Menge Brunnenwasser zusammengerieben, gibt es den offzinellen arabischen Gummischleim. Dann dient es zur Bereitung der *Mixtura oleosa*, des Süßholzteiges und des Eibischteiges.

Gummibaum. Eine der zahlreichen Arten der großen Gattung Ficus ist der Gummibaum *(Ficus elastica)*. Derselbe hat wechselständige, gestielte, länglichspitze, glänzende, oberseits dunkelgrüne, unterseits hellgrüne Blätter, welche lange andauern und fast die Länge eines Fußes erlangen. Die Mittelrippe ist oft rötlich. Die Nebenblätter sind kappig und spitz und bilden, wie das bei *Ficus* üblich ist, das Ende der Schosse, indem sie zeitig abfallen, sobald das Blatt sich entwickeln will. Die Feigenfrüchte sind achselständig, walziglänglich, so groß wie Oliven. Die Heimat ist Ostindien. Alte Bäume erreichen eine außerordentliche Höhe. Eine große Masse Kautschuk wird jetzt aus Amerika von dort eingebürgerten Gummibäumen (abgesehen vom Kautschukbaum, *Siphonia*) eingeführt. Man gewinnt übrigens auch Kautschuk von anderen Arten. Bei uns spielt der Gummibaum eine große Rolle als Zimmerkulturgewächs. Man gebe ihm guten Humus, einen großen Topf und, so lange er treibt, tüchtig Wasser und das nötige ist getan. Die Vermehrung besorgt man durch Stecklinge oder durch Absenker in angehängten Töfpen.

Gundelrebe *(Glechoma)*. Gattung

der Lippenblütler. Die gemeine G. *(G. hederaceum, Nepetha Glechoma),* Gundermann, bildet meist große Rasen, indem die abgeblühten und die sterilen Stengel zum Schluß sich niederlegen und wurzeln. Die Stengel sind vierkantig, bald sind dieselben wie die ganze Pflanze kahl, bald behaart. Die Blätter sind gestielt und fast kreisrund mit herzförmigem Grund, ihr Rand ist grob gesägt. Nach oben stehen in den Achseln der Blätter die Blüten. Die Blumen sind schmutzig-himmelblau, die Lippen haben violette und weiße Zeichnung und einige Papillenbüschel. Die Pflanze wächst auf Mauern, Angern, Wiesenrändern, unter Waldgebüsch in ganz Europa und entfaltet ihre Blüten im Frühling. Das Kraut riecht und schmeckt balsamisch und ist ein sehr wirksames Mittel bei vielen Krankheiten der Schleimhäute, besonders der Brustorgane, doch wird es jetzt meistens nur als ein sogenanntes Hausmittel, aber oft mit einem überraschend glücklichen Erfolg, dann auch als eine Hauptingredienz zu den Kräutersuppen angewendet.

Gurke *(Cucumis),* Gattung der Cucurbitaceen. Die gemeine G. *(C. sativus)* ist ein Klettergewächs und überaus reich an wässerigem Gehalt. Der dickliche, eckige Stengel ist voll kurzer steifer Haare. Die gestielten Blattplatten sind am Grunde herzförmig, außerdem fünfeckig bis fünflappig mit ungleichen Zähnen. Die kurzgestielten Blüten mit ihren tiefgelben Blumen stehen in den Blattachseln, die männlichen zu 4-5, die weiblichen einzeln oder paarig. Die Frucht ist walzig und etwas stumpf-dreiseitig, oft mit Warzen besetzt, bei der Reife zuletzt gelb, vorher weiß und grün gescheckt oder dunkelgrün oder fast ganz weißgrün. Die Heimat der Gurke ist unbekannt. Den Samen und den Saft der unreifen Früchte wendet man innerlich wider Schwindsuchten, äußerlich gegen Flechten etc. an. Die Gurken werden als Speise vielfach verwendet. Am beliebtesten sind die Salzgurken. Die Melonen-G. oder Melone *(C. Melo)* ist der vorigen Art im äußeren Ansehen verwandt, aber die Blätter sind kleiner, stumpflappig, besonders ist der endständige Lappen ganz abgerundet; auch die Blüten sind kleiner, übrigens ebenso gehäuft in den Blattachseln und sehr kurz gestielt. Die Früchte sind von äußerst verschiedener Größe, Gestalt, Farbe und sonstiger Beschaffenheit, 10-12rippig, netzartig oder warzig oder fast glatt. Ihre Heimat ist West- oder Inner-Asien. Außer der medizinischen Anwendung der Melonensamen, die hierin den Kürbis- und Gurken-Samen gleichen, ist es doch noch weit mehr die schmackhafte Frucht, deren hier Erwähnung geschehen muß, indem sie in allen Weltteilen als Obst sehr beliebt ist und besonders in wärmeren Gegenden ihrer höchst erfrischenden und kühlenden Eigenschaft wegen allgemein genossen wird. Man empfiehlt den Genuß der Melone mit Zucker, Wein etc. bei Kongestionen des Blutes in der Brust und im Unterleib, bei Stockungen im Pfortadersystem und deren abhängigen Fehlern in der Gallenabsonderung, bei Melancholie, Hypochondrie, selbst bei Steinbeschwerden. Die Citrullen-G. oder Wassermelone *(C. Citrullus)* ist dicht mit starren, weißlichen Haaren bedeckt. Der eckige Stengel trägt Blätter, deren Platten fünfspaltig, die Abschnitte fiederlappig bis fiederspaltig und stumpflich. Somit sind sie jenen der Coloquinte ziemlich vergleichbar. Die Früchte zeichnen sich durch glatte Fläche, kugelige Gestalt aus. Sie sind grün mit hellen Flecken, enthalten ein hochgefärbtes safrangelbes oder rötliches Fleisch und schwarze Kerne. Man findet heutzutage nirgends wild, allein in ganz Südasien, Nordostafrika, selbst Südeuropa sehr viel kultiviert. Sie ist ein ungemein beliebtes Obst. Die Coloquinten-G. oder Coloquinte *(C. colocynthis)* hat eine fleischige, dickliche Wurzel. Der ästige Stengel ist mit steifen

Haaren bedeckt. Die gestielten Blätter sind am Grunde herzförmig, außerdem vielspaltig, lappig und auf der Unterseite mit steifen, weißen Haaren besetzt, deren auf der Oberseite weniger vorkommen. Die kurzgestielten, einzeln stehenden Blüten sind einhäusig. Die tiefgelbe Blume ist mit grünen Adern durchzogen und äußerlich behaart; die Frucht ist gelb und erreicht die Größe eines mäßigen Apfels. Die Rinde ist lederartig und glatt. Das Fleisch der Frucht ist schwammig-korkig, die Samen sind sehr zahlreich und hellbraun weiß. Die Pflanze wächst in Ägypten und dem östlichen Asien. Die Früchte werden in der Medizin gebraucht, sie gehören zu den scharf wirkenden Abführmitteln. Schon kleinere Dosen von 5-10 Gran veranlassen ziemlich sicher reichliche, wässerige Stühle; größere Gaben erzeugen Brechdurchfälle, lebhafte Kolikschmerzen und nicht selten starke Reizung der Magen- und Darmschleimhaut. Es gehören also die Coloquinten zu den Abführmitteln, die nur auf besondere Anordnung des Arztes gebraucht werden sollen. Die Ärzte machen bisweilen noch Gebrauch von den Coloquinten bei habitueller Stuhlverstopfung, wie sie besonders bei Hirnkranken nach Apoplexien, bei Gelähmten u.s.w. auftreten, dann aber auch in sehr kleiner Gabe. In Wassersuchten haben die Coloquinten seit alten Zeiten einen Ruf. Christison empfiehlt zu diesem Behufe die Einreibung der Tinktur in die Schenkel. In neuerer Zeit hat man die Tinktur auch gegen Nachtripper empfohlen. Man gibt selten das Pulver zu $\frac{1}{6}$-1-10 Gran je nach der gewünschten Wirkung, meistens mit Gummi oder Stärkemehl innigst gemischt. Manche lieben die Abkochung mit Wasser oder Bier zu 1 Drachme auf 6 Unzen Kolatur oder das geistige Extrakt zu 1-3 Gran. Am meisten zu empfehlen ist die von der österr. Pharmakopöe vorgeschriebene Tinktur zu 5-20 Tropfen einigemal des Tages.

Anwendung nach dem homöopathischen Prinzip. Die Coloquinte paßt bei akutem Rheumatismus, gichtischen Zuständen, Lähmungen, Neuralgien, Kindbettfieber, Kopfgicht, Migräne, Kopfschmerzen, Augenentzündungen, Koliken, Leibschmerzen, Durchfällen, epidemischer Ruhr, Hämorrhoiden, Hüftweh.

Gabe: 1-2 Tropfen der 1., 2., 3. Verdünnung in kürzeren oder längeren Zwischenräumen nach Umständen. Zur Bereitung der Tinktur sind die größeren Exemplare der Früchte zu wählen, daraus die Samen zu entfernen und dann das trockene Mark nach gehöriger Zerkleinerung nach Regel I zur Tinktur zu bereiten, welche ein dunkel-strohgelbes Ansehen und sehr bitteren Geschmack besitzt.

In der Tierheilkunde werden die Coloquinten bei Schweinen und Fleischfressern, und zwar bei hartnäckiger Verstopfung, gegen Darmwürmer, bei Wassersuchten, in der Gabe von 10-20 Gran für Hunde, zu 1-2 Quentchen für Schweine, fein gepulvert in Pillen oder Latwergenform, oder mit heißem Wasser oder Bier aufgegossen angewendet. In kleineren Gaben verabreicht, wirkt es wie ein bitteres Mittel und kann auch wie diese Stoffe benutzt werden.

Homöopathische Tierärzte wenden es bei der Ruhrseuche des Rindes, heftigen Kolikanfällen und in vernachlässigten Fällen von Hüftlähme an.

Gabe: 3.-6. Verdünnung.

Gynandropsis *(Gynandropsis)*, Gattung der Capparideen. Die fünfblätterige G. *(G. pentaphylla)* hat einen krautigen, aufrechten, 2' hohen, stielrunden, abstehenden, ästigen Stengel; die Blätter auf langen, dünnen, rinnigen, weichhaarigen Stielen; die Blättchen fast gestielt, spitzlich, $1\frac{1}{2}$-$2\frac{1}{2}$" lang, 1-$1\frac{1}{2}$" breit, auf beiden Flächen mit drüsigen Flaumhaaren besetzt, jene der blütenständigen viel kleiner, verkehrt-eirund, stumpf und ganzrandig. Die Blüten langgestielt, ganz abstehend, weiß oder blaß-fleischrot; die Früchte lang, walzlich, pfriemig, durch sehr kurze, steife Haare rauh. In Ostindien, Mittel-Afrika und jetzt auch in Westindien. Blüht vom Juni bis August. Die frische, widrig riechende Pflanze bringt auf der Haut eine lebhafte Entzündung und später Blasen hervor, wird daher nach Art des Senfs und gegen mehrere Hautkrankheiten, innerlich dagegen bei Verschleimung der Lungen und des Magens, bei Nieren- und Blasenkrankheiten ähnlicher Art, sowie auch zur Beförderung der Hautausdünstung angewendet; gekocht und zubereitet dient sie in Ost- und Westindien häufig als Gemüse. Die ölreichen Samen sind ebenfalls scharf.

Gypskraut *(Gypsophila),* Gattung der Caryophylliineen. Das seifenartige G. *(G. Struthium)* hat eine tief in die Erde dringende, dicke und vielköpfige Wurzel; Stengel 1½-2' hoch, aufrecht, steif, am Grunde verholzend, ganz einfach, aber etwas ästig; Blätter 10-15''' lang, sehr schmal lineal und halbstielrund, stumpf, kahl, aufrecht oder dem Stengel etwas anliegend und in ihren Achseln unvollkommene Blätterästchen treibend; Kelch weiß und grün gescheckt. Wächst in Spanien und blüht im Juni, Juli. Von dieser Pflanze, deren Wurzel und Blätter schon in alten Zeiten zum Waschen anstatt der Seife gebraucht wurden (wie es noch heutzutage in Spanien geschieht), wahrscheinlich aber von dem zugespitzten G. *(G. fastigiata)* stammt die sogenannte levantinische, ägyptische oder spanische Seifenwurzel. Diese riecht schwach aromatisch, schmeckt süßlich-mehlig, etwas scharf und dauernd kratzend, enthält ein gelbes, fettiges Weichharz, den eigentümlich bitter-kratzenden Seifenstoff (Saponin), Zucker, Gummi, Eiweiß, sowie auch viele Salze, kommt zwar in ihrer Heilwirkung der wahren Seifenwurzel nahe, scheint aber weit mehr reizend und zugleich der Senegawurzel ähnlich zu sein.

H

Haaralge *(Dasya),* Gattung der Hautalgen. Die scharlachrote H *(D. coccinea)* ist gehäuft, knorpelig, 3-5" lang; Fiederchen büschelig, borstlich; Kapseln eiförmig-kegelig, mit kettenförmig verbundenen Samen und schwarze Behälter mit rötlichen, zweireihigen Körnern. Findet sich im atlantischen Meer und in der Nordsee. Ist ein Bestandteil des Wurmmooses.

Haarblume *(Trichosanthes),* Gattung der Curcurbitaceen. Die schlangenfrüchtige H. *(T. Anguina)* hat einen fünfkantigen, kurzhaarigen, klimmenden Stengel; langgestielte, nierenförmige, gezähnte, flaumhaarige, gelappte Blätter; doldentraubig stehende, männliche, einzeln stehende, weißliche Blüten und weiße Blumenblätter. Ist in China einheimisch und im ganzen südlichen Asien häufig kultiviert. Blüht im Mai bis August. Die Früchte wirken stark purgierend und werden auch zum Abtreiben des Bandwurms gebraucht; unreif geben sie, obwohl sehr unangenehm riechend, doch ein wohlschmeckendes Gemüse, indem man beim Kochen das erste, sehr bittere Wasser weggießt. Die spitzfrüchtige H. *(T. cuspidata)* wächst in Ostindien, wo die Abkochung der ganzen Pflanze als ein schleimauflösendes, die Verdauung beförderndes, den Auswurf erleichterndes Mittel, sowie auch bei Koliken und gegen Würmer gebraucht wird; der ausgepreßte Saft bewirkt Erbrechen und jener der Wurzel ist ein starkes Purgiermittel. Die bittere H. *(T. amara)* findet sich in Westindien und blüht daselbst im Dezember. Die sehr bitteren Früchte werden daselbst fast wie die Coloquinten angewendet; noch häufig braucht man sie jedoch zum Töten der Mäuse und Ratten. Die handförmige H. *(T. laciniosa)* ist in Ostindien einheimisch. Die zarten Sprossen sowie die Früchte werden als eröfnend und abführende Heilmittel angewendet; die ganze Pflanze schmeckt bitter.

Haardolde *(Ptychotis)*, Gattung der Doldenpflanzen. Die koptische H. *(Pt. coptica)* hat einen aufrechten, bis 2 Fuß hohen ästigen Stengel; gestielte, dreifach gefiederte Blätter (die oberen auf Scheiden sitzend); weiße Blüten und eine graubraune Spaltfrucht. Ist auf der Insel Candia und in Ägypten einheimisch, blüht im Juli bis August, ist einjährig. Die sehr aromatischen, dostenartig schmeckenden Früchte dieser schon den Alten wohlbekannten Pflanze sind die echten Ammei-Samen, die jetzt, da sie in ihren Eigenschaften mit dem Kümmel übereinstimmen, bei uns nicht mehr gebräuchlich sind. Die indische H. *(Pt. Ajowan)* ist in Ostindien einheimisch und blüht zur kälteren Jahreszeit. Die Früchte riechen sehr angenehm, schmecken stechend-aromatisch und werden in Ostindien von den Eingeborenen, sowie von den dortigen Europäern allgemein, teils als Gewürz als Speisen, teils als Heilmittel gleich dem Kümmel angewendet; auch in Europa sind sie bekannt geworden. Roxburgh's H. *(Pt. Roxburghiana)* wird häufig in den Gärten Ostindiens kultiviert. Vertritt vorzüglich in Bengalen die Stelle der Petersilie; doch werden nur die Früchte in der Medizin und Haushaltung angewendet.

Haarkraut *(Crinitaria)*, Gattung der Kompositen. Das gemeine H. *(C. Linosyris)*, deutsches Goldhaar, golden Leinkraut, hat einen verdickten Wurzelstock mit langen, fast einfachen Fasern; der Stengel ist 8"-$1\frac{1}{2}$' hoch, ganz aufrecht, stielrund, kahl, unten oft rötlich; die Blätter sind aufrecht, etwas abstehend, 1-2" lang, $\frac{1}{2}$''' breit, etwas steif, hellgrün, spitz, am Rande schärflich, die Blüten goldgelb. Man findet diese Pflanze auf sonnigen Hügeln und Bergen im mittleren und südlichen Europa. Sie blüht vom Juli bis September. Gerieben riecht die Pflanze angenehm aromatisch und schmeckt bitterlich, auch die Blüten riechen angenehm, schmecken aber süßlich, dann auch aromatisch bitterlich.

Haarstrang *(Peucedanum)*, Gattung der Doldengewächse. Der gebräuchliche H. *(P. officinale)*, Schwefelwurzel, Saufenchel, hat eine starke, rübenartige Wurzel, bis mannshohe, nackige Stengel, 5mal dreifingerige Blätter, gleichbreite Blättchen, hohe Dolden und blaßgelbe Blüten. Blüht im Juli bis August in Mittel- und Südeuropa auf Wiesen, ist ausdauernd. Diese Pflanze, vornehmlich aber ihre Wurzel, besitzt einen unangenehmen Geruch und einen bitterlich-scharfen Geschmack; letzter wird als ein reizend scharfes, harn- und schweißtreibendes Arzneimittel, auch bei Stockungen im Unterleib, Verschleimungen des Darmkanals und der Brustorgane, doch heutzutage nur selten angewendet; früher war auch der nach Einschnitten in die Wurzel im Frühjahr ausfließende und dann vertrocknende, harzige Milchsaft als Gummi Peucedani, nach Art des Ammoniakgummis im Gebrauch. Der Sumpf-H. *(P. palustre)*, Sumpf-Silge, Elsenich oder Ölniz, mit weißen Blüten, wächst auf feuchten, sumpfigen Wiesen, an Gräben, Teichen und in Wäldern und blüht im Juli, August. Die stark, doch nicht angenehm und etwas terpentinartig riechende, scharf-aromatisch und bitter, zuletzt brennend schmeckende Wurzel war schon in früheren Zeiten offizinell und wurde in neuerer Zeit wiederholt als Heilmittel, namentlich gegen Epilepsie empfohlen, findet sich jedoch oft mit der schwarzbraunen, viel schwächer riechenden und schmeckenden Wurzel vom Roßkümmel in den Apotheken verwechselt. Die starre H. *(P. Cervaria)*, Berg-Petersilie, Hirschwurz, ebenfalls mit starker Wurzel, bis 4 Fuß hohem, meist astlosem Stengel; dreifach oder doppelt gefiederten Blättern, lederigen, gesägten Blättchen, weißen Blüten und linsenförmigen Früchten. Blüht im Juni bis August in Mitteleuropa an Hügeln und Bergen, auf Wiesen, ist ausdauernd. Wurzel und Früchte davon waren früher offizinell; ihr Geruch ist angenehm aromatisch, der Geschmack ebenso, zugleich aber bitterlich und beißend. Heute wird die Wurzel nur von Tierärzten, dann als Volks-Arzneimittel bei Wechselfiebern und einigen Unterleibskrankheiten gebraucht. Der Berg-H. *(P. Oreoselinum)*, Berg-Petersilie, Hirschpeterlein, Augenwurzel, Grundheil, Vielgut, hat eine kleinere Wurzel, bis 3 Fuß hohen Stengel, gestielte, drei- und zweifach gefiederte Blätter, eirunde, gezähnte Blättchen, große Dolden, weiße Blüten. Blüht im Juli bis August in Mitteleuropa bis Asien auf Wiesen, in Wäldern, ist ausdauernd. Die ganze Pflanze riecht und schmeckt angenehm gewürzhaft und bitter, weshalb auch früher Wurzel, Blätter und Früchte offizinell und mit Recht als reizend stärkende, Stockungen im Unterleib behebende, die Absonderungen verbessernde Mittel berühmt waren; auch heute ist noch die Wurzel sowie das Kraut in einigen Pharmakopöen vorgeschrieben.

In der Tierheilkunde wird die Wurzel des gemeinen Haarstrangs in jenen Fällen angewendet, wo Wermut und Hopfen angezeigt ist.

Habichtskraut *(Hieracium)*, Gattung der Vereinblütler. Das gemeine H. *(H. Pilosella)*, Mäuseöhrchen, hat einen dicklichen, waagerechten Wurzelstock, der viele beblätterte, filzige und zottige Ausläufer nach allen Seiten treibt, rauhhaarige, unten graufilzige, verkehrt-eirunde, ganzrandige oder gezähnelte Blätter und schwefelgelbe, teilweise rotgestreifte Blumen. Gemein und in vielerlei Formen auf trockenen, steinigen Stellen, an Wegen, auf Hügeln und in Nadelwäldern von ganz Europa heimisch. Einst waren die Blätter und Blüten offizinell; beide schmecken etwas bitter und zusammenziehend und wurden bei Diarrhöen, Blutflüssen, sowie bei Brustkrankheiten angewendet; vor mehreren Jahren empfahl man die Wurzel gegen Wechselfieber. Das rotaderige H. *(H. venosum)* ist eine der schönsten Arten dieser Gattung. Die Blätter sind 2" lang, spitzlich, mit blutroten Adern und Punkten sehr zierlich bemalt; die Stengel 1½' hoch, anfangs dick, später dünn und fädig; die Körbchen klein, blaßgelb. Findet sich in Nordamerika und blüht im Juni, Juli. Man hält diese Pflanze in ihrem Vaterland für ein Heilmittel beim Biss giftiger Schlangen. Das Mauer-H. *(H. murorum)*, gelbes Lungenkraut, Buchlattich, ist eine nach dem Standort höchst veränderliche Pflanze mit gelben Blüten. Gemein in trockenen Wäldern und Hainen, auf Mauern und Felsen, von der Ebene bis in die Voralpen hinauf. Blüht vom Mai bis Juli, oft wieder im Herbst. Früher war die ganze Pflanze offizinell und wurde für ein gutes wundheilendes, bei Brustkrankheiten dienliches Mittel gehalten; der Geschmack ist krautartig, etwas herbe, wenig bitterlich. Gronow's-H. *(H. Gronowii)* hat eine abgebissene, vielfaserige Wurzel, 1' hohen, eckigen, kahlen Stengel, wenige spitzige Blätter tragend, die Blütenkörbchen klein, blaßgelb. Findet sich in Pennsylvanien und Virginien und blüht im Juni, Juli. Die gekaute Wurzel wird gegen Zahnschmerzen empfohlen; die frisch aufgelegten, zerquetschten Blätter sollen sicher die Warzen vertreiben.

Habzelie *(Habzelia)*, Gattung der Anonaceen. Die äthiopische H. *(H. aethiopica)*, äthiopischer Pfeffer, ist ein Strauch mit kahlen Ästen, 3" langen, 12-14'" breiten, oberseits kahlen, unterseits mit einem feinen, nur unter der Lupe sichtbaren, flaumigen Überzug bedeckten Blättern. Findet sich im mittleren Afrika, von Äthiopien bis an die Mündung des Senegal. Die scharf- und stechend-aromatischen, ein schweres ätherisches Öl und ein scharfes

Harz enthaltenden Früchte waren den alten Griechen viel früher, ehe sie den schwarzen und langen Pfeffer kennen lernten, bekannt und blieben selbst nachher auf gleiche Weise im Gebrauch. Sie sind in Afrika allgemein, teils als Gewürz, teils als Heilmittel gebräuchlich. Die guiana'sche H. *(H. aromatica)* wächst in den Wäldern Guianas, jetzt auch auf den Antillen, und sind die stechend-aromatischen Früchte dort als Gewürz unter dem Namen Neger-Pfeffer, aber auch als ein sehr kräftiges Heilmittel bekannt.

Härtling *(Hypoxis)*, Gattung der Amaryllideen. Der aufrechte H. *(H. erecta)* ähnelt im Habitus mehreren Arten der Gattung Vogelmilch, aber alle Teile sind mit zahlreichen, langen Haaren besetzt; die Wurzel ist ein fester Zwiebelknollen, eirund, verlängert, braun; die Blätter sind büschelig, am Grunde von kurzen, scheidigen Schuppen umgeben, gekielt, spitz; die Schafte mehrere aus einer Wurzel, zwischen den Blättern sich erhebend, haarig, schlaff, schlank, zweischneidig, 3-6" lang; die Blüten sind doldig, 3-5, gelb, außen grünlich; am Grunde eines jeden zottigen, zusammengedrückten Blütenstieles ein kurzes, lineal-pfriemiges zottiges Deckblättchen. Wächst in Noramerika und blüht vom Juli bis August. Die Wurzel wird dort von den Eingeborenen bei veralteten Geschwüren, auch innerlich bei Wechselfieber gebraucht.

Hafer *(Avena)*, Gattung der Gräser. Der gemeine H. *(A. sativa)* hat eine faserige Wurzel und einen oder mehrere 3-4 Fuß hohe, hohle, knotige Halme. Die Blätter umfassen den Stengel mit einer Scheide und sind lineal-zugespitzt, am Rande scharf. Die Blüten stehen in hängenden Ährchen zu zweien beisammen; die Ährchen selbst sind in einer aufrechten Rispe mit abstehenden, allseitswendigen Ästen verteilt. Die beiden Blüten der Ährchen werden von zwei großen grünen Blättchen (den Balgklappen) eingeschlossen; überdies besitzt jede Blüte noch zwei kleinere grüne Blättchen (Spelzen), deren unteres am Rücken eine starke, knieförmig umgebogene Borste *(Granne)* trägt. Die Spelzen umgeben später die längliche, spitzige Kornfrucht (das Haferkorn) wie eine Schale. Der Hafer wächst wie viele andere Nutzpflanzen nirgends mehr wild, wird aber allenthalben als Sommergetreide, besonders in rauhen Gebirgsgegenden und im Norden gebaut. Das Decoct wird als ein sehr vorzügliches, einhüllendes, verdünnendes, nach Umständen auch stark nährendes Getränk bei mannigfaltigen fieberhaften Krankheiten, Ruhren u.s.w. häufig gebraucht; äußerlich wie andere schleimige Mittel zu Klistieren und Umschlägen. – Als Nahrungsmittel nicht minder wichtig ist es überall im Norden und auf Gebirgen die gangbarste Brotfrucht; ein Brei von Hafermehl war auch einst bei den alten Deutschen die Hauptkost. An mehreren Orten wird auch ein gutes Bier, sowie in Rußland das allgemeine Getränk, unter dem Namen Quas bekannt, daraus bereitet. Der Fahnenhafer *(A. orientalis)*, türkische Hafer, hat einseitswendige Rispen; der Kurzhafer *(A. brevis)* hat auffallend ungleiche Deckspelzen, deren obere länger, siebennervig, gleich lang oder kaum länger als das zweiblütige Ährchen, Vorderspelzen der unteren Blüte oben mit einigen Borsten, die der oberen kahl, beide oben scharf und rauh, zweispitzig, beide Blüten mit stark geknieter Granne, ein Haarbüschel unter jeder Blüte oder nur unter der unteren, Rispen etwas einseitswendig. Der Windhafer, Sandhafer *(A. strigosa)* hat die Rispe etwas zusammengezogen, fast einseitswendig; Ährchen zwei- bis dreiblütig; Klappe so lang als die an der Spitze zweispaltig begrannten Blütchen, die außerdem noch mit einer langen geknieten Granne am Rücken versehen sind. Spindel kahl, nur am Grunde des oberen Blütchens büschelig, kurzhaarig. In vielen Gegenden

Deutschlands und Frankreichs angebaut. Der Nackthafer, Grützhafer *(A. nuda)*, tartarische Hafer, hat eine ziemlich einseitswendige Rispe, die Spelzen und Deckspelzen zugespitzt, alle Blüten über die Deckspelzen vorragend in zugespitzten dreiblütigen Ährchen, die Vorderspelze nackt, zweispitzig; die unterste und bisweilen die folgende Blüte mit ein- bis zweimal gedrehter Granne; selten ohne dieselbe. Der chinesische H. *(A. chinensis)* hat eine straffe, ausgebreitete Rispe, Spelzen und Deckspelzen stumpf gespitzt, alle Blüten über die Deckspelzen vorragend in langausgezogenen, ausgebreiteten, vier- bis sechsblütigen Ährchen, die Vorderspelzen nackt, oben etwas ausgefressen, alle unbegrannt.

In der Tierheilkunde wird der gemeine Hafer, das gebräuchlichste Pferdefutter, insbesondere nachdem er enthülst ist (Haferschrot) ebenfalls benutzt, und zwar werden aus demselben durch Abkochen mit Wasser schleimige Klistiere, Bähungen und Eingüsse, welche bei entzündlichen Zuständen der Verdauungsorgane bisweilen gute Dienste leisten, dann Breiumschläge zum Auflegen auf entzündete, oberflächlich liegende Teile bereitet. Pferden, welchen das Kauen schwer fällt, wird der Haferschrot statt des ganzen Hafers vorgelegt und derselbe auch als leicht verdauliches Futter für Hunde, die mit entzündlichen Krankheiten der Verdauungswege behaftet sind, in Abkochungen mit Wasser oder Suppe gereicht. Der geröstete Hafer kann bei den durch chronischen Darmkatarrh bedingten Durchfällen mit Erfolg verabreicht werden.

Hahnenfuß *(Ranunculus)*, Gattung der Ranunculaceen. Der gemeine H. *(R. asiaticus)*, türkischer R., hat einen dicken Wurzelstock mit vielen langgeschwänzten, oben dicken Wurzelfasern. Die ganze Pflanze ist mit dünnen Haaren besetzt. Die Wurzelblätter bilden eine Rosette. Sie sind langgestielt. Die Platte ist rund oder dreispaltig, sägezähnig. Der Stengel ist mit einigen feingeschnittenen stengelständigen Blättern versehen, die weit auseinander stehen. Oben ist er in der Regel nur einblütig. Die Blumenblätter sind sehr groß, goldgelb. Die Heimat ist Griechenland und Kleinasien. In Gärten hat man mehr als 400 Varietäten. Diese Art, sowie ähnliche waren in den ältesten Zeiten gegen Krätze, warzenartige Auswüchse, Frostbeulen, auch gegen Krebs, die Wurzeln als ein Niesmittel und gegen Zahnschmerzen im Gebrauch. Die giftige H. *(R. Thora)* hat eine Wurzel, aus spindeligen, langen Fasern bestehend; der Stengel ist aufrecht, $\frac{1}{2}$-1' hoch, stielrund, kahl, an der Spitze in 2-4 Blütenästchen geteilt. Die Blätter sind lederig, kahl, graugrün, bereift, die wurzelständigen gestielt, nierenförmig, gekerbt, doch nur an der jungen, noch keinen Stengel zu treiben vermögenden Pflanze vorhanden; die Blüten $\frac{3}{4}$" breit, gelb. Wächst in Bergwäldern und auf Bergwiesen im südlichen Deutschland und Frankreich, in Ungarn, in der Schweiz und in Ober-Italien. Der schädliche H. *(R. sceleratus)*, Wasser-H., Gift-Ranunkel, Giftblume, Froschpfeffer, Frosch-Eppich, hat unten handförmige, oben aber fingerförmige Blätter und blaßgelbe Blumen. Man trifft diese Pflanze hin und wieder auf nassen Wiesen und Triften an. Diese äußerst scharfe und höchst giftige Pflanze wurde früher in der Heilkunde angewendet; durch ein längeres Kochen verliert sie (gleich den anderen Arten) ihre Schärfe fast ganz und ist dann gegen chronischen Husten brauchbar; ja man hat sie sogar auf diese Weise als Gemüse gegessen. Der knollige B. *(R. bulbosus)*, Rüben-H., liebt trockene Orte und läßt sich teils durch den an der Wurzel befindlichen Knollen, teils auch durch die zurückgeschlagenen Kelchblätter gleich unterscheiden. Häufig auf Wiesen, Triften, Hügeln, an Weg- und Ackerrändern in Europa und Nordamerika. Auch diese Art besitzt den scharfen Stoff im hohen Grade; die Wurzel war sonst offizinell. Den großen Sumpf-H. *(R. Lingua)*, zungenblätterigen Ranunkel, Sperrkraut, findet man in ausgetrockneten Sümpfen, seichten Teichen und Gräben von der Höhe einer Elle und darüber. Der starke Stengel steht aufrecht und ist mit mehreren, ebenfalls aufrechtstehenden Ästen und Zweigen besetzt; so daß er einen kleinen Busch bildet. Die stiellosen, mit Scheiden versehenen Blätter sind lanzettförmig, die Blumen ziemlich groß, goldgelb, glänzend; sie kommen im Juli zum Vorschein. Man findet diese Pflanze am Rande von Teichen und Sümpfen Europas, Nord-Asiens und Nordamerikas. Sie war früher Sumpf-H., Egelkraut, kleines Speerkraut, ist eine kaum Fuß hohe Pflanze mit niedergebogenen Stengeln und eirund-lanzettförmigen, gestielten Blättern. Sie ist gemein auf nassen Wiesen, in Gräben, Teichen und Sümpfen in der ganzen nördlichen gemäßigten Hemisphäre. Ist ebenfalls ätzend scharf und wird gleich der vorhergehenden Art noch heutzutage in einigen Gegenden als ein blasenziehendes Mittel gebraucht. Der scharfe H. *(R. acris)*, Wiesen-Ranunkel, Waldhähnchen, Brennkraut, Schmalz- und Butterblümchen, hat einen aufrechten, mehr oder weniger behaarten und gestreiften, nach oben ästigen Stengel, handförmig geteilte, dann fiederspaltige Blätter, deren untere lang gestielt sind, und goldgelbe Blüten. Gleich dem vorhergehenden ein ätzend-scharfes Giftgewächs. Der gemein kriechende H. *(R. repens)* hat kriechende Ausläufer, eingeschnitten gezähnte Abteilungen, gefurchte Blütenstiele, einen abstehenden Kelch und gedrückte, punktierte Karpelle. Diese Art ist gemein an feuchten Orten.

Homöopathie. Der knollige Hahnenfuß *(R. bulbosus)* paßt bei Krankheiten des Gehirns, des Rückenmarks, der Augen, Nase, Brust, des Unterleibs, der Leber, der Haut, bei Mattigkeit und Zerschlagenheit im Körper, Blasenausschlag der Neugeborenen, Flechtenausschlägen, Fieberanfällen, Migräne, Blutandrang nach dem Kopf, brennenden Schmerzen im Hals und Gaumen, Speichelfluß, Leibschmerzen, Brustschmerzen. Gabe: In chronischen Krankheiten, Flechten des ganzen Körpers reichte Dr. Franz 1 Tropfen der 1. Verdünnung, bei anderen Beschwerden empfiehlt derselbe die 15., 18. oder eine noch höhere Verdünnung.

Der schädliche H. *(R. sceleratus)* paßt bei akuter und chronischer Gicht, bei bösartigen Geschwüren an den Gliedmaßen, Wechselfieber, chronischen Leber- und Brustleiden. – Die Gabe ist nicht festgesetzt.

Hahnenkamm *(Celosia)*, Gattung der Fuchsschwanzgewächse. Der gemeine H. *(C. cristata)* ist eine einjährige Pflanze mit flügelig-gestielten, eilanzettlichen, spitz ausgezogenen Blättern und einem länglich-eirunden, spitzen Blütenstand von roten oder gelben Blüten. Die Heimat ist Japan und China. Die gelind adstringierenden Blüten dienen gegen Diarrhöen, Blennorrhöen, starke Menstruation, Blutspeisen u.s.w. Der silberweiße H. *(C. argentea)* findet sich in Ostindien und ist bis nach China und Japan verbreitet. Man wendet die Blätter als ein zerteilendes Mittel bei Entzündungen, Geschwülsten, Geschwüren, auch bei Hautausschlägen, die Samen aber gegen Hautkrankheiten an.

Hakenhülse *(Teramnus)*, Gattung der Schmetterlingsblütler. Die seidenhaarige H. *(T. uncinatus)* hat eine fädige, tief in die Erde dringende Wurzel; Stengel fädig, etwas ästig, dreikantig, an den Kanten etwas gerandet; Blattstiele 1-1½" lang, eckig, gerillt, vollbraun behaart; Blättchen kurzgestielt, 1½-2" lang, spitz oder stumpflich, kurz-stachelspitzig, ganzrandig. Nebenblätter lanzettlich, klein; Blüten gepaart, überhängend, rötlich. Diese Pflanze findet sich auf Jamaika und blüht im Juni, Juli. Man braucht daselbst die Blätter als ein gelindes Abführmittel und das Mehl der Samen zu zerteilenden Umschlägen.

Hakenlilie *(Crinum),* Gattung der Amaryllideen. Die ceylanische H. *(C. zeylanicum)* hat eine mehr als faustgroße, rundliche, weiße Zwiebel; die Blätter sind 2-3' lang, 2-3' breit, dick, rinnig-konkav, zugespitzt, mit fast fingerdickem Kiel, seegrün, kahl; der Schaft ist seitlich, purpurrötlich, bis 3' hoch, 1" dick, etwas zusammengedrückt. Die Blütenscheide ist grünlichgelb mit 6-20 großen, weißen, purpurviolett gebänderten, äußerst wohlriechenden Blüten. Hie und da im südlichen Asien, auch der Zierde wegen dort allgemein kultiviert. In China und Cochinchina wird die Zwiebel häufig als Medikament, ebenso wie die Meerzwiebel in Europa angewendet; sie ist gleich dieser ein sehr kräftiges, scharfes, harntreibendes, bei Wassersuchten, Verschleimungen und Stockungen im Unterleib sehr heilsames, in größeren Gaben giftartig wirkendes Mittel. Indessen darf nicht mit Stillschweigen übergangen werden, daß die chinesische Pflanze von der ostindischen verschieden zu sein scheint. Die breitblätterige H. *(C. latifolium)* wächst in Ostindien auf Sandboden und blüht vom Juli bis August. Die Zwiebel wird äußerlich als ein erweichendes, linderndes, zeitigendes Arzneimittel bei Hämorrhoidalknoten, Abzessen und anderen Geschwülsten, auf ähnliche Art auch die Blätter benutzt. Die asiatische H. *(C. asiaticum)* findet sich in Südasien, Neuholland am Meeresstrand. Die Wurzel ist auf den Molukken als ein sehr wirksames Gegengift bei vergifteten Pfeilwunden bekannt, welche ohne den innerlichen und äußerlichen Gebrauch dieser Zwiebel sehr bald tödlich werden. Sie erregt heftiges Erbrechen und Schweiße; man braucht sie auch nach dem Genuß giftiger Krebse und Fische, sowie auch bei giftigen Bißwunden.

Hakenstrauch (Artabotrys), Gattung der Anonaceen. Der wohlriechende H. *(A. suaveolens)* ist ein ansehnlicher Strauch mit ausgesperrten, kletternden, schwarzbraunen, glatten und kahlen Ästen; die Blätter auf kurzen, oft gedrehten Stielen, 2-4½" lang, 10-18"' breit, fast lederig oben glänzend und kahl, unten mit zerstreuten Flaumhaaren bedeckt. Die Blüten sind gelblich, wohlriechend. Die aromatischen Blätter, als Tee getrunken, sind besonders in der Cholera sehr heilsam.

Halbblume *(Hemimeris),* Gattung der Braunwurzgewächse. Die geflügelte H. *(H. caulialata)* hat einen 4flügeligen Stengel und eiförmige, spitze, gesägte Blätter. Wächst an nassen Stellen, Abhängen etc. in Peru. Blüht das ganze Jahr. Die Eingeborenen bedienen sich dieser Pflanze als eines magenstärkenden, schmerzlindernden Mittels.

Hammerstrauch *(Cestrum),* Gattung der Nachtschattengewächse. Der rutenförmige H. *(C. Parqui)* ist ein Strauch von 5-8 Fuß Höhe, vom Grunde an sehr ästig, kahl; die Äste rutenförmig; die Blätter genähert, 2-4" lang, 5-8"' breit, an beiden Enden fast gleichförmig verschmälert, sehr kurz gestielt, spitz oder fast zugespitzt, in ihren Achseln einige kleine Astblättchen entwickelnd; die Blüten sind sitzend, zu 3-5 am Ende jedes Blütenstieles. Wächst im gemäßigteren Südamerika, vorzüglich in Chile. Blüht dort im Februar, März, bei uns (wo man ihn allgemein kultiviert) im Juli bis Oktober. Die Chilenen bedienten sich des Aufgusses oder der Abkochung gegen bösartige Fieber. Die Blätter riechen eigentümlich unangenehm, dem gebratenen Schweinefleisch etwas ähnlich und sollen in Chile auch den Haustieren schädlich sein. Der wollige H. *(C. undulatum)* wächst in Hecken, auf Schutthaufen und an Wegen in Peru. Blüht das ganze Jahr. Riecht (vorzüglich gerieben) sehr unangenehm und wird in seinem Vaterland als ein kühlendes, linderndes, erweichendes Heilmittel bei bösartigen hitzigen Fiebern angewendet. Der lorbeerblätterige H.

(C. laurifolium) findet sich in Südamerika und blüht vom Mai bis September. In Brasilien werden die Blätter zu Bädern bei Hämorrhoidalbeschwerden, auch als Umschlag bei geschwollenen Beinen gebraucht. Der Hediunda-H. *(C. Hediunda)* ist ebenfalls an Wegen, wüsten Plätzen und in Hecken Südamerikas zu finden. Riecht des Nachts angenehm, schwach moschusartig, bei Tage sehr unangenehm und wird in Peru und Chile als ein linderndes, kühlendes Decoct gegen hitzige Fieber in Brasilien zu Bädern gegen Hämorrhoiden angewendet.

Hanf *(Canabis),* Gattung der Canabineen. Der gemeine H. *(C. sativa)* wird gewöhnlich bei uns 2-4 Fuß hoch, ist einjährig, hat eine spindelförmige, einfache Wurzel und einen steif-aufrechten, 2-8 Fuß hohen, einfachen, oben ästigen Stengel. Die langgestielten, gegenständigen Blätter sind 5-9zählig gefingert, die Blättchen lanzettlich, scharf und grobgesägt, oben sowie der Stengel rauh. Die Früchte (Hanfkörner) sind kleine, graue Nüßchen mit leicht zerbrechlicher Schale. Im südlichen Asien einheimisch, aber schon seit den ältesten Zeiten in Europa kultiviert. Die wenigen Versuche, die man bisher mit dem Hanf angestellt hat in Krankheiten, namentlich in Geistes- und Nervenkrankheiten, wie bei Verrücktheit, Melancholie, bei verschiedenen Krampfformen, Hundswut, Veitstanz, Tetanus, bei Neuralgien, rheumatischen Augenentzündungen etc. lassen noch kein bestimmtes Urteil über die Verwendbarkeit dieses Mittels in Krankheiten zu. Die Unsicherheit der Wirkung wird der häufigeren Anwendung insolange entgegenstehen, bis es nicht gelungen sein wird, ein immer gleichförmiges und daher stets gleichwirkendes Präparat darzustellen. In neuerer Zeit hat man von dem alkoholischen Extrakt in jenen Fällen häufiger und zwar häufiger mit entsprechendem Erfolg Gebrauch gemacht, wo man ein beruhigendes und schlafmachendes Mittel benötigt, das nicht zugleich Stuhlverstopfungen begünstigt, wie dies beim Opium der Fall ist. Meistens gibt man das weingeistige Extrakt zu 1-3-6 Gran. Dasselbe ist von geringerer Wirksamkeit und wirkt auch qualitativ anders als die blühenden Endteile der Pflanze. Auch in den Samen wittert man narkotisches Prinzip, doch mit Unrecht, daher hat man eine aus denselben oder aus dem Öl der Samen bereitete Emulsion in den Fällen für wirksamer gehalten, wo man auf die gereizten oder entzündeten Harnwege wie beim Tripper schmerzstillend wirken will.

In der Tierheilkunde werden die Hanfsamen am besten in einer Emulsion, die man durch Zerreiben der Samen mit kaltem Wasser (1 Teil zu 10-12 Teilen) bereitet, angewendet. Die Wirkung ist ganz ähnlich der der Mohnsamenmilch, aber besonders wohltätig auf die Geschlechts- und Harnorgane, wenn dieselben sich in einem krampfhaften, gereizten oder schmerzhaft entzündeten Zustand befinden. Die Gabe ist wie bei der Mohnsamenmilch. Äußerlich kann man Hanfsamen wie die Leinsamen benutzen. Das Hanföl kann wie Leinöl gebraucht werden.

Anwendung nach dem homöopathischen Prinzip. Cannabis findet Anwendung bei Konvulsionen, Tetanus, Gesichtsfinne, Manie, Melancholie, skrophulösen Augenkrankheiten, gastrischen Zuständen, Verhärtung der Leber, Kolikanfällen, Bauchwassersucht, hartnäckiger Leibesverstopfung, besonders mit Harnverhaltung, akuten und chronischen Krankheiten der Harnwerkzeuge, Steinkrankheiten, Blutharnen, Impotenz, Unfruchtbarkeit, Abortus, Tripper, Asthma, Lungenentzündung, Wadenkrampf.

Gabe: 1-2 Tropfen der reinen Tinktur (zur Zeit der Blüte im Mai und Juni werden die blühenden Spitzen und oberen Stengelblätter, vorzugsweise von den weiblichen Pflanzen, gesammelt und nach Regel 3 zur Tinktur bereitet) oder 1. Verdünnung in hitzigen Krankheiten, täglich mehrmals wiederholt; in chronischen Leiden aber nur 1-2mal täglich.

Die homöopathischen Tierärzte wenden dieses Mittel an bei katarrhalischem Entzündungszustand der Schleimhaut, des Nierenbeckens und der Harnblase der Hengste und Stuten; gegen schwierigen Abgang des Harns bei einer Kuh, acht Tage nach dem Kalben; bei der gutartigen Form der Schankerseuche der Pferde; bei chronischen Schleimflüssen aus der Harnröhre männlicher Hunde; bei Trübung der Hornhaut nach vorhergegangener Augenentzündung und wenn in der Kristallinse ein undurchsichtiger kleiner Fleck wahrzunehmen ist.

Gabe: 2., 3. Verdünnung.

Harmelraute *(Peganum),* Gattung der Rutaceen. Die gemeine H. *(P. Harmala)* hat eine längliche, fast holzige, ästige faserige Wurzel, einen aufsteigenden oder weitschweifigen und fast gestreckten, meistens vom Grunde an ästigen, kahlen rundlich-eckigen Stengel; die Blätter sind abwechselnd, ungestielt, jenen des Garten-Rittersporns etwas ähnlich, dicklich, seegrün; die Blüten einzeln, gestielt, ziemlich groß. Wächst im südlichen Europa und im Orient, vorzüglich auf Sandboden. Alle Teile dieser Pflanze riechen stark und unangenehm, schmecken harzig-bitter, etwas beißend und waren früher als ein reizend-scharfes Mittel gebräuchlich. In Arabien dient das Kraut als Umschlag bei geschwollenen Füßen und die Samen in der Türkei auch als Gewürz; geröstet und mit Schwefelsäure auf eine noch unbekannte Weise behandelt, geben sie das unnachahmliche türkische Rot.

Hartheu *(Hypericum),* Gattung der Hypericineen. Das gemeine H. *(H. perforatum),* Johanniskraut, Johannisblut, Hexenkraut, Konradskraut (Fig. 50), zeichnet sich durch einen aufrechten, zweischneidigen, nach oben ästigen Stengel, länglich-eiförmige, durchsichtig-punktierte Blätter und doldentraubige, gelbe Blüten aus. Man findet es häufig an Wegen, sonnigen Rainen und in lichten Gebüschen. Zwischen den Fingern gerieben riecht das Johanniskraut, vornehmlich aber der blühende Teil, etwas aromatisch-harzig und färbt dieselben rot, schmeckt etwas balsamisch-bitterlich, schwach adstringierend, galt früher für ein stärkendes, fieberwidriges, wurmwidriges, harntreibendes, nicht minder für ein ausgezeichnetes Heilmittel bei Gicht, Durchfällen, Blutungen, Wunden und Quetschungen; auch nahm es einst unter den vermeintlich Hexen, Gespenster und alle bösen Geister bannenden Mitteln einen hohen Rang ein. Das Johanniskrautöl wird in Verbindung mit Terpentinöl bei Wunden und Verbrennungen gebraucht. Mehr oder weniger übereinstimmende Wirkungen äußern das sibirische H. *(H. ascyrum),* das et-

FIG. 50

DAS GEMEINE HARTHEU: a) vergrößerte Blüte.

was stärker auf die Nieren wirken soll und von Gray bei Hüftweh empfohlen wird; dann das krausblätterige H. *(H. crispum)*, das übrigens Schafen sehr gefährlich ist, das verwachsen-blätterige H. *(H. connatum)*, dessen adstringierende Abkochung in Brasilien als Gurgelwasser gebraucht wird; das Berg-H. *(H. montanum)*, dessen Blüten sonst als treffliches Wurmmittel galten; das schlaffblütige H. *(H. laxiusculum)*, das bei Schlangenbissen geschätzt wird. Von einigen in Amerika vorkommenden größeren Arten wird der rote oder gelbe Saft als amerikanisches Gummigutti verkauft.

Harzkraut *(Cressa)*, Gattung der Windengewächse. Das kretische H. *(C. cretica)* wächst an feuchten Stellen, am Ufer des mittelländischen Meeres. Stengel 5-9" lang, wie die ganze Pflanze grau und fast rauhhaarig, am Grunde etwas holzig und von da an in sehr viele schlanke Äste geteilt; die Blätter zahlreich, 3-4'" lang, am Stengel eiförmig, an den Ästen eilanzettlich; die Blüten gelblich, an der Spitze aller Äste kopfig-gehäuft. Schmeckt etwas salzig und gelind zusammenziehend, wurde sonst als ein Wundmittel äußerlich, innerlich dagegen als harntreibend und gegen Gries angewendet.

Haselnuß *(Corylus)*, Gattung der Cupuliferen. Die gemeine H. *(C. Avellana)*, Haselstaude, ist ein Strauch von 12-15', bisweilen baumartig, mit vielen gertenförmigen Trieben, glatter, grauer Rinde und leicht ablösbarer Oberhaut. Die gestielten Blätter sind herzförmig, doppelt gesägt, und zwar die Staubblüten in herabhängenden Kätzchen, die Stempelblüten hingegen in einer Art Knospe, aus der nur die purpurroten Griffel der Stempel hervorragen. Später entwickeln sich letztere zu den bekannten eiförmigen Nüssen, welche in einer grünen, glockigen, gezähnten Hülle stecken und bald einzeln, bald zu 2-4 beisammen vorkommen. Gemein in Wäldern, Hainen und Gebüschen von ganz Europa und Nordasien. Blüht vom Februar bis März oder April. Früher war das Holz, vorzüglich aber die Frucht offizinell; das brenzliche Öl des Holzes sollte gegen Spulwürmer heilsam sein, den sehr ölreichen Samen schrieb man besondere Kräfte gegen Steinbeschwerden zu. Neuerlich wurde die tanninhaltige Rinde gegen Wechselfieber empfohlen. Bekannt ist der allgemeine Gebrauch der Früchte, von denen man durch Kultur mehrere Varietäten erhielt, als Obst. – Nicht zu verwechseln mit diesen Spielarten sind zwei andere, wahre Arten, deren Früchte noch beliebter sind: die sogenannte Lambertsnuß *(C. tubulosa)*, gemein im mittleren und südlichen Europa und durch die walzlichen Nüsse mit rotem, wohlschmeckenderem Kern von der vorigen Art unterschieden, und die türkische H. *(C. Colurna)*, in Ungarn, dem südöstlichen Europa und in der Levante einheimisch, hat doppelt größere, rundlichere Nüsse.

Haselwurz *(Asarum)*, Gattung der Osterluzeigewächse. Die europäische H. *(A. europaeum)* hat einen weithin kriechenden Wurzelstock, welcher im älteren Zustand an seiner ganzen unteren Fläche zahlreiche Nebenwurzeln aussendet. Die zweizeilig stehenden großen kappigen Schuppen unterhalb der Blätter sind am Rande filzig. Die Blätter selbst sind tief saftgrün und schön glänzend. Die Wurzel wurde in früheren Zeiten als Brechmittel in ähnlichen Fällen wie die Ipecacuanha gegeben. Auf die Nasenschleimhaut gebracht, erregt sie heftiges Niesen; in großen Gaben innerlich genommen, bewirkt sie Erbrechen und Abführen, sie kann selbst lebensgefährliche Zustände erzeugen. Man gibt sie aus dem Grunde als Brechmittel nicht mehr, weil sie weniger sicher als jene wirkt und zugleich Diarrhöe erzeugt unter kolikartigen Schmerzen. Außerdem wurde sie noch gegen Verhaltung der monatlichen Reinigung, in veralteten Wechselfiebern und torpiden Wassersuchten sowie in der Gicht mit Nutzen in den

Fällen gereicht, in welchen Vermehrung der Ausscheidungen durch scharfstoffige Mittel angezeigt ist. Die kanadische H. *(A. canadense)* findet sich in Nordamerika. Die wohlriechende Wurzel (d. h. der Stengel mit den Wurzelfasern) ist in Nordamerika offizinell und wird daselbst in kleinen Gaben, vorzüglich beim Starr- und Kinnbackenkrampf der Kinder, dann zur Beförderung der Menstruation gegeben. Die virginische H. *(A. virginicum)* wird in China, ungefähr so wie die Ipecacuanha, in gebrochenen Gaben bei uns angewendet; das Decoct soll nie Erbrechen oder Ekel bewirken. Die aronsblätterige H. *(A. arifolium)* wird in den südlicheren Staaten Nordamerikas auch wilder Ingwer genannt, da sie frisch einen ingwerartigen Geschmack hat; früher kam sie auch bisweilen als virginische Schlangenwurzel nach England.

Homöopathie. Asarum paßt besonders bei großer Reizbarkeit des Nervensystems sowie nach Augenoperationen bei zuckenden Schmerzen; bei Spulwürmern, Wechselfieber, Migräne, periodisch wiederkehrenden Kopfschmerzen, Augenentzündungen, Ohrenentzündungen, Taubhörigkeit, gastrischen und biliösen Zuständen, übermäßigem Erbrechen, Kolik und Erbrechen.

Gabe: 1 Tropfen der reinen Tinktur oder der 1., 2. Verdünnung einmal oder mehrmals des Tages wiederholt, nach Umständen.

Hasenohr *(Bupleurum),* Gattung der Doldenpflanzen. Das rundblätterige H. *(B. rotundifolium)*, Durchwachs, Durchbrech, hat oberwärts ästige Stengel, eirunde, durchwachsene Blätter, die untersten nach dem Grund verschmälert, stengelumfassend; die Hüllchen eirund, zugespitzt, doppelt so lang als das Döldchen; die Riefen der Früchtchen fädlich. Im mittleren und südlichen Europa sowie in Mittelasien zwischen dem Getreide und an Felsrändern. Vor Zeiten brauchte man das Kraut und die Früchte als Wundmittel, zur Zerteilung von Kröpfen, gegen Brüche etc. Das sichelblätterige H. *(B. falcatum)* wächst auf trockenen, sonnigen Hügeln und Bergen, an Wegen und Zäunen, vorzüglich auf Kalkboden, in Mitteleuropa häufig. Sonst war Wurzel und Kraut, erstere gegen Wunden, letztere gegen Fieber im Gebrauch. Von *B. fruticosum* wurden Wurzel und Früchte bei chronischem Husten, hochgradigem Asthma, zur Beförderung der Menstruation und gegen Harnverhaltungen angewendet.

Hauhechel *(Ononis),* Gattung der Schmetterlingsblütler. Die dornige H. *(O. spinosa)*, Ochsenbrech, Harnkraut, Weiberkrieg, Stachel- oder Hechelkraut, ist eine ausdauernde Pflanze mit einem 1-3 Fuß hohen, aufrechten, ein- bis zweireihig zottigen Stengel. Die Blätter stehen dreifach und auch einzeln. Die einzelnen an den Stengeln sitzenden Blumen sind rötlich und weiß. Auf Kulturboden ist sie ein lästiges Unkraut. Die kriechende Wurzel ist ungefähr fingerdick, rund, stark klebrig, außen dunkelbraun, innen weißlich, geruchlos, von anfangs süßlichem, dann bitterlichem, eklig schleimigem Geschmack. Sie steht im Ruf eines harntreibenden Mittels und wird daher vorzugsweise in Wassersuchten, meistens zum Getränk und zwar in Abkochung zu 1-3 Unzen auf 1 Pfund Kolatur gereicht. Noch empfiehlt man sie bei Harngries, beim Nachtripper. Dieselben Heilkräfte besitzt die Wurzel von der kriechenden H. *(O. repens)* und von *O. hircina*.

Hauswurz *(Sempervivum),* Gattung der dickblätterigen Gewächse. Die gemeine H. *(S. tectorum)* hat eine ausdauernde Wurzel und zahlreiche kurze Stämmchen, die an der Spitze eine Rosette von fleischigen, gewimperten, länglichen Blättern tragen. Die rosenroten Blüten kommen auf besonderen, 1-1½ Fuß hohen Stengeln in einseitigen Trugdolden hervor. Sie haben meist 12 Griffel. Die Frucht besteht aus

12 Balgkapseln. Auf alten Mauern und Dächern gepflanzt, ursprünglich wild auf Felsen der Gebirge. Die frischen, schwach säuerlich herb und etwas holzig schmeckenden Blätter waren und sind zum Teil noch immer offizinell und ihrer kühlenden besänftigenden Eigenschaft wegen gegen Fieberhitze, Entzündungen, Ruhren, Blutflüsse, Blasenkrankheiten und beim Skorbut, äußerlich aber bei Geschwüren, Verbrennungen, Wunden sowie zur Vertreibung von Sommersprossen, Warzen und Hühneraugen gebräuchlich; die Wurzel schmeckt ziemlich bitter und etwas scharf.

Hautalge *(Halymenia)*, Gattung der Florideen oder Hautalgen. Die eßbare H. *(H. edulis)* ist dick und saftig, tief blutrot, matt, trocken hornartig, schwarz-purpurrot glänzend; am Grunde stielrund; Platten 4"-1' lang, oval oder zuweilen fast lineal; Spitze unregelmäßig gespalten oder regelmäßig dreispaltig. Die Heimat dieser Alge ist die Nordsee, das atlantische und mittelländische Meer. Wird in Irland und Schottland häufig gegessen und auf der Insel Skye als leicht schweißtreibend und purgierend bei Fiebern angewendet. Die handförmige H. *(H. palmata)* ist durch das regelmäßig gespaltene Laub, die dünnere Substanz und die zu breiten, ungeformten Flecken gehäufte (äußerst selten vorhandene) kaum eingesenkte Frucht von der vorigen Art verschieden. Gemein in der Nordsee etc. Eßbar wie die vorige, soll auch wurmwidrig wirken.

Hautlilie *(Hymenocallis)*, Gattung der Amaryllideen. Die caraibische H. *(H. caribaea)* ist eine westindische Pflanze. Die Blätter sind zweizeilig, zu 10-20, hellgrün, 1-1½' lang, 3" breit; Schaft 1' lang und darüber, zweischneidig, nach der Blüte niedergebogen, aber steif bleibend; Blütenscheide mehrblätterig, weißlich, zurückgeschlagen; Blüten 7-12, sitzend, wohlriechend. Man bedient sich in Westindien der Zwiebeln dieser und anderer Arten äußerlich bei entzündeten Geschwülsten, um sie in Eiterung zu bringen. Die Zwiebel der radförmigen H. *(h. rotata)* wird wie die Meerzwiebel gebraucht.

Hedeoma *(Hedeoma)*, Gattung der Lippenblütler. Das poleyartige H. *(H. pulegioides)* hat einen aufrechten, ½-1½' hohen, ästigen, undeutlich vierseitigen Stengel; die Blätter sind gestielt, 6"' lang, am Grunde verschmälert, beiderseits mit 1-2 Zähnen versehen, die oberen schmäler und ganzrandig; die Wirtel in allen Blattachseln, kürzer als die Blätter. An trockenen Stellen in Kanada, New York und Virginien. Blüht vom Juni bis August. Das Kraut riecht stark und eigentümlich aromatisch, ist in Nordamerika offizinell und wird als ein reizendes, nervenstärkendes, krampfstillendes, schweißtreibendes Heilmittel innerlich und äußerlich angewendet.

Hedwigie *(Hedwigia)*, Gattung der Amyrideen. Die balsamische H. *(H. balsamifera)* ist ein hoher Baum mit weißgrauer Rinde, fast aufrechten Ästen und schlaffen, etwas hängenden Ästchen; die Blätter sind 1' lang, unpaarig gefiedert; die Blättchen kurzgestielt, eilanzettlich, zugespitzt, ganzrandig, kahl, fast lederig; die Blüten klein, weißlich. Wächst in Bergwäldern von St. Domingo und blüht im Mai. Von diesem Baume erhält man einen hellen, durchsichtigen, ziemlich dunkelroten, stark, aber nicht angenehm aromatisch riechenden Balsam, welcher dort in großem Ansehen steht; man bedient sich seiner fast so wie des Copaivbalsams, besonders aber bei chronischen Leiden der Schleimhäute, auch gegen Gallensteine, Nierenkrankheiten etc., noch häufiger aber äußerlich. Die Rinde braucht man als ein Mittel gegen Fieber.

Hedyosmum *(Hedyosmon)*, Gattung der Chloranthineen. Das überhängende H. *(H. nutans)* ist 2-6' hoch, aufrecht, ästig; die Ästchen sind viereckig, rinnig; die Blätter blaßgrün, 1½" lang, mit den sehr kurzen Blattstielen in eine abgestutzte, häutige Scheide verwachsen; die Blüten gehäuft, klein, grün, jede mit einem eiförmigen, zugespitzten Deckblättchen, die Frucht kaum größer als ein Pfefferkorn, hart, glänzend, braun, dem Buchweizen ähnlich, von der fleischigen, scharlachroten Blütenhülle bedeckt. Findet sich in den Gebirgswäldern von Jamaika und blüht das ganze Jahr. Die ganze Pflanze riecht sehr angenehm und schmeckt erhitzend, aromatisch; die Ästchen und Blätter werden in Jamaika als ein magenstärkendes, die Verdauung beförderndes, krampfstillendes Mittel angewendet. Damit kommt auch das baumartige H. *(H. arborescens)* überein.

Heidelbeere *(Vaccinium)*, Gattung der Vaccinieen. Die gemeine H. *(V. Myrtillus)* ist ein Strauch, der unter sehr günstigen Bedingungen bis mannshoch wird, während er gewöhnlich viel niedriger bleibt. Die Zweige sind scharfkantig und sterben oft zeitig ab. Die abfälligen Blätter sind eiförmig mit kleinen Randsägezähnen und kahl. Die Blütenstiele sind achselständig, einzeln, überhängend. Die krugförmigen Blumen, die im mittleren Frühling erscheinen, sind gelblich grün mit rotem Hauch. Die Beeren sind schwarz mit blau bereift, selten weiß. Die Heidelbeere wächst in ganz Europa und einem guten Teil Asiens. Sie fordert einen Waldboden, der nicht allzu fett sein darf, also einen leichten Sand oder Humus. Häufig betrachtet sie der Forstmann, und nicht mit Unrecht, als sehr schädliches Unkraut. Sie bildet einen so dichten Schirm über dem Boden, daß sie die atmosphärischen Einflüsse geradezu absperrt. Die säuerlich-süßen, schwach herben Beeren enthalten etwas Gerbstoff, Äpfel- und Zitronensäure, Schleimzucker, auch einen violetten Färbestoff und sind als ein kühlendes, gelind zusammenziehendes Mittel gegen Diarrhöen, Blutflüsse und zu Gurgelwässern, doch heute viel seltener als sonst gebräuchlich; häufig werden sie jedoch roh genossen. Ferner hat man aus ihnen einen Branntwein bereitet. Durch geschickte Zutat von Heidelbeeren, Franzbranntwein und Zucker bereitet man aus schlechten, mitteldeutschen Weinen Getränke, welche in Farbe und Alkoholgehalt entfernte Ähnlichkeit mit Bordeaux- und Burgunderweinen besitzen und vielfach dafür verkauft werden. Ein sehr verwandtes Gewächs ist die Morr-H. *(V. uliginosum)*; sie ist größer, hat runde Äste, verkehrt-eiförmig, ganzrandige, unterseits seegrüne und sehr zierlich netzaderige Blätter, weißrötliche Blüten, jedoch mehr fade Beeren, die in Menge genossen berauschen sollen und deshalb unter dem Namen Rauschbeeren- oder Trunkelbeeren bekannt sind; im östlichen Sibirien wird ein starker Branntwein daraus bereitet und der ganze Strauch zum Gerben verwendet. Die doldentraubige H. *(V. corymbosum)* und die belaubte H. *(V. frondosum)* finden sich in Nordamerika, wo die Früchte ebenfalls als Heidelbeeren gebräuchlich sind. Die rote H. *(V. Vitis Idaea)*, Preiselbeere, Stein- oder Kronsbeere, ist ein kleiner Strauch mit stielrunden Stengeln, immergrünen lederartigen, verkehrt eirunden, ganzrandigen Blättern und weißen oder rosenfarbenen Blüten, die in gipfelständigen, einseitswendigen, gedrungenen, überhängenden Trauben stehen. Die kugeligen Beeren sind hochrot. Sie wächst in Nadelwäldern, auf Sand- und Torfboden und blüht vom Mai bis Juli. Aus den Beeren wird eine säuerlich-kühlende Salse oder ein bei entzündlichen Krankheiten zum Getränk brauchbarer Sirup bereitet. Mit Zucker eingemacht, werden sie gespeist, auch läßt sich eine Art Wein daraus machen. Die Blätter enthalten eisengrünenden Gerbestoff und bitteren Extraktivstoff; sie werden vom Volk noch jetzt gegen chronischen Husten gebraucht und finden sich auch nicht selten statt der

Blätter der Bärentraube in den Apotheken. Die ganze Pflanze dient zum Gerben.

Heildistel, ☞ Cardobenedictenkraut.

Heilgras *(Anatherum)*, Gattung der Gräser. Das ostindische H. *(A. muricatum)* hat einen 3-5 Zoll hohen zusammengedrückten Halm; die Blätter sind schmal; die Rispe 10-15 Zoll lang, einfach, schmal; die Äste zu 15-16, geschlängelt, ährig, fast wirtelförmig stehend, die unteren länger; die Ährchen klein, schmal, spitz; die äußere Klappe größer mit steifen, kurzen, stacheligen Borstchen besetzt, die Narben purpurrot. – Wächst in Ostindien. Die Wurzelfasern gleichen der Queckenwurzel und riechen stark nach Myrrhe und Rosen, schmecken stechend aromatisch und werden dort als stimulierend und schweißtreibend gebraucht. Das amerikanische H. *(A. bicorne)* wächst in Ostindien; die Wurzel wird in Brasilien wie bei uns die Queckenwurzel angewendet.

Heilstrauch *(Polyalthia)*, Gattung der Anonaceen. Der filzige H. *(P. subcordata)* ist ein Strauch von 10 Fuß Höhe, oft auch baumartig; die Rinde ist blaß-bräunlich, etwas runzelig, kahl, bei den jüngsten, undeutlich-eckigen Ästchen schmutzig-braun-filzig; die Blätter sind 3-10 Zoll lang, 1-3 Zoll breit, meistens sehr lang- und stumpflich-zugespitzt, am Grunde stumpf oder ungleich-herzförmig, lederig, etwas steif, unten grau-grünlich. Wächst auf schattigen Bergen in Java und blüht fast stets. Die aromatischen Früchte werden gegen krampfartige Koliken angewendet; auch die ausgezeichnet aromatische Rinde (vorzüglich jene der Wurzel) ist sehr heilkräftig. Der großblätterige H. *(P. macrophylla)* wächst ebenfalls in Java; ein Aufguß der sehr aromatischen Rinde wird dort wie bei der vorigen Art, vorzüglich aber gegen typhöse Fieber und bösartige Blattern benutzt.

Helenie *(Helenium)*, Gattung der Vereinblütler. Die Herbst-H. *(H. autumnale)* hat einen dicken, vielfaserigen Wurzelstock, mehrere aufrechte, 4-6' hohe, fast einfache, nur am Ende einige Ästchen tragende, durch die herablaufenden Blattränder geflügelten Stengel; die Blätter sind 3-5" lang, 6-15"' breit, zugespitzt, auch nach unten stark verschmälert, unterseits etwas schärflich. Wächst in Wäldern und an feuchten Stellen in Nordamerika. Blüht vom August bis Oktober. Die ganze Pflanze ist sehr bitter und gegen Wechselfieber gebräuchlich; noch häufiger werden aber die Blätter und Blüten von den nordamerikanischen Ärzten als ein starkes Niesmittel verordnet.

Helmbusch *(Bulbocapuos)*, Gattung der Erdrauchgewächse. Der hohlwurzelige H. *(B. cavus)*, Hohlwurz, Taubenkropf, hat tief in der Erde liegende rundliche Wurzelknollen; Stengel einzeln oder zu 2-3, aufrecht, ganz einfach, ½-1½' hoch, wie die ganze Pflanze schwach bereift; die Blätter nur zu 2 am Stengel abwechselnd, gestielt, unregelmäßig-doppelt-dreischnittig; die Blüten purpurrötlich. Diese Pflanze findet sich in Gebüschen, Hainen und Wäldern von ganz Europa, besonders in bergigen Gegenden. Blüht im März, April. Die etwas gewürzhaft, doch nicht unangenehm riechende, sehr bitter, schwach zusammenziehend und etwas scharf schmeckende Wurzel enthält ein bitteres Alkaloid (Corydalin) mit Apfelsäure, etwas Harz, Eiweiß, Gummi etc., war als *Radix Aristolochiae cavae* offizinell, und wurde in ähnlichen Fällen wie die Wurzel der Osterluzei, besonders aber gegen fehlenden Monatsfluß, sowie als ein wurmtötendes Heilmittel angewendet.

Helmkraut *(Scutellaria)*, Gattung der Lippenblütler. Das gemeine H. *(Sc. galericulata)*, Schildkraut, Fieberkraut, hat einen ½-2 Fuß hohen, astlosen oder ästigen Stengel; gegenständige, kurzgestielte, herzförmig-lanzettige, stumpfgekerbte Blätter, blattwinkelständige, einzelne kahle, hellviolett-blaue, röhrige Blumen. Blüht im Juli bis September auf allen Stellen in Gebüschen Europas und Asiens; ist ausdauernd. In früheren Zeiten wurde das Kraut als ein auflösendes, magenstärkendes, wurmwidriges Mittel, auch gegen Halsentzündungen, vorzüglich aber gegen Wechselfieber gebraucht; es riecht etwas unangenehm, schwach knoblauchartig, schmeckt ziemlich bitter und zugleich etwas salzig. Das seitenblütige H. *(Sc. lateriflora)* wächst an feuchten Stellen von Kanada bis Carolina und blüht vom Juli bis September. Ein Aufguß der ganzen Pflanze wurde vor 15 Jahren in Nordamerika gegen die Hundswut empfohlen, hat sich aber nicht bewährt; in neuerer Zeit wird sie in ihrer Heimat gegen krampfartige Übel angewendet.

Helosis *(Helosis),* Gattung der Cytineen. Die westindische H. *(H. jamaicensis)* wächst auf Jamaika in Bergwäldern auf Wurzeln. Stengel am untersten Teil höckerig, dick, schwammig, korkig, rostbraun, der Teil über der Erde kurz, schuppig, eckig. Die Ähre ist 2-3mal größer als dieser. Die unteren Schuppen sind schmäler, mehr zugespitzt und gekielt, die oberen breiter, rhombisch halbiert, konvex, kahl, braun, abfallend und gesättigt-blutrote Narben zurücklassend. Die Borsten sehr gedrängt, weiß-purpurrot, wie die Rohrkolben die ganze Ähre bedeckend; die Blütenhülle ist purpurrot. Alle Teile sind adstringierend und werden gegen Blutflüsse, Mundfäule, böse Geschwüre und Ruhren gebraucht.

Hemidesmus *(Hemidesmus),* Gattung der Asclepiadineen. Der indische H. *(H. indicus)* ist ein kletternder, schlanker Strauch mit zahlreichen, langen, schlanken Wurzelfasern; der Stengel ist rundlich, etwas rauh, aschgrau; die Blätter sind sehr kurz gestielt, 1-3" lang, ½-1" breit, an der Basis abgerundet oder bisweilen ausgerandet, oben hellgrün, unten blässer und aschgrau; die Nebenblätter klein, an jeder Seite des Blattstieles, hinfällig; die Blüten in kleinen Dolden, fast sitzend, grün. Findet sich auf Ceylon und der ostindischen Halbinsel. Blüht im Sommer. Die Wurzel ist geruchlos, schleimig, etwas bitter und wird in Ostindien ganz wie die Sassaparille, der sie auch im Ansehen ähnlich ist, gebraucht.

Henricee *(Henricea),* Gattung der Gentianaceen. Die ostindische H. *(H. pharmacearcha)* hat eine fast holzige, in 2-3 Äste geteilte und mit langen Fasern besetzte Wurzel; Stengel steif aufrecht, 2-4' hoch, vom Grunde an ästig, stielrund, an den Knoten aufgetrieben, blaß rostbraun oder graulich und wie die ganze Pflanze kahl; die Äste sind kreuzweise, die unteren dick, rundlich, die oberen scharfkantig, schlank, fast einfach; die Blätter kreuzweise, sitzend und halb umfassend, lanzettlich, 3-5nervig, 2-3" Zoll lang, die Blüten klein, gelb. Diese Pflanze wächst auf den Gebirgen in Ostindien und blüht in der kälteren Jahreszeit. Sie ist ausgezeichnet bitter und in Ostindien als eines der vorzüglichsten Arzneimittel berühmt; sie wird zu diesem Behuf gleich nach der Blütezeit samt der Wurzel gesammelt und von den Eingeborenen, wie von den dortigen europäischen Ärzten in ähnlichen Fällen wie bei uns der gelbe Enzian (den sie an Wirksamkeit übertreffen soll), aber zum Teil auch wie die Chinarinde angewendet. In neuerer Zeit hat man die Stengel unter dem Namen Stipites Chiraytae auch in den europäischen Arzneiwarenhandel gebraucht; von mehreren werden sie (nicht ganz ohne Grund) für jenen *Calamus aromaticus* gehalten, dessen sich die Araber als Heilmittel bedienten.

Herbstzeitlose ☞ Zeitlose

Heriterie *(Heriteria),* Gattung der Sterculiaceen. Die ostindische H. *(H. littoralis)* ist ein Baum von 20-25 Fuß Höhe mit einem geraden, mannsdicken Stamm, etwas rissiger, grauer Rinde, ausgebreiteten Ästen, 4-7" langen, 2-3" breiten, ovalen oder länglich-ovalen, ganzrandigen, oben grünen, glänzenden und kahlen, unten weißlichen, mit sehr kurzen weichen Haaren bedeckten Blättern, dunkel orangegelben Blüten, und rundlich-ovalen, 1¼ Zoll großen, rotbraunen Samen. Wächst in ganz Ostindien, besonders an feuchten Stellen sowie am Meeresufer und blüht vom August bis November. Die Samen schmecken bitter und herb, werden gegen Diarrhöen und Ruhren angewendet, aber auch als Zutat an einige Speisen gemein.

Hernandie *(Hernandia)*, Gattung der Herandiaceen. Die tönende H. *(H. sonora)* ist ein großer westindischer Baum mit schildförmigen Blättern, in dessen Nähe kein anderes Gewächs fortkommt. In seinem hohlen Stamm wohnen Ameisen und der aufgeblasene, die Frucht umgebende Kelch gibt, vom Winde bewegt, einen Ton von sich. Alle Teile dieses Baumes sind mehr oder weniger purgierend. Die Rinde und das leichte schwammige Holz werden bei Wassersuchten, erstere auch innerlich und äußerlich bei vergifteten Wunden, das Decoct der Blätter bei Unterleibsverhärtungen, am häufigsten aber die öligen Samen als eine purgierende Emulsion angewendet. Gleiche Eigenschaften besitzen die eiertragende H. *(H. ovigera)* und die guiana'sche H. *(H. guianensis)*.

Herrerie *(Herreria)*, Gattung der Liliengewächse. Die sternförmige H. *(H. stellata)* hat eine faserige, lange Wurzel, einen runden, ästigen Stengel; Blätter zu 6-9, büschelig, ungleich, schief, zugespitzt und stachelspitzig, 3-4 Zoll lang, 1½ Zoll breit, am Grunde jedes Blätterbüschels eine kastanienbraune, kreisrunde, überall stachelspitzige Schuppe; Blüten gelblich, wohlriechend, Samen schwarz, glänzend. Findet sich in den Wäldern von Chile und blüht vom Februar bis März. Die Einwohner benutzen die Wurzel wie die Sassaparille bei veralteter Syphilis und anderen Krankheiten. Die gleiche Anwendung findet der Wurzelstock von der brasilianischen H. *(H. Salsaparilha)*.

Herzfrucht *(Semecarpus)*, Gattung der Anacardiineen. Die ostindische H. *(S. Anarcardium)* ist ein hoher Baum mit grauer, scharfer, im Alter rissiger Rinde, zerstreuten, gestielten, oft etwas kreisförmigen, oben ziemlich glatten, unten weißlichen und scharfen Blättern und schmutzig-grünlich-gelben Blüten. Wächst in bergigen Gegenden Ostindiens und blüht vom Mai bis August.

Herzsamen *(Cardiospermum)*, Gattung der Sapindineen. Der gemeine H. *(C. Helicacabum)*, Herz- oder Wundererbsen, schwarze Schlutten, ist eine stets blühende ostindische Pflanze, deren schleimig und etwas ekelhaft schmeckende Wurzel für ein eröffnendes, gelind schweißtreibendes, harntreibendes, auch steinauflösendes Heilmittel gilt und besonders bei Blasenkrankheiten, außerdem gegen rheumatisch-gichtische Schmerzen und gleich den Blättern gegen Husten gebraucht wird.

Heublumen nennt man das Kurze, welches auf den Heuböden liegen bleibt und zarte Blätter, Blüten und Samen von Heu enthält. Wenn man davon einen Korb voll in einem Bad für einen Erwachsenen siedet, das Bad durch ein Tuch laufen läßt und möglichst warm nimmt, so wirken sie nicht allein stärkend auf geschwächte Glieder, sondern auch belebend bei Lähmungen; sie sind gut gegen Gliederreißen und befördern die Tätigkeit der Haut. Gegen Frostbeulen an den Füßen nehme man einige Abende nacheinander Fußbäder von Heublumen; wenn die Füße abgetrocknet sind, binde man frische Krautblätter auf die Beulen.

In der Tierheilkunde kann man die Heublumen äußerlich als die wohlfeilste aromatische Kräutermischung (aromatische Spezies) bei allen Krankheiten anwenden, wo aromatische Kräuter überhaupt empfohlen sind, besonders aber eignen sie sich für die leichteren Grade dieser Krankheiten, wie auch wo Fußbäder und Umschläge auf großen Flächen anzuwenden sind, sowie auch zu Dunstbädern. Im Notfall kann man einen Aufguß von guten Heublumen innerlich z.B. bei rheumatischer und bei Krampfkoliken mit Nutzen gebrauchen.

Hexenkraut *(Circaea),* Gattung der Onograceen. Das gemeine H. *(C. lutetiana),* Stephanskraut, Waldklette, hat eine kriechende Wurzel, Stengel 1-3' hoch, meistens am Grunde aufwärts gebogen, stielrund, einfach oder nach oben zu ästig; die Blätter eiförmig und eilanzettlich, oft am Grunde etwas herzförmig, mattgrün. An feuchten, schattigen Stellen, an Zäunen und in Laubwäldern Europas. Früher waren die Blätter als ein erweichendes, zerteilendes Mittel im Gebrauch und wurden besonders gegen Feigwarzen gerühmt.

Hickorynuß *(Carya),* Gattung der Juglandineen. Die olivenartige H. *(C. olivaeformis)* ist ein sehr schöner, 60-70 Fuß hoher Baum Nordamerikas. Die Samen desselben übertreffen hinsichtlich ihres ausgezeichneten Wohlgeschmackes nicht nur jene aller übrigen amerikanischen Arten, selbst unsere Walnüsse, und und bilden dort einen bedeutenden Handelsartikel; das Öl derselben wird in der Medizin sowohl als in der Haushaltung wie das europäische Nußöl verwendet.

Himbeere *(Rubus),* Gattung der Rosaceen. Die gemeine H. *(R. Idaeus)* ist ein Strauch mit stielrunden, stacheligen Stengeln; gefiederten, unten weißfilzigen Blättern und weißlichen Blüten. Auf kegelförmigem Fruchtboden stehen die verwachsenen, rundlichen Beerchen. Die Blütezeit fällt Ende Frühlings, die Beerenreife in den Sommer. In ganz Europa und Ost- und Vorderasien findet sich dieses Gewächs in Vorhölzern, in Tälern etc. an schattigen steinigen Stellen. Die sehr angenehm riechenden und schmeckenden Früchte werden teils als Obst gegessen, teils als ein kühlendes, antiphlogistisches Heilmittel, sowie auch häufig zur Verbesserung des Geschmackes anderer Arzneien angewendet. Man bereitet den Himbeersaft, indem man recht reife Himbeeren durch ein Tuch treibt, den Saft durch Fließpapier filtriert, dann soviel Zucker nimmt, als das Gewicht des Saftes beträgt, ihn mit etwas Wasser kocht, bis er Faden zieht; man nimmt ihn dann vom Feuer und läßt ihn abkühlen. Ehe er vollkommen kalt ist, rührt man ungefähr den vierten Teil des Saftes dazu und nach vollständigem Erkalten den Rest, füllt dann die Flüssigkeit in Fläschchen, verkorkt diese, verbindet sie noch mit Blase und stellt sie in den nicht zu heißen Ofen, wo man sie durchwärmen, aber ja nicht heiß werden läßt, da sonst der Saft die schöne Farbe verliert. Himbeeressig wird bereitet: Drei Kannen recht reife Himbeeren werden in einen Porzellannapf geschüttet, mit drei Kannen Weinessig überschüttet und mit Papier bedeckt einige Tage beiseite gestellt. Alsdann drückt man die Masse durch eine Serviette, setzt den Saft mit 2 Pfund Zucker auf jede Kanne desselben aufs Feuer, schäumt ihn sorgfältig ab, läßt ihn erkalten, filtriert ihn durch ein Tuch, füllt ihn in erwärmte Flaschen, verkorkt und versiegelt dieselben und verwahrt sie im kühlen Keller.

Hirschschwamm *(Elaphomyces),* Gattung der Haarflechtpilze. Der gebräuchliche H. *(E. officinalis),* Hirschbrunst, wächst trüffelartig unter der Erde, ist ½-2" lang, unregelmäßig rund, 1" im Durchmesser, die Hülle ist 1-2" dick, fast holzig, mit sehr kleinen rundlichen Warzen besetzt, selten fast glatt, innen netzförmig gestreift. Jung ist der Pilz weich, sehr übelriechend; älter wird er starr, fast brüchig. Findet sich in Nadelwäldern und war einst unter dem Namen Boletus cervinus offizinell.

Hirse *(Panicum),* Gattung der Gräser. Die gemeine H. *(P. milliaceum)* hat eine stark büschelige Wurzel. Der Halm trägt gerollte, abstehend behaarte Scheiden. Die breiten Blätter sind oft wellenrandig und am Rand und auf der Unterfläche behaart. Die reife Frucht ist gelblich. Die Deckspelzen sind oft rot. Man gibt als Vaterland Ostindien an, ohne jedoch irgend einen Beleg für diese Angabe zu besitzen. Die Kultur ist uralt. Die Hirse ist ein wichtiges Nahrungsmittel.

Hirtentäschel *(Capsella),* Gattung der kreuzblütigen Gewächse. Das gemeine H. *(C. Bursa pastoris)* ist eine sehr vielgestaltige Pflanze. Sie hat einen bis 2 Fuß hohen, fast astlosen oder von unten abstehenden, ästigen Stengel, länglich-lanzettliche, fiederspaltige, rosettige Wurzelblätter; sitzende pfeilförmig-umfassende Wurzelblätter und weiße Blüten. Die Schötchen sehr abstehend, auf langen Stielen, 20-24samig. Gemein an Wegen, bebauten und unbebauten Plätzen in ganz Europa und jetzt auch in allen übrigen Weltteilen. Blüht vom April bis Oktober und bei gelindem Wetter das ganze Jahr hindurch. Das Kraut schmeckt etwas scharf.

Hohlzahn *(Galeopsis),* Gattung der Lippenblütler. Der ockergelbe H. *(G. ochroleuca),* großblumige oder zottige Hanfnessel, hat einen 1-2 Fuß hohen, flaumhaarigen Stengel, flaumhaarige, gesägte, eiförmige oder eilanzettige Blätter und eine gelblich-weiße Blumenkrone. Blüht im Juli bis August auf mageren Feldern in Mittel-Europa, ist einjährig. Riecht eigentümlich, aber schwach aromatisch (im trockenen Zustand nicht), schmeckt bitterlich salzig, enthält ein gelbes, bitteres Harz, Fett, Wachs, einen bitteren Extraktivstoff, Gummi, Schleimzucker, auch mehrere Kali und Kalksalze und wird gegen Lungenschwindsucht gebraucht, deren ausgebildete Formen sie zwar nicht zu heilen, wohl aber häufig dem Kranken Erleichterung zu bringen vermag, was insbesondere bei der schleimigen Lungensucht gilt, die durch sie nicht selten auch vollkommen behoben wurde. Die Pflanze bildet ferner den einzigen Bestandteil des so berühmt gewordenen und lange Zeit als Geheimmittel verkauften Lieber'schen Tees oder der Lieber'schen Auszehrungskräuter. Der gemeine H. *(G. Tetrahit),* Hanfnessel, wächst auf Äckern, Schutthaufen, in Gebüschen von Europa und Nordamerika. Blüht vom Juni bis September. Diese Pflanze riecht frisch wie der Bienensaug, schmeckt bitterlich, etwas herb, war früher gegen Blennorrhöen im Gebrauch und scheint eine ähnliche, wenngleich vielleicht schwächere Heilkraft wie die vorige Art zu besitzen; auch wird sie bisweilen statt letzterer gesammelt. Man sammelt die ganze blühende Pflanze ohne Wurzeln im Juli und August und erzieht sie aus Samen, im ersten Jahr auf trockenen Plätzen.

Holigarne *(Holigarna),* Gattung der Anacardiineen. Die langblätterige H. *(H. longifolia)* ist ein sehr ansehnlicher Baum Ostindiens, der in allen Teilen einen ätzend-scharfen Saft enthält, welcher bei der Rinde und den Blättern anfangs rötlich und klebrig ist, an der Sonne aber sich schwärzt; man wendet ihn gegen Zahnschmerzen, böse Geschwüre, kalte Geschwülste, eine Abkochung der Früchte in Milch aber gegen mehrere Hautkrankheiten, sowie auch bei Verschleimung des Darmkanals und ähnlichen Leiden an; übrigens bedient man sich des Saftes der Rinde und der Früchte zu Firnissen und zum Bemalen von Baumwollenzeugen mit unvertilgbaren Farben.

Hollunder *(Sambucus),* Gattung der Geißblattgewächse. Der gemeine H. *(S. nigra),* ein Strauch oder Baum, ausgezeichnet durch das schöne, milde, weiße Mark seiner Zweige und die warzige graue Rinde. Die gegenständigen Blätter sind unpaarig, drei- bis siebenzählig gefiedert, die Blättchen eirund, zugespitzt, spitz gesägt. Die Blüten kommen in großen flachen Trugdolden zum Vorschein. Die beerenartigen Steinfrüchte sind oval und schwärzlich. Diese Pflanze wird in

Gebüschen um Dörfer und in Gärten häufig gepflanzt und blüht im Juni, Juli. Es ist ein unangenehmer Mißbrauch, daß man im großen Verkehr so häufig Flieder und Hollunder verwechselt. Man geht sogar soweit, den Flieder *(Syringa)* als türkischen Hollunder zu bezeichnen. Er steht sehr gern schattig und ist durch Schosse, Stecklinge und Samen leicht vermehrbar. Die Hollunderblüten stehen ihrer schweißtreibenden Wirkung wegen bei dem Laien in großem Ansehen und die oft unangenehmen Folgen der vorschnellen Anwendung eines starken Hollundertees haben der Berühmtheit dieses Mittels beim Publikum und seiner viel zu allgemeinen Anwendung keinen Abbruch getan. Das Hollundermus, aus den Beeren bereitet, wird bei Erkältungskrankheiten allgemein angewendet, erregt jedoch, in größerer Menge genossen, Abführen. Äußerlich werden die Blüten zu Kräutersäckchen benutzt; mit Milch abgebrüht gibt man den Hollundertee gern als Mund- und Gurgelwasser bei leichteren katarrhalischen und rheumatischen Halsaffektionen. Auch der durch Einkochen von 10 Unzen geklärten Saftes der Beeren mit 16 Unzen Zucker bereitete Sirup wirkt schweißtreibend.

In der Tierheilkunde wendet man die Hollunderblumen besonders bei Druse, Strengel, katarrhalischer Bräune, bei Katarrhalfieber, Rheumatismus, bei rheumatischen Krämpfen und Koliken, bei dem rheumatischen Starrkrampf der Pferde, der Hunde und Lämmer, bei dem Verfangen (akuten Rheumatismus) der Schweine, bei der Staupe der Hunde etc. Doch leistet dieses Mittel bei diesen Krankheiten gewöhnlich nur dann gute Dienste, wenn es gleich im Anfang derselben angewendet wird, dagegen sehr wenig, wenn sie bereits chronisch geworden sind. Die Gabe ist für Pferde und Rinder 30,0-90,0; für Schafe und Schweine 15,0-30,0; für Hunde 2,0-7,5 in Zwischenzeiten von 1-2 Stunden, am zweckmäßigsten im Aufguß und nach Erfordernis der Umstände mit Kamillenblumen, Baldrian, Essig etc. verbunden. Auch äußerlich werden die Hollunderblumen ebenfalls bei katarrhalischen und rheumatischen Entzündungen, besonders bei dergleichen Augenentzündungen angewendet, und zwar in Form von Kräuterbissen, die aus den Blumen allein aus gleichen Teilen Hollunder- und Kamillenblumen bestehen können. Bei schmerzhaften Entzündungen benutzt man den H. auch in Form von Breiumschlägen oft in Verbindung mit schleimigen und narkotischen Pflanzen, und bei ähnlichen Zuständen wendet man auch den lauwarmen Aufguß als Augenwasser an, bald für sich allein, bald mit Bleizucker, Opium etc. Das Hollundermus befördert in geringerem Grade die Hautausdünstung.

Homöopathie. Sambucus paßt bei ziehenden Schmerzen in den Gliedern und Reißen, wie in den Knochen und Gelenken, Hautwassersucht, Blutwallungen, Wechselfieber mit starken Schweißen, bei öfterem Harndrängen mit geringem Harnabgang, allzustarkem Monatsfluß, Croup, Husten mit starkem und salzig schmeckendem Auswurf, Katarrh, bei Kindern, Engbrüstigkeit.

Gabe: 1-2 Tropfen der reinen Tinktur, nach Umständen öfters wiederholt.

Honigblume *(Melianthus),* Gattung der Zygophyllineen. Die große H. *(M. major)* ist strauchartig, bis 7 Fuß hoch, mit braunem Stengel, wechselständigen, unpaarig gefiederten, kahlen, bisweilen fußlangen Blättern; 5-9 lanzettlichen, gesägten Blättchen; am Grunde je zu einem verwachsenen Nebenblättern; endständiger Traube, grünlichroten Deckblättern; bräunlich-rotem Kelch; 4 etwas filzigen Blumenblättern und einem kleineren dritten schwarzen, eirunden Samen. Blüht an sumpfigen Stellen am Vorgebirge der guten Hoffnung im Mai bis Juli. Die Blüten sondern einen blaßroten, sehr angenehm süß und etwas weinig schmekkenden Honigsaft in so reichlicher Menge aus, daß er beim Schütteln des Strauches wie ein Regen zur Erde fällt; er wird von den Kolonisten daselbst ebenso wie von den Hottentotten gesammelt, genossen, aber auch in manchen Krankheiten gebraucht. Die Blätter besitzen einen unangenehmen, etwas betäubenden Geruch.

Honigfrucht *(Melicocca)*, Gattung der Sapindineen. Die westindische H. *(M. bijuga)* ist ein hoher und schöner Baum mit einer ansehnlichen, aus zahlreichen starken und dichtbelaubten Ästen gebildeten Krone; die Ästchen sind stielrund, gestreift, braun, die jüngsten eckig und wie die Blätter kahl; die Blättchen gegenständig, sehr kurzgestielt, eiförmig-elliptisch oder etwas länglich, an beiden Enden spitz oder stumpflich, ganzrandig, fast lederig, oben hellgrün und etwas glänzend; die Blüten klein, weißlich, wohlriechend. Die Samen von einem in der Gestalt, Farbe und Konsistenz dem Eidotter gleichenden, breiigen Mantel umhüllt. Findet sich in Westindien und Caracas und blüht im April. Die saftige Umhüllung des Samens schmeckt angenehm schleimig, süß-säuerlich und gelind zusammenziehend; man genießt dieselbe häufig, ebenso auch die gerösteten und dann fast kastanienartig schmeckenden Samen. Die Rinde ist adstringierend.

Hopfen *(Humulus)*, Gattung der Hanfgewächse. Der gemeine H. *(H. Lupulus)* ist eine ausdauernde Schlingpflanze mit 20-40 Fuß langen, sich windenden, krautartigen Stengeln. Die Blätter sind 3-5lappig, grobgesägt. Die Stengelblüten bilden bei der Reife durch Vergrößerung der Deckelblätter einen krautartigen Fruchtzapfen, welcher außer den kleinen Nüßchen zahlreiche gelbe, starkriechende Körner von gewürzhaft bitterem Geschmack, das sogenannte Hopfenmehl, enthält. Die Fruchtzapfen werden wegen des bitteren Hopfenmehles in der Bierbrauerei verwendet. Offizinell sind die reifen, zapfenartigen Kätzchen oder der eigentlich Hopfen; er riecht aromatisch, in größerer Menge aufgehäuft leicht betäubend, schmeckt ausgezeichnet bitter und aromatisch und wird in neuerer Zeit wieder viel häufiger als ein stärkendes, die Verdauung beförderndes, gelind aufregendes, harntreibendes, krampfstillendes Mittel, sowie gegen Stockungen im Unterleib und alle davon abhängigen Krankheiten, auch gegen chronische Hautausschläge, äußerlich dagegen zu zerteilenden oder erregenden, stärkenden Umschlägen und Bähungen angeordnet. Seine Wirksamkeit verdankt es vorzugsweise dem Lupulin (Hopfenmehl), das gegen Pollutionen, ferner bei schmerzhaften rheumatischen, gichtischen Leiden in der Gabe von 3-6 Gran empfohlen wird. Der Hopfen selbst wird in wässerigem oder weinigem Aufguß zu 1-6 Drachmen gegeben.

In der Tierheilkunde kann man den Hopfen wie den Wermut und bei denselben Krankheitsumständen innerlich und äußerlich benutzen; bei hohen Graden von Schwäche und bei hieraus entstandener Kachexie, Wassersucht u. dgl. scheint er aber den Vorzug vor diesem Mittel zu verdienen. Man gibt ihn am besten im Aufguß oder in einer gelinden Abkochung: 30,0-45,0 auf 360,0 g Wasser.

Hopfenöl, spanisches ☞ **Dosten**

Hornlippe *(Ceraia)*, Gattung der Orchideen. Die einfache H. *(C. simplicissima)* hat eine faserige, kriechende Wurzel; Stengel aufrecht, 10 Zoll lang, zweischneidig, furchig, kahl, über der Basis angeschwollen; Blätter wenige und klein, länglich, ausgerandet, aufrecht, flach, dick; Blüte blaß, gestielt, mit einem kurzen, scheidigen, geschlitzten Deckblatt. Wächst in den Wäldern von China und Cochinchina. Die chinesischen Ärzte verordnen diese Pflanze gegen nervöse Schwäche.

Hornstrauch *(Cornus)*, Gattung der Doldengewächse. Der gelbe H. *(C. mas-*

cula), Kornelbaum, Kornelkirsche, roter Hartriegel, Dürlitze, ist strauch-, auch baumartig, mit aufrechten, gegenständigen, kahlen Ästen, eiförmigen, kurzgestielten, etwas behaarten Blättern; von den Blättern erscheinen 15-30blütige Straußdolden; die Blumenblätter sind länglich, spitz, gelb; die Frucht an 10 Linien lang, zinnoberrot und glänzend, selten wachsgelb oder weiß mit einer länglichen, gelben, glatten Nuß. Wächst im mittleren und südlichen Europa, dann in Asien bis nach Japan, auf sonnigen Hügeln, Bergen und in Wäldern, wird auch häufig kultiviert. Blüht im März, April. Die vor der völligen Reife sehr herben, dann aber süßlich-sauren, gelind zusammenziehenden Früchte waren sonst bei hitzigen Fiebern, Blutflüssen und chronischen Durchfällen im Gebrauch; sie werden auch häufig roh gegessen oder unreif in Zucker oder Essig, gleich den Oliven eingemacht. Die von den Bienen stark besuchten Blüten geben viel Honig, sollen ihnen aber leicht schädlich werden; die Blätter hat man als Tee angewendet. Der schönblühende H. *(C. florida)*, Hartriegel, virginische Hundsbeere, ist in Nordamerika von Kanada bis Virginien einheimisch; die Rinde ist dort offizinell und ein treffliches Surrogat der Chinarinde. Der seidenartige H. *(C. sericea)* oder Hartriegel, wächst in feuchten Wäldern von Carolina bis Kanada und liefert eine Rinde, die in medizinischer Beziehung der vorigen Art nahesteht.

Hortie *(Hortia)*, Gattung der Diosmaceen. Die brasilianische H. *(H. brasiliana)* wächst häufig in Minas Geraes und Goyaz und gibt eine Rinde, die dort als Surrogat der Chinarinde gebraucht wird.

Hoye *(Hoya)*, Gattung der Asclepiadeen. Die grünblumige H. *(H. viridiflora)* ist ein ansehnlicher Schling strauch, gemein in Hecken, Gebüschen und in Hainen der indischen Halbinsel, sowie auf Ceylon. Blüht im Sommer. Die gelbliche, innen weiße, scharfe und sehr bittere Wurzel, sowie die jungen Triebe werden bei Wassersuchten, aber auch um den Auswurf zu bewirken, ferner äußerlich gegen den Biß der Brillenschlange verwendet. Die großblumige H. *(H. coronaria)* wächst in Berggegenden und an Bächen in Java und auf den Molukken. Blüht fast stets. Die Blätter enthalten so wie alle übrigen Teile viel von einer dicken, klebrigen, aber nicht scharfen Milch und werden auf den Molukken als ein kühlendes Mittel bei Schleimflüssen angewendet; auch bedient man sich dieser Milch äußerlich bei solchen Wunden, welche von den spitzigen Stacheln einiger giftiger Fische herrühren. In ähnlicher Weise wird Rumphs-H. *(H. Rumphii)* angewendet.

Hühnerdarm ☞ Sternkraut

Hüllenstreuling *(Geaster)*, Gattung der Haarflechtpilze. Die vierspaltige H. *(G. quadrifidus)* findet sich in Fichten- und Tannenwäldern. Die äußere Hülle ist wie doppelt, die innere Schicht derselben in 4-5, selten mehrere, fast gleiche Lappen geteilt, diese zurückgerollt, gewölbartig, an den Spitzen mit der äußeren Schicht zusammenhängend, dann ganz frei, die innere Hülle gestielt, kugelig-zugespitzt. Das Pulver dient als blutstillendes Mittel in Westindien.

Hülsen *(Ilex)*, Gattung der Illicineen. Die gemein H. *(L. Aquifolium)*, Stechpalme, Stecheiche, Christdorn, ist ein bisweilen baumartiger Strauch im westlichen Teil von Mitteleuropa an schattigen Stellen in Wäldern, mit glatter, brauner, an den Ästen grüner Rinde, elliptisch-spitzigen, welligen, stark dornig-gezähnten, spiegelnden Blättern, weißen Blüten in achselständigen Doldentrauben und scharlachtroten Beeren. Blüht im Mai, Juni. Die geruchlosen, schleimig bitterlich und etwas herbe schmeckenden Blätter sind ein schon seit langer Zeit im nordöstlichen Deutschland bekanntes Mittel gegen rheumatisch-gichtische Übel, werden aber auch gegen chronischen Husten, Schwäche der Verdauungsorgane, Neigung zu Diarrhöen, Koliken, sowie gegen Wechselfieber gerühmt. Aus der Rinde wird ein vorzüglicher Vogelleim bereitet und in Korsika braucht man die Samen als ein Kaffeesurrogat. Die glanzlose H. *(I. opaca)* wächst an feuchten Stellen von Pennsylvanien bis Florida und blüht im Mai, Juni. Wurzel, Rinde und Blätter werden in Nordamerika als gelind-bitter, schleimige Mittel angewendet und aus der Rinde ebenfalls ein Vogelleim gewonnen. Die brechenerregende H. *(I. vomitoria)* findet sich in Carolina und Florida und blüht im Juni, Juli. Ein Teeaufguß aus den Blättern dieses Strauches wird in Nordamerika häufig getrunken; er wirkt stark schweiß- und harntreibend, in größeren Mengen brechenerregend (doch ohne Übelkeit oder Brechwürgen zu verursachen). Im südlichen Amerika spielen die unangenehm riechenden und eigentümlich, zuletzt etwas bitterlich schmeckenden Blätter der paraguayischen H. *(I. paraguariensis)* eine noch größere Rolle, als jene der früher genannten Arten, indem sie es sind, welche den dort so beliebten und allgemein gebrauchten, in der neueren Zeit auch schon in England zur Mode werdenden Paraguay-Tee liefern.

Hülsenalge *(Rhodomela),* Gattung der Hautalgen. Die rot-braune H. *(Rh. subfusca)* ist rasenartig, 6-8" hoch, fast rutenförmig; die unteren Ästchen sind kurz, steif, die oberen pfriemig-borstlich. Findet sich in der Ostsee, im atlantischen und im Mittelmeer und ist ein Bestandteil des offizinellen Wurmmooses. Die tannenartige H. *(Rh. pinasterides)* ist ebenfalls rasenartig, stielrund, 2-3" hoch, fast gabelästig; die Ästchen nach der ganzen Länge, zollang, gegliedert-streifig. Ihre Heimat ist das atlantische und Mittelmeer und die Südsee.

Huflattich *(Tussilago),* Gattung der Compositen. Der gemeine H. *(T. farfara),* Roßhuf, Brustlattich, hat einen tief in die Erde dringenden Wurzelstock, grundständige, rundlich-herzförmige, grobgezähnte, oben kahle, unten graufilzige Blätter und gelbe Blüten. Gemein auf tonigen Äckern, an Gräben, Bächen in Europa und im nördlichen Asien. Offizinell sind die Blätter, welche früher und noch gegenwärtig beim Volk dieselbe Rolle spielen wie die Lieberschen Auszehrungskräuter (☞ Hohlzahn) und bei Lungenblennorrhöen, Lungenschwindsucht und Skropheln teils als frisch ausgepreßter Saft, teils als Abkochung zu ½ Unze in Teeform mit oder ohne Milch allein oder mit anderen ähnlichen Mitteln, dann aber auch hier und da als Zusatz zu erweichenden Spezies angewendet werden.

Hugonie *(Hugonia),* Gattung der Hugoniaceen. Die knebelbärtige H. *(H. Mystax)* ist ein Strauch von 8-12' mit einer ungleichen, grauen Rinde und abwechselnden, kurzen, ausgebreiteten, gegen das Ende beblätterten und unter den Blättern mit 2 steifen, zurückgerollten, 1" langen Dornen (die man mit einem Knebelbarte verglich) versehenen Ästen. Die Blätter sind ziemlich genähert, sehr kurzgestielt, 2-4 Zoll lang, ¾-1½" breit, oval oder länglich-oval; die Blumenblätter ausgebreitet, verkehrt-eiförmig, gelblich. Findet sich in Malabar und Coromandel und blüht Juni bis September. Die angenehm aromatische, etwas veilchenartig riechende und bitter schmeckende Wurzel ist als ein reizend-tonisches, schweiß- und harntreibendes und wurmwidriges Arzneimittel und gegen Bisse giftiger Schlangen im Gebrauch; auch werden ihr giftwidrige Eigenschaften zugeschrieben.

Humiribaum *(Humiria),* Gattung der Humiriaceen. Der guiana'sche H. *(H. balsamifera)* ist ein Baum von 50-60 Fuß oder noch höher, aus dessen Rinde nach gemachten Einschnitten in dieselbe ein dicklicher, roter, sehr stark und angenehm storaxartiger Balsam fließt, der später zu einem brüchigen Harz verhärtet. Man braucht diesen

Balsam in Guiana und Cayenne gegen veraltete Katarrhe, schleimige Lungenschwindsucht, überhaupt gegen Blennorrhöen, in größeren Gaben auch gegen den Bandwurm, noch häufiger aber zu Einreibungen bei rheumatischen Schmerzen sowie zu Salben, Pflastern u. dgl., das Harz als Weihrauch und die abgeschälte Rinde zu Fackeln. Der vielblütige H. *(H. floribunda)*, in Brasilien einheimisch, gibt ebenfalls einen sehr vorzüglichen, blaßgelben Balsam, welcher ebenso wie der Copaiva- oder der Perubalsam gebraucht wird.

Hundsgift *(Apocynum)*, Gattung der Apocynieen. Das fliegenfangende H. *(A. androsaemifolium)* ist eine nordamerikanische Staude, die vom Juli bis September blüht. Alle Teile dieser Pflanze enthalten einen bitter-scharfen Milchsaft und die Wurzel ist in Nordamerika offizinell. Man wendet sie in größeren Gaben (zu 30 Gran) wie die Ipecacuanha als Brechmittel, aber auch um bei Wassersuchten Purgieren zu erregen, in kleineren zur Beförderung der Verdauung an, und die Indianer brauchen sie überdies gegen Syphilis. Kleine Fliegen und ähnliche Insekten, welche, um zu dem Honigsaft der Blüten zu gelangen, ihren Rüssel zwischen die um den Fruchtknoten stehenden Schuppen einbringen, können denselben meistens nicht mehr zurückziehen und bleiben somit hängen. Das hanfartige H. *(A. cannabinum)* stimmt mit der vorigen Art überein. Auch das schmalblätterige H. *(A. venetum)* ist voll eines scharfen, bitter-schmeckenden weißen Milchsaftes; ihre Wurzel war sonst als Brech- und Purgiermittel gebräuchlich. Die bitterlich-krautig, später süßlich schmeckenden Blätter des indischen H. *(A. indicum)* werden auf den Molukken roh oder gekocht gegessen, sollen die Verdauung befördern und die Milch bei Säugenden vermehren; auch werden sie äußerlich als ein zerteilendes Mittel angewendet, die Wurzel aber wird bei gastrischen Leiden sowie nach dem Genuß giftiger Fische oder Krebse für heilsam gehalten. Die dicke, fleischige, ungeteilte Wurzel des jugendgebenden H. *(A. juventus)* steht bei den Ärzten in Cochinchina im größten Ansehen, so zwar, daß man von einem anhaltenden Gebrauch derselben selbst ein Zurückkehren der jugendlichen Kräfte im Alter erwartet.

Hundskolben *(Cynomorium)*, Gattung der Kolbenschosser. Der rote H. *(C. coccineum)*, Hundsrute, hat in der Jugend einen schuppigen, später fast schuppenlosen, ungefähr $\frac{1}{2}$ Fuß hohen fingerdicken Schaft und eine kolbenartige, dicke, dicht mit scharlachroten Hüllblättern besetzte Ähre. Blüht im April bis Mai auf den Wurzeln mehrerer Gewächse an den Ufern des mittelländischen Meeres, ist ausdauernd, geruchlos, zusammenziehend-bitterlich und etwas salzig schmeckend, im frischen Zustand innen weiß, aber beim Drücken einen blutroten Saft von sich gebend. War einst unter dem Namen Fungus melitensis als spezifisch gegen Blutflüsse sowie gegen Mundfäule, böse Geschwüre und Ruhr allgemein, so wie noch jetzt in seiner Heimat im Gebrauch.

Hundswürger *(Cynanchum)*, Gattung der Asclepiadineen. Der Montpellier'sche H. *(C. monspeliacum)* hat eine stielrunde, fingerdicke, mehrere Zoll lange, fleischige, weißliche Wurzel, mehrere ästige, stielrunde, dünne und kahle Stengel, gestielte, seegrünliche Blätter und weiße und rötliche Blüten. Wächst im südlichen Frankreich, Spanien, Italien und Griechenland und blüht im Juli, August. Der Milchsaft ist hier wie bei den meisten Arten dieser Gattung scharf und purgierend; eingedickt und mit anderen purgierenden Stoffen und Harzen vermengt gibt er das französische Scammonium.

Hundszahn *(Cynodon)*, Gattung der Gräser. Der wuchernde H. *(C. Dactylon)*, wucherndes Fingergras, hat lange, gegliederte Wurzelausläufer, lange, strohgelbe, hingestreckte Wurzelsprossen, zwei Blattscheiden an jedem Gelenk der Wurzelsprossen, seegrüne Blätter, 5-7 straußdoldige, violette Ähren und zweireihige, wechselständige Spelzenblumen an der dreikantigen Spindel. Findet sich an Wegen, auf trockenen Hügeln, Sandfeldern, in den wärmeren Gegenden Europas sehr häufig und blüht vom Juni bis September. Allgemein wird im südlichen Europa die Graswurzel *(Radix Graminis)* der Apotheken auch von dieser Pflanze gesammelt; sie ist noch zuckerreicher als die bei uns gewöhnliche. Der schmalblätterige H. *(C. linearis)* hat seine Heimat in Ostindien und blüht zur Regenzeit. Das Decoct der Wurzel wird dort sehr häufig bei solchen Krankheitsfällen, wo man in Europa die Graswurzel verordnet, angewendet.

Hundszunge *(Cynoglossum),* Gattung der Borretschgewächse. Die gebräuchliche H. *(C. officinal)* hat 1-2' hohe Stengel; die unteren Blätter sind elliptisch-stumpf, nach der Basis verschmälert; die Früchte (Nüßchen) haben einen dicken hervortretenden Rand. Blüht im Mai bis Juli, wächst auf Schutthaufen und ähnlichen Orten und ist zweijährig. Die Pflanze hat einen unangenehmen, etwas betäubenden, mausartigen Geruch, der sich durchs Trocknen verliert. Es waren von ihr die Wurzel und die Blätter offizinell und erstere ist es in mehreren Ländern noch immer; sie schmeckt fade-schleimig, wurde als ein reizminderndes, schmerzstillendes Mittel, besonders gegen Husten, schmerzhafte Diarrhöen, Blutflüsse, auch äußerlich gegen Entzündungen, Wunden und Geschwüre empfohlen.

Hutmorchel *(Morchella),* Gattung der Morchelpilze. Die gemeine H. *(M. esculenta)* ist ungefähr zollhoch, weich, weiß, glatt, mit eirundem, braunem, längsgestreiftem Hut Querstreifenlos. Wächst in Bergwäldern im Frühjahr; wird sowohl frisch als getrocknet häufig verspeist. Gleiche Anwendung findet die konische H. *(M. conica),* die böhmische H. *(M. bohemica)* und die schmackhafte H. *(M. deliciosa).*

Hyacinthe *(Hyacinthus),* Gattung der Liliengewächse. Die orientalische H. *(H. orientalis)* oder gemeine H. hat eine gedrückte kugelige Zwiebel und eine Anzahl linealer, gestreifter Blätter. Der Blütenschaft trägt nur Deckblätter und Blüten, welche am Grunde bauchig, oben sechsspaltig sind und überhängen. Das Stielchen ist etwas länger als der untere Querdurchmesser des Rohrs. Die Deckblätter sind kurz, zweispaltig, am Grunde oft mit Anhängseln. Die Blüten sind bei der wildwachsenden Pflanze in der Regel hellblau, in Gärten hat man sie auch weiß, rosa, gelb, schwarz-blau, rosa mit schwarzblauen Zipfelenden, auch vielfach gefüllt. Die Zwiebel als eine Art Pflaster aufgelegt, soll das Wachsen der Haare verhindern; nach anderen soll sie giftig sein. Die Samen wurden bei Blennorrhöen und Blutflüssen, auch bei der Gelbsucht etc. angewendet.

Hypocist *(Cytinus),* Gattung der Cytineen. Der gemeine H. *(C. Hypocistis)* hat einen astlosen, 2-6 Zoll hohen, gelb- und dachziegelig geschuppten Schaft; 3-5-9 an der Spitze des Schaftes befindliche, aufrechte, gelbliche Blüten und lederige, den Samen in Schleim eingehüllt enthaltende Beeren. Blüht im April bis Mai schmarotzend auf den Wurzeln der Zitronengewächse. Aus dem Saft der ganzen Pflanze und besonders ihrer Früchte wird ein schwarzes, säuerlich und herb-zusammenziehend schmeckendes Extrakt bereitet, das bei Blutflüssen, Ruhren und auch äußerlich angewendet wurde und im Süden noch immer gebräuchlich ist.

Hypoestes *(Hypoestes),* Gattung der Acanthineen. Die dreiblütige H. *(H. triflora)* hat einen krautigen Stengel, zottige, furchige Äste und gestielte 1" lange Blätter. Wächst auf Bergen in Arabien und wird gegen Husten sowie auch bei Augenkrankheiten angewendet.

Jalapawurzel ☞ **Trichterwinde**

Jamaikapfeffer ☞ **Piment**

Jambuse *(Jambosa),* Gattung der Myrthengewächse. Die gemeine J. *(J. vulgaris)* ist ein schlanker Baum von der Größe eines Apfelbaumes mit einer grauen Rinde und einer zierlichen, dichten Krone. Die Blätter stehen kreuzweise auf kurzen, dicken, oberseits flachen Stielen, sind 6-9" lang, 1-2½" breit, den Weidenblättern etwas ähnlich, dicklich, kahl, glänzend und braun-grün, unterseits heller. Trugdolden am Ende der Triebe, lang-gestielt, 4-5blütig; Blumenblätter verkehrt eirund, grünlich-weiß, steif; Früchte rundlich oder mehr oval, stark genabelt, gelblich. In Ostindien einheimisch und jetzt überall zwischen den Wendekreisen kultiviert. Blüht vom Februar bis Juni. Die sehr angenehm rosenartig riechenden und wohlschmeckenden Früchte werden dort allgemein als Obst gegessen und nicht minder bei entzündlichen oder galligen Fiebern angewendet; auch die im Welken weinsäuerlich riechenden Blüten werden (in Zucker eingemacht) gegen dieselben Krankheiten gebraucht. Die Rinde und die Blätter dienen als zusammenziehende Mittel zu Klistieren, Bädern, Waschungen etc., erstere auch gegen Ruhren. Die scharfen und aromatischen Samen sollen gegen Diarrhöen heilsam sein. Gleiche Eigenschaften und Anwendung findet die malakkasche J. *(J. malaccensis).*

Jarobe *(Tanaecium),* Gattung der Nachtschattengewächse. Die rankende J. *(T. Jaroba)* klettert sehr hoch an Bäumen empor; die Äste sind krautig, schlaff, herabhängend, stielrund, sehr schwach gerillt; Blätter und Blättchen gestielt; letztere ½' lang, kahl, fast häutig; die Ranken an den obersten Blättern, als Fortsetzung des Blattstieles, fädig, steif; die Trauben mit wenigen, gegenständigen weißen Blüten auf dicken Stielen; die Frucht ist länglich, 1' lang. Wächst in Westindien und Brasilien, wo das Mark der Früchte wie jenes des großfrüchtigen ☞ Kürbisbaumes gebraucht wird.

Jamestee. Dieses berühmte Getränk, wodurch die Yankees ihre habituelle Schwindsucht zu bekämpfen suchen, ist der Aufguß über die Blätter des im hohen Norden und dem Hochgebirge Nordamerikas wachsenden breitblätterigen Porstes *(Ledum latifolium).*

Jasmin *(Jasminum),* Gattung der Jasmineen. Der gemeine J. *(J. officinale)* ist ein bis zehn Fuß hoher Strauch mit langen, rutenförmigen Zweigen. Die jüngsten sind vierkantig und fein behaart. Die Blätter stehen gegenüber und sind fiederteilig. Die schlaffen, wenigblütigen Trugdolden tragen an 1½" langen Stielen die Blüten, die schöne weiße Kronen tragen, welche sich durch großen Wohlgeruch auszeichnen. Dieser Strauch stammt zwar aus Ostindien, allein er hat sich im ganzen mittelländischen Gebiet völlig akklimatisiert, so daß er sogar tief im Innern, z. B. in Bozen, bei Tenda gefunden wird. In früheren Zeiten waren die Blüten als ein nervenstärkendes, eröffnendes und erweichendes Mittel im Gebrauch; heute dienen sie nur zur Bereitung des Jasminöles. Noch vorzüglicher ist das aus den Blumen des großblütigen J. *(J. grandiflorum),* einer in Ostindien einheimischen Art, bereitete Öl. Sehr berühmt ist auch der indische J. (J. indicum) oder Samback, ein immerblühender Strauch Ostindiens. Die Trugdolden tragen wenige Blüten, welche ziemlich groß und erst weißlich, dann rötlich sind. Dieselben verbreiten einen ganz außerordentlichen Wohlgeruch. Die Blüten werden mit Öl aufgesetzt und geben ein schönes Jasminöl, das innerlich und äußerlich als ein zerteilendes, schmerzstillendes Heilmittel angewendet wird: Ein aus den Blumen destilliertes Wasser wird auf ähnliche Weise wie das Rosenwasser in Europa, noch viel häufiger aber samt dem Öl als Parfum angewendet; die Wurzel soll gegen Magenschwäche brauchbar sein. Die Wurzel des in Ostindien einheimischen weichhaarigen J. *(J. pubescens)* soll ein vorzügliches Mittel gegen Schlangenbisse sein, und die Blätter werden bei einigen Augenkrankheiten angewendet. Die bittere Wurzel des schmalblätterigen J. *(J. angustifolium)* ist äußerlich als ein vorzügliches Mittel gegen Flechten gebräuchlich; aus den Blüten wird ein wohlriechendes Öl bereitet. Der nächtliche J. *(J. noctiflorum)* findet sich in Sierra Leona. Das Decoct der etwas scharf schmeckenden Blätter dient gegen Geschwüre.

Icica *(Icica),* Gattung der Amyrideen. Die Guianasche I. *(I. guianensis)* ist baumartig, 15-20 Fuß hoch, mit rissiger rötlich-brauner Rinde, unpaarig gefiederten Blättern, fast sitzenden, kahlen, ganzrandigen Blättchen; armblütigen Trauben, grünlich-weißen Blüten, eirunden, mit rötlichem Mark angefüllten Früchten. Dieser in Cayenne einheimische Baum liefert eine Art Weihrauch, der auch unter dem Namen Coumier-Harz bekannt ist und eine besondere Wirksamkeit gegen langwierige Blennorrhöen besitzen soll; übrigens dient der nach Verwundungen der Rinde ausfließende Saft auch als Firniss Die brasilianische I. *(I. Icicariba),* Elemibaum, in Brasilien einheimisch, liefert durch Einschnitte ein grünlich-gelbes Harz, das nicht nur dort häufig innerlich und äußerlich als Heilmittel angewendet wird, sondern auch als eine Sorte des Elemiharzes nach Europa kommt. Dieses brasilianische oder, wie man es gewöhnlich nennt, westindische Elemi riecht eigentümlich aromatisch und wird bloß einigen Eiterung befördernden Salben und Pflastern beigesetzt. Das ostindische E. stammt von einer Icicaart, hingegen das bengalische E. *(Guggul, Guagguala)* von einem Balsambaum, der übrigens derselben Familie angehört. In Guiana wird von der verschiedenblätterigen I. *(I. Aracouchini)* das Aracouchini- oder Apacouchini-Harz gewonnen, das sich durch starken und sehr angenehmen Geruch auszeichnet und wie andere Balsame angewendet wird.

Igelkolbe *(Sparganium),* Gattung der Alismaceen. Die ästige I. *(S. ramosum),* Degenknopf, hat eine walzliche, kriechende Wurzel mit büscheligen Fasern; die Wurzelblätter sind scheidig, 1-3' hoch, schmal, schwertig-lineal; die Stengelblätter kleiner, lineal, halbumfassend, stumpf; die Traube einfachästig, die Äste gebrochen-geschlängelt. Gemein in Teichen, Sümpfen. Die Wurzel dieser Art und von der einfachen I. *(S. simplex)* wurde von den griechischen Ärzten gegen Schlangenbisse sowie auch in späteren Zeiten, jedoch selten gebraucht.

Ignatie *(Ignatia),* Gattung der Apocynieen. Die bittere I. *(I. amara)* ist ein baumartiger Strauch mit sehr zahlreichen, schlanken, kletternden, in allen Teilen kahlen Ästen; die Blätter sind gegenständig, gestielt, eiförmig, spitz, spannenlang; die Blüten sehr lang, überhängend, weiß, jasminartig riechend; die Beere groß, birnförmig, die Rinde fast holzig, weißlich, Samen zahlreich in dem wenigen bitteren Mark, olivengroß oder größer, unregelmäßig 3-4eckig, an den Kanten stumpf, eine Seite mehr gewölbt, die übrigen flacher, übrigens hart, hornartig, bräunlich-grau, mit einem zarten, doch nicht abwischbaren Filze, innen schmutzig gelblich-weiß oder grünlichgrau. Findet sich auf den Philippinen. Die eben beschriebenen, geruchlosen, äußerst bitter schmeckenden Samen sind die offizinellen Ignatiusbohnen, welche in chemischer sowie größtenteils in medizinischer Hinsicht mit den Krähenaugen übereinstimmen, aber in einer um die Hälfte kleineren Dosis gegeben werden müssen.

In der Tierheilkunde kommt die Ignatiusbohne der Brechnuß in der Wirkung gleich und kann auch in derselben Gabe und Form wie diese verabreicht werden.

Immenblatt *(Melitta)*, Gattung der Lippenblütler. Das einfärbige I. *(M. Melissophyllum)*, Melissenblatt oder Wald-Melisse, hat einen ungefähr fußhohen, rauhhaarigen Stengel, grasgrüne, eirunde, grobgesägte Blätter, weiße, rötlich schimmernde, 1 Zoll lange Blumen und flaumhaarige Schließfrüchte. Blüht im Mai bis Juni in Gebüschen und Hecken Südeuropas. Das Kraut hat im frischen Zustand einen unangenehmen, trocken aber einen lieblichen Geruch und einen schärflich-bitterlichen Geschmack. Dasselbe gilt vom zweifarbigen I. *(M. grandiflora)*, Melissen-Blatt, Wald-Melisse.

Immortelle (Helichrysum), Gattung der Korbblütler. Die Sand-I. *(H. arenarium)*, gelbes Immerschön, gelbes Röhrkraut, Mottenkraut, hat eine senkrechte, etwas ästige, nach oben vielköpfige Wurzel; die Stengel, am Grunde aufsteigend, sind 6-18 Zoll hoch, einfach, stielrund, weißgrau; die Blätter sind weich, 1-2" lang, auf beiden Flächen wollig-filzig, an den Rändern oft eingebogen; die Körbchen sind sehr schön zitronengelb, seltener orangegelb. Häufig in Europa und Mittel-Asien auf Sandboden, in Nadelwäldern. Blüht vom Juli bis September. Die Blüten waren sonst offizinell; sie riechen gerieben schwach aromatisch, schmecken leicht zusammenziehend, schwach bitterlich und wurden bei Unterleibsstockungen, Anschoppungen der Leber, gegen Gelbsucht wie auch gegen Würmer, Diarrhöe und Ruhr gegeben. Jetzt gebraucht man sie nicht mehr.

Indigo *(Indigofera)*, Gattung der Schmetterlingsblütler. Der Färbe-I. *(I. tinctora)* bildet einen bis fünf Fuß hohen Halbstrauch mit sehr zahlreichen grauen Zweigen. Die Blätter haben 4-7 Joche nebst einem unpaaren Endblatt. Sie sind blaugrün, auf der unteren Seite angedrückt, behaart. Die Nebenblätter sind pfriemenförmig. Die Blütenstände sind halb so lang wie die Blätter und haben gelbweiße Blumen, deren Flügel purpurn. In Ostindien einheimisch, jetzt überall zwischen den Wendekreisen kultiviert. Blüht zur Regen- und Sommerzeit. Man braucht daselbst die Wurzel gegen Steinbeschwerden, auch gegen Syphilis; die Blätter als ein bitteres, tonisches, fieberwidriges Arzneimittel, äußerlich aber zu zerteilenden Umschlägen bei Quetschungen, Entzündungen und Hautkrankheiten. Wichtiger ist jedenfalls der schöne blaue Farbstoff, den man auch von dem Anil-I. *(I. Anil)*, dem silberfarbigen I. *(I. argentea)*, dem neunblätterigen I. *(I. enneaphylla)*, dem einblütigen I. *(I. uniflora)* und anderen Arten gewinnt und der unter dem Namen Indigo schon seit alten Zeiten in Europa bekannt ist.

Inga *(Inga)*, Gattung der Mimosaceen. Die echte I. *(I. vera)* ist baumartig, 12-20 Fuß hoch, mit glatter, graulicher Rinde; ausgebreitet herabhängenden Ästen, einfachen und zunehmend paarig-gefiederten Blättern; armblütigen, achselständigen Ähren und fleischigen Hülsen. Blüht im April bis Mai an Flußufern in Westindien und Südamerika. Das süße Fruchtmark wird häufig gegessen und auch bei katarrhalischen Leiden angewendet; in großen Gaben genossen soll es der Manna ähnlich wirken. Die Rinde und die Blätter braucht man als tonisch-adstringierende Heilmittel. In gleicher Weise wird Bourgons I. *(I. Bourgoni)* gebraucht. Die bitter adstringierende Rinde der Katzenklauen-I. *(I. Ungula Cati)* dient gegen Wechselfieber, Diarrhöe, Ruhr, hartnäckige Geschwüre und gegen Vorfälle; im grünen Zustand erhalten die Hülsen einen klebrigen, adstringierenden, an der Luft schwarz werdenden Saft, der zum Färben verwendet wird. Die rotholzige I. *(I. bigemina)*, in Malabar einheimisch, ist immerblühend. Rinde und Blätter braucht man dort äußerlich gegen den Aussatz, sowie auch gegen das Ausfallen der Haare. Die Seifen-I. *(I. Saponaria)* findet sich auf den Molukken und in Cochinchina. Die Rinde der Wurzel und des

Stammes wird auf den Molukken gegen kleiig-schuppige Hautausschläge angewendet, doch darf sie nicht frisch und saftig sein, weil sie in diesem Zustand zu scharf ist. Mit Wasser gerieben bildet sie einen Schaum gleich der Seife, anstatt welcher sie auf den Molukken gebraucht wird.

Ingwer *(Zingiber)*, Gattung der Gewürzlilien. Der gebräuchliche I. *(Z. officinale)* hat einen knotig gefiederten, kriechenden, außen grauen, innen weißen Wurzelstock, lange Wurzelfasern, einjährige, kahle, 3-4 Fuß hohe Blätterstengel, auf langen Blattscheiden sitzende lanzettige, unten weichbehaarte Blätter und wohlriechende, gelblich-weiße Blüten. In Ostindien heimisch, wo er auch schon seit vielen Jahrhunderten kultiviert wird, so zwar, daß man heute sein ursprüngliches Vorkommen im wilden Zustand nirgends mehr finden kann; auch in anderen Tropenländern, besonders in Westindien kultiviert man ihn häufig. Die Wurzel ist der allgemein bekannte Ingwer und zwar heißt sie weißer Ingwer, wenn sie langsam und im Schatten getrocknet wurde, dagegen aber schwarzer oder gemeiner Ingwer, wenn sie bräunlich oder schwärzlich gefärbt ist, was durch ein minder sorgfältiges Trocknen in der Ofenhitze oder an der Sonne geschieht. Jeder gute Ingwer muß ziemlich hart und dicht, nicht aber holzig-faserig sein; am Bauch hat er einen harzartigen Glanz, riecht angenehm aromatisch, schmeckt scharf und brennend gewürzhaft und gibt ein gelblich-weißes Pulver. Er enthält nebst Gummi, Satzmehl und Bassorin noch als vorzüglich wirksame Bestandteile ein ätherisches Öl, ein aromatisches Weichharz und einen doppelten Extraktivstoff. Er nähert sich den scharfen Mitteln, bewirkt in der Mundhöhle stärkere Absonderung von Speichel, daher man ihn wohl auch als Kaumittel bei Lähmung der Zunge benutzt; er befördert die Verdauung in jenen Fällen, wo eine stärkere Reizung der Schleimhaut und vermehrte Absonderung des Magensaftes erheischt werden; man gibt ihn ferner bei Blähungen, besonders gichtischer Personen, bei Ekel, Leibschneiden, besonders nach drastischen Purganzen, dann zur Verbesserung anderer, den Magen angreifender Arzneien, zur Vermehrung der Heilkräfte der Rhabarber und als Gewürz an Speisen. Die Ärzte verordnen den Ingwer als Kaumittel in Substanz; als Pulver zu 5-10 Gran; als wässerigen oder weinigen Aufguß zu 1-2 Drachmen. Eine andere Art ist der Zerumbet-I. *(Z. Zerumbet)* (Fig. 51) welche viel stärkere Wurzelstöcke hat, die bis von der Dicke eines Arms vorkommen sollen. Die breiten, länglichen, spitzen Blätter sind beiderseits kahl. Die Deckblätter sind grün, mit weißgrauem Rand, zuletzt rot. Die Blüte ist blaßgelb und hat eine große vierlappige Lippe. In Ostindien nicht selten. Die Wurzel dieser Pflanze ist die jetzt nur selten in Europa anzutreffende Zerumbetwurzel, welche aber in früheren Zeiten häufiger als Arzneimittel gleich dem Ingwer gebraucht wurde und die man in Ostindien noch immer verwendet. Ihr Geschmack ist ingwerartig, bitterlich, der Geruch angenehm. Endlich ist zu nennen der Cassumunar-I. *(Z. Cassumunar)*, welcher ebenfalls größere Wurzelstöcke mit länge-

FIG. 51

DER ZERUMBETH-INGWER

ren Wurzeln, die oft am Ende knollig, besitzt. Die Blätter sind an der Scheide und unterseits fein behaart, die Deckblätter zugespitzt, behaart, braun. Die blaßgelbe Blüte hat eine dreilappige Lippe mit ausgerandeter Mittelklappe. Die Wurzelknollen sind unter dem Namen Block-Zittwer oder gelber Zittwer bekannt; ihre Wirkung ähnelt dem Ingwer, ist jedoch etwas schwächer; sie ist auch unangenehmer zu nehmen und wird deshalb in Europa selten angewendet. Andere Arten sind noch der zweifelhafte I. *(Z. dubium)*, der grasblätterige I. *(Z. gramineum)*, der gerandete I. *(Z. marginatum)*, die mehr oder weniger nach Art des echten Ingwers gebraucht werden.

In der Tierheilkunde wird der Ingwer ähnlich wie der Kalmus benutzt.

Johannisbeere *(Ribes)*, Gattung der Ribesiaceen. Die gemeine J. *(R. rubrum)*, rote Johannisbeere, Ribisel, bildet einen Strauch von 6-7 Fuß Höhe. Die abstehenden Zweige sind in der ersten Zeit etwas behaart. Die Blätter sind gestielt, rundlich, fünflappig, grobgesägt und auf der Unterseite etwas behaart. Die Beeren sind kugelförmig, durchscheinend, hochrot oder ockergelb, glänzend. Sie schmecken angenehm säuerlich. Die Heimat der Johannisbeere ist das mittlere und nördliche Europa, Sibirien bis Kamtschatka, Kanada. Die bekannten Früchte dieses Strauches enthalten vorzüglich Schleimzucker, dann Apfel- und Zitronensäure, werden teils als Obst häufig gegessen, teils eingemacht oder zur Bereitung eines vortrefflichen Weins oder Essigs, teils aber auch in der Medizin als ein kühlendes Heilmittel angewendet. Die scharze J. *(R. nigrum)*, Gichtbeere, Ahlbeere, ist ein meist viel stärkerer Strauch mit größeren Blättern, welche drüsig sind und spitzere Lappen haben. Die Kelche sind rot, die Blumenblätter grünweiß. Die Beeren sind schwarz. Die ganze Pflanze hat einen penetranten Geruch, den manche mit dem der Wanzen vergleichen. Dieser Strauch wächst in feuchten Wäldern in Nord- und Mitteleuropa und Nordasien. Man betrachtet das Kraut, die Schosse und die Beeren als Mittel gegen Wassersucht, Verstopfung und Verhärtung. Man kocht das junge Holz und die Blätter in Wasser und trinkt dies täglich öfters. Die Beeren legt man in Flaschen und übergießt sie mit sechsmal soviel Essig. Sobald in der Sonne die Gärung eingetreten ist, setzt man die Flaschen in den Keller und gießt später den klaren, hochroten, sehr gesunden Saft ab. Blätter, in Alkohol gelegt, geben den sehr guten schwarzen Johannisbeerlikör. Die dornige J. *(R. grossularia)* oder Stachelbeere, Krausbeere, ist ein 2-3 Fuß hoher, buschiger Strauch, dessen glatte, weißliche, überhängende Äste mit dreiteiligen Stacheln besetzt sind. Die kleinen rundlichen, kurzgestielten Blätter sind drei- bis fünflappig, grob gesägt, mehr oder minder behaart. Die kleinen Blüten kommen zu 1-3 an kurzen, überhängenden Stielen hervor. Die Frucht ist eine große, kugelige oder ovale Beere von schmutzig-gelber, blaßgrüner oder trübpurpurner Farbe, sie ist oft mit Borsten bedeckt. In felsigen Gebirgsgegenden wild, allenthalben aber in zahlreichen Spielarten gezogen. Blüht im April bis Mai. Die Stachelbeeren sind ein sehr bekanntes und vorzugsweise in England geschätztes Obst, aus dem sich auch ein wohlschmeckender Wein und ein vortrefflicher Essig bereiten läßt; im unreifen Zustand sind sie herb-sauer und dienen als Zutat an Speisen und werden mit Zucker eingemacht.

Johannisbrotbaum *(Ceratonia)*, Gattung der Schmetterlingsblütler. Der gemeine J. *(C. Siliqua)*, Bockshornbaum, Carobenbaum (FIG. 52), ist ein stattlicher, starrer Baum mit braungrauer Rinde und weitgespreizten, oft gekrümmten, roten Zweigen. Die Blätter sind mehrpaarig gefiedert.Die Blütentrauben kommen meist aus den Achselstellen ehemaliger Blätter hervor

FIG. 52

DAS GEMEINE JOHANNISBROTBAUM: a) Zweig in 1/3 natürl. Größe, b) eine Blüte, dreimal vergrößert, c) eine unreife Frucht, sechsmal vergrößert, d) eine reife Frucht, e) dieselbe im Längsdurchschnitt, beides in 1/4 natürlicher Größe.

und erreichen höchstens die Länge von einem halben Zoll. Sie sind purpurfarbig. Die Frucht erreicht fast die Länge eines Fußes, obschon sie oft viel kleiner bleibt, und ist meist gekrümmt. Sie ist zusammengedrückt, ein wenig vierkantig, braun und glänzend. Man findet den Baum gegenwärtig im ganzen mittelländischen Gebiet. Die Frucht ist das bekannte Johannisbrot. Sie enthält einen Schleim, Zucker und hat einen besonderen eigentümlichen Geruch, wird gegen katarrhalische Entzündungen aller Art, doch meistens nur als Hausmittel gebraucht, ist in ihrem Vaterland auch ein sehr wichtiges Nahrungsmittel und dient zur Bereitung eines starken Brannweins, sowie als treffliches Viehfutter (im grünen Zustand soll sie jedoch allen Tieren schädlich sein), die Samen aber als Kaffeesurrogat. Die bitter adstringierenden Blätter können zum Gerben verwendet werden.

Jonesie *(Jonesia)*, Gattung der Cäsalpiniaceen. Die baumartige J. *(J. Asoca)* ist ein kahler Baum von 15-20' mit weit ausgebreiteter Krone, zur Blütezeit einer der schönsten von ganz Ostindien. Die Blätter sind 1' und darüber lang, im jungen Zustand hängend und gefärbt; die Blättchen gegenständig, 6-8" lang, 1½-2"breit, ganzrandig, spitzlich oder glänzend, fest; die Doldentrauben kurz, aber breit, fast rundlich, etwas ästig, vielblütig, des Nachts wohlriechend, orangerot mit dunkelroten Antheren, Samen kastaniengroß, grau. Findet sich in Bengalen, Malabar und Java und blüht im Dezember, Januar. Die Blätter sollen blutreinigende Eigenschaften besitzen, auch gibt man den Saft derselben mit Kümmel gegen Koliken.

Ipecacuanha ☞ **Kopfbeere**

Juckbohne *(Mucuna)*, Gattung der Schmetterlingsblütler. Die brennende J. *(M. urens)* hat einen langen,halbstrauchigen Stengel, dreizählige Blätter, eirunde, silberfarb-filzige, oben hellgrüne Blättchen, pfriemige Nebenblätter, einen rotbraunen Kelch, eine weißliche oder gelbliche und rotgerandete Blume und braunborstige schwärzliche, etwas zusammengedrückte Hülsen. Blüht im Westindien und Südamerika im Juli bis August. Die Borstenhaare an den Früchten dieser Art und der echten J. *(M. pruriens)* werden in ihrem Vaterland mit Melasse oder einem anderen dickflüssigen Saft eingemacht, schon seit langer Zeit gebraucht und wurden auch in Europa angewendet, sind jedoch außer Gebrauch gekommen.

Judenbaum *(Cercis)*, Gattung der Cäsalpiniaceen. Der europäische J. *(C. Siliquastrum)* ist strauch- oder baumartig, bis 20 Fuß hoch, mit herzförmignierenförmigen, runden, kahlen, ganzrandigen Blättern; büscheligen, roten, zuweilen weißen Blüten und bräunlich-rötlichen, hängenden, 4-5 Zoll langen Hülsen. Blüht im April in Südeuropa und dem südwestlichen Teil Asiens. Die gelind adstringierenden Blätter hat man gegen Diarrhöen empfohlen und die angenehm scharf schmeckenden Blüten werden im südlichen Europa als Salat gegessen. Auf ähnliche Weise benutzt man in Amerika auch die Blüten des kanadischen J. *(C. canadensis).*

Judendorn *(Zizyphus),* Gattung der Kreuzbeergewächse. Der gemeine J. *(Z. vulgaris),* Brustbeerenbaum, Jujube, ist ein baumartiger Strauch, der in Südeuropa, Nordafrika und dem Orient jetzt wild wächst, nach Italien allem Anschein nach aber erst zur Zeit der Regierung des Kaisers Augustus eingeführt wurde und daselbst allerwärts verwilderte. Die Äste stehen sparrig, sind stielrund und glatt mit rotbrauner Rinde. Die Blätter stehen fast zweizeilig, sind kurzgestielt, ausgerandet und sägezähnig. Die Blumen stehen zu zwei oder drei in den Blattachseln. Der Kelch ist flachradförmig, fünfspaltig, grün mit stumpfen Abteilungen. Die Blumenblätter sind länglich-spatelförmig, kürzer und schmäler als die Kelchabteilungen. Die Frucht ist eine einnüssige Steinfrucht mit gelblichweißem Fleisch. Die Früchte sind schleimig und sehr süß und unter dem Namen rote Brustbeeren oder Jujuben bekannt; sie werden als eine erweichende, einhüllende, reizmindernde Arznei im südlicheren Europa viel häufiger als bei uns und vorzüglich bei Brustkrankheiten angewendet, aber auch im frischen Zustand als Obst gegessen. Der palästinenische J. *(Z. Spina Christi),* Christdorn, wächst in Palästina und Ägypten und blüht im Mai. Die Früchte sind als Obst in ihrem Vaterland beliebt, vor der Reife sind sie adstringierend und werden gegen Erschlaffung des Magens und des Darmkanals gebraucht; eine Abkochung der reifen ist ein sehr gewöhnliches Mittel gegen Fieber. Bacles J. *(Z. Baclei)* wächst häufig auf sandigem Boden am Senegal und blüht vom Oktober bis Dezember. Die dortigen Neger wenden die adstringierende Wurzel gegen Blennorrhöen an und halten die Früchte (doch wohl ohne Grund) für giftig. Der stumpfblätterige J. *(Z. Jujuba),* echter Jujubenbaum, ist in Ostindien einheimisch, hat Früchte den Oliven ähnlich, welche dort allgemein gegessen und unreif nach Art der Oliven eingemacht werden; eine Abkochung der Blätter braucht man bei einigen fieberhaften Krankheiten, dieselbe in Milch gegen Schleimflüsse und die bittere, zugleich adstringierende Rinde nach Art der Quassie bei Krankheiten der Verdauungsorgane, sowie gegen Mundschwämmchen. Auch die Früchte anderer Arten werden gegessen.

Jurinea *(Jurinea),* Gattung der Kompositen. Die flockenblumartige J. *(J. cyanoides)* wächst auf sonnigen Hügeln und Bergen im mittleren Europa, nirgends häufig und blüht im Juli, August. Die ganze Pflanze, wie auch die Blüte riecht moschusartig; ihre Blätter wurden früher als Vorbauungs- und Heilmittel des Scharlachs empfohlen.

Jussieue *(Jussieua),* Gattung der Onagraceen. Die peruanische J. *(J. peruviana)* hat einen aufrechten, steifen, 8-12' hohen, am Grunde 2"dicken, ästigen Stengel, länglich-elliptische oder lanzettliche, fast sitzende, an 5" lange und in der Mittel 5"' breite, ganzrandige, ein wenig rauhe, oben dunkle, unten hellgrüne Blätter. Die Blüten sind auf einem 2" langen Stiel, gelb. Wächst an Bächen um Lima. Bei den dortigen Eingeborenen steht die Pflanze im großen Ansehen und wird allgemein als ein erweichendes, zerteilendes Mittel gegen alle Arten von Geschwülsten, besonders aber gegen die dort endemischen Drüsengeschwülste gebraucht. Die kriechende J. *(J. repens)* wächst häufig an nassen Stellen im tropischen Asien. Die Blätter sollen, mit Rizinusöl gerieben, äußerlich gegen den Kopfgrind sehr heilsam sein.

Justicie *(Justicia),* Gattung der Acanthineen. Die langjährige J. *(J. Ecbolium)* ist ein Strauch von 2-4'; die Äste sind fein flaumhaarig, stielrund, an den Knoten verdickt und etwas zusammengedrückt; die Blätter 3-4" lang, 1-1½" breit, oben zugespitzt, jedoch stumpflich, unten in den Blattstiel etwas verschmälert, ganzrandig, oberseits fast kahl, dicklich, steif und brüchig; die Blumenkrone ist fast 2" lang, bläulich, ins Gelbliche oder Rötliche. Findet sich in Ostindien und blüht den größten Teil des Jahres hindurch. Die Wurzel braucht man als ein Mittel gegen die Gicht, auch zugleich mit den Blättern gegen Harnzwang, Steinbeschwerden und letztere gegen chronischen Husten.

K

Kakaobaum *(Theobroma),* Gattung der Büttneriaceen. Der echte C. *(Th. Cacao)* (FIG. 53) ist ein Baum von 20-40' Höhe; der Stamm ist gerade, aufrecht, mit einer dünnen, ziemlich glatten, braunen Rinde und vielen schlanken Ästen. Die Blätter sind ⅔-1¼' lang, 3-4" breit, auf ¾" langen, an beiden Enden verdickten Stielen hängend, länglich, an der Basis abgerundet, nach vorn allmählich zugespitzt, oder etwas erweitert und plötzlich zugespitzt, dunkelgrün (unterseits nur etwas blässer) in der Jugend rötlich. Die Frucht ist eilänglich, doch am Grunde etwas verschmälert, am Ende stumpf oder zitzenförmig, 6-8" lang, 3-3½" dick, fünfeckig. 10furchig, schmutzig-

FIG. 53

DER ECHTE KAKAOBAUM: Ein Stück Ast mit reifer und unreifer frucht nebst einem blühenden Blattzweige in 1/4 natürl. Größe.

zitrongengelb ins rötliche, kahl, doch etwas höckerig, unter der holzig-lederigen Rinde mit einem weißlichen Brei erfüllt. Im tropischen Amerika einheimisch und daselbst, sowie auch in Afrika und Asien kultiviert. Blüht stets. Von diesem Baum und den folgenden Arten stammen die bekannten Kakaobohnen, von denen es, nach Verschiedenheit der Spielarten, bald größere, bald kleinere, mehr rundliche oder mehr längliche, dünnere oder dickere, platte oder mehr eckige, auch in der Farbe etwas verschiedene und bald mehr, bald weniger herbe-bitter schmeckende Sorten gibt. Man sammelt die Früchte von den angepflanzten Bäumen zweimal, von den wildwachsenden nur einmal des Jahres, befreit die Samen von dem Mark und läßt sie durch 4-5 Tage, in größeren Haufen liegend, eine Art Gährung, welche den Keim in ihnen erstickt und sie dauerhafter macht, überstehen und trocknet sie hierauf an der Sonne; häufiger aber werden sie gerottet, d. h. noch frisch in die Erde gegraben oder in große Fässer und Körbe gepackt, mit Steinen beschwert, wodurch ein höherer Grad von Gährung eintritt, die Bohnen brauner werden und ihren, im natürlichen Zustand viel herberen und bitteren Geschmack zum Teil verlieren, und dann ebenfalls getrocknet. Die Kakaobohnen, deren Hauptbestandteil (50-56%) ein festes, fettes Öl ist, wozu sich auch ein dem Koffein etwas verwandter, bitterer Extraktivstoff, Eiweißstoff, Schleim, Stärkemehl und ein Farbstoff gesellen, sind nicht nur ein sehr wichtiges Nahrungsmittel für die Bewohner Amerikas, sondern werden auch als Schokolade jetzt in allen Weltteilen häufig genossen. Ist der Kakaomasse nur Zucker zugesetzt, nennt man sie Gesundheitsschokolade. Dieselbe ist etwas schwerer verdaulich als Gewürzschokolade, aber dafür weniger aufregend, weshalb man ihr in der Rekonvaleszenz, nach fieberhaften Krankheiten in der Regel den Vorzug gibt. Sollten die Verdauungswerkzeuge sehr geschwächt sein, so wähle man dann den entölten Kakao. Die Schalen der Kakaobohne geben ein angenehmes und wegen ihres Gehaltes an Gerbsäure leicht adstringierendes Getränk und sind daher bei Diarrhöen ähnlich wie Eichelkaffee zu empfehlen. Das aus den Kakaobohnen ausgepreßte Öl, Kakaobutter genannt, wird hie und da zur Bereitung von Fettsalben verwendet. In Mexiko dient auch das aus dem Stamm fließende Gummi als Heilmittel bei Ruhren. Auch von anderen Arten z. B. dem zweifärbigen C. *(Th. bicolor)*, dem guineischen *(Th. guianense)* etc. werden die Samen auf gleiche Weise benutzt.

Kaktus Fackeldistel, *(Cactus)*, Gattung der Cactineen. Der rispige C. *(C. paniculatus)* ist baumartig, 15-20 Fuß hoch, mit einem bisweilen mannsdikken, viereckigen Stamm und einer großen Menge von rispigen, nach allen Seiten ausgebreiteten Ästen an seiner Spitze; die Kanten derselben wellig oder fast gekerbt und mit Stachelbüscheln besetzt. Die Blüten sind weiß, mit kleinen, roten Linien, die Blumenblätter abgerundet, die innersten kaum größer als der Nagel am Zeigefinger, gekerbt, die Beere größer als ein Gänsekiel, außen gelblich und mit kleinen, stacheligen Höckern besetzt, innen sehr weiß mit schwarzbraunen Samen. In Westindien. Die süß-säuerlich schmeckenden Früchte werden gegessen und dienen auch als ein Heilmittel bei fieberhaften oder galligen Krankheiten. Die gefranste C. *(C. fimbriatus)* findet sich auf Haiti. Die sehr angenehm säuerlich schmeckenden Früchte dienen als Obst und als ein erfrischendes, kühlendes Heilmittel, der geruchlos brennendscharfe Saft des Stengels soll ähnliche Eigenschaften wie bei den Wolfsmilchgewächsen besitzen, wird aber dennoch von den eingebornen Ärzten innerlich bei Verhärtungen der Unterleibsorgane, gegen Wassersucht etc., äußerlich als ein Zugmittel, sowie auch gegen Warzen, Grind und andere Hautkrankheiten angewendet. Unter aller Arten dieser Gattung besitzt jedoch der dreieckige C. *(C. triangularis)* die wohlschmeckendsten (säuerlich-süßen) Früchte, welche daher häufig gegessen, aber auch als Heilmittel in entsprechenden Fällen verwendet werden. Die zerquetschten Stengel und Äste dienen zu erweichenden und zerteilenden Breiumschlägen. Der scharfe Saft des großblumigen C. *(C. grandiflorus)* wird innerlich bei Wassersuchten und vorzüglich gegen Würmer sehr gerühmt, äußerlich aber nach Art der blasenziehenden Mittel, sowie zu reizenden Einreibungen bei Rheumatalgien benutzt; die säuerlichen Früchte werden gegessen.

Kälberkropf *(Chaerophyllum)*, Gattung der Doldengewächse. Der knollige K. *(Ch. bulbosum)*, Rüben- oder Knollenkerbel, hat mannshohe, unter den Gelenken stark angeschwollene Stengel, wächst in Hecken, Gebüschen und feuchten Wäldern des mittleren und nördlichen Europas. Blüht im Juni und Juli. Der gefleckte Stengel dieser Pflanze gibt nicht selten Veranlassung zu einer Verwechslung derselben mit dem gefleckten Schierling; die Wurzel wird in mehreren Ländern im Frühjahr ausgegraben und als Salat verspeist. Der berauschende K. oder Taumelkerbel *(Ch. temulentum)* ist eine verdächtige Pflanze. Der wilde oder gemeine K. *(Ch. sylvester)* ist eine in Deutschland häufig vorkommende perennierende Pflanze. Das Kraut hat einen eigentümlich widerlichen Geruch und einen salzigen, bitterlichen Geschmack. Die Wurzel ist nicht giftig.

In der Tierheilkunde findet der K. keine Anwendung.

Kämpferie *(Kaempferia),* Gattung der Scitamineen. Die runde K. *(K. rotunda)* ist in Ostindien überall angepflanzt und blüht vom April bis Mai. Man leitete ehedem die runde Zittwerwurzel von dieser Pflanze ab, was aber ganz unrichtig ist. In ihrem Vaterland ist sie jedoch als ein auflösendes, harntreibendes Arzneimittel, vorzüglich gegen Leberkrankheiten und Hautwassersucht gebräuchlich. Die ingwerartig riechenden und aromatisch, etwas scharf schmeckenden Knollen der Galgant-K. *(K. Galanga)* sind in Ostindien, häufiger aber in Japan als Heilmittel gebräuchlich; nach Europa kommen sie jedoch nicht, obschon man lange Zeit die offizinelle Galgantwurzel dafür hielt. Die Wurzel der geigenförmigen K. *(K. pandurata)* riecht und schmeckt wie Safran und Ingwer und wird in Ostindien häufig als Arneimittel angewendet; in Europa ist diese Wurzel als runde Curcume bekannt. Auch die Wurzel von Roxburghs K. *(K. Roxburghian)* wird gleich vielen anderen, ähnlich wirkenden aromatischen Wurzeln in Ostindien als Arzneimittel benutzt.

Käsepappel ☞ **Malve**

Kaffeebaum *(Coffea),* Gattung der Rubiaceen. Der gemeine K. *(C. arabica),* meist als Strauch gezogen, allein unter günstigen Verhältnissen ein Baum von bis 30 und 40 Fuß Höhe, ist ausgezeichnet durch einen sehr dünnen Stamm mit graubrauner, etwas rissiger Rinde. Die vielen Zweige sind gegenständig und gespreizt, die oberen oft hängend, kahl und glatt. Die Blätter sind 4-8 Zoll lang, 1½ Zoll in der Mitte breit, auf kurzen Stielen. Sie sind länglich-eiförmig, am Grunde keilförmig, an der Spitze plötzlich gespitzt, oft wellig. Die weißen, wohlriechenden Blüten stehen zu 3-7 in den Blattwinkeln gehäuft und entwickeln sich zu einer bei der Reife dunkel-kirschroten kugeligen, zweifächerigen Beere, welche zwei vorn flache, am Rücken gewölbte, hornartige Samen *(Kaffeekörner)* enthält. Die Heimat des Kaffeebaumes ist Abessinien und Sudan, wo derselbe große Wälder bildet. Die Angaben über seine arabische Heimat sind nicht fest verbürgt. Blüht fast das ganze Jahr. Allgemein bekannt ist der Samen dieses Baumes unter dem Namen Kaffeebohne oder Kaffee. Er wirkt, auf die übliche Art zum Getränk bereitet, stark reizend und erhitzend, erregt eine weit größere Tätigkeit im Gefäßsystem, besonders aber im ganzen Nervensystem und erzeugt das leider so verführerische Gefühl eines eigentümlichen Wohlbehagens und erhöhter, körperlicher und geistiger Kraft; in größerer Menge getrunken bewirkt er starke Kongestionen, besonders nach dem Kopf, mit allen dadurch bedingten Erscheinungen, und nach längerer Zeit auch zahlreiche Beschwerden anderer Art, vorzüglich Stockungen im Unterleib, Schwäche des Magens und Darmkanals, Verstopfungen, Hämorrhoiden, im allgemeinen Störungen im ganzen Ernährungsprozeß und ein Heer nervöser Symptome. – Als chemischen Bestandteil enthält derselbe einen kristallinischen, sublimierbaren, sehr azotreichen Stoff (das Kaffebitter oder Koffein), dann noch ein Fett, Harz, Gummi, Eiweiß, einen eigentümlichen Riechstoff und Gallussäure. Vom Koffein, welches in größerer Gabe Erbrechen bewirkt und nach Lehmann die Abscheidung der Galle und des Harnstoffs vermehrt und von der Verbindung desselben mit Zitronensäure ist besonders bei Migräne Anwendung gemacht worden, in der Gabe von 1-5 Gran in Pulverform. Auch die nach Art der Teeblätter zubereiteten koffeinhaltigen Blätter des Kaffeebaumes werden in den Ländern, wo dieser kultiviert wird, wie Tee benutzt und sind auch als Arzneimittel gegen Ruhr, Diarrhöe und endlich als Ersatzmittel für den grünen Tee selbst bei uns empfohlen worden.

Kahnlippe *(Cymbidium),* Gattung der Orchideen. Die dünnblätterige K. *(C. tenuifolium)* wächst in Ostindien und blüht vom Januar bis Februar. Man bedient sich dort der ganzen Pflanze bei Blennorrhöen, Harnzwang und Blutflüssen; äußerlich aufgelegt bei entzündlichen Geschwülsten. Die eiförmige K. *(C. ovatum)* soll bei Koliken sehr heilsam sein; sie ist auch auflösend und gelind purgierend. Die aloëblätterige K. *(C. aloëfolium)* bewirkt gepulvert Erbrechen und Durchfall und wird auch bei mehreren Krankheiten, so z. B. gegen Schwindel, Lähmungen etc. gebraucht.

Kakaostrauch ☞ Rotholz

Kalanchoë *(Kalanchoë),* Gattung der dickblätterigen Gewächse. Die geschlitzte K. *(K. laciniata)* ist ein Halbstrauch, dessen Saft auf den Molucken als ein sehr kühlendes Mittel bei Fiebern und anderen Krankheiten dient.

Kalmie *(Kalmia),* Gattung der Heidegewächse. Die breitblätterige K. *(K. latifolia)* ist ein Strauch von 4-6', oft auch von 18-20', mit kahlen, braunroten Ästen, gegenständigen oder zu 3 an beiden Enden spitzigen, am Rande umgebogenen oder dunkelgrünen Blättern, einer fast trichterigen, pfirsichblütroten oder weißen Blumenkrone. Findet sich in Nordamerika und blüht vom Mai bis Juli. Die Blätter sind narkotisch, etwas scharf, auch gelind adstringierend, und werden in Nordamerika gegen Diarrhöen, von den Indianern auch gegen chronische Hautausschläge und gegen Syphilis angewendet; den Haustieren sind sie sehr nachteilig und in größerer Menge tödlich, doch soll sie das Wild ohne Schaden genießen.

Kalmus *(Acorus),* Gattung der Aroideen. Der gemeine K. *(A. Calamus),* Magenwurz (FIG. 54), hat einen starken, horizontalen, verzweigten, gegliederten Wurzelstock. Die Glieder sind walzig zusammengedrückt, meist an den Enden verdickt, an den Gelenken mit vielen braunen Wurzelfasern. Die zweizeiligen Blätter sind schwertförmig, spitz, zwischen ihnen steht der zweischneidig zusammengedrückte Schaft. Die Heimat des Kalmus ist der ferne Orient, von wo er im 15. Jahrhundet über Konstantinopel zu uns kam. Die Annehmlichkeit des Gewächses bedingt seine Verbreitung. Jetzt gibt es wenig Weiher in Europa und selbst in Nordamerika, als sehr fern von allen menschlichen Wohnungen, wo man nicht den Kalmus eingebürgert fände. Offizinell ist der geschälte Wurzelstock; er riecht eigentümlich, durchdringend-aromatisch, sehr angenehm, schmeckt stark gewürzhaft, etwas scharf, bitter und ist mit Recht eines der kräftigsten, flüchtig-tonischen Reizmittel. Er paßt bei Verdauungsschwäche, Verschleimung und Trägheit des Darmkanals, bei Wechselfieber als Unterstützungsmittel der China, in der Wassersucht, Bleichsucht, Skrophulose, atonischen Gicht, in der Hypochondrie etc. Äußerlich ist er empfohlen bei Geschwüren, erschlafftem Zahnfleisch und namentlich zu Bädern in Schwächekrankheiten. Innerlich gibt man ihn

FIG. 54

DER GEMEINE KALMUS: a) eine Pflanze in 1/3 natürl. Größe, b) eine ausgespreizte Blüte, c) ein Fruchtknoten, d) ein Querschnitt durch denselben, fünfmal vergrößert.

zu 10-20 Gran in Pulverform; als wässerigen oder weinigen Aufguß zu 2-4 Drachmen auf 4-6 Unzen Kolatur. Zur Kalmustinktur nimmt man 2 Lot Kalmusöl und löst dieses in 2 Maß 90%igen Weingeist. Die Gabe ist 10-20-40 Tropfen. Der kandierte oder überzuckerte K. ist als magenstärkendes Mittel bei manchen beliebt, ebenso der gewürzhafte Kalmuslikör.

In der Tierheilkunde wird die Kalmuswurzel wegen ihrer kräftigen Wirkung auf die Verdauungs- und Atmungsorgane bei chronischen Krankheiten des Darmkanals und den daraus hervorgehenden Leiden, u. zw. bei Mangel an Appetit, bei schlechter Verdauung, bei öfters wiederkehrender Aufblähung und Kolik, bei anhaltendem, schmerzlosem Durchfall, bei Wurmleiden, bei Rheumatismus, Druse, Bräune und Lungenentzündung, wenn viel zäher Schleim abgesondert und mit Beschwerde ausgeworfen wird; bei der Lungenseuche des Rindviehs, ebenso bei der Fäule der Schafe, bei ödematösen Anschwellungen unter der Haut; bei Abmagerung in Folge mangelhafter Verdauung aus Schwäche, bei Koller, bei Staupe, bei Krämpfen und Lähmungen – hierbei jedoch mehrenteils nur als passendes Unterstützungsmittel für andere, mehr kräftige Reizmittel. Eine Gabe für Pferde und Rindvieh ist 15,0-45,0, für Schafe und Schweine 8,0-15,0, für Hunde 1,0-4,0 g; alle 3-4 Stunden wiederholt. Die Anwendung kann in allen Formen geschehen, und Zusätze macht man nach Bedürfnis der Umstände ähnlich wie bei dem Baldrian und den Kamillen. Äußerlich ist der Kalmus bei Krämpfen und Lähmungen, bei rheumatischen Entzündungen, Quetschungen, bei Wunden, Geschwüren etc. anzuwenden.

Die Anpflanzung des K. geschieht einfach dadurch, daß man die alten Stöcke in viele kleine mit Wurzeln versehene Stücke zerreißt und diese in den Schlamm anlegt, bevor das Wasser angelassen wird. Das Wasser darf nicht über 6 Zoll Tiefe haben. Wer in seinen Besitzungen nutzlose Sümpfe, Gräben und Teiche hat, tut wohl, diese Pflanze künstlich zu vermehren und anzupflanzen.

Kamille *(Matricaria),* Gattung der Korbblütler. Die gemeine Feldkamille *(M. Chamomilla)*, echte Kamille (FIG. 55), ist meist einjährig; allein sie kommt auch zweijährig und sogar ausdauernd oder doch dreijährig vor, besonders an solchen Stellen, wo viel auf ihr herumgetreten wird. Die dünne Wurzel ist spindelförmig, faserig. Der Stengel ist etwas eckig, meist nach oben doldentraubig verzweigt. Die Blätter sind mehrfach fiederteilig mit borstenförmigen, sehr schmalen Abteilungen. Die Blütenköpfe stehen meist einzeln und haben weiße Randblüten und gelbe Scheibenblüten. Unter allen verwechselbaren Arten zeichnet sich die echte Kamille schon durch ihre kleinen Blütenköpfe aus. Die Heimat ist ganz Europa mit Ausnahme der

FIG. 55

DER GEMEINE FELDKAMILLE: a) eine in zwei Teile zerlegte Pflanze in 2/3 natürl. Größe, b) eine Scheibenblüte, c) eine Randblüte, alles fünfmal vergrößert, d) Fruchtknoten, e) Blütenboden und Hülle, f) eins der oberen Blätter, beides in natürl. Größe, g) Eine Frucht, h) dieselbe in Durchschnitt, beides fünfmal vergrößert.

nördlichsten und südlichsten Gegenden. Die Köpfchen sammelt man bei uns auf den Feldern und Brachen, wo die Pflanze massenhaft auftritt als Flores Chamomillae vulgaris. Sie enthalten außerordentlich geringe Spuren des kostbaren blauen Kamillenöls, Bitterstoff, Gummi, Harz und Salze. Man gibt sie mit Nutzen im Magenkrampf, in der Kolik, bei zurückgehaltenen Winden, im Durchfall, im hypochondrischen und hysterischen Anfall, bei atonischer Bleichsucht, bei krampfhaften Wehen, beim Mangel der monatlichen Reinigung, gegen krampfhafte Zufälle, wenn sie sich im Verlauf fieberhafter Krankheiten bei sehr schwächlichen nervösen Individuen einfinden und die notwendigen Ausscheidungen zurückhalten. Zur Beförderung des Erbrechens nach gereichtem Brechmittel läßt man gewöhnlich einen Aufguß aus 1-3 Drachmen tassenweise trinken. Äußerlich verwendet man sie zu trokkenen und feuchten Bähungen, zu Mund- und Gurgelwässern, zu Klistieren; zu dem letzteren Zweck ½-1 Unze auf 1 Pfund Flüssigkeit. Das Kamillenwasser gibt man zu 1-2 Unzen; das Öl (durch Destillation von 10 Pfund Blumen in 100 Pfund Wasser enthalten) zu 1-2 Tropfen; das alkoholisch-wässerige Extrakt zu 1-3 Skrupel des Tages, wirkt als bitteres Mittel, ist aber entbehrlich; die Tinktur zu 20-30 Tropfen. Die römische K. *(Anthemis nobilis)* wird vielfach gezogen, und wächst in Frankreich, Spanien, Italien wild, angeblich selbst in Belgien. Sie ist ein Gewächs, das sich durch vielfach zerschnittene, kurz zipfelige, gedrängte Blätter, einen dichten, rasigen Wuchs und größere Blüten mit flachem Blütenboden auszeichnet. Dazu kommt, daß die Blüten zwischeneinander Spreublätter tragen. Sie wird auch sehr viel angepflanzt, wo sich dann oft sämtliche Blüten als Strahlblüten entwickeln. Die Blüten dieser Art, welche etwas mehr ätherisches Öl besitzen, wirken stärker als die gemeine K. und werden daher in etwas geringerer Menge verordnet.

In der Tierheilkunde werden die gemeinen Kamillenblumen sehr häufig angewendet u. zw. vorzugseise dort, wo man die Hautausdünstung befördern, Krämpfe heben, auf das Nervensystem und die Kreislauforgane einwirken will. Sie werden daher bei Krämpfen, bei Wind- und Krampfkolik, bei krampfhaften Harnverhaltungen, bei unzeitigen, unregelmäßigen und zu geringen Wehen, Durchfällen, die mit Krämpfen verbunden, aber frei von Entzündungen sind, bei schmerzhaften Rheumatismen, bei der Staupe der Hunde, wenn dieselbe mit Zuckungen, mit Krämpfen oder mit geringem Grade von Lähmungen verbunden ist, ebenso bei dem Brustkrampf der Pferde, bei der aus Erkältung entstandenen Gelbsucht des Rindviehs und bei Lähmung der Lämmer häufig gebraucht. Doch leistet das Mittel bei den meisten dieser Krankheiten nur dann wirklich gute Dienste, wenn sie keinen zu hohen Grad erreicht haben. Man gibt sie den großen Haustieren zu 30,0-60,0, Schafen und Schweinen zu 7,0-22,5, Hunden zu 2,0-12,0 g auf einmal und nach der Heftigkeit der Zufälle in Zwischenräumen von ½-2 Stunden wiederholt. Die zweckmäßigste und wirksamste Form bleibt der Aufguß. In leichten Fällen gibt man ihn für sich allein, bei heftigen Krämpfen etc. aber in Verbindung mit Baldrian, Kalmus oder mit Opium, Stinkasant, Kampfer, Weingeist, Terpentinöl etc. Äußerlich werden die Kamillenblumen als Pulver zum Einstreuen in unreine, stinkende Geschwüre oder auch in Substanz zu trockenen und feuchten Umschlägen und im Aufguß zu Waschungen, Bädern und Bähungen benutzt. Die übrigen Präparate werden in der Tierheilkunde nicht angewendet. Die römische oder edle Kamille wird in denselben Krankheiten und in derselben Gabe wie die gemeine K. verordnet.

Anwendung nach dem homöopathischen Prinzip. Die Kamille eignet sich vorzugsweise für venöse, biliöse (wohl auch skrophulöse) Konstitutionen und für das cholerische Temperament, deshalb für hysterische Frauen, Schwangere, Wöchnerinnen, stillende Frauen, desgleichen Kinder, namentlich Neugeborene und Säuglinge; in Krankheiten der Säuglinge mit grünen Stühlen, Kolik, Blähungen, Unruhe etc., bei krankhaften Zuständen in Folge von Erkältung, Anwandlungen von Schwäche und Ohnmacht bei Hysterischen, bei Krämpfen, besonders der Kinder; bei katarrhalischen Beschwerden mit und ohne Fieber, akutem Rheumatismus, Gesichtsrose, Hautausschlägen, Wechselfieber, bei gastrischen und biliösen Fiebern, Cholera, Katarrhalfieber, Milchfieber, Kindbettfieber, hysterischen und nervösen Kopfschmerzen, Entzündung der Augen und Lider bei Neugeborenen, Ohrenzwang, Ohrenentzündung, bei schwerem Zahnen der Kinder, rheumatischem Zahnschmerz, gastrischen und galligen Zuständen, Gelbsucht, Durchfällen, Menstrualkolik, Mutterblutfluß, Asthma, besonders bei Kindern, Hüftweh und bei Wadenkrämpfen.

Gabe: 1-2 Tropfen der reinen Tinktur (welche aus den Blüten nach Regel 3 bereitet wird und eine grünlichbraune Farbe haben muß) oder der 1., 2., 3. Verdünnung, täglich 1-2mal oder nach Umständen öfters wiederholt.

Die homöopathischen Tierärzte wenden dieses Mittel an bei der akuten Aufblähung (Trommelsucht) des Rindes, wenn dieselbe noch keinen hohen Grad erreicht hat; bei Wind- und Krampfkolik der Pferde; bei Durchfall wässeriger oder schleimiger Beschaffenheit mit Hinterleibsbeschwerden; bei akuter Gelbsucht des Rindes und Schafes, wenn solche durch Erkältung entstanden ist; bei der Sucht der Hunde, bei der Druse junger Pferde, bei schwachen und mangelnden Geburtswehen, bei Milchstockung im Euter der Kühe, sowie bei Milchmangel derselben überhaupt; bei Geschwüren mit üppiger Granulation und gegen Schwammauswüchse, wie Knieschwamm, Stollbeule u. dgl.

Kammfrucht *(Cristaria),* Gattung der Malvaceen. Die betonienblätterige K *(C. betonicaefolia)* hat eine senkrechte, lange, 5''' dicke, weißliche, ästige Wurzel; Stengel 2' hoch, aufrecht, gleich der ganzen Pflanze sternhaarig-filzig, mit zahlreichen Ästen, deren jeder in eine 4-6blütige Traube endet. Die Blätter sind 2-3 Zoll lang, weißgrau-filzig, auf ebenso langen weißlich-filzigen Stielen; die Blüten auf 3" langen Stielen, 1½" groß, blaß, rosenrot. Wächst in Chile. Eine Abkochung der ganzen Pflanze dient daselbst bei entzündlichen Fiebern.

Kampferbaum *(Camphora),* Gattung der Lorbeergewächse. Der gemeine K. *(C. officinalis)* (FIG. 56) hat einen walzigen, aufrechten Stamm, der außen von einer grauen Rinde bekleidet ist. Das Holz ist weißlich und rötlich geflammt und riecht nach Kampfer. Der Gipfel ist stark verzweigt und die Zweige sind dünn, kahl, glatt, rötlich oder gelbrot.

FIG. 56

DER GEMEINE KAMPFERBAUM: a) ein Stengel in natürl. Größe, b) eine Blütenhülle, dreimal vergrößert, c) dieselbe ausgebreitet, d) ein Staubgefäß, sechsmal vergrößert.

Die Blätter erscheinen aus gipfel- oder achselständigen Knospen, die dicht umschuppt sind. Die Blüten, welche bisweilen getrennten Geschlechtes sind, stehen in achselständigen trugdoldigen Rispen. Die einzelnen Blüten sind gestielt.

Die Frucht ist eine fleischige, schwarzrote, glänzende Beere, welche die Größe einer Erbse erreicht. Der Kampferbaum wächst in China und Japan wild. Er wird jetzt sehr viel auf den Molukken angepflanzt, wo er jedoch, merkwürdig genug niemals zur Blüte kommt. Man zersplittert die Teile des Baumes, besonders die Zweige, und legt sie in einen Kolben, der oben mit Stroh gefüllt ist, nachdem man sie mit Wasser begossen. Wenn das Wasser längere Zeit gekocht hat, sublimiert sich der Kampfer. Man pflegt ihn in Europa zum zweitenmal zu sublimieren. Der Kampfer ist ein sehr kräftiges, flüchtig erregendes Mittel, welches vorzugsweise das Gefäß- und Nervensystem sowie die äußere Haut zu einer vermehrten Tätigkeit anregt. Man gibt ihn daher bei Typhus und überhaupt bei nervösen Fiebern, bei stillen Delirien, Schlafsucht, vorausgesetzt, daß keine Hirnkongestionen zu Grunde liegen, bei Sehnenhüpfen, kleinem schwachen Puls etc., bei fieberhaften Ausschlags-Krankheiten, wenn wegen Untätigkeit des Hautorgans der Ausbruch des Ausschlages zögert oder derselbe in Folge des Sinkens der Kräfte zurücktritt und Störungen innerer edler Organe hervorbringt, daher bei bösartigen Blattern, Masern, Scharlach, Typhus, Rotlauf, bei Gicht und Rheumatismus, wenn unter gleichen Verhältnissen keine Krisen durch die Haut zu Stande kommen, Ruhr, selbst in der Cholera, Wassersucht, bei Harnstrenge, endlich bei Vergiftungen mit Opium, Belladonna. Äußerlich wendet man den Kampfer bei brandigen, atonischen, torpiden, fauligen Geschwüren, bei Lähmungen, Schwäche einzelner Teile nach Quetschungen, Verrenkungen, bei chronischen, rheumatischen, gichtischen Affektionen, daher bei rheumatischem Zahn- und Ohrenschmerz, bei Frostbeulen an. Die Ärzte verordnen den Kampfer in der Gabe zu ½-3 Gran in Pulverform, am besten mit etwas Weingeist befeuchtet und mit Zucker verrieben, alle 2-3 Stunden, oder mit arabischem Gummi oder Eidotter abgerieben in Mixturform. Selten in Weingeist oder Äther gelöst, noch seltener in Pillen- oder Bissenform. Äußerlich wird er mit aromatischen Kräutern vermischt zu Säckchen verwendet oder auf Flanell aufgestrichen oder in Salben- und Linimentform, oder in seltenen Fällen Klistieren beigegeben oder als Räucherung und Dampf benutzt. Der Kampfergeist (eine Auflösung von 1 Teil Kampfer in 6 Teile verdünnten Weingeist) und das Kampferöl (1 Unze pulverisierten Kampfer wird in 2 Unzen Olivenöl gelöst) dienen zu Einreibungen.

In der Tierheilkunde dient der K. als erregendes Mittel und findet seine Anwendung bei ausgesprochener Schwäche, insbesondere des Nervensystems, welche sich entweder als ursprüngliches Leiden kundgibt oder in Folge der verschiedenartigsten vorausgegangenen Krankheitsprozesse entwickelt, bei Neigung zur Erweichung und zum brandigen Absterben, daher z. B. in späteren Stadien der typhösen Krankheiten, der Lungen- und Brustfellentzündung, bei bösartigen Schafpocken, Ruhr, Entzündung der Gebärmutter etc. Wegen seiner Einwirkung auf das Nervensystem wurde er bei Nervenkrankheiten jeder Art anempfohlen, sehr häufig aber auch mißbraucht. Er verdient jedoch hier nur bei den sogenannten funktionellen Krankheiten Berücksichtigung. Bei Vergiftungen mit narkotischen Substanzen erwies er sich hilfreich. Wegen seines Einflusses auf die Steigerung der Haut- und Lugenausdünstung gibt man ihn bei katarrhalischen und rheumatischen Leiden, bei Durchfällen, bei sogenanntem rheumatischen Starrkrampf, Ruhr u.s.f. Endlich gibt man ihn bei Blutharnen, Nierenentzündung, Harnverhaltung, bei Reizungen der Nieren in Folge des fortgesetzten Gebrauches von spanischen Fliegen, bei ungewöhnlicher Aufregung des Geschlechtstriebes, bei Entzündungen und Anschwellungen des Euters. Gegenangezeigt ist sein Gebrauch bei akuten Entzündungen insbesondere der Verdauungsorgane. Die Gabe ist eine verschiedene; im Durchschnitt verabreicht man Pferden ½-2 Quentchen, Rindern bis zu 1 Lot, Schafen und Schweinen 10 Gran bis ½ Quentchen, Hunden 2-20 Gran; dort, wo man auf die Hauttätigkeit wirken will sowie bei gefahrdrohenden Nervenzufällen müssen die größeren, bei den übrigen angeführten Krankheitsfällen die kleineren Gaben gewählt werden. Sobald die Wirkungen desselben verschwunden sind, muß die Gabe wiederholt und, falls sein Gebrauch durch längere Zeit angezeigt wäre, allmählich mit der Größe der Gabe gestiegen werden. Man gibt ihn am besten entweder in flüssiger Form, zu welchem Zweck man ihn mit Pflanzenschleim, Eidotter, oder Stärkekleister abrührt und der Flüssigkeit beimischt oder setzt ihn Latwergen zu, oder mit Eigelb, arabischem Gummischleim oder Speichel abgerührt hat. Je nach den verschiedenen Krankheitsformen verbindet man ihn mit ätherisch-öligen Substanzen, Ammoniak-, Schwefel- oder Spießglanzpräparaten, oder auch mit schleimigen, öligen, gerbstoffhaltigen und narkotischen Stoffen, oder mit Blei- und Quecksilberpräparaten oder endlich mit Salpeter, in welcher Verbindung er vorzugsweise gegen den Starrkrampf, Milzbrand und heftige Entzündungen gerühmt wird. Äußerlich wendet man den K. bei schlaffen, veralteten Geschwüren, beim brandigen Absterben äußerer Teile, bei veralteten Drüsengeschwülsten, bei wassersüchtigen Anschwellungen der Haut, bei Rheumatismus, Lähmungen etc. an. Man benutzt ihn hier entweder als Streupulver, oder mit aromatischen Kräutern gemengt zur Füllung von Kissen, oder in fettem Öl (1 Teil in 6-8 Teile) gelöst als flüssige Salbe, oder mit 4-6 Teilen Schweinefett oder Butter abgerieben. In Verbindung mit Terpentinöl stellt er ein kräftiges Reizmittel dar. Der Kampfergeist wird vorzugsweise zu Waschungen und Einreibungen, als Zusatz zu Einspritzungen und Salben verwendet.

Anwendung nach dem homöopathischen Prinzip. Der K. hat sich bewährt in Erkältungskrankheiten, bei lokalen Entzündungen von akutem und chronischem Verlauf, als Vorbauungsmittel vieler bedeutenden, namentlich von Erkältung herrührenden Krankheiten, bei Fieber, Typhus, Cholera, fieberhaften Hautkrankheiten, Manien, Mercurialspeichelfluß, Diarrhöen, bei Reizung der Harn- und Geschlechtswerkzeuge, insbesondere durch spanische Fliegen erzeugt, bei Grippe, Brustkrämpfen etc.

Gabe: In akuten Krankheiten 1-3 Tropfen des reinen Kampferspiritus für sich oder in einem Eidotter abgerührt oder der 1. Verdünnung (für sich oder in einem Eßlöffel voll Wasser) alle 5 Minuten, ¼ oder ½ Stunden; in chronischen Krankheiten nach einigen seltener, nach anderen ebenfalls in schnell wiederholten Gaben.

Der homöopathische Tierarzt Genzke empfiehlt das Mittel bei Nerven- und asthenischen Fiebern und in der Influenza der Pferde, gegen Starrkrampf, wenn dieser zuerst das Vorderteil des Körpers ergreift, und akute Rheumatismen; ferner gegen Nierenentzündung und Blutharnen, wenn diese in Folge des Genusses von Maikäfern, Kanthariden u. dgl. zugleich mit dem Laub verschiedener Gesträucher entstanden sind. Träger empfiehlt es bei schmerzhafter Entzündung des Euters der Kühe und Schafe, wenn Belladonna und Bryonia im Stich lassen und das Euter zu verhärten droht, gegen einzelne Knoten im Euter und den Strichen, sowie gegen das Nichtrindern der Kühe. Scholz will das Mittel in der Harnverhaltung nach dem Genuß von Waldgras sehr wirksam befunden haben. Endlich wird es von mehreren Seiten empfohlen gegen die Epilepsie, wenn diese schon mehrere Anfälle gemacht und andere Mittel nichts leisten. Vermöge der kurzen Wirkungsdauer ist der Kampfer in kleinen Zwischenräumen wiederholt anzuwenden.

Gabe: 4-6 Tropfen der Lösung in Weingeist.

Andere Arten des Kampferbaumes sind der drüsige K. *(C. glandulifera)* in Nepal; der Kampferstrauch ist bei dieser Art schwächer, auch wird kein Kampfer daraus bereitet, wohl aber ist die Rinde als Sassafrasrinde dort gebräuchlich, nicht minder auch das Holz des Baumes als Kampferholz bekannt; der drüsenlose K. *(C. Parthenoxylon)* findet sich in Penang, Sumatra und Java. Die Rinde und das Holz sind dem Sassafras im Geruch und Geschmack sehr ähnlich, dessen Stelle sie auch für Ostindien ganz vertreten können. Aus der Frucht bereitet man ein balsamisch-riechendes, fettes Öl, das als äußerliches Heilmittel gebräuchlich ist.

Kampferkraut *(Camphorosma),* Gattung der Chenopodiineen. Das rauhhaarige K. *(C. monspeliaca)* wächst auf sandigen und wüsten Plätzen in den Ländern am mittelländischen Meer, blüht vom Juli bis September, riecht aromatisch, schwach kampferartig, schmeckt auch aromatisch.

Kampfer-Masliebe *(Osmitopsis),* Gattung der Compositen. Die filzige K. *(O. asteriscoides)* hat einen an 2' hohen, dicken Stengel, sehr gehäufte, $1\frac{1}{2}$-2" lange, 3-4"' breite, durchstochen-punktierte, spitze, gegen die Spitze oft fein gesägte Blätter; die unteren zurückgeschlagen, die oberen aufrecht-abstehend; die Blumenkrone in der Scheibe gelb, fast walzlich, außen und besonders an der Spitze mit länglichen, höckerigen Drüsen, innen am untersten Teil mit vielen dicken, schwammigen, drüsigen Körpern besetzt. Wächst an nassen Stellen am Tafelberg und blüht im März und April. Die ganze Pflanze riecht sehr stark und kampferartig; sie ist am Kap als ein reizendes, erhitzendes, schweißtreibendes, zerteilendes Mittel innerlich und äußerlich im Gebrauch; auch wird ein sehr starker Geist daraus bereitet. Die unbehaarte K. *(O. camphorina)* ist der vorigen Art ähnlich. Findet sich an Bächen und nassen Stellen am Kap und wird wie die vorige Art angewendet, soll jedoch kräftiger sein.

Kampferölbaum *(Dryobalanops)* Gattung der Dipterocarpineen. Der sumatra'sche K. *(D. sumatrana)* ist ein bis 100 Fuß hoher Baum mit steifem, säuligem, kräftigem Stamm, der bis 70 Fuß hoch wird und eine gerissene, rauhe, glänzende, weiße und gelbliche Rinde zeigt. Am Grunde hat er plattenförmige Auswüchse. Das Holz ist braun. Die Blätter sind wechselständig gestielt, die Stiele auf dem Rücken gerundet, obenhin gefurcht, oft gekrümmt. Die hinfällige Blume ist einblätterig. Die Heimat ist Sumatra von Ajar Bangis bis Singkal auf der Südwestküste, von der Küste an bis 1200 Fuß über dem Meer. Junge Bäume halten keinen festen Kampfer; gelöster findet sich in allen Teilen. Das Kampferöl gewint man durch Kochen der Pflanzenteile, von denen man mit einer Kokusnußschale dasselbe abschöpft. Der Kampfer dieses Baumes soll sich vor dem gewöhnlichen durch eine innigere Mischung und Verbindung feiner Elemente, durch seine ungleich geringere Verflüchtigung an der Luft, sowie durch einen feinen, veilchenartigen Geruch, den er beim Raffinieren verbreitet, in medizinischer Hinsicht aber dadurch auszeichnen, daß er zwar langsamer, aber auch weit gleichförmiger und anhaltender wirkt.

Kanahie *(Kanahia),* Gattung der Asclepiadineen. Der gemeine K. *(C. spinosa)* bildet einen Strauch mit sehr zahlreichen an Mauern und Felsen angedrückten, rundlichen, kahlen Ästen. Die zweizeilig stehenden Blätter haben längliche, rundliche, am Grunde sogar etwas herzförmige Platten. Ihre Farbe ist seegrün. Das Gewebe ist etwas fleischig. Die Stiele sind viel kürzer als die Platten. Die Blumenblätter sind breit, rundlich, genagelt, weißlich rosa. Der Fruchtknoten steht an einem sehr langen Stiel und ist länglich mit einer sitzenden Narbe. Dieser Strauch findet sich an Felsen, an Ruinen und sonstigem Mauerwerk im ganzen mittelländischen Gebiet. Er blüht Anfang Sommer. Man sammelt die Blütenknospen und macht sie in Essig und Salz ein, um sie als Zutat zu allerhand Speisen zu benutzen. Die Blätter und die Rinde, besonders aber jene von der Wurzel des K. sind bitter, scharf, etwas zusammenziehend und die letztere war daher als ein eröffnendes, kräftig verdünnendes und harntreibendes Arzneimittel im Gebrauch. Der langfrüchtige K. *(C. cynophallophora)* ist ein Strauch des tropischen Amerika mit elliptischen Blättern von fast lederartigem Gewebe, weißer Blume und bis sechszölliger Frucht, die grün und rötlich ist. Man braucht die Rinde der Wurzel gegen Blutstockungen des Pfortadersystems. Der mandelblätterige K. *(C. amygdallina)*, in Westindien und Süd-Amerika einheimisch, riecht stark und unangenehm; ihre Wurzel, sowie die Früchte braucht man auf den Antillen gegen nervöse und Gelenksschmerzen, Atonie des Unterleibes und ähnliche Krankheiten; die (im Geruch menschlichen Exkrementen gleichenden) Blüten gegen Gelbsucht und mangelnde Menstruation, die Blätter aber zu Bädern gegen hysterische und hypochondrische Übel. Blätter und Blüten des kurzdornigen K. *(C. brevispina)*, in Ostindien einheimisch, dienen als ein Purgiermittel, erstere auch äußerlich zu Einreibungen gegen gichtische Schmerzen. Der rostfarbige K. *(C. ferruginea)*, den man in Jamaika und Haiti unter Sträuchern in der Nähe des Meeres findet, riecht und schmeckt stechend scharf, nach Art der Kreuzblütler; ihre Wurzel soll ein sehr kräftiges Mittel gegen die Wassersucht sein. Der armblätterige K. *(C. Sodada)* wächst überall in Jemen, sowie in Ober-Ägypten und dem übrigen mittleren Afrika. Die Früchte, welche einen angenehmen und erhitzenden, der Brunnenkresse etwas ähnlichen Geschmack besitzen, werden im Sudan häufig gegen Unfruchtbarkeit angewendet; in Arabien dienen sie (im unreifen Zustand gekocht) als Speise.

Kapuzinerkresse *(Tropaeoloum)*, Gattung der Tropäoleen. Die gemeine K. *(T. majus)*, indische Kresse, große Kresse, hat schmutzig-gelbe, runzliche Teilfrüchte. Die Heimat ist Peru, von wo die Pflanze 1684 in unsere Gärten kam. Man sät sie im April in schweren Boden in's freie Land. Die gefüllten Abarten kann man aus Stecklingen ziehen, die man im Winter mäßig gießt und unter den Fenstern bei +5-8 Grad R. überwintert. Die ganze Pflanze riecht und schmeckt auffallend kressenartig, wird auch wie die Kresse, doch nur selten in der Medizin angewendet; außerdem benutzt man noch die Blütenknospen wie Kappern sowie auch die unreifen Früchte, in Salz oder Essig eingelegt, als eine angenehme Würze an Speisen. Die übrigen Arten besitzen ähnliche Heilkräfte.

Karde *(Dipsacus)*, Gatttung der Dipsaceen. Die gemeine K. *(D. fullonum)*, Kartätschendistel, Walkerdistel, Weberkarde, hat große, distelartige Köpfe, die zum Aufrauhen der Wolle und des Tuches dienen. Man pflanzt die Weberkarde auf schwerem, lehmigem Boden im großen an. Besonders am Rhein und im mittleren Frankreich, auch in Österreich ist diese Industrie weit ausgedehnt. Die Wurzel hatte man früher in den Apotheken und hielt sie für ein schweiß- und harntreibendes Mittel; Blüten und Samen hat man auch einst gegen den Biß toller Hunde empfohlen; auch das in den beckenartig verwachsenen Blättern sich sammelnde Wasser wendet man bei Augenkrankheiten an. Eine sehr ähnliche und in medizinischer Hinsicht früher ebenso gebräuchlich gewesene Art ist die wilde K. *(D. sylvestris).*

Karsiol ☞ **Kohl**

Kartoffel ☞ **Nachtschatten**

Kastanie *(Castanea),* Gattung der Cupuliferen. Die gemeine K. *(C. vesca),* echte Kastanie, Maronenbaum, nicht zu verwechseln mit der ☞ Roßkastanie, erinnert stark an die Eiche. Der Stamm wird lang und gerade im Schluß, er bleibt kurz, wenn er einzeln gewachsen. Die sparrigen Zweige stehen weit und bilden große Schirme, deren Schatten um so stärker, je dichter die Belaubung ist. Die Schosse sind rotbraun oder olivengrün. Die Blätter werden bis zehn Zoll lang und bis zwei Zoll breit, sie sind eilanzettlich und am Rande hin schön sägezähnig. Die kurzen Blattstiele sind kahl, während die Blätter selbst auf ihrer Unterfläche in der Jugend dicht seidenhaarig oder gar filzig sind. Gemein und ganze Wälder bildend im südlichen Europa und im Orient, im mittleren häufig kultiviert und hier und da fast verwildert. Blüht im Mai und Juni. Die Früchte sind hart, mehlig, werden durchen Kochen, noch besser durch Rösten, sehr wohlschmeckend süß und deshalb auch (besonders die große Varietät, Maronen genannt) in ganz Europa auf verschiedene Weise verspeist, hier und da auch als ein Kaffeesurrogat benutzt; vorzüglich aber sind sie für viele südliche Länder fast die Hauptnahrung der Ärmeren.

Katzenminze *(Nepeta),* Gattung der Lippenblütler. Die gemeine K. *(N. Cataria)* hat einen 2-3' hohen Stengel, gestielte, herzförmige, tiefgesägt gekerbte, unterseits graufilzige Blätter, eine glatte, kahle Frucht und rötliche oder weißliche Blumen. Man findet sie häufig auf Schutthaufen, wüsten Plätzen, an Wegen und Zäunen im mittleren und südlichen Europa, jetzt auch in Amerika. Blüht vom Juni bis September. Man wendet (wiewohl heute nur sehr selten) die Blätter als ein reizendes, krampfstillendes Mittel an; sie riechen wie alle anderen Teile stark gewürzhaft, minzenartig, auch oft der Melisse ähnlich, schmecken scharf balsamisch, bitter und wurden früher vorzüglich gegen Bleichsucht, hysterische Zufälle, wie auch gegen Verschleimungen der Brust und des Darmkanals sehr gerühmt. Die Katzen haben für diese Pflanze, wie für den Katzen-Gamander und die Baldrianwurzel eine besondere Sympathie. Die lavendelartige K. *(N. lavendulacea)* wächst in Sibirien auf Bergen und riecht fast wie die Krauseminze; sie wird dort gegen weißen Fluß, sowie zu Schweißbädern angewendet. Außer den genannten haben auch die vielen übrigen Arten dieser Gattung einen starken, teils angenehmen, viel häufiger aber unangenehmen, aromatischen Geruch und wahrscheinlich ähnliche Heilkräfte.

Katzenpfötchen *(Antennaria),* Gattung der Compositen. Das gemeine K. *(A. dioica),* Engelblümchen, rotes Mäuseöhrchen, hat niedergestreckte Wurzelsprossen, astlose Stengel, verkehrteirund-spatelförmige Wurzelblätter; dem Stengel angedrückte, gleichbreitlanzettige Stengelblätter, eine endständige und zweihäusige Doldentraube, zweihäusige Blütenköpfe und rosenrote oder weiße Hüllblätter. Blüht im Mai bis Juni auf trockenen, dürren Stellen durch fast ganz Europa, ist ausdauernd. Die zierlichen Blütenkörbchen waren früher gegen chronischen Husten, Lungengeschwüre, Blutspeien, gegen Diarrhöe und Ruhr gebräuchlich; sie besitzen jedoch nur die gewöhnlichen Heilkräfte gelind adstringierender Mittel, doch nicht bei dem Landvolk, das ihnen sogar Zauberkräfte beilegt. Das perlweiße K. *(A. margaritacea)* blüht auf den Gebirgen Nordamerikas, auch in Gebirgsgegenden hier und da in Europa, doch häufiger in Gärten kultiviert. Das Kraut wird in Nordamerika gegen Ruhr, Blutflüsse, auch äußerlich bei Kontusionen, Geschwülsten etc. angewendet.

Kautschukbaum ☞ Federharzbaum

Kautschuk Federharz, das hauptsächlich aus tropischen Gewächsen, welche Milchsäfte führen, gewonnen wird und in der Technik sowie zu chirurgischen Zwecken vielfache Anwendung findet.

Kelchblume *(Calycanthus)*, Gattung der Calycanthineen. Die gewürzhafte K. *(C. floridus)* ist ein Strauch von 6-10 Fuß Höhe mit vierseitigen Ästchen; gestielten, gegen die Spitze der Äste an Größe zunehmenden, 2-3 Zoll langen, halb so breiten, unten weißgelblich-samtartigen Blättern und endständigen, einzelnen, gestielten, braunroten Blüten. Blüht vom Mai bis August und findet sich an schattigen Stellen der Bäche in Carolina. Die Rinde riecht und schmeckt stark gewürzhaft, zimtartig, ist ein gutes, tonisch stimulierendes Heilmittel und in Nordamerika offizinell. Ähnliche Eigenschaften besitzt auch die schimmelgrüne K. *(C. glaucus)*.

Kellerhals ☞ Seidelbast

Kerbel ☞ Klettenkörbel

Kermesbeere *(Phytolacca)*, Gattung der Phytolaceen. Die gemeine K. *(Ph. decandra)*, amerikanischer Nachtschatten (FIG. 57), hat eine ästige fleischige Wurzel; die Stengel werden bis weit über mannshoch, sind stark, meist rot angehaucht. Die Blätter sind länglich-elliptisch oder eiförmig, oben spitz, am Grunde etwas keilig, meist wellig am Rande und gestielt. Die Blütentrauben sind auf ihrer oberen Ausdehnung sehr blütenreich. Die einzelnen Blüten sind gestielt und gespreizt. Sie stehen in den Achseln kleiner lanzettlich linealer, spitzer Deckblätter und haben Schüppchen an ihren Stielen. Die Blütenhüllabteilungen sind li-

FIG. 57

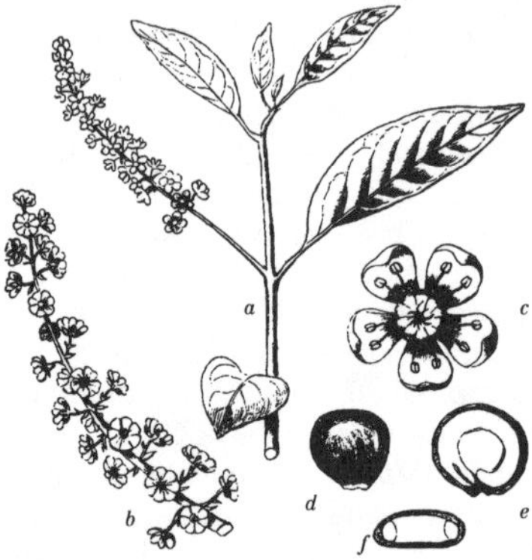

DER GEMEINE KERMESBEERE: a) ein blühender Zweig, b) ein Fruchtstand, in 1/2 natürlicher Größe, c) eine ausgebreite Blüte, fünfmal vergrößert, d) ein Same, e) derselbe im Längsschnitt, man sieht den Keimling, f) derselbe im Querschnitt, alle diese Figuren fünfmal vergrößert.

neal und stumpf. Die Beeren sind im Zustand der Reife und enthalten einen hochgefärbten Saft, der dem der Holunderbeeren vergleichbar ist. Die Heimat der Kermesbeere ist unbedingt das südliche Nordamerika; jetzt trifft man sie auch in Westindien und in den Ländern am mittelländischen Meer verwildert. Die Wurzel, das Kraut und die unreifen Beeren, welche sämtliche eine nicht unbedeutende Schärfe besitzen, sind in Nordamerika offizinell; die Wurzel braucht man sehr häufig als ein kräftiges Purgiermittel und äußerlich nach Art der Senfteige oder auch zu schmerzstillenden Breiumschlägen; die Blätter und unreifen Früchte rühmt man gegen den Krebs, sowie auch gegen kallöse Geschwüre und Grind, innerlich aber als ein Brech- und Abführmittel, nicht minder gegen Syphilis, Rheumatismen und Hämorrhoiden, die Samen aber vertreten als Heilmittel zum Teil den Senf. Mit dem schönen roten Saft der reifen Beeren werden in Frankreich die Weine, noch häufiger aber in ganz Europa die Zuckerbäckerwaren gefärbt. Alle Amerikanerinnen sind darüber einig, daß keine Schminke die Haut weniger angreift als die aus Kermesbeeren; ja sie soll sogar bei Tage fast gar nicht bemerklich sein.

Keulenmorchel *(Clavaria),* Gattung der Morchelpilze. Die Korallen-K. *(Cl. corallodes)* hat eine weiße, ins Graue übergehende Farbe, spitze Enden der Ästchen und ist innen hohl. Die blumenkohlähnliche K. *(Cl. Botrytis),* Hirschschwamm, rötliche Bärentatze, Bocks-, Geis- oder Ziegenbart (FIG. 58), hat einen dicken, hellen, oft liegenden Strunk; kurze, ungleiche, oft runzelige Äste, die in gestutzte, kammzähnige, rötlich-braune Zweiglein ausgehen. Diese Art findet sich in Laub- und Nadelwäldern an der Erde zwischen Moos und Gras, sowohl im Frühling

FIG. 58

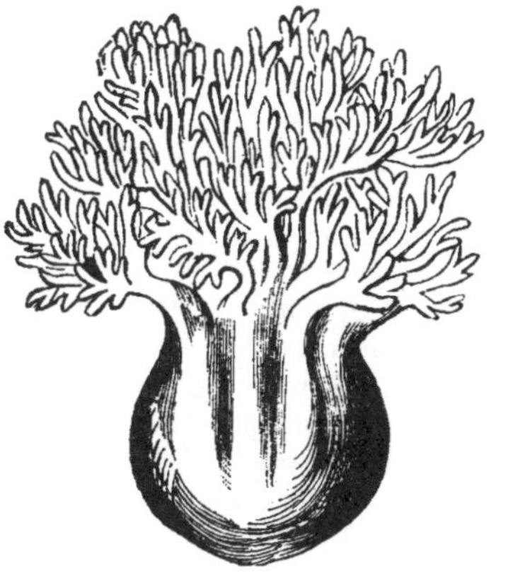

DER GEMEINE ZIEGENBART

als im Herbst. Die gelbe K. *(Cl. pistillaris)* ist bis Fuß hoch, schmeckt fade, riecht aber sehr lieblich und erscheint im Herbst in Wäldern.

Kicher *(Cicer),* Gattung der Schmetterlingsblütler. Die gemeine K. *(C. arietinum),* Kicher- oder Kaffeerbse, hat einen dichtbehaarten, 1-2 Fuß hohen Stengel, unpaarig-gefiederte Blätter, gegen- oder wechselständige, ovale, an der Spitze scharf gesägte Blättchen, einzelne, blattwinkelständige, gestielte, rötlich-violette oder weiße Blüten, drüsenhaarige Hülsen, weiße oder rötliche, höckerige Samen. Blüht im Juni bis August. Die mehlreichen, schwach bitterlich schmeckenden Samen der Kichererbse waren schon in den ältesten Zeiten im Orient, in Ägypten und sind noch jetzt im südlichen Europa ein häufig genossenes Nahrungsmittel, aber auch in mehreren Ländern als ein Kaffeesurrogat im Gebrauch; doch wird heute nur das Mehl derselben zu erweichenden und zerteilenden Umschlägen gebraucht; früher gab man die Abkochung der Samen und Blätter als ein harntreibendes Mittel und rühmte das Mehl mit Honig gegen bösartige, krebsartige Geschwüre.

Kiefer *(Pinus),* Gattung der Koniferen. Die gemeine K. *(P. sylvestris),* Föhre oder (fälschlich) Fichte, ist ein Baum von 60-80 Fuß Höhe, mit einem im Alter ausgebreiteten Wipfel und einer braunroten, tiefrissigen, leicht in Blättchen ablösbaren Rinde. Die 2 Zoll langen, bläulich-grünen Nadeln stehen stets zu zweien und bilden an den Astgipfeln einen Büschel. Die Kätzchen mit Staubblüten sind am Gipfel der Zweige zusammengedrängt und enthalten eine große Menge von schwefelgelbem Blütenstaub; die purpurroten Kätzchen mit Fruchtblüten stehen einzeln und entwickeln sich nach dem Verblühen zu einem spitzkegelförmigen Zapfen, dessen holzige Schuppen oben sehr verdickt sind und nicht abfallen. Bildet im mittleren und nördlichen Europa und Asien auf Sandboden ganze, oft sehr große Wälder in der Ebene, im südlicheren Europa nur auf Bergen; wächst schnell und kann bis 400 Jahre alt werden. Von diesem Baum sowie von mehreren anderen Arten erhält man durch Einhauen in den unteren Teil des Stammes: a) den gemeinen Terpentin, der selten innerlich, häufig dagegen äußerlich angewendet wird, um die Haut zu erhitzen, wunde Flächen in Eiterung zu erhalten, eine kräftigere Fleischwärzchenbildung bei atonischen und torpiden Geschwüren zu erzielen, um reizend auf die Harnorgane zu wirken, ferner bei chronischen Rheumatismen, sogenannten kalten Geschwülsten, bei Lähmung, Brand und bei Frostbeulen, auch als Klistier, um Würmer zu töten und einen starken Reiz auf den Mastdarm auszuüben. Den Terpentin gibt man zu 5-20 Gran in Pillen, Emulsionen, selten in Weingeist gelöst; b) das Terpentinöl wird innerlich gegen Darmwürmer gegeben, und zwar zu diesem Zwecke in größeren Gaben zu 2 - 4 Drachmen 2 - 4mal, und zwar jede Viertelstunde; dann bei Wassersuchten, chronischen Blennorrhöen der Blase und Harnröhre, bei Schwäche und Lähmung des Blasenhalses und dadurch bedingtem, unwillkürlichem Harnabgang, sowie bei Lähmung des Grundes der Harnblase und dadurch entstandener Harnverhaltung gewährt bisweilen das ätherische Öl Hilfe. Bei Lungenkrankheiten bedient man sich mit Nutzen der Einatmungen des Terpentinöls z. B. bei Lungenbrand, wie Prof. Skoda in mehreren Fällen dieser Art auffallend günstige Erfolge beobachtet hat. Gegen atonische Gicht und gegen chronische Rheumatismen, besonders wenn sie als Neuralgie, namentlich als Hüft- und Lendenweh, auftreten, erweist sich der Terpentin und sein Öl öfters hilfreich. Schließlich hat man noch Terpentinöl sogar als spezifisches Mittel in Kindbettfieber, in der häutigen Bräune, im Typhus, gegen Darmgeschwüre, gegen Blutungen aus dem Mastdarm und der Gebärmutter, bei Vergiftungen mit Blausäure und Opium empfohlen. Der harzige Rückstand nach der Destillation des Terpentins ist als Terebinthina cocta bekannt, die geschmolzen c) zum Kolaphonium oder Geigenharz wird, welche nur äußerlich benutzt werden und zur Darstellung von Salben und Pflastern dienen. Durch eine Art trockener Destillation gewinnt man d) den Teer, welcher hauptsächlich seine Wirksamkeit dem Gehalt an Kreosot verdankt. Innerlich gab man ihn sonst in der Schwindsucht, im Skorbut, in der Ruhr, in Faulfiebern, gegen Nestelwürmer und gegen chronische Hautausschläge zu 5-20 Gran oder man gab Teerwasser. Einen bleibenden verdienten Ruf hat sich aber der Teer durch seine ausgezeichnete Wirksamkeit in chronischen Hautleiden bei seiner äußerlichen Anwendung erworben, und zwar bei Krätze, verschiedenen Flechtenausschlägen. Weniger leistet er bei fauligen, stinkenden Geschwüren, beim Krebs. Man reibt den Teer in die Haut ein oder bestreicht bloß die Haut damit, am besten mittels eines Charpiepinsels etwa messerrückendick oder verwendet die Verbindung des Teers mit gleichen Teilen Fett oder Seife. Der abgedampfte Teer gibt e) das schwarze Pech oder Schiffspech, das nur bei einigen Hautkrankheiten, viel häufiger aber zu technischen Zwecken, besonders beim Schiffsbau verwendet wird. Von freien Stücken tritt aus der Rinde oder sammelt sich in den offen gebliebenen Stellen f) das gemeine Fichtenharz, aus dem durch Schmelzen g) das gemeine gelbe Pech wird. Endlich erhält man h) durch Verbrennen aller Rückstände bei den verschiedenen eben erwähnten Operationen den Kienruß, welcher als Tinktur gegen Hautausschläge sowie gegen Trägheit des Unterleibes sehr wirksam sein soll. Außer diesen mehr oder weniger künstlich erzeugten Produkten sind ferner i) die jungen Triebe, im Frühling gesammelt, unter dem Namen Fichtensprossen offizinell; sie enthalten als wirksame Bestandteile Terpentinöl und Harz, überdies eigene Gerbsäure. Getrocknet verlieren sie viel von ihrer Wirksamkeit. In Abkochung hat man sie in ähnlichen Krankheiten wie den Terpentin gegeben. Kräftiger, der harzigen Teile wegen, ist ein weiniger Aufguß. Kiefernadelbäder wirken ebenfalls gegen die oben angeführten Krankheiten. Man siedet zu denselben 1-3 Pfund Kiefernadeln in 2-3 Maß Wasser tüchtig in einem verschlossenen Gefäß und gießt diesen Absud in das warme Badewasser. Anfangs nimmt man weniger Nadeln, dann immer mehr, bis sich der Kranke daran gewöhnt hat. Die Wärme des Bades soll 27 Grad R nicht übersteigen und der Kranke nie über eine halbe Stunde darin bleiben, anfangs nicht über 10 Minuten. Die Kiefernadelbäder haben sich besonders heilsam erwiesen bei skrophulösen Hautausschlägen, hartnäckigen skrophulösen Augenentzündungen, skrophulösen Geschwüren überhaupt, Gicht, besonders wenn sie langwierig und wandernd ist, bei langwierigen Rheumatismen, Magenkrampf, Brustkrampf, Hautausschlägen, Flechten, Menstruationsstörungen jeder Art, Bleichsucht, den meisten Nervenleiden etc. Ferner sei bemerkt, daß die Ausdünstungen von Kiefernadelwaldungen allen Brustleiden sehr dienlich sind. Daß die aus anderen Nadelhölzern bereiteten Terpentine ähnlich wirken, versteht sich von selbst.

In der Tierheilkunde gibt man den Terpentin innerlich vorzugsweise bei chronischen Katarrhen und Schleimflüssen der Verdauungs-, Atmungs-, Harn- und Geschlechtsorgane; als harntreibendes Mittel bei Ergüssen in seröse Säcke; auch als wurmtreibendes Mittel findet er Anwendung. Man gibt den größeren Haustieren 1-2 Lot und darüber, Schafen und Schweinen ½-2 Quentchen, Hunden 5 Gran bis ½ Quentchen, nach Erfordernis ein- oder mehrmals des Tages, entweder für sich allein oder in Verbindung mit anderen dem Krankheitszustand entsprechenden Mitteln. Die passendste Form der Verabreichung ist die flüssige, dann die Latwerg- und Pillenform; man reibt zu dem Zweck den Terpentin mit Sirup, Seife, Gummischleim oder Eidotter und Wasser, und gibt allmählich die entsprechende Menge warmen Wassers zu oder man setzt zu der abgeriebenen Masse aromatische oder bittere Pulver zu, bis die Pillen- oder Latwergenkonsistenz erreicht ist. Für den äußerlichen Gebrauch wird der Terpentin entweder zur Verfertigung der sogenannten Digestivsalbe verwendet, welche aus 2 Pfund Terpentin, 3 Unzen Olivenöl, 1 Unze gepulvertem Mastix, ebensoviel Myrrhe und Weihrauch besteht. Diese oder eine durch Verreiben des Terpentins mit Eigelb oder Honig bereitete Salbe wird auf schlaffe Wunden und Geschwüre gelegt. Um die Rücksaugung oder Eiterung in veralteten harten Geschwülsten, wie in Lymphdrüsen, Stollbeulen etc., hervorzurufen, kann Terpentin auch anderen Salben und Pflastermassen zugesetzt werden. Das Terpentinöl wendet man innerlich an bei chronischen Krankheiten und Schleimflüssen, insbesondere der Atmungs-, Harn- und Geschlechtsorgane, bei sogenannten gastrischen Zuständen, durch chronischen Magen- und Darmkatarrh bedingt, bei Windkoliken und beim Aufblähen des Rindes, bei langsam verlaufenden Typhen und Anthraxformen, bei Entzündungen, insbesondere der Atmungsorgane mit bedeutendem Schwächezustand; dann als harntreibendes Mittel bei serösen Ergießungen in die Gehirnkammern (Dummkoller), in die Brust- und Bauchhöhle in Folge vorausgegangener Entzündungen der serösen Häute, bei Hautwassersucht, bei Lähmungen und Krämpfen. Auch zur Tötung der Darmwürmer und der Leberegel wird es bisweilen in Gebrauch gezogen. Die gewöhnliche Gabe für den innerlichen Gebrauch ist für Pferde und Rinder ½-2 Quentchen, für Schafe und Schweine 20 Gran bis 1 Quentchen; für Hunde je nach der Größe 1-20 Tropfen, in Zwischenräumen von mehreren Stunden wiederholt; beim Aufblähen, bei Krampfkoliken und gegen Darmwürmer hingegen muß die Gabe um das 2-3fache größer genommen werden. Das Terpentinöl wird entweder in flüssiger Form, mit Eigelb oder Gummischleim und Wasser abgerieben oder schleimigen Abkochungen zugesetzt, oder in Pillen und Latwergen, wozu man es mit bitteren, aromatischen Mitteln oder Salzen verbindet, gegeben. Äußerlich verwendet man es zur Belebung schlaffer Wunden und Geschwüre, zur Beförderung der Abstoßung brandig abgestorbener Teile wie den Terpentin, entweder mit Eigelb oder Honig abgerieben, oder mit Kampfergeist, Kampfer, Holzessig u. dgl. verbunden, zur Beförderung der Rückbildung verhärteter Geschwülste, meist in Vereinigung mit anderen reizenden oder auflösenden Mitteln, dann um einen Reiz auf gelähmte Teile, wassersüchtige Anschwellungen etc. zu bewirken, endlich als ableitendes Mittel zu Einreibungen der Haut oder zum Bestreichen der eingelegten Haarseile und Leder bei den verschiedensten, insbesondere entzündlichen oder krampfhaften Krankheitszuständen innerer Organe. Auch gegen veraltete Hautkrankheiten erweisen sich Einreibungen von Terpentinöl entweder für sich allein oder in Verbindung mit Seife, Lauge, grauer Quecksilbersalbe u. dgl. wirksam. Wegen der starken Reizung der Haut, welche beim Gebrauch dieses Mittels entsteht, ist es notwendig, zeitweilig das Mittel auszusetzen, nachdem es einige Tage nacheinander verwendet wurde. Die Fichtensprossen werden bei denselben Krankheiten, insbesondere bei chronischen Schleimflüssen für größere Haustiere 2-4 Lot, für Schafe und Schweine 1-2 Lot, für Hunde $\frac{1}{2}$-2 Quentchen mehrmals des Tages und gibt sie, nachdem sie mit zugesetztem Weingeist verrieben sind, am besten in Abkochungen mit Wasser oder Bier oder in Aufgüssen.

Homöopathie. Das Terpentinöl eignet sich für folgende Krankheitszustände, und zwar: bei Schwere in den Gliedern, scharlachartigem Hautausschlag, Hautwassersucht, Alpdrücken, Schwindel, Nasenbluten, Brennen im Munde, Magen, Stuhlverstopfung, Hartleibigkeit, Durchfällen, Brennen im After, bei krankhaften Zuständen der Harnorgane, Brennen in der Blase und Harnröhre, Rücken- und Kreuzschmerzen, Bauchwassersucht, chronischer Blasenentzündung, nervösem Hüftschmerz.

Gabe: 1-2 Tropfen der 1-2. Verdünnung in längeren oder kürzeren Zwischenräumen, je nach Umständen gereicht.

Kielkrone *(Calotropis)*, Gattung der Asclepiadineen. Die ostindische K. *(C. gigantea)* ist ein aufrechter, 6-10 Fuß hoher Strauch mit aschgrauer Rinde, fast aufrechten Zweigen, von denen die jüngeren wollig sind; die Blüten riechen schwach lilienartig; die Blume wird fast 1 Zoll lang, bis 2 Zoll im Durchmesser, blaßviolett bis rot und bis auf $\frac{3}{4}$ ihrer Länge geteilt. Häufig im ganzen südlichen Asien, besonders zwischen Ruinen, auf alten Mauern, wüsten Plätzen und in Gebüschen, wird aber auch dort häufig kultiviert. Ist immer blühend. Die ganze Pflanze ist voll einer scharfen, bitteren, etwas opiumartig riechenden Milch und in Ostindien seit undenklichen Zeiten als Arzneimittel viefältig im Gebrauch; besonders wird der Milchsaft sowohl als die braunrote, innen weiße Rinde der Wurzel, die auch in Europa unter dem Namen Madar bekannt ist, bei epileptischen, hysterischen und konvulsivischen Anfällen, bei anderen krampf- oder lähmungsartigen Leiden, noch häufiger gegen Elephantiasis (Aussatz, wobei die Füße wie mit einer Elephantenhaut überzogen erscheinen) und andere chronische Hautausschläge, gegen Syphilis, Wurmkrankheiten, Wechselfieber, Gicht, sowie gegen Schlangenbisse angewendet. Das eigentümliche Alkaloid der Wurzel (Mudarin) bewirkt schon zu 1 Gran auf dreimal genommen, schnelles und reichliches Erbrechen. In Jamaika hält man die Milch für heilsam bei Gaumengeschwüren, chronischen Augenleiden und gegen Mundschwämmchen.

Kino ☞ **Schneckenfruchtbaum**

Kirschbaum *(Cerasus)*, Gattung der mandelblütigen Gewächse. Der süße K. *(C. avium)*, Vogel- oder Waldkirsche, Holzkirsche, Trieselbeere, Kasbeere, ist ein großer Baum mit elliptischen oder verkehrt eiförmigen, gesägten, weichen, etwas runzeligen und in der Jugend behaarten Blättern und zweidrüsigen Blattstielen. Die weißen, langgestielten Blüten erscheinen zu zwei bis vier doldenförmig gehäuft, mit den ziemlich entwickelten Blättern. Die süße Frucht ist kugelig und kahl und hat eine rote, gescheckte, gelbliche oder schwarze Farbe. In Gebirgswäldern einzeln und überall häufig in vielen Spielarten gepflanzt, von denen die wichtigsten sind: 1. Vogelkirschen, mit eiförmig kugeligen Früchten und weichem Fleisch. 2. Herzkirschen, mit herzförmig kugeligen Früchten und weichem Fleisch. 3. Knorpelkirschen, mit herzförmig kugeligen Früchten und hartem Fleisch. Blüht im April und Mai. Der Weichselbaum oder die Sauerkirsche *(C. acida)* unterscheidet sich vom vorigen leicht durch den niederen Wuchs, die lederartigen, glänzenden, kahlen Blätter, die meist drüsenlosen Blattstiele und die saure Frucht. Blüht im April und Mai. Man unterscheidet sogenannte Glaskirschen mit ungefärbtem Saft und eigentliche Weichseln mit dunklen, oft schwarzroten Früchten und färbendem Saft. Die Traubenkirsche *(C. Padus)*, auch Ahlkirsche, Elsenbeere, Faulbaum, ist ein Strauch oder Baum von 20-30 Fuß Höhe, mit elliptischen, zugespitzten, gesägten, kahlen Blättern. Die weißen Blüten kommen in langen, überhängenden Trauben mit den völlig entwickelten Blättern hervor. Die Frucht ist eine erbsengroße, schwarze, kugelige, ungenießbare Steinfrucht. Die Weichselkirschen sind nicht bloß ein angenehmes, diätetisches Mittel, sondern werden auch in einigen Zubereitungen für den Arzneischatz benutzt. Sie enthalten Apfelsäure und apfelsauren Kalk, Zuckerstoff, Pectin, Eiweiß, Gummi etc., in der Haut Harz oder Wachs, Gerbesäure. Die süßen scharzen Kirschen enthalten mehr Zuckerstoff als die Weichseln, im übrigen aber dieselben Bestandteile. Im allgemeinen wird die Kirsche rot eingemacht und als Kompott genossen; sie ist eine erquickende, der Gesundheit unschädliche und nährende Frucht, kühlt durch ihre Säure, ergötzt durch das Aroma der Zuckerstoffe. Zu arzneilichem Gebrauch wird ein Kirschensirup auf folgende Art bereitet: Man zerstößt und preßt reife, dunkelrote Sauerkirschen und läßt den Saft klar werden. Alsdann setzt man zu 1¼ Pfund dieses Saftes 3 Pfund weißen Zucker, kocht die Masse zu einem dünnen Saft und seiht durch. Kirschensaft bereitet man, indem man das Fleisch reifer Vogelkirschen preßt, wie den Himbeersaft der Klärung überläßt, abfiltriert, dann ihn mit 90%igem Weingeist versetzt und in Flaschen aufbewahrt. Zur Fabrikation des Kirschwassers destilliert man 5 Pfund zerstoßene Kirschkerne mit 25 Maß Wasser, gibt 14-15 Maß Kirschen zu und zieht 14-15 Maß Kirschwasser ab. Will man Kirschwein bereiten, zerdrückt man die reifen, von den Stielen befreiten Kirschen, gibt sie durch ein Haarsieb, bringt auf ca. 4 Maß Saft 2 Pfund Zucker, rührt ihn gut um und füllt ihn in ein Gefäß, das aber davon ganz voll werden muß. Ist die Gärung vollendet, läßt man das Faß drei Monate lang wohl verstopft liegen und zieht dann den Wein auf Flaschen.

Kirschlorbeer. Eine Abteilung der Gattung Cerasus zeichnet sich durch traubige Blüten und lederartige Blätter aus. Die bekannteste Art dieser Gruppe ist der Kirschlorbeer *(C. Laurocerasus)*, die Lorbeerkirsche. Sie ist ein Strauch, der die Höhe von 25 Fuß erreicht, dann aber auch ab und zu baumartig vorkommt. Die Blätter sind kurz gestielt, 4-6 Zoll lang, 2-2½ Zoll breit, länglich elliptisch, kurz zugespitzt, am Rande zurückgebogen, feinsägezähnig, lederartig, dick, glatt, glänzend, immergrün und auf der stark hervorragenden Mittelrippe mit 2-4 flachen Drüsen versehen. Stammt aus Kleinasien, findet sich aber jetzt im ganzen südlichen Europa verwildert und hält auch im südlicheren Deutschland den Winter im Freien aus, blüht aber hier fast nie. Die Blätter riechen und schmecken auffallend nach bitteren Mandeln, besitzen auch dasselbe ätherische, Blausäure enthaltende Öl in reichlicher Menge und dienen zur Bereitung des Kirschlorbeerwassers (1 Pfund frische Blätter werden mit 3 Pfund Wasser destilliert und dann 1 Pfund abgezogen). Man wendet es mit Nutzen an bei fehlender Menstruation, Hämorrhoidalbeschwerden, Leberverstopfung, Hypochondrie, Hysterie und Melancholie. Heilbringend wirkt es ferner bei erhöhter Reizbarkeit des Magens und Darmkanals, bei manchen Herzkrankheiten und bei entzündlichen Lungenkatarrhen mit schleimigem Asthma. Die Gabe beträgt 5-15 Tropfen des Tages 3-4mal gereicht.

In der Tierheilkunde kann das Kirschlorbeerwasser bei Krankheiten der Hunde, und zwar bei krampfhaftem Husten, Konvulsionen, Starrkrampf, Darmentzündung zu 5-15 Tropfen gegeben werden.

Homöopathie. Der Kirschlorbeer eigent sich für folgende Krankheitszustände: Krankheiten mit großer Herabstimmung der Empfindung, mit gänzlichem Mangel an Energie, mit raschem Sinken der Lebenskräfte, Mangel an Lebenswärme, große nervöse Schwäche, bei Krämpfen, Epilepsie, Lähmungen der Glieder in Folge von Hirnschlag, Schlafsucht, Schlaflosigkeit, Typhus, Melancholie, Hypochondrie, Hysterie, bei lähmungsartigen Zuständen des Gehirns, Betäubung, Schwindel, bei hysterischen Kopfschmerzen, Gesichtstäuschungen, Schlundkrampf, Schluchzen, Cholera, Magenschmerzen, Magenkrampf, Leberentzündung, bei krankhaften Zuständen des Pfortadersystems, Hartleibigkeit und Stuhlverstopfung, Blasenlähmung, bei katarrhalischen Beschwerden, krampfhaftem Asthma, beginnender Lungenschwindsucht, bei Lungenentzündung, nervösem Herzklopfen, Engbrüstigkeit.

Gabe: 1-2 Tropfen der 1., 2., 3. Verdünnung alle 2, 3, 4, 6, 8, 12 oder 24 Stunden.

Klammerstrauch *(Echites),* Gattung der Drehblütler. Der westindische K. *(E. suberecta)* ist ein in Gebüschen wachsender, 8-10 Fuß hoher und kletternder Strauch mit flaumhaarigen Ästen; fast lederigen, stachelspitzigen, unten flaumhaarigen, oben glänzenden Blättern und einer großen, gelben, außen zottigen, trichterigen Blume. Findet sich in Westindien und blüht fast stets. Der Milchsaft dieser Pflanze ist höchst giftig, so zwar, daß 6 Gran der Wurzel einen starken Hund in der Zeit von 3 Stunden, 2 Drachmen des Saftes aber schon in 3 Minuten töten; auch soll hauptsächlich daraus das Woorara-Gift bereitet werden. Der antisyphilitische K. *(E. syphilitica)* wächst in Surinam, wo eine Abkochung der Pflanze ein sehr bekanntes Heilmittel bei syphilitischen Krankheiten ist. Der kleinblumige K. *(E. micrantha)* findet sich in Malabar; die Blätter werden dort gegen unterdrückten Kindbettfluß, übrigens auch samt der Wurzel zu Einreibungen oder Waschungen bei krampfartigen oder sonstigen Schmerzen sowie gegen gichtische Leiden in Anwendung gezogen. Der langblumige K. *(E. longiflora)* Brasiliens enthält einen scharfen Milchsaft, der dort in Form von Breiumschlägen und Klistieren bei Hämorrhoidalknoten, noch häufiger aber mit großem Vorteil angewendet wird. Die braunrote, bitter und stechend schmeckende Rinde des Stammes und jene der Wurzel des in Ostindien einheimischen weichhaarigen K. *(E. pubescens)* sind gegen Diarrhöen, noch mehr gegen Ruhr im Gebrauch.

Klapperhülse *(Crotolaria),* Gattung der Schmetterlingsblütler. Die warzige K. *(C. verrucosa)* ist in Ostindien, jetzt auch auf den Maskarenen und Westindien einheimisch; die bitteren Blätter dienen als Brechmittel bei gastrischen und biliösen Fiebern, aber auch innerlich und äußerlich gegen Hautausschläge; die Wurzel braucht man gegen Kolik und Blähungen. Die abgestutzte K. *(C. retusa)* wird auf gleiche Weise wie die vorige angewendet.

Klappertopf *(Rhinanthus)*, Gattung der Rhinanthineen. Der große K. *(Rh. maior)* ist in ganz Europa als beschwerliches Unkraut auf niederen, feuchten Wiesen, in Saaten und auf sandigen Äckern bekannt. Der Stengel wird 8-12 Zoll hoch, hat lanzettförmige, sägeartig gezähnte, ansitzende Blätter, die etwas nervig, feinbehaart und glatt sind. Im Mai und Juni erscheinen in einer einseitigen Ähre gelbe Blumen, die einen nierenförmigen, geflügelten Samen in breiten, harten, zusammengedrückten Kapseln hinterlassen, der im August reif ist und dann in denselben klappert. Dieses geruchlose, krautig und etwas herbe, zugleich auch schwach-salzig und bitterlich schmeckende Gewächs war einst als Herba Cristae galli gebräuchlich. Der rauhhaarige K. *(Rh. hirsutus)* ist von der vorigen Art wenig verschieden. Die Samen kommen oft in bedeutender Menge unter dem Roggen vor, wodurch das Mehl eine dunkle Farbe und das daraus gebackene Brot einen unangenehmen und bitteren Geschmack erhält. Diese Verunreinigung des Brotes bringt zwar keine auffallend schädlichen Wirkungen hervor, dürfte aber schon deshalb nicht völlig gleichgültig sein, weil man sich hier und da einer Abkochung der Samen des Klappertopfes zur Tötung mehrerer lästiger Insekten bedient.

Klee *(Trifolium)*, Gattung der Schmetterlingsblütler. Der Wiesen-K. *(T. pratense)* hat aufrechte oder aufsteigende 1 Fuß hohe, ästige Stengel, dreizählige Blätter und rundliche Blütenköpfchen. Die Blättchen, deren manchmal, obgleich sehr selten, vier oder fünf vorkommen, sind eiförmig, ganzrandig und oft in der Mittel schwärzlich-weiß gefleckt; die Nebenblätter eiförmig, begrannt. Die purpur- oder blaßroten Blüten haben einen röhrigen Kelch mit 5 feinen borstlichen Zähnen und eine schmale, längliche, unterwärts in eine Röhre verwachsene schmetterlingsartige Blumenkrone. Auf Wiesen und Triften gemein, häufig auch auf Feldern im großen als vorzügliches Futterkraut gebaut. Blüht vom Mai bis September und ist zweijährig. Der kriechende K. *(T. repens)*, weißer Wiesen- oder Honig-Klee, ist gemein an Wegen, auf Weiden und Wiesen Europas. Die schwach, aber angenehm, honigartig riechenden, süßlich und etwas herb schmeckenden Blüten waren sonst offizinell; aber auch noch heute trinkt man hier und da einen Aufguß derselben als Tee. Der Hasen- oder Feldklee *(T. arvense)* war ebenfalls früher gebräuchlich und wird auf dem Land noch häufig als blutreinigende Teeart verwendet, ob mit Erfolg, sei dahingestellt.

Klette *(Lappa)*, Gattung der Korbblütler. Die große K. *(L. maior)*, Roßklette, Klettenwurz (FIG. 59), hat eine zweijährige, walzliche Wurzel und einen bald kürzeren, bald längeren, aufrechten, oben ästigen Stengel. Die eiförmigen oder rundlichen, an der Basis herzförmigen Blätter sind oft sehr groß (nebst denen der Pestwurz die größten unter den einheimischen Pflanzen). Die kugeligen Köpfchen stehen an der Spitze der Äste in Doldentrauben und haben einen Hüllkelch, dessen Schuppen in eine hakig umgebogene Stachelspitze endigen, weshalb sie leicht an Kleidern hängen. Diese Art wächst ganz besonders in Wäldern. Die Wurzel dieser Klette ist sowie die der 2 folgenden unter dem Namen *Radix Bardanae* offizinell. In ihren Wirkungen kommt sie einigermaßen der Sassaparille nahe und wird als ein auflösendes, auf das Hautsystem und die Nieren einwirkendes und sogenanntes blutreinigendes Heilmittel bei Hautausschlägen, veralteten Rheumatalgien, gichtischen und syphilitischen

FIG. 59

DIE GROßE KLETTE: a) und b) ein Stengel und eine wurzel in 1/3 natürl. Größe, c) der Durchschnitt eines Köpfchens der Frucht, in natürl. Größe, d) eine Blüte, zweimal vergrößert, e) eine Frucht in natürl. Größe.

Übeln, wie auch bei skrophuloser Dyskrasie und gegen Unterleibsstockungen angewendet. Die herben und sehr bitteren Blätter sind, mit Öl zusammen gerieben, ein sehr gutes Mittel bei atonischen Geschwüren, auch werden sie in solchen Fällen, wie auch bei Verbrennungen und auf eiternde Stellen frisch oder ihr Saft aufgelegt; die Indianer in Kanada trinken die Abkochung derselben bei Rheumatismus. Die Früchte sind in größerer Gabe purgierend. Die anderen Arten sind die Spinnen-K. *(L. tomentosa)* und die kleine Klette *(L. minor)*.

In der Tierheilkunde benutzt man die Klettenwurzel äußerlich zum Waschen der Flechten, bei juckender Haut und beim Ausgehen der Haare. Man gibt die Abkochung aus 1 Teil Wurzel und 12 Teilen Wasser oder Bier bis zur Hälfte eingekocht. Die frischen Klettenblätter und der aus ihnen und der Wurzel gepreßte Saft wirken ähnlich und werden hin und wieder von den Landleuten bei Verbrennungen, bei Verwundungen und Geschwüren mit gutem Erfolg benutzt.

Klettenkerbel *(Anthriscus)*, Gattung der Doldenpflanzen. Der gemeine K. *(A. Cerefolium)* (FIG. 60), echter oder Gartenkerbel, Kerbelkraut, ist eine bekannte, gewürzhaft riechende Küchenpflanze, hat einen an den Gelenken behaarten Stengel, dreifach gefiederte, unterseits haarige Blätter, blattgegenständige, fast sitzende Dolden mit zwei- bis dreiblätterigen, abstehenden Hüllchen und 4-6 Linien lange, sehr schmale, schwarzen Früchtchen. Ist ein gelind reizendes, auflösendes, zerteilendes, harntreibendes Mittel; doch bedient man sich bloß des ausgepreßten Saftes dieser Pflanze vorzüglich zu den heute mit Unrecht viel weniger als sonst gebräuchlichen Kräutersäften, ferner bei Tuberkeln in den Lungen, beginnender Lungenschwindsucht, in Hautkrankheiten etc.

Die Anpflanzung des Kerbels kann in jedem Boden stattfinden, und man ist dabei an keine Zeit gebunden. Um immer frische Blätter zu haben, wird, da der Kerbel sehr leicht schießt, alle 14 Tage eine neue Aussaat vorgenommen. Der große K. *(A. sylvestris)*, wilder Kerbel, Kuh- oder Esels-Peterlein, ist gemein in ganz Europa und im nördli-

FIG. 60

DER GEMEINE KLETTENKERBEL

chen Asien auf Wiesen, in Obstgärten, Hecken, Gebüschen und Wäldern, von der Ebene bis auf die Alpen. Das im frischen Zustand etwas unangenehm, aromatisch riechende und bitterlich-scharf schmeckende Kraut ist jetzt in einigen Ländern offizinell und wird gegen syphilitische Übel angewendet.

Kleinähre *(Cnemidostachys),* Gattung der Euphorbiaceen. Die schmalblätterige K. *(C. Chamaelea)* hat einen aufrechten, 2-3' hohen Stengel, abstehende, kahle Äste, fast sitzende, 2-2½ Zoll lange, 4 Linien breite, flache, am Rand mit äußerst feinen, dicht anliegenden Sägezähnen besetzte Blätter; die Früchte sind rundlich dreiseitig, mit kurzen, krautigen Stacheln bedeckt. Wächst auf Malabar und Coromandel und ist immer blühend, besitzt keinen besonderen Geruch und Geschmack, wird aber doch gegen manche Kachexien, veraltete syphilitische Übel, dann zur Beförderung der Harnabsonderung, mit Wein auch gegen Diarrhöen angewendet.

Kleinbeere *(Microcos),* Gattung der Lindengewächse. Die rispige K. *(M. paniculata)* ist ein Strauch Ostindiens, der zur Regenzeit blüht und dessen bitterlich-adstringierende Blätter gegen Wechselfieber, Bauchflüsse, als Gurgelwasser und äußerlich gegen Hautkrankheiten benutzt, die kugeligen Früchte aber gegessen werden.

Klimmen *(Cissus),* Gattung der Ampelopsideen. Die weinrebenartige K. *(C. vitiginea)* steigt hoch an Bäumen und Sträuchern empor; hat zottige, nach oben graue, fast vierseitige Äste, abwechselnde, gestielte, 3-6" lange, 2-4" breite, gegen das Ende etwas eckige oder fast 3-5lappige, in der Jugend beiderseits filzige Blätter und erbsengroße, bläulich-schwarze Beeren. Findet sich in Wäldern und auf Bergen Ostindiens bis nach Persien hin und blüht im Juli, August. Die Blätter der breitblätterigen K. *(C. latifolia)* werden in Ostindien für eines der vorzüglichsten Mittel zur Zerteilung oder Zeitigung von Abzessen, Karbunkeln etc. gehalten, aber auch bei Knochenbrüchen gebraucht; sie schmecken sauer, zugleich ein wenig scharf und dienen übrigens im zarten Zustand als Gemüse.

Knabenkraut ☞ **Ragwurz**

Knackbeere *(Paederia),* Gattung der Krappgewächse. Die stinkende K. *(P. foetida)* findet sich sehr häufig im ganzen südlichen Asien, auch in Japan, und blüht zur Regenzeit. Die Wurzel ist in Ostindien als Brechmittel gebräuchlich; sie hat eine blutrote, außen graue Rinde und ein weißliches, im Inneren bläulich-rötliches Holz. Das ganze Gewächs riecht äußerst unangenehm und wird auf den Molukken bei Unterleibsschmerzen, Krämpfen, Windkoliken, äußerlich bei vielfachen Geschwülsten angewendet.

Knauel *(Scleranthus),* Gattung der Illecebrineen. Der mehrjährige K. *(Sc. perennis),* Sandknöterich, Blutkraut, Johannisblut, hat mehrere Stengel aus einer Wurzel, nach allen Seiten ausgebreitet oder aufsteigend, 2-4" lang, stielrund, auf einer Seite kahl, auf der anderen abwechselnd-flaumig, meistens rötlich, nur am Ende Blütenäste, an den unteren Knoten bloß Blätterbüschel treibend. Die Blätter sind pfriemig-lineal, spitz, unterseits konvex, an der Spitze später zurückgebogen, steif, kahl, die Blüten klein, der Kelch grün. An dürren, sonnigen Stellen, auf Sand- und Kalkboden in Europa und im Orient und blüht vom Mai bis September. An den Wurzeln lebt die sogenannte »deutsche Cochenille oder polnische Schildlaus« *(Coccus polonicus),* welche früher häufig zum Färben (auch in den Officinen) gebraucht wurde; das Kraut selbst war offizinell und wurde unter anderem gegen krebshafte Geschwüre angepriesen.

Knoblauch *(Allium),* Gattung der Liliengewächse. Der gemeine K. *(A. sativum),* Gartenlauch, Knobloch (FIG. 61), hat eine von rötlich-weißen Hüllblättern umgebene Zwiebel, welche meh-

FIG. 61

DER GEMEINE KNOBLAUCH: a) eine Pflanze, b) ein Kopf mit Zwibeln, beides in 2/5 natürl. Größe, c) Pistill und Staubgefäße in natürl. Größe

rere kleinere, eiförmige Zwiebelchen einschließt. Der 2-3 Fuß hohe Stengel trägt bis zur Mittel flache, breitlineale, zugespitzte Blätter und an der Spitze eine von einer einblätterigen, sehr langgeschnäbelten, mützenförmigen Blütenscheide umhüllte Dolde, welche außer kleinen rötlich-weißen Blüten auch noch Zwiebelchen enthält. Die Heimat des Knoblauchs ist ziemlich unbekannt. In ganz Asien wird der K. so gut wie in Europa gepflanzt. Die medizinische Verwendung der für die meisten Menschen unangenehm riechenden Wurzel ist nur eine geringe; am häufigsten kommt der Knoblauch noch als Abkochung mit Wasser oder Milch in Klistiere zur Tötung der im unteren Teil des Darms lebenden Ascariden (Springwürmer) in Anwendung. Doch muß hinzugefügt werden, daß solche Klistieren dem Betreffenden für mehrere Tage den penetranten Knoblauchgeruch erteilen.

In der Tierheilkunde wendet man den K. innerlich an: bei Schwäche, Reizlosigkeit, Untätigkeit und Verschleimung der Verdauungsorgane; bei daher entstandener Appetitlosigkeit, Krampfkolik oder Windkolik, bei dem Aufblähen; gegen Eingeweidewürmer; bei Verschleimung in der Lunge und Luftröhre und bei dem sogenannten schleimigen Dampf; bei veralteter Druse, Mauke und Räude, bei Rheumatismus, bei ödematösen Anschwellungen und bei beginnender Wassersucht; bei Sand und Gries in den Harnwerkzeugen; bei dem Pips der Hühner. Er kann Pferden und Rindern von 15,0-45,0, Schafen und Schweinen von 4,0-15,0, Hunden von 1,0-4,0 täglich 4-6mal gegeben werden. Zur Anwendung wird er entweder klein gehackt, zerquetscht und mit Kalmus, Alant, Kümmel, Anis, Kochsalz und dgl. zur Latwerge oder zu Pillen gemacht oder mit Milch, Bier oder Wasser heiß aufgegossen und mit bitteren und aromatischen Mitteln versetzt. Den Schafen gibt man ihn zerquetscht und mit Kleie und Salz gemengt in Lecken. Äußerlich kann der K. bei verhärteten Drüsen und anderen torpiden Geschwülsten und ebenso bei dgl. alten Geschwüren gebraucht werden, um sie in bessere Tätigkeit zu versetzen und die Eiterung zu befördern. Er wird hierzu entweder zerquetscht in Form eines Breies etwas dick auf die betreffende Stelle gelegt oder mit gleichem Teil Fett durch bloßes Zusammenmengen oder durch gelindes Zusammenschmelzen zu einer Salbe gemacht, welche teils eingerieben, teils mäßig dick aufgetragen wird. Bei der Räude und bei flechtenartigen Hautausschlägen ist diese Salbe ein vortreffliches Mittel, wenn dicke festsitzende Schärfe vorhanden sind; wo diese fehlen, kann man auch eine Mischung von 1 Teil zerquetschtem Knoblauch mit 6-8 Teilen Branntwein zum Waschen der räudigen Stellen mit gutem Erfolg benutzen. – Bei Stichen von Infekten ist der ausgepreßte Saft als ein wirksames und schnell zu erlangendes Hausmittel empfohlen.

Knöterich *(Polygonum),* Gattung der Knöterichgewächse. Der Vogel-K. *(P. aviculare)*, Blutkraut, Angerkraut, Vogelwegetritt, Tausendknoten, ist äußerst gemein an Wegen, Landstraßen, auf Äckern, überhaupt auf bebautem und unbebautem Land in Europa und fast allen übrigen Weltteilen. Ist geruchlos, schmeckt gelind-zusammenziehend. Die Wiesen-K. *(P. Bistorta)*, Krebswurz, Natter-, Otter- oder Schlangenwurzel, Gänse-Ampfer, wächst auf fetten Wiesen, besonders in Gebirgsgegenden Europas, sowie im nördlichen Asien und Amerika. Die geruchlose, aber sehr stark zusammenziehend schmeckende Wurzel ist als *Radix Bistortae* offizinell, enthält sehr viel eisenbläuenden Gerbstoff, Gallussäure, Kleesäure, Stärkemehl und gehört unter die kräftigsten inländischen adstringierenden Heilmittel. Man braucht die Pflanze in Gebirgsgegenden auch als Viehfutter und im hohen Norden werden ihre Blätter im jungen Zustand als Gemüse gegessen. Der Wechsel-K. *(P. amphibium)*, Wasser-K., Land-K., findet sich in Sümpfen und Teichen, an überschwemmten Plätzen, aber auch auf sandigen Äckern Europas, Nordasiens und Nordamerikas. Das säuerlich-herbe schmeckende Kraut ist jetzt außer Gebrauch gekommen; die Wurzel besitzt blutreinigende, harntreibende, gelind adstringierende Eigenschaften und ist gegen Hautkrankheiten sehr wirksam. Der Flöhkraut-K. *(P. Persicaria)*, Rötsch oder Rüttig, ist gemein an feuchten, schattigen Stellen, Gräben, Flußufern, sowie auf Schutthaufen in ganz Europa, Nordasien und Nordamerika. Das geruchlose, etwas salzig schmeckende Kraut war sonst offizinell und wurde als ein gelind harntreibendes Heilmittel, häufiger jedoch äußerlich gegen Wunden und Geschwüre gebraucht. Der scharfe K. *(P. Hydropiper)*, Wasserpfeffer, Mückenkraut, ist häufig an nassen Stellen, Gräben, Sümpfen und Teichen Europas, Nordasiens und Nordamerikas. Das ganze Kraut schmeckt brennendscharf, zieht bei längerem Halten im Mund Blasen und war früher gegen Stockungen im Unterleib, Gelbsucht, Wassersucht, Skorbut, äußerlich aber gegen Geschwüre im Gebrauch. Besonders stand diese Pflanze bei Paracelsus und seinen Schülern unter dem Namen Mercurius terrestris in großem Ansehen. Der kahle K. *(P. glabrum)* ist in Ostindien einheimisch, wo man sich der Wurzel als eines eröffnenden, gelind purgierenden Mittels, der Blätter gegen Wassersucht und des ganzen Krautes als Salbe gegen die Gicht bedient. Der Alpen-K. *(P. alpinum)* findet sich in den Alpentälern Südeuropas und der Schweiz. Das herbe und sauer schmeckende Kraut ist bei Ruhren heilsam.

Knollenbohne *(Pachyrhyzus)*, Gattung der Schmetterlingsblütler. Die ekkigblätterige K. *(P. angulatus)*, ostindische Rübe, kam von den Philippinen auf die Molukken und findet sich jetzt in ganz Ostindien kultiviert. Blüht fast stets. Die rübenartig schmeckende Wurzel wird roh, noch häufiger aber zubereitet gegessen und gibt im letzteren Fall sehr beliebte Speisen, doch muß sie vor der Fruchtreife ausgegraben werden; auch wird sie als ein kühlendes Heilmittel, besonders bei großer Fieberhitze angewendet.

Knopfbaum *(Conocarpus)*, Gattung der Combretineen. Der aufrechte K. *(C. erecta)* wächst auf überschwemmten Plätzen und am Seestrand in Westindien und Südamerika. Alle Teile dieses Baumes sind bitter und zusammenziehend; die Rinde dient auf den Antillen als ein Surrogat der China (auf den Bahamainseln gilt sie für antisyphilitisch) und braucht man sie gegen die Zuckerruhr sowie zu Augenwässern.

Knopfflechte *(Cladonia)*, Gattung der Fadenflechten. Die Becher-K. *(C. pyxidata)*, Feuerkraut, Fiebermoos, variiert sehr; ist in Hinsicht des Becherrandes gefranzt oder sternförmig, oder selbst neue Becher tragend; Köpfchen klein. Gemein auf Hügeln, Bergen und in Wäldern auf der Erde. War vor Zeiten offizinell und ist gegen Wechselfieber, Keuchhusten gebräuchlich. Die Scharlach-K. *(C. coccifera)*, Scharlachmoos, war ebenfalls offizinell und wurde für spezifisch gegen Keuchhusten gehalten.

Knorpelalge *(Chondria)*, Gattung der Hautalgen. Die stumpfe K. (*Ch. obtusa)* ist gelblich-fleischrot, büschelig, 3-5" hoch, die Äste oft zweireihig; Ästchen auch zu dreien, selten wechselnd, 1-2"' breit. Kapseln wie Mohnsamen. Findet sich in den meisten Meeren. Kommt unter dem Wurmmoos vor, ebenso die gegliederte K. *(Ch. articulata)*.

Knorpelsalat *(Chondrilla)*, Gattung der Compositen. Der binsenartige K. (*Ch. juncea)* ist auf Mauern, Schutthaufen, sandigen Äckern in ganz Europa gemein. Enthält einen bitteren Milchsaft, der besonders in Südeuropa an den Ästen zu einem Gummiharz verhärtet; die Wurzel gab man gegen Diarrhöen, auch gegen Schlangenbisse.

Knotenblume *(Leucojum)*, Gattung der Amaryllideen. Die Frühlings-K. *(L. vernum)*, großes Schneeglöckchen, zeichnet sich durch 6 gleich große Blumenblätter aus und wächst auf Wiesen, in Obstgärten, Laubwäldern, als einer der ersten Boten des Frühlings. Blüht vom Februar bis April. Offizinell war früher die Wurzel; sie ist schleimig, etwas scharf, brechenerregend, äußerlich erweichend, zerteilend, auch die Blumen wurden zuweilen gegen den Seitenstich empfohlen.

Knotenfuß *(Streptopus)*, Gattung der Smilaxgewächse. Der umfassendblätterige K. *(S. amplexifolius)* findet sich in Gebirgswäldern und Voralpen, von den Sudeten bis nach Oberitalien auch in Nordamerika und blüht vom Juni bis August. Das Kraut ist kühlend, gelind zusammenziehend; man bediente sich desselben früher zum Gurgelwasser bei leichten Entzündungen des Mundes, Halses etc. Die Wurzel wird im Frühling hier und da als Salat gegessen.

Königskerze ☞ **Wollkraut**

Körnerbrand *(Uredo)*, Gattung der Brandpilze. Der schmierige K. *(U. sitophila)*, Schmierbrand, findet sich als schwarzes Pulver in der Frucht der Weizenarten. Diese schädlichste Art des Brandes richtet oft bedeutende Zerstörungen an und macht das Mehl der Gesundheit nachteilig.

Kohl *(Brassica)*, Gattung der Kreuzblütler. Der gemeine K. *(B. oleracea)*, Garten-K., Gemüse-K. (FIG. 62), ist eine durch die Kultur ungemein vielgestaltig gewordene Pflanze. Im wilden Zustand wird sie nur 3 Fuß hoch und ist über und über seegrün bereift; die Blätter sind ziemlich groß, dicklich, fleischig, ausgeschweift und ungleich gezähnt oder etwas lappig, mehr oder weniger wellig; die Trauben lang und schlaff, die Blüten groß, gelb, seltener weiß, die Schoten aufrecht, mit abstehenden Stielchen, an 2 Zoll lang, stielrundlich vierseitig, die Samen schwarzbraun. Die Heimat des Kohls ist auf Klippen an der Seeküste zu suchen.

FIG. 62

DER GEMEINE KOHL

Die vorzüglichste, durch den seit mehr als 2000 Jahren unter verschiedenen Umständen stattfindenden Anbau des Kohls entstandenen Abarten desselben sind folgende: a) der Winterkohl oder Blattkohl *(Brassica oleracea viridis)* mit Spielarten unter dem Namen Grünkohl, Braunkohl und Krauskohl; eine hierher gehörende Abart ist auch der sogenannten Baumkohl; b) der Wirsing, Welschkohl oder Savoyerkohl *(Br. o. sabanda)*; c) der Kopfkohl oder das sog. Kraut *(Br. o. capitata);* d) die Kohlrübe oder Kohlrabe *(Br. o. gongylades)*; e) der Blumenkohl oder Karviol *(Br. o. botrytis)*; endlich der Spargelkohl oder Broccoli *(Br. o. botrytis asparagoides)*. Die allgemein vielfältige Benutzung desselben ist zu bekannt, um hier mehr als bloß berührt zu werden. Der Rüben-K. *(Br. Rapa),* weiße oder Wasser-Rübe, Turnips, bietet in seiner Wurzel ein wohlschmeckendes, leicht verdauliches Gemüse (eine kleine unter dem Namen Teltower Rübe bekannte Spielart ist sehr geschätzt); die beiden Hauptvarietäten des Rüben-Kohls, der Raps, Winterraps, Rübsamen oder Ölsaat *(Br. Rapa oleifera)* wird als zweijährige, der Sommerraps oder Sommersaat *(Br. praecox)* als einjährige Ölpflanze häufig bei uns angebaut. Der Kohlraps *(Br. Napus)* ist dem vorigen sehr ähnlich, zeichnet sich aber durch die feinhaarigen, später kahlen, gleich den Stengelblättern, seegrünen Wurzelblätter und dadurch aus, daß die gelbe Blütentraube schon während des Blühens verlängert ist. Auch diese Art wird in mehreren Spielarten kultiviert; die vorzüglichste sind der eigentliche Kohlraps *(Br. napus oleifera)*, ferner die Steckrübe, Erdkohlrübe, Erdrübe *(Br. Napus esculenta)*. Der Senfkohl *(Br. nigra)* hat schwarzbraune Samen, die zermahlen und angefeuchtet als Hautreizmittel dienen.

Kohlbaum *(Andira)*, Gattung der Cäsalpiniaceen. Der traubige K. *(A. racemosa)* findet sich in Cayenne und Brasilien, wo die bitterharzige Rinde sowohl als die ebenfalls bitteren Samen bei einigen Unterleibskrankheiten, vorzüglich aber gegen Würmer angewendet werden. Der westindische K. *(A. inermis)*, jamaika'scher Wurmrindenbaum, ist in Westindiens Wäldern und an Flußufern daselbst heimisch und blüht vom Mai bis Juli. Die Rinde dieses Baumes ist dort schon lange als Wurmmittel gebräuchlich, wurde auch in Europa vielfältig empfohlen, doch blieb ihre Anwendung nur immer eine beschränkte. Der stumpfblätterige K. *(A. retusa)*, surimanischer Wurmrindenbaum, wächst in Cayenne und Surinam. Diese Rinde besitzt ähnliche Heilkräfte wie jene der vorigen Art.

Kokkel *(Cocculus)*, Gattung der Lorbeergewächse. Der grubige K. *(C. lacunosus)* (FIG. 63), ist ein Kletterstrauch mit meist armdickem Stamm, dicker, sehr runzeliger Rinde, wechselständigen, 8-10 Zoll langen, 5-7 Zoll breiten Blättern, unten gelb und etwas wollig; die einzelnen weiblichen Blütensträuße werden 1½ Fuß lang, sind weiß und riechen unangenehm; es stehen meist

FIG. 63

DER GRUBIGE KOKKEL: a) ein Zweig in 1/3 natürlicher Größe, b) eine männliche Blüte, c) ein Fruchtstand, d) eine durchschnittene Frucht, e) der durchschnittene Eiweißkörper, f) ein Keimling, alles in natürlicher Größe.

2-3 Beeren beieinander, sie haben die Größe der Weinbeeren, sind erst weiß, dann rot, dann schwarz-purpurrot. Die getrockneten Früchte dieser Art sowie der korkartigen K. *(C. suberosus)* sind als Fischkörner, Kokkelskörner bekannt. Als Arzneimittel werden sie selten gebraucht, wohl aber werden sie auf die gewissenloseste Weise dem Bier zugesetzt, um es berauschender zu machen; äußerlich sind sie gegen Kopfgrind und zur Vertreibung des Ungeziefers empfohlen worden.

Kokospalme *(Cocos),* Gattung der Palmen. Die echte K. *(C. mucifera)* ist die wichtigste unter allen Gattungen und Arten der ganzen Familie. Deshalb wird sie auch allgemein in allen heißen Erdstrichen mit mehreren Abarten kultiviert und empfiehlt sich überdies, daß sie im Gegensatz mit dem meisten anderen Palmen schon vom 6., längstens aber vom 12. Jahr an und zu allen Jahreszeiten Früchte trägt. Außer den Früchten (aus denen man das Kokosnußöl gewinnt) verwendet man den Stamm als Werkholz, die Fasern der Blätter und Blütenscheiden zu verschiedenartigen Geweben, die Gipfelknospe als Gemüse (Palmkohl), die harten Steinschalen als Trinkgefäße oder zu Drechselarbeiten; den Saft des Stammes zur Bereitung von Palmwein, Arak, Palmzucker etc. Die sogenannte Kokosmilch wird dadurch künstlich bereitet, daß man den mandelartigen Samenkern in der wässerigen Flüssigkeit unreifer Früchte zerreibt.

Kopfbeere *(Cephaëlis),* Gattung der Rubiaceen. Die brechenerregende K. *(C. Ipecacuanha),* echte Brechwurzel (FIG. 64), ist halbstrauchig; die federkieldicken Wurzeläste sind durch viele Einschnürungen höckerig geringelt, außen bräunlich, innen weißlich; der fadenförmige Holzkern derselben ist von einer dicken Rinde umschlossen. Das ausdauernde, 1-3 Fuß lange Stämmchen steigt krautig auf, ist etwas vierseitig und oben weichhaarig,

FIG. 64

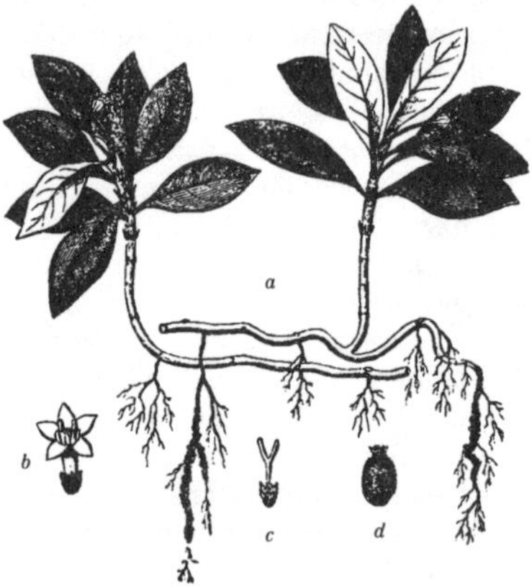

DER BRECHENERREGENDE KOPFBEERE oder DIE GEMEINE IPECAEUANHA: a) zwei Pflanzen in 1/3 natürl. Größe, b) eine Blüte, dreimal vergrößert, c) ein Griffel mit Fruchtknoten, d) eine Frucht, zweimal vergrößert.

die 3-4 Zoll langen Blätter sind beiderseitig zugespitzt, oben etwas rauh, unten weichhaarig; die Blüten sitzen zu 8-15 in dichten, hülldeckigen Köpfchen und sind weiß; die erbsengroße Steinfrucht ist zuerst purpurrot, dann schwärzlich-violett, während die Steinkerne eine Erdfarbe haben. Früher in Brasilien ungemein häufig, jetzt nur in den schattigen Urwäldern in großer Menge. Blüht vom November bis März. Diese Pflanze ist es, von der die echte Ipecacuanha abstammt. Der Name kommt von der brasilischen Bezeichnung »Ipe caa goène«, d.h. ein Kräutlein, welches Erbrechen verursacht. Die Ärzte benutzen die Brechwurzel entweder in voller Gabe, um Erbrechen zu bewirken, oder in mittlerer Gabe, um die Empfindung des Ekels hervorzurufen, oder in kleiner Gabe, um durch stärkere Erregung der herumschweifenden Nerven und des Sonnennervengeflechtes von den Zentralorganen des Nervensystems ableitend zu wirken, worin die ihr zugeschriebene krampfwidrige Wirkung zu suchen ist, und um die Tätigkeit der äußeren Haut sowie der Schleimhäute, namentlich der Atmungsorgane anzuregen.

Auch schreibt man der Ipecacuanha selbst in kleiner Gabe die Wirkung zu, die Ausleerung des Darmkanals zurückzuhalten. Als Brechmittel wählt man die I. bei zarten, empfindlichen Individuen, weil sie den Magen weniger angreift als die übrigen Brechmittel, dann in jenen Fällen, wo man Durchfall verhüten will, wie bei genommenen Giften oder im Verlauf fieberhafter Krankheiten. In kleiner und mittlerer Gabe macht man von ihr Gebrauch im Wechselfieber unmittelbar vor dem Eintritt des Anfalls in jenen Fällen, in denen das Fieber hartnäckig denselben Typus einhält; dann bei der Ruhr, bei Durchfällen, beim epidemischen Brechdurchfall, bei krampfhaften Zufällen des Magens, Darmkanals und der Leber, wie bei Magenkrampf, Kolik, eingeklemmtem Bruch, Gelbsucht, bei Keuchhusten, bei chronischen Katarrhen, bei Lungenentzündungen, häutiger Bräune, bei Blutflüssen aus der Gebärmutter und der Lungen, bei krampfhaften Wehen, Wassersuchten, endlich bei Hautausschlägen, wenn diese sich nicht gehörig entwickeln. Man gibt die I. am gewöhnlichsten in Pulver oder Aufgußform, und zwar als Brechmittel zu 10-20-30 Gran in Pulver oder zu 1-2 Drachmen auf 2-3 Unzen kochenden Wassers; als mittlere Gabe zu 1-4 Gran einigemal des Tages oder zu 10-20 Gran im Aufguß; als kleine Gabe zu $\frac{1}{6}$-1 Gran oder 5-10 Gran im Aufguß. Auch die bekannten, für den Arzt unentbehrlichen Dower'schen Pulver enthalten Ipecacuanha. An manchen Orten ist auch der Ipecacuanha-Sirup (Aufguß der I. und Zucker) als Brechmittel in der Kinderpraxis gebräuchlich.

In der Tierheilkunde wendet man die Brechmittel meistens nur bei Schweinen und Fleischfressern an und zwar als Brechmittel in der Gabe von 10-40 Gran für Schweine, 5-15 Gran für Hunde, entweder für sich allein mit Pulver oder mit einigen Gran Brechweinstein vereinigt, um den Mageninhalt zu entleeren; dann bei der Lungenentzündung und der Staupe des Hundes, bei der sogenannten Bräune der Schweine. In der kleineren Gabe von einigen Granen gibt man sie bei Katarrhen der Atmungs- und Verdauungsorgane, bei Durchfällen, bei Krämpfen der Hunde; entweder für sich allein oder mit aromatischen Substanzen vereinigt.

Anwendung nach dem homöopathischen Prinzip. Die I. paßt besonders, wo ein gereizter, krampfhafter Zustand in den Unterleibs- und Atmungsorganen mit abnormer Ausscheidung, selbst mit beginnender organischer Zersetzung sich ausspricht, wo krankhafte Aufregung des Nervensystems und große Reizbarkeit und Empfindlichkeit des Blutgefäßsystems vorhanden ist, bei Individuen mit Neigung zu Krämpfen, zu Übelkeit und zu Erbrechen und mit empfindlichem Magen und eignet sich daher vorzüglich für schwächliche, nervöse, jugendliche Konstitutionen mit schwächlichem Körperbau, blonden Haaren, zarter Haut, somit für Weiber und Kinder, Hysterische und Hypochondristen. Man gibt sie daher bei Hysterie, hysterischen Krämpfen, allen Arten Kinderkrämpfen, bei Anfällen epileptisch-apoplektischer Art, Chinasiechtum, Scharlach, Wechselfieber, Herzklopfen, abzehrendem Fieber, asiatischer Cholera, gastrischen Zuständen, chronischer Neigung zum Erbrechen, Erbrechen bei Schwangeren, Blutbrechen, Magenkrampf, Durchfällen, Ruhr, eingeklemmten Brüchen, krampfhafter Harnverhaltung, Krampfwehen, Mutterblutfluß, bei Blutflüssen aus der Gebärmutter, Grippe, trockenem, krampfartigem Husten, Keuchhusten, asthmatischen Beschwerden, plötzlicher Erstickungsgefahr.

Gabe: Die Urtinktur (aus der Wurzel mit schwachem Weingeist bereitet) oder die 1., 2. Verdünnung zu 1-2 Tropfen alle 2, 3, 4, 6 Stunden und noch häufiger nach Umständen wiederholt.

Die homöopathischen Tierärzte wenden die I. an bei Durchfällen, bei der Hundeseuche (Staupe), bei Kolik mit Durchfall ohne Auftreibung des Bauches, bei Blutharnen und Blutmelken, gegen Konvulsionen und Zuckungen der Glieder, insbesondere bei jungen Tieren.

Gabe: 1., 2. Verdünnung, auch die Tinktur.

Kopfblume *(Cephalanthus)*, Gattung der Rubiaceen. Die nordamerikanische K. *(C. occidentalis)* ist ein Strauch von 6-10 Fuß Höhe, dessen Rinde man in Kanada und Florida als ein schweißtreibendes oder auch Abführen erregendes Mittel, nicht minder gegen Wechselfieber braucht.

Koriander *(Coriandrum)*, Gattung der Doldengewächse. Der gemeine K. *(C. sativum)* wird bis 1½ Fuß hoch. Die gebogene Wurzel ist sehr dünn. Der Stengel ist stielrund. Die unteren Blätter sind lang gestielt, dreilappig und fiederschnittig, Lappen und Abschnitte eirundlich, eingeschnitten-gesägt oder 2-3spaltig; die übrigen Blätter sitzend, doppelt und dreifach fiederschnittig mit lanzett-linealen oder sehr schmal-linealen, ganzrandigen, oft 2-3teiligen, spitzlichen Abschnitten. Eine gemeinschaftliche Hülle fehlt meist, selten ist sie durch ein lineales oder dreizipfeliges Blättchen angedeutet. Meist sind nur die randständigen, großen Blüten fruchtbar. Die Heimat des Gewächses ist der Orient. Es wird häufig angebaut. Frisch riecht es, besonders gerieben, genau wie zerquetschte Bettwanzen. Getrocknet dagegen erlangen die Früchte einen würzigen angenehmen Geruch und ihr Geschmack ist dann aromatisch. Man kennt sie als Schwindelkörner oder Koriandersamen. In ihrer Wirkung kommen sie mit dem Anis, Kümmel u.s.w. überein und werden auch in der Haushaltung als ein angenehmes Gewürz gebraucht.

In der Tierheilkunde ist der Koriander, der ähnlich wie der Kümmel wirkt, ganz entbehrlich, auch für die Praxis zu teuer.

Korinthen, ☞ Weinrebe oder Weinstock.

Korn ☞ Roggen

Krähenaugenbaum *(Strychnos)*, Gattung der Loganiaceen. Der echte K. *(St. Nux vomica)*, Brechnußbaum, ist ein mittelhoher Baum mit aschgrauen Ästen. Die kurzgestielten Blätter stehen gegenüber, sind rundlich-eiförmig, glänzend, drei- bis fünfnervig. Die Blume ist gelbgrün, die Beere apfelgroß, orangegelb und mit weißer Gallerte erfüllt, in der 2-5 gedrückte, striegelhaarige Samen liegen. Sie sind geruchlos, aber sehr bitter und enthalten zwei Alkaloide, das Brucin und Strychnin, dazu Igasursäure, Öl, Gummi, Wachs. Dieser Baum ist gemein in ganz Ostindien. Die Brechnüsse *(Nuces vomicae)* sind offizinell und äußern vorzüglich ihre reizende Einwirkung auf das Rückenmark und dessen Nerven, weshalb sie auch als ein höchst wichtiges Heilmittel bei allen lähmungsartigen Zuständen, besonders der unteren Extremitäten, aber auch bei anderen krampfhaften Leiden, die in einer Affektion des Rückenmarkes begründet sind, außerdem aber gegen Wechselfieber, Ruhr, Würmer, Keuchhusten, Asthma u.s.w. gerühmt werden. Die Ärzte geben das Pulver der Brechnüsse zu $\frac{1}{4}$-2 Gran einigemal des Tages, jedoch selten; häufiger das alkoholische Extrakt Erwachsenen zu $\frac{1}{8}$-$\frac{1}{4}$-$\frac{1}{2}$ Gran, Kindern zu $\frac{1}{20}$-$\frac{1}{10}$ Gran in Pulver, Pillen, Auflösung; mit Vorsicht anzuwenden. Die Pharmazie hat noch das Strychnin und die Verbindung desselben mit Salpetersäure, *Nitras Strychnini*, aufgenommen. Beide, sowohl innerlich zu $\frac{1}{30}$-$\frac{1}{10}$ Gran in Alkohol gelöst oder in Pulver-/ Pillenform, als äußerlich endermatisch zu $\frac{1}{10}$-$\frac{1}{5}$ Gran allein oder mit etwas Zucker abgerieben oder zu 3-10 Gran auf 1 Unze Fett zum Einreiben, müssen mit großer

Vorsicht angewendet werden.

In der Tierheilkunde gibt man die K. bei Lähmungen, z. B. jenen, welche nach der Staupe der Hunde zurückbleiben, bei nervöser Kreuzlähme, bei Lähmungen der Empfindungsnerven, bei Krämpfen, z. B. Starrkrampf, wenn er nicht durch mechanische Verletzung des Rückenmarks entstanden ist, bei der Fallsucht, bei Krampfkoliken; in kleineren Gaben dort, wo auch bittere Mittel angezeigt sind, wie bei Verdauungsschwäche, bei chronischem Durchfall, bei der Ruhr. Man reicht Pferden $\frac{1}{2}$-2 Quentchen, Rindern bis 1 Lot, Schafen und Schweinen 1 Skrupel bis $\frac{1}{2}$ und 1 Quentchen, Hunden 2-20 Gran, in Zwischenräumen von mehreren Stunden und beobachtet die Vorsicht, daß man stets mit kleineren Gaben anfängt und sie sogleich aussetzt, sobald, wenn auch nur leichte, Zuckungen entstehen. Man gibt sie entweder in Abkochung oder in Pillen oder Latwergen, allein oder mit bitteren und aromatischen Mitteln verbunden. Das alkoholische Extrakt wird Pferden und Rindern zu 2-10 Gran, Hunden zu $\frac{1}{10}$-$\frac{1}{4}$ Gran gegeben.

Anwendung nach dem homöopathischen Prinzip. *Nux vomica* paßt bei den Krankheiten des höheren und niederen Nervensystems, bei rheumatischen Schmerzen, bei Krämpfen, bei Bauchtyphus im 1. und 2. Stadium, bei Wechselfieber, erschöpfenden Nacht- und Morgenschweißen, Melancholie, Schlagfluß, nervösem Schwindel, nervösen Kopfschmerzen, Lichtscheu, schwarzem Staar, Gesichtsschwäche, Schwerhörigkeit, Taubheit, Zahnschmerzen, Sodbrennen, Übelkeit und Erbrechen der Schwangeren, bei krampfhaftem Erbrechen, Magenkrampf, Gelbsucht, Krampfkolik, Blähungen, trägem Stuhlgang, Stuhlverstopfung, Hämorrhoiden, Blutflüssen, Eingeweidebrüchen, Harnzwang, Blasenkrampf, Blasenlähmung, Pollutionen, Impotenz, Menstruationsfehlern, bei akuten und chronischen Krankheiten des Rückenmarks, Hüftweh.

Gabe: 1-2 Tropfen der Urtinktur (zur Bereitung derselben werden die Kerne zuerst auf einem Wurzelmesser in sehr dünne Streifen zerschnitten, die dann getrocknet zu feinem Pulver zerstoßen werden, worauf nach Regel 1 weiter verfahren wird), der 3., 6., 12., 15., 18., 24., 30. Verdünnung 1-2mal des Tages oder noch öfter je nach Umständen wiederholt.

Die homöopathischen Tierärzte reichen sie im rheumatischen Starrkrampf, gegen Kreuzlähme der Kühe vor und nach dem Kalben, gegen Krämpfe der Neugeborenen mit Steifheit der Rückenmuskeln und der Extremitäten, gepaart mit Hartleibigkeit und Verstopfung, gegen rheumatische Lähmungen, gegen gastrische Zustände bei Mangel an Freßlust, weiß oder schmierig belegten Zunge, angedostetem Hinterleib und verzögerter Entleerrung festgeformter Darmexkremente, bei Kolikzufällen mit aufgeschürztem Hinterleib, Hartleibigkeit und Verstopfung; gegen Lecksucht des Rindes, Wurmleiden, Koppen der Füllen und im Typhus der Pferde, namentlich im Anfang dieser Krankheit.

Kraftwurz *(Panax)*, Gattung der Araliaceen. Die echte K. *(P. Schin-seng)*, Ginseng, hat eine möhrenartige Wurzel von verschiedener Dicke, mehr oder weniger ästig, geringelt, gelblich-weiß; Stengel aufrecht, einfach, 1-2' hoch, stielrund, ganz kahl oder an der Spitze flaumig. Blätter am Ende desselben zu 3-4 wirtelig gestellt, auf 2-6" langen, stielrunden, oberseits tief gefurchten, am Grunde aufgetriebenen, kahlen oder mit zerstreuten Haaren besetzten Stielen, zwischen denen sich bisweilen einige kleine, unvollkommene, lineale Blattansätze befinden. Der Blütenstiel (oder die Fortsetzung des Stengels) fast so lang oder länger als die Blattstiele, selten einfach, meistens in der Mittel oder am Grunde dreispaltig, seltener mit einem Wirtel von Ästen, deren jeder sowie der Haupttrieb in eine 15-

30blütige, rundliche, einfache Dolde endigt. Die Beere ist kugelig, undeutlich dreilappig oder fast nierenförmig-zweilappig, von der Dicke einer Vogelkirsche, scharlachrot, glatt und glänzend. In der Tartarei, in China, Japan, sowie in Nepaul. Blüht im Juni, Juli. Die Wurzel dieser Pflanze ist unter dem Namen Ginseng oder Schin-Seng in China und Japan das berühmteste aller Arzneimittel, das gegen ein Heer von Krankheiten, vorzüglich aber bei Erschöfung der geistigen und körperlichen Kräfte (doch nur bei Vermöglichen, denn für die Ärmeren ist es viel zu teuer) gebraucht wird; auch in Europa wurde dieses Mittel bekannt und anfangs mit Gold aufgewogen; als man sich jedoch überzeugte, daß die Arzneikräfte derselben von keiner besonderen Bedeutung sind, kam sie bald außer Gebrauch. In China und Japan werden auch die Blätter als Tee angewendet. Die Wurzel der amerikanischen K. *(P. quinquefolius)* kommt mit jener der vorigen Art überein. Die löffelartige K. *(P. cochleatus)* wächst auf den Molukken und in Java und blüht zur heißesten und trockensten Jahreszeit. Der Geruch und Geschmack (vorzüglich bei der Wurzel und der Rinde) ist etwas aromatisch und petersilienartig; erste dient daher auch als ein harn- und schweißtreibendes Heilmittel. Die Blätter braucht man äußerlich bei Entzündung und Vereiterung der Brüste, im jüngeren Zustand auch als Gemüse, im älteren samt den Ästen zu schweißtreibenden Bädern. Ebenfalls auf den Molukken und in Java findet sich die strauchige K. *(P. fruticosus)*, die in ihrem Vaterland häufig gegen Harnzwang, Wassersucht, Schleimflüsse, auch bei stockendem Monatsfluß angewendet wird.

Kramerie *(Krameria)*, Gattung der Polygalaceen. Die dreimännige K. *(K. triandra)*, peruanische Ratanhia, ist ein peruanischer Strauch, dessen Wurzel unter dem Namen Ratanhiawurzel offizinell ist und bei passiven Blutflüssen, besonders Gebärmutter-, Nieren- und Harnröhren-Blutfluß (weniger bei Lungenblutflüssen und Blutbrechen), bei Blennorrhöen und Diarrhöen, bei Ruhren, wenn sie auf Schwäche beruhen, gute Dienste leistet. Äußerlich benutzt man sie bei Mundfäule, Mercurial-Affektionen des Mundes, bei Blennorhöen der Scheide, der Harnröhre, bei Blutflüssen der Nase, der Gebärmutter, der Harnröhre, bei Blutungen aus Wunden nach Amputationen, bei örtlichen Erschlaffungszuständen, bei Brüchen, Vorfällen, schlaffen Geschwüren. Man gibt das Pulver zu 10-30 Gran, ebenso das trockene Extrakt in Pulver, Pillen oder Auflösung. Die Abkochung aus ½-1 Unze auf 6 Unzen Kolatur; die Tinktur (1:5) zu 20-40 Tropfen einigemal des Tages. Die Wurzel der antillischen K. *(Kr. Ixina)*, westindische Ratanhia, besitzt dieselben Heilkräfte wie die vorige Art.

Kranichschnabel *(Pelargonium)*, Gattung der Geraniineen. Der rosenduftende K. *(P. roseum)*, Rosenkraut, wächst am Kap, blüht vom April bis Oktober und ist eine sehr beliebte, ihres angenehmen, rosenartigen Geruches wegen ungemein häufig kultivierte Pflanze, welche auch bei der Destillation ein dem Rosenöl sehr ähnliches, ätherisches Öl gibt, womit das echte verfälscht werden soll. Auch hat man aus derselben ein dem Rosenwasser sehr nahekommendes Wasser destilliert. Der kappenförmige K. *(P. cucullatum)* findet sich ebenfalls am Kap und blüht vom Frühjahr bis zum Herbst. Die Blätter riechen stark, fast wie jene der Eberwurz, schmecken gewürzhaft und werden wie die vorigen benutzt.

Krauseminze ☞ **Minze**

Krebswurz *(Epiphegus)*, Gattung der Orobrancheen. Die amerikanische K. *(E. americanus)* findet sich in ganz Nordamerika auf den Wurzeln von *Fagus ferruginea und Faxus canadensis*. Die Wurzel wird in Amerika gegen krebsartige und andere bösartige Geschwüre sehr gerühmt und ist deshalb unter dem Namen Cancer-root bekannt; doch wird sie, was nicht übersehen werden darf, meistens in Verbindung mit dem Arsenik angewendet. Auch gegen die Ruhr hat man sie empfohlen.

Kreiselblume *(Melanthesa)*, Gattung der Euphorbiaceen. Die zurückgedrückte K. *(M. retusa)*, ein großer und schöner Baum Ostindiens, dessen braunrote, unangenehm riechende und zusammenziehende Wurzel gleich den Blättern und Früchten gegen chronischen Husten, schleimige Schwindsucht und Asthma, sowie gegen andere ähnliche Krankheiten häufig gebraucht wird; die Rinde benutzt man auch zu Breiumschlägen. Die Rinde der Wurzel der ovalblätterigen K. *(M. ovalifolia)* ist in Verbindung mit dem langen Pfeffer oder mit Ingwer ein sehr geschätztes, magenstärkendes und gegen Verschleimung gebräuchliches Mittel; auch wendet man sie samt der Rinde des Stammes und der Äste, den Blättern und Früchten zu Bädern gegen die Gicht und die Blätter zur Stärkung des Zahnfleisches an.

Kren ☞ **Meerettich**

Kresse *(Lepidium)*, Gattung der Kreuzblütler. Die Garten-K. *(L. sativum)* ist ein einjähriges Gewächs, welches selten über fußhoch wird. Es ist ganz kahl und seegrün. Die dünne Wurzel ist spindelförmig. Der Stengel ist stielrund, obenhin verzweigt. Die gestielten Blätter sind doppelt fiederteilig oder bloß fiederteilig. Die mittleren sind ungestielt, die obersten werden lineal. Es gibt auch eine Abart mit krausen Blättern und eine mit breiteren Blattlappen. Die Samen sind länglich, ledergelb. Sobald die Samenreife eintritt, wird die ganze Pflanze gelb. Im Orient und in Ägypten zwischen Saaten, bei uns allgemein in Gärten kultiviert. Die Gartenkresse, welche bekanntlich im jungen Zustand häufig als Salat gegessen wird, war früher offizinell und besitzt dieselben Heilkräfte (das Kraut in weit minderem Grade als der Samen), welche dem Senf zukommen, vorzüglich aber brauchte man sie als ein eröffnendes, zerteilendes, blutreinigendes und antiskorbutisches Mittel. Die Feld-K. *(L. campestre)*, Feld-Täschelkraut, gleicht im Aussehen dem Täschelkraut, wächst an Wegen, Ackerrainen, auf Äckern, Schutthaufen und Mauern in ganz Europa und blüht vom Juni bis August. Die Samen kommen mit jenen des Täschelkrautes überein. Die virginische K. *(L virginicum)* kommt in den Eigenschaften mit der Gartenkresse überein. Die stinkende K. *(L. ruderale)*, Wegkraut, Besenkraut, Hundeseuche, riecht höchst widrig, schmeckt scharf, ist in Rußland schon seit langer Zeit als ein Volksmittel gegen Wechselfieber bekannt und wird jetzt auch von Ärzten dagegen gebraucht. Der üble Geruch dieser Pflanze soll Wanzen, Flöhe etc. vertreiben. Die breitblätterige K. *(L. latifolium)*, Pfefferkraut, riecht gerieben wie die übrigen, schmeckt aber weit schärfer, etwas brennend und pfefferartig, verliert jedoch wie alle kreuzblütigen Gewächse diese Eigenschaften im trockenen Zustand gänzlich. Diese Pflanze wird jetzt nicht mehr angewendet.

Kreuzblume *(Polygala)*, Gattung der Polygalaceen. Die gemeine K. *(P. vulgaris)*, Natterblümchen, Tausendschön, Himmelfahrtsblümchen, wächst auf feuchten und trockenen Wiesen, auf Hügeln und Triften allenthalben in Menge wild. Die Wurzel ist dauernd und treibt nach Beschaffenheit des Bodens mehrere 2-4 Zoll lang, ziemlich niederliegende Stengel mit gleichbreit lanzettförmigen Blättern. Die meist schön dunkelblauen, bisweilen roten oder weißen Blümchen stehen kammförmig, traubenartig und blühen im Mai und Juni. Die geschlängelte, dünne, bräunlich-gelbe, innen weißliche, schwach aromatisch-bitterlich und etwas scharf schmeckende Wurzel war offizinell und wird als ein tonisches, etwas reizendes Mittel vorzüglich gegen Krankheiten der Lungen etc. gebraucht. Ähnlich wirken die Wurzeln der übrigen Arten. Eine besondere Beachtung verdient die Senega-Kr. *(P. Senega)*, Senegapflanze, Klapperschlangenwurzel, die in den Wäldern des nördlichen Amerika zu finden ist. Die Wurzel riecht eigentümlich unangenehm, ranzigem Fett ähnlich, schmeckt anfangs schleimig, süßlich, dann säuerlich, endlich unangenehm und andauernd-kratzend, ist offizinell. Ursprünglich (bei nordamerikanischen Indianern) zwar nur als ein Heilmittel gegen Bisse giftiger Schlangen bekannt, wird dieselbe jetzt, ihrer reizend-aufösenden, die Absonderung der Schleimhäute kräftig befördernden, die Tätigkeit des ganzen lymphatischen Systems, sowie einen lebhafteren organischen Stoffwechsel anregenden Eigenschaft wegen mit Recht sehr geschätzt und vorzugsweise bei Krankheiten der Brustorgane in Anwendung gezogen. Man gibt das Pulver der Wurzel zu 5-20 Gran dreimal des Tages für sich oder in Pillen-Bissenform; den Aufguß oder die leichte Abkochung zu 2-4 Drachmen auf 4-6 Unzen Kolatur. Bei großer Empfindlichkeit der Schlingwerkzeuge sowie bei starkem Hustenreiz müßte sie in Pulverform mit einer Oblate, in flüssiger Form mit schleimigen Mitteln gereicht werden, um ihre Einwirkung auf jene Organe zu mildern, da sie sonst Schlingbeschwerden und heftigen Husten hervorbringt.

Kreuzdorn ☞ **Wegdorn**

Kreuzkraut *(Senecio)*, Gattung der Compositen. Das krebsdistelblätterige K. *(S. acanthifolius)* ist ein Strauch von 3-5', ästig, weißfilzig; die Blätter sind länglich, gestielt, 4-5" lang, 1½-3" breit, oben dunkelgrün, unten schneeweiß-filzig, auf beiden Seiten in 4-6 wechselständige, länglich-rundliche, ausgeschweift- und spitz-gezähnte Lappen ziemlich regelmäßig geteilt. Die Blüten sind hellgelb, jene im Strahl zu 12-16. Im Orient und in Ägypten. In Ägypten braucht man eine Abkochung der Blätter und Blüten gegen Nieren- und Blasensteine, Unterleibsverhärtungen, verhaltene Menstruation und Krankheiten des Uterus. Das Jakobs-K. *(S. Jacobaea)*, Jakobskraut, findet sich häufig auf trockenen Wiesen, an Wegen, Hecken, in Gebüschen von Europa, Mittel-Asien und Nordamerika und blüht vom Juni bis September. Das Kraut ist geruchlos, schmeckt unangenehm bitter und etwas scharf; es war früher gegen Bräune und Ruhr, sowie gegen chronischen Husten, äußerlich aber als erweichend und zerteilend, im ganzen jedoch nur selten gebräuchlich gewesen. Das goldgelbe K. (*S. aureus*) wächst an feuchten, schattigen Stellen in Virginien bis Kanada und blüht im Juli, August. Die wohlriechenden Wurzelfasern sowie auch das Kraut stehen bei den Eingeborenen Nordamerikas in Ansehen und werden fast so wie der Wohlverley in Europa bei Quetschungen, Blutaustretungen und anderen Folgen des Fallens von einer Höhe u.s.w. häufig gebraucht. Das gamanderblätterige K. (*S. chamaedryfolius*) wird in Chili gegen Wechselfieber und zwar stets beim Eintritt der Hitze, um diese zu mäßigen, im Aufguß getrunken. Das sarazenische K. *(S. saracenicus)*, heidnisches Wundkraut, findet sich an Flußufern und nassen, schattigen Stellen, in Weidengebüschen von ganz Europa. Diese Art hielt man früher für eines der besten Wundkräuter und gab sie auch bei Stockungen im Unterleib, sowie zur Beförderung der Harnabsonderung. Die Blüten des gemswurzartigen K. *(S. Doronicum)* sind bei den Alpenbewohnern gegen asthmatische Beschwerden im Gebrauch. Das gemeine K. *(S. vulgaris)*, Gold- oder Grindkraut, blüht fast das ganze Jahr und war schon seit alten Zeiten als ein erweichendes, zerteilendes oder Eiterung beförderndes Mittel, sowie auch gegen Koliken, Wurmbeschwerden und zur Beförderung der Menstruation gebräuchlich.

Kreuzkümmel *(Cumunium)*, Gattung der Doldenpflanzen. Der echte K. *(C. Cyminum)*, römischer oder ägyptischer Kümmel, langer oder scharfer Kümmel, ist in Ägypten und Äthiopien einheimisch, im südlichen Europa kultiviert und blüht im Juni, Juli. Die eigentümlich, stark, doch unangenehm riechenden, bitterlich-gewürzhaft schmeckenden Früchte sind offizinell und kommen als Heilmittel mit dem gemeinen Kümmel überein, doch ist ihre Wirkung viel intensiver.

Kriechwinde *(Evolvulus)*, Gattung der Winden. Die nierenartige K. *(E. alsinoides)* hat mehrere, nach allen Seiten ausgebreitete, ¾-1½' lange, schlanke Stengel; die Blätter sind 8-10''' lang, 5-6''' breit, vorn abgerundet, dicklich, weich, oben viel weniger, unten viel stärker behaart. Die Blumenkrone bläulich mit einem purpurrötlichen, fünfstrahligen Stern. Wächst in Ostindien und Neuholland und blüht im Juni, Juli. Eine Abkochung dieser nicht unangenehm riechenden Pflanze wird gegen Fieber, sowie bei mancherlei chronischen Krankheiten (besonders des UnterleibesI angewendet.

Krugblume *(Urceola)*, Gattung der Apocynieen. Die malayische Kr. *(U. elastica)* ist ein kletternder Strauch auf Sumatra, Pulo-Pinang u.s.w., aus dem Milchsaft desselben wird ein sehr großer Teil des ostindischen Kautschuks gewonnen.

Krullfarn *(Adiantum)*, Gattung der Polypodiaceen. Der großblätterige K. *(A. macrophyllum)* wächst in Westindien und Südamerika und wird dort samt mehreren anderen Arten als gelind adstringierend und tonisch, als Wundmittel, bei Schlaffheit und Schwäche, in mehreren Hautkrankheiten und vorzüglich bei Brustaffektionen angewendet. Der fußförmige K. *(A. pedatum)* riecht gerieben schwach aromatisch, schmeckt etwas zusammenziehend, bitterlich-süß, wird als Aufguß in Amerika und jetzt auch in Europa, vorzüglich in Frankreich, bei katarrhalischen Leiden wie der folgende gemei-

FIG. 65

DAS FRAUENHAAR: a) Abbildung einer kleinen indischen Form, b) Zipfel einer Blattabteilung, mit umgeschlagenen, zweimal vergrößert.

ne K. gebraucht und diesem noch vorgezogen. Der gemeine K. *(A. Capillus Veneris)*, Frauenhaar (FIG. 65), ist die bekannteste Art; er wächst häufig an felsigen Stellen in Südeuropa. Die Blätter sind kahl, mit dünnen, glänzend-braunschwarzen Stielen und Stielchen doppelt gefiedert, verkehrt eirund, lappig eingeschnitten. Das Kraut dient zur Bereitung des angenehm schmeckenden Frauenhaarsirups, der gewonnen wird, indem man 1½ Unze zerschnittenes Frauenhaar mit 1½ Pfund heißem Wasser durch eine Stunde aufgießt, die Kolatur von 15 Unzen mit 2 Pfund Zucker zur Sirupdicke einkocht und zwei Quentchen Pomeranzenblütenwasser zumischt. Man kann auch das Kraut in Aufguß zu einem Tee benutzen, der gegen Husten und Lungensucht empfohlen wird.

Krummholz oder Knieholz, Zwerg-Kiefer *(Pinus Pumilio)*, ist ein Gewächs der Pyrenäen, Alpen, Karpaten und es weilt sehr gern zwischen 4-6000 Fuß über der Meeresfläche. In den Karpaten kommt es zwischen 1200-3000 Fuß hoch vor. Ferner findet es sich auf dem Schwarzwald, auf dem Riesengebirge, auf dem Böhmerwald, im Erzgebirge, im Thüringerwald. Das sehr zähe Holz ist ganz vorzüglich geeignet zu Schnitzwerken. Aus den jungen Trieben bereitet man das Krummholzöl. Von selbst fließt dagegen im Frühjahr aus den Spitzen der Zweige ein Balsam von sehr starkem, feurigem Geschmack und durchdringendem Geruch aus, der auch Krummholzöl oder karpathischer Balsam genannt wird. Beide kommen in der Anwendung mit dem Terpentin oder Terpentinöl überein, und letzteres ist bei dem gemeinen Mann in Ungarn eine Universalmedizin.

Kümmel *(Carum),* Gattung der Doldenpflanzen. Der gemeine K. *(C. Carvi),* Wiesen- oder Feld-K., hat eine möhrenartige Wurzel, einen kantig gerieften, vom Grunde an ästigen Stengel, doppelt gefiederte Blätter mit fiederspaltigen, gekreuzten Läppchen und Dolden ohne Hülle und Hüllchen. Gemein auf Wiesen und Triften von ganz Europa. Blüht im Mai, Juni, bisweilen noch einmal im Herbst. Die eigentümlich aromatisch riechenden und schmeckenden Früchte sind ein schon lange bekanntes Heilmittel, und zwar als blähungstreibend, magenstärkend bekannt und bei Verdauungsschwäche, Blähungskolik, Atonie des Darmkanals in Anwendung. Sie werden entweder als Aufguß zu 2-4 Drachmen täglich oder als Öl zu 1-5 Tropfen einigemal täglich genommen. Um Kümmelwasser zu bereiten, nimmt man 12 Pfund zerkleinerten Kümmelsamen, weicht ihn in ca. 20 Quart Wasser und destilliert 16 Quart aromatisches Wasser ab. Zur Kümmelessenz nimmt man 2 Pfund Kümmelsamen, 2 Lot Anissamen, 2 Lot Fenchelsamen, 3 Lot Veilchenwurzel und 1 Lot Zimt, zerkleinert, übergießt das ganze mit 16 Maß Spiritus von 50%, digeriert 24 Stunden und zieht 85% aus der Blase ab. Auch wird der Kümmel zur Bereitung verschiedener Liköre etc. angewendet. Kümmelbranntwein, äußerlich angewendet, gehört zu den milchvertreibenden Volksmitteln. Zur eröffnenden Frühlingskur kann man das Kraut des Kümmels auf ähnliche Art wie Spinat gekocht genießen lassen. Kümmelsamen mit Wein aufgegossen und getrunken, soll ein erprobtes Mittel gegen übelriechenden Atem sein.

Kürbis *(Cucurbita),* Gattung der Gurkengewächse. Der gemeine K. *(C. Pepo)* wird bei uns zur Zierde und als Viehmast häufig gebaut und das Fleisch vieler Spielarten in Süd-Europa häufig an verschiedenen Zubereitungen gegessen. Die öligen Samen schmecken angenehm und geben mit Wasser eine nährende und kühlende Milch, werden auch zu Gallerte gekocht als ein kräftiges Mittel in Urinverhaltung gerühmt.

Kugelblume *(Sphaeranthus),* Gattung der Vereinblütler. Die indische K. *(S. indicus)* wächst im südlichen Asien und in Ägypten, und blüht vom August bis Dezember. Die Pflanze riecht stark aromatisch wie Lavendel; man gibt sie gegen Koliken, Magenkrämpfe, häufiger noch als ein wurmwidriges Heilmittel. Die rauhhaarige K. *(S. hirtus)* wird ebenso wie die vorige Art, dann auch in chronischem Husten, äußerlich gegen Hautausschläge und Hämorrhoiden gebraucht. Die cochinchinesische K. *(S. cochinchinensis),* wird als ein erweichendes, zerteilendes Mittel größtenteils nur äußerlich bei entzündlichen Geschwülsten, besonders der Brüste, der Saft gegen Augenentzündungen und die Abkochung als Gurgelwasser bei Halsbeschwerden angewendet.

Kugelblume *(Globularia),* Gattung der Globulariaceen. Die gemeine K. *(G. vulgaris)* wächst auf sonnigen Hügeln und Bergen in Mittel- und Süd-Europa und blüht im Mai, Juni. Die bitteren Blätter waren in früheren Zeiten als ein gelindes Purgiermittel, sowie gegen

Wunden und Geschwüre im Gebrauch. Die dreizähnige K. *(G. Alypum)* findet sich an dürren, steinigen Orten Süd-Europas. Blüht im März, April und wieder im September. Die Blätter wirken purgierend, oft auch zugleich brechenerregend, sind in Süd-Europa als *Folia Alypi* offizinell und ein gutes Ersatzmittel der Senna.

Kugeldolde *(Asteriscium),* Gattung der Doldenpflanzen. Die chilenische K. *(A. chilense)* wächst auf dürren, sandigen Stellen in Chile, besitzt einen aromatischen, etwas anisartigen Geruch und wird von den Eingeborenen, besonders gegen Blähungen sehr geschätzt.

Kugelfruchtalge *(Sphaerococcus),* Gattung der Hautalgen. Die wurmtreibende K. *(S. helmintochortos)* wächst im Mittelmeer, vorzüglich an Korsikas Küsten. Unter dem Namen Wurmmoos findet sich in den Apotheken ein Arzneistoff vor, der aus Bruchstücken verschiedener Algen mit Sand und Korallenstückchen gemengt besteht und gegen Würmer, vorzüglich gegen die Spulwürmer der Kinder sowie gegen hartnäckige Drüsengeschwülste, Verhärtung und Anschwellung weiblicher Brüste etc. dient. Innerlich gibt man täglich 2-3mal je 15-30 Gran auf einmal als Pulver mit Zucker oder Anis oder als Latwerge unter etwas Honig oder als Tee, zu dem man auf den Tag 4 Lot zu mehreren Tassen nimmt. Ein Absud gibt vorzügliche Wurmklistiere. Die übrigen Arten finden sich teils im Wurmmoos, teils dienen sie zur Bereitung des Jods.

Kugelröhre *(Exacum),* Gattung der Gentianaceen. Die schmalblätterige K. *(Ex. tenuifolium)* wächst an feuchten Stellen in Guiana und wird wie der Enzian vorzüglich gegen Wechselfieber angewendet. Die wirtelige K. *(E. verticillatum)* ist in Westindien und Südamerika gleich dem Enzian offizinell.

Kuhdornklee *(Trigonella),* Gattung der Schmetterlingsblütler. Der gemeine K. *(T. Foenum graecum),* Bockshornklee, griechisches Heu, ist ein einjähriges Gewächs, welches die Höhe von $1\frac{1}{2}$ Fuß erreicht. Der Stengel ist rundlich und oben selten verästelt, dabei nach oben weichhaarig. Die ziemlich langen Blattstiele tragen verkehrteiförmige, vorn gezähnelte Blättchen von dicklicher Beschaffenheit. Die Nebenblätter sind ganz, zugespitzt, lanzettlich und mit weichen Härchen besetzt. Die Blüten stehen einzeln oder paarig in den Achseln der oberen Blätter. Die Blume ist gelblich-weiß. Die Samen sind gedrückt, rautenförmig, von starkem Geruch nach Steinklee und bitterem, schleiem Geschmack. Diese Pflanze war schon den Alten bekannt. Sie wächst im mittelländischen Gebiet bis tief nach Arabien und Afrika hinein. Die Samen braucht man als schleimig einhüllendes Mittel äußerlich mit Mehl. Der Schleimgehalt der Samen ist so reich, daß 1 Unze 16 Unzen Wasser schleimig macht. Besondere Berühmtheit aber hat sich das Gewächs dadurch erworben, daß es im Orient, besonders in Ägypten, mit Milch ein hochberühmtes Gericht abgibt, vermöge dessen die hagersten Damen in kurzer Zeit das im Orient so hochgeschätzte Embonpoint erlangen.

Die Pflanze wird in Thüringen und Franken der Samen wegen gezogen; man muß dünn säen, wozu per Morgen ungefähr 20 Pfund Saatgut gehören. Man darf ihn nicht stark bedecken und muß nach dem Eggen walzen. Es ist zweckmäßig, sehr dünn große Bohnen mitzusäen, an denen sich die schwachen Pflanzen festhalten.

Kunel *(Cunila),* Gattung der Lippenblütler. Der marylandische K. *(C. mariana)* wächst auf sandigen Bergen und in trockenen Wäldern von Pennsylvanien, Maryland und Virginien und blüht im Juli bis September. Dort ist das sehr aromatische und viel ätherisches Öl enthaltende Kraut offizinell.

Kussu *(Kusso, Kosso, Kooso)* ist eine Droge, welche von Bankesia sylvatica *(Brayera anthelmintica)* abstammt. Sie gehört unter die Dryadeen, eine Abteilung der Rosaceen. Der Kussubaum wird kaum 20 Fuß hoch und ist fast immer gebogen oder geneigt. Er wird meist zum medizinischen Gebrauch zwischen Zypressen gepflanzt, welche in Städten und Dörfern die Kirche umgeben. Die Rinde ist sehr glatt, weißlich und mit braunen Streifen versehen, wo die Blätter abgefallen. Die Blätter stehen paarig genähert und sind unpaar und unterbrochen fiederteilig. Der Blütenstand ist eine große, gedrängte Rispe. In Abessinien leiden beide Geschlechter in jedem Alter an großen Quantitäten von Eingeweidewürmern, was wohl mit davon kommt, daß viel Fleisch halb roh genossen wird. Es ist Gebrauch dort, daß jeder Mensch von Bildung einmal monatlich Würmer abführt. Bei uns haben Versuche mit diesem Mittel gezeigt, daß es nicht ganz unfehlbar ist. Man tut daher wohl, jede Bandwurmkur mit der Granatwurzelrinde zu beginnen und nur da, wo sie nicht ausreicht, zum Kussu seine Zuflucht zu nehmen. Man gibt das Pulver der Blumen zu ½-1 Unze mit 10 Unzen lauwarmem Wasser gemischt und läßt es ¼ Stunde digerieren. Morgens nüchtern nimmt der Kranke wohl umgerüttelt schluckweise in kurzen Zeiträumen die ganze Portion zugleich mit etwas Zitronensaft. Erfolgt binnen einigen Stunden keine Öffnung, so gibt man ein Abführmittel, gewöhnlich Rizinusöl.

Kyllingie *(Kyllingia)*, Gattung der Zyperngräser. Die dreiköpfige K. *(K. triceps)* wächst in Ostindien. Die Wurzel riecht angenehm aromatisch, schmeckt etwas scharf und wird in Ostindien bei entsprechenden Fiebern, bei Ruhren und in der Harnruhr verwendet; auch wird ein ätherisches Öl daraus bereitet. Die einköpfige K. *(K. monocephala)* ist der vorigen Art ähnlich; die etwas schwächer riechende Wurzel dient zu gleichen Zwecken.

L

Labkraut *(Galium)*, Gattung der Rubiaceen. Das gelbe L. *(G. verum)*, echte L., gelber Butterstiel, gelbes Waldstroh, hat einen kriechenden Wurzelstock und aufrechte, ästige, 1-3 Fuß hohe, rundliche Stengel. Die linealen, fast fädlichen Blätter stehen zu 6-12 in Quirlen; die sehr kleinen, gelben Blüten in endständigen, dichten, rispenförmig zusammengesetzten Trugdolden Die Blüten haben eine radförmige, vierspaltige Blumenkrone mit 4 Staubgefäßen. Die halbkugeligen Früchtchen stehen zu je zweien und sind kahl. Gemein auf trockenen Wiesen, Hügeln, an Wegen in Europa und Sibirien und blüht vom Juni bis September. Die blühende Pflanze wurde früher in den Apotheken aufbewahrt und teils als Wundmittel, teils in der Epilepsie, Hysterie und anderen Krampfkrankheiten, dann bei Konvulsionen der Kinder gerühmt; das Kraut macht die Milch gerinnen, wovon auch die Pflanze ihren Namen hat. Zur Bereitung des Chester-Käses werden ebenfalls die Blüten verwendet. Das nordische L. *(G. boreale)* (FIG. 66), hat ovale, kurz dolchspitzige, dreinervige Blätter, welche am Rande hin schärflich sind. Die Stengel sind schlaff und vierkantig, kahl oder behaart. Die Früchte sind borstig. Es blüht weiß und ist eine häufige Wiesenpflanze. Das weiße G. *(G. Mollugo)*, weißer Butterstiel, weißes Waldstroh, ist auf Wiesen, Grasplätzen, Hügeln, in Hecken und Gebüschen sehr gemein und wurde wie das gelbe L. gebraucht. Die Wurzel des griechischen L. *(G. graecum)* wird in Candia bei Blutflüssen und Ruhren angewendet.

FIG. 66

DAS NORDICHE LABKRAUT: a) ein Stengel in 1/4 natürlicher Größe, b) eine Frucht sechmal vergrößert.

Lablab *(Lablab),* Gattung der Schmetterlingsblütler. Der gemeine L. *(L. vulgaris)*, ägyptische Fasel, ist ein windendes Kraut, in Ostindien einheimisch, jetzt überalll kultiviert. Die jungen Hülsen sowie die reifen Samen werden häufig gegessen, doch sollen letztere (wenigstens bei einigen Spielarten) unseren gewöhnlichen Bohnen nachstehen. In Ägypten braucht man sie mit Safran gekocht gegen Brustkrankheiten, mangelnden Monatsfluß und in Ostindien die Blätter als ein kühlendes Mittel.

Lack *(Cheiranthes),* Gattung der Kreuzblütler. Der gemeine L. *(Ch. Cheiri)*, Goldlack, Lackviole, gelbe Leucoje, ist ein sehr bekannter Halbstrauch oder Strauch, dessen Blumenblätter einen sehr angenehmen Geruch haben. Die Früchte erreichen die Länge von drei Zoll. Die Heimat ist das südliche Europa, wo der Lack häufig auf Felsen und altem Mauerwerk wuchert. Die Blüten sind hier und da offizinell, riechen sehr angenehm, schmecken bitter und kressenartig, wurden besonders gegen mangelnden Monatsfluß, Anschoppungen der Unterleibsorgane, Gelbsucht etc. gerühmt, sind jedoch heutzutage kaum mehr im ärztlichen Gebrauch.

Lackmusflechte *(Rocella),* Gattung der Schildflechte. Die wahre L. *(R. tinctoria)*, Kräuter-Orseille, wächst am felsigen Meeresufer in Südeuropa, den Kanarischen Inseln und am Kap und wird häufig zur Bereitung des Lackmus und der Orseille- oder Columbinfarbe verwendet.

Lackmuskraut *(Crozophora),* Gattung der Wolfsmilchgewächse. Das gemeine L. *(C. tinctoria)*, Tournesol, ist eine einjährige Pflanze auf den sandigen Küsten des Mittelmeeres. In den frühesten Zeiten gebrauchte man dieses Gewächs gegen Würmer und den ausgepreßten Saft zur Vertreibung der Warzen. Mit dem Saft tränkt man auch Leinwandlappen, die man hierauf über Kalk und faulenden Urin hängt, worauf sie blau werden und unter dem Namen Tournesol, blaue Schminkläppchen oder Bezetten bekannt sind und zum Färben der Zuckerwaren, einiger Weine etc. dienen.

Lärche *(Larix),* Gattung der Koniferen. Die gemeine L. *(L. europaea),* Lärchenbaum, ist ein 60-100' hoher Baum mit grauer oder braunroter, rissiger Rinde, bogig nach unten gekrümmten Ästen, schlanken Ästchen mi gelblicher Rinde und jährigen, im Winter abfallenden, schlaffen Nadeln. Die Zapfen sind aufrecht, eilänglich, stumpf, die Schuppen am oberen Ende zurückgeschlagen, geschlitzt, die Nebenschuppen ausgerandet, dreispitzig. Ihr eigentliches Vaterland ist das östliche Europa und Sibirien, doch wird sie auch bei uns im großen angepflanzt. Sie gibt viel Terpentin, und zwar eine eigene Sorte, die den Namen venetianischer Terpentin führt. Die feinblätterige L. *(L. ternifolia)* findet sich in Nordamerika, wo man die Rinde als ein harntreibendes Arzneimittel benutzt; der Terpentin dieser Lärche soll feiner als der venetianische sein, kommt aber nicht nach Europa. Die Zeder-L. *(L. Cedrus)*, Zederbaum, Zeder vom Libanon, ist ein seiner Schönheit und Dauerhaftigkeit wegen schon seit den ältesten Zeiten sehr berühmter Baum; man findet ihn auf hohen Gebirgen in Syrien und Klein-Asien. Das braunrote, mit wohlriechendem Harz durchzogene, bitter schmeckende Holz der Zeder war einst offizinell und dient auch noch jetzt zum Räuchern; doch führen den Namen Zedernholz auch viele andere Hölzer, die von ganz anderen Bäumen, größtenteils aber aus dieser Familie abstammen. Aus dem Stamm fließt teils von selbst, teils nach Einschnitten in denselben ein durchsichtiges, dem Mastix ähnliches Harz, das Zedernharz, sonst auch als innerliches und äußerliches Heilmittel, wie auch mit anderen Harzen zum Einbalsamieren der Toten angewendet. Die Blätter der Zeder schwitzen einen süßen Stoff aus,das Zedermanna.

Lärchenschwamm ☞ **Löcherpilz**

Lagerströmie *(Lagerströmie)*, Gattung der Lythrineen. Die prachtvolle L. *(L. reginae)* ist ein Baum von mittlerer Größe in den Bergwäldern Ostindiens, dessen Wurzel gegen Apythen und Mundgeschwüre sowie gegen andere Krankheiten des Halses dient; auch bereitet man aus derselben sehr kräftig zerteilende oder erweichende Breiumschläge für entzündliche Geschwülste. Die Abkochung der Rinde der Blätter und Blüten wird bei Stockungen und Anschoppungen im Unterleib, Wassersucht und anderen Krankheiten gebraucht.

Laichkraut *(Potamogeton)*, Gattung der Laichkräuter-Gewächse. Das schwimmende L. *(P. natans)* hat einen astlosen Stengel mit langgestielten Blättern, von denen die schwimmenden lederig und fast eirund sind; wächst häufig in stehenden Wässern, wie Teichen und Seen, und in langsam fließenden Bächen und Flüssen. Blüht im Juli und August. Diese Art ist es, welche schon Dioscorides als kühlend und zusammenziehend erwähnt; auch in späteren Zeiten wurde das Decoct dieser Pflanze gegen Erbrechen, besonders gegen Bluterbrechen, sowie äußerlich bei gichtischen Geschwülsten angewendet und die Blätter frisch auf Geschwüre gelegt.

Lansabaum *(Lansium)*, Gattung der Meliaceen. Der rechte L. *(L. domesticum)* ist ein ansehnlicher Baum, der auf allen Inseln im indischen Archipel zu finden ist. Die Früchte enthalten vor der Reife einen bitteren, milchartigen, weißlichen, an der Luft schwarz werdenden Saft, im reifen Zustand aber schmecken sie nach abgeschälter Haut äußerst angenehm säuerlich-süß und weintraubenartig, werden daher allgemein teils roh, teils zubereitet als eine sehr gesunde Speise, besonders von Kranken genossen, die sehr bitteren Samen aber bei Kindern gegen Würmer angewendet. Die wohlriechende Rinde dient als Rauchwerk.

Lantane *(Lantana)*, Gattung der Verbenaceen. Die veränderliche L. *(L. Cammara)* ist ein Strauch in Westindien und Südamerika. Auf den Bahamas wird ein Aufguß der Blätter bei Gallenfiebern, sowie zur Beförderung der Hautausdünstung getrunken und das Kraut in Amerika auch zu aromatischen Bädern, Bähungen etc. gebraucht. Die aromatischen Blätter der andornblätterigen L. *(L. involucrata)* werden als Tee bei Erkältungskrankheiten, Katarrhen, schlechter Verdauung, auch zu aromatischen Bädern und als Gurgelwasser gebraucht. Ebenso dienen die Blätter der stacheligen L. *(L. aculata)* als Tee bei katarrhalischen Zufällen, Magenschwäche etc., wie auch zu Bädern.

Lanzenfrucht *(Lonchocarpus)*, Gattung der Schmetterlingsblütler. Die veilchenblütige L. *(L. violaceus)* ist ein Strauch Westindiens und Südamerikas, dessen Blüten und Blätter dort als erweichendes Mittel im Gebrauch sind.

Lappenpilz *(Lysurus),* Gattung der Haarflechtpilze. Die chinesische L. *(L. Mokusin)* ist sehr vergänglich; die äußere Hülle, in 2-3 Lappen gespalten, umgibt scheidenartig den fünfseitigen röhrigen Strunk, dieser ist 3-4 Zoll lang, ziemlich dick, rindig, fleischig, Ecken flach; die fünf Balken rot, gleichförmig, oben zusammenneigend. Seine Heimat ist China, wo er als kräftiges Mittel, besonders äußerlich bei krebsartigen Geschwüren dient.

Lappenstreuling *(Bovista),* Gattung der Haarflechtpilze. Der schwärzliche L. *(B. nigrescens)* ist kugelig oder in die Quere länglich, sitzend, schwach bewurzelt, daher später frei herumliegend; jung wie ein weißes Ei gestaltet, im reiferen Zustand allseitig-schuppig. Findet sich auf Feldern, Triften und ist wie der Bovist gebräuchlich.

Laserkraut *(Laserpitium),* Gattung der Doldenpflanzen. Das breitblätterige L. *(L. latifolium)*, große L., weiße Hirschwurz, weißer Enzian, ist eine in Deutschland wachsende, 4-6 Fuß hohe Schirmpflanze, die auf trockenen Anhöhen und Bergen sich findet; ihre Wurzel ist lang, oft über 2 Zoll dick, scharf und gewürzhaft, treibt einen geraden, ästigen Stengel mit herzförmigen, eingeschnittenen, am Rande sägeartig gezähnten Blättern und blüht im Juli; die Blumen bilden einen sehr großen, weißen Schirm. Auf Bergen und Voralpen, besonders auf Kalkfelsen, unter Gebüschen in ganz Europa mit Ausnahme Englands. Blüht im Juli, August. Die bitter und scharf aromatische Wurzel ist ein sehr kräftiges, tonisch-reizendes Arzneimittel, wird jedoch heutzutage sehr mit Unrecht nur noch in wenigen Ländern gebraucht; auch die sehr angenehm gewürzhaften Früchte verdienen eine Anwendung. Das gebräuchliche L. *(L. Siler)*, Roßkümmel, Bergsiler, wächst auf sonnigen Kalkbergen und Voralpen im südlicheren Deutschland und Frankreich, sowie im ganzen Süden von Europa. Blüht im Juli, August. Die gewürzhaft, aber etwas wanzenartig riechenden und ebenso, zugleich etwas scharf schmeckenden Früchte kommen in ihren Heilkräften mit dem Kümmel, Fenchel etc. überein, geben bei der Destillation ein wohlriechendes, blaues, ätherisches Öl, das um Urin und Blähungen zu treiben angewendet wurde. Die sehr gewürzhafte und bitterlichscharfe Wurzel wird von den Gebirgsbewohnern gegen Zahnschmerzen und zur Förderung der Speichelabsonderung gebraucht.

Lattich *(Lactuca),* Gattung der Korbblütler. Der Garten-L. *(L. sativa)*, Salat, hat im ausgewachsenen Zustand einen aufrechten, 1-2 Fuß hohen, kahlen Stengel mit doldentraubigen Ästen. Die kahlen Blätter sind gezähnelt, die unteren sitzend, ungeteilt oder schrottsägig-fiederspaltig, die oberen umfassen den Stengel herzförmig. Die kleinen Blütenköpfchen haben blaßgelbe Zungenblüten, die Früchtchen eine haarige Krone. Kommt nur gepflanzt vor. Die jungen, fleischigen Blätter stehen meistens kopfförmig beisammen und werden als Gemüse, häufiger jedoch als Salat verspeist, dem man jedoch nicht viel Essig zusetzen darf, wenn er nicht unverdaulich werden soll. Der wilde L. *(L. scariola)* wächst in ganz Deutschland und mehreren südlichen Ländern auf Schutthaufen, Zäunen, in Weinbergen und auf Rainen. Die gelben Blüten gleichen denen des Gartenlattichs und erscheinen im Juli und August. Das frische Kraut wurde früher zur Bereitung eines Extraktes verwendet, das jedoch jetzt nicht mehr gebräuchlich ist. Der giftige L. *(L. virosa)* wächst an Wegen, wüsten Plätzen, in Hecken, mehr im südlicheren als mittleren Europa. Gebräuchlich sind die frischen, zur Blütezeit gesammelten Blätter zum Extrakt. Sie riechen wie das ganze Kraut sehr stark und widerlich, narkotisch und opiumartig, schmecken bitter und scharf und enthalten außer dem flüchtigen, bis jetzt nicht dargestellten narkotischen Bestandteil noch bitteren Extraktivstoff, Kautschuk, ein Hartharz, Wachs, Gummi, Eiweiß etc. Man schreibt ihr harntreibende Wirkungen zu und gibt von dem Extrakt $\frac{1}{2}$-2-4 Gran.

Anwendung nach dem homöopathischen Prinzip. Die Wirkungen des Gartensalats, schreibt Dr. Trinks, verdienten wohl eine genauere Prüfung, da die wenigen Beobachtungen, welche wir besitzen, eine ziemlich starke spezifische Einwirkung auf das ganze Zerebral- und Rückenmarksnervensystem, Sinnesorgane, die Geschlechtssphäre manifestieren, und es könnte sich wohl herausstellen, daß die Kraft derselben, Schlaflosigkeit, Schlafstörung durch allzu lebhafte Träume zu heilen, sowie viele andere Krankheitsheilungen durch ihre homöopathische Beziehung zu denselben zu Stande gekommen sind.

Gabe: 1-2 Tropfen der aus dem in südlichen Klimaten gewonnenen Saft der Pflanze oder der aus Samen bereiteten Tinktur von der ersten Verdünnung derselben nach Umständen täglich 1-2mal gereicht.

Der giftige Lattich eignet sich bei Wassersucht, ödematöser Geschwulst des ganzen Körpers mit asthmatischen Beschwerden, Kopfeingenommenheit, Frostschauer, Appetitmangel; bei Schlafsucht und Schlaflosigkeit und unruhigem, durch schreckhafte Träume gestörtem Schlaf, bei Hysterie, Hypochondrie und Melancholie, Unfähigkeit zu geistiger Arbeit, Schwindel, nervösen Kopfschmerzen, bei Stumpfsichtigkeit, schwarzem Star, Magenkrampf, Verhärtung der Leber und Milz, Hartleibigkeit, Stuhlverstopfung, Rauhheit und Heiserkeit der Stimme, bei trockenem, bellendem, krampfhaftem Husten, Asthma, Brustwassersucht.

Gabe: 1-2 Tropfen der reinen Tinktur oder der 1-2. Verdünnung derselben 1-2mal und noch öfter des Tages über nach Umständen wiederholt.

Lauch *(Allium)*, Gattung der Liliengewächse. Von den zahlreichen Arten haben wir den Gartenlauch oder ☞ Knoblauch bereits beschrieben. Der Schnittlauch *(A. schoenoprasum)* hat hohle, pfriemenförmige Blätter und ist dem Gartenkerbel an Wirkung gleich. Der gemeine L. *(A. Porrum)* oder Porre mit einfacher, aus vielen saftigen weißen Schalen gebildeter Zwiebel und die Schalotte (A. ascolonicum) mit eirunder, aus mehreren braunvioletten Zwiebelchen zusammengesetzter Zwiebel sind besonders nahrhafte Gemüse.

Läusekraut *(Pedicularis)*, Gattung der Maskenblütler. Das Sumpf-P. *(P. palustris)*, Sumpf-Rodel, ist einfach oder verzweigt. Die Blätter sind fiederteilig mit feingesägten Abteilungen. Der Halm hat nicht nur seine Schnabelspitze, sondern jederseits an der Seite einen Zahn. Die Lippenlappen sind halb eiförmig und gewimpert. Die Blume hat eine purpurne Lippe und ist im übrigen weißgelb, wohl auch mit purpurnem Helm. Sie wächst auf Sumpfwiesen und blüht im Sommer. In älteren Zeiten war das Kraut bei zu starker Menstruation und als ein harntreibendes Mittel, äußerlich aber gegen unreine Geschwüre und zur Tötung des Ungeziefers im Gebrauch; es riecht unangenehm, schmeckt scharf, wird von allem Vieh verschmäht und bringt bei demselben Entzündungen des Darmkanals und Blutharnen hervor; nur den Ziegen soll es unschädlich sein. Das Wald-L. *(P. sylvatica)*, Wald-R., hat eine blaßrosa Blume. Diese Art wächst auf Waldwiesen und erscheint bei uns schon Mitte Frühling in Blüte, während die Seitenzweige bis in den Sommer sich entwickeln. Kommt in den Eigenschaften mit der vorigen Art überein.

Lavendel *(Lavendula)*, Gattung der Lippenblütler. Der gemeine L. *(L. vera)* hat länglich lineale oder lanzettliche unversehrte sitzende Blätter, von denen die jüngeren ganz grau sind. Die

FIG. 67

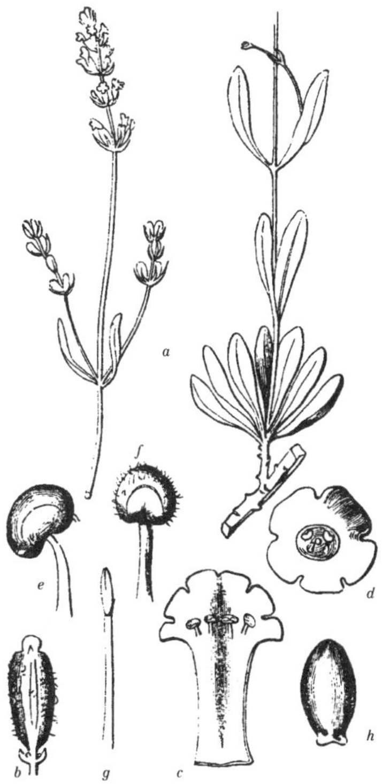

DER BREITBLÄTTERIGE LAVENDEL: a) eine Pflanze in natürl. Größe, b) ein Kelch von hinten, um den Deckel zu zeigen, dreimal vergrößert, c) eine Blume, aufgeschnitten und ausgebreitet, d) dieselbe von vorn geöffnet, beides viermal vergrößert, e) und f) zwei Staubgefäße, g) Griffel mit Narbe, alles zehnmal vergrößert, h) eine Frucht, sechsmal vergrößert.

Blütenähre ist walzig. Die Wirtel sind meist sechs- bis zwölfblütig, die Deckblätter ziemlich rautenförmig, verkehrt-eirund, trockenhäutig, die Deckblättchen lineal-pfriemlich. Die Blume ist graublau. Wächst auf sonnigen Hügeln und Bergen im südlichen Europa; bei uns häufig zur Einfassung der Blumenbeete kultiviert. Blüht im Juni, Juli. Von dieser bekannten, stark und lieblich-aromatisch riechenden und aromatisch-bitter schmeckenden Pflanze hat man die Blätter, noch häufiger die Blütenähren in den Apotheken, die ungeachtet ihres großen Gehaltes an ätherischem Öl und ihrer stark reizenden Kräfte doch nur selten innerlich, aber häufig äußerlich zu aromatischen Umschlägen angewendet werden. Der breitblätterige L. *(L. latifolia)* (FIG. 67), ist meist höher und viel grauer. Die Blätter sind spatelig-länglich, breiter, am Grunde stielig verschmälert. Die Blütenstände sind kürzer. Die gemeinschaftlichen Deckblätter sind lineal-lanzettlich. Die Kelche sind dem Blumenrohr ziemlich gleich lang. Wächst auf sonnigen Hügeln und Bergen Südeuropas; gegen Winterkälte ist diese Art weit empfindlicher. Blüht im Juli, August. Riecht noch stärker als der gemeine Lavendel und wird ebenso gebraucht, vorzüglich wird das ätherische Öl im südlichen Frankreich im großen daraus gewonnen. Eine verwandte Art ist der schopfige L. *(L. Stoechas)*, ausgezeichnet durch eine kopfige Narbe. Riecht stärker als der gemeine Lavendel.

In der Tierheilkunde wird der Lavendel innerlich sehr wenig angewendet; er ist aber wie jedes andere ätherisch-ölige Mittel zu benutzen, wird aber im allgemeinen wenig gebraucht. Die Gabe ist für die großen Haustiere 30,0-60,0, für Schafe und Schweine 15,0-30,0, für Hunde 2,0-8,0 g. Form und Verbindung ist wie bei den Kamillenblumen zu wählen. Am gewöhnlichsten wird der Lavendel äußerlich in solchen Fällen benutzt, wo erregende Zerteilungsmittel angezeigt sind. Die Anwendung kann in Kräuterkissen, in Breiumschlägen oder im Aufguß und mit Zusatz von Kamillen, Quendel, Spiritus und dgl. geschehen. Das Lavendelöl wird von den französischen Tierärzten häufig gegen asthenische und chronische Empfindungen, gegen verhärtete Geschwülste und bei Rheumatismen zu äußerlichen Einreibungen, bald für sich allein, bald in Verbindung mit Baumöl, mit Weingeist, Salmiakgeist oder Terpentinöl, je nachdem man einen geringeren oder stärkeren Grad der Reizung bewirken will, angewendet. Es ist jedoch fast überall durch das Terpentinöl zu ersetzen und nur da zu empfehlen, wo die Eigentümer einen besonderen Wert auf die kranken Tieren legen oder wenn die kranken Tieren im Zimmer gehalten werden, z. B. Stubenhunde und Katzen.

Lawsonie ☞ **Alkanna**

Lebensbaum *(Thuja),* Gattung der Koniferen. Der gemeine L. *(Th. occidentalis)* ist ein 40-50 Fuß hoher, schöner, vom Grunde an ästiger Baum mit vierreihig dachziegeligen, eiförmig-rhombischen, angedrückten, höckerigen Blättern. Die jungen Ästchen und das Holz wirken abgekocht harn- und schweißtreibend und wurden früher gegen Gicht, Wassersucht, Wechselfieber u.a. Krankheiten benutzt und werden in diesen Krankheiten noch heute in Amerika angewendet. Der kugelige L. *(Th. sphaeroides)* wächst in Nordamerika auf nassen Stellen. Man gibt dort den Aufguß des geraspelten Holzes bei Schwäche des Magens, um Appetit zu erregen. Das Holz ist sehr vorzüglich und dort unter dem Namen »weißes Zedernholz« bekannt.

In der Tierheilkunde hat sich der L. äußerlich bei unreinen, schlaffen Geschwüren, gegen üppige Granulation und Feigwarzen sehr wirksam gezeigt. Man benutzt das pulverisierte Kraut zum Einstreuen oder noch besser, die Tinktur (aus 1 Teil Blätter und 6 Teilen Weingeist bereitet) zum Anfeuchten, täglich 3-4mal wiederholt.

Anwendung nach dem homöopathischen Prinzip. Der L. eignet sich bei akuten und chronischen Rheumatismen, Gelenkgicht, stechenden Schmerzen fast aller Stellen des Körpers, bei ziehenden, spannenden und reißenden Schmerzen, brennenden Schmerzen in den Gliedern, Spitz- und Warzenpocken, roten, glatten Flecken auf der Haut, Drüsengeschwülsten, Warzen, Kopfschmerzen verschiedener Art, Brennen der Augenlider, Nebensehen, Schwäche des Gesichts, Stuhlverstopfung, Hämorrhoidal-Kongestionen, Harndrängen, Eicheltripper, Entzündung der Vorsteherdrüse, weißem Fluß, chronischem Schnupfen, Warzen, Feigwarzen, Bartfinne.

In der Tierheilkunde ist der L. in folgenden Fällen mit dem besten Erfolg angewendet worden: bei einer Menge unregelmäßiger, gestielter oder ungestielter, miteinander verwachsener, leicht blutender Warzen, welche eine übelriechende, schmierige Feuchtigkeit absonderten; bei Sycofis (Feigenmal) im Maul eines Hundes, bei schwammigen, lockeren Auswüchsen in den inneren Winkeln der Augenwinkel, bei dem Strahlkrebs der Fohlen, bei der Mauke des Pferdes, bei der bösartigen Klauenseuche der Schafe, bei der bösartigen Form der Schanker- oder Beschälseuche der Pferde und bei dem Tripper der Hunde.

Ledebourie *(Ledebouria),* Gattung der Liliengewächse. Die hyacinthblütige L. *(L. hyacinthoides)* wächst in Ostindien und hat eine eirunde Zwiebel, die dort wie unsere Meerzwiebel angewendet wird.

Lederblume *(Ptelea),* Gattung der Xanthoxylineen. Die gemeine L. *(Pt. trifoliata)*, Kleestrauch, ist ein Strauch von 8-15', dessen beim Reiben unangenehm riechenden Blätter in Nordamerika als ein Wurmmittel und äußerlich bei Geschwüren im Gebrauch sind; die Frucht hat einen starken, bitter-gewürzhaften Geschmack und wird bisweilen statt des Hopfens gebraucht.

Lederholz *(Dirca),* Gattung der Thymeleen. Das Sumpf-L. *(D. palustris)* wächst auf feuchten, sumpfigen, schattigen Orten in Virginien. Alle Teile dieser Pflanze wirken wie der gemeine Seidelbast und sind innerlich als brechenerregende und drastische, kräftig auf die Schleimhäute und das lymphatische System einwirkende, äußerlich als rot machende und blasenziehende Mittel gebräuchlich. Rinde und Zweige sind wie Leder zäh und kaum zu zerreißen, daher der deutsche Name.

Leichtholz *(Elaphrium)*, Gattung der Amyrideen. Das filzige L. *(E. tomentosum)* ist ein Baum Südamerikas von 15-25' mit wenigen, dicken, unregelmäßigen Ästen, der ein Harz unter dem Namen Tacamahac liefert, welches jetzt gänzlich in Vergessenheit gekommen ist.

Leimkraut *(Silene)*, Gattung der Caryophyllineen. Das aufgeblasene L. *(S. inflata)*, Taubenkropf, weißer Behen, Wiederstoß, Kernkraut, Gliedweich, Schaumröslein, Knarre, Knärre, Sandkohl, ist gemein an Wegen, Feldrainen, Waldrändern und auf Wiesen, besonders auf sandigem oder steinigem Boden, vom Meeresstrand an bis auf die Alpen und blüht vom Juni bis August. Die Wurzel fand sich sonst statt der echten weißen Behenwurzel in den Apotheken. Das Kraut wird im nördlichen Europa äußerlich gegen den Rotlauf gebraucht; im jungen Zustand genießt man dasselbe in mehreren Ländern als Gemüse und die Wurzelsprossen als Salat. Das ohrlöffelartige L. *(S. Otites)*, Ohrlöffelkraut, Acker-Taubenkropf, war vor Zeiten offizinell und unter anderem auch als weiniger Aufguß mit Theriak gegen die Wasserscheu im Gebrauch. Die Wurzel des virginischen L. *(S. virginica)* wird in Virginien als Wurmmittel angewendet.

Lein *(Linum)*, Gattung der Leingewächse. Der gemeine L. *(L. usitatissimum)* oder Flachs (FIG. 68), hat eine einjährige, dünnspindelige Wurzel und einen aufrechten, 1-2 Fuß hohen, ästigen Stengel. Die Blüten haben fünf Kelchblätter und fünf verkehrt-eirunde, himmelblaue Blumenblätter, fünf Staubgefäße und einen Stempel. Die Frucht ist eine kugelige Kapsel mit flachen braunen, zahlreichen Samen. Die Heimat des Flachses scheint der Orient zu sein. Die Leinsamen und das aus ihnen gepreßte Öl werden meistens bloß äußerlich gebraucht, nur bisweilen werden noch die ganzen Leinsamen wegen des in der äußeren Schale enthaltenen Schleimes in Abkochung als ein schleimiges Mittel besonders bei starkem Hustenreiz benutzt; man nimmt ½-1 Unze auf 1 Pfund Wasser. Die Samen müssen in diesem Fall so frisch als möglich sein, weil sie sonst der Abkochung einen sehr widerlichen Geschmack erteilen. Meistens werden die auf eigenen Mühlen zu Mehl verarbeiteten Samen als Leinsamenmehl zu erweichenden Breiumschlägen verwendet, indem man sie mit Wasser oder Milch allein oder unter Beigabe anderer Substanzen zur gehörigen Konsistenz einkocht. Zu demselben Zweck verwendet man auch die nach dem Auspressen des Öles zurückbleibenden sogenannten Leinkuchen, indem man sie in einem Mörser zu einem feinen Pulver zerreibt. Das Leinöl wird nicht selten erweichenden Klistieren zugesetzt oder als Grundlage für Linimente benutzt. Zu Klistieren nimmt man 2-3 Eßlöffel voll in Kleie oder Kamillenwasser. Gegen Verbrennungen nimmt man 4 Teile Leinöl und 3 Teile süße Mandelmilch, vermischt es gut und legt es dann auf.

FIG. 68

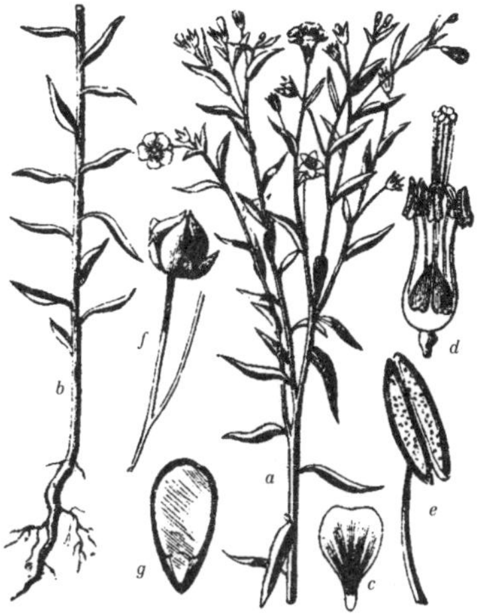

DER LEIN oder FLACHS: a) und b) ein Stengel in 1/3 natür. Größe, c) ein anderthalbmal vergrößertes Blumenblatt, d) die Staubgefäße und das Pistill zweimal vergrößert, e) ein Staubgefäß viermal vergrößert, f) eine Frucht in natürlicher Größe, g) ein durchschnittener Samen, fünfmal vergrößert.

In der Tierheilkunde braucht man die Leinsamen bei Reizungs- und Entzündungszuständen der Verdauungs- und Atmungsorgane, bei Harnblase und Scheide, bei Vergiftungen durch ätzende Substanzen, bei Durchfällen etc., dann bei Entzündungen und Anätzungen oberflächlich gelagerter, zugänglicher Teile. Man verwendet hierzu den aus 1-2 Lot Samen durch ¼stündiges Kochen mit einer halben Maß Wasser bereiteten Absud zu Eingüssen, Klistieren, Einspritzungen, Bähungen etc. Wegen des gleichzeitigen Gehaltes der Samen an fettem Öl kann durch Zerreiben mit Wasser eine Emulsion dargestellt werden, welche zum innerlichen Gebrauch, ähnlich dem Absud, benutzt werden kann. Auch das Leinsamenmehl kann man zu Breiumschlägen bei schmerzhaft entzündlichen Anschwellungen gebrauchen. Der Leinkuchen wird hier und da den Haustieren als Nahrungsmittel verfüttert, bringt indes bei Tieren mit schwachen Verdauungssorganen und bei anhaltendem Gebrauch mannigfache Nachteile hervor. Man verwendet ihn vorzugsweise äußerlich zur Bereitung von Breiumschlägen oder in Abkochung zu Waschungen bei den oben erwähnten Krankheitszuständen. Das Leinöl ist ganz wie die fetten Mittel überhaupt, aber besonders wie das Baumöl innerlich und äußerlich zu gebrauchen. Vor dem letzteren hat es den Vorzug der Wohlfeilheit; es steht ihm aber bei äußerlicher Anwendung darin nach, daß es in kurzer Zeit zu einer firnisartigen Kruste vertrocknet, die sich selbst mit Seifenwasser schwer aus den Haaren herausbringen läßt. Es ist deshalb bei seinem Gebrauch eine fleißige Reinigung der betreffenden Stellen unerläßlich.

Andere Arten des Flachses sind: der Purgierflachs *(L. catharticum)*, ein kleines, feines Gewächs mit bis Fuß hohem, meist aber nur wenige Zoll hohem Stengel. Das Kraut schmeckt sehr fatal und salzig und führt etwas ab. Die Pflanze wächst auf grasigen Stellen in ganz Europa. Der fieberwidrige L. *(L. aquilinum)* findet sich in Chile und wird dort von den Eingeborenen als ein kühlendes, fieberwidriges Mittel angewendet. Der dichtbeblätterte L. *(L. selaginiodes)* ist in Peru, Chile und in Rio de la Plata einheimisch. Das Kraut ist in Peru als ein bitteres, die Verdauung beförderndes und gelind eröffnendes Heilmittel bekannt.

Leindotter *(Camelina)*, Gattung der Kreuzblütler. Der gemeine L. *(C. sativa)* hat längliche, ganze, buchtige, fiederspaltige, stengelumfassende oder pfeilige Blätter, kleine blaßgelbe Blüten und keil-birnförmige vielsamige Schötchen. Er findet sich als Ackerunkraut besonders unter dem Lein. Das Kraut und die Samen dieser Pflanze waren sonst offizinell; ersteres braucht man vorzüglich gegen Augenentzündungen, viel häufiger aber die schwach kressenartig, schleimig und bitterlich-süß schmeckenden, sehr ölreichen Samen (wegen denen auch noch jetzt der Leindotter in mehreren Gegenden im großen angebaut wird), sowie das Öl als ein erweichendes, einhüllendes, schmerzlinderndes Heilmittel und besonders bei Hautkrankheiten.

Leinkraut *(Linaria)*, Gattung der Braunwurzgewächse. Das gemeine L. *(L. vulgaris)*, gelbes Löwenmaul, Marienflachs, Frauenflachs, findet sich an Wegen, Ackerrainen und wüsten Plätzen und hat lineal-lanzettliche Blätter und eine schwefelgelbe, am Gaumen safranfarbige Blumenkrone. Offizinell ist das samt den Blüten gesammelte, frisch unangenehm riechende, bitterlich schmeckende Kraut. Es gehört zu den etwas scharfen Gewächsen, wurde auch von einigen für giftig gehalten und früher als ein harntreibendes, purgierendes Mittel gegen Wassersucht, Gelbsucht, Hautkrankheiten u.s.w. gebraucht; heute wendet man das frische Kraut nur zur Darstellung der offizinellen Leinkrautsalbe an, die mit frischer Butter bereitet wird und vorzugsweise bei schmerzhaften Hämorrhoidalknoten als ein besänftigendes Mittel im Gebrauch ist. Das eckigblätterige L. *(L. Cimbalaria)*, Cymbelkraut, wächst auf Felsen, alten Mauern, häufig im südlichen, hier und da auch im mittleren Europa. Die ganze Pflanze war sonst als ein gelind zusammenziehendes Mittel gegen Wunden, weißen Fluß und Zuckerharnruhr im Gebrauch.

Liebesapfel *(Lycopersicum)*, Gattung der Nachtschattengewächse. Der eßbare L. *(L. esculentum)*, Paradiesapfel, Goldapfel, Tomate, ist ein einjähriges Gewächs mit dicklichem, borstigbehaartem Stengel und unpaar und unterbrochen fiederteiligen Blättern, deren kleine Abteilungen rundlich und spitz, die größeren gestielt, länglich, spitz, sägezähnig sind. Die Blüten stehen in außerachselständigen Wickeln, die Blume ist weißlich-gelb; die Beeren, erfüllt mit wässerigem Saft, sind glänzend purpurn oder hellgelb. Sie haben einen ganz eigentümlichen Beigeschmack, wegen dessen sie im tropischen Amerika, in Ostindien, in Frankreich, Spanien, Portugal, Italien nicht bloß als Zutaten zu vielen Speisen benutzt, sondern auch Kompott und Saucen von ihnen bereitet werden. Die Amerikaner lassen es sich nicht nehmen, daß die Tomate ein magenstärkendes Mittel sei.

Liebstöckel *(Levisticum)*, Gattung der Doldengewächse. Das gemeine L. *(L. officinale)*, Badekraut, stammt aus dem nördlichen Italien, wo es auf den Gebirgen wächst. Bei uns findet man es wild und angepflanzt. Die perennierende, starke, knollige und mit Fasern besetzte Wurzel treibt große, langgestielte, mehrfach gefiederte Blätter und einen starken 6-8 Fuß hohen Stengel. Am Ende des Stengels und seiner Zweige sitzen die dichten, gelblichen Blütenschirme. Alle Teile der Pflanze haben einen sehr starken, widrigen Geruch und einen ähnlichen erhitzendgewürzhaften Geschmack; früher hatte man die Wurzel, die hohlen Stengel, sowie die Blätter und Früchte derselben in den Apotheken; heute ist meistens nur die Wurzel offizinell. Sie ist ein sehr kräftiges Reizmittel für das arterielle und nervöse System, wie auch für die Unterleibsorgane und das Hautsystem; ähnliche Heilkräfte kommen nicht minder den übrigen Teilen, vorzüglich den sehr aromatischen Früchten zu. Das Fleisch und die Milch der Tiere, die mit dem Kraut auch nur zum Teil gefüttert wurden, nehmen einen sehr widrigen Geschmack an.

In der Tierheilkunde wird die Liebstöckelwurzel bei chronischen Katarrhen und Schleimflüssen, bei wassersüchtigen Anschwellungen, bei Lungenentzündung, bei bösartigen, fauligen Pocken der Schafe, bei der Fäule, selbst bei Räude, Rotz und Wurm angewendet. Pferden gibt man 2-4 Lot, Rindern 4-8 Lot, Schweinen 1-3 Quentchen, Hunden $1/2$-1 Quentchen in Form von Pillen, Latwergen oder Aufgüssen, denen man Wachholderbeeren, Kalmus, Pfefferminze, Kampfer, Terpentinöl, Spießglanzpräparate etc. zusetzt. Das Liebstöckelkraut besitzt dieselben Bestandteile, welche die Wurzel hat, und kann daher wie diese bei den oben bezeichneten Krankheiten angewendet werden. Der Liebstöckelsamen scheint fast noch wirksamer zu sein als die Wurzel und sollte daher nicht ganz in Vergessenheit geraten, wie es bisher geschehen ist.

Liguster ☞ **Rainweide**

Lilac *(Syringa)*, Gattung der Ölbaumgewächse. Der gemeine L. *(S. vulgaris)*, blauer oder spanischer Holler, Hollunder oder Flieder, Syrene, ist ein Strauch von 15-20 Fuß, bisweilen baumartig, doch immer sehr ästig, die Blätter sind herzig, zugespitzt, die Blüten in Endsträußen. Stammt aus dem nördlichen Persien, findet sich aber jetzt in ganz Europa. Schon früher waren die Früchte als ein bitter adstringierendes Heilmittel offizinell und in neuerer Zeit ist das rein bittere Extrakt der unreifen Kapseln in Frankreich gegen Wechselfieber empfohlen worden.

Lilie *(Lilium),* Gattung der Liliaceen. Die weiße L. *(L. candidum)* hat eine eiförmige Zwiebel mit lockeren, blaßgelben Schuppen. Der 2-4 Fuß hohe Stengel trägt lanzettliche hellgrüne Blätter, welche unten dichter, oben aber lockerer und kleiner sind. Am Gipfel des Stengels stehen in einer Traube große, weiße, durch einen starken Wohlgeruch ausgezeichnete glockige Blüten, welche 6 Blumenblätter, 6 Staubgefäße mit goldgelben Beuteln und einen Stempel mit hervorragendem Griffel haben. Im Orient einheimisch, jetzt auch im südlichen Europa halbwild und überall häufig kultiviert. Blüht im Juni bis Juli. Neuester Zeit wurde die frische, sehr schleimige, etwas bittere und scharfe Zwiebel als harntreibend und gegen Wechselfieber empfohlen. Im Orient dient die Zwiebel gebraten oder als Mus. Die knollentragende L. *(L. bulbiferum),* Feuerlilie, rote Lilie, welche in Bergwäldern, auf Voralpenwiesen, im mittleren und südlichen Europa, Sibirien zu finden ist, hat eine Zwiebel, die für gleich kräftig mit jener der weißen Lilie gehalten wurde. Die gelbwurzelige L. *(L. Martagon),* Goldlilie, findet sich in Bergwäldern des mittleren und südlicheren Europa, auch in Sibirien. Frisch hat die Zwiebel einen etwas widerlichen Geschmack; sie wurde äußerlich als erweichend, reinigend bei Hautkrankheiten und Geschwüren, innerlich zur Beförderung der Menstruation und als harntreibend gebraucht. Auch diese Zwiebel wird als Speise benutzt.

Linde *(Tilia),* Gattung der Tiliaceen. Die kleinblätterige L. *(T. parvifolia),* Steinlinde, Winterlinde, Berglinde, Spatlinde, hat kleine, glatte, rückwärts meergrüne Blätter und kleine, dünnschalige Früchte. Man findet sie in Wäldern durch ganz Europa und in Nord-Asien, aber auch sehr häufig an Straßen, um Dörfer und Städte gepflanzt. Die großblätterige L. *(T. grandiflora),* Sommerlinde, Frühlinde, Wasserlinde, holländische Linde, ist ein stattlicher Baum mit einer dichten, geschlossenen Krone. Die ziemlich großen runzeligen Blätter sind schief-herzförmig, zugespitzt und gesägt, beiderseits sattgrün. Die Blüten sind stets in geringerer Zahl vorhanden, aber fast doppelt größer, blaß zitronengelb, sehr wohlriechend. Von dieser und den anderen Arten sind die Blüten offizinell und werden ihrer gelind reizenden, krampfstillenden und schweißtreibenden Eigenschaft wegen häufig gebraucht. Sollen sie aber ihre Wirkung vollständig äußern, so müssen auch nur die Blüten allein, nicht wie es leider jetzt viel häufiger der Fall ist, samt den bloß adstringierenden Deckblättern gesammelt, auch sorgfältig getrocknet und in verschlossenen Gefäßen aufbewahrt werden.

Linse *(Ervum),* Gattung der Schmetterlingsblütler. Die gemeine L. *(E. Lens)* ist eine fußhohe, jährige, flaumig behaarte Pflanze mit aufrechtem Stengel. Die Blätter sind meist sechspaarig gefiedert und die Nebenblätter lanzettlich. Die kleinen, weißen, lilageaderten Blüten kommen aus den Blattwinkeln auf langen Stielen zu zwei bis dreien hervor. Die Frucht ist eine kurze, fast rautenförmige Hülse, welche nur zwei runde, plattgedrückte Samen (Linsen) enthält. Die Linsen werden nicht nur gegessen, sondern waren auch sonst auf gleiche Weise wie die Futterwicke als Heilmittel im Gebrauch und in den Rheinländern ist der aus Bier und Linsenmehl gekockte Brei ein bekanntes Volksmittel bei Knochengeschwüren.

In der Tierheilkunde werden die gerösteten Linsen gegen solche Diarrhöen gebraucht, welche aus Erschlaffung und zu wässeriger Nahrung entstanden sind.

Liriope *(Liriope),* Gattung der Liliengewächse. Die ährige L. *(L. spicata)* wächst in China und Cochinchina und gilt diese Pflanze dort als ein kühlendes Arzneimittel.

Lochkernflechte *(Porophora),* Gattung der Warzenkernflechten. Die gemeine L. *(P. pertusa)* ist von Weiß ins Graue und Seegrünliche ziehend. Unentwickelte Formen sind von Acharius als eigene Gattungen unter dem Namen *Variolaria* und *Isidium* beschrieben worden. Man findet sie häufig an Baumrinden, besonders gern an Buchen, aber auch auf Steinen. Jene hierher gehörige Flechtenform, die *Acharius Variolaria amara* nennt, ist als fiebervertreibendes Arzneimittel empfohlen worden.

Löcherpilz *(Polyorus),* Gattung der Hutpilze. Der trüffelartige L. *(P. Tuberaster)* hat einen zentralen, flachgedrückten, etwas schuppigen, hirschbraunen Hut; die Löcher sind rundlich und wie der Strunk blaß. In Neapel findet man große Klumpen eines tonigen Tuffsteines, unter dem Namen *Pietra fungaja* bekannt, der mit Wasser begossen diesen eßbaren Pilz erzeugt, indem er ganz mit Schwammweiß durchwachsen ist. Der Zunder-L. *(P. fomentarius)* ist spannengroß und größer und wächst an Buchen und Eichenstämmen. Aus ihm und einigen ähnlichen Arten bereitet man den bekannten Feuerschwamm oder Mundschwamm, als blutstillendes Mittel gebräuchlich. Der wohlriechende L. *(P. suaveolens)* wurde früher in der Schwindsucht empfohlen. Der gebräuchliche L. *(P. officinalis)*, Lärchenschwamm, gehört unter die Abteilung der stiellosen Arten, deren Hut seitenständig, waagerecht ist und die Poren nach unten trägt. Der Hut ist zuerst fleischig, später aber fleischig-korkig, mit einem Pferdehuf vergleichbar. Es gibt eine ganze Anzahl verschiedener Gestaltungen. Der Pilz hat eine Menge konzentrischer Zonen, ist in der ersten Zeit weiß, später gelblich mit dunklen Rändern. Man findet diesen Pilz an Lärchenbäumen in Südeuropa und hat ihn als Mittel gegen hektische Schweiße, aber auch gegen Wassersucht empfohlen.

Löffelkraut *(Cochlearia),* Gattung

FIG. 69

DER GEMEINE LÖFFELKRAUT: a) ein zerschnittener Stengel in 1/3 natürlicher Größe, b) eine dreimal vergrößerte Blüte, c) dieselbe ohne Kelch und ohne Blumenblätter, d) eine Frucht, viermal vergrößert, e) ein Samen, achtmal vergrößert, f) dieselbe im Durchschnitt.

der Kreuzblütler. Das gemeine L. *(C. officinalis)* (FIG. 69), ist eine zwei- oder mehrjährige Staude, welche über und über kahl ist, dabei ein fleischiges, brüchiges Gefüge hat. Die Wurzel ist lang, spindelförmig. Der Stengel erreicht die Höhe von einem Fuß und verzweigt sich der Regel nach oben in eine Anzahl von Nebenzweigen. Die Wurzelblätter sind langgestielt, rundlich, am Grunde gerundet oder herzförmig, oben spitz, ganzrandig oder buchtig gezähnt. Die unteren Stengelblätter sind kurzgestielt, eiförmig, stumpf, weißgerandet. Die Blüten sind weiß. Findet sich am Strand des Meeres im mittleren und nördlichen Europa, in Binnenländern aber an Salinen. Die Pharmakopöe schreibt vor, daß nur das frische Löffelkraut verwendet werden soll, sowohl für sich als zur Darstellung des offizinellen Löffelkrautgeistes, welcher aus 1 Teil frischem Löffelkraut, 2 Teilen verdünntem Weingeist, ebensoviel Brunnenwasser bereitet wird, indem 2 Pfund abgezogen werden. Man wendet das L. vorzugsweise bei Skorbut und skorbutähnlichen Zufällen an und spricht ihm gegen den Seeskorbut eine größere Wirksamkeit zu als gegen den Landskorbut aus leicht begreiflichen Gründen. Sonst empfiehlt man es noch gegen Wassersuchten, chronische Blennorrhöen und im Rheumatismus. Man läßt das frische Kraut etwa als Salat essen oder gibt den ausgepreßten Saft zu 1 Unze einigemal des Tages. Der Löffelkrautgeist wird meistens als Zusatz zu Mund- und Gurgelwässern, bei skorbutischen Affektionen der Mund- und Rachenhöhle verwendet.

In der Tierheilkunde wird das Löffelkraut als diätetisches Mittel in denselben Krankheiten benutzt, wo der Meerrettich empfohlen ist. Man sät den Samen im August breitwürfig oder eng in Reihen wie kleine Gemüse und hat dann nichts daran zu tun, als etwa das Unkraut auszujäten.

Löwenblatt *(Leontice),* Gattung der Berberideen. Das fieberartige L. *(L. Chrysogonum)* findet sich unter Saaten in Griechenland und im Orient und blüht vom März bis Mai. Die Blätter werden im Orient wie jene des Sauerampfers oder Sauerklees gegessen, aber auch gleich den Samen häufig gegen Hautausschläge angewendet. Das wiesenrautenartige L. *(L. thalictroides)* wächst an schattigen Stellen in Gebirgsgegenden Nordamerikas, von Neu-England bis Virginien. Die Wurzel wird dort als ein krampfstillendes und schweißtreibendes Mittel sehr gerühmt und häufig gebraucht.

Löwenfuß *(Alchemilla),* Gattung der Sanguisorbaceen. Der gemeine L. *(A. vulgaris),* Sinau, Taurosen, Marien- oder Frauenmantel, mit neunlappigen, nierenförmigen, glatten, gezähnten Blättern, tief eingeschnittenen Blattansätzen, Blumen in kleinen Doldentrauben am Ende des Stengels, wächst häufig auf Wiesen, Grasplätzen und in Laubwäldern Europas, in der Ebene bis auf die höchsten Alpen. Die Wurzel und das Kraut sind geruchlos, bitterlich-adstringierend und waren demgemäß gegen Blutflüsse, Diarrhöen, Blennorrhöen, Harnruhr, ferner zur Heilung von Wunden und Geschwüren, sowie überhaupt gegen Schlaffheit der Teile im Gebrauch.

Löwenmaul *(Antirrhinum),* Gattung der Braunwurzgewächse. Das große L. *(A. maius),* großer Dorant, Kalbsnase, ist eine gewöhnliche Gartenpflanze, welche häufig noch verwildert. Der bis 3 Fuß hohe Stengel ist unten kahl und nach oben klebrig-drüsenhaarig; die Blüten haben eine rosen- oder purpurrote, auch weiße Blumenkrone. Auf alten Mauern hier und da im mittleren und häufiger im südlichen Europa. Blüht im Juni bis September. In früheren Zeiten war das etwas scharfe Kraut als ein zerteilendes, wundheilendes, harntreibendes Mittel im Gebrauch; auch schrieb man demselben abergläubische Kräfte zu. Das Feld-L. *(A. Orontium),* kleiner Dorant, blüht im Juli bis September. Vor Zeiten war die ganze bitterliche, etwas scharfe und herbe Pflanze gleich der vorigen Art im Gebrauch; heute wird sie noch immer hier und da von Landleuten zu den Beräucherungen des Viehs mit verwendet.

Löwenzahn *(Taraxacum),* Gattung der Cichoriaceen. Der gemeine L. *(T. officinale)* oder das Pfaffenröhrlein (FIG. 70), ist ein ausdauerndes Gewächs mit walzig-spindelförmiger, tiefgehender, bis daumendicker Wurzel, welche zuletzt mehrköpfig, mit grundständigen, schrotsägeförmigen Blättern und einfachem, röhrenförmigem Stengel. Alle Blüten sind zungenförmig und von gelber Farbe. Man findet diese Art auf trockenen Rainen, Hügeln, Sumpfwiesen bis in die Alpen durch den größten Teil Europas, in Westasien, Sibirien, Nordamerika, Nordafrika. Die Blütezeit geht mit Unterbrechungen vom Beginn des Frühlings bis an den Spätherbst. Die Wurzel und Blätter sind ein bekanntes auflösendes Arzneimittel, variieren jedoch in Beziehung auf ihre Bestandteile nach Verschie-

FIG. 70

DAS LÖWENZAHN ODER DAS PFASSENRÖHRLEIN: a) Frucht, b) der nakte vertieftpunktierte Fruchtboden, auf welchem sich nur noch ein Früchtchen mit gestieltem Pappus befindet, c) derselbe mit einem Blütchen, d) ein vergrößertes Blütchen, e) ein einzelnes Früchtchen.

denheit der Entwicklung der Pflanze. Im Frühjahr enthält die ganze Pflanze mehr auflösende Bestandteile, im Herbst mehr Bitterstoff, Taraxacin. Man macht daher in jenen Fällen, in welchen man die auflösende Wirkung der Pflanze wünscht, am besten von dem frisch ausgepreßten Saft der ganzen Pflanze im ersten Frühjahr zu 1-3 Unzen Gebrauch, entweder allein oder man setzt noch andere Pflanzensäfte dazu. Wünscht man jedoch mehr die verdauungsbefördernde Eigenschaft, so wählt man die im Herbst gegrabene getrocknete Wurzel, welche zu 1 Unze in Abkochung, die eine halbe Stunde andauern muß, zu geben ist. Häufig verordnet man sie in Verbindung mit anderen ähnlich wirkenden Pflanzen, wie Zichorien-Seifenkrautwurzel. Man gibt daher den L. in gastrischen Fiebern und Wechselfiebern desselben Charakters, sowie bei ihren Nachkrankheiten, Anschwellungen der Leber und Milz, in den mit diesen Fehlern in Verbindung stehenden Kachexien und Nervenkrankheiten: Gelbsucht, Wassersucht, Hypochondrie, Hysterie, Melancholie, in Hämorrhoidalleiden und verhaltenenem monatlichen Fluß und als Beihilfsmittel bei veralteten Hautausschlägen. Außer dem ausgepreßten Saft und der Abkochung macht man noch in Auflösung, Latwergen, Pillen oder Bissen Gebrauch von dem aus der ganzen Pflanze bereiteten Extrakt von der Konsistenz des Honigs zu 1-4 Drachmen des Tages.

In der Tierheilkunde wirkt das Kraut und die Wurzel des L. ähnlich dem weißen Andorn und ist nur im frischen Zustand als diätetisches Heilmittel zu benutzen.

Homöopathie. Der L. eignet sich bei Rheumatismus, Fieber mit gastrischen Zuständen, bei Wechselfieber, heftigen Kopfschmerzen, Harnruhr.

Der Anbau dieser Pflanze ist lohnend; die Wurzel erreicht nur in gut gedüngtem, tief gelockertem Boden eine ansehnliche Größe, und man behandelt sie deshalb ganz wie Wurzelgemüse. Saat in Reihen, bei dichtem Aufgehen die Pflänzchen auf 3-4 Zoll verdünnt, im Sommer einigemale behackt, so lange es die ausgebreiteten Blätter nicht verhindern. Die Blüten werden stets abgepflückt, damit der Samen nicht reift und die Umgebung mit Unkraut überzieht. Die Wurzeln sind meist im zweiten Jahr brauchbar und werden wie die Blätter meist frisch verbraucht.

Lokustbaum *(Hymenaea),* Gattung der Cäsalpiniaceen. Der gemeine L. *(H. Courbarii),* Heuschreckenbaum, ist ein harzreicher Baum mit gezweiten Blättern, in Südamerika und Westindien, von welcher und anderer Arten die verschiedenen Sorten des amerikanischen Copals stammen. Die Eingeborenen in Brasilien brauchen übrigens auch die Blätter dieser Bäume gegen Würmer und die innere, gelind-purgierende Rinde gegen Blähungen und andere Verdauungsstörungen, das säuerlich-süße Mark der Früchte aber wird häufig gegessen.

Lolch *(Lolium)*, Gattung der Gräser. Der Taumel-L. *(L. temulentum)* (FIG. 71) ist einjährig und hat eine zusam-

FIG. 71

DER TAUMELLOLCH: a) ein Stengel in 1/4 natürl. Größe, b) ein begranntes, c) ein unbgranntes Ährchen, mit Spindel, d) eine Blüte, der die Borderspelze und ein Staubgefäß im jungen Zustande, sechzehnmal vergrößert, f) eine Schuppe, g) zwei Narbenzweige.

mengesetzte Ähre, deren 5-7blütige Ährchen mit der schmalen Seite der Spindel zugekehrt sind. Die Spelzen sind meist länger oder kürzer begrannt und die Früchte haben die Gestalt kleiner Getreidekörner. Dieser Lolch kommt häufig im Sommergetreide vor und ist die einzige Grasart, deren Früchte genossen, giftige, betäubende Eigenschaften zeigen. Eine andere unschädliche Art ist der gemeine L. *(L. perenne)* oder das englische Raigras; ist ausdauernd und bildet einen sehr schönen, feinen, dichten Rasen.

Lonicera *(Lonicera)*, Gattung der Caprifoliaceen. Die durchwachsene L. *(L. Caprifolium)*, das gemeine Geisblatt (FIG. 72), Specklilie, hat die oberen Blätter durchwachsen und verwachsen und den oberen Blütenstand sitzend. Die weißlichen, rötlich angehauchten Blüten stehen schön ab von dem seegrün bereiften Laub. In Gebüschen, auf sonnigen Anhöhen im südlicheren, jetzt auch verwildert im mittleren Europa; häufig in Gärten kultiviert, wo sie außer den schon angegebenen noch die Namen »Rose von Jericho«, oder »Je länger je lieber«, oder »Nachtschatten« führt. Einst waren die Stengel, Blätter, Blüten und Früchte offizinell; heutzutage werden noch hier und da die schleimigen Blüten bei Halsbeschwerden, Katarrhen und bei Augenkrankheiten gebraucht; die Beeren gab man als auflösend und stark harntreibend, die Stengel als blutreinigend bei Hautkrankheiten; die Blätter aber äußerlich gegen Wunden und Geschwüre, sowie als Gurgelwasser und bei sehr schmerzhaften Wehen. Die deutsche L. *(L. Periclymenum)*, Geisblatt, Specklilie etc. ist der ersten sehr ähnlich, aber verschieden durch die miteinander verwachsenden, kurzgestielten, gewöhnlich auch flaumhaarigen 2-3½" langen Blätter, von denen das oberste Paar fast nur deckblattartig ist, so daß das vielblütige Köpfchen gestielt erscheint. Die Beeren sind verkehrt-eirund, dunkelrot. Auf sonnigen Hügeln, in Gebüschen und Hainen Mitteleuropas; in Gärten, wie die erstere, ihres Wohlgeruches wegen und zu Lauben angepflanzt. Dieselben Teile, wie sie bei der vorigen Art angegeben wurden, waren auch hier auf dieselbe Weise gebräuchlich. Die Wurzel der haarigen L. *(L. pilosa)* wird in Mexiko gegen Fieber in Anwendung gebracht. Die samthaarige L. *(L. confusa)* ist in Japan und China einheimisch. Die medizinische Anwendung ist in China so wie bei dem gemeinen Geisblatt. Die Hecken-L. *(L. Xylosteum)*, Heckenkirsche, Be-

FIG. 72

DAS GEMEINE GEISBLATT

inholz, findet sich in Hecken.

Loosbaum *(Clerodendron),* Gattung der Verbenaceen. Der unbewehrte L. *(C. inerme)* ist ein immerblühender, kahler Strauch im südlichen Asien und in Neuholland. Die stark riechende, bittere Wurzel, sowie die nicht minder stark riechenden, bitterlich-scharfen Blätter werden als alterierende Mittel gegen Skropheln und syphilitische Krankheiten gebraucht; die Wurzel und die Früchte sind auch als Gegenmittel nach dem Genuß schädlicher Fische bekannt. Der deckblätterige L. *(C. bracteosum)* wächst in Malabar; die bittere Wurzel ist ein magenstärkendes, die Verdauung beförderndes Mittel, aus den Blättern wird eine Salbe gegen Kopfschmerz, Augenkrankheiten etc. bereitet und die wohlriechenden, bitterlichen Früchte wirken auf den Stuhlgang und auf die Harnabsonderung. Die Wurzel des zottigen L. *(C. villosum)* wird in Ostindien gegen Leibschmerzen, der Saft der Blätter gegen Wurmbeschwerden angewendet. Der unglückliche L. *(C. infortunatum)* wächst an Bächen und Flüssen in Ceylon und auf den Molukken. Wurzel und Blätter werden dort vielfältig innerlich und äußerlich als Arzneimittel, und zwar gegen Ruhren, Koliken, gegen manche Fieber, zur Beförderung des Ausbruches der Blattern, zur Zerteilung oder Zeitigung von Abzessen, gegen Verbrennungen, die Blätter auch allgemein zu Bädern für neugeborene Kinder angewendet.

Lorbeer *(Laurus),* Gattung der Laurineen. Der edle L. *(L. nobilis)* ist ein Strauch oder ein niedriger Baum mit steifen, aufrechten Zweigen. Die lederartigen, aromatischen,immergrünen Blätter sind länglich lanzettlich, am Rande verdickt. Die zweihäusigen, gelblich-weißen Blüten haben eine einfache 4teilige Blütendecke und stehen in Büscheln in den Blattwinkeln. Die Frucht ist eine bläulich-schwarze eiförmige Beere von der Größe einer Kirsche, findet sich in allen Ländern am mittelländischen Meer und blüht vom Februar bis April. Offizinell sind die Beeren, doch werden auch die Blätter benutzt. Man wendet nur noch selten die Lorbeerbeeren bei Verdauungsschwäche und zur Beförderung der monatlichen Periode an. Dr. Gölis in Wien, der auf den Gebrauch dieses Mittels, das vom Volk gegen Drüsenanschwellungen skrophulöser Kinder angewendet wird, günstige Wirkungen beobachtet zu haben glaubte, nahm sich der Lorbeeren an und benutzte sie zu einem nach ihm benannten zusammengesetzten Pulver. Er ließ die Beeren in treuer Nachahmung des ganzen Manövers alter Kindsfrauen mit Brotteig umgeben und im Backofen etwas der Wärme aussetzen, um, wie er meinte, sie ihrer Schärfe zu berauben; hierzu mischte er zu gleichen Teilen Muskatnuß und gebranntes Hirschhorn. Er gab 3 Drachmen dieser Mischung mit 4 Drachmen Süßholzpulver gemischt Kindern von 1 Jahr zu ½ und von 2-3 Jahren zu 1 Teelöffeln voll, wenn sie an Atrophie litten, bei aufgetriebenem Unterleib und angeschwollenen Gekrösdrüsen. Das Pulver zu 10-20 Gran, der Aufguß mit Wein aus 2-3 Drachmen, das Lorbeeröl zu Einreibungen für sich oder als Zusatz zu anderen Einreibungsmitteln.

In der Tierheilkunde können die Lorbeeren größeren Haustieren zu 1-3 Lot, Schweinen und Schafen zu ½-1

Quentchen, Hunden zu einigen Gran bis zu ½ Quentchen, in Verbindung mit anderen ätherisch-öligen und salzigen Mitteln in der Form von Pulvern, Latwergen oder Pillen verabreicht werden. Einen ausgebreiteten Gebrauch findet das Lorbeeröl als reizendes und zerteilendes Mittel äußerlich bei alten Geschwüren, bei Krämpfen und Lähmungen oder dort, wo man eine sogenannte Ableitung bewirken will und wird dann meist in Verbindung mit Terpentinöl oder Kanthariden verwendet. Statt des etwas teueren Lorbeeröles kann man die durch mäßiges Kochen von 6 Teilen Lorbeerpulver, 1 Teil Sevenkraut und 12 Teilen ungesalzener Butter erhaltene, an Konsistenz der Butter gleichkommende Masse benutzen.

Lotwurz *(Onosma)*, Gattung der Boragineen. Die natterkopfartige L. *(O. echioides)* wächst auf dürren, sonnigen Hügeln und Bergen in Österreich, Mähren und im südlichen Europa. Blüht im Juni, Juli. Die braunrote Wurzel kann wie die Alkannawurzel zum Färben benutzt werden.

Ludwigie *(Ludwigia)*, Gattung der Onograceen. Die weitschweifige L. *(L. diffusa)* wächst an nassen Stellen in Ostindien und blüht zur Regenzeit. Man wendet das Kraut gegen Ruhr, Würmer, zur Beförderung der Harnabsonderung, die Samen gegen Husten an. Die abwechselnd-blätterige L. *(L. alternifolia)* findet sich an nassen Stellen im südlicheren Teil der Vereinigten Staaten von Nordamerika. Die Wurzel ist dort als ein Brechmittel im Gebrauch.

Luftblume *(Aerides)*, Gattung der Orchideen. Die abgestutzte L. *(A. retusum)* ist ein Prachtgewächs Malabars; es erhebt sich aus einem weißen, harten, gekrümmten, mit vielen haarigen Fasern besetztem Wurzelstock, an 3-4' in die Höhe und trägt am Grunde zahlreiche, dicht beisammenstehende fast fächerartig aussehende Blätter; alle diese sind lang und schmallineal, rinnig ausgehöhlt, fleischig, kaum beugbar, nervenlos, kahl, glänzend grün. Aus ihrer Mitte entspringen mehrere, oft 10-12 Blütenschäfte, welche stielrund, steif und fast von einem Ende bis zum anderen mit zahlreichen Blüten besetzt sind und dadurch ebenso viele aufrechtstehende, herrliche Blütentrauben bilden, welche noch das Angenehme haben, daß fast alle die zahlreichen, großen, äußerst angenehm riechenden, weißen, zierlich rot und blau bemalten Blüten zu gleicher Zeit blühen. Auch das Säulchen in der Mitte der Blüte ist sehr schön gefärbt und ähnelt einem glänzend grünen, rot und blauen gescheckten Vogel mit schneeweißem Kamm auf einem purpurnen Fußgestell. Blüht zweimal jährlich, im April und Oktober. In ihrem Vaterland bedient man sich aller Teile dieser Pflanze gegen mancherlei Krankheiten, aber bei den meisten, auch innerlichen Krankheiten nur äußerlich, und zwar so, daß man den etwaigen Erfolg nicht dem Gebrauch dieser Pflanze zuschreiben darf; dagegen gibt man innerlich die Wurzel mit Honig beim Asthma und bei anderen Brustkrankheiten, sowie das Salz, aus der Asche der ganzen Pflanze gezogen, gegen das Herz-

FIG. 73

DAS GEMEINE LUNGENKRAUT: a) eine Pflanze in Blüte, b) ein Rhizon mit Wurzelblättern in 2/3 natürl. Größe, c) und d) sind Durchschnitte durch die Blüte, zweieinhalbmal vergrößert, e) eine Ruß, viermal vergrößert.

klopfen. Die ausgebissene L. *(A. praemorsum)* wird zum Teil auf ähnliche Art wie die vorige, dann als ein kühlendes, auflösendes, urintreibendes Mittel angewendet. Wenn aber, wie es zuweilen geschieht, diese Pflanze auf dem Krähenaugenbaum wächst, so soll sie ein heftiges Erbrechen und Purgieren erregen, was freilich noch der Bestätigung bedarf.

Lungenkraut *(Pulmonaria)*, Gattung der Boragineen. Das gemeine L. *(P. officinalis)* (FIG. 73), hat einen walzlichen, schiefen Wurzelstock und einen aufrechten, ½-1 Fuß hohen, streifhaarigen Stengel. Die Blätter sind trübgrün, weich, öfters weiß gefleckt; die wurzelständigen gestielt, teils herz-, teils eiförmig, die sitzenden Stengelblätter länglich, spitz. Die Blüten sind zuerst rot, dann violeltt. Diese Art ist in Laubwäldern, Gebüschen in ganz Europa bis auf den äußersten Norden und tiefsten Süden einheimisch. Die Blätter schmecken schleimig, krautig und wurden sonst sowie die Wurzel gegen Heiserkeit, leichte Hals- und Brustentzündungen und Blutspeien verordnet.

Lungenmoos ☞ Tartschenflechte
Lupine ☞ Wolfsbohne

M

Maba *(Maba)*, Gattung der Sapotaceen. Die ebenholzartige M. *(M. Ebenus)* ist ein hoher, schlanker Baum auf den Molukken, welcher einen großen Teil des echten Ebenholzes liefert. In medizinischer Hinsicht ist zu erwähnen, daß in Ostindien daraus Becher verfertigt werden, denen man eine giftwidrige Kraft zuschreibt, und daß die Wurzel als ein blutreinigendes Mittel bei Hautausschlägen, syphilitischen Übeln, Geschwüren etc., eine Abkochung des Holzes aber bei Rheumatismus gebräuchlich ist. Die Beeren werden gegessen.

Madie *(Madia)*, Gattung der Kompositen. Die ölgebende M. *(M. sativa)* hat einen aufrechten, klebrigen Stengel, stengelumfassende, ganzrandige, dreinervige Blätter, kurzgestielte, fast traubige Köpfchen und gelbe Blüten. Findet sich in Chile. Diese Pflanze liefert ein Öl, das in Chile als Arzneimittel sowohl als auch an Speisen, das schlechtere zum Brennen angewendet wird.

Mäusedorn *(Ruscus)*, Gattung der Smilaceen. Der stechende M. *(R. aculeatus)* hat eine weißliche, dicke, gedrehte und mit Fasern besetzte Wurzel. Die Stengel, welche sie treibt, sind unten nackt, oberwärts mit Zweigen und Blättern besetzt und 1-1½ Fuß hoch. Die ungestielten, eirund-lanzettförmigen, an der Spitze mit einem Stachel versehenen Blätter sind fest und lederartig, die Blumen weiß. Wächst an steinigen Plätzen, in Hecken und Wäldern im südlicheren Europa, schon in Ungarn, in der Schweiz, auch in England. Die Wurzel schmeckt fast schleimig, zugleich ein wenig bitterlich scharf und wird in der Abkochung als ein eröffnendes, harntreibendes Mittel in der Wassersucht, bei Verstopfung der Eingeweide etc. verwendet. Die Samen sind als ein dem arabischen Kaffee sehr nahekommendes Surrogat empfohlen worden, da auch sie beim Rösten ein eigentümliches Aroma entwickeln. Der lorbeerblätterige M. *(R. Hypophyllum)* hat eine Wurzel, die bei schweren Geburten und stockender Menstruation sowie bei Harnbeschwerden für dienlich gehalten wurde. Der zungenförmige M. *(R. hypoglossum)* wächst in steinigen Wäldern Südeuropas. Die Pflanze, auch Zapfelkraut genannt, hat Blätter, welche in Gurgelwassern bei vorgefallenem Zäpfchen gebräuchlich waren. Die Wurzel diente zu gleichen Zwecken und stand unter dem Volk außerdem bei verschiedenen Gebärmutterkrankheiten in Ansehen.

Mäusestrauch *(Myoschilos),* Gattung der Santaleen. Der chilenische M. *(M. oblongum)* wächst auf dürren Hügeln und am sandigen Ufer in Chile. Die Blätter dieses ästigen Strauches dienen dort im Aufguß häufig als Purgiermittel, daher der Strauch daselbst auch oft Senna genannt wird.

Magnolie *(Magnolia),* Gattung der Magnoliaceen. Die großblumige M. *(M. grandiflora)* ist ein prachtvoller Baum von 50-70 Fuß Höhe, im südlichen Teil der Vereinigten Staaten von Nordamerika einheimisch; die bittere und etwas aromatische Rinde wird in Amerika gegen Wechselfieber, sowie überhaupt als ein tonisches Heilmittel gebraucht. Die Rinde der seegrünen M. *(M. glauca)* dient in Amerika gegen Verdauungsschwäche, Wechselfieber, Bauchflüsse, Schleimschwindsucht und gegen chronische Rheumatismen, auf ähnliche Weise auch die Fruchtähren und die Samen. In ähnlicher Weise wird die Rinde der zugespitzten M. *(M. acuminata),* der geährten M. *(M. auriculata)* und der großblätterigen M. *(M. macrophylla)* gebraucht.

Magonie *(Magonia),* Gattung der Sapindineen. Die weichhaarige M. *(M. pubescens)* ist ein mittlerer, sehr ästiger Baum Brasiliens, kommt in seinen Eigenschaften mit der tödlichen Serjenie *(Serjania lethalis)* überein, dürfte wohl ebenfalls viel zur giftigen Beschaffenheit des Honigs der Lecheguana-Wespe beitragen und ist den Fischen ein tödliches Gift. Die Rinde wird bei Geschwüren der Pferde angewendet.

Mahagonibaum ☞ **Swietenie**

Maiblume *(Convallaria),* Gattung der Liliaceen. Die gemeine M. *(C. maialis)* oder Zauke, die Tallilie der Engländer, hat einen langhin waagerecht kriechenden Wurzelstock von der Dikke einer Gänsefederspule, zwei elliptische Blätter und einen aufrechten, einfachen, 4-6 Zoll hohen Schaft. Auf diesem befinden sich in einer einseitswendigen nickenden Traube kleine, halbkugelige reinweiße, wohlriechende Blüten, aus denen sich später kugelige, hochrote Beeren entwickeln. In schattigen Laubwäldern im Mai und Juni häufig. Man hatte sonst die Wurzel, Blüten und Früchte in den Apotheken; jetzt nur noch in mehreren Ländern die Blüten, welche frisch äußerst angenehm und erquickend, in großer Menge aber und in geschlossenen Räumen doch etwas betäubend riechen, trocken aber den Geruch ganz verlieren und gelb werden; ihr Geschmack ist wie jener der Wurzel und der Beeren widerlich-bitter, etwas scharf. Man schrieb ihnen, sowie dem daraus bereiteten destillierten Wasser sogenannte herzstärkende, nervenbelebende Eigenschaften zu. Trocken und gepulvert erregen sie Niesen und als Extrakt Purgieren. Wurzel und Beeren wurden gegen Epilepsie gerühmt.

Mais *(Zea),* Gattung der Gräser. Der gemeine M. *(Z. Mays),* Wälschkorn, türkischer Weizen, hat einen 3-8 Fuß hohen, $\frac{1}{2}$-3 Zoll dicken, nicht hohlen, sondern mit Fasern erfüllten Stengel, 2-3 Zoll breite Blätter und einen doppelten Blütenstand mit getrennten Blüten. Die Staubblüten nämlich stehen in einer endständigen Rispe, die Stempelblüten hingegen in einzelnen, von scheideförmigen Deckblättern umhüllten Kolben am Grunde des Stengels. Aus letzteren entwickeln sich die Fruchtkolben mit den bekannten, runden, jedoch etwas platten Maiskörnern, welche bald gelb, bald rot oder weiß, bald aber auch gesprenkelt sind. Im wärmeren Amerika einheimisch, wurde daselbst sehr lange schon vor Entdeckung dieses Weltteiles kultiviert; kam durch C. Colon nach Spanien; um das Jahr 1560 aber zuerst nach Italien und wird jetzt häufig in der ganzen südlichen Hälfte von Europa gebaut. Die Benutzung des Mais ist bekannt; weniger wichtig ist seine eigentliche medizinische Bedeutung; das Mehl ist sehr gut zu Umschlägen, die Abkochung der Früchte in Mexiko bei entzündlichen Krankheiten u.s.w., wie bei uns das von Gerste und Reis. In der neuesten Zeit sind die männlichen Blüten gegen Harnkrankheiten empfohlen worden.

Majoran *(Majorana),* Gattung der Lippenblütler. Der gemeine M. *(M. hortensis),* Garten-M., Sommer-M. (FIG. 74), ist eine einjährige Pflanze, die in der Regel mehrere weichbehaarte, schwach vierkantige, höchstens 1½ Fuß hohe Stengel treibt. Die Blätter sind ganzrandig, verkehrt-eirund. am Grunde gestielt, die oberen aber sitzend. Die Blume ist fast regelmäßig und wenig hervorragend. Die Heimat ist Nordafrika und der Orient. Im Sommer blüht das Gewächs, welches bei uns sehr viel gezogen wird. Der Sommermajoran wird Mitte Frühlings auf gedüngten Boden gesät, leicht mit Erde bedeckt und feucht gehalten, falls man nicht vorgezogen hat, die Pflanze im Mistbeet zu ziehen, wo man sie um dieselbe Zeit in sechzölligen Abständen auspflanzt. Sobald die Pflanze blüht, schneidet man sie. Man trocknet die Stengel im Luftzug und bewahrt sie möglichst trocken, luftig, aber kühl auf. Der Wintermajoran wird durch Zerteilung vermehrt. Man erntet bei uns fast nie Früchte, dieselben werden aus Südeuropa bezogen. Der Majoran hat sich den Ruf eines blähungstreibenden Volksmittels erworben; er belebt die Tätigkeit des Magens, doch schwächer als Rosmarin und Lavendel, erregt milde das Nervensystem und wirkt gelinde tonisch; auf der Nasenschleimhaut bewirkt er einen kräftigen Reiz. Man gebraucht ihn mehr diätetisch, zu gelind reizenden und magenstärkenden Zusätzen mehrerer fetter Fleischspiesen, als arzneilich. In letzterer Hinsicht bei Blähungsbeschwerden (das Majoranöl 1-3 Tropfen, die Majoransalbe, 1 Teil getrocknetes Kraut auf 6 Teile frische Butter, äußerlich), bei Hysterie, Hypochondrie, Krämpfen, Kolik der Kinder, chronischen Brust- und Darmverschleimungen, Katarrhen und Diarrhöen (Aufguß von ½ Unze auf 6-8 Unzen Wasser mit Sauerhonig etc.), bei Schnupfen mit Verstopfung der Nase, ebenso bei erschwertem Saugen der Kinder (Majoransalbe äußerlich), bei nervöser und muskulöser Gebärmutterschwäche, Bleichsucht, mangelndem Monatsfluß, bei Lähmungen und torpiden Drüsengeschwülsten, sowie überhaupt um die Hauttätigkeit zu erhöhen. (Majoranöl, äußerlich).

FIG. 74

DER GEMEINE MAJORAN: a) und b) eine zerschnittene Pflanze in 1/4 natürl. Größe, c) eine dreimal vergrößerte Blüte.

In der Tierheilkunde wird das Majorankraut ähnlich wie das Pfefferminzkraut angewendet.

Malope *(Malope),* Gattung der Malvaceen. Die malvenartige M. *(M. malacoides)* wächst auf Wiesen in den Ländern am mittelländischen Meer und blüht im Juni, Juli. Die Blätter und noch mehr die Blüten werden dort wie jene der Malven angewendet.

Malve *(Malva),* Gattung der Malvaceen. Die Wald-M. *(M. sylvestris),* gemeine Käsepappel (FIG. 75), Roßpappel, hat eine tiefe, etwas fleischige

FIG. 75

DIE WALD-MALVE: a) ein Stengel in 2/3 natürl. Größe, b) eine Blume nebst Staubgefäßsäule in 4/5 natürl. Größe, c) ein Staubbeutel nebst Spitze des Staubfandes, achtmal vergrößert, d) ein Pistill in 2/3 natürl. Größe, e) eine Frucht nebst Kelch und Außenkelch von oben in natürlicher Größe.

Wurzel. Der aufrechte Stengel erreicht zuweilen fast Mannshöhe. Er ist behaart und trägt eckig-siebenlappige Blätter. Die Blüten sind gehäuft, die Blumenblätter rosa mit tiefpurpurnen Streifen. Die Früchte sind netzig-wurzelig mit scharfen Rändern der Abteilungen. Die Pflanze ist in unseren Dörfern gemein. Die Blätter und Blüten, letztere offizinell, schmecken schleimig, unbedeutend bitterlich, sind erweichend, einhüllend, reizmindernd. Man wendet sie an gegen Entzündungen der Schleimhäute, namentlich Katarrhe (als Tee zum Getränk), bei gereiztem Zustand der Nasen-, Mund- und Rachenschleimhaut (als Mund- und Gurgelwasser), bei entzündlichen Rheumatismen (Bähungen, Umschläge), bei katarrhalischen Augenentzündungen, bei Entzündungen. Zur Abkochung nimmt man 4-6 Drachmen mit 12 Unzen Wasser oder Milch auf 8-10 Unzen Kolatur. Aufguß: 1-2 Unzen der Blüten zu 8-10 Unzen Wasser, eßlöffel- oder tassenweise. Die rundblätterige M. *(M. rotundifolia),* Käse- oder Hasenpappel, wächst an Wegen, Triften, Zäunen, Gräben und Schutthaufen Europas; die schleimig-süße Wurzel kann ganz wie die Eibischwurzel gebraucht werden. Die wirtelige M. *(M. verticillata)* vertritt in China als Heilmittel die Stelle unserer Malven, wird aber auch als Futterkraut kultiviert. Die schlitzblätterige M. *(M. Alcea)*, Augenpappel, Rosenpappel, S i e g m a r s k r a u t, Wetterrose, Herzleuchte (FIG. 76), hat eine mehrjährige Wurzel. Der a u f g e r i c h t e t e, obenhin mit Sternfilz bedeckte rundliche Stengel trägt unten fünfeckige, gelappte, oben tief fünfteilige Blätter, deren Abteilungen länglich-lineal und gekerbt sind. Die Blüten sind ziemlich groß, so daß sie einen Vereinstaler decken. Die Blume ist schön rosa. Man brauchte die Pflanze ehedem wie Eibisch.

FIG. 76

DIE SCHNITZBLÄTTER MALVE

Mancinellenbaum *(Hippomane),* Gattung der Wolfsmilchgewächse. Der wahre M. *(H. Mancinella)*, Manschenillebaum, ist ein sehr ansehnlicher Baum, in Ansehen dem Apfel- oder Birnbaum gleichend; mit eirunden, 2-3 Zoll langen, spitzen, glänzenden Blättern; männlichen, aufrechten Blütenähren, großen Fruchtknoten. Die grünlich-gelbe, glatte, schwammig-fleischige Frucht gleicht einem kleinen Apfel, ist innen weiß und enthält eine 6-7fächerige Nuß. Findet sich in Westindien. Alle Teile sind von einer ätzenden, zum Vergiften der Pfeile dienenden Milch, und die lockende Frucht wurde für Fremde schon oft zum tödlichen Gift. Das sicherste Gegengift soll übrigens die meistens nahe dabei wachsende weißholzige Trompetenblume *(Bignonia Leucoxylon)* sein. Der Schatten dieses Baumes ist zwar nicht, wie man fälschlich behauptet, giftig, wohl aber das Unterstellen unter demselben während eines heftigen Regens, wobei manche Blätter und Ästchen gebrochen werden, leicht sehr gefährlich und das Anpflanzen dieses Baumes zu Alleen etc. auf den Antillen polizeilich verboten. Als Heilmittel braucht man den kaustischen Milchsaft äußerlich gegen schwammige Auswüchse, besonders syphilitischer Art, und das Extrakt der Blätter fast wie jenes des Gift-Sumachs sowie auch bei halbseitigen Lähmungen und gegen den Aussatz.

Mandelbaum *(Amygdalus),* Gattung der Amygdalaceen. Der gemeine M. *(A. communis)* (FIG. 77), ist ein Baum oder Strauch mit braunen Zweigen. Die weißen, ansehnlichen, von außen rötlich angeflogenen Blüten kommen meist zu zweien hervor. Die Blätter sind lanzettlich, drüsig gesägt und gestielt. Die Steinfrucht ist spitz-eiförmig, saftlos, grün; sie hat eine leicht zerbrechliche, löcherige Steinschale und schließt einen großen Samen (Mandel), der von

FIG. 77

DIE GEMEINE MANDEL: a) ein Blütenzweig in 1/3 natürl. Größe, b) ein Fruchtzweig mit Blatt, selbe Verkleinerung, c) ein Stück Kelch mit Staubgefäß, wenig unter natürlicher Größe, d) eine Staubgefäßspitze von vorn, viermal vergrößert, e) dieselbe von hintern, f) ein Pistill, zweimal vergrößert, g) Durchschnitt einer Frucht, h) Kern, i) derselbe durchschnitten, k) Samen, l) derselbe durchschnitten, alles in natürlicher Größe.

einer bitteren, braunen Haut überkleidet ist, ein. Der Mandelbaum ist im Orient und in Nordafrika einheimisch und wird dort so wie im wärmeren Europa kultiviert. Er blüht unter den eigentlichen Obstbäumen zuerst, oft schon im Februar oder März, und ist zugleich das einzige Steinobst, von dem nicht das Fruchtfleisch, sondern der Same genossen wird. Es gibt süße und bittere Mandeln. Die süßen Mandeln und das aus ihnen gepreßte Öl werden bei uns mit Recht in den meisten Fällen, in welchen der innerliche Gebrauch der fetten Öle angezeigt ist, angewendet, weil beide leicht in gutem Zustand zu haben sind und sich durch ihren angenehmen Geschmack empfehlen. Weder das eine noch das andere wird als Nährmittel angewendet, sondern nur in den oben angegebenen Fällen als einhüllendes, reizminderndes, kühlendes Mittel, und zwar die ihrer äußeren braunen Schale beraubten Mandeln in der Form der Mandelmilch und das aus jenen gepreßte Öl in der Form einer Ölemulsion. Beide benutzt man entweder allein als Getränk, wozu die Mandelmilch genommen wird, teils als einfache Arznei, oder man setzt ihnen die geeigneten Arzneikörper zu. Säuren, metallische Salze in etwas größerer Gabe, Alkalien, müssen gemieden werden. Überdies wird noch als Korrigens oder als Basis zu Lecksäftchen der Mandelsirup verwendet. Er wird erhalten, indem 2 Unzen geschälte, süße Mandeln, ½ Unze geschälte bittere Mandeln mit 3 Unzen gepulvertem, weißem Zucker in einem hohen messingenen Mörser zu einem gleichförmigen Brei gestoßen, dann allmählich unter beständigem Reiben 5 Unzen gemeines Wasser zugemischt werden, um eine sehr konzentrierte Emulsion zu erhalten, welche durch ein wollenes Tuch durchgepreßt und unter Zusatz von 5 Unzen gepulvertem, weißem Zucker in einen Sirup verwandelt wird. Das Öl überdies äußerlich, wenn man ein feineres Öl wünscht, wie bei

Augenleiden. Zu Bädern und Waschungen benutzt man auch die nach dem Auspressen des Öles aus den Mandeln zurückgebliebene Mandelkleie. Die bitteren Mandeln gebraucht man sonst häufig des Wohlgeschmackes wegen als Zusatz zu Emulsionen; in Krankheiten werden sie namentlich gegen Wechselfieber empfohlen. Man rühmte eine Mischung von ½-1 Drachme des Tausendguldenkraut-Extraktes in einer Emulsion aus 1½ Drachme bitteren Mandeln, eine Stunde vor dem Fieberanfall auf einmal gereicht; auch 1-2 bittere Mandeln, kurz vor dem Anfall verzehrt, zeigen sich meist wirksam. Einzelne krampfhafte Beschwerden der Brust- und Unterleibsorgane, zumal bei Kindern, lasen sich duch wenige bittere Mandeln, des Morgens und Abends gegessen, oder durch das darüber abgezogene Bittermandelwasser vertreiben. Das Bittermandelwasser wirkt ähnlich wie das Kirschlorbeerwasser. In krampfhaften Zufällen der Kinder ist es ein sehr zu empfehlendes Mittel. Neugeborenen gibt man alle Stunden einen Tropfen, einige Monate alten Kindern zwei Tropfen mit etwas Kamillentee und in Verbindung mit Klistieren und warmen Bädern. Das ätherische Bittermandelöl ist ein ebenso fürchterliches Gift wie das Kirschlorbeeröl und wird mit Recht fast gar nicht benutzt. Zweckmäßig möchte es in Salbenform zu Einreibungen (4 Tropfen Morgens und Abends) bei Verhärtungen in den Brüsten, gegen Gesichtsschmerz angewendet werden.

In der Tierheilkunde kann man die bitteren Mandeln bei schmerzhaftem Husten, bei Krampf- und Entzündungskolik, bei Ruhr u. dgl. benutzen; für Pferde und Rinder zu 30-60g, für Schafe zu 2-4g, für Hunde zu 1-2½g auf einmal, am besten, indem man sie durch Zerreiben mit 12 Teilen Waser zur Emulsion macht. Das ätherische Bittermandelöl wird in der Tierheilkunde nicht gebraucht. Das süße Mandelöl ist zum Gebrauch bei großen Tieren und in großen Gaben zu teuer.

Manettie *(Manettia),* Gattung der Rubiaceen. Die herzblätterige M. *(M. cordifolia)* wächst an Zäunen und Gebüschen Brasiliens in Minas Geraes. Die Wurzel wird dort sehr geschätzt; sie soll der Ipecacuanha ähnlich wirken. Man braucht sie vorzüglich bei Wassersuchten und Ruhren.

Manglebaum *(Rhizophora),* Gattung der Rhizophoraceen. Der gemeine M. *(Rh. Mangle),* Lichtbaum, Leuchterbaum, Austerbaum, ist ein Baum von 30-50 Fuß mit einer gelbbraunen, dicken Rinde und zahlreichen, nach allen Seiten ausgebreiteten, knotigen, geschlängelten Ästen, die sämtlich, gleich dem Stamme, eine Menge von starken, gelbbraunen, dickrindigen Wurzeln treiben und so fast undurchdringliche, weit ausgedehnte Wälder bilden. Findet sich an sumpfigen, vom Meer überschwemmten Stellen, sowie am Seestrand und an den Mündungen der Flüsse in Westindien und Südamerika. Blüht fast stets. Die bittere, viel Tannin enthaltende und deshalb dort allgemein zum Gerben und Schwarzfärben verwendete, früher auch in Europa als Cortex Mangles bekannt gewordene Rinde wird gegen Wechselfieber, äußerlich aber gleich den übrigen adstringierenden Heilmitteln gebraucht. Die Rinde des stumpfblätterigen M. *(M. Candel),* auf Malabar einheimisch, dient in Verbindung mit Ingwer und langem Pfeffer zur Heilung der Harnruhr.

Mangold *(Beta),* Gattung der Gänsefußgewächse. Der gemeine M. *(B. vulgaris),* gelber oder roter M., rote Rübe, hat im wilden Zustand eine dünne, spindelförmige Wurzel, welche durch die Kultur dick und fleischig, rübenförmig wird. Ausgewachsen ist der kahle Stengel 1-4 Fuß hoch, die unteren Blätter sind groß, eiförmig, stumpf, oft herzförmig, die oberen rautenförmig, spitz. Die vollkommenen, aber unscheinbaren Blüten sitzen zu zwei oder drei in verlängerten Ähren, welche selbst wieder rispig zusammengestellt sind. Diese Pflanze ändert sehr ab und wird der rübenförmigen, zuckerhaltigen Wurzel wegen im großen gepflanzt. Es gibt weiße (Burgunder), gelbe (eigentliche Runkelrüben) und rote Rüben. Die ersten werden als Viehfutter, die zweiten zur Bereitung des Rübenzuckers und die rote Rübe zum Küchengebrauch verwendet. In früheren Zeiten war der Mangold als ein erweichendes, auflösendes Mittel bei Krankheiten der Leber und Milz, mit Honig verbunden gegen Schwindsuchten, ferner gegen Hautausschläge, Verbrennungen, Geschwüre u. dgl. im Gebrauch ,und noch jetzt wendet man den ausgepreßten und in die Nase gezogenen Saft der Wurzel in vielen Gegenden als ein starkes Niesmittel, aber auch als ein purgierendes Klistier an.

Maniok *(Manihot),* Gattung der Euphorbiaceen. Der nutzbarste M. *(M. utilissima),* Cassavestrauch (FIG. 78), ist ein Strauch, welcher die Höhe von 8 Fuß erreicht, mit einer starken, gewöhnlich 1-2' langen und armdicken, kegelförmigen, fleischigen, gelblichweißlichen Wurzel; meistens sind 3-8 dergleichen büschelig beisammen. Die Blätter haben lange Stiele und sind sieben- bis dreiteilig, oberseits dunkel schwarzgrün, unterseits seegrün. Die Früchte sind fast zollang, kugelig-länglich, mit runzelig-flügeligen Jochen, die Samen weiß-grau und marmoriert. Im tropischen Amerika einheimisch und dort allgemein sowie im tropischen Afrika, selten in Asien kultiviert. Blüht fast stets. Die Wurzel ist voll eines sehr scharfen und höchst giftigen Milchsaftes, aber ihres großen Gehaltes an Satzmehl wegen zugleich eines der wichtigsten Nahrungsmittel der Amerikaner, da sie im zerriebenen Zustand leicht durch Auspressen, Waschen und Trocknen oder Backen von jener flüchtigen Schärfe befreit werden kann; insbesondere wird das gewöhnliche Brot bloß aus dem Maniok bereitet oder das Mehl des letzteren (man

FIG. 78

DER NUTZBARSTE MANIOK: a) ein Zweig von der Spitze in 1/4 natürl. Größe, b) eine Frucht in natürlicher Größe, c) ein Pistill, viermal vergrößert.

unterscheidet das feinere unter dem Namen Tapiocca, von dem etwas unreineren, mit Pflanzenfasern vermengten, aus dem festen Rückstand dargestellten Mandiocca oder Cassava, die jetzt auch häufig im Handel vorkommt, während die Tapiocca bisweilen als Arrow-root verkauft wird) auch auf andere Weise und selbst der gekochte Milchsaft als Zutat an Speisen oder auch um Fleisch mehrere Wochen aufzubewahren verwendet. Die frische Wurzel braucht man bei fauligen Geschwüren, die Samen aber sind drastisch-purgierend und brechenerregend. Der milde M. *(M. Aipi),* Cassavestrauch, ist in Brasilien einheimisch und dort sowie im ganzen tropischen Amerika häufig und mit vielen Spielarten kultiviert. In ökonomischer Beziehung wird die Wurzel ganz so, wie jene der vorhergehenden Art benutzt. Der buchtige M. *(M. Janipha)* findet sich ebenfalls in Südamerikia. Die knollige Wurzel ist als süße Cassave bekannt.

Mannastrauch *(Alhagi),* Gattung der Schmetterlingsblütler. Der echte M. *(A. maurorum)* wächst in Syrien, Persien, Arabien und Ägypten. In den heißeren Monaten schwitzt die ganze Pflanze einen honigartigen Saft aus, der in der kühlen Nacht sich zu gelben und braunrötlichen Körnern von der

Größe eines Korianders verdichtet, welche man hierauf vor Sonnenaufgang sammelt. Dieses ist die persische oder Alhagi-Manna, die zwar nicht nach Europa kommt, aber im Orient teils als Nahrungsmittel, teils als ein purgierendes Arzneimittel gebraucht wird. Doch wirkt sie schwächer als die gewöhnliche Manna. Auch die Blätter und Blüten dienen als Abführmittel.

Mannsschild *(Androsace),* Gattung der Primaluceen. Der größte M. *(A. maxima)* wächst auf Äckern, an Wegen im südlichen Deutschland, sowie im westindischen und südlichen Europa und blüht im April, Mai. War als ein etwas scharfes und harntreibendes Mittel, doch nur selten im Gebrauch.

Mannstreue *(Eryngium),* Gattung der Doldenpflanzen. Die Feld-M. *(E. campestre),* Brach- oder Krausdistel, Rabendistel, Elend, Unruhe, mit rispigem, ausgesperrtem Stengel, dreischnittig-doppelfiederspaltigen, stacheligen Blättern, unregelmäßigen, einfachen Dolden und weißen, zwittrigen Blüten zu dichten Köpfchen gehäuft und mit spreuigen Deckblättern untermischt, ist bei uns gemein an Wegen und Rainen. Die frische Wurzel riecht fast wie Möhren, schmeckt süßlich und zugleich etwas scharf-aromatisch, getrocknet ist sie fast geruchlos und auch weit weniger aromatisch; sie war sonst offizinell und wurde gegen Stockungen im Unterleib, zur Beförderung der Harnabsonderung, auch als ein Aphrodisiacum, ferner sowie der Saft des Krautes gegen Blennorrhöen, selbst gegen Schwindsucht, aber auch bei Hautkrankheiten gerühmt und zu den sogenannten fünf kleinen eröffnenden Wurzeln gezählt, ist jedoch heute nur wenig im Gebrauch. Die flachblätterige M. *(E. planum)* findet sich auf Triften, Feldern, trockenen Wiesen im südöstlichen Europa und in Asien. Die Wurzel schmeckt schärfer aromatisch als jene der vorigen Art. Die Meerstrands-M. *(E. maritimum),* Meerwurzel, wächst am Strand der Ost- und Nordsee, des atlantischen und mittelländischen Meeres und blüht vom Juni bis August. In England, Schottland und Irland ist die süßliche, etwas schleimige Wurzel noch jetzt gegen Brustkrankheiten, Schwindsucht etc. gebräuchlich; früher wurde sie auch im übrigen Europa als ein harntreibendes, blutreinigendes Mittel angewendet, auch wird sie im jungen Zustand sowie die jungen Sprossen im nördlichen Europa gegessen. Die stinkende M. (E. foetidum) findet sich in Georgien, Florida, Westindien und Südamerika. Die ganze Pflanze riecht sehr stark, doch sehr widerwärtig (beinahe wie das Kraut vom Koriander), schmeckt scharf, zugleich etwas süßlich und wird in Amerika als ein treffliches Mittel gegen den Biß giftiger Schlangen und anderer giftiger Tiere, ferner nach Art der Contrayerva bei bösartigen Fiebern, sowie auch gegen Hysterie und andere nervöse Leiden angewendet. Die Wasser-M. *(E. aquaticum)* ist an Ufern der Flüsse und Sümpfe, sowie an überschwemmten Stellen der südlichen Staaten Nordamerikas einheimisch. In Nordamerika ist die Wurzel offizinell und soll in der Wassersucht, sowie beim Biß der Klapperschlange von erprobtem Nutzen sein.

Maprounie *(Maprounia),* Gattung der Euphorbiaceen. Die brasilianische M. *(M. brasiliensis)* blüht vom April bis Juni. Eine Abkochung der Wurzel wird in Brasilien als Trank und als Klistier bei Störungen der Verdauung gebraucht.

Marante *(Maranta),* Gattung der Scitamineen. Die rohrartige M. *(M. arundinacea),* Pfeilwurzel, und die indische M. *(M. indica)* liefern das Pfeilwurzelmehl, Arrowmehl, westindischen Salep, Arrowroot. (☞ S. 76).

Marcgravie *(Marcgravia),* Gattung der Garciniaceen. Die doldige M. *(M. umbellata)* ist ein Strauch von 25-30 Fuß Höhe, in Westindien und Südamerika einheimisch. Wurzel, Stengel und Blätter gelten auf den Antillen für ein ausgezeichnetes antisyphilitisches Mittel; auch schreibt man ihnen harntreibende Heilkräfte zu.

Marchantie *(Marchantia)*, Gattung der Marchantiaceen. Die gemeine M. *(M. polymorpha)*, Stein- oder Brunnenleberkraut, bildet oft große, flache, grüne, buchtig-gelappte Rasen, unterseits oft dunkelbraun-rot, mit vielen zarten Wurzelfasern, an der Oberfläche weißlich-fein punktiert und viele gezähnt-gekerbte, sitzende Schälchen tragend, die voll ausgerandeter, linsenförmiger Keimknospen sind. Das ganze Laub ist mit rotbraunen, gabelästigen Streifen (Stengel) durchzogen, die sich hier und da erheben und vierkantige, mit Härchen besetzte Träger des Fruchtbodens werden. Gemein an nassen Stellen, Steinen, Mauern, Quellen, Brunnen etc. Wurde früher gegen Leberkrankheiten gebraucht. Die handförmige M. *(M. chenopoda)* wächst an feuchten Stellen, Felsen in Westindien und wird dort als auflösend bei Leberkrankheiten gebraucht.

Mariendistel *(Silybum)*, Gattung der Synanthereen. Die gemeine M. *(S. marianum)*, Frauen- oder Silberdistel, hat spießförmige, stachelige, den 4-6 Fuß hohen Stengel umfassende Blätter und purpurrote Blumen. Auf wüsten Plätzen im südlichen Europa, im mittleren hier und da verwildert. Blüht vom Juni bis September. Sonst waren die Wurzel, Blätter und Früchte offizinell; beide erstere sind bitter und gehören unter die auflösenden, eröffnenden, fiebervertreibenden Arzneimittel, die man auch gegen Wassersuchten, mangelnden Monatsfluß etc. verordnete. Die ölreichen und schleimigen Samen wurden vorzüglich bei Brustkrankheiten gerühmt; sie führen im Deutschen auch den Namen Stechkörner. Die zarten Wurzelblätter werden in manchen Gegenden wie Cardonen zubereitet und gegessen.

Marignie *(Marignia)*, Gattung der Amyrideen. Die spitzblätterige M. *(M. acutifolia)* ist ein mittelgroßer Baum auf den Molukken, aus dessen Stamm man teils von selbst, teils durch Einschnitte ein stark riechendes, weiches, halbflüssiges Harz erhält, welches ganz wie Pech angewendet wird und auch zur Destillation einer Art Terpentinöl dient. Es wird dort schwarzes Dammarharz genannt.

Mariskus *(Mariscus)*, Gattung der Cyperiodeen. Der blattlose M. *(M. aphyllus)* wächst in Westindien und hat eine sehr angenehm riechende, aromatische Wurzel, die in ihrem Vaterland von den Eingeborenen sehr geschätzt wid.

Marlea *(Marlea)*, Gattung der Alangiineen. Die begonienblätterige M. *(M. begonifolia)* ist ein kleiner Strauch oder Baum Ostindiens. Die Abkochung der Wurzel soll ein vorzügliches Mittel gegen langwierige Fieber und Schwindsucht sein.

Marsdenie *(Marsdenia)*, Gattung der Asclepiadineen. Die aufrechte M. *(M. erecta)* wächst im Orient und hat einen sehr scharfen Milchsaft, der äußerlich auf die Haut gelegt, Blasen zieht, innerlich aber heftiges Erbrechen und Purgieren erregt.

Masliebe *(Bellis)*, Gattung der Korbblütler. Die gemeine M. *(B. perennis)*, gemeines Gänseblümchen, Tausendschön (FIG. 79), ist ausdauernd und hat einen vielköpfigen Wurzelstock mit rosettig gestellten Blättern. Dieselben sind spatelförmig, gezähnt und behaart. Die Blütenköpfe stehen auf langen Stielen. Die Hüllschuppen haben eine spitz-eilanzettliche Gestalt. Die Strahlblüten sind weiß oder weiß mit rosa, die Scheibenblumen gelb. Die Früchte der Strahlblüten sind fein behaart. Die Pflanze wächst in ganz Europa auf Triften und sonnigen grasigen Stellen. Sehr selten werden heutzutage die früher gebräuchlichen Blätter und Blüten angewendet; sie sind geruchlos, schmecken krautig, etwas, besonders die Wurzel, scharf und wurden als gelind auflösend zerteilend, bei Kindern als leichtes Abführmittel, dann gegen

FIG. 79

DAS GEMEINE GÄNSEBLÜMCHEN: a) vergrößerte Blüte, b) von der Seite gesehen.

Brustkrankheiten, verhaltene Menstruation, auch bei der Gicht und überhaupt in vielen sehr verschiedenen Leiden gerühmt, gegen die sie wohl kaum jemals etwas leisten konnten.

Mastixbaum ☞ Pistazie

Medinille *(Medinilla),* Gattung der Melastomaceen. Die krause M. *(M. crispata)* ist ein Strauch auf den Molukken, der dort allgemein zur Heilung aller Arten von Wunden und anderer äußeren Verletzungen angewendet wird; die säuerlich und etwas herbe schmeckenden Blätter dienen als Zutat an Speisen, vorzüglich um Fische schmackhafter zu machen.

Meergras *(Taenidium),* Gattung der Laichkräuter. Das gemeine M. *(T. oceanicum)* hat einen wurzelstockartigen, im Alter gegliederten, kriechenden, mit weißlichen Borsten besetzten Stengel; die Blätter sind lang, aus den Spitzen der Äste, parallel aufeinanderliegend, zweireihig. Findet sich im mittelländischen und in den tropischen Meeren, längs der Küste immergrüne Rasen bildend und unter dem Wasser blühend. Dies ist die echte *Alga* der Alten.

Meerkohl *(Crambe),* Gattung der Kreuzblütler. Der gemeine M. *(C. maritima),* Seekohl, wächst wild am Seestrand bei Holstein und Mecklenburg, bei Riga und an der englischen Küste, kultiviert sehr häufig in Frankreich und England, neuerer Zeit auch in deutschen Gärten. Der Wert der Pflanze besteht wesentlich darin, daß sie schon im Februar und März benutzt werden kann, wenn es noch an Gemüse fehlt. Die jungen Triebe sind, besonders wenn man sie vorher bleicht, ein sehr beliebtes, dem Spargel und Blumenkohl ähnlich schmeckendes Gewächs, das besonders in England sehr beliebt ist.

Meerrettich *(Armoracia),* Gattung der Kreuzblütler. Der gemeine M. *(A. sativa),* Kren, hat eine dicke, walzige, tief in die Erde dringende Wurzel, welche fußlange Blätter und aufrechte, 2-3 Fuß hohe, oberwärts ästige Stengel treibt, deren schlanke Äste blattlos sind. Die Blätter sind länglich gekerbt, übrigens kahl und glänzendgrün, wie die ganze Pflanze, die Blüte weiß. Auf feuchten Wiesen, an Ufern der Bäche, Flüsse, Sümpfe und an Gräben im mittleren und südlichen Europa, auch häufig kultiviert. Der Meerrettich kommt arzneilich selten zur Anwendung, desto häufiger wird er diätetisch gebraucht. Die Wurzel reizt vermöge ihres verdampfenden Öles die Augen zu starker Tränenabsonderung, macht dabei einen lebhaften Eindruck auf die Geruchsnerven und entzündet bei äußerlicher Anwendung schneller und stärker, jedoch von kürzerer Dauer als Senf die Haut. Aber sie verliert mit dem Trocknen sowie durch Kochen ihrer Kräfte, muß deshalb behufs arzneilicher Benutzung immer frisch im feuchten Sand aufbewahrt werden. Man braucht ihn bei torpid-atonischer Verdauungsschwäche und allen Krankheiten, in welchen diese vorkommt, daher bei Rheumatismen, Gicht, bei daraus hervorgehenden Blasenleiden und Harnbeschwerden, gegen Skropheln, Bleichsucht und unterdrückte Menstruation (gegen letztere wird in Rußland allgemein ein Aufguß der zerriebenen Wurzel mit Wein, Bier oder Wasser tassenweise getrunken), gegen leichte Wassersucht unter gleichzeitiger Erschlaffung der Nierentätigkeit, sowie bei Schleimflüssen des Darmkanals und der Harnwege, im Wechselfieber, äußerlich als hautrötendes Mittel (geschabt oder gerieben) teils für sich oder mit Senf für die Dauer von 5-15 Minuten aufgelegt. Gewöhnlich bedient man sich des Meerrettichs behufs seiner innerlichen Anwendung in diätetischer Form als Zusatz zu Speisen, außerdem 2-4 Drachmen der zerriebenen Wurzel oder 13 Unzen des ausgepreßten Saftes einmal täglich, um die Schärfe zu mildern, mit etwas Zucker vermischt.

In der Tierheilkunde wid der M. ähnlich wie der Senf bei chronischen Katarrhen der Atmungs- und Verdauungsorgane, bei dem durch letztere bedingten zeitweiligen Aufblähen des Rindes, bei kachektischen Krankheiten, insbesondere bei nicht entzündlicher Hautwassersucht aller Haustiere, vorzüglich jedoch der Schafe angewendet und entweder im kleingeschnittenen Zustand mit Kleien, Mehl oder Hafer gemengt oder, falls ihn die Tiere in diesem Zustand nicht genießen wollten, in Form von Pillen oder Latwergen in der Gabe von 2-6 Lot, Hunden zu 1 Quentchen bis 1 Lot gegeben oder er wird im zerschnittenen Zustand mit kaltem Essig oder Bier übergossen, durch 24 Stunden stehen gelassen und dann als Einguß verwendet. Für den äußerlichen Gebrauch benutzt man den Kren wie den Senf.

Meersenf *(Cakile),* Gattung der Kreuzblütler. Der gemeine M. *(C. maritima)* findet sich häufig am Meeresufer, sowohl im nördlichen als südlichen Europa sowie im Orient und nördlichen Afrika. Das salzig-scharfe Kraut besitzt antiskorbutische, harntreibende und purgierende Eigenschaften, ist jedoch heute nicht mehr offizinell.

Meerträubchen *(Ephedra),* Gattung der Eibengewächse. Das einährige M. *(E. monostochya)* wächst in Sandgegenden auf dürren Bergen von Ungarn, dem südlichen Rußland und Sibirien. Vor Zeiten wendete man die Zweige und Ästchen gegen Diarrhöen an. Die süßlich-schleimigen Früchte sind in den wüsten Gegenden Sibiriens für Reisende und Einwohner nicht unwichtig, doch läßt ihr Genuß ein Brennen im Schlund zurück, sie werden auch dort als Gelatine bei Katarrhen gebraucht, sowie auch das Decoct der ganzen Pflanze als schweißtreibendes Mittel gegen Rheumatismus mit Erfolg angewendet wird. Das zweijährige M. *(E. distachya)* ist meistens höher als die vorige Art. Die säuerlich-süßen Früchte sollen bei fauligen Fiebern, galligen Krankheiten u.s.w. heilsam sein. Das brüchige M. *(E. fragilis)* findet sich auf dürren Bergen am Meeresufer in Candia und an der Nordküste Afrikas. Die ganze Pflanze wird auf Candia gegen alle Arten von Blutflüssen und Schleimflüssen angewendet.

Meerzwiebel *(Scilla),* Gattung Liliengewächse. Die gemeine M. *(Sc. maritima),* hat eine Zwiebel, welche die Größe eines Kinderkopfes erreicht und aus dicht aufeinanderliegenden fleischigen Schuppen besteht, von denen die mittleren rötlich, die äußeren braun, die innersten weißlich-rot sind. Die Blätter erscheinen erst nach der Blüte, erreichen die Länge von mehr als 1 Fuß und die Breite eines Drittelfußes. Sie sind tief seegrün. Sie wächst an den sandigen Küsten des atlantischen und mittelländischen Meeres. Offizinell ist die Zwiebel und zwar sind es die inneren, schleimig-saftigen Schalen derselben, welche auch eigens zum Arzneigebrauch bei gelinder Wärme getrocknet werden. Die Meeerzwiebel gehört zu den ältesten bekannten, bis in die Zeit der Mythe hinaufreichenden Mitteln, welche besonders in ihrem Vaterland wegen ihrer harntreibenden Wirkung geschätzt und göttlich verehrt wurde. Man wendet sie daher an bei Wassersuchten, besonders bei Haut, Bauch-, seltener Brustwassersucht, doch darf sie bei fieberhaften Zuständen, entzündlichen Leiden der Nieren, wie bei akuter Bright'scher Krankheit, kolliquativen Entleerungen, Neigung zur Zersetzung nicht gegeben werden; ferner paßt sie bei veralteten Katarrhen, Lungenemphysem, Keuchhusten. Am besten sind die aus der frischen Meerzwiebel bereiteten Präparate, nämlich das Extrakt, aus dem Saft der frischen Zwiebel durch Abdunsten bis zur Trockene erhalten, zu 1-2 Gran in Pillen oder in einem aromatischen Wasser gelöst, dann der M.-Essig aus 2 Unzen kleingeschnittener, frischer Meerzwiebel auf 1 Pfund Essig, durch dreitägige Mazeration, gelindes Auspressen und Filtrieren gewonnen, 1-4 Drachmen für den Tag. Der Meerzwiebelsauerhonig, bestehend aus 1 Teil Meerzwiebelessig auf 2 Teile gereinigten Honig, wird vornehmlich bei Brustkrankheiten und Wassersuchten benutzt, entweder für sich allein zu 2-4 Drachmen oder als Zusatz zu anderen harntreibenden Mitteln. Äußerlich dient er wie der Meerzwiebelessig zu Gurgelwässern und Klistieren.

In der Tierheilkunde wird die M. selten, höchstens bei chronischen Katarrhen, bei wasersüchtigen Anschwellungen kleinerer Haustiere, insbesondere der Hunde, in der Gabe einiger (1-5) Gran zu wiederholtenmalen des Tages in Latwergen- oder Pillenform, meistens mit aromatischen Stoffen oder Metallpräparaten verbunden angewendet.

Anwendung nach dem homöopathischen Prinzip. Die Scilla paßt bei krätzartigen Hautausschlägen, Wassersuchten der Haut nach Erkältung und akuten Hautausschlägen, verschiedenen Arten von Kopfschmerzen, krankhaften Zuständen der Schleimhaut des Mundes, des Rachens, Darmkanals und der Harnwege, bei gastrischen Zuständen, Bauchwassersucht, Durchfällen verschiedener Art, Harndrang, häufigem Nachtharnen, bei Krankheiten der Schleimhaut der Luftwege, fließendem Schnupfen, Katarrh der Luftwege, trockenem Husten, Husten mit Auswurf, Brustfellentzündung, Lungenentzündung mit stechenden Schmerzen, Lugenschwindsucht, Brustwassersucht und Herzbeutelwassersucht.

Gabe: 1-2 Tropfen der 1., 2., 3. Verdünnung ja nach Umständen 1-2mal täglich oder noch öfter wiederholt. (Zur Bereitung der Tinktur wählt man die weißesten und fleischigsten, nicht braun getrockneten Schuppen, zerkleinert sie mit Hilfe des Messers und übergießt sie hierauf nach Regel I mit gewässertem Weingeist.)

Die homöopathischen Tierärzte wenden die M. an bei der katarrhalischen Entzündung der Schleimhaut der Luftwege mit schmerzhaftem, aber nicht rauhem Husten, bei der mit und nach der Druse der Füllen auftretenden Lungen-, Brustfellentzündung und bei dem sogenannten feuchten Dampf der Pferde mit zeitweiligem Schleimauswurf und dumpfem, tief aus der Brust kommendem Husten.

Meesie *(Meesia)*, Gattung der Laubmoose. Die Sumpf-M. *(M. uliginosa)* wächst auf Torfwiesen, an Sümpfen und war früher als gelind schweiß- und harntreibend und als den Auswurf befördernd im Gebrauch.

Mehlblume *(Eclipta)*, Gattung der Kompositen. Die gestreckte M. *(E. prostrata)* ist eine fast stets blühende Pflanze Südasiens. Die Wurzel und der Stengel schmecken scharf. Die starkriechenden Blätter ebenso und dabei bitter. Dieses Gewächs wird in Ostindien gegen Magenbeschwerden, Unterleibskrankheiten, Gicht, dann bei Zahnschmerzen und in einigen Hautausschlägen gebräuchlich. Von einer anderen Art, der aufrechten M. *(E. erecta)*, wird der ausgepreßte Saft auf den Molukken gegen das Asthma, äußerlich bei Hautausschlägen und als ein kühlendes Mittel bei Kopfschmerzen gebraucht; auch bedient man sich desselben zum Schwarzfärben der Haare.

Meisterwurz *(Imperatoria)*, Gattung der Doldenpflanzen. Die gemeine M. *(I. Ostruthium)*, echte M., Kaiserwurz, hat einen 1-3 Fuß hohen Stengel, eirunde, spitzige, am Rande eingekerbte oder dreilappige Blätter und große, weiße, ganz platte Blumenschirme. Man findet sie in Gebirgswäldern. Offizinell ist die Wurzel, von der gewöhnlich die sprossenartigen, länglichen Wurzelköpfe gesammelt werden. Im Winter und im Frühjahr enthält sie einen weißen, an der Luft gelblich werdenden Milchsaft, im trockenen Zustand sind die Wurzelstöcke fingerdick, etwas plattgedrückt, geringelt und stark runzelig, außen schwärzlich-graubraun, am Bauche schmutzig weiß in's Bräunliche und zeigen sehr viele gelbe, Harz führende Gefäße, riechen sehr stark und durchdringend gewürzhaft und schmecken gewürzhaft scharf und bitter. Man wendet sie an bei Verdauungsschwäche, sowie überhaupt in Krankheiten mit großer, torpider Schwäche, bei Windkolik, bei atonischen Krankheiten der Schleimhäute, im Säuferwahnsinn, bei Wechselfieber, bei lähmungsartigen Leiden der Brust- und Unterleibsorgane, bei Lähmung der Zunge, bei Verhaltung des Harns wie der Menstruation, endlich bei hartnäckigen Ausschlägen und Geschwüren. Gabe: Das Pulver zu 10-30 Gran; den Aufguß aus ½-1 Unze auf 6 Unzen Kolatur.

In der Tierheilkunde wird die M. in denselben Fällen, wo die Angelika und der Kalmus angezeigt ist, benutzt, paßt aber bei jenen Krankheiten besonders dann, wenn die Unempfindlichkeit einen sehr hohen Grad erreicht hat und wenn Lähmung besteht. Man gibt sie für Pferde und Rinder von 15,0-30,0, für Schafe von 4,0-12,0, für Hunde von 0,5-2,0 g in Form und Verbindung wie bei der Angelika.

Melde *(Atriplex)*, Gattung der Gänsefußgewächse. Die gemeine M. *(A. hortensis)*, Zucker-M., Burckhard, wilder Spinat, findet sich überall in Krautgärten, ist krautig, aufrecht und hat herzförmig-dreieckige, buchtig-gezähnte Blätter und rispige Blütentrauben. Stammt aus der Tartarei und findet sich jetzt auf bebautem Land hier und da verwildert. Diese Melde war schon bei den Alten ein bekanntes Gemüse und als solches wird sie noch jetzt in mehreren Ländern gebaut. Aber auch als Heilmittel war das kühlende, erweichende Kraut und die etwas Erbrechen erregenden und purgierenden Samen im Gebrauch.

Melisse *(Melissa)*, Gattung der Lippenblütler. Die gebräuchliche M. *(M. officinalis)*, Garten- oder Zitronen-M., hat eiförmige, gekerbt-gesägte Blätter, die unteren fast mit herzförmiger Basis. Das Kraut hat einen starken, zitronenartigen Geruch und einen gelind aromatischen Geschmack. Die M. gehört dem südlichen Europa an, wo sie an dürren, schattigen Plätzen sich findet. Bei uns wird sie oft kultiviert. Man sät sie mit Eintritt des Herbstes oder man zerteilt die alten Wurzelstöcke. Die Melissenblätter wirken etwas milder als die Minzen und werden ihres lieblichen Aromas wegen sowie als schweißtreibendes Mittel in denselben Krankheiten wie jene angewendet. Äußerlich zu trockenen, zerteilenden Umschlägen und Kräutersäckchen. Das Melissenwasser gebraucht man bei leichten hysterischen Zufällen, Krämpfen, Blähungen etc. teils als Basis zu angenehm reizenden und stärkenden Mixturen. Der einfache Melissengeist (1 Pfund Melisse wird mit 1½ Pfund Weingeist übergossen, das ganze einer 24stündigen Digestion überlassen, sodann aber einer Destillation unterworfen und 1 Pfund Geist abgezogen) dient innerlich bei Fehlern der Verdauung, hypochondrischen und hysterischen Beschwerden, äußerlich zur Einreibung bei Lähmungen, Quetschungen etc. Zur Melissenessenz löst man 30 Gran Melissenöl in 1 Pfund Spiritus à 90% auf.

Merk *(Sium),* Gattung der Doldenpflanzen. Der Zucker-M. *(S. Sisarum),* Zuckerwurzel, wird wegen der knollig-büscheligen Wurzel auch in Gärten gezogen. Der Anbau ist leicht. Er verlangt ein wohlbearbeitetes, fruchtbares Gartenland und kann entweder durch Samen oder durch kleine Wurzelknollen fortgepflanzt werden. Die sehr angenehm süß und schwach aromatisch schmeckenden Wurzeln geben eine wohlschmeckende nahrhafte und dennoch leicht verdauliche Speise; auch läßt sich aus ihnen Zucker und Branntwein bereiten. Der dreiblätterige M. *(S. latifolium),* Wasser-M., Wasser-Pastinak, hat einen 3-5 Fuß hohen Stengel, gefiederte, scharf sägeförmig gezähnte Blätter und weiße Blumen. Findet sich in Gräben, Teichen und Sümpfen von ganz Europa. Wurzel und Kraut dieser etwas unangenehm, schwach bituminös riechenden, bitterlich-scharf schmeckenden, von mehreren für giftig gehaltenen, jedenfalls sehr verdächtigen Pflanze waren früher als reizende, harntreibende Arzneimittel gebräuchlich, werden jedoch heute selten angewendet.

Mesue *(Mesua),* Gattung der Garciniaceen. Die ansehnliche M. *(M. speciosa)* ist ein ansehnlicher Baum Ostindiens. Die Wurzel und die Rinde riechen aromatisch, schmecken bitter und werden als kräftig schweißtreibende Mittel sowie auch gegen Bisse giftiger Schlangen angewendet. Die ebenfalls aromatisch-bitteren Blätter braucht man gegen Brustverschleimung und die im jüngeren Zustand aromatisch-scharfen Früchte frisch als ein Abführen erregendes Mittel, trocken jedoch in ganz entgegengesetzten Fällen, das Öl der Samen aber äußerlich gegen Gliederschmerzen.

Miconie *(Miconia),* Gattung der Melastomaceen. Die samtartige M. *(M. holosericea)* ist ein Strauch von 3-5' Höhe, in Westindien und Südamerika einheimisch. Die filzige Behaarung dieses Strauches wird dort ganz wie der Feuerschwamm in ökonomischer und medizinischer Hinsicht gebraucht.

Mikanie *(Mikania),* Gattung der Compositen. Die giftwidrige M. *(M. Guaco),* Guaco, findet sich am Magdalenenfluß in Kolumbien. Alle Teile riechen sehr stark, durchdringend, etwas ekelhaft und schmecken bitter. In ihren Heilkräften kommen sie mit dem heilkräftigen Wasserdosten zum Teil überein, besonders aber ist der Saft oder das Decoct der Pflanze ein ganz vorzügliches, vielfach erprobtes Mittel bei Bissen giftiger Schlangen; auch wird in diesem Fall die Pflanze als Breiumschlag äußerlich auf die Wunde gelegt. Doch nicht bloß eine heilende Kraft, auch eine ebenso starke schützende Kraft gegen Bisse giftiger Tiere, selbst toller Hunde wird ihnen beigelegt. Die satureiblätterige M. *(M. satureiaefolia)* besitzt dieselben Heilkräfte wie die vorige Art. Die doppeltfiederspaltige M. *(M. sophiaefolia)* ist auf den Antillen als ein auflösendes, in größerer Gabe purgierendes Mittel bei Milz- und Leberkrankheiten gebräuchlich.

Milchdistel *(Mulgedium),* Gattung der Kompositen. Die floridanische M. *(M. floridanum),* im nördlichen Amerika einheimisch, wird gegen Bißwunden giftiger Schlangen gebraucht.

Milzkraut *(Chrysosplenium),* Gattung der Saxifragaceen. Das wechselblätterige M. *(Ch. alternifolium),* Gold-, Steinbrech, Goldmilz, Steinkresse, ist ausdauernd, wächst überall in feuchten, schattigen Gründen, hat tellerförmige, glänzende, stumpfausgezähnte Blätter und einen fingerlangen, glatten, saftigen, nach oben geteilten Stengel mit gelben Blumen, die im März und April erscheinen. Das geruchlose, schwach kressenartig schmeckende

Kraut war früher als ein auflösendes, gelind stärkendes Mittel bei Leber- und Milz-Anschoppungen, Krankheiten der Harnorgane, sowie gegen chronischen Husten im Gebrauch.

Minze *(Mentha),* Gattung der Lippenblütler. Die Pfeffer-M. *(M. piperita)* hat rötlich-bräunliche, ästige Stengel, gestielte, eilängliche, spitze, scharf gesägte Blätter und Wirtel aus 16-20 hellrötlichen Blüten, die an der Spitze des Stengels eine längliche Ähre bilden. Die ganze Pflanze hat einen angenehmen Geruch und einen anfangs feurig-aromatischen, nachher auffallend kühlen Geschmack. Man sammelt für die Apotheken meistens bloß die Blätter (kurz vor der Blütezeit); sehr kräftig sind aber auch die unentwickelten Blütenähren. Die Pfefferminze besitzt trefflich erregende, reizende Kräfte, welche zunächst in der Schleimhaut des Nahrungskanals auftreten. Man gibt sie daher zunächst im Magenkrampf, in der Kolik, bei schwacher Verdauung, Blähungen, Erbrechen und als Beihilfsmittel in fieberhaften Krankheiten mit verminderter Tätigkeit im sensiblen und irritablen System. Das Pulver gibt man zu 1 Skrupel, den Aufguß aus 2-4 Drachmen. Offizinell ist das destillierte Wasser, das Öl und der Ölzucker. Das Pfefferminzöl wird besonders bei heftigen hysterischen und hypochondrischen Krämpfen, bei Lähmungen zu Einreibungen in den Unterleib und gelähmte Glieder überhaupt angewendet. Offizinell sind noch die Pfefferminzzeltchen und der Pfefferminzgeist.

In der Tierheilkunde wird das Pfefferminzkraut als Reizmittel bei Verdauungsbeschwerden, bei Krampfkolik, beim Aufblähen, bei falschen und zu geringen Geburtswehen, bei Lähmungen, bei Schwindel etc. angewendet. Die Gabe ist für Pferde und Rinder 15,0-45,0, für Schafe und Schweine 7,5-15,0, für Hunde 0,5-2,0. Das Mittel wird am besten als Aufguß angewendet, kann aber auch in Pillen und Latwergen gereicht werden. Bei hartnäckigen Zufällen setzt man Kampfer, Baldrian, Hirschhornöl, Opium etc. zu.

Die Krauseminze *(M. piperita),* hat sitzende, herz-eiförmige, wellige Blätter und kopfig genäherte Blütenwirtel. Findet sich häufig in den nördlichen und westlichen, viel seltener in den übrigen Ländern Europas in Gärten kultiviert. Man wendet sie an bei Schwäche und Reizbarkeit der Verdauungsorgane, allen davon ausgehenden Krankheiten, bei Menstruationsbeschwerden, Unterleibskrankheiten, Nervenfiebern und allen anderen Fällen, wo Pfefferminze ihren Gebrauch findet. Kindern und sehr reizbaren Kranken ist sie meist zuträglicher. Die Gabe ist dieselbe wie bei der Pfefferminze.

In der Tierheilkunde wird die Krauseminze ebenso wie das Pfefferminzkraut angewendet.

Die grüne M. *(M. viridis),* römische M., ist der Pfefferminze sehr ähnlich und hat dieselben Heilkräfte wie die Pfefferminze. Die gekrauste M. *(M. crispata)* findet sich in den Apotheken West-Europas fast ohne Ausnahme statt der echten Krauseminze, hat aber nicht die gleiche Wirksamkeit wie letztere. Die wellige M. *(M. undulata)* wird in mehreren Ländern als Krauseminze kultiviert. Die Wald-M. *(M. sylvestris),* wilde M., Roß-M., riecht zwar stark, aber unangenehm und war früher offizinell. Die Wasser-M. *(M. aquatica)* riecht stark balsamisch, aber nicht angenehm, schmeckt ebenso auch bitterlich-scharf und steht den übrigen in der Wirksamkeit nach. Die Garten-M. *(M. sativa)* riecht und schmeckt fast ganz so wie die echte Krauseminze; nur noch stärker und wurde daher von den Alten sehr geschätzt; in der Tat verdiente sir auch eine allgemeine Kultur. Die Balsam-M. *(M. gentilis)* riecht stark, aber sehr angenehm aromatisch. Die Acker-M. *(M. arvensis)* ist gemein auf nassen Äckern, an Gräben, Bächen, Sümpfen etc. Mit mehreren Arten hat sie auch das gemein, daß ihr

Genuß bei Kühen das Gerinnen der Milch hinderte, was in früheren Zeiten oft den Glauben an das Behextsein veranlaßte.

Mispel *(Mespilus)*, Gattung der Pomaceen. Die gemeine M. *(M. germanica)*, Nespel, ist ein Baum oder Strauch bis zur Höhe von 15 Fuß mit meist dornigen Ästen und filzigen jungen Zweigen. Die Blätter sind sehr kurz gestielt, länglich-lanzettlich, oberseits dunkelgrün, unterseits weiß-wellig; die einzelnen, kurzgestielten Blüten sind weiß und sehr groß. Die kugelige, braune Frucht ist apfelartig, oben von einer sehr breiten Scheibe geschlossen und von den Kelchzipfeln gekrönt. Wird in Obst- und Weingärten gepflanzt und verwildert hier und da. Blüht Ende Mai. Die Früchte (Mispeln) sind erst im teigigen Zustand genießbar.

Mistel *(Viscum)*, Gattung der Loranthaceen. Die gemeine M. *(V. album)* ist ein Schmarotzer, welcher auf dem Holz vieler Bäume fixiert, ein dichotomes, immergrünes, lederartiges Gesträuch von stark buschiger Ausdehnung bildet und spatelförmige, stumpfe, gegenüberliegende, dicke, lederartige Blätter besitzt. Die Blüten sitzen gehäuft an den Enden der Axen. Man findet die Mistel auf Nadelholz sowohl als auf Laubholz, besonders auf Apfelbäumen, Birnbäumen, Pappeln, falscher Akazie, Linde, Weißdorn. Aus den Beeren siedet man Vogelleim.

Modecca *(Modecca)*, Gattung der Passifloraceen. Die großwurzelige M. *(M. palmata)*, eine immerblühende Pflanze, ist in Malabar einheimisch. Der Saft derselben wird mit Kokosmilch gegen Brustbeklemmungen gerühmt; die Wurzel aber braucht man dort als ein stärkendes Mittel sowie bei Stockungen im Unterleib.

Möhre *(Daucus)*, Gattung der Doldenpflanzen. Die gemeine M. *(D. Carota)*, gelbe Rübe, Mohrrübe, Carote, hat eine spindelige, bei der angebauten Pflanze dicke, fleischige, blaßgelbe oder gelbrote Wurzel und aufrechte, ästige, 1-2 Fuß hohe, rauhhaarige Stengel. Die glanzlosen Blätter sind doppelt und dreifach gefiedert und haben fiederspaltige Blättchen. Die zahlreichen, weißen Blüten stehen in großen reichstrahligen, zusammengesetzten Dolden, welche nach dem Verblühen in der Mitte nestartig vertieft sind. Die kleinen Blüten sind weiß. Gemein auf trockenen Wiesen, Ackerrainen und dürren Plätzen der Ebenen und Gebirge in Europa, im nördlichen Asien und Amerika. Von der wildwachsenden Pflanze wurden früher die eigentümlich gewürzhaft riechenden und bitterlich gewürzhaft schmeckenden Früchte für die Apotheken gesammelt, indem man sie als ein reizendes, blähungswidriges, harntreibendes Mittel brauchte; auch in neuerer Zeit ist ihre Anwendung gegen hysterische Leiden, sowie bei Wassersuchten wieder zur Sprache gebracht worden. Viel wichtiger ist jedoch für die Heilkunde und noch mehr für die Haushaltung die Wurzel der kultivierten Pflanze; sie schmeckt eigentümlich, süß und aromatisch, gibt eine sehr beliebte, leicht verdauliche, gelind eröffnende Speise, dient aber auch als linderndes, einhüllendes, zugleich auflösendes und gelind reizendes, sowie auch als wurmwidriges Heilmittel, der ausgepreßte und eingekochte Saft gleich anderen Syrupen und in Breiform aufgelegt bei fauligen und callösen Geschwüren.

Mohn *(Papaver)*, Gattung der Mohngewächse. Der Garten-M. *(P. somniferum)* hat eine jährige spindelige Wurzel und aufrechte, 2-3 Fuß hohe, meist einfache Stengel, welche wie die Blätter meergrün und von reichlichem, weißem Milchsaft erfüllt sind. Die gezähnten Blätter umfassen den Stengel herzförmig. Die großen, vor dem Öffnen überhängenden Blüten kommen einzeln langgestielt hervor. Im Orient, sowie im südlichen Europa auf Äckern und unbebauten Plätzen sehr häufig im großen sowie auch als Zierpflanze

FIG. 80

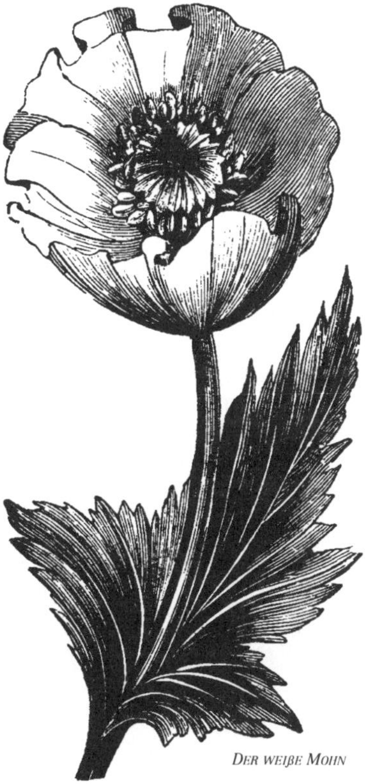

DER WEIßE MOHN

in Gärten kultiviert. Man kennt von ihr vorzüglich 2 Abarten, nämlich den weißen M. *(P. officinale Gmel.)* (FIG. 80) und den schwarzen M. Der erstere blüht weiß und hat weißlichen Samen, es ist derjenige, der zum arzneilichen Gebrauch vorgeschrieben ist. Der scharze M. blüht rosa und hat schwärzliche oder blau-graue Samen. Im Ölgehalt sind beide Sorten nicht verschieden. Das Mohnöl kommt dem Baumöl an Güte sehr nahe, kann statt desselben gebraucht werden und dient zu Farbenmischungen und anderweitigem Behufe. Die frischen und getrockneten Samenkörner werden von vielen Menschen gern gegessen und dienen zerrieben zu Suppen und in Backwerk. Sie besitzen keine einschläfernde Eigenschaft und sind für viele Vögel aus dem Finkengeschlecht und für die Meisen eine der leckersten Speisen. Zukkersirup und Mohnöl, auf dem Ofen heiß gemacht und Abends teelöffelweise genommen, ist ein Göttinger Volksmittel gegen Katarrh. An Kindern, denen Abkochungen der Mohnköpfe in Wasser oder Milch gegeben worden sind, um sie einzuschläfern, hat man oft Vergiftungserscheinungen beobachtet und bei öfterer Anwendung nachteilige Einwirkungen auf die geisttige Entwicklung wahrgenommen. Die Mohnköpfe werden verwendet zur Bereitung des offizinellen *Syrupus Diacodii,* welcher bei uns durch einen heißen Aufguß von 2 Unzen gestoßener Mohnköpfe, 1 Unze Süßholzwurzel in $1\frac{1}{2}$ Pfund heißem Wasser erhalten wird, indem man in der durchgeseihten Flüssigkeit 10 Unzen Zucker löst und zur Syrupkonsistenz einkochen läßt. Kaffeelöffelweise als beruhigender Zuckersaft oder Zusatz zu krampfstillenden und stopfenden Arzneien. Der Mohnsaft (Opium) wird gewonnen, indem er aus den unreinen frischen Kapseln des Mohns entweder freiwillig oder nach Verwundungen ausfließt und erhärtet. Der Hauptträger der Wirksamkeit des Opiums ist das Morphium, nächst ihm das Narcotin und das Codein. Die übrigen Alkaloide besitzen ebensowenig als die darin vorhandenen Säuren und die indifferenten Körper eine besondere Wirksamkeit. Es wirkt beruhigend auf das Nervensystem und einschläfernd, schmerzstillend, verstopfend, schweißtreibend, aber auch aufregend, weil es den Blutlauf beschleunigt. In den Apotheken findet man folgende Präparate, welche man mit dem Gesamtnamen Opiate bezeichnet und zwar: Das wässerige Extrakt, die einfache oder zusammengesetzte Opiumtinktur, Dowers Pulver, die aus gleichen Teilen Opium und Ipecacuanha und 8 Teilen Zucker bestehen. Zu den ausgezeichnetsten Präparaten des O. gehören das Morphium und seine Verbindung mit Säuren, von denen das essigsaure und salzsaure Morphium offizinell sind. Nachdem durch die Anwendung des O. leicht Vergiftungen hervorgerufen werden, muß es dem Artz überlassen bleiben, welches Präparat und in welcher Gabe er dasselbe in den einzelnen Fällen anwendet.

In der Tierheilkunde wird das Opium bei reinen Nervenkrankheiten, d.i. solchen, bei welchen sich anatomische Veränderungen als Grundlage nachweisen läßt, z. B. bei gewissen Formen des Starrkrampfes, der Epilepsie, des Schwindels, bei reiner Krampfkolik, bei heftigem Husten etc, dann bei Durchfällen und in der Ruhr, besonders der Füllen, Kälber und Lämmer angewendet. Äußerlich verwendet man das Opium zu Klistieren, bei Krämpfen, bei Starrkrampf, Durchfällen und Ruhr, meist in Verbindung mit schleimigen Abkochungen oder Pflanzenschleim; als Reizmittel bei schlaffen Geschwüren, bei übermäßiger Eiterung, bei chronischen Augenentzündungen, Hornhauttrübungen etc. Innerlich gibt man vom Opium Pferden 1 Skrupel bis 1½ Quentchen, Rindern ½-2 Quentchen, Schafen 1-2 Skrupel, Schweinen 5-10 Gran, Hunden 1-10 Gran, gewöhnlich in flüssiger Form oder die einfache Opiumtinktur in der 3-4fachen Menge. Äußerlich rechnet man 15-20 Gran Opium zu einem Klistier für ein Pferd, zu Augensalben meist ½ Quentchen auf 2 Lot Salbe, zu Waschungen ebensoviel oder mehr auf 1 Seidel schleimiger Flüssigkeit. Das essigsaure und salzsaure Morphium finden ihres hohen Preises wegen höchstens in der Hundepraxis und auch hier nur selten Anwendung. Dasselbe gilt von dem Opiumextrakt und von der safranhaltigen Opiumtinktur.

Anwendung nach dem homöopathischen Prinzipg. Das Opium eignet sich bei allgemeiner Empfindlichkeit des Nervensystems, bei Neuralgien des Gehirns und einzelner Nervenstämme, Konvulsionen, Krämpfen, Epilepsie, Schlafsucht, Schlaflosigkeit, Wechselfieber, Gehirntyphus, Manie, Stumpfsinn, Gedächtnisschwäche, Säuferwahnsinn, Schwindel, Schlagfluß, Lähmungen, bei nervösen Kopfschmerzen, Migräne, Bleikolik, eingeklemmten Darmbrüchen, Lähmung des Darmkanals, hartnäckiger Stuhlverstopfung, Impotenz, bei unterdrückter und verstärkter Menstruation, krampfhaften Wehen, bei Heiserkeit, Keuchhusten, Lungenlähmung, krampfhaftem Asthma etc.

Gabe: 1-2 Tropfen der 1., 2., 3., 6. Verdünnung 1-2mal täglich und noch öfter, je nach Umständen wiederholt.

Die homöopathischen Tierärzte geben das Opium beim Koller der Pferde, bei Kolik mit hartnäckiger Verstopfung, bei der Verstopfung der Neugeborenen, bei der Schlafsucht der Füllen, bei Krämpfen der Neugeborenen, bei Milch- oder Geburtsfieber der Stuten, bei schweren Geburten, bei großer Abmattung der Pferde, wenn diese nach starken Strapazen mit gesenktem Kopfe und traurig dastehen.

Gabe: 3.-6. Verdünnung.

Moline *(Molina),* Gattung der Kompositen. Die klebrige M. *(M. viscosa)* ist ein Halbstrauch, der auf wüsten Plätzen in Chile wächst. Eine Abkochung wird dort gegen Harnzwang gebraucht. Die netzaderige M. *(M. reticulata)* findet sich in Kolumbien, Peru und Chile und wird dort gegen Wechselfieber angewendet.

Molle *(Schinus),* Gattung der Anacardineen. Der ungleichblätterige M. *(S. Molle)*, indische Mastixbaum, ist ein ziemlich großer Baum Brasiliens und Perus, aus dessen verletzter Rinde ein milchig-harziger, stark und angenehm riechender Saft fließt, der fast so wie Mastix angewendet wird, doch soll der innerliche Gebrauch Abführen erregen. Die Rinde und die fenchelartig riechenden Blätter dienen äußerlich gegen Schmerzen, Geschwülste der Füße, dann bei Wunden und Geschwüren, aus dem süßen Fruchtfleisch aber wird ein angenehmes und gesundes Getränk und daraus eine Art Sirup oder Zucker sowie auch Essig bereitet.

Monarde *(Monarda),* Gattung der Lippenblütler. Die röhrige M. *(M. fistulosa)* findet sich in Nordamerika und blüht vom Juni bis August. Blätter und Blüten riechen angenehm aromatisch, schmecken aromatisch-bitterlich, etwas scharf und sind dort als ein zerteilendes, reizendes, stärkendes Mittel, auch gegen Wechselfieber gebräuchlich. Die Blätter der vierfädigen M. *(M. didyma)* werden in Carolina, Pennsylvanien und New York häufig als Tee, so wie die Melisse, die Arten von Minze etc. gebraucht; auch in England ist dieser Tee unter dem Namen »Oswege-Tee« bekannt. Die getüpfelte M. *(M. punctata)* wächst in den wärmeren Staaten Nordamerikas, blüht vom Juni bis Oktober und enthält sehr viel ätherisches Öl, das als aromatisches, zerteilendes Mittel häufig gebraucht wird.

Mondraute *(Botrychium),* Gattung der Ophioglosseen. Die gemeine M. *(B. Lunaria),* Walpurgiskraut, wächst in ganz Europa auf trockenen, bergigen Wiesen, wird 4-5 Zoll hoch, hat einen bräunlich-grünen Stengel mit einem einzigen, etwas saftigen Blatt, welches aus 17-19 Blättchen gebildet wird, welche immer breiter werden und die Form eines Halbmondes haben. Oben bildet der Stengel mehrere Äste, die mit den Befruchtungswerkzeugen in Form von Kügelchen versehen sind. Früher hat man diese Pflanze zu vielen abergläubischen Zwecken benutzt und bei Wunden und Geschwüren gebraucht; jetzt ist sie ganz außer Gebrauch gekommen. Die schierlingsblätterige M. *(B. Cicutarium)* findet sich in Westindien und wird auf S. Domingo als Umschlag bei Wunden, durch den Biß giftiger Schlangen verursacht, gebraucht.

Mondviole *(Lunaria),* Gattung der Kreuzblütler. Die spitzfrüchtige M. *(L. rediviva)*, Mondkraut, Silberblatt, Silber- oder Atlasblume, ist eine mehrere Jahre ausdauernde Pflanze, welche im nördlichen Europa und in Deutschland in Wäldern und auf Bergen wild wächst und auch in Gärten wegen ihrer überaus wohlriechenden Blüten gezogen wird. Die kressenartig riechenden und schmeckenden Samen waren vor Zeiten als harntreibendes Mittel gebräuchlich.

Monetie *(Monetia),* Gattung der Apocynieen. Die barlerienartige M. *(M. barlerioides)* ist ein Strauch von 3-4' Höhe, in Ostindien und am Kap einheimisch, dessen Blätter ein vortreffliches Mittel gegen Husten, Auszehrung und schleimiges Asthma bilden; die Wurzel riecht fast wie Süßholz.

Monniere *(Monniera),* Gattung der Diosmaceen. Die dreiblätterige M. *(M. trifolia)* wächst in den Wäldern von Guiana und Brasilien. Die aromatisch-scharfe Wurzel wirkt stark auf die Hautausdünstung sowie auf die Harnabsonderung und wird deshalb häufig, überhaupt aber als ein Gegengift gebraucht.

Monnine *(Monnina),* Gattung der Polygalaceen. Die vielährige M. *(M. polystachia)* ist ein Strauch in den Wäldern der peruanischen Anden. Die Rinde der Wurzel ist dort ein sehr geschätztes Heilmittel; vorzüglich aber wendet man sie gegen die Ruhr an. Mit dem Aufguß derselben, als einem besonderen Schönheitsmittel, waschen die peruanischen Damen ihre Haare und die Silberarbeiter brauchen sie dort zum Reinigen und Polieren ihrer Waren.

Montinie *(Montinia),* Gattung der Onagraceen. Die scharfe M. *(M. acris)* findet sich an Wegen und auf sandigen Stellen am Kap und blüht vom August bis Oktober. Der ganze Strauch, vorzüglich aber die Frucht besitzt einen scharfen, pfefferartigen Geschmack und wird dort innerlich und äußerlich als ein Arzneimittel gebraucht.

Moorhirse *(Sorghum),* Gattung der Gräser. Der Aleppo-M. *(S. haleppense)* hat eine kriechende, ziemlich starke

Wurzel, einen 2-6' hohen Halm und die Rispe mit halbwirtelförmig stehenden, geschlängelten, scharfen Ästen. Die Spelzen sind am Rande zart gewimpert. Wächst in Süd-Europa und im Orient. Die süßen, schleimigen, dicken Wurzeln dieser im nördlichen Italien fast auf allen Äckern als Unkraut, wie die Quecke, vorkommenden Grasart werden dort in den Apotheken als Surrogate der Wurzeln von *Smilax aspera* (europäische Sassaparille) unter dem Namen Gramignone oder Smilace dolce aufbewahrt. Der gemeine M. *(S. vulgare)*, Durragras, ist in Ostindien einheimisch; wird in Asien und Südeuropa häufig gebaut und ist auch in Afrika nebst den anderen Sorten das Hauptgetreide. Als Nahrungsmittel stehen die Samen allen anderen Getreidearten nach; in Syrien, Arabien, dann in Afrika werden Speisen daraus bereitet, in Europa aber wird das Mehl der Samen größtenteils nur gemengt mit anderem gebraucht. Der Zucker-M. *(S. saccharatum)*, das indische Zuckerrohr, Sorgho, empfiehlt sich für die Branntweinbrennerei und wird auch mit Vorteil schon im mittleren Europa, namentlich in Frankreich, angebaut.

Moos, isländisches ☞ Tartschenflechte

Moosbeere *(Oxycoccus)*, Gattung der Heidelbeergewächse. Die europäische M. *(O. palustris)*, Torf- oder Sumpfbeere, Sauerbeere, Krähenbeere, hat einen dünnen, niederliegenden Stengel, eiförmige, ungerollte, unten graue Blätter, purpurrote Blüten mit radförmiger Blumenkrone und rote, saure Beeren, welche erst durch den Frost genießbar werden, in Rußland, Schweden und anderen Ländern mit Recht noch immer als kühlendes, entzündungswidriges, antiskorbutisches Mittel im Gebrauch sind; auch verwendet man sie statt des Zitronensaftes an Speisen, sowie zum Punsch. Die großfrüchtige M. *(O. macrocarpus)* wächst in Nordamerika und ist dort wie die vorige Art gebräuchlich.

Moräa *(Moraea)*, Gattung der Schwertlilien. Die doppeltzwiebelige M. *(M. Sisyrinchium)* findet sich in Süd-Europa und Nordafrika. Die Wurzeln werden in Spanien roh und zubereitet gegessen; sie enthalten viel Stärkemehl und Schleim und dienen auch dort als Arzneimittel bei entsprechenden Krankheiten der Brustorgane und des Darmkanals.

Morgenstern *(Nauclea)*, Gattung der Rubiaceen. Der zitronenblätterige M. *(N. Cadamba)* ist ein schlanker Baum Ostindiens, welcher fast das ganze Jahr blüht. Den ausgepreßten Saft der Früchte braucht man in Malabar gegen Koliken.

Morinde *(Morinda)*, Gattung der Rubiaceen. Die zitronenblätterige M. *(M. citrifolia)* ist ein schönes Bäumchen Ostindiens von 8-10 Fuß Höhe, dessen Blätter mit anderen aromatischen Mitteln gegen Diarrhöen dienen; besonders häufig ist auf den Molukken ihr äußerlicher Gebrauch mit Kokosöl bei Wöchnerinnen, um die Nachwehen zu stillen, wie auch gegen Koliken und andere Schmerzen. Die Früchte werden besonders bei Harnzwang, auch bei Milzbeschwerden, in anderen Ländern aber bei galligen Krankheiten, Ruhren, wie auch bei schwindsüchtigen, asthmatischen Personen angewendet; auch dienen sie zubereitet als Speise, die aber Europäern nicht behagt. Die lorbeerblätterige M. *(M. Royoc)* ist in Westindien als Purgiermittel bekannt. Die viermännige M. *(M. tetrandra)* findet sich in Malabar und auf den Molukken, wo der ausgepreßte Saft gegen Kolikschmerzen gebraucht wird.

Morisonie *(Morisonia)*, Gattung der Cappariden. Die amerikanische M. *(M. americana)* ist ein unansehnlicher Baum, selten über 15' hoch, in Westindien und Südamerika einheimisch. Die etwas riechenden Blüten werden gegen Würmer, besonders gegen den Bandwurm angewendet; das Mark der Früchte dient als erweichend gegen entzündliche Geschwülste.

Müllen *(Vitex)*, Gattung der Verbenaceen. Die gemeine M. *(V. Agnus castus)*, Keuschlamm- oder Abrahamsstrauch, ist ein sehr ästiger Strauch von 12-20' Höhe, den man an Zäunen, feuchten Stellen, Bächen und am Meeresufer in Südeuropa findet. Alle Teile dieses Strauches riechen stark aromatisch; die Blätter wurden früher gegen mangelnden Monatsfluß, zur Beförderung der Nachgeburt und äußerlich als ein zerteilendes Mittel gebraucht, noch häufiger aber die bitterlich, scharf und erhitzend schmeckenden Früchte auf ähnliche Weise angewendet. Die ährige M. *(V. spicata)* wird in China als ein erhitzendes, reizendes, schmerzstillendes und zerteilendes Heilmittel bei vielfältigen nervösen Leiden benutzt. Die bittere Wurzel der Negundo-M. *(V. Negundo)* wird im tropischen Asien bei Wechselfiebern und typhösen Fiebern, die aromatisch-bitterlichen Blätter gegen dieselben Krankheiten, noch häufiger zu reizenden, zerteilenden Bähungen, beide Teile, sowie die gewürzhaften Früchte auch gegen Würmer in Anwendung gezogen. Die dreiblätterige M. *(M. trifolia)* ist noch aromatischer als die vorhergehende und wird in ihrem Vaterland nur auf gleiche Art noch häufiger angewendet. Rheede's M. *(V. Rhedii)* findet sich häufig auf Malabar, wo die schwach aromatische Rinde, sowie die wohlriechenden Blätter gegen Nachwehen und zur Beförderung des Kindbettflusses, die Rinde auch gegen Koliken und Diarrhöen, die jungen Zweige aber zu Bädern gegen gichtische oder rheumatische Beschwerden angewendet werden.

Mützenblume *(Syzygium)*, Gattung der Myrtineen. Die gewürz-nelkenblätterige M. *(S. caryophyllifolium)* ist ein Baum Ostindiens, von 20-30' Höhe. Die herb- und bitterlich-aromatische Rinde wird dort gegen mancherlei Krankheiten des Magens und Darmkanals, sowie gegen einige Fieber angewendet. Die aromatische M. *(S. caryophyllaeum)* wächst in Ceylon. Die aromatische, etwas nelkenartig riechende und schmeckende Rinde dieses Baumes kam früher unter dem Namen Nelkenrinde oder Nelkenzimt nach Europa. Heutzutage findet sich unter diesem Namen die weit kräftigere Rinde der brasiliischen Ocotea (s. d.) vor. Die ceylanische M. *(S. zeylanicum)* findet sich in Ceylon. Eine Abkochung der Blätter wird in Ceylon, in Verbindung mit strenger Diät, für ein kräftiges Mittel gegen Syphilis gehalten. Die süßaromatischen Früchte sind eßbar.

Mützennuß *(Tiaridium)*, Gattung der Boragineen. Die indische M. *(T. indicum)* wächst auf bebautem Boden sowie auf Schutthaufen im tropischen Asien und Amerika. Man bedient sich der Blätter zu zerteilenden Umschlägen bei Karbunkeln und anderen entzündlichen Geschwülsten,wie auch bei Geschwüren.

Muntigie *(Muntigia)*, Gattung der Tiliaceen. Die zottige M. *(M. Calabura)* ist ein Bäumchen oder Strauch von 6-15', bisweilen 30' Höhe, auf den Antillen und dem benachbarten Kontinent Südamerikas einheimisch. Die innere schleimige, etwas adstringierende Rinde dient zu Augenwässern, die schleimig-herben Blätter werden gegen Diarrhöen und ähnliche Krankheiten, die Blüten aber nach Art der Lindenblüten gebraucht.

Muricie *(Muricia)*, Gattung der Cucurbitaceen. Die cochinchinesische M. *(M. cochinchinensis)* ist ein großer Strauch, in China und Cochinchina einheimisch. Die Samen, sowie die Blätter braucht man dort zur Heilung von Unterleibsstockungen, Verhärtung der Leber und Milz sowie auch bei Geschwülsten und bösen Geschwüren, äußerlich aber gegen Vorfälle, Verrenkungen und Beinbrüche.

Murraye *(Murraya)*, Gattung der Aurantineen. Die sumatra'sche M. *(M. sumatrana)* ist ein großer Strauch, auf den indischen Inseln einheimisch; man wendet dort die Rinde und die scharf aromatischen Blätter gegen das Asthma, letztere auch äußerlich bei Lähmungen an. Das harte, sehr dauerhafte, dem Buchsholz gleichende Holz wird sehr geschätzt.

Murucuje *(Murucuja)*, Gattung der Passifloraceen. Die mondblätterige M. *(M. ocelata)*, deren Stengel und Äste hoch an den Bäumen emporklettern, wächst in Westindien. Auf den Antillen ist diese Pflanze ihrer wurmwidrigen, schweißtreibenden, eröffnenden und antihysterischen Heilkräfte wegen im Gebrauch.

Muschelblatt *(Conchophyllum)*, Gattung der Asclepiadineen. Das dachziegelartige M. *(C. imbricatum)* findet sich auf der Insel Nusa Kambanga (bei Java) und auf den Molukken, besonders an Mangobäumen. In Amboina bedient man sich einer Abkochung der Blätter beim Ausbruch der Blattern sowie gegen Schleimflüsse.

Muschelblume *(Pistia)*, Gattung der Aroideen. Die schwimmende M. *(P. Stratiotes)*, mit weiß grünlichen Blüten, schwimmt frei im Wasser herum und findet sich zwischen den Wendekreisen in allen Weltteilen. In Ostindien wendet man die Blätter als ein beruhigendes, kühlendes Mittel bei Ruhr, Harnverhaltung, Blutspeien, dann bei Hautausschlägen, sowie in Ägypten, wohin sie der Nil aus dem inneren Afrika bringt, bei Blutflüssen und äußerlich als Wundmittel an.

Muskatnußbaum *(Myristica)*, Gattung der Myristicaceen. Der gemeine M. *(M. moschata)* (FIG. 81), ist ein über 30 Fuß hoher Baum auf den Molukken, mit waagerechten Ästen zu 4-5 in regelmäßigen, gleich weit entfernten Wirteln ausgebreitet, lanzettförmigen Blumenhüllen mit dreispaltigem Saum, gelben Früchten von der Größe einer Walnuß und fleischig-lederigem, gelbrotem Samenmantel. Sowohl die Muskatnüsse als der unter dem Namen Muskatblüte bekannte Samenmantel derselben werden wegen ihres Reichtums an einem feurigen ätherischen Öl meistens als Gewürz, und bei Blähungen,

FIG. 81

DER GEMEINE MUSKATNUẞBAUM: a) ein männlicher, b) ein weiblicher fruchttragender Zweig, c) eine geöffnete männliche, d) eine geöffnete weibliche Blüte, e) der Samen mit dem Mantel, f) der Durchschnitt durch den Samen, um das marmorierte Eiweiß zu zeigen, beides in 1/2 natürl. Größe, g) der Keimling, siebenmal vergrößert.

Kolik, Durchfällen, bei nervösem Magenkrampf, bei krampfhaftem Erbrechen auch von Ärzten verwendet. Man gibt beide in Pulverform zu 5-10 Gran oder das ätherische Öl, das aber nach unserer Pharmakopöe nur von Macis offizinell ist. Von den Muskatnüssen hat die Pharm. bloß die Muskatbutter oder den Muskatbalsam unter dem Namen *Balsamum Nucistae s. Oleum Nucis moschatae* aufgenommen, der nur äußerlich zu Einreibungen bohnengroß verwendet wird, z. B. bei nervösem Magenkrampf, Koliken, hysterischen Krämpfen. Zu demselben Zweck dient aber das in der Kinderpraxis nicht selten benutzt *Unguentum Macidis*; die Muskatblüten. Tinktur gibt man zu 10-20 Tropfen innerlich oder als Zusatz zu Einreibungen.

Muskraut *(Corchorus)*, Gattung der Tiliaceen. Das echte M. *(C. olitorius)* ist im tropischen Asien und Arika einheimisch, jetzt auch in Amerika verwildert und in allen drei Weltteilen sehr häufig als Küchengewächs angepflanzt. Es wird übrigens auch wegen seiner erweichenden und eröffnenden Eigenschaften bei Brustkrankheiten sowie bei Hartleibigkeit verwendet; die Samen sind purgierend.

Mussände *(Mussaenda)*, Gattung der Rubiaceen. Die belaubte M. *(M. frondosa)* ist ein Bäumchen Ostindiens, Javas etc. von 9-15' Höhe und blüht das ganze Jahr. Die Wurzel gilt daselbst für ein auflösendes, Schleim ausführendes Mittel; auch braucht man sie bei Augenkrankheiten, sowie den Saft der Blätter gegen Harnhautflecken. In Cochinchina werden vorzüglich die Blumen benutzt; man gibt sie als ein auflösendes, verdünnendes, harntreibendes MIttel beim Husten, Asthma, wassersüchtigen Geschwülsten, dann äußerlich bei Hautkrankheiten. Die Wurzel der gelblichen M. *(M. luteola)* ist in Arabien als Heilmittel beim Biß giftiger Schlangen berühmt. Die zottige M. *(M. Landia)* wächst auf Madagaskar und den Maskarenen. Die Rinde wird dort als ein tonisches, fiebervertreibendes, der Chinarinde ähnlich wirkendes Mittel sehr geschätzt und wurde auch in Europa unter dem Namen Belahé-Rinde oder Bela-ayé Rinde bekannt.

Myginde *(Myginda)*, Gattung der Illicineen. Die harntreibende M. *(M. uragoga)* ist ein Strauch von 3-8' Höhe. Die Abkochung der Wurzel ist in Kolumbien als harntreibend im Gebrauch.

Myrcie *(Myrcia)*, Gattung der Myrtineen. Die lederige M. *(M. coriacea)* ist ein Strauch auf den Karaiben. Die zitronenartig riechenden und adstringierenden Blätter werden gleich den Beeren gegen Diarrhöen, Blutflüsse und als ein antiseptisches Heilmittel angewendet; auch die Blüten braucht man auf gleiche Weise.

Myrrhe ist ein Gummiharz, welches aus der Rinde des ☞ Balsambaumes ausschwitzt. Sie gilt als ein gewürzhaftes, balsamisches, kräftig aufregendes und zugleich tonisches Mittel. Man benutzt sie bei Schwäche der Verdauungsorgane und trägem Kreislauf im Pfortadersystem und in den Lungen, bei Dyspepsie, Flatulenz, bei atonischen Hämorrhoidalleiden, bei chronischen Lungenkatarrhen, bei Bleichsucht und mangelnder Menstruation, bei atonischer Wassersucht, endlich ist sie noch ein geschätztes Mittel, sowohl innerlich als äußerlich bei schlaffen, skrophulösen Geschwüren, beim Beinfraß und beim Brand, bei skorbutischem Zahnfleisch. Man gibt sie innerlich in Pulver- oder Pillenform oder in einer falschen Emulsion von 5-10 Gran, äußerlich als Pulver oder mit Honig oder einer Salbe vermischt. Die Tinktur dient meist äußerlich als Zusatz zu Mund- und Gurgelwässern, zu Einspritzungen.

In der Tierheilkunde kann die Myrrhe wegen ihres bitteren Geschmackes und ihrer sanft erregenden Wirkung bei Verdauungsbeschwerden, bei Blähkoliken, wegen ihrer Einwirkung auf die Schleimhäute bei chronischen Katarrhen und Schleimflüssen, insbesondere der Atmungsorgane, in derselben Gabe und derselben Form wie der Asant gegeben werden, findet aber nur selten Anwendung. Äußerlich wird sie bei Behandlung schlaffer, veralteter oder brandiger Geschwüre, bei üppiger Bildung lockerer Fleischwärzchen, bei Knochenkaries, entweder in Pulverform für sich allein oder mit anderen aromatischen Substanzen, oder in wässerigen und geistigen Lösungen, oder mit Salben, Terpentinöl etc. gemengt, in Salbenform angewendet. Die Myrrhentinktur, durch Digestion eines Teiles Myrrhe mit 12 Teilen Weingeist bereitet, kommt nur äußerlich in Gebrauch.

Myrrhenkerbel *(Myrrhis)*, Gattung der Doldenpflanzen. Der wohlriechende M. *(M. odorata)*, Süßdolde, spanischer oder Anis-Kerbel, hat eine dicke, vielköpfige Wurzel, einen 2-3 Fuß hohen, gerillten, zottigen Stengel, große, 2-3fach gefiederte, unten zottige Blätter, aus 8-10flaumigen Strahlen bestehende Dolde, weiße Blumen und eine bis 3 Zoll lange, glänzend braune Spaltfrucht. Wächst im mittleren und südlichen Europa bis nach Asien in Gebirgsgegenden auf feuchten Stellen und Waldwiesen, ist ausdauernd und blüht im Juni und Juli. Die ganze Pflanze riecht angenehm, fast anisartig und war nach Art des eigentlichen Kerbels gebräuchlich.

Myrrhenkraut *(Smyrnium)*, Gattung der Doldenpflanzen. Das echte M. *(S. olusatrum)*, Macerone, hat eine möhrenartige Wurzel. Der Stengel erreicht Mannshöhe und ist nach oben mehrfach verzweigt. Die Wurzelblätter sind gestielt, zuerst dreischnittig und doppelt-dreischnittig, später vielfach dreischnittig. Die Stengelblätter, auf den breiten, häutigen, schlaffen, wimperigen Scheiden sitzend, sind nur einfach dreischnittig; die Blüten gelbgrün, die Früchte oval, schwarz. An feuchten, schattigen Stellen im südlichen und westlichen Europa. Alle Teile dieser Pflanze riechen angenehm gewürzhaft, und ihre jungen Triebe waren vor Zeiten sowie die Blätter ein beliebtes Gemüse; die Wurzel hält man für ein blutreinigendes, eröffnendes und harntreibendes Heilmittel.

Myrte *(Myrtus)*, Gattung der Myrtengewächse. Die gemeine M. *(M. communis)* ist ein Baum oder Strauch mit ei- oder lineal-lanzettlichen Blättern, einzeln stehenden, vier- bis fünfzähligen weißen Blüten und schwarz-blauen Beeren. Die Heimat ist das ganze mittelländische Gebiet. An vielen Orten wird die Myrte mit als Brennholz verwendet, während sie bei uns ihre Zweige liefern muß, um den Brautkranz herzustellen, das Attribut der Jungfräulichkeit. Alle Teile der Myrte riechen angenehm aromatisch und schmecken bitterlich-zusammenziehend und gewürzhaft; ihre Blätter und Früchte waren vor Zeiten offizinell und wurden als ein tonisch-reizendes Heilmittel vorzüglich gegen Diarrhöen, Blennorrhöen, passive Blutflüsse, Wassersucht und andere Krankheiten angewendet. Die Ugni-M. *(M. Ugni)* wächst in Chile. Der Saft der Früchte gibt mit Wasser ein beliebtes, erfrischendes, durststillendes Getränk von einem sehr vorzüglichen Geschmack und einem schwach rosmarinartigen Geruch, sowie auch einen magenstärkenden Wein. Die Blätter werden als Tee getrunken.

N

Nabelkraut *(Umbilicus)*, Gattung der dickblätterigen Gewächse. Das hängende N. *(U. pendulius)* wächst an steinigen Orten und auf alten Mauern im südlichen Europa, aber auch in England. Das Kraut war früher als ein kühlendes, erfrischendes und harntreibendes Heilmittel im Gebrauch.

Nachtblume *(Nyctanthes)*, Gattung der Jasmingewächse. Die indische N. *(N. Arbor tristis)*, Trauerbaum, ist ein immerblühender, baumartiger Strauch Ostindiens, dessen sehr angenehm, etwas honigartig riechenden und bitter schmeckenden Blumen gleich den Samen von den indischen Ärzten als ein sogenanntes herzstärkendes Mittel, ein daraus destilliertes Wasser auch gegen Augenkrankheiten gebraucht wird.

Nachtkerze *(Oenothera)*, Gattung der Nachtkerzengewächse. Die gemeine N. *(Oe. biennis)*, gelbe, französische oder Garten-Rapunzel, Rapontik, ist eine schöne Gartenpflanze, die 1640 aus Virginien nach Europa kam. Sie hat eine zollange, spindelförmige Wurzel, aus welcher im 2. Jahr ein 5-6 Fuß hoher, rauher, ästiger Stengel mit eirund-lanzettförmigen Blättern aufschießt. An dessen Spitze und an den Seitenästen erscheinen nach und nach im Juli und August goldgelbe Blumen, welche eine Art Ähre bilden und einen schwachen, aber sehr angenehmen Geruch verbreiten; es dauert jedoch keine Blume über einen Tag. Sie öffnen sich alle erst gegen Abend, blühen die Nacht hindurch, schließen sich wieder im Sonnenschein und fangen sodann zu verwelken an. Die Wurzel schmeckt angenehm süßlich, ist nahrhaft und wird teils als Salat, teils mit Fleischbrühe als Gemüse gegessen und war auch früher als ein eröffnendes, blutreinigendes Heilmittel, gleich den Blättern im Gebrauch. Die stengellose N. *(Oe. acaulis)* findet sich in Chile, blüht dort im Dezember und Januar, bei uns im Sommer. Die Eingeborenen bedienen sich häufig des Aufgusses und der Abkochung als eines eröffnenden, wundheilenden Mittels, namentlich überall da, wo sie innere Abzesse vermuten.

Nachtschatten *(Solanum),* Gattung der Nachtschattengewächse. Der knollige N. *(S. tuberosum),* Erdapfel, Kartoffel, Grundbirne, hat lange, strangförmige, unterirdische Ausläufer, an welchen die verschiedengestaltigen, vielknospigen Knollen hängen, und aufrechte oberirdische, krautige, beblätterte Stengel. Die Blätter sind fiederschnittig mit abwechselnd größeren und kleineren Abschnitten. Die blaßvioletten oder weißen Blüten kommen in langgestielten gipfel- und seitenständigen Trugdolden hervor. Stammt aus Peru und wird heute in ganz Europa, sowie in dem gemäßigten Klima der übrigen Weltteile häufig kultiviert. Die Wichtigkeit der Kartoffeln in Bezug auf Ökonomie und Technologie ist zu bekannt, um hier nochmals erörtert zu werden. In eigentlich medizinischer Hinsicht ist hier der daraus bereitete Weingeist, ferner das Stärkemehl und jetzt auch das Extrakt des narkotischen Krautes zu erwähnen. Der kletternde N. *(S. dulcamara)* wurde bereits unter dem Artikel Bittersüß erwäht. Der orangenartige N. *(☞ S. quitoënse)* wächst in Peru, vorzüglich in Quito. Die Früchte sehen einer kleinen Pomeranze sehr ähnlich, besitzen auch einen ähnlichen Geschmack, sind in Peru unter dem Namen »Orangen von Quito« bekannt und werden als ein kühlendes Obst genossen, aber auch in einigen fieberhaften Krankheiten als Arznei verwendet. Häufig wird die Pflanze in Peru, seit einigen Jahren auch schon in den Gärten Englands kultiviert und hier der Saft der Beeren in den Praguay-Tee geträufelt. Der schwarze N. *(S. nigrum)* ist gemein in Europa an wüsten Plätzen, Schutthaufen, noch häufiger auf bebautem Boden. Riecht frisch unangenehm, etwas narkotisch, schmeckt bitterlich-salzig, enthält ebenfalls Solanin und war früher häufig als ein erweichendes, linderndes, schmerzstillendes Heilmittel, doch nur äußerlich im Gebrauch. Der gänsefußartige N. *(S. chenopodioides)* wächst in Chile. Der ausgepreßte Saft wird gegen eine in Chile häufig erscheinende und gefährliche, fieberhafte, mit Entzündung der Eingeweide und heftigen Durchfällen verbundene Krankheit mit ausgezeichnetem Erfolg, äußerlich auch bei Augenkrankheiten angewendet. Der chinaartige N. *(S. Pseudochina)* ist gemein in den Wäldern der Provinz St. Paul in Brasilien. Die Rinde wird dort als ein Surrogat der China sehr geschätzt. Der wollkrautblätterige N. *(S. verbascifolium)* wächst in Westindien und Südamerika. Die Tinktur der Samen wurde als ein beruhigendes Mittel empfohlen. Jacquins-N. *(S. Jacquini)* findet sich in Ostindien und blüht das ganze Jahr. In Ostindien dienen die säuerlich-bitterlichen Früchte sowie die Wurzel als auflösende, Auswurf befördernde Mittel, vorzüglich im schleimigen Asthma. Der borretschblütige N. *(S. sodomeum)* wächst an Gräben, unbebauten Stellen in Afrika, vorzüglich am Kap; jetzt auch halbwild in Hecken Kalabriens, Siziliens, Griechenlands und in Neu-Holland. Die Hottentotten wenden die Wurzel mit vielem Erfolg als harntreibend bei Wassersuchten an; die Früchte sind sehr giftig. Es gibt noch viele Nachtschatten-Arten, deren Aufzählung den Raum dieses Buches überschreiten dürfte.

In der Tierheilkunde können die Kartoffeln wegen ihrer leichten Verdaulichkeit, besonders im rohen Zustand, bei Entzündungskrankheiten und während der Rekonvaleszenz verabreicht werden. In Folge ihres großen Wassergehaltes werden sie auch solchen Tieren mit Vorteil verfüttert, welche zu Verstopfungen geneigt sind. Äußerlich legt man geriebene, rohe Kartoffeln bei Brandverletzungen, Haut- und Augen-Entzündungen als kühlendes Mittel auf, das jedoch häufig gewechselt werden muß. Gekocht können sie zu Breiumschlägen benutzt werden.

Nachtviole *(Hesperius),* Gattung der Kreuzblütler. Die gemeine N. *(H. matronalis),* Frauen-Veil, Winter-Viole, hat einen 1-3 Fuß hohen, stielrunden, einfachen oder ästigen, kahlen oder flaumigen Stengel, wechselständige, etwas gezähnte, flaumige Blätter, vielblütige, rispige Trauben und große, violette, lilarote oder weiße, bei Tage nur schwach, abends sehr angenehm riechende Blüten. Die beim Zerreiben kressenartig riechenden, krautig und kressenartig schmeckenden Blätter und die scharfen Samen waren einst offizinell; man rühmte sie gegen veralteten Schleimhusten und andere Brustkrankheiten, aber auch als ein schweiß- und harntreibendes Heilmittel.

Nacktsäule *(Gymnema),* Gattung der Asclepiadineen. Die weichhaarige N. *(G. sylvestre)* hat einen ästigen, stielrunden Stengel, ovale oder rundlicheiförmige Blätter und zahlreiche kleine Blüten. Wächst in den Wäldern Ceylons. Die bitterlich-schmeckende Wurzel wendet man bei Schlagenbissen an.

Nagelbeere *(Gomphia),* Gattung der Ochnaceen. Die schmalblätterig N. *(G. angustifolia)* ist ein immerblühender Baum Ostindiens. Die bitter-aromatische Wurzel dient in Malabar gegen das Erbrechen, die Blätter werden dort gegen Magenkrampf sehr gerühmt, aber auch samt den Blüten und Früchten zu einem Mundwasser bereitet.

Narzisse *(Narcissus),* Gattung der Amaryllisgewächse. Die gemeine N. *(N. Pseudo-Narcissus),* gelbe N., Märzbecher, ist die gemeinste und bekannteste aller Narzissen, hat gelbe Blüten und eine hochgelbe, fast eckige Nebenkrone. Offizinell war früher die bittere, schleimige Wurzel und zwar als Brechmittel. In neuerer Zeit hat man die Blüten als krampfstillend, belebend, besonders gegen Keuchhusten, Hysterie, Epilepsie wiederholt empfohlen, auch will man sie bei Ruhren und Wechselfiebern mit Erfolg gegeben haben. Die unvergleichliche N. *(N. incomparabilis)* ist der vorigen Art ähnlich. Die Zwiebeln sind ebenfalls brechenerregend und wurden früher wie jene der gemeinen N. angewendet. Die wohlriechende N. *(N. odorus)* findet sich in Südeuropa und wird deren Wurzel als die wirksamste empfohlen. Aus den Blüten der Jonquillen-N. *(N. Jonquilla)* wurde vor Zeiten ein Öl zum Arzneigebrauch bereitet. Die Tazetten-N. *(N. Tazetta)* hat weiße oder blaßgelbe Blüten und ist in Südeuropa einheimisch. Die weiße N. *(N. poeticus)* ist in Deutschland sehr gemein und in manchen Grasgärten verwildert. Die Zwiebel war bei den Alten ein gewöhnliches Brechmittel.

Narde *(Nardostachys),* Gattung der Valerianaceen. Die echte N. *(N. Jatamansi)* ist rasenartig mit purpurroten Blütenbüscheln und wächst auf den höchsten Gebirgen Ostindiens. Die Wurzel, mit dem unteren stehenbleibenden Ende des Stengels, ist die echte Spica Nardi, die in Europa kaum irgendwo mehr gesehen wird, aber dagegen im ganzen südlichen Asien als Arzneimittel sehr berühmt ist.

Naregamie *(Naregamia),* Gattung der Meliaceen. Die geflügelte N. *(N.*

alata) ist ein Strauch der ostindischen Halbinsel, dessen sehr aromatische, bitter und etwas scharf schmeckende Wurzel als ein kräftiges Heilmittel gegen Fieber und einige nervöse Krankheiten dient; alle übrigen Teile werden äußerlich gegen Hautausschläge angewendet.

Natterkopf *(Echium),* Gattung der Boragengewächse. Der gemeine N. *(E. vulgare)* hat einen krautigen Stengel, der wie die lineal-lanzettlichen Blätter borstenhaarig ist. Die Rispe ist verlängert, mit achselständigen, zurückgebogenen Ähren; die Blumenkrone ist vor der Entwicklung rot, nach der Entwicklung himmelblau. Früher hatte man die Wurzel, das Kraut und die Früchte als schleimig kühlende, erweichende Arzneimittel in den Offizinen. Der wegerichartige N. *(E. plantagineum)* wächst an Wegen, trockenen Stellen in den Ländern am mittelländischen Meer, sowie in Südamerika. Diese Art wird in Brasilien von den Kolonisten jenseits des Plata als ein schleimig-kühlendes, erweichendes Mittel wie der Borretsch angewendet.

Natterzunge *(Ophioglossum),* Gattung der Traubenfarn. Die gemeine N. *(O. vulgatum),* auch Schlangenzunge und Sperrkraut genannt, hat einen 4 Zoll langen, dünnen Stengel, der sich oben in zwei Teile teilt, welche mit den daran befindlichen Blumen und Fruchtköpfchen zungenförmige Ähren bilden; in der Mitte des Stengels ist ein eiförmiges Blatt. Blüht im April und Mai. Wurde früher bei Geschwülsten, Wunden, Geschwüren für heilsam gehalten.

Neerija *(Neerija),* Gattung der Rhamnieen. Die gabelspaltige N. *(N. dichotoma)* ist ein Baum von mittlerer Größe mit kleinen gelben Blüten, auf Bergen in Coromandel einheimisch, wo die frische Wurzelrinde äußerlich bei allen Arten von Geschwülsten angewendet wird.

Nelke *(Dianthus),* Gattung der Sileneen. Die Garten-N. *(D. Caryophyllus)* wird in zahlreichen Spielarten gezogen, die sich sowohl durch prächtige Farben und Zeichnungen als auch durch köstlichen, aromatischen Wohlgeruch auszeichnen. Die Blüten waren früher offizinell; man wählte zu diesem Behufe die dunkelroten, bereitete einen Sirup, eine Konseve, sowie ein destilliertes Wasser daraus und brauchte sie als sogenannte herzstärkende oder Nervenmittel. Wir nennen noch die Bart-N. *(D. chinensis),* die Pfingst-N. *(D. caesius),* die Feder-N. *(D. plumarius)* und die Karthäuser-N. *(D. carthusianorum).* Von letzterer waren früher ebenfalls die Blüten offizinell.

Nessel *(Urtica),* Gattung der Nesselgewächse. Die zweihäusige N. *(U. dioica),* große Brennessel, hat einen kriechenden Wurzelstock, einen aufrechten, vierkantigen, mehrere Fuß hohen Stengel mit gegenständigen, herzförmig-eirunden, zugespitzten, grobgesägten Blättern. Blätter und Stengel sind mit Brennborsten bedeckt, welche bei der Berührung leicht abbrechen und ihren scharfen Saft in die Haut ergießen und dadurch einen schmerzenden Hautausschlag erzeugen. Die kleinen, grünen, zweihäusigen Blüten stehen in winkelständigen, hängenden Rispen. Die Früchte bestehen in sehr kleinen, schwarzen Nüßchen. An Wegen, Zäunen, auf wüsten Orten und in Wäldern, hier oft von erstaunlicher Größe, überall gemein. Blüht vom Juni bis September. Früher waren das Kraut und die Früchte offizinell; ersteres als blutreinigend, auflösend, besonders bei Brustkrankheiten, gegen Blutspeien, Gelbsucht, Hämorrhoiden u.s.w., die Samen dagegen als ein schleimiges, einhüllendes Mittel. Heute wird meist nur der frische ausgepreßte Saft gegen die erwähnten Krankheiten als ein Volksmittel, dann aber auch die ganze Pflanze zur sogenannten Urtication bei Lähmungen angewendet. Die kleine N. *(U. urens),* kleine Brennessel, ist gemein häufig in Europa, Asien und Nordamerika auf bebauten und unbebauten Plätzen, besonders aber in Gemüsegärten. Die Anwendung dieser Art war und ist ganz so wie von der großen Brennessel. Die häutige N. *(U. membranacea)* wächst im südlichen Europa und nördlichen Afrika; blüht fast das ganze Jahr. Die Pflanze sowie deren Samen sind bei Brustkrankheiten in Ägypten sehr gebräuchlich, wo man sie auch bei verhaltener Menstruation anwendet. Die pillentragende N. *(U. pillulifera)*, römische Nessel, findet sich häufig im südlichen Europa und wärmeren Asien, im mittleren Europa verwildert. Die schleimig-öligen Früchte waren früher in den Apotheken. Die breitblätterige N. *(U. latifoli)* wird in Brasilien als ein auflösendes, harntreibendes Mittel gebraucht. Die stechende N. *(U. stimulans)* findet sich an schattigen Stellen am Rand der Flüsse in Java. Blüht das ganze Jahr. Man bedient sich dort der Zweige dieser Art sowie jener von *U. urentissima*, des sehr heftigen, stechend-brennenden Schmerzes wegen, den ihre Berührung erregt, gegen örtliche Lähmungen.

Nestwurz *(Neottia)*, Gattung der Orchideen. Die gemeine N. *(N. Nidusaris)*, Vogelwurz, nackte Stendelwurz, Wurmwurz, ist ganz bräunlich, mit einem aus vielen durcheinander verschlungenen Fasern gebildeten Unterstock, einem 8-12 Zoll hohen, mit 4 Blattscheiden besetzten Schaft und stark riechenden, traubigen Blüten. Wächst in ganz Europa als Schmarotzer auf Baumwurzeln in schattigen Wäldern und blüht im Mai und Juni.

Netzgurke *(Luffa)*, Gattung der Gurkengewächse. Die scharfeckige N. *(L. acutangula)* ist im südlichen Asien einheimisch und auch häufig kultiviert. Die Wurzel wendet man als ein Purgiermittel und bei Wassersuchten, die reifen Früchte als ein Brechmittel und das Öl ihrer Samen gegen Hautausschläge an; im unreifen Zustand werden die Früchte wie bei uns die Gurken gegessen.

Neurochläne *(Neurochlaena)*, Gattung der Kompositen. Die lappige N. *(N. lobata)* wächst auf Bergen in Westindien. Das Kraut und die Blüten schmecken äußerst bitter und sind als ein vortreffliches, magenstärkendes, die Verdauung beförderndes Mittel dort häufig im Gebrauch.

Niare (Niara), Gattung der Nachtschattengewächse. Die malabarische N. *(N. montanensis)*, ein Bäumchen von 14' mit dünnem Stamm, ist auf Malabar einheimisch, wo der Saft der Blätter in Verbindung mit Kokosmilch als wurmwidrig im Gebrauch ist.

Nießwurz *(Helleborus)*, Gattung der Hahnenfußgewächse. Die schwarze N. *(H. niger)*, Christwurz, Weihnachtsrose, Winterrose, mit weißen, oft schon um Weihnachten erscheinenden Blumen, ist eine deutsche und südeuropäische Gebirgs- und Alpenpflanze. Die schwarze N. rühmt man in kleiner Gabe als ein Mittel, das vermöge seines scharfen Prinzips einen anhaltenden und heftigen Reiz, besonders auf die Nervengeflechte und Blutgefäße des Unterleibes ausübt, in jenen Fällen, wo es gilt, mit eindringender Kraft auf jene Organe zu wirken, vermehrte Tätigkeit in den ab- und aussondernden Organen zu erregen etc. Äußerlich gegen chronische Hautausschläge, Krätze, Ungeziefer, Schwerhörigkeit, Zahnschmerz, Wassersucht. Gegenwärtig wenden fast nur noch die Tierärzte das Mittel an. Man gibt dieses Mittel in Pulverform innerlich zu 1-6 Gran, in wässerigem oder weinigem Absud zu 1 Drachme auf 4 Unzen Kolatur für den Tag; äußerlich in Salbenform oder die Abkochung als Waschung. Die Pharm. hat bloß das Extrakt aufgenommen zu 5-1 Gran in Pillen oder Auflösung. Die Tinktur, sonst offizinell zu 5-20 Tropfen. Die orientalische N. *(H. orientalis)* findet sich auf Bergen in Griechenland bis nach Klein-Asien. Sie ist die berühmte Nießwurz der Hippokratiker. Die grüne N. *(H. viridis)* wächst in Gebirgswäldern Mitteleuropas. Die Wurzel gleicht der echten nicht bloß im äußeren Aussehen, sondern auch in den Heilkräften. Die stinkende N. *(H. foetidus)* findet sich auf Hügeln und Bergen im südlichen und westlichen Europa. Die Wurzel und das Kraut waren früher im Gebrauch als ein scharf drastisches und besonders wurmwidriges Heilmittel.

In der Tierheilkunde wendet man die schwarze N. innerlich bei Pferden und Rindern in der Gabe von ½-1 Quentchen, bei Schafen in der Gabe von 20-30 Gran, bei hartnäckigen Verstopfungen, bei Ödemen und Wassersuchten, bei Dummkoller an; Hunden gibt man 1-10 Gran, Schweinen 20-30 Gran bei andauernden Verstopfungen, Darmwürmern und bei der Bräune. Hierbei ist jedoch nach Prof. Röll zu beachten, daß jede Spur einer Reizung oder Entzündung der Magen- und Darmschleimhaut fehlen muß. In einer ungefähr um das vierfache kleineren Gabe wird sie allen diesen Haustieren bei Trägheit des Darmkanals, und um die Absonderungen und die Aufsaugung zu befördern, verabreicht. Man gibt dieses Mittel entweder in Pulver-, Pillen- oder Latwergenform oder mit heißem Wasser übergossen, oder insbesondere für Hunde und Schweine mit Milch oder Kleientrank zusammengerührt. Auch mit anderen purgierenden oder mit bitteren aromatischen Mitteln wird dasselbe je nach dem Zweck, den man erreichen will, verbunden. Äußerlich verwendet man die Wurzel als ableitendes Mittel und nimmt hierzu einige Wurzelfasern (dem Gewicht nach ein Quentchen), welche man, nachdem sie vorher durch etwa eine Viertelstunde in kaltem Waser eingeweicht waren, durch eine kleine Hautwunde in das Unterhautbindegewebe einschiebt oder auf ein schmales Band aufnäht und nach Art eines Haarseils einzieht (Gill-, Christ- oder Nießwurzstecken). Eine Abkochung dieser Wurzel (2 Lot auf 1½ Seidel Wasser gerechnet) wird zum Töten der Läuse und als Heilmittel gegen Räude anempfohlen; zu letzterem Zweck kann auch das Pulver der Wurzel, mit Fett oder Seife verrieben, benutzt werden.

Anwendung nach dem homöopathischen Prinzip. Die schware N. paßt bei allgemeiner Wassersucht, allgemeiner Hautwassersucht, besonders nach Scharlach, Kopfgrind, schleichendem Nervenfieber, Wasserkopf, Aphthen, Cholera, Brustwassersucht, besonders nach Scharlach.

Gabe: 1. oder 2. Verdünnung oder 1 Tropfen der Urtinktur, die bereitet wird nach Regel I aus der Wurzel von wildgewachsenen Pflanzen, die gleich nach der Blüte eingesammelt werden.

Die homöopathischen Tierärzte wenden die schwarze N. an in der Rinderpest, bei der Ruhrseuche des Rindes und der Darmseuche der Lämmer und Jährlinge, bei wassersüchtigen Anschwellungen wie auch bei Bauchwassersucht, dann bei Schwindel und Koller der Pferde.

Gabe: 3.-6. Verdünnung.

Man pflanzt die N. in beliebigen Gartenboden, jedoch nicht an nasse Plätze, und kann sie auch unter Bäumen ziehen. Vermehrung durch Stockteilung, Entfernung 1-1½ Fuß. Auf gutem, d.h. mit Humus verbessertem Boden erreichen die Wurzeln im dritten Jahr nach der Pflanzung eine brauchbare Größe. Man darf sie nicht oft durch Umgraben und Behacken stören. Die Wurzeln werden im März gegraben.

Nuß-Lorbeer *(Cryptocarya)*, Gattung der Lorbeergewächse. Der kostbare N. *(C. pretiosa)* wächst in Brasilien. Die Rinde ist dort unter dem Namen Cassia pretiosa bekannt und sehr geschätzt. In ihren Wirkungen ist sie dem Sassafras ähnlich, doch stärker und reizender, ihr Geruch ist ein Gemisch von Zimt-, Sassafras- und Rosen-Geruch, der Geschmack süßlich und feurig-aromatisch, wie Zimt.

Nußdolde *(Cachrys)*, Gattung der

Doldenpflanzen. Die zahnschmerztilgende N. *(C. odonalgica)* hat eine möhrenartige, sehr lange Wurzel, einen aufrechten, 1-2' hohen ästigen Stengel, die unteren Äste gegenständig, die oberen zu 3-4, oft wieder verästelt; die Blätter sämtlich wurzelständig, ziemlich zahlreich, 3-4fach, fiederschnittig. Wächst an dürren, wüsten Stellen Nordasiens. Die Wurzel schmeckt sehr scharf aromatisch, erregt Speicheln und dient in Sibirien gegen Zahnschmerzen.

O

Ochsenzunge *(Anchusa),* Gattung der Boragineen. Die gebräuchliche O. *(A. officinalis)* hat eine möhrenartig-ästige, mehrköpfige, außen schwarzbraune, innen weiße Wurzel, ästige, borstig-rauhhaarige und graugrüne Stengel, 4-8" lange, ¾-1" breite, spitze, nach unten stielartig verschmälerte Wurzelblätter und sitzende Stengelblätter. Wächst auf trockenen, steinigen oder sandigen Plätzen und an Wegen im mittleren und nördlichen Europa. Früher hatte man die Wurzel, Blätter und Blüten in den Apotheken; alle Teile sind geruchlos, schmecken fade, süßlich-schleimig (die Blüten schwach bitterlich) und wurden als erweichende, kühlende, besänftigende, gelind eröffnende, Auswurf befördernde Mittel angewendet.

Odermennig *(Agrimonia),* Gattung der Rosengewächse. Der gemeine O. *(A. Eupatoria),* Ackermenning, Leberklette, Steinwurz, findet sich an Wegen, Ackerrainen und sonnigen Grasplätzen. Er hat einen rauhhaarigen, nach oben einige Äste treibenden Stengel, der in eine schlanke, rauhhaarige Ähre mit goldgelben Blüten übergeht, und unten am Stengel mit gehäuften, länglich-elliptischen, tief und grobgesägten, oben viel kleineren Blättern. Er blüht fast den ganzen Sommer hindurch. Das Kraut riecht schwach, doch angenehm, schmeckt gelind zusammenziehend-bitterlich, auch etwas balsamisch und wurde besonders gegen Schlaffheit des Darmkanals und der übrigen Verdauungsorgane, Harnbeschwerden, Schwindsucht, Halsweh und als ein vorzügliches Wundmittel gerühmt, ist jedoch heute nur selten im Gebrauch.

Odine *(Odina),* Gattung der Anacardineen. Die traubige O. *(O. wodier)* ist ein ansehnlicher Baum Ostindiens, dessen Rinde dort gegen Geschwüre angewendet wird; nach Verwundungen gibt sie einen gummösen Saft von sich, der getrocknet dem Tischlerleim ähnlich ist.

Odontite *(Odontites),* Gattung der Rhinanthineen. Der rote O. *(O. rubra),* roter Augentrost, ist gemein auf feuchten Äckern, an Gräben und Bächen.

Ölbaum *(Olea),* Gattung der Ölbaumgewächse. Der echte O. *(O. europaea)* ist ein niedriger, am Grunde oft sehr dicker Baum, seltener ein Strauch. Die gegenständigen, lanzettlichen Blätter sind lederig, immergrün, oben dunkelgrün, unten weißlich-grau. Die kleinen weißlichen Blüten kommen in winkelständigen Trauben hervor. Die Frucht ist eine eiförmige, dunkelgrüne Steinfrucht von der Größe einer Pflaume. Stammt aus dem Orient, kam dann nach Attika in Griechenland und ist jetzt in allen Ländern am Mittelmeer häufig wild und in vielfachen Varianten kultiviert zu finden. Aus der Fruchthülle dieses Baumes wird das für die Medizin, Ökonomie und Technologie gleich wichtige Olivenöl oder Baumöl gewonnen. Man empfiehlt das Olivenöl bei Entzündungen des Darmkanals, des Geschlechts- und Harnapparates, bei der wandernden Gicht, besonders bei Vergiftungen mit scharfen Stoffen. Einreibungen mit Olivenöl sind außerdem, daß sie bei Abzehrungskrankheiten, Skrophulose, Tuberkulose, bei der Haut- und Bauchwassersucht, bei Hautentzündungen, bei dem Stich der Bienen, giftiger Schlangen, bei Verbrennungen und Abschürfungen gelobt werden, noch insbesondere zur Abhaltung der Aufnahme des Pestkontagiums vom Grafen Berchthold empfohlen worden. Innerlich allein eßlöffelweise oder als Ölemulsion zu 1-2 Unzen und darüber besonders bei Vergiftungen. Das Schweizer Kräuteröl oder Willers Haaröl besteht aus Olivenöl, durch Alkannawurzel rot gefärbt und etwas Bergamotöl. Der wohlriechende O. *(O. fragrans)* wächst in Japan, China und Cochinchina. Die äußerst wohlriechenden Blüten werden dem chinesischen Tee beigemengt, um demselben den bekannten Geruch (welchen er für sich allein nicht besitzt) zu erteilen.

In der Tierheilkunde wird das Olivenöl häufig angewendet. Man empfiehlt es gegen Darmentzündung der Pferde in Verbindung mit schleimigen Flüssigkeiten; dann bei Koliken der Wiederkäuer, bei krampfhaftem trockenen Husten der Hunde ($\frac{1}{2}$-1 ganzen Eßlöffel voll), bei schmerzhaften Mundschwämmchen der Kälber und Lämmer gibt man mit Nutzen täglich zweimal einen kleinen Eßlöffel voll Baumöl, sorgt aber dabei für Reinlichkeit und gesundes Futter. Bei Entzündungen des äußeren Gehörorgans, welche von heftigen Schmerzen und von Ausfluß einer fressenden Jauche begleitet sind, bewirken einige Tropfen reinen Baumöls schnelle Minderung der Zufälle, wenn auch nicht wirkliche Heilung. Ebenso mindert es die Spannung und den Schmerz bei Stichwunden, wenn es auf die umliegenden Teile gelind eingerieben wird, und bei Stichen und Bissen von Insekten und Nattern gehört das Baumöl zu den vorzüglichsten Heilmitteln.

Ohnblatt *(Monotropa)* Gattung der Ohnblattgewächse. Das gemeine O. *(M. Hypopitys)*, Fichten-O., Fichtenspargel, ist eine auf Baumwurzeln wachsende Schmarotzerpflanze, deren bleiche oder bräunlich gefärbte Stengel mit Schuppen besetzt sind, welche die Blätter vertreten. Man findet diese Pflanze in Nadel- und Laubwäldern, am häufigsten unter Fichten, in Europa, Asien und Nordamerika. In Schweden wird sie von den Landleuten gegen den Husten bei Schafen und bei Rindern gebraucht.

Ohrblume *(Otanthus)*, Gattung der Kompositen. Die Meerstrands-O. *(O. maritimus)*, Baumwollkraut, ist eine zierliche Pflanze mit sehr langer, walzig-spindeliger, ästiger, wenige Fasern treibender, nach oben mehrköpfiger Wurzel, 6-12 Zoll langen, schneeweißfilzigen, ästigen Stengeln und ovalen schneeweiß-filzigen Blättern. Findet sich an den Küsten des Mittelländischen, zum Teil auch des Atlantischen Meeres. Gerieben riecht die Pflanze aromatisch, schmeckt bitter und etwas herb und ist noch heute in Südeuropa gegen Blutbrechen, sowie im Orient bei Nieren- und Blasenkrankheiten gebräuchlich.

Ohrkraut *(Hedyotis)*, Gattung der Krappgewächse. Das wahre O. *(H. Auricularia)* wächst in Ostindien und wird dort als spezifisch gegen Taubheit gerühmt; die Blätter braucht man auch als erweichend und zeitigend bei Abzessen sowie nicht minder zu einer Wundsalbe.

Ohrpilz *(Exidia)*, Gattung der Gallertpilze. Der gemeine O. *(E. Auricula Iudae)*, Holunderschwamm, Judasohr, ist im feuchten Zustand häutig, weich, halbkreisförmig, am Grunde eingeschnitten, 1-3" im Durchmesser, glänzend, kahl, mit vielen Falten und Runzeln (oft einem Menschenohr ähnlich); trocken sehr zusammengezogen und spröde. Auf alten Baumstämmen, besonders auf Wacholder. Wurde früher als kühlend, austrocknend, etwas zusammenziehend bei Augenkrankheiten, Halsentzündungen etc. gebraucht.

Oldenlandie *(Oldenlandia)*, Gattung

der Krappgewächse. Die krautige O. *(O. herbacea)* wächst auf sandigen Stellen in Ost- und Westindien. Eine Abkochung dieser Pflanze mit gelbem Sandelholz und etwas Honig wendet man in Malabar gegen hitzige Fieber, in Verbindung mit Kümmel bei krampfhaften Leiden an. Die doldige O. *(O. umbellata)* wächst in Ostindien und Java an sandigen Stellen. Die Wurzel wird gegen Hautkrankheiten, die Blätter als ein Auswurf beförderndes Mittel bei asthmatischen Leiden angewendet.

Oleander *(Nerium),* Gattung der Hundsgiftgewächse. Der gemeine O. *(N. Oleander)*, Rosenlorbeer, ist ein hoher, selbst baumartiger Strauch mit immergrünen, lederartigen, lanzettförmigen Blättern und ansehnlichen, schirmtraubigen, schön rosenroten Blüten. Er wächst wild in Südeuropa und dem Orient und wird häufig bei uns als Zierpflanze gezogen. Alle Teile dieses Strauches gehören zu den narkotisch-scharfen Giften, doch ist dieses bei der kultivierten Pflanze in viel geringerem Grad als bei der wildwachsenden der Fall; früher waren die Blätter gegen chronische Hautausschläge im Gebrauch.

Anwendung nach dem homöopathischen Prinzipg. Der Oleander eignet sich bei schmerzlosen Lähmungen, Schwäche und Mattigkeit des Körpers, Schlaflosigkeit, Verstimmtheit, Abstumpfung des Geistes, Zerstreutheit, Gedächtnisschwäche, Ausschlägen auf dem Kopf, Kopfgrind, Schuppen auf dem Kopf, nässenden Ausschlägen hinter den Ohren, Heißhunger mit und ohne Appetitlosigkeit, Herzklopfen, Schwäche in den Ober- und Unterschenkeln, Lähmungen der unteren Gliedmaßen.

Gabe: 1-2 Tropfen der reinen Tinktur (namentlich in Lähmungen) oder der 1., 2., 3. Verdünnung, 4-2mal täglich und noch öfter, je nach Umständen wiederholt.

Ophrys *(Ophrys),* Gattung der Orchideen. Die fliegenartige O. *(O. Myodes)* wächst auf Bergwiesen und Weiden, sonnigen Grasplätzen hier und da im mittleren, häufig im südlicheren Europa. Die Knollen dieser Art, sowie fast aller übrigen in dieser Gattung sind als Salep brauchbar und sie wurden auch schon in früheren Zeiten verwendet.

Opium ☞ Mohn

Orange ☞ Pomeranze

Orleanbaum *(Bixa),* Gattung der Bixaceen. Der echte O. *(B. Orellana)*, Roucoubaum, ist ein Baum von 15-30 Fuß Höhe, an Quellen, Bächen und Gräben in Westindien und Südamerika einheimisch, auch daselbst, sowie in den übrigen Tropenländern häufig angepflanzt. Aus dem stark und veilchenartig riechenden, bitterlich-herbe, doch nicht unangenehm schmeckenden Fruchtmark bereitet man ein Getränk und schreibt demselben kühlende, fiebervertreibende, Milch vermehrende und giftwidrige Eigenschaften zu, wendet dasselbe aber auch gegen Blutflüsse, Diarrhöen sowie gegen Steinbeschwerden an. Die Samen sind bitterlich-gewürzhaft und als ein sogenanntes herzstärkendes, die Verdauung beförderndes Mittel und als Gewürz an Speisen im Gebrauch.

Osbeckie *(Osbeckia),* Gattung der Melastomaceen. Die chinesische O. *(O. chinensis)* findet sich in China, wo die Äste und Blätter gegen Koliken und äußerlich zu Bähungen bei Geschwülsten, Verrenkungen etc. gebraucht werden.

Oschakkraut, oder Ammoniakpflanze ☞ Ammoniakgummi

Osterblume ☞ Küchenschelle

Osterluzei *(Aristolochia),* Gattung der Osterluzeigewächse. Die gemeine O. *(A. Clematitis)* (FIG. 82), die einzige in Deutschland heimische Art der großen Gattung, wächst stellenweise in Hecken, ist krautartig, hat eine lange, weit umherkriechende Wurzel, einen 2-3 Fuß hohen Stengel; die gestielten Blätter sind dreieckig mit abgestumpfter Spitze und herzförmigem Grund, fein netzaderig und die Hauptnerven

FIG. 82

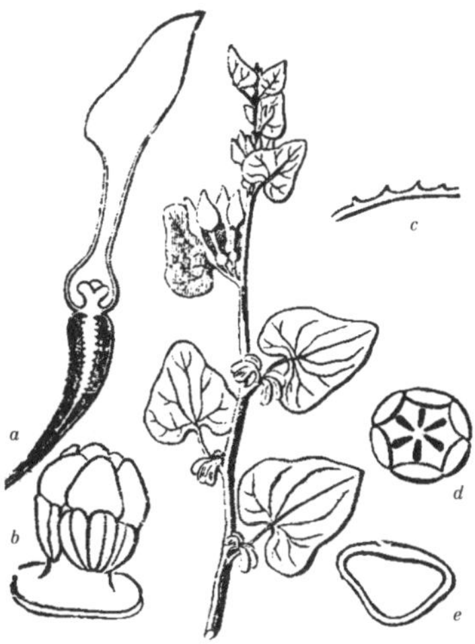

DIE GEMEINE OSTERLUZEI

etwas fußteilig; oberseits dunkel und mattgrün, unterseits hellgrün; der knorpelige Rand (c, $4\frac{1}{2}$mal vergrößert) hat feine Zähnchen. Die Blütenhülle (a, dreimal vergrößert, im Längsdurchschnitt) steht auf einem birnförmigen Fruchtknoten, ist unten aufgetrieben, alsdann röhrig und in einen zungig vorgestreckten Saum erweitert. Die birnförmigen Früchte, von denen die Hüllen abgefallen, schlagen sich herab. Die Säule aus Staubgefäßen und Griffel (b, sechsmal vergrößert) verbirgt in ihrer Mitte die Narbenfläche (d, von oben gesehen, sechsmal vergrößert). e ist eine sechsfache Vergrößerung eines Querschnitts durch einen Samen. Man sieht die zwei kleinen Samenlappen. Die ganze Pflanze riecht ganz eigentümlich balsamisch. Sie wächst in Hecken, Gestrüpp, in Weinbergen und verödeten Gärten in Südeuropa. Die runde O. *(A. rotunda)* wächst in Gebüschen, Weinbergen, auf Feldern Südeuropas. Die Wurzel wird ebenso wie jene der gemeinen O. angewendet. Die blasse O. *(O. pallida)* ist ebenfalls im südlichen Europa einheimisch. Ihre vorzügliche Wirksamkeit zur Beförderung der Menstruation und des Kindbettflusses veranlaßte den griechischen, nun auch systematischen Namen der Gewächse dieser Gattung. Die lange O. *(A. longa)*, ebenfalls in Südeuropa, hat alle Eigenschaften der gemeinen O. Die Schlangenwurz-O. *(A. Serpentaria)* findet sich in Bergwäldern von Nordamerika, besonders in Virginien und Carolina. In Amerika läßt man gegen den Biß giftiger Schlangen das frische Kraut dieser Pflanze kauen und den daraus gepreßten Saft trinken, auch werden nach Geoffroy äußerlich die zerquetschten Blätter auf die Wunde gelegt. Bei uns wird die Wurzel noch bisweilen wegen ihrer kräftig erregenden, fäulniswidrigen und schweißtreibenden Eigenschaft in nervösen und septischen Fiebern, bei gesunkenem Puls, kalter, welker Haut, stillen Delirien, im Brand der Alten, im chronischen Rheumatismus, in veralteten Durchfällen, im Wechselfieber angewendet, in Pulverform zu 10-20 Gran, im Aufguß zu 2-4 Drachmen. Die gebräuchliche O. *(A. officinalis)* wird mit der vorhergehenden Art immer verwechselt. Ihre Wurzel ist die dunkler gefärbte Sorte der *Radix Serpentariae virginianae*. Die candische O. *(A. cretica)* wächst auf Candia; die Wurzel hat einen unerträglich bitteren Geschmack und den Geruch der anderen Arten. Die syrische O. *(A. Maurorum)* wächst in Syrien, wo sie gleich den früheren Arten gebraucht wird. Die deckblätterige O. *(A. bracteata)* wird in Ostindien als ein giftwidriges, flüchtigreizendes, schweißtreibendes und wurmwidriges Arzneimittel gebraucht. Die immergrünende O. *(A. sempervirens)* findet sich auf Candia und in Arabien. Die Blätter sind in Arabien innerlich und äußerlich bei Wunden, von giftigen Schlangen verursacht, gebräuchlich und sehr berühmt. Die schlangentötende O. *(A. anguicida)* wächst in Südamerika und Mexiko. Der sehr bittere und widrig schmeckende und riechende Saft der Wurzel ist als Heilmittel gegen den Biß giftiger

Schlangen bekannt; mehrere Tropfen reichen hin, um eine von mittlerer Größe selbst zu töten, durch eine geringere Gabe wird sie so betäubt, daß man sie ohne Gefahr in die Hand nehmen kann.

Otanthere *(Otanthera),* Gattung der Melastomaceen. Die molukkische O. *(O. moluccana)* ist ein niedriger Strauch auf den Molukken, dessen Wurzel daselbst bei Schwangeren zur Verhütung einer drohenden Fehlgeburt angewendet wird; die säuerlich-süßen und eßbaren Früchte hält man für ein Mittel gegen das Bettharnen der Kinder.

P

Päonie *(Paeonia),* Gattung der Hahnenfußgewächse. Die gebräuchliche P. *(P. officinalis),* Pfingstrose, Gichtrose, Königsblume, hat einen aufrechten, 1-2 Fuß hohen, dicken, kahlen Stengel. Die langgespitzen Blätter sind groß, dreifach dreischnittig, oberseits dunkelgrün, unterseits blässer oder seegrünlich, ganz kahl. Die sehr großen Blüten stehen einzeln am Gipfel der Stengel. Diese prachtvolle Zierpflanze wächst in den Gebirgswäldern Südeuropas wild. In den Gärten kommen gewöhnlich nur gefüllte, öfters auch bunte Spielarten vor. Sie blüht im Mai und Juni. Die Wurzel, die Blumenblätter und die Samen dieser sehr unangenehmen, fast betäubend riechenden Pflanze waren und sind zum Teil noch immer offizinell. Erstere schmeckt süßlich-bitter und widrig-scharf, wurde besonders gegen Epilepsie und sogenannte Gichter, dann gegen Asthma, rheumatische Zustände etc. gerühmt, verliert jedoch größtenteils ihren vorzüglich, narkotisch-scharfen Bestandteil im trockenen Zustand und enthält dann fast nur Stärkemehl, bitteren Extraktivstoff und Schleimzucker. Die korallensamige P. *(P. corallina),* Pfingstrose, Gichtrose, im südlichen Deutschland, Frankreich und in ganz Südeuropa heimisch, hat mit der ersteren gleiche Eigenschaften. Die schlitzblätterige P. *(P. anomala)* wächst häufig in Sibirien. Die Wurzel riecht fast nach Art der Veilchenwurzel und ist in Sibirien gegen Wechselfieber gebräuchlich. Die chinesische P. *(P. Montan)* ist in China einheimisch und daselbst sowie in Japan seit mehr als 1400 Jahren mit mehreren Spielarten häufig kultiviert, in Europa erst seit 45 Jahren bekannt, doch auch hier jetzt sehr beliebt. Die Wurzel wird in China gegen nervöse Schwäche und Krämpfe, sowie bei stockendem Monatsfluß angewendet.

Paradiesapfel ☞ **Liebesapfel**

Paradieskörner *(Grana Paradisi),* Malaguettepfeffer, sind die Samen bei pfefferartigen Amome *(Amomum granum Paradisi).* Sie schmecken brennend gewürzhaft, pfefferartig und kommen in der Anwendung ganz mit den Cardamomen (s. d.) überein, nur daß sie viel scharfes Öl enthalten. Heute werden sie in Europa wenig als Arzneimittel verordnet; öfters benutzt man sie als Zutat zu gewürzhaften Getränken, auch gibt man zuweilen damit schlechtem Essig betrügerischerweise einen scharfen Geschmack.

Pariti *(Paritium),* Gattung der Malvengewächse. Das lindenblätterige P. *(P. tiliaceum)* ist ein Bäumchen von 12-30 Fuß, bisweilen auch fast strauchartig, mit gelblichen, am Grunde braunpurpurroten Blüten, das in ganz Ostindien, auf den Südseeinseln einheimisch, jetzt auch in Westindien zu finden ist. Blüht fast stets. Die Wurzel, sowie die Blätter und Blüten werden ihrer schleimigen, erweichenden, einhüllenden Eigenschaft wegen innerlich und äußerlich als Heilmittel verwendet; aus der schleimigen, sehr faserigen Rinde macht man Stricke und andere Gewebe oder benutzt sie im Falle der Not auf den Südseeinseln auch zur Nahrung.

Passionsblume *(Passiflora),* Gattung der Passifloraceen. Die blasse P. *(P. pallida)* mit dunkelgrünen Blättern und dunkelvioletten, oval-rundlichen Beeren von der Größe einer Pistolenkugel, wächst in Westindien und Südamerika. Die ganze Pflanze gilt auf den Antillen für ausgezeichnet schweißtreibend, sowie für auflösend und harntreibend; äußerlich aber wendet man die Blätter gegen Hämorrhoiden an; in Brasilien braucht man sie gegen Wechselfieber und die mit einem säuerlichsüßen, schleimigen Mark überzogenen Samen als ein kühlendes Mittel. Die rote P. *(P. rubra)* wächst auf den Antillen; die Abkochung dieser Pflanze, besonders aber ihrer Blüten und Früchte soll beruhigende, narkotische Eigenschaften besitzen und sowie ein daraus bereiteter Sirup und eine Tinktur in manchen Fällen das Opium ersetzen können. Die lyraförmige P. *(P. lyraefolia)* hat kugelige Beeren, so groß wie kleine Kirschen, die auf den Antillen sehr häufig zu eröffenden und kühlenden Tisanen bei Leberkrankheiten dienen; die Abkochung derselben soll harntreibend sein und wird auch gegen Hautausschläge angewendet. Die gemeine P. *(P. coerulea)* ist die bekannteste und am häufigsten in Europa kultivierte Art. Aus dem angenehm säuerlich schmeckenden, etwas aromatisch riechenden Mark der Früchte macht man auf den Antillen eine Art Limonade, die man bei galligen Krankheiten, beim Skorbut etc. anwendet; in Europa schmeckt das Mark honigartig und nicht besonders angenehm, wird aber doch im Süden häufig gegessen.

Pastinak *(Pastinaca),* Gattung der Doldenpflanzen. Der gemeine P. *(P. sativa),* (FIG. 83), ist ein bekanntes, zwei- oder mehrjähriges Kraut mit möhrenartiger, oft fleischiger Wurzel, furchigem Stengel, fiederschnittigen Blättern, eilänglichen, kerbig gezähnten, oben glänzenden, unten flaumigen

FIG. 83

DER GEMEINE PASTINAK: a) ein Stengel, b) ein Wurzelblatt, c) eine Wurzel in 1/3 natürl. Größe, d) eine Blüte, e) ein Pistill, f) eine sich lösende Frucht in 1/3 natürl. Größe, g) dieselbe in natürl. Größe, h) dieselbe in Querschnitt, i) dieselbe in Längsschnitt, k) dieselbe quer Durchschnitten.

Blattabschnitten und dottergelben Blüten. Er wächst häufig in Europa und wird der wohlriechenden, süßen Wurzel wegen kultiviert, die frisch mit Milch gekocht eine sehr nahrhafte Speise ist für schwindsüchtige und abgemagerte Personen. Jetzt dient der Pastinak mehr in der Küche als in der Arzneikunst. Der P. fordert einen leichten, fetten, nicht frischgedüngten Boden. Nässe schadet ihm. Man gräbt im Herbst die Pflanzen aus und schlägt sie für den Wintergebrauch in Erdgruben oder im Keller ein. Die Wurzeln, die den Winter im Lande standen, sollen zu genießen schädlich sein.

Pavette *(Pavetta),* Gattung der Krappgewächse. Die kleinblumige P. *(P. parviflora)* ist ein sehr ästiger Strauch auf den Bergen von Sierra Leona und als ein tonisches Arzneimittel gebräuchlich.

Pavie *(Pavia),* Gattung der Hippocastaneen. Die rote P. *(P. rubra),* rote Roßkastanie, ist ein Baum von 8-20 Fuß Höhe, in der südlicheren Hälfte der Vereinigten Staaten von Nordamerika einheimisch. Die zerstoßene und gekochte Wurzel wird daselbst anstatt der Seife zum Waschen von Wollstoffen verwendet.

Peitschenstrauch *(Flagellaria)*, Gattung der Smilaxgewächse. Der indische P. *(F. indica)* wächst in Ostindien, Neuholland und auf den Molukken. In Ostindien braucht man die gelind adstringierenden Blätter bei Wunden und gegen das Ausfallen der Haare.

Pelzsame *(Tarchonanthus)*, Gattung der Kompositen. Der kampferduftende P. *(T. camphoratus)* ist ein Strauch von 10-16 Fuß Höhe, mit den Salbeiblättern ähnlichen Blättern und bräunlichgelben Blüten. Wächst am Kap und blüht vom Juni bis September. Die Blätter sowie alle anderen Teile riechen sehr stark und durchdringend-aromatisch, dem Salbei, Rosmarin und dem Kampher ähnlich, ihr Geschmack ist scharf, gewürzhaft; sie werden am Kap so wie bei uns der Salbei und ähnliche Gewächse, doch meistens nur äußerlich gebraucht.

Perlenhülse *(Ormocarpus)*, Gattung der Perlenhülsen. Die sennaartige P. *(P. sennoides)* ist ein ziemlich ansehnlicher Strauch Ostindiens. Die tonisch-reizende Wurzelrinde ist ein recht wirksames Fiebermittel und wird auch äußerlich mit Sesamöl gegen lähmungsartige Krankheiten, Hüftweh und ähnliche Leiden gebraucht.

Perlenstrauch *(Dartus)*, Gattung der Nachtschattengewächse. Der weichblätterige P. *(D. perlarius)* ist ein Strauch von 6 Fuß Höhe mit brauner, grün punktierter Rinde. Die schmutzigbraunrote, schwach aromatische Wurzel hält man in Cochinchina und auf den Molukken für harntreibend, auch für heilsam bei mehreren Fiebern, nicht minder soll sie den Appetit vermehren; die Blätter werden vorzugsweise und fast als einziges Heilmittel bei den Masern, welche auf den Molukken oft äußerst verheerend sind, angewendet, die fadsüßlichen Beeren aber von Kindern gegessen.

Perlnuß *(Margyricarpus)*, Gattung der Sanguisorbaceen. Die borstenblätterige P. *(M. setosus)* wächst auf dürren Hügeln und sandigem Boden in Peru, Chile und Brasilien. In Peru wendet man eine Abkochung sowie einen Aufguß davon gegen Blutflüsse an; die Früchte werden von Kindern gegessen, besitzen jedoch nur sehr wenig Fleisch.

Perotis *(Perotis)*, Gattung der Gräser. Die breitblätterige P. *(P. latifolia)* wächst in Ostindien, Cochinchina, wo die Wurzel als harntreibendes, gelind zusammenziehendes, blutstillendes Mittel gebraucht wird.

Pestwurz *(Petasites)*, Gattung der Korbblütler. Die gebräuchliche P. *(P. officinalis)* hat einen dicken Wurzelstock, große 1½-2 Fuß breite, langgestielte, nierenförmige Blätter. Der röhrige purpurrötliche Schaft erscheint vor den Blättern und trägt einen länglichen Blütenstrauß mit purpurrötlichen Blüten. Wächst in ganz Europa auf sumpfigen Wiesen, an Bächen und Quellen, ist ausdauernd und blüht vom März bis April. Die Wurzel riecht stark und widrig, schmeckt durchdringend bitterlich und aromatisch; sie dient als eröffnendes, verdünnendes, schweißtreibendes Mittel gegen Gicht, unterdrückte Menstruation, Asthma, Epilepsie, indem man täglich zwei Tassen der Abkochung trinkt. Galt früher als kräftiges Mittel gegen die Pest.

Petersilie *(Petroselinum)*, Gattung der Doldenpflanzen. Die gemeine P. *(P. hortense)*, Garten-P. (Fig. 84), im Volksmund Bittersilge genannt, hat eine möhrenartige, halbspindelförmige Wurzel. Die Stengel sind meist zu mehreren, eckig, oben verzweigt. Die Blätter sind dreimal dreiteilig, mit linealen, spitzen Abteilungen, die Hüllschuppen spitz, lanzettlich, kurz, viel kürzer als die Doldenstrahlen, welche untereinander ziemlich gleich, die Früchte deutlich zweiköpfig, die Blumen gelbweiß. Wächst an schattigen, felsigen Stellen im südlichen Europa und wird

FIG. 84

DIE GEMEINE PETERSILIE: a) und b) ein durchschnittener Stengel, c) eine Blüte, d) eine auseinander gehende Frucht in 1/2 natürl. Größe, e) dieselbe in natürl. Größe, f) die Hälfte im Durchschnitt, g) dieselbe im Querschnitt, h) dieselbe im Längsschnitt.

überall zum ökonomischen Gebrauch kultiviert. Die ganze Pflanze ist angenehm aromatisch, zugleich etwas flüchtig-scharf, besitzt eröffnende, reizende, Blähungen treibende, auch harntreibende Heilkräfte, weshalb auch Wurzel, Blätter und Früchte offizinell waren; heute, wo die Wurzel nur als als Hausmittel bei Wassersuchten, noch allgemeiner aber als Gewürz an Speisen, in letzterer Beziehung auch das Kraut gebraucht wird, sind nur noch die Früchte und das aus ihnen destillierte Wasser in den Apotheken zu finden. In den ältesten Zeiten brauchte man die P. auch gegen entzündete Augen und zur Zerteilung von Milchknoten (beides findet noch jetzt hier und da beim Volk statt), ihre Früchte aber gegen chronischen Husten, Krankheiten der Gebärmutter und gegen Schleimflüsse.

In der Tierheilkunde kann der Petersiliensamen zwar bei Harnverhaltungen angewendet werden, jedoch nur bei solchen, welche in einem überreizten, krampfhaften oder lähmungsartigen Zustand begründet sind und ganz ohne Entzündungssymptome bestehen. Mit größerer Sicherheit wendet man das Mittel in einigen chronischen Krankheiten an und namentlich bei veraltetem Katarrh und Rheumatismus; bei hartnäckiger Druse, veralteter Räude und bei alten Geschwüren anderer Art, z. B. bei Mauke, bei ödematösen Anschwellungen, bei Brust- und Bauchwassersucht, bei der chronischen Lungenentzündung des Rindviehs und bei der Fäule der Schafe. Bei letzteren Tieren soll der Samen auch zur Verhütung der Fäule und ähnlicher Krankheiten angewendet werden, wenn die Schafe nach dem Scheren und bei anhaltend schlechter Witterung an Katarrh, Husten und Schleimauswurf leiden. Man gibt ihn Pferden und Rindvieh zu 15,0-45,0, Schafen und Schweinen zu 3,0-12,0, Hunden zu 0,6-4,0 g auf einmal, in Zwischenzeiten von 2-3 Stunden wiederholt und am besten im Aufguß. Bei Urinverhaltungen gibt man das Mittel zweckmäßig mit Kamillen-Blumen, mit Bilsenkraut und mit schleimigen Substanzen, bei den genannten chronischen Krankheiten aber oft mit Wacholderbeeren, mit Terpentin und Terpentinöl etc. versetzt. Den Läusen ist der Petersiliensame ein tödliches Gift, und er kann daher zum Töten derselben als ein wohlfeiles und unschuldiges Mittel bei allen Tieren benutzt werden. Die Anwendung zu diesem Zweck geschieht entweder in Salben (aus pulverisiertem Samen 30,0 und Butter oder Schweinefett 60,0 g bestehend) oder noch besser im Aufguß (30,0 g auf 360,0 g Kolatur). Die Petersilienwurzel und das Petersilienkraut besitzen im frischen Zustand ähnliche, aber schwächere aromatische Eigenschaften wie die Samen. Die erstere wird zuweilen als urintreibendes und auflösendes Mittel bei Harnverhaltungen, bei Gries und Sand im Urin, bei Gelbsucht und Wassersucht benutzt und zwar entweder klein geschnitten und unter das Futter gemengt oder im Aufguß. Das Kraut wird als Arzneimittel innerlich sehr selten angewendet; äußerlich wird es von Landleuten zerquetscht auf Insektenstiche oder mit Bier oder auch mit Urin zum Brei gekocht bei frischen Milchknoten des Euters mit gutem Erfolg gebraucht.

Andwendung nach dem homöopathischen Prinzip. Hahnemann hat diese Pflanze in akuten und chronischen Schleimflüssen der Harnröhre mit Erfolg angewendet.

Gabe: 1-2 Tropfen der reinen Tinktur oder der 1., 2., 3. Verdünnung nach Umständen mehrmals des Tages wiederholt.

Petersstrauch *(Symphoricarpos)*, Gattung der Geisblattgewächse. Der gemeine P. *(S. vulgaris)* wächst in Pennsylvanien, Virginien und Carolina. In Nordamerika sind die etwas adstringierenden Äste hier und da gegen Wechselfieber, doch selten gebräuchlich, dagegen soll die Wurzel ein weit sichereres Mittel gegen diese Krankheit sein.

Petiverie *(Petiveria)*, Gattung der Petiveriaceen. Die knoblauchduftende P. *(P. alliacea)* ist gemein auf Weiden, dürren Stellen, in Hecken und Gebüschen Westindiens und Südamerikas. Blüht fast stets. Die ganze Pflanze riecht stark und unangenehm knoblauchartig, wird gegen bösartige Fieber, ferner als ein schweißtreibendes, den Auswurf beförderndes und wurmwidriges Heilmittel, sowie auch gegen Schleimflüsse, die Wurzel aber gegen Zahnschmerzen in Anwendung gezogen.

Pfahlrohr *(Donax)*, Gattung der Gräser. Das schilfige P. *(D. arundianceus)* ist das größte und stärkste von den europäischen Gräsern und wächst in Südeuropa auf sumpfigen Plätzen. Die zuckerhaltige, mehlreiche Wurzel wirkt auf die Hautausdünstung und Harnabsonderung; sie war sonst offizinell und wird noch heute in Frankreich, als Volksmittel häufig gebraucht; sie schmeckt süßlich-zusammenziehend, etwas scharf.

Pfeffer *(Piper)*, Gattung der Pfefferpflanzen. Der schwarze P. *(P. nigrum)* ist ein kletternder Strauch in Ostindien mit knotigem Stengel, abwechselnden, lederartigen, elliptischen, zugespitzten Blättern und braunroten Beeren. Werden die reifen Früchte ihrer Oberhaut beraubt, so stellen sie den weißen P. *(P. album)* dar, der weniger scharf als der schwarze ist. In unseren Apotheken findet man bloß den schwarzen P. und das in ihm neben ätherischem Öl und Harz vorkommende Piperin. Als Arzneimittel desselben und den Zufällen, die von diesen Zuständen herrühren, bei Blähungsbeschwerden, habitueller Hartleibigkeit, Erbrechen, Schwindel; bei Wechselfiebern, gegen welche er ein in manchen Ländern vielgebrauchtes Volksmittel ist, gegen Schleimflüsse der Harnröhre. Ganze Pfefferkörner läßt man zu 5-15 Stück früh und abends verschlucken. Gepulvert gibt man den P. zu 5-20 Gran; als weinigen Aufguß zu 1-2 Drachmen. Das Piperin zu 8-12 Gran innerhalb des fieberfreien Zeitraumes, doch als Fiebermittel nicht verläßlich. Das ätherische Öl zu 1-3 Tropfen auf Zucker. Äußerlich das Pulver zu 1-3 Drachmen als Zusatz zu Senfteigen. Der lange P. *(P. longum)* ist ein Bestandteil des bekannten Baunnscheidtschen Lebensweckeröls.

In der Tierheilkunde wird der schwarze P. bei langdauernden Verdauungsbeschwerden, beim Aufblähen der Wiederkäuer gegeben und auch gegen Lähmungen und zur Erregung des Geschlechtstriebes bei phlegmatischen Kühen und Stuten nicht ohne Erfolg gebraucht. Äußerlich verwendet man ihn als Reizmittel auf veraltete, schlaffe Geschwüre, zur Zerteilung harter Geschwülste, endlich bei Lähmungen. Für den innerlichen Gebrauch gibt man Pferden und Rindern 1 Quentchen bis 1 Lot, Schafen ½-1 Quentchen, Hunden 10-15 Gran in Latwergen oder Pillen, meistens in Verbindung mit bitteren oder schleimigen Substanzen. Stets jedoch muß der Pfeffer vorher fein gepulvert sein, indem er, im ganzen gereicht, unverdaut wieder abgeht. Schweinen gibt man dieses Arzneimittel wenigstens in Pulverform nicht, weil es bei unvorsichtigem Eingeben leicht in den Kehlkopf gelangen und Erstickungszufälle veranlassen kann. Äußerlich kann man den Pfeffer in Form einer aus 1 Teil gepulvertem Pfeffer und 8-12 Teilen Schweinefett bestehenden Salbe als Reizmittel benutzten. Statt des Pfeffers in Substanz verwenden manche eine aus 1 Teil pulverisiertem Pfeffer und 6 Teilen Weingeistes bereitete Tinktur, von der man größeren Haustieren 1-4 Lot, Schafen 1 Quentchen bis 1 Lot und Hunden 10-30 Tropfen verabreicht. Dieselbe ist auch für den äußerlichen Gebrauch verwendbar. Auf dieselbe Weise benutzt man den weißen und äußerlich den spanischen P. (Paprika).

Pfeffer, spanischer ☞ **Beißbeere**

Pfefferminze ☞ **Minze**

Pfeifenstrauch *(Philadelphus),* Gattung der Pfeifenstrauchgewächse. Der gemeine Pf. *(P. coronarius),* Garten-Jasmin, weißer oder Bastard-Jasmin, ist ein Strauch von 4-8 Fuß Höhe mit flaumigen Ästchen, gegenständigen, 3-4', langen, dreifachnervigen, unten etwas kurzhaarigen Blättern und sehr stark riechenden Blüten. Im südlichen Europa einheimisch, im mittleren häufig kultiviert und hier und da in Hekken verwildert. Die stark und nur in der Entfernung angenehm riechenden Blüten waren vor Zeiten als ein nervenstärkendes Mittel im Gebrauch; das aus ihnen bereitete Öl dient zur Verfälschung des echten Jasminöls. Die bitterlich-scharf schmeckenden Blätter und jene des *Schinus Molle L.* dienen in Italien als ein Zusatz zum Salat, um demselben einen Pfeffer- und Gurkengeschmack zu geben.

Pfeilkraut *(Sagittaria),* Gattung der Alismaceen. Das gemeine Pf. *(S. gaittaefolia)* findet sich in Sümpfen, Wassergräben, an Teichen in Europa, Asien und Nordamerika. Einst waren die Blättern offizinell; man brauchte sie auf gleiche Art wie jene des Froschlöffel oder Wasserwegerich. Die Wurzel enthält ein dem Arrow-root ähnliches Satzmehl und ist daher eßbar, aber ganz unrichtig ist die Angabe mehrerer Autoren, daß das Arrow-root daraus bereitet werde.

Pfeilwurzel ☞ **Marante**

Pfingstrose ☞ **Päonie**

Pfirsichbaum *(Persica),* Gattung der Mandelgewächse. Der gemeine Pf. *(P. vulgaris)* (FIG. 85) ist ein mäßiger Baum, im Aussehen dem Mandelbaum sehr ähnlich, mit lanzettlichen, scharfgesägten, kurzgestielten Blättern und karminroten Blüten, die früher als die Blätter hervorkommen. Die kugeligen Früchte haben ein saftiges, dickes Fleisch, eine harte, furchige und löcherige Steinschale und einen bitteren Kern. Dieser Baum stammt aus Persien. Die verschiedenen Sorten, welche nach und nach durch die Kultur entstanden sind, machen eine beträchtliche Anzahl aus. Der Pfirsichbaum liebt guten, lockeren, mehr leichten als schweren Boden, verkümmert jedoch in sehr trockenem Boden. Er gehört vorzugsweise an das Spalier. Die Benutzung der Pfirsiche als Obst ist weltbekannt. Das Obst rechnet man unter das feinste und es wird sauber in Seidenpapier verpackt aus südlichen Gebieten nach dem Norden versendet. Wenn man dasselbe in Masse genießt, wirkt es abführend. Die Blätter riechen stark nach bitteren Mandeln, wenn man sie reibt. Sie sollen gegen Ausschläge, manche Eingeweidewürmer wirken. Die Samen sind den bitteren Mandeln ziemlich gleich.

Pflaumenbaum *(Prunus),* Gattung der Mandelgewächse. Der gemeine Pfl. *(P. domestica),* Zwetschen- oder Zwetschenbaum (FIG. 86) wird ein mäßig starker Baum, der die Höhe von 20 Fuß erreicht. Die Zweige sind ohne

FIG. 85

DER GEMEINE PFIRSICHBAUM: a) ein blühender, b) ein fruchttragender Zweig, c) ein Bündel Staubgefäße auf dem Kelchrande, d) ein Blumenblatt, e) und f) Staubgefäße, alles in 1/3 natürlicher Größe, g) ein Pistill, h) eine Narbe in natürl. Größe, i) eine durchschnittene Frucht, k) ein Steinkern, l) ein solcher durchschnitten, m) ein Samen, n) ein solcher im Querschnitt, o) ein solcher im Längschnitt, letzteres alles in 1/2-1/3 natürl. Größe.

Dornen, gespreizt, braun mit zersetzter Oberhaut. Die ganz jungen sind mit einem hellbraunen Hautüberzug bedeckt. Die gestielten Blätter stehen spiralig. Sie sind länglichrund, kurzgespitzt, doppeltsägerandig, beiderseits kurz behaart. Die Blüten stehen einzeln oder paarig. Der Kelch ist glockig, fünfspaltig mit gerundeten Abschnitten, innen etwas behaart. Die Frucht ist eiförmig, bläulich bereift und hat eine stark zusammengedrückte Steinschale ohne Furchen und einen bitteren länglichen Samen. Stammt aus dem Orient, wird aber gegenwärtig selbst in rauheren Gegenden häufig und in zahlreichen Spielarten gezogen, wozu sämtliche Pflaumen, die unter dem Namen Spillinge, Eierpflaumen, Prunellen, Damaszenerpflaumen und Zwetschgen bekannt sind, gehören, angepflanzt. Bekannt ist die vielfache Benutzung der Früchte des Pflaumenbaumes als Speise; aber auch in der Heilkunde benutzt man die Pflaumen und noch mehr das Mus derselben als ein gelind abführendes Mittel. Während einer Ruhr- oder Cholera-Epidemie muß der Genuß roher Pflaumen vermieden werden. Bier und rohe Pflaumen zusammen genossen, vertragen sich nie gut, es entstehen daraus Verdauungsstörugen, Blähungen, Durchfälle, während einer Cholera-Epidemie oft sogar tödlicher Ausgang der Krankheit. Durch Gärung und Destillation der Pflaumen erhält man einen sehr starken Branntwein, der besonders in Kroatien und Slowenien bereitet wird und den Namen Slivowitz führt. Das süße Öl der Samen kann wie das Olivenöl, das Gummi der alten Bäume aber gleich dem arabischen verwendet werden. Der Schlehen-Pfl. *(P. spinosa)*, Schlehdorn, Schwarzdorn, ist gemein in Hecken, Gebüschen und an Zäunen in ganz Europa. In der Medizin werden die Rinde, die Blüten und die Früchte gebraucht. Erstere schmeckt bitter-zusammenziehend und wird insbesondere gegen Wechselfieber sehr gerühmt; die angenehm riechenden und bitter-herben Blüten dienen als ein blutreinigendes und purgierendes Arzneimittel, aus den sehr herben Früchten aber wird ein Extrakt bereitet und gegen Diarrhöen, Blennorrhöen und Blutflüsse angewendet. In früheren Zeiten wurde auch die Wurzel gegen Wechselfieber, Wassersucht, Asthma und Steinbeschwerden empfohlen. Übrigens sind die Schlehen, wenn sie bereits Fröste überstanden haben, eßbar, werden auch eingemacht oder zur Bereitung eines weinartigen Getränkes verwendet. Der Kriechen-P. *(P. insititia)*, zahme Schlehen, Hafer-Schlehen, Krechen, stammt aus dem südlichen Europa und dem Orient, findet sich aber jetzt hier und da im mittleren Europa verwildert, aber noch viel häufiger mit zahlreichen Spielarten kultiviert. Die Früchte der wilden Pflanze sind schwarzblau und blaublau bereift, weich, süß und eißbar; durch Kultur

FIG. 86

DER GEMEINE PFLAUMENBAUM: a) ein blütenzweig, b) ein fruchtzweig in 1/3 natürlicher Größe, c) ein Blumenblatt, d) ein Kelchstück nebst Staubgefäße, e) ein Fruchtdurchschnitt, f) ein durchschnittener Kern, g) derselbe von außen, h) ein Samen, i) ein solcher im Durchschnitt, alles in 1/2 natürl. Größe.

sollen daraus die zahlreichen vielfarbigen und als Obst sehr beliebten Spielarten der runden Pflaumen, unter denen sich vorzüglich die sogenannte Mirabelle und Reineclaude auszeichnen, entstanden sein. Der spitzfrüchtige Pfl. *(P. Cucumilia)* wächst auf Bergen in Italien und Griechenland. Die Rinde ist in Kalabrien schon seit den ältesten Zeiten als ein ausgezeichnetes Mittel gegen Wechselfieber berühmt und wird dort seit beinahe 50 Jahren auch von Ärzten anstatt der Chinarinde gebraucht.

Piment *(Pimenta)*, Gattung der Myrtaceen. Der aromatische P. *(P. aromatica)* (FIG. 87) ist ein Baum von 20-30 Fuß Höhe mit einem ¾-1' dicken, aufrechten Stamm. Die Rinde ist glatt. Die Äste sind sehr zahlreich, stielrund, die Blätter gestielt, 3-4" lang, 1-2" breit, stumpf, oder sehr kurz und stumpfgespitzt, kahl, oben dunkelgrün und glänzend, unten blasser. Die Blüten sind klein, weiß, in den Gabelspalten sitzend, die übrigen auf kurzen, flaumigen Stielchen. Der Kelch ist flaumig; die Beere rundlich, schwarzbraun, erbsengroß, zweifächerig; Samen 1-2, im ersten Falle rundlich-eiförmig, im letzteren auf einer Seite gewölbt, auf der anderen flach, von der Größe des Hanfes, braun. Wächst in Westindien. Alle Teile, besonders aber die Blätter sowie die unreifen Früchte sind sehr aromatisch und die letzteren daher unter dem Namen Nelkenpfeffer, Jamaikapfeffer, Piment, englisches oder Neu-Gewürz offizinell und noch mehr als Gewürz in den Küchen bekannt. Auf den Antillen werden die Blätter auch als Arzneimittel verwendet. Dasselbe gilt von dem zitronenblätterigen P. *(P. citrifolia)* und dem scharfen P. *(P. acris)*.

Pinie *(Pinea)* gehört in die Abteilung der echten Kiefern. Die Pinie ist ein hoher Baum mit bis 50 Fuß hohem Stamm und einer eigentümlich gebildeten, regelmäßigen, schirmartigen Krone; die Rinde ist rötlich, rissig, die Nadelblätter sind 4-5" lang, die gestielten,

FIG. 87

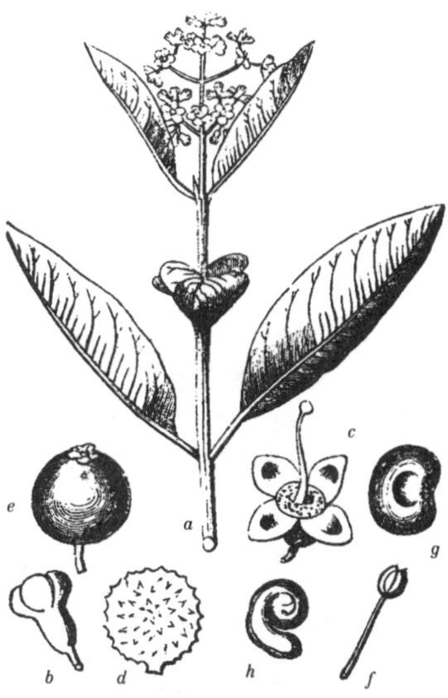

DER AROMATISCHE PIMENT: a) ein Zweig in 1/3 natürlicher Größe, b) ein Knospe, c) eine Blüte, deren Staubgefäße und Blumenblätter abgefallen, d) ein Blumenblatt, e) eine Frucht, f) ein Staubgefäß, g) ein Samen, h) ein Keimling.

zurückgebogenen Zapfen eiförmig, stumpf, 4-5" lang, 3-4" dick, die Schuppen derselben zugerundet, unter der Spitze oder gewölbt und mit einem dicken, kurzen, pyramidalen Höcker versehen, die Samen groß, dreimal länger als ihr schief-gestutzter Flügel – kommt nur noch im südlichsten Deutschland im Freien fort. In den südlicheren Ländern werden die Samen (Pinien-Nüsse oder Piniolen), von einem angenehmen, haselnußähnlichen Geschmack, häufig gegessen, auch zur Gewinnung eines süßen aber bald ranzig werdenden, fetten Öles, jedoch kaum mehr wie früher in der Heilkunde angewendet.

Pinkneya *(Pinkneya)*, Gattung der Krappgewächse. Die flaumhaarige P. *(P. pubens)* ist ein ziemlich großes Bäumchen an Flüssen in Georgien und Süd-Carolina. Die Wurzel und Rinde werden in den südlichen Provinzen der Vereinigten Staaten von Nordamerika als ein stellvertretendes Heilmittel der echten Chinarinden angewendet.

Pinselgras *(Pennicillaria)*, Gattung der Gräser. Das ährige P. *(P. spicata)*, mit einem 3-4' hohen, aufrechten, runden, ästigen Halm, wächst in Ostindien, Ägypten und wird in allen heißen Ländern und zwar ebenfalls in mehreren Arten ziemlich häufig gebaut. Blüht bei uns im Juli bis August. Die mehlreichen Samen sind in vielen Gegenden ein Hauptnahrungsmittel; so ist insbesondere das Mehl bei mehreren Negerstämmen oft, besonders auf Reisen, die einzige Nahrung. Die Samen kommen ganz mit der Hirse überein.

Pinseltang *(Sporochnus)*, Gattung der Tangalgen. Der stachelige Pinseltang *(Sp. aculeatus)* ist gelb-olivengrün, trocken braunschwarz und wächst in der Nordsee und im Atlantischen Meer. Diese Art und der wurzelförmige P. *(Sp. rhizodes)* bilden auch einen Gemengteil des Wurmmooses.

Pisang ☞ **Banane**

Pisonie *(Pisonia)*, Gattung der Nyktagineen. Die dornige P. *(P. aculeata)* ist ein Strauch Westindiens, dessen Wurzel gegen Schleimflüsse gebraucht wird. Die Früchte kleben sich oft in so großer Menge an die Federn der Vögel, daß diese kaum zu fliegen vermögen und leicht gefangen werden können.

Pistazie *(Pistacia)*, Gattung der Terebinthengewächse. Die echte P. *(P. vera)*, Pimpernußbaum, ist ein dicker, ziemlich hoher und ansehnlicher Baum mit vielen ausgebreiteten Ästen, deren Rinde aschgrau aussieht. Die ungleich gefiederten, einander gegenüberstehenden Blätter sind aus eirunden Blättchen zusammengesetzt. Die Frucht ist eine länglich eckige, zugespitzte, auf der einen Seite etwas erhabene, auf der anderen aber glatte und mit erhabenden Streifen versehene Nuß von der Größe einer Haselnuß und unter dem Namen Pistaziennuß oder Pimpernuß bekannt. Sie wird als Zusatz zu Morsellen sowie in der Zuckerbäckerei verwendet. Die Terpentin-P. *(P. Terebinthus)* wächst in allen Ländern am Mittelmeer. Von diesem Baum erhält man durch Einschnitte in den Stamm die feinste Sorte des Terpentins, den man cyprischen oder Terpentin von Chio nennt. Die ölreiche P. *(P. oleosa)* findet sich in Cochinchina und auf den Molukken und blüht im September, Oktober. Die säuerlich und fast wie Weinbeeren schmeckenden Früchte werden gegessen. Das blaßgelbe, wohlriechende, nur etwas bitterlich schmeckende Öl, welches die Samen in reichlicher Menge enthalten, hat die Eigentümlichkeit, das es durch ein längeres Aufbewahren nicht ranzig, sondern noch besser wird und endlich eine talgartige Masse bildet; es wird innerlich und äußerlich als Heilmittel, vorzüglich aber zu einer Menge aromatischer Salben verwendet. Die Mastix-P. *(P. Lentiscus)*, Mastixbaum, auf dürren felsigen Stellen in den Ländern am Mittelmeer einheimisch, liefert den Mastix, der sonst wie Weihrauch, Myrrhe u.dgl. innerlich gegen Blennorrhöen angewendet wurde, jetzt aber nur zu Zahnpulvern und Tinkturen, zu Räucherungen, dann gegen torpide Geschwüre etc. dient; im Orient ist er ein sehr gewöhnliches Kaumittel, um das Zahnfleisch zu stärken und den Atem wohlriechend zu machen. Technisch wird der Mastix zu Firnissen und Kitten benutzt.

Platanthere *(Platanthera)*, Gattung der Orchideen. Die weiße P. *(P. bifolia)* wächst auf lichten Waldwiesen, Bergtriften in ganz Europa. Die Knollen dieser Pflanze besitzen den eigentümlichen Geruch in höherem Grad und waren in früheren Zeiten offizinell; man hielt sie für harntreibend und für ein Aphrodisiacum.

Platane *(Platanus)*, Gattung der Artocarpeaceen. Die orientalische P. *(P. orientalis)*, griechische und kleinasiatische P., verträgt im hohen Alter unseren härtesten Winter gut. Sie hat tief geschlitzte, spitzlappige Blätter und grüne Blattstiele. Die Blattstiele sind braunrot, fast rund, etwas gerillt. In Griechenland und im Orient einheimisch, seiner Schönheit wegen schon bei den Griechen und Römern sehr beliebt und sorgfältig gepflanzt. Heute ist die Platane in medizinischer Hinsicht ohne Bedeutung, in den frühesten Zeiten wurde sie dagegen oft in Anwendung gezogen; die Blüten oder Früchte, mit Wein getrunken, hielt man gegen Schlangen- und Skorpiongift heilsam, sowie mit Essig bei Blutflüssen, äußerlich bei Geschwüren, Blätter und Rinde dagegen bei entzündlichen Geschwülsten, erstere auch bei Augenkrankheiten, letztere gegen Zahnschmerz etc. Bei uns wird noch häufiger die abendländische P. *(P. occidentalis)*, welche aus Nordamerika stammt und durch minder tief gelappte, in der Jugend unten wollige Blätter sich auszeichnet, in Gärten und Alleen gepflanzt.

Platonie *(Platonia)*, Gattung der Canellaceen. Die riesige P. *(P. insignis)* ist ein riesiger Baum in den Urwäldern Brasiliens, dessen angenehm säuerliches Fruchtfleisch dort häufig und besonders in Zucker eingemacht als eine große Delikatesse verspeist wird.

Platterbse *(Lathyrus)*, Gattung der Schmetterlingsblütler. Die eßbare P. *(L. sativus)*, deutsche Kicher, findet sich unter Saaten, aber auch an unbebauten Stellen im südlichsten Europa und im Orient und wird in mehreren Gegenden gebaut. Die Samen dieser Platterbse werden in mehreren Ländern wie die Erbsen gegessen, stehen jedoch diesen an Güte nach. Die knollige P. *(L. tuberosus)*, Acker- oder Erdnuß, Erdmandel, Erdeichel, wächst häufig auf Feldern, seltener auf Wiesen und an Zäunen in ganz Europa. Die Knollen dienen gekocht als Speise, schmekken angenehm süßlich und dienen dem Landmann hier und da gegen Diarrhöen, Ruhren etc.; das destillierte Wasser derselben riecht angenehm, etwas rosenartig. Übrigens ist die ganze Pflanze gleich den meisten anderen Arten dieser Gattung ein gutes Futterkraut.

Pockenholz *(Guaiacum)*, Gattung der Zygophyllineen. Das gebräuchliche P. *(G. officinale)*, Franzosenholz, Guajak, ist ein immergrüner Baum Westindiens mit 2-3paarig gefiederten Blättern. Seit dem Anfang des 16. Jahrhunderts ist in Europa das Holz der Wurzel und des Stammes von diesem Baum und dem nächst verwandten *G. jamaicense* unter dem Namen Heiligenholz, Guajakholz, Pocken- oder Franzosenholz, sowie auch das Harz dieses Baumes als Guajakholz offizinell. Man hat das Guajak vorzugsweise in veralteten Affektionen der Schleimhaut, in langwierigen Katarrhen, Schleimflüssen der Lunge, Lungenemphysem, in chronischen, rheumatischen und gichtischen Leiden, in chronischen Hautkrankheiten, zumal skrophulöser Abkunft, in veralteter Lustseuche, besonders in skrophulösen Individuen, bei Untätigkeit der Nieren, bei Sand- und Steinerzeugung, endlich auch bei der Wassersucht, wenn unterdrückte Hauttätigkeit zu Grunde liegt. Das geraspelte Holz gibt man zu 1-2 Unzen in Abkochung, die wenigstens 1 Stunde dauern muß, das Guajakharz zu 5-10 Gran, einigemal des Tages, am besten in Pillen; das Extrakt in derselben Gabe, die Tinktur zu 20-30 Tropfen 3-4mal des Tages.

Homöopathie. Das Guajacum scheint von homöopathischen Praktikern selten angewendet worden zu sein. Besonders empfohlen wird es im Rheumatismus und bei Gicht. Hahnemann rühmt es besonders nach Quecksilbermißbrauch.

Poley *(Pulegium),* Gattung der Lippenblütler. Der gemeine P. *(P. vulgare)* wächst an nassen, sandigen, öfteren Überschwemmungen ausgesetzten Stellen im mittleren und südlichen Europa. Die blühende Pflanze riecht eigentümlich und stark aromatisch, schmeckt bitterlich-scharf und rötet auch, äußerlich aufgelegt, die Haut, doch ist ihr Gebrauch heutzutage gering, beim Landvolk steht sie dagegen in großem Ansehen, auch in China und Cochinchina wird sie als Heilmittel angewendet.

Polirstrauch *(Delima),* Gattung der Dilleniaceen. Der malabrische P. *(D. Piripu),* mit kegelförmigen Früchten, ist in Malabar einheimisch und wird daselbst auch kultiviert. Der Saft dient gegen Hautausschläge und die Wurzel ist dort als ein Gegengift sehr geschätzt.

Pomeranzenbaum *(Citrus aurantium),* Orangenbaum (FIG. 88), gleicht dem Zitronenbaum, ist aber durch die breitberandeten oder geflügelten Blattstiele, die meist ganz weißen Blumen und die kugelige, nicht gebuckelte Frucht (Orange) unterschieden. Ist im südlichen Asien sowie im nördlichen Afrika einheimisch und dort wie die Zitronen, seit alten Zeiten, jetzt auch in allen übrigen Weltteilen häufig und mit zahlreichen Spielarten angepflanzt. Auch bei dem Pomeranzenbaum lassen sich die vielen Varietäten unter

FIG. 88

DER ORANGENBAUM

drei Gruppen ordnen, nämlich: *C. Aurantium L.* a) *amara* (bittere Orange oder Pomeranze), Früchte rundlich, mit einem bitteren Saft; – 2. *C. Aurantium L.* b) *dulcis* (süße Orange oder Pomeranze), wozu auch die Apfelsine *C. sinensis P.* gehört; Blattstiele gerandetgeflügelte; Früchte rundlich oder oval mit einem süßen Saft; – 3. C. *Aurantium L.* c) *Bergamia* (Bergamotte *C. Bergamia Riss.*); Blattstiel gerandet-geflügelt; Früchte rundlich niedergedrückt oder etwas birnförmig, mi einem säuerlichen Saft. Offizinell sind von allen diesen Abarten und ihren zahlreichen Spielarten die bitter-aromatischen Blätter, die stark riechenden Blüten, ferner die unreifen, sehr bitteren Früchte, die stark aromatisch-bittere Rinde der reifen Pomeranzen und das ätherische Öl derselben (Bergamottöl). Alle diese Teile enthalten viel bitteren Extraktivstoff und ätherisches Öl, doch so, daß die Blätter und grünen Früchte ersteren, die reifen Fruchtschalen aber und die Blüten letzteres in weit überwiegender Menge besitzen (nur ist das ätherische Öl der Blüten von einer etwas anderen Beschaffenheit als jenes der Früchte oder der Blätter und unter dem Namen *Oleum Neroli* bekannt). Die Pomeranzenschalen werden als magenstärkendes Mittel bei Schwäche des Magens und Darmkanals, bei Magenkrampf, Krampfkolik, torpider Verdauungsschwäche, bei den Verdauungsstörungen, wie sie besonders bei Hypochondristen auftreten, bei atonischen Blutungen, Skrophulose, in Pulverform zu 10-20 Gran oder im Aufguß von 2-4 Drachmen mit Wasser oder als Zusatz zu anderen bitteren Substanzen angewendet, oder man gibt die Tinktur zu 1 Drachme des Tages. Der offizinelle Pomeranzenölzucker wird durch Abreiben der Pomeranzenfrüchte mit Zukker, bis dieser mit ätherischem Öl gehörig getränkt ist, bereitet; man gibt ihn zu 1-2 Drachmen. Ebenso wird das käufliche, gleichfalls offizinelle Bergamottöl benutzt. Das Elixier, welches von manchen Ärzten, besonders in Preußen, mit Vorliebe verordnet wird, besteht aus 6 Unzen Pomeranzenschalen, 2 Unzen Zimt, 1 Unze kohlensaurem Kali, 4 Pfund Madeirawein. Zu dieser Tinktur wird 1 Unze Gentian-Extrakt, ebensoviel Wermut,- Tausendguldenkraut- und Cascarill-Extrakt zugesetzt. Zur Bereitung des Orangenblütenwassers destilliert man 10 Pfund eingesalzene Orangenblüten mit 20 Maß Wasser und zieht 10-11 Maß aromaitsches Wasser ab. Den Pomeranzenblättern werden nervenstärkende Wirkungen zugeschrieben und dieselben daher in Nervenschwäche, Hysterie, Epilepsie, im Aufguß von 2-4 Drachmen, als Pulver von 20-30 Gran gereicht. Als Volksmittel sind Orangen- und Zitronensaft in der Gelbsucht wirksam befunden worden. Auch dient der Orangensaft gegen den Scharbock. Man nimmt zu diesem Behuf 4 Unzen Orangensaft, 2 Pfund guten roten Wein, 4 Unzen Zucker und trinkt dies in 24 Stunden.

Porree ☞ **Lauch**

FIG. 89

DER GEMEINE PORST: a) ein Stengel mit Blüte, b) der untere Teil desselben, c) ein Blatt, durchschnitten, d) ein Griffel, e) eine ausspingende Frucht, f) ein Samen.

Porst *(Ledum),* Gattung der Heidegewächse. Der gemeine P. *(L. palustre),* Sumpf-P., wilder Rosmarin, Krenze (FIG. 89), ist ein betäubender Giftstrauch mit immergrünen, eingerollten, unterseits rostbraunen filzigen Blättern und weißen Doldenblüten. Er wächst auf Torfmooren, besonders in Böhmen. Es soll eine rosenrot blühende Abart geben. Die Blätter waren früher offizinell und wurden gegen Keuchhusten, bösartige Fieber, Hautkrankheiten, sowie gegen Halsbräune (in Sibirien auch gegen Wechselfieber), im ganzen jedoch viel seltener, als sie es zu verdienen scheinen, angewendet. Überdies bedient man sich ihrer zur Vertreibung oder Tötung des Ungeziefers; auch werden sie, leider nicht selten, dem Bier zugesetzt, um es berauschender zu machen.

Portlandie *(Portlandia),* Gattung der Rubiaceen. Die großblumige P. *(P. grandiflora),* mit bei Tage geruchlosen, bei Nacht äußerst angenehm und stark riechenden Blüten, wächst an felsigen Orten in Westindien und blüht vom Juni bis September. Die Rinde ist sehr bitter und zusammenziehend; sie wird als ein magenstärkendes, fiebervertreibendes Mittel und überhaupt wie die Chinarinde angewendet.

Portulak *(Portulaca),* Gattung der Portulakgewächse. Der gemeine P. *(P. oleracea),* Garten-P., Kohl-P., Wurzelkraut, ist eine einjährige Pflanze mit ästigem, saftigem, meist rötlichem Stengel und länglich runden, am Grunde keilförmigen, fleischigen Blättern, sitzenden, gelben und in den späten Vormittagsstunden sich öffnenden, am Mittag sich schließenden Blüten. Man findet ihn am Meeresstrand, in Garten verwildert. Schmeckt krautig, schwach salzig und war früher gegen innere und äußere Entzündungskrankheiten und solche Leiden, die man von einer Schärfe herleitete, namentlich gegen Nieren- und Blasenbeschwerden, Augenentzündungen, Verbrennungen u.s.w., sowie gegen den Skorbut im Gebrauch. Der haarige P. *(P. pilosa),* in Westindien und Südamerika einheimisch, wird auf den Antillen gegen Verdauungsschwäche, stockende Menstruation und zur Beförderung der Harnabsonderung in Anwendung gezogen.

Potalie *(Potalia),* Gattung der Gentianaceen. Die bittere P. *(P. amara)* mit ei-kreisförmigen, kirschengroßen Beeren, wächst in den Urwäldern Guianas. Alle Teile dieses Strauches sind sehr bitter; die jüngeren Stengel samt den Blättern werden gegen syphilitische Krankheiten benutzt und bewirken in größerer Dosis auch Erbrechen.

Pothos *(Pothos),* Gattung der Aroideen. Der gebräuchliche P. *(P. officinalis),* mit herzförmig-länglichen Blättern, wächst in Bengalen. Die Substanz des Fruchtknotens soll ein starkes, wurmtreibendes Mittel sein. Der kletternde P. *(P. seandens)* wird in Ostindien für heilsam bei hitzigen und bösartigen Fiebern gehalten.

Preslie *(Preslia),* Gattung der Lippenblütler. Die schmalblätterige P. *(P. cervina)* findet sich im südlichen Europa, riecht ungemein stark und durchdringend, schmeckt brennend-aromatisch und war früher gleich dem Poley gebräuchlich; später kam sie mit Unrecht ganz in Vergessenheit.

Primel *(Primula),* Gattung der Primelgewächse. Die gebräuchliche P. *(Pr. officinalis),* Frühlings-P., Schlüsselblume, Himmelsschlüssel, Petersschlüssel, hat einen walzlichen, dickfaserigen Wurzelstock, grundständige, eiförmige, runzelige, wenig gekerbte Blätter und 1 Fuß hohe blattlose Stengel mit einer einfachen Dolde am Rande. Die Frucht ist eine von bleibendem Kelch umschlossene Kapsel. Eine häufige Frühlingspflanze der Wiesen und Waldesränder. Blüht im April, Mai. Die Blüten dieser und der Garten-P. *(Pr. elatior),* große Schlüsselblume, werden als ein schwach reizender und schweißtreibender Tee benutzt. In Schweden wird aus ihnen durch Gärung und Wasser ein angenehmes weinartiges Getränk bereitet, und die jungen Blätter dienen in einigen Ländern als Salat oder Gemüse. Die Bärenohr-P. *(Pr. Auricula),* Aurikel, Gamswurz, Schwindblümel, wächst auf Alpen und Voralpen im mittleren Europa, vorzüglich auf Kalk; seit Jahrhunderten eine beliebte, in zahllosen Varietäten gezogene, doch jetzt etwas aus der Mode kommende Zierpflanze. Wird von den Alpenbewohnern gegen Husten und Schwindsucht, sowie zur Stärkung des Kopfes und gegen Schwindel angewendet. In den Hochalpen gibt es eine Anzahl der schönsten, herrlichsten Schlüsselblumen, unter denen nur die violette, stark duftende, klebrige P. *(Pr. glutinosa)* und die rosenrote, kleinste P. *(Pr. minima)* erwähnt werden.

Printzie *(Printzia),* Gattung der Kompositen. Die aromatische P. *(Pr. aromatica)* ist ein kleiner Strauch am Kap, dessen gewürzhaft riechende Blätter von den Kolonisten als Tee gegen Erkältungskrankheiten getrunken werden.

Priva *(Priva),* Gattung der Verbenaceen. Die klettenartige P. *(P. lappula-*

cea) wächst an steinigen, wüsten Plätzen in Westindien und Südamerika, wo diese etwas adstringierende Pflanze als ein gutes Wundmittel häufig gebraucht wird.

Prockie *(Prockia),* Gattung der Bixaceen. Die teeartige P. ist ein Strauch auf Isle de France, im äußeren Aussehen dem Teestrauch ähnlich. Die Rinde ist brechenerregend und wird dort gleich der Ipecacuanha angewendet.

Prunelle *(Prunella),* Gattung der Lippenblütler. Die gemeine P. *(P. vulgaris),* Braunelle, ist eine auf Wiesen, Gärten, Wäldern und auf mageren Plätzen häufig wachsende Pflanze mit dunkelbraunen oder violetten Quirlblumen. Das Kraut ist geruchlos, schmeckt bitterlich, etwas zusammenziehend und war sonst gegen Blutflüsse, Halsschmerzen, sowie innerlich und äußerlich als Wundmittel gebräuchlich.

Pupalie *(Pupalia),* Gattung der Amarantineen. Die gestreckte P. *(P. prostata)* findet sich in Ostindien und Guinea. Das Kraut steht in Ostindien als Heilmittel in großem Ansehen und wird gegen Diarrhöe, Ruhr, Cholera, sowie gegen Schleimflüsse, Eiterharnen, ferner gegen Wechselfieber, nicht minder auch die Wurzel auf gleiche Weise und gegen Verdauungsschwäche, Verschleimung, Koliken, Wassersucht und gegen Hautkrankheiten häufig angewendet. In Guinea ist die Asche des Krautes ein sehr berühmtes und allgemein bekanntes Mittel gegen die Krätze.

Q

Quecke ☞ **Weizen**

Quellmoos *(Fontinalis),* Gattung der Bryoideen. Das gemeine Q. *(F. antipyretica)* wächst in Quellen, Bächen und Flüssen, hat einen bis 2 Fuß langen, schlaffen, etwas ästigen Stengel, welcher auf und unter dem Wasser schwimmt; dreireihige, dachziegelige Blätter von dunkelbrauner Farbe, einen kleinen Borstenstiel, eine ovale, dunkelbraune Keimbüchse, von stumpfen Hüllblättern umgeben, eine kegelförmige schwarze Haube und einen scharlachroten Mündungsbesatz. Eine Abkochung davon wurde ehedem bei Brustleiden als Fußbad gerühmt.

Quendel ☞ **Thymian**

Quittenbaum *(Cydonia),* Gattung der Pomaceen. Der gemeine Q. *(C. vulgaris)* erreicht eine Höhe von 20 Fuß, hat große Blüten, wollige und rundliche Blätter und schöne apfelartige Früchte, welche bei uns nur eingemacht genießbar sind. Auch für die Heilkunde sind sie (als Sirup, Konserve, Gelee oder Quittenbrot) als ein kühlendes, einhüllendes, doch immer zugleich etwas adstringierendes Mittel brauchbar; doch benutzt man sie mehr in diätetischer Hinsicht, viel häufiger jedoch die schleimigen, aber doch etws Tannin enthaltenden Samen, insbesondere bei Augenentzündungen.

R

Ragwurz *(Orchis),* Gattung der Orchideen. Die gemeine R. *(O. Morio)* (Fig. 90), Knabenkraut, Kuckucksblume, hat zwei fast kugelige Knollen und einen einfachen, $\frac{1}{2}$-1 Fuß hohen Stengel mit mehreren länglichen, stumpfen, zurückgebogenen Blättern und einer lockeren Blütenähre an der Spitze. Die von Deckblättern unterstützten Blüten haben eine unregelmäßige, sechsblätterige Blütenhülle; die Farbe der Blüte ist bald purpurrot, bald rosenrot, bald auch ganz weiß. Auf Wiesen und Triften allenthalben gemein. Blüht im April, Mai. Die Knollen dieser Art und aller folgenden sind offizinell und als

FIG. 90

DIE GEMEINE RAGWURZ oder KNOTENKRAUT: a) die Pflanze in natürl. Größe, b) eine Säule von vorn, c) eine solche seitlich, d) Durchschnitt quer durch den Fruchtknoten, e) ein Pollinarium.

Salep bekannt. Der größte Teil dieses Saleps kommt zwar aus dem Orient und aus Persien von größtenteils noch unbekannnten Arten der Gattung Orchis im weiteren Sinne, allein auch die meisten europäischen Arten werden jetzt als Salep benutzt, welcher dem ausländischen nicht nachzustehen scheint. Man gibt den Salep vorzugsweise bei Durchfällen, Ruhren, in der Atrophie, bei Nieren- und Blasenvereiterungen, bei Lungensucht etc. in Abkochung und zwar rechnet man 1 Skrupel auf 1 Pfund Wasser. Statt des Wassers kann man sich auch der Milch, der Fleischbrühe bedienen oder Wein zusetzen.

Unter den zahlreichen einheimischen Ragwurzarten ist noch die streitbare R. *(O. militaris)* mit großen rosenroten Blüten, die dreiblätterige R. *(O. latifolia)* mit handförmig geteilten Knollen und dunkel purpurroten Blüten, die zweiblätterige R. *(O. bifolia)* mit weißen, langgespornten Blüten erwähnenswert.

Rainfarn *(Tanacetum)*, Gattung der Korbblütler. Der gemeine R. *(T. vulgare)*, Wurmkraut, hat einen 2-4 Fuß hohen Stengel, doppelt-fiederspaltige Blätter und Blüten. Häufig an Ackerrainen, Gräben, Bächen, in Gebüschen durch ganz Europa und im mittleren Asien. Blüht im Juli bis September. Die ganze Pflanze riecht eigentümlich und stark aromatisch, aber nicht besonders angenehm, ihr Geschmack ist sehr bitter, aromatisch scharf. Die Pharm. hat bloß das blühende Kraut, welches reich an ätherischem Öl, bitterem Harz, Gerbstoff und Gallussäure ist, aufgenommen. Mäßige Gaben befördern die Verdauung, regen die Haut- und Nierentätigkeit an; große Gaben bewirken Erbrechen und Durchfall. Man gab daher in früheren Zeiten den R. bei Verdauungsschwäche, in der Hypochondrie, Hysterie, Gicht, Wassersucht, Bleichsucht, selbst im Wechselfieber, vielfältigen krampfartigen Leiden, gichtischen Beschwerden, zurückgehaltener Menstruation, besonders aber bei der Wurmkrankheit der Kinder. Gehört zu den mit Unrecht vernachlässigten Arzneimitteln. Man gibt das Kraut im Aufguß zu ½-1 Unze auf 6 Unzen Kolatur; das ätherische Öl zu 1-3 Tropfen auf Zucker oder als Einreibung in Verbindung mit anderen Mitteln hat die Pharm. ebensowenig aufgenommen als das gleichfalls entbehrliche Extrakt. Der minzeartige R. *(T. balsamita)*, Frauenminze, Balsamkraut, Marienblatt, wächst an Wegen, unbebauten Stellen im südlichen Europa, häufig in Gärten kultiviert. Riecht stark und angenehm aromatisch minzenartig, schmeckt bitter, balsamisch, kommt übrigens ganz mit dem gemeinen R. überein und ist sehr mit Unrecht heutzutage ganz vernachlässigt.

In der Tierheilkunde wird der gemeine Rainfarn innerlich und äußerlich wie der Wermut angewendet. Gegen Eingeweidewürmer hält man den R. und besonders den Samen für wirksamer als letzteren und auch für wirksamer als den sogenannten Wurmsamen oder Zittwersamen.

Rainkohl *(Lapsana)*, Gattung der Kompositen. Der gemeine R. ist kahl oder haarig und ästig, hat einen ½-4 Fuß hohen Stengel, gestielte, leierförmige Blätter, gelbe, rispig-doldentraubige Blütenköpfe. Gemein auf bebauten Orten wie auf wüsten, Plätzen und Äckern sowie in Gebüschen und Wäldern von ganz Europa.

Rainweide *(Ligustrum)*, Gattung der Ölbaumgewächse. Die gemeine R. *(L. vulgare)*, Liguster, Hartriegel, ist ein ästiger Strauch mit gegenständigen, lanzettlichen, ganzrandigen, etwas lederigen Blättern. Die weißen stark riechenden Blüten kommen in gipfelständigen, gedrungenen Sträußchen hervor. Im mittleren und südlichen Europa in Gebüschen, an Waldrändern, sehr häufig auch in Hecken kultiviert.

Randfarn *(Lomaria)*, Gattung der Polypodiaceen. Der gemeine R. *(L. Spicant)*, Milzkraut, wird 1-2 Fuß hoch; wächst im ganzen nördlichen Europa, auch in Deutschland an feuchten Stellen, Felsen, in Wäldern. Blüht vom Juni bis August. War als auflösend bei Verhärtung der Milz etc. gebräuchlich.

Randie *(Randia)*, Gattung der Rubiaceen. Die Hecken-R. *(R. dumetorum)* wächst häufig in Ostindien und auf den Inseln. Blüht zur Regenzeit. Die Wurzel braucht man als ein ekelerregendes Heilmittel, die Früchte aber, um Erbrechen zu bewirken; auch bedient man sich ihrer zum Fangen der Fische, indem sie diese betäuben. Die langblumige R. *(R. longiflora)* wächst in Bengalen, wo die Rinde von den Eingeborenen gegen Wechselfieber gebraucht wird.

Rapünzchen *(Valerianella)*, Gattung der Valerianaceen. Das gemeine R. *(V. olitoria)*, Feld- oder Rapunzelsalat, hat einen 3-12 Zoll hohen, kantigen Stengel, abstehende Äste, lineal-spatelige oder zungenförmige Blätter, gehäufte Trugdöldchen und bläuliche Blumenkronen. Wächst auf Äckern, in Obstgärten und Weinbergen von Europa.

Rapunzel *(Phyteuma)*, Gattung der Glockenblumen. Scheuchzers R. *(Ph. Scheuchzeri)* hat einen ½-1½' langen, schlanken, eckigen, aufrechten oder aus Felsspalten hängenden und aufwärts gebogenen, kahlen Stengel; die Blätter sind kahl, klein- und entferntgesägt, am Rande schärflich, die untersten auf langen, dünnen Stielen stehend, 5/4-2" lang, 3-4"' breit, die folgenden länger und schmäler, aber kürzer gestielt, oft rinnig, die lange Spitze derselben ganzrandig. Die Blumenblätter sind blau, die Narbe dreispaltig. Auf den südlicheren Alpen Europas. Blüht vom Juni bis August. Die Pflanze soll antisyphillitische Heilkräfte besitzen.

Raspelstrauch *(Tetracera)*, Gattung der Dilleniaceen. Breyns R. *(T. Breyniana)* ist ein Strauch von 10-15 Fuß Höhe. Wird in Brasilien als Bähung oder Dunstbad gegen die daselbst sehr häufigen Geschwülste der Füße angewendet. Rheedes R. *(T. Rheedii)* ist ein kletternder Strauch mit einem dünnen Stamm. Auf der indischen Halbinsel. Die Abkochung der Blätter wird als ein adstringierendes Gurgelwasser, vorzüglich gegen Mundschwämmchen gebraucht. Der rundblätterige R. *(T. Tigarea)* ist ein sehr ästiger Strauch in Guiana und auf den Antillen. Die Abkochung dieser Pflanze ist rot und wird in Guiana gegen syphilitische Krankheiten angewendet; auf den Antillen braucht man das destillierte Wasser häufig und fast ganz so wie bei uns das Lindenblütenwasser, doch soll es außer der schweißtreibenden Heilkraft auch eine harntreibende besitzen. Der Samen ist im weinigen Aufguß gegen Wechselfieber, Bleichsucht und Skorbut gebräuchlich.

Rauhfaser *(Amphiconium)*, Gattung der Faserpilze. Die Veilchen-R. *(A. Linnaei)*, Veilchenmoos, ist jung rot, im Alter gelbgrünlich; an Steinen, Gebirgen.

Raubhülse *(Trachylobium)*, Gattung der Cäsalpiniaceen. Die Martiussche R. *(T. Martianum)* ist ein Baum von 40-60

Fuß Höhe, in den Urwäldern am Rio Negro. Auf gleiche Weise wie bei den Lokustbäumen findet man auch hier den Copal an den Pfahlwurzeln in großen Massen und bringt ihn als brasilianischen Copal nach Europa.

Rauke *(Sisymbrium),* Gattung der Kreuzblütler. Die gebräuchliche R. *(S. officinale),* wilder Senf, Weg-Senf, Acker-Hederich, gelbes Eisenkraut, hat einen aufrechten, 1-2 Fuß hohen starren Stengel mit abwärts gerichteten Haaren, schrotsägeförmige, flaumige Blätter; kleine, zitronengelbe Blüten, flaumhaarige Schotten und schwachpunktierte Samen. In ganz Europa, Nordafrika etc., überall auf Schutthaufen, an Zäunen, Feldern, Mauern, wüsten Plätzen, ist einjährig und blüht vom Juni bis August. Die Knoblauchs-R. *(S. Alliaria),* Knoblauchskraut, findet sich häufig in Hecken, Gebüschen und Wäldern von ganz Europa. Die ganze Pflanze riecht zerrieben knoblauchartig und schmeckt bitterlich-scharf. Die feinblätterige R. *(S. Sophia)* ist gemein in ganz Europa an Wegen, auf Mauern, wüsten Plätzen, Schutthaufen oder bebautem Boden. Früher brauchte man das Kraut bei Wunden und Geschwüren und innerlich fast wie die vorhergehende Art, aber auch gegen die Ruhr.

Rauschbeere *(Empetrum),* Gattung der Empetrineen. Die schwarze R. *(E. nigrum),* Krähenbeere, Beerheide, ist ein Strauch von 1 Fuß oder etwas länger, niederliegend und vom Grunde an in zahlreiche, zum Teil wurzelnde, mit den Enden aufwärts gebogene Äste geteilt, die obersten oft wirtelig genähert. Die Rinde ist rotbraun, die Blätter stehen zu 3-5 quirlförmig und gedrängt an den Zweigen beisammen; sie sind klein, länglich-rund, stumpf, dick und kurzgestielt, der Länge nach mit einem weißen Streif bezeichnet. Im April erscheint die Blüte in den Blattwinkeln, sie ist weißlich und purpurrot und hinterläßt kleine Beeren, die reif schwarz sind und wie die Wachholderbeeren aussehen. In Gebirgs- und Alpengegenden auf unfruchtbaren, dürren Plätzen, aber auch auf sumpfigen, moosigen Stellen, im höheren Norden Europas und Asiens, sowie in Grönland auch in mehreren Gegenden. Die sauer und nicht angenehm schmeckenden Beeren werden im Norden gegessen, auch gelten sie für antiskorbutisch und harntreibend; in Grönland macht man eine Art Limonade und durch Gärung ein (für Europäer kaum trinkbares) weinartiges Getränk daraus. Daß der Genuß der Beeren Schwindel und Betäubung errege, ist ganz unbegründet.

Raute *(Ruta),* Gattung der Rautengewächse. Die gemeine R. *(R. graveolens),* die Weinraute, Gartenraute (FIG. 91), hat bis 2 Fuß hohe Stengel, welche meist niedriger bleiben. Dieselben sind rundlich, kahl. Die Zweige etwas abstehend. Die Blätter sind gestielt, zwei- bis dreimal fiederteilig und werden nach oben immer einfacher. Das ganze Blatt hat einen länglichen Umriß. Die Abteilungen haben eine verkehrt-eirunde oder längliche Gestalt. Die grünlich-gelben Blumen erscheinen an den Enden der Zweige im Juli in Rispen und hinterlassen eine 4teilige Samenkapsel. Diese schon bei den Alten sehr berühmte Pflanze riecht

FIG. 91

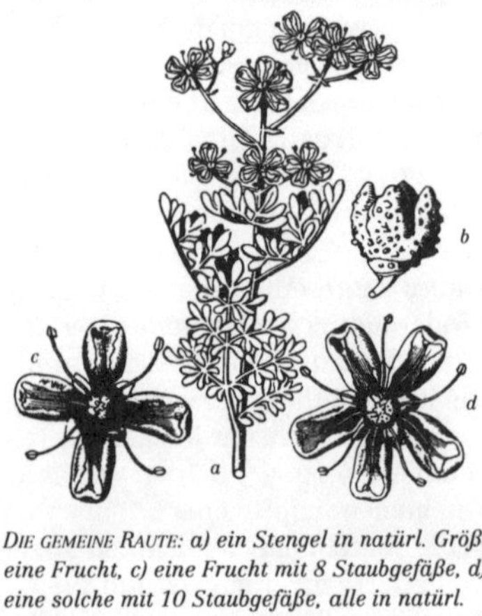

DIE GEMEINE RAUTE: a) ein Stengel in natürl. Größe, b) eine Frucht, c) eine Frucht mit 8 Staubgefäße, d) eine solche mit 10 Staubgefäße, alle in natürl. Größe.

äußerst stark und widrig, schmeckt unangenehm bitterlich scharf und enthält außer bitterem Extraktivstoff viel eines scharfen, ätherischen Öles. Ihre Blätter sind offizinell und ein sehr kräftiges Reizmittel, das aber heute ziemlich vernachlässigt wird, während es in älteren Zeiten eines der wichtigsten Heilmittel war. Die deckblätterige R. *(R. bracteosa)* ist im Aussehen der vorigen ähnlich, aber etwas niedriger und in allen Teilen stärker. Häufig im südlichen Europa und dort auch in Gärten kultiviert. Wird ganz so wie die gemeine Raute gebraucht.

Die schmalblätterige R. *(R. angustifolia)* ist stark seegrün und in medizinischer Hinsicht von den übrigen nicht verschieden.

In der Tierheilkunde wird die Raute ähnlich wie das Rainfarnkraut angewendet, auch gegen den Biß toller Hunde angeraten, hat jedoch in dieser Hinsicht nichts geleistet.

Anwendung nach dem homöopathische Prinzip. Die Raute ist in folgenden Krankheitszuständen angezeigt; bei Schmerzen wie nach Stoß, Fall und Quetschung in den Gliedern, gichtischen und rheumatischen Affektionen, besonders des Gelenkapparates, Schmerzen der Augen von angestrengtem Sehen, Tränen und Wassern der Augen im Freien, Flecken der Hornhaut, bei beginnendem Star, Magenschmerzen, hartem Stuhl, schleimigem Durchfall, Harndrang, bei unwillkürlichem Harnabgang bei Tag und Nacht, Nierengries, Menstruationsstörungen, weißem Fluß, Schmerzen in den Gelenken.

Gabe: 1-2 Tropfen der reinen Tinktur oder der 1., 2. Verdünnung, alle 12-24 Stunden nach Umständen wiederholt. Die äußere Anwendung dieses Mittels ist bei örtlicher Verletzung sehr zu empfehlen.

Die homöopathischen Tierärzte wenden das Mittel mit Nutzen an nach Verstauchungen der unteren Fußgelenke, namentlich bei der Fessel- und Hüftgelenklähme der Pferde.

Rebendolde *(Oenanthe)*, Gattung der Doldenpflanzen. Die fenchelsamige R. *(Oe. Phellandrium)*, Wasser- oder Roß-Fenchel, hat eine spindelige dünnfaserige Wurzel, einen ausgesperrt stark ästigen Stengel, doppelt und dreifach gefiederte Blätter und eiförmig-längliche Früchte. Blüht an Bächen, Sümpfen, Teichen etc. im Juli und August. Die älteren Ärzte rühmten ihn im Wechselfieber, bei skrophulösen und anderen schlaffen Geschwüren, im sogenannten Krampf- und Schleimasthma; gegenwärtig wird er noch bisweilen bei Blennorrhöen der Lungen, der Nieren und Blase angewendet. So sehr er auch von den älteren Ärzten gegen Lungenschwindsucht gepriesen wurde, so wenig hat er doch den Erwartungen in der Neuzeit in dieser Krankheit entsprochen. Das Pulver gibt man zu 5-20 Gran 4mal des Tages; den Aufguß bereitet man aus 2-4 Drachmen. Die giftige R. *(Oe. corcata)* wächst an nassen Stellen, Flüssen, in Sümpfen Englands, Frankreichs und Südeuropas. Die ganze Pflanze gehört zu den heftigen Pflanzengiften und kommt hierin mit dem Schierling überein.

Reiherschnabel *(Erodium)*, Gattung der Geraniineen. Die moschusduftende R. *(E. moschatum)* findet sich in den Gegenden im Mittelmeer, seltener im mittleren Europa, jetzt auch am Kap, sowie in Südamerika. Die ganze Pflanze riecht balsamartig und war früher ein sogenanntes herzstärkendes und schweißtreibendes Mittel.

Reis *(Oryza)*, Gattung der Gräser. Der gemeine R. *(O. sativa)* (FIG. 92) hat einen aufrechten, 2-4 Fuß hohen kahlen Halm und lineale, lange Blätter. Die zusammengezogene, später überhängende Rispe hat einblütige elliptische Ährchen. Die weißen, sehr harten Früchte (Reiskörner) sind wie beim Hafer beschalt. Von anderen Gräsern ist der Reis dadurch unterschieden, daß die Blüte 6 Staubgefäße hat. Der Reis wird in allen wärmeren Ländern gebaut und

FIG. 92

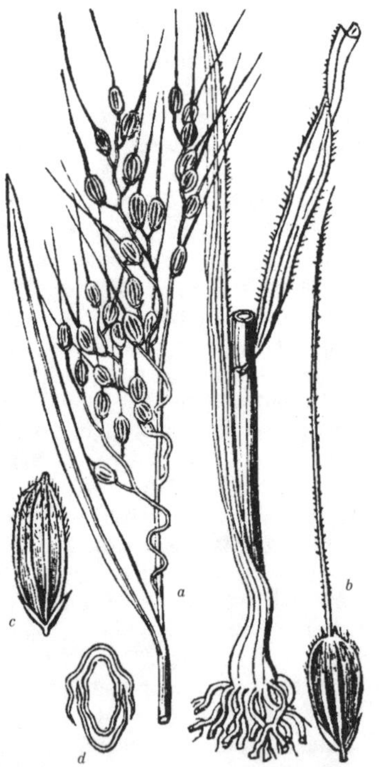

DIE GEMEINE REIS: a) der oberste und unterste Teil der Pflanze in 2/5 natürl. Größe, b) ein Ährchen mit reifer Frucht und Granne, c) ein solches ohne Granne, d) der Durchschnitt durch Frucht und Spelze, dreimal vergrößert.

erfordert einen sumpfigen Boden, der zu Zeiten künstlich überschwemmt werden kann. Doch gibt es auch eine Spielart (den Bergreis), die auf trockenem Boden wächst. Der Reis ist ein äußerst wichtiges Nahrungsmittel, da beinahe die Hälfte aller Menschen täglich oder vorzugsweise vom Reis lebt. Seine große nährende Kraft verdankt er vorzugswese dem großen Gehalt an Amylum. Aus ihm wird ein schnell berauschendes Bier gebraut und in Verbindung mit Zuckerrohr und dem Saft einiger Palmen der Arak destilliert. Als Arzneimittel braucht man den Reis im Decoct als schleimig, einhüllend, reizmindernd bei entzündlichen Fiebern, Brustkrankheiten, Diarrhöen etc.

Reitgras *(Calamogrostis)*, Gattung der Gräser. Das lanzettliche R. (*C. lanceolata)*, Wiesenschilf, treibt Ausläufer; 2 1/2-4 Fuß hoher Stengel; handförmige, zugespitzte Blätter; ausgebreitete, schlaffe Rispe, weißliche Blüte, welche kürzer als die Blütenhülle ist. Auf feuchten, sumpfigen Wiesen, an Wassergräben. Die ganze Pflanze samt der Wurzel soll als ein kräftiges, harntreibendes Mittel bei vielen chronischen Krankheiten, in deren Gefolge Wassersucht einzutreten pflegt, auch vorzüglich bei beginnenden Lungenkrankheiten heilsam sein.

Remigie *(Remigia)*, Gattung der Rubiaceen. Die rostfarbige R. *(R. ferruginea)* ist ein Strauch von 4-5 Fuß Höhe, an dürren Stellen der Gebirge von Minas Geraes, 2000-4000 Fuß über dem Meer. Die Rinde wird dort unter dem Namen Quina de Serra vel Quina de Remijo gleich der Chinarinde verwendet, steht ihr aber an Wirksamkeit weit nach.

Resede *(Reseda)*, Gattung der Resedengewächse. Die gemeine R. *(R. odorata)* ist ein in der Regel einjähriges Gewächs mit länglich verkehrt-eiförmigen Blättern, welche stumpf, unten langkeilig; die stengelständigen sind oft dreispaltig. Die Blüten stehen in einer zuletzt schlaffen Traube. Die Pflanze hat einen bekannten Geruch, den viele Leute gut finden. Die Heimat ist im mittelländischen Gebiet. Die gelbliche R. *(R. luteola)*, Wau-R., Färber-Wau, Gelbkraut, wächst an sonnigen und steinigen Plätzen, an Wegen, auf Mauern und in Weinbergen durch ganz Europa. Früher war die rettichartig riechende Wurzel und das bekannte geruchlose, aber anhaltend bitter schmeckende Kraut als auflösend, harn- und schweißtreibendes Heilmittel im Gebrauch; heute sind sie vielleicht mit Unrecht vergessen, wohl aber ist das Kraut seines gelbfärbenden Prinzips wegen in der Färberei wichtig.

Rettich *(Raphanus)*, Gattung der

Kreuzblütler. Der gemeine R. *(R. sativus)*, Garten-R. (FIG. 93), hat eine rübenartige, niedergedrückte, kugelige, rundlich-eiförmige oder kegelförmige, weiße, rosenrote, violette, graue oder schwarze Wurzel, einen aufrechten, 2-3 Fuß hohen Stengel, leierförmige Blätter und weißlich violette Blüten. Ist in China und Japan sowie auch im westlichen Asien einheimisch und wird in Europa schon seit den ältesten Zeiten kultiviert. Man kennt von dem Rettich eine Menge Spielarten, welche jedoch sämtlich zu drei Hauptvarietäten gehören. Diese sind a) der sogenannte Monat-Rettich oder Radies mit einer kleinen weißen oder roten Wurzel, die bekanntlich im Frühling häufig gegessen wird; b) der eigentliche oder schwarze Rettich mit einer großen, sehr scharfen Wurzel, die zwar ebenfalls gegessen wird, aber weit schwerer verdaulich als die vorige ist; auch in der Medizin wird sie, seltener der Samen, ihrer auflösenden, reizenden und harntreibenden Eigenschaft wegen hier und da, besonders aber bei Atonie oder übermäßiger Schleimabsonderung der Atmungs- und Verdauungsorgane und bei ähnlichen Krankheiten der Harnorgane angewendet; c)

FIG. 93

DER GEMEINE RETTICH: a) eine Stengelspitze und Wurzelblatt, b) eine Wurzel, beides in 1/3 natürl. Größe, c) ein Durchschnitt durch die Fruchtspitze, d) ein Keimling, e) ein Durchschnitt durch Samen.

der sogenannte Öl-Rettich, welcher sich durch eine kaum fleischige, dünn verlängerte, weißliche Wurzel und vielsamige Früchte unterscheidet, aus deren Samen ein Öl gepreßt wird.

Homöopathie. Der gemeine Rettich empfiehlt sich nach Dr. Musser bei folgenden Beschwerden, wenn diese, besonders mit übermäßiger Erzeugung und Anhäufung von Blähungen verbunden, sich hilfreich erweisen: Große Mattigkeit, Abgeschlagenheit und Zerschlagenheit der Glieder, Fieberbewegungen, Angst mit Todesfurcht, Verschleimung des Halses wie bei Katarrh, Widerwille gegen jede Speise, steter starker Durst, Erbrechen von Speisen und weißem Schleim und Galle, Magenschmerzen, Blähungsverhaltungen, akute und chronische Durchfälle, chronische Speiseruhr mit und ohne Wassersucht.

Gabe: 1-2 Tropfen der 1., 2., 3. Verdünnung 1-2mal oder noch öfter des Tages über wiederholt.

Rhabarber *(Rheum)*, Gattung der Polygoneen. Von ihren sämtlich im mittleren Asien wachsenden Arten werden hauptsächlich drei, nämlich der südliche oder Emodi-Rhabarber *(Rh. australe s. Emodi)*, der handblätterige R. *(Rh. palmatum)* und der wellenblätterige R. *(Rh. undulatum)*, welche auch in unseren botanischen Gärten gezogen, in England und Frankreich aber zum Teil im großen angebaut werden, als die Mutterpflanzen der echten, in der Heilkunde hochgeschätzten und vielfach angewendeten Rhabarberwurzel genannt, während die Rhapontik-Rh. *(Rh. Rhaponticum)* sowie die in Europa kultivierten Pflanzen der übrigen Arten der Gattung eine weit geringere, nur in der Tierheilkunde angewendete Rhabarbersorte liefern, welche im Handel als Rhapontikwurzel unterschieden wird. Der wellenblätterige Rh. wird auch namentlich in England in mehreren Spielarten als Gemüsepflanze kultiviert, wo dann im Frühling die jungen Triebe und die Blattrippen der jüngeren Blätter zu wohlschmeckenden Speisen zubereitet und genossen werden. Es empfiehlt sich der Gebrauch der Rh. in kleiner Gabe bei schwacher Verdauung mit Säureerzeugung oder übermäßiger Schleimabsonderung, bei Koliken, Durchfällen, Ruhren in den vorgerückteren Stadien, bei Atonie des Magens und Darmkanals, besonders wenn diese Zufälle bei Kindern, hypochondrischen oder hysterischen Personen auftreten. Teils zur Belebung des Blutumlaufes durch die Unterleibsorgane, teils zur Betätigung der Verrichtungen des Nahrungskanals reicht man sie in der Rhachitis, Skrophulose, Bleichsucht, Gelbsucht, bei atonischen Hämorrhoiden, Schleimflüssen. Weniger paßt sie, wenn man von den oberhalb des Zwerchfells gelegenen Organen ableiten will, wo in der Regel kühlende Abführmittel oder doch solche angezeigt sind, welche wässerige Stuhlentleerungen hervorbringen. Als Abführmitel ist die Rh. von besonderem Wert, wenn es sich darum handelt, wässerige Stuhlentleerungen zu vermeiden, vielmehr nur einige breiige, gallige zu bewirken, was bei Atonie des Magens und Darmkanals, bei herabgekommenen oder sehr empfindlichen, zarten Personen, bei Kindern, Greisen, Hypochondristen, Bleichsüchtigen, Genesenden der Fall ist, wenn sie eines Abführmittels bedürfen. Hier passen weder die salzigen Abführmittel noch Senna und andere drastische Mittel. Man nimmt das Pulver in voller Gabe zu 30-40 Gran; in kleiner Gabe zu 3, 5, 8 Gran, 2-3mal des Tages. Der Aufguß wird aus 2-4 Drachmen auf 3-4 Unzen Wasser bereitet. Zur Verbesserung des Geschmackes setzt man gewöhnlich einen Ölzucker zu. Sonst bedient man sich der Rh. in flüssiger Form und zwar der offizinellen Präparate. Diese sind 1. Die wässerige Tinktur *(Tinctura Rhei aquosa)*; sie wird bereitet, indem 3 Drachmen zerschnittener, chines. Rhabarber und 1 Drachme kristallisierten kohlensauren Natrons mit ½ Pfund destilliertem Wasser einige Minuten aufgekocht und nach dem Erkalten durchgeseiht werden. 2. Die Darellische Tinktur *(Tinctura Rhei vinosa Darelli)*; sie wird bereitet: 2 Unzen gestoßene chinesische Rh., ½ Unze Pomeranzenschalen, 2 Drachmen gestoßener, kleiner Kardamom, 2 Pfund Malagawein werden durch 3 Tage digeriert, ausgepreßt und darin 3 Unzen gepulverter, weißer Zucker gelöst, hierauf filtriert. Man wendet beide selten als Abführmittel, meistens als Magenmittel an, zu 1 Kaffelöffel voll einigemal des Tages. 3. Der Rh.-Sirup besteht aus 1 Unze Zichorienblätter, ebensoviel Zichorienwurzel, 4 Unzen Rhabarberwurzel und 1½ Drachmen reinem, kohlensaurem Kali; diese werden durch 1 Stunde mit 5 Pfund heißem Wasser aufgegossen. Zur stark ausgepreßten Kolatur von 4 Pfund setzt man 6 Pfund weißen Zucker zu, klärt die Flüsigkeit und kocht sie zum Sirup ein. Man gibt ihn Kindern zu 1-2 Kaffeelöffeln, bis Wirkung erfolgt. 4. Das Extrakt nimmt man zu 5-10 Gran.

In der Tierheilkunde verabreicht man die Rhabarberwurzel in geringen Gaben, wie die bitteren Mittel im allgemeinen, bei chronischen Magen- und Darmkatarrhen und den dadurch bedingten Zufällen, bei Durchfällen und bei der Ruhr, insbesondere junger Tiere, besonders der Kälber und Lämmer und hier gewöhnlich mit Magnesia und Opium; dann bei kachektischen Krankheiten, wie bei der Bleichsucht der Schafe und dergl. Man gibt zu diesem Zweck Pferden und Rindern 2-4 Quentchen, Schafen, Ziegen und Schweinen ½-2 Quentchen, Hunden und Katzen 5-20 Gran einigemal des Tages, entweder für sich allein oder mit säuretilgenden aromatischen oder betäubenden Mitteln in Pulver, Latwergen oder Aufgüssen. Als Purgiermittel wird sie bei großen Haustieren wegen des hohen Preises und der verhältnismäßig geringen Wirkung nicht, dagegen bei Hunden und Katzen in der Gabe von 1-3 Quentchen gegeben.

Anwendung nach dem homöopathischen Prinzip. In der Homöopathie wird der Rh. gegen Störungen der Verrichtungen des Darmkanals bei Kindern und Erwachsenen und vorzugsweise gegen die in dem frühesten Lebensalter und der Zahnperiode vorkommenden Durchfälle, die meist von naturwidriger Ernährungsweise, Erkältungen herrühren und meist mit übermäßiger Säureerzeugung in den ersten Wegen, Leibschneiden, Störung der Nachtruhe etc. verbunden sind, mit sehr schnellem Erfolg angewendet.

Gabe: 1-2 Tropfen der 1., 2., 3. Verdünnung, nach Umständen alle 4-6-12 Stunden wiederholt.

Die homöopathischen Tierärzte wenden die Rh. vorzugsweise gegen den Durchfall der Tiere an, wenn dieser in Folge des Überfressens entstanden und die Tiere dabei mäßige Hinterleibsschmerzen und starken Drang zur Kotentleerung äußern. Insbesondere bewährt sich das Mittel heilkräftig bei dem Durchfall junger Tiere, wenn der Darmkot dabei gelb- und weißfleckig, breiig und sauerriechend abgesetzt wird.

Richardsonie *(Richardsonia)*, Gattung der Rubiaceen. Die scharfblätterige R. *(R. scabra)* wächst auf bebauten, sandigen Stellen, an Wegen in mehreren Staaten Südamerikas, besonders in Brasilien. Blüht dort im Frühling, bei uns kultiviert im Juli bis Oktober. Die Wurzel ist die sogenannte weiße, mehlige oder wellenförmige Brechwurzel oder Ipecacuanha der Offizinen. Sie enthält fast dieselben Stoffe wie die echte oder graue Ipecacuanha, aber weniger Emetin und viel mehr Stärkemehl; als Brechmittel steht sie der obengenannten nach, wird aber in Brasilien stark gebraucht. Die rosenrote R. *(R. rosea)* ist gemein in Brasilien. Ihre im trockenen Zustand schwarze Wurzel wird dort sehr häufig als Ipecacuanha gebraucht.

Rizinusöl ☞ **Christuspalme.**

Riechkraut *(Unxia)*, Gattung der Kompositen. Das kampferduftende R. *(U. camphorata)* findet sich auf sonnigen Stellen in Surinam. Riecht sehr stark, wird dort sehr geschätzt und häufig als ein ungemein kräftiges, schweißtreibendes Arzneimittel innerlich und äußerlich gebraucht.

Riedgras *(Carex)*, Gattung der Riedgräser. Das Sand-R. *(C. arenaria)*, die Sand-Segge, ist gemein in sandigen Gegenden des nördlichen Deutschland und an den Seeküsten, wo ihr kriechender Wurzelstock zur Befestigung des losen Sandbodens wesentlich beiträgt. Offizinell ist die Wurzel als deutsche Sassaparille oder rote Quekkenwurzel. Sie wurde als ein Surrogat der Sassaparille empfohlen und kann allerdings diese Wurzel bei herpetischen und syphilitischen Kachexien oder überall da, wo man die sogenannten blutreinigenden, verdünnenden, Ausscheidungen durch Haut und Nieren befördernden Arzneimittel anwenden will, ersetzen. Die Wurzel des mittleren R. *(C. intermedia)*, mittlere Segge, und des haarigen R. *(C. hirta)* wird ebenso wie jene der ersten Art angewendet.

Riedlee *(Riedlea)*, Gattung der Hermanniaceen. Die chorchorusblätterige R. *(R. corchorifolia)* findet sich sehr häufig im tropischen Asien. In Cochinchina wird sie wie die Malven benutzt.

Riemenblume *(Loranthus)*, Gattung der Loranthineen. Die gemeine R. *(L europaeus)*, Eichenmistel, ist kahl und ästig, 2-4 Fuß hoch, hat stielrunde spornige Äste mit ringförmigen Gelenken am Grunde; gegenständig, nervenartig gerippte Blätter, kleine, gelblichgrüne Blüten und hellgelbe, kugelige Beeren. Findet sich auf allen Arten von Eichen in Böhmen, Mähren, Schlesien, Österreich, sowie im ganzen östlichen und südlichen Europa. Diese Pflanze ist die echte Eichenmistel und ihre Zweige geben das echte Eichenmistelholz.

Riementang *(Laminaria)*, Gattung

der Tangalgen. Der bandartige R. *(L. Fascia)* ist gehäuft, fast stiellos, olivengrün-bräunlich. Findet sich in der Nordsee und unter dem Wurmmoos der Apotheken. Der Zucker-R. *(L. saccharina)*, Neptunsgürtel, in allen Meeren einheimisch, wird gegessen und auch zur Gewinnung des Jods benutzt. Der fingerförmige R. *(L. digitata)* ist olivengrün, trocken, gelblich und wird ebenso wie der Zucker-R. benutzt.

Riemenzunge *(Himantoglossum)*, Gattung der Orchideen. Die tanglippige R. *(H. hircinum)* wächst in Gebirgswäldern von Mittel- und Südeuropa, aber überall selten. Die knollige Wurzel wurde früher als ein Aphrodisiakum angewendet.

Riesenhülse *(Entada)*, Gattung der Mimosaceen. Die ostindische R. *(E. Pursaeta)* ist ein Baum Ostindiens mit einem bisweilen kaum von 5 Menschen zu umfassenden Stamm, dessen Samen gebraucht wird, um Erbrechen und Purgieren hervorzubringen, aber auch gegen den Brechdurchfall; die halbreifen dienen bei den in Indien so häufigen schuppigen Ausschlägen; den aus den zerschnittenen Ästen fließenden Saft benutzt man mit Palmsaft gegen Leibschmerzen und die jungen Triebe anstatt der Seife zum Waschen. Die Rinde ist adstringierend.

Rindsauge *(Buphthalmum)*, Gattung der Kompositen. Das weidenblätterige R. *(B. salicifolium)* wächst auf Hügeln, Bergen und Voralpen der Kalkgebirge von Österreich und Bayern bis nach dem Süden von Europa. Wird von den Landleuten in Oberitalien, wie auch in Tirol für ein sehr kräftiges Mittel gegen den Biß giftiger Schlangen, ja selbst wütender Hunde gehalten, nicht minder auch in mehreren anderen Krankheiten gebraucht. Einige Ärzte schreiben dieser Pflanze schwach narkotische Eigenschaften zu.

Rindszunge *(Buglossum)*, Gattung der Boragineen. Die gebräuchliche R. *(B. officinale)* wächst an Wegen, auf Feldern und in Weinbergen des südlichen Europas. In der Anwendungsweise kommt diese Pflanze ganz mit der gebräuchlichen Ochsenzunge *(Anchusa officinalis)* überein.

Ringblume *(Anacyclus)*, Gattung der Kompositen. Die gebräuchliche R. *(A. officinarum)* wird in Thüringen und in Magdeburg zum Arzneigebrauch kultiviert. Die Wurzel ist eine Sorte der Bertramwurz, *Radix Pyrethri*, die heutzutage in Deutschlands Apotheken fast ausschließlich vorkommt.

Ringelblume *(Calendula)*, Gattung der Kompositen. Die gebräuchliche R. *(C. officinalis)*, Goldblume, Totenblume, Stinkblume, hat einen aufrechten, 1-2 Fuß hohen, rauhhaarigen Stengel mit langen, abstehenden Ästen; die etwas fleischigen, auf beiden Flächen weich- oder fast rauhhaarigen Blätter sind stengelumfassend, die unteren spatelig-länglich, die oberen länglich-lanzettlich, weichhaarig, fast klebrig; die Körbchen einzeln, gipfelständig; Hüllkelchblättchen lineal-lanzettlich, zugespitzt; Strahlblüten gelb, Früchte alle gekrümmt, auf dem Rücken kurzstachelig-knotig, die äußeren breitflügelrandig, die inneren schmal berandet, an der Spitze verschmälert. Im südlichen Europa und im Orient an bebauten Plätzen, auf Schutthaufen, in Weinbergen etc., ungemein häufig kultiviert und halb verwildert. Schon vor Zeiten war das Kraut wie die Blüten offizinell, kam dann in Vergessenheit, in der neueren Zeit jedoch wieder in Gebrauch. Man gab das Kraut als ein eröffnendes, auflösendes, schweißtreibendes Mittel, vorzüglich bei Unterleibsstockungen, bei der Gelbsucht, bei Drüsenkrankheiten etc., die Blumen aber gegen bösartige Krankheiten, ja selbst gegen die Pest. Vor mehreren Jahren wurde das Kraut mehrfach bei Krebsgeschwüren gerühmt

Anwendung nach dem homöopathischen Prinzip. Die R. ist erst seit neuester Zeit dem Arzneischatz einverleibt worden, weshalb auch bisher nur wenig praktische Erfahrungen vorliegen.

Sie entspricht besondes bei Blutunterlaufungen, sowie bei blutigen und serösen Infiltrationen des Zellgewebes, bei offenen Wunden und Geschwüren. Bei Augenentzündungen, namentlich traumatischen Ursprungs, und bei Drüsenkrankheiten verdient sie alle Beachtung.

Gabe: 1-2 Tropfen der reinen Tinktur oder der 1., 2. Verdünnung alle Stunden, oder alle 1, 2, 3, 4, 6, 8 Stunden wiederholt. Zum äußeren Gebrauch kann man sich des Schneiderschen Liquor Calendula bedienen, derselbe wird aus ganz aufgegangenen, trockenen Blüten, locker bis oben herauf in ein 8 Unzenglas gefüllt und mit destilliertem Wasser übergossen, unter mehrtägiger Digestion an der Sonne bereitet.

Die homöopathischen Tierärzte schreiben dieser Pflanze besondere Wirkungen bei Blutunterlaufungen, bei blutigen und serösen Infiltrationen des Zellgewebes sowie bei offenen Wunden und Geschwüren zu. Lackner rühmt den inneren und äußeren Gebrauch als sehr heilsam bei bösartigen Widerristschäden und Fisteln der Pferde, welche allen anderen Mitteln Trotz bieten.

Ringkrone *(Holostemma),* Gattung der Asclepiadineen. Die schönblumige R. *(H. Ada-Kodien)* ist ziemlich häufig in Ostindien und blüht zur Regenzeit. Das Pulver der Wurzel, in die Augen gebracht, heilt die Flecken der Hornhaut, ebenso werden daraus allerlei Salben, sowie mehrere zusammengesetzte Arzneien gegen vielfältige andere Augenkrankheiten bereitet und die Pflanze zu diesem Behufe auch innerlich gebraucht.

Rittersporn *(Delphinium),* Gattung der Hahnenfußgewächse. Der gemeine R. *(D. Consolida)*, Feld-R., mit sparrigästigem Stengel, mattgrünen, schnittigvierteiligen Blättern und blauen Blüten in lockeren Trauben wächst auf Äckern unter Saaten. Die fast geruchlosen, etwas bitterlichen Blätter und Blüten waren sonst offizinell und wurden als ein eröffnendes, hanrtreibendes, wurmwidriges Mittel gerühmt, besonders aber die Blüten als Augenwasser angewendet. Der Garten-R. *(D. Aiacis)* stammt aus Südeuropa und wird bei uns als Gartenzierpflanze kultiviert, besitzt gleiche Eigenschaften mit dem Feld-R., und die Samen sind wie jene der folgenden Art verwendbar. Der fremde R. *(D. peregrinum)* wächst auf Äckern in Südeuropa. Ist in Italien, besonders in Neapel bei dem Volk als ein Mittel gegen Wechselfieber bekannt. Der scharfe R. *(D. Staphisagria)*, Stephanskraut, Läusekraut, wächst an wüsten, unfruchtbaren Plätzen im südlichen Europa. Die schwach, doch beim Zerreiben unangenehm riechenden, äußerst scharf und bitter schmeckenden Samen dieses R. sind unter dem Namen Stephanskörner oder Läusekörner in den Apotheken bekannt. Sie verdanken ihre heftige, purgierende, brechenerregende und wurmwidrige Wirkung einem scharfen Alkaloide *(Delphinin),* werden aber heute meistens nur äußerlich als Salbe zur Vertreibung des Ungeziefers angewendet. Der hohe R. *(D. elatum)* wächst auf höheren Gebirgen und Voralpen im mittleren Europa und in Sibirien. Die Samen dieser und der übrigen zahlreichen Arten sollen beinahe ebenso scharf als die Stephanskörner sein. In Sibirien wird obige Art und alle übrigen dort vorkommenden zur Heilung vieler eingewurzelter und bösartiger Krankheiten, z. B. der Epilepsie, der Syphilis, Wassersucht etc. benutzt.

Robinie ☞ **Akazie**

Röhrenalge *(Polysiphonia),* Gattung der Hautalgen. Die strauchartige R. *(P. fruticulosa)* ist rasenartig, handhochspannenlang, stark verästelt. Findet sich im Atlantischen und Mittelländischen Meer und kommt unter dem Wurmmoos vor; ebenso die steife R. *(P. stricta).*

Röhrenlilie *(Euricles),* Gattung der Amaryllideen. Die amboinische R. (*E. sylvestris)* wächst auf den Molukken am Rande der Wälder. Die Zwiebel wirkt auf eine ähnliche Art wie unsere Meerzwiebel, nur wie es scheint, stärker brechenerregend. Die Blätter werden bei den dort sehr allgemein vorkommenden Furunkeln und Karbunkeln äußerlich aufgelegt.

Röhrenpilz *(Boletus),* Gattung der Hutpilze. Der eßbare R. *(B. edulis),* Steinpilz, Herrenpilz (FIG. 94), erreicht eine Höhe von 8 Zoll. Der Hut, von halbkugeliger Gestalt, ist derb, glatt und bräunt sich immer tiefer, nachdem er zuerst weißlich, dann grünlich oder rötlich gefärbt. Das Fleisch des Hutes liegt bis 2 Zoll dick und ist weiß, unter der Außenhaut etwas gelb. Man findet diesen Pilz besonders in Nadelwäldern, aber auch unter Laubholz an hellen Stellen, meist in leichtem Boden. Der Genuß dieser Pilze ist sehr verbreitet.

Röte *(Rubia),* Gattung der Krappgewächse. Die Färber-R. *(R. tinctorum),* Krapp, hat eine federkieldicken, kriechenden Wurzelstock. Die 2-3 Fuß hohen Stengel sind vierkantig, an den Kanten kurzstachelig, weitabstehendästig. Die lanzettlichen, am Rande und unterseits scharfen Blätter stehen zu 4-6 in Quirlen. Die gelben Blüten bilden rispenförmig zusammengesetzte Trugdolden. Die Frucht ist eine erbsengroße, zweiknöpfige Beere. Diese südliche Pflanze wird wegen des roten Farbstoffes ihres Wurzelstockes hier und da im großen angebaut. Die auch für die Technologie als Färbematerial wichtige und in dieser Hinsicht sehr berühmte Färberröte hat die merkwürdige Eigenschaft, nach längerem Gebrauch den Harn, Speichel, Schweiß, sowie die Milch, vorzüglich aber die Knochensubstanz rot zu färben; doch kommt ihr diese Eigenschaft (welche die anderen rot- oder gelbfärbenden Pflanzen nicht besitzen) nicht allein zu, sondern sie ist, wie man jetzt weiß, eine den Wurzeln aller Gewächse aus der Gruppe der Sternblätterigen in verschiedenen Graden zukommende Eigentümlichkeit. Die indische R. *(R. Munjista),* indischer Krapp, wächst in Berggegenden des nördlichen Bengalens und in Nepal. Die Wurzel ist der Färberröte sehr ähnlich, riecht stark und schmeckt derb-bitter; man wendet sie in Ostindien in der Bleichsucht als ein sehr wirksames Mittel an; ferner wird sie dort ganz wie der Krapp zum Färben benutzt und jetzt auch schon nach England gebracht.

Roggen *(Secale),* Gattung der Gräser. Der gemeine R. *(S. cereale),* gewöhnlich Korn genannt, hat eine faserige Wurzel, einen 4-6 Fuß hohen, dünnen Halm, mit wenigen linealen Blättern und einer später überhängenden (nickenden) Ähre. Letztere ist aus kleinen zweiblütigen Ährchen zusammengesetzt, welche mit der breiten Seite der gemeinschaftlichen Spindel zugewendet sind. Die untere Spelze eines jeden Blütchens trägt eine lange

FIG. 94

DER EßBARE RÖHRENPILZ ODER HERRENPILZ

aufrechte Granne. Die Frucht (das Getreidekorn) ist nicht beschalt, länglich, schmal, oben stumpf, unten spitz und hat eine graue Farbe. Allgemein gebaut und im nördlicheren Europa das geschätzteste Getreide, auch auf Gebirgen an jenen Stellen, wo Weizen und Gerste bereits gefährdet sind, sicher reifend. Als Arzneimittel braucht man davon das Mehl und die Kleien zu zerteilenden oder erweichenden Umschlägen und zu Senfteigen, die gerösteten Brotkrusten als ein gutes Getränk in Fiebern und die jungen, saftigen Pflanzen als Tee bei Schwäche der Brustorgane. Auch gehört hierher der leider so vielen Menschen und beinahe ganzen Nationen zum fast unentbehrlichen Bedürfnis gewordene Branntwein, sowie der Alkohol (S. 41), zu dessen Bereitung unter den Getreidearten am häufigsten der Roggen genommen wird. In manchen Jahren erleidet der Fruchtknoten des Roggens eine merkwürdige, krankhafte Metamorphose; er erscheint auf der Spitze in seinem noch unentwickelten Zustand eine umgestaltete, klebrige, übelriechende Flüssigkeit, worauf derselbe schnell zu einem walzlichen, nach oben verschmälerten, auf 2 Seiten etwas furchigen, 6-12 Linien langen, meist gekrümmten, aus den Spelzen hervorragenden, außen braun-violetten, innen weißen Körper heranwächst und nun Mutterkorn *(Secale cornutum)* heißt. In der Medizin findet es vorzugsweise Anwendung in jenen Fällen, wo es sich darum handelt, die Tätigkeit der Wehen zu verstärken, dann zur Förderung der Nachgeburt etc., ebenso bei Blutungen aus den weiblichen Geschlechtsteilen in Folge mangelhafter Zusammenziehung der Gebärmutter. Am besten ist das Pulver zu 5-10-20 Gran in dringenden Fällen alle $\frac{1}{4}$-$\frac{1}{2}$ Stunden, sonst 2-3mal des Tages wiederholt. Das Extrakt gibt man zu 1-4 Gran in wässeriger Lösung oder Pillenform. Äußerlich wendet man hier und da den Aufguß aus 1-4 Drachmen auf 1 Pfund Wasser oder die Auflösung des Extraktes zu 1 Drachme auf 2 Unzen Wasser zu Einspritzungen, Umschlägen bei Blutungen an.

In der Tierheilkunde wird von dem Roggen vorzugsweise das Mehl, mit Wasser abgerührt zu Breiumschlägen, um entweder die Rücksaugung oder den Eintritt der Eiterung in Entzündungsgeschwülsten zu erzielen, auch zur Bildung von Latwergen oder als Zusatz zu Maulwässern verwendet. Auch der aus dem Roggenmehl bereitete, in die saure Gärung übergegangene Teig, Sauerteig, wird entweder äußerlich für sich allein oder in Verbindung mit scharfen Substanzen wie Senfsamenpulver als ableitendes Mittel oder, mit viel Wasser abgerührt, bei schnell verlaufenden Entzündungskrankheiten, beim Milzbrand u.s.f. als säuerliches Getränk verabreicht. Die Roggenkleie findet gleiche Anwendung mit der Weizenkleie.

Rohrkolben *(Typha),* Gattung der Rohrkolbengewächse. Der breitblätterige R. *(T. latifolia)*, Liesch- oder Wasserkolben, hat lineale, flache Blätter und 8-10 Zoll lange, meist 1 Zoll dicke Ähren (Kolben). Man findet ihn in Teichen, Sümpfen und Wassergräben. Die Wurzel, reich an Stärkemehl und etwas zusammenziehend, wird im östlichen Asien gegen Ruhren, Schleimflüsse, bei Mundgeschwüren, dann als blutreinigend und harntreibend verordnet; auch in Europa in mancher Gegend häufig vom Landvolk als Arzneimittel gebraucht. Die Wollhaare an der Frucht werden bei excoriierten Frostbeulen, sowie der Pollen oft statt des Bärlappsamens angewendet; auch in Apotheken findet sich zuweilen dieser Blütenstaub anstatt des Bärlappsamens. Gleiche Eigenschaften besitzt der schmalblätterige R. *(T. angustifolia)*.

Rohrschilf *(Arundo),* Gattung der Gräser. Das gemeine R. *(A. Phragmites)*, Schilf, Teichrohr, Reith, ist das größte einheimische Gras. Es hat einen dicken, knotigen, weit umherkriechenden, ausdauernden Wurzelstock und einen 6-16 Fuß hohen Halm, mit großen, breiten Blättern und einer bräunlich-roten starken Rispe, deren Blüten später mit sehr verlängerten Haaren umgeben sind. Er wächst überall an und in stehenden seichten Gewässern gesellig in großer Menge beisammen und blüht im Juli, August. Vor Zeiten war die Wurzel offizinell und wurde als ein blutreinigendes, harntreibendes, gelind schweißtreibendes Mittel, auch gegen syphilitische Krankheiten angewendet.

Rose *(Rosa)*, Gattung der Rhodophoraceen. Es gibt zahlreiche, teils wildwachsende, teils kultivierte Rosenarten, unter welchen die Garten-R. oder Centifolie *(R. centifolia)* die schönste von allen ist und von jeher allgemein als die Königin der Blumen erklärt wurde. Sie stammt aus dem Orient. Von Spielarten nenen wir die Moosrose *(R. mucosa)*, die Nelkenrose *(R. caryophyllea)*, die noch kleinere Burgunder-R. *(R. burgundiaca)*, die Damascener-R. *(R. damascena)*, die französische oder Essigrose *(R. galliea)* und die Bisamrose *(R. moschata)* des Orients, aus deren Blüten das Rosenwasser und das köstlich duftende Rosenöl gewonnen wird. Die Blumenblätter der Gartenrose und der Essig- und Damaszener-R. werden von den Apotheken als *Flores rosarum* oder meistens zur Darstellung offizineller Präparate gehalten. Sie habenen einen eigenen, höchst angenehmen Geruch, der besonders bei der Gartenrose stark hervortritt, aber durch das Trocknen verloren geht, während die Damaszenerrose in diesem Zustand ihn fast mehr entwickelt; der Geschmack ist anfangs süßlich, dann bitterlich, etwas zusammenziehend; bei der Essigrose mehr als bei der Gartenrose. Die Blumenblätter der letzteren besitzen eine gelind purgierende Kraft; den roten Rosen schreibt man mild zusammenziehende und stärkende Eigenschaften zu; vorzüglich sollen sie bei Krankheiten der Lungen sein, wo man sie insbesonders bei leichten Blutflüssen schwindsüchtiger, reizbarer Personen im Aufguß empfiehlt. Das Rosenwasser, aus den frischen oder eingesalzenen Rosenblättern durch Destillation erhalten, wird fast ausschließlich zur Grundlage beinahe aller Augenwässer angewendet, hauptsächlich wohl nur wegen seins angenehmen Geruchs. Aus demselben Grund wird es auch zu Waschwässern und als Zusatz zu verschiedenen kosmetischen Mischungen angewendet. Der Rosenhonig (3 Unzen getrocknete rote Rosenblumen mit 2 Pfund heißem Wasser behandelt und 6 Pfund gereinigten Honig hinzugesetzt) dient besonders als Zusatz zu Mund- und Gurgelwässern, zu Pinselsäften etc. Das Rosenöl wird seines lieblichen Geruchs wegen zu anderen Arzneien, hauptsächlich zu kosmetischen Mitteln benutzt. Der Rosenessig wird bereitet, indem man in 4 Maß reinem weißem Essig 1 Pfund rote Rosen filtriert. Er dient mehr äußerlich zu Gurgelwässern, bei Krankheiten des Mundes und des Zahnfleisches, bei der brandigen Bräune, bei Schwämmchen, ferner zu Einspritzungen, Bähungen, Waschungen etc. Der Rosenspiritus, eine filtrierte Lösung aus Rosenöl in starkem Franzbranntwein, wird als Riechmittel und in kosmetischen Waschwässern angewendet. Die Rosenpomade, in jeder Apotheke vorrätig, wird für sich bei aufgesprungenen Lippen, zur Erweichung schorfiger Krusten, bei schmerzhaften Hämorrhoidalknoten benutzt. Die Hundsrose *(R. canina)*, Hagebuttenrose, wilde Rose, ist ein Strauch von 3-9 Fuß Höhe, in Hecken, Gebüschen und an Wegen, mit zahlreichen einfachen, gertenförmigen, aufrechten Ästen und derben Stacheln. Die unpaarig gefiederten Blätter haben fünf bis sieben eiförmige, scharf gesägte Blättchen und werden von Nebenblättern unterstützt. Heute benutzt man die Hagebutten in mehreren Ländern als ein Volksmittel gegen Madenwürmer (doch wirken sie hier nur mechanisch durch die im Inneren enthaltenen Borsten), noch häufger in der Haushaltung als Zutat an Speisen, und die jungen, etwas weinig riechenden Blätter als ein Surrogat des Tees.

Rosinen ☞ **Weinstock**

Rosmarin *(Rosmarinus),* Gattung der Lippenblütler. Der gemeine R. *(R. officinalis)* (FIG. 95) ist ein immergrüner Strauch mit linienförmigen, am Rande zurückgerollten, steifen, unten weißfilzigen Blättern und in lockeren Trauben stehenden, blaßblauen Blüten. Die Spitzen der Zweige mit den Blättern und Blumenkelchen haben einen starken balsamischen, erquickenden Geruch, den sie selbst im getrockneten Zustand kaum verlieren, und einen feurigen, bitterlichen, kampferartigen Geschmack. Gegenwärtig braucht man den Rosmarin fast nur äußerlich zu reizenden, schmerz- und krampfstillenden sowie Stockungen zerteilenden Umschlägen, teils trocken in Kräuterkissen, wie bei Zahn- und Ohrenschmerzen, teils mit Wasser, Wein oder Weingeist angefeuchtet und in Verbindung mit anderen aromatischen Kräutern bei Blutunterlaufungen, Verrenkungen, Stockungen, krankhaften

FIG. 95

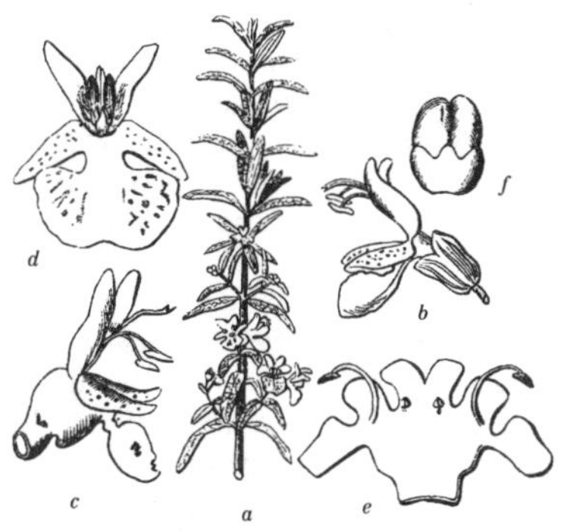

DER GEMEINE ROSMARIN: a) ein Stengel in 1/3 natürl. Größe, b) eine Blüte, seitlich, c) eine Blume, Seitlich, d) eine solche ausgebreitet, e) dieselbe von vorn, f) eine Frucht.

Ablagerungen, Drüsenanschwellungen, bei Lähmungen, allgemeiner Nervenschwäche, Koliken.

In der Tierheilkunde macht man vom Rosmarin wenig Gebrauch, besonders innerlich; wo er jedoch wohlfeil und vielleicht als Hausmittel zu haben ist, kann die innerliche und äußerliche Anwendung ganz so und in denselben Gaben geschehen wie bei den Kamillen und Lavendelblumen. Das Rosmarinöl besitzt dieselben Wirkungen wie das Lavendelöl und kann so wie dieses benutzt werden. Der Rosmarinspiritus ist entbehrlich.

Roßkastanie *(Aesculus),* Gattung der Hippocastaneen. Die gemeine R. *(Ae. Hippocastanum)* ist ein stattlicher, 60-80 Fuß hoher Baum mit einem großen, dichtbeblätterten Wipfel und rissiger, brauner Rinde, mit dicken Zweigen und großen, glänzenden, harzig-klebrigen Knospen. Die großen Blätter sind langgestielt und siebenzählig gefingert, die Blättchen keilförmig, doppelt gezähnt. Die schönen vollkommenen, unregelmäßigen Blüten stehen in großen, aufrechten Sträußen. Die Frucht ist eine stachelige Kapsel, welche 1-4 glänzende braune Samen (Kastanien) mit rundlichem, mattgrauem Nabel einschließt. Stammt aus Asien, wurde zuerst von Clusius 1576 in Wien im Garten des Theresianums angepflanzt, verbreitete sich aber schnell als Zierbaum durch das gemäßigte Europa. Die Rinde der jüngeren Äste schmeckt zusammenziehend-bitter und kommt in ihren Heilkräften der Weidenrinde nahe, wurde vorzüglich als ein Surrogat der China empfohlen und paßt auch in allen Fällen, wo bitter-adstringierende Mittel angezeigt sind. Ähnliche Heilkräfte besitzen auch die amylumreichen, süßlich-herbe und bitter schmeckenden Samen; auch geben sie ein gutes Waschpulver, Stärkemehl, durch Gärung einen Branntwein und geröstet ein Kaffeesurrogat. Die sich aus den Knospen eben entwickelnden, aromatisch-bitter schmeckenden Blätter hat man als ein Surrogat des Hopfens zum Bierbrauen vorgeschlagen.

In der Tierheilkunde kann die Roßkastanienrinde ganz so wie die Weidenrinde benutzt werden. Die frischen Blätter sind bei asthenischen Krankheiten ein zweckmäßiges diätetisches Mittel. Die Samen werden von Rindern und Schafen, vorzüglich aber von Schweinen gefressen.

Rottang *(Calamus),* Gattung der Palmen. Der Drachen-R. *(C. Draco)* hat einen oft über 300 Fuß hohen, dabei kaum 1" dicken, gegliederten Stamm, mit feinen, in querlaufenden Reihen stehenden langen Stacheln. Die Blattstiele tragen ebenfalls kurze, aber stärkere Stacheln an den Kanten. Die Blättchen sind lineal-lanzettlich, 1' lang, fingerbreit, spitz, dreinervig, kaum etwas behaart oder kahl; über die Blätter hinaus setzt sich der Blattstiel, wie bei allen übrigen Arten, in eine sehr lange, ganz mit Stacheln besetzte Ranke fort; der Kolben ist blattachselständig, aufrecht, die Früchte kugelig-eiförmig, trocken, haselnußgroß, mit vorgezogener sehr stumpfer Spitze und dicht anliegenden Schuppen. In Ostindien, vorzüglich auf Sumatra. Aus den Früchten dieser Palme wird das Drachenblut gewonnen, das heute nur noch zu Zahnpulvern und ähnlichen Zusammensetzungen dient.

Rottlere *(Rottlera),* Gattung der Wolfsmilchgewächse. Die färbende R. *(R. tinctoria)* ist ein schlanker, immerblühender Baum auf Malabar und Coromandel. Die unangenehm riechenden und schmeckenden Blätter braucht man dort gleich den Früchten äußerlich gegen Bisse giftiger Schlangen und anderer Tiere, auf ähnliche Art auch die Wurzel gegen Quetschungen, Blutunterlaufungen etc.

Rotholz *(Erythroxylum),* Gattung der Erythroxylineen. Das peruanische R. *(E. Coca),* Cocastrauch, ist ein Strauch von 2-4' mit zahlreichen, abstehenden Ästen, kurzgestielten, eiförmigen oder eilänglichen, etwas stumpfen, 1½-2½" langen, 8-14"' breiten, ganz kahlen Blättern, länglichen Blumenblättern und roter Frucht. In Peru einheimisch und häufig daselbst kultiviert. Die Blätter werden dort gegen schleimiges Asthma, Verschleimung des Unterleibes, Schwäche der Verdauung, Hypochondrie und ähnliche Krankheiten angewendet, auch als ein Surrogat des chinesischen Tees getrunken. Außerdem werden sie von den Eingeborenen gekaut. Die Cocapräparate haben neuester Zeit auch bei uns Eingang gefunden. Das vielblütige R. *(E. areolatum)* wächst in Westindien und Kolumbien. Die Blätter sowie die zarten Sprossen gelten für kühlend und die Rinde für ein tonisches Arzneimittel. Aus den Früchten macht man einen purgierenden und Wasser abtreibenden Sirup sowie nicht minder Salben gegen Hautausschläge, wozu man jedoch auch den Saft der Blätter nimmt.

Rübe gelbe ☞ **Möhre**

Rübe rote ☞ **Mangold**

Rübe weiße ☞ **Kohl**

Ruchgras *(Anthoxanthum),* Gattung der Gräser. Das gemeine R. *(A. odoratum)* (FIG. 96) ist ein sehr saftiges, nahrhaftes, blätterreiches Futtergras, welches an der Wurzel einen starken oft bisam- und baldrianartigen, an den oberen Teilen aber einen dem Steinklee ähnlichen Geruch hat, der sich auch getrocknet erhält und das Heu wohlriechend macht. Es wächst bei uns häufig auf Wiesen und verdient alle Beachtung, da es von Pferden, Rindvieh und Schafen außerordentlich gern gefressen wird. Durch den häufigen Genuß sollen Schafe gegen Pocken geschützt werden.

Rübendistel *(Rhaponticum),* Gattung der Kompositen. Die große R. *(Rh. scariosum),* mit dicker, fast spindeliger Wurzel, wächst im südlichen Tirol und in der Schweiz sowie in ganz Südeuropa auf Gebirgen. Die aromatisch-bittere Wurzel war früher als ein magenstärkendes Heilmittel gebräuchlich. Die langwurzelige R. *(Rh. Behen)* findet

FIG. 96

DAS GEMEINE RUCHGRAS: a) vergrößerte Blüte.

sich im Orient, besonders am Libanon. Die echte, früher offizinell gewesene, weiße ☞ Behenwurzel stammt von dieser Pflanze.

Rüster ☞ **Ulme**

Ruke *(Eruca),* Gattung der Kreuzblütler. Die gemeine R. *(E. sativa),* Senfkohl, mit spindeliger, etwas ästiger Wurzel, wächst an Wegen, Schutthaufen und auf bebauten Plätzen in den Ländern am Mittelmeer. Diese Pflanze riecht stark und unangenehm, ist aber doch im südlichen Europa als Salat und Gemüse beliebt.

Rundhülse *(Ecasthaphyllum),* Gattung der Schmetterlingsblütler. Die einfachblätterige R. *(E. Brownei)* ist ein ansehnlicher Strauch Westindiens und Südamerikas. Eine gesättigte Abkochung der Blüten und Früchte wird auf den Antillen so wie bei uns der Färbeginster gegen die Wasserscheu gebraucht; die blühenden Äste besitzen brechenerregende, die jungen Triebe auch gelind purgierende Eigenschaften. Aus den Blättern dieses Strauches und den Blättern der *Lantana Cammara L.* bereitet man daselbst einen Sirup, der bei Wassersuchten, sowie überhaupt bei Stockungen im Unterleib angewendet wird.

S

Sadebaum ☞ **Wachholder**

Säulenpilz *(Podaxon),* Gattung der Haarflechtpilze. Der capsche S. *(P. carcinomalis)* ist keilförmig; der Strunk dick, gekümmt; Hülle eirund-länglich, weißlich, 2-3" lang, 1" dick, später hutförmig-keglig. An der Südspitze Afrikas auf den höchsten Termitengebäuden. Das im Innern enthaltene Pulver wird dort zur Heilung krebsartiger Geschwüre verwendet.

Säuerling *(Oxyria),* Gattung der Polygoneen. Der nierenblätterige S. *(O. reniformis)* mit überhängenden sehr kleinen, grünlichen Blüten, wächst auf Alpen im mittleren Europa, in den Polargegenden Europas, Asiens und Amerikas auch in der Ebene. Das Kraut kommt in seinen Eigenschaften ganz mit dem Sauerampfer überein, nur ist es saftiger und zarter; es dient daher in den Polargegenden allgemein als Speise und als ein vorzügliches antiskorbutisches Mittel.

Saflor *(Carthamus),* Gattung der Kompositen. Der echte S. *(C. tinctorius),* oder falsche Safran (FIG. 97), ist ein einjähriges, bis 4 Fuß hohes Gewächs, nach oben verästelt, hat eilängliche, dornig gezähnte Blätter und trägt distelähnliche Blütenköpfe mit dünnen, röhrigen, fünfspaltigen, etwa zollangen Blüten, die anfangs gold-, dann safrangelb, dann hochrot gefärbt sind. In Ostindien einheimisch, seit undenklichen Zeiten daselbst, wie auch in Ägpten, im Orient und hier und da auch in Europa im großen angebaut.

FIG. 97

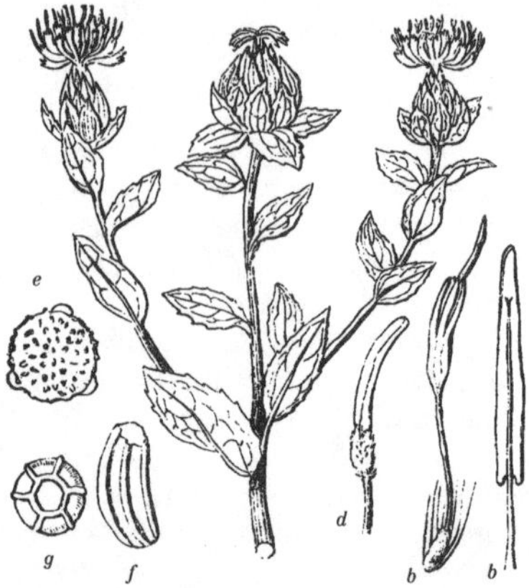

DER ECHTE SAFLOR: a) ein Stengelgipfel in 2/3 natürlicher Größe, b) eine Blüte nebst einigen Speuzähnen in 3/4 natürlicher Größe, c) ein Staubgefäß, d) ein Griffelende mit Narbe, e) ein Korn-Blütenstaub in 1/100 natürlicher Größe, f) eine Frucht, g) dieselbe von oben, dreimal vergrößert.

Offizinell waren früher die bittern und öligen Früchte, man gab sie allgemein als Purgiermittel, auch bei der Gelbsucht, Wassersucht und bei Verschleimungen der Atmungsorgane. In Ostindien sind die Samen noch immer ein gewöhnliches Purgiermittel; auch wendet man das Öl derselben gegen Rheumatismen und Lähmungen an. Die getrockneten Blüten sind der als Färbematerial bekannte Saflor. Diese Blüten werden auch häufig als Verfälschungsmittel des Safrans angewendet.

Safran *(Crocus),* Gattung der Schwertelgewächse. Der echte S. *(C. sativus)* (FIG. 98) hat einen plattkugeligen, mit einer braunen, faserigen Haut bedeckten Knollen. Die schmalen, mit der Blüte zugleich erscheinenden Blätter sind lineal, dunkelgrün, mit einem weißen Mittelnerv. Der sehr lange Griffel endigt in eine dreiteilige, erweiterte, hochrote Narbe. Er stammt aus dem Orient, wird aber hier und da im großen gebaut wegen der Narben der Blüten, die den bekannten Safran liefern. Der S. wird jetzt wenig angewendet. Die alten Ärzte rühmten ihn in der Melancholie, in hypochondrischen und hysterischen Beschwerden, im Asthma, Husten, Magenkrampf, ferner in dem wegen Trägheit und Krampf zurückgeahltenen monatlichen und Kindbettfluß. Äußerlich wird er zur Zerteilung träger Abzesse benutzt und zu diesem Zweck erweichenden Breiumschlägen zugesetzt. Innerlich gibt man das Pulver zu 3-10 Gran oder der Aufguß aus $\frac{1}{2}$-1 Drachme oder die Tinktur zu 10-20 Tropfen. Zur Bereitung des Safransirups digeriert man 1 Lot Safran mit 1 Pfund weißem Franzbranntwein einige Stunden lang und löst alsdann in 20 Lot der vorher ausgepreßten Flüssigkeit bei gelinder Wärme $1\frac{1}{2}$ Pfund weißen Zucker auf. Nach erfolgter Auflösung filtriert man durch ein Sieb. Der Sirup ist in der Kinderpraxis beliebt. Außerdem wird der Safran zur Bereitung mehrerer zum Teil sehr zusammengesetzter Kompositionen benutzt.

Anwendung nach dem homöopathischen Prinzip. Der Safran paßt vorzüglich bei Anlage zu Blutkongestionen

FIG. 98

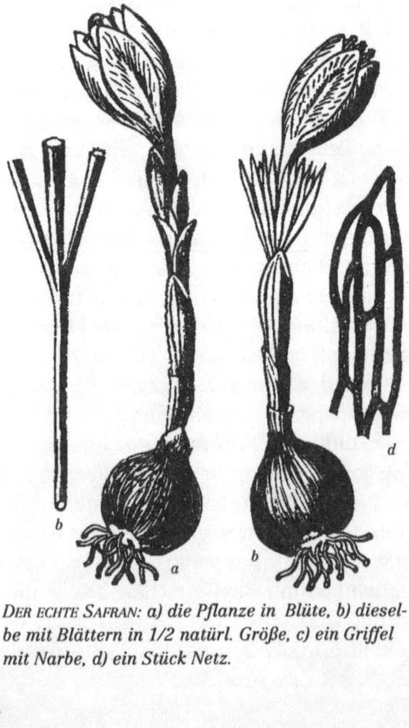

DER ECHTE SAFRAN: a) die Pflanze in Blüte, b) dieselbe mit Blättern in 1/2 natürl. Größe, c) ein Griffel mit Narbe, d) ein Stück Netz.

und zu Entzündungen, er eignet sich ganz bersonders für hysterische, zu Krämpfen oder zu Abortus disponierte, in den klimaterischen Jahren sich befindende Individuen. Zustände, welche sich durch einen auffallenden Wechsel entgegengesetzter Erscheinungen auszeichnen, geben eine spezifische Anzeige für den Safran ab. Man wendet den S. an bei Blutflüssen, Veitstanz, krampfhaftem Gähnen, Melancholie, Schwindel und Kopfweh, hartnäckigem Augenliderkrampf, Nasenbluten, Menstruationsbeschwerden, Mutterblutflüssen, Brustfellentzündung.

Gabe: 1 Tropfen der reinen Tinktur oder der 1., 2. Verdünnung, alle ½, 2, 3 Stunden oder täglich 2-3mal wiederholt.

In der Tierheilkunde wird der S. bei der Staupe der Hunde, bei Mangel an Wehen zur Zeit der Geburt als Arzneimittel empfohlen, ist aber zu teuer und durch andere Mittel zu ersetzen.

Safranbaum *(Memecylon)*, Gattung der Memecylonieen. Der malabarische S. *(M. malabaricum)* ist baumartig und findet sich in den Wäldern Malabars. Aus der mit Öl gekochten Wurzel bereitet man dort eine Einreibung gegen gichtische Schmerzen; der Saft der Blätter, hinter den Ohren angebracht, soll gegen die Triefäugigkeit heilsam sein. Der schildförmige S. *(M. scutellatum)* ist ein Bäumchen von 8 Fuß Höhe mit abstehenden Ästen und wächst in Cochinchina. Die zusammenziehenden Beeren werden als ein stärkendes Arzneimittel angewendet und sollen ähnliche Kräfte wie die Früchte der Myrthe besitzen.

Sagapenumharz *(Gummi Sagapenum)* wurde früher vom persischen Steckenkraut *(Ferula persica)* abgeleitet; jetzt weiß man, daß dies nicht der Fall ist und daß das Sagapenum zu jenen Arzneistoffen gehört, dessen Abstammung unbekannt ist, wenn man gleich fast mit Bestimmtheit behaupten kann, daß eine Art von Ferula (vielleicht *F. Szewitziana*) oder eine sehr nahe verwandte Pflanze dasselbe liefern. Es kommt in der Wirkungsweise mit dem Stink-Asant und dem Gummiharz überein, wird jedoch heute selten gebraucht.

Sagopalme *(Sagus)*, Gattung der Palmen. Die echte S. *(S. Rumphii)* hat einen kurzen, aber mehrere Fuß dicken stamm, welcher ganz mit einem weißen, weißen, mehlreichen Mark ausgefüllt ist. Getrocknet liefert dasselbe das sogenannte Sago, von dem ein einziger Baum im 15. Jahr schon an 600 Pfund enthält. Diese Palme ist ein wichtiges Gewächs für den südlichsten und südöstlichsten Teil Asiens, indem das Sago auch zu Brot gemacht, daselbst eine tägliche Nahrung bildet. Sago liefern auch der mehlreiche S. *(S. farinifera)* und der Wein-S. *(S. Raphia)*.

Salamanderbaum *(Stilago)*, Gattung der Antidesmaceen. Die lorbeerblätterige S. *(S. Bunius)* ist ein mittelgroßer Baum Ostindiens, dessen saftige Blätter, schleimig und fast wie Sauerampfer schmeckend, als Gemüse genossen und auch bei syphilitischen Krankheiten für heilsam gehalten werden; die Früchte wendet man wie Johannisbeeren an.

Salbei *(Salvia)*, Gattung der Lippenblütler. Der gemeine S. *(S. officinalis)*, Garten- oder Königs-S. (Fig. 99) ist eine Art Halbstrauch des mittelländischen Bassins, besonders aber Südfrankreichs und Dalmatiens, wo er in der Olivenregion wächst. Er hat aufrechte, 1-2 Fuß hohe, vierkantige Stengel, welche wie die gestielten, gegenständigen, länglichen, gekerbten wohlriechenden Blätter graufilzig sind. Die großen, dunkelvioletten Blüten stehen in aus Quirlen zusammengesetzten Ähren. Die Blumenkrone ist zweilippig, die Oberlippe gewölbt, die Unterlippe dreispaltig mit großem Mittelzipfel. In Gärten häufig gezogen. Die ganze Pflanze riecht sehr eigentümlich, stark und durchdringend aromatisch, schmeckt bitterlich gewürzhaft, etwas adstringierend. Die Salbeiblätter wer-

FIG. 99

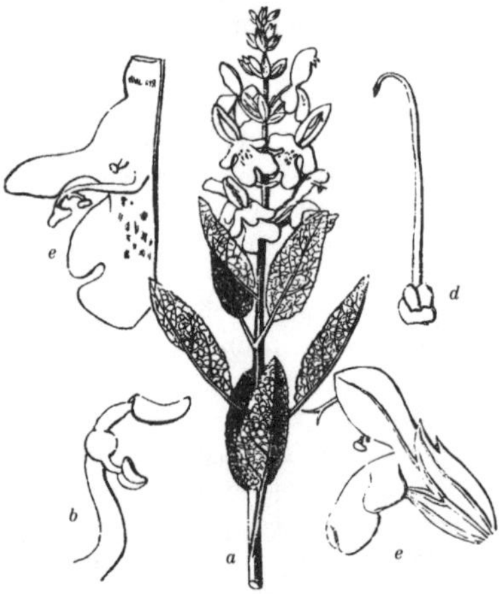

DER GEMEINE SALBEI: a) ein Stengel in 1/3 natürl. Größe, b) ein Fruchtknoten mit Griffel, c) eine ausgebreitete Blume, d) ein Fruchtknoten mit Griffel, e) eine Blüte, seitlich.

den wegen ihres Gehaltes an Gerbstoff vorzugsweise bei übermäßigen Ab- und Aussonderungen mit dem Charakter der Reizlosigkeit angewendet, so bei starken Schweißen, wie sie besonders bei Lungensüchtigen auftreten, bei zu häufiger Milchabsonderung, bei übermäßiger Menstruation und Schleimerzeugung. Äußerlich gegen skorbutisches Zahnfleisch, Schwämmchen, gegen Geschwülste des Zäpfchens, der Mandeln, wenn sie von Erschlaffung herrühren. Das Pulver gibt man zu 1 Skrupel, den Aufguß macht man aus 2-4 Drachmen. Die trockenen Blätter verwendet man zu trockenen Bähungen. Offizinell sind auch das Salbei-Wasser und das Salbei-Extrakt; letzteres nimmt man zu ½-1 Drachme des Tages.

In der Tierheilkunde werden die Salbeiblätter bei chronischen Katarrhen der Atmungs-, Verdauungs- und Geschlechtsorgane, bei chronischen Durchfällen, innerlich und äußerlich, dann bei Quetschungen, Blutergüssen, schlaffen, atonischen Geschwüren, beim brandigen Absterben äußerer Hautpartien, bei Entzündungen der Maul- und Rachenschleimhaut äußerlich, am besten in der Form eines Aufgusses entweder für sich allein oder mit anderen herben, oder mit ätherisch-öligen Substanzen angewendet.

Andere Arten der Salbei sind der Muskateller S. *(S. Sclarea),* großes Scharlachkraut, der gegen krampfartige Beschwerden und andere Nervenleiden, dann bei Schleimflüssen etc. gebraucht wurde und der schopfige S. *(S. Horminum),* der wie die vorige Art gebraucht wird.

Salep ☞ **Ragwurz**

Salzkraut *(Salsola),* Gattung der Gänsefußgewächse. Das gemeine S. *(S. Kali)* wächst häufig am Seestrand, an Salzquellen. Aus dieser und den anderen Arten wird Soda oder Natron gewonnen.

Salztraube *(Anabasis),* Gattung der Gänsefußgewächse. Die blattlose S. *(A. aphylla)* findet sich häufig auf tonigsalzigem Boden in Nordafrika und im ganzen Orient. Eine Abkochung dieses Strauches soll gegen Flechten und andere Hautkrankheiten wirksam sein; übrigens wird daraus viel Soda gewonnen und in Persien der krautige Teil zum Reinigen der Wäsche gebraucht.

Samadere *(Samadera),* Gattung der Simarubengewächse. Die indische S. *(S. indica)* ist ein Baum von 30 Fuß Höhe, auf der indischen Halbinsel, in Ceylon und Java einheimisch. Wurzel, Rinde, Blätter und Samen sind sehr bitter und werden dort bei Schwäche des ganzen Verdauungs-Apparates, bei Diarrhöen und Ruhren angewendet.

Samtblume *(Tagetes),* Gattung der Kompositen. Die gemeine S. *(T. patula),* Totenblume, ist in Mexiko einheimisch. Blätter und Blüten riechen sehr stark, durchdringend, aber unangenehm, schmecken aromatisch-bitterlich und werden von den Eingeborenen in Mexiko häufig als stimulierende, harn- und urintreibende, die Menstruation befördernde, in etwas größerer Gabe brechenerregende Mittel, sowie auch gegen Wechselfieber, bei mehreren Kachexien von Stockungen im Unterleib angewendet. Das ätherische Öl aus T. glandulosa versuchsweise gegen Würmer angewendet, hat gute Dienste geleistet.

Samtpappel *(Abutilon)*, Gattung der Malvengewächse. Die gemeine S. *(A. Avicennae)*, Bastard-Eibisch, findet sich im südlichen Europa und in Mittelasien. Vetritt vollkommen die Stelle des Eibischs und der Malven. In China wird sie auch anstatt des Hanfes oder Leins gebaut. Die stumpffrüchtige S. *(A. populifolium)* wächst in ganz Ostindien, besonders auf tonigem oder sandigem Boden. Diese Art und die starkriechende S. *(A. graveolens)*, die filzige S. *(A. tomentosum)* und die flachblumige S. *(A. mauritianum)* sind in Ostindien im arzneilichen Gebrauch.

Sandbüchsenbaum *(Hura)*, Gattung der Wolfsmilchgewächse. Der gemeine S. *(H. erepitans)* ist ein Baum Westindiens und Südamerikas von 60-80 Fuß Höhe. Der Milchsaft ist sehr scharf; die angenehm schmeckenden Samen dienen als ein drastisch-purgierendes und brechenerregendes Mittel, die Blätter mit Öl aufgegossen bei rheumatischen Schmerzen. Die nicht völlig reifen Früchte braucht man dort, nach herausgenommenem Samen, allgemein als Streusandbüchsen.

Sanddorn *(Hippophae)*, Gattung der Oleastergewächse. Der gemeine S. *(H. Rhamnoides)*, Seedorn, Weidendorn, ist ein Strauch von 4-6 Fuß Höhe, bisweilen aber auch viel höher, fast baumartig und 12-16 Fuß hoch. Am Meeresufer von der Ostsee bis zum Mittelmeer; im Inneren von Europa an Flußufern, ebenso im nördlichen Asien. In Norwegen benutzt man ein Decoct der jungen Äste, Blätter und Blüten anstatt des gewöhnlichen Holztrankes gegen rheumatisch-gichtische Beschwerden, Hautkrankheiten u.s.w. Die sehr saueren, angenehm schmeckenden Früchte werden in Finnland und Lappland sowie von den Mongolen den Speisen zugesetzt.

Sandoribaum *(Sandoricum)*, Gattung der Meliaceen. Der indische S. *(S. indicum)* ist ein zierlicher Baum Ostindiens mit einer großen, kugeligen, dichten Krone. Die süßlich-saueren, weinartigen Früchte genießt man als Zutat an Speisen nach Art der Zitronen oder vor der völligen Reife in Zucker eingelegt als Delikatesse oder braucht die aromatische Wurzel gegen Koliken, Diarrhöen oder andere Verkältungskrankheiten und die Blätter auch äußerlich bei Quetschungen und Geschwülsten.

Sanikel *(Sanicula)*, Gattung der Doldenpflanzen. Der gemeine S. *(S. europaea)* ist eine Schirmpflanze in fast allen gebirgigen, schattigen Wäldern von Europa, welche zu den Sommergewächsen gehört, hat eine holzige, schwarze Wurzel, auf welcher sich auf langen Stielen 2 Zoll lange, 3 Zoll breite, rundliche, glatte, glänzend-grüne Blätter erheben, zwischen denen sich ein 2 Fuß hoher oben dreifach geteilter Stengel mit weißen Doldenblumen befindet. Wurzel und Blätter wurden früher als eines der vortrefflichsten Wundmittel sowie zur Heilung von innerlichen und äußerlichen Geschwüren, aber auch zur Zerteilung und Auffassung von inneren Blut-Extravaseten u.s.w. angewendet: Heute ist diese etwas scharfe und adstringierende Pflanze fast ganz außer Gebrauch. Der marylandische S. *(S. marylandica)* wächst in Laubwäldern des südlicheren Teiles der Vereinigten Staaten von Nordamerika. Die petersilienartig schmeckende Wurzel wird in Nordamerika (wo sie auch schwarze Schlangenwurzel heißt) gegen mehrere Krankheiten gerühmt und ihre Fasern unter anderem auch als ein Haarseil bei Geschwülsten der Pferde gebraucht.

Sandelbaum *(Santalum)*, Gattung der Santaleen. Der weiße S. *(S. album)* ist ein ansehnlicher Baum in Berggegenden der ostindischen Halbinsel, in Malabar, sowie auf Timor und den kleinen Sundainseln. Von diesem Baum stammt das seit den Zeiten der Araber in die Medizin eingeführte Sandelholz und zwar das weiße sowohl als das gelbe. Das weiße Sandelholz ist ein für die Medizin unbrauchbarer Stoff; das gelbe gehört zu den ätherisch-öligen Heilmitteln, wirkt belebend auf das Gefäßsystem, dabei auch auf den Verdauungs-Apparat und auf die Schleimhäute; ist jedoch heute in Europa fast gar nicht mehr im Gebrauch (nur zum Räuchern); im ganzen südlichen Asien ist es ein sehr wichtiger Handelsartikel. Das Holz des myrtenblätterigen S. (*S. myrtifolium)* soll keinen oder nur einen schwach angenehmen Geruch besitzen und bloß als weißes Sandelholz im Handel vorkommen. Das rote Sandelholz ist ein Bestandteil des Brusttees. Freycinets S. *(S. Freycinetarium)* liefert ein Sandelholz, das sehr wohlriechend ist und seit einigen Jahren stark nach Ostindien ausgeführt wird.

Sanseviere *(Sanseviera),* Gattung der Liliengewächse. Die ceylanische S. *(S. zeylanica)* wächst in Ceylon. Die Wurzel wird in Ostindien bei chronischem Husten und in mehreren Abzehrungskrankheiten angewendet. Die wollhaarige S. (S. lanuginosa) findet sich in Malabar. Alle Teile der Pflanze, vornehmlich aber die Blätter dienen daselbst gegen viele Augenkrankheiten. Die Wurzel der strauchigen S. (s. fruticosa) wird auf den Molukken gegen Schleimflüsse, sowie die Blätter äußerlich bei gelähmten Gliedern gebraucht.

Santoline *(Santolina),* Gattung der Kompositen. Die cypressenartige S. *(S. Chamaecyparissus),* Gartencypresse, ist gemein im südlichen Europa, in Gärten häufig kultiviert. Alle Teile dieser Pflanze riechen sehr stark und durchdringend aromatisch; früher war sie ihrer reizenden, zerteilenden, krampfstillenden, wurmwidrigen Heilkraft wegen offizinell und wird in ihrem Vaterland mit Recht noch fortwährend angewendet. In Spanien braucht man das Decoct der rosmarinblätterigen S. *(S. rosmarinifolia)* gegen mancherlei Hautkrankheiten. Die wohlriechendste S. *(S. fragrantissima)* wächst auf wüsten sandigen Stellen in Ägypten, Arabien und im Orient. Diese sehr angenehm und stark duftende Art ist in ihrer Heimat als ein kräftiges Reizmittel, sowie gegen Geschwülste und Augenentzündungen sehr geschätzt.

Sapium *(Sapium),* Gattung der Wolfsmilchgewächse. Das gehäuft-ährige S. *(S. Hippomane)* ist ein Baum Westindiens von 20-50 Fuß Höhe. Der aus allen Teilen reichlich ausfließende Milchsaft ist beinahe ebenso giftig wie jener des Mancinellenbaumes und wird gleich dem Extrakt der Blätter ebenso wie dort gebraucht. Das ostindische S. *(S. indicum)* ist ein Baum von mittlerer Größe; der brennend scharfe Milchsaft ist sehr giftig; die Blätter braucht man gegen Geschwüre und zum Wegbeizen von Auswüchsen, sowie im erhitzten Zustand als ein ableitendes und krampfstillendes Mittel.

Saracha *(Saracha),* Gattung der Nachtschattengewächse. Die gestreckte S. *(S. procumbens)* wächst in Peru, wo die Blätter dort äußerlich als schmerzstillend, erweichend, reinigend, bei entzündlichen Geschwülsten häufig gebraucht werden. Die gedrehte S. *(S. contorta)* wird ebenfalls zu erweichenden, schmerzstillenden Umschlägen verwendet.

Sarmienta *(Sarmienta),* Gattung der Gesneraceen. Die kriechende S. *(S. repens)* wächst auf Bäumen in Chili. Die Blätter werden iher erweichenden Eigenschaft wegen vorzüglich zur Ausrottung von Leichdornen und Schwielen angewendet.

Sarsaparille ☞ Smilax

Sassafrasbaum *(Sassafras),* Gattung der Lorbeergewächse. Der gebräuchliche S. *(S. officinalis),* (FIG. 100), erreicht eine Höhe von 50 Fuß, während er in schlechtem Boden Strauch bleibt. Die Krone ist überaus stattlich. Die Blätter sind oval, an der Spitze stumpf, zwei- bis dreilappig. Die Blüten stehen in Dolden und sind durchaus mit Ölbe-

FIG. 100

DER GEMEINE SASSAFRASBAUM: a) ein Zweig mit Frucht in natürl. Größe, b) mit männlicher Blüte, c) mit weiblicher Blüte, d) ein Pistill, alles viermal vergrößert, e) und f) sind Staubgefäße, alles fünfmal vergrößert.

haltern versehen. Die Frucht ist indigoblau einfächerig. Der Same ist kugelig. Offizinell ist das Holz, doch ist die Rinde an wirksamen Bestandteilen noch reicher als jenes. Man wendet das Sassafrasholz an gegen langwierige, doch nicht sehr bedeutende rheumatische und gichtische Beschwerden mit dem Charakter der tropiden Atonie in den Verdauungsswegen, gegen flechtenartige Hautausschläge, Skropheln, Wassersucht, gegen Schleimflüsse der Luftwege und des Darmkanals. Man gibt Holz und Rinde im Aufguß zu $1/2$-1 Unze auf 1 Pfund Kolatur meistens in Verbindung mit Quajakholz, Sassaparille, Kletterwurzel etc. Ist auch ein Bestandteil des Holztees, welcher folgendermaßen zusammengesetzt ist: $1/2$ Pfund Sassaparillawurzel, ebensoviel Bardanawurzel, 3 Unzen Süßholzwurzel, ebensoviel rotes Sandelholz, 1 Pfund Wachholderholz, ebensoviel Quajakholz und Sassafrasholz werden zerschnitten und gemischt.

Sassaparille ☞ **Smilax**

Saturei *(Satureia),* Gattung der Lippenblütler. Der gemeine S. *(S. hortensis),* Bohnenkraut, Pfefferkraut, hat einen ästigen Stengel, schmale, lineallanzettliche, ganzrandige Blätter und violettrötliche Blüten. Ist im südlichen Frankreich und Italien einheimisch, wird bei uns häufig in Gärten gezogen, hat einen durchdringend aromatischen, ziemlich angenehmen Geruch und einen gewürzhaft bitterlichen Geschmack. In der Medizin wird diese Pflanze selten, dagegen häufig als Küchengewürz gebraucht.

Sauerampfer ☞ **Ampfer**

Sauerdorn ☞ **Berberitze**

Sauerklee *(Oxalis),* Gattung der Sauerkleegewächse. Der gemeine S. *(O. Acetosella),* Hasenklee, Hasenampfer, Kleeholzkraut, Ampferklee, Kuckucksklee, Alleluja, ist ein kleines Pflänzchen mit kriechendem Wurzelstock, grundständigen dreizähligen Blättern, verkehrt herzförmigen Blättchen und einblütigen in der Mitte von zwei Deckblättern unterstützten Blütenstielen. Den Sauerklee findet man häufig in schattigen Wäldern. Wurzelstock, Blatt- und Blütenstiele sind rötlich und die Blätter durch einen angenehmen säuerlichen Geschmack ausgezeichnet, der von der Kleesäure (Oxalsäure) herrührt, die jetzt auf künstlichem Weg dargestellt wird. Nach den von Mitscherlich angestellten Versuchen ist die Kleesäure ein sehr starkes Gift, der Zitronensäure und der Weinsäure sehr ähnlich, aber stärker wirkend. In sehr kleiner Gabe ist sie wie die verwandten Säuren kühlend und wurde früher in ähnlichen Fällen wie die Weinsäure ohne Nachteil gereicht. Da sie aber keine Vorzüge vor dieser und der Zitronensäure hat, so unterläßt man ihre Anwendung gänzlich. Der zusammengedrückte S. *(O. compressa)* enthält noch mehr Kleesalz als die vorige Art. Der violette S. *(O. violacea),* in Nordamerika einheimisch, wird dort wie der gemeine S. gebraucht. Der kriechende S. *(O. repens)* findet sich in Ceylon, Madagaskar, am Kap und in Brasilien. Wird in Brasilien gleich einigen anderen Arten als ein kühlendes Heilmittel bei bösartigen Fiebern angewendet. Der dickstengelige S. *(O. cras-*

sicaulis) wächst in Mexiko, Kolumbien und Peru. Die Knollen kommen im Geschmack den besten Kartoffeln gleich und sind weit verdaulicher als diese; das sehr üppig wachsende, angenehm sauer schmeckende Kraut gibt nach Art des Sauerampfers ein wohlschmeckendes, letzteren an Zartheit übertreffendes Gemüse, und es dürfte somit diese Art für die Folge einen nicht unbedeutenden Rang unter unseren ökonomischen Pflanzen einnehmen. Plumier's S. *(O. Plumieri)* wird auf den Antillen sowohl als ein angenehmes Gemüse gegessen, wie auch gegen entzündliche und gallige Fieber angewendet. Der neunblätterige S. *(O. enneaphylla)* wächst auf den Malvinen und Falklandsinseln. Blätter und Blüten sind kühlend, erfrischend, erstere auch scharf und antiskorbutisch, die knolligen Wurzeln aber wohlschmekkend und werden dort als Salat gegessen.

Saumfarn ☞ **Adlerfarn**

Saumnarbe *(Lomatogonium),* Gattung der Gentianaceen. Die furchige S. *(S. sulcatum)* wächst auf Wiesen und Triften in Sibirien, jenseits des Jenissei bis Kamtschatka, dann an der Hudsonbai, aber auch in Island und Norwegen. Das Kraut wird in Sibirien sowie jenes mehrerer Enziane auf Wunden gelegt und der Aufguß desselben, besonders aber der Früchte, als ein bitter aromatischer Tee bei Magenschwäche etc. getrunken.

Schachblume *(Fritilaria),* Gattung der Liliaceen. Die Kronen-S. *(F. imperialis),* Kaiserkrone, ist eine sehr bekannte Pflanze, die vor Zeiten offizinell war. Sie ist scharf und soll sebst giftig wirken. Der Honigsaft der Blumen wirkt brechenerregend.

Schafgarbe *(Achillea),* Gattung der Kompositen. Die gemeine S. *(A. Millefolium),* Sichelkraut (FIG. 101), hat einen ästigen Wurzelstock, aufrechte Stengel, doppelt-fiederteilige, vielspaltige Blätter. Die sehr kleinen Blütenköpfchen haben nur fünf weiße Strahlenblüten und einige röhrige,

FIG. 101

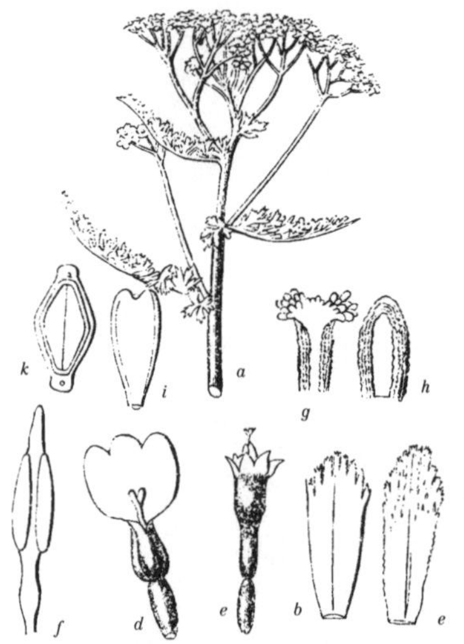

DER GEMEINE SCHAFGARBE: a) ein Stengelgipfel in 1/3 natürl. Größe, b) und c) sind Spreublätter, d) eine Randblüte, e) eine Scheibenblüte, f) ein Staubgefäß, g) eine Narbenspitze aus Scheibenblüten, h) eine dergleichen aus Randblüten, i) eine Frucht, k) dieselbe im Querschnitt.

gleichfarbige Blüten. Diese Pflanze ist auf Wiesen und Wegen sehr gemein und blüht vom Juli bis September. Die Blätter sind frisch von einem balsamischen Geruch und einem bitteren, gewürzhaften Geschmack. Blätter und Blüten sind ein kräftiges, stimulierendes, dabei tonisches Arzneimittel. Ältere Ärzte rühmten sie bei Trägheit der Verdauung mit Säureerzeugung, in den krampfhaften Anfällen hypochondrischer und hysterischer Personen, bei zu häufigem Hämorrhoidal- und Monatsfluß, bei Schleimflüssen der Harnwege. In der neuesten Zeit hat sich Richard der beinahe ganz in Vergessenheit geratenen Schafgarbe wieder angenommen und sie bei einer Röteln- und bei einer Scharlachepidemie, ferner bei Konvulsionen zahnender Kinder, bei Menstruationsbeschwerden sehr wirksam gefunden. Coates empfiehlt sie gegen Gebärmutter- und Lungenblutungen. Man macht einen Aufguß aus 2-4 Drachmen und gibt das

Extrakt zu 1 Drachme des Tages.

In der Tierheilkunde wird die S. bei Krampfkoliken, Durchfällen u. dgl. gegeben und soll sich auch gegen plötzliche Abnahme der Milch bei Kühen, wenn sie durch keine anderen Krankheiten bedingt ist, hilfreich zeigen. Aufgüsse derselben benutzt man auch zum Bähen unreiner Geschwüre und zu Einspritzungen in derart beschaffene Hohlgänge, zu Waschungen bei Quetschungen und Blutergüssen in das Unterhautbindegewebe.

Die edle S. *(A. nobilis)* wächst in mehreren Gegenden Deutschlands auf sonnigen Hügeln und Bergen, scheint die gemeine Schafgarbe an Kräften noch zu übertreffen und verdient äußerlich bei Wunden und gegen Blutflüsse den Vorzug. Die moschusartige S. *(A. moschata)*, auch Ivapflanze, Genipi-Garbe, wahrer Genip genannt, wächst auf den höchsten Alpen Mitteleuropas, riecht durchdringend und angenehm aromatisch, schmeckt brennend gewürzhaft und bitter, und ist bei den Alpenbewohnern mit Recht als ein kräftig stimulierendes und tonisches Heilmittel sehr berühmt und kommt zu dem sog. Schweizertee, welcher den Schweiß sehr stark treibt. Neuester Zeit wird diese Pflanze zur Bereitung eines Likörs benutzt. Die klebrige S. *(A. Ageratum)* riecht ungemein stark, aber nicht angenehm aromatisch, schmeckt ebenso, zugleich bitterlich und war früher gegen Magenbeschwerden, Atonie der Unterleibsorgane, fehlende Menstruation etc. gebräuchlich. Der Bertram-S. *(A. Plarmica)*, Wiesen-Bertram, weißer Dorant, wilder Dragun, wächst auf feuchten Wiesen, an Gräben, Bach- und Flußufern in Europa, Asien und Nordamerika. Wird heute nur noch als Hausmittel gebraucht. Die wohlriechende S. *(A. odorata)* wächst vornehmlich im südlichen Europa in rauhen Berggegenden, doch auch in Deutschland wild. Die ganze Pflanze hat einen lieblichen aromatischen Geruch und besitzt wahrscheinlich arzneiliche Kräfte, daher sie der Untersuchung der Ärzte zu empfehlen ist. Die Zwerg-S. *(A. nana)* findet sich auf den schweizerischen und piemontesischen Alpen und wird ebenfalls zu dem Schweizertee genommen. Die schwärzliche S. *(A. atrata)* ist den österreichischen und steierischen Alpen eigen und hat alle übrigen Eigenschaften mit der moschusartigen Schafgarbe gemein, nur ist sie noch aromatischer.

Homöopathie. Die gemeine Schafgarbe hat sich einen großen Ruf in Stillung von Blutungen aller Art erworben und paßt daher bei Blut-Kongestionen nach Kopf und Gesicht, den Lungen, Herzen, etc. bei Blutungen aus der Nase, den Lungen, dem Mastdarm, bei übermäßigen Hämorrhoidalblutungen, Blutharnen, Bluthusten.

Gabe: 1-2 Tropfen der 1. Verdünnung oder der reinen Tinktur nach Umständen alle 2, 4, 6, 8 Stunden wiederholt.

Schierling *(Conium)*, Gattung der Doldengewächse. Der gefleckte Sch. *(C. maculatum)*, großer oder Erd-Sch., hat eine spindelige zweijährige Wurzel und einen aufrechten, 3-7 Fuß hohen, sehr ästigen, kahlen, bläulich bereiften und meist braunroten Stengel. Die Blätter sind dunkelgrün, glänzend, die unteren dreifach, die oberen doppelt gefiedert; die Dolden zahlreich, beinahe flach, mit zehn bis zwanzig an der inneren Seite schärflichen Strahlen. Die lanzettlichen Hüllblätter sind kürzer als die Döldchen. Offizinell ist das Kraut, welches am besten beim Beginn der Blütezeit einesammelt wird. Außer einem flüchtigen, sehr scharfen Öl, Harz und mehreren Salzen ist der wesentliche Bestandteil desselben eine alkalische, kristallisierbare Substanz, das Coniin, welches bei gewöhnlicher Temperatur von ölartiger Konsistenz ist und die giftigen Wirkungen des Schierlings im höchsten Grade besitzt. Man wendet diese Pflanze an bei schmerzhaften Zuständen, bei Nervenleiden, bei Gesichtsschmerz, Ohr- und Zahnschmerz, bei übermäßiger Empfindlichkeit der Netzhaut, bei Lichtscheue und daher entstandenem Augenliderkrampf, bei schmerzhaften Zuständen in den verschiedenen Organen, bei Keuchhusten, krampfhaftem Zusammenziehen des Blasenhalses und der Gebärmutter sowie einzelner Muskeln und Muskelpartien und gegen Starrkrampf. Die Beobachtungen der alten Ärzte, daß der S. die Aufsaugung im hohen Grade begünstige und Geschwülste, besonders drüsiger Organe, durch Schwund derselben entferne, wird auch noch heute durch die Erfahrung bestätigt. Bei chronisch entzündlichen Zuständen der Drüsen, besonders der Lymph- und Gekrösdrüsen, wie sie besonders bei Skrophulose vorkommen, bei dergleichen Zuständen in der Brustdrüse, bei übermäßigem Wachstum drüsiger und muskulöser Organe sind am häufigsten günstige Erfolge nach dem Gebrauch des gefleckten Schierlings wahrgenommen worden. Auch ist es sicher, daß er gegen chronische Hautausschläge, gegen syphilitische Zustände in den Knochen, gegen rheumatische und gichtische Zustände in den Empfindungsorganen gute Dienste leistet. Die Ärzte geben selten innerlich das Pulver der Blätter, häufiger verwendet man äußerlich das frisch zerquetschte Kraut (zur Zeit der beginnenden Blüte der Pflanze gesammelt) als Umschlag auf schmerzhafte Stellen, aber wo dieses nicht zu Gebote steht, das gröblich zerkleinerte Pulver, das man zu Breiumschlägen in Verbindung mit Bilsenkraut, Leinsamenmehl etc. oder als Aufguß zu Bähungen, Bädern, Einspritzungen gebraucht. Am häufigsten wendet man das Extrakt an, und sind das alkoholische Blätterextrakt und das alkoholische Samenextrakt sehr wirksam und würde jenes zu ½-1 Gran, dieses zu 1-3 Gran zu reichen sein. Die durch einen kalten Auszug des Krautes mit Alkohol erhaltene Tinktur ist insofern verläßlicher als das Extrakt, weil sie der wirksame Bestandteil, das Coniin nicht so leicht zersetzt oder verflüchtigt wird. Man nimmt sie zu 10-20 Tropfen einigemal des Tages. Man bereitet die Tinktur (für Nichtärzte die passendste Form), indem man 5 Unzen Blätter und 1 Maß Spiritus nimmt, das ganze 7 Tage lang mazeriert, dann auspreßt und durchseiht. Das Schierlingspflaster, welches zerteilend und schmerzstillend ist, wird erhalten, indem man 1 Pfund Schweinefett, 2 Pfund gelbes Wachs, 2 Unzen gemeinen Terpentin flüssig macht, durchseiht und mit 3 Unzen pulverisiertem Extrakt und ½ Pfund pulverisiertem Kraut innig mischt und zum Pflaster macht.

In der Tierheilkunde hat man den Schierling als ein auflösendes, zerteilendes und umstimmendes Mittel innerlich gegen Rotz und Wurm, gegen bösartige Drüse, gegen Lungenknoten, gegen Verhärtungen, besonders in drüsigen Organen, deshalb hauptsächlich gegen Krebs, Wassersuchten und ödematöse Anschwellungen in Folge der zu geringen Tätigkeit der Venen und Lymphgefäße u. dgl. benutzt, auch besonders gegen Entzündung und Verhärtung der Euter empfohlen, und äußerlich hält man ihn häufig für spezifisch heilsam bei erhärteten schmerzhaften Geschwülsten, besonders in drüsigen Gebilden, bei Krebs, bei Flecken und Verdunkelung der Hornhaut und selbst gegen Ausschwitzungen und Verdunkelungen im Innern des Auges. Das trockene Kraut kann bei größeren Haustieren zu 30-90 g, Schafen und Ziegen zu 45 g, Hunden zu 1-4 g in einer Gabe (das frische Kraut oder der ausgepreßte Saft in der doppelten Menge) und täglich zweimal gegeben werden. Die Anwendung geschieht in Pillen, in Latwergen oder im Decoct und mehrenteils in Verbindung mit anderen entsprechenden Mitteln, besonders mit Spießglanz, Quecksilber, Tierkohle etc. Äußerlich benutzt man sowohl das trockene wie das frische Kraut zu Breiumschlägen und das Decoct zum Bähen der verhärteten oder schwärenden Teile, ähnlich wie das Bilsenkraut. Das aus dem Erdschierling bereitete Extrakt ist in der Tierheilkunde nicht gebräuchlich, es kann aber bei den obengenannten Krankheiten den Schafen, Ziegen, Schweinen und Hunden zu 0,6-2,0 g gegeben und äußerlich bei Drüsenleiden und Augenfehlern recht gut, sowohl für sich allein (in Auflösungen, 1 Teil zu 30-40 Teilen destillierten Wassers) oder als Zusatz zu roter oder grauer Merkurialsalbe benutzt werden.

Anwendung nach dem homöopathischen Prinzip. Der gefleckte Schierling paßt bei Traurigkeit, Hypochondrie, Ängstlichkeit, Unmut und Trübsinn, Unlust zur Arbeit, Vergeßlichkeit und Schwäche im Kopf, Ausfallen der Haare auf dem Kopf, Brausen und Klingen in den Ohren, häufigem Aufstoßen, Sodbrennen, Magenkrampf, Leibesverstopfung mit vergeblichem Drang zum Stuhl, hartem Stuhl, Schneiden in der Harnröhre beim Urinieren, bei Mutterkrämpfen, Husten, Engbrüstigkeit, Kälte der Füße und Hände, bei Schwächezuständen des Greisenalters, bei Krämpfen und Anfällen von Schwäche und anderen krankhaften Erscheinungen bei hysterischen Frauen, Fallsucht, Skrophulose, Wassersucht, Gelbsucht, Schlagflüssen, Flechtenausschlägen, Leberflecken, Drüsengeschwülsten, krebsartigen Leiden, bei Brustkrebs, Katarrhalfieber, Hirnkongestionen mit Schwindel, Augenentzündungen, Verhärtung der Leber, Harnzwang, Impotenz, Nachtripper, bei unterdrückter Menstruation, Menstruationsbeschwerden, Mutterkrämpfen, weißem Fluß, Asthma, Lungenentzündung, Lungenschwindsucht.

Gabe: 1-2 Tropfen der Urtinktur (die vollständig ausgebildete Pflanze wird im Juli bis August beim Beginn ihrer Blüte mit Ausschluß der Wurzel gesammelt, um daraus nach Regel 2 die Tinktur zu bereiten) oder der 1. 2. Verdünnung 1-2mal täglich und noch öfters nach Umständen. Bei krebsartigen Zuständen drüsiger Organe wird die äußere Anwendung des S. die innere sehr unterstützen.

Die homöopathischen Tierärzte geben den S. bei dem sogenannten Hautwurm des Pferdes, bei krebsartigen Leiden des Euters der Hunde, bei dem blutigen Ohrenfluß der Hunde; bei Trübung der Hornhaut und Bindehaut des Auges nach traumatischer Augenentzündung (Augenfleck, Augenfell). Innerlich die 3. Verbindung, äußerlich 30 Tropfen Tinktur auf 2 Unzen destilliertes Wasser zum Einpinseln. Ferner bei Anschwellung und Verhärtung drüsiger Gebilde, bei Verdichtung des Zellgewebes nach Quetschungen, Druck, Stoß etc. als Satteldruck, Knieschwamm, Stollbeule; bei flechtenartigen Ausschlägen der Hunde und bei hartnäckigem, trockenem und schmerzhaftem Husten der Pferde.

Gabe: 3. 6. Verdünnung.

Schildblume *(Chelone),* Gattung der Braunwurzgewächse. Die kahle Sch. *(Ch. glabra)* wächst in Nordamerika und wird von den Eingeborenen als ein kräftiges, tonisches, auch Abführen erregendes und gegen Flechtenausschläge heilsames Arzneimittel verwendet.

Schildflechte *(Peltigera),* Gattung der Schildflechten. Die Hunds-Sch. *(P. canina),* Hundsflechte, ist gemein in Wäldern, riecht unangenehm schimmerlich, schmeckt etwas bitter und war lange Zeit als das sicherste Mitel beim Biß toller Hunde im Gebrauch. Die warzige Sch. *(P. aphtosa)* war lange Zeit gegen Aphten gebräuchlich, sollte auch wurmwidrig und drastisch sein.

Schirmpalme *(Corypha),* Gattung der Palmen. Die gemeine S. *(C. umbraculifera)*, 30-40 Jahre alt, hat einen geraden Stamm von 60-70 Fuß Höhe mit 10-15 gestielten, 20 Fuß langen, 10 Fuß breiten Wedeln, die fiederartig handförmig geteilt sind und deren Blätter Falten und dornige Stiele haben. Unter den Wedeln haben 10 Menschen bequem Platz. Findet sich in Ostindien. Der Saft der Fruchtäste bringt Erbrechen hervor und wird auch als Brechmittel in jenen Fällen gegeben, wo nach dem Biß einer giftigen Schlange Schwindel und Irrereden folgt. Aus dem Kolben, wenn man denselben abschneidet, fließt ein Saft, der eingetrocknet als ein starkes Abortivmittel mißbraucht wird. Die Wurzelfasern wendet man auf Java ihrer schleimigen, dabei gelind adstringierenden Eigenschaften wegen gegen Weichleibigkeit, leichte Diarrhöen mit Empfindlichkeit u.s.w. Die Blätter dienen allgemein dort zum Schreiben, so daß die Bücher der Malabaren bloß aus solchen Blättern bestehen, auf welche man mittels eines eisernen Griffels schreibt. Die rundblätterige S. *(C. rotundifolia)* bildet ganze Wälder auf einigen von den Molukken und findet sich auch in Cochinchina. Aus dem Mark des Stammes wird ebenfalls ein Sago bereitet, sowie die jungen unentwickelten Triebe ebenfalls als Palmkohle gegessen werden.

Schlangenähre *(Pholidota),* Gattung der Orchideen. Die dachziegelartige S. *(Ph. imbricata)* wächst in Ostindien. Die Malabaren benutzen die zerquetschten Wurzeln äußerlich, um die Fieberhitze zu mildern, dann auch die ganze Pflanze als Breiumschlag, bei Harnzwang und verhaltener Menstruation, ferner die Knollen zur Reinigung von Geschwüren.

Schlangenbart *(Ophiopogon),* Gattung der Smilaxgewächse. Der japanesische S. *(O. japanicus)* findet sich in Japan, China in Hecken und Gebüschen. Die süßen, schleimigen Wurzelknollen werden von chinesischen und japanischen Ärzten bei Leiden der Brustorgane und des Darmkanals, bei Ruhren etc. sehr häufig verwendet und zugleich für einen der nahrhaftesten vegetabilischen Körper nach dem Salep gehalten.

Schlangenholz *(Ophioxylon),* Gattung der Apocynieen. Das echte S. *(O. serpentinum)* ist ein kahler kletternder Strauch Ostindiens, dessen bittere Wurzel bei den ostindischen Ärzten in großem Ansehen steht und gegen vielerlei Krankheiten, namentlich aber gegen Wechselfieber, Wurmbeschwerden, bei langwierigen Geburten und als ein spezifisches Mittel gegen Schlangenbisse in Anwendung gezogen wird. In größeren Gaben bewirkt sie starkes Purgieren.

Schlangenkraut *(Calla),* Gattung der Aroideen. Das Sumpf-S. *(C. palustris),* Drachenschwanz, wächst an sumpfigen, nassen Orten in Europa. Sonst war die Wurzel als reizendscharfes, zugleich schweißtreibendes Arzneimittel und beim Biß giftiger Schlangen gebräuchlich. Das durchbohrte S. *(C. Dracontium)* findet sich in Südamerika. Die Blätter werden am Demerari bei der Hautwassersucht nützlich als Umschlag angewendet.

Schlangenwurz *(Ophiorhiza),* Gattung der Rubiaceen. Die echte S. *(O. Mungos)* wächst auf Java, Sumatra, Ceylon. Man rühmt sie vornehmlich gegen den Biß der giftigsten Schlangen als ein unfehlbares Mittel, ebenso gegen die Wasserscheu, bösartige Faulfieber und Nervenfieber, aber auch als wurmwidrig.

Schlangenzunge *(Lygodium),* Gattung der Osmundaceen. Die kleinblätterige S. *(L. microphyllum)* ist in Ostindien, auf den Molukken und in Australien einheimisch und wird dort ganz wie bei uns das Frauenhaar gebraucht.

Schlankfrucht *(Ichnocarpus),* Gattung der Hundsgiftgewächse. Die guineasche S. *(I. Afzelii),* wächst in den Hainen und Wäldern Guineas. Eine Abkochung der Blätter und Zweige gilt dort für ein magenstärkendes Mittel.

Schlauchfaden *(Ulva),* Gattung der Fadenalgen. Der breiteste S. *(U. latissima),* Meerlattich, ist gemein in fast allen Meeren und wurde als kühlendes Mitel bei Entzündungen, Podagra etc. gebraucht. Heutzutage mehr als Speise von den Küstenbewohnern genossen. Ebenso ist *U. Lactuca*, Lattich-S. auch als Meerlattich bekannt. Diese Art ist verkehrt-eiförmig, flach, wollig, geschlitzt-kraus, übrigens nur fingerlang und mehr gallertig.

Schleichere *(Schleichera)*, Gattung der Sapindineen. Die dreipaarige S. *(S. triiuga)* ist ein schöner Baum Ostindiens mittlerer Größe, dessen adstringierende Rinde mit Öl gegen Hautkrankheiten gebraucht, das angenehm säuerlich schmeckende und sehr erfrischende Mark der Frucht aber häufig gegessen wird.

Schlingbaum *(Viburnum)*, Gattung der Geisblattgewächse. Der wollige Sch. *(V. Lantana)*, Schwindelbeerbaum, ist ein Strauch von 6-12 Fuß Höhe mit graubrauner Rinde, oben grünen, mit zerstreuten, unten mit dichtstehenden Sternhaaren besetzten und dadurch graulichen, meistens ovalen, stumpflichen, am Grunde ungleich herzförmigen Blättern, weißen Blüten, ovalen, zuerst roten, dann schwarzen, mehligen Beeren. Als Arzneimittel waren früher die Beeren und Blätter gebräuchlich; erstere werden hier und da in der Not gegessen, sind schleimig, unangenehm süß-gelind zusammenziehend und wurden bei katarrhalischen Halsentzündungen und Diarrhöen, auf eine ähnliche Art auch die mehr adstringierenden Blätter angewendet. Die innere Rinde ist scharf und zieht auf der Haut Blasen, und die Äste wurden deshalb als Haarseile bei Krankheiten der Haustiere benutzt. Aus der Wurzel bereitet man allgemein im südlichen Europa einen Vogelleim. Der immergrüne S. *(V. Tinus)*, Bastardlorbeer, wächst an steinigen Plätzen, in Gebüschen des südlichen Europas, im Orient und in Nordafrika. Die Beeren sind drastisch-purgierend und wurden früher bei Wassersuchten in Gebrauch gezogen. Der gemeine S. *(V. Opulus)*, Wasserholder, Schneeball, hat hochrote Beeren; häufig kultiviert man in Gärten eine Spielart mit kugeligen, nur aus großen, unfruchtbaren Blüten zusammengesetzten Trugdolden (der gefüllte Schneeball). Vor Zeiten waren von diesem Strauch die Rinde, Blüten und Früchte offizinell. Sie besitzen fast dieselben Eigenschaften, die schon beim Holunder erwähnt wurden. Die Beeren des sehr nahe verwandten *V. edule* werden in Nordamerika gegessen.

Schlinge *(Periploca)*, Gattung der Asclepiadineen. Die griechische S. *(P. graeca)* ist in Griechenland und im Orient einheimisch. Dieser Strauch enthält einen scharfen, giftigen Milchsaft; auch tötet man damit in einigen Gegenden Asiens die Wölfe; äußerlich aufgelegt, hält man die Blätter für zerteilend. Die brechenerregende Sch. *(P. mauritiana)* findet sich auf den Maskarenen und in Ostindien. Auf der Insel Mauritius dient die Wurzel als ein Surrogat der Ipecacuanha.

Schlitzzahn *(Dryptodon)*, Gattung der Laubmoose. Der polsterförmige Sch. *(D. pulvinatus)* ist gemein auf Mauern, Felsen, Dächern. War sonst zu Umschlägen (in Essig gekocht) bei Blutungen gebräuchlich gewesen.

Schlüsselblume ☞ **Primel**

Schlutte *(Physalis)*, Gattung der Solanineen. Die schlafmachende Sch. *(Ph. somnifera)* ist ein Strauch von 2-5 Fuß Höhe, an dürren, felsigen Stellen, auch am Meeresufer im südlichen Europa und im Orient. Dieses Gewächs ist etwas narkotisch, die Wurzel brauchte man als ein schmerzstillendes und schlafmachendes Mittel, die harntreibenden Beeren aber bei Wassersuchten. Die gemeine Sch. *(Ph. Alkekengi)*, Judenkirsche, wächst auf sonnigen Hügeln, in Weinbergen und Gebüschen des mittleren und südlichen Europas. Die Beeren sind harntreibend und waren gegen Wassersucht, Nieren- und Blasenkrankheiten, auch gegen gichtisch-rheumatische Leiden und ihrer kühlenden Eigenschaft wegen beim Blutspeien gebräuchlich; auch heutzutage finden sie noch in mehreren Ländern, doch häufiger als ein Volksarzneimittel Anwendung und werden auch von Armen und Kindern gegessen. Die klebrige Sch. *(Ph. viscosa)* wächst im nördlichen und südlichen Amerika. Die säuerlichen Beeren sind in Nordamerika ihrer harntreibenden Eigenschaft wegen gebräuchlich. Die peruanische Sch. *(Ph. peruviana)*, Ananaskirsche, findet sich in Südamerika. Die wohlriechenden, säuerlich-süßen Früchte sind dort als Speise (roh oder in Zucker eingemacht) sehr beliebt, und diese Art wird daher häufig, jetzt auch in Ostindien, Neuholland etc. kultiviert; überdies werden die Früchte und die Blätter als ein gelind harntreibendes und auflösendes Heilmittel, auf ähnliche Weise auch die bittere Wurzel angewendet.

Schmalstrahl *(Stenactis)*, Gattung der Kompositen. Der jährige S. *(St. annua)* wächst auf Schutthaufen, Mauern, in Gebüschen und auf Grasplätzen in Nordamerika; jetzt auch in Europa hier und da nicht selten. Die ganze Pflanze wird in Nordamerika als ein harn- und schweißtreibendes Mittel benutzt.

Schmeerwurz *(Tamus)*, Gattung der Orchideen. Die gemeine S. *(T. communis)*, schwarze Zaunrübe, wächst in Hecken, Gebüschen und Wäldern im südlicheren Europa und in England, dann im Orient und Nordafrika. Die Wurzel schmeckt scharf, bitter und wirkt eröffnend, purgierend, harntreibend, in größeren Gaben auch brecheneregend; äußerlich wurde sie bei Quetschungen, bei gichtischen Schmerzen oder gegen den Kropf angewendet. Die jungen Sprossen besitzen ebenfalls scharfe Eigenschaften, verlieren selbe aber durch das Abkochen und werden im Orient als Salat, ferner in England wie Spargel oder junge Hopfenkeime gegessen.

Schmergel *(Orthosporum)*, Gattung der Gänsefußgewächse. Die wohlriechende Sch. *(O. ambrosioides)*, mexikanisches Traubenkraut, spanischer, mexikanischer oder Jesuiten-Tee, ist in Westindien und Südamerika einheimisch, jetzt auch am Kap und in Europa hier und da vorkommend. Die ganze Pflanze riecht stark und durchdringend, sehr eigentümlich aromatisch, schmeckt aromatisch, ein wenige kampferartig, enthält viel ätherisches Öl und Weichharz, dann Gummi etc. und ist ein treffliches, flüchtig-reizendes, bei nervösen Leiden sehr brauchbares Heilmittel. Der gemeine S. *(O. bonus Henricus)*, Dorf-Gänsefuß, Hundsmelde, Hackenschaar, guter Heinrich, wächst auf Schutt- und Misthaufen, um Dörfer, an Zäunen und in Gärten Europas. Vor Zeiten standen die etwas bittere scharfe Wurzel und das schwach-salzig-schleimig schmekkende Kraut als erweichende, zerteilende, reinigende und wundheilende Mittel in nicht geringem Ansehen; erstere wurde insbesondere gegen chronische Hautausschläge, letzteres aber zu Breiumschlägen bei schmerzhaften oder entzündlichen Geschwülsten oder auch innerlich bei Entzündungen sowie gegen Lungensucht etc. angewendet. Die jungen Triebe genießt man in einigen Gegenden wie Spargel und die zarten Blätter als Spinat.

Schmidelie *(Schmidelia)*, Gattung der Sapindineen. Die gesägte Sch. *(S. serrata)* ist auf Bergen ein kleiner Baum, in Niederungen ein ästiger Strauch und findet sich häufig auf der indischen Halbinsel, besonders in Koromandel. Die zusammenziehende Wurzel dient gegen Diarrhöen und die Früchte werden gegessen. Die afrikanische Sch. *(S. africana)* ist ein Bäumchen in Guinea. Die bitterlichen Blätter werden gegen Leibschmerzen, Koliken und gestörte Verdauung angewendet; die Früchte sind eßbar und süß.

Schnabelanthere *(Rhynchanthera)*, Gattung der Melastomaceen. Die großblumige Sch. *(Rh. grandiflora)* wächst an feuchten Stellen in Guinea. Alle Teile mit Ausnahme der Blumenblätter sondern durch die sie bedeckenden

Drüsenharne eine klebrige, balsamische, nicht unangenehm riechende Flüssigkeit aus. Die Blüten werden als ein beruhigendes und den Auswurf beförderndes Mittel bei veraltetem schleimigem Husten, die Blätter aber zur Heilung von Wunden gebraucht.

Schneckenfruchtbaum *(Drepanocarpus),* Gattung der Schmetterlingsblütler. Der senegalesische Sch. *(D. senegalensis)* ist ein Baum von mittlerer Größe am Senegal, der das echte oder afrikanische Kino liefert. Das Kino enthält Kinogerbsäure und überdies Gallussäure nebst Pektin und einem rotfärbenden Prinzip. Kino hält man gewöhnlich für reicher an wirksamen Bestandteilen als Katechu, was darin zum Teil seine Begründung haben mag, daß das letztere leichter zu verfälschen ist. Man wendet das Kino an gegen Blutflüsse, Schleimflüsse, starke Schweiße, Eiterabsonderungen etc. Am sichersten wirkt es wie das Tannin bei Diarrhöen, bei Ruhren in späteren Stadien, bei Würmern und hinterher nach erfolgter Abtreibung derselben (die gefeiertesten Wurmmittel enthalten Gerbsäuren), bei Magen- und Darmblutungen, bei Vergiftungen mit narkotischen Substanzen und deren Alkaloiden, mit giftigen Schwämmen, mit Brechweinstein und anderen Spießglanz-Kupferpräparaten passen die gerbstoffhaltigen Mittel. Innerlich gibt man 5-20 Gran in Gabe einigemal täglich, in Pulver, in Pillen, Mixtur. Zur letzteren Form muß man, wenn man Kino verwendet, arabisches Gummi zusetzen, weil es sich in Wasser nicht vollkommen löst.

Schneckenklee *(Medicago),* Gattung der Schmetterlingsblütler. Der baumartige S. *(M. arborea)* ist ein Strauch, im südlichen Italien und in Griechenland einheimisch. Die Blätter dieses Strauches wurden von den alten Ärzten äußerlich bei Geschwülsten, innerlich aber als ein harntreibendes Mittel gebraucht; auch baute man ihn zu Vergils Zeiten allgemein als ein Futtergewächs. Heute hat in letzterer Beziehung die Luzerne *(M. sativa)* oder der ewige oder blaue Klee eine noch weit größere Berühmtheit und allgemeine Anwendung gefunden; das unangenehm salzig, bitter und etwas herbe schmeckende Kraut wurde auch bisweilen als Heilmittel gebraucht.

Schneebeere *(Chiococca),* Gattung der Rubiaceen. Die traubige S. *(Ch. racemosa)* ist ein 6-8 Fuß hoher Strauch mit zahlreichen gegenständigen waagrecht abstehenden Ästen und kleinen schneeweißen Blüten, wächst auf waldigen Hügeln in Westindien, Mexiko bis nach Florida. Die seit mehreren Jahren in Europa bekannt gewordene Caincawurzel wird gewöhnlich von dieser Wurzel abgeleitet. In größeren Gaben bewirkt sie Erbrechen, Durchfall, bisweilen Schweiß- und vermehrten Harnabgang. Prof. Schroff hatte Gelegenheit, alle diese Wirkungen an einer Kranken zu beobachten, welcher er eine Abkochung der Wurzel zu 2 Drachmen gegen allgemeine Wassersucht mit bedeutendem Exsudat in den Herzbeutel und das Brustfell gegeben hat, nachdem die berühmten harn- und schweißtreibenden Mittel erfolglos angewendet worden waren. In ihrem Vaterland rühmt man die Cainca auch bei rheumatischen und syphilitischen Leiden. Am besten gibt man sie in Abkochung aus 1-2 Drachmen auf 4 Unzen Kolatur.

Schöllkraut *(Chelidonium),* Gattung der Papaverineen. Das große Sch. *(Ch. majus),* Schöllwurz, Goldwurz, Schwalbenkraut, Silberkraut, Gottesgabe, hat eine starke, faserige Wurzel, welche wie die ganze Pflanze von einem dunkelgelben Milchsaft erfüllt ist. Der aufrechte Stengel ist gabelästig, stellenweise zottig behaart und mit angeschwollenen Gelenken versehen. Die Blätter sind fiederschnittig, oberseits trübgrün, unterseits meergrün. Die Blüten stehen in langgestielten, armstrahligen Dolden. An schattigen, felsigen Orten, an Mauern und Zäunen gemein. Die Wurzel und das Kraut riechen im frischen Zustand sehr unangenehm, schmecken sehr scharf-bitter, enthalten außer mehreren Salzen, Gummi, Bassorin etc. vorzüglich einen rötlich-gelben narkotischen, sowie einen anderen azothaltigen Extraktivstoff und ein grünes Weichharz. Den praktischen Ärzten gilt das große Schöllkraut als ein Mittel, welches die Absonderung der Unterleibsorgane stärker anregt, die Aufsaugung begünstigt, die Säftebewegung im Gebiet der Pfortader beschleunigt, die Hautausdünstung und Harnabsonderung vermehrt, daher geben sie es mit Vorteil bei Obstruktionen der Leber, der Milz, der Gekrösdrüsen und bei den dadurch bedingten Kachexien, Gelbsucht, Wassersucht, bei veralteten Hautausschlägen, in hartnäckigen Wechselfiebern, besonders dem viertägigen, bei Hypochondrie. Selten gibt man den frisch ausgepreßten Saft zu 1-3 Skrupel einigemal des Tages, häufiger das aus dem Saft bereitete alkoholische Extrakt zu 10-20 Gran einigemal des Tages in Mixtur- oder Pillenform. Das wässerige Extrakt hat Prof. Krombholz zu 2-4 Drachmen des Tages mit auffallend günstigem Erfolg bei beträchtlicher Auftreibung der Leber und gleichzeitig bestehender langwieriger Gelbsucht angewendet.

In der Tierheilkunde wird das frische Schöllkraut den Pflanzenfressern zu 1 Pfund, Schweinen zu ½ Pfund, bei Wassersuchten, Darmkatarrh u.dgl. gegeben; auch der ausgepreßte Saft wird in der Gabe von einigen Loten des Tages entweder für sich oder mit passenden Mitteln zu Pillen oder Latwergen geformt verabreicht. Äußerlich wurde es in Abkochungen, Aufgüssen und Breiumschlägen gegen Drüsenverhärtungen, chronische Hautausschläge und schlaffe Geschwüre angewendet.

Homöopathie. Über diese Pflanze fehlen noch die öffentlichen Mitteilungen. Jedenfalls verdient dieses Mittel eine größere Beachtung in chronischen Krankheiten der Organe des Unterleibers, der Leber und der Milz, in der Gelbsucht, bei Gallensteinen etc.

Gabe: 1-2 Tropfen der Urtinktur, 1-2mal oder nach Umständen auch öfters wiederholt.

Schönblatt *(Calophyllum)*, Gattung der Garciniaceen. Das große Sch. *(C. Inophyllum)* ist ein sehr großer, starker Baum mit schöner Krone, gegenständigen, stumpfen, 4-6 Zoll langen Blättern, die dicklich und kahl, oben glänzend, unten blaßgrün sind. Die wohlriechenden Blumen kommen an den Enden der Zweige in Büscheln zum Vorschein. Die anfangs grüne Frucht nimmt reif eine braune Farbe an. Nach Verletzungen und Einschnitten fließt aus der Rinde dieses Baumes ein gelber, balsamischer Saft, der an der Luft zu einem gelbbraunen Harz verhärtet, in früheren Zeiten unter dem Namen ostindisches Tacamahac nach Europa kam. In Ostindien wird dieser balsamische Saft, welcher sich außer der Rinde und dem Holz auch noch in reichlicher Menge in dem Samen vorfindet und leicht Erbrechen oder Durchfall erregt, diesem gemäß, die Rinde als ein harntreibendes Arzneimittel, samt den Blättern auch gegen Augenkrankheiten und das Öl der Samen gegen Hautausschläge, rheumatische Leiden, aber auch zum Brennen verwendet. Das westindische Sch. *(C. Calaba)* liefert einen gelb-grünlichen, etwas zitronenartig riechenden Balsam, der auf den Antillen oft dem Copoivalbalsam, ja selbst dem Perubalsam vorgezogen und ebenso wie die Rinde als ein reizendes, Auswurf beförderndes, schweißtreibendes Mittel bei veralteten Lungenkatarrhen und Schleimflüssen angewendet wird.

Schönmütze *(Encalyptus)*, Gattung der Myrtengewächse. Die harzige Sch. *(E. resinifera)* ist ein schöner und großer Baum Neuhollands. Die Rinde ist voll eines rötlichen, sehr zusammenziehenden, gummiharzigen Saftes, der nach Verwundungen derselben in sehr reichlicher Menge ausfließt und im eingetrockneten Zustand jene Sorte des Gummi Kino gibt, welches unter dem Namen neuholländisches oder Botanybay-Kino bekannt wurde.

Schottenklee *(Lotus),* Gattung der Schmetterlingsblütler. Der gehörnte Sch. *(L. corniculatus)*, Hornklee, gelber Honigklee, Frauenfingerkraut, hat niederliegende oder aufsteigende Stengel, dreizählige Blätter mit verkehrt-eirunden, zugespitzten Blättchen und großen Nebenblättern. Die gelben Blüten stehen in langgestielten Dolden. Allenthalben auf Wiesen und Grasplätzen. Das Kraut ist geruchlos, schmeckt krautig, etwas herb und salzig und war so wie die frischen, honigartig riechenden, süßlich, dann bitterlich-herb schmeckenden Blüten als ein gelind zusammenziehendes, wundheilendes Mittel gebräuchlich.

Schraubenbaum *(Helicteres),* Gattung der Bombacineen. Der haselnußblätterige Sch. *(H. Isoa)* ist ein Baum Ostindiens von 12 bis 16 Fuß. Die gelbliche, nicht unangenehm riechende und bitterlich schmeckende Wurzel dient gegen Magenschwäche, Lungengeschwüre und Hautausschläge, die Früchte aber werden gegen Koliken und andere Krankheiten angewendet. Der jamaikasche Sch. *(H. jamaicensis)* wächst auf den Antillen. Wurzel, Blätter und Blüten werden dort innerlich und äußerlich nach Art der Malven gebraucht.

Schubertie *(Schubertia),* Gattung der Koniferen. Die zweireihige Sch. *(Sch. disticha),* virginische Zypresse, ist ein Baum von 80-120 Fuß Höhe, auf sumpfigem Boden in Virginien, Carolina und in Mexiko, oft mehrere Schuh tief im Wasser stehend. Das Decoct der Zapfen wird in Nordamerika als ein Blähung treibendes, dikrontisches Arzneimittel gegeben. Die Mexikaner brauchen die Rinde bei Verbrennungen und Geschwüren, die Blätter äußerlich gegen Flechten, Geschwülste und Entzündungen, innerlich wie auch die Samen gegen Leberkrankheiten. Das Harz des Baumes wird von ihnen als sehr kräftig äußerlich gegen Gicht, dann bei Lähmungen, Schwäche der Glieder etc. angewendet.

Schlüsselflechte *(Parmelia),* Gattung der Schildflechten. Die weinsteinartige Sch. *(P. tartarea)* findet sich an Baumstämmen, Felsen und auf der Erde. Wird in großer Menge aus Schweden nach Holland gebracht und dort zur Lackmusbereitung gebraucht. Die Nabel-Sch. *(P. omphalodes)* wächst häufig an Felsen. Sie wurde wie die Stein-Sch. *(P. saxatilis)* gesammelt und gegen Epilepsie, Blutflüsse, Durchfälle u.s.w. gebraucht. Die Wand-Sch. *(P. parietina),* wurde als Surrogat der China empfohlen; schmeckt etwas zusammenziehend bitter und war auch schon früher gegen Diarrhöen und Ruhr gebräuchlich. Die kleinschuppige Sch. *(P. furfuracea)* ist sehr bitter und soll ebenfalls in mehreren Fällen der China substituiert werden können. Die Pflaumen-Sch. *(P. prunastri)* war vor Zeiten als schwach zusammenziehendes, bitteres Mittel bei Vorfällen des Mastdarms und der Gebärmutter im Gebrauch.

Schuhhülle *(Pedilanthus),* Gattung der Wolsmilchgewächse. Die myrtenblätterige Sch. *(P. tithymaloides)* ist ein Strauch von 3-10 Fuß Höhe, kletternd, in Südamerika und auf den Antillen einheimisch. Der ganze Strauch ist voll eines sehr scharfen bitterlichen Milchsaftes; ein Decoct der trockenen Pflanze wird dort gegen Syphilitis, Menstruationsbeschwerden und andere Krankheiten, ihre Wurzel aber als ein Brechmittel benutzt.

Schuppenkopf *(Lepicephalus),* Gattung der Dipsacineen. Der flockenblumenartige Sch. *(L. centauroides)* wächst auf dürren Bergen in Südeuropa. Den bitteren Samen hat man auflösende, eröffnende, blutreinigende Heilkräfte zugeschrieben und dieselben, wie auch die Wurzel, gegen Syphilis und Hautausschläge angewendet.

Schuppenwurz *(Lathraea),* Gattung der Orobancheen. Die gemeine S. *(L. Squammaria)* wächst in Laubwäldern an dunklen Stellen in ganz Europa, doch nirgends häufig. Der unterirdische, im frischen Zustand schwach violenartig riechende, bitterlich-herb schmeckende Teil dieser Pflanze war früher gegen Koliken, Epilepsie und Konvulsionen der Kinder gebräuchlich.

Schwalbenwurz *(Vincetoxicum),* Gattung der Asclepiadineen. Die gemeine Sch. *(V. officinale)*, Giftwende, deutsche Kontrayerve, ist eine krautartige Pflanze mit herzförmigen, zugespitzten, ganzrandigen, gegenständigen Blättern und weißen Blüten. Sie wächst in Gebüschen und lichten Wäldern. Kein Vieh frißt diese Pflanze, ausgenommen daß die Ziegen die Spitzen der jungen Stengel abnagen. Die Pferde fressen sie nach dem Frost. Die frische Wurzel wächst stark und niedrig, fast wie Haselwurz, trocken bemerkt man keinen Geruch an ihr. Der Geschmack ist anfangs süßlich, dann aber scharf. Sie bewirkt Erbrechen und Schweißabsonderung und wurde früher bei der Wassersucht, in pestartigen Fiebern, zur Beförderung des Pocken-Ausbruchs, auch bei veralteter Menstruation und gegen Schlangenbisse, äußerlich aber gegen alte Geschwüre angewendet.

Schwarzkümmel *(Nigella),* Gattung der Hahnenfußgewächse. Der echte Sch. *(N. sativa)*, schwarzer oder einheimischer Koriander, Nardensamen, wird über 1 Fuß hoch, hat haarige Blätter, weiße oder blaßblaue Blumen und rundliche, zackige Samenkapseln. Wächst auf bebautem Boden und unter Saaten. Die beim Zerreiben gewürzhaft, doch nicht angenehm riechenden und ähnlich doch auch etwas scharf schmeckenden Samen des Schwarzkümmels sind offizinell, werden aber jetzt nur wenig gebraucht. Früher hat man sie als ein gelind reizendes, Blähungen treibendes, eröffnendes, auflösendes und harntreibendes Mittel, vorzüglich bei Verschleimungen der Lungen und des Darmkanals, gegen Würmer, Gelbsucht und veraltete Menstruationen angewendet. Der Acker-Sch. *(N. arvensis)*, wilder Sch., wächst häufig auf Äckern in Mittel- und Südeuropa. Die Samen kommen im Geruch und Geschmack mit jenen des echten Schwarzkümmels zum Teil überein und werden ebenso gebraucht. Der türkische Sch. *(N. damascena)*, Gretchen im Busch, Braut in Haaren, Jungfer in Hainen, findet sich im Süden Europas sowie im Orient unter Saaten und überall häufig in Gärten kultiviert. Die Samen werden ebenfalls als Schwarzkümmel verkauft und gebraucht.

Schwarzmund *(Melastoma),* Gattung der Melastomaceen. Der malabarische Sch. *(M. malabathricum)* wächst in Malabar, Ceylon und auf Java. Die Blätter werden gegen Diarrhöen, Ruhre, Blennorhöen und Koliken sowie auch gegen Mundschwämmchen und ähnliche Krankheiten gebraucht; die Früchte sind eßbar, färben aber die Lippen und den ganzen Mund schwärzlich. Die siebennervige Sch. *(M. septemnervium)* findet sich in Cochinchina. Die Wurzel sowohl als auch die Blätter und Früchte sind adstringierend und dienen gegen Diarrhöen, Ruhren sowie gegen Schleimflüsse.

Schweifbeere *(Epicarpurus),* Gattung der Urtocarpeen. Die ostindische Sch. *(E. orientalis)* findet sich auf Malabar und Java und blüht das ganze Jahr. Das Decoct der Wurzel wird in Ostindien gegen Epilepsie, sowie auch bei Entzündungsgeschwülsten, die Abkochung der Blätter äußerlich bei Gliederschmerzen, ebenso bei Krankheiten der Wöchnerinnen angewendet.

Schweinsrüssel *(Sisyrinchium),* Gattung der Irideen. Der galaxienartige Sch. *(S. galaxioides)*, eine noch wenig gekannte Pflanze, wächst in Brasilien, wo ihre Wurzel als ein gelindes Purgiermittel bekannt ist.

Schwertlilie *(Iris),* Gattung der Irideen. Die deutsche Sch. *(I. germanica)* oder blaue Sch. ist eine bekannte Pflanze, die in der Schweiz, in Deutschland und anderen Gegenden von Europa, teils auf trockenem, teils auf feuchtem Boden wild wächst und der schönen Blumen wegen auch häufig und ohne Mühe in Gärten angepflanzt wird. Früher war häufig die Wurzel offizinell; frisch riecht sie widrig, fast betäubend, ist sehr scharf und wirkt heftig Erbrechen und Abführen erregend, nicht minder auch auf die Nieren und wird daher bei Wassersuchten gebraucht, zu welchem Zweck man eine Tinktur daraus bereitet und täglich 40 Tropfen nimmt. Die florentiner Sch. *(I. florentina)* hat einen armblütigen Stengel, der höher als die Blätter ist, sitzende, gehäufte, große, wohlriechende, weiße Blüten und stumpfe, am Grunde gelbgestreifte Zipfel mit gelbem Bart. Die Apotheker bewahren die Wurzel als florentinische Veilchenwurzel. Im frischen Zustand gehört die Veilchenwurzel zu den ausleerenden, ekelerregenden, alle Ausscheidungen betätigenden Arzneimitteln; trocken ist sie bloß gelind-reizend, schleimauflösend. Im ganzen wird sie heute wenig mehr angewendet. Äußerlich ist sie zu Zahnpulvern und Fontanellkügelchen sehr brauchbar. Die Wasser-Sch. *(I. Pseud-Acorus)*, gelbe Wasserlilie, falsche Kalmus, wächst an Teichrändern, in Sümpfen, Wassergräben, auf sumpfigen Wiesen häufig. Die Wurzel ist frisch geruchlos, schmeckt scharf und stark adstringierend, erregt auch in diesem Zustand Erbrechen und Purgieren, daher sie, sowie auch ihrer harntreibenden Eigenschaften wegen, vorzüglich bei hydropischen Krankheiten gebräuchlich war. Die Samen sind ein gutes Kaffeesurrogat.

Schwindblume *(Helonias)*, Gattung der Zeitlosengewächse. Die breitblätterige S. *(H. latifolia)* wächst in feuchten sumpfigen Gegenden von Nordamerika. Das Decoct der Wurzel wird dort gegen Stuhlverstopfungen und daraus hervorgehende Beschwerden angewendet.

Scopoline *(Scopolina)*, Gattung der Nachtschattengewächse. Die tollkirschenartige Sc. *(Sc. atropoides)*, wächst in schattigen Wäldern von Bayern, Krain, Ungarn und Kroatien, besitzt dieselben narkotischen Eigenschaften wie das Bilsenkraut, wurde auch von einigen Ärzten gegen mancherlei nervöse Leiden verordnet, war jedoch ihres beschränkten Vorkommens wegen nie allgemeiner gebräuchlich.

Scorodonie *(Scorodonia)*, Gattung der Lippenblütler. Die gemeine Sc. *(Sc. heteromalla)* findet sich an sandigen, mageren Orten, Waldrändern etc. im westlichen und südlichen Teil von Europa. Kommt in den Heilkräften mit dem Lachenknoblauch überein, nur ist sie schwächer.

Seekandel *(Nuphar)*, Gattung der Seerosengewächse. Die gelbe S. *(N. luteum)*, gelbe Seerose oder Seeblume ist häufig in Sümpfen, Seen und Teichen und hat gelbe Blüten. Sie besitzt dieselben Eigenschaften in medizinischer und ökonomischer Beziehung wie die weiße Seerose (s. u.). In der Türkei wird aus den stark riechenden Blüten ein destilliertes Wasser und durch allerlei Zusätze ein beliebtes Getränk bereitet.

Seerose *(Nymphaea)*, Gattung der Seerosengewächse. Die weiße Seerose *(N. alba)*, Teichrose, deren armdicker Wurzelstock, der auf langen Stielen große, fast fußlange und ebenso breite, fleischig-lederige, hellgrüne-glänzende Blätter und schöne wohlriechende, weiße Blüten trägt, ist eine Zierde unserer stehenden Gewässer. Gebräuchlich waren vor Zeiten häufig Wurzel, Blüten und Samen als kühlende, zusammenziehende, schleimige Arzneimittel gegen Schleimflüsse und Ruhren. Die Wurzel wird auch in mehreren Ländern gegessen, da sie gleich den meisten Seerosengewächsen viel Stärkemehl enthält. Die Blüten scheinen etwas narkotisch und reizmindernd zu sein; die Blätter braucht das Landvolk bei alten Geschwüren. Die böhmische S. *(N. candida)* hat ganz gleiche Eigenschaften mit der vorigen Art und wird noch heute vom Landwirt als Arzneimittel gebraucht. Das Decoct der Blumen der sternförmigen S. *(N. stellata)* dient gegen Husten, Erbrechen, Harnzwang sowie die Samen bei der Harnruhr. Die ägyptische S. *(N. Lotus)* findet sich im Nil Ägyptens sowie in Ungarn bei Großwardein in einer warmen Quelle. Auch von dieser Art wird die Wurzel gegen Harnzwang und Hämorrhoiden benutzt, Blätter und Blumen überdies bei den Arabern sehr häufig gegen Gelbsucht gebraucht.

Seetraube *(Coccoloba),* Gattung der Polygoneen. Die echte S. *(C. noifera)* ist ein Baum von 15-30 Fuß Höhe mit 4-6" großen, mehr oder weniger rundlichen, am Grunde etwas herzförmigen Blättern und schönen Blütentrauben, bildet eine Zierde unserer Warmhäuser. Am Meeresufer in Westindien und im benachbarten Kontinent von Südamerika einheimisch. Nach der allgemeinen Annahme erhält man durch Auskochen von diesem Baum das westindische oder amerikanische Kino. Die wohlschmeckenden, säuerlich-süßen Früchte werden häufig gegessen und die ganzen Trauben sowie die sehr adstringierenden Nüsse braucht man zu Tisanen bei hartnäckigen Diarrhöen, Blutflüssen und Blennorrhöen, wozu man auch die bitter adstringierende Wurzel und Rinde verwendet. Die pfeilblätterige S. *(C. sagittaefolia)* wächst in Peru, Chile und Brasilien. Man braucht die Wurzel als ein adstringierendes Mittel; die Früchte werden ihrer Kleinheit wegen nur von Kindern gegessen.

Seidelbast *(Daphne),* Gattung der Seidelbastgewächse. Der gemeine S. *(D. Mezereum)* (FIG. 102) ist ein niederer Strauch mit kriechender Wurzel, der ziemlich häufig in den Wäldern Nord- und Mitteleuropas vorkommt und kahle Äste, lanzettförmige Blätter und gehäufte, sitzende rosenrote Blüten hat, die im Frühjahr vor den Blättern erscheinen. Die Beeren sind hochrot. Wurzel, Rinde, Blätter und Früchte riechen gerieben sehr widrig, schmekken anfangs wenig, bald darauf aber äußerst heftig brennend, ziehen auch äußerlich Blasen und gehören zu den scharfen Giften. Offizinell ist die Seidelbastrinde, von welcher die Ärzte nur noch äußerlich Gebrauch machen, nämlich als Kaumittel bei Zungenlähmung, häufiger als rotmachendes und blasenziehendes Mittel, wo es gilt, einen länger andauernden Reiz auf die Haut zur Anwendung zu bringen, wie bei chronischen, rheumatischen und gichtischen Leiden, namentlich bei den nächtlichen Knochenschmerzen, selbst bei krebsartigen Geschwülsten und bösartigen Geschwüren. Als Abkochung nimmt man 2 Drachmen auf 4 Unzen Kolatur, gewöhnlich mit etwas Schleimigem, um die unangenehme Einwirkung auf die Zunge und den Gaumen zu mildern. Äußerlich wendet man ein Stück der frischen oder der trockenen, vorher im Wasser erweichten und der Oberhaut beraubten Rinde so an, daß die äußere grüne Fläche derselben mit der Haut in unmittelbare Berührung gesetzt wird und befestigt dasselbe mittels einer Binde. Der immergrüne S. *(D. Laureola),* Lorbeerkraut, wächst in Bergwäldern vom südlichen Deutschland an durch den ganzen Süden von Europa. Die Rinde wird hier ganz so wie von *D. Mezereum* gesammelt und angewendet. Alpen-S. *(D. alpina)* findet sich auf Alpen des südlicheren Europas, im Süden bloß auf Bergen. Ebenso scharf wie die anderen Arten; die Rinde wird in Tirol, in der Schweiz etc. als Seidelbast gesammelt. Der rispenblütige S. *(D. Gnidium)* wächst im südlichen Europa an trockenen, unfruchtbaren Stellen, auf Hügeln und Bergen. Die Rinde dieser Art ist vorzüglich in Frankreich, Spanien und Italien als Seidelbastrinde offizinell.

FIG. 102

DER GEMEINE SEIDELBAST: a) ein Blütenzweig, b) ein Fruchtzweig, beides in 1/3 natürl. Größe, c) eine aufgeschnittene Blüttenhülle, zweimal vergrößert, d) ein Pistill, dreimal vergrößert.

Andere Arten sind der indische S. *(D. indica)*, der hanfartige S. *(D. cannabina)* etc.

Homöopathie. Der gemeine Seidelbast paßt bei skrophulösen Affektionen, Quecksilbersiechtum, Entzündungen, Erweichung und Karies der Knochen, Knochengeschwülsten, nächtlichem Jucken am Körper, bei nässend juckendem Kopfausschlag und hinter den Ohren, Kopfgrind, Milchborke, Flechtenausschlag, Wechselfieber, Augententzündungen, Zahnschmerzen, Karies der Zähne, Diarrhöe, Verstopfung, Blutharnen, Eicheltripper, weißem Fluß, Katarrh.

Gabe: 1-2 Tropfen der 1. und 2. Verdünnung täglich 1-2mal und öfters nach Umständen wiederholt.

In Frankreich und Italien bedient man sich des rispenblütigen S. *(D. gnidium)* in allen Fällen, wo der gemeine S. paßt.

Die homöopathischen Tierärzte haben den gemeinen S. mit Erfolg angewendet bei einer Knochenauftreibung am rechten Hinterschenkel eines jungen Stieres, welche die Größe einer doppelten Faust hatte und sehr schmerzhaft erschien; bei der Speckraude eines wohlgenährten Wachtelhundes, bei der Raude der Hunde und Katzen und bei Ausschlag kleiner scharfartiger Knötchen. – Gabe: 2. 3. Verdünnung.

Seidenpflanze *(Asclepias)*, Gattung der Asclepiadineen. Die curasavische S. *(A. curasavica)* wächst in Westindien und Südamerika und blüht dort fast stets, bei uns vom Juni bis Oktober. Wurzel und Blätter sind dort als Brechmittel gebräuchlich. Die gemeine S. *(A. syriaca)*, syrische S., stammt aus Nordamerika (nicht aus Syirien!), wird häufig kultiviert und findet sich jetzt auch in einigen Gegenden Europas und im Orient fast verwildert. Die ganze Pflanze ist voll einer scharfen, Kautschuk enthaltenden Milch; ihre Wurzel wird gegen das Asthma gerühmt, die Blätter dienen als Breiumschlag bei kalten Geschwüsten, auch bei einigen Hautausschlägen; die zarten Sprossen genießt man in Nordamerika wie Spargel, und aus den Blüten wird in Kanada ein brauner, wohlschmeckender Zucker gekocht. Die fleischfarbige S. *(A. incarnata)* findet sich in Nordamerika, wo die Wurzel von den dortigen Ärzten bei Lungenkrankheiten, um den Auswurf zu erleichtern, sowie zur Beförderung der Hautausdünstung verordnet wird. Die Wurzel der knolligen S. *(A. tuberosa)* ist in Nordamerika offizinell und sehr beliebt; sie wird besonders bei katharrhalischen Leiden als ein schweißtreibendes, den Auswurf beförderndes Mittel, selbst gegen Brustfellentzündung verwendet. Die antiasthmatische S. *(A. asthmatica)* häufig in Ostindien, blüht zur Regenzeit. Die Wurzel wird dort als ein vortreffliches Ersatzmittel der Ipecacuanha sehr geschätzt. Die heilkräftige S. *(A. alexicaca)* findet sich auf Ceylon und Malabar. Die ganze Planze dient den Eingeborenen als ein Erbrechen erregendes, giftwidriges Heilmittel.

Seidlie *(Seidlia)*, Gattung der Dipterocarpineen. Die lanzettblätterige S. *(S. lanceaefolia)* ist ein Baum mittlerer

Größe in Silhet und Chittagong. Auch dieser Baum gibt nach Einschnitten in die Rinde einen hellen, balsamischen Saft, der zu einem blaßgelben, bernsteinartigen Harz verhärtet, welches ebenso wie jenes des ostinidischen Copalbaumes oder der indischen Naterie (s. o.) gebraucht wird.

Seifenkraut *(Saponaria),* Gattung der Nelkengewächse. Das gemeine S. *(S. officinalis),* Seifenwurz, Speichelwurz, Hundsnelke, Waschkraut hat einen 1-2 Fuß hohen Stengel, einen walzigen Kelch, länglich-elliptische oder eirund-lanzettliche, durch eine schmale Leiste zusammengewachsene Blätter. An Wegen, in Hecken und Gebüschen, besonders an Bach- und Flußufern in ganz Europa, nicht selten auch als Zierpflanze mit gefüllten Blumen in Gärten. Die süßlich, hintennach kratzend-bitterlich schmeckende Wurzel und die ähnlich schmeckenden Blätter gehören zu den eröffnenden, auflösenden, den Stoffwechsel befördernden, daher bei Stockungen in den Unterleibsorganen, Hautkrankheiten etc. oft gebräuchlichen, aber auch gegen Syphilis empfohlenen Arzneimitteln. Kräftiger ist jedenfalls die Wurzel als die Blätter. Kraut und Wurzel nimmt man zu ½-1 Unze in Abkochung, gewöhnlich in Verbindung mit anderen auflösenden Kräutern zu Tee. Das Extrakt, aus dem Kraut durch Abkochen und Eindicken erhalten, wird zu 1-2 Drachmen des Tages in Pillen oder in Auflösung gegeben.

Sellerie *(Apium),* Gattung der Doldenpflanzen. Die gewöhnliche S. *(A. graveolens),* Garten-S., Eppich, hat eine runde, knollenartige Wurzel, einen 2-4 Fuß hohen Stengel, dunkelgrüne, glänzende, fünf- oder dreizählig gefiederte Bläter, dreilappige gezähnte Blättchen und kleine, weiße Blüten in zahlreichen, 6-12 strahligen Dolden. An Gräben, Bächen, Flußufern (besonders auf salzigem Boden) sowie am Meeresstrand in Europa bis zum Kaukasus; wird auch allgemein in Küchengärten kultiviert. Die wildwachsende Pflanze besitzt einen durchdringenden, widrigen Geruch, einen bitterlich-scharfen Geschmack und soll beinahe giftartig wirken. Durch Kultur verliert sich dieses, und wirkt dann als ein eröffnendes, reizendes Mittel, vorzüglich aber auf die harnabsondernden und sexuellen Organe ein, weshalb ein häufiger Genuß derselben für die Gesundheit keineswegs ganz gleichgültig bleiben kann.

Senebiere *(Senebiera),* Gattung der Kreuzblütler. Die gemeine S. *(S. Coronopus)* ist gemein auf Wegen, auf Triften, wüsten Plätzen, Schutthaufen und auf bebautem Boden sowie am Meeresstrand in ganz Europa und jetzt noch zum Teil in anderen Weltteilen. Riecht und schmeckt scharf kressenartig und war unter anderem auch (zu Asche gebrannt) Bestandteil eines früher sehr berühmten Geheimmittels gegen Blasensteine.

Senf *(Sinapis),* Gattung der Kreuzblütler. Der weiße S. *(S. alba)* wächst unter Saaten, aber auch an wüsten, unbebauten Stellen im südlichen, hier und da auch im mittleren Europa. Die Samen finden sich häufig vermischt mit jenen des schwarzen Senfs in den Offizinen vor und werden, obwohl sie minder scharf sind, auf gleiche Weise wie diese und unter demselben Namen gebraucht. Der Acker-S. *(S. arvensis)* ist ein lästiges Unkraut der Äcker. Der sehr scharfe und harntreibende Samen war vor Zeiten offizinell; das zarte Kraut wird hier und da als Gemüse oder Salat gegessen. Der kohlartige S. *(S. brassicata)* ist in China einheimisch und dort sowie in Cochinchina häufig kultiviert. Die Samen werden dort so wie bei uns der schwarze Senf gebraucht. Der ästige S. *(S. ramosa)* ist in Bengalen einheimisch und daselbst häufig kultiviert. Die Samen und das aus ihnen gepreßte Öl spielen in der Haushaltung und Medizin der Hindus eine nicht unbedeutende Rolle.

Senna oder **Sennesblätter** ☞ **Cassie**

Serissa *(Serissa),* Gattung der Krappgewächse. Die stinkende S. *(S. foetida)* ist ein kleiner ästiger Strauch in China, Japan, Cochinchina wildwachsend, im übrigen südlichen Asien kultiviert. Die Wurzel ist bitter, zusammenziehend und wird gegen Diarrhöen und andere Bauchflüsse, Blutflüsse, als Augenwasser und gegen Geschwüre angewendet.

Sesam *(Sesam),* Gattung der Pedalineen. Der orientalische S. *(S. orientale)* ist in Ostindien einheimisch und fast überall in den Tropenländern, sowie in Ägypten und im ganzen Orient kultiviert. Blüht fast stets. Der süße, ölige Samen, aus dem schon die Babylonier und alten Ägypter ein vielfach angewendetes Öl bereiten, ist auch noch heute im Orient, in Afrika und auch zum Teil in Amerika auf gleiche Weise gebräuchlich. Das Öl wird sowohl zu Speisen als auch in medizinischer Hinsicht in allen jenen Krankheiten verwendet, in denen die milden, fetten Öle angezeigt sind; auch ist es dort als ein vortreffliches, kosmetisches Mittel berühmt und das schlechtere dient zum Brennen.

Sesel *(Seseli),* Gattung der Doldenpflanzen. Der gedrehte S. *(S., tortuosum)* wächst auf sonnigen Bergen und Felsen, in Weinbergen und Olivengärten Südeuropas. Die ganze Pflanze riecht gewürzhaft und schmeckt aromatisch, zugleich etwas scharf. Da jedoch die scharf gewürzhaft-bitteren Früchte von vielen anderen gewürzhaften Früchten der Doldengewächse nichts voraus haben, so ist ihre Anwendung jetzt bloß auf einige jener Länder Europas beschränkt, wo sie einheimisch sind.

Sessea *(Sessea),* Gattung der Nachtschattengewächse. Die wollige S. *(S. stipulata)* wächst auf Bergen in Peru und ist dort als ein erweichendes, linderndes, schmerzstillendes Mittel bekannt.

Sevenbaum ☞ **Wachholder**

Shorea *(Shorea),* Gattung der Dipterocarpineen. Die riesige Sch. *(Sh. robusta)* ist ein großer Baum des nördlichen Ostindiens, welcher zur heißen Jahreszeit blüht. Gibt in reichlicher Menge ein festes Harz, welches in Ostindien ebenso wie jenes einiger anderer Bäume unter dem Namen Dammarharz bekannt und gebräuchlich ist.

Siegwurz *(Gladiolus),* Gattung der Irideen. Die gemeine S. *(G. communis),* runde S., roter Schwertel wird zwei Fuß hoch, hat schwertförmige, etwas auseinanderstehende Blätter, die gestreift und an dem einen Rand am unteren Ende keilförmig ausgehöhlt sind, daher das eine gleichsam in der Scheide des anderen steckt. Der Stengel ist rundlich und enthält oben an der einen Seite die schönen, roten, etwas weit auseinanderstehenden Blumen. Diese Pflanze wächst in der Schweiz, im südlichen Europa und auch in einigen Gegenden Deutschlands auf Wiesen und in Wäldern wild, wird aber auch ihrer schönen Blumen wegen in Gärten gezogen. Die Wurzel, süßlich schmekkend, schwach veilchenartig riechend, war vor Zeiten als runde Siegwurz oder Siegmannswurz oder Allermannsharnisch offizinell; heute wird sie höchstens noch vom Volk gebraucht. Man schrieb ihr besondere wundheilende und abergläubisch viele andere Kräfte zu. Die kleinere S. *(G. imbricatus)* wird wie die vorige Art angewendet. Die Saaten-S. *(G. segetum)* ist gemein in Südeuropa unter dem Getreide und auf Hügeln und wurde wie die erste Art angewendet.

Sieversie *(Sieversia),* Gattung der Fragariaceen. Die Berg-S. *(S. montana),* Berg-Nelkenwurz, Berg-Benediktwurz, wächst auf Alpen und Voralpenwiesen sowie in den Sudeten. Die Wurzel besitzt ganz dieselben Heilkräfte wie jene der gemeinen Nelkenwurz *(Geum urbanum).*

Silberblatt *(Argyreja),* Gattung der Windengewächse. Das baumartige S. *(A. arborea)* wächst in Wäldern von China und Cochinchina. Die Wurzel und die Blätter werden daselbst häufig zu erweichenden, zerteilenden Breiumschlägen, besonders bei Entzündungen der Brüste, angewendet.

Simabe *(Simaba),* Gattung der Simarubaceen. Die rostfarbige S. *(S. ferruginea)* ist ein Strauch, in Minas-Geraes einheimisch. Wurzel und Rinde sind reich an demselben bitteren Stoff, der sich bei der Quassie oder Simarube vorfindet und werden daher in Brasilien wie diese angewendet.

Sinngrün *(Vinca),* Gattung der Apocyneen. Der kleine S. *(V. minor),* Ewiggrün, Totenmyrte, hat einen dünnen, kriechenden Wurzelstock und halbstrauchige Stengel, von denen die unfruchtbaren niederliegen, die blühenden aber aufrecht stehen. Die gegenständigen, länglich lanzettlichen Blätter sind immergrün, ganzrandig, dunkelgrün und glänzend. Die langgestielten Blüten kommen einzeln aus den Blattwinkeln hervor. Sie haben eine tellerförmige, hellblaue Blumenkrone. Wächst an steinigen, schattigen Stellen in Gebüschen und Wäldern von ganz Europa. Die Blätter schmecken bitterzusammenziehend und enthalten eisengrünenden Gerbstoff; sie wurden für blutreinigend und stärkend gehalten, daher bei Durchfällen, Blutflüssen, gegen Lungenschwindsucht, Verschleimungen und gegen Skorbut, aber auch bei Wunden gebraucht. Das große S. *(V. maior)* wächst im südlicheren Europa, besitzt übrigens dieselben Eigenschaften wie vorige Art. Das kleinblumige S. *(V. parviflora)* wächst auf bebautem Boden in ganz Ostindien und in vielen Gegenden, ein sehr lästiges Unkraut. Man braucht eine Abkochung des Krautes in Öl gegen Hüftweh.

Sipanea *(Sipanea),* Gattung der Krappgewächse. Die cayennische *(S. pratensis)* wächst häufig auf den Savannen in Cayenne. Die ganze Pflanze wird in adstringierenden Decocten und gegen Schleimflüsse, auch bei Wunden und Geschwüren gebraucht.

Sison *(Sison),* Gattung der Doldenpflanzen. Das aromatische S. *(S. Amomum)* wächst auf Lehm- und Kalkboden im südlichen Europa, aber auch in ganz Frankreich und in England. Die Wurzel dieser Pflanze schmeckt fast wie Sellerie, die Blätter sind ebenfalls, jedoch nur schwach aromatisch, die Früchte sind es aber im hohen Grad, riechen sehr angenehm harzig-aromatisch, schmecken ebenso, doch ziemlich rar und war früher offizinell.

Sloanee *(Sloanea),* Gattung der Tiliaceen. Die gezähnte Sl. *(Sl. dentata)* wächst in Südamerika, seltener in Westindien. Die innere Rinde ist schleimig-adstringierend und wird gegen Diarrhöen und Ruhren verwendet.

Smilax *(Smilax),* Gattung der Smilaceen. Der Sassaparill-S. *(S. Sassaparilla)* hat eine fast knotige Wurzel mit vielen, sehr langen, dünnen, gedrehten, biegsamen, aschgrauen Fasern. Die Stengel sind lang und schwach, ästig, rötlich, ganz kahl, mit kurzen, ziemlich starken, spitzen, gepaarten Dornen; die Blätter lederig, kahl und glatt, ganzrandig; die Blüten sind klein, die Blütenhülle gelblichweiß, die Beeren schwarz und blau bereift, die Samen rot, findet sich in den südlicheren Staaten Nordamerikas. Man leitet sonst allgemein die in den Apotheken als Sassaparille oder Sarsaparille bekannte Wurzel von diesem Smilax ab, indessen zeigte es sich später, daß die verschiedenen Sorten dieser Wurzel, welche im Handel vorkommen, teils von anderen Arten derselben Gattung, teils auch und zwar noch häufiger von einigen anderen, von Smilax sehr verschiedenen Gattungen herrühren. Doch herrscht hierüber noch Ungewißheit, und kaum kann man bis jetzt mit Sicherheit von einer einzigen echten Sorte der Sassaparillawurzel die Stammpflanze angeben. Die Hauptkrankheit, gegen welche man vom Anbeginn bis jetzt die Sassaparilla verwendet, ist die Syphilis. Methodisch und längere Zeit fortgesetzt leistet sie Ausgezeichnetes in jenen Fällen veralteter Syphilis, die trotz Merkur- und Jodgebrauch fortwuchern und in herabgekommenen, skrophulösen rachitischen Individuen auftritt. Ferner nützt die S. im chronischen Rheumatismus, in der Gicht, Skrophulose, chronischen Hautausschlägen und Geschwüren. Man nimmt selten das Pulver zu 1-2 Skrupel einigemal des Tages; gewöhnlich gibt man sie in Abkochung täglich wenigstens $1/2$ Unze und läßt sie mehrere Wochen fort gebrauchen. Die S. ist auch ein Hauptbestandteil des den Italienern unentbehrlichen Pollinischen Decoctes und des von deutschen Ärzten vorzugsweise in Anwendung gezogenen Zittmannschen Decoctes. Man läßt den Kranken, nachdem er ein Abführmittel von Jalape und Colomel genommen, täglich vormittags eine Flasche des starken und nachmittags eine Flasche des schwachen Absudes trinken; dabei muß der Kranke strenge Diät und Bettruhe beobachten und an jedem 5. Tag das obenangeführte Abführmittel wiederholen. Folgende Arten von Smilax liefern noch Sassaparilla, u.zw.: der gebräuchliche S. *(S. officinalis)*, der antisyphilitische S. *(S. syphilitica)*, der gemeine S. *(S. aspera)*, der seegrüne S. *(S. glauca)*, Alpins T. *(S. alpini)*, der chinesische S. *(S. china)*, der schmeerwurzblätterige S. *(S. tamnoides)*, der ceylanische S. (S. zeylanica) und der durchwachsene S. *(S. perfoliata)*.

Soje *(Soja)*, Gattung der Schmetterlingsblütler. Die rauhhaarige S. *(S. hispida)*, Sojabohne, ist in Japan einheimisch und wird im ganzen südlichen Asien gebaut. Die wohlschmeckenden Samen werden wie Bohnen gegessen, auch dienen sie zur Bereitung einer Art dicker sehr pikanter Sauce, die man Soja nennt, in Japan, China sowie in ganz Ostindien allgemein als Zutat an Speisen anwendet und jetzt auch zu gleichem Zweck häufig nach Europa bringt.

Sommerwurz *(Orobanche)*, Gattung der Orobancheen. Die große S. *(O. maior)*, (FIG. 103) findet sich in trocke-

FIG. 103

DIE GROßE SOMMERWURZ: a) vergrößerte Blüte, b) geöffnete Blüte, c) der Stengel allein.

nen Wäldern auf freien Plätzen unter Erven und anderen Gewächsen, auf Äckern unter den Erbsen und anderen Hülsenfrüchten, auch auf Wiesen, für gewöhnlich nimmt sie ihren Sitz auf den Wurzeln der Gewächse und entzieht ihnen die Nahrung. Die Wurzel bildet eine Art von Knollen, der wie der ganz einfache, über einen halben Fuß hohe Stengel, mit eiförmigen, spitzigen Schuppen bedeckt ist. Blätter bemerkt man übrigens gar nicht. Die Blumen machen eine Ähre aus, und jede einzelne hat ein großes lanzettliches Deckblatt neben sich. Ihre Farbe ist gelblich grau und die Blütezeit der Juni. Die Wurzel brauchte man ehemals als ein Wundmittel. Die Quendel-S. *(O. Epithymum)* findet sich ziemlich häufig auf dem Quendel. Die Wurzel wurde gegen Blähungen, Koliken, auch als Wundmittel, die Blüten aber gegen nervöse Zustände, gegen Konvulsionen bei Kindern etc. angewendet. Die Labkrauts-S. (*O. Gallii)* wächst auf dem

Labkraut. Die Wurzel sowohl als die gleichfalls nelkenartig riechenden Blüten wurden ebenso wie bei der ersten Art angewendet.

Sonderling *(Quisqualis),* Gattung der Combretineen. Der indische S. *(Qu. indica),* Wunderstrauch, ist ein Strauch mit langen, kletternden Ästen, auf den Molukken und den übrigen indischen Inseln einheimisch. Die Samen werden dort sehr allgemein gegen Würmer bei Kindern und Erwachsenen gebraucht, ebenso die Blätter.

Sonnenblume *(Helianthus),* Gattung der Kompositen. Die jährige S. *(H. annuus),* Sommerrose, hat einen aufrechten 4-8 Fuß hohen, einfachen Stengel mit eiförmigen, lang zugespitzten, ungleichgesägten, rauhen Blättern und am Ende des Stengels und der Äste nickende, bis 1 Fuß im Durchmesser haltende Blütenkörbchen. Die Scheibe ist bräunlich, flach, sehr harzreich, der Strahl schwefel- oder goldgelb. Stammt aus Mexiko und Kolumbien, wird aber jetzt in allen Weltteilen kultiviert. Aus den enthülsten Früchten wird ein süßes, wohlschmeckendes, auch als Heilmittel gleich dem Olivenöl brauchbares Öl gepreßt. In manchen Gegenden werden sie wie der Kaffee geröstet und als ein Surrogat desselben gebraucht, auch zu einhüllenden, reizmindernden Emulsionen, besonders bei Brustbeschwerden sollen sie sehr gut dienen; von den Indianern werden sie zu Brot verbacken oder als Brei gegessen. Die knollige S. *(H. tuberosus),* Erd-Artischocke, Erdbirne, stammt aus Brasilien und wird jetzt in mehreren Ländern Europas kultiviert. Die Wurzelknollen schmecken süßlich, etwas artischockenartig und werden wie die Kartoffeln gegessen, doch stehen sie diesen im Geschmack weit nach. Zum Anbau empfiehlt sich aber diese als Viehfutter sehr brauchbare Pflanze deshalb, weil sie auch mit einem ganz schlechten Boden vorlieb nimmt und sich stark vermehrt, ohne der geringsten Pflege zu bedürfen.

Sonnenröschen *(Helianthemnum),* Gattung der Cistineen. Das gemeine S. *(H. vulgare),* Feld-, Gold- oder Cist-Röschen, Sonnenblümchen, Feld-Ysop findet sich häufig an Wegen, Ackerrainen, auf sonnigen Triften und Hügeln von ganz Europa. Das Kraut war sonst als ein gelind adstringierendes wundheilendes Mittel gebräuchlich.

Sonnentau *(Drosera),* Gattung der Sonnentaugewächse. Der rundblätterige S. *(D. rotundifolia)* wird so genannt, weil sich an der Spitze der langen, rotgefärbten Drüsenhaare, mit welchen die Blätter besetzt sind, Tröpfchen wassergelber Flüssigkeit absondern. Diese Pflanze kommt bei uns in Sümpfen vor. Das Kraut war sonst gegen Wassersucht, Brustkrankheiten, Wechselfieber, Augenleiden etc., äußerlich als Zugmittel gebräuchlich. Der Tee von Sonnentau wird im chronischen Brustkrampf übermäßig gelobt. Das destillierte Sonnentauwasser *(Aqua Borellae)* wird von Vogel als ein Geheimmittel gegen Unfruchtbarkeit empfohlen. Die Frau soll deren drei Eßlöffel voll, mehrere Tage lang, nach beendeter Menstruation, nehmen. Endlich wird der aus den Blättern des Sonnentaues gepreßte blasenziehende Saft als Hausmittel gegen Sommersprossen angewendet.

Anwendung nach dem homöopathischen Prinzip. Der Sonnentau paßt bei Wechselfieber, drückenden Kopfschmerzen mit Übelkeit und Betäubung, Magenkrampf, Croup, Keuchhusten, chronischen Katarrhalbeschwerden, Stickhusten, Bluthusten, beginnender Kehlkopfschwindsucht, Schwindsucht.

Gabe: 1-2 Tropfen der reinen Tinktur oder der 1. 2. Verdünnung, zweimal täglich oder auch noch öfter nach Umständen gereicht. Die homöopathischen Tierärzte wenden den Sonnentau an gegen trockenen, veralteten und aus dem Halse kommenden Husten, sowie gegen trockenen, pfeifenden und stoßweise erfolgenden Husten bei heiserer Stimme und gegen die Lungenwurmseuche der Lämmer, für sich oder im Wechsel mit Dulcamara.

Spargel *(Asparagus)*, Gattung der Smilaxgewächse. Der gebräuchliche S. *(A. officinalis)* ist bei uns schon seit undenklichen Zeiten in Gärten als Küchengewächs mit großer Sorgfalt kultiviert. In seinem natürlichen Zustand treibt er wenig dünne, holzige, ungenießbare Keime oder Sprossen; in Gärten, nach den Regeln der Kunst behandelt, wird eine weit größere, saftvollere Pflanze, die nicht nur sehr viele, sondern auch fingerdicke und dickere Keime treibt. Die jungen Keime oder Stengelsprossen sind der genießbare Teil dieser Pflanze. Der Spargel wird nicht bloß als Gemüse einfach genossen, sondern wirkt auch erregend auf die Geschlechtsorgane, auch spezifisch auf die Harnorgane, indem der Harn bald nachher einen starken, widrigen Geruch annimmt und bei starkem Genuß Bluthamen entsteht. Jetzt bedient man sich des Spargels entweder zur Bereitung von Kräutersäften oder in Form des Spargelsirups, zu dem man wie zu jenen die Sprossen braucht. Um die Tinktur zu bereiten, welche zum innerlichen Gebrauch sehr passend ist, wird der aus den frischen Sprossen gepreßte Saft mit gleichviel Weingeist gemischt und nach 14 Tagen das Helle abgegossen. Man gibt täglich 1-3mal 6-8 Tropfen. Der bittere S. *(A. scaber)* ist dem gebräuchlichen Spargel sehr ähnlich, aber größer, stärker und starrer und kommt in seiner Eigenschaft mit der vorigen Art überein. Dasselbe gilt vom feinblätterigen S. *(A. tenuifolius)* und dem spitzblätterigen S. *(A. acutifolius)*. Der sichelblätterige S. *(A. falcatus)*, in Japan und Ceylon einheimisch, wird dort als blutreinigend und bei syphilitischen Krankheiten angewendet. Der kletternde S. *(A. Sarmentosus)*, wächst auf Malabar und Ceylon. Die Wurzelknollen werden daselbst als eine kühlende, auflösende, blutreinigende Arznei, beim Schwindel, bei Stockungen im Unterleib etc., dann bei Hautkrankheiten und Verbrennungen gebraucht.

Homöopathie. Der gebräuchliche Spargel paßt bei Verdauungsschwäche, galligen Durchfällen, Cholera, Zuckerruhr, Nierenkolik, Steinbeschwerden, Harnstrenge, Herzklopfen, Podagra.

Gabe: 1-2 Tropfen der reinen Tinktur oder der 1. 2. Verdünnung ein oder mehrmals täglich nach Umständen.

Sparmannie *(Sparmannia)*, Gattung der Tilaceen. Die afrikanische S. *(Sp. africana)* ist ein Strauch von 10-20 Fuß, am Kap einheimisch, jetzt auch auf den Antillen häufig angepflanzt. Die Blätter und Blüten sind in Westindien ihrer schleimigen, reizmindernden Eigenschaften wegen bei Brustkrankheiten, Augenentzündungen etc. im Gebrauch.

Spergel *(Spergula)*, Gattung der Alsineen. Der Acker-S. *(Sp. arvensis)* oder die Ackersperre wächst auf Äckern besonders gern auf Sandboden, ebenso der gemeine S. *(Sp. vulgaris)*, das Öl der Samen wurde in der Lungensucht gerühmt.

Sperlingsstrauch *(Struthanthus)*, Gattung der Loranthineen. Der Zitronen-S. *(St. citricola)* wächst häufig in Brasilien auf Zitrus-Arten. Aus den Stengeln und Ästen mit Öl zerrieben, wird in Brasilien eine Einreibung gegen wassersüchtige Anschwellungen bereitet und für eine der besten zerteilenden Mittel in diesem Fall gehalten.

Sperrkraut *(Polemonium)*, Gattung der Sperrkrautgewächse. Das blaue S. *(P. coeruleum)*, Himmels- oder Jakobsleiter, wächst auf Waldwiesen im mittleren und südlichen Europa. In Rußland und Sibirien macht man aus dieser Pflanze erweichende Breiumschläge und wendet sie gegen schmerzhafte, syphilitische Drüsengeschwülste an; das Pulver streut man auf ähnliche Geschwüre.

Spinat *(Spinacia)*, Gattung der Gänsefußgewächse. Der gemeine S. *(Sp. oleracea)* hat eine spindelige Wurzel und mehrere aufrechte, kahle Stengel. Die gestielten Bläter sind länglich und haben eine spieß- oder pfeilförmige Basis. Stammt aus dem Orient. Bekannt ist die allgemeine Anwendung dieser Pflanze als Gemüse. Früher wurde der Spinat, da er die erweichenden, den Stuhlgang befördernden Eigenschaften mit der Garten-Melde teilt, ebenso wie diese angewendet.

Spindelbaum *(Evonymus)*, Gattung der Celastrineen. Der gemeine S. *(E. europaeus)*, Spillbaum, Pfaffenkäppchen, Pfefferriesel, Hundsbaum, Zweckenholz, ist ein Strauch von 5-8 Fuß Höhe, gemein in Hecken und Gebüschen Europas. Alle Teile dieses Strauches riechen und schmecken sehr unangenehm und erregen innerlich genommen heftiges Erbrechen und Purgieren. In früheren Zeiten brauchte man die Früchte gepulvert oder in Form einer Salbe zur Vertreibung der Kopfungeziefers sowie auch gegen Grind und andere Hautausschläge; den Schafen sollen dieselben ein tödliches Gift sein.

Spitzenbaum *(Lagetta)*, Gattung der Thymeläaceen. Der westindische S. *(L. lintearia)* ist ein Baum von 15-20 Fuß Höhe, in Westindien auf hohen Bergen. Diese Pflanze hat ganz die Eigenschaften des Seidelbastes und wird vorzüglich auf Jamaika bei veralteter Syphilis (besonders bei Knochenschmerzen), rheumatischen und gichtischen Zuständen angewendet. DIe innere Rinde besteht aus mehreren (10-30) Schichten, die sich leicht trennen und in ein Spitzen- oder Gazeartiges, weißes Gewebe mittels der Finger ausbreiten lassen.

Springkraut *(Impatiens)*, Gattung der Balsaminaceen. Das gemeine Sp. *(I. noli tangere)* wächst häufig in feuchten, schattigen, besonders bergigen Wäldern sowie auch in Gebüschen an Bächen und Flüssen in ganz Europa und im nördlichen Asien. Blüht vom Juli bis September. Wurde vor Zeiten zur Beförderung der Harnabsonderung, äußerlich aber bei Wunden, Geschwüren und gegen Hämorrhoiden angewendet, von einigen auch unter die brechenerregenden und ausleerenden Mitteln gerechnet.

Spritzgurke *(Ecbalium)*, Gattung der Cucurbituceen. Die gemeine S. *(E. agreste)*, Eselsgurke, findet sich in Südeuropa, bei uns in Gärten. Sie rankt sich in die Höhe und hat rauhe, etwas stachelige, herzförmige Blätter und walzenförmige, bittere Früchte, welche bei Berührung vom Stiel abfallen und den Samen mit großer Gewalt wegschnellen. Alle Teile dieser Pflanze besitzen einen sehr bitteren und scharfen Geschmack, besonders gilt dieses von der Wurzel und den Früchten, die außer Satzmehl und Kleber einen sehr bitteren Extraktivstoff und nicht minder bitteres, drastisches Harz *(Elaterin)* enthalten. Mehr als das Kraut und selbst als die Wurzel waren diese Früchte offizinell, vorzüglich war es aber das Extrakt desselben oder das sogenannte schwarze Elaterium, welches bei vielfältigen Krankheiten, besonders aber bei Wassersuchten aller Art eine große Rolle spielte.

Spurre *(Holosteum)*, Gattung der Caryophillineen. Die doldige Sp. *(H. umbellatum)*, Dolden- oder Frühlingsnelke, Nelkengras, ist gemein auf Äckern, Feldrainen, Triften und auf Mauern in ganz Europa. Das bitterlich schmeckende Kraut wurde früher äußerlich angewendet.

Stachelpilz *(Hydnum)*, Gattung der Hutpilze. Der geschweifte St. *(H. repandum)*, Stoppelpilz, weißer Ziegenfuß, hat einen weißlichen bis ins Bräunliche gehenden, fleischigen, kahlen, verbogenen, ausgeschweiften Hut, ungleiche, zum Teil röhrige Stacheln. In Wäldern. Wird gegessen und schmeckt etwas pfefferartig.

Stäheline *(Staehelina)*, Gattung der Kompositen. Die rosmarinblätterige St. *(St. dubia)* wächst in Südeuropa auf sonnigen Bergen und Felsen. Die ganze Pflanze ist sehr bitter und wird in ihrem Vaterland bei Unterleibsstokkungen, in der Gelbsucht, bei Menstruationsstockungen, als Wurmmittel angewendet.

Stechapfel *(Datura),* Gattung der Nachtschattengewächse. Der gemeine St. *(D. stramonium)* hat eine spindelige einjährige Wurzel und einen aufrechten ½-2 Fuß hohen, gabelästigen, kahlen Stengel. Die gestielten, eiförmigen Blätter sind buchtig gezähnt. Die sehr großen 3-4 Zoll langen weißen Blüten stehen einzeln in den Gabelspalten. Der röhrige Kelch ist fünfkantig, die Blumenkrone trichterförmig. Die Frucht ist eine stachelige vielsamige Kapsel von der Größe eines Apfels. Im nördlichen Ostindien einheimisch, kam durch die Zigeuner nach Europa und ist jetzt überall an Wegen, Schutthaufen, um Dörfer, ebenso in ganz Asien, Nordamerika und Nordafrika zu finden. Prof. Schroff meint, daß der St. und seine Präparate entbehrlich sind; trotzdem kann man ihn in denselben Krankheiten wie die Tollkirsche anwenden, wie gegen Keuchhusten und andere Krampfformen, gegen Nervenleiden, besonders gegen Gesichtsschmerz und Hüftweh, gegen Fallsucht, Veitstanz, Krampfasthma. Gegen letztere Krankheit rät man vorzugsweise das Rauchen der Blätter, entweder allein oder in Verbindung mit Tabakblättern oder mit Tollkirschenkraut. Weniger leistet der innerliche Gebrauch bei dieser Krankheit. Bei Geisteskrankheiten mit dem Charakter der Aufgeregtheit, bei großer Unruhe, Schlaflosigkeit oder bei Anwesenheit von Halluzinationen (Augentäuschungen) und bei Abwesenheit von Hirnkongestionen beobachtete Prof. Schroff nicht selten von der Tinktur 5-20 Tropfen günstige Wirkung. Dieselbe wird aus den Samen bereitet, indem man zu 1 Teil des gepulverten Samens 10 Teile gießt und nach einigen Tagen das Helle ablaufen läßt. Man nimmt 5 Tropfen unter 2-4 Lot Wasser.

In der Tierheilkunde kann der gemeine St. innerlich und äußerlich wie die Tollkirsche angewendet werden.

Anwendung nach dem homöopathischen Prinzip. Der St. eignet sich bei ziehenden, spasmodischen Schmerzen in den Gliedern, bei akutem und chronischem Rheumatismus, Glieder- und Gelenksschmerzen, verschiedenartigen Krämpfen, Epilepsie, Ohnmachten, Masern, Typhus, Manie, bei Geistesstörungen, Wahnsinn, Augentäuschungen, Stumpfsinn, Blödsinn, religiösem Wahnsinn, Säuferwahnsinn, bei nervösem Schwindel, nervösem Gesichtsschmerz, mangelndem Monatsfluß, Brustkrämpfen, Asthma. Gabe: 1-2 Tropfen der reinen Tinktur oder der 1. 2. 3. Verdünnung in akuten Krankheiten alle 4-6 Stunden, in chronischen aber 1-2mal täglich wiederholt.

Die homöopathischen Tierärzte wenden dieses Mittel mit Erfolg an gegen Dummkoller, Schwindelanfälle, Epilepsie, bei Veitstanz und Zuckungen nach der Staupe junger Hunde und gegen den beginnenden schwarzen Star (Amaurose). Als Vorbauungsmittel gegen die Wutkrankheit steht der St. der Tollkirsche weit nach. Nach Dr. Groß wäre das Mittel in der Gnubberkrankheit der Schafe zu versuchen.

Stechdorn *(Paliurus),* Gattung der Rhamnieen. Der gemeine St. *(P. aculeatus),* Judendorn, Christdorn, ist ein Strauch von 4-5 Fuß, gemein an dürren Stellen und in Zäunen des südlichen Europas und im Orient. Die ölhaltigen Samen waren früher bei Brustkrankheiten, die ganzen Früchte bei Harnbeschwerden, die adstringierende Wurzel und die Blätter gegen Diarrhöen im Gebrauch.

Andere Arten sind der weichhaarige St. *(P. Metel),* im ganzen südlichen Asien, in Afrika und auf den Kanarischen Inseln einheimisch. Diese schon den Arabern bekannte Art scheint weit narkotischer als der gemeine St. zu sein; in Ostindien braucht man die Wurzel, die Blätter und Samen innerlich und äußerlich als Heilmittel. Aus den Samen wird in Verbindung mit Opium, Hanf und einigen Gewürzen ein starkes, bei den Mohammedanern statt des verbotenen Weines gebräuchliches Berauschungsmittel zusammengesetzt, dessen Genuß eine unbeschreibliche Fröhlichkeit und das höchste Wohlbehagen erregen soll. Der blutrote St. *(P. sauguinea)* wächst an wüsten Stellen in den hochgelegenen Gegenden Perus und Kolumbiens. Aus den Früchten bereiten die Eingeborenen einen Trank, welcher verdünnt als ein schlafmachendes Mittel dient, konzentriert aber leicht Raserei hervorbringt. Der baumartige St. *(P. arborea)*, ist ein kleiner Baum in Peru und Kolumbien. Aus den Blättern wird in Peru eine erweichende, zerteilende, schmerzstillende Salbe bereitet.

Steckenkraut ☞ **v.w. Asant**

Steenhamere *(Steenhamera),* Gattung der Boragineen. Die Meerstrands-St. *(St. maritima)* wächst am Meeresstrand im nördlichen Europa, Asien und Amerika. Blätter und Blüten schmecken süßlich-schleimig und werden in Island und Norwegen gegen Husten gebraucht; auch genießt man diese Pflanze als Salat. Die virginische St. *(St. virginica)* findet sich im nördlichen Amerika an nassen Stellen. Die Wurzel wird als ein schleimiges, gelind-adstringierendes Mittel bei Diarrhöen sowie gegen Wunden und Geschwüre angewendet.

Steinbrech *(Saxifraga),* Gattung der Steinbrechgewächse. Der körnige St. *(S. granulata),* weiße St., Hundsrebe, Keilkraut, wächst in ganz Europa auf sonnenreichen, trockenen Hügeln und am Fuß freiliegender Berge. Der aufrechtstehende Stengel wird höchstens 1 Fuß hoch, verteilt sich nach obenhin in mehrere Zweige und trägt oben die weißen, grün geaderten Blumen, welche eine Art von Rispe bilden und im April und Mai erscheinen.

Steinklee *(Melilotus),* Gattung der Schmetterlingsblütler. Der blaue St. *(M. coerulea)*, wohlriechender Klee, Schabziegerklee, stammt aus dem nördlichen Afrika und ist keineswegs (wie man so häufig liest) in Böhmen einheimisch, wohl aber hier und da, wo diese Art häufig angebaut wird, z. B. in der Schweiz, in Tirol etc. verwildert. Die ganze Pflanze war früher als ein schmerzstillendes, zerteilendes, schweißtreibendes, den Auswurf beförderndes und wundheilendes, auch harntreibendes Heilmittel im Gebrauch. Der gebräuchliche St. *(M. officinalis),* Meliloten, findet sich häufig an Wegen, auf Wiesen und in feuchten Gebüschen (unter Weiden) in ganz Europa. Kraut und Blumen, letztere wirksamer als ersteres, haben sich um ihrer schwachen Kräfte willen dem innerlichen Gebrauch ganz entfremdet; dennoch ist die äußerliche Anwendung nicht ganz gleichgültig, nutzreich bei Stockungen, rheumatischen Gelenkanschwellungen, Drüsengeschwülsten, Milchknoten, beginnenden Verhärtungen (Bähungen: Umschläge mit Kamillen, Lein-, Hafsamen, Hafergrütze). Das Melilotenpflaster besteht aus 1 Pfund gelbem Wachs, 3 Unzen Olivenöl, ebensoviel Fichtenharz und Schöpsentalg, 10 Drachmen Ammoniakgummiharz, das in 3 Unzen Terpentin gelöst ist, wozu 8 Unzen pulverisiertes Steinkleekraut, ½ Unze pulverisiertes Wermutkraut, ebensoviel pulverisierte Kamillenblume und Lorbeeren gemischt werden. Der Acker-St. *(M. arvensis)* findet die gleiche Anwendung mit der vorigen Art.

Steinlinde *(Phillrea),* Gattung der Ölbaumgewächse. Die breitblätterige St. *(Ph. latifolia)* ist ein Strauch von 5-8 Fuß Höhe, in Südeuropa, besonders im östlicheren Teil einheimisch. Die Blätter sind bitter und zusammenziehend und wurden früher wie die Blätter des wilden Ölbaumes benutzt (vorzüglich bei Geschwüren im Mund, auch gegen Hautkrankheiten und innerlich gegen starke Menstruation sowie gegen übermäßigen Harnfluß) und sind noch heute in Südeuropa als Hausmittel im Gebrauch.

FIG. 104

DIE STEINMORCHEL

Steinmorchel *(Helvella esculenta)* (FIG. 104). Dieser Pilz wächst in Wäldern im Frühjahr und ist genießbar. Er wird auch gemeine ☞ Faltenmorchel genannt.

Steinpoley *(Acinos),* Gattung der Lippenblütler. Der gemeine St. *(A. vulgaris),* Basilienthym oder Berg-Basilie, wächst an trockenen, sonnigen Stellen, auf Hügeln und Bergen. Riecht und schmeckt angenehm aromatisch, kommt hierin fast mit dem Quendel und Poley überein, ist aber weit schwächer. Der Alpen-St. *(A. alpinus),* eine auf Alpen und Voralpen häufig vorkommende Art, ist weit stärker und angenehmer aromatisch als die vorige und war auch früher offizinell.

Steinsamen *(Lithospermum),* Gattung der Boragineen. Der gebräuchliche St. *(L. officinale),* Meerhirse, Steinhirse, Sonnenhirse, Perlkraut, wächst an Wegen, in Gebüschen und auf Äckern in Europa. Einst waren die Früchte als ein harntreibendes Mittel, dann vorzüglich bei Steinbeschwerden und in der Ruhr sowie bei Schleimflüssen gebräuchlich, auch sollten sie die Wehen befördern.

Stemodie *(Stemodia),* Gattung der Braunwurzgewächse. Die Meerstrands-St. *(St. maritima)* ist ein Halbstrauch von 2-4 Fuß Höhe und wächst am Meeresstrand in Westindien. Riecht angenehm aromatisch, schmeckt bitterlich, etwas salzig und soll ein recht brauchbares Mittel bei Verdauungsbeschwerden sein.

Sternanis *(Illicium),* Gattung der Magnoliaceen. Der echte St. *(I. anisatum),* Badianenbaum, ist ein Baum von der Größe eines Kirschbaums, bisweilen nur strauchig, im äußeren Aussehen von weitem dem Lorbeerbaum ähnlich. In China und Japan einheimisch und häufig kultiviert. Man wendet den St. in allen Krankheiten an, wo der Anis seine Wirkungen entfaltet, namentlich bei Magen- und Darmverschleimungen, bei Blähungen und katarrhalischen Beschwerden der Brustorgane. Man gibt das Pulver zu ½-1 Drachme einigemal täglich; den Aufguß macht man aus 2 Drachmen auf 4-6 Unzen Kolatur.

Sternblume ☞ **Aster**

Sterndistel *(Calcitrapa),* Gattung der Kompositen. Die gemeine St. *(C. Hippophaestum)* findet sich an Wegen, unfruchtbaren Stellen, besonders gerne auf Salzboden im südlichen, seltener im mittleren Europa. Diese sehr bitter schmeckende Pflanze besitzt gleiche Heilkräfte mit der Cardobenedikte; der Samen und die Wurzel wurden für ein harntreibendes Mittel gehalten, doch nur selten gebraucht, dagegen werden die Blüten in Frankreich gegen Wechselfieber als Tee getrunken.

Sterndorn *(Asteracantha),* Gattung der Acanthineen. Der schmalblätterige St. *(A. longifolia)* findet sich in Ostindien, an nassen Stellen. Die Wurzel ist dort als ein kräftig harntreibendes Heilmittel bekannt und bei Wassersuchten gebräuchlich; auch die Blätter werden in ähnlichen Fällen innerlich sowohl als äußerlich angewendet.

Sternkopf *(Asterocephalus),* Gattung der Dispacineen. Der Tauben-St. *(A. columbarius),* kleines Apostemkraut, wächst an Feldrändern, auf Hügeln und Bergen (doch immer nur vereinzelt) in Europa und Sibirien. In der Anwendungsweise kam sie in früheren Zeiten ganz mit der gemeinen Scabiose überein.

Sternkraut *(Stellaria),* Gattung der Caryophyllineen. Das mitlere St. *(St. media),* Sternmiere, Vogelmiere, Vogelkraut, Hühnerdarm, Mäusedarm (FIG.

FIG. 105

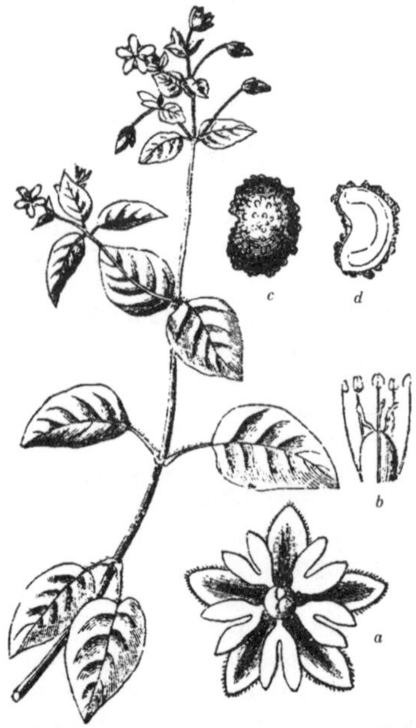

DER HÜHNERDARM: a) eine ausgebreitete Blüte, b) Pistill Staubgefäße, beides viermal vergrößert, c) ein Samen, d) derselbe im Längsdurchschnitt, zweimal vergrößert.

105) hat eine dünne, langfaserige Wurzel und niederliegende schwache Stengel. Diese sind oberwärts gabelästig, aufsteigend, gegliedert und bis auf eine Linie von seinen Härchen kahl. Die gegenständigen Blätter sind eirund, zugespitzt; die Blüten kommen einzeln aus den Ast- und Blattwinkeln. Die Frucht ist eine längliche Kapsel, der Samen rundlich-nierenförmig, zusammengedrückt, braun. Äußerst häufig auf Äckern, in Gärten, überhaupt auf bebautem Boden, aber auch auf Schutthaufen, an Zäunen und in Wäldern in Europa und in fast allen übrigen Weltteilen. Das Kraut war früher seiner kühlenden, gelind eröffnenden Eigenschaft wegen gegen Schwindsuchten, Blutspeien, Hämorrhoiden, Hautausschläge, sowie gegen Augenentzündungen, Wunden und Geschwüre im Gebrauch. Das Pallassche St. *(St. Pallasiana)* findet sich im nördlichen Asien an dürren Stellen. Wird dort gegen den Durchfall bei Kindern angewendet.

Stink-Asant ☞ **Asant**

Stinkblatt *(Dysophylla)*, Gattung der Lippenblütler. Das eiförmige St. *(D. Auricularia)* wächst an Bächen und Gräben in Ostindien und auf den ostindischen Inseln. Blüht das ganze Jahr. Wird als ein zerteilendes Mittel, besonders gegen Krankheiten der Ohren angewendet.

Storchschnabel *(Geranium)*, Gattung der Storchschnabelgewächse. Der Roberts-St. *(G. Robertianum)*, Roberts- oder Ruprechtskraut, Rotlaufskraut hat einen krautartigen, rauhhaarigen Stengel, drei- bis fünfschnittige Blätter, aufrechte Blütenstiele, die zusammen eine schlaffe Rispe bilden, pfirsichrote Blüten und kahle Früchtchen. Sehr häufig an schattigen Stellen, in Hecken, Gebüschen und Wäldern sowie auf Schutthaufen, Felsen und alten Mauern in ganz Europa. Riecht stark und widrig, schmeckt herb-salzig und war gegen Diarrhöen, Blutflüsse, Harnbeschwerden, äußerlich gegen Wunden und Geschwüre gebräuchlich. Der blutrote St. *(G. sanguineum)*, Blutkraut, rote Hühnerwurz, wächst auf sonnigen Hügeln und Bergen, trockenen Wiesen und in lichten Wäldern Europas. Diese Pflanze war früher gegen Schleimflüsse, Blutflüsse und Wunden im Gebrauch, kann aber auch zum Gerben verwendet werden. Der Wiesen-St. *(G. pratense)* war vorzüglich gegen Wunden, Geschwüre und Abzesse innerlich und äußerlich im Gebrauch. Der gefleckte St. *(G. maculatum)* wächst in Wäldern, Gebüschen, Hecken sowie auch an Ackerrändern Nordamerikas. Die sehr adstringierende Wurzel ist dort unter dem Namen Alaunwurzel bekannt und häufig gegen Diarrhöen, Ruhren und ähnliche Krankheiten im Gebrauch. Der mexikanische St. *(G. mexicanum)* findet sich in Mexiko und wird dort die Wurzel gegen Diarrhöen, Ruhren, Augenkrankheiten und überhaupt in allen jenen Fällen gebraucht, wo adstringierende Mittel nötig sind.

Süßgras *(Glyceria)*, Gattung der Gräser. Das flutende S. *(G. fluitans)* (FIG. 106) findet sich in Wassergräben, Bächen, Flüssen, Teichen. In einigen Gegenden soll als Mannagrütze, Himmeltau oder Schwaden der Samen dieser Grasart gesammelt werden.

FIG. 106

DAS FLUTENDE SÜßGRAS: a) eine Rispenspitze, b) eine Borderspelze von vorn, c) eine Hinterspelze, d) ein Despelzenpaar.

Süßholz *(Glycyrrhiza)*, Gattung der Schmetterlingsblütler. Das gemeine S. *(G. glabra)* hat eine kriechende Wurzel, einen ästigen, 3-5 Fuß hohen Stengel, unpaarig gefiederte, 11-13zählige Blätter, halbviolette Blüten in gestielten ährenförmigen Trauben und glatte, kahle, 3-4samige Hülsen. Eine spezifische Heilkraft besitzt das Süßholz nicht; der Gehalt an Zucker und Schleim verleiht ihm eine schwach nährende, eihüllende und den Auswurf befördernde Wirkung. Man braucht es deshalb bei Husten, Heiserkeit, zur Beförderung des Auswurfs in Brustkrankheiten, in Steinbeschwerden, in der Harnstrenge. Besonders nützlich ist es zur Verbesserung des Geschmacks anderer Arzneien; hierzu bedient man sich vornehmlich des Süßholzpulvers, mit welchem z.B. die Pillen bestreut werden. Als Arzneimittel selbst wird das S. entweder ebenfalls als Pulver oder zerkleinert mit anderen Mitteln als Tee gegeben. Soll es eine gute Abkochung im Wasser geben, so darf man es nicht lange sieden lassen, weil man sonst die bitteren Teile mit herauszieht. Übrigens pflegt man die Wurzel auch um des Wohlgeschmacks willen zu kauen. Man kennt eine Menge Zubereitungen des Süßholzes. Die wichtigste ist der allgemein bekannte Lakritzensaft, welchen man überall bereitet, wo die Wurzel gebaut wird. In den Apotheken findet man noch eine Süßholz-Paste und eine Süßholz-Gelatine. Der Süßholz-Sirup ist nicht mehr offizinell.

In der Tierheilkunde wird die Süßholzwurzel höchstens bei akuten Krankheiten der Atmungsorgane, selten für sich allein, meistens als Zusatz zu wirksamen Arzneistoffen in Pillen- oder Latwergenform in der Gabe von einem bis einigen Loten bei größeren Haustieren; von $\frac{1}{2}$-2 Quentchen bei Hunden verabreicht. Der Süßholzsaft kann kleineren Haustieren bei Katarrhen der Atmungsorgane in Pillen- oder Latwergenform, auch in Auflösung zu 1 Quentchen und darüber gegeben werden.

Süßhülsenbaum *(Prosopis)*, Gattung der Mimosaceen. Der ostindische S. *(P. spicigera)* ist ein mittlerer Baum Ostindiens, der in der kalten und bei Beginn der heißen Jahreszeit blüht. Das süße, wohlschmeckende Fruchtmark wird in Ostindien gegessen und auch als Heilmittel nach Art des Johannisbrotes gebraucht. Der kätzchenblütige S. *(S. juliflora)* wächst häufig in Jamaika und Haiti. Das aus der Rinde des Baumes ausschwitzende Gummi vertritt in Westindien zum Teil die Stelle des arabischen Gummi. Blätter und Hülsen werden vom Vieh zwar gefressen, bewirken aber leicht tödliche Zufälle.

Süßstrauch *(Abrus)*, Gattung der Schmetterlingsblütler. Der schönsamige S. *(A. precatorius)*, Paternostererbse, ist im ganzen südlichen Asien und im tropischen Afrika einheimisch, jetzt auch in Westindien und Südamerika ganz verwildert. Wurzel, Stengel und Blätter schmecken süß und werden in den Tropenländern ganz wie das Süßholz als Heilmittel angewendet.

Sumach *(Rhus)*, Gattung der Anacardinieen. Der Perücken-S. *(Rh. Cotinus)*, Perückenbaum, Rujastrauch ist ein Strauch von 6-10 Fuß Höhe, auf sonnigen, bergigen Orten Südeuropas, von Spanien bis zum Kaukasus und nördlich bis nach Baden (bei Wien) reichend, auch häufig als Zierstrauch in Gärten. Die Rinde ist in vielen Fällen ein recht brauchbares Surrogat der Chinarinde; ähnliche Eigenschaften besitzen auch die Blätter, die man jedoch am häufigsten noch als Gurgelwasser bei Mund- und Halsgeschwüren anwendet. Das Holz (Fisetholz) färbt orangegelb. Der Korallen-S. *(Rh. metopium)*, wächst häufig in Bergwäldern Jamaikas. Aus dem Stamm schwitzt ein Harz aus, das dort unter dem Namen Doctor-gum bekannt ist und sowohl äußerlich zur Heilung von Wunden und Geschwüren als auch innerlich (wo es purgierend, brechenerregend und sehr harntreibend wirkt) gegen Stockungen im Unterleib, Gelbsucht etc., auch gegen syphilitische und Krankheiten der Harnwege angewendet wird. Der Gerber-S. *(Rh. coriaria)*, Essigbaum, findet sich in den Ländern am mittelländischen Meer. Früchte und Blätter wurden teils gegen Gallenfieber, teils gegen Blutflüsse, Schleimflüsse, häufig auch äußerlich angewendet. Der Copal-S. *(Rh. copallina)* ist ein Strauch von 8-12 Fuß Höhe, an trockenen, sandigen Stellen von Neu-Jersey bis Carolina. Von dieser Art leitete man sonst den amerikanischen Copal ab, allein mit Unrecht. Der Firnis-S. *(Rh. vernicifera)*, japanischer Firnisbaum, ist ein kleiner Baum Japans, aus dessen weißen, an der Luft schnell schwarz werdenden Saft der berühmte japanische Firnis bereitet wird. Die Ausdünstung des Baumes soll Hautausschläge bewirken. Der Giftbaum-S. *(Rh. Toxicodendron)*, Gift-Eiche, wächst in Wäldern, an Flüssen, aber auch an trockenen Grasplätzen von Kanada bis Carolina; er enthält in allen Teilen einen giftigen, Leinwand und Papier dauerhaft schwarz färbenden Saft und bewirkt bei reizbaren Menschen auch schon durch die Ausdünstung Schwindel und Krampfzufälle. Als Arzneimittel wurden die Blätter besonders gegen Lähmungen der Extremitäten, einige Unterleibskrankheiten sowie gegen Flechten und skrophulöse Augenentzündungen empfohlen, doch sind sie jedenfalls nur im frischen Zustand wirksam.

Anwendung nach dem homöopathischen Prinzip. Der Giftbaum Sumach paßt bei folgenden Krankheiten, und zwar bei spannenden, ziehenden und reißenden Schmerzen, akuter und chronischer Gicht, Krankheiten der Muskel, Sehnen, Bänder, Skrophelsucht, Wassersuchten, Masern, Blattern, Scharlach, Nesselausschlag, Kopfgrind, Flechten, Knochenauftreibungen, Typhus, Fieber, bei Nacht- und Frühschweißen, krankhaften Zuständen der Geistesorgane, Melancholie, Hypochondrie, Gedächtnisschwäche, Schlaganfällen, Kopfschmerzen verschiedener Art, bei Augenkrankheiten, beginnendem schwarzen Star, Ohrenkrankheiten, rheumatischen und gichtischen Zahnschmerzen, schmerzhaften Affektionen des

Magens und der Eingeweide, Ruhr, bei Krankheiten der Blasenschleimhaut, Harnverhaltung, Harnstrenge, bei Krankheitszuständen der weiblichen Geschlechtsteile, Menstruationsstörungen, Kehlkopfleiden, trockenem Husten, Brustfellentzündung, Rheumatismus.

Gabe: 1-2 Tropfen der reinen Tinktur oder der 1., 2., 3., 6. Verdünnung, je nach Umständen 1-2mal oder noch öfter wiederholt. In Lähmungen aller Art sind oft starke und täglich 1-2mal wiederholte Gaben der reinen Tinktur nötig.

Die homöopathischen Tierärzte wenden dieses Mittel an bei der Kopf- und Blatterrose der Schafe, bei Rotlaufgeschwülsten an den Gliedmaßen, wenn auf den geschwollenen Stellen kleine erbsengroße Bläschen entstehen, bei akutem Rheumatismus, bei der rheumatischen Schulter-, Kreuz- und Hüftlahmheit, bei der Influenza der Pferde, bei eintretendem Lahmgehen auf den Vorderfüßen und bei lähmungsartiger Schwäche des Hinterleibes, bei Lungenentzündung, bei dem Milch- und Geburtsfieber der Stuten und Kühe, bei Darmentzündung, Knochenbrüchigkeit des Rindes, bei Hitzbeulen, Nesselsuicht, Flechten, bösartigen Schafpocken, nach Verstauchungen und Verrenkungen mit starker Ausdehnung der Gelenkbänder, bei dem Vergehen der Milch. Gabe: 1.-2. Verdünnung.

T

Tabak *(Nicotiana)*, Gattung der Nachtschattengewächse. Der gemeine T. *(N. Tabacum)*, virginischer T., ist ein jähriges Kraut, welches einen einfachen, aber ästigen, 4-6 Fuß hohen, drüsigen-flaumhaarigen Stengel besitzt. Die großen Blätter sind eirund, zugespitzt, die oberen länglich-lanzettlich. Die Blüten kommen aufrecht in einer Rispe am Gipfel des Stengels hervor. Sie haben eine glockig-tellerförmig, am Saume rosenrote, sonst weißliche Blumenkrone. Diese Art sowie der großblätterige T. *(N. macrophylla)* mit viel breiteren, stengelumfassenden, an der Basis geöhrten Blättern gibt den gebräuchlichen Tabak. Doch wird zu diesem Zweck auch der Bauern-T. *(N. rustica)* angepflanzt, welcher sich durch die grünlich-gelben Blumenkronen leicht unterscheidet. Die Pflanze wächst in Deutschland und selbst noch in Schweden in gutem Boden üppig genug und entzieht auch dem Boden viel Kraft, nur daß das Produkt der Feinheit ermangelt. In dem Tabak, welcher in Deutschland und Frankreich kultiviert wird, ist das eigentümliche Tabaksgift, das sogenannkotin, zu 7-8 Prozent enthalten, während der Havannatabak nur etwa 2 Prozent hat. Neben dem Nikotin unterscheidet man noch ein Nikotianin oder Tabakskampfer, einen flüchtigen, kampferartigen, im Wasser nicht löslichen Körper. Diesem Stoff schreibt man das eigentümliche Aroma der feinen Tabake zu. Als Heilmittel werden die Blätter angewendet; außer ihrer stark narkotischen Eigenschaft wirken sie auch vorzugsweise reizend auf die Schleimhäute, die Harn absondernden Organe, den Darmkanal und auf das lymphatische System, werden in Amerika häufig, bei uns jedoch nur selten innerlich, häufiger äußerlich (besonders in Tabaksrauch-Klistiere) als Wiederbelebungsmittel Scheintoter, dann bei eingeklemmten Brüchen etc. angewendet. Zu den einzelnen Krankheiten, in welchen der Tabak empfohlen wird, gehören die Wassersucht, besonders bei Personen, die starke Getränke mißbraucht haben; vornehmlich sind es die Bauch- und Brustwassersucht, die man mit dem Tabak zu bekämpfen gesucht. Dann wurde er empfohlen bei Asthma, bei krampfhafter Darmeinklemmung, selbst bei Starrkrampf und Wasserscheu. Äußerlich hat man ihn zwecklos bei Krätze und bei anderen Hautleiden, bei Läusen und zur Unterstützung der inneren Kur als schmerz- und krampfstillendes Mittel nebst den Klistieren noch als Umschlag, Waschwasser angewendet. Sonst gab man das Pulver des getrockneten Krautes zu 1-3 Gran oder den Aufguß aus 10-30 Gran innerlich; gegenwärtig das erstere nur noch als Niesmittel. Äußerlich in derselben Gabe auf 4-6 Unzen Kolatur zu Klistieren, Bähungen etc.

In der Tierheilkunde wendet man den T. innerlich als scharfes Mittel bei Verdauungsstörungen, bei hartnäckigen Verstopfungen, bei Wasseransammlungen, dann wegen seiner gleichzeitigen betäubenden Eigenschaft bei den verschiedensten Krämpfen, dem Starrkrampf, der Windkolik, der Aufblähung des Rindviehs, bei krampfhafter Harnverhaltung. Man gibt zu diesem Zweck den größeren Haustieren 2-4 Lot, den kleineren Pflanzenfressern ½-2 Quentchen, Hunden einige bis 30 Gran in Abkochung, Pillen oder Latwergen, entweder für sich allein oder mit anderen passenden Mitteln, z. B. Mittelsalzen, Calomel u.dgl. verbunden. Äußerlich verwendet man entweder die Abkochung zu Klistieren bei hartnäckigen Verstopfungen, bei Krämpfen, insbesondere beim Starrkrampf, oder man benutzt den Rauch des brennenden Tabaks, welcher noch reizender wirkt, bei denselben Krankheitszuständen und leitet ihn mittels einer eigenen Spritze in den Mastdarm. Die Abkochung der Tabakblätter dient auch als Heilmittel gegen die Räude und andere hartnäckige chronische Hautkrankheiten. Es wird hierzu der Tabak entweder bloß in Wasser oder in Aschenlauge (1 Teil auf ungefähr 20 Teile Flüssigkeit) gekocht und entweder für sich allein oder mit anderen passenden Mitteln, wie Pottasche, Schwefelleber, Sublimat u. dgl. verbunden zu Waschungen benutzt. Mit Essig abgekocht, wird er mit Vorteil zum Töten der Läuse verwendet. Der in den Tabakspfeifen sich ansammelnde Tabakssaft wirkt für kleinere Haustiere als heftiges Gift.

Anwendung nach dem homöopathischen Prinzip. Der Tabak wird sich für folgende Krankheitszustände zum Heilmittel eignen: Drückende und reißende Schmerzen, zitternde Glieder, unruhiger Nachtschlaf, Fieber, Niedergeschlagenheit und Traurigkeit, Schwermut, Unlust zur Arbeit, Benommenheit des Kopfes, Schwindel, verschiedene Kopfschmerzen, Lichtscheu, Sausen in den Ohren, trockener Husten, Brechruhr, Nierensteinkolik, Asthma.

Gabe: 1-2 Tropfen der 1., 2., 3. Verdünnung nach Bedürfnis der Umstände, öfters oder seltener wiederholt.

Tachie *(Tachia)*, Gattung der Gentianaceen. Die guianasche T. *(T. guianensis)* ist ein Strauch von 5-6 Fuß Höhe in den Urwäldern am Rio Negro und in Guiana. Die Brasilianer brauchen den Aufguß der bitteren Wurzel als ein Fiebermittel.

Täschelkraut *(Thlaspi)*, Gattung der Kreuzblütler. Das Acker-T. *(Th. arvense)*, Pfennigkraut, Bauernkresse, wächst auf Äckern, in Gärten und an wüsten Stellen in ganz Europa, jetzt auch in Nordamerika. Von dieser gerieben etwas knoblauchartig riechenden Pflanze waren die widerlich knoblauchartig und etwas scharf schmeckenden Samen als ein blutreinigendes, reizendes und harntreibendes Heilmittel im Gebrauch; auch rühmt man den innerlichen Gebrauch derselben gegen das Hüftweh und ähnliche Krankheiten rheumatischer Art.

Tafeltuchbaum *(Mappa)*, Gattung der Wolfsmilchgewächse. Der bestäubte T. *(M. tanaria)* ist ein Baum von der Höhe des schwarzen Holunders und wächst auf den indischen Inseln. Die Rinde braucht man gegen Ruhren, Vorfälle des Mastdarms und ähnliche Leiden, aber auch häufig zum Braunfärben.

Taglilie *(Hemerocallis),* Gattung der Liliaceen. Die gelbe T. *(H. flava),* mit kurzgestielten, wohlriechenden, gelben, lilienartigen Blüten, wächst auf sumpfigen Plätzen, in Gräben, im südlichen Europa und in Sibirien. Die Blumen wurden in früheren Zeiten ihres Wohlgeruchs wegen zu den sogenannten herzstärkenden Mitteln gerechnet.

Talaume *(Talauma),* Gattung der Magnoliaceen. Plumier's T. *(T. Plumieri)* ist ein Baum von 50-80 Fuß Höhe, auf den Antillen einheimisch. Aus den Früchten schwitzt ein balsamisches, schwärzlich-braunes Harz, das erhitzend, scharf und bitter schmeckt und gegen Schleimflüsse benutzt wird. Die jungen Äste, Blätter und Knospen sind aromatisch, fast wie der Kalmus, und werden bei träger Verdauung, gegen Wassersucht, Gicht und Skorbut in Anwendung gezogen. Ähnliche, doch mehr stärkende Heilkräfte besitzen auch die Samen und die Rinde. Die Blüten werden ihres Aromas wegen mehreren Likören zugesetzt.

Tamariske *(Tamarix),* Gattung der Tamariscineen. Die französische T. *(T. gallica)* ist ein Strauch von 4-5 Fuß Höhe, oft aber auch bis 15 Fuß hoch, und baumartig in zahlreiche, sehr schlanke, eine Menge kleiner, grüner, im Herbst abfallender Ästchen tragende Zweige geteilt. Man findet sie am Ufer des Mittellmeeres und des Atlantiks, aber auch an Flüssen in Südeuropa, Mittel-Asien und Nord-Afrika. Die braune, innen hellgelbe, balsamischbittere, etwas zusammenziehende Rinde war sonst offizinell und als ein sehr kräftiges Mittel gegen Milzverstopfungen berühmt. In den ältesten Zeiten waren auch die Blätter dieses Strauches sowie die gallapfelartigen Auswüchse desselben gegen Augenkrankheiten, Blutspeien und andere Blutflüsse im Gebrauch. Die steifhaarige T. *(T. hispida)* wächst am Terek, an der Wolga und anderen Flüssen der Tartarei. Eine Abkochung der fast geruchlosen, etwas zusammenziehend schmeckenden Äste wird dort gegen rheumatische und gichtische Schmerzen sowie auch bei innerlichen Verletzungen in Gebrauch gezogen. Die orientalische T. *(T. orientalis)* findet sich in Ägypten, Arabien und Persien bis nach Ostindien. Die Blätter werden gegen Milzkrankheiten sehr gerühmt, die Abkochung der Rinde dient gegen Blutflüsse, ebenso braucht man auch die adstringierenden Galläpfel, welche häufig den ganzen Baum bedecken, und die Abkochung des Holzes gleich jener des Guajaks gegen syphilitische Krankheiten und Hautausschläge.

Tamonea *(Tamonea),* Gattung der Verbenaceen. Die eisenkranzartige T. *(T. verbenacea)* findet sich in Westindien und dem nahegelegenen Festland Amerikas, an trockenen Stellen. Wird dort allgemein statt des chinesischen Tees getrunken und soll sehr wohlschmeckend sein.

Tang *(Fucus),* Gattung der Tangalgen. Der knotige T. *(F. nodosus)* ist lederig, olivengrün, trocken schwarz, rippenlos. Gemein in der Nordsee und im Atlantischen Ozean. Gibt viel Soda und Jodin. Der Blasen-T. *(F. vesiculosus),* See-Eiche, ist lederig, olivengrün, trokken schwärzlich. Sehr häufig in den europäischen Meeren. Einst so wie die Asche davon gegen Skropheln im Gebrauch, auch jetzt noch in England offizinell. Enthält viel Jodin. Der wachsartige T. *(F. ceranoides)* ist dem vorigen ähnlich, aber kleiner, mehr an den Seiten ausgebreitet, wird wie der knotige T. gebraucht. Der gesägte T. *(T. serratus)* ist lederig, dunkel-olivengrün. Häufig in der Nordsee. Nach Russel auch äußerlich bei skrophulösen Drüsengeschwülsten.

Tanne *(Abies),* Gattung der Koniferen. Die Edel-T. gleicht in Größe und Tracht, sowie in Bildung der Blüten und Früchte der Fichte. Ihre Rinde ist jedoch glatt und weißlichgrau; die flachen, stumpfen, ausgerandeten Blätter sind zweizeilig angeordnet und oben glänzend dunkelgrün, unten matt weiß und die Zapfen stehen aufrecht. Die Tanne bildet in Gebirgen große Wälder und stimmt betreff des Nutzens mit der Fichte überein. Der Terpentin von dieser Tanne ist viel kleiner, klarer, mehr blaßgelb, von minder unangenehmem Geruch und heißt Straßburger Terpentin. Die Balsam-T. *(A. balsamea)* findet sich von Virginien bis Kanada in Bergwäldern. Unter allen Terpentinsorten ist jene die feinste und beste. Die kanadische T. *(A. canadensis)*, Hemloks- oder Schierlings-T., ist gemein in den nördlichen Ländern von Nordamerika. Der kurz vorher erwähnte kanadische Balsam soll auch von dieser Tanne gewonnen werden.

Tannenpalme *(Elate)*, Gattung der Palmen. Die dattelartige T. *(E. sylvestris)* findet sich in Ostndien und blüht das ganze Jahr hindurch. Aus dem Mark des Stammes wird ein Sago bereitet. Blätter und Früchte sind sehr stark adstringierend und werden gegen Blutflüsse, Schleimflüsse und ähnliche Krankheiten angewendet. Das Fleisch der reifen Früchte wird gegessen.

Tartschenflechte *(Cetraria)*, Gattung der Schildflechten. Die isländische T. *(C. islandica)*, Lungenmoos, isländisches Moos, ist eine Flechte, die nicht nur in allen nördlichen Ländern, sondern auch bei uns in Gebirgen und selbst hier und da im Flachland ungemein häufig vorkommt. Sie ist aufrecht, strauchförmig und von olivengrüner oder bräunlicher Färbung. An den fein gewimperten, obersten, flachen Lappen kommen jedoch nur selten die schüsselförmigen braunen Früchtchen hervor. Die isländische T. besitzt vermöge ihrer Bestandteile nährende, gelind stärkende Eigenschaften und eignet sich besonders für schwächere, zartere, abgemagerte, erschöpfte Kranke. Soll sie etwas leisten, muß sie durch längere Zeit und in größeren Mengen angewendet werden. Auf den österreichischen Alpen geben die Sennerinnen den Schweinen Abkochungen von isländischem Moos, und sie werden fett. Man benutzt sie bei und nach Diarrhöen und Ruhren nach Ablauf des entzündlichen Stadiums, bei starken Eiterungen, nach Blutflüssen, besonders aus den Lungen, im Skorbut, in der Rekonvaleszenz und nach schweren erschöpfenden Krankheiten. Einen besonderen Ruf hat sich diese Flechte in Krankheiten der Lungen, wie in chronischen Katarrhen und in der Lungenschwindsucht erworben. In der letzteren Krankheit paßt sie nur dann, wenn keine entzündliche Reizung vorhanden ist. Sie vermag zwar die Lungenschwindsucht nicht zu heilen, aber sie ist mildes, nährendes, zweckmäßiges Unterstützungsmittel der Kräfte. Man muß das isländische Moos, will man es als nährendes Mittel anwenden, seiner Bitterkeit berauben, was durch Einweichen in kaltem Wasser etwa 20 Stunden hindurch vor dem Gebrauch oder durch Aufbrühen mit kochendem Wasser zur Genüge geschieht. Man kocht es dann mit Wasser oder Milch, macht es auch wohl mit Wein, Gewürzen etc. schmackhaft. Ein Teil isländisches Moos mit 23 Teilen Wasser gekocht, gibt beim Erkalten eine Gallerte, die man beim Kochen auch mit Kandiszucker versetzt.

In der Tierheilkunde wird sie hier und da bei chronischen Katarrhen der Atmungsorgane, bei Lungenvereiterung und chronischem Durchfall angewendet. Es muß immer durch einige Zeit fortgebraucht werden, ehe man bei den Krankheiten der Atmungsorgane einen guten Erfolg sieht, und oft erleichtert es dieselben nur. Die Gabe ist für Pferde und Rinder 30,0-90,0 g, für Schafe, Ziegen und Schweine 15,0-30,0, für Katzen und Hunde 2,0-8,0 g, täglich 3-4mal. Die Anwendung geschieht teils fein gepulvert in Latwergen und Pillen, teils zerschnitten in Decoct. Man nimmt gewöhnlich 30,0 zerschnittenes Moos auf 360,0-540,0 Wasser und kocht es bis zur Hälfte ein.

Tausendguldenkraut *(Erythraea)*,

Gattung der Enziangewächse. Das gemeine T. *(E. Centaurium)*, Fieberkraut, Erdgalle, roter Aurin, hat einen aufrechten, oben gabelständigen Stengel, gegenständige, ovale oder längliche Blätter und rosenrote Blüten in schirmförmigen Trugdolden. Auf sonnigen Wiesen, Triften und an Ackerrainen in ganz Europa. Offizinell ist das ganze, geruchlose, aber sehr bittere, zur Blütezeit gesammelte Kraut. Es enthält einen bitteren Extraktivstoff, auch einen eigentümlichen, bitteren kristallinischen Stoff *(Centaurin)* und kommt in seiner Wirkungsweise mit dem Fieberklee sowie mit dem Enzian sehr überein, ist aber weniger als letzteres erhitzend, hingegen mehr auflösend und wird vorzüglich gegen Schwäche der Verdauung, Verschleimung, venöse Kongestionen im Unterleib und bei allen davon herrührenden Leiden, auch gegen Wechselfieber etc. angewendet. Gleiche Eigenschaften besitzt das kleine T. *(E. ramosissima)*; ebenso bitter ist das chilenische T. *(E. chilensis)*.

In der Tierheilkunde wird das T., das in seinen Wirkungen dem Enzian gleicht, ähnlich wie die anderen bitteren Mittel angewendet.

Teer ☞ **Kiefer**

Tetranthere *(Tetranthera)*, Gattung der Lorbeergewächse. Die graufilzige T. *(T. monopetala)* ist ein mittelgroßer Baum Ostindiens. Die gewürzhaft riechende, balsamisch und etwas adstringierend schmeckende Rinde ist in Ostindien gegen Diarrhöen, Schwäche des Darmkanals etc. gebräuchlich. Die Myrrhen-T. *(T. Myrrha)* wächst in China und Cochinchina. Alle Teile sind sehr bitter, schmecken und riechen wie Myrrhe und sind in ihrem Vaterland als erhitzende, fäulniswidrige, harntreibende und die Menstruation befördernde Mittel, wie auch gegen Würmer im Gebrauch. Das Öl der Beeren wird äußerlich bei Hautausschlägen und alten Geschwüren gebraucht. Die Cubeben-T. *(T. Cubeba)* wächst in China und Cochinchina wild und kultiviert. Die Beeren riechen und schmecken wie die Cubeben; sie werden als magenstärkend, Blähungen vertreibend, ebenso auch als Gewürz an Speisen angewendet.

Teufelsabbiß *(Succisa pratensis)*, aus der Familie der Kardengewächse, wächst auf feuchten Wiesen und in Wäldern. Der Name dieser Pflanze rührt daher, weil die Pfahlwurzel wie abgebissen erscheint, was der Sage nach von dem Teufel herrühre, der den Menschen die Kraft derselben mißgönne und sie deshalb abbeiße. Die Blätter sind wie beim Wegerich, nur länger und zungenförmiger, schwarzgrün, rauh, ganzrandig und schwach gezähnt und je weiter oben, desto schmäler. Diese Pflanze blüht im August und hat blauviolette Blütenköpfchen mit einer vielblätterigen Blütendecke. Der Geschmack ist bitter, etwas adstringierend, Wurzel und Kraut werden gestoßen, dann gegen Entzündungen und bei Schmerzen in Folge von Quetschungen gebraucht, auch als Gurgelwasser angewendet. In früheren Zeiten wurde der T. zur Zauberei und zum Schatzgraben häufig benutzt.

Teufelsdreck ☞ **Asant**

Teufelszwirn ☞ **Flachsseide**

Thaspie *(Thaspium)*, Gattung der Doldenpflanzen. Die schwarzrote Th. *(Th. atropurpureum)* wächst in Pennsylvanien, Virginien und Carolina. Die Bergbewohner in Pennsylvanien brauchen die Wurzel als ein antisyphilitisches Heilmittel.

Teestrauch *(Thea)*, Gattung der Kameliengewächse. Der chinesische Th. *(Th. chinensis)* ist ein 4-8 Fuß hoher, auf Hügeln in China und Asien wild wachsender Strauch mit immergrünen, kurzgestielten, elliptischen oder länglich-lanzettlichen oder eirunden, meist spitzen, gesägten, kahlen, glänzenden Blättern. Durch Kultur sind drei sehr standhafte Spielarten, der grüne, braune und geradästige Teestrauch entstanden, von deren Blättern unsere Teesorten herrühren. In China werden die Blätter des Teestrauches viermal im Jahre gesammelt; die erste und in Hinsicht der Qualität vorzüglichste Ernte findet mit Ende Februar, die zweite mit Ende April, die dritte im Juni und die schlechteste im August oder September statt; in mehreren Gegenden Chinas macht man auch nur 2 Ernten, eine im Frühjahr und eine im Herbst. Die sorgfältig abgepflückten Blätter werden eine kurze Zeit in kochendes Wasser getaucht und hierauf, oft aber auch ohne diese Behandlung, auf erhitzten eisernen Blechen abgetrocknet und noch heiß mit den flachen Händen verschiedentlich gerollt, worauf man ihnen, die für sich geruchlos sind, später durch allerlei Zusätze ihren Wohlgeruch erteilt und sie nun in Kisten packt. Im Handel unterscheidet man vorzüglich 1. den grünen Tee, welcher graulich-grün, schärfer, auch gewürzhafter ist und 2. den schwarzen Tee, welcher eine braune oder schwärzliche Farbe besitzt und milder schmeckt. Zur ersteren Sorte gehört der kostbare Kaiser- oder Blumentee, ferner der Haysan- oder Hyssontee, der Schuhlangtee, der Perlentee und der Schießpulvertee; viel schlechter ist der Singlo- oder Tonkaytee. Sorten des schwarzen Tees sind: der Souchongtee, welcher auch Karawanen- oder russischer Tee genannt wird, der Pekotee, der Tee Bou oder Bohratee und der Kongotee. Der echte chinesische Tee besitzt eine eigentümlich erregende und belebende Wirkung auf die Nerven; in größerer Menge oder in gesättigterem Aufguß oder auch in geringerer Menge von sensiblen Individuen genossen, verursacht er (der grüne Tee stets in einem viel höheren Grade als der schwarze) Beklemmungen, Angst, Herzklopfen, Betäubung oder Ohnmacht und hinterläßt eine sehr bedeutende Abspannung; in größerer Menge und durch längere Zeit genossen, steigert er die Empfindlichkeit des Nervensystems ungemein, erschlafft den ganzen Verdauungsapparat und ist eine ergiebige Quelle vielfältiger Kachexien, sowie der immer häufiger auftretenden Schleimflüsse. Als ein eigentliches Heilmittel wird derselbe fast nur von homöopathischen Ärzten, häufiger dagegen in jenen Ländern, wo der diätetische Genuß desselben bereits allgemein stattfindet, auch als ein sogenanntes Hausmittel seiner reizenden und schweißtreibenden Wirkung wegen bei Erkältungen, Krämpfen und anderen Beschwerden benutzt.

Theophraste *(Theophrasta),* Gattung der Ardisiaceen. Die amerikanische Th. *(Th. americana)* ist ein amerikanischer Baum mit 2-4 Fuß hohem Stamm, oben dornig und nach Art der Palmen eine bloße Blätterkrone tragend. Die Neger in Westindien brauchen die Wurzel in Verbindung mit jener der Boerhavien als ein Brechmittel, die fleischig-saftige Placenta in der Frucht wird gegessen.

Thespesie *(Thespesia),* Gattung der Malvengewächse. Die pappelblätterige Th. *(Th. populnea)* ist ein Baum mittlerer Größe mit einer sehr schönen und dichten Krone. In Ostindien einheimisch und sehr häufig angepflanzt. Blüht fast stets. Nach Verletzungen fließt aus den Zweigen, besonders aber aus den halbreifen Früchten ein klebriger, gelber Saft, welchen man gleich dem Decoct der Rinde äußerlich gegen Hautkrankheiten und die Rinde sowie die Wurzel innerlich als ein umstimmendes Mittel, aber auch gegen Brustfellentzündung, Brechruhr, Gallenfieber etc. anwendet. Die langspitzige Th. *(Th. populneoides)* ist ein Baum von 15-20 Fuß Höhe, der ganz so wie vorige Art benutzt wird.

Thibaudie *(Thibaudia),* Gattung der Vaccinieen. Die wohlriechende Th. *(Th. Quereme)* ist ein Strauch von 4-6 Fuß in der kolumbischen Provinz Choco. Stengel und Äste sowie die Blütentrauben riechen äußerst lieblich und verlieren diesen Wohlgeruch auch im trockenen Zustand nicht; die daraus bereitete Tinktur riecht fast wie Nelken und wird gegen Zahnschmerz angewendet.

Tränengras *(Coix)*, Gattung der Gräser. Das gemeine Th. *(C. Lacryma)*, Hiobstränen, wächst in Ostindien. In China und Cochinchina, wo dieses Gras häufig gebaut wird, hält man die Früchte für stärkend und etwas harntreibend; man gibt sie bei Lungengeschwüren und Wassersucht; auch werden sie dort sowie in Ostindien und Afrika von der harten Schale befreit und gemahlen als Brei und Brot gegessen.

Thunbergie *(Thunbergia)*, Gattung der Acanthineen. Die wohlriechende Th. *(Th. fragrans)* wächst häufig in Hecken und Gebüschen, an nassen Stellen in Ostindien, wird überdies allgemein daselbst kultiviert und ist jetzt auch in Westindien. Blüht fast stets. Die ganze Pflanze riecht sehr stark und angenehm und wird in Westindien als ein tonisch-aromatisches Heilmittel verwendet.

Thymian *(Thymus)*, Gattung der Lippenblütler. Der Feld-Th. *(Th. Serpyllum)* (FIG. 107), Quendel, hat langge-

FIG. 107

DER FELD-THYMIAN: a) die Pflanze in 2/5 natürlicher Größe, b) eine dreimal vergrößerte Blume, c) ein Kelch in derselben Vergrößerung.

streckte, wurzelnde Stengel und eirunde oder länglich-runde Blätter. Die kleinen rosenroten Blüten stehen gebüschelt in Seitenquirlen. Der Geruch dieser Teile ist balsamisch-zitronenartig, der Geschmack bitterlich gewürzhaft. Man hat den Quendel wenig innerlich angewendet; einige haben ihn bei krampfhaften Menstruationsbeschwerden als Tee trinken lassen. Er wird auch zu Gurgelwässern bei katarrhalischen Mund- und Rachenaffektionen benutzt. Quendelabkochungen sollen als stärkende Bäder bei kleinen Kindern von Nutzen sein. Gewöhnlich wird er äußerlich bei Verletzungen, Quetschungen, bei Verrenkungen, Lähmungen, kalten Geschwülsten etc. als ein zerteilendes und stärkendes Mittel benutzt. Man bedient sich zu diesem Behufe der Kräuterkissen, der Bähungen, aromatischer Bäder und Waschungen, die man dann gern mit Wein und im Zusatz anderer aromatischer Kräuter bereiten läßt. Auch der nicht unkräftige Quendelgeist wird gegen die genannten Krankheiten, desgleichen bei Gliederzittern und allgemeiner Nervenschwäche zu Einreibungen und Waschungen benutzt. Der Garten-Th. *(Th. vulgaris)*, echter Thymian, römischer Quendel, ist ein Halbstrauch Südeuropas mit linealen, spitzen, am Rande zurückgerollten Blättern. Auch von dem echten Thymian sind die blühenden Äste eines der kräftigsten Reizmittel in dieser Familie; dem ungeachtet ist die medizinische Anwendung nur gering, viel häufiger dagegen jene als ein Küchengewürz. Der kopfige Th. *(Th. creticus)* wächst in den Ländern am Mittelländischen Meer. Riecht sehr stark und angenehm, schmeckt brennend und gewürzhaft, war deshalb schon in den ältesten Zeiten der Heilkunde offizinell und ist mit Recht in mehreren Ländern gebräuchlich. Der Mastix-Th. *(Th. Mastichina)* wächst auf Bergen und Felsen im südlichen Frankreich, Spanien und im nördlichen Afrika. Riecht stark und äußerst angenehm und ist in Spanien gebräuchlich. Der wohlriechende Th. *(Th. Tragoriganum)* findet sich in Griechenland, auf Kandia und Zypern. Diese Art besitzt einen angenehmen und durchdringend-aromatischen Geruch und wird in ihrer Heimat sehr geschätzt.

Thibouchine *(Thibouchina),* Gattung der Melastomaceen. Die rauhhaarige T. *(T. aspera)* ist ein ästiger Strauch Guianas. Alle Teile riechen angenehm aromatisch und werden dort als Teeaufguß, vorzüglich bei Brustkrankheiten, trockenen Husten u.s.w. angewendet.

Timon *(Timonius),* Gattung der Krappgewächse. Der amboinische T. *(T. Rumphii)* wächst auf Hügeln und offenen Feldern in Amboina. Die Rinde wird bisweilen anstatt der Arekanuß zum Betelkauen, sowie die Wurzel gegen Erkältungen und davon entstehenden Fieber angewendet.

Tollkirsche *(Atropa),* Gattung der Nachtschattengewächse. Die gemeine T. *(A. Belladonna),* Wutkirsche, Teufelsbeere (FIG. 108), hat eine dicke, ästige Wurzel und aufrechte, 3-5 Fuß hohe, obenwärts wiederholt gabelspaltige, flaumhaarige Äste. Die gestielten spitzeiförmigen, ganzrandigen Blätter sind wechselständig, an den obersten Ästen aber gepaart. Aus den Winkeln der Äste und der Blätter kommen

FIG. 108

DER GEMEINE TOLLKIRSCHE: a) ein Zweig mit Blüten und Beeren, b) ein Stück Wurzel, c) eine ausgebreitete aufgeschnittene Blumenkrone, d) ein Samen, e) ein Pistill, f) eine durchschnittene Beere, g) der Samen im Durchschnitt.

große, schmutzig-braune Blüten einzeln oder zu zweien hervor. Sie haben eine walzlich-glockige, geaderte, unten grüngelbe, oben violett-braune Blumenkrone, 5 Staubgefäße und einen Stempel, der sich zu einer vielsamigen, glänzendschwarzen Beere von der Größe und Gestalt einer Kirsche entwickelt. Ist eine der stärksten, betäubendsten Giftpflanzen, deren kirschenähnliche Beeren schon oft Unerfahrene zum Genuß verleitet haben. In Gebirgswäldern, vorzüglich in Holzschlägen oft in großer Masse, aber nicht überall. Blüht vom Juni bis August. Zum medizinischen Gebrauch dienen fast ausschließlich nur die Blätter und die Wurzel; letztere ist kräftiger als die ersteren. Der wichtigste Bestandteil der Pflanze ist ein Alkaloid, das Atropin. Die Tollkirsche wendet man vornehmlich an in Krankheiten des Nervensystems; sowohl in der sensiblen als in der motorischen Sphäre, und zwar bei gesteigerter Empfindlichkeit der Nerven, bei heftigen Magenkrämpfen, bei Geisteskrankheiten, gegen Keuchhusten und andere krankhafte Affektionen der Lungen und des Herzens, gegen sogenanntes Asthma, gegen Epilepsie, gegen krampfhafte Verengerung, bei krampfhafter Einklemmung der Gedärme, namentlich bei Nabelbrüchen sah Professor Schroff von großen Gaben die günstige Wirkung; ebenso erfolgreich wurde sie bei der Gallensteinkolik, bei krampfhafter Harnverhaltung, bei krampfhaften Wehen und zurückgehaltener Entwicklung des Kindes wegen Krampf des Gebärmutterhalses angewendet. Wenn die Augenärzte eine Erweiterung der Pupille wünschen, bedienen sie sich vornehmlich der Belladonna. Außerdem empfiehlt man sie gegen skrophulöse Affektionen, gegen Anschwellungen der Leber, Milz, beginnende Magenverhärtung, gegen Krebs, sowohl innerlich als äußerlich nun endlich als Vorbauungsmittel gegen Scharlach; doch hat sich letztere Empfehlung nicht bewährt. Man gibt diese Pflanze am besten in Pulverform und zwar von der Wurzel aus der kräftigsten Periode von $\frac{1}{3}$-1 Gran für Erwachsene und nur ausnahmsweise, wo eine Lähmung der Ringmuskel erzielt werden soll, 2-3 Gran, für Kinder $\frac{1}{12}$-$\frac{1}{6}$ Gran; von den Blättern die doppelte Menge. Der Aufguß der Blätter aus 2-4 Drachmen auf 6 Unzen Kolatur läßt sich nur für die äußerliche Anwendung als Umschlag, Bähung, Augenwasser, Einspritzung rechtfertigen. Das Atropin macht alle anderen Präparate entbehrlich und würde mit vollem Recht selbst die Mutterdrogen verdrängen, wenn nicht seine sehr heftige Wirkung in vielen Fällen sehr große Vorsicht erheischen möchte. Das alkoholische Extrakt wird in derselben Gabe wie die Wurzel gereicht. Die Tinktur, aus dem trockenen blühenden Kraut 1:5 bereitet, wird meistens nur äußerlich in ähnlichen Fällen angewendet wie das Extrakt. Wollte sie innerlich gereicht werden, zu 1-10 Tropfen.

In der Tierheilkunde wird dieses Mittel bei verschiedenen Krankheiten des Nervensystems, wohl meistens ohne besonderen Erfolg angewendet; so wurde es gegen Dummkoller, Starrkrampf, gegen Dreh- und Gnubberkrankheit, bei krampfhaften Husten, Krampfkoliken, Fallsucht, sogar gegen die Hundswut, den Rotz und die Rinderpest empfohlen. Während sie gegen die drei letztgenannten Krankheiten gar nichts leistet, ist die Wirksamkeit derselben gegen die erst angeführten Krankheitsformen wenigstens sehr zweifelhaft. Gegen Blutmelken und einige sogenannte Milchfehler soll sie hingegen gute Dienste geleistet haben. Der Sicherheit wegen, mit welcher die Belladonna eine Erweiterung der Pupille bedingt und ihrer schmerzstillenden Wirkung wegen wird sie bei der Regenbogenhaut- und inneren Augenentzündung mit Vorteil verwendet. Innerlich gibt man die getrockneten Blätter Pferden und Rindern zu $\frac{1}{2}$-2 Lot, Schafen und Schweinen zu 1 Quentchen bis 1 Lot, Hunden zu einigen Gran bis 1 Skrupel; die trockene Wurzel nur in dem dritten Teil dieser Gabe in heiß bereitetem Aufguß oder Pillen, oder in Latwergenform, entweder allein oder mit passenden Mitteln, z. B. Mittelfalzen oder Calomel verbunden. Von dem frischen Kraut rechnet man ungefähr das dreifache Gewicht des trockenen auf eine Gabe. Äußerlich verwendet man die Blätter und das aus ihnen bereitete alkoholische Extrakt bei Augenentzündungen (das letztere zu $\frac{1}{2}$-1 Quentchen auf 1 Lot Fett oder Salbe), bei schmerzhaften Geschwülsten, bei Krämpfen, insbesondere des Blasenhalses, wo das Extrakt auf das Mittelfleisch und um den After eingerieben wird, bei krampfhaften Verschließungen des Muttermundes während des Geburtsaktes. In ähnlichen Fällen kann auch die Belladonna-Tinktur Anwendung finden.

Anwendung nach dem homöopathischen Prinzip. Die Belladonna paßt bei Entzündungen phlegmonöser und erysipelatöser Art, bei Entzündungen der Lymphgefäße und Drüsen, bei Krankheiten schwangerer Frauen, Krämpfen aller Art, Epilepsie, Wasserscheu, Kongestionen nach dem Kopf, bei Lähmungen, bei wandernden rheumatischen Schmerzen, Skrophulose und Rhachitis, syphilitischen Geschwüren, Krebs, Masern, Scharlach, Kopfrose, Blattern, Röteln, Nesselausschlag, Finnen, Schlaflosigkeit, Schlafsucht, Typhus, Wechselfieber, Seelenstörungen, Manie, Melancholie, Schwindel, Kopfschmerzen von allzu starkem Blutandrang nach dem Kopf, Gehirnentzündung, bei Augenentzündungen, Verengung und Verziehung der Pupille, grauem Star, Ohrenentzündungen, Nasenbluten, Entzündung der Ohrspeicheldrüse, bei schwierigem Zahnen der Kinder, Speichelfluß, Schluchzen, akuter Gastrizismus, Magenkrampf, Bauchfellentzündung, Gedärmentzündung, Kolik, Leistenbrüchen, Ruhr, Diarrhöe,

Entzündung der Harnwerkzeuge, Blasenkrampf, Hämorrhoidalleiden, Harnruhr, Gebärmutterentzündung, Gebärmutterkrebs, bei Menstrualkrämpfen, bei starker Menstruation, Abortus, Brustkrebs, katarrhalischen Entzündungen der Luftwege, Grippe, Keuchhusten, trockenem Husten, Asthma, Brustfellentzündung, Lungenentzündung, Rückenmarksentzündungen, Hüftweh, gichtischen Anschwellungen der Gelenke.

Gabe: 1-2 Tropfen der 1. 2. 3. 6. 12. Verdünnung, alle 2, 3, 4, 6, 8, 12 Stunden in hitzigen und 1-2mal täglich in chronischen Krankheiten wiederholt. Bei an Wasserscheu Leidenden (außer dem inneren Gebrauch von 1-2 Tropfen der 1. Verdünnung in 2-3stündigen Wiederholungen) öftere Benetzungen der Bißwunde mittels etlicher Tropfen der 1. Verdünnung, nach vorgängigem sorgfältigen Ausbrennen der Bißwunde, bei Brucheinklemmungen sind gleichzeitig Klistiere aus 1-2 Tropfen der Tinktur auf 4 Unzen Wasser ratsam. Bei krampfhaften Zusammenziehungen des Muttermundes bedient man sich auch äußerlich der Belladonna-Tinktur zu 1-2 Tropfen, mit ein paar Drachmen Wasser vermischt.

Die homöopathischen Tierärzte wenden dieses Mittel an gegen Wutkrankheit, bei Milzbrand (Anthrax), bei Gehirnapoplexie, bei Gehirn-Kongestion, bei Schwindel, bei Augenentzündung katarrhalischer und rheumatischer Art, bei Angina (Bräune, Halsentzündung), bei Entzündung der Schleimhaut des harten Gaumens, bei Entzündung der Ohrspeicheldrüse, bei der Influenza der Pferde, bei der Druse der Pferde, gegen die Staupe der Hunde, bei der Maulsperre junger Tiere, bei Kolik, bei der Entzündung der Gebärmutter (Geburtsfieber, Kalbefieber), bei Euterentzündung, bei Rotlauf.

Gabe: 3.-6. Verdünnung.

Tonkabaum *(Dipterix)*, Gattung der Cäsalpiniaceen. Der wohlriechende T. *(D. odorata)* ist ein Baum von 60-80 Fuß in den Wäldern Guianas. Die stark und angenehm aromatisch riechenden und aromatisch beißenden Samen sind als Tonka- oder Tongo-Bohnen bekannt. Sie werden in Amerika als ein reizendes und schweißtreibendes Mittel gegen nervöse Leiden sowie bei Menstruationsstörungen, bei uns jedoch heutzutage kaum mehr von Ärzten, wohl aber dazu angewendet, dem Tabak einen angenehmen Geruch zu erteilen.

Tormentille *(Tormentilla)*, Gattung der Fragariaceen. Die gemeine T. *(T. erecta)*, Blutwurz, Ruhrwurz, Rotwurz, wächst häufig auf Waldwiesen, in Holzschlägen und auf fetten Triften in ganz Europa, die Wurzel wird meistens nur äußerlich als zusammenziehendes Mittel zur Stärkung des aufgelockerten Zahnfleisches, der erschlafften und vergrößerten Mandeln oder sonst eines jedes anderen an Erschlaffung leidenden Teiles, zur Beschränkung der schlechten Eiterabsonderung in schlaffen Geschwüren benutzt. In früheren Zeiten gab man sie häufig gegen übermäßige Ausflüsse, welche auf Schwäche und Erschlaffung der Organe beruhen, gegen Durchfall und Ruhr, daher man sie Ruhrwurzel nannte, gegen Blutflüsse und chronische Schleimflüsse. Man gibt das Pulver selten zu 10-30 Gran, häufiger die Abkochung aus ½-1 Unze auf 6 Unzen Kolatur sowohl innerlich als äußerlich, das Extrakt zu 5-10 Gran.

In der Tierheilkunde kann die T. innerlich und äußerlich bei denjenigen Krankheiten gebraucht werden, bei denen die zusammenziehenden Mittel überhaupt nützlich sind. Sie leistet bei der Ruhr und dem Blutharnen, wenn sie wirklich in Erschlaffung begründet sind, ganz vortreffliche Dienste, verlangt aber so wie alle stark adstringierenden Mittel bei der Anwendung einige Vorsicht, besonders bei fortgesetztem innerlichen Gebrauch. Gabe wie oben.

Tournefortie *(Tournefortia)*, Gattung

der Boragineen. Die doldige T. *(T. umbellata)* findet sich in Mexiko, wo man sie gegen Geschwüre, Geschwülste, Hautkrankheiten, auch gegen Fieber braucht.

Tradeskantie *(Tradescantia),* Gattung der Commelineen. Die malabarische T. *(T. malabarica)* wächst in Ostindien, wo man die ganze Pflanze gegen das Ausfallen der Haare und mit Öl gekocht gegen Flechten anwendet. Die harntreibende T. *(T. diuretica)* wird in Brasilien als ein harntreibendes Mittel gebraucht.

Tragant *(Astragalus),* Gattung der Schmetterlingsblütler. Der echte T. *(A. verus)* ist ein Strauch Klein-Asiens mit acht- bis zehnpaarigen, linealen, kurzhaarigen Blättern, dessen Rinde duruch Witterungseinflüsse eine schleimige Substanz ausschwitzt, die an der Luft erhärtet und als Tragantgummi in den Handel kommt. Die Wirkungen des T. sind wie die des arabischen Gummi einhüllend, erweichend und nährend, auch wird er ganz wie dieses und in allen Fällen angewendet, wo man Schleim nötig hat: nach genommenen Giften, bei entzündlichen Leiden und Abflüssen aus dem Mund, Rachen-, Atmungs- und Harnorganen und Darmkanal, äußerlich als blutstillendes Mittel, zu Mund- und Gurgelwässern, Klistieren etc. Die Gabe ist kleiner als die des arabischen oder Senegal-Gummi, denn der Tragant verdickt sich im Wasser wohl 6-8mal stärker als diese. Den Tragantschleim bereitet man, indem 4 Unzen pulverisierten T. mit 1 Unze heißen Quellwassers bis zur vollkommenen Lösung gemischt und gerieben werden. Muß stets frisch bereitet werden. Auch von den übrigen Arten dieser Gattung wird Tragant gewonnen.

Traubenbaum *(Uvaria),* Gattung der Anonaceen. Der wohlriechende T. *(U. odorata)* findet sich auf fast allen ostindischen Inseln und im ganzen südlichen Asien, der höchst angenehm, wie Narzissen und Nelken riechenden Blüten wegen häufig angepflanzt. Man begießt dort die Blüten mit irgendeinem fetten Öl, welches das Arom derselben aufnimmt und bedient sich dessen in Verbindung mit der Curcume oder ähnlicher Stoffe sehr häufig äußerlich als eines reizenden und erhitzenden Arzneimittels. Die bitter-aromatische Wurzelrinde und die bitteren Samen dienen gegen Fieber und Erschlaffung des Darmkanals.

Traubenfarn *(Osmunda),* Gattung der Osmundaceen. Der königliche T. *(O. regalis)*, Königsfarn, ist einer der schönsten Farne Europas. Einst waren die Fruchtwedel und das Mark des Wurzelstockes offizinell; jetzt wird hier und da der letztere bei Rachitis und Skropheln empfohlen. Sonst rühmte man diesen Farn als ausgezeichnet wundheilend, dann bei Gicht, Leberkrankheiten, Koliken und mehreren anderen Übeln als heilsam. Der ansehnliche T. *(O. spectabilis)* ist der vorigen Art ähnlich. Der schleimige, etwas zusammenziehende Wurzelstock wird in Nordamerika bei Auszehrungen verordnet.

Traubenkirsche *(Prunus Padus)*, Ahlkirsche, Stinkbaum (FIG. 109), hat

FIG. 109

DIE TRAUBENKIRSCHE: a) ein Blütenzweig in 1/3 natürl. Größe, b) ein anderthalbmal vergrößertes Blumenblatt, c) eine Frucht, d) der Kern, beides in natürlicher Größe.

man als hohen Baum bis zu 30 Fuß Höhe, gewöhnlich aber als Strauch. Die Heimat ist Europa und ein großer Teil Asiens. Die Blätter dienen zu einem beruhigenden Tee. Die Früchte bereitet man im Norden, wo man ja auch Schlehen u.dgl. Obst genießt, zum Essen zu. Die Rinde der jüngeren Äste benutzt man als ein schweiß- und harntreibendes Mittel gegen rheumatische, gichtische Zustände, intermittierende Fieber, syphilitische Übel und mehrere Hautausschläge.

Trespe *(Bromus),* Gattung der Gräser. Die Purgier-T. *(B. purgans)* findet sich in Nordamerika. Dieses Gras besitzt purgierende Eigenschaften gleich der abführenden T. *(B. catharticus),* die in Peru und Chile einheimisch ist. Von der als Unkraut häufig in Feldern vorkommenden Roggen-T. *(B. secalinus)* werden in mehreren Gegenden die Samen von ärmeren Personen unter das Brot gemengt.

Trewie *(Trewia),* Gattung der Euphorbiaceen. Die ostindische Tr. ist ein hoher Baum mit einer grauen Rinde, die harntreibend wirkt und gegen Wassersuchten, äußerlich aber in Malabar gegen das Podagra angewendet wird.

Trichilie *(Trichilia),* Gattung der Meliceen. Die brechenerregende Tr. *(T. emetica)* ist ein ansehnlicher Baum in Ägypten und im mittleren Afrika. Die Araber bedienen sich der Früchte als eines Brechmittels sowie zum Waschen der Kopfhaare und mit Sesamöl zu einer Salbe verrieben, gegen Hautausschläge, vornehmlich aber gegen die Krätze. Die Blätter riechen etwas zitronenartig. Die Havanna-Tr. *(T. havanensis)* wächst in Ceylon und Mexiko. Die Rinde wirkt stark purgierend und meistens zugleich auch brechenerregend. Die dreiblätterige Tr. *(T. trifolia)* ist ein Strauch in Südamerika. Der ganze Strauch besitzt einen widrigen Geruch; seine Rinde ist ein stark purgierendes und treibendes Mittel, wird häufig mißbraucht, um Abortus zu bewirken, aber auch bei stockender Menstruation aus Atonie oder bei unterdrücktem Kindbettfluß, bei starker Verschleimung des Darmkanals und beim schleimigen Asthma angewendet.

Trichterwinde *(Ipomaea),* Gattung der Konvulvulaceen. Die purgierende Tr. *(I. Purga)* wächst in Wäldern der mexikanischen Anden, in einer Höhe von 600 Fuß. Von dieser und der Jalapen-Tr. *(I. Jalapa)* stammt die schon 300 Jahre in Europa bekannte Jalapawurzel. Die Wirkung der Jalape ist die eines kräftigen Abführmittels; sie wirkt stärker als die Senna, hält zwischen der Aloë und dem Rhabarber die Mitte, erhitzt nicht so leicht wie jene, neigt weniger zur Verstopfung als dieser, allein sie greift mächtiger als beide in das vegetative Leben ein. Sie paßt aber nur da, wo eine schwammige unreizbare, schleimige Beschaffenheit des Körpers vorwaltet, wo die Trägheit des Darmkanals einen durchgreifenden Reiz erfordert, also gemeinhin zu Kindern und alten Personen, demnächst bei Skrophulose, Rachitis, dann bei Wassersucht und Würmern. Für Kinder gibt man 2-5 Gran, für Erwachsene 6-10 Gran mit Eigelb oder Mandeln, arabischem Gummi und Zucker zu einer Emulsion abgerieben. Auch wird die Jalape in Pulvern, Pillen oder Bissen verordnet. Die Bataten-Tr. *(I. Batatas),* Batate, blüht in ihrer Heimat fast stets, bei uns im August, September. Die Knollen sind gleich den Erdäpfeln eine sehr beliebte, wohlschmeckende und nahrhafte Speise in den heißeren Ländern; sie werden teils einfach, teils verschieden zubereitet gegessen, teils wird ihr Satzmehl zu Brot verbacken und aus ihnen auch ein geistiges Getränk bereitet.

In der Tierheilkunde wird die J., da sie bei Pferden und Rindern in kleineren Gaben unwirksam ist, in größeren jedoch heftige Kolikerscheinungen und gefahrdrohende Darmentzündungen veranlaßt, nur bei Schweinen und Fleischfressern u. zw. bei ersteren in der Gabe von 2 Quentchen bis 1½ Lot, bei Fleischfressern in der von ½-2 Skrupel, mit Honig oder Seife zu Pillen oder Latwergen gemacht oder gepulvert und mit Wasser abgerührt, bei hartnäckigen Verstopfungen mit Reizlosigkeit des Darmkanals, gegen Eingeweidewürmer, bei wassersüchtigen Anschwellungen und chronischen Hautkrankheiten verabreicht.

Homöopathie. Die I. wird angewendet beim Schreien und bei nächtlicher Unruhe der Kinder und bei schmerzhaftem Durchfall kleiner Kinder mit heftiger Unruhe und Weinen.

Gabe: 1-2 Tropfen der 2. 3. Verdünnung 1-2mal des Tages.

Triguera *(Triguera),* Gattung der Nachtschattengewächse. Die ambrosienartige T. *(T. ambrosiaca)* findet sich in Andalusien. Die ganze Pflanze riecht angenehm, etwas moschusartig, wird in Spanien als ein erweichendes, linderndes, krampfstillendes, etwas narkotisches Heilmittel benutzt und daraus auch ein ziemlich angenehm riechendes, doch narkotisch wirkendes, ätherisches Öl bereitet.

Triumfettie *(Triumfettia),* Gattung der Tiliaceen. Die klettenartige T. *(T. Lappula),* wächst in Ostindien. Die ganze Pflanze riecht im frischen Zustand schwach aromatisch, im trockenen ist sie geruchlos, schmeckt schleimig, zugleich etwas bitterlich-herb und wird dort fast so wie der Eibisch in Europa, doch vorzüglich gegen Ruhr, Blennorrhöen, Blutflüsse etc., die Rinde bei dieser und einigen anderen Arten aber auch wie der Hanf gebraucht. Die rautenblätterige T. *(T. rhomboidea)* ist ein Strauch von 2-4 Zoll, ästig. Auf Weiden und wüsten Stellen in Westindien. Besitzt gleiche Eigenschaften wie die vorige.

Trixis *(Trixis),* Gattung der Kompositen. Die brasilianische T. *(Tr. brasiliana)* wird in Brasilien als ein sicheres Mittel gegen zu starke Menstruation angewendet.

Trollblume *(Trollius),* Gattung der Hahnenfußgewächse. Die europäische T. *(T. europaeus),* Engelblume, Kugel-Hahnenfuß, findet sich auf Waldwiesen, besonders in Berggegenden durch ganz Europa. Die ganze Pflanze ist ohne merkliche Schärfe, doch will man von der Wurzel schädliche Wirkungen beobachtet haben; auch wird die letztere bisweilen statt der schwarzen Nießwurz im Arzneiwarenhandel angetroffen. Die Abkochung der Blätter wurde einst gegen den Skorbut empfohlen.

Trompetenbaum *(Cecropia),* Gattung der Artocarpeen. Der schildförmige T. *(C. peltata),* Kanonenbaum, ist ein Baum von 30-4 Fuß Höhe, durch das ganze eigentümliche Aussehen schon von weitem leicht zu erkennen. Stamm selten 1 Fuß dick, meist viel dünner, außen weißlich und geringelt, nur am Ende einige wenige Äste tragend und gleich diesen hohl, aber durch häutige Querscheidewände an Stelle der äußeren Ringe in Fächer geteilt; diese Scheidewände lassen sich leicht entfernen und der Stamm läßt sich dann wohl mit einer Kanone (sowie die Äste mit Trompeten) vergleichen, daher erhielt der Baum auch von den Franzosen den Namen Kanonenbaum, während ihn die Engländer Trompetenbaum nennen. Der Milchsaft dieses in Westindien und Südamerika einheimischen Baumes ist sehr wässerig und wird an der Luft schnell schwarz; in Verbindung mit *Ficus nymphaeaefolius* oder *F. populnea* wird daraus ein Teil des nach Europa kommenden Federharzes bereitet. Jener Milchsaft wird übrigens als ein kühlendes, schleimiges, etwas adstringierendes Heilmittel häufig in Amerika bei Diarrhöen, Schleimflüssen, Mutterblutflüssen, sowie auch bei Wunden und Geschwüren angewendet. Stamm und Äste enthalten viel Laugensalz, das in Jamaika bei den Zuckersiedereien gebraucht wird. Andere Arten sind die handförmige T. *(C. palmata)* und die gleichfarbige T. *(C. concolor)* welche wie die erstere Art benutzt werden.

Trüffel *(Tuber)*, Gattung der Schlauchpilze. Die eßbare oder schwarze T. *(T. cibarium)* ist schwarzbraun mit prismatischen Warzen von meist hellerer Farbe und dunkelviolettem, selten mehr rotbraunem Fleisch, welches anfangs von weißen, später rötlichen Adern durchzogen wird. Geruch und Geschmack sind eigentümlich gewürzhaft. Die Muskat- oder Winter-T. *(T. brumale)*, Perigord-T. (FIG. 110), mit ebenfalls warziger Haut, grauschwarzem Fleisch und spärlicheren weißen und starken Adern. Geruch und Geschmack sind moschusartig, aber auch bisweilen zwiebelähnlich; sie findet sich unter Weißbuchen, Haseln und Eicheln. Ferner gibt es noch die rostbraune T. *(T. rufum)*, die Mardertrüffel *(T. mesentericum)*, die weiße oder Sommer-T. *(T. aestivum)*, die blonde oder italienische T. *(T. magnatum)*, die weiße Winter-T. *(T. hiemalbum)*. Andere dem Botaniker bekannte Trüffelsorten haben für den Handel keine Bedeutung. Die besten Trüffeln erhalten wir in den Lyoner Pasteten, wo sie in

FIG. 110

DIE MUSKAT- oder PERIGORD-TRÜFFEL: a) eine durchschnittene Pflanze in natürl. Größe, b) ein Schlauch in 1/250 natürl. Größe, c) eine Sporr in 1/700 natürl. Größe.

guten Behältern mit einer Fettschicht umhüllt sind. Die in Wein oder Öl gesottoenen halten sich nicht lange. Die frisch im Sand aufbewahrten halten sich längere Zeit. Die Produktion der Trüffel ist eine sehr wichtige. Alleim im Departement Vaucluse werden mindestens 60.000 Pfund Trüffeln jährlich gewonnen, welche einen Wert von mehr als 30.000 Taler haben.

Tüpfelfarn *(Polypodium)*, Gattung der Polyodiaceen. Der chinesische T. *(P. Loureiri)* wächst in China, wo die Wurzel von chinesischen Ärzten bei Würmern, passiven Blutflüssen, bösen Geschwüren etc. verordnet wird. Der peruanische T. *(P. Calaguala)* findet sich in den Gebirgen von Peru. Frisch soll die Wurzel sehr wirksam sein als gelind zusammenziehend, schweißtreibend und den Auswurf befördernd. Trocken aber und alt, wie sie zu uns kommt, ist sie fast unwirksam und daher mit Recht außer Gebrauch. Andere Arten sind der langgespitzte T. *(P. percussum)*, der zungenförmige T. *(P. lingulatum)*, der gemeine T. *(P. vulgare)* oder Engelsüß, welcher einhüllend, gelind auflösend, harntreibend wirkt, der eichenblätterige T. *(P. quercifolium)*, der süße T. *(P. dulce)* etc.

Tulpe *(Tulipa)*, Gattung der Liliaceen. Die Garten-T. *(T. Gesneriana)* ist im Orient einheimisch; kam ungefähr um die Mitte des 16. Jahrhunderts in die europäischen Gärten und wurde hier, besonders in Holland, mit einer oft an Verrücktheit grenzenden Leidenschaft in unzähligen Abänderungen kultiviert. Heute gibt es kaum einen Garten in Städten und auf dem Land, wo diese Tulpe sich nicht fände. Die Zwiebel wird frisch für etwas brechenerregend gehalten; sie ist übrigens schleimig, nährend, kann zubereitet genossen werden, soll aber zugleich als Reizmittel auf die Sexualorgane wirken; äußerlich aufgelegt, ist sie wie alle ähnlichen Zwiebeln erweichend. Die wilde T. *(T. sylvestris)*, wächst in ganz Europa in Wäldern, Weinbergen, auf

Feldern. Die frische Zwiebel ist merklich scharf, riecht widrig und ist brechenerregend; diese Eigenschaften der frischen verlieren sich bald und die Zwiebeln können dann genossen werden.

Tulpenbaum *(Liriodendron),* Gattung der Magnoliaceen. Der gemeine T. *(L. tulipifera)* ist ein schöner Baum von 80-100 Fuß Höhe, in den Vereinigten Staaten von Neu-England bis Nord-Florida einheimisch. Die Rinde ist ein treffliches, der Cascarille nahekommendes, in vielen Fällen auch die China vollkommen ersetzendes Heilmittel und deshalb in Nordamerika offizinell, wurde aber auch in Europa mehrfach empfohlen.

Turnere *(Turnera),* Gattung der Turneraceen. Die ulmenblätterige T. *(T. ulmifolia)* ist ein immerblühender Strauch von 6-9 Fuß Höhe, in Westindien und Südamerika einheimisch. Das wohlriechende Kraut wird dort sehr häufig und allgemein als ein tonisch-aromatisches, vorzugsweise aber als ein treffliches, den Auswurf beförderndes Mittel gebraucht.

Tutenmalve *(Malvaviscus),* Gattung der Malvengewächse. Die baumartige T. *(M. arboreus)* ist ein Bäumchen von 12-15 Fuß und findet sich in Westindien und Kolumbien. Blüht fast stets. Sie vertritt auf den Antillen ganz die Stelle des Eibisches und es werden sowohl die Blätter und Blüten, als auch ihre Wurzel in Gebrauch gezogen.

Tylophore *(Tylophora),* Gattung der Asclepiadineen. Die punktierte T. *(T. punctata)* findet sich auf Malabar, wo die bitterlichen, stark, doch nicht angenehm riechenden Blätter bei veralteten Geschwüren, die Rinde der bitteren Wurzel gegen Brennfieber angewendet werden.

U

Ulme *(Ulmus),* Gattung der Ulmineen. Die Feld-U. *(U. campestris),* Feld-Rister, ist ein hoher Baum von 60-80 Fuß Höhe mit feinrissiger, schwärzlicher Rinde und ausgebreitetem Wipfel. Die Blätter sind zweizeilig, kurzgestielt, länglich-eirund, zugespitzt, am Grunde auffallend ungleich, doppelt gesägt. Die kleinen grünen Blüten erscheinen in seitlichen fast sitzenden Büscheln, früher als die Blätter. In Wäldern, jedoch meist nur einzeln, häufig auch als Alleebaum. Das weiße, harte Holz ist sehr geschätzt. Der Bast der Rinde war früher offizinell und wurde innerlich in Abkochung aus ½-1 Unze in Diarrhöen, Wechselfiebern, Gicht, Wassersucht, in veralteten Hautausschlägen, Flechten, Kopfgrind, in skorbutischen und skrophulösen Geschwüren angewendet. Andere Arten der Ulme sind die Berg-U. *(U. montana),* die lindenblätterige U. *(C. tiliaefolia),* die hasenblätterige U. *(U. corylifolia),* die Kork-U. *(U. tuberosa),* die große U. *(U. maior),* die wimperige U. *(U. ciliata),* die amerikanische U. *(U. americana),* die schleimige U. etc.

Upasbaum *(Antiaris toxicaria),* Gattung der Artocarpeen oder giftiger Antschar, ist einer der größten Bäume in den javanischen Wäldern und erst in neuerer Zeit etwas genauer bekannt geworden. Wegen seines giftigen Milchsaftes schon lange berücksichtigt, veranlaßt er eine Menge der märchenhaftesten, aber lange Zeit allgemein geglaubten Berichte. Heute weiß man, daß der milchweiße, zuweilen etwas gelbliche, an der Luft bräunlich werdende Saft ein sehr ätzendes Gift ist und mit einigen scharfen und aromatischen Zusätzen vermischt, das unter dem Namen Ipo oder Upas-Antiar bekannte tödliche Gift liefert, das von den Malayen zum Vergiften ihrer Pfeile gebraucht wird. Der Milchsaft ohne diese Zubereitung wird als Pflaster äußerlich, sowie auch in Pillenform innerlich bei Hautkrankheiten gebraucht; er wirkt drastisch purgierend und brechenerregend.

V

Vahea *(Vahea),* Gattung der Hundsgiftgewächse. Die madagaskarische B. *(V. gummifera)* ist ein Baum mit runden, kahlen Ästen, auf Madagaskar einheimisch. Der ausfließende Milchsaft dieses Baumes gibt eine Art Kautschuk.

Vanda *(Vanda),* Gattung der Orchideen. Die spatelförmige V. *(V. spathulata)* findet sich in Ostindien und blüht im April und Oktober. Die ganze Pflanze wird mit Öl gekocht als Salbe beim Aussatz angewendet, gepulvert gibt man sie mit anderen Mitteln gegen Diarrhöe und Ruhr; die Blüten aber bei asthmatischen Beschwerden und bei der Phthisis. Die beschriebene V. *(V. scripta)* wächst auf den Molukken. Man wendet das saftige Fleisch des Stengels mit der Curcumawurzel als zeitigend, erweichend, gegen Panaritien u.s.w. an; auch wird der Saft als heilsam gegen Mundschwämmchen gerühmt und die Frucht bei der Ruhr benutzt.

Vandellie *(Vandellia),* Gattung der Braunwurzgewächse. Die ausgebreitete V. *(V. diffusa)* findet sich in Westindien und Brasilien und ist dort als ein kräftig eröffnendes, purgierendes, stark harntreibendes, auch wohl brechenerregendes Mittel bekannt und wird deshalb oft sowie zur Beförderung der Menstruation gebraucht.

Vanille *(Vanilla),* Gattung der Orchideen. Die echte oder gewürzhafte V. *(V. aromatica)*, echte V., ausschließlich den amerikanischen Tropen eigen, ist durch ihre großen, weißen, wohlriechenden Blüten sowie durch das edle Aroma ihrer schotenartigen Früchte ausgezeichnet. Sie klimmt in einer schnurgeraden Richtung an den Baumstämmen in die Höhe; ihre schönen Blätter symmetrisch ausgebreitet, schlingt sie sich, wenn sie die Zweige der Bäume erreicht, gleich einer Girlande von Ast zu Ast und gewährt alsdann mit ihren schönen Blüten und den oft Fuß langen Schoten einen herrlichen Anblick. Die Vanille ist ein stark reizendes, erhitzendes, belebendes, besonders auch auf die Geschlechtsorgane wirkendes Arzneimittel. In früheren Zeiten wurde sie häufig als Arzneimittel verwendet; heute geschieht dies selten. Bekannter ist dagegen ihre Anwendung als Gewürz, vorzüglich aber als Zusatz zur Schokolade. Die westindische B. *(V. claviculata)* wächst auf den Antillen. Die Pflanze schmeckt bitter, hat einen, den frischen Salepwurzeln ähnlichen, aber starken Geruch und wird von den Negern auf Jamaika als ein antisyphilitisches Mittel sehr hoch geachtet; auf Haiti bedient man sich des Saftes bei Verwundungen.

Vatairee *(Vatairea),* Gattung der Cäsalpiniaceen. Die guyanasche V. *(V. guianensis)* ist ein Baum von 50 Fuß, dessen Früchte viel Tannin enthalten; die Samen aber werden häufig zu einer Salbe gegen Flechten verwendet.

Vaterie *(Vateria),* Gattung der Dipterocarpineen. Die indische V. *(V. indica)*, ostindischer Copalbaum, ist ein großer und schöner Baum auf der indischen Halbinsel, welcher eine Sorte des ostindischen Copal liefert.

Veilchen *(Viola),* Gattung der Violaceen. Das fußförmige V. *(V. pedata)* wächst in Nordamerika, ebenso das eiförmige V. *(V. ovata)*, welche dort wie bei uns das Märzveilchen im Gebrauch sind. Das wohlriechende V. *(V. odorata)*, März-V., wächst häufig in Hecken, Gebüschen, sowie auch auf offenen Grasplätzen von ganz Europa und Nord-Asien. Die Wurzel und die Samen waren früher offizinell; letztere rühmte man auch gegen Sand und Stein; heute sind sie ganz außer Gebrauch gekommen. Die schön blauen Blumenblätter dienen zur Bereitung des Veilchensirups (ein Teil Blüten werden mit zwei Teilen heißem Wasser aufgegossen und mit $3\frac{1}{2}$ Teilen Zucker zum Zuckersaft eingekocht), der jedoch unbedeutende arzneiliche Kräfte hat, obgleich man ihn Kindern teelöffelweise zur Linderung des Hustens sowie als beruhigendes, ja selbst als schlafmachendes Mittel gegeben hat. Das dreifarbige V. *(V. tricolor)*, Dreifaltigkeitsblume, Stiefmütterchen, Freisamkraut, wächst auf Äckern, Wiesen und Wäldern und an Ufern, von der Ebene bis auf die höheren Alpen in Europa, Nordasien und Nordamerika; auch allgemein als Zierpflanze in Gärten. Das Kraut ist geruchlos, schmeckt fade, schleimig, etwas scharf, wirkt reizend auf die Tätigkeit des Darmkanals, der Haut und der Nieren, bewirkt in größerer Gabe Erbrechen und Abführen, wird aber fast nur gegen chronische Hautausschläge der Kinder, besonders aber gegen den Milchschorf angewendet. Das fadenförmige V. *(V. capillaris)* wächst in Chili, wo die Eingeborenen den Aufguß dieser Pflanze als ein eröffnendes Arzneimittel gebrauchen.

Homöopathie. Das wohlriechende Veilchen paßt bei Schwermut, Traurigkeit, Melancholie, Hypochondrie und Hysterie, Gedächtnisschwäche, Schwindel, Schwere und Krampf der Augenlider, Kurzsichtigkeit, Gesichtstäuschung, Rauschen und Klingen vor den Ohren, nächtlichen Pollutionen, Brustbeklemmung mit Herzklopfen, Brustschmerz.

Gabe: 1-2 Tropfen der reinen Tinktur oder der 1., 2., 3. Verdünnung, je nach Bedürfnis der Umstände wiederholt.

Das dreifarbige V. oder Stiefmütterchen wird mit Erfolg angewendet bei Ausschlägen skrophulöser Individuen, Milchschorf, Frieselausschlag, Traurigkeit, Melancholie, Durchfällen schleimiger Art, Harndrang, Harnbrennen, stechenden Schmerzen in der Brust, in der Herzgrubengegend, in den Schultergelenken, Ellbogen, Vorderarmen und Fingern, in den Kniescheiben, Schienbeinen und Füßen.

Gabe: 1-2 Tropfen der 1.-2. Verdünnung je nach Umständen einmal täglich oder noch seltener gereicht.

Vernonie *(Vernonia)*, Gattung der Kompositen. Die sparrige V. *(V. squarrosa)* findet sich in Nepal, China und Cochinchina und blüht im Juli, August. In China wird die ganze Pflanze als ein auflösendes, fäulniswidriges, schweißtreibendes Mittel und zur Beförderung der Menstruation, äußerlich bei Geschwüren und gegen Brand angewendet. Die höchste V. *(V. altissima)* ist gemein an Flußufern und Sümpfen in den Staaten von Ohio und Kentucky sowie in Georgien. Das Kraut wie die Wurzel werden dort sowohl gegen Schlangenbisse angewendet, als auch sonst für ein giftwidriges Mittel gehalten. Dasselbe findet bei den hohen V. *(V. praealta)* statt. Die scharfe V. *(V. scabra)* wächst in Brasilien. Blätter und Blüten braucht man dort gegen Augenkrankheiten, sowie die jungen Äste zu aromatischen Bädern und Bähungen. Die aschgraue V. *(V. cinerea)* wird in Ostindien als ein aromatisch-schweißtreibendes Arzneimittel bei Erkältungskrankheiten und Fiebern, auf den Molukken aber die Wurzel gegen chronischen Husten und Diarrhöen angewendet. Die chinesische V. *(V. chinensis)* findet sich im südlichen Asien und auf allen indischen Inseln. Man braucht diese Art gegen veralteten Husten und vorzüglich allgemein bei Wöchnerinnen zur Beförderung des Kindbettflusses sowie während der Geburt zur Beförderung der Wehen. Die wurmtreibende V. *(V. anthelmintica)* ist in Ostindien einheimisch und wird eine Abkochung derselben äußerlich als Bähung bei rheumatischen Leiden und bei der Gicht, die Früchte aber innerlich gegen chronischen Husten, Koliken, Eingeweidewürmer und als harntreibend angewendet.

Vielsamenkraut *(Polycarpaea)*, Gattung der Illecebrineen. Das ostindische V. *(P. spadicea)* wächst im tropischen Asien. In Malabar dient diese Pflanze als ein Gegengift gegen Schlangenbisse sowie auch gegen Hypochondrie, in Cochinchina aber ist sie als ein kühlendes, verdünnendes Heilmittel bei Katarrhen, veralteten Husten, Zahnfieber etc. im Gebrauch.

Viereckblume *(Tetragonanthus)*, Gattung der Gentianaceen. Die sibirische V. *(T. elatior)* wächst an schattigen Stellen und in Nadelwäldern Sibiriens bis nach Kamtschatka. Der angenehmen Bitterkeit wegen ein häufig gebräuchliches Hausmittel in ganz Sibirien.

Viereckfrucht *(Tetragonia)*, Gattung der Ficoideen. Die ausgebreitete V. *(T. expansa)*, neuseeländischer Spinat, findet sich in Neuseeland und Japan. Das Kraut dient in Neuseeland als ein antiskorbutisches Mittel sowie gegen Unterleibs- und Brustkrankheiten, wird aber auch dort allgemein als Gemüse gegessen und jetzt auch in Europa kultiviert.

Villarsie *(Villarsia)*, Gattung der Gentianaceen. Die indische V. *(V. indica)* findet sich in Ostindien und auf den Maskarenen, jetzt auch in Westindien. In Westindien wird die Art wie der Bitterklee angewendet, ist aber weit weniger bitter. Die kammförmige V. *(V. cristata)* dient in Malabar in Verbindung mit Sandelholz als kühlende Arznei gegen Fieberhitze, ferner wird eine bei Hämorrhoiden gebräuchliche Salbe daraus bereitet. Die ovale V. *(V. ovata)* wächst an nassen Stellen am Kap. Die sehr bitteren Blätter sind daselbst nach Art des Fieberklees gebräuchlich.

Vismie *(Vismia)*, Gattung der Hypericineen. Die sitzendblätterige V. *(V. sessilifolia)* ist ein Strauch von 5-6 Fuß, doch meistens baumartig, in Guiana und Cayenne einheimisch. Alle Teile dieses Strauches und der übrigen Arten dieser Gattung sind mit einem gelben, harzigen Saft erfüllt, den man durch Einschnitte in den Stamm in größerer Menge erhält.

Visnee *(Visnea)*, Gattung der Diospyrineen. Die kanarische V. *(V. Mocanera)*, Mokanere, ist ein kleiner Strauch mit runden, etwas höckerigen oder knotigen Stengeln und Ästen. Wächst auf waldigen Bergen der Kanarischen Inseln. Wurde vor wenigen Jahren gegen Hämorrhoiden gerühmt.

Vogelkopf *(Passerina)*, Gattung der Thymeläaceen. Der seegrüne V. *(P. Thymelaea)* wächst auf Hügeln und Bergen im südlichen Frankreich und Spanien. Wurzel und Früchte werden in Spanien als heftig purgierende Arzneimittel bei Wassersuchten angewendet. Der silberblätterige V. *(P. Tartonraira)* ist ein kleiner zierlicher Strauch auf sonnigen, dürren Bergen im südlichen Frankreich und Italien. Die Blätter sind in Sardinien als brechenerregend und abführend offizinell. Die sibirische V. *(P. Stelleri)* wird in Sibirien als brechenerregend und purgierend verwendet. Der haarige V. *(P. hirsuta)* findet sich in Südeuropa und Nordafrika auf steinigen, dürren Plätzen. Alle Teile dieser Pflanze besitzen dieselbe Schärfe wie der Seidelbast und kommen auch in der Wirkung mit ihm überein.

Vogelmilch *(Ornithogalum)*, Gattung der Liliaceen. Die Wiesen-V. *(O. pratense)* wächst auf Äckern fast durch ganz Europa. Offizinell war einst die Wurzel; sie schmeckt süßlich-schleimig und soll in der Abkochung Erbrechen erregen; man gab selbe gegen Zuckungen der Kinder und äußerlich gegen fressende Geschwüre. Die gemeine V. *(O. luteum)* findet sich sehr häufig in Hecken und Gebüschen, Hainen und Wäldern von Europa. Die Acker-V. *(O. arvense)* ist sehr gemein auf Äckern und in Hecken. Auch die Zwiebel dieser Art war früher gebräuchlich, ebenso jene der doldigen V. *(O. umbellatum)*, die gebraten auf Geschwüre gelegt sehr heilsam sein woll.

W

Wacholder *(Juniperus),* Gattung der Koniferen. Der gemeine W. *(J. communis)* ist ein Strauch mit ausgesperrten Ästen und pfriemlichen, starren, sehr spitzigen meergrünen Nadeln, die immer zu je dreien stehen. Die zweihäusigen Blüten kommen in sehr kleinen Kätzchen aus den Blattwinkeln hervor. Aus den Fruchtkätzchen entsteht durch das Verwachsen der fleischigen Deckschuppen eine kleine Beere, die anfangs grün, später schwärzlich und blau bereift ist. Gemein in Europa auf dürren Hügeln und in trockenen Wäldern, besonders in der nördlicheren Hälfte, auch im nördlichen Asien. Holz und Beeren vom Wacholder enthalten Harz und ätherisches Öl, die letzteren überdies Zucker mit essigsaurem, schwefelsaurem und salzsaurem Kali und stehen dem Guajak in ihrer Wirkung sehr nahe. Das Holz wird daher als Aufguß-Abkochung gleichfalls im geraspelten Zustand in derselben Weise und denselben Krankheiten angewendet wie Guajak. Die Beeren stehen überdies in dem Ruf, die Harnabsonderung zu vermehren. Man gibt sie daher im Aufguß in chronischen, rheumatischen und gichtischen Leiden, bei Blennorrhöen der Harnwerkzeuge, in der Wassersucht. Äußerlich benutzt man beide zu Räucherungen, um die Luft in Krankenhäusern zu verbessern, in welchem Falle das Holz den Beeren vorzuziehen ist, weil die letzteren die Luft durch ihren penetranten Geruch eher verderben als verbessern, ferner um die beim Verbrennen sich entwickelnden Dämpfe von Flanell oder Baumwolle aufnehmen zu lassen und dann ödematöse oder von rheumatischen oder gichtischen Schmerzen befallene Teile damit zu bedecken und nach Umständen damit zu frottieren. Die Beeren gibt man im Aufguß von 2 bis 4 Drachmen auf 6 Unzen Kolatur

FIG. 111

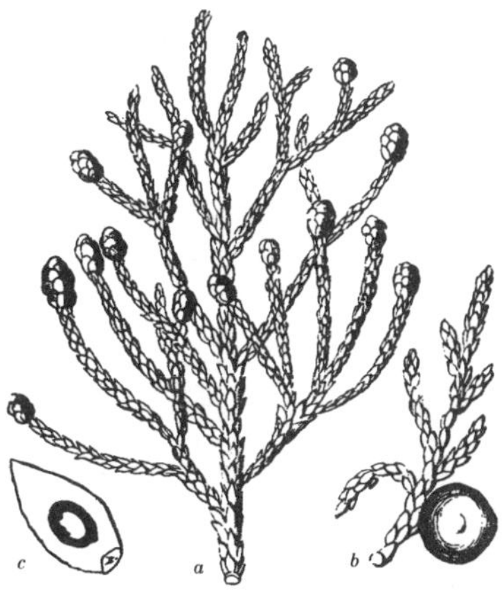

DER SADE-WACHOLDER: a) ein männlicher Blühender Zweig, b) ein weiblicher Zweig in Frucht, beides in natürlicher Größe, c) ein Blatt, achtmall vergrößert.

oder zum Getränk, in welchem Falle man meistens aus den zerquetschten Beeren den Aufguß zu Hause bereiten läßt; das Holz zu ½ bis 1 Unze Kolatur oder zum Getränk, in welchem Falle man meistens aus den zerquetschten Beeren den Aufguß zu Hause bereiten läßt; das Holz zu ½ bis 1 Unze als Aufguß-Abkochung. Die Zubereitungen werden sämtlich aus den Beeren bereitet und zwar: das Wacholder-Wasser zu 1-2 Unzen als Zusatz zu harntreibenden Mixturen; das Wacholder-Öl, in seiner Wirkung dem Terpentinöl verwandt, zu einigen Tropfen mit Zukker als Ölzucker oder äußerlich zu Einreibungen in gelähmte, wassersüchtige Teile oder bei manchen Hautkrankheiten wie Ekzem, Bartfinne, meistens äußerlich als Einreibungsmittel; die Wacholdersalbe, aus den Beeren und dem ätherischen Öl der Wacholderbeeren bereitet, zu Einreibungen bei Wassersuchten etc. im Gebrauch; das Wacholdermus zu 1-2 Unzen des Tages als harntreibendes Mittel.

In der Tierheilkunde werden die Wacholderbeeren sehr häufig wegen ihrer die Haut- und Lungenausdünstung befördernden Eigenschaft bei akuten und chronischen Katarrhen, bei Lungenentzündungen im Stadium der Lösung, bei der Lungenseuche, bei der Ruhr; wegen ihrer harntreibenden Wirkung bei Ergüssen in seröse Säcke, bei Hautwassersucht, endlich wegen ihrer Einwirkung auf die Verdauungsorgane bei schlechter Verdauung und den durch mangelhaften Ernährungsprozeß hervorgerufenen kachektischen Krankheiten, wie bei Fäule der Schafe, endlich ihrer erregenden Wirkung wegen bei Typhen, langsam verlaufenden Anthraxformen, bei Lähmungen leichteren Grades gebraucht. Größeren Haustieren gibt man 2-4 Lot, Schafen und Schweinen ½-1 Lot, Hunden ½-1 Quentchen für die Gabe, bisweilen für sich allein, meistens aber mit bitteren oder aromatischen Mitteln, Salzen oder Metallpräparaten in Verbindung, entweder in Pillen-, Latwergen- oder Aufgußform, oder man mengt sie grobgepulvert mit Salzen und brenzlichen Substanzen zur Lecke oder streut sie, besonders den Schafen, auf das Futter. Zum äußerlichen Gebrauch benutzt man sie bisweilen für Räucherungen, zu welchem Zweck man sie auf glühende Kohlen streut. Das Wacholderöl kann dort, wo man sich an dem hohen Preis nicht stört, statt des Terpentinöls benutzt werden. Der Wacholdergeist kann als urintreibendes Mittel innerlich mit schleimigen Flüssigkeiten gemengt, besonders Rindern zu ½-1 Lot, dann als Reizmittel äußerlich verwendet werden. Die Wacholdersalse enthält kein ätherisches Öl, sondern bloß die harzigen und schleimigen Teile der Beeren. Ähnlich den Fichtensprossen wirken das junge Wacholderholz und die Wacholdersprossen.

Der Sade-W. *(J. Sabina)*, Sadebaum, Sevenbaum, (FIG. 111), ist ein in Südeuropa heimischer, bei uns als Ziergewächs gehaltener immergrüner Strauch oder kleiner Baum. Er hat ausgedrückte, vierreihige, stumpfe, am Rücken drüsig-furchige Blätter und zurückgekrümmte Fruchtzweige. Es gehört dieser Strauch zu den gefährlichsten Giftgewächsen. Man benutzt vorzugsweise die obersten Spitzen der Äste, welche frisch einen gewürzhaften scharfen, widrigen Geruch und einen gleichen harzartigen Geschmack haben. Frisch zerquetscht auf die äußere Haut gebracht, wirken sie reizend, errötend; innerlich haben sie denselben Effekt, da große Gaben derselben alle Erscheinungen einer Gedärmentzündung hervorrufen. Ferner haben sie eine ganz besondere Beziehung zu den Harn- und weiblichen Geschlechtsorganen, indem sie nicht bloß die durch Schwäche und Untätigkeit bedingten Störungen des Monatsflusses auszugleichen, sondern selbst den von einem Zustand der übergroßen Reizbarkeit begleiteten Monatsfluß zur Norm zurückzuführen vermögen. Daß der Gebrauch des Sadebaumes bei einer Schwangeren Abortus herbeiführen könne, ist eine dem Volk allgemein bekannte Tatsache. Weniger verläßlich ist dieses Mittel bei chronischem weißen Fluß, krebsartigen Geschwüren der Gebärmutter, Unfruchtbarkeit. Hufeland empfiehlt den S. gegen Wassersuchten, bei reizlosen, unempfindlichen Individuen mit Verminderung der Harnabsonderung und Verhaltung der monatlichen Reinigung. Noch hat man sie gegeben äußerlich bei eiternden Geschwüren, chronischen Hautausschlägen, Beinfraß, zum Wegbringen von Feigwarzen oder zur Unterhaltung der Eiterung nach Vesicatorwunden. Man nimmt am besten den Aufguß zu 1-3 Drachmen auf 3 Unzen für einen Tag; das destillierte Öl zu ½-1 Tropfen auf Zucker. Man bereitet aus 1 Teil Sabina mit 2 Teil Schweinefett eine Salbe, der man gewöhnlich ½ Teil Wachs zusetzt. Diese Salbe wird nicht selten zu den oben genannten Zwecken verwendet.

In der Tierheilkunde wirkt das Sevenbaumkraut sehr scharf reizend und veranlaßt in Geweben, mit denen es in Berührung kommt, besonders dann, wenn sie wund sind, heftige Entzündung, Eiterung, selbst brandiges Absterben. Während bei Rindern und Schafen, noch mehr bei Hunden durch größere Gaben dieses Mittels Verdauungsstörungen, Darmentzündung, selbst der Tod veranlaßt werden, vertragen Pferde enorme Gaben bis zu einem Pfund ohne bemerkbare Nachteile. In mäßiger Gabe innerlich verabreicht, wirkt die Sabina vorzugsweise auf die Organe der Bauch- und Beckenhöhle, bessert die Verdauung, betätigt die Hautausdünstung und Harnausscheidung und regt die Gefäßtätigkeit an. Bei trächtigen Tieren soll sie Verwerfen veranlassen. Sie paßt nur bei chronischen Krankheiten und wurde gegen Wassersuchten, Schleimflüsse, kachektische Krankheiten, wie die Fäule der Schafe, gegen Darmwürmer, gegen veraltete Hautausschläge, selbst gegen Rotz und Wurm anempfohlen. Wegen ihres Einflusses auf die Geschlechtsorgane wird sie bei chronischen Schleimflüssen der Gebärmutter, bei Wehenschwäche angewendet. Man gibt sie innerlich Pferden und Rindern zu 1-3 Lot, Schafen und Schweinen zu ½-1 Quentchen, Hunden zu mehreren Granen auf die Gabe öfters wiederholt, entweder mit Kochsalz und Mehl gemengt als Lecke (besonders Pferden und Schafen) oder mit anderen geeigneten, insbesondere bitteren und aromatischen Stoffen, Schwefel, Spießglanz-, Quecksilberpräparaten verbunden, in Pillen- oder Latwergenform. Auch Aufgüsse und Abkochungen sind im Gebrauch. Äußerlich verwendet man die Sabina als Reizmittel bei schlaffen Geschwüren, als leichtes Ätzmittel bei wuchernder Fleischwärzchenbildung und weichen, schwachen Neubildungen sowie auch bei veralteten Hautleiden. In den ersten Fällen bedient man sich entweder des Pulvers oder des aus den frischen Blättern gequetschten Saftes, entweder für sich allein oder im Verein mit anderen Ätzmitteln, in dem letzteren Fall gewöhnlich des Aufgusses zu Waschungen. Das Sabinaöl kann wie das Terpentinöl äußerlich benutzt werden, steht aber viel höher im Preis.

Der Zedern-W. *(J. Oxycedrus)*, spanischer Zeder, wächst auf dürren steinigen Plätzen in den Ländern am Mittelländischen Meer. Die Früchte dieser Art Wacholder waren in den frühesten Zeiten der Medizin und sind noch jetzt zum Teil in ihrem Vaterland auf ähnliche Weise wie unsere Wacholderbeeren, gebräuchlich. Der virginische W. *(J. virginiana)*, rote oder virginische Zeder, findet sich in Nordamerika. Die jungen Ästchen werden in Nordamerika ganz auf dieselbe Weise angewendet wie es in Europa mit dem Sadebaum der Fall ist. Der phönizische W. *(J. phoenicea)*, ist 4-5 Fuß hoch, oft auch weit höher und wächst in Südeuropa, Nordafrika, im Orient und Sibirien, an trockenen, unfruchtbaren oder felsigen Stellen. Das Holz sowie die übrigen Teile riechen angenehm; die Heilkräfte sind denen des gemeinen W. ganz ähnlich. Der tamariskenblätterige W. *(J. tamariscifolia)*, wächst auf Gebirgen im südlichen Europa und im Orient. In der Anwendung findet kein Unterschied zwischen dieser und der vorhergehenden Pflanze statt.

Wahlenbergie *(Wahlenbergia)*, Gattung der Campanulaceen. Die grasblätterige W. *(W. graminifolia)* findet sich auf sonnigen Hügeln und Bergen des südlichen Europa. Blätter und Blüten hat man in neuester Zeit gegen Epilepsie empfohlen.

Waldfarn *(Aspidium)*, Gattung der Polydiaceen. Der dreiblätterige W. *(A. trifoliatum)* ist jung herzförmig, unzerteilt, dann dreilappig und dreiblätterig; Blätter bald ganzrandig, bald buchtig, oft alle Formen aus einer Wurzel. Wächst in Westindien und Südamerika und ist eröffnend, auflösend. Der buchtenfarnartige W. *(A. Lonchitis)* findet sich auf Bergen, Voralpen. War einst bei Milzkrankheiten gebräuchlich. Der gemeine W. *(A. Filix mas)*, Wurmfarn, Johanniswurzel, ist häufig in Laubwäldern, Gebüschen, zwischen Steinen. Sowohl das Pulver der Wurzel als das ätherische Extrakt bewirkt in größerer Gabe Übelkeit, nicht selten Erbrechen und Abführen, und sind Würmer vorhanden, so gehen diese, namentlich die Nestelwürmer, ab. Da es den Darmkanal weniger heftig angreift als die meisten Drastica und andere wurmtreibende Mittel, so verdient es häufiger angewendet zu werden. Die besondere Art und Weise, das Mittel anzuwenden, bildete das Geheimnis mancher Ärzte und Laien, das um hohe Preise abgekauft wurde. Am wenigsten beschwerlich ist Peschiers und Hufelands Methode: Sie lassen 20 Pillen aus 1 Skrupel des ätherischen Extraktes mit der hinreichenden Menge Farnkrautwurzelpulver bereiten und diese in 3 Portionen ½ Stunde vor dem Schlafengehen nehmen; am folgenden Morgen reichen sie ein Abführmittel. Dabei ein Klistier aus ½ Drachme des äther. Extraktes mit ½ Unze Amylum und 12 Unzen Wasser abgerieben, ½ Stunde nach den Pillen zu nehmen. Die letztere Methode verdient den Vorzug. Der streiffarnartige W. *(A. Filix foemina)* wirkt schwächer. Der wohlriechende W. *(A. fragrans)* riecht sehr angenehm nach Himbeeren, wird dort als kräftiges Mittel gegen den Skorbut gebraucht, auch des guten Geruches und Geschmackes wegen dem Bier zugesetzt.

In der Tierheilkunde ist der gemeine W. seit alten Zeiten als ein spezifisches Mittel gegen Würmer, namentlich gegen die verschiedenen Bandwürmer, gerühmt, und Prof. Hertwig hat selbst bei Hunden die gute Wirkung in mehreren Fällen gesehen. Sie tötet nur die Würmer, führt sie aber nicht aus dem Darmkanal ab; letzteres muß daher immer mit Purgiermitteln geschehen, welche man 12-20 Stunden nach der Wurzel eingibt. Man kann das Mittel für sich allein als Pulver auf das Futter oder in Latwergen, Pillen und im warmen Wasser geben; zuweilen aber verbindet man es mit bitteren, aromatischen, brenzlichen oder drastischen Mitteln. Waldinger empfiehlt gegen den Bandwurm der Hunde folgende Pillen: Man nimmt Waldfarnwurzelpulver 2 Drachmen, Aloë und Stink-Asant, von jedem 1 Drachme, Gummi-Gutti 20 Gran, Hirschhornöl 30 Tropfen. Diese Substanzen werden mit einem bitteren Extrakt oder mit Schleim von arabischem Gummi zur Pillenmasse und daraus 2 Gran schwere Pillen gemacht, von denen man kleinen Hunden früh- und abends jedesmal eine, den größeren aber 3-4, recht großen Hunden selbst bis 10 Stück gibt. Laubender hat die Wurzel bei schlechter Freßlust der Hühner empfohlen. Man soll aus zerstoßenen Eierschalen, aus geschrotenem Korn und einem Decoct der Wurzel einen Brei machen und diesen den Tieren als Futter vorsetzen. Das ätherische Extrakt gibt man kleinen Hunden, je nach ihrer Größe zu 15-40 Gran täglich in 2 solchen Gaben, am besten mit etwas Mehl zu Pillen gemacht. Zuweilen erfolgt nach dem ersten Tag der Abgang des Bandwurmes nicht, weshalb am zweiten Tag die Wiederholung des Mittels stattfinden muß.

Waldmeister *(Asperula)*, Gattung der Rubiaceen. Der wohlriechende W. *(A. odorata)* (FIG. 112), Megerkraut, Sternleberkraut, hat einen dünnen, weitkriechenden, gegliederten Wurzelstock und einfache, vierkantige, aufrechte Stengel, quirlständige, am Rande borstig scharfe Blätter und weiße, wohlriechende Blüten. Er ist in schattigen Laubwäldern häufig. Im frischen Zustand ist diese Pflanze fast geruchlos, trocken aber stark und eigentümlich wohlriechend, dabei bitterlich, etwas herbe schmeckend und enthält ganz wenig ätherisches Öl, bitteren Extraktivstoff und eisengrünenden Gerbstoff.

FIG. 112

DER WOHLRIECHENDE WALDMEISTER: a) einzelnes Blütchen, b) geöffnete Blüte, c) Staubgefäß.

Man wendet sie bei Unterleibsstockungen und den davon abhängenden Krankheiten, besonders in der Gelbsucht und Wassersucht, auch bei dadurch bedingten Hautausschlägen, doch meistens nur als Volksarzneimittel an, aber neuerlich ward sie wieder von Ärzten, besonders gegen Bauchwassersucht empfohlen. Sie wird auch zur Bereitung des bekannten Maitrankes verwendet. Man legt nämlich die jungen Triebe in eine Porzellanschüssel, übergießt diese mit Wein oder Obstmost und setzt beliebig Zucker zu; den Wein läßt man $\frac{1}{4}$-$\frac{1}{2}$ Stunde stehen, dann wird er getrunken. Der Hügel-W. *(A. cinanchica),* Bräunewurzel, Halskräutlein, wächst auf trockenen, sonnigen Hügeln, an Wegen, Ackerrainen in Europa. Früher war die ganze, schwach bitterliche, gelind adstringierende Pflanze vorzüglich gegen Halskrankheiten und Bräune angewendet worden.

Waldrebe *(Clematis),* Gattung der Hahnenfußgewächse. Die aufrechte W. *(Cl. erecta),* Brennkraut, ist ein 3-4 Fuß hoher Strauch mit gefiederten Blättern, deren Blättchen eirund-lanzettförmig und am Rande völlig glatt sind. Die weißen Blumen erscheinen im Juli und August an den Enden der Zweige und sind teils vier-, teils fünfblätterig. Alle seine Teile enthalten einen fressenden, schnell blasenziehenden Saft, welcher beim Trocknen der Pflanze größtenteils verloren geht. Das Kraut wird gegen einige Kachexien, veraltete Syphilis, besonders wenn sie die Knochen ergriff, dann gegen Gicht, Hautkrankheiten, Geschwüre etc. empfohlen, doch heutzutage selten angewendet. Die kletternde W. *(Cl. Vitalba)* besitzt gleiche Eigenschaften wie die vorhergehende Art. Die chinesische W. *(Cl. chinensis)* findet sich in China. Die Wurzel und den unteren Teil des Stengels braucht man dort als ein harn- und schweißtreibendes und milchvermehrendes Mittel. Die zweihäusige W. *(Cl. dioica)* findet sich in Westindien, vornehmlich auf Jamaika. Eine Abkochung der Wurzel, allein oder mit Wein vermischt und mit Seewasser verdünnt, wird in Jamaika als ein Purgiermittel in der Wassersucht angewendet. Die Mauritiussche W. *(Cl. mauritiana)* wächst auf Madagaskar und den Maskarenen. Ist brennend scharf und wird in Madagaskar äußerlich statt der Kanthariden aufgelegt. Die krause W. *(Cl. crispa)* wächst in Hecken und Gebüschen, besonders an Bächen in Virginien und Carolina. Die sehr scharfen Blätter werden dort nach Art der aufrechten Waldrebe gebraucht.

Walnuß *(Juglans),* Gattung der Juglandineen. Die gemeine W. *(J. regia),* welsche Nuß, ist ein bekannter schöner, hochwüchsiger Baum, mit einer stark ausgebreiteten, ansehnlichen Krone. Findet sich jetzt im größten Teil Europas häufig kultiviert, doch erfrieren die Zweige im nördlicheren Deutschland in harten Wintern. Alle

Teile der Walnuß riechen (besonders wenn sie gerieben werden) star, aber nicht unangenehm aromatisch und schmecken (mit Ausnahme der süßen, sehr öligen Samen) bitter, scharf und herb; als Heilmittel wendet man die unreifen Früchte sowie die fleischige Schale der reifen und das fette Öl der Samen an. Die grüne Schale der reifen Wallnüsse und das Extrakt besitzen die Eigenschaften eines bitteren, zusammenziehenden Mittels; werden aber gegenwärtig selten angewendet. Man reicht sie bei Wurmleiden, in der Syphilis, in der chronischen Mercurialkrankheit, in der Gicht, in chronischen Hautkrankheiten, bei schlaffen, skrophulösen, skorbutischen, syphilitischen Geschwüren sowohl innerlich, jene in Abkochung aus 1 Unze auf 1 Pfund Kolatur, dieses zu $\frac{1}{2}$-1 Drachme des Tages, als äußerlich, zu welchem letzteren Zweck man die Abkochung konzentrierter macht. Die Walnußblätter hat man in der neuesten Zeit als ein ausgezeichnetes Mittel gegen Skropheln empfohlen, innerlich den Aufguß der Blätter oder das aus den Blättern gewonnene Extrakt (bereitet wie das Wermut-Extrakt). Äußerlich gibt man die Abkochung zu Waschungen, Bähungen, Bädern.

In der Tierheilkunde können die Walnußblätter und die grünen Walnußschalen überall dort angewendet werden, wo bittere und zusammenziehende Mittel angezeigt sind; insbesondere benutzt man sie innerlich zum Abtreiben der Darmwürmer, gegen verdächtige Druse und Rotz. Die Gabe ist für Pferde und Rinder 60,0-120,0, für Schafe 15,0-30,0, für Hunde 1,0-4,0 g täglich 2-3mal, am besten im Decoct und für sich allein. Äußerlich bei chronischen Hautkrankheiten, Quetschungen, unreinen, schlaffen Geschwüren; die Abkochung der Schalen auch zu Waschungen behufs des Vertreibens der Flöhe und Läuse und zum Schutz gegen Insekten.

Waltherie *(Waltheria),* Gattung der Hermanniaceen. Die amerikanische W. *(W. americana)* ist ein Strauch von 4 Fuß Höhe, bisweilen fast baumartig und immerblühend. Die Blätter und Blüten kommen in ihren Eigenschaften mit dem Eibisch überein und werden in Nordamerika ebenso benutzt. Die ovalblätterige W. *(W. Douradinha)* findet sich in Uruguay und am Rio Grande. Die schleimige Pflanze wird dort gegen Brustkrankheiten, Schleimflüsse und gegen Wunden angewendet.

Wannenblume *(Jovellana),* Gattung der Braunwurzgewächse. Die punktierte W. *(J. punctata)* findet sich in Wäldern von Peru und Chile und ist ein treffliches Purgiermitel und wird auch häufig (das Holz und die Blätter) gegen Syphilis angewendet.

Wanzenkraut *(Cimicifuga),* Gattung der Hahnenfußgewächse. Das langtraubige W. *(C. Serpentaria),* schwarze Schlangenwurzel, wächst in Bergwäldern Nordamerikas, von Kanada bis Florida. Die ganze Pflanze riecht stark und widrig; ihre Wurzel schmeckt unangenehm, ist in Nordamerika offizinell und wird gegen den Biß der Klapperschlange, ferner als ein dem Fingerhut in der Wirksamkeit sehr ähnliches Mittel gegen Lungenschwindsucht und andere Brustkrankheiten, Wassersucht etc. gerühmt. Das stinkende W. *(C. foetida)* findet sich in Hainen, Wäldern und an Zäunen von Ostpreußen, Mähren und Ungarn und durch das ganze östliche Europa und nördliche Asien bis an die Westküste Nordamerikas. Diese höchst widrig riechende und schmeckende Pflanze wird in Rußland sowie in Sibirien gegen mehrere chronische Krankheiten, vorzüglich aber gegen Wassersucht gebraucht.

Wasserdosten *(Eupatorium),* Gattung der Kompositen. Der weidenblätterige W. *(E. Dalea)* wächst in Westindien und Südamerika. Die ganze Pflanze riecht sehr angenehm und wird dort auf eine ähnliche Art wie die Vanille (als ein Surrogat derselben) benutzt. Der gamanderblätterige W. *(E. teucri-*

folium) findet sich in Nordamerika. Die ganze Pflanze ist sehr bitter und deshalb bei den nordamerikanischen Ärzten als ein tonisches Heilmittel sowie gegen Wechselfieber im Gebrauch. Der hanfartige W. *(E. cannabinum)*, Wasserhanf, Wassersenf, wächst an feuchten Stellen in Wäldern, an Gräben, Bächen, Teichen und Sümpfen in Europa. Man hat diese Pflanze als ein auflösendes, in etwas größerer Gabe auch Erbrechen bewirkendes und als ein harntreibendes Arzneimittel bei Anschoppungen der Unterleibsorgane, bei der Bauchwassersucht, besonders wenn sie nach Wechselfieber entstanden sind und auch gegen die letzteren, ferner bei Hautausschlägen, Leberflecken etc. angewendet. Der purpurrote W. *(E. purpureum)*, wächst in Nordamerika. Die Blätter dieser Art sind extraktivstoffig-bitter und tonisch. Der durchwachsene W. *(E. perfoliatum)* wächst an nassen Stellen in Pennsylvanien, Virginien und Carolina. Ist in Nordamerika ein sehr hochgeschätztes, vielfältig gebrauchtes Arzneimittel, das viel bitteren Extraktivstoff enthält, aber in etwas größerer Dosis auch Erbrechen erregt und schweißtreibend wirkt; in Europa ist dieses Mittel gegen den Grind empfohlen worden. Der wohlriechende W. *(E. odoratum)* wird auf den Antillen wie vorige Art angewendet. Der ausgeschweifte W. *(E. repandum)* findet sich in Hecken und Gebüschen auf den Antillen. Die Pflanze wird dort als ein eröffnendes, die Menstruation beförderndes und wundheilendes Mittel geschätzt. Der heilkräftige W. *(W. Ayapana)* ist in Brasilien einheimisch. Wurzel und Blätter schmecken schwach zusammenziehend, bitter und gewürzhaft, riechen fast wie Tonkabohnen, enthalten viel ätherisches Öl, auch einen bitteren harzigen Stoff und sind in den Tropenländern, vorzüglich in Amerika, ein allgemein berühmtes vielfältig angewendetes Arzneimittel in allen jenen Fällen, in welchen aromatisch-bittere Substanzen angezeigt sind; auch wird ihnen eine große Heilkraft bei Schlangenbissen und auf Isle de France gegen die Cholera zugeschrieben.

Wasserfaden *(Conferva)*, Gattung der Gallertalgen. Der Bach-W. *(C. rivularis)* ist gemein in Bächen und war einst als Wundmittel im Gebrauch. Der flachsartige W. *(C. Linum)* ist grün und findet sich in den meisten Meeren. Der Felsen-W. *(C. rupestris)* ist grün und bedeckt oft ganze Felsen. Diese beiden Arten finden sich nebst dem kettenförmigen W. *(C. catenata)* und dem sprossenden W. *(C. prolifera)* als Bestandteil des sogenannten Wurmmooses in den Offizinen.

Wasserkraut *(Hydrastis)*, Gattung der Hahnenfußgewächse. Das kanadische W. *(H. canadensis)*, Gelbwurzel, wächst an nassen Stellen von Kanada bis Carolina. Die etwas stechend-bitter schmeckende Wurzel wird dort häufig als ein tonisches Arzneimittel angewendet.

Wasserlinse *(Lemna)*, Gattung der Aroideen. Die gemeine W. *(L. minor)* ist gemein im stehenden und langsam fließenden Wasser, aber höchst selten blühend. Wurde einst als kühlendes Mittel bei gichtischen Entzündungen und gegen Gelbsucht verordnet.

Wassernabel *(Hydrocotyle)*, Gattung der Doldenpflanzen. Der gemeine W. *(H. vulgaris)* wächst auf moorigen Wiesen, an Gräben sowie am Rande der Teiche und Sümpfe in Europa. Die ganze Pflanze besitzt einen scharfen, etwas brennenden Geschmack und war sonst als ein eröffnendes, harntreibendes Mittel bei Stockungen im Unterleib etc., äußerlich als Wundmittel gebräuchlich. Der doldige W. *(H. umbellata)* blüht fast stets im nördlichen Teil Amerikas. Die aromatische, petersilienartig riechende Wurzel soll bei Stockungen und Anschoppungen in der Leber und Milz sowie auch bei Harnverhaltungen sehr heilsam sein; in größeren Gaben ist der Saft der Pflanze brechenerregend.

Wassernuß *(Trapa)*, Gattung der Hydrocaryeen. Die gemeine W. *(T. natans),* Stachelnuß, Wasserkastanie, Jesuiternuß, findet sich in Sümpfen und Teichen Europas und des nördlicheren Asiens. Die süßlich und fast kastanienartig, doch etwas herb schmeckenden Samen werden teils roh oder gekocht gegessen, teils zu Brot verbacken. In älteren Zeiten brauchte man die ganze Pflanze zu kühlenden, zerteilenden Umschlägen, gegen Geschwüre und den Saft bei Augenkrankheiten; die Wurzel hat man (wohl ganz mit Unrecht) für giftig gehalten.

Wasserriemen *(Zoster),* Gattung der Laichkräuter. Der gemeine W. *(Z. marina)* findet sich am Boden fast aller europäischen Meere, wo er Wiesen bildet. Die borstenförmigen Überbleibsel alter Blätter werden von den Wellen abgerissen und zu braungelben, leichten, oft faustgroßen Kugeln geballt, die man ehedem gegen Kröpfe und Hautkrankheiten für heilsam hielt.

Wasserschierling *(Cicuta),* Gattung der Doldengewächse. Der giftige W. *(C. virosa)* hat eine dicke, fleischige, inwendig in Querfächer abgeteilte Wurzel, einen aufrechten 2-4 Fuß hohen, gerillten, unten dicken Stengel, doppelt oder dreifach gefiederte Blätter mit lineal-lanzettlichen, spitzig gesägten Blattzipfeln. Diese scharfe Giftpflanze ist im Arzneigebrauch durch den Erdschierling *(Conium maculatum)* fast vollständig verdrängt, dem sie an auflösender und zerteilender Heilkraft nachsteht. Gegengift des Wasserschierlings sind Kampfer und Pflanzensäuren. Der gefleckte W. *(C. maculata),* findet sich an sumpfigen, nassen Stellen in ganz Nordamerika. Wird dort ganz so wie der gefleckte Schierling in Europa angewendet und soll letzteren an Wirksamkeit übertreffen.

Anwendung nach dem homöopathischen Prinzip. Der giftige W. paßt bei Konvulsionen, besonders bei Frauen und Kindern, hysterischen Krämpfen, Fallsucht, Starrkrampf, Hautkrankheiten, Cholera, Geisteskrankheiten, Lichtscheu, Schwerhörigkeit, nervösem Zahnschmerz, Krämpfen des Schlundes, Stottern, gastrischen Zuständen, chronischen Unterleibs- und Harnbeschwerden, Schwindel, Magenbrennen, Blasenlähmung bei unwillkürlichem Urinabgang.

Gabe: 1-2 Tropfen der 1., 2. oder 3. Verdünnung, täglich 1, 2 oder mehremale wiederholt, nach Umständen.

Die homöopathischen Tierärzte wenden diese Pflanze an bei epileptischen Zufällen, bei Zuckungen und Konvulsionen namentlich der Staupe der Hunde oder wenn dieselben im Gefolge von Wurmleiden hervortreten, dann bei Starrkrampf und Kinnladenkrampf.

Gabe: 6.-12. Verdünnung.

Wasserschild *(Brasenia),* Gattung der Cabombeen. Der purpurrote W. *(B. peltata)* findet sich in Nordamerika, ist einhüllend, nährend, etwas adstringierend. Die Blätter werden daselbst gegen Phthisis, Ruhr etc. gebraucht.

Wasserviole *(Butomus),* Gattung der Alismaceen. Die doldige W. *(B. umbellatus),* Blumenbinse, findet sich in Sümpfen, Teichen, Gräben von Europa und Nordasien. Einst waren Wurzel und Samen offizinell und wurden für kühlend, erweichend, auflösend gehalten; die ganze Pflanze schmeckt bitter, demungeachtet wird die Wurzel im nördlichen Asien zubereitet gegessen.

Wedelie *(Wedelia),* Gattung der Alismaceen. Die ringelblumenartige W. *(W. calendulacea)* findet sich in Ostindien und Ceylon. Die ganze Pflanze ist aromatisch und wird in Ostindien bei Magenbeschwerden, Unterleibskrankheiten, auch gegen Wassersucht, äußerlich aber als ein zerteilendes Mittel gebraucht.

Wegdorn *(Rhamnus),* Gattung der Rhamnieen. Der immergrüne W. *(Rh. Alaternus)* findet sich häufig im ganzen südlichen Europa sowie im Orient und nördlichen Afrika. Die Blätter dienen als ein zusammenziehendes Mittel bei Halsentzündungen und werden auch oft als Tee getrunken; die widrig bitter schmeckenden Beeren aber sind purgierend und dienen auch zum Gelbfärben. Der gemeine W. *(Rh. cathartica)* ist ein baumartiger Strauch, der überall in Hecken, Gebüschen und Zäunen, in Laubhölzern, an feuchten Stellen etc. angetroffen wird; er hat eine glatte, braune, faserige Rinde, hartes, gelbliches Holz, eirunde, glänzende Blätter, grünlichgelbe Blumen und erbsengroße schwarze Beeren, die unangenehm riechen, bitter schmekken, leicht purgieren und von Krammetsvögeln gesucht werden. Aus dem Saft der Beeren macht man den Kreuzbeersirup und für Maler das Saft- oder Blasengrün. Die frische Rinde gibt eine gelbe und getrocknet eine rotbraune Farbe. Der glatte W. *(Rh. Frangula)*, Faulbaum, Zapfen- oder Pulverholz, findet sich in Hecken, Gebüschen und Wäldern. Die innere Rinde riecht widrig, schmeckt ekelhaft bitter, erregt Purgieren, ist jedoch heute nur selten und meistens nur äußerlich gegen Krätze im Gebrauch. Die Beeren besitzen dieselbe Eigenschaft wie jene des gemeine Wegdorns.

Wegerich *(Plantago)*, Gattung der Wegerichgewächse. Man kennt 12 deutsche Arten. Wir nennen hier den großen W. *(Pl. maior)*, Wegetritt, Wegeblatt (FIG. 113), mit rundlichen oder eiförmigen, etwas gezähnten, eine Rosette bildenden Wurzelblättern, nackten Schäften und verlängerten, walzig-linealen Blütenähren. Die Blätter, so wie die des mittleren W. *(Pl. media)*, mit eirund-lanzettförmigen behaarten Blättern und des spitzen W. *(Pl. lanceolata)*, mit spitzigen Blättern, die mehr in die Höhe gehen, haben einen bitteren, salzigen, zusammenziehenden Geschmack, eignen sich zum Gerben, wirken kräftig auf die Schleimhäute in den Lungen, Urinwegen, Magen und Gedärmen, sind daher sehr gut bei Lungenverschleimung, altem Katarrh mit viel Auswurf, Magenverschleimung und daher rührender Appetitlosigkeit, in langwierigen Durch-

FIG. 113

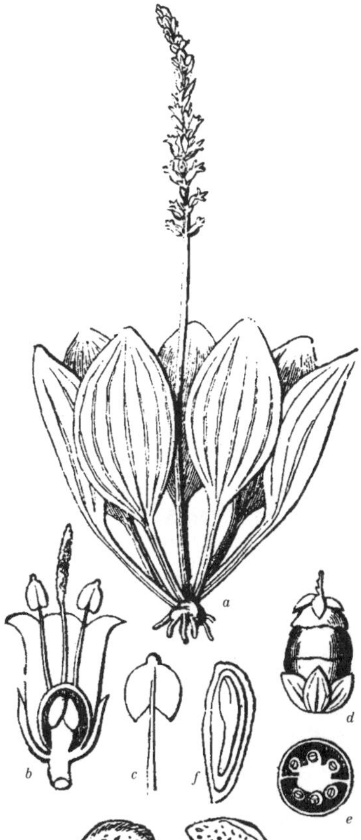

DER GROẞE WEGERICH: a) eine Pflanze in 1/3 natürl. Größe, b) eine durchschnittene Blüte, c) ein Staubgefäß, dem der Saum unten zum Teil abgeschnitten, d) eine Frucht, e) Querschnitt durch eine Frucht, f) Längsschnitt durch Samen, g) und h) Samen von oben und von unten.

fällen, bei Blasenschwäche, Blasenhämorrhoiden. Man mischt 2-3 Löffel voll des aus dem Kraut gepreßten Saftes unter Milch oder Fleischbrühe und läßt dies den Tag über trinken. Frische Blätter des Wegerich werden auch gegen Wespen- und Bienenstich empfohlen. Der fiederspaltige W. *(Pl. Coronopus)*, Krähen- oder Rabenfuß, Hirschhorn, findet sich am Meeresufer in ganz Europa, Nordafrika und im Orient. Vor Zeiten war die ganze Pflanze in ähnlichen Fällen wie die schon genannten Arten auch gegen den Biß toller Hunde im Gebrauch. Der Flohsamen-W. *(Pl. Psyllium)*, Flohkraut, findet sich auf sandigen Plätzen im südlichen Europa und nördlichen Afrika. Die Samen dieser sowie der folgenden Art sind unter dem Namen Flohsamen offizinell; sie sind sehr schleimig und daher in allen Fällen brauchbar, wo schleimige Arzneimittel gebräuchlich sind, werden aber nur selten gebraucht. Der Sand-W. *(Pl. arenaria)*, Flohkraut, wächst auf Sandfeldern in Mittel-Europa. In Frankreich wird vorzüglich diese Art der Samen wegen kultiviert. Der strauchige W. *(Pl. Cynops)*, immergrünes Flohkraut, Hundauge, findet sich an den Ufern des Mittelländischen Meeres, doch auch im Innern jener Länder. Auch von dieser Art kommt der Samen in die Apotheken.

Weichkraut *(Malaxis)*, Gattung der Orchideen. Das wohlriechende W. *(M. odorata)* wächst in Ostindien. Der Saft wird bei Verbrennungen, krebsartigen Geschwüren, auch beim Brand sowie auch gegen hitzige, bösartige Fieber und Hautwassersucht angewendet. Die Wurzel schmeckt etwas scharf, zusammenziehend und besitzt einen nicht unangenehmen Geruch. Rheedes W. *(M. Rheedii)* wird in Ostindien für ein fiebervertreibendes, schweißtreibendes, auf die Absonderung der Galle einwirkendes Arzneimittel gehalten; alle Teile derselben schmecken bitter.

Weide *(Salix)*, Gattung der Weidengewächse. Die Lorbeer-W. *(S. pentandra)* ist meist strauchartig und wächst an Flußufern im nördlichen und mittleren Europa. Die Bruch-W. *(S. fragilis)*, Knack-W., ist gemein an Wegen, Zäunen, Bach- und Flußufern im mittleren und nördlichen Europa. Die weiße W. *(S. alba)*, Silber-W., ist eine der gemeinsten, in ganz Europa an Wegen, Ufern, auf Triften etc., vorkommenden Weiden. Die babylonische W. *(S. babylonica)*, Trauer- oder Tränenweide, stammt aus Kleinasien. In China, wo sie ebenfalls kultiviert wird, wendet man die Kätzchen und die jungen Zweige gegen Lungenschwindsucht und schleichende Fieber sowie äußerlich gegen Geschwüre an. Die schwarze W. *(S. nigra)* findet sich an Bächen und Flüssen in Nordamerika. Die mandelblätterige W. (*S. amygdalina)* findet sich häufig an feuchten Orten in Europa. Die frühblühende W. *(S. daphnoides)*, wächst an Ufern, nassen Stellen, im mittleren und südlichen Europa, doch nicht gemein. Die Purpur-W. *(S. purpurea)*, Bach-W., ist meist strauchartig. Die rote W. *(S. rubra)*, ist seltener als die vorige, an nassen Stellen in Europa. Die Korb-W. *(S. viminalis)*, Band-W., findet sich an Flußufern, Gräben, auf nassen Wiesen, besonders auf Sandboden. Die zugespitzte W. *(S. acuminata)*, wächst an Bächen und Flüssen sowie auf Weideplätzen im mittleren und nördlichen Europa, doch nicht häufig. Die graue W. *(S. incana)*, Ufer-W., findet sich an Flußufern, mehr in Gebirgsgegenden von Europa. Die Sahl-W. *(S. Caprea)* ist sehr gemein in ganz Europa in Hainen, Wäldern, Gebüschen, auch auf Bergen, überhaupt auf weit trockeneren Stellen als andere Arten. Die Zapfen-W. *(S. conifera)* wächst in Nordamerika, von Neu-England bis Carolina.

Die Weidenrinde wurde in der Zeit, ehe man die Chinarinde kannte und in der späteren Zeit, wo man diese nicht haben konnte, in denselben Krankheiten angewendet, in denen die China eine so ausgedehnte Verwendung findet. Man fand sie wirksam bei Schwäche der Verdauungsorgane, wo sie auch in der Tat besser als die China vertragen wird; ferner im Nerven- und Faulfieber, in Skropheln, Rhachitis, Wurmleiden, passiven Ausflüssen, in örtlicher Erschlaffung der Organe. Insbesondere wurde ihre fiebervertreibende Kraft gerühmt. Die Entdeckung des Salicins lieferte das Prinzip, an welches diese Heilwirkung gebunden ist. Das Salicin wird von den Verdauungsorganen selbst in größerer Gabe gut vertragen und wirkt weder auf den Magen noch auf die Organe der Empfindung so feindselig ein, wie dies größere Gaben der Chinaalkaloide nicht selten tun. Seine fiebervertreibende Kraft ist allerdings geringer als die des Chinins und das letztere muß aushelfen, wo jenes uns verläßt, allein oft genug kommt man mit ihm an's Ziel. Die Weidenrinde gibt man in Abkochung zu $\frac{1}{2}$-1 Unze; das Pulver zu 1-2 Skrupel sehr selten; das Salicin zu 3,5-10 Gran in Pulver, Pillen oder Auflösung, für die fieberfreie Zeit 30-60 Gran.

In der Tierheilkunde kann die Weidenrinde innerlich und äußerlich ganz bei denselben Krankheiten angewendet werden, wo die adstringierenden Mittel überhaupt Anwendung finden. Zum inneren Gebrauch zieht man sie in den meisten Fällen der Eichenrinde und den übrigen stark zusammenziehenden Mitteln vor, weil sie milder wirkt und besser von den Verdauungseingeweiden ertragen wird als diese; sie paßt vornehmlich da, wo man nicht allein stärken, sondern auch den Tonus vermehren muß und wo daher die bitteren Mittel für sich allein nicht ausreichend oder schon vergeblich angewendet sind, z.B. bei gastrischen Fiebern, bei Faul- und Nervenfiebern, bei kachektischen Fiebern und sehr starken Ausleerungen aller Art; äußerlich bei dem kalten Brand, bei Geschwüren mit vorwaltender Erschlaffung, bei Quetschungen mit starker Ausdehnung und Erschlaffung der Teile etc.

Weidenröschen *(Epilobium),* Gattung der Onagraceen. Das schmalblätterige W. *(E. angustifolium),* Feuerkraut, St. Antonskraut, ist häufig in bergigen Wäldern, an feuchten, aber auch an sehr sonnigen und dürren Stellen in Europa, Nordasien und Nordamerika. Die Wurzel und die Blätter dieser Pflanze waren vor Zeiten als ein erweichendes, zerteilendes, schleimiges, doch auch gelind adstringierendes Heilmittel angewendet. Erstere wird im nördlichen Europa gleich den jungen Trieben gegessen; in Kamtschatka genießt man das ganze Kraut als Gemüse und braucht auch die Blätter als Tee (kurilischer Tee).

Weiderich *(Lythrum),* Gattung der Lythrineen. Der gemeine W. *(L. Salicaria),* roter W., Weidenkraut, großes Blutkraut, blauer Fuchsschwanz, findet sich an Gräben, Bächen, Flüssen, Sümpfen sowie überhaupt an nassen Stellen, unter Weiden und Erlen in Europa, Nordasien und Nordamerika, ja selbst in Neuholland. Die Wurzel und das Kraut schmecken schleimig-herb, doch die Wurzel viel stärker adstringierend und sind heutzutage nur wenig gebräuchlich, wurden aber früher gegen hartnäckige Diarrhöen, Ruhren, Blutflüsse und ähnliche Krankheiten gerühmt.

Weinrebe *(Vitis),* Gattung der Rebengewächse. Die edle W. *(V. vinifera),* Weinstock, gehört den wärmeren Teilen der gemäßigten Zone an. Sie ist ein kletternd rankender Strauch mit starker, tief in die Erde dringender Wurzel, stark knotigem Stengel und faserig-rissiger Rinde. Die langgestielten Blätter sind rundlich und herzförmig, mehr oder minder tief, 3-5lappig, ungleich, grob gesägt, in der Jugend unten rollig. Die Blüten stehen in Sträußen, die Frucht ist eine 2-4samige, sehr saftige, bereifte Beere, von gelblicher oder lichtgrüner, rötlicher oder dunkelblauer Farbe. Im Orient einheimisch, und durch Kaiser Probus 281 am Rhein gepflanzt, wo er auch verwildert ist. In Europa reicht er nicht über den 50. Grad nördlicher Breite, in Nordamerika ist der Anbau über den 30. Grad noch nicht versucht worden. Dieser Strauch ist in vielfältiger Beziehung ungemein wichtig, denn erstens erhält man bekanntlich aus dem Saft der Beeren nach überstandener Gärung das edelste der Getränke, den schon seit den ältesten Zeiten allgemein gepriesenen und in Prosa und Poesie unzähligemale verherrlichten Wein, von dem es nach Verschiedenheit des Bodens, der Lage, des Klimas etc. eine Menge von Sorten gibt. Außer dem Wein wird aber auch der Weingeist oder Alkohol, der zwar aus vielen anderen, der Gärung fähigen Substanzen, dessen beste Sorte jedoch durch Destillation des Weines und eine andere durch Gärung und Destillation der Weinreben gewonnen wird, in der Medizin vielfältig angewendet. Ferner muß hier noch der Weinessig, als der vorzüglichste der bekannten Essige, und der an der inneren Seite als Weinfässer sich ansetzende Weinstein sowie die Weinsteinsäure als Heilmittel erwähnt werden. Außerdem braucht man die getrockneten, unter dem Namen kleine Rosinen oder Korinthen (von einer sehr kleinfrüchtigen, kernlosen Spielart abstammend) sowie auch als große Rosinen oder Cibeben bekannten, sehr süßen und wohlschmeckenden Beeren bei katarrhalischen Leiden. In neuerer Zeit nahm man überdies die säuerlich-herb schmeckenden Weinranken als blutreinigendes, harn- und schweißtreibendes Mittel in die Pharmakopöe und empfahl das Extrakt derselben vorzüglich bei Knocheneiterungen. Früher wurden auch die Blätter, ferner der im Frühjahr nach Verwundungen des Stengels reichlich ausfließende Saft oder die sogenannten Weintränen, dann der Saft der unreifen Beeren und bei den alten griechischen Ärzten auch die Blüten des Weinstocks gebraucht. Schließlich sei bemerkt, daß die Trauben (bekanntlich ein sehr beliebtes Obst) auch ein diätetisches, bei Unterleibsstockungen, Hypochondrie etc. nicht selten äußerst wohltätig wirkdendes Heilmittel sind. Die westindische W. *(V. caribaea)* wächst in Westindien. Die Stengel und die unteren Äste sind voll einer klaren, wohlschmeckenden Flüssigkeit und daher für Reisende in jenen Gegenden äußerst erfrischend und durststillend; Blätter und Äste werden übrigens auch als kühlend, gelind adstringierend bei einigen fieberhaften Krankheiten, chronischen Augenentzündungen, Hautausschlägen, Geschwülsten und Geschwüren angewendet und die großen, festen, nicht unangenehm schmeckenden Beeren gegessen.

In der Tierheilkunde kann die innerliche Anwendung des Weines, wo derselbe wohlfeil zu haben ist, bei jeder Krankheit stattfinden, die mit einem hohen Grad von wirklicher Schwäche verbunden ist und vorzüglich bei allgemeiner und örtlicher Schwäche mit Schlaffheit, bei Krämpfen, rheumatischen Affektionen, unvollständigen Lähmungen, bei Mangel an Appetit, bei Krampf- und Windkoliken, bei Mangen an Wehen zur Zeit des Gebärens und beim Zurückbleiben der Nachgeburt. Die Gabe kann für Pferde und Rinder 250 bis 500 g, für Schafe 90-180 g, für Schweine 30-90 g und für Hunde 15-60 g sein. Äußerlich kann der Wein bei Lähmungen, bei Erschlaffung, Auflokkerung und zu starker Ausdehnung oberflächlich liegender Teile, nach Verrenkungen und Verstauchungen, bei Quetschungen, Blutunterlaufungen und ödematösen Anschwellungen, bei dem kalten Brand, bei Rheumatismus gebraucht werden. Am zweckmäßigsten sind hierzu die sauren und roten Weine, die man zum Waschen und zu Umschlägen, kalt oder warm und zuweilen in Verbindung mit aromatischen Kräutern, mit Kampfer, mit Kochsalz etc. benutzt. Die Weintrestern, die Weinhefen, das Weinlager können zu Umschlägen und Bähungen gegen torpide Entzündungen, gegen Quetschungen, vorzüglich aber gegen brandige, unreine und stinkende Geschwüre angewendet werden.

Weißdorn *(Crataegus)*, Gattung der Pomaceen. Der gemeine W. *(C. Oxycantha)*, Hagedorn, Heckdorn, Mehlbeere, Müllerbrot (FIG. 114), ist ein dorniger Strauch oder Baum mit verkehrt-eiförmigen, fiederlappigen oder fiederspaltigen Blättern mit kleinen weißen Blüten in aufrechten Dolden-

Fig. 114

Der gemeine Weißdorn: a) Knospe, b) vergrößerte Blüte, c) Frucht

trauben und kleinen, fast kugeligen roten Früchten. Man findet ihn häufig in Hecken, an Waldesrändern. Die Beeren, unter dem Namen Mehlbeeren, Mehlfäßchen bekannt, haben ein süßliches, mehliges, wohlschmeckendes Fleisch. Viele Vögel, z.B. Kernbeißer und Gimpel, fressen die Beeren gern. Wenn man sie in Menge hat, kann man damit auch Schweine mästen. In der Schweiz braucht man sie zu einem dem Bier ähnlichen Getränk. Die Rinde ist gut zum Färben, das harte Holz zu Stöcken, Werkzeugen, Heften. Der Azarol-W. *(Cr. Azarolus),* Azarolbaum, welsche Mispel, ist dem gemeinen Weißdorn ähnlich, aber meistens viel größer. Im südlichen Europa und im Orient einheimisch, auch dort kultiviert. Die angenehm säuerlichen Früchte dieses Baumes werden häufig teils roh, teils eingemacht gegessen und besonders im letzteren Zustand als ein magenstärkendes, Erbrechen und Abführen stillendes Mittel angewendet. Der immergrüne W. *(Cr. Pyracantha),* Feuerdorn, Feuerstrauch, findet sich ebenfalls im Orient und in Südeuropa.

Weißwurz *(Polygonatum),* Gattung der Smilaxgewächse. Die gemeine W. *(P. officinale),* Salomonssiegel, wächst auf Hügeln und Bergen, in lichten, trockenen Wäldern in Europa und im nördlichen Asien. Man benutzte früher die Wurzel als ein linderndes, zerteilendes, schleimiges Mittel äußerlich bei Wunden, Quetschungen, Entzündungen und auch als Schminkmittel. Die vielblütige W. *(P. multiflorum)* findet sich in feuchten, schattigen Wäldern von Europa, Asien und Nordamerika. Die Wurzel kommt in ihren Eigenschaften ganz mit jener der ersten Art überein.

Weizen *(Triticum),* Gattung der Gräser. Der gemeine W. *(T. vulgare),* Sommer- und Winterweizen, hat einen 3-4 Fuß langen Halm; die Ährchen sind vierkantig, dichtdachig, die Kelchspelzen bauchig, eiförmig, an der Spitze zusammengedrückt, die Ährchen meist mit drei unbeschalten Körnern und entweder begrannt (Bartweizen) oder unbegrannt. Er findet sich in allen Weltteilen als eines der wichtigsten Getreidegräser und wird in verschiedenen Spielarten kultiviert. Die Frucht von dieser Art und von den 6 folgenden ist teils ganz, teils als Mehl, teils als Stärkemehl, teils auch die vom Mehl getrennten Hülsen oder Weizenkleien, teils das aus dem Weizenmehl bereitete Brot offizinell. Unter allen Getreidearten gibt der Weizen das schönste und beste Mehl und das Weizenbrot ist eine der nahrhaftesten, leichtverdaulichsten Speisen. Das bekannte englische Bier, Ale genannt sowie mehrere Biersorten in Deutschland, werden zum großen Teil aus Weizenmalz gebraut. Der englische W. *(T. turgidum)* wird mehr im südlichen Europa und in England, bei uns seltener gebaut. Der hartfrüchtige W. *(T. durum),* Bartweizen, wird vorzüglich in Spanien und Italien gebaut. Der polnische W. *(T. polonicum)* gedeiht nur in wärmeren Län-

FIG. 115

DER KRIECHENDE WEIZEN oder DIE QUECKE

dern vorzüglich gut. Der Dinkel-W. *(T. Spelta)* liefert ein feines und vorzügliches Mehl, ebenso der Emmer-W. *(T. amyleum)*. Der einkörnige W. *(T. monococcum)*, steht in jeder Hinsicht allen anderen Weizenarten nach und wird nur dort mit Vorteil gebaut, wo der Boden für die anderen zu mager ist. Der kriechende W. *(T. repens)*, Quecke (FIG. 115), hat einen kriechenden Wurzelstock mit langen Schossen, einen bis Fuß hohen steifen Stengel, grüne oder seegrüne, etwas starre, flache, oberseits rauhe Blätter und Ährchen mit flachen, lanzettförmigen Spelzen. Die gereinigten, von Fasern befreiten Wurzelstöcke sind unter dem Namen Gras- oder Queckenwurzel *(Radix graminis)* ein bekanntes Heilmittel. Der reiche Gehalt der Quecke an Zucker erteilt derselben einhüllende, gelind auflösende Wirkungen. Man gibt sie als ein gutes Beihilfsmittel in Verbindung mit geeigneten Zusätzen in gastrischen und galligen Fiebern, bei Hämorrhoidalreizung und bei leichteren Stasen des Blutes im Pfortadersystem, in Wassersuchten, wenn die kräftigeren harntreibenden Mittel nicht vertragen werden; am liebsten in Abkochung von 1-2 Unzen auf 1 Pfund Wasser, oder man läßt das aus der Abkochung der Graswurzel durch Abdampfen erhaltene wässerige Extrakt zu 1-4 Drachmen des Tages nehmen, entweder allein kaffeelöffelweise oder als Zusatz zu Pillen, Bisseu oder in einer Flüssigkeit aufgelöst.

In der Tierheilkunde kommt der Weizen wegen seines hohen Preises und seiner schweren Verdaulichkeit, insbesondere für Pferde, selten als Nahrungsmittel im Gebrauch; hingegen wird die Weizenkleie wegen ihres geringen Gehaltes an nährenden Bestandteilen und ihrer etwas abführenden Wirkung bei Entzündungskrankheiten und dort, wo feste Nahrungsmittel nicht aufgenommen werden können, mit Wasser abgerührt als Kleientrank oder angefeuchtet als Zusatz zum Futter verwendet.

Die Quecken- oder Graswurzel benutzt man bei denselben Krankheitszuständen, wo die Mohrrüben empfohlen sind, und gibt sie sowohl im frischen Zustand wie auch getrocknet, rein gewaschen und klein zerschnitten, den pflanzenfressenden Tieren mit Hafer u.dgl. gemengt zum Futter oder auch diesen und den übrigen Tieren im Decoct mit Wasser. Die Gabe ist für Pferde und Rinder gegen ½-1½kg, für Schafe, Ziegen und Schweine gegen 90,0-270,0, für Hunde und Katzen 15,0-30,0 g täglich dreimal. Zu dem Decoct nimmt man 30,0 auf 360,0 Wasser und läßt dies zur Hälfte einkochen und dann durchseihen. Man setzt dasselbe den Tieren als Getränk vor, und wenn sie es nicht freiwillige saufen, so gibt man es ihnen als Einguß. Dieses Mittel muß durch längere Zeit fortgebraucht werden, wenn man eine genügende Wirkung sehen will. Es ist seiner Wohlfeilheit wegen auf dem Lande sehr zu empfehlen.

Wendlandie *(Wendlandia)*, Gattung der Rubiaceen. Die lawsonienartige W. *(W. Lawsoniae)* ist ein kleines Bäumchen auf Malabar und übrigens nur sehr unvollkommen bekannt.

Wermut ☞ **Beifuß**

Wiborgie *(Wiborgia),* Gattung der Kompositen. Die kleinblumige W. *(W. Acmella)* findet sich in Peru und Chile, wo sie fast das ganze Jahr hindurch blüht. Bei den Indianern wird diese Pflanze als ein antiskorbutisches und wundheilendes Mittel geschätzt.

Wicke *(Vicia),* Gattung der Schmetterlingsblümler. Die Bohnen-W. *(V. Faba),* Puff-Bohne, Futter-, Sau- oder Pferde-Bohne, hat einen dicken, aufrechten Stengel und zwei- bis dreipaarig gefiederte, graugrüne, fleischige Blätter, deren Stiel in eine kurze Spitze sich endigt. Die weißen oder bläulichen, schwarzgefleckten Blüten stehen je 2-4 in den oberen Blattwinkeln. Die dicken Hülsen sind fast stielrund und enthalten große, eirunde, rotbraune Samen. Stammt aus dem Orient und wird in manchen Gegenden im Großen gebaut. Die Stengel, Blüten und Samen dieser Pflanze waren und sind zum Teil noch immer offizinell; von dem Stengel wurde insbesondere die Asche und das ausgelaugte Salz gegen Drüsenverhärtungen gerühmt, das destillierte Wasser bei Blüten galt für ein Schönheitsmittel, den Früchten und Samen aber schrieb man fast dieselben Eigenschaften wie den Kichern zu. Bei weitem wichtiger jedoch ist die Anwendung der Samen im jüngeren Zustand als eine in vielen Ländern sehr beliebte Speise. Die Acker-B. *(V. sativa),* Futter-W., findet sich sehr häufig unter Samen, wird aber auch eigens gebaut und dienen die Samen zur Mästung des Geflügels. Es gibt eine große Anzahl von wildwachsenden Wicken-Arten, die auf Wiesen, im Gebüsch und in Wäldern wachsen, z.B. die Vogel-W. *(V. Cracca),* Zaun-W. *(V. sepium).*

Wiederthon *(Polytrichum),* Gattung der Laubmoose. Der gemeine W. *(P. commune),* Goldhaar, goldenes Frauenhaar, ist gemein in feuchten, sandigen Wäldern. Gelind zusammenziehend, schweiß- und harntreibend, als Brustmittel, bei starker Menstruation. Der schöne W. *(P. formosum)* wird ebenso wie die vorige Art gebraucht.

Wiesenknopf *(Sanguisorba),* Gattung der Wiesenknopfgewächse. Der gemeine W. *(S. officinalis),* falsche oder welsche Bibernell, Blutkraut, Sperberkraut, ist gemein auf Wiesen in ganz Europa. Die zusammenziehende Wurzel war früher offizinell, und noch jetzt wird der Saft des Krautes hier und da als Volksmittel gegen die Lungensucht gebraucht. Der kanadische W. *(S. canadensis)* wächst auf feuchten Wiesen von Kanada bis New York. Die Wurzel schmeckt bitterlich herb, etwas scharf und erregt schon in einer Gabe von 10-20 Gran Erbrechen.

Winterbeere *(Prinos),* Gattung der Ilicineen. Die heilkräftige W. *(P. verticillatus)* ist ein Strauch von 8-12 Fuß Höhe, in feuchten Wäldern und an Sümpfen von Kanada bis Virginien. In Nordamerika ist die schwach adstringierend-bittere, auch etwas stechend-scharf schmeckende Rinde offizinell und bei Wechselfiebern, großer Schwäche, Diarrhöen etc., überhaupt als ein vorzügliches tonisches und antispetisches Heilmittel im Gebrauch.

Wintergrün *(Chimophila),* Gattung der Pyrolaceen. Das doldige W. *(Ch. umbellata),* Harnkraut, findet sich in Nadelwäldern des nördlichen und mittleren Europas (doch nicht im Westen) sowie im ganzen nördlichen Asien und Amerika. Die süßlich, später bitterlich-herb schmeckenden Blätter sind in Nordamerika offizinell und auch in neuerer Zeit in Europa als ein tonisch-harntreibendes Mittel sowie auch in jenen Fällen empfohlen worden, in denen die Blätter der Bärentraube angewendet werden. Das geflechte W. *(Ch. maculata)* wächst in sandigen Wäldern Nordamerikas. In ihrem Vaterland wird diese Pflanze sehr geschätzt und als ein treffliches tonisch-harntreibendes Mittel, dann gegen Hysterie und nervöse Unterleibsübel.

Wirbelbeere *(Callicarpa),* Gattung der Verbenaceen. Die amerikanische W. *(C. americana)* wächst an trockenen, steinigen Orten in Virgienen und Carolina. Die Blätter werden in Nordamerika mit glücklichem Erfolg gegen Wassersuchten verwendet. Die Bonplands W. *(C. Bonplandiana)* wird in Kolumbien als ein den Stuhlgang und den Schweiß beförderndes Mittel gebraucht. Die graue W. *(C. cana)* wächst in Ostindien. Die Blätter werden für ein alterierendes, besonders bei Hautkrankheiten sehr wirksames Mittel gehalten und auch zur Beförderung der Harnabsonderung gebraucht. Die wollige W. *(C. lanata)* findet sich ebenfalls in Ostindien. Die Rinde wird von den Singalesen im Notfall statt der Betelblätter gekaut; die Blätter dienen bei den Malayen als eine erweichende und harntreibende Arznei. Rheedes W. *(C. Rheedii)* ist auf Malabar einheimisch. Die geruchlose Wurzel sowie die Rinde dienen als Abkochung gegen Fieber, Leberverstopfung, Hautkrankheiten, die Blätter aber gegen Mundschwämmchen.

Wirbeldosten *(Clinopodium),* Gattung der Schmetterlingsblütler. Der gemeine W. *(Cl. vulgare)* ist auf sonnigen Anhöhen, in Gebüschen und trockenen Wäldern Europas und Asiens. Riecht sehr schwach und wrude zur Zeit der Kontinentalsperre als ein Surrogat des chinesischen Tees empfohlen.

Wirteltang *(Cladostephus),* Gattung der Tangalgen. Der gemeine W. *(Cl. myriophyllum)* ist häufig im Mittelländischen und Atlantischen Meer und findet sich unter dem Wurmmoos.

Wohlverley ☞ Arnika

Wolfsfuß *(Lycopus),* Gattung der Lippenblütler. Der gemeine W. *(L. europaeus)*, Wasser-Andorn, ist gemein an nassen Stellen, Bächen, Wassergräben und Sümpfen in Europa und Nordamerika. Schon seit langer Zeit ist das Kraut in Oberitalien bei dem Volk als ein sicheres Mittel gegen Wechselfieber bekannt und wird jetzt auch von Ärzten dagegen sowie bei hartnäckigen Mutterblutflüssen verordnet. Der virginische W. *(L. virginicus)* wird von nordamerikanischen Ärzten als ein vorzügliches Mittel bei Blutflüssen gerühmt.

Wolfsmilch *(Euphorbium),* Gattung der Wolfsmilchgewächse. Unsere einheimischen Wolfsmilcharten, deren gemeinste die rundblätterige W. *(E. peplus),* die sonnenwendige W. *(E. helioscopia)* und die nadelblätterige W. *(E. cyparissias)* sind, erscheinen als kleine, krautartige Pflanzen, die von einem Milchsaft strotzen, daher sie auch vom Vieh nicht gefressen werden. Das Kraut der Sumpfs-W. *(E. palustris)* (FIG. 116) enthält einen weißen, sehr scharfen Milchsaft, der vom russischen Landvolk zu 5 Quentchen auf einmal als ein heftiges Purgiermittel oder an dessen Stelle ebensoviel von der trokkenen Wurzel eingenommen wird. Es führt schnell ab, und jene Menschen sollen durch dieses gefährliche Mittel die hartnäckigsten Wechselfieber und andere chronische Krankheiten heilen oder zu heilen glauben. Die in den

FIG. 116

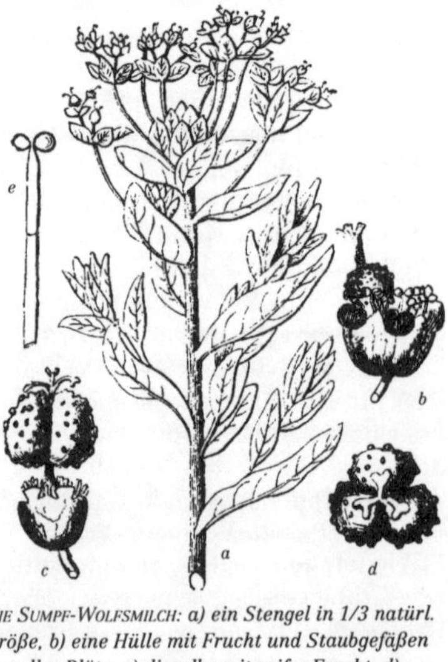

DIE SUMPF-WOLFSMILCH: a) ein Stengel in 1/3 natürl. Größe, b) eine Hülle mit Frucht und Staubgefäßen in voller Blüte, c) dieselbe mit reifer Frucht, d) Frucht von oben, e) Staubgefäß mit Träger.

warmen Ländern wachsenden Arten zeichnen sich oft durch fleischig verdickte, fast blattlose, reihenweise mit Dornen besetzte Stengel aus und erscheinen in der Tracht ganz den Kaktusarten ähnlich, die sie vorzugsweise im tropischen Afrika vertreten, wo die gebräuchliche W. *(E officinalis)* und die kanadische W. *(E. canariensis)* in ihrem eingetrockneten Milchsaft das bekannte Euphorbiumharz liefern. Dieses Harz bewirkt, in den Magen gebracht, Entzündung desselben und des Darmkanals. Auf der Haut erregt es gleichfalls Entzündung und Blasen. Zu letzterem Behuf wird es gegenwärtig auch nur angewendet und macht einen Bestandteil des Euphorbium-Pflasters aus.

In der Tierheilkunde wird das Euphorbien-Harz nur selten und nur äußerlich bei denselben Krankheitszuständen und für dieselben Zwecke angewendet wie die Kanthariden. Da es jedoch tiefer in die Haut einwirkt, die Haarzwiebel mehr zerstört und daher eher kahle Flecke hinterläßt als die Kanthariden, so verdienen die letzteren fast immer, besonders aber bei feinen Pferden den Vorzug vor ihm. Man benuztt es jetzt nur bei sehr hartnäckigen Übeln, bei Tieren von gemeiner Rasse und wo die Haut sehr dick und wenig empfindlich ist. Man verbindet dieses Mittel meist mit anderen scharfen Substanzen, vorzugsweise mit spanischen Fliegen, und bereitet von Zusatz durch Fett Salben (1-2 Quentchen Euphorbium auf 2 Lot Salbe). Die Euphorbium-Tinktur, welche man aus 1 Teil Euphorbium und 6 Teile Alkohol bereitet, wird äußerlich als Reizmittel, teils für sich allein, teils mit anderen passenden Mitteln verbunden, verwendet.

Wolftrapp *(Leonurus),* Gattung der Lippenblütler. Der gemeine W. *(L. Cordiaca),* Herzgespann, Bärenschweife, ist gemein auf wüsten Plätzen, Schutthaufen, um Dörfer in Europa, Asien und Nordamerika. Das Kraut stand vor Zeiten in großem Ansehen und wurde gegen Herzklopfen, Magenbeschwerden und andere Unterleibskrankheiten, auch gegen Verschleimung der Lunge etc. angewendet; es riecht unangenehm, den tauben Nesseln ähnlich, schmeckt stark bitter und verdient in der Tat etwas mehr Beachtung, da es auch in Nordamerika als ein in gewisser Hinsicht dem Baldrian ähnlich wirkendes Heilmittel bekannt ist.

Wollbaum *(Eriodendron),* Gattung der Bombacineen. Der ostindische W. *(E. orientalis)* ist in ganz Ostindien einheimisch. Die Wurzelrinde gilt für ein brechenerregendes und krampfstillendes Mittel, die Blüten und jungen Früchte braucht man ihrer schleimgen Beschaffenheit wegen nach Art der Malvaceen, doch meistens nur äußerlich, das aus den Samen ausfließende Gummi bei einigen Unterleibskrankheiten, die feine Wolle aber zu Kissen, Polstern etc. Der westindische W. *(E. occidentale)* ist ein Baum von 50 bis 100 Fuß Höhe. Die Eingeborenen auf den Antillen wenden alle Teile dieses Baumes als Heilmittel an, und zwar die Wurzelrinde als ein brechenerregendes, krampfstillendes, in Verbindung mit der Tamarinde als ein purgierendes und harntreibendes Mittel, die Rinde des Stammes und der Äste äußerlich bei Entzündungen und Hautausschlägen, die Blätter, Blüten und zarten Früchte sowie auch die Samen ihrer schleimigen Eigenschaft gemäß, die Wolle zu Brennzylindern und die Asche der verbrannten Wolle gegen Blutungen.

Wolldistel *(Picnomon),* Gattung der Kompositen. Die gelbdornige W. *(P. acarna)* wächst in Südeuropa an dürren, sonnigen Stellen. Die Wurzel soll gegen Magenbeschwerden, Bauchflüsse, ferner gegen Bluthusten heilsam sein, auch den Harn treiben und Zahnschmerzen lindern.

Wollgras *(Erisphorum),* Gattung der Zypergräser. Das schmalblätterige W. *(E. angustifolium)* und das breitblätterige W. *(E. latifolium)* wurden früher gegen Diarrhöen und Koliken gebraucht. Das Mark des Halmes hielt man wie jenes der Binsen für ein wirkendes Mittel bei Brandwunden.

Wollkraut *(Verbascum)*, Gattung der Braunwurzgewächse. Das gemeine W. *(V. Thapsus)*, Königskerze, Himmelbrand, Himmelskerze, Fackelkraut, findet sich auf dürren, sonnigen Stellen, wüsten Plätzen, alten Mauern in Europa. Gebräuchlich sind von dieser und weit mehr noch von den folgenden Arten sowohl die Blätter als die Blüten; erstere schmecken schleimig-bitterlich, ganz schwach zusammenziehend, sind im trockenen Zustand geruchlos, im frischen aber riechen sie etwas unangenehm; angenehmer und schwach an die Veilchenwurzel mahnend ist dagegen der Geruch der schleimig-süßlichen Blüten, welche zum arzneilichen Gebrauch ohne die Kelche gesammelt, schnell getrocknet und in gut verschlossenen Behältnissen aufbewahrt werden. Ihrer einhüllenden, gelind schweißtreibenden Heilkräfte weden sind die Blüten ein häufig angewendetes Mittel bei vielen fieberhaften und entzündlichen Krankheiten, vorzüglich der Atmungsorgane, weshalb sie auch einen Bestandteil der meisten, zu gleichem Zweck verordneten Tees ausmachen. Die Blätter werden dagegen fast immer nur äußerlich zu erweichenden Umschlägen verwendet. Das großblumige W. *(V. thapsiforme)*, das dickblätterige W. *(V. crassifolium)*, das dichttraubige W. *(V. condensatum)*, das phlomisartige W. *(V. phlomoides)*, das Berg-W. *(V. montanum)*, das buchtige W. *(V. sinuatum)*, das schwärzliche W. *(V. nigrum)* etc. werden ebenfalls für die Apotheken gesammelt.

In der Tierheilkunde dienen die Wollkrautblumen gegen Katarrh und Husten, jedoch vorzüglich nur bei kleinen Haustieren und können als wohlfeiles Hausmittel gelten. Man gibt für Katzen und Hunde 2,0-4,0 g mit 8 Teilen heißem Wasser aufgegossen und gut durchgeseiht täglich 4-6mal.

Wrhigtie *(Wrhigtia)*, Gattung der Hundsgiftgewächse. Die ruhrwidrige W. *(W. antidysenterica)* ist ein zierlicher Baum oder Strauch in Ostindien, besonders in Ceylon, wo die Rinde gesammelt und gegen Ruhr angewendet wird. Rheedes W. *(W. Rheedii)*, findet sich ebenfalls in Ostindien. Alle Teile sind voll einer gelben Milch; Blätter und Rinde braucht man in Malabar zu Bädern und gegen arthritische Fieber, die Wurzel äußerlich zu gleichem Zweck, ihre Rinde auch gegen Bisse giftiger Schlangen und die Samen gegen Wechselfieber.

Wucherblume *(Chrysanthemum)*, Gattung der Kompositen. Die gemeine weiße Wiesen-W. *(Ch. Leucanthemum)* ist gemein auf Wiesen und blüht vom Frühlingsende bis zum Herbst. Man benutzte früher ihre Blütenköpfe und Blätter; jetzt sind sie ganz außer Ge-

FIG. 117

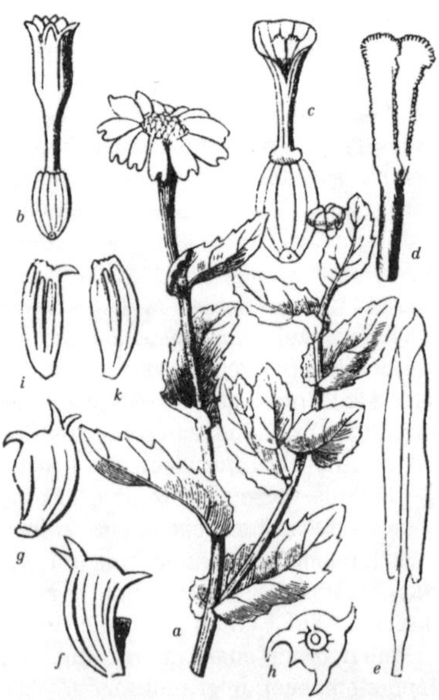

DIE GEMEINE WUCHERBLUME: a) ein Blütenzweig in 1/2 natürl. Größe, b) eine Zwittrblüte, c) eine weibliche Blüte, der der Blumenstrahl abgeschnitten, d) ein Griffel von ihr, e) ein Staubgefäß, f) und g) Früchte der größeren Form, h) der Scheitel eines solchen, von oben gesehen, i) und k) kleinere Früchte.

brauch gekommen. Die gemeine W. *(Ch. segetum)* (FIG. 117), mit tiefgelben Blumen, erscheint im hohen Sommer in vielen Gegenden als lästiges Feldunkraut.

Wunderbaum ☞. **Christuspalme**

Wunderblume *(Mirabilis)*, Gattung der Nyktogineen. Die gemeine W. *(M. Jalappa)*, falsche Jalappe, wächst ursprünglich in Südamerika, wird aber als Zierpflanze in allen Weltteilen kultiviert. Die Wurzel hat einige Ähnlichkeiten mit der gebräuchlichen Jalapenwurzel, ist ein Purgiermittel, aber noch unangenehmer zu nehmen als die echte Jalape und muß in noch einmal so starken Gaben gebraucht werden. Die gabelästige W. *(M. dichotoma)* hat eine Wurzel, die viel kräftiger ist als jene der ersten Art. Die langblumige W. *(M. longiflora)* wächst auf Bergen in Mexiko. Auch die Wurzel dieser Art wurde für die echte J. gehalten. Die wohlriechende W. *(M. suaveolens)* wächst ebenfalls auf Bergen in Mexiko. Die Pflanze riecht und schmeckt schwach anisartig, dabei aber auch etwas scharf und wird in Mexiko als ein magenstärkendes Mittel, auch gegen Diarrhöen und Rheumatismus angewendet.

X

Ximenie *(Ximenia)*, Gattung der Olacineen. Die amerikanische X. *(X. americana)* ist ein Strauch von 10-12 Fuß, am sandigen Ufer des Meeres und der Flüsse in Westindien und Südamerika. Besitzt ziemlich stark purgierende Eigenschaften und wird in dieser Beziehung auch in Westindien als Heilmittel benutzt; von den Früchten genießt man das Fleisch, noch häufiger die haselnußartig schmeckenden Samen; auch werden in Brasilien die Früchte in Zucker eingemacht.

Xuaresie *(Xuaresia)*, Gattung der Braunwurzgewächse. Die zweiblütige X. *(X. biflora)* ist ein sehr ästiger Strauch Perus, dessen Blätter dort allgemein statt des chinesischen Tees angewendet werden.

Y

Yamswurzel *(Dioscorea)*, Gattung der Dioscoreen. Die geflügelte Y. *(D. alata)* (FIG. 118) findet sich in Ostindien, auf allen Inseln des Indischen Ozeans und der Südsee. Die Wurzel ist ein großer, $1\frac{1}{2}$-3 Fuß langer, zuweilen bis 30 Pfund schwerer, ungestalteter, fleischiger, ziemlich saftiger, brüchiger Knollen, bald mehr rundlich, bald mehr länglich, häufig unten breiter als oben, zuweilen zwei- oder mehrspaltig. Außen mit grauer oder brauner, dicker, scharfer, mit einigen Fasern besetzter Rinde, innen weiß, rötlich oder violett. Stengel hoch emporsteigend und um die höchsten Pfähle sich windend, ästig vierkantig. Die Blätter ziemlich lang gestielt, 5-6" lang, kaum 3" breit, ganzrandig, kahl. In den oberen Blattachseln oder auch an jenen Stellen, wo zwei Blätter stehen sollten, finden sich häufig 2-3 sitzende, außen wie gekörnte, Würzelchen treibende, innen rötliche oder weißliche Knollen. Die Blüten sind klein, gelblich, an der Spitze des Stengels und der Äste in achselständigen Ähren. Die Wurzel dieser Art und der knolligen Y. *(D. bulbifera)*, der gemeinen Y. *(D. sativa)* etc. werden in den Tropengegenden Asiens, Australiens und zum Teil auch in Afrika und Amerika häufig im Großen angebaut und sind vorzüglich auf den meisten Südseeinseln die Hauptnah-

FIG. 118

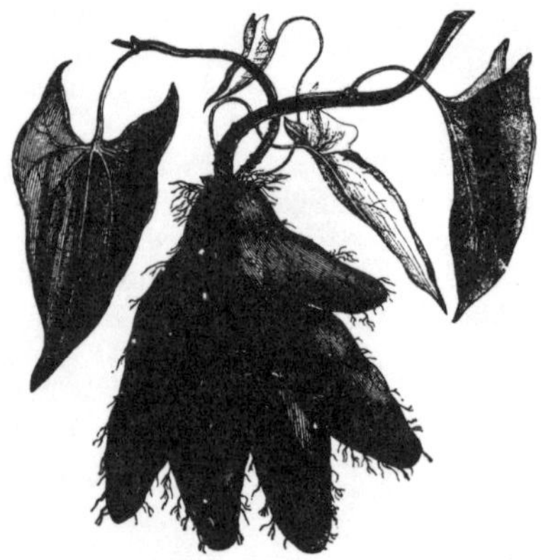

DIE GEFLÜGELTE YAMSWURZEL

FIG. 119

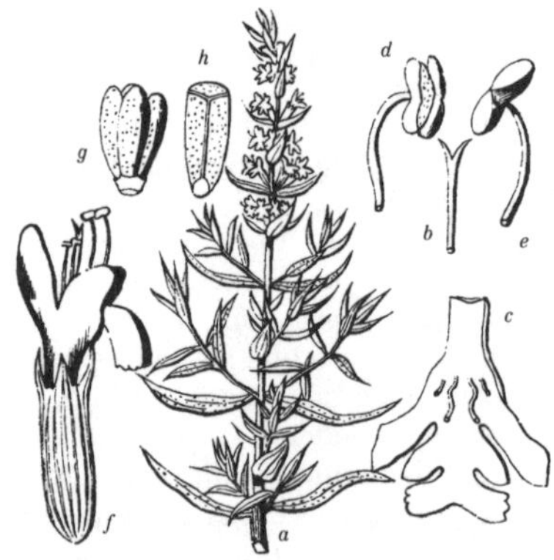

DER GEBRÄUCHLICHE YSOP: a) ein blühender Stengel in 1/3 natürl. Größe, b) eine Blüte, viermal vergrößert, c) eine Blume, der das Rohr abgeschnitten, ausgebreitet, d) ein Staubgefäß, geöffnet, der untere Teil abgeschnitten, e) ein dasselbe seitlich, f) spitze des Griffels mit Narbe, g) Frucht in 5/1 natürl. Größe, h) eine Solche, von innen gesehen.

rung. Als Arzneimittel bedient man sich in Ostindien gleichfalls der Wurzel, und zwar äußerlich mit gutem Erfolg bei bösartigen Geschwüren sowie des Saftes der Blätter beim Biß der Skorpione.

Ysop *(Hyssopus)*, Gattung der Lippenblütler. Der gebräuchliche Y. *(H. officinalis)* (FIG. 119) ist ein halbstrauchiges Gewächs mit 2-3 Fuß hohen viereckigen Stengeln mit ansitzenden, gegenständigen, lanzettlichen Blättern und tiefblauen, seltener roten oder weißen Blüten in langen, einseitswendigen Ähren. Das Kraut hat einen gewürzhaften, kampferähnlichen Geruch und schmeckt scharf und bitter. Die Pflanze wächst auf trockenen Hügeln im südlichen Europa, in Österreich, kommt zuweilen auch weiter nördlich als verwildert auf Dorfmauern und ähnlichen Standorten vor und wird mitunter in Gärten gehalten. Der Ysop wurde früher wegen der ihm zugeschriebenen Beziehung zu den Schleimhäuten der Atmungswege bei Schwächezuständen derselben mit vermehrter Schleimabsonderung, wie in der sogenannten schleimigen Engbrüstigkeit (Lungenemphysen), im chronischen Katarrh häufiger gegeben. Gegenwärtig wendet man ihn fast nur äußerlich und zur Bereitung einiger Kompositionen, wie des geistigen Mundwassers (1 Unze Lavendelblüten, ebensoviel Kräuter vom Ysop, Krauseminze, Melisse, Dosten, Raute, Salbei und Quendel werden zerschnitten, mit 10 Unzen Weingeist, 12 Pfund Quellwasser übergossen, und nachdem man sie durch 12 Stunden hat digerieren lassen, zieht man 10 Pfund ab), welches zum äußerlichen Gebrauch dient, um gelähmte oder gequetschte Teile zu waschen und zu bähen, und der aromatischen Spezies an.

Yucca *(Ycca)*, Gattung der Liliengewächse. Die prächtige Y. *(Y. gloriosa)* ist $1\frac{1}{2}$-3 Fuß, an der Spitze bisweilen ästig, nach obenhin mit steifen, schuppenartigen Blätterästen. Die Blüten stehen in einer mächtigen Rispe. Die Heimat dieser Art ist Carolina und Texas. Die Kultur ist nicht schwer; man pflanzt in schwere Erde und hält die Pflanze frostfrei. Das Mark der fleischigen Kapsel wird als ein gelind abführendes Mittel dort gebraucht.

Z

Zacynthe *(Zacynthe),* Gattung der Kompositen. Die gemeine Z. *(Z. verrucosa)* ist häufig in den Ländern am Mittelländischen Meer auf bebauten und unbebauten Stellen. Die Blätter hielt man einst für heilsam bei Hautausschlägen und besonders gegen Warzen; auch die Früchte wurden dagegen angewendet.

Zäpfchenkraut *(Uvularia),* Gattung der Liliengewächse. Das durchwachsene Z. *(U. perfoliata)* findet sich in den Wäldern von Nordamerika. Gebräuchlich ist dort die Wurzel als ein gelindzusammenziehendes, schleimiges Mittel bei Entzündungen des Mundes und Halses zum Gurgeln. Das großblumige Z. *(U. grandiflora)* wächst auf schattigen Hügeln zwischen Felsen. Schon lange wußte man, daß die eingeborenen Indianerstämme in Nordamerika ein vegetabilisches Heilmittel gegen den Biß der Klapperschlangen besitzen, doch kannte man die Pflanze selbst nicht. Erst in neuerer Zeit hat man die Gewißheit, daß es die Wurzel und Blätter der genannten Art sind, deren Decoct innerlich genommen und welche auch frisch zerquetscht äußerlich aufgelegt werden.

Zahnlilie *(Erythronium),* Gattung der Liliengewächse. Die gemeine Z. *(E. Deuscanis)* Hauszahn, findet sich auf Bergwiesen im südlicheren Deutschland und Europa, in Taurien und Sibirien. Vor Zeiten war die Zwiebeln offizinell und wurde für ein starkes Aphrodisiakum gehalten. Sie ist schleimig, nahrhaft, und kann zubereitet wie Salep gebraucht werden; von den Tartaren wird dieselbe als Brot oder Mus häufig gegessen, wodurch auch die ihr zugeschriebene Heilkraft gegen den Bandwurm sehr zweifelhaft wird, da gerade diese Nation sehr häufig daran leidet. Die amerikanische Z. *(E. americanum)* wächst in Wäldern von Nordamerika. Die Zwiebel und Blätter sind nach der nordamerikanischen Pharmakopöe dort als brechenerregend und antiskrophulöse Arzneien gebräuchlich; äußerlich wendet man sie als zeitigend, Eiterung befördernd an. Die blaßgelbe Z. *(E. flavum)* wächst ebenfalls in Nordamerika, wo die Zwiebel dieser Art noch häufiger als jene der vorhergehenden gebraucht wird.

Zahnwirbel *(Spermatococe),* Gattung der Rubiaceen. Der scharfe Z. *(Sp. scabra)* wächst an sandigen, unfruchtbaren Stellen der ostindischen Halbinsel. Die Wurzel wird als ein blutreinigendes, alterierendes Mittel und auf ähnliche Art wie die Sassaparille, der ausgepreßte Saft der Pflanze aber gegen die Lienterie (Speiseruhr) gebraucht.

Zahnwurz *(Dentaria),* Gattung der Kreuzblütler. Die zwiebeltragende Z.

FIG. 120

DIE ZWIEBELTRAGENDE ZAHNWURZ

(D. bulbifera) (FIG. 120), wächst in Bergwäldern Europas und im Orient. Die Wurzel schmeckt unangenehm scharf, war sonst offizinell und wurde vorzüglich gegen Koliken sowie gegen die Ruhr angewendet. Die zweiblätterige Z. *(D. diphylla)* wächst in Gebirgswäldern Nordamerikas von Kanada bis Pennsylvanien. Die stechend-scharf schmeckende Wurzel wird dort unter dem Namen Pfefferwurzel anstatt des Senfs gebraucht, auch getrocknet und als Würze an Speisen verwendet.

Zapanie *(Zapania)*, Gattung der Verbenaceen. Die knotenblütige Z. *(Z. rodiflora)* wächst an dürren, sandigen Stellen in Ost- und Westindien, Nordamerika und Australien. Blätter und Stengel schmecken gelind aromatisch-bitter und werden in Ostindien, besonders bei Kindern gegen Indigestionen gegeben; der Saft derselben soll auch gegen Epilepsie sowie gegen Bisse giftiger Schlangen heilsam sein.

Zartsamen *(Leptospermum)*, Gattung der Myrtineen. Der besenartige Z. *(L. scoparium)* findet sich in Neuseeland. Die angenehm aromatischen, etwas bitter schmeckenden Blätter wurden von Kapitän Cooks Begleitern auf seinen Reisen um die Welt als Tee getrunken und sollen auch gegen den Skorbut sehr zuträglich sein.

Zaserblume *(Mesembrianthenum)*, Gattung der Ficoideen. Die eisartige Z. *(M. crystallinum)*, Eiskraut, findet sich am sandigen Meeresufer der Südspitze Afrikas sowie auf den Kanarischen Inseln und selbst in Griechenland. Blüht in Europa, wo man sie des merkwürdigen Aussehens wegen häufig kultiviert, vom Juli bis September, am Kap vom Oktober bis Januar. Das frische, etwas salzig schmeckende Kraut wurde gegen Verschleimungen und Stockungen im Unterleib, gegen Harnbeschwerden, Wassersucht sowie auch gegen konvulsivischen Husten sehr gerühmt; äußerlich ist es bei entzündeten Hautstellen, Verbrennungen etc. gleich den übrigen Arten anwendbar.

Zauberstrauch *(Hamamelis)*, Gattung der Hamamelideen. Der virginische Z. *(H. virginica)*, Zauberhaselstrauch, Zaubernuß, ist ein Strauch von 4-6 Fuß mit zahlreichen braunen Ästen, die jüngsten dicht mit Sternhaaren besetzt, stumpfgespitzten Blättern und Blüten erst beim Abfallen der Blätter aus den seitlichen Knospen hervorkommend. Wächst an felsigen Stellen von Kanada bis Florida. Die Eingeborenen wenden die Abkochung der Blätter und der Rinde in vielen Krankheiten an; die ölig-mehligen Samen sind eßbar.

Zaunlilie *(Anthericum)*, Gattung der Liliaceen. Die ästige Z. *(A. ramosum)* wächst auf sonnigen Waldplätzen, Bergwiesen, mit Ausnahme Englands in ganz Europa. Offizinell waren sonst die Blätter, Blüten und Samen, man brauchte sie gegen den Stich von Skorpionen und den Biß giftiger Spinnen sowie auch als Heilmittel gegen andere Gifte. Die astlose Z. *(A. Liliago)* wächst auf trockenen, sonnigen Hügeln und Felsen.

Zaunrübe *(Bryonia)*, Gattung der Kürbisgewächse. Die geschnabelte Z. *(B. rostrata)* wächst in Ostindien und blüht dort fast stets. Man wendet daselbst die ganze Pflanze als milderndes Mittel beim Asthma an. Die große Z. *(B. grandis)* ist ebenfalls in Ostindien einheimisch. Die Wurzeln und Blätter werden bei dem Ausbruch der Blattern sowie bei anderen ähnlichen Krankheiten, dann bei entzündlichen Fiebern, auch bei Bißwunden angewendet. Die madras'sche Z. *(B. maderaspatana)* wächst ebenfalls in Ostindien. Wurzel und Blätter schmecken bitter, viel stärker jedoch die Früchte, die auch stark und nicht angenehm riechen. Eine Abkochung der ganzen Pflanze wirkt bedeutend auf die Hautausdünstung und Harnabsonderung; in Malabar gibt man sie gegen die Cholera, bei Harnzwang und Schleimflüssen sowie gegen Steinbeschwerden, die Wurzel auch gegen Zahnschmerzen. Rheedes Z. *(B. Rhee-*

dii) wächst in Ostindien und Java. Die Wurzel wird gegen Schleimflüsse und Harnzwang, bei Lähmungen aus rheumatischer Veranlassung, die ganze Pflanze gegen Blutharnen etc., äußerlich aber zur Zeitigung von Abzessen angewendet. Die saftige Z. *(B. epigaea)* hat eine etwas bitter schmeckende Wurzel, die in Ostindien als ein auflösendes, wurmwidriges Arzneimittel sowie bei veralteten Ruhren und syphilitischer Kachexie, äußerlich aber gegen rheumatische Leiden und Kontrakturen der Glieder geschätzt wird. Die schwarze Z. *(B. alba),* Gichtrübe, Stinkwurz, ist häufig hier und da in Zäunen und Hecken. Die Wurzel dieser sowie der folgenden Art wird heute nur selten angewendet; früher war dieselbe bei Wassersuchten, großer Trägheit des Darmkanals, Unterleibsstockungen, bei der Gicht, gegen Epilepsie und Manie häufig in Gebrauch. Die zweihäusige Z. *(B. dioica),* Gichtrübe, wächst mehr im südlicheren und westlichen als im nördlicheren und östlichen Europa. Die amerikanische Z. *(B. mexicana)* findet sich in Westindien; die Wurzel wird dort ebenso wie bei uns die schwarze Z. angewendet. Die afrikanische Z. *(B. africana)* ist in Südafrika einheimisch. Die Wurzel wird am Kap von den europäischen Kolonisten als ein Brech- und Purgiermittel gebraucht.

In der Tierheilkunde hat die Wurzel der Zaunrübe als abführendes Mittel sich nicht bewährt. In kleinen Gaben kann sie bei Verschleimung, bei Stockung in den Eingeweiden, bei chronischer Druse und ödematösen Anschwellungen benutzt werden. Lessena hat sie gegen die Bremsenlarven im Magen der Pferde empfohlen.

Anwendung nach dem homöopathischen Prinzip. *Bryonia alba* paßt vorzugsweise bei Weiber- und Kinderkrankheiten, bei Leiden, wo eine Aufsaugung bewirkt werden soll, bei katarrhalischen und rheumatischen Leiden, akuten und chronischen Entzündungen einzelner Organe, wassersüchtigen Zuständen, Gelbsucht, Hautkrankheiten, Geschwulst und Verhärtung der Drüsen, akutem Rheumatismus, rheumatischem Fieber, Wechselfieber, gastrischem Fieber, Bauchtyphus, Appetitlosigkeit, Migräne, halbseitigem Kopfschmerz, Kopfschmerzen, Gehirnentzündung, Nasenbluten, rheumatischem Zahnweh, Magenkrampf, chronischen Unterleibsbeschwerden, Kolik, Bauchfellentzündung, bei hartnäckiger Verstopfung, Cholera, Gebärmutterfluß, Bronchialkatarrh, Grippe, chronischem Husten, Keuchhusten, Brustfellentzündung, Lungenentzündung, Lungenschwindsucht, asthmatischen Zuständen, akuter Gelenkgicht, Gelenksrheumatismus.

Gabe: 1-2 Tropfen der reinen Tinktur oder der 1., 2., 3. Verdünnung 1-2mal und nach Umständen noch öfter des Tages wiederholt.

Die homöopathischen Tierärzte gebrauchen die Bryonia in der Lungen- und Brustfellentzündung, in der Influenza (Brustseuche der Pferde, im Rheumatismus [Rehe, Verschlag]), in der sogenannten Fohlen-, Kälber- und Lämmer-Lähme, in der Löserverstopfung beim Rind, in der Harthäutigkeit des Rindes mit Abmagerung etc., im wasserschwülstigen Rotlauf, in der Euterentzündung, in der gastrischen Entzündung der Neugeborenen, in der Hautwassersucht nach Erkältung und der Druse bei Pferden, bei Kolikanfällen und in der Rinderpest.

Gabe: 3., 6. Verdünnung.

Zeder ☞ **Lärche** und **Wacholder**

Zederapfel ☞ **Wacholder virginischer**

Zedrach *(Melia),* Gattung der Meliaceen. Der gemeine Z. *(M. Azedarach),* ist ein Baum von 10-20 Fuß, oft nur ein Strauch mit aufrecht abstehenden, runden, kahlen Ästen. Im mittleren und südlichen Asien einheimisch, jetzt auch im südlicheren Europa und den südlichen Staaten Nordamerikas verwildert. Die ganze Pflanze schmeckt sehr bitter und ist ein kräftig eröffnendes, wurmwidriges, in größerer Gabe aber leicht Schwindel, Ekel, Erbrechen, heftige Diarrhöen, Konvulsionen, ja selbst den Tod bewirkendes Mittel. Als Wurmmittel bedient man sich in Asien und Amerika der Wurzel, der Rinde und der Früchte, der Blätter und Blüten dagegen als krampf- und schmerzstillend sowie bei Stockungen des Monatsflusses und gegen bösartige Fieber; auch braucht man die Früchte gleich den widrig riechenden Blättern äußerlich bei Hautkrankheiten oder bei Krämpfen und nervösen Schmerzen und preßt außerdem ein zum Brennen taugliches Öl aus denselben.

Zeiland *(Cneorum),* Gattung der Xanthoxylineen. Der gemeine Z. *(Cn. Triccocon)* ist ein buschig-ästiger, immergrüner Strauch im südlichen Europa und im nördlichen Afrika. Die Blätter sind gleich den Früchten bitterscharf, und obwohl in ihrer Wirkung von jenen des Seidelbast, mit welchem man sie vergleichen wollte, ziemlich verschieden, doch ein nicht unkräftiges Purgiermittel. Der bestäubte Z. *(Cn. pulverulentum)* findet sich auf den Kanarischen Inseln. Wird auf Teneriffa als ein Surrogat der Chinarinde gegen Wechselfieber angewendet.

Zeitlose (Colchicum), Gattung der Zeitlosengewächse. Die Herbst-Z. *(C. autumnale),* Herbstblume, Wiesen-Safran (FIG. 121), hat einen eiförmigen, mit braunen, lederartigen Schalen bekleideten Knollen und ist dadurch

FIG. 121

DIE HERBSTZEITLOSE

merkwürdig, daß die Blüten im Herbst, die Blätter aber und die Früchte erst im nächsten Frühjahr hervorkommen. Die rosenroten, aufrechten Blüten sind sehr groß; sie haben eine mehrere Zoll lange Röhre, einen sechsspaltigen Saum und kommen unmittelbar aus den Knollen hervor. Sie wächst auf den Wiesen in manchen Gegenden zu Tausenden. Die im Herbst gesammelten Zwiebeln, welche allein eine kräftige Wirkung haben, enthalten den größten Anteil an bitterem Extrakt, der ein eigenes Alkaloid (Colchicin) in saurer Verbindung mit Gallussäure besitzt. Das Colchicin wirkt als ein scharfes Gift, enthält aber zugleich die wesentlichen Heilkräfte der H. Diese wurde schon von älteren Ärzten als ein Mittel gegen die Gicht empfohlen. Man gibt sie besonders bei heftigen Gliederschmerzen zur Linderung derselben und zur Abkürzung der Anfälle; bei akuter Gicht und bei Reizungszuständen des Magens und Darmkanals paßt sie nicht. Bei torpiden, fieberlosen Wassersuchten der Haut, des Bauches, bei Untätigkeit der Nieren wird sie besonders empfohlen. Noch hat man sie beim Asthma, Bandwurm, bei schmerzhaften, syphilitischen Leiden, sogar bei Hysterie und Veitstanz angewendet. Man gibt am gewöhnlichsten die Tinktur (4 Quentchen zerstoßener Samen mit 8 Lot rektifiziertem Weingeist gemischt, bringt dies an gelinde Wärme und gießt nach einigen Tagen das Helle ab) zu 20 bis 30 Tropfen einigemal des Tages. Zu der Wurzeltinktur preßt man den Saft aus, vermischt ihn mit gleichen Teilen Weingeist, gießt nach einigen Tagen das Helle ab und gibt des Morgens und Abends je 10-20 Tropfen. Der H.-Wein ist vorzüglich gut gegen Gicht; man bereitet ihn aus 1 Teil zerkleinerter Wurzel auf 8 Teile Malagawein, läßt 7 Tage mazerieren und seiht durch. Bei Wassersucht ist der Zeitlosen-Sauerhonig vorzüglich, der wie der Zeitlosen-Essig am besten aus der Apotheke bezogen wird. Man nimmt ersteren zu $\frac{1}{2}$-1 Unze, letzteren zu 1-3 Drachmen des Tages.

In der Tierheilkunde dürfte die H. da passend sein, wo die Meerzwiebel nützlich ist, namentlich bei Wassersuchten, akutem Rheumatismus und bei allen rheumatischen Entzündungen und bei periodischen und anderen heftigen Augenentzündungen. Außerdem ist sie bei der Trommelsucht sehr wirksam befunden worden. Die Gabe von der gepulverten Wurzel oder der Samen ist für Pferde und Rinder 4-8 g, für Schafe und Schweine 6 Zentigramm bis 1,25, für Hunde und Katzen 6-30 Zentigramm in Latwergen oder Aufguß, letzteres mit der 60-100fachen Menge kochenden Wassers, für sich allein oder auch in Verbindung mit Salpeter, Brechweinstein, Fliederblumen, Süßholz etc. Die Tinktur wird besonders bei der Trommelsucht des Rindes angewendet. Die Gabe von ihr ist fast homöopathisch klein; für Pferde 5-25 Tropfen, für Schafe und Schweine 5-10 Tropfen, für Hunde 2-10 Tropfen. Der H.-Wein ist teuerer und deshalb nicht gebräuchlich.

Anwendung nach dem homöopathischen Prinzip. Die Z. paßt bei rheumatischen und gichtischen Zuständen, Wassersuchten, gichtischem Zahnweh, Schluchzen, Kolik, Diarrhöe, chronischer Ruhr, Schleimhämorrhoiden, Nieren- und Blasenleiden, Harnstrenge, asthmatischen Zuständen, Brustkrämpfen, Brustfellentzündungen, bei beginnender Brustwassersucht, Herzklopfen.

Gabe: 1 oder mehrere Tropfen der reinen Tinktur oder der 1., 2. Verdünnung 1-2- oder mehreremale täglich nach Umständen.

Die homöopathischen Tierärzte reichen dieses Mittel bei Windkolik, Ruhrseuche, Trommelsucht, chronischem Rheumatismus.

Gabe: 3.-6. Verdünnung.

Zibethbaum *(Durio)*, Gattung der Bombacineen. Der indische Z. *(D. Zibethinus)* ist ein ziemlich hoher Baum auf Malakka und den Inseln im Indischem Meer. Blüht vom Juni bis August. Das Fruchtfleisch schmeckt süßlich und angenehm, fast wie Milchrahm, wird daher auch häufig gegessen, riecht jedoch, gleich der ganzen Frucht, so widrig nach faulenden Zwiebeln, daß sich Europäer lange nicht entschließen können, davon zu kosten, demungeachtet aber später die größten Verehrer werden. Übrigens sind diese Früchte keine gesunde Speise.

Ziegenstrauch *(Aegiphila)*, Gattung der Verbenaceen. Der heilkräftige Z. *(Ae. salutaris)*, wächst in Wäldern am Orinoko, an der Grenze von Brasilien und Guiana. Alle Teile dieser Pflanze riechen ekelhaft; eine Abkochung der Blätter und Zweige wird innerlich und äußerlich gegen Bißwunden von giftigen Schlangen angewendet.

Ziest *(Stachys)*, Gattung der Lippenblütler. Der gerade Z. *(St. recta)*, weißer Ziest, Berufkraut, Beschreikraut, findet sich auf sonnigen Hügeln und Bergen in ganz Europa. Die Blätter waren in früheren Zeiten sehr berühmt und wurden vielfältig z.B. gegen Schlagfluß, Epilepsie etc. angewendet, auch hielt man sie abergläubischerweise für ein Mittel gegen das Beschreien der Kinder sowie des Viehs; heutzutage braucht sie nur noch hier und da der gemeine Mann. Der Sumpf-Z. *(St. palustris)*, brauner Wasser-Andorn, häufig an Gräben, Bächen, Flüssen, aber auch auf Äckern, riecht unangenehm, schmeckt bitter und war gegen Unterleibskrankheiten, Wechselfieber, äußerlich aber als ein schmerzstillendes und Wundmittel gebräuchlich. In neuerer Zeit hat man die fleischig-mehlige Wurzel als ein wohlschmeckendes Nahrungsmittel empfohlen und in England wird sie deshalb bereits kultiviert. Der Wald-Z. *(St. sylvatica)*, stinkender Wald-A., riecht sehr widrig, ähnlich dem Erdharz, schmeckt bitterlich und etwas herb. Früher war die ganze Pflanze gegen Drüsengeschwülste, Koliken, zur

Beförderung der Menstruation, auch als ein harntreibendes Mittel etc. gebraucht worden. Der deutsche Z. *(St. germanica)*, grauer Andorn, Feld-Andorn, wurde gegen Stockungen des Monatsflusses und im Pfortadersystem etc. gebraucht.

Zimtbaum *(Cinnamomum)*, Gattung der Lorbeergewächse. Der ceylanische Z. *(C. zeylanicum)* oder echte Z. (FIG. 122) hat seine wahrscheinliche Heimat auf der Insel Ceylon, wo er seit langen Jahren angepflanzt wird, aber auch da nicht auf der nördlichen Hälfte wächst. Er erreicht wild wachsend eine Höhe von 20-30 Fuß, gleicht einem Apfelbaum, hat immergrüne, lederige Blätter, kleine weiße, geruchlose Blüten, die in Büscheln ähnlich dem persischen Flieder stehen und bringt kleine beerenartige Früchte. Die innere Rinde der jungen Äste ist der echte Zimt, ein stärkend-aromatisches Mittel, welches in kleiner Gabe die Schleimhaut des Darmkanals anregt und stärkt, die Blutbewegung steigert und die Absonderung in Haut und Nieren befördert. In größeren Gaben ruft es eine Anschwellung der Säfte hervor, erhöht den materiellen Kreislauf derselben und wirkt besonders erregend auf die Geschlechtssphäre ein. Er ist eines der kräftigsten Mittel zur Beförderung des Monatsflusses, wenn der Mangel derselben auf Schwäche beruht, aber auch bei passiven Blutungen aus der Gebärmutter. Wie es in dieser Beziehung in dem Gebiet der Frauenkrankheiten ein unentbehrliches Mittel ist, so wird er auch durch seine erregende, kräftigende Einwirkung auf Magen und Darmkanal in der Kinderpraxis in kleinen Gaben mit großem Erfolg benutzt. Als erregendes Gewürz kann man ihn vielen schwerer verdaulichen Substanzen zusetzen; er eignet sich besonders zur Verbindung mit China und dem Eisen und paßt auch für sich in allen Krankheiten, wo diese Mittel die wahren Heilmittel bilden, als Unterstützung derselben. Man empfiehlt ihn ferner bei Verdauungsschwäche, chronischem Erbrechen, Krampfkolik, Durchfall, im Verlauf typhöser Fieber, bei schwachen Wehen oder Mangel an Wehen etc. Vom echten Zimt ist bloß das Pulver von der Zimt-Cassie, aber außer dem Pulver alle Zubereitungen im Gebrauch. Jener ist teurer und besitzt ein feineres Aroma, diese ist wohlfeiler und reicher an ätherischem Öl, daher mit Recht die Präparate aus ihm dargestellt werden. Das Pulver gibt man in der Gabe zu 15-20 Gran; den Aufguß bereitet man aus 1-2 Drachmen mit Wasser oder Wein. Das Zimtöl nimmt man zu 1-3 Tropfen; der offizinelle Ölzucker besteht aus 3 Tropfen Zimtöl und 1 Drachme Zucker. Die Tinktur gibt man zu 10-30 Tropfen.

FIG. 122

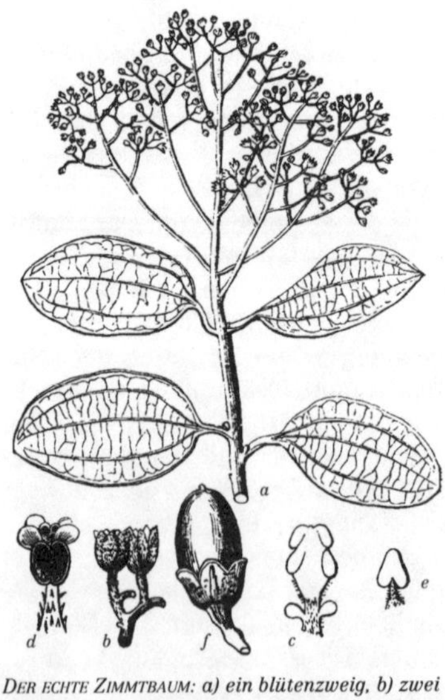

DER ECHTE ZIMMTBAUM: a) ein blütenzweig, b) zwei Blüten, c) ein fruchtbares Staubgefäß der äußern Reihe, d) ein fruchtbares Staubgefäß der dritten Reihe, e) ein steriles dergleichen aus der innersten Reihe.

In der Tierheilkunde wird die Zimtrinde insbesondere bei mangelhafter Tätigkeit der Gebärmutter, bei Wehenschwäche, größeren Haustieren zu 1 Lot, Schafen zu 2 Quentchen, Hunden zu ½-1 Skrupel für die Gabe meistens in Form eines Aufgusses verabreicht.

Andere Arten des Zimtes sind der gewürzhafte Z. *(C. aromaticum),* welcher den größten Teil des sogenannten indischen oder chinesischen Zimts, den man auch Zimtcassie nennt, liefert; der gelbseidige Z. *(C. sulphuratum)* wächst auf Bergen in Pinang. Der Tamala-Z. *(C. Tamala)* findet sich in Bengalen. Die Rinde ist nur schwach zimtartig und soll vorzüglich als sogenannter Mutterzimt in den Handel gebracht werden. Der javanische Z. *(C. Kiamis)* wächst in Bergwäldern von Java. Die dicke Rinde dieser Art, außen schwarz-grau, innen braun, riecht und schmeckt eigentümlich aromatisch, süß und zusammenziehend, keineswegs zimtartig, mehr der Cascarille ähnlich und wird in Java unter dem Namen Cortex Massoy angewendet. Der Culilawan-Z. *(C. Culilawan),* wächst auf den Molukken und den großen und kleinen Sunda-Inseln. Die Rinde ist als Culilaban- oder Culilawanrinde oder bitterer Zimt offizinell, wird aber heute in Europa nur selten verordnet.

Zirmet *(Tordyllium),* Gattung der Doldenpflanzen. Der gebräuchliche Z. *(T. officinale),* wächst auf Äckern im südlichen Europa und im Orient. Früher waren die gelind aromatischen Früchte gegen Nieren- und Blasenkrankheiten und bei unterdrückter Menstruation, heutzutage aber sind sie nicht mehr im Gebrauch.

Zitteralge *(Nostoc),* Gattung der Gallertalgen. Die gemeine Z. *(N. commune),* Sternschnuppe, ist meist rundlich, talergroß oder kleiner, weich, durchsichtig, trocken sehr runzelig, schwarz, undurchsichtig. Auf Triften, Feldern und in Gärten nach Gewitterregen häufig. Einst schrieb man dieser Alge wichtige Arzneikräfte bei hartnäckigen, krebshaften Geschwüren sowie in der Gicht zu.

Zottenblume *(Menyanthes),* Gattung der Gentianaceen. Die dreiblätterige *(M. trifoliata),* Fieberklee, Bitterklee,

FIG. 123

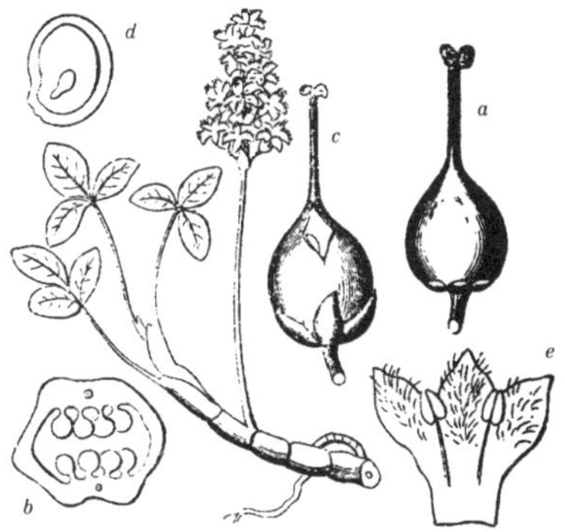

DER ZITTERKLEE: a) eine unreife Frucht, b) durchschnitt derselben, man sieht die randständigen Samenträger, c) dieselben aufspringend, d) der Samen im Durchschnitt, mann sieht den Keimling im Eiweiß, sechsmal vergrößert, e) ein Stück (2/3) der Blume mit zwei Staubgefäßen, zweimal vergrößert.

Magenklee, Dreiblatt, Wiesenmangold (FIG. 123), hat einen 6-24 Zoll hohen Schaft, langgestielte, dreizählige Blätter; die Blüten sind rötlich-weiß, traubig. Der aus frischen Blättern ausgepreßte Saft wird zu Kräutersaftkuren und das getrocknete Kraut im Aufguß zu 2-4 Quentchen verordnet. In Skrophulose, Bleichsucht, Gelbsucht, Gicht, Wassersucht, Hypochondrie, Hysterie, namentlich aber im Wechselfieber leistet er sehr gute Dienste.

In der Tierheilkunde wird der Bitterklee überall dort angewendet, wo die bitteren Mittel überhaupt und der Enzian besonders empfohlen sind. Im Sommer kann man das frische Kraut benutzen und dasselbe entweder im Decoct oder für grasfressende Tiere klein geschnitten und mit anderem Futter gemengt geben. Auf letztere Weise reicht man täglich dreimal für Pferde und Rinder jedesmal 360,0-540,0 oder 2-3 Hände voll, für Schafe, Ziegen und Schweine den dritten Teil. Zu dem Decoct nimmt man auf dieselbe Menge eine achtfache Quantität Wasser, läßt dies auf die Hälfte einkochen und durchseihen und dann auf ein- oder zweimal eingeben.

Zuckerpalme *(Arenga)*, Gattung der Palmen. Die echte Z. (*A. saccharifera)* hat einen 50-60 Fuß hohen und oft so dicken Stamm, daß ihn kaum 2 Männer umfassen können. Wächst auf Cochinchina und auf allen Inseln im Indischen Archipel. Der Hauptnutzen dieser Palme besteht darin, daß man durch ein Abschneiden der jungen Blütenkolben, seltener durch Einschnitte in den Stamm sehr viel eines angenehm schmeckenden, mostartigen Saftes daraus erhält, welcher eingekocht eine Art von schwarzem Zucker liefert, nicht minder auch sehr häufig als Getränk dient. Aus dem Mark seines Stammes wird auch ein Sago gewonnen.

Zuckerrohr *(Saccharum)*, Gattung der Gräser. Das echte Z. *(S. officinarum)* (FIG. 124), ist eines der größten, schönsten und interessantesten Gräser. Es hat einen ausdauernden, holzigen, knotigen Wurzelstock und einen 8-12 Fuß hohen und 1-2 Zoll dicken Halm, der mit lockerem saftigem Mark erfüllt ist. Die große Endrispe kommt bei diesem Gras selten zur Entwicklung, da die Halme noch früher, so lange sie noch jung und saftig sind, abgeschnitten werden. Das Zuckerrohr wird in der heißen Zone überall auf feuchtem Boden gebaut und zur Gewinnung des Rohrzuckers benutzt. Die abgeschnittenen Halme werden ausgepreßt und der so erhaltene Saft mit etwas Kalk gemischt, eingekocht, wobei der sogenannte Rohrzucker in Kristallen anschießt. Dieser aber muß sodann noch gereinigt (raffiniert) werden, was in eigenen Fabriken meist erst in Europa geschieht. Der Rübenzucker, aus der Runkelrübe bereitet, hat den Rohrzucker fast in ganz Deutschland, Österreich, Rußland, teilweise sogar in Frankreich völlig verdrängt. Der Zucker hat in der Medizin einen ausgebreiteten Wirkungskreis. Als diätetisches Mittel dient er zur Verdauuang, besonders bei überreizter, erschlaffter Schleimhaut, wogegen er auf jüngere Individuen bei reichlichem Genuß leicht überreizend wirkt und Anlaß zur Bildung von Milchsäure gibt, deren Vorherrschen in den Absonderungen, namentlich in den Speicheldrüsen nachteilig auf die Zähne wirkt. Der Zucker ist nur als ein beiläufiges Närmittel anzusehen, obwohl er ziemlich stark sättigt. Man macht daher in Krankheiten vom Zucker als Nahrungsstoff nur in negativer Richtung Gebrauch, wenn man die Bildung proteinhaltiger Substanzen im Organismus beschränken will, wie in entzündlichen Krankheiten, wo man danach eine Verminderung der Herztätigkeit beobachtet und daher dem Zucker kühlende Eigenschaften zuschreibt. Außerdem benutzt man den Zucker bei katarrhalischen Entzündungen der Schleimhaut der Mund- und Rachenhöhle sowie besonders der Atmungsorgane, ferner als ein leichtes, kühlendes Abführmittel und als ein vorzügliches Corrigens, namentlich für Kinder. Die dem Zucker in früheren Zeiten vorgeschriebene Wirkung, Kupfersalze und andere metallische Salze zu zersetzen und zu reduzieren, daher als Gegengift bei Vergif-

FIG. 124

DAS ECHTE ZUCKERROHR

tungen mit denselben zu dienen, wird in der neuesten Zeit, namentlich durch Orfila geläugnet oder doch jedenfalls sehr gering angeschlagen, indem man ihr nur die Rolle eines lindernden Mittels zuschreibt.

In der Tierheilkunde wird der gemeine Zucker innerlich höchstens für Hunde bei Katarrhen der Luftröhre und ihrer Verästelungen, äußerich als Reiz- und leichtes Ätzmittel bei Trübungen der Hornhaut, bei Geschwüren mit üppiger Absonderung der Fleischwärzchenbildung verwendet. Der einfache Zuckersirup, welcher durch Versieden von 8 Teilen Zucker mit 5 Teilen gewöhnlichen Wassers dargestellt wird, kann als Zusatz zu Schlecken, als Bindemittel statt des Honigs Anwendung finden und wird auch Hunden in der Gabe von ½-1 Lot mehrmals des Tages bei Katarrhen der Atmungsorgane verabreicht.

Zuckerwurz *(Sium Sisarum)* (FIG. 125), aus der Gattung der Doldenpflanzen, hat Mittelasien zur Heimat. Sie soll nach den Angaben älterer Ärzte gegen die üblen Folgen des Mercurialgebrauches fast spezifisch wirken. ☞. Merk.

FIG. 125

DIE ZUCKERWURZ

Zürgel *(Celtis)*, Gattung der Almineen. Der gemeine Z. *(C. australis)* ist ein sehr ansehnlicher Baum im südlichen Europa, im Orient und nördlichen Afrika einheimisch. Die honigartig schmeckenden Früchte werden gegessen, auch sind sie ein gutes Brustmittel; die Blätter können als Gewürz dienen. Die amerikanische Z. *(C. occidentalis)* hat süße, etwas adstringierende Früchte, die bei Ruhren angewendet werden. Der ostindische Z. *(C. orientalis)* wächst in Berggegenden, an feuchten Stellen im südlichen und östlichen Asien. Die Wurzel, Rinde, Blätter und Früchte riechen gewürzhaft, wenn man sie reibt, schmecken scharf und bitter; sie werden in Ostindien für ein spezifisches Mittel gegen Epilepsie gehalten und auch bei anderen nervösen Krankheiten gebraucht.

Zunderkraut *(Liabum)*, Gattung der Kompositen. Das echte Z. *(L. igniarium)* wächst auf den kolumbischen Anden und der Gegend von Quito. Der filzige Überzug der Äste und Blätter läßt sich von allen Teilen, besonders von den Blättern in großen Fetzen abziehen und vertritt dort die Stelle des besten Zunders.

Zungenfarn *(Scolopendrium)*, Gattung der Polypodiaceen. Der gemeine Z. *(Sc. officinarum)*, Hirschzunge, wächst auf Gebirgen im mittleren und südlichen Europa. Einst als gelind adstringierend und schleimig bei chronischem Husten, Blutspeien, Lungenschwindsucht, Diarrhöen, dann als Wundmittel im Gebrauch. Der eckige Z. (Sc. Hemionitis), hat mit der vorigen Art gleiche Heilkräfte.

Zweifarbenblume *(Dichroa)*, Gattung der Lythrineen. Die fieberwidrige Z. *(D. febrifuga)* ist in China und Cochinchina einheimisch. Die Wurzel und die Blätter werden dort mit sehr glücklichem Erfolg gegen dreitägige und viertägige Wechselfieber gebraucht; im rohen Zustand wirken sie brechenerregend, als Decoct mehr purgierend.

Zweiflügelnuß *(Dipterocarpus),* Gattung der Dipterocarpineen. Die dreinervige Z. *(D. trinervis)* findet sich in den Urwäldern Javas. Nach Verwundungen der Rinde fließt aus derselben ein Harz in reichlicher Menge aus, welches man dort zu allerlei Pflastern und Salben, innerlich aber (in Weingeist aufgelöst oder als Emulsion mit Eigelb), ganz so wie den Copaiv-Balsam gegen Blennorrhöen anwendet. Die abgestutzte Z. *(D. retusus)* ist ebenfalls in den Urwäldern Javas einheimisch und hat mit der vorhergehenden Art gleiche Eigenschaften. Die glatte Z. *(D. laevis)* ist ein riesiger Baum mit einem ganz geraden, sehr dicken Stamm, in Bengalen und auf der indischen Halbinsel wachsend. Dieser Baum ist in Indien seines balsamischen Saftes wegen, den man in sehr reichlicher Menge dadurch erhält, daß man vom November bis Februar in den unteren Teil des Stammes große Löcher einhaut und ihn unterhalb bis zu dieser Wunde oberflächlich verkohlt, sehr berühmt. Der so gewonnene Balsam ist dort unter dem Namen Wood oil bekannt und teils äußerlich als Heilmittel teils als eine Art Firnis häufig im Gebrauch.

Zweizahn *(Bidens),* Gattung der Kompositen. Der dreiteilige Z. *(B. tripartita),* Wasserhanf, Pfauenspiegel, ist gemein an nassen Stellen, Ufern, in Gräben etc. von ganz Europa. Vor Zeiten war das Kraut offizinell. Es riecht gerieben eigentümlich widerlich, etwas aromatisch, schmeckt krautig, dann beißend und herb; man schrieb ihm eröffnende, harntreibende, die Menstruation befördernde, äußerlich angewendet wundheilende Kräfte zu.

Zwerggras *(Microchloa),* Gattung der Gräser. Das borstenartige Z. *(M. setacea)* findet sich in Ostindien, China und Neu-Holland. Die wohlriechende, aromatische Wurzel wird in China teils als ein magenstärkendes, schweiß- und harntreibendes Arzneimittel, teils als Gewürz gebraucht.

Zwiebelpflanze Die Gattung *Allium L.* ist bereits in dem Artikel Knoblauch besprochen. A. C. L. ist die gemeine Küchenzwiebel (FIG. 126 u. 127), die Sommerzwiebel, Rotzwiebel, Weißzwiebel. Die Zwiebel ist ziemlich rund und mit einer rötlich-gelben Außenhaut und einer Anzahl konzentrischer fleischiger Schalen versehen. Der Stengel wird bis drei Fuß hoch und ist ganz und gar röhrig. Über der Mitte ist er aufgetrieben. Die Blätter sind röhrig und welken in der Blütezeit. Der Blütenstand ist dicht gedrängt, kopfig-doldig. Die Blütenscheiden sind zur Blütezeit welk, perlmuttschimmernd und

FIG. 126

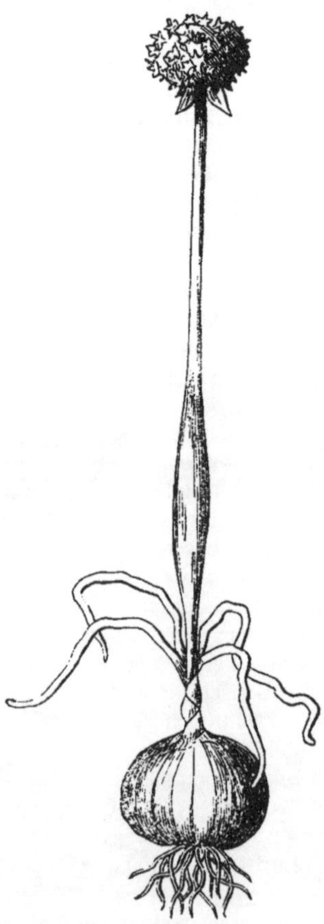

DIE GEMEINE KÜCHENZWIEBEL

FIG. 127

SCHALENZWIEBEL DER KÜCHENZWIEBEL

herabgeschlagen. Die Hüllblätter stehen sternartig gespreizt. Sie sind keillänglich spitz, weiß, mit grünem Mittelnerv. Die drei äußeren Staubgefäße am Grunde mit zähnigen Fortsätzen und länger als die inneren, welche derselben entbehren. Staubbeutel länglich, grünlich. Fruchtknoten gedrückt, dreilappig, weiß-grün. Griffel kurz, aufrecht. Die Heimat der Zwiebel ist nicht recht bekannt, mag aber orientalisch sein. Schon im Altertum war sie kultiviert, besonders liebten und ehrten sie die alten Ägypter, bei denen sie gar ein gewöhnliches Geld gebildet haben soll. Dort scheinen die Juden, angenommen, daß sie überhaupt in Ägypten gewesen sind, die Liebe zu den Zwiebeln sich angeeignet haben, die sie dem Moses in der Wüste so klagten und die sie noch heute beseelt. Allerdings darf nicht vergessen werden, daß die Zwiebel im Süden milder ist als bei uns. Die Zwiebel fordert einen guten, ziemlich fetten Boden, der tüchtig umgearbeitet, allein nicht frisch gedüngt ist. Er darf weder naß sein noch sandig. Muß man schnell düngen, so legt man den Dünger im Herbst kurz auf und hackt ihn im Frühling weg. Will man die Zwiebel aus Samen ziehen, so beginnt man damit, im Herbst die schönsten Exemplare sich auszulesen und sie etwa gleich im Oktober noch sonnig und frostfrei einzupflanzen. Oder man läßt sie den Winter über außer Landes und pflanzt sie im Frühling aus in Abständen eines Fußes und mit zwei Zoll Erddecke. Die Stengel muß man anbinden. Sowie die Körner sich schwärzen und die Kapseln aufspringen, schneidet man die Köpfe ab und legt sie in eine Papierhülle oder einen Sack an luftige Stelle. Er bleibt in den Kapseln etwa drei Jahre keimfähig. Man muß so zeitig wie immer möglich im Frühjahr aussäen, und zwar recht dünn in recht fein zerklüftete Erde. Man jätet und gibt Befeuchtung. Sobald die Zwiebelblätter feucht werden und umfallen, kann man die Zwiebel als reif betrachten.

Zwillingspflaume *(Nephelium)*, Gattung der Sapindineen. Die wohlschmeckende Z. *(N. Litchi)*, Litschibaum, stammt aus Cochinchina und dem südlichen China, ist aber jetzt in ganz Bengalen sehr verbreitet und auch auf den Maskarenen sowie in Westindien häufig kultiviert. Die Früchte besitzen ein höchst wohlschmeckendes und hierin der besten Muskat-Weintraube gleichendes Mark, sind daher ein sehr beliebtes Obst, das auch dort allgemein bei fieberhaften und galligen Krankheiten gebraucht wird. Die glattfrüchtige Z. *(N. longanum)*, Longanbaum, ist vom südlichen China bis nach der indischen Halbinsel verbreitet. Das Mark der Früchte schmeckt ebenfalls weinig, doch nicht so angenehm wie von der vorigen Art. Die klettenartige Z. *(N. lappaceum)* ist ein kleiner Baum auf Malakka und den Sunda-Inseln. Das angenehm weinigsäuerlich riechende und schmeckende Fruchtmark ist dort sehr beliebt, wird allgemein gegessen, aber auch häufig bei entzündlichen und galligen Fiebern gebraucht.

Nachtrag

Jod. Das Jod (früher Jodin) ist ein einfacher, nicht weiter zerlegbarer Körper, ein sogenanntes Element, das erst 1811 von Courtois in Paris in der Asche von Seepflanzen entdeckt wurde, im Laufe der Zeit durch seine vielfachen Verwendungen aber ein Stoff von immer größerer Bedeutung wurde. Die späte Bekanntschaft mit diesem interressanten Körper erklärt sich aus der Art seines Vorkommens. Derselbe ist im Meerwasser enthalten und hat somit eine ungeheure Verbreitung, auch auch eben solche Verdünnung, ist übrigens auch nicht frei im Meerwasser, sondern gebunden an Kalium, Natrium, Kalzium, Magnesium. Aus dem Wasser werden diese Jodverbindungen von verschiedenen Meergewächsen, namentlich Tangarten, Meerschwämmchen etc. aufgenommen und somit aus der Zerstreuung mehr angesammelt. In Steinsalzlagern, den Rückständen alter Meere, finden sich die Jodverbindungen ebenfalls und gelangen von da in Salzquellen und andere Mineralwässer. Das Jod ist ein trockener, spröder, schuppig kristallinischer Körper, eisenschwarz und von fast metallischem Ansehen, dem Reißblei ziemlich ähnlich. Es verflüchtigt sich schon bei gewöhnlicher Temperatur und entwickelt dabei einen starken, die Schleimhäute reizenden Geruch, der dem des Chlors etwas ähnlich, aber doch eigentümlich ist. Der Geschmack ist scharf und herb.

Unter allen Arzneikörpern der Neuzeit, bemerkt Prof. Schroff, hat sich kein anderer einer so vielseitigen Anwendung zu erfreuen wie das Jod und wenngleich der Enthusiasmus für dieses Mittel zu weit geht, so läßt sich doch jetzt schon mit Sicherheit voraussagen, daß es nicht gleich so vielen anderen Modemitteln der Vergessenheit anheimfallen werde. Den meisten Ruf hat das Jod gleich anfangs bei seiner Einführung in die ärztliche Praxis in den verschiedenen Formen der Skrophulose erlangt. Es paßt vorzugsweise bei pastösen, torpiden Individuen, wenn sie an Anschwellungen der Drüsen, namentlich der Hals-, Achsel-, Gedärm- und Gekrös-Drüsen leiden. Weniger leistet es bei skrophulösen Hautausschlägen, bei skrophulösen Knochenleiden, bei skrophulösen Gelenkleiden, bei Hüftgelenkleiden etc., wenngleich auch in diesen Leiden mitunter glänzende Heilungen durch Jod erzielt worden sind. Es versteht sich von selbst, daß gleichzeitig mit dem Jodgebrauch das ganze Regime der Skrophulose entsprechen muß. Dagegen muß vor dem Gebrauch der Jodmittel bei der Tuberkulose, besonders der Lungen, gewarnt werden. Bei Kropf feiert das Jod seine glänzendsten Triumphe, jedoch nur bei der lymphatischen Form, selten nützt es beim Zystenkropf, und immer nachteilig ist es bei jener Form, wie sie bei Frauen nicht selten während der Geburtsarbeit höchst akut sich bildet; eine hartnäckige Anwendung des Jod bewirkt in letzterem Fall große Gefäßaufregung, allgemeine Abmagerung und dadurch ein umso stärkeres Hervortreten des Kropfes. Auch bei der Vergrößerung anderer Organe und Eingeweide: der Gebärmutter, Eierstöcke, Hoden, Brüste, Vorsteherdrüse etc., bei allgemeiner Fettsucht nützt das Jod bisweilen, wenn die Vergrößerung der Organe durch Ablagerung eiweißstoffiger Substanzen oder durch reine Hypertrophie bedingt ist; in dem ersteren Fall hat man mehr als im letzteren zu erwarten. Liegt ein krebsiger Erguß dem Kropf und den vergrößerten Organen zu Grunde, dann schadet das Jod mehr als es nützt. In der Syphilis hat man den Wert des Jod überschätzt, indem man behauptete, mit ihm jede Form der Syphilis bekämpfen und den Gebrauch des Quecksilbers in dieser Krankheit gänzlich entbehren zu können. Gegen primäre Formen leistet es nichts und bei sekundären Formen meistens nur dann nicht nur etwas, sondern oft Überraschendes, wenn durchgreifende unzweckmäßig durchgeführte Quecksilberkuren vorangegangen waren oder die Krankheit in herabgekommenen, skrophulösen, zu Speichelfluß und Diarrhöe sehr disponierten Individuen auftritt. Gegen andere Metallkachexien hat es sich unwirksam erwiesen. Ferner macht man nach abgelaufenen Entzündungen seröser, fibröser und schleimhäutiger Verhärtung etc. Gebrauch von Jod, daher bei Hirnhöhlenwassersucht, Wasserbruch, bei Anwulstungen und Anschwellungen der Schleimhäute aller Organe, der Bindehaut des Auges, der Mandeln, des Rachens, der Harnröhre etc. Hierher muß wohl auch die von einigen gerühmte Wirkung in chronischen, rheumatischen und gichtischen Entzündungen gerechnet werden sowie gegen manche Hautleiden, wenn sie auch eben nicht mit einem skrophulösen oder syphilitischen Allgemeinleiden im Zusammenhang stehen, in welchem letzteren Fall sie allerdings weniger problematisch wirken. Wegen seiner energischen Verbindung mit dem Eiweiß und den Proteinkörpern überhaupt hat man das Jod als ein mächtiges fäulniswidriges Mittel und daher bei miasmatischen Vergiftungen, bei Faulfiebern, beim Brand und gegen Tiergifte empfohlen. Als unsicher muß die Wirkung des Jod gegen Nervenleiden, wie Magenkrampf, Neuralgien überhaupt, Lähmungen, Krämpfe, Epilepsie, Veitstanz, gegen Wechselfieber sowie gegen Zurückhaltung der Menstruation einerseits und gegen Gebärmutterblutungen andererseits bezeichnet werden.

Äußerlich macht man von den Jodmitteln in denselben Fällen Gebrauch, in welchen sie innerlich gebraucht werden; in vielen Fällen, wo man es mit einem örtlichen Leiden, wie beim Kropf zu tun hat, beschränkt man sich bloß auf die äußerliche Anwendung. So benutzt man die Jodtinktur als Arzneimittel bei Feigwarzen; ferner bepinselt man unreife Abzesse, gequetschte Teile; besonders empfiehlt man Einspritzungen von Jod in allen jenen Fällen, wo man deren Entzündung oder den Schwund von Parasiten oder aufsaugender Organe erzielen will, wie beim Wasserbruch, abgesackten Eierstockswassersuchten, Gelenkwassersuchten, Bauchwassersucht, bei Abzessen, Fisteln, Bubonen etc.; bei den verschiedenartigsten Hautleiden, wie Gesichtsfinne, Lupus, tuberkulösen Syphiliden etc., bei vielen Geschwüren, namentlich skrophulösen, bei Krankheiten der Schleimhäute des Auges und der Geschlechtsorgane. Um die Entwicklung der Blattern zu hemmen, steht Jod gleichfalls in Verwendung. Jod in Substanz ist nicht mehr innerlich im Gebrauch, allenfalls in Verbindung mit Jodkalium zur Verstärkung der Wirkung des letzteren, was aber ganz unnötig ist. Am meisten wird noch die Jodtinktur (aus 1 Drachme auf 2 Unzen rektifizierten Weingeist) äußerlich als Ätzmittel und zu Einspritzungen angewendet. Alle Jodmittel haben jedoch das Jodkali wegen seiner sicheren Wirkung verdrängt. Innerlich am besten in Auflösung in destilliertem Wasser zu 1-5 Gran einigemal des Tages und 10-30 Gran für den Tag. Äußerlich gibt man es am besten in Salbenform, $^1/_2$-1 Drachme auf 1 Unze Fett.

In der Tierheilkunde wird das reine Jod innerlich und äußerlich bei Vergrößerung (Hypertrophie), Verdichtung und Verhärtung verschiedener, besonders drüsiger Organe, beim Kropf, Geschwülsten der Brustdrüse, Hoden, Eierstöcke, dann der Lymphdrüsen, bei

Verdickung fibröser und seröser Gebilde, bei Piphacken, Sehnenklapp, Gallen etc., bei Knochenneubildungen, bei übermäßiger Fettbildung, insbesondere der Hunde, bei chronischen Hautkrankheiten, vorzugsweise bei Verdickung des Lederhautgewebes. Gegen Rotz hat es sich wie so viele andere empfohlene Mittel unwirksam erwiesen. Gegenangezeigt ist sein Gebrauch bei akuten Entzündungen und fieberhaften Zuständen. Man gibt es Pferden zu 60 Zentigramm bis 1½g, dem Rindvieh 1-2g, Schafen 30-60 Zentigramm, Schweinen 12-30 Zentigramm, Hunden 6-12 Zentigramm in Latwergen, Pillen oder mit einer schleimigen Flüssigkeit. Für den innerlichen Gebrauch benutzt man vorzugsweise die Jodtinktur und verabreicht sie Pferden und Rindern zu 20-60 Tropfen und darüber, Schafen zu 5-10, Hunden zu 2-10 Tropfen mit Wasser verdünnt, 1-2mal des Tages und steigt allmählich mit der Gabe. Für den äußerlichen Gebrauch wählt man entweder die Jodtinktur zu Waschungen, zum Betupfen und Einspritzen oder man mischt das Jod (10-15 Gran) mit Fett (2 Lot) oder Quecksilbersalbe und benutzt diese Salbe zu Einreibungen.

Das Jodkali wird von den Präparaten des Jod am häufigsten benutzt und wirkt etwas milder als das reine Jod, steht jedoch hoch im Preis. Man gibt es unter denselben Umständen wie das Jod den größeren Haustieren von 1 Skrupel allmählich steigend bis 2 Quentchen, Schafen von 5-15 Gran, Hunden von 1-5 Gran 1-2mal des Tages in destilliertem Wasser (1 Drachme auf 1 Unze) oder eine durch Verreiben mit Fett bereitete Salbe, wozu jedoch das Präparat in der nötigen Menge destillierten Wassers gelöst sein muß (1 Drachme auf 1 oder 2 Lot Fett) und welcher nicht selten noch Jod beigesetzt wird. Auch eine Mischung von Seife, Weingeist und Jodkalium oder eine Lösung von Jodkalium u. Jod in Glycerin kann zu Einreibungen oder als leichtes Ätzmittel benutzt werden.

Anwendung nach dem homöopathischen Prinzip. Das reine Jod entspricht vorzüglich herpetischen, skrophulösen, laxen, schwammigen Konstitutionen. Bei Hysterischen, Bleichsüchtigen, bei Schwindsuchts-Kandidaten, bei Leuten, die beständig von Katarrhen geplagt werden, bei Sängern und Rednern, so wie bei syphilitisch-merkuriell Infizierten kommt es in vorzüglichen Betracht. Die große Krankheitsfamilie der Tuberkulose scheint in den ersten Stadien ihrer Entwicklung in dem Jod ein vorzügliches Heilmittel zu finden. Nach Hahnemann tat das Jod Dienste, wenn folgende Zustände zugleich mit zugegen waren: Frühduseligkeit, Pochen im Kopf, Schründen der Augen, Sumsen vor den Ohren, Schwerhörigkeit, Belegtheit der Zunge, Merkurialspeichelfluß, übler seifiger Geschmack, säuerliches Aufstoßen mit Brennen; ferner dient es bei Sodbrennen, Heißhunger, Blähungsversetzung, Leibauftreibung, Stuhlverstopfung, Nachtharnen, Skrophulose, Drüsenleiden, bei Affektionen der Schleimhäute, bei Syphilis mit Neigung zu wassersüchtigen Anschwellungen, bei Folge des Mercurs von den leichteren Graden an bis zum ausgebildeten Quecksilbersiechtum, bei wunden Brustwarzen, Sausen vor den Ohren und Schwerhörigkeit, lymphatischem Kropf, bei hartnäckiger Anschwellung der Mandeln, Speichelfluß, Leberleiden, Krankheiten der Harnwerkzeuge, Krankheiten der Luftröhre, Krupp, Keuchhusten, Lungenentzündung, Lungenschwindsucht, Kniegelenkwassersucht, bei der weißen Kniegeschwulst etc.

Gabe: 1 Tropfen der Urtinktur allein oder mit Wasser vermischt oder die 1.-6. Verdünnung, je nach Umständen 1-2mal täglich. Noch empfiehlt im Krupp die Anwendung des Jod im Wechsel mit Aconit. Das Jod soll in kleinen Gaben mit mäßigen Pausen lange und konsequent gereicht, dann allmählich damit gesteigert werden, wobei die Patienten täglich, ohne Rücksicht auf die Witterung ausgehen und die gehörige Diät halten, namentlich Mehlspeisen vermeiden müssen.

Das Jodkali empfiehlt sich bei syphilitischen Hautausschlägen, syphilitischen Knochenauftreibungen, syphilitischen Knochenkrankheiten, bei Feigwarzen, bei tuberkulöser Schwindsucht – vergl. Jod.

Gabe: Das Jodkali eignet sich nach Lobetal gar nicht zu Verdünnungen, wie sie die Homöopathie vorschreibt. In den sekundären und tertiären Syphilisformen sind nach ihm kleine Dosen nachteilig, dagegen wendet er hier ½ Unze bis 1 Drachme etc. auf mehrere Unzen Wasser täglich zu 2-3 Eßlöffeln an; im ersten Stadium der tuberkulösen Schwindsucht gibt er 3-5 Gran in 3-4 Unzen Wasser zu 1-2 Teelöffel, im weiteren Verlauf steigt er bis 1 Skrupel auf 4 Unzen Wasser; in einem Fall von Auflockerung der Vorsteherdrüse verordnete er eine Salbe von 10 Gran Jodkali auf ½ Unze Fett. Groß benutzt die 3. Verreibung oder Verdünnung, ebenso Knorre die 3. Verreibung täglich zu 1 Gran. – Übrigens vergl. Jod.

Von Seite der homöopathischen Tierärzte ist das Jod noch sehr ungenügend geprüft worden, doch steht es fest, daß es ein Heilmittel bei krankhaften Affektionen drüsiger Organe ist, wie bei der Anschwellung und Vergrößerung der Speichel- und Lymphdrüsen, der Schilddrüsen, der Hoden, der Euter etc., womit auch die Erfahrungen der alten Schule übereinstimmen. Was das Jod bei Tuberkulose und Skrophulose, bei Brustwassersucht und Harnruhr zu leisten vermöge, ist nach weiteren Prüfungen und Versuchen noch festzustellen. Als vorzügliches Gegenmittel des Quecksilbers würde Jod gegen die Mercurial-Kachexie des Rindes recht passend sein. Nach Arnold wirkt das Jod anregend und belebend auf das Knochensystem, regt in ihm Stoffwechsel und Lebenstätigkeit an und verleiht derselben mehr Ausdauer. (Mit Erfolg in der Knochenweiche angewendet.)

Gabe: 3.-6. Verdünnung.